사례 주식회사법

사례 주식회사법

초판발행 | 2006년 9월 10일
초판3쇄 | 2008년 2월 15일

지은이 | 김성탁
펴낸이 | 우동기
펴낸곳 | 영남대학교출판부
출판등록 | 1975년 9월 5일 경산제16-1호

주소 | 경북 경산시 대동 214-1
전화 | 053)810-1801~3
FAX | 053)810-4722
홈페이지 | http://book.yu.ac.kr

ISBN 89-7581-156-5 93360

사례

주식회사법

金性倬 著

영남대학교출판부

ΕΞΟΔΟΣ

머리말

이 책은 생생한 회사법세계를 소개함으로써 피부에 와 닿는 회사법의 이해를 위하여 집필되었습니다. 이를 위하여 저자는 회사법과 관련하여 의미 있는 신문기사와 판례를 몇 년에 걸쳐서 모으고 이를 분류하면서 그 안에 담겨져 있는 회사법규범의 적용모습을 발견하려고 하였습니다. 이렇게 집적된 자료를 이용하여 책으로 발간하게 된 것입니다. 이 책은 미흡한 점이 너무나 많고 숙성된 포도주와 같이 깊은 맛을 내기에는 아직 설익은 것입니다. 학교와의 약속 때문에 출판을 더 이상 미룰 수가 없었습니다. 기 발간된 훌륭한 저서와 논문에 실린 고견을 충분히 그리고 제대로 반영하지 못한 부족함이 있습니다. 시간을 두고 하나하나 보완해나갈 것을 스스로 다짐하면서 부끄럽지만 이 책을 발간합니다. 그동안 진 채무를 다소나마 덜 목적으로 집필을 시작하였는데, 결과적으로 채무만 더 늘었다는 생각이 듭니다. 하지만 학습자들이 느끼는 회사법의 무게를 '가볍게' 하는데 조금이라도 도움이 된다면 1차적인 목적은 달성된 것이라고 스스로 위안을 삼고자 합니다.

이 책을 집필하면서 회사법의 기능과 역할을 새삼 생각해보게 됩니다. 일제로부터 해방된 조국이 독립국가로 굳건하게 서기 위해서는 富國이 선결적으로 필요하다고 보고 부강한 조국에 학자로서 기여하고자 상법연구의 길로 들어서게 되었다는 박원선 교수님의 말씀이 인상깊게 기억됩니다. 회사법제의 틀을 어떻게 짜느냐에 따라 그것이 개별 기업과 국민경제의 미치는 영향이 지대하므로 이를 연구하는 학자들의 역할과 소명의식이 그만큼 중요하다는 뜻이 아닌가 생각됩니다.

역설적으로 말하자면, 1960, 70년대에는 기업관련 법제의 느슨한 현실적용이 오히려 기업활동에 활력을 불어넣어 기업의 성장에 일조한 면이 없지 않습니다. 그러나 1980, 90년대에는 기업의 외형적 성장에 걸맞은 질적 성장과 시스템화가 뒷받침되지 못하였고, 급기야 1997년에는 한국경제가 IMF의 관리체제로 들어가는 불운을 겪었습니다. 이를 계기로 회사법의 규범력을 강화하기 위한 법제개혁의 노력이 있었고, 지금은 회사법제와 그 적용현실이 점차 수렴해나가는 과정에 있다고 할 수 있을 것입니다.

이 책을 마무리짓는 이 순간, 젊은이 이상의 열정을 상법연구에 쏟아 부으셨던 손주찬 교수님 생각이 납니다. 선생님께서 필자에게 주신 책과 자료 박스가 지금도 제 연구실 한 켠을 지키고 있습니다. 한눈팔지 말고 열심히 공부하라고 보내주신 것인데, 저의 나태함을 매섭게 질책하시는 것 같은 두려움 때문에 아직도 감히 개봉할 엄두를 내지 못하고 있습니다. 언젠가는 좀 덜 죄송한 마음으로 개봉할 수 있기를 희망합니다. 필자가 대학에서 둥지를 틀고 부족하지만 나름대로 역할을 할 수 있었던 것은 많은 분들이 베풀어주신 은혜의 덕입니다. 이 자리를 빌어 머리숙여 깊이 감사드립니다.

이 책이 나오기까지 많은 분들이 도와주셨습니다. 상법과 경제법 공부의 길을 열어주신 박길준 교수님께, 훌륭한 회사법 교과서와 논문으로 회사법 공부의 길잡이가 되어 주신 많은 분들께, 충실한 사실보도를 위해 애써주신 신문기자분들께,

집필과정에서 유익한 조언을 해주신 서강대학교의 박준우 교수님께, 뜻밖의 합숙생활을 함께 하는 동안 민법부분에 대하여 많은 토론과 가르침을 주신 성균관대학교의 정상현 교수님께, 무액면주권의 실물을 어렵게 구해 선물이라면서 주신 이재호 우리증권 지점장님께, 초학자의 눈높이에서 원고를 읽고 꼼꼼하게 교정을 해준 아내에게, 목회의 길을 준비하던 아버님을 대신하여 평생 헌신과 기도로 부족함 없이 길러주신 어머님께, 그리고 출판을 도와주신 영남대학교 출판부의 이종백 선생님께 깊이 감사드립니다. 앞으로 게으름피우지 않고 더욱 완성도가 높은 연구와 교육으로 이 분들의 은혜에 보답하고자 스스로 다짐합니다. 그리고 저 자신 이 책을 마무리지으면서 몇 달간 에너지를 집중할 수 있었음을 자축하고자 합니다.

2006년 4월

著 者 씀

일러두기

1. 각 주제별로 우선 대표적인 실제 사례를 소개하고 이를 간단하게 해설한 다음, 관련되는 회사법 규정, 법이론, 판례를 설명하였습니다. 보충설명이 필요한 부분은 (보충)으로 표시하였고, 학습자 스스로 생각할 필요가 있는 부분에 대해서는 (생각거리)로 표시하였습니다.

2. 학습자들이 보다 쉽게 이해하고 정리할 수 있도록 〈도식〉과 〈비교표〉을 가능한 많이 실었습니다. 전체적인 조감이 필요한 부분은 〈도식〉으로, 비교정리가 필요한 부분은 〈비교표〉로 정리하였습니다. 〈비교표〉는 우선 설명부분을 읽은 연후에 정리를 위하여 이용하는 것이 효과적일 것입니다.

3. 상법규정에 대한 학자들의 견해는 크게 해석론과 입법론으로 구분하고, 해석론에 있어서 현재 거의 통일된 의견일치를 보이고 있는 것은 통설, 학자들간에 견해가 나뉘는 부분은 다수설과 소수설(다수설과 소수설의 구분이 명확하지 않는 경우는 제1설, 제2설 등), 학설대립이 없는 특정 견해 등으로 구분하였습니다. 관련된 판례가 나와 있는 부분은 가급적 빠짐없이 수록하였습니다. 이 중에서 판례, 입법론, 특정 견해 그리고 일부 소수설에 대해서만 그 출처를 명시하고, 다수설과 통설은 그 출처를 생략하였습니다.

참고문헌

저 자	서 명	출판사	발행연도
강위두	회사법	형설출판사	1990
강희갑	회사법강의	책과사람들	2004
권기범	현대회사법론	삼지원	2005
김건식	증권거래법	두성사	2004
김문재 · 김대연	상법	삼우사	2003
김재범	주주총회 운영의 법적 문제	명성사	2003
김정수	현대증권법원론	박영사	2002
김정호	상법강의(상)	법문사	2005
김정호	상사연습	법문사	2005
김화진	M&A와 경영권	박영사	1997
남기윤	유형적 방법론과 회사법의 신이론	학우출판사	1999
박길준 · 김성준	EC기업법	조선일보사	1993
박상조 · 주기종 · 윤종진	신회사법론	한올출판사	2003
박세일	법경제학(개정판)	박영사	2000
법무부	상법개정 공청회 자료	법무부	2006
서돈각 · 정완용	상법강의(상)	법문사	1999
서헌제	상법강의(상)	법문사	2001
서헌제	상법의 이해	율곡출판사	2001
서헌제	회사법	법문사	2000
손주찬	상법(상)	박영사	2004

저 자	서 명	출판사	발행연도
손주찬	상법개설	박영사	2002
손주찬 · 정동윤(편집대표)	주석상법	한국사법행정학회	2003
안동섭 · 안성포	법과 기업	세영사	2000
양승규 · 박길준	(신체계해설) 상법요론	삼영사	1993
원용수	상법의 이해	연경문화사	2001
원용수	상법케이스연습	길안사	1997
윤승한	증권거래법강의	삼일인포마인	2005
이기수 · 유진희 · 이동승	회사법	박영사	2002
이기수 · 최병규	증권거래법	세창출판사	2003
이범찬 · 임충희 · 김지환	한국회사법	삼영사	2001
이범찬 · 최준선	상법(상)	삼영사	2002
이준봉	상법상 계산규정과 기업회계기준 사이의 모순 및 조정방안	한국증권법학회	2003
이철송	95년 개정상법 : 이론과 실무	박영사	1996
이철송	상법강의	박영사	2005
이철송	회사법강의	박영사	2005
임재연	미국회사법	박영사	2004
임재연	증권거래법	박영사	2000
임재호 外	상법판례 100선	삼영사	1999
임홍근	회사법	법문사	2001
정동윤	상법(상)	법문사	2003

저 자	서 명	출판사	발행연도
정동윤	회사법	법문사	2001
정무동	상법강의(상)	박영사	1996
정용상	중국회사법론 : 한국법과 관련하여	부산외국어 대학교출판부	2003
정진세	판례연습 회사법	삼우사	2001
정찬형	상법강의(상)	박영사	2005
정찬형	상법사례연습	박영사	2003
정찬형	상법판례평석	홍문사	2000
정찬형	회사법강의	박영사	2003
정쾌영	상법원론	교서관	1996
정희철 · 정찬형	상법원론(상)	박영사	1997
최기원	상법학원론	박영사	2005
최기원	신회사법론	박영사	2005
최완진	상법사례연습	박영사	2004
최이식	상법(상)	박영사	1997
최준선	회사법	삼영사	2004
한국상사법학회 상사법개정연구위원회	상법개정연구보고서		2005
한창희	회사법	청목출판사	2001
홍복기	회사법강의	법문사	2005
홍복기	EU회사법	법문사	2005
SK텔레콤(주) (편)	실무 주주총회 · 이사회	지산	2001

법령 약어표

약어	법령명	약어	법령명
간투	간접투자자산운용업법	상	상법
공회	공인회계사법	상시	상법시행법
금감	금융감독기구의설치등에관한법률	상시규	상법의일부규정의시행에관한규정
금산	금융산업의구조개선에관한법률	상호	상호저축은행법
금지	금융지주회사법	수	수표법
기계준	기업회계기준	외감	주식회사의외부감사에관한법률
기구	기업구조조정촉진법	은행	은행업법
담보	담보부사채신탁법	자유	자산유동화에관한법률
독점	독점규제및공정거래에관한법률	종금	종합금융회사에관한법률
독점령	독점규제및공정거래에관한법률 시행령	증거	증권거래법
민	민법	증거령	증권거래법 시행령
민소	민사소송법	증집	증권관련집단소송법
민집	민사집행법	채등	공사채등록법
법인	법인세법	헌	헌법
보험	보험업법	회파	채무자회생및파산에관한법률
비송	비송사건절차법		

차 례

제 1 편 총론

제 1 장

회사법 총론

제1절 회사법은 왜 필요한가? (회사법의 존재목적)

(1) 회사는 다수의 자가 모여 하나의 팀으로서 운영이 된다. 주주는 자본으로, 경영자는 경영능력으로, 회사채권자는 자금으로, 노동자는 노동으로 회사에 참여하고, 이들이 집약된 총체가 회사이다. 이처럼 다수의 자가 하나의 팀으로서 운영이 되면 필경 이들 사이에 이해의 상충이 발생하게 된다. 이러한 이해관계의 상충문제는 이들끼리의 계약에 의해서 조정할 수 있겠지만, 특히 공개된 주식회사의 경우는 워낙 다수의 사람이 관련되다 보니 계약에 의하여 이해관계를 조정한다는 것이 말처럼 그리 쉬운 일이 아니다. 그러한 계약체결을 위한 교섭과 거래비용이 너무나 크고 그 결과 또한 확실하지 않다.

(2) 회사법은 회사와 관련된 법률문제에 대하여 **회사를 둘러싼 다수 이해관계의 합리적인 조정을 위한 규범**을 미리 설정해둠으로써, 회사활동에 있어서 지켜야 할 기본규범을 제시하고, 회사분쟁의 사전적인 예방과 사후적인 해결의 준칙을 제공하는 데 그 존재 이유와 목적이 있다. 회사법의 내용을 어떻게 설계하느냐에 따

라 그것은 현재와 미래의 회사(회사를 둘러싼 잠재적 이해당사자 포함)의 활동과 성과에 직접 영향을 미친다. 마치 운동경기에서 잘못 설정된 경기규칙이 경기의 자연스런 흐름을 불필요하게 차단하는것처럼 비효율적인 회사법제는 기업의 비효율성을 가져올 뿐만 아니라 회사법제와 기업현실간의 괴리를 심화시킨다. 그러므로 바람직한 회사법의 모습은 기업현실에 뿌리를 두는 시장순응적(market oriented)이면서도 동시에 회사법이 달성하고자 하는 이념과 가치를 담은 것이어야 한다.

제2절 회사법은 어떠한 법인가?

[1] 종합적인 기업법무로서의 회사법

회사법을 매우 넓게 보자면, 회사와 관련하여 발생하는 법률문제를 규율하는 규범의 전부를 회사법으로 부를 수도 있다. 회사는 그 운영과정에서 주주 · 경영자 · 채권자 · 근로자 · 거래처 · 자본시장 · 소비자 · 다른 기업 · 환경 · 지역사회 · 정부 등과 다양한 접촉관계를 갖게 된다. 이들을 규율하는 법에는 고유한 회사법 이외에 민법, 노동관계법, 계약법, 증권거래법 등 자본시장관련법, 금융법, 소비자관계

❙회사의 다양한 접촉점❙

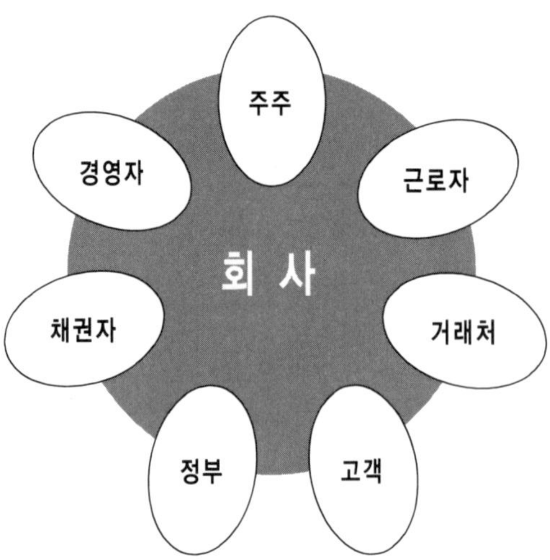

법, 독점규제및공정거래에관한법률, 환경보호관련법, 세법, 경제형법, 각종 행정법 등이 망라적으로 포함될 수 있다. 실제 기업실무에 종사하는 사람이라면 회사에 관한 모든 법률문제를 일거에 해결해주는 종합적인 기업법무에 많은 관심을 가질 것이다. 미국의 교과목 중에 'Business Law'라는 것이 이에 흡사한데, 이는 일반적인 법체계와 이론, 헌법, 계약법, 불법행위법, 회사법, 상거래법 등 기업법무에 관련된 것을 개론적이긴 하지만 포괄적으로 다루고 있다.

[2] 독자적 법영역으로서의 회사법

독자적인 법영역으로서의 회사법은 회사의 조직과 활동에 직접적으로 관련된 법규의 총체를 뜻하고(실질적 의미의 회사법), 그 중에서도 특히 상법의 「제3편 회사」에서 규정하고 있는 법규가 중심이 된다(형식적 의미의 회사법). 상법 제3편의 회사법은 회사와 관련된 모든 법률문제를 다루지 않고, 회사의 종류, 사원(주식회사의 경우는 주주)의 권리와 의무, 경영기관 및 이에 대한 통제, 계산 및 배당, 자금조달 방법(예 : 주식과 회사채), 회사의 설립, 합병 · 분할 · 지주회사 · 조직변경 등 회사의 구조개편, 회사의 해산과 청산 등에 대해서만 규정하고 있다. 최근에는 상장법인이 갖는 비중이 커짐에 따라 이를 규율하고 있는 증권거래법 등 자본시장관련법의 역할이 증대하고 있고 실제 이들 법에서 회사와 관련된 주요 법률문제를 규율하고 있기 때문에 이를 회사법연구에 포함시키고 있다.

제3절 회사법관계에 적용되는 법규

1. 상법 제3편의 회사법

상법 제3편의 「회사」에서 규정되어 있는 것은 회사법관계의 기본법이다. 상법은 1962년 제정되어, 그 후 기업현실에 부응하기 위하여 수차례(1984년, 1995년, 1998년, 1999년, 2001년 7월, 2001년 12월 개정)에 걸쳐 회사법 부분의 개정이 있었다. 우리나라에 근대적 회사제도가 도입된 것은 1800년대 말의 개화기 때이다. 일제시대부터 1962년 우리 상법이 제정되기 이전까지는 일본의 상법(의용상법)이 적용되었다.

2. 상사특별법

상법시행법, 증권거래법, 간접투자자산운용업법, 주식회사의외부감사에관한법률, 담보부사채신탁법, 공사채등록법, 독점규제및공정거래에관한법률 등의 상사특별법은 일반법인 상법에 우선하여 적용된다(특별법우선의 원칙). 각종 상사특별법의 하부규정(시행령, 시행규칙, 감독기관의 위임명령 등)도 전체적으로 이들 상사특별법의 일부를 이룬다. 상사특별법에 규정이 없는 사항에 대해서는 일반법인 상법이 보충적으로 적용된다.

3. 정관

정관은 회사가 자율적으로 정한 자치법으로 법규적 성질을 띤다(다수설). 정관은 제정법 중 임의법규에는 우선하나 강행법규에는 우선하지 못한다. 이와는 달리 정관의 법규성을 부정하고 단순한 계약에 그친다는 견해가 있다.

4. 판례

기업분쟁이 늘어나면서 회사법에 관련된 판례들이 많이 나오고 있다. 이들 판례는 법은 아니지만 법원의 법 해석에 의하여 법의 흠결을 메우거나 법창조적 기능을 수행함으로써 중요한 역할을 담당하고 있다.

5. 적용순서

상법과 상사특별법의 강행규정이 우선 적용되고, 이에 반하지 않는 범위 내에서 회사의 정관이 2차적으로 적용되며, 상법과 상사특별법의 임의규정, 상관습법, 민법, 민사관습법, 조리의 순으로 적용된다(상 1, 민 1). 일반적으로 성문법은 관습법에 우선하는 것이 원칙이지만(민 1), 상사에 관하여 상관습법은 민법에 우선하여 적용된다. 정관은 강행규정에 반하지 않는 한 가장 우선적으로 적용되며, 실제 회사법문제에서 '정관자치'가 어느 정도까지 허용될 수 있는지가 상법규정과의 관계에서 문제되고 있다.

| 회사에 관한 법적용의 위계질서와 적용영역 |

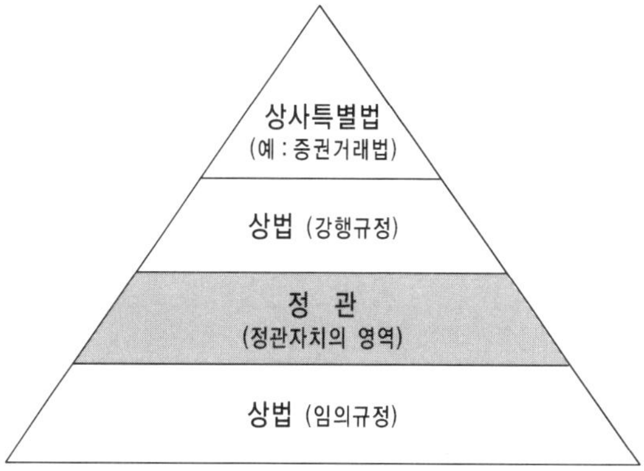

| 회사법의 국제적 동조화 경향 및 '한국적' 회사법의 모색 |

회사에 관한 법규는 국제적으로 동조화함으로써 각국의 회사법 내용이 점차 수렴하는 경향을 보이고 있다. 회사라는 것이 영리를 추구하는 단체이고 합목적성과 효율성을 중시하는 단체이다 보니 이를 규율하는 회사법의 내용이 국경을 넘어 서로 유사해질 수밖에 없는 것은 어쩌면 당연하다 하겠다. 그러므로 다른 어떤 법분야보다 회사법연구에서는 미국, 일본, EU 등 다른 나라의 회사법에 대한 비교법적 연구가 중요한 몫을 차지하게 된다. 이 중에서도 현재 우리나라 회사법에 가장 많은 영향을 끼치고 있는 것은 미국의 회사법제이다. 그러나 아무리 회사법에서 비교법적 연구가 중요하다고 해도 우리나라에 고유한 기업문화나 기업현실의 특성을 감안한 최적의 회사법제를 모색하는 노력이 결코 가볍게 여겨져서는 아니된다. 그러므로 한편으로는 국제적 보편성(global standard)을 가지면서 다른 한편으로는 국내적 실효성을 가지는 회사법제를 끊임없이 모색해나가야 한다.

제4절 회사의 요소 – 회사의 법적 정체성

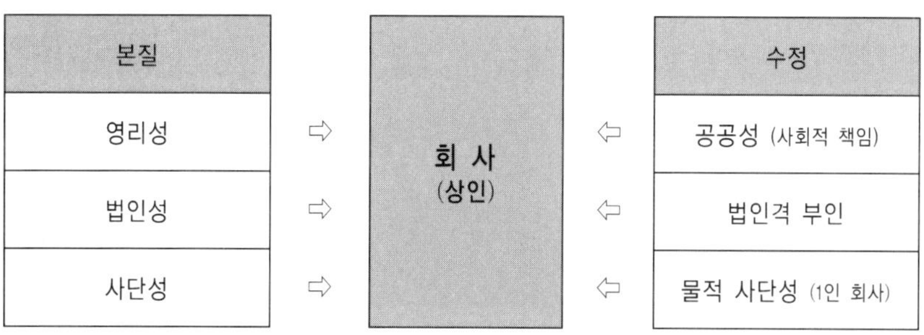

[1] 본질

회사법에서 정의하고 있는 회사는 「상행위 기타 영리를 목적으로 하는 사단법인」이다(상 169조, 171조). 즉, 회사는 상인이며, 그 본질적인 요소는 영리성, 사단성, 법인성이다.

Ⅰ. 상인성

(1) 회사는 모두 예외 없이 상인이다. 회사는 상인의 일종이기 때문에 상법총칙과 상행위편의 규정이 적용된다. 회사가 상법 제46조 소정의 기본적 상행위를 할 때에는 당연상인(상 4조)이 되고, 상법 제46조 소정의 기본적 상행위를 하지 않는 경우에도 그 「영리성」으로 인하여 의제상인(상 5조 2항)이 된다. 당연상인과 의제상인에 대한 상법 적용상의 차이는 없다.

(2) 회사는 설립등기에 의하여 법인격을 취득함으로써 상인자격을 취득하고, 법인격이 소멸됨으로써 상인자격을 상실한다. 설립 중의 회사는 아직 법인격은 없으나 제한된 범위 내에서 권리능력을 가지므로 상인자격을 갖는다. 회사가 해산하더라도 청산의 범위 내에서는 존속하므로(상 245조, 269조, 542조 1항, 613조), 청산이 완전히 종결할 때까지는 제한된 범위 내에서 상인자격을 유지한다.

(3) 회사는 그 자신이 독립된 상인이므로 자기의 명의로 영리활동을 하며 영업상의 명칭인 상호(상 20조)와 영업의 장소적 거점인 영업소(본점, 지점)를 갖는다.

Ⅱ. 영리성

회사는 영리를 목적으로 한다. 회사의 존재이유는 영리성을 추구하는 데 있다. 회사가 「영리를 목적으로 한다」는 것은 (i) 회사가 영리행위를 한다는 것과 (ii) 그 영리행위에 의하여 얻은 이익을 사원에게 분배하는 것을 목적으로 한다는 뜻이다(이익분배설). 회사가 사원에게 이익을 분배하는 방법으로는 이익배당, 지분의 증가(예 : 주식배당의 경우), 잔여재산의 분배 등이 있다.

Ⅲ. 법인성

회사는 모두 예외없이 법인이다(상 171조 1항). 합명회사와 합자회사는 조합으로서의 실질을 가지고 있지만 법형식으로는 모두 법인으로 되어 있다. 회사는 그 자체가 독립된 법인격을 갖기 때문에 회사 자신이 권리능력을 갖는다.

Ⅳ. 사단성

(1) 사단이란 원래 일정한 목적을 위하여 결합한 2인 이상의 사람의 단체, 즉 인적 결합체이다. 사단은 재산적 결합체인 재단과 구별된다. 사단의 구성원을 사원이라 한다. 회사의 사원은 비영리사단의 사원과는 달리 예외 없이 출자를 통하여 자본형성에 참여하여야 하므로 「출자자」의 지위에 있게 된다. 주식회사의 사원을 특히 주주라고 부른다.

(2) 인적회사(합자회사 · 합명회사)는 2인 이상의 사원이 회사의 성립요건이자 존속요건이다(상 178조, 268조, 543조 1항). 만일 이들 회사에서 사원이 1인으로 되면 해산사유가 된다(상 227조 3호, 269조, 609조 1항 1호).

(3) 물적회사(주식회사 · 유한회사)는 2인 이상의 사원의 존재가 성립요건도 존속요건도 아니다(상 517조, 288조, 543조 1항). 물적회사에서는 사원이 1인인 1인 회사를 인정하기 때문에 회사의 사단성이 문제된다. 물적회사의 경우 「자본의 물적 사단성」은 요구되지만 「사원 수의 인적 사단성」을 굳이 요구하지는 않는다. 이런 의미에서 주식회사 · 유한회사와 같은 물적회사에서의 사단성은 인적 사단을 뜻하는 전통적인 의미에서의 사단성에서 탈피하여 물적 사단성으로 변질되고 있다(사단의 物化).

[2] 수정

Ⅰ. 공공성 (기업의 사회적 책임)

중견 의류전문그룹인 ○○○는 당기순이익의 10%를 매년 사회에 환원하겠다고 밝혔다. ○○○는 이날 "8개 비상장 계열사 주주들로부터 회사이익 일부를 사회에 환원하는 데 대한 동의를 구했으며 주주총회에서 '이익 10% 사회환원'을 회사 정관에 명시, 영구적인 기부시스템을 확립할 방침"이라고 밝혔다. ○○○는 8개 계열사의 올 당기순이익 추정치가 1,060억 원(매출 1조 원)에 이를 것으로 추산됨에 따라 우선 100억 원의 복지기금을 조성할 예정이다. ○○○는 복지기금 130억 원을 사회 소외계층 복지지원 79억 원, 북한 어린이 지원 10억 원, 해외 선교활동 41억 원 등에 쓸 예정이다. (출처: 국민일보 2002. 12. 26, 동아일보 2002. 12. 27)

| 해 설 |

기업의 존재이유에 대해서는 서로 상반되는 다양한 견해가 있다. "기업은 충분한 이익을 창출하고 고용을 창출함으로써 사회적 책임을 다한 것으로 보아야 한다"는 기업이익우선론이 있는가 하면, "종업원, 주주, 고객의 행복을 극대화하는 것이 기업경영의 최고가치"라는 사회공헌론이 있다. 회사의 사회적 존재가치는 무엇이고, 법적 관점에서 볼 때 기업의 본질적 속성은 무엇인가? 기업의 사회적 책임과 기업의 영리성이 충돌하는 경우 어느 것이 우선할까? 기업의 공익적 기부행위는 기업의 영리성과 언제나 상충한다고 볼 것인가? 지배주주나 경영자의 私財가 아닌 회사의 돈으로 기부행위를 하는 경우, 주주나 회사채권자는 이에 대하여 어떠한 이해관계를 갖는가? 상법적인 견지에서 회사가 존재하는 본질적인 이유는 영리성의 추구에 있다. 그러나 회사는 사회에 뿌리를 내리고 활동하는 사회적 존재이므로 회사의 영리성은 사회의 일반가치와 상반되지 않는 경우에만 허용된다. 그리고 회사의 공익적 활동이 주주나 회사채권자 등의 이익과 반드시 상반되는 것만은 아니다.

1. 기업의 사회적 책임, 법적 책임으로 볼 것인가?

회사는 영리활동을 통하여 거두어들인 이익을 회사가 혼자서 독차지해서는 아니 되고 그 일부를 회사가 뿌리를 두고 있는 사회에 다시 환원하여야 한다는 것이 기업의 사회적 책임론의 골자이다. 이러한 기업의 사회적 책임을 법적 책임으로 볼 수 있는가? 기업의 사회적 책임은 기업의 자발적 영역에 속하는 윤리적 책임으로 보는데 그쳐야지, 이를 법적 책임으로까지 받아들이는 것은 곤란하다. 사기업은 사유재산제도를 근간으로 하는 헌법의 정신에 비추어 기업의 영리추구는 공공의 복리 등을 위하여 법률에 의하여 제한될 수 있을 뿐이다(헌법 23조, 119조). 현재로서는 기업의 사회적 책임이 법적 책임은 아니지만 이를 법적 책임으로 고양하는 제도적 개선이 필요하다는 견해가 있다(홍복기).

2. 비영리적 기부의 허용요건 및 한계

기업의 사회적책임을 법적책임이 아니라고 보더라도 기업이 비영리적 · 공익적 출연을 할 수 없다는 뜻은 아니다. 기업이 학술, 예술, 자선, 종교, 사회복지, 정치 등의 분야에 기부하는 비영리적 출연행위는 기업의 영리성과 관련하여 어떠한 경우에 어느 정도까지 허용될 것인지가 문제된다.

(1) 기업의 비영리적 기부행위가, (ⅰ) 장기적으로 기업의 영리성을 실현하는 데 도움이 된다고 판단되고(장기적 영리성에 부합), (ⅱ) 그 정도가 회사의 재무상태에 비추어 합리적인 범위 내인 경우에는(합리성), 비영리적 출연에 관하여 정관에 명시적 근거가 없더라도 적법하게 허용된다고 보고 있다. 공익적 기여를 통하여 쌓여진 좋은 평판과 이미지는 기업의 소중한 무형자산이 되고, 장기적으로 회사의 발전과 구성원의 이익증진에 도움이 될 것이기 때문에 회사의 영리성과 결코 상충하는 것이 아니다.

(2) 그러나 공익적 출연행위가 회사의 이익보다는 경영자나 지배주주의 사익을 위한 것이어서 주주와 회사채권자의 이익과 상충하거나, 회사의 재무상태에 비추어 과다한 금액을 기부함으로써 회사의 재산적 기초를 해치는 경우에는 경영자의 회사에 대한 선관주의의무를 위반한 것이 되어 배상책임을 진다.

▎관련사례▎

[1] ○○그룹이 ○○○ 회장 일가의 사재를 포함해 총 8,000억 원을 조건 없이 사회에 헌납하기로 했다. ○○측은 "2002년 설립된 4,500억 원 규모의 '○○○ 장학재단'과 ○○○ 회장 가족이 새로 출연한 3,500억 원 등 8,000억 원을 아무런 조건 없이 사회에 헌납한다"며 "돈의 용도는 국가와 사회가 논의해 결정해 달라"고 밝혔다. (출처 : 동아일보 2006. 2. 8, 조선일보 2006. 2. 8, 중앙일보 2006. 2. 8, 한겨레 2006. 2. 8)

[2] ○○는 ○○○재단의 1% 나눔 운동에 동참하기 위해 지난 2003년 당기순이익(317억)의 약 1%에 해당하는 3억 원을 기부하기로 했다. ○○가 기부하는 3억 원 중 일부는 '아름다

운 콘서트'를 개최하는데 사용되며, 나머지 금액은 기부문화 활성화를 위한 ○○○재단의 각종 활동을 지원하는 '○○○재단 만들기 기금'으로 사용된다. (출처: 내일신문 2004. 11. 2)

[3] ○○텔레콤이 수천억 원 대의 사회공헌기금 출연을 추진 중이다. 사회공헌기금은 기업이 주주 이외에 공급자, 종업원, 소비자, 지역사회, 국가로부터 존경받는 기업이 되기 위해 기업활동을 통해 번 이윤의 일부를 공익에 환원하는 것이다. ○○텔레콤은 우선 1,000억~2,000억 원 가량의 사회공헌기금을 조성, 재단 형태로 등록하는 방안을 추진 중이다. 이 기금은 지난 해 ○○텔레콤이 낸 순이익(1조 9000여 억 원)의 약 5~10%에 해당하는 액수다. ○○텔레콤은 이 기금에 대해 저소득가정 정상화, 가출청소년 자활, 장애 청소년 정보화 등 청소년 복지활동 지원에 사용할 것을 검토하고 있다. (출처: 문화일보 2004. 7. 1)

Ⅱ. 법인격부인론

회사자금 빼돌리기는 부실기업주들이 사용하는 고전적인 수법이다. 부도 직전에 기승을 부리는 재산은닉은 개인재산을 가족이나 친인척에게 팔거나 증여하는 수법이 주류를 이룬다. 한 기업의 회장은 고가의 아파트를 처남 명의로 돌려놓은 뒤 제3자에게 팔았다. 이에 대하여 서울지법 민사합의 ○○부는 사해행위취소 청구소송에서 "채무를 피하기 위하여 이루어진 부동산 매매계약을 취소하고 소유권 이전등기를 말소하라"고 판시하였다. (출처: 국민일보 2000. 10. 11, 조선일보 2000. 10. 11, 한국경제 2000. 10. 11, 문화일보 2000. 12. 27, 매일경제 2000. 12. 27, 서울경제 2000. 12. 27, 세계일보 2001. 3. 14)

| 해 설 |

위는 부실기업주가 회사자금을 빼돌리는 행위에 대하여 회사의 채권자가 사해행위 취소소송을 제기하여 법원으로부터 승소판결을 받은 사례이다. 항간에는 "기업은 망해도 기업주는 산다"는 말이 있다. 이런 말이 생길 수 있는 법적 배경은 무엇인가? 회사의 지배주주가 회사돈을 빼돌려 사적인 용도로 사용하는 경우, 이에 대하여 책임을 물을 길은 없을까? 이와 관련하여 회사의 독립된 법인격을 남용하였을 때 채권자가 직접 지배주주에 대하여 책임을 물을 수 있는 법인격부인론이 이론적으로 개발되어 있고, 판례에서도 이를 채택하고 있다.

1. 의의

법인격 부인론은 회사(X)의 법적 독립성의 원칙을 관철하면 법적 정의에 반하는 결과가 초래되는 경우에, 그 특정된 사안에 한하여 회사의 독립된 법인격을 부인하고 그 배후에 있는 지배사원(A)에게 책임을 물음으로써 구체적으로 타당한 해결을 얻으려는 이론이다. 법인격무시이론(disregard of the corporate fiction)이라고도 한다. 통설과 판례는 법인격부인론을 인정하고 있다(대판 1988. 11. 22, 87다카1671; 대판 2001. 1. 19, 97다21604).

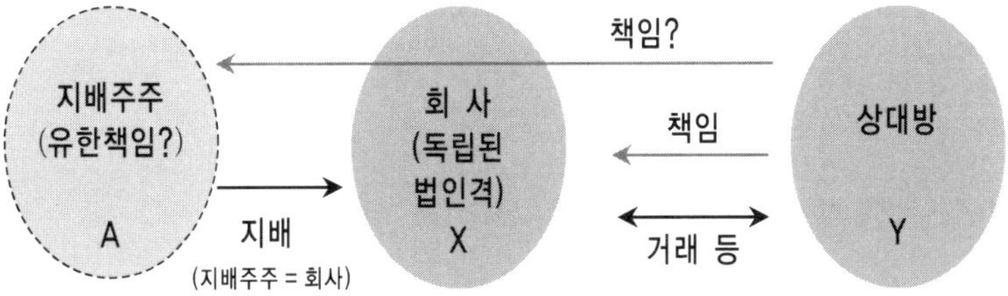

2. 근거

(1) 이론적 근거

① 「회사의 독립된 법인격」(책임분리의 원칙)과 「주주 유한책임의 원칙」은 회사법의 기본명제이다. 그러나 이를 고수하면 오히려 법적 정의와 형평에 반하는 결과가 생기는 경우에, 문제가 된 사안에 한하여 일시적으로 회사의 독립된 법인격을 무시하고 배후에 있는 자에게 직접 책임을 물을 수 있도록 함으로써, 법적 정의와 형평을 실질적으로 회복할 필요가 있다. 법인격부인론의 근거로는 도구설(미국), 투시이론 또는 실체파악이론(독일), 形骸理論(일본) 등이 있다.

② 회사제도의 남용을 사후적으로 구제하는 방법으로는 설립무효 · 취소의 소 · 해산명령제도 등이 있다. 그러나 이들 제도에 의하더라도 회사에 충분한 자력이 없으면 피해자 구제에 아무런 소용이 없고, 회사의 법인격 자체를 종국적으로 완전히 박탈하게 된다. 그러나 법인격부인론에 의하면 회사의 법인격을 박탈하지 않고서도 변제할 자력이 있는 자에게 직접 책임을 물을 수 있기 때문에 피해자 구제에 충분할 뿐만 아니라 더욱 효과적인 구제방법이 될 수 있다.

(2) 법적 근거

판례와 다수설은 법인격부인론의 법적 근거를 일반 사법의 지도원리인 권리남용금지의 원칙(민 2조)에서 구하고 있다(대판 1988. 11. 22, 87다카1671; 서울지법 2003. 6. 20, 2001다가합79377).

서울지법 2003. 6. 20. 선고 2001가합79377 판결

회사가 외형상으로는 법인의 형식을 갖추고 있으나 이는 법인의 형태를 빌리고 있는 것에 지나지 아니하고 그 실질에 있어서는 완전히 그 법인격의 배후에 있는 타인의 개인기업에 불과하거나 그것이 배후자에 대한 법률적용을 회피하기 위한 수단으로 함부로 쓰이는 경우에는, 비록 외견상으로는 회사의 행위라 할지라도 회사와 그 배후자가 별개의 인격체임을 내세워 회사에게만 그로 인한 법적 효과가 귀속됨을 주장하면서 배후자의 책임을 부정하는 것은 신의성실의 원칙에 위반되는 법인격의 남용으로서 심히 정의와 형평에 반하여 허용될 수 없고, 따라서 회사는 물론 그 배후자인 타인에 대하여도 회사의 행위에 관한 책임을 물을 수 있다고 보아야 한다. (同旨 : 대법원 2001. 1. 19. 선고 97다21604 판결)

3. 적용대상

(1) 보충성

법인격부인론은 회사법의 기본명제인 회사의 독립된 법인격과 주주유한책임의 원칙을 부정하는 것이 된다. 그러므로 법인격부인론을 무한정 인정할 수는 없고, 그 적용대상은 기존의 법제도나 종래의 사법이론으로 해결할 수 없는 경우에 한하여야 한다(다수설). 이와는 달리 구제방법과 그 주장에 있어서 당사자는 자유로운 선택권을 가진다는 이유에서 법인격부인론의 보충성을 부정하는 견해가 있다(홍복기).

(2) 계약책임 및 불법행위책임

법인격부인론은 채무불이행책임(계약책임) 뿐만 아니라 불법행위책임에도 적용된다.

(3) 강제집행면탈의 목적으로 회사를 설립한 경우

강제집행을 면탈하기 위하여 회사를 설립하고 이에 출자하는 경우에 법인격부인론을 적용할 수 있는가? 이는 법인격부인론의 역적용 문제이다. 이에 대해서는 견해가 나뉜다.

(i) 부정설 - 이러한 경우는 주주가 소유하는 주식 자체가 회사재산의 간접적인 표현이므로 주주의 채권자는 주주의 소유주식에 대하여 강제집행을 하면 족하다는 것을 이유로 법인격부인론이 적용되지 않는다고 한다.

(ii) 긍정설 - 법인격부인론의 실정법적 근거가 되는 권리남용금지나 신의성실의 원칙에 비추어 이러한 경우에도 법인격부인론이 적용될 수 있다고 한다.

(iii) 판례 - 법인격부인론을 적용하여 기존회사의 채권자는 기존회사와 신설회사 양쪽 모두에 대하여 채무이행을 청구할 수 있다고 한다(대판 2004. 11. 12, 2002다66892).

| 대법원 2004. 11. 12. 선고 2002다66892 판결 |

기존회사가 채무를 면탈할 목적으로 기업의 형태 · 내용이 실질적으로 동일한 신설회사를 설립하였다면, 신설회사의 설립은 기존회사의 채무면탈이라는 위법한 목적달성을 위하여 회사제도를 남용한 것이므로, 기존회사의 채권자에 대하여 위 두 회사가 별개의 법인격을 갖고 있음을 주장하는 것은 신의성실의 원칙상 허용될 수 없다 할 것이어서 기존회사의 채권자는 위 두 회사 어느 쪽에 대하여서도 채무의 이행을 청구할 수 있다.

4. 적용요건

(1) 객관적 요건

법인격부인론을 적용하기 위해서는 「회사 = 지배주주」의 관계로 볼 수 있어야 한다. 즉, (ⅰ) 어느 주주가 회사를 완전히 지배하고(지배요건), (ⅱ) 회사는 빈껍데기 내지 형식에 불과하고(형해요건), (ⅲ) 법인격이 법률의 적용을 회피하기 위하여 남용되어야 하고(법인격남용요건), (ⅳ) 회사의 무자력으로 회사채권자가 변제를 받지 못하여야 한다(무자력요건). 이 밖에 자본이 과소하다는 것은 법인격부인론의 적용에 있어서 판단자료가 될 수 있지만(서울지법 2003. 6. 20, 2001가합79377), 법인격부인론의 절대적 요건은 아니다. 회사의 업무 · 재산과 지배주주 개인의 업무 · 재산이 분리되지 않은 상황도 판단자료가 된다(서울고법 1974. 5. 8, 72나2582).

(2) 주관적 요건

지배주주의 법인격남용의 의사는 요건이 아니다. 민법 제2조의 법인격남용금지의 원칙은 주관적 요건을 요하지 않고, 만일 이를 요하면 그 입증의 어려움으로 법인격부인론의 실용성이 반감될 것이기 때문이다.

| 서울지법 2003. 6. 20. 선고 2001가합79377 판결 |

모회사와 자회사의 관계에서 법인격 부인 또는 남용의 법리가 적용되기 위해서는 ① 모회사가 자회사의 전 주식을 소유하여 그에 따른 주주권의 행사로서 이사 및 임원 선임권을 지닌 결과 자회사에 대해 강한 지배력을 가진 점만으로는 부족하고, 자회사가 그 자체의 독자적인 의사 또는 존재를 상실하고 모회사가 자신의 사업의 일부로서 자회사를 운영한다고 할 수 있을 정도로 완전한 지배력을 행사하고 있을 것, ② 모회사와 자회사 간의 재산과 업무 및 대외적인 기업거래활동 등이 명확히 구분되어 있지 않고 양자가 서로 혼용되어 있을 것, ③ 모회사와 자회사 간의 회계가 구분되어 있지 않고 주주총회, 이사회 등 회사법적 절차가 무시되고 있을 것, ④ 자회사의 자본금이 그 업무의 성질 및 규모에 비추어 현저히 부족할 것, ⑤ 자회사의 법인격이 모회사에 대한 법률적용을 회피하기 위한 수단으로 남용되었을 것 등의 요건을 충족해야 한다. 다만 법인격의 부인 또는 남용에 해당하는 것으로 보아 주식회사의 유한책임원칙에 대한 예외를 인정하는 것은 어디까지나 당해 법인격이 불법 또는 부정한 목적을 위하여, 또는 공공의 이익에 반하거나 위법을 정당화하거나, 기타 사기를 비호하거나 범죄를 옹호하기 위한 등의 목적에서 사용되는 경우에 그와 같은 위법의 방지 및 형평의 원칙에 기하여 인정되는 것이므로, ① 거래의 상대방이 모회사와 자회사를 명확하게 구분하여 그 중 어느 회사와 거래하는지에 관하여 분명한 의사를 가지고 있거나, ② 거래 상대방이 자기가 거래하고 있는 자회사의 자본이 당해 거래에 따른 위험성에 비추어 충분하지 못한 사실을 알고 있었음에도 불구하고 그에 대한 충분한 조치 없이 거래한 경우라거나, ③ 자회사와 거래 상대방간의 당해 거래관계에 있어 명백한 불공정성이 없는 경우에는 법인격의 부인 또는 남용에 해당하는 것으로 볼 수 없다.

5. 적용효과

(1) 실체법적 효과

법인격부인론의 적용에 의하여 회사의 법인격 자체가 항구적으로 박탈되는 것은 아니다. 책임의 실체를 파악함에 있어서 문제된 특정사안에 국한해서 일시적으로 회사의 독립된 법인격을 부정하여 지배주주에게 곧바로 책임을 물을 수 있도록 할 뿐이다. 그 밖의 사안에 대해서는 회사의 독립된 법인격이 그대로 인정된다. 이런 점에서 회사의 법인격 그 자체를 전면적으로 박탈하는 법원의 해산명령제도(상 176조)와는 차이가 있다.

(2) 소송법적 효과

법인격부인론의 적용효과가 소송법적 효력에까지 미치는 것은 아니다. 따라서 회사를 상대로 한 소송에서 회사채권자가 승소한 경우에도 그 기판력과 집행력이 지배주주에 대하여 강제집행할 수 있는 근거가 되는 채무명의로 되는 것은 아니다(대판 1995. 5. 12, 93다44531). 그러므로 처음부터 회사와 지배주주를 공동피고로 함으로써 지배주주에 대하여 새로이 채무명의를 얻어야 하는 번거로움을 피할 수 있다.

Ⅲ. 1인 회사

(1) 유한회사 · 주식회사와 같은 물적 회사에 있어서는 2인 이상의 사원이 이들 회사의 성립요건도 존속요건도 아니다(상 288조, 293조, 543조 1항, 517조, 609조 1항). 유한회사 · 주식회사의 사단성은 「인적(사원) 결합체」로서의 특성보다는 「자본적(주

식) 결합체」로서의 특성이 더욱 뚜렷하다. 이 때문에 입법론으로 상법 제69조에서 사단을 삭제하는 것이 타당하다는 견해가 있다(정찬형).

(2) (1인 회사에 대해서는 후술 → 소규모주식회사)

제5절 회사의 능력 - 회사는 무엇을, 어떻게 할 수 있는가?

[1] 회사는 그 자체가 스스로 권리와 의무의 주체가 될 수 있을까? 회사가 누릴 수 있는 권리와 누릴 수 없는 권리에는 어떠한 것이 있을까? 회사가 권리능력이 없는 행위를 한 경우 그 효력은?

[2] 회사는 자연인과는 달리 두뇌와 손발이 없는데 어떠한 방법으로 의사를 결정하고 그 결정된 의사를 집행할 수 있을까?

[3] 회사 자신이 불법행위책임의 주체가 될 수 있을까? 회사의 대표기관 또는 대표기관 아닌 자가 타인에게 불법행위를 한 경우 피해자는 누구를 상대로, 어떠한 근거하에서 책임을 물을 수 있는가?

| 해 설 |

법률세계에서 「○○능력」이란 말은 「○○의 주체가 될 수 있는 자격」을 뜻한다. 능력에는 권리능력, 행위능력, 불법행위능력 등이 있다. 권리능력은 권리와 의무의 주체가 될 수 있는 자격을, 행위능력은 단독으로 유효한 법률행위를 할 수 있는 자격을, 불법행위능력은 불법행위를 하고 그에 따른 불법행위책임을 질 수 있는 자격을 의미한다. 회사도 자연인과 마찬가지로 원칙적으로 이러한 능력을 가지고 있다.

	자연인	법인 (회사)
권리능력	권리능력을 가진다.	일반적인 권리능력을 가지나, 구체적인 권리능력에 있어서 제한을 받는다.
행위능력	자신이 직접 행위능력을 가진다. ■ 행위무능력자제도가 있다.	대표기관을 통하여 행위능력을 가진다. ■ 행위무능력제도가 없다. (권리능력의 범위와 일치)
불법행위능력	불법행위능력	불법행위능력을 가진다. ■ 대표기관도 회사와 연대책임을 진다.

[1] 권리능력

「사람(人)」만이 권리능력을 갖는다. 사람(人)에는 「자연인」과 「법인」이 있다. 自然人은 생물학적으로 자연스럽게 권리와 의무의 주체가 될 수 있는 사람이고, 法人은 자연인은 아니지만 법에 의하여 법인격을 부여받은 사람이다. 회사는 모두 법인이기 때문에 「일반적인 권리능력」을 갖는다. 즉, 회사는 그 자신이 권리와 의무의 주체가 될 수 있다. 예컨대, 현대건설(회사)의 창업주는 정주영(자연인)씨인데, 정주영씨가 만든 현대건설 그 자체가 독립된 법인격을 갖는 자로서 현대건설과 관련된 권리와 의무의 주체가 된다. 그러나 회사의 「개별적인 권리능력」은 자연인과는 달리 성질 · 법률 · 정관에 의한 제한을 받는다. 회사의 행위가 권리능력 외의 것일 때에는 실존하지 않는 자의 행위와 마찬가지로 절대적으로 무효가 된다.

Ⅰ. 성질에 의한 제한

법인은 그 성질상 자연인만을 전제로 한 권리능력을 갖지 못한다.

(1) 생명권, 신체권, 친족권, 상속권, 육체적 노무를 제공하여야 하는 것(예 : 지배인 등 상업사용인이 될 수 있는 권리) 등은 자연인만이 가질 수 있다. 회사가 다른 회사의 이사 · 감사가 될 수 있는가에 대해서는 부정설이 다수설이나, 반대설이 있다.

(2) 명예권, 상호권, 유증을 받을 권리, 대리인이 될 수 있는 권리, 발기인이 될 수 있는 권리 등은 자연인뿐만 아니라 법인도 그 주체가 될 수 있다.

Ⅱ. 법률에 의한 제한

회사의 권리능력은 법에 의하여 주어진 것이므로 입법정책적으로 법에 의하여 회사의 권리능력을 제한할 수 있다(민 34조).

(1) 회사는 다른 회사의 무한책임사원이 될 수 없다(상 173조). 유한책임사원이 되는 것은 가능하다. 만일 회사가 다른 회사의 무한책임사원이 되는 것을 허용하면, 그 다른 회사와의 독립된 경영이 어렵게 되고 연쇄도산하는 사태가 생길 수도 있어 기업유지의 이념에 반하기 때문이다.

(2) 청산회사의 권리능력은 청산의 목적범위 내로 한정된다(상 245조, 269조, 542조 1항, 613조 1항).

(3) 법에서 회사에 대해 일정한 행위를 금지하는 규정을 두는 경우가 있다. 이들 금지규정을 위반하는 행위의 효력은, (ⅰ) 그 규정이 단속규정에 그치는 경우에는 유효하나(이러한 경우가 일반적이다)(대판 1987. 12. 8, 86다230), (ⅱ) 효력규정인 경우에는 무효로 된다(대판 1985. 11. 26, 85다카122).

Ⅲ. 정관의 목적에 의한 제한

최근 주요 기업들이 공시한 사업보고서에 해당 회사와 무관해 보이는 이색사업이 '회사의 목적사업'으로 기재돼 있어 흥미를 끌고 있다. 삼성전자의 사업보고서에는 '회사가 영위하는 목적사업'으로 총 29개 항목이 올라 있다. 이중 대부분은 반도체와 휴대폰, 생활가전 등과 연관된 사업들이다. 하지만 그중에는 '경제성 식물의 재배 및 판매업'이라는 전자업종과는 무관한 사업이 포함돼 있다. 삼성전자 관계자는 "지난 1969년 삼성전자공업주식회사를 설립할 당시부터 정관에 들어가 있었지만 당시 정관을 작성한 이들이 회사에 남아 있지 않아 정확한 이유를 알 수 없다"고 밝혔다. 다만 과거에는 제조업 기반이 없어 경제성 있는 수목을 재배하는 것도 할 수 있다고 판단했던 것 같다는 게 삼성전자 측의 설명이다. LG전자 목적사업 중에는 '광업'이 눈에 띈다. LG전자 역시 광업이 목적사업에 포함된 정확한 경위는 파악하기 어렵다. LG전자 관계자는 "목적사업 항목이 포괄적인데다 과거부터 추가돼 오다보니 남아 있게 된 것으로 알고 있다"고 말했다. 그런데도 이 항목이 남아 있는 것은 목적사업 변경을 위한 정관변경절차가 복잡하기 때문이다. 굳이 이사회와 주주총회 의결을 거쳐 가면서까지 사업목적을 바꿀 필요가 없다는 것이 업계측의 설명이다. SK(주)는 '보험대리점 및 보험중개인 등을 포함한 보험사업', '여행, 레저, 스포츠 및 생활관련 각종 서비스업' 등 정유업과 무관한 사업들을 하고 있다. 대부분 'OK캐쉬백' 서비스를 위해 필요로 하는 사업들이다. SK관계자는 "고객들에 대해 다양한 서비스를 제공하고 다각적으로 신규사업을 모색하다보니 정유업과는 무관한 사업이 목적사업이 되는 경우가 있다"며 "따지고 보면 사업들간 연관이 아주 없는 것은 아니다"고 말했다. (출처 : 내일신문 2006. 4. 4 [구본홍])

| 해 설 |

회사의 목적(영위하고자 하는 목적사업)은 정관의 절대적 기재사항이다. 회사는 목적단체이므로 이를 정관의 기재사항으로 한 것이다. 또한 정관의 목적은 등기에 의하여 공시된다. 회사는 영리단체이므로 영리사업을 하는 것은 당연할 터이지만, 영위하고자 하는 사업을 구체적으로 특정하여 기재토록 한 것이다. 그런데 정관에 기재된 목적사업이 당해 기업이 현재 영위하고 있는 사업과 반드시 일치할 것을 요하는 것은 아니다. 이 때문에 대부분의 회사들은 주된 사업을 목적으로 기재하는 동시에 그와 관련된 사업을 기재하는 외에, 현재는 영위하지 않지만 장차 계획하고 있는 사업을 목적에 포함시켜 기재하기도 한다. 또한 대부분의 기업들이 왕성한 영업활동을 위하여 가능한 많은 사항을 정관의 목적에 포함시키려고 하는 경향이 있다. 실정이 이러하므로 정관기재와 등기에 의하여 공시되는 회사의 목적은 그 규범적 효력이 매우 약하다. 회사가 정관 소정의 목적 범위 외의 행위를 한 경우 권리능력 밖의 행위로 무효로 할 것인가의 문제도 회사의 정관이 갖는 이러한 특성을 십분 고려하여야 하지 않을까 생각된다.

1. 문제의 소재

민법 제34조에서는 「법인은 법률의 규정에 좇아 정관으로 정한 목적의 범위 내에서 권리와 의무의 주체가 된다」고 규정하고 있다. 상법에서는 이 같은 규정이 없고, 회사의 목적사항을 정관의 절대적 기재사항과 등기사항으로 하고 있을 뿐이다(상 179조 1호, 180조, 269조, 289조). 회사도 법인의 하나이기 때문에 위 민법규정의 적용을 받아 회사의 권리능력이 정관으로 정한 목적의 범위 내로 제한되는지의 여부가 문제된다. 만일 정관 소정의 목적에 의하여 회사의 권리능력이 제한을 받는다면, 회사가 정관 소정의 목적이 아닌 사항을 한 경우, 이는 권리능력 없는 행위이기 때문에 무효로 되고, 그와 달리 보는 경우에는 유효로 된다.

2. 학설

회사가 정관 소정의 목적에 의하여 권리능력이 제한되는가에 대해서는 다음과 같은 견해가 있다.

(i) 제한긍정설 - 회사에 대해서도 민법 제34조를 유추적용하여 목적에 의한 권리능력의 제한을 받는다는 견해이다(소수설). 이 견해에 의하면, 정관 소정의 목적을 벗어난 행위는 무효로 된다.

(ii) 제한부정설 - 회사는 정관 소정의 목적에 의하여 권리능력의 제한을 받지 않는다는 견해이다(통설). 그 논거로, 민법 제34조는 비영리법인에 관한 규정이며 상법에 민법 제34조를 준용한다는 명문의 규정이 없고, 비교법적으로도 과거 「능력外 이론」(ultra vires doctrine)을 채택하던 영미법국가에서도 조차도 지금은 목적에 의한 제한을 철폐하는 추세이고, 목적에 의한 권리능력의 제한을 인정하면 거래의

안전을 해치게 된다는 점을 들고 있다. 회사의 목적이 등기에 의하여 공시된 사항이라 하더라도 제3자로 하여금 이를 열람하지 않았다는 것을 문제삼아 당해 거래를 무효로 하는 것은 상거래의 신속성을 해치고 비현실적이라고 한다. 이 견해에 의하면, 정관 소정의 목적을 벗어난 행위도 원칙적으로 유효하다.

3. 판례

판례는 기본적으로 제한긍정설의 입장을 취하고 있다. 그러나 목적의 범위를 정관에 명시되어 있는 사항에 한정하지 않고 그 목적을 수행하는 데 직접·간접으로 필요한 모든 행위 또는 목적에 반하지 않는 일체의 행위로 넓게 해석하고 있다. 또한 목적수행에 필요한지의 여부는 행위의 객관적 성질에 따라 추상적으로 판단할 것이고 행위자의 주관적인 의사에 따라 판단할 것은 아니라고 한다(대판 1987. 9. 8, 86다카1349; 대판 1988. 1. 19, 86다카1384; 대판 2002. 4. 12, 2002다4245). 그 결과 제한긍정설을 취하지만 실제의 결과에 있어서는 위의 제한부정설과 비슷한 결론에 이르게 된다.

| 대법원 1999. 10. 8. 선고 98다2488 판결 |

회사의 권리능력은 회사의 설립 근거가 된 법률과 회사의 정관상의 목적에 의하여 제한되나 그 목적범위 내의 행위라 함은 정관에 명시된 목적 자체에 국한되는 것이 아니라, 그 목적을 수행하는 데 있어 직접, 간접으로 필요한 행위는 모두 포함되고 목적수행에 필요한지의 여부는 행위의 객관적 성질에 따라 판단할 것이고 행위자의 주관적, 구체적 의사에 따라 판단할 것은 아니다. (同旨: 대법원 1988. 1. 19. 선고 86다카1384 판결(공1988, 445); 대법원 1991. 11. 22. 선고 91다8821 판결(공1992, 260); 대법원 1987. 10. 13. 선고 86다카1522 판결; 부산고법 2004. 1. 16. 선고 2003나12328 판결)

4. 정리

다음과 같은 이유에서 제한부정설이 타당하다고 본다.

① 법인의 목적에 의한 권리능력을 제한하는 민법 제34조는 비영리법인에 관한 규정이다. 영리법인은 일반적으로 그 사회적 활동범위가 매우 넓고 회사의 행위 중에서는 직접 또는 간접적으로 영리활동과 무관한 행위는 거의 없을 정도이므로 원래 비영리법인을 상정하여 규정한 민법 제34조를 영리법인인 회사에 그대로 유추적용하는 것은 적절하지 못하다.

② 회사의 권리능력은 해산이나 파산의 경우를 제외하고는 통상적인 경우 목적에

의한 제한을 받지 않는 일반적인 권리능력을 가진다.

③ 회사의 목적이 정관에 기재되고 등기에 의하여 공시되는 것은 사실이나, 보통 실무에서는 정관에 「…기타 위 사업의 수행에 필요한 행위」라는 식으로 포괄조항을 둠으로써 그 범위가 애매하여 만일 제한긍정설을 취하면 분쟁의 소지가 있다.

④ 정관 소정의 목적에 의하여 회사의 권리능력이 제한된다고 하면, 회사에게 책임을 회피하는 구실을 주게 되고 거래안전을 해치게 된다.

⑤ 제한부정설을 취함으로 생기는 주주와 회사 등에 생기는 손해에 대해서는 이사 등에 대한 책임추궁으로 구제받을 수 있다.

5. 정관 소정 목적의 기능

위의 제한부정설을 취한다고 해서 정관 소정의 목적이 완전히 무의미한 것은 아니다. 정관 소정의 목적은 다음과 같은 규범적 기능을 수행한다.

(1) 대외적 법률관계

제한부정설을 취하는 경우에도 상대방이 회사의 목적 외의 행위임을 알고 거래하였을 때에는, 악의의 상대방이 당해 거래의 유효를 주장하는 것은 신의칙(민 2조)에 반한다. 따라서 회사는 악의의 상대방에게 정관 소정의 목적범위 외의 것이라는 점을 주장하여 대항할 수 있다고 한다.

(2) 대내적 법률관계

① 정관은 법규적 성질을 갖기 때문에 회사와 관계된 이해관계인의 그 내용에 대한 知·不知를 불문하고 구속력을 갖는다(법규설)("법규에 대한 무지는 변명되지 않는다").

② 정관 소정의 목적은 이사 등의 회사기관의 행위에 대한 제한이 된다. 이사 등이 정관을 위반한 경우 손해배상책임(상 399조), 해임(상 385조 2항), 유지청구(상 402조) 등의 사유가 된다.

| 회사의 기부와 정관 소정의 목적 |

① 회사가 교육기관이나 자선단체 등에 기부하는 행위는 회사에 대한 사회의 이미지를 좋게 함으로써 결국 회사의 가치를 높이게 되고 회사의 영리목적달성에 도움이 되므로 회사의 권리능력 범위 내의 행위에 속한다고 보는 것이 일반적인 견해이다.

② 회사가 정치자금을 제공하는 행위에 대해서는, 당해 정치자금의 제공이 회사의 목적수

행에 직접·간접적으로 필요하고 또 정당정치의 건전한 발전에 기여할 수 있는 경우에는 권리능력 범위 내에 속한다고 본다. 다만 그것이 무제한으로 허용되는 것은 아니며, 회사의 규모·영업실적·기타 사회경제적 지위·기부의 상대방 등 제반사정을 고려하여 합리적인 범위 내에서만 허용된다는 것이 하여 일본 최고재판소의 입장이다(日最判 1970. 6. 24, 민집 24. 6. 625). 국내에서도 대체로 이와 동일한 취지로 보고 있다.

③ 회사의 정치자금제공 등의 기부행위가 적법하려면 관련 법규에 따라 적법하게 행해져야 한다. 회사가 실정법을 위반하여 제공한 정치자금이 뇌물에 해당하여 범죄행위가 되거나 기업활동에 도움이 된다고 할지라도 법질서에 벗어난 행동은 경영판단으로 보호해줄 수 없다는 것이 판례의 입장이다.

[2] 행위능력

(1) 자연인은 자신의 두뇌에 의하여 의사결정을 하고 자신의 수족(손과 발)을 이용하여 집행할 수 있으므로 일반적으로 행위능력을 갖는다. 다만 미성년자·한정치산자·금치산자와 같이 판단능력이 부족한 자에 대해서는 획일적으로 행위무능력자로 하여 이들을 보호하고 있다. 회사(법인)의 경우는 자연인의 두뇌나 수족에 해당하는 대표기관(예 : 주식회사의 경우 대표이사)을 통하여 행위능력을 갖는다. 즉 회사의 경우 「대표기관의 행위 = 회사의 행위」의 관계가 성립하게 된다.

(2) 대표에 대해서는 특별한 규정이 없으므로 대리에 관한 규정을 유추적용한다(민 59조 2항 참조). 회사의 경우는 자연인의 행위무능력자에 해당하는 것이 없다.

[3] 불법행위능력

분식회계가 적발된 ○○사의 주주들이 회사를 상대로 손해배상소송을 제기했다. ○○회사는 공시를 통해 ○○○씨 등 모두 26명의 주주들이 분식회계 사실이 드러나면서 주가가 하락, 피해를 입었다며 7억 2,000만여 원 규모의 손해배상 청구소송을 서울중앙지방법원에 제기했다고 공시했다. ○○사는 700억 원 규모의 자산이 가공 계상된 사실이 드러나며 주가가 연일 하한가를 기록, 1,700원대였던 주가가 935원에 마감하는 등 큰 폭으로 하락한 상태이다. (출처 : 경향신문 2005. 11. 19, 서울경제신문 2005. 11. 18, 아이뉴스 2005. 11. 18, 이데일리 2005. 11. 18)

| 해 설 |

불법행위는 고의 또는 과실에 의한 위법행위에 의하여 타인에게 손해를 가한 경우 이를 배상할 책임을 말한다(민 750조). 위 사례에서처럼 회사가 고의적으로 분식회계서류를 만들고 이를 이용하여 투자자금을 끌어 모은 경우에는 불법행위의 요건을 충족할 수 있다. 회사의 불법행위가 인정되는 경우 피해자 입장에서는 회사를 상대로 직접 손해배상을 구하는 방법과 실제 불법행위를 한 자를 상대로 손해배상을 구하는 방법이 있다.

1. 회사 자체의 불법행위능력

회사는 행위능력을 가지므로 행위능력의 불법적 측면인 불법행위능력도 당연히 가진다. 따라서 회사는 그 스스로가 불법행위책임(민 750조)의 주체가 될 수 있다(민 35조 1항 참조).

2. 대표기관의 불법행위

(1) 회사를 대표하는 사원 또는 대표이사가 업무집행상 타인에게 손해를 가한 경우, 이는 회사 자신의 불법행위(민 750조)가 되므로 당연히 회사는 불법행위책임을 진다(민 35조 1항 참조).

(2) 이러한 회사의 불법행위책임과 병행하여 당해 대표기관도 회사와 연대하여 배상책임을 진다는 규정을 두고 있다(부진정연대채무)(상 210조, 269조, 389조 3항, 567조). 회사자신이 불법행위능력을 가지므로 굳이 대표기관에 배상책임을 묻지 않아도 될 터이지만, 피해자를 보다 두터이 보호하기 위한 특칙이다.

3. 대표기관 이외의 자의 불법행위

회사가 타인을 사용하여 어느 사무에 종사하게 하고, 그 피용자가 그 사무집행과 관련하여 제3자에게 손해를 가한 때에는 회사가 사용자로서 배상할 책임을 진다(민법 756조). 이는 민법상의 사용자책임이다. 사용자는 피용자의 선임 및 사무감독에 과실이 없는 때에는 면책된다(민 756조 1항 단서). 이 때 피용자 자신은 민법 제750조의 일반불법행위책임을, 사용자는 민법 제756조의 사용자배상책임을 진다. 중간감독자도 사용자와 동일한 책임을 진다(민 756조 2항). 이들 모두의 책임은 부진정연대채무의 관계에 있다. 사용자 또는 중간감독자가 배상을 한 때에는 피용자에 대하여 구상권을 행사할 수 있다(민 756조 3항).

4. 이사·감사 등의 회사 및 제3자에 대한 책임

불법행위를 한 자가 회사의 이사 또는 감사인 경우에는 그 이사 또는 감사는 그로 인하여 회사와 제3자가 입은 손해에 대하여 손해배상책임을 지고(상 399조, 401조), 대표소송의 대상이 된다(상 403조).

▎관련사례▎

증권회사의 영업실적을 올리기 위한 잦은 매매로 고객에게 손해를 끼쳤다면 이를 보상해야 한다는 판결이 나왔다. ○○지법은 옛 ○○신협의 파산관재인인 예금보험공사가 ○○증권을 상대로 청구한 예탁금 반환소송에서 피고는 원고에게 8억 6천만 원을 지급하라며 원고 일부승소판결을 했다. 재판부는 증권사가 일임매매에 따른 고객의 손해에 대해서는 보상할 책임이 없지만, 합리적 선택이 아닌 실적을 위한 잦은 매매였다면 불법행위가 성립된다고 밝혔다. (출처 : 매일경제 2005. 11. 30)

▎회사의 공법상의 능력▎

회사는 공법상의 권리의무의 주체가 되는 경우가 있고(예 : 납세의무), 소송법상 당사자능력을 갖는다. 회사는 형법상의 범죄능력을 갖지 않는다고 보는 것이 일반적이다(반대설 있음).

제6절 회사의 종류

2005년 1월 1일 기준으로 국내에서 활동하고 있는 내국회사의 총수는 326,610개인데, 이 중에서 주식회사가 311,205(95.33%), 유한회사 10,827개(3.31%), 합자회사가 3,797개(1.16%), 합명회

회사종류별 수 (2004년 말 기준)

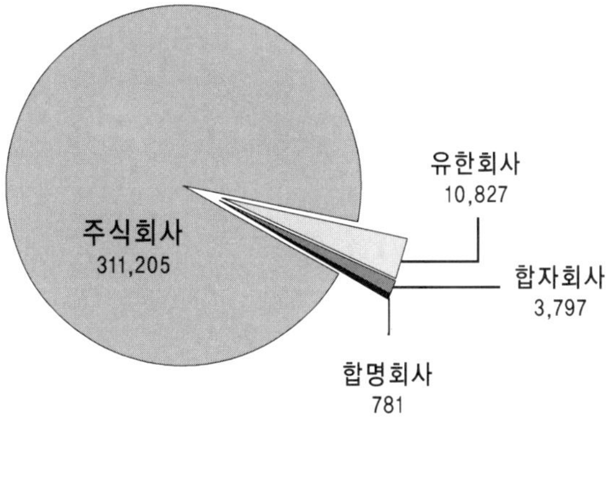

사가 781개(0.23%)를 차지하고 있다. 2000년 말과 2004년 말을 비교하면, 주식회사는 96,957개(214,248개→311,205개), 유한회사는 31,30개(7,697개→1,0827) 증가한 반면, 합자회사는 1211개(5,008개→3,798개), 합명회사는 239개(1,020개→781개) 오히려 감소하였다. (자료출처 : 국세통계연보)

| 해 설 |

위 국세청 통계에 의하면 숫자 면에서 주식회사가 압도적으로 많고 그 다음이 유한회사, 합자회사, 합명회사의 순으로 되어 있다. 우리나라 회사의 대다수는 주식회사라 해도 좋을 정도이다. 그러나 같은 주식회사라 하더라도 천양지차의 격차를 보이고 있다. 현재 회사와 관련된 법률문제는 주로 주식회사와 관련하여 발생하고 있다.

[1] 상법상의 분류

Ⅰ. 회사종류 법정주의

상법 제170조에서는 회사의 종류를 합명회사, 합자회사, 주식회사, 유한회사 등의 4종의 회사로 한정하고 있다(회사종류 법정주의). 이같은 4종의 회사 이외의 회사는 허용되지 않는다. 사회적 수요에 따라 새로운 유형의 회사를 인정할 필요가 있을 때에는 입법에 의하여 수용되어야 한다.

(1) 합명회사

합명회사는 2인 이상의 무한책임사원으로 구성되며, 사원은 회사재산으로써 회사채무를 완제하지 못하는 경우에 직접 회사채권자에 대하여 연대 · 무한책임을 진다(상 212조). 실질적으로는 개인기업을 공동으로 하는 것이다. 소유와 경영이 일치하고, 사원 상호간의 인적 신뢰가 두터운 소규모의 회사에 적합하다.

(2) 합자회사

합자회사는 무한책임과 유한책임의 두 종류의 사원으로 조직되는 회사이다(상 268조). 합자회사에서 무한책임사원의 책임은 합명회사의 무한책임사원과 동일하고, 유한책임사원은 회사채권자에 대하여 출자가액을 한도로 해서만 직접 · 연대책임(상 279조)을 진다. 합자회사에 특별한 규정이 없는 때에는 합명회사의 규정을 준용한다(상 269조).

(3) 주식회사

주식회사는 사원(주주)이 회사채권자에 대하여 직접 아무런 책임을 지지 않고, 단지 회사에 대하여 그가 인수한 주식의 가액을 한도로 출자의무만을 진다. 소유와 경영이 분리되고, 대중으로부터 광범하게 자본을 조달할 수 있어 대규모의 기업에 적합하다.

(4) 유한회사

유한회사의 사원은 회사채권자에 대하여 직접 아무런 책임을 지지 않고 단지 회사에 대하여 출자의무만을 부담한다. 그러나 예외적으로 자본전보책임(상 550조, 593조)을 지고, 지분을 임의로 양도하지 못하며(상 556조), 사원의 수를 50인으로 한정한다. 주식회사를 간이화한 것으로 소규모의 중소기업에 적합한 회사형태이다.

▎회사 이외의 공동기업▎

조합, 익명조합, 선박공유 등은 공동기업의 한 형태이지만 회사는 아니다.

① 조합은 2인 이상이 출자하여 공동으로 사업을 영위하기 위하여 결합된 단체이다(민 703조). 조합도 상행위 기타 영리사업을 할 수 있고, 회사와 비슷한 조직을 가질 때에는 합명회사에 가깝다. 회사는 그 자체가 독립된 상인이지만, 조합은 법인격이 없으며 대외적으로 조합 자체가 권리의무의 주체가 되지 못한다. 회사재산은 회사 고유의 재산(단독소유)이지만, 조합재산은 조합원의 합유에 속한다(민 704조).

② 익명조합은 당사자 일방(익명조합원)이 상대방(영업자)의 영업을 위하여 출자하고 상대방은 그 영업으로 인한 이익을 분배할 것을 약정하는 계약이다(상 78조). 익명조합은 경제적으로는 합자회사에 가깝지만 법률상으로는 영업자의 단독영업이다.

③ 선박공유는 수인이 공동으로 해상기업을 영위하기 위하여 선박을 공유하는 제도이다(상 753조 이하). 선박공유는 조합의 경우와 마찬가지로 대외적으로 권리의무의 주체가 될 수 있는 단일체가 아니므로 회사와 다르다.

Ⅱ. 회사의 종류별 차이점

위와 같은 4종의 회사로 구분하는 것은 「사원이 회사의 채무에 대하여 제3자에 지는 책임」의 차이에서 비롯된다. 사원의 책임은 크게 무한책임과 유한책임으로 나눌 수 있다. 인적 신뢰관계를 중심으로 하는 인적회사의 사원은 회사의 채무에 대하여 「무한책임」을 지는 데에 반하여, 회사의 물적 기초를 중심으로 하는 물적회사의 사원은 회사의 채무에 대하여 출자한 가액을 한도로 「유한책임」을 진다.

주식회사는 물적 회사의 전형이고, 합명회사는 인적회사의 전형이다. 합자회사와 유한회사는 그 중간에 위치하는데, 합자회사는 인적 회사적 요소가, 유한회사는 물적 회사적 요소가 강하다.

회사채권자에 대한 사원의 책임

합명회사	합자회사	유한회사	주식회사
무한책임사원 (직접 · 연대)	**무한책임사원** (직접 · 연대)	X	X
X	**유한책임사원** (직접 · 연대)	**유한책임사원** (간접 · 분할)	**유한책임사원** (간접 · 분할) **+**자본전보책임

┃4종의 회사┃

	합명회사	합자회사	주식회사	유한회사
사원의 책임	**무한책임사원** : 회사채권자에 대해 직접 · 연대 · 무한책임	**무한책임**과 **유한책임**의 이원적 조직	**유한책임**	**유한책임** (+자본전보책임)
특성	▲전형적 인적회사 : 인적 결합이 강한 소수인의 공동기업에 적합	▲합명회사에 자본적 요소 가미(실질적으로는 합명회사에 유사) : 특별규정이 없으면 합명회사 규정 준용	▲자본 중심의 전형적 물적 회사. 대자본의 형성이 용이하여 대규모사업에 적합 ▲출자의 크기 : 회사의사결정 및 손익분배 등에 있어서 비례적 기준 ▲ 1인 주주 인정	▲물적 회사에 인적 요소 가미, ▲폐쇄성, 소규모성 (사원총수 1인 이상 50인 이하) ▲ 1인 사원 인정
출자 · 자본	▲최저자본 : 제한 없음 ▲재산출자뿐만 아니라 노무 · 신용출자도 인정	(좌동) ※유한책임사원 : 신용 · 노무 출자할 수 없음	▲최저자본금 : 5천만 원 ▲최저액면가 : 100원 이상 균일 ▲재산출자만 인정 (노무 · 신용출자는 인정하지 않음) ▲수권자본제	▲최저자본금 : 1천만 원 ▲최저액면가 : 5천 원 이상 균일 ▲(좌동) ▲확정자본제
설립 절차	정관, 설립등기	(좌동)	▲설립 전에 회사재산확보 및 업무집행기관 구성 ▲발기설립, 모집설립	▲(좌동), ▲모집설립 불인정
사원 변동	▲정관기재사항 ▲지분양도에는 사원 전원의 동의를 요함 ▲退社, 제명가능	※ 유한책임사원 : 정관기재, 지분양도는 무한책임사원 전원의 동의를 요함(유한책임사원 동의 不要)	▲주주성명은 정관기재사항 아님 ▲주식양도자유(원칙, 지분의 證券化)	▲정관으로 사원 특정 ▲지분양도 제한 (사원총회의 결의, 지분의 증권화 금지).

	합명회사	합자회사	주식회사	유한회사
기 관	▲각자기관, 자기기관 ▲업무집행권, 회사대표권 : 사원 각자가 업무집행권과 회사대표권을 가짐(정관으로 업무집행사원과 대표사원을 둘 수 있음) ▲사원총회 (不要)	※유한책임사원: 업무집행권은 없고, 업무집행에 대한 감시권을 가짐	▲주주총회: 제한적 최고기관 ▲타인기관(소유와 경영의 분리): 주주자격과는 별도로 이사(3인 이상)를 선임하고 이사회 구성. 감사(필요), 이사·감사 임기제한	▲사원총회(필요기관): 만능의 최고기관 ▲이사(1인 이상), 감사(임의), 임기제한 없음.
사원의 의사 결정 방법	▲頭數주의(=지분단일주의) : 사원들은 각자 1개 의결권	※유한책임사원: 총사원의 동의 요하는 경우에 예외적으로 의사결정에 참여	▲1주 1의결권 (=持分복수주의)	▲출자 1좌 1의결권 (다만, 정관으로 달리 정할 수 있음)
이 익 배 당	▲이익 없어도 배당가능 ▲정관으로 자유로이 정할 수 있음(출자에 비례하지 않음)→ 민법 조합(출자비율에 의함)	※유한책임사원: 좌동 (다만, 출자액을 한도로 손실분담)	▲이익 없으면 배당불가 ▲주식 수에 비례(강행규정)	▲(좌동) ▲(좌동)(다만, 정관에 달리 정할 수 있음)

Ⅲ. 각 회사별 장단점

1. 주식회사의 장점

(1) 주주는 유한책임을 지기 때문에 출자에 따르는 위험을 한정할 수 있다. 주식회사의 주주는 유한회사의 사원과는 달리 자본전보책임을 지지 않는다. 따라서 주식회사는 사업의 위험을 외부화할 수 있으므로 모험사업에 적합하다.

(2) 주주는 증권화된 지분을 양도함으로써 투하자본을 용이하게 회수할 수 있다. 다만 이는 증권시장에 상장되어 있는가의 여부에 따라 현실적으로 차이가 있다.

(3) 주식회사는 주식과 회사채의 발행이 가능하기 때문에 거액의 자금을 조달하기가 용이하다. 이것이 주식회사의 가장 큰 장점이다. 특히 증권시장에 상장하면 이러한 효과를 극대화할 수 있다.

2. 주식회사의 단점

(1) 주식회사는 회사의 자율성 측면에서 다른 종류의 회사에 비하여 더 많은 제한을 받는다. 주식회사는 주주가 유한책임을 지고 다수의 이해관계인이 관여되어 있는 것이 일반적이기 때문에 다른 종류의 회사에 비하여 더 많은 법적 제약과 규제를 받으며 정관자치가 인정되는 범위가 좁다.

(2) 주식회사는 회사를 유지하고 관리하는 조직비용의 부담이 다른 종류의 회사에 비하여 크다. 주식회사는 설립절차가 복잡하고, 주권발행 등의 주주관리를 위한 비용이 소요되고, 이사 및 감사 등 경영 및 경영감시기구를 설치하여야 하고, 그 밖에 의무적으로 비치하여야 하는 각종 서류 및 엄격한 공시의무에 따른 비용부담이 크다.

(3) 주식회사는 주식의 양도가 원칙적으로 자유롭기 때문에 이질적인 주주의 참여에 의한 주주간의 알력 및 지배권분쟁에 휩싸일 가능성이 크다.

3. 회사의 종별 선택시 고려사항

회사의 종류를 선택함에 있어서 이상과 같은 점을 고려하여 당해 회사에 가장 적합한 유형의 회사를 선택하여야 할 것이다. 일반적으로 말하자면, 대규모의 자금이 필요한 회사라면 주식회사를, 그렇지 않고 소규모로 상호 신뢰할 수 있는 구성원 사이에 적은 자금으로 운영될 수 있는 회사라면 주식회사 이외의 회사를 선택하는 것이 바람직하다. 국내 회사의 경우 회사가 규모면에서 천양지차의 차이를 보이고 있고 회사의 사정이 저마다 다름에도 불구하고 거의 천편일률적으로 주식회사 편중현상을 보이고 있다. 이는 주식회사가 법제상 반드시 유리하기 때문이라기 보다는, 장차 회사를 크게 성장시키고자 하는 창업자의 의욕과 주식회사를 선호하는 사회·문화적 이유가 복합적으로 작용한 결과가 아닌가 생각된다. 우리 상법상의 회사는 모두 법인이므로 법인세부과의 대상이 된다. 사원에 대한 배당에 대해서는 별도 과세된다.

[2] 그 밖의 분류

Ⅰ. 인적회사·물적회사 - 본질에 따른 분류

인적회사는 인적 요소(사원)가 중심이 되는 회사이고, 물적회사는 물적 요소(자본)가 중심이 되는 회사이다. 합명회사는 인적회사의 전형이고, 주식회사는 물적회사의 전형이다.

| 인적회사와 물적회사 |

	인적회사	물적회사
특 성	상호 인적 신뢰관계에 있는 인적 결합체이다. 사원의 인적 요소를 중시한다.	각 사원이 출자를 매개로 하여 결합된 자본적 집합체이다. 회사의 물적 요소를 중시한다.
내 부 관 계	(i) 사적 자치를 넓게 인정한다(임의법규성). (ii) 회사와 사원간의 관계와 사원 상호간의 법률관계가 성립될 수 있다. (iii) 출자에 있어서 재산출자 이외에 노무출자 · 신용출자가 인정된다. (iv) 기업의 소유 · 지배 · 경영은 각 사원에게 분속함이 원칙이다. (v) 기업지배에 있어서는 두수주의에 의한다(인적 지배)(1사원 1의결권).	(i) 사적 자치가 제한된다(강행법규성). (ii) 회사와 사원간의 관계만이 성립하고, 사원 상호간의 관계는 성립할 여지가 없다. (iii) 출자는 재산출자에 한한다. 노무와 신용의 출자는 허용되지 않는다. (iv) 기업의 소유와 경영이 분리된다. (v) 기업지배는 출자액에 비례한다(물적 지배)(1출자 1의결권).
외 부 관 계	각 사원이 회사채권자에 대하여 직접 · 연대 · 무한책임을 진다. → 각 사원의 인적 요소가 중시된다.	사원은 회사채권자에 대하여 간접 · 유한책임을 질뿐이다. → 회사재산이 대외적 신용의 유일한 담보가 되므로 물적 기초(자본충실의 원칙)가 강조된다.
상법상 회사와 관 계	합명회사는 인적회사의 전형이다. 합자회사는 인적회사를 근간으로 하면서 물적회사의 요소를 일부 가미한 것이다.	주식회사는 물적회사의 전형이다. 유한회사는 물적회사를 근간으로 하면서 인적회사의 요소를 일부 가미한 것이다.

Ⅱ. 내국회사 · 외국회사 - 설립준거법에 따른 분류

설립준거법이 국내법인 회사를 내국회사, 설립준거법이 외국법인 회사를 외국회사라 한다. 그러나 외국에서 설립된 회사라도 우리나라에 그 본점을 설치하거나 우리나라에서 영업할 것을 주된 목적으로 하는 때에는 우리나라에서 설립된 회사와 동일한 규정을 적용한다(상 617조).

(생각거리)

상법에서 인정하지 않는 종류의 회사를 설립할 수 있는가? 회사의 종류별 특징과 장단점은 무엇인가? 현실적으로 주식회사가 압도적 다수를 차지하는 '주식회사 선호현상'이 생겨나게 된 이유는?

제 2 장

주식회사법 총론

제1절 총 설

(1) 주식회사제도의 출발점은 거액의 자금을 조달하는데 있다. 일반대중으로부터 거액의 자금을 조달하기 위한 유인책으로 주주 유한책임(limited liability)과 주식의 자유로운 양도성을 보장하고, 주식에 의한 자본의 세분화와 주권을 제도화하였다. 투자자의 입장에서는 회사가 잘되면 많은 배당을 받을 것이고, 설령 회사가 잘못되는 최악의 경우에도 투자한 자금만을 포기할 각오가 되어 있다면 투자할 수가 있고, 여차하면 그 이전이라도 자유롭게 주식을 양도함으로써 투하한 자본을 회수할 수 있는 길이 열려져 있기 때문에 투자결정을 비교적 쉽게 할 수 있다. 주식의 자유로운 양도성은 주권이라는 유가증권제도에 의하여 그 유통성이 더욱 보강된다. 또한 거액의 자본을 주식에 의하여 적은 단위로 세분화함으로써 심지어 '코흘리개의 용돈'도 자본으로 동원할 수 있다.

(2) 주주의 구성이 그렇다 보니 일반 대중 주주는 회사경영에 항구적인 관심을 갖기 보다는 자본수익을 더 많이 올릴 수 있는 곳으로 쉽게 이동하는 '철새투자자'

의 성격을 가질 수밖에 없다. 일반군소주주의 경우는 자기의 책임과 위험부담하에 기업경영에 관여할 수 있다는 지분적 소유자로서의 의미는 퇴색하고 투자자(investor)로서의 성격이 강하다. 그 결과 회사경영은 전문경영자나 경영에 관여하기를 원하는 대주주의 수중에 놓이게 된다. 이렇게 되면 경영자와 대주주는 일반군소주주의 무관심 속에 자신들의 이익만을 챙기는 기회주의적 행동과 도덕적 해이로 나아가기 쉽다. 이 같은 대리인문제(agency problem) 때문에 주식회사에서는 경영에 대한 통제가 매우 중요한 과제가 된다. 궁극적인 이해당사자(residual claimant)인 주주에게 경영통제권을 부여하는 것이 마땅하나, 일반 군소주주의 경우 경영통제를 위한 전문지식이 부족하거나, 이를 위한 충분한 시간을 할애하기 어렵거나, 또는 경영통제에 열정을 쏟기 보다는 주식을 양도하는 소극적인 대응을 보이는 것이 일반적이다. 결국 주주를 대신하여 상시적으로 경영을 감시할 수 있도록 감사를 선임하기도 하고, 이사회에 감독권을 부여하기도 하며, 외부의 중립적인 전문감사기관에 감사를 맡기기도 하지만 그 역시 한계가 있다.

(3) 주주는 유한책임을 지는데 그치고 주식이 자유로운 양도성이 보장되므로 주주의 이기심에 의하여 경영이 영향을 받지 않도록 경영의 중립성을 확보할 필요가 있다.

(4) 주식회사가 주식이 아닌 차입의 형식으로 자금을 조달하면 회사채권자라는 새로운 이해당사자가 생긴다. 법리적으로 보자면, 주주는 유한책임에 그치기는 하지만 회사에 대한 지분적 소유자로서 회사경영에 직접 또는 간접으로 영향력을 행사할 수 있는 가능성이 있고, 회사의 영업결과에 대하여 위험부담을 안으며, 또 궁극적인 이해당사자로서의 지위에 있다. 그 반면에 회사채권자는 이자라는 고정적인 수익을 얻고 경영성과와는 무관한 위치에 있는 자라는 점에서 분명 차이가 있다. 그러나 현실적으로 보자면, 주주와 회사채권자가 안는 투자위험은 정도의 차이일 뿐이다. 회사경영이나 회사재산에 대한 관리가 잘못되어 채무를 상환할 수 없는 지경에 이른 때에는 회사채권자도 투자위험을 부담하기는 마찬가지이다. 그리고 경영에 관여할 수 있는 정도에 있어서 일반군소주주도 지분적으로 영향력을 행사할 수 있는 '가능성'이 주어질 뿐 실제 행사할 수 있는 그 영향력이라는 것이 극히 미미하여 그 의미가 크지 않은 것이 일반적이다. 그러나 대주주의 경우는 그 사정이 일반군소주주와는 판이하게 다르다. 따라서 경영으로부터 소외된 일반군소주주(minority shareholders)와 회사채권자의 보호가 문제된다.

(5) 이상에서 보는 바와 같이 주식회사는 거액의 자금을 조달하기 위하여 주주관리, 경영자관리 등에 많은 조직관리비용을 쓸 수밖에 없는 구조로 되어 있다. 따라서 거액의 자금조달이라는 주식회사의 장점을 최대화하면서 이를 위하여 들이는 조직관리비용을 최소화하고, 동시에 관련 당사자의 이해관계를 합리적으로 조정할 수 있는 효율적인 주식회사 법제의 모색이 필요하다.

제2절 주식회사의 기본구조

[1] 규범적 기초

(1) 주식회사의 조직과 활동에 관한 기본 규범에는 상법과 정관이 있다. 정관자치는 회사법의 강행법규에 반하지 않는 범위 내에서만 허용된다. 정관은 회사를 둘러싼 다양한 이해관계의 타협내용을 자치적으로 규범화한 것이므로, 정관을 변경하게 되면 기존 이해관계에 변경을 수반할 가능성이 있다. 따라서 정관을 제정·변경할 때에는 관련 이해당사자의 의견이 반영될 수 있는 절차를 밟아야 한다.

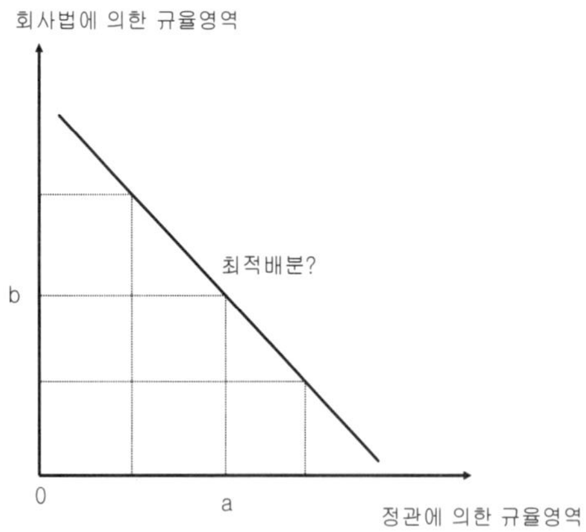

(2) 정관자치에 맡겨줄 부분과 회사법적 규율에 의할 부분을 어떻게 구분하고 설정할 것인가의 문제가 있다. 그림에서 보는 것처럼, 양자는 서로 반비례관계에 있다. 일반적으로 말하자면, 회사의 개별적 사정을 반영할 필요가 있는 사항이나 사실상의 인적회사에 가까운 주식회사의 경우는 그렇지 않는 회사에 비하여 정관자치를 인정할 수 있는 여지가 넓어지게 될 것이다.

[2] 물적 기초

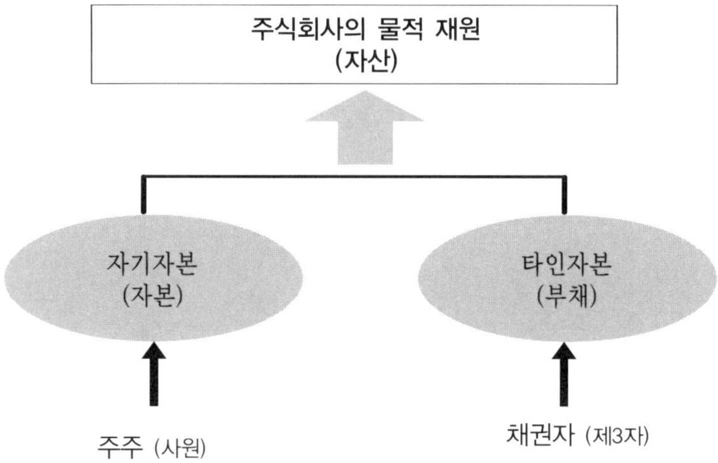

(1) 주식회사에서 주주는 유한책임을 지는데 그치므로 자본(자기자본)이 중심이 되는 전형적인 물적회사이다. 주식회사의 「자본」은 「주식」으로 균등하게 분할되며, 주식의 인수를 통해 출자하거나 이미 발행된 주식을 취득함으로써 「주주」(사원)가 되며, 주주는 주식의 인수가액의 한도에서 출자의무만을 질뿐(유한책임) 회사채무에 대해서는 직접 아무런 책임을 지지 않는 회사이다. 주식회사의 본질적 요소는 자본, 주식, 주주의 유한책임이다.

(2) 회사의 물적 기초는 「자기자본」(자본)에 의하여 형성되는 것이 원칙이지만 「타인자본」(부채)에 의하여 조달되는 경우도 있다. 회사채를 발행하거나 차입에 의하여 자금을 조달하는 것이 이에 해당한다. 타인자본은 상환하여야 하기 때문에 주식과는 달리 영구적인 물적인 기초가 되지 못한다.

[3] 인적 구조 (회사를 둘러싼 이해당사자들)

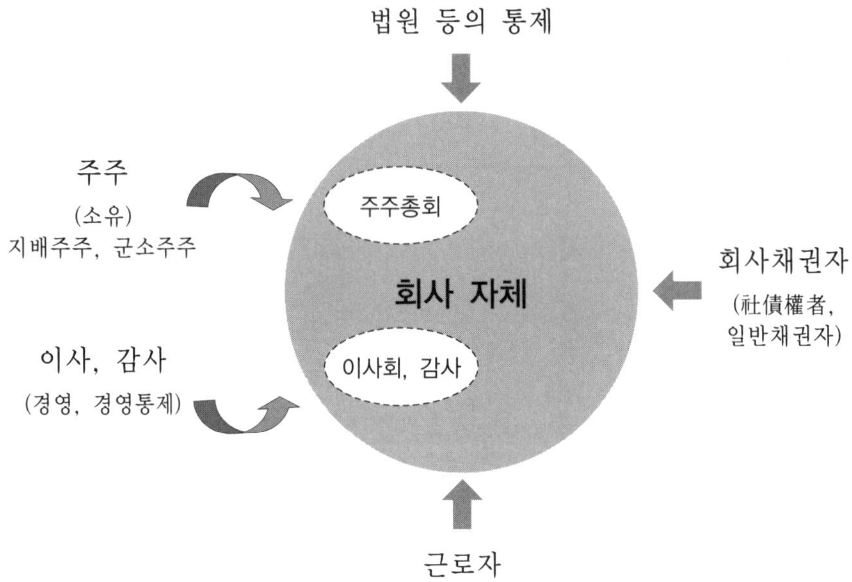

Ⅰ. 다양한 이해당사자들

(1) 주주는 회사의 자기자본에 참여한 지분적 소유자이다. 이사 등은 주주를 대신하여 경영을 담당하는 자이다. 주주는 그 전원이 주주총회라는 회사의 기관에 참여함으로써 회사의 중요한 기본적 사항에 대하여 의사를 결정하고, 이사는 이사회의 구성원으로서, 또 대표이사의 전제자격을 갖는 회사의 수임자로서 경영에 참여한다. 감사는 회사의 기관으로서 이사의 직무집행을 감사함으로써 주주를 대신하여 상시적으로 경영을 통제하는 역할을 수행한다.

(2) 회사채권자는 회사에 대하여 원리금에 대한 채권을 갖는 자로서 회사의 경영에는 관여하지 않는 국외자일 뿐이다. 회사채권자에는 사채권자와 일반채권자 등이 있다.

(3) 근로자는 회사에 노무를 제공하고 그 대가로 임금을 받는 자이다. 회사의 유지와 성장은 근로자에게 안정적인 일자리를 제공하고 임금수준의 상승을 예상할 수

있기 때문에 회사의 이익과 근로자의 이익은 직접적으로 연관되어 있다. 입법례에 따라서는 근로자에 대하여 회사의 경영참가권을 인정하는 경우도 있지만(예 : 독일), 우리 법에서는 이러한 입법례에 따르지 않고 있다. 근로자와 회사와의 관계는 주로 노동관계법에 의하여 규율된다. 다만, 종업원지주제에 의하여 종업원에게 신주를 우선적으로 배정하거나 주식매수선택권(스톡옵션권)을 부여하는 경우가 있다.

Ⅱ. 이해의 상충과 조정

(1) 회사를 둘러싼 이해당사자(stakeholder)는 매우 다양하다. 이들은 회사의 발전을 위하여 상호 보완적 · 상생적 관계에 있기도 하지만 서로 이해가 상충되는 관계에 있기도 한다. 회사를 둘러싸고 이해관계의 대립을 보일 수 있는 경우로는, (ⅰ) 회사채권자 vs. 주주, (ⅱ) 주주 vs. 회사 자체의 이익, (ⅲ) 대주주 vs. 군소주주, (ⅳ) 주주 vs. 경영자 등이 있다. 이들의 이해관계가 충돌할 때 이를 조정하는 기본 규범을 제공하는 것이 회사법의 주된 역할이다.

(2) 회사법에서는 다양한 이해관계의 상충을 조정하기 위하여 다음과 같은 제도적 장치를 두고 있다. (ⅰ) 주주의 유한책임에 의하여 회사 자체와 회사채권자를 보호하기 위한 제도적 장치를 마련하고 있다(예 : 배당의 제한, 지배주주의 충실의무론, 법인격부인론 등). (ⅱ) 소유와 경영의 분리원칙에 분리원칙에 의하여 피해를 입을 수 있는 피해를 입을 수 있는 주주와 회사의 이익을 보호하기 위하여 경영자에게 무거운 책임을 지우고 그 책임을 추궁할 수 있는 제도적 장치를 두고 있다(예 : 이사의 회사 및 제3자에 대한 책임, 해임, 유지청구, 대표소송 등). (ⅲ) 자본다수결원칙에 의하여 이익의 침해를 받을 우려가 있는 군소주주를 대주주의 전횡으로부터 보호하기 위하여 주주총회의 결의요건을 가중하거나, 반대주주의 주식매수청구권을 인정하거나, 종류주주총회를 거치도록 하는 등의 제도적 장치를 두고 있다. (ⅳ) 회사의 독립된 법인격을 빙자하여 타인의 희생 하에 자신의 이익을 도모하는 행위를 무력화시킬 수 있는 이론이 개발되어 있다(예 : 법인격부인론).

Ⅲ. 권리충돌의 경우 우선순위

권리충돌의 경우, 물권은 성립시기의 선후를 불문하고 채권에 우선하고, 채권 상호간에는 성립시기를 불문하고 동일한 순서에 있고(채권자 평등의 원칙), 채권은 사원권에 우선한다는 일반원칙이 회사법관계에서도 동일하게 적용된다. 다만, 사용인의 고용관계로 회사에 대하여 갖는 채권(예 : 신원보증금의 반환을 받을 채권, 급여, 상여금, 퇴직금 등)에 대해서는 근로자 보호를 위한 사회정책적인 배려에서 일반 채권(질권이나 저당권에 의하여 담보되지 않는 채권)보다 우선변제를 받을 권리를 갖는다는 특칙을 두고 있다(상 468조). 요약하면, 회사에 대하여 이해당사자들이 갖는 권리의 우선순위는, ① 담보물권을 가진 회사채권자 → ② 사용인의 고용관계로 인한 채권(상 468조) → ③ 담보물권을 갖지 않는 회사채권자 → ④ 주주의 잔여재산분배청구권 순이다. 사원권으로부터 파생된 것이지만 사원권으로부터 분리되어 독립된 채권으로 된 권리(예 : 주주총회에서 승인결의를 받은 주주의 이익배당청구권)에 대해서는 일반 채권자와 동일한 지위에 있게 된다.

[4] 소유구조 · 경영구조 · 지배구조

Ⅰ. 소유구조

주식회사의 소유(ownership)는 주식의 보유로부터 나온다. 주주는 보유하고 있는 주식수에 비례하여 회사에 대한 지분적 소유자이다. 현실에 있어서 일반군소주주의 경우는 투자자로서의 성격이 강하는 것이 사실이지만, 주주는 대주주 · 군소주주를 불문하고 모두 회사의 지분적 소유자라는 점은 회사법의 전통적인 도그마이다. 이러한 회사법의 도그마와 현실간의 괴리를 어떻게 수렴시킬 것인가 하는 것은 현대 회사법의 과제가 되고 있다. 주식은 주식회사가 자금을 조달하는 여러 가지 방법 중의 하나이므로, 자금조달방법과 자본구조를 어떻게 편성하느냐에 따라 주식회사의 소유구조에도 영향을 미치게 된다. 그러므로 주식회사의 소유구조는 회사의 자금조달구조와도 관련성이 있다.

Ⅱ. 경영구조

주식회사에서 경영을 맡는 이사는 소유자집단인 주주들에 의하여 선임되지만 선임권자인 주주로부터 독립하여 회사에 최선의 이익을 가져오는 방향으로 그 직무를 수행하여야 할 의무를 진다(경영의 중립성). 소유와 경영의 분리원칙에 따라 주주가 아닌 자도 이사가 될 수 있지만, 주주도 이사로 선임되어 경영을 담당할 수 있다. 한편, 이사회 중심주의의 경향에 따라 경영진의 권한이 강해지는 만큼 그에 따른 책임 또한 막중하다.

Ⅲ. 지배구조

주식회사의 지배구조는 누가 실질적으로 기업에 대한 지배권을 가지고 있는가의 문제이다. 기업의 지배권은 경영진의 선임과 의사결정을 실질적으로 주도할 수 있는 지위에 있는 자에게 돌아가게 된다. 극단적으로 어느 한 주주가 100%의 주식을 보유하고 있는 경우에는 소유구조와 경영구조 및 지배구조가 완전히 일치하게 된다. 그러나 100%의 주식을 보유하지 않는 경우라 하더라도 이사의 임면권을 행사할 수 있는 정도의 지분(예 : 51%의 지분)을 가진 주주가 회사의 지배권을 사실상 완전히(100%) 독식하게 된다. 일반군소주주의 경우에는 지분적으로 소유는 하지만 회사의 경영과 지배로부터는 사실상 완전히 배제되는 결과가 된다.

Ⅳ. 주주중심주의 vs. 이해조화주의

회사경영에 있어서 누구의 이익을 가장 우선시하여야 하는가? 이는 이사가 선관주의의무로 경영을 수행함에서 있어서 어떠한 기준에 의하여 그 직무를 수행하여야 하는가의 문제가 된다. 종래의 전통적인 입장은 '주주 중시의 경영'이라 하여 주주의 이익을 최우선순위에 두고 있다(주주중심의 기업관, shareholder capitalism). 그러나 이에 대해서는 주주의 이익을 넘어서 회사의 최고의 이익이 우선한다는 입장이 있다. 이에 의하면, 회사의 이익을 우선시키는 일이 회사의 구성원 모두의 장기적 이익에 봉사하는 것이 되므로, 회사의 부의 창출능력을 장기적으로 높이는 방향으로 회사구성원 모두의 이해관계를 수렴하는 것이 필요하다고 한다(이해조화형 기업관, stakeholder capitalism)(박세일).

제3절 주식회사법의 기본원리 및 특징

[1] 일반적 기본원리

Ⅰ. 신의칙 및 권리남용금지의 원칙

민법 제2조 제1항에서는 「권리의 행사와 의무의 이행은 신의에 좇아 성실히 행하여야 한다」고 규정하고, 동조 제2항에서는 「권리는 남용하지 못한다」고 규정하고 있다. 이는 사법의 기본원칙이자 강행법적 명제이다. 신의칙이나 권리남용금지의 원칙을 위반한 행위에 대해서는 권리가 인정되지 않고 의무를 이행하지 않은 것으로 되기도 하고, 행위의 효력이 무효로 되기도 하며, 채무불이행 또는 불법행위가 되기도 한다. 회사법에서도 이들 원칙이 적용됨은 물론이다(아래 판례 참조).

| 서울지법 2003. 11. 20. 선고 2001가합18662 판결 |

우리사주조합이 우리사주조합원에게 의결권을 분산행사하는 것이 일응 적법한 권리행사라 하더라도 다수의 주주(9,000명)에게 1주씩 분산하여 총회에 참석토록 함으로써 총회를 물리력에 저지할 목적에 의한 것이라면 권리남용에 해당하므로 회사가 경찰력을 동원하여 이를 저지한 것은 정당하다.

| 대법원 1992. 8. 14. 선고 91다45141 판결 |

주권발행 전 주식의 양도에 입회하여 차후 이의를 제기하지 않겠다는 서약을 한 대표이사가 양수인이 주축이 되어 개최한 주주총회의 결의의 부존재를 주장하는 것은 신의칙에 반한다. (同旨 : 대법원 1991. 12. 13. 90다카6774 판결)

| 대법원 1996. 12. 20. 선고 96다39998 판결 |

사실상 주주 2인으로 구성된 주식회사의 일방 주주측이 다른 주주의 회의장 입장을 부당하게 방해하였고, 그 의사진행방식 및 결의방식이 개최시각보다 지연 입장하게 된 다른 주주의 의결권 행사를 최대한 보장하는 방법으로 이루어지지 아니하여 신의칙에 반한다는 이유로, 주주총회 결의방법이 현저하게 불공정한 때에 해당한다.

| 서울지법 남부지원 1988. 8. 31. 선고 86가합2948 제3민사부 판결 |

시장을 개설, 관리해 온 회사가 시장관리권을 양도한 후 5년 동안 아무런 이의 없이 지내왔다면 이제 와서 주주총회의 특별결의 없이 이루어진 시장관리권 양도의 무효를 주장하는 것은 신의성실의 원칙에 반한다.

| 인천지법 1986. 8. 29. 선고 85가합1526 제2민사부 판결 |

회사의 흡수합병의 경우에 있어 합병의 비율은 합병당사회사의 재산상태와 그에 따른 주식의 객관적 가치에 비추어 공정하게 정하여야 하고 현저하게 불공정한 합병비율을 정한 합병계약은 신의성실의 원칙이나 공평의 원칙에 반하여 무효이다.

Ⅱ. 자치의 원칙 및 「사회질서와 강행법적 명제」 준수의 원칙

회사내부의 관계에 있어서 정관자치가 인정되는 경우도 있지만, 일반적인 사법관계에 비하여 상당한 제약을 받는다. 정관자치는 사회질서(민 103조)와 회사법의 강행법적 명제에 반하지 않는 범위에서만 용인된다. 그러나 회사와 제3자와의 대외적 관계에 있어서는 당사자자치의 원칙이 그대로 적용된다.

| 서울고법 1976. 4. 20. 선고 75나1890, 75나1891(병합) 제1민사부 판결 |

상법상의 주주총회의 소집 및 결의방법에 관한 규정은 강행법규라 할 것인 바 그 강행규정에 위반하여 성립된 주주총회의 결의에 찬동, 추인하여 그 강행규정을 위반한 자가 스스로 그 위반행위를 무효라고 주장하는 것을 신의성실의 원칙에 위반하는 권리행사라 하여 배척한다는 것은 위 상법상의 강행규정의 취지와 효용 등을 상실케 하는 것이다.

Ⅲ. 외관존중 · 금반언의 원칙

외관존중의 원칙은 자신에 의하여 야기된 외관(표시)에 반하는 주장을 하는 것이 허용되지 않는다는 원칙이다. 독일법의 外觀主義와 영미법의 표시에 의한 禁反言(estoppel)의 법리에 뿌리를 두고 있다. 외관에 대한 상대방의 정당한 신뢰(선의)를 법적으로 보호해줌으로써 거래의 안전을 보호하기 위한 제도이다. 다수를 상대로 정형적 · 집단적으로 신속하게 이루어지는 법률관계에서는 외관존중의 요청이 더욱 강하다.

Ⅳ. 주주와 회사채권자의 이익보호

위의 인적 구조 (회사를 둘러싼 이해당사자들) 참조.

Ⅴ. 기업유지 · 강화의 이념

일단 회사가 성립하게 되면 회사를 둘러싸고 다수의 이해관계가 형성하게 된다. 만일 회사가 해체되거나 문을 닫게 되면 당해 기업을 둘러싼 이해당사자는 물론이고 나아가 사회 · 국가적으로 그 손실이 확산된다. 이 때문에 회사법에서는 일단 성립된 회사는 가능한 유지토록 하는 제도적 장치를 두고 있다. 예컨대, 영업양도, 회사의 합병, 회사의 계속, 조직변경 등이 이에 해당한다. 기업유지와 함께 「기업이익」의 강화도 전통적인 「주주와 회사채권자의 이익보호」의 원리와 함께 회사법의 이념과 가치가 되고 있다. 예컨대, 재량기각, 회사의 경영목적수행을 위한 주주의 신주인권 배제, 배당이익의 사내유보 등이 이에 해당한다.

[2] 주식회사법의 특징

주식회사는 다른 종류의 회사에 비하여 다수의 이해관계인이 존재하고 주식회사 제도를 남용할 가능성이 많기 때문에 주식회사에 관한 법규정은 다음과 같은 특징을 띠고 있다.

Ⅰ. 강행규정성

주식회사에 관한 법규정은 부분적으로 정관자치를 인정하는 경우도 있지만 대부분 강행규정으로 되어 있다. 정관자치를 허용하면 결국 정관의 내용에 영향을 미칠 수 있는 대주주나 경영진의 이익에만 유리해지고 오히려 회사채권자와 군소주주의 이익이 침해될 우려가 있기 때문이다(법의 후견적 기능). 주식회사에서 정관 자치는 당사자간의 자율적인 이익조정에 맡겨도 무방한 사항, 회사의 개별적인 사정에 따라 달리 정하도록 하는 것이 합리적인 사항 등에 대하여 제한적으로 허용된다.

회사자치 및 회사법의 임의규정화의 요청과 그 한계

회사경영에 있어서 자율성을 확대하고 기업규제의 완화차원에서 회사법 규정을 기업자편에서 재편하는 경향이 있다. 이러한 경향을 대표하는 것이 특히 미국의 델라웨어주 회사법이다. 이러한 외국의 입법동향은 우리나라 회사법에도 일부 영향을 미치고 있다. 회사의 다양한 사정을 고려하여 회사의 자율성을 확대하는 방향으로 나아갈 필요가 있다 하더라도,

관련 당사자의 이해관계를 조정하는 회사법의 역할은 그대로 견지되어야 할 것이고, 이를 위하여 일정 부분은 강행규정으로 남을 수밖에 없다.

Ⅱ. 단체법적 법률관계의 집단적 · 획일적 처리

주식회사를 둘러싼 당사자는 다수인 경우가 보통이다. 만일 주식회사의 법률관계를 개별적 사정에 따라 다르게 처리한다면 그에 따른 사무부담이 가중될 뿐만 아니라 법적 안정성을 확보하기 어렵다. 이 때문에 개인법적 법률관계와는 달리 특히 주식회사의 경우에는 단체법적 법률관계를 집단적 · 획일적으로 처리할 필요가 있다. 예컨대, 주주를 확정하기 위한 주주명부의 폐쇄와 기준일제도, 명의개서제도, 주식의 균일성, 사채의 균일성, 일률적인 통지와 공고제도, 주식인수에 있어서 하자를 이유로 한 주장의 제한 등이 이에 해당한다. 또한 분쟁이 발생한 경우 일반 민사소송과 달리 회사법상의 소송에 의하여 집단적으로 처리하고 있다(예 : 원고 승소판결의 경우 대세적 효력 인정).

Ⅲ. 공시주의

기업세계에서 정보는 곧 돈이다. 이 때문에 회사정보에 용이하게 접근할 수 있는 지위에 있는 자들이 회사정보를 이용하여 불공정한 거래를 할 유혹에 빠지기가 쉽다. 주식회사는 다른 유형의 회사보다도 이 같은 정보의 비대칭문제가 더욱 심각해질 수 있는 구조적 특징을 띠고 있다. 이 때문에 상업등기, 통지 및 공고, 각종 장부의 비치 및 열람 · 등사청구권의 부여 등의 제도적 장치를 두고 있고, 기업정보의 공시를 폭넓게 인정하고 있다.

Ⅳ. 엄격책임

다수의 이해당사자를 보호하기 위하여 이사 · 감사 등의 회사업무종사자에 대하여 무거운 책임을 지우고 있다. 책임의 요건으로 「임무해태」와 같이 과실책임의 원칙을 취하는 경우도 있지만, 무과실책임을 지우는 경우도 있고, 민법상의 책임과는 구별되는 특별한 법정책임을 지우기도 하고, 다수인이 책임을 져야 할 경우에는 연대책임을 지우는 경우도 있다. 또한 상법에서는 형사벌칙과 행정제재조항을 두고 있다.

Ⅴ. 법원 등에 의한 공적 통제

주식회사에 문제가 생기면 다수의 피해자가 양산되고 나아가 국민경제에 큰 부담을 안겨줄 가능성이 있다. 이 때문에 주식회사의 건실성을 확보하기 위하여 법원 등에 의한 공적 통제와 개입을 허용하고(예 : 법원의 선임에 의한 검사인, 해산명령, 해산판결, 임시주주총회의 소집허가, 각종 회사법상의 소송 등), 공인회계사 등과 같은 외부의 중립적인 회계전문가에 의한 회계감사를 받도록 하기도 한다. 상장회사의 경우는 상사특별법에 의하여 금융감독위원회와 같은 공적 기관의 통제와 업종단체(예 : 상장회사협의회, 증권업협회, 자산운용업협회 등) 등에 의한 자율적 규제를 받도록 하고 있다.

Ⅵ. 형평성 및 효율성의 지향

형평성(equity)과 효율성(efficiency)은 회사법 곳곳에 제도적으로 반영되어 있다. 다수의 이해가 상충하는 회사법률관계에서 이들 이해관계를 공평하게 조정하는 형평성의 추구는 회사법이 지향하는 당연한 목표이다. 이와 함께 효율성의 추구도 회사법의 중요한 지향점이 되고 있다. 예컨대, 주주총회 권한의 이사회로의 이전 경향, 전자적 방식에 의한 이사회의 허용, 전자문서에 의한 총회소집의 통지, 각종 서류의 전자화, 총회소집통지의 장기반송 주주에 대한 총회소집 통지의무의 면제, 1인 이사인 주식회사의 인정, 주권불소지의 인정, 각종 기간의 단축경향, 주식매수선택권과 같은 성과에 연동된 보상체계 등은 효율성이 반영된 제도라 할 것이다. 회사법관계에서 형평성과 효율성이 상충하는 경우에는 형평성이 우선한다고 본다.

제4절 주식회사의 종류

Ⅰ. 일반회사 · 특별회사 - 적용법에 따른 분류

주식회사 중에는 상법만이 적용되는 회사가 있고(상법상의 회사), 상법 이외에 상사특별법의 적용을 받는 주식회사가 있다(특별법상의 회사). 상장법인과 증권회사에 대해서는 증권거래법이, 은행에 대해서는 은행법이, 보험회사에 대해서는 보험업법이, 신탁회사에 대해서는 신탁업법이, 자산운용사에 대해서는 간접투자자산운용업법이 적용되고, 상법이 이에 보충적으로 적용됨이 원칙이다.

|상법상의 회사와 상사특별법상의 회사|

	일반 상법상 회사	특별법상 회사
적용법	상법만이 적용된다.	특별법이 상법에 우선하여 적용된다.
종 류	일반적인 회사 (특별법상의 회사 이외의 회사)	① 일반 특별법에 의한 회사 특별업종을 영위하는 회사에 일반적으로 적용되는 특별법의 규율을 받는 회사이다(예 : 증권거래법 → 증권회사, 은행법 → 은행, 보험업법 → 보험회사, 신탁업법 → 신탁회사, 간접투자자산운용업법 → 자산운용회사 등). ② 특정 특별법에 의한 회사(특수회사) 특정의 회사만을 위하여 특별히 제정된 특별법에 의하여 설립된 회사이다(예 : 한국토지공사법, 한국도로공사법, 한국전력공사법, 한국수자원공사법, 한국방송광고공사법 등 주로 정부출자에 의한 공기업).

Ⅱ. 상장회사 · 비상장회사 - 유통시장에 따른 분류

① 한국증권선물거래소와 같은 조직화된 유통시장에 주권 등이 상장되어 거래되는 회사를 상장회사, 그렇지 않는 일반 회사를 비상장회사라 한다. 상장회사는 일반인에게 공개된 회사라 할 것이고, 비상장회사는 폐쇄회사라 하겠다.

② 주식회사는 거액의 자금조달과 주식의 자유로운 양도성을 그 본질로 한다. 상장회사의 경우는 조직적인 유통시장을 통하여 거액의 자본을 조달할 수 있고 주식의 자유로운 양도성이 보장되어, 주식회사의 제도적 장점을 발휘하기가 용이하다. 반면에 비상장주식회사의 경우는 조직적인 유통시장의 부재로 주식회사의 제도적 장점을 살리기가 어렵다.

③ 상장회사에 대해서는 증권거래법과 한국증권선물거래소법 등이 우선적으로 적용되고 상법의 규정이 이에 보충적으로 적용된다.

|비상장회사와 상장회사|

	일반법인 (비상장회사)	상장법인
뜻	조직화된 유통시장이 없는 회사	주식 등을 한국증권선물거래소에 상장하여 그 시장을 통하여 유통시킬 수 있는 회사
적 용 법	상법	증권거래법, 한국증권선물거래소법

Ⅲ. 소유자기업 · 경영자기업 - 지배구조에 따른 분류

주식회사의 법원리상으로는 주식회사의 지배권은 소유자인 주주로부터 도출되는 것은 당연하다. 그러나 현실적으로는 회사에 대한 지배권을 행사하는 자가 소유자인 주주가 아니라 경영자인 경우가 있다(경영자지배). 이를 소유자기업에 대비하여 경영자기업으로 부를 수 있다. 경영자기업은 특히 주식이 대다수의 주주에게 분산되어 있고 주주들이 경영에 무관심할 때에 그러한 현상이 더욱 뚜렷해진다. 소유자기업인 경우에는 주주의 이기심과 입김으로부터 경영의 중립성과 회사의 이익을 보호하는 것이 중요한 과제가 되고, 경영자기업의 경우에는 대리인문제에 대한 효과적인 경영통제가 중요한 과제가 된다.

Ⅳ. 대규모회사 · 소규모회사 - 규모에 따른 분류

원래 주식회사는 거액의 자금조달을 위하여 탄생한 회사이므로 자금수요가 많은 대규모회사를 상정하고 있다. 그런데 주식회사는 그 규모면에서 회사마다 천양지차의 차이를 보이고 있다. 주식회사의 법형식을 취하고 있지만 거의 인적회사와 다름없는 소규모의 회사도 있다. 소규모회사에 대하여 원래 대규모회사를 상정하여 설계된 법제도를 그대로 적용하는 것은 무리가 따른다. 그래서 상법에서는 자본금이 5억 원 미만인 회사에 대해서는 기관구조상의 특칙을 인정하고, 주주가 1인인 회사에 대해서는 해석에 의하여 상법규정의 엄격한 적용을 완화하고 있다.

Ⅴ. 그 밖의 분류

자본참가와 지배종속관계에 따라 모자회사, 비모자관계의 자본참가 · 피참가회사, 완전모자회사, 지주회사 등으로 구분할 수 있다. (관련된 곳에서 설명)

제 2 편 주식회사의 규범적 기초

제 1 장

총 설

상장회사협의회는 개정된 상법과 증권거래법을 반영한 새로운 정관모델을 만들고 이를 공개했다. 상장회사들은 이 표준정관을 기본으로 회사 사정이나 방침에 따라 정관을 정비하면 된다. (출처 : 서울경제 2000. 2. 16 [이장규])

| 해 설 |

정관은 회사가 자율적으로 정한 규범으로 그 제정 및 개정권자는 주주이다. 회사는 정관을 최고의 자치규범으로 하여 이로부터 수권을 받은 다양한 회사규정을 만들 수 있다(예 : 이사보수규정 등). 어느 회사나 두터운 규정집을 두고 있다. 이들 하부규정은 정관이 아니므로 정관변경절차(주주총회의 특별결의)에 의하지 않고서도 변경할 수 있다. 정관은 상법이나 상사특별법의 강행규정에 반하지 않은 범위 내에서 회사자치를 실현하는 자치규범이다. 현재 대부분의 회사들이 상장회사협의회가 만든 표준정관을 모델로 하여 정관을 만들고 있다. 그러나 이는 어디까지나 모델(샘플)일 뿐 반드시 그에 따라야 하는 것은 아니며, 각각의 회사는 실정에 맞는 정관을 만들 수 있다.

[1] 의의

정관은 회사의 조직과 활동을 정한 회사의 기본적인 자치규범(실질적 의의의 정관)과 그것이 기재된 서면(형식적 의의의 정관)으로 구분된다.

[2] 본질

정관은 회사가 자율적으로 정한 자치법이다. 자치법은 계약과는 달리 단체의 기관이나 구성원을 구속하는 힘을 지닌 법규로서의 성질을 띤다(다수설). 정관의 해석은 법규와 마찬가지로 객관적 · 추상적으로 해석하여야 한다. 정관은 법규성을 갖기 때문에 정관의 해석에 잘못이 있는 경우에는 상고이유가 된다. 그러나 정관을 계약의 일종으로 보는 견해가 있다(정동윤).

[3] 효력

정관은 임의법규에 우선하여 적용된다. 그러나 정관은 강행법규에 우선하지 못하므로 강행법규에 반하는 정관은 무효로 된다.

제 2 장

원시정관

제1절 정관 및 그 하위의 자치규정

(1) 회사의 설립시에 처음 작성하는 정관을 원시정관이라 한다. 발기인은 원시정관을 작성하고 이에 기명날인 또는 서명하여야 한다(상 289조 1항).

(2) 회사는 정관 이외에 여러 자치적인 규정들을 두고 있다(예 : 이사회규칙, 각종 위원회규정 등). 이들 규정 중에는 정관의 내용을 구체화한 것도 있지만 엄밀한 의미에서 상법상의 정관은 아니다. 정관에 규정하여야 할 사항을 하부규정에 위임하여 규정하는 경우 그 적부는 마치 위임입법의 한계문제와 동일한 법리에 의하여 판단할 수 있을 것이다.

제2절 기재사항

[1] 절대적 기재사항

정관의 절대적 기재사항은 이를 흠결하거나 내용이 위법하면 정관 전체가 무효로 되고 회사설립의 무효사유가 되는 사항이다(상 289조 1항). 상법에서는 다음의 8가지를 정관의 절대적 기재사항으로 하고 있다. 이들은 주식회사의 골격을 이루는 중요사항이다.

1. 목적

목적사업은 이해관계인에게 예측가능성을 부여할 정도로 영위하고자 하는 영리사업의 내용을 가급적 구체적으로 기재하여야 한다. 구체적인 사업목적을 제시하면서 「기타 이에 부수하는 사업」이라고 규정하는 것은 주된 목적에 의하여 부수사업의 범위를 예측할 수 있으므로 무방하다.

2. 상호

상호는 영업상의 동일성을 표시하는 상인의 명칭이다. 회사는 자연인인 상인과는 달리 반드시 상호를 가져야 하고, 주식회사는 반드시 「주식회사」라는 문자를 상호 중에 표시하여야 한다. 보험 · 신탁 · 증권 · 은행 등의 경우에는 해당 법령에서 그 업종도 표시하도록 하고 있다.

3. 발행할 주식의 총수

회사가 장차 「발행할」 주식의 총수(발행예정주식총수)는 회사설립 후 정관을 변경하지 않고서도 발행할 수 있는 주식의 최대한도를 말한다. 수권자본제의 원칙에 따라 회사는 {발행예정주식총수 - 설립시 발행주식총수}의 범위 내에서는 정관을 변경하지 않고서도(즉, 정관변경을 위한 주주총회를 소집할 필요도 없이) 이사회의 결의에 의하여 새로이 신주를 발행할 수 있다. 그러나 현재의 발행주식총수와 자본은 정관의 절대적 기재사항이 아니다.

4. 1주의 금액 (액면가)

액면가는 1주의 권면액이다. 상법에서는 무액면주식을 인정하지 않고 액면주식만을 인정하기 때문에 자본구성의 최소단위의 금액을 정관의 절대적 기재사항으로 한 것이다. 액면가와 발행주식총수를 곱하면 자본이 된다(상 451조).

| 액면가 · 발행가 · 시가 |

주식의 가격에는 액면가, 발행가, 시가가 있다. ① 「액면가」(또는 권면액)는 주권의 표면에 기재되어 있는 1주의 금액이다. ② 「발행가」는 새로이 신주를 발행할 때에 주식인수의 대가로 제시하는 금액으로, 액면가 이상을 원칙으로 하지만 예외적으로 액면가를 밑도는 금액일 수도 있다. ③ 「시가」는 당해 주식에 대한 수요와 공급에 의하여 그때 그 때 형성되는 거래가격이다. 예컨대, 액면가 100원인 주식을 500원(또는 70원)의 발행가로 발행할 수 있고, 그 후 그 주식의 시가가 시세에 따라 10원이 될 수도 있고 5만 원이 될 수도 있다. 발행가는 정관에 기재하지 않지만, 액면가는 정관에 반드시 기재하여야 한다.

5. 회사설립시 발행하는 주식의 총수

회사설립시의 발행주식총수는 발행예정주식총수의 1/4 이상이면 된다(상 289조 2항).

| 사 례 |

어느 회사의 발행할 주식의 총수(발행예정주식총수)는 2,000,000주, 1주의 금액이 100원이라고 가정하자.

① 회사설립시 발행하여야 하는 주식의 총수는 2,000,000주의 1/4에 해당하는 500,000주 이상이어야 하고, 회사설립시의 자본은 100원 × 500,000주 = 5,000만 원이다.

② 회사설립 이후 추가로 1억 5천만 원의 자본이 필요한 경우, 이는 발행예정주식총수의 범위 내이므로 정관변경 없이도 이사회의 결의만으로 1,500,000주의 신주를 발행하면 된다(100원 × 1,500,000주 = 1억 5천만 원).

③ 그 후 또 1억 원의 추가 자금조달이 필요한 경우, 이미 발행예정주식총수를 모두 사용하여 남은 것이 없으므로 정관을 변경하여 추가로 필요한 신주발행분 100만 주(= 1억 원 ÷ 100원)를 더해 발행예정주식총수를 3백만 주(=2백만 주 + 1백만 주)로 변경하여야 한다. 정관을 변경할 때 발행예정주식총수를 미리 넉넉하게 확보해두면 추가로 신주를 발행할 때마다 정관변경의 절차를 밟아야 하는 번거로움을 피할 수 있다.

6. 본점소재지

(1) 회사는 영업의 장소적 거점으로 영업소를 두어야 하고, 영업소 중에서 영업의

결과가 최종적으로 집중되는 본점을 정관의 절대적 기재사항으로 하고 있다. 본점은 단일해야 하고, 최소의 행정구획단위와 지번으로 특정되어야 한다. 회사의 소재지는 본점소재지에 있는 것으로 한다(상 171조 2항).

(2) 회사는 본점소재지에서 설립등기를 함으로써 성립하며(상 317조), 본점소재지는 회사가 받을 의사표시와 통지의 수령지가 되며(민소 183조 1항 본문), 등기(상 34조, 비송 129조) 및 각종 회사법상의 소에 있어서 관할의 표준이 되고(민소 5조 1항, 상 186조, 240조, 269조, 328조 2항, 376조 2항, 380조, 385조 3항, 403조 5항, 430조, 446조, 462조 3항, 552조 2항, 578조, 595조), 주주총회의 소집지의 기준이 된다(상 364조). 지점은 정관의 절대적 기재사항이 아니다.

7. 공고방법

정관에 관보 또는 시사에 관한 사항을 취급하는 일간신문을 공고매체로 특정하여 기재하여야 한다(상 289조 3항)(예 : ㅇㅇ신문). 인터넷 홈페이지에 게재하거나 방송에 의하여 공고하는 것만으로는 적법한 공고방법이 될 수 없다. 공고방법은 통지방법과는 구분된다.

8. 발기인의 인적 사항

정관에 발기인의 성명 · 주민등록번호 · 주소를 기재하고 이에 기명날인(또는 서명)하여야 한다.

[2] 상대적 기재사항

상대적 기재사항은 기재하지 않더라도 정관 자체의 효력에는 영향이 없으나, 그 사항이 효력을 발생하기를 원한다면 반드시 정관에 기재하여야 하는 사항이다. 이에는 다음의 두 가지가 있다.

1. 변태설립사항

변태설립사항은 회사설립시에 자본충실을 해칠 위험성이 있는 사항을 뜻한다. 변태설립사항에는 발기인의 특별이익, 현물출자, 재산인수, 설립비용, 발기인이 받을 보수 등이 있다(상 290조). (후술 → 제10편 주식회사의 설립)

2. 그 밖의 상대적 기재사항

상법이 정관의 상대적 기재사항으로 규정하고 있는 것으로는, 주식발행사항(상 291조), 무기명주권의 발행(상 357조 1항), 수종의 주식의 발행(상 344조 2항), 전환주식의 발행(상 346조 1항), 명의개서대리인의 설치(상 337조 2항), 주주총회의 권한(상 361조), 주주총회의 결의방법(상 368조 1항), 서면투표의 실시(상 368조의13 1항), 이사의 임기연장(상 383조 3항), 자격주(상 387조), 이사의 보수(상 388조), 이사회의 소집통지기간의 단축(상 390조 2항), 이사회 결의요건의 가중(상 391조 1항 단서), 대표이사를 주주총회에서 선임하는 경우 이에 관한 사항(상 389조 1항 단서), 신주발행사항의 결정(상 416조), 제3자에 대한 신주인수권의 부여(상 418조 1항), 주주총회에 의한 준비금의 자본전입(상 411조 단서), 전환사채 · 신주인수권부사채의 발행사항의 결정(상 516조2 2항), 해산사유(상 517조 1항, 227조 1항), 주권불소지제도의 배제(상 358조의2 1항), 집중투표의 배제(상 382조의2 1항), 주식매수선택권의 부여(상 340조의2), 이사회 내 위원회의 설치(상 393조의2), 영상 이사회의 배제(상 391조 2항), 감사위원회의 설치(상 415조의2 1항) 등이 있다.

[3] 임의적 기재사항

임의적 기재사항은 반드시 정관에 기재하여야 할 사항은 아니고, 편의상 정관에 밝힌 사항이다. 예컨대, 주권의 종류, 이사 · 감사의 수, 이사의 자격, 영업연도, 정기주주총회의 시기, 총회의 운영, 총회 의장의 선출방법 등이 있다.

제3절 공증인의 인증 (효력요건)

원시정관은 효력발생요건으로 공증인의 인증을 요한다. 공증인의 인증을 받지 않은 원시정관은 무효이다(상 292조). 그러나 정관변경의 경우에는 공증인의 인증을 받을 필요가 없다.

제 3 장

정관변경

ㅇㅇ텔레콤은 신규사업권 획득에 따라 정관 일부변경 승인과 이사 선임의 건을 위해 임시주주총회를 개최했다. 이날 주총에서 주식 총수를 현행 3억 주에서 4억 5,000만 주로 수권자본금을 늘리고 사업에 참여하는 컨소시엄 주주들에게 총 1억 6,000만 주 이하의 범 위내에서 제3자 배정을 통한 신주(보통주)를 발행할 수 있는 근거 조항을 마련했다. 또 사채의 액면총액이 2,200억 원을 초과하지 않은 범위 내에서 정보통신부에게 전환사채를 발행할 수 있다는 조항을 정관개정에 포함시켰다. (출처 : 매일경제 2001. 9. 4, 헤럴드경제 2001. 9. 4)

해 설

정관은 회사 내의 최고의 자치규범으로 회사의 조직과 활동에 관한 근본규칙을 담고 있다. 회사설립시의 정관(원시정관)을 이후 변경하는 것은 가능하다. 위 사례에서처럼 수권주식의 수는 회사의 자본구조의 근간을 이루기 때문에 정관에 반드시 기재하여 하고 이를 변경하려면 일정한 정관변경절차를 거쳐야 한다. 정관변경의 절차에서 핵심을 이루는 부분은? 정관변경을 하려면 주주의 동의, 그것도 가중된 요건인 주주총회의 특별결의를 요하는 이유는 무엇일까?

제1절 의의

정관변경은 정관의 기재사항을 추가 · 삭제 · 수정함으로써 그 내용이 변경되는 것을 말한다(실질적 의의의 정관변경). 정관변경은 실질적 의의의 정관변경을 뜻하므로, 이를 기재하는 서면의 변경(형식적 의의의 정관변경)과는 구별된다.

제2절 절차 (주주총회의 특별결의)

정관변경은 주식회사의 규범적 기초를 변경하는 것이기 때문에 주주의 총의를 구함에 있어서 주주총회의 가중된 결의요건(특별결의)을 거치도록 하고 있다(상 433조 1항, 434조). 정관변경을 위한 주주총회 소집의 통지 · 공고를 할 경우 정관변경에 관한 의안의 요령도 기재하여야 한다(상 433조 2항).

| 종류주주총회 |

회사가 수종의 주식을 발행한 경우에 정관을 변경함으로써 어느 종류의 주주에게 손해를 미치게 될 때에는 주주총회의 결의 외에 그 종류의 주주총회의 결의가 있어야 한다(상 435조).

| 주식매수청구권 불인정 |

정관변경은 회사의 근본규범의 변경을 가져오는 중요한 구조적 변화임에도 불구하고 상법에서는 반대주주에게 주식매수청구권을 인정하지 않고 있다. 이는 주식의 양도성 내지 환가성을 고려하여 정관변경에 반대하는 주주에게 그에 대처할 수 있는 기회가 충분히 보장되어 있음을 감안한 것이나, 입법론적으로 재고를 요한다.

제3절 효력발생

[1] 효력발생요건

정관변경은 이에 관한 주주총회의 결의에 의하여 즉시 그 효력이 발생된다. 변경된 내용을 문서화하거나 등기하는 것은 정관변경의 효력발생과 무관하고, 공증인의 인증도 효력발생요건이 아니다(대판 1978. 12. 26, 78누167).

[2] 불소급효

변경된 정관의 소급적용은 인정되지 않는다. 소급효를 인정하면 기존의 정관을 신뢰한 다수의 법률관계에 불안정을 가져오기 때문이다.

제4절 정관변경의 한계

[1] 정관변경이 허용되는 경우

정관은 회사의 경제사정, 영업상황과 주주구성 등이 바뀜에 따라 자유로이 변경할 수 있음이 원칙이다(정관변경 자유의 원칙). 정관변경을 할 수 있는 범위에는 원칙적으로 제한이 없다.

(1) 원시정관의 정관변경 금지조항
원시정관에 특정 규정만은 변경할 수 없다는 정관변경금지조항을 둔 경우, 이는 회사의 가변성에 반하는 것이어서 무효이다. 따라서 그에 상관없이 정관변경을 할 수 있다.

(2) 발행예정주식총수
① 회사설립시에는 정관에 기재되어 있는 발행예정주식총수는 설립시에 발행하는

주식총수의 4배를 초과할 수 없다(상 289조 2항). 그러나 설립 이후의 정관변경에는 이러한 제한을 받지 않으므로 발행예정주식총수를 무제한 늘릴 수 있다. 이는 기업자금조달의 편의를 위한 배려이다.

② 이와는 반대로 발행주식총수를 줄이는 정관변경도 가능하다. 다만, 이 경우에도 기발행주식총수를 밑돌거나, 전환주식 · 전환사채 · 신주인수권부사채 등이 발행되어 그로 인한 신주가 발행될 수 있는 기간 동안에는 그 부분만큼을 발행예정주식으로 유보해 두어야 한다.

(3) 주금액의 변경

① 주식의 액면가는 정관의 절대적 기재사항이므로 이를 변경하려면 정관변경절차를 밟아야 한다. 주금액을 인하하는 경우 액면가의 법정최저금액인 100원 이상이어야 하고 균일하여야 한다(상 329조 4항).

② 주금액을 인상하여 주주로 하여금 추가납입을 하도록 하는 것은 주주유한책임의 원칙(상 331조)상 총주주의 동의가 없는 한 허용되지 않는다.

(4) 附款附 변경

변경된 정관의 효력발생에 기한(시기 또는 종기)을 붙이는 것은 예측가능성이 있으므로 가능하다. 실제 정관의 부칙에서 "이 정관은 ○○○○년 ○월 ○일부터 시행한다"는 조항을 두는 경우가 많다. 그러나 장래의 불확실한 사실을 조건으로 하는 정관변경은 법률관계의 불안정을 초래하기 때문에 허용되지 않는다.

[2] 정관변경이 허용되지 않는 경우

강행법규에 위반하거나 주식회사의 본질이나 주주의 고유권을 침해하는 내용으로 정관을 변경할 수 없다.

[3] 정관변경절차의 대상이 아닌 경우

정관변경을 위한 법정절차를 요하지 않고 서면정관의 기재를 변경하는 것이 가능한 경우가 있다.

(1) 법령이나 사실의 변경에 기인하는 경우에는 법령 또는 사실의 변경에 따라 당연히 정관의 내용이 변경되므로 따로 주주총회의 결의에 의한 정관변경절차를 밟을 필요가 없다(예 : 행정구역의 명칭변경에 의한 본점 소재지 명칭의 변경, 공고를 게재하는 일간신문의 명칭변경 등).

(2) 지점의 소재지는 정관의 절대적 기재사항이 아니므로 지점소재지가 변경되는 경우에도 정관변경절차를 밟을 필요가 없다. 그러나 만일 지점소재지를 정관에 기재한 경우라면 지점소재지를 변경할 때마다 정관변경절차를 밟아야 한다.

┃관련사례┃

[1] ○○철강이 18년만에 증자할 수 있는 길을 열었다. ○○철강은 임시주주총회를 열어 수권자본금을 종전 95억 원에서 500억 원으로 늘리는 정관개정안을 통과시켰다. ○○철강은 1985년 ○○제강에 인수된 직후부터 시설투자 등을 위해 자본금 증액을 추진해 왔으나 우호세력의 보유분을 포함, 약 38%의 지분을 보유한 ○○○ 회장측의 계속적인 반대로 번번이 무산됐다. 이날 임시주총에서 ○○○ 회장측은 평소처럼 정관개정안에 반대했으나 회사가 반대표 가운데 70만 6,690주에 대해 의결권을 인정하지 않았다. 이에 따라 의결권이 부여된 117만 6,973주만이 출석주식수로 인정됐고 이의 99.7%인 117만 3,298주의 찬성으로 정관개정안이 통과됐다. ○○철강은 ○○○ 회장측에서 주식분산요건 해소를 위해 장외에서 거래한 13만 9,000주에 대해 증권거래법 200조 위반여부를 문제삼아 의결권을 인정하지 않았다. 그러나 ○○○ 회장측은 회사의 의결권 불인정 조치에 대해 강하게 반발하고 있다. (출처 : 국민일보 2002. 7. 16, 이데일리 2002. 7. 14, 이데일리 2002. 7. 15)

[2] 현대전자가 회사 이름을 바꾸고 반도체전문회사로 새출발한다. 현대전자는 이사회를 갖고 사명을 '하이닉스반도체'로 변경키로 의결하고 주주총회에서 최종 확정짓기로 했다. 상호는 정관기재사항이기 때문에 상호를 변경하려면 정관변경을 위하여 주주총회를 열어야 한다. (출처 : 문화일보 2001. 3. 9, 서울경제 2001. 3. 29)

제3편 주식회사의 물적 기초

제 1 장

총 설

제1절 주식회사 물적 기초의 구성요소

주식회사는 회사의 「물적 기초」(자본)가 중심이 되는 전형적인 물적회사이다. 주식회사에서 주주는 유한책임을 지는데 그치므로 주식회사의 물적 기초를 확보하고 그 건실성을 유지하는 것은 회사의 계속적인 유지와 회사채권자의 보호를 위하여 매우 중요하다. 주식회사는 주주로부터 출자를 받아 「자본」을 형성하고, 이를 이용하여 예컨대, 공장을 짓는다든가, 사무실을 확보한다든가, 일부는 예비자금으로 보유한다든가 하여 구체적인 「자산」(재산)의 형태로 보유하게 된다. 따라서 자본과 자산은 상호 연관되어 주식회사의 물적 기초를 이룬다. 「준비금」은 보충자본으로서의 성격을 갖는다.

제2절 자본과 재산

「자본」은 계산상의 수액(예 : 자본금 1억 원)으로 회사가 현실적으로 보유하고 있는 「재산」(예 : 회사건물, 집기, 유가증권, 예금 등)과는 다르다. 상법상의 「자본」은 회계학상의 「자본금」에 해당하고, 상법상의 「재산」은 반드시 그러한 것은 아니지만 회계학상의 「자산」에 해당함을 주의하여야 한다. 자산에서 부채를 뺀 부분이 「순자산」이다.

┃상법과 회계학에서의 자본과 자본금, 재산과 자산의 차이┃

(차 변)	(대 변)
자산(assets) - 유동자산 투자와 기타자산 고정자산	**부채**(liability) - 유동부채, 고정부채 **자본**(capital) - **자본금**(투자원본) * 상법상의 '자본' 자본준비금 } **준비금** 이익준비금 } **준비금**

제 2 장

자 본

ㅇㅇ모비스는 임시주주총회에서 정관변경의 건을 안건으로 상정, 주주들의 승인을 받을 계획이다. 정관변경의 건은 주된 내용이 현재 2억 주로 되어 있는 발행주식수를 3억 주로 늘려 수권자본금을 크게 늘리는 것이다. 수권자본금에 따라 ㅇㅇ모비스가 발행할 수 있는 주식 총 2억 주 중 1억 4,045만 주를 발행한 상태이고, 나머지 5,945만여 주를 발행할 여유 밖에 없다. 하지만 발행한 1억 4,045만 주 중에는 ㅇㅇ자동차와의 분할합병과정에서 감자된 6,146만여 주가 포함되어 있어 실제로는 7,900만 주에 불과한 실정이다. 발행주식수가 적고 발행여유도 없어 이번 기회에 수권자본금을 늘려 발행할 수 있는 주식수를 여유있게 해두겠다는 것이다. (출처 : 이데일리 2001. 10. 30)

해 설

주식회사에서 주주는 유한책임을 지는데 그치므로 회사의 물적 기초의 건실성을 확보하는 것이 중요한 과제가 된다. 주식회사에서 물적 기초가 되는 것이 자본(자기자본)이다. 주식회사의 자본과 관련하여 최저자본금제(5천만 원 이상), 자본확정의 원칙, 자본충실의 원칙, 자본감소제한의 원칙이 있다. 위 사례에서 다루어지고 있는 수권자본은 자본확정제에 대비되는 것이다. 수권자본제는 자기자본에 의한 자금조달의 기동성을 확보하기 위하여 이사회에 그 권한을 부여하고 있다. 다만 무한정의 수권이 아니고 정관에 의하여 일정한 '울타리'를 쳐 두고 있다. 그 울타리에 해당하는 것이 정관에 규정되어 있는 ① 회사가 발행할 주식의 총수, ② 1주의 금액, ③ 설립시에 발행하는 주식의 총수이다. 여기서 ①을 수권자본이라 한다. 이사는 ①(발행할 주식의 총수)의 범위 내에서 필요한 자금을 조달할 수 있고, 그 한도를 모두 소진한 경우에는 정관을 변경하여 그 한도를 더 늘려야 한다.

제1절 의의

(1) 자본의 뜻

자본은 사원의 출자에 의하여 형성되는 일정한 기금이다(자기자본). 액면주식제를 취하고 있는 법제에서 자본(회계학상의 자본금)은 발행주식의 액면총액이다(상 451조). 다만, 예외적으로 자본의 액이 발행주식의 액면총액과 일치하지 않는 경우로는 이익으로 하는 주식소각(상 343조 1항 단서) · 상환주식의 상환(상 345조) 등이 있다.

자본 = 액면가 × 발행주식수

(2) 자본의 기능

① 자본은 회사의 물적 기초(자기자본)로 회사가 보유하여야 할 순자산의 규범적 기준(하한선)이 된다.

② 자본은 주주의 출자로 이루어지고, 주주는 회사에 대하여 출자에 비례하여 권리를 가진다. 자본은 배당가능이익을 결정함에 있어서 공제항목이 된다(상 462조 1항 1호).

③ 자본은 회사채권자의 책임재산으로 담보가 되는 회사의 물적 기초를 가늠하는 기준이 되므로 회사채권자를 보호하는 역할을 한다.

④ 자본은 증권시장에 발행 · 유통될 수 있는 주식물량의 정도를 가늠할 수 있는 잣대가 된다.

제2절 기본원칙

[1] 자본확정의 원칙

회사설립시 :
확정자본제

설립시의 자본총액에 해당하는 주식의 인수와 납입이 확정되어야 한다.

- 회사설립시 발행주식총수는 정관의 절대적 기재사항이고,
- 회사설립시에는 수권주식총수의 ¼이상을 반드시 발행하여야 하고,
- 그 전부에 대한 인수와 납입이 있어야 한다.(총액인수주의)

➡

회사설립 이후 :
수권자본제 (授權資本制)

회사설립시에는 정관 소정의 자본총액 중 일부만을 발행하고,

그 후 이사회의 결의만으로 잔여주식의 범위내에서 신주를 발행할 수 있다.
(마감발행 가능)

Ⅰ. 회사설립 당시 - 자본확정

정관에는 자본에 관계되는 사항으로 (i) 1주의 금액, (ii) 회사가 발행할 주식의 총수(발행예정주식총수), (iii) 회사가 설립시에 발행하는 주식의 총수를 기재하여야 한다. 회사설립시의 자본은 {(i) × (iii)}이다. (iii)은 (ii)의 4분의 1 이상이어야 하고(상 289조 2항), 그 전액에 대한 인수가 확정되어야 한다(자본확정의 원칙, 총액인수주의)(상 295조 1항, 305조 1항).

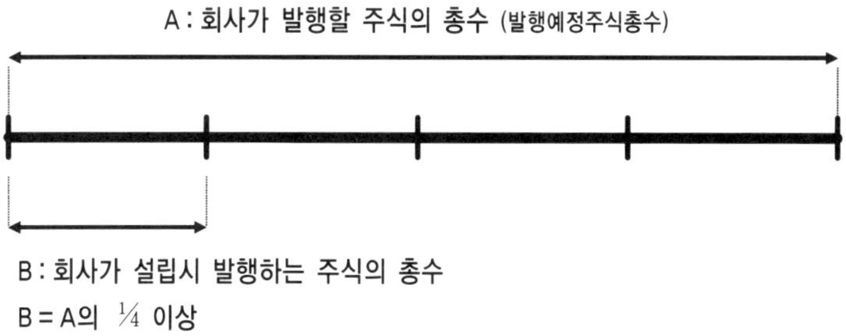

Ⅱ. 회사설립 이후 - 수권자본

(1) 회사설립 이후 신주를 발행하여 자본을 증가할 때에는 자본확정의 원칙이 적용되지 않는다(상 416조, 423조). 즉, {(ⅱ) - (ⅲ)}의 범위에서 정관을 변경하지 않고도 신주를 발행함으로써 자본을 증가할 수 있다. 신주발행에 관한 결정권이 원칙적으로 이사회의 권한으로 부여되어 있고(상 416조 본문), 발행예정주식총수는 정관에 의해 이사회에 수권된 자본이라는 의미에서 授權資本이라 한다. 이사는 정관에 규정되어 있는 발행예정주식의 잔여부분 내에서는 수시로 기동성 있게 자금을 조달할 수 있다. 회사설립시와는 달리 일부만 인수된 경우에도 인수되지 않은 부분을 포기하고 발행을 마감할 수 있다(마감발행).

(2) 이처럼 회사설립 후에는 자본확정의 원칙이 폐기되고 수권자본의 원칙에 의하고 있으므로, 자본확정의 원칙은 일반적인 원칙으로서의 의미를 상실하였다.

[2] 자본충실의 원칙

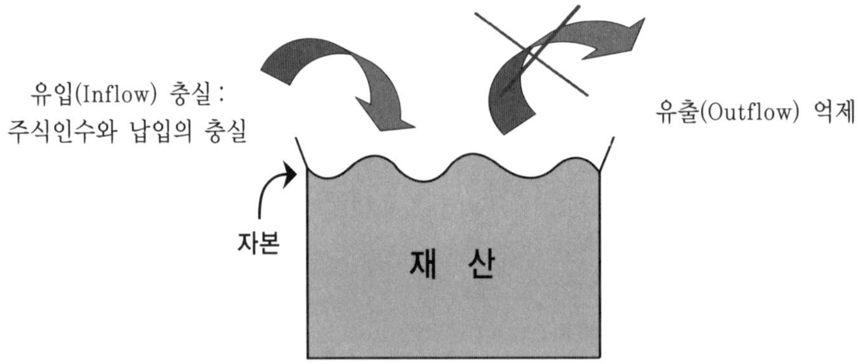

자본충실의 원칙이라 함은 「자본액」에 상당하는 「순자산」을 회사가 실질적으로 유지하여야 한다는 원칙이다(자본유지의 원칙). 자본충실의 원칙은 「자본유입」(자본형성)에 있어서의 충실과 함께 「자본유출」(자본환급)의 억제라는 두 가지 측면 모두에 요구된다.

Ⅰ. 자본유입의 충실

자본의 수치가 증가하는 만큼(또는 그 이상)의 순자산이 실질적으로 회사에 유입(inflow)되어야 한다. 이를 위한 제도로는, 설립시 주식 발행가액 전액의 납입과 현물출자 전부의 이행(상 295, 303조, 305조), 현물출자 기타의 변태설립사항에 대한 엄격한 조사(상 299조, 310조, 313조, 314조, 422조), 상계에 의한 주금납입의 금지(상 334조), 발기인의 주식의 인수·납입담보책임(상 321조, 428조), 불공정한 가액으로 신주를 인수한 자의 차액반환책임(상 424조의2), 주식의 액면미달발행의 원칙적 금지(상 330조, 417조), 주식교환의 경우 완전모회사의 자본증가의 한도액(상 360조의7 1항) 등이 있다.

Ⅱ. 자본유출의 제한

일단 유입된 자본이 부당하게 회사 외부로 유출(outflow)되는 것을 금한다. 이를 위한 제도로는, 지기주식 취득의 원칙적 금지(상 341조, 341조의2), 이익배당의 규제(상 462조), 법정준비금의 적립(상 458~460조), 각종 이연자산항목의 상각(상 453조~457조의2) 등이 있다.

| 자본충분의 원칙 |

주식회사가 물적회사로서 독립된 실체로 인정되고 사원이 유한책임의 혜택을 누리기 위해서는 회사의 영업상 발생하는 채무를 감당할만한 충분한 자본을 구비하여야 한다는 견해가 있다(정동윤). 이는 회사채권자를 보호하려는 자본충실의 원칙에 관한 여러 규정들을 목적론적으로 해석함으로써 도출할 수 있다고 한다. 그러나 어느 정도의 자본이면 채무를 완제하기에 충분한가를 확정하기 어렵고, 지나친 자본부적정의 경우에는 법인격부인론 등으로 대처할 수 있기 때문에 이를 자본원칙의 하나로 보기는 곤란하다는 견해도 있다(권기범, 김정호, 홍복기).

[3] 자본감소 제한의 원칙

자본을 증가할 때에는 수권자본주의에 의하여 이사회의 결의에 의한다. 그러나 자본을 감소하려면 엄격한 「법정의 절차」(자본감소절차)에 의하여야 한다.

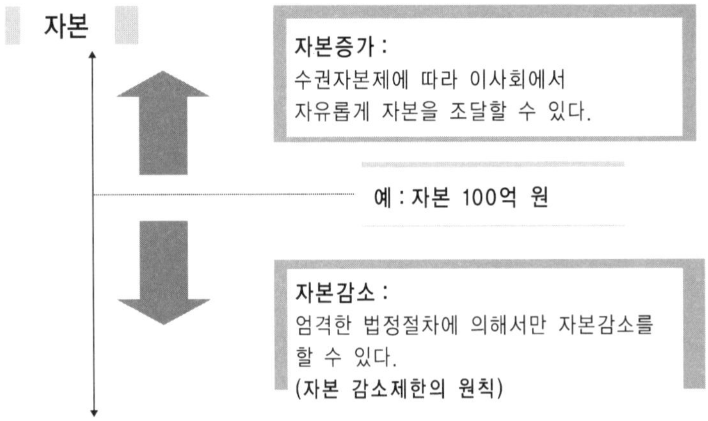

[4] 최저자본금제도

주식회사의 최저자본금은 5,000만 원이다(상 329조 1항). 최저자본금은 주식회사의 성립요건이자 존속요건이다. 자본을 감소하는 경우에도 최저자본금을 하회할 수 없다. 상사특별법에서 별도로 최저자본금을 규정하는 경우가 있다. 유한회사의 최저자본금은 1,000만 원이다(상 546조).

[5] 자본의 공시

정관에는 자본에 관계되는 사항으로 (ⅰ) 1주의 금액, (ⅱ) 회사가 발행할 주식의 총수(발행예정주식총수), (ⅲ) 회사가 설립시에 발행하는 주식의 총수를 기재하여야 한다. 현재 발행한 주식 수는 정관의 기재사항이 아니다. 자본액은 공시의 필요에서 등기사항으로 하고 있다(상 317조 2항 2호).

제3절 자본의 형성

자본의 형성(유입)은 주주의 「출자」에 의한다. 주주가 회사에 출자하는 방법은 (ⅰ) 금전출자가 원칙적인 형태이고, 그 밖에 (ⅱ) 현물출자와 (ⅲ) 채무의 출자전환에 의하는 경우도 있다(이상은 유상출자). 이 밖에도 (ⅳ) 준비금의 계정을 자본의 계정으로 옮겨서 자본(자본금)을 증가하는 경우도 있다(무상증자). 그 어느 것이나 자본충실의 원칙을 지켜야 한다.

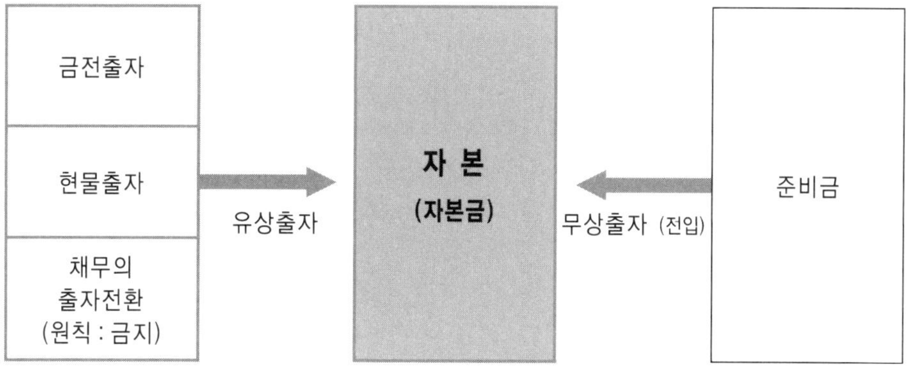

제4절 자본의 환급

자본충실의 견지에서 일단 유입된 자본을 다시 환급(유출)하는 것은 허용되지 않는 것이 원칙이다. 그러나 법에서 자본의 환급을 예외적으로 허용하는 경우가 있다. 상환주식의 상환, 주식의 소각 등이 이에 해당한다. 자기주식을 취득하는 것도 자본을 환급하는 것이 되므로 원칙적으로 이를 금지하고, 불가피하고 취득에 따른 폐해가 없는 경우에 한하여 예외적으로 자기주식의 취득을 허용하고 있다.

제3장 준비금

제1절 의의

(1) 준비금(잉여금)은 대차대조표상의 순자산액에서 자본액을 공제한 잔액 가운데 일부를 이익배당 등으로 처분하지 않고 회사 내에 유보해두는 재산적 수액이다. 준비금은 자본과 마찬가지로 계산상의 수액이다.

(2) 준비금은 부가자본 내지 보충자본적인 기능을 가진다. 준비금은 이익을 산정함에 있어서 순자산으로부터 자본과 함께 공제항목이 되기 때문에(상 462조 1항) 이익배당을 억제하는 기능을 하고, 보유하여야 할 회사재산의 기준이 되며, 자본에 결손이 생기면 이를 전보하는 데 이용되고, 자본으로 전입함으로써 자본을 증가하는 데 이용된다.

제2절 종류

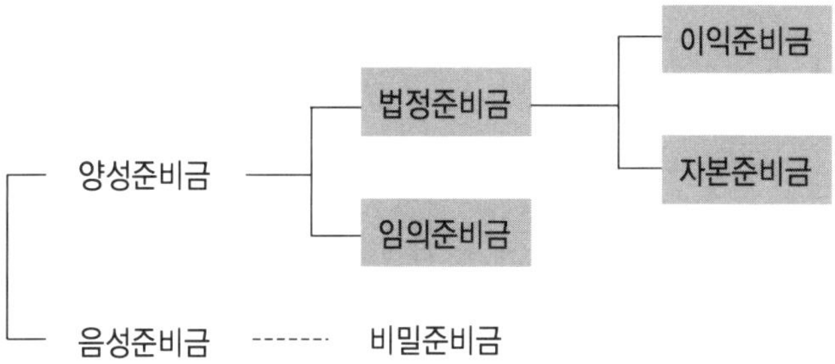

[1] 법정준비금

법정준비금은 법에 의하여 적립이 강제되는 준비금이다. 법정준비금에는 이익준비금과 자본준비금이 있다. 상법에서 준비금이라 할 때에는 법정준비금을 지칭한다(상 461조 1항, 470조 1항 · 2항).

Ⅰ. 이익준비금

이익준비금은 매결산기의 이익을 재원으로 하여 적립하는 준비금이다. 이익준비금으로 「매결산기의 금전에 의한 이익배당액의 10% 이상」을 적립하여, 자본의 2분의 1에 달할 때까지 적립한다. 그 초과분은 임의준비금이 된다.

Ⅱ. 자본준비금

자본준비금은 자본거래에 의한 잉여금을 재원으로 하는 적립금이다. 자본준비금은 이익준비금과는 달리 주주에게 배당할 성격의 것이 아니므로 그 전부를 적립하여야 하며, 적립의 상한선은 없다. 자본준비금의 재원에는 신주발행가액의 액면초과금, 주식교환차액, 주식이전차액, 감자차익, 합병차익, 분할차익 또는 분할합병차익, 재평가적립금, 자기주식처분이익 등 기타의 자본거래에서 발생한 자본잉여금 등이 있다(상 459조, 기계준 31조 3항).

|법정준비금|

	이익준비금	자본준비금
재 원	영업거래로부터 발생하는 이익	자본거래에서 발생한 자본잉여금
적립한도	매 결산기에 「금전에 의한 이익배당액」의 10% 이상의 금액	자본거래에서 발생한 이익 전부
적립최대 한 도	자본의 1/2	무제한
종 류		주식의 액면초과발행액, 감자차익, 합병차익, 분할차익, 주식교환차익, 주식이전차익, 자기주식처분이익, 자산재평가적립금, 기타 자본잉여금 등

[2] 임의준비금

(1) 임의준비금은 법에 의하여 강제되는 것은 아니고 정관 또는 주주총회의 결의에 의하여 회사가 임의로 적립하는 준비금이다.

(2) 임의준비금의 재원은 회사가 자유로이 처분할 수 있는 이익이다. 그 적립율이나 적립총액한도에는 원칙적으로 제한이 없으나 주주의 이익배당청구권을 과도하게 침해하여서는 아니된다.

[3] 유사준비금

(1) 유사준비금은 준비금, 적립금, 잉여금 등의 명목으로 계상된 것은 아니지만 실질적으로 준비금적인 성격을 띠는 것이다. 비밀준비금이라고도 한다. 주로 적극재산을 과소평가하거나 소극재산을 과대평가하는 방법에 의한다.

(2) 유사준비금은 적법한가? 유사준비금은 회사의 회계를 건전하게 하는 측면이 있는 한편, 회사의 자산과 손익상태를 불명확하게 하고, 탈법수단으로 이용되기도 하며, 이사의 자의적인 처분의 여지가 있다. 유사준비금은 분식회계의 일종이므로

원칙적으로 허용되지 않으나, 합리적인 범위 내의 것으로 회계의 건전성과 안정성을 위한 경우에는 제한적으로 적법하다고 본다.

제3절 용도

[1] 법정준비금의 용도

법정준비금은 자본결손을 메우는 자본전보용과 자본전입에 의한 자본증가용 2가지 용도로만 사용할 수 있다.

Ⅰ. 자본전보

(1) 자본결손은 회사의 {순재산액 〈 (자본 + 법정준비금)}의 상태를 말한다. 자본결손이 발생한 경우에 이를 전보할 것인지 이월결손금으로 처리할 것인지는 회사가 자유롭게 선택할 수 있다.

(2) 자본결손의 전보순서는, 우선 임의준비금으로 전보할 수 있으면 그에 의하고, 그것으로 부족하면 법정준비금으로 전보한다. 이 때 이익준비금으로 먼저 결손전보에 충당하고 그것만으로는 부족한 경우에 한하여 자본준비금으로 충당할 수 있다(상 460조 2항). 즉, 자본결손 전보의 재원은 임의준비금 → 이익준비금 → 자본준비금의 순에 의한다.

Ⅱ. 자본전입

준비금의 자본전입은 법정준비금의 전부 또는 일부를 자본계정으로 옮기는 계정변경에 의하여 자본을 증가시키는 것을 말한다. 이에 의하여 발행되는 신주를 무상신주라 한다. (후술 → 제6편 제4장 제3절 무상증자)

[2] 임의준비금의 용도

임의준비금의 사용 · 변경 · 유용 · 폐지는 그 적립의 근거가 되는 정관이나 주주총회의 결의에 의하여 자유롭게 할 수 있다. 임의준비금을 가지고 배당의 재원으로 사용하거나 자본결손을 전보하는 용도로 사용할 수 있지만 자본전입의 용도로 사용할 수 없다.

제 4 장
자 산

제1절 자산의 종류

기업회계기준에서는 자산을 유동자산과 고정자산으로 구분하고 있다. (i) 유동자산에는 당좌자산(예 : 현금, 유가증권, 매출채권, 단기대여금, 미수금, 미수이익, 선급금, 선급비용 등)과 재고자산(예 : 상품, 원재료, 저장품, 제품 등)이 있다. (ii) 고정자산에는 투자자산(예 : 장기금융상품, 투자유가증권, 장기대여금, 장기성매출채권, 투자부동산, 보증금 등), 유형자산(예 : 토지, 건물, 구축물, 기계장치, 선박, 차량운반구, 건설 중인 자산 등), 무형자산(예 : 영업권, 산업재산권, 광업권, 어업권, 차지권, 창업비, 개발비 등)이 있다.

| 이연자산 |

① 의의 − 이연자산은 회사가 지출한 비용의 효과가 장기에 걸치는 경우 어느 영업영도에 지출된 비용을 후년도의 비용으로 상각하기 위하여 마치 자산과 같이 취급하여 수년에 걸쳐 이연하는 것이다. 이는 기간손실의 계산방법에 의하여 당기의 이익배당을 가능하게 하는 회계기술의 한 방법이다. 이연부채에 상응하는 개념이다.

② 종류 − 이연자산을 과도하게 인정하면 장부상의 회계상태와 실제의 재산상태간에 괴리가 심해지고 회사의 자본충실을 해하게 된다. 이 때문에 상법에서는 창업비(상 453조 1항),

신주발행비(상 454조 1항), 사채발행비(상 456조 3항), 액면미달금액(상 455조 1항), 사채발행차액(상 456조 1항), 건설이자배당액(상 457조 1항), 개업비(상 453조의2 1항), 연구개발비(상 457조의2 1항) 등에 한하여 제한적으로 이연자산을 인정하고 있다.

③ 처리 - 이연자산은 자산의 부에 기재하여 종류에 따라 3년 또는 5년 내(사채차액의 경우는 사채상환기간 내)의 매결산기마다 균등액 이상을 상각하여야 한다(상 453조 2항, 453조의2 2항, 454조 2항, 456조 3항, 455조 2항, 456조 2항, 457조 2항, 457조의2 2항). 그러나 기업회계기준에서는 이연자산을 인정하지 않는다(기계준 16조).

제2절 자산의 평가

상법에서는 통상의 결산에 적용되는 자산평가의 방법에 대하여 아래 표와 같은 규정을 두고 있다(상 452조). 청산 · 파산 등의 경우에는 교환가액에 의한다(상 533조). 기업회계기준에서는 자산의 가액은 취득원가를 기초로 하여 계상함을 원칙으로 하며(기계준 55조 1항), 자산 · 부채의 평가방법에 대하여 상세한 규정을 두고 있다(기계준 55조~75조).

| 비상장주식의 평가방법 |

비상장주식을 매도하는 경우에 있어서 객관적 교환가치가 적정하게 반영된 정상적인 거래의 실례가 있는 경우에는 그 거래가격을 시가로 보아 주식의 가액을 평가하여야 할 것이나, 그러한 거래사례가 없는 경우에는 비상장주식의 평가에 관하여 보편적으로 인정되는 방법(순자산가치방식, 수익가치방식, 유사업종비교방식 등)에 의하여 평가한 가액을 토대로, 당해 거래의 특수성을 고려하여 객관적 교환가치를 반영한 적정거래가액을 결정하여야 한다(대판 2005. 10. 28, 2003다69638).

| 자산평가방법에 관한 상법규정 |

	평가방법	
	원칙	특칙
유동자산	취득가액 또는 제작가액에 의한다(原價主義). 시가가 원가를 초과하더라도 평가익을 계상하지 못한다.	時價가 취득가액 또는 제작가액보다 현저히 낮은 경우에는 시가에 의한다(低價主義).
고정자산	취득가액 또는 제작가액으로부터 상당한 감가액을 공제한 가액으로 한다(原價-通常減價償却).	예측하지 못한 결손이 생긴 때에는 상당한 감액을 하여야 한다(原價-通常減價償却-偶發減價償却).
금전채권	채권금액에 의한다(額面主義).	채권을 채권금액보다 낮은 가액으로 취득한 때 또는 이에 준하는 경우에는 상당한 감액을 한다. 추심불능의 염려가 있는 채권은 그 예상액을 감액하여야 한다.
社　債	(ⅰ) 거래소의 시세가 있는 사채는 결산기 전 1개월의 평균가액에 의하고, (ⅱ) 그 시세가 없는 사채는 취득가액에 의한다.	취득가액과 사채의 금액이 다른 때에는 상당한 증액 또는 감액을 할 수 있다. 추심불능의 염려가 있는 사채는 그 예상액을 감액하여야 한다.
주　식	(ⅰ) 거래소의 시세가 있는 주식은 취득가액에 의하되, 결산기 전 1개월의 평균가액이 취득가액보다 낮을 때에는 시가에 의한다. (ⅱ) 거래 기타의 필요상 장기간 보유할 목적으로 취득한 주식은 거래소의 시세의 유무를 불문하고 취득가액에 의한다.	발행회사의 재산상태가 현저하게 악화된 때에는 상당한 감액을 하여야 한다.
영 업 권	취득가액에 의한다. *합병·분할·분할합병·영업양수 및 전세권취득 등의 경우에 유상으로 승계취득한 것에 한한다.	영업권을 취득한 후 5년 내의 매 결산기에 균등액 이상을 상각하여야 한다.

제 4 편 주식회사의 소유구조 및 자본구조

제 1 장

총 설

(1) 주식회사의 「자본」은 「주식」으로 균등하게 세분되고, 이를 인수한 자가 「주주」가 된다. 주식을 매개로 하지 않고는 주주가 될 길이 없다. 주식을 유가증권화한 것이 「주권」이고, 주식과 주권에 관한 사항을 관리하는 기술적 장치가 「주주명부」이다.

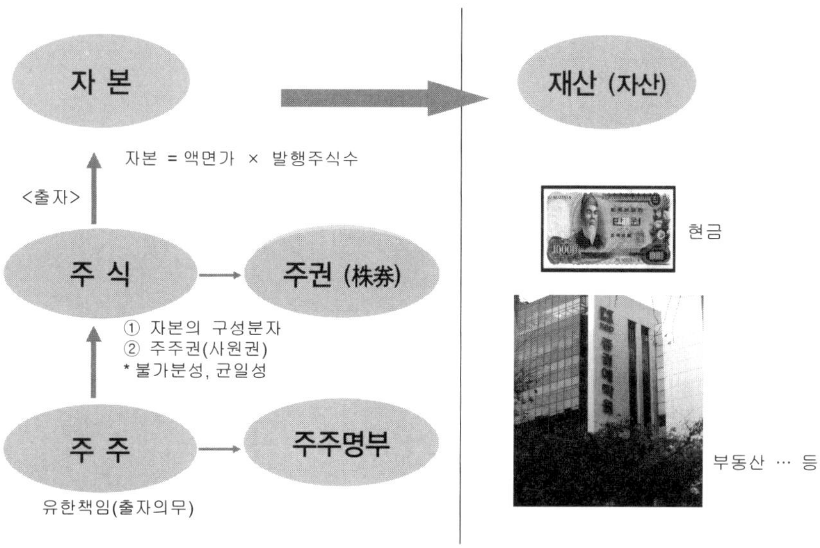

(2) 주식회사의 「소유구조」는 자본(자기자본)을 출발점으로 하여 주식 및 주주와 유기적으로 관련되어 있다. 위험자본(risk capital)인 자본(자기자본)에 출자한 주주만이 주식회사의 사원으로서 지분적 소유자가 될 수 있기 때문이다(주주소유주의). 주주는 주식회사의 지분적 소유자로서, 의결권을 행사함으로써 회사의 경영에 관여하고, 이사 · 감사를 선임함으로써 경영권을 창출할 수 있는 권리를 가지며, 경영성과에 따라 이익배당을 받고, 회사가 해산한 경우에는 잔여재산분배청구권자의 지위에 있게 된다. 주식회사의 소유구조는 다시 「지배구조」를 결정짓는다. 회사의 지배권은 회사의 경영을 지배할만한 주식수를 가진 주주에게 주어진다. 따라서 같은 주주라도 회사지배권을 갖는 지배주주와 그렇지 않은 일반주주로 양분되게 된다.

제 2 장
주 주

제1절 총설

(1) 의의

주주는 주식회사의 사원으로, 자본의 구성단위인 주식을 인수하거나 양수하여 자본형성에 참여(출자)함으로써 주주가 된다. 즉, 주주가 되는 방법은 주식을 보유하는 것이 유일하다.

(2) 자격

주주의 자격에는 제한이 없다. 자연인은 물론 법인도 주주가 될 수 있고, 권리능력을 갖는 자이면 행위무능력자도 주주가 될 수 있다. 국적을 불문하므로 외국인도 주주가 될 수 있다. 다만, 특별법에 의하여 주식의 보유를 제한하는 경우가 있다.

(3) 최소인원

주주의 최소인원에는 제한이 없다. 회사성립시와 회사성립 이후에도 주주가 1인인 회사(1인 회사)가 허용된다.

(4) 유형

주주의 유형은, (ⅰ) 권리의 내용에 따라 우선주주, 보통주주, 의결권 없는 주주, 상환주주, 전환주주, 기명주주, 무기명주주, (ⅱ) 투자목적이 회사경영권과 관련이 있는가에 따라 회사지배권보유를 목적으로 하는 지배주주와 이에 도전하여 경영권을 쟁탈하려는 지배권경쟁주주, 경영권에는 관심이 없고 이익배당 또는 시세차익을 목적으로 하는 일반 투자주주, (ⅲ) 보유하는 주식의 비중에 따라 다수파주주, 소수파주주, (ⅳ) 주식보유의 기간에 따라 장기투자주주, 단기투자주주, (ⅴ) 주주의 국적에 따라 내국인주주, 외국인주주, (ⅵ) 투자자의 유형에 따라 개인투자자, 은행 · 증권 · 보험 · 자산운용사 · 연금 · 기금 등의 기관투자자, (ⅶ) 주주명부에 기재된 명의에 따라 실질주주, 명의주주 등으로 구분할 수 있다.

| 관련사례 |

증권거래소 시가총액 상위 50위 상장기업을 대상으로 2004년 8월 제출한 사업보고서에 따르면 시가총액 1위인 삼성전자의 2003년 12월말 기준 개인투자자수는 7만 9,000명, 이들이 가지고 있는 지분은 9.2%로 1인당 평균 275주를 갖고 있었다. 시가총액 4위의 한국전력은 개인주주 수가 49만 6,500명에 달해 개인투자자들이 가장 많았다. 그러나 이들 개인주주가 소유한 지분은 3.7%로 1인당 평균 48주에 그쳤다. 한전 다음으로 개인주주가 많은 곳은 하이닉스반도체로 27만 3,000명에 달했고 이어 KT&G가 21만 5,500명으로 세번째로 많았다. 이어 KTF, KT, 포스코 등이 각각 18만 7,500명, 13만 1,000명, 12만 9,300명으로 개인주주 수 상위 4~6위에 올랐다. 포스코, 한국전력, KT&G, KT 등이 80년대 후반과 90년대 후반에 국민주 또는 공모주 청약형태로 민영화한 공기업들이다. 이어 개인주주수 상위 7위에는 9만 8,800명의 국민은행, 다음으로 LG전자 9만 4,800명, 기업은행 9만 3,200명, 삼성중공업 9만 2,500명, 외환은행 8만 3,000명 등이 나란히 8~11위에 올랐다. 시가총액 3위의 SK텔레콤은 개인주주가 2만 600명에 그쳐 개인주주들이 많지 않는 종목이었고 현대자동차(6만 5,900명)와 신한금융지주(4만 8,300명)도 시가총액 순위에 비해선 개인주주수 순위가 낮았다. 반면 호남석유화학, 농심, 하이트맥주 등은 개인주주수가 5,000명을 넘지 않았다. (출처: 동아일보 2004. 8. 5, 문화일보 2004. 8. 4, 세계일보 2004. 8. 5, 헤럴드경제 2004. 8. 4)

제2절 주주평등의 원칙

경영권 방어를 위해 자사주를 대거 취득한 최대주주에 대해 법원의 의결권 제한 판결이 나왔다. ○○통상은 서울○○지방법원으로부터 △△△씨 외 4명이 최대주주를 상대로 제기한 가처분 신청에 대하여 '인용'결정을 받았다고 공시했다. 법원은 특정인에게만 자사주를 판 것은 주주평등의 원칙에 위배된다는 점을 들어 △△△측의 손을 들어줬다. 한편 □□는 ■■ 연합과의 경영권 분쟁 과정에서 '백기사'에 자사주를 매각할 가능성이 꾸준히 제기되고 상황에서, ■■ 연합도 앞서 꼭 자사주를 매각해야 할 경우 '특정인'에게만 할 것이 아니라 자신들을 비롯한 다른 주주에게도 자사주를 살 권리를 달라고 주장했었다. (출처 : 파이낸셜뉴스 2006. 3. 28)

| 해 설 |

주식평등의 원칙은 주주가 지주수에 비례하여 회사에 평등한 지위를 누릴 수 있도록 하는 원칙이다. 이는 주식의 비례적 가치를 유지할 수 있도록 하기 위한 것으로, 강행법적 명제이다. 따라서 법에서 예외에 관한 명시적인 근거규정을 두고 있지 않는 한, 회사가 임의로 또는 정관이나 주주총회의 결의에 의하더라도 이를 위반할 수 없다. 위 사례는 경영권방어를 위하여 회사가 자기주식을 우호적인 제3자에 임의로 매각하는 것이 다른 주주의 평등권을 침해한 것이 아닌가 하는 문제를 다루고 있다. 주주평등의 원칙은 비단 이에 국한하는 것이 아니고 회사법 전체에 걸쳐 광범하게 적용된다.

[1] 의의

주주평등의 원칙이라 함은 주주는 회사에 대하여 평등한 권리를 갖는다는 원칙이다. 주주평등의 원칙은 일반적인 평등의 원칙(예 : 정치적 평등)에 비하여 다음과 같은 특징을 가진다.

(1) 「자본적 평등」이다. 자본단체적 성격이 뚜렷한 주식회사의 특성상 자본형성에 기여하는 정도에 상응하여 주어지는 상대적 평등이다. 자본은 주식으로 구성되므로 엄밀한 위미에서는 주식평등 또는 주식가치평등의 원칙이다.

(2) 「비례적 평등」이다. 자본적 평등의 결과 주주는 주식 수에 비례하여 회사에 평등한 권리를 갖는다(株數主義).

(3) 「종류적 평등」이다. 수종의 주식을 발행한 경우 서로 다른 종류의 주주 사이에는 차별을 둘 수 있다. 그러나 동일 종류의 주식 사이에는 평등하여야 한다. 예컨대, 수종의 주식을 발행한 경우 우선주는 보통주에 대하여 주주평등의 원칙의 예외이지만, 우선주 사이에는 평등의 원칙이 준수되어야 한다.

(4) 「기회의 평등」이다. 주주평등의 원칙은 균등한 기회가 주어지는 것에 그친다. 결과에 있어서까지 균등을 담보하는 것은 아니다.

[2] 법적 근거

주식평등의 원칙을 명시적으로 규정한 상법규정은 없다. 그러나 주식평등의 원칙은 형평의 이념에 바탕을 둔 것으로, 이익배당청구, 의결권, 신주인수권행사, 잔여재산분배 등에 있어서 주주는 지주수에 비례하여 그 권리는 가진다는 상법규정(상 464조, 369조 1항, 418조, 538조)은 주주평등의 원칙을 전제로 한 것이다.

[3] 취지 · 성질

(1) 주주평등의 원칙은 다수결의 남용으로부터 일반주주를 보호하는 기능을 가진다. 이에 반하는 정관이나 주주총회 · 이사회 결의는 해당 주주 모두가 개별적으로 동의하지 않는 한 무효이다.

(2) 주주평등의 원칙은 주주와 회사간의 법률관계에 적용되는 법원칙으로 강행규범성을 띤다(통설).

[4] 적용대상

주주평등의 원칙은 주주가 주주의 자격에 기하여 회사에 대하여 갖는 법률관계에 대하여 적용된다. 주주의 자격에 기하지 않는 법률관계에 대해서는 이 원칙이 적용되지 않는다.

[5] 내용

(1) 주주평등의 원칙에 의하여 주주는 다른 주주에 비하여 특히 유리한 대우를 받지 않는 동시에 불리한 대우도 받지 않는다.

(2) 주주평등의 원칙에 기하여 주주는 회사에 대하여 회사의 순자산, 수익, 회사지배에 있어서 비례적 권리를 갖는다. (ⅰ) 주주의 회사의 순자산에 대한 비례적 평등은 잔여재산분배청구권으로, (ⅱ) 주주의 회사수익에 대한 비례적 평등은 이익배당청구권으로, (ⅲ) 주주의 회사지배에 대한 비례적 평등은 신주인수권과 1주 1의결권의 원칙으로 구체화된다.

| 서울지법 2003. 7. 31. 선고 2002나61476 판결 |

주식회사의 상임이사회 결의에 의하여 제정된 퇴직금특례지급기준 및 회사의 은행장에 의해 체결된 합의서는 유상증자에 참여하여 주주의 지위를 갖게 될 회사의 직원들에게 퇴직시 주식의 시가(적용단가)가 액면가에 미달하는 경우에는 그 출자손실금 상당액을 퇴직금으로 지급하여 주는 것을 내용으로 하고 있다. 이와 같은 출자 손실금의 보전은 회사가 주주에 대하여 투하자본의 회수를 절대적으로 보장하는 셈이 되고, 다른 주주들에게 인정되지 않는 우월한 권리를 자본금 증자에 참여한 직원들에게만 부여하는 것이어서 주주평등의 원칙에 위반된다.

[6] 예외

(1) 법률에서 명문으로 주주평등의 원칙에 대한 예외를 인정하는 경우가 있다. 예컨대, 수종의 주식(상 344조 1항 · 3항), 의결권 없는 주식(상 370조), 감사 선임시 대주주의 의결권 제한(상 409조), 소수주주권(상 366조 등), 단주의 처리에 특별한 규정이 있는 경우(상 443조, 530조 3항, 461조 2항, 466조, 467조, 520조 등) 등이다.

(2) 그러나 예외에 해당하는 주식 상호간에는 평등의 원칙이 적용된다. 주주평등의 원칙의 예외는 법률에서 인정한 경우에만 인정되므로, 정관이나 주주총회의 결의에 의하여 예외를 인정하는 것은 허용되지 않는다.

(3) 경영정책상 또는 종업원복지정책상 합리적으로 허용되는 범위 내의 주주우대는 주주평등의 원칙에 반하지 않는다(아래의 관련사례 [3], [4] 참조).

(4) 주주평등의 원칙에 의한 이익을 주주 스스로 포기하는 경우에는 이 원칙이 적용되지 않는다(대판 1980. 8. 26, 80다 1263).

| 관련사례 |

[1] OO은행의 노동조합은 "2003년 △△가 OO은행의 지분을 인수할 당시 기존 주식은 주당 5,400원을 쳐 주면서도 새로 발행한 주식은 액면가(5,000원)보다 훨씬 낮은 4,000원에 발행케 한 것은 회사에 대한 배임행위이자 주주평등의 원칙에 어긋난다"며 "△△에게 공정한 발행가액과의 차액 3,762억 원을 돌려달라는 소송을 추진할 것"이라고 밝혔다. (출처: 한국일보 2006. 4. 6)

[2] 적대적 M&A의 방어책으로 경영상 주요 안건에 거부권을 행사할 수 있는 '황금주' 도입을 허용해야 한다는 제안이 제기되고 있다. 그러나 황금주가 도입되면 일반 주주의 권리는 황금주 보유자에 비해 크게 낮아져 '주주평등의 원칙'에 어긋난다는 비판의 목소리가 높다. (출처: 매일경제신문 2005. 11. 3)

[3] 우리사주의 취득으로 손해를 입은 직원들이 소송을 통해 보상을 받는 첫 사례가 나왔다. 이들은 1심 재판에서 "우리사주로 인한 직원의 재산손실을 회사측이 부담하겠다는 '우리사주 손실보장 약정'은 주주평등원칙에 위배되지 않는다"는 판결을 이끌어냈다. 서울고법 민사O부는 △모씨와 □모씨가 '우리사주 손실보상 약정을 이행하라'며 ■사를 상대로 낸 약정금 청구소송 항소심에서 "피고가 원고들에게 각각 3,700만 원과 3,150만 원을 지급한다는 내용의 화해가 성립됐다"고 밝혔다. '우리사주 손실보상 약정'은 사측이 직원의 무분별한 이직 등을 막기 위해 우리사주를 취득한 직원이 주식을 팔 때 생기는 손해를 보상한다는 등의 내용을 담은 약정이다. 원고들은 지난 2000년 2월 사측의 손실보장 약속을 믿고 우리사주를 샀다가 퇴직하면서 취득가보다 낮은 금액에 주식을 팔게 되자 회사에 그 차액을 보상하라고 요구했지만 사측이 이를 거부하자 소송을 냈다. 이에 1심 재판부는 "우리사주 손실보장 약정은 복리후생비의 성격을 갖는 등 주주평등 원칙에 위배되지 않는다"며 원고 일부승소판결을 하자 피고측이 즉각 항소한 상태였다. (출처: 서울경제 2004. 6. 22, 서울경제 2003. 11. 5)

[4] 자사 임직원에게 주식을 시세보다 비싼 값에 떠넘긴 뒤 "나중에 손실을 보전해 주겠다"고 한 노사간의 합의는 "주주평등의 원칙에 위배돼 무효"라는 판결이 나왔다. 서울지법 민사항소O부는 △모씨 등 OO은행의 임직원 2명이 "퇴직시 주식매입 손실을 보전해 주겠다고 한 합의를 지키라"며 OO은행을 상대로 낸 퇴직금 청구소송에서 "투자손실금 보전은 회사가 우월적 권리를 특정주주에게만 보장하는 셈이어서 주주평등의 원칙에 어긋나는 만큼 무효"라고 밝혔다. 재판부는 그러나 잘못된 합의를 유도한 불법행위의 책임을 물어 은행측에 원고들에게 손실의 80%를 배상하라고 판결했다. (출처: 한국일보 2003. 8. 2)

[5] 금융감독기관은 기업이 소각의 목적으로 자사주를 취득할 때는 임의소각의 경우 모든 주주에게 동등한 기회를 준 뒤 소각에 동의하는 주주로부터 자사주를 취득해야 하고 강제소각일 때는 주주의 지분 비율에 따라 자사주를 취득하도록 했다. (출처: 한겨레 2000. 12. 15)

[6] 무상소각과 균등감자를 병행한 회사의 편법 자본감소에 대해 법원이 주주평등의 원칙을 들어 제동을 걸었다. 서울지법 민사합의O부는 동의 없이 주식을 무상소각한 것은 부당하다며 OOO금고가 △△△금융을 상대로 낸 자본감소무효 청구소송에서 "피고회사 임시주주총회의 자본감소결의는 무효"라며 원고승소판결을 내렸다. 재판부는 판결문에서 "피고회사가 주주총회를 통해 채무자 등 일부 특정주주의 보유주식에 대해서는 동의없이 무상소각하고 일반주주 등이 소유한 나머지 주식의 경우 균등비율로 감자한 결의는 주주평등의 원칙에 어긋나는 만큼 특별한 사정이 없는 한 무효로 봐야 한다"고 밝혔다. 재판부는 이어 "주식은 그 성질상 제3자에게 양도되거나 담보로 제공해 유통되는 점을 감안할 때 누가 보유했는지 여부와 관계없이 평등하게 취급해야 한다"면서 "특정주주의 보유주식을 다른 주식과 달리 취급하는 것은 제3자의 이익을 해칠 우려가 있는 행위"라고 덧붙였다. (출처: 문화일보 1999. 9. 18)

제3절 주주의 권리

[1] 소액주주의 소극적 성향

회사의 경영권이나 지배권에 영향력을 미칠 수 없는 대부분의 소액 군소주주(흔히 '개미군단', 또는 '작은 손')들은 회사의 경영권보다는 시세차익에 관심을 기울이며 단기투자의 성향을 보이고 있다. 적대적 M&A의 대상이 됨으로써 지배권의 향배가 주요 이슈가 되는 경우에도 정작 소액주주들은 의결권 행사보다는 주가등락에 따른 차익실현에 관심이 많은 것으로 나타나고 있다. 대주주간 표 대결이 치열한 회사의 소액주주들은 연말 주주명부 폐쇄일 이후에도 주식매매에 적극 매도 매수하는 잦은 손 바뀜 현상을 보여 주가흐름에 민감하게 반응하였다. (출처: 헤럴드경제 2004. 3. 23)

[2] 주주행동주의(shareholder activism)

소액주주운동 전문사이트의 자유게시판에는 하루에도 수십 건의 소액주주 의견이 봇물처럼 쏟아진다. 이 사이트에서는 주요 상장 기업별로 주주 커뮤니티를 구성, '추천이사 만들기', '배당률 높이기,' '주가 올리기'같은 공동 이벤트를 추진하도록 돕고 있다. 그동안 시민단체 주도로 주로 재벌그룹에만 집중돼왔던 소액주주 운동이 인터넷 공간을 통해 급속도로 확산되고 있다. 주총 시즌에만 반짝하던 일회성 이벤트에서 상시적이고 보편적인 모습으로 변신하고 있다. ○○전자 소액주주 운동이 채권단과 무감자 액면가 출자전환에 합의, 실질적인 성과를 거뒀는가 하면, ○○제과와 ○○통신 등 기업 인수 · 합병이나 매각에 반대하는 소액주주운동도 자체적인 홈페이지를 만드는 등 활동 범위를 넓혀가고 있다. 소액주주 모임측은 그동안 ○○전자와 ○○중공업 주주총회결의 무효소송 승소, 분식회계 관련 전현직 임직원 민사소송 진행 등 나름대로 굵직굵직한 성과를 거둬왔다. ○○제과 소액주주비상대책위원회는 최근 제과사업부의 해외매각과 관련, 소액주주의 피해를 막기 위해 자체 홈페이지를 만드는 등 끊임없이 의견을 개진하고 있다. 소액주주운동이 활성화되고 있는 가장 큰 요인은 국내 증시의 주주문화 변화다. IMF 경제위기 이후 외국 자본의 국내 참여가 늘면서 국내 소액주주들도 주주로서의 자신의 권리에 대해 새로운 인식 전환을 가져왔다는 분석이다. 물론 시민단체가 주동이 된 재벌그룹 소액주주운동의 영향도 빼놓을 수 없는 요인이다. 하지만 이런 소액주주운동이 일부 악의적인 주가조작 세력이나 엉터리 M&A전문가들에게 악용될 수 있다는 우려도 나오고 있다. (출처 : 조선일보 2001. 7. 31 [한윤재])

| 해 설 |

① 주주는 주식회사의 지분적 소유자임에도 불구하고 수적 대다수를 차지하는 일반군소주주들은 회사경영에 무관심을 보이는 것이 일반적이다. 이러한 주주의 소극적인 태도는 회사법이 원래 의도한 회사법의 이상과 회사법운영의 현실간의 괴리를 가져오는 근본적인 원인이 되고 있다. 그런데 최근 이러한 주주들의 소극적인 태도에 상당한 변화가 감지되고 있다. 주주들의 권리의식이 높아지고, 적극적으로 자신들의 권리를 주장하는 주주행동주의의 경향이 일부 엿보이고 있다. 이러한 변화에 영향을 준 것은, IMF 이후 부실기업의 사회문제화, 주식시장의 저변확대, 인터넷 이용의 확산, 시민단체들의 주주운동, 주주의 권리행사를 돕는 회사법의 개편 등이 종합적으로 작용한 결과가 아닌가 생각된다. 이러한 변화는 일부 불미스런 일도 있지만 전체적으로 보면 회사법의 정성적인 작동을 위하여 바람직한 면이 있다.

② "뭉치면 강하고 흩어지면 약해진다"는 말이 주주들에게도 통한다. 군소소액주주를 흔히 '개미군단'으로 일컫기도 한다. 소액주주들은 주식이 다수에 분산되어 힘을 집중하기 어렵다. 그러나 이들이 힘을 합하면 굉장한 힘을 발휘하게 된다. 특히 IMF 관리체제 이후 우리 사회에서 눈에 띠게 두드러진 소액주주운동은 주주들의 권리의식을 고양하고 분산되어 있는 주주의 힘을 한 곳으로 모음으로써 회사 경영에 대한 새로운 견제수단으로 등장하였다는 점에서 그 의의를 긍정적으로 평가할 수 있을 것이다. 다만 주주권 행사나 주주운동을 빙자하여 회사에 금품을 요구하는 등 회사에 부당하게 압력을 행사하는 행위에 대해서는 별도의 제재가 가해진다.

[1] 주주의 회사에 대한 권리

(1) 주주는 회사에 대하여 일반적인 「주주권」(사원권 : 원천적 권리)을 가지고, 이를 바탕으로 하여 여러 가지 개별적인 「주주의 권리」(파생적 권리)를 가진다. 주주권을 구성하는 개별적인 주주의 권리를 따로 분리하여 양도하는 것은 주식불가분의 원칙상 허용되지 않는다.

(2) 그러나 주주의 권리(예 : 추상적 이익배당청구권)로부터 도출되는 채권적 권리(예 : 구체적 이익배당청구권)는 주주의 지위와는 별개의 것이므로 이를 분리하여 양도 · 입질 · 압류의 대상으로 할 수 있고 또 시효의 대상이 된다.

(3) 주주권은 주주의 회사에 대한 권리이다. 따라서 주주는 주주권에 기하여 회사가 제3자에 대하여 갖는 권리를 직접 행사할 수 없다(대판 1998. 3. 24, 95다6885).

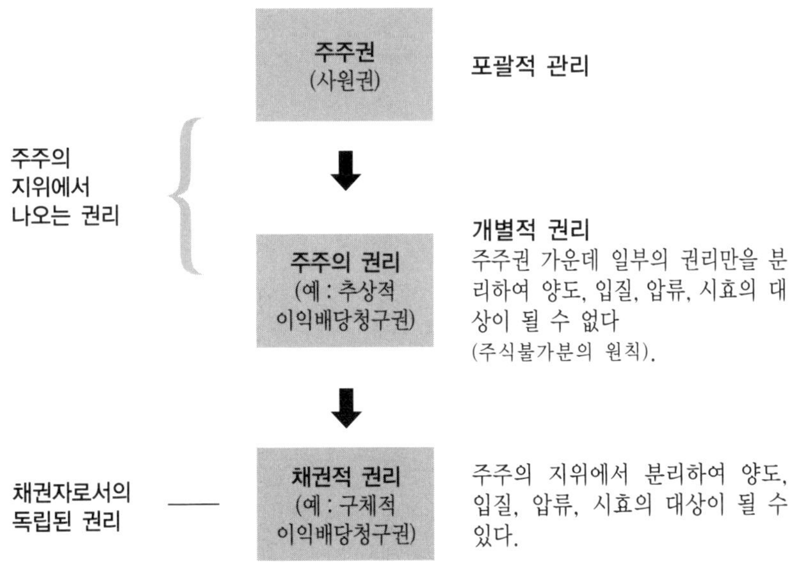

| 대법원 1998. 3. 24. 선고 95다6885 판결 |

대표이사의 업무집행권 등은 대표이사의 개인적인 재산상의 권리가 아니며, 주주권도 어떤 특정된 구체적인 청구권을 내용으로 하는 것이 아니므로, 특별한 사정이 없는 한 대표이사의 업무집행권 등이나 주주의 주주권에 기하여 회사가 제3자에 대하여 가지는 특정물에 대한 물권적 청구권 등의 재산상의 청구권을 직접 또는 대위행사할 수 없다.

[2] 성격 - 고유권성

주주의 권리는 법률에 의하여 주어진 것이다. 따라서 당해 주주가 동의하지 않는 한 정관이나 주주총회의 결의에 의해서도 제한하거나 박탈할 수 없다(고유권성)(헌법의 재산권보장조항 참조). 그러므로 주주권을 고유권과 비고유권으로 구분하는 것은 별 실익이 없다.

[3] 종류

Ⅰ. 주주의 3대 기본권리

주주는 주식을 매개로 하여 회사에 대하여 여러 가지 권리를 가진다. 그 중에서 기본이 되는 3가지 권리는 경영참가권(의결권 행사에 의한 직접적인 경영참가권, 이사선임을 통한 간접적인 경영참가권), 경영성과에 참가할 수 있는 권리(이익배당청구권) 및 해산회사에 대한 잔여재산분배청구권이다.

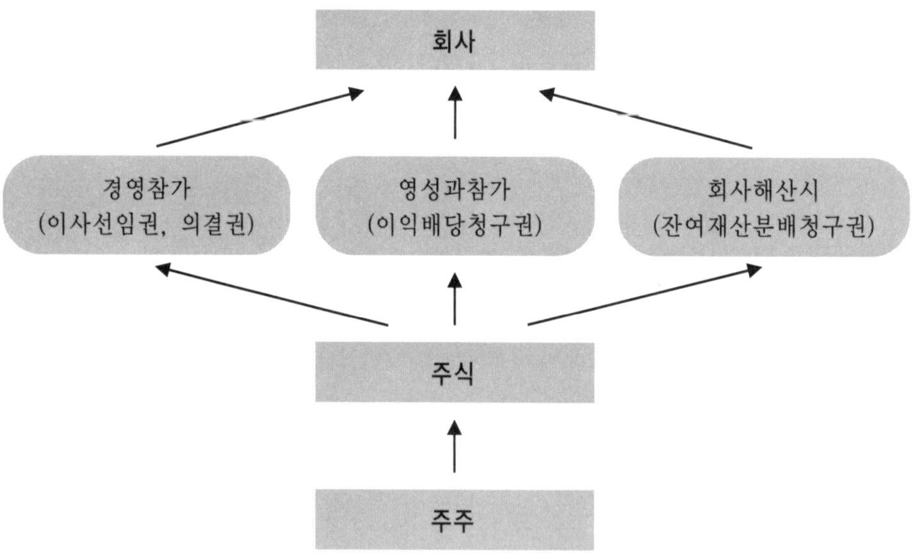

Ⅱ. 비례적 권리 · 非비례적 권리

자본이 중심이 되는 주식회사에서 주주의 회사에 대한 권리는 자본에 대한 기여도(즉, 출자의 크기)에 비례하는 것이 원칙이다. 그러나 주식 수에 관계 없이 1주를 가진 주주에 대해서도 인정되는 것이 있다.

비례적 권리	非비례적 권리
소유주식수에 비례하여 증가하는 권리 (←비례적 평등)	1주 또는 소정의 주식(소수주주권의 경우) 이상의 주식을 보유하면 주식수의 많고 적음에 관계없이 동일하게 주어지는 권리 (←기회적 평등)
의결권, 이익배당청구권, 유상증자시의 신주인수권, 무상증자시의 신주배정을 받을 권리, 잔여재산분배청구권	그 밖의 권리

Ⅲ. 단독주주권 · 소수주주권

(1) 단독주주권은 단 1주만 가져도 행사할 수 있는 권리이고, 소수주주권은 발행주식총수 중에서 일정 비율 이상의 주식을 보유하여야만 행사할 수 있는 권리이다. 소수주주권은 주로 주주의 경영통제를 위한 권리들로서, 회사의 이익을 보호하고 다수파주주 및 경영자의 전횡을 방지하기 위하여 인정되는 권리이다. 소수주주권의 행사요건으로 일정 비율 이상의 주식보유를 요하는 이유는, 영세한 주주에게 인정하여도 실익이 없거나 주주권의 남용을 방지하기 위함이다.

(2) 수수주주권을 행사하기 위하여 요구되는 지주비율을 어느 정도로 할 것인가는 권리남용의 가능성, 권리행사의 실효성, 자본금규모와 주식분산의 정도 등을 종합적으로 고려하여 입법정책에 의하여 결정한다. 소수주주권의 행사를 용이하게 하기 위하여 지주비율을 점차 완화하는 경향이 있다. 현재 상법에서는 3%의 지주비율을 기본으로 하고, 위법행위유지청구권과 대표소송제기권의 경우는 1%의 지주비율을 요건으로 하고 있다. 증권거래법에서는 소수주주권의 행사요건으로 지주비율 외에 계속보유요건(6개월 계속보유)을 요하고 있다.

(3) 소수주주권으로 요구되는 지주비율은 다수의 주주가 합산하여 지주비율요건을 충족하는 것도 가능한다.

(4) 지주비율은 권리행사 시점에 갖추면 된다. 대표소송의 경우는 소 제기시에 지주비율을 구비하면 된다는 것을 명시적으로 규정하고 있다(상 403조 5항).

|소수주주권|

	상법	증권거래법	
이사 · 감사 · 청산인 해임청구권	3%	0.5% (0.25%),	6개월 전부터 계속보유
위법행위유지청구권	1%	0.05% (0.025%),	6개월 전부터 계속보유
대표소송제기권	1%	0.01% ,	6개월 전부터 계속보유
회계장부열람청구권	3%	0.1% (0.05%),	6개월 전부터 계속보유
업무 · 재산상태 검사청구권	3%	3% (1.5%),	6개월 전부터 계속보유
주주총회소집청구권	3%	3% (1.5%),	6개월 전부터 계속보유
주주제안권	3%	1% (0.5%),	6개월 전부터 계속보유
집중투표 청구권	3%	1%	(계속보유요건 없음)
회사해산청구권	10%	(없음)	

증권거래법상의 특례(증거 191조의13) : ( )안은 최근 사업 연도 말 자본금이 1천억 원 이상인 법인. 주식보유는 ㉠ 수식소유, ㉡ 주주권행사에 관한 위임장취득, ㉢ 2인 이상 주주의 공동에 의한 주주권행사를 포함한다.

Ⅳ. 자익권 · 공익권

자익권	공익권
주주가 회사로부터 경제적 이익을 받을 것을 목적으로 하는 권리	주주가 회사의 경영에 참가하거나 경영 감독의 수단이 되는 권리
이익배당청구권, 신주인수권, 명의개서청구권, 주식전환청구권, 잔여재산분배청구권 등	소수주주권, 의결권, 각종 소의 제기권

| 관련사례 |

국내 상장사가 경영진(이사)의 부당행위로 손실을 입었을 때 소액주주가 주주대표소송을 제기하려면 평균 1,388주가 필요한 것으로 나타났다. 증권거래소가 762개 전 상장사를 대상으로 소수주주권 행사요건을 분석한 결과, 가장 많은 주식이 필요한 회사는 O전력이며, 가장 적은 회사는 OO시멘트로 조사됐다. 상장사 평균으로는 주주대표소송에 최소한 1,388주, 이사(감사)해임청구권과 이사 위법행위금지청구권은 각각 4만 5,847주가 필요했다. 또 회계장부열람권이나 주주제안권을 행사하려면 1사당 평균 9만 1,694주가 필요하고, 주주총회 소집청구권에는 27만 5,083주가 필요하다. 상장사별로 주주대표소송을 제기하기 위해 필요한 주식 수는 OO전력이 6만 2,822주로 가장 많았다. 반면 OO시멘트의 경우 15주만 있으면 주주대표소송을 제기할 수 있고 OO상사(20주), OO염색(30주)도 주주권행사가 쉽게 돼 있다. 대표소송의 제기를 위한 지주요건과 관련하여, "선의의 소수주주권 행사는 경영투명성을 확보하기 위한 주주의 견제장치이기 때문에 행사요건을 완화해야 한다"거나, 특히 주주대표소송의 이익은 해당 회사에 귀속되기 때문에 미국이나 일본처럼 1주만 갖고 있어도 소송을 제기할 수 있는 단독주주권으로 바꾸어야 한다는 지적이 있다. (출처 : 세계일보 1998. 7. 30, 매일경제 1998. 7. 30 [윤재오])

제4절 주주의 의무 - 출자의무

[1] 총설

「주식인수인」은 회사에 대하여 인수가액을 한도로 출자의무를 부담할 뿐이다(상 295조, 303조, 305조, 421조, 331조). 그리고 일단 「주주」가 된 이후에는 어떠한 의무나 책임도 지지 않는다. 주식회사의 물적 기초인 자본은 주식인수인의 출자에 의하여 형성되므로 자본충실을 위하여 출자에 대하여 엄격하게 규제하고 있다. 주주가 회사에 출자하는 방법은 금전출자를 원칙으로 하나, 현물출자도 가능하다. 상계에 의한 채무의 출자전환은 원칙적으로 금지된다.

[2] 금전출자

Ⅰ. 출자의무

(1) 출자의무를 지는 자

출자의무(납입책임)를 지는 자는 주식인수인이다. 타인 명의로 주식을 인수한 경우에 명의차용자와 명의대여자 중에서 누가 출자의무를 부담하는가? (ⅰ) 가설인의 명의로 인수하거나 또는 타인의 승낙 없이 그 타인의 명의로 주식을 인수한 자는 주식인수인으로서 납입책임이 있으며, (ⅱ) 타인의 승낙을 얻어 그 타인의 명의로 주식을 인수한 자는 그 타인과 연대하여 납입할 책임을 진다(상 332조).

(2) 회사의 출자이행청구권

주식인수인은 인수한 주식에 대하여 출자할 의무를 지고, 회사는 그 이행을 청구할 수 있는 권리를 갖는다. 회사가 주식인수인의 납입의무를 면제하는 것은 자본충실의 원칙상 허용되지 않는다.

┃대법원 1969. 8. 19. 선고 68다2421 판결┃

회사로부터 불입최고가 있기 전에는 주주에 대한 구체적인 주금불입청구권이 발생될 수 없고 이 구체적인 불입청구권이 발생하기 전에는 일반적인 주주의 출자의무는 주주라는 자격과 분리할 수 없는 추상적인 의무에 불과하여 회사채권자의 대위행사의 목적이 된다 할 수 없으며 회사의 주주에게 대한 불입최고 역시 회사만이 할 수 있어 채권자의 대위행위가 허용될 수 없다. (同旨 : 서울고법 1968.11.14. 68나1206 제5민사부판결)

┃서울고법 1990. 5. 9. 선고 89나28305 제4민사부 판결┃

회사설립 당시 750주의 주식을 인수한 주주가 회사설립 등에 공로가 있다하여 주주총회의 결의로 그에게 750주의 무상주를 추가로 배정하고 이에 따라 동인이 주주총회에서 1,500주의 주주로서 주주권을 행사하였다면 이는 회사의 증자결의 및 그에 따른 현실적인 주금납입 없이 이루어진 것으로서 주식회사의 자본충실의 원칙에 위배될 뿐 아니라 그로 하여금 본래의 의결권보다 더 많은 의결권을 행사하도록 한 것이 된다.

Ⅱ. 이행방법

(1) 주식인수인은 인수가액의 전액을 금전에 의하여 현실적으로 납입하여야 한다(전액 · 현실 · 금전납입주의)(상 295조 1항, 303조, 305조 1항).

(2) 수표 · 어음 등에 의하여 납입하는 경우에는 지급인에 의하여 현실적으로 지급되어야만 유효한 납입으로 볼 수 있다. 주금납입의무는 금전에 의한 현실적인 납입이 있을 것을 요하기 때문이다. 따라서 예컨대, 당좌수표로 납입한 때에는 그 수표가 현실적으로 결제되어 현금화되기 전까지는 납입이 있었다고 할 수 없다(대판 1977. 4. 12, 76다943).

(3) 대물변제 · 更改 · 상계(상 334조)에 의한 납입은 원칙적으로 허용되지 않는다.

Ⅲ. 납입금보관자

(1) 납입금보관자의 제한
주금의 납입은 「은행 기타 금융기관」에서만 할 수 있고, 이를 주식청약서에 기재하여야 한다(상 295조 1항 단서, 302조 2항 9호, 305조 2항). 이는 납입금의 소재를 분명히 하고 납입부정을 막기 위함이다. 납입금보관자 또는 납입장소를 변경하려면 법원의 허가를 받아야 한다(상 306조).

(2) 납입금보관증명서의 교부
납입금을 보관한 은행 또는 기타의 금융기관은 발기인 또는 이사의 청구가 있는 때에는 납입금보관증명서를 교부하여야 한다(상 318조 1항). 등기의 신청에는 이 증명서를 첨부하여야 한다(비송 203조 11호).

(3) 납입금취급 금융기간의 납입증명책임
납입금취급금융기관은 증명한 보관금액에 대하여 납입의 부실 또는 그 금액의 반환에 관한 제한이 있음을 이유로 회사에 대하여 대항하지 못한다(상 318조 2항). 따라서 납입금취급금융기관은 납입이 없거나 부실한 납입이 있었음에도 불구하고 허위의 증명서를 교부한 경우 그에 따른 위험부담을 스스로 안게 된다.

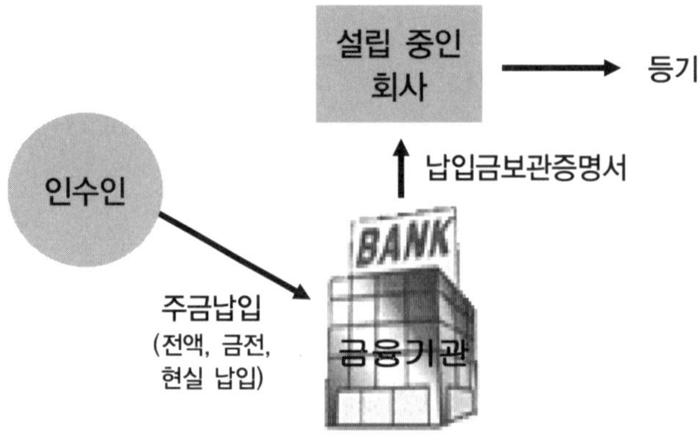

Ⅳ. 불이행시의 처리

인수한 주식대금이 납입되지 않은 경우 회사설립시에는 실권절차(상 307조)에 의하여 처리하나, 설립 이후의 신주발행의 경우에는 이러한 실권절차 없이 이사회의 결의에 의하여 처리할 수 있다. 출자의무를 불이행한 주식인수인은 주주가 될 수 없고, 회사에 대하여 채무불이행에 따른 책임을 진다.

Ⅴ. 납입금의 반환청구

은행 기타 금융기관이 보관하고 있는 납입자금은 회사의 사업에 이용하기 위하여 회사가 반환받을 필요가 있다.

(1) 납입금의 반환을 청구할 수 있는 자는 누구인가? 회사의 대표기관이 회사를 대표하여 그 반환을 청구할 수 있다.

(2) 언제 반환을 청구할 수 있는가? 반환청구가 가능한 시점은 회사설립의 경우에는 회사설립등기 이후이고, 신주발행의 경우에는 신주발행으로 인한 변경등기 이후이다. 신주발행의 경우 납입기일 다음 날 변경등기의 여부에 관계없이 신주의 효력이 발생하지만, 등기신청서에 납입금보관증명서를 첨부하여야 하기 때문이다(비송 203조 11호).

(3) 반환받은 납입금은 회사의 사업용도로만 사용하여야 한다. 차입한 납입자금의 상환에 사용하는 경우에는 가장납입이 된다.

[3] 현물출자

OO화학은 관계사인 OO반도체에 128억 800만 원을 출자한다고 밝혔다. 출자는 OO화학이 소유한 OO전자 보통주식 272만 4,800주를 OO반도체에 현물출자해 신주를 배정받는 방식으로 이뤄진다. OO반도체 신주가액은 주당 5,000원이며 OO전자 보통주식 평가액은 주당 4,821원이다. (출처: 이데일리 2004. 2. 24)

| 해 설 |

출자는 금전에 의하는 것이 원칙이지만 현물에 의한 출자도 예외적으로 허용된다. 위 사례는 주식을 현물로 출자한 것이다. 현물출자에 대해서는 이를 금전으로 평가하여 평가액에 상응하는 신주를 발행하게 된다. 현물출자에서 법적으로 특히 문제가 되는 것은 평가가액의 적정성 여부이다. 만일 현물출자를 과대하게 평가하면 그 과대하게 평가된 부분에 대하여 자본의 거품현상이 생겨나게 된다.

Ⅰ. 의의

현물출자라 함은 금전 이외의 재산을 출자하고 그 대가로 신주를 발행받는 것을 말한다. 출자는 금전출자를 원칙으로 하나 예외적으로 현물출자를 인정하고 있다.

| 법적 규율의 초점 |

회사의 입장에서는 필요로 하는 재산을 구매하는 방법도 있지만 직접 출자로 받을 수 있다. 출자자의 입장에서는 자신이 보유하고 있는 현물을 출자함으로써 주주가 될 수 있다. 그러나 현물이 부당하게 평가된 때에는 회사의 자본충실을 해치고 사실상 액면미달발행을 한 것이 되므로 이에 대한 규제가 필요하다.

Ⅱ. 성질

현물출자는 쌍무 · 유상계약적 성질을 가지기 때문에 위험부담 · 하자담보책임에 관한 민법규정(민 537조, 570조 이하)이 유추적용된다.

Ⅲ. 대상

현물출자의 대상이 될 수 있는 것은 금전 이외의 재산으로 대차대조표의 자산의 부에 기재할 수 있는 것이면 무엇이나 가능하다. 예컨대, 동산, 부동산, 채권, 유가증권, 특허권 등의 무체재산권, 컴퓨터 소프트웨어, 다른 회사의 주식, 상호, 거래처, 영업비결, 영업의 전부 또는 일부 등이다. 그러나 노무나 신용은 재산적 가치가 불분명하기 때문에 주식회사에서는 이를 출자의 대상으로 할 수 없다.

Ⅳ. 시기

현물출자는 회사설립시와 회사설립 이후에 신주를 발행할 때 모두 가능하다.

Ⅴ. 자격

누구나 현물출자를 할 수 있다. 설립시에는 발기인뿐만 아니라 발기인 이외의 자도 현물출자를 할 수 있다. 설립 이후 신주를 발행하는 경우에도 현물출자자의 자격에 대한 제한이 없다.

Ⅵ. 정관에의 명시요부

(1) 회사설립시에 현물출자를 하려면 변태설립사항으로서 정관에 현물출자를 하는 자의 성명과 그 목적인 재산의 종류, 수량, 가격과 이에 대하여 부여하는 주식의 종류와 수를 규정하여야 한다(상 290조 2항).

(2) 신주발행시의 현물출자에 관해서는 회사설립시와는 달리 단지 이사회의 결정사항으로 하고 있을 뿐이고(상 416조 4호) 정관의 근거를 요한다는 규정이 없다. 학설상으로는, (ⅰ) 정관의 근거가 불필요하다는 견해와 (ⅱ) 주주의 신주인수권에 변동을 가져오는 현물출자는 정관의 규정 또는 이에 갈음하는 주주총회의 특별결의를 거쳐야 한다는 견해가 있다. 수권자본주의의 취지에 비추어 신주발행시의 현물출자의 경우에는 원칙적으로 정관의 기재를 요하지 않는다고 본다.

(3) 회사설립을 모집설립의 방식으로 하는 경우와 신주발행의 경우 현물출자에 관한 사항은 주식청약서에 기재하여야 한다(상 302조 2항, 420조).

Ⅶ. 이행

현물출자를 하는 경우에는 납입기일에 지체 없이 현물출자의 이행을 하여야 한다(상 295조 2항, 305조 3항). 출자목적인 재산의 종류별로 각각 요구되는 고유한 권리이전방식을 갖추어 재산권을 이전하여야 한다(예 : 동산은 인도, 부동산은 등기, 유가증권은 배서 · 교부, 채권은 통지 · 승낙과 같은 대항요건의 구비). 등기 · 등록 기타 권리의 설정 또는 이전을 요하는 경우에는 이에 관한 서류를 완비하여 교부하여야 한다(상 295조 2항).

Ⅷ. 사후검사

현물의 가치가 과대평가되면 자본충실을 해친다. 그러므로 회사설립시의 현물출자는 변태설립사항의 하나로 객관적인 조사를 받아야 한다. 즉, 이사 · 감사에 의한 조사 외에 법원이 선임한 검사인의 조사를 받아야 함이 원칙이나, 공인된 감정인의 감정으로 이를 대체할 수 있다(상 298조 4항). 설립 이후 신주를 발행하는 경우에도 이와 동일한 검사제도를 두고 있다(상 422조 1항 · 2항).

Ⅸ. 과대평가에 대한 제재

(1) 회사설립의 경우

현물출자가 과대하게 평가된 채 설립등기를 마친 경우, 평가의 과대성의 정도에 따라 (ⅰ) 그 정도가 경미한 경우에는 발기인과 이사에 대한 손해배상책임의 추궁에 그치나(상 322조, 323조), (ⅱ) 그 정도가 중하여 발기인과 이사에 대한 책임추궁만으로는 그 흠결을 메우기 곤란한 경우에는 현물출자가 무효로 되고 나아가 회사설립 자체의 무효사유가 된다. 현물출자가 불이행된 경우 발기인이 자본충실의 책임을 지는가에 대해서는 긍정설과 부정설이 있다.

(2) 신주발행의 경우

이사에게 손해배상책임(상 399조)을 물을 수 있는 외에 신주발행유지청구권(상 424조)과 불공정한 가액으로 인수한 자의 차액반환책임(상 424조의2 1항)의 제도가 있고, 현물출자의 평가가 지나치게 과대하여 이사의 손해배상책임에 의한 전보가 불가능할 때에는 신주발행무효의 소(상 429조)를 제기할 수 있다.

[4] 채무의 출자전환

OO건설의 채권단이 OO건설의 기존 여신 1조 4,000억 원을 조기 출자전환하고 신규자금 1조 5,000억 원을 지원하는 등 모두 2조 9,000억 원을 출자해 OO건설을 살리기로 최종 확정했다. 이에 따라 OO · OO · OO · OO은행과 OO보증보험 등 5개 채권금융기관으로 구성된 채권단운영위원회는 각 금융기관의 채권신고가 마무리되는 대로 정해진 기준에 따라 구체적인 출자전환 · 증자참여 금액을 최종 결정할 예정이다. (출처: 매일경제 2001. 3. 30, 문화일보 2001. 3. 30, 한국경제 2001. 3. 30)

| 해 설 |

위 사례에서 보는 것처럼 기업에 대하여 대출한 금융기관이 대출채권을 채무자인 회사에 대한 출자로 전환하는 사례가 종종 발생하고 있다. 이는 채권을 주식으로 전환하는 것이다. 상법에 의하면 주주는 회사에 대하여 주식의 인수가액을 현실적으로 납입하여야 하고 상계에 의한 납입을 금지하고 있다(상 334조). 그렇다면 위 사례와 같이 기존의 채무를 출자로 전환하는 것은 상법위반이 아닌가? 아니면 이를 가능하게 하는 다른 방법이 있는지?

Ⅰ. 의의

채무의 출자전환은 채권자가 회사에 대하여 갖는 채권을 상환받는 대신 그 금액을 채무자인 회사의 신주납입자금으로 갈음하는 것을 말한다. 이는 주주가 회사에 대하여 갖는 채권을 자동채권으로 하고 회사가 주주에 대하여 갖는 주금납입청구권을 수동채권으로 하여 상계하는 것이 된다(민 492조, 493조). 실무상으로는 금융기관(채권자)이 신주발행회사(채무자)에 대하여 갖는 기존의 채권을 출자로 전환하는 방법으로 주로 이용된다.

Ⅱ. 상계납입의 금지

주주는 납입에 관하여 상계로써 회사에 대항하지 못한다(상 334조). 자본충실을 위하여 주주는 회사에 대하여 인수한 가액 전액을 금전에 의하여 현실적으로 납입하도록 하기 위함이다(상 295조, 303조, 305조, 421조). 만일 상계납입을 허용하면 회사채권자 일반을 위해 공동담보가 되는 회사재산으로부터 주주가 사실상 우선변제를 받는 셈이 되어 부당하다.

Ⅲ. 상계계약에 의하는 경우

채권자의 일방적 의사표시인 상계(민 492조 · 493조)에 의한 채무의 출자전환은 상법의 명시적 규정에 의하여 금지되지만(상 334조), 당사자간의 상계계약에 의한 출자전환이 허용되는가에 대해서는 견해가 나뉘고 있다.

(ⅰ) 부정설 - 자본충실을 해치므로 허용되지 않는다는 견해가 있다(최기원).

(ⅱ) 긍정설 - 자본충실을 해치지 않는 한 허용된다는 견해가 있다(이철송).

(ⅲ) 판례 및 대법원예규 - 매우 오래 전 판례 중에 현금의 수수를 생략하는 뜻에서 상계를 하는 것은 무방하다는 것이 있다(대판 1960. 11. 24, 4292민상874·875). 대법원예규(기업구조조정을 위한 금융기관대출금의 출자전환에 따른 변경등기신청에 첨부할 서면에 관한 예규, 등기예규 제960호)는 금융기관이 회사에 대해 갖는 채권을 출자로 전환하는 경우에 한하여 상계를 허용하고 있다.

(ⅳ) 사견 - 상법 제334의 법문에 의하면 "회사에 대항하지 못한다"고 되어 있으므로, 회사가 상계납입에 의한 출자를 인정하는 것은 무방하다는 해석이 가능하다는 주장이 있을 수 있다. 그러나 상계에 의한 채무의 출자는 그것이 일방적이건 쌍방적이건 자본충실을 해칠 위험성이 있다는 점에서는 본질적으로 차이가 없다. 채무를 출자로 전환하면 출자받는 회사의 소극재산(기존채무)은 감소하지만 출자에 상응하는 적극적인 재산의 유입이 없다. 만일 채무의 완전한 이행이 곤란한 회사가 주식을 발행하고 그 채권자가 자신의 회사에 대한 채권을 출자로 전환하는 경우라면 사실상 부실채권을 가지고 출자를 하는 것이 되어 자본충실을 해칠 우려가 있고, 또 다른 채권자보다 우선적으로 당해 채권자가 변제받는 셈이 되어 채권자평등의 원칙에 반한다. 따라서 특별법에 의하여 채무의 출자전환을 인정하는 명문의 규정이 없는 한 상계에 의한 채무의 출자전환은 그것이 일방적이건 쌍방적이건 원칙적으로 허용되지 않는다고 보아야 할 것이다. 만일 신주발행회사와

그 채권자와의 합의에 의한 채무의 출자전환(즉, 상계계약에 의한 주금납입)을 허용하는 경우라 하더라도, 출자로 전환되는 당해 채권은 현물출자의 절차(예 : 발기인에 의한 검사 등)를 밟는 것이 온당하다고 본다. 상계계약에 의한 채무의 출자전환을 인정하려면, 이에 관한 입법적 해결이 필요하다.

❙관련사례❙

[1] ○○카드의 정상화를 위해 1조 2,000억 원의 추가 출자전환을 추진하고 있는 채권단이 ○○그룹에 8,000억 원 규모의 출자전환 참여를 요구하고 나섰다. 그러나 ○○그룹이 난색을 표명하고 있어 협상과정에서 난항이 예상된다. ○○은행은 ○○카드의 상장유지를 위해 1조 2,000억 원을 증자하고 5.7대 1의 비율로 감자해야 한다는 결론을 얻었다. 이 중 8,000억 원 가량은 ○○그룹이 기존 채권을 출자전환하고, 나머지는 채권단이 부담한다는 게 채권단의 방침이다. ○○그룹은 ○○카드의 경영에서 손을 떼면서 기업어음(CP) 등의 형태로 1조 1,750억 원(○○○ 회장 등 개인 2,700억 원, ○○전자 · 유통 등 계열사 6,050억 원)을 지원한 바 있다. 현재 채권단 사이에서 3,000억 원을 추가로 마련하는 데는 큰 이견이 없는 상황이다. 그러나 ○○그룹 관계자는 "채권단이 추가로 요구하겠다는 채권을 계열사나 개인주주가 보유하고 있고 배임 등 법적 압박을 두려워하는 사외이사를 설득하기 어렵다"며 출자전환에 난색을 보였다. (출처 : 머니투데이 2003. 11. 18, 문화일보 2004. 11. 18)

[2] ○○화학 채권금융기관들은 출자전환과 채무만기 연장 등 2조 3천억 원 규모의 채무재조정 방안을 추진하고 자산매각작업을 함께 벌이기로 의견을 모았다. 채권금융기관들은 이날 ○○은행에서 미국계 컨설팅업체인 ○○○ 등의 실사결과를 보고받은 뒤, ○○화학 대주주 지분을 완전감자한 뒤 은행권의 무담보 대출금 3,120억 원과 투신권을 뺀 제2금융권 무담보 여신 880억 원 등 모두 4천억 원을 ○○화학에 출자전환하기로 했다. 투신권이 보유한 회사채 5,610억 원을 포함해 1조 9천억 원 가량의 채무는 3년 이상 만기연장하는 방안이 추진된다. 채권단은 투신권 보유 회사채의 경우 무보증으로 3년간 만기연장하고 적용금리를 6.5%로 내리는 방안을 제시했다. (출처 : 동아일보 2001. 8. 29, 서울신문 2001. 8. 29, 조선일보 2001. 8. 29, 한겨레 2001. 8. 29)

[5] 가장납입

검찰이 적발한 1조 3,000억 원대 자본금 허위납입사건은 사채업자와 작전꾼, 은행이 짜고 벌인 종합적인 사기극으로 그 전모가 밝혀졌다. 이번에 구속된 사채업자는 은행원과 짜고 부실법인을 양산하여 왔다. 이는 지난 2002년 전국적으로 휩쓴 벤처열풍에 편승한 것으로, 사이비벤처사업가들이 사채업자의 돈을 빌려 회사계좌로 넣고, 회사설립등기를 마친 즉시 돈을 빼내는 수법을 사용하였다. 자기 돈 한푼 들이지 않고 외견상으로는 멀쩡한 회사를 차릴 수 있었던 것이다. 이렇게 급조된 깡통회사(유령회사)들은 유망한 벤처기업인 양 행세를 하며 정부의 벤처자금을 지원받고 일반투자자로부터 투자자금을 끌어 모았다. 장부상 기재되어 있는 돈이 빠져나가 껍데기만 남았는데도 증자가 이루어졌다는 사실을 믿고 주식을 산 선의의 투자자들은 큰 손해를 볼 수밖에 없었다. 가장납입에 의한 페이퍼 컴퍼니(paper company)는 딱지어음 발행에 의한 기업체 도산, 가짜 세금서 발부, 가짜 외자 유치, 회사자금 유용 및 주식시장에서의 주가조작 등의 폐해를 초래하고 있다. 한편, 일선 은행의 담당자들은 예금을 유치하기 위하여 사채업자와 손잡고 자금을 관리하며 가장납입에 개입하는 사례도 있음이 드러났다. (출처 : 문화일보 2002. 10. 31, 한국경제 2002. 11. 1, 한국일보 2002. 11. 1, 헤럴드경제 2002. 11. 1) ○○건설의 채권단이 ○○건설의 기존 여신 1조 4,000억 원을 조기 출자전환하고 신규자금 1조 5,000억 원을 지원하는 등 모두 2조 9,000억 원을 출자해 ○○건설을 살리기로 최종 확정했다. 이에 따라 ○○ · ○○ · ○○ · ○○은행과 ○○보증보험 등 5개 채권금융기관으로 구성된 채권단운영위원회는 각 금융기관의 채권신고가 마무리되는 대로 정해진 기준에 따라 구체적인 출자전환 · 증자참여 금액을 최종 결정할 예정이다. (출처 : 매일경제 2001. 3. 30, 문화일보 2001. 3. 30, 한국경제 2001. 3. 30)

| 해 설 |

위는 자본의 납입이 허위로 행해진 전형적인 사례이다. 정도의 차이는 있지만 자본의 가장납입은 우리 사회에 매우 광범하게 이루어지고 있는 것으로 짐작되고 있다. 주식회사는 자본이 중심이 되는 회사이고, 자본과 관련하여 투자자, 회사채권자 등의 여러 이해당사자들이 있다. 이 때문에 상법에서는 자본충실을 위하여 자본을 형성하는 초기단계에서부터 자본의 납입이 충실하게 이루어지도록 여러 가지 제도적 장치를 두고, 가장납입행위에 대해서는 엄격하게 규제하고 있다.

Ⅰ. 의의

주금의 가장납입이란 주금을 실제 납입하지 않고서도 납입한 것처럼 가장하고서는 설립등기(신주발행의 경우는 변경등기) 후 곧바로 이를 인출하여 차입한 주금납입금의 상환에 사용함으로써, 실제 주금의 납입이 없는 것을 말한다. 가장납입은 회사설립시의 경우뿐만 아니라 신주발행의 경우도 동일하게 문제된다.

Ⅱ. 유형

가장납입에는 다음과 같은 유형이 있다. 이 중에서 견금에 의한 가장납입이 가장 일반적인 형태이다.

1. 통모에 의한 가장납입 (預合)

발기인과 납입금취급금융기관이 통모하여 납입한 바가 없음에도 불구하고 납입금취급금융기관이 허위로 발급한 납입금보관증명서에 의하여 설립등기를 하는 방법이다. 상법은 이를 방지하기 위하여 납입금취급금융기관이 납입금보관증명서를 발급하여 증명한 보관금액에 대해서는 납입의 부실(또는 그 금액의 반환에 관한 제한이 있음)을 이유로 하여 회사에 대항할 수 없도록 하고 있다(상 318조 2항). 이 같은 위험부담 때문에 납입금취급금융기관은 이러한 유형의 가장납입을 기피하는 것이 보통이다.

2. 일시차입에 의한 가장납입 (見金)

발기인이 납입금취급금융기관과 통모함이 없이 그 이외의 제3자로부터 금전을 일시 차입하여 납입금을 내고 회사성립 후 납입금취급금융기관으로부터 즉시 인출하여 차입금을 변제하는 방법이다. 이러한 행위가 가장납입에 해당하는가의 여부는, 인출한 자금의 사용용도, 납입과 인출시까지의 기간 등을 종합적으로 고려하여 판단하여야 한다.

3. 회사의 자금에 의한 납입

발행신주를 회사의 임직원 등이 인수하고 회사의 자금으로 그 신주의 주금납입을 한 경우 이를 가장납입으로 볼 것인가? 이는 일시융자로 회사로부터 융자를 받은 임직원이 회사에 그 반환의무를 부담하는지 아니면 반환의무가 없는지에 의하여 판단한다. 실질적으로 회사에 대한 반환의무가 없는 경우에는 가장납입이 된다.

Ⅲ. 효력

가장납입한 자는 주주로서의 법적 지위를 가지는가, 그렇지 않은가? 이는 가장납입의 효력을 여하히 볼 것인가의 문제가 된다.

1. 무효설(다수설)

가장납입에 의한 주금납입은 무효이기 때문에 주주로서의 법적 지위를 갖지 못한다고 한다. 가장납입은 강행법규에 해당하는 자본충실원칙의 탈법행위라는 점, 형식적으로는 주금의 납입이 있는 것처럼 보이지만 실질적으로는 자본구성이 없다는 점을 이유로 한다.

2. 유효설(소수설, 판례)

가장납입에 의한 주금납입도 유효라고 보기 때문에 주주로서의 법적 지위를 갖는다고 한다. 진실한 납입의사의 유무는 주관적인 문제에 불과하고 실제 자금의 현실적인 이동이 있었다는 점, 반환받은 납입금은 주주가 회사로부터 일시 체당한 것이므로 회사는 주주에 대하여 납입금의 상환을 청구할 수 있다는 점, 부실납입에 대하여 발기인은 회사에 대하여 연대하여 손해배상책임을 진다는 점에서 회사는 어느 정도 자본충실을 기할 수 있다는 점 등을 이유로 한다. 판례는 일관되이 유효설을 취하고 있다(대판 1966. 10. 21, 66다1482; 대판 1983. 5. 24, 82누522; 대판 1985. 1. 29, 84다카1823 · 1824 등).

대법원 2004. 3. 26. 선고 2002다29138 판결

■ 주식회사를 설립하면서 일시적인 차입금으로 주금납입의 외형을 갖추고 회사 설립설자를 마친 다음 바로 그 납입금을 인출하여 차입금을 변제하는 이른바 가장납입의 경우에도 주금납입의 효력을 부인할 수는 없다고 할 것이어서, 주식인수인이나 주주의 주금납입의무도 종결되었다고 보아야 할 것이다. (同旨 : 대법원 1998. 12. 23. 선고 97다20649 판결 ; 대법원 1985.1.29. 선고 84다카1823, 84다카1824 판결 ; 대법원 1994.3.28. 자 93마1916 결정)

■ 주식회사의 자본충실의 요청상 주금을 납입하기 전에 명의대여자 및 명의차용자 모두에게 주금납입의 연대책임을 부과하는 규정인 상법 제332조 제2항은 이미 주금납입의 효력이 발생한 주금의 가장납입의 경우에는 적용되지 않는다고 할 것이고, 또한 주금의 가장납입이 일시 차입금을 가지고 주주들의 주금을 체당납입한 것과 같이 볼 수 있어 주금납입이 종료된 후에도 주주는 회사에 대하여 체당납입한 주금을 상환할 의무가 있다고 하여도 이러한 주금 상환채무는 실질상 주주인 명의차용자가 부담하는 것일 뿐 단지 명의대여자로서 주식회사의 주주가 될 수 없는 자가 부담하는 채무라고는 할 수 없다.

대법원 1997. 5. 23. 선고 95다5790 판결

일시적인 차입금으로 단지 주금납입의 외형을 갖추고 회사설립이나 증자 후 곧바로 그 납입금을 인출하여 차입금을 변제하는 주금의 가장납입의 경우에도 금원의 이동에 따른 현실의 불입이 있는 것이고, 설령 그것이 실제로는 주금납입의 가장 수단으로 이용된 것이라고 할지라도 이는 그 납입을 하는 발기인 또는 이사들의 주관적 의도의 문제에 불과하므로, 이러한 내심적 사정에 의하여 회사의 설립이나 증자와 같은 집단적 절차의 일환을 이루는 주금납입의 효력이 좌우될 수 없다. (同旨 : 대법원 1983. 5. 24. 선고 82누522 판결)

3. 절충설

(ⅰ) 원칙 무효·예외 유효설 - 무효설을 기조로 하면서, 견금납입 이후의 실질적(객관적) 사정을 감안하여 견금납입의 유효성 여부를 판단하여야 한다는 입장과 견금납입자의 납입 당시의 주관적 의도에 초점을 맞추어 그 유효성 여부를 판단하여야 한다는 입장이 있다.

(ⅱ) 원칙 유효·예외 무효설 - 이는 기본적으로 견금에 의한 가장납입의 유효성을 인정하는 입장에 서면서, 다만 그 행위의 반사회적 가벌성이 지나쳐 형사처벌을 할 정도의 것인 경우에는 가장납입의 효력을 인정할 수 없다는 입장이다.

4. 사견

견금에 의한 「인수·납입행위」의 사법적 효력도 원칙적으로 유효하다고 본다. 그 이유는 다음과 같다.

① 주식회사의 자본을 형성하는 주금납입절차에서 주금납입자의 「주관적 의도」는 주금납입의 효력에 영향을 미치지 않는다. 주금납입에 의하여 자본을 구성하는 행위는 단체법적 행위이다. 개인법적 행위에서 행위자의 주관적 의사가 행위의 법적 평가에 영향을 미치는 것과는 달리, 단체법적 행위의 경우는 법률관계의 외관성(객관성)·획일성과 법적 안정성이 특히 요구된다. 이 때문에 단체법적 법률관계에서는 행위자의 주관적 의도보다는 객관적 행위를 중시하는 것이 일반적이다.

② 둘째, 견금에 의하여 주금을 납입의 경우에는 주금납입이 전연없는 예납의 경우와 달리 외형상「납입」으로서의 법적 의미가 있는 행위가 행해졌다. 주금납입에 있어서 주금납입자의 의도를 문제삼지 않을 뿐만 아니라, 납입대금의 출처 내지 성격도 주금납입의 효력과는 무관하다. 자신의 돈이건 빌린 돈이건 주금납입을 위한 돈의 현실적인 이동이 있는 한 주금의 납입이 행해진 것으로서 보아야 한다. 이 점은 발기인들과 납입금보관은행이 통모하여 납입금이 없음에도 불구하고 은행이 발기인에게 납입임금보관증명서를 발급하여 발기인이 이를 가지고 설립등기를 마치는 예합의 경우와는 분명히 다른 점이다.

③ 상법상 「주금납입기일의 효력발생시점」(회사설립시에는 설립등기일, 유상신주발행의 경우에는 납입기일 다음 날)은 주금납입의 효력을 대내외적으로 확정하는 의미가 있다(상법 172조, 423조 1항). 주금납입의 효력발생시점을 기점으로 하여 법률관계는 판이하게 달라진다. 유효설은 실질적인 관점에서 차입행위·납입행위와 이사의 인출행위·변제행위를 형식적·개별적으로 보지 아니하고 일련의 행위로서 파악하

여 이들 모든 행위를 포괄하여 종합적으로 이에 대한 법적 판단을 하고 있다. 그러나 주금납입에 관련된 일련의 행위에 대한 법적 평가를 함에 있어서 주금납입의 효력발생시점을 분수령으로 하여 그 이전과 그 이후를 분리하여 달리 취급하여야 한다고 본다.

④ 견금에 의한 주금납입시 발생하는 회사자산의 부당유출과 그로 인한 「자본부실화」의 문제도 주금의 납입단계와 그 이후의 납입된 자본의 유출단계를 구분하여 보아야 한다('구분설'). 유효설에 의더라도 견금납입에 의한 자본부실화를 용인하는 것은 아니다. 납입된 자본을 부당하게 「유출」하는 행위에 대하여 사법적 효력을 문제삼고 아울러 이에 대하여 손해배상책임과 형사처벌수단을 발동함으로써 견금납입에 의한 자본부실화에 대하여 제재를 가할 수 있다.

⑤ 견금납입의 사법적 효력과 이에 대한 「형사책임」의 문제를 결부시켜서는 아니된다. 위 절충설 중에는 기본적으로 견금에 의한 가장납입과 유출행위의 유효성을 인정하는 입장에 서면서, 다만 그 행위가 상법 제628조(납입가장죄)에서 처벌하는 위법성을 띠는 경우에는 무효로 보아야 한다는 견해가 있다. 그러나 견금납입의 유효·무효는 개인간의 사법적 법률관계에 관한 문제로서 공익의 관점에서 사회적 비난가능성을 본질로 하는 형사책임의 문제와는 별개 차원의 문제이다.

Ⅳ. 형사벌칙

주금의 가장납입행위는 가장납입죄(상 628조 1항)와 형법상 공정증서원본부실기재죄(형 228조)를 구성한다(대판 1986. 9. 9, 85도2297).

| 대법원 1986. 9. 9. 선고 85도2297 판결 |

주금으로 납입할 의사 없이 마치 주식인수인들이 그 인수주식의 주금으로 납입하는 양 돈을 은행에 예치하여 주금납입보관증을 교부받아 회사설립요건을 갖춘 듯이 등기신청을 하여 상업등기부의 원본에 그 기재를 하게 한 다음 그 예치한 돈을 바로 인출하였다면 이를 회사를 위하여 사용하였다는 등 특별한 사정이 없는 한 상법 제628조 제1항에 정한 이른바 납입가장죄가 성립되는 한편 공정증서원본부실기재와 동행사죄가 성립된다. (同旨: 대법원 1986.8.19. 선고 85도2158 판결)

(1) 주식인수대금을 가장납입하는 행위에 대한 법적 평가는 사법적 판단과 형사법적 판단에 있어서 그 관점이 같을 수는 없다. 가장납입행위의 사법적 효력의 문

제는 주금납입의 단체법적 특성이 주로 고려의 대상이 되겠지만, 이에 대한 형사책임의 문제는 죄형법정주의라는 테두리 내에서 가벌성이라고 하는 실질적인 관점에서 접근하여야 한다. 상법 제628조의 납입가장죄의 보호법익은 회사의 자본충실이므로, 본죄의 위법성과 가벌성 판단은 자본충실이 그 기준이 된다.

(2) 상법 제628조 제1항의 납입가장죄는 진정신분범이기 때문에 상법 제622조 제1항에 한정적으로 열거되어 있는 자에 국한한다. 그 결과 이사에 대하여 사실상의 영향력을 행사하는 방법으로 이사로 하여금 가장납입을 지시하는 업무집행관여자(상법 401조의2) 등에 대해서는 죄형법정주의에 따라 유추해석이 금지되기 때문에 납입가장죄의 형사책임을 물을 수 있는가의 문제에 대해서는 해석상의 논란이 있을 수 있다. 입법적인 방법으로 업무집행관여자를 본죄의 주체에 포함시켜야 한다.

(3) 한편, 상법 제628조 제2항의 납입가장죄의 경우 그 법정형은 적극적으로 가장납입을 주도하는 동조 제1항의 경우와 동일하다. 따라서 상법 제628조 제2항의 주체로 되는 자는 동조 제1항에 규정되어 있는 자와 동질의 가벌성이 인정되는 자에 한정한다고 해석하여야 할 것이다.

대법원 2004. 12. 10. 선고 2003도3963 판결

상법 제628조 제1항은 발기인이나 이사 등 회사 측 행위자의 납입가장행위를 처벌하는 조항이고 같은 조 제2항에서 규정하는 '제1항의 행위에 응한다'라는 것은 주금납입취급기관으로 지정된 금융기관의 임직원이 발기인이나 이사 등 회사 측 행위자의 부탁을 받고 주금의 입출금 및 주금납입증명서 발급업무를 해주는 것을 의미하는 것인 바, 주금납입취급기관의 임직원이 회사 측 행위자의 부탁을 받고 실제 처음부터 주금이 입금된 사실조차 없는데도 허위로 납입증명서를 발급해 주거나 주금 자체를 대출해주는 경우뿐만 아니라 제3자로부터 차용한 돈으로 주금을 납입하여 주금납입증명서를 발급받은 다음 즉시 주금을 인출하여 차용금의 변제에 사용하는 방식으로 납입을 가장한다는 사정을 알면서 그 주금의 입출금 및 주금납입증명서 발급업무를 해주기로 회사 측 행위자와 통모한 경우에도 같은 조 제2항의 응납입가장죄가 성립한다.

(4) 상법 제628조의 납입가장죄가 성립하기 위해서는 '납입→인출→부당사용'의 행위가 하나의 연결고리로 연결되어 일체로서 행해져야 한다. 납입된 주금을 인출하는 것만으로는 납입가장죄가 성립하지 않고, 인출한 것을 회사업무 이외의

용도로 사용한 경우에만 본죄가 성립한다. 상법에서는 납입가장죄의 기수만을 처벌하고 있다. 본죄의 기수시기는 회사업무 이외의 용도로 부당 사용할 의사로 납입된 주금을 '인출'한 시점이 된다고 본다.

대법원 1979. 12. 11. 선고 79도1489 판결

상법상의 납입가장죄는 주식회사의 자본의 충실을 기하려는 법의 취지를 유린하는 행위를 단속하는 것이므로 회사의 설립 및 자본금 증자를 위하여 은행에 납입하였던 돈을 회사설립과 자본증자등기가 이루어진 후 바로 인출하였다 하더라도 이미 주식납입금 이상의 자본을 투자하여 회사의 공장건설과 기계시설 등을 하여 회사의 자산을 만들어 놓았고 또한 그 인출금을 회사의 운영자금으로 사용한 경우에는 위 납입가장죄는 성립하지 아니한다. (同旨 : 대법원 1977. 11. 8. 선고 77도2439 판결 ; 대법원 2005. 4. 29. 선고 2005도856 판결 ; 대법원 2001. 8. 21. 선고 2005도5418 판결 ; 대법원 1999. 10. 12. 선고 99도3057 판결)

(5) 상법 제628조의 납입가장죄와 이와 관련된 다른 형벌조항과의 관계는 다음과 같다고 본다.

① 상법 제622조의 특별배임죄와 상법 제628조의 납입가장죄는 서로 별개의 것이다.

대법원 2005. 4. 29. 선고 2005도856 판결

주식회사의 설립업무 또는 증자업무를 담당한 자와 주식인수인이 사전 공모하여 주금납입취급은행 이외의 제3자로부터 납입금에 해당하는 금액을 차입하여 주금을 납입하고 납입취급은행으로부터 납입금보관증명서를 교부받아 회사의 설립등기절차 또는 증자등기절차를 마친 직후 이를 인출하여 위 차용금채무의 변제에 사용하는 경우, 위와 같은 행위는 실질적으로 회사의 자본을 증가시키는 것이 아니고 등기를 위하여 납입을 가장하는 편법에 불과하여 주금의 납입 및 인출의 전 과정에서 회사의 자본금에는 실제 아무런 변동이 없다고 보아야 할 것이므로 그들에게 불법이득의 의사가 있다거나 회사에 재산상 손해가 발생한다고 볼 수는 없으므로, 신주발행에 있어서 대표이사가 납입의 이행을 가장한 경우에는 상법 제628조 제1항에 의한 가장납입죄가 성립하는 이외에 따로 기존 주주에 대한 업무상배임죄(형법 356조)를 구성한다고 할 수 없다. (同旨 : 대법원 2004. 5. 13. 선고 2002도7340 판결)

② 상법 제628조의 납입가장죄와 상법 제625조의 회사재산을 위태롭게 한 죄는 사실상 동질의 범죄에 속하나 별개의 구성요건으로 되어있다.

③ 상법 제628조의 납입가장죄와 상법 제634조의 납입책임면탈의 죄는 별개의 구성요건으로 되어있고 실체적 경합의 관계에 있다.

④ 상법 제628조에 해당하는 납입가장행위가 형법 제356조의 업무상횡령죄를 구성하는지의 여부가 문제된다.

| 대법원 2004. 6. 17. 선고 2003도7645 전원합의체 판결 |

■ [다수의견] 납입한 돈을 곧바로 인출하였다고 하더라도 그 인출한 돈을 회사를 위하여 사용한 것이라면 자본충실을 해친다고 할 수 없으므로 주금납입의 의사 없이 납입한 것으로 볼 수는 없고, 한편 주식회사의 설립업무 또는 증자업무를 담당한 자와 주식인수인이 사전 공모하여 주금납입취급은행 이외의 제3자로부터 납입금에 해당하는 금액을 차입하여 주금을 납입하고 납입취급은행으로부터 납입금보관증명서를 교부받아 회사의 설립등기절차 또는 증자등기절차를 마친 직후 이를 인출하여 위 차용금채무의 변제에 사용하는 경우, 위와 같은 행위는 실질적으로 회사의 자본을 증가시키는 것이 아니고 등기를 위하여 납입을 가장하는 편법에 불과하여 주금의 납입 및 인출의 전 과정에서 회사의 자본금에는 실제 아무런 변동이 없다고 보아야 할 것이므로, 그들에게 회사의 돈을 임의로 유용한다는 불법영득의 의사가 있다고 보기 어렵다 할 것이고, 이러한 관점에서 상법상 납입가장죄의 성립을 인정하는 이상 회사 자본이 실질적으로 증가됨을 전제로 한 업무상횡령죄가 성립한다고 할 수는 없다. (대법원 2003. 8. 22. 선고 2003도2807 판결 참조)

■ [반대의견] 이른바 견금 방식의 가장납입의 경우에도 납입으로서의 효력을 인정하는 종래 대법원의 견해를 따르는 한 납입이 완료된 것은 진실이고, 따라서 등기공무원에 대하여 설립 또는 증자를 한 취지의 등기신청을 함으로써 상업등기부원본에 발행주식의 총수, 자본의 총액에 관한 기재가 이루어졌다 할지라도 이를 두고 '허위신고'를 하여 '불실의 사실의 기재'를 하게 한 경우에 해당한다고 할 수 없어 공정증서원본불실기재 · 동행사죄가 성립할 여지가 없으며, 또한 주금납입과 동시에 그 납입금은 회사의 자본금이 되는 것이기 때문에 회사의 기관이 이를 인출하여 자신의 개인 채무의 변제에 사용하는 것은 회사에 손해를 가하는 것이 될 뿐만 아니라 불법영득의사의 발현으로서 업무상횡령죄가 성립한다고 볼 수밖에 없다.

⑤ 결론적으로, 자본충실을 위한 우리 상법상의 형사처벌조항은 당해 범죄의 본질과 보호법익, 가벌성 등과 관련지어 체계적인 整合關係를 이룰 수 있도록 해석되어야 할 것이다.

| 관련사례 |

[1] 상장 및 등록법인들이 주금을 아예 납입하지 않고 유령주식을 찍어 시장에 유통시킨 초유의 사건이 발생하였다. 해당 기업의 주식을 멋모르고 매입한 피해자가 1만 5,000여 명, 피해액은 490억 원에 달하는 것으로 추정되고 있다. 통상 제3자 배정 유상증자는 신주를 배정받은 투자자가 회사계좌에 주금을 납입하면 은행이 주금납입보관증명서를 회사에 발행해 주고 회사는 이 서류를 등기소에 제출하여 등기서류를 받아 증권거래소에 신주를 상장시킨다. 그런데 이번 적발사례는 아예 주금납입증명서를 허위로 꾸며 등기소에 제출하여 등기한 뒤, 이를 근거로 신주를 발행한 신종사기행위로 드러났다. 그동안 사채업자 등에게서 잠시 돈을 빌려 주금을 납입했다가 즉시 인출하는 가장납입은 자주 적발되었지만 주금을 애당초 납입

하지 않고 증명서를 위조하는 수법을 동원한 허위납입사례는 이번이 처음이다. (출처: 매일경제 2004. 1. 6, 한국일보 2004. 1. 6, 문화일보 2004. 1. 6, 서울경제 2004. 1. 5, 이데일리 2004. 1. 5)

(보충)

위의 사례는 통상의 견금에 의한 가장납입의 경우와는 달리 주금의 납입 그 자체가 존재하지 않기 때문에 그로 인하여 발행된 주식은 '휴지조각'(즉, 무효)에 불과하다. 따라서 이를 모르고 취득한 투자자는 선의취득에 의한 보호를 받을 수 없다. 피해자는 민법 제750조의 불법행위를 이유로 손해배상을 청구하던가, 당해 회사의 이사 등을 상대로 손해배상을 받을 수 있는 길이 있다.

[2] 인터넷 사채사이트를 통해 유령회사를 설립하거나 위장 증자를 하려는 회사에 2,000억여 원의 주식인수 출자금(주금)을 대납해주고 거액의 수수료를 챙긴 사채업자와 이를 도운 은행지점장, 유령회사 법인 대표 등이 무더기로 경찰에 적발됐다. 경찰에 따르면 O씨는 인터넷에서 사채사이트를 운영하면서 OO은행 OO지점에서 회사설립능력이 전혀 없는 Δ씨에게 이자금 명목으로 220만 원을 받고 주식회사 설립에 대한 주금 20억 원을 은행에 대납, Δ씨가 주금납입보관증명서를 발급받아 법인설립등기를 마치자마자 다시 20억 원을 인출하는 등의 수법으로 17개 회사의 주금 104억 원을 가장 납입해주는 대가로 1,200여만 원을 챙긴 혐의를 받고 있다. 경찰 조사결과 O씨를 포함, 이번에 적발된 사채업자 9명은 이 같은 수법으로 같은 기간 모두 2,000억여 원의 주금을 가장으로 대납해주고 이자금조로 5억여 원의 부당이득을 챙긴 것으로 밝혀졌다. 또 □씨는 O씨 등의 가장 주금 대납사실을 알면서도 은행의 예금수신고를 올리기 위해 사채업자들의 편의를 봐주며 주금대납을 적극 유치한 혐의를 받고 있다. 특히 O씨 등은 사채업자가 주금을 인출한 후가 아니면 법무사가 발기인 등 법인관계자에게 주금인출에 필요한 법인인감증명서 등을 교부하지 않아 무담보로 주금을 대납하여도 떼일 위험성이 없고 주금 1억 원을 대납할 경우 1일 평균 15만~50만 원의 높은 이자를 챙길 수 있다는 점을 이용, 인터넷과 주요 일간지에 버젓이 광고까지 내가며 가장주금을 대납한 것으로 드러났다. (출처: 세계일보 2002. 5. 9 [이강은])

제5절 주주의 책임 - 유한책임

일본 게임기 회사인 OO의 OOO 회장은 가정용 게임기의 생산중단에 따른 경영손실을 보충하기 위해 개인자산 856억 엔(9,200여 억 원) 상당을 증여 형식으로 회사에 희사했다. OO의 게임기 제조중단과 200만대의 재고를 정리하려면 약 800억 엔의 특별손실이 발생한다. OOO 회장은 이에 따른 경영실패책임을 진다는 뜻에서 보유 유가증권 등 856억 엔의 자산을 증여키로 했다. (출처: 동아일보 2001. 2. 2, 매일경제 2001. 2. 1, 서울신문 2001. 2. 2, 세계일보 2001. 2. 2, 조선일보 2001. 2. 2, 한국경제 2001. 2. 2)

| 해 설 |

주주는 최악의 경우에는 자신이 보유하고 있는 주식가치가 제로(0)로 되는 것에 그치고 그 이상으로는 회사채무에 대하여 아무런 책임도 지지 않는다. 이를 주주 유한책임제도라고 한다. 이는 주식회사제도가 출발하게 된 제도적 기반을 이루는 것으로, 강행법규성을 띤다. 따라서 주주의 자발적 의사와 무관하게 정관이나 주주총회의 결의에 의하여 주주 유한책임 원칙에 반하는 정함을 할 수 없다. 그러나 위 사례에서 보는 것처럼 주주 스스로가 유한책임의 이익을 포기하고 개인의 사재로 회사채무를 이행하거나 추가 출자하는 것을 금하는 것은 아니다. 그러나 주주에게 이를 강요할 수는 없다.

[1] 의의

(1) 주주(정확하게는 주식인수인)는 회사에 대하여 주식의 인수가액을 한도로 출자의무를 부담할 뿐(상 331조), 회사채무에 대해서는 어떠한 직접적인 책임도 부담하지 않는다. 이를 주주 유한책임이라 한다. 이에 따라 주주는 추가출자의무를 지지 않는다. 이는 주식회사제도의 본질적 요소이다.

(2) 합자회사의 유한책임과의 차이

주주의 유한책임은 합자회사에서의 유한책임과는 다르다. 합자회사의 유한책임사원은 회사채권자에 대하여 일정한 한도 내이기는 하지만 직접 회사채무를 변제할 책임을 진다. 그러나 주주는 회사채권자에 대하여 직접적으로 아무런 책임을 지지 않으며(회사채권자에 대한 무책임), 회사재산으로써 그 책임을 지게 된다. 또한 주식회사에서 출자의무는 주주가 되기 전의 주식인수인으로서 회사에 대하여 지는 책임이며, 주주가 된 이후에는 회사에 대해서도 아무런 책임을 지지 않는다(회사에 대한 무책임).

| 취 지 |

주주 유한책임제도는 모험적인 사업에 과감하게 투자할 수 있도록 유인함으로써 산업발전의 원동력이 된 긍정적 측면과 함께 유한책임제도를 악용하는 부정적 측면을 동시에 안고 있다. 유한책임제도는 주주의 사업실패로 인한 손실을 자신 이외의 자들에게 전가시키는 '사업위험의 외부전가'(externalization of risk)라는 문제점이 있다. 그러나 일반 대중투자자들로부터 기업자금으로 끌어들여오기 위해서는 유한책임이라는 방어벽을 마련해 주는 것이 불가피하다는 측면 때문에 인정되는 제도이다(이철송). 또한 주주의 유한책임제도에 의하여 주주의 회사 경영진 및 다른 주주에 대한 감독비용을 감소시킴으로써 효율적인 분산투자를 가능하게 하는 기능을 가진다(Frank H. Easterbrook, Daniel R. Fischel).

[2] 성질

주주의 유한책임은 주식회사의 본질적인 요소로 강행규범성을 띤다. 따라서 정관이나 주주총회의 결의로도 이에 반하는 내용으로 정할 수 없고, 주주 유한책임의 원칙에 반하는 정관이나 주주총회의 결의는 무효이다. 그러나 법률에 의하여 주주 유한책임의 원칙에 대한 예외를 인정하는 것은 가능하다.

헌법재판소 2002. 8. 29. 2000헌가5 · 6, 2001헌가26, 2000헌바34, 2002헌가3 · 7 · 9 · 12(병합) 전원재판부

상법상의 원칙인 주주의 유한책임원칙이나 임원의 과실책임원칙은 헌법상의 원칙이 아닌 법률상의 원칙으로서, 입법자는 공익상의 이유로 이에 대한 예외를 설정할 수 있다. 단지, 이 경우 상법상 원칙에 대한 예외를 두는 것은 입법목적을 달성하기 위하여 적합하고 필요한 조치에 해당해야 한다는 것이 헌법상의 유일한 요청이다.

[3] 예외

1. 자발적인 부담

주주가 스스로 유한책임의 이익을 포기하고 자발적으로 회사의 채무를 부담하거나 추가출자의무를 부담하는 것은 유효하다(대판 1989. 9. 12, 89다카890).

대법원 1989. 9. 12. 선고 89다카890 판결

상법 제331조의 주주유한책임원칙은 주주의 의사에 반하여 주식의 인수가액을 초과하는 새로운 부담을 시킬 수 없다는 취지에 불과하고 주주들의 동의 아래 회사채무를 주주들이 분담하는 것까지 금하는 취지는 아니다. (同旨 : 대법원 1983. 12. 13. 선고 82도735 판결)

2. 법인격부인론의 적용

법인격부인론을 적용하여 지배주주에게 직접 회사채무에 대한 책임을 물을 수 있다.

3. 업무집행지시자

주주가 실질상의 이사(상 401조의2)로서 이사에게 업무집행을 지시를 한 경우에는 이사와 동일한 책임을 물을 수 있다.

4. 특별법상의 특칙

증권회사의 이사 또는 감사(또는 감사위원)가 고의 또는 과실로 그 임무를 해태하거나 회사의 업무를 행함에 있어서 제3자에게 손해를 끼친 때에는 이사와 감사 외에 최대주주가 연대하여 손해배상책임을 지고(증거 58조 1항), 비상장법인의 과점주주 등은 국세 및 지방세 등에 대하여 제2차 납세의무를 진다(국세기본법 39조 1항, 지방세법 22조 1항).

[4] 지배주주의 충실의무

(1) 지배주주에 대하여 충실의무를 인정할 것인가에 대해서는 논란이 있다. 지배주주는 다른 주주의 권리에 영향을 미칠 수 있는 지위에 있으므로 일반 소수주주의 이익을 부당하게 침해해서는 아니 된다는 충실의무를 부담한다는 견해가 다수 있다. 그러나 일반 주주는 회사에 대하여 충실의무를 지지 않는다. 일반 주주는 회사의 경영에 참여하여 영향을 미칠 수 있는 기회나 가능성이 지극히 적고 주식을 양도함으로써 언제든지 당해 회사의 주주로서의 지위로부터 벗어날 수 있기 때문이다(대주주뿐만 아니라 소수주주도 충실의무를 부담한다는 견해가 있다).

(2) 지배주주의 충실의무를 우리 상법상 인정되는 법적 의무의 하나로 보는 견해가 있다. 그 근거로 다음과 같이 다양하다.
(ⅰ) 타인을 지배하는 사람은 그 지배에 따르는 책임을 져야 한다는 일반적인 법원칙과 권리의 행사는 신의에 좇아 성실히 하여야 한다는 신의칙을 근거로 제시하는 견해가 있다(정동윤).
(ⅱ) 주주평등의 원칙에 따라 지배주주는 자신이 보유하는 주식의 비율에 따른 이익을 누려야 함에도 불구하고 그 이상의 각종 혜택을 누리는 경우가 많으므로, 지배주주가 유한책임을 방패로 하여 책임을 회피하는 것을 충실의무를 인정함으로써 차단할 필요가 있다는 것을 근거로 들고 있다(서헌제).

(iii) 실정법적 근거로 이사의 충실의무규정(상 382조의3), 이사의 회사 및 제3자에 대한 책임규정(상 399조, 401조), 업무집행지시자 등의 책임(상 401조의2) 등에 관한 규정을 유추적용할 수 있다는 견해도 있다(홍복기).

(3) 지배주주의 충실의무를 인정하는 견해에 의하면, 지배주주의 충실의무는 법인격부인론과 함께 주주 유한책임의 원칙을 악용하는 대주주의 횡포로부터 소수주주와 채권자를 보호하는 법리로 활용할 수 있다고 한다.

(4) 어느 정도의 주식을 보유하여야 지배주주로 볼 것인가는 당해 회사의 자본의 규모, 주식의 분산정도, 계열회사간 주식보유에 의한 상호연결관계 등을 종합하여 실질적으로 판단하여야 한다. 예를 들어, 주식이 분산되어 있는 대규모주식회사의 경우는 25% 정도의 비교적 적은 지분만으로도 지배주주가 될 수 있는 가능성이 있다.

| 관련사례 |

[1] ○○증권은 ○○투신증권 · ○○생명 등 부실금융기관의 대주주 연대책임은 위헌소지가 있을 수 있어 법률적 검토를 거치겠다고 밝혔다. ○○증권은 ○○생명만으로도 부실금융기관 지정 당시 29.5%의 지분을 보유한 대주주로서 금감위로부터 929억 원의 부실책임 부담금을 부과받은 것은 물론, 지금까지 코스닥선물, 장외파생상품 등 일체의 신규업무를 제한받고 있다. 현재 일각에서는 금융감독위원회의 부실금융기관의 '순자산부족액을 반으로 나눈 뒤 대주주의 지분율(특수관계인 포함)을 곱한 금액'을 부담하는 내용을 담고 있는 '금융산업구조개선에관한법률'이 대주주의 유한책임을 적시한 상법에 위배된다는 주장이 제기되고 있다. (출처: 파이낸셜뉴스 2003. 5. 30, 머니투데이 2003. 6. 2)

[2] ○○자동차가 전격적으로 법정관리를 신청하고 ○○○ 회장이 사재를 출현해 부채문제를 해결하겠다고 밝힌 바 있다. ○○은 4조 3,000억 원의 부채를 안고 ○○자동차의 법정관리를 신청한다. 법정관리를 신청하면서 ○○은 국민여론을 무마하기 위해 ○○○ 회장이 보유하고 있는 ○○생명의 비상장주식 400만 주(50만 주는 ○○자동차 협력업체 몫)를 출현하기로 했다. 이는 ○○ 측에서 말하는 것처럼 "주식회사의 대주주가 유한책임 원칙을 깨고 법적 책임을 넘어 '도의적' 책임을 다한다"는 내용을 담고 있었다. 이렇게 기업주의 사재출연을 통해 손실을 보전하려던 계획안은 금융감독위원회가 생명보험사의 상장유보결정이 내려지면서 차질을 빚기 시작했다. ○ 회장이 채권단에 증여한 ○○생명 주식을 현금화 할 수 있는 방법이 사라졌기 때문이다. 이렇게 되자 ○○은 "○○생명 상장지연에 대한 책임이 ○○에 있지 않기 때문에 연체이자를 물 수 없다"며 "합의서 이행이 불가능하다"고 밝혔다. 또 "합의서 작성이 여신중단위협 등 비정상적 상황 에서 작성돼 원칙적으로 무효"라는

주장을 내 놓았다. 한편 시민단체는 ○○전자를 상대로 합의서에서 명시한 '계열사들의 추가 지원' 조항이 주주들의 이익에 위배된다며 '위법행위유지 가처분 신청'을 법원에 접수했다. 소송의 핵심은 "합의문이 강제로 작성됐기 때문에 ○○전자가 합의문을 준수하는 것은 주주들의 이익에 위반된다"는 내용이었다. (출처: 매일경제 2001. 6. 26 [정광재]) ○○자동차 채권단은 ○○자동차의 대출금에 대해 1999년 ○○생명 주식 350만 주를 주당 70만 원씩 계산해 ○○그룹의 ○○○ 회장으로부터 받으면서 양측은 합의서를 작성한 바 있다. 이에 대해 ○○측은 답변서에서 "채권단이 독점적 우월적 지위를 이용해 주식 50만 주를 추가 출연하도록 압박하고 주주 유한책임을 훼손하면서까지 피고들에게 과도한 부담을 지웠다"며 법률행위의 동기가 불법이라고 주장했다. (출처: 한국경제신문 2006. 2. 12 [이성태]).

제6절 주주권의 취득과 상실

[1] 총설

주주권은 법에 의하여 주어진 것이므로 그 취득 및 상실의 사유는 법정사유에 한한다.

(1) 주권은 비설권증권이므로 주권의 작성과 주주권의 발생은 무관하다.

(2) 주권은 요인증권이므로 주권을 분실한 경우에도 주주권이 소멸되지 않는다. 분실된 주권에 대한 제권판결은 주권만을 무효로 하는 것에 그치고 주주권 자체를 소멸시키는 것은 아니다.

(3) 당사자간의 특약이나 주주권을 포기한다는 주주의 의사표시에 의하여 주주권이 소멸하는 것은 아니다(대결 1991. 4. 30, 90마672; 대판 1999. 7. 23, 99다14808).

(4) 주주권은 주권의 선의취득에 의하여 원시취득하는 것이 가능하다. 그러나 취득시효의 대상이 되지 못하며, 소유권과 마찬가지로 소멸시효의 대상이 되지 않는다.

| 대법원 2002. 12. 24. 선고 2002다54691 판결 |

■ 주주권은 주식의 양도나 소각 등 법률에 정하여진 사유에 의하여서만 상실되고 단순히 당사자 사이의 특약이나 주주권 포기의 의사표시만으로 상실되지 아니하며 다른 특별한 사정이 없는 한 그 행사가 제한되지도 아니한다.

■ 주주가 일정기간 주주권을 포기하고 타인에게 주주로서의 의결권 행사권한을 위임하기로 약정한 사정만으로는 그 주주가 주주로서의 의결권을 직접 행사할 수 없게 되었다고 볼 수 없다.

[2] 주주권의 취득

원시취득	신주인수	(회사 설립시 또는 신주 발행시)
	선의취득	
승계취득	특정승계	… 주식의 양도, 경매, 공매
	포괄승계	… 상속, 회사합병, 회사분할

Ⅰ. 원시취득

(1) 주주권을 원시적으로 취득하는 일반적인 방법은 회사가 신주를 발행할 때 이를 인수하여 납입하는 것이다.
(2) 무권리자로부터 주권을 선의취득함으로써 주주권을 원시취득할 수 있다.

Ⅱ. 승계취득

(1) 주식을 승계취득하는 일반적인 방법은 기존의 주주로부터 주식양도에 의하여 주식을 취득하는 것이다. 이는 특정승계의 일종이다.
(2) 상속이나 회사합병 등에 의하여 주식을 포괄승계한다.

[3] 주주권의 변경

종전의 주주권이 상실되면서 그와 동시에 새로운 주주권이 발생하여 주주권의 내용이 변경되는 경우가 있다. 예컨대, 전환주식을 전환할 때, 주식을 병합할 때, 회사합병시의 소멸회사의 주주 등이 이에 해당한다.

[4] 주주권의 상실

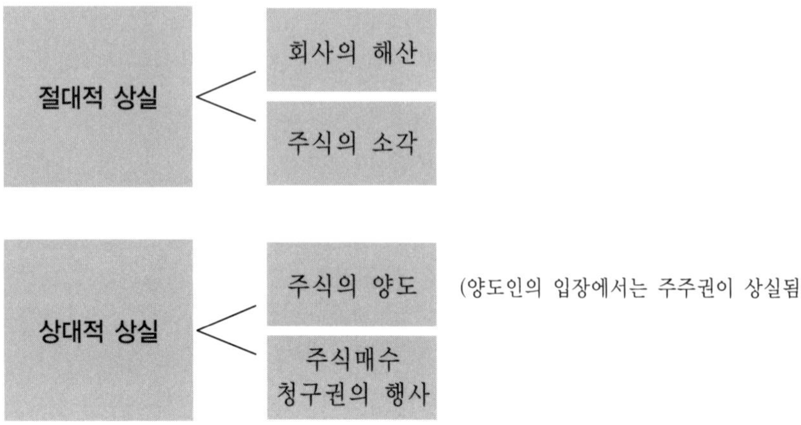

(1) 주주권이 절대적으로 소멸되는 사유에는 회사해산으로 인한 경우와 회사존속 중에 특정 주식을 절대적으로 소멸시키는 주식소각에 의하는 경우가 있다.
(2) 주주권이 상대적으로 소멸되는 사유는 다른 한편으로는 상대방이 주주권을 취득하는 사유가 된다. 주식을 양도하면 양도인은 주주권을 상실하게 되고, 주식매수청구권 행사에 의해서도 주주권이 상대적으로 소멸하게 된다.

제7절 주주의 명의와 실질

[1] 타인 명의의 주식인수

이름만 빌린 명의상의 주주라도 회사의 회계장부를 열람할 수 있다는 판결이 나왔다. 서울지법 민사OO부는 O모씨가 "명의수탁자란 이유로 회사의 회계장부를 볼 수 없게 한 것은 부당하다"며 O사를 상대로 낸 회계장부열람 등 청구소송에서 "피고는 재무제표 등 장부열람을 허용해야 한다"며 원고 승소판결했다. 재판부는 판결문에서 "원고가 명의수탁자에 불과하더라도 주식인수과정은 일정한 요식성에 따라 이뤄지는데 명의상 주주를 외면하는 것은 이런 요식성을 부인하는 것이고 실질주주와 명의상 주주를 엄격히 구분할 수도 없는 상황이므로 명의수탁자라도 주주로 보는 것이 타당하다"고 판시했다. O사의 대표이사 △

모씨와 주식 명의신탁계약을 맺은 O씨는 재무회계와 주주명부 관리 등이 적법하게 이뤄지고 있는지 알아보기 위해 1996~2000년도 주주총회 의사록과 재무제표 등의 열람을 요청했으나 피고측이 거부하자 소송을 냈다. (출처: 세계일보 2001. 6. 11 [김형구])

| 해 설 |

명의와 실제가 일치하지 않는 경우에 과연 누구를 권리자로 볼 것인가의 문제가 주식의 경우에도 생긴다. 위 판결에 의하면 명의신탁관계에서 명의상의 주주도 회사의 회계장부를 열람할 수 있다고 판시하고 있다. 그러면 명의신탁자도 그러한 권리를 가지는가? 특히 주식회사의 경우는 다수인을 상대로 한 법률문제를 집단적으로 처리하여야 하기 때문에 정형적·획일적 처리의 요청과 실질적 권리자 보호의 요청이 상충되는 문제가 생긴다. 한편, 금융실명거래및비밀보장에관한법률에서는 금융기관은 거래자의 실지명의에 의하여 금융거래를 하여야 한다고 규정하고 있다(동법 3조 1항).

Ⅰ. 유효성

상법 제332조 제1항에서 "가설인의 명의로 주식을 인수하거나 타인의 승낙 없이 그 명의로 주식을 인수한 자는 주식인수인으로서 책임이 있다"고 규정하고, 동조 제2항에서는 "타인의 승낙을 얻어 그 명의로 주식을 인수한 자는 타인과 연대하여 납입할 책임이 있다"고 규정하고 있다. 동 규정은 타인 명의로 주식을 인수한 경우에도 그 인수행위가 유효하다는 것을 전제하고 있다. 따라서 타인명의로 주식은 인수한 부분에 대해서는 발기인과 이사의 인수담보책임(상 321조 1항, 428조 1항)이 생기지 않는다.

Ⅱ. 납입책임을 지는 자 및 주주가 되는 자

타인 명의로 주식을 인수한 경우 누가 납입책임을 지고, 또 누가 주주가 되는가?

1. 무단 명의도용의 경우

타인의 승낙 없이 무단으로 타인의 명의를 사용하거나 이 세상에 존재하지 않는 자(예: 死者, 假設人)의 명의를 사용한 경우, 명의차용자(실질적인 주주)만이 납입책임을 지고(상 332조 1항), 또 명의차용자가 주식인수인(주주)이 된다. 이렇게 하지 않으면 책임(권리)을 질 주체가 없게되는 문제가 있고, 자신의 이름을 숨기고 타인의 이름을 무단 이용한 배후의 인물을 법적 책임의 주체로 끌어내기 위한 것이다('그늘에서 양지로'). 이 경우에 무단 명의도용자는 책임의 부담과 함께 주식인수인으로서의 권리도 취득하게 된다.

2. 타인의 승낙을 얻은 경우

타인의 승낙을 얻어 그 명의를 사용한 경우에는 명의대여자(명의상의 주주)와 명의차용자(실질적 주주)가 연대하여 납입할 책임을 진다(상 332조 2항). 이 경우에 누가 주주로 되는가에 대해서는 견해가 나뉘고 있다.

(ⅰ) 형식설 - 명의를 기준으로 하여, 명의상의 주식인수인(명의대여자)이 주주가 된다는 견해이다. 형식적인 기준에 의하여 획일적으로 처리하는 것이 주식청약의 집단적 처리의 편의를 기할 수 있고, 법률관계의 명확성과 거래안전을 위하여 필요하다는 것을 그 논거로 들고 있다. 실질설에 의하면 주주의 자의에 의하여 창출된 외관으로 인해 단체적 법률관계를 불안정하게 하여 부당하다고 한다(소수설).

(ⅱ) 실질설 - 실질을 중시하여, 실제 주금을 납입한 자(명의차용자)가 주주가 된다는 견해이다. 상법 제332조 제1항과 해석상의 균형을 기하고, 법률행위의 일반이론에 비추어 명의에 관계없이 실질적으로 행위를 한 자가 권리·의무의 주체가 되어야 한다는 것을 그 이유로 들고 있다(다수설)(대판 1998. 4. 10, 97다50619; 대판 2004. 3. 26, 2002다29138).

▌대법원 2004. 3. 26. 선고 2002다29138 판결▐

주식을 인수함에 있어 타인의 승낙을 얻어 그 명의로 출자하여 주식대금을 납입한 경우에는 실제로 주식을 인수하여 그 대금을 납입한 명의차용인만이 실질상의 주식인수인으로서 주주가 된다고 할 것이고 단순한 명의대여인은 주주가 될 수 없다. (同旨: 대법원 2005. 2. 18. 선고 2002도2822 판결; 대법원 1998. 4. 10. 선고 97다50619 판결; 대법원 1985. 12. 10. 선고 84다카319 판결; 대법원 1980. 9. 19. 자 80마396 결정; 대법원 1977. 10. 11. 선고 76다1448 판결)

(ⅲ) 절충설(구분설) - 회사의 규모와 주주구성에 따라 대규모회사에서는 주주의 개성이 문제되지 않고 대량적 거래의 편의측면에서 형식설이 타당함에 반해, 주식양도를 제한하는 소규모회사에서는 인적 요소가 중시되기 때문에 서면상의 명의인을 주주로 신뢰하는 정도가 약하므로 실질설에 의하는 것이 타당하다고 한다(서헌제).

(ⅳ) 사견 - 법률행위의 일반이론에 따라 실질상의 인수인이 주주가 되는 것이 원칙이다. 다만, 이 경우에도 회사에 대한 관계에서는 명의대여자와 명의차용자가

연대하여 주금액을 납입할 책임을 지며(상 332조 2항), 명의개서를 하지 않는 자는 회사에 대항할 수 없다(상 337조 1항).

| A : 명의차용자 (배후의 인물), B : 명의대여자 또는 명의를 도용당한 자 (명의상의 인물) |

	B가 假設人인 경우	B의 명의를 無斷 사용한 경우	B의 承諾을 얻은 경우
① 누가 주금납입책임을 지는가?	오로지 A만이 납입책임을 진다(§ 332①).		A와 B의 연대납입책임(§ 332②)
② 회사와의 관계에서 누가 주주로 되는가? : 회사와의 관계에서 누가 이익배당청구권, 신주인수권, 의결권 등 주주권을 행사할 수 있는가? 또 회사는 누구를 주주로 볼 것인가?	(대립하는 이해관계인이 없으므로 문제되지 않음)	a) 실질설 : A (다수설, 판례) b) 형식설 : B (소수설)	

[2] 실질주주와 명의주주

Ⅰ. 명의와 실질이 불일치하는 경우

주주명부에 주주로 기재되어 있는 자(명의주주)와 실제로 주주인 자(실질주주)가 일치하지 않는 경우로는 (ⅰ) 명의차용자와 명의대여자의 관계에 있는 경우, (ⅱ) 주식을 양수한 자가 주주명부에 명의개서를 하지 않은 실기주의 경우, (ⅲ) 증권거래법상의 명의주주와 실질주주에 해당하는 경우 등 매우 다양하다.

Ⅱ. 증권거래법상의 명의주주와 실질주주

증권예탁결제원(이하 '증권예탁원'으로 약칭)에 예탁된 주식의 경우는 증권예탁원이 자신의 명의로 명의개서를 한다(증거 174조의6 2항). 그 결과 증권예탁원이 명의주주가 되고, 예탁된 주권의 공유자(증권예탁원에 예탁된 주식에 대하여 공유지분을 갖는다)는 실질주주가 된다(증거 174조의7 1항). 명의주주만이 주주권을 행사할 수 있다는 상법상의 원칙과는 달리 증권거래법에서는 명의개서를 하지 않은 실질주주에 대해서도 일정한 주주권을 행사할 수 있도록 하고 있다. 실질주주의 인식은 실질주주명부와 실질주주증명서에 의한다. 실질주주명부에의 기재는 주주명부에의 기재와 동일한 효력을 가진다(증거 174조의8 2항).

|증권거래법상 명의주주와 실질주주의 권리|

명의주주(증권예탁결제원)가 행사하는 권리	(i) 주주명부에 관한 사항으로 명서개서 (ii) 주권에 관한 사항으로 주권의 분할 · 병합 · 교환청구 · 공시최고 · 주권불소지신고 등
실질주주가 행사하는 권리	(i) 회사의 주주에 대한 통지 (ii) 주주명부의 열람 · 등사 (iii) 그 밖의 주주권
양자가 병행하되 실질주주가 우선하는 권리	의결권

제8절 주식의 공유

[1] 발생원인

주식의 공유란 1개의 주식을 수인이 공동으로 소유하는 공동소유의 한 형태이다(민 262조, 278조). 주식의 공유는 주식의 공동인수, 공동양수, 공동상속, 발기인 또는 이사가 연대하여 주식인수담보책임을 부담하는 경우(상 321조 1항, 428조 1항) 등을 원인으로 하여 생긴다. 증권예탁결제원에 상장주식을 예탁한 경우에도 예탁자와 그 고객은 예탁된 동종의 주식에 대해 공유권을 갖는다(증거 174조의4 1항).

[2] 주식공유자의 권리

(1) 주주명부에의 등재

공유자 전원의 성명 · 주소와 공유관계가 주주명부에 등재되어야 한다.

(2) 공유지분권

1개의 주식에 대한 수인의 공유자는 1물 1권주의에 따라 1개의 소유권을 나누어 갖는 권리(즉, 지분)를 갖는다. 이에 대해서는 민법 제262조 내지 제270조의 규정이 준용되지만, 상법에는 이와는 별도의 특별규정을 두고 있다.

(3) 권리행사

① 주식의 공유자는 주주의 권리를 행사할 자 1인을 정하여야 한다(상 33조 2항). 대표자는 의결권 등 공유주식에 속하는 권리를 단독으로 행사할 수 있으나, 공유주식을 처분할 권한은 없다. 대표자를 정하지 않았거나 기타의 사유로 주주의 권리를 행사할 자가 없는 경우에는 공유자에 대한 통지나 최고는 회사가 임의로 선택한 그 중 1인에 대하여 하면 된다(상 333조 2항).
② 그러나 증권예탁결제원에 예탁된 상장주식에 대하여는 예탁자와 그 고객은 각자 예탁한 주식의 수량대로 단독으로 주주권을 행사한다(증거 174조의8 2항).

[3] 공유주식의 양도

공유하는 주식은 공유물분할(민 268조)에 의하여 단독소유권으로 바꾸어 양도할 수도 있고 또 공유지분만을 양도할 수도 있다. 공유지분의 양수를 회사에 대항하려면 명의개서를 하여야 한다(상 337조 1항).

[4] 공유주식의 분할

주식의 공유자는 언제든지 공유물의 분할을 청구할 수 있다(민 268조 1항). 그러나 주식불가분의 원칙상 1개의 주식을 더 이상 세분하는 것은 허용되지 않는다. 공유물분할청구권은 형성권이므로 일방적인 의사표시에 의하여 공유관계는 단독소유로 바뀌게 된다. 다만 이를 회사에 대항하려면 명의개서를 하여야 한다(상 337조 1항). 한편, 주식을 공동으로 상속하여 수인의 상속인간에 주식의 공유관계가 생긴 경우에(민 1006조), 공동상속인은 언제든지 협의에 의하여 상속재산인 주식의 분할을 청구함으로써 단독소유로 바꿀 수 있다(민 1013조).

| 대법원 2000. 1. 28. 선고 98다17183 판결 |

■ 민법 제268조가 규정하는 공유물의 분할은 공유지분의 교환 또는 매매로 공유의 객체를 단독 소유권의 대상으로 하여 그 객체에 대한 공유관계를 해소하는 것을 말하므로 분할의 대상이 되는 것은 어디까지나 권리의 객체인 공유물이고, 그 권리에 내재하거나 그로부터 파생하는 권능은 이를 분할할 수 없다고 할 것이므로, 명의신탁한 주식에 관하여 명의신탁자로서 준공유하는 명의수탁자에 대한 주권의 인도 또는 양도청구 권능의 분할을 구하는 공유물분할청구의 소는 권리보호의 자격을 결하여 부적법하다.

■ 주식의 공유자들 사이에 공유 주식을 분할하는 판결이 확정되면 그 공유자들 사이에서는 별도의 법률행위를 할 필요 없이 자신에게 귀속된 주식에 대하여 주주로서의 권리를 취득하는 것이고, 이와 같이 공유물 분할의 방법에 의하여 주식을 취득한 자는 회사에 대하여 주주로서의 자격을 보유하기 위하여 자기가 그 주식의 실질상의 소유자라는 것을 증명하여 단독으로 명의개서를 청구할 수 있으므로, 주식의 공유자로서는 공유물 분할의 판결의 효력이 회사에 미치는지 여부와 관계없이 공유주식을 분할하여 공유관계를 해소함으로써 분할된 주식에 대한 단독소유권을 취득하기 위하여 공유물 분할의 소를 제기할 이익이 있다.

[5] 기타

수인이 공동으로 주식을 인수한 자는 연대하여 납입할 책임을 진다(상 333조 1항).

제9절 주주의 투하자본회수

[1] 회사 존속 중 투자자본 회수방법

(1) 퇴사제도의 부재

주식회사에는 인적회사에 인정되는 퇴사제도가 없다.

(2) 주식의 양도

주식의 양도는 회사존속 중에 주주가 투하자본을 회수하는 가장 전형적인 방법이다. 주식양도의 자유를 원칙으로 하며, 주식을 유가증권화 하여 그 자유로운 유통성을 보장하고 있다. 주식의 양도성은 증권거래소와 같이 조직화된 유통시장에 상장되어 있는 주식과 그렇지 않는 주식간에 현격한 차이가 있다.

(3) 주식매수청구

회사합병 등과 같은 몇몇 중요한 구조적 변경에 반대하는 주주에 대해서는 회사에 대하여 주식매수청구권을 인정하고 있다.

(4) 주식의 유상소각

상환주식의 상환, 유상소각에 의한 자본감소 및 이익에 의한 유상소각 등에 의하여 주주는 투하자본을 회수할 수 있다.

(5) 배당수익

주식을 그대로 보유하면서 회사로부터 배당을 받는 방법에 의하여 투하자본에 대한 자본수익(capital gain)을 얻을 수 있다.

(6) 투자회수의 남용금지

이상의 것 중에서 특히 주식매수청구권이나 주식의 유상소각에 의하여 주주가 회사의 다른 이해당사자보다 우선하여 투하자본을 회수하거나 또는 회사의 재산을 빼돌리는 부당한 수단으로 이용되지 않도록 유의하여야 한다.

[2] 회사해산의 경우 투하자본 회수방법

회사해산의 경우 잔여재산을 분배받는 방법에 의하여 주주는 투하자본을 회수할 수 있다.

제 3 장

주주명부

제1절 총설

주주명부는 주주 및 주권에 관한 사항을 나타내기 위하여 상법에 의하여 회사가 작성 · 비치하는 장부이다(상 396조 1항). 주주명부는 수시로 변동하는 다수 주주의 회사에 대한 법률관계를 명확하게 처리하기 위한 제도이다. 주주명부는 회사의 영업 및 재산의 상태를 나타내는 것이 아니기 때문에 상업장부(상 29조 1항)는 아니다.

| 관련사례 |

"영친왕도 100년 전엔 은행 株主"였음을 보여주는 고 자료가 우리은행의 은행사박물관에 소장되어 있다. 당시 주주명부 첫 페이지에는 고종의 7번째 아들인 영친왕의 이름이 가장 먼저 나온다. 대한천일은행 주주로 상인, 대신들과 함께 황실이 참여했기 때문이다. 이 은행의 설립청원서에는 은행의 설립 목적을 '화폐 융통이 상무흥왕(商務興旺 · 상업이 흥하고 번창함)의 본(本 · 기본)'이라고 설명하고 있다. 이 청원서는 OOO 전 OOO유

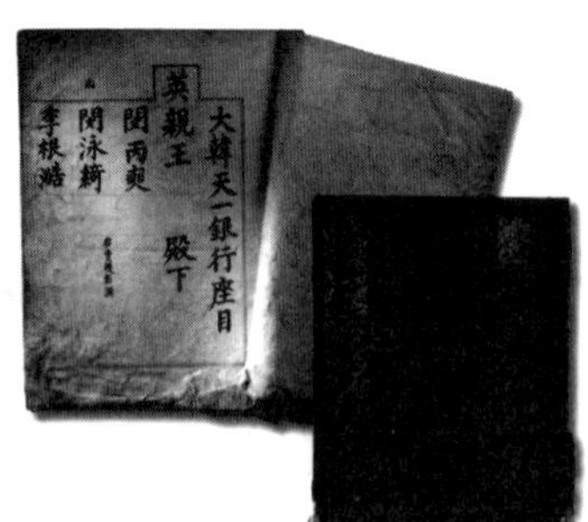

대한천일은행 座目
(좌목은 주주명부를 뜻함)
(1899, 우리은행 은행사박물관 소장)

업 회장이 70년대 후반 OO은행 OO지점 대리로 근무하던 시절 문서고에 있던 것을 찾아내 과장으로 특진했다는 일화가 있다. 은행 거래 일지에 해당하는 정일기(正日記)에는 1899년 3월 영업개시 때부터 1904년 6월까지 매일 빠짐없이 수록돼 있다. 이에 따라 당시 은행의 모든 자금거래내역을 완벽하게 재현할 수 있다는 설명이다. 이 일지는 고려시대 개성상인들이 창안한 한국 고유의 장부정리방법인 '송도사개치부법'으로 정리돼 있다. (출처: 조선일보 2004. 7. 21 [이지훈])

제2절 주주명부의 작성

기명주권을 발행한 때는 물론이고 무기명주권을 발행한 때에도 주주명부를 작성하여야 한다. 주주명부의 기재사항은 법정되어 있다. 주주명부에 기재하여야 할 사항을 기재하지 아니하거나 부실한 기재를 한 때에는 발기인·이사 등에 벌칙이 적용된다(상 635조 1항 9호). 종이 주주명부 뿐만 아니라 전산 주주명부도 가능하다.

| 주주명부의 기재사항 (상 352조) |

(i) 기명주권을 발행한 때에는, 주주의 성명과 주소, 각 주주가 가진 주식의 종류·수, 주권을 발행한 경우에는 주권의 번호, 각 주식의 취득연월일

(ii) 무기명주권을 발행한 때에는, 주식의 종류·수·주권번호, 발행연월일

(iii) 전환주식을 발행한 때에는, (i) 또는 (ii) 외에 상법 제347조에 게기한 사항을 기재한다(상 352조 3항).

(vi) 이 밖에 질권의 등록(상 340조 1항), 신탁재산의 표시(신탁 3조 2항), 주식공유의 경우에는 주주권행사자의 표시(상 333조 2항), 주권불소지신고가 있으면 주권불발행의 기재(상 358조의2 2항) 등도 하여야 한다.

제3절 주주명부의 비치 · 열람 · 등사

ㅇㅇ통신과 △△콤이 위임장확보를 위한 대결과정에서 주주명부의 열람문제를 놓고 신경전을 벌이고 있다. △△콤은 "ㅇㅇ통신의 대주주로서 주주명부를 열람하고 복사를 요구하고 있으나 갖가지 방법으로 방해하고 있다"며 "이는 상법상 주주들의 열람 및 등사권을 방해하는 행위로 법적조치도 검토하고 있다"며 ㅇㅇ통신을 비난했다. △△콤은 "직원이 ㅇㅇ통신을 수차례 방문하고 공문을 접수하는 등 주주명부의 열람 및 복사를 시도했으나 출입문 봉쇄하거나 일부 제공한 주주명부도 실제 주주와 다른 가공된 정보인 것으로 나타나는 등 목적을 이루지 못하고 있다"고 주장했다. 이에 대해 ㅇㅇ통신은 주주명부 전체를 달라고 요구해 주민번호만 빼고 복사해가라고 했다"고 해명했다. △△콤은 그러나 "13만 명이나 되는 주주를 일일이 써가라고 하는 등 이런저런 꼬투리를 잡아 실제로는 불가능하게 한다"고 주장하는 등 주주명부를 놓고 벌이는 양측의 신경전이 날카롭다. (출처 : 이데일리 2003. 10. 2, 한국경제 2003. 10. 3, 한국일보 2003. 10. 3)

| 해 설 |

주주명부는 주주와 주권에 관하여 일종의 주민등록등부와 같은 것이다. 주주와 주권에 관한 사항은 일단 주주명부의 기재를 기초로 한다. 기명주주의 경우 주주로서 회사에 권리를 행사하기 위하여 주주명부의 기재가 필요하고, 회사 입장에서도 주주명부를 기초로 하여 주주를 관리하면 된다. 주주명부의 기능은 여기에 그치지 않고 다수의 주주들 간에 상호 연락을 할 필요가 있을 때 주주명부에 기재되어 있는 주주에 관한 사항은 중요한 정보가 된다. 이 때문에 주주와 회사채권자에 대하여 주주명부의 열람 및 등사청구권을 인정하고 있다. 위 사례에서 보는 것처럼 특히 적대적 M&A가 진행되는 경우에는 방어자뿐만 아니라 공격자는 소액주주를 끌어안기 위해서 주주의 신원과 주식보유상황 등이 담긴 주주명부를 확보할 필요가 있다. 설령 적대적 M&A의 경우라 하더라도 정보접근에 있어서 서로 쌍방이 공평해야 하기 때문에 방어자가 가진 주주명부 등의 자료를 공격자도 볼 수 있도록 하여야 한다.

[1] 비치

주주명부는 본점에 비치하여야 한다. 명의개서대리인을 두었을 때에는 명의개서대리인의 영업소에 주주명부 또는 그 복본을 둘 수 있다(상 396조 1항 후). 복본이 아닌 주주명부를 명의개서대리인의 영업소에 두기로 한 때에는 본점에 주주명부를 비치하지 않아도 된다.

┃複 本┃

복본이란 원본과 같은 것을 여러 벌 만들 경우 그 각 벌을 말한다. 주주명부와 사채원부의 복본제도가 있다. 어음의 경우에는 어음의 복본제도가 있다(어 64조). 주주명부의 복본은 명의개서대리인제도를 채택함으로써 도입된 것이다. 주주명부의 복본은 주주명부와 동일한 효력을 가진다(상 337조 2항).

[2] 열람 및 등사

(1) 주주 및 회사채권자는 영업시간 내에는 언제든지 주주명부 또는 그 복본의 열람 또는 등사를 청구할 수 있다(상 396조 2항).

(2) 이는 주주 및 회사채권자가 갖는 당연한 권리이기 때문에 열람의 목적을 소명하거나 그 정당성을 입증할 필요가 없다. 다만, 회사는 주주 및 회사채권자의 주주명부의 열람청구가 주주 및 회사채권자로서의 권리행사와는 무관하게 다른 목적으로 부당하게 행사되었다는 점을 입증함으로써 거절할 수 있다(대결 1997. 3. 19, 97그7).

┃대법원 1997. 3. 19. 자 97그7 결정┃

상법 제396조 제2항에서 규정하고 있는 주주 또는 회사채권자의 주주명부 등에 대한 열람 등사청구는 회사가 그 청구의 목적이 정당하지 아니함을 주장·입증하는 경우에는 이를 거부할 수 있다.

(3) 등사의 방법으로 관련의 내용을 전자매체(예 : 디스켓, 이동식 하드드라이브, CD, DVD 등)에 담는 방법도 가능하다. 주주의 수가 매우 많은데도 주주명부의 내용을 일일이 써가도록 하는 것은 사실상 주주명부의 등사를 거부하는 행위로 인정될 수도 있다. 한편, 주주권 행사와 직접 관련이 없고 이를 제공하면 오히려 주주 개인정보의 부당한 유출이 우려되는 사항(예 : 주주의 주민등록번호)에 대해서는 등사를 거부할 수 있다.

(4) 회사가 주주명부의 열람을 부당하게 거절하는 경우에는 500만 원 이하의 과태료에 처한다. 위반행위에 대한 제재효과가 약하다고 하겠다.

| 관련사례 |

[1] ○○월드는 △△의 정기주주총회에서 이사 수 제한 등의 정관변경을 저지하기 위해 주주명부의 열람을 요구했으나 △△이 이를 거부하였다. △△는 주총에서 이사 3인 이상으로 돼 있는 정관을 3인 이상 5인 이하로 제한해 ○○월드에 경영권이 인수되더라도 이사회에서 ○○월드측이 힘을 쓸 수 없도록 한다는 전략을 세워 양측의 표 대결이 예상됐었다. ○○월드는 표 대결에 필요한 33.4%의 의결권을 위임받기 위해 △△측에 주주명부의 열람을 요구해 왔다. ○○월드 관계자는 "두 차례의 내용증명을 통해 주주로서 주주명부 열람 및 등사를 청구했으나 거절당했고, 이후 서울○○지방법원의 주주명부 열람등사 가처분 결정을 받아 수차례의 직접 방문과 연락을 통해 주주명부의 열람 및 등사를 요구했으나 이 역시 본점에 주주명부를 비치하지 아니하고 있다는 등의 이유로 계속 거절당했다"고 주장했다. 이에 대해 △△측은 "우리가 법원의 결정문을 받은 것은 12일이었고, 14일에 ○○월드측이 △△를 방문했을 때 15일에 주주명부 인쇄본을 주겠다고 약속했다"면서 "그러나 ○○월드는 15일에 이를 찾아가지 않았다"고 주장했다. 그러나 △△이 15일에 주주명부를 전달했더라도 ○○월드의 입장에서는 아무런 의미가 없다는 것이 ○○월드측의 지적이다. 18일 열리는 주총까지는 사흘의 시간밖에 없는 데다 증권거래법상 이틀간의 유예기간이 필요해 사실상 주총 당일에 의결권위임을 설득해야 한다는 것이 그 이유이다. ○○월드 관계자는 "14일에만 주주명부를 건네받았다면 17일 하루 동안이라도 주주들을 열심히 설득할 예정이었다"며 반박했다. (출처: 스탁스데일리 2005. 3. 16, 이데일리 2005. 3. 16, 한국경제신문 2005. 3. 17, 헤럴드경제 2005. 3. 16)

[2] ○○화학이 ○○엘리베이터를 상대로 제기한 주주명부 열람 및 등사 청구 가처분 신청을 법원이 받아들였다. 이에 따라 소액주주들의 표심을 잡기 위한 ○○화학과 ○○그룹간의 경쟁이 치열해질 전망이다. ○○지방법원 ○○지원은 "○○화학이 ○○엘리베이터의 주주인 사실이 소명되므로 상법상 관련조항에 의해 주주명부에 대한 열람 및 등사를 청구할 수 있다고 판결했다"고 밝혔다. 이 판결에 따라 ○○화학측은 ○○엘리베이터의 주주명단을 확보할 수 있게 됐다. 하지만 ○○화학측은 "아직 법원 판결의 정식 통보가 ○○엘리베이터측에 전달되지 않아 주주명단을 열람 청구를 하지 못하고 있다"고 밝혔다. ○○화학에 의하면 "○○엘리베이터의 대주주로서 ○○엘리베이터측에 주주명단의 열람을 청구했지만 ○○측에서 소액주주들의 개인정보가 유출될 수 있다는 이유로 거부해왔다"고 한다. (출처: 서울경제 2004. 2. 20, 세계일보 2004. 2. 21, 이데일리 2004. 2. 20, 한국일보 2004. 2. 21)

[3] ○○상선의 소액주주모임은 ○○상선을 방문하고 주주명부의 열람을 허가해 줄 것을 요구했다. 소액주주모임의 집행위원은 ○○상선 본사를 방문, 회계 관련 관계자를 만나 주주명부의 열람을 요구하는 한편 ○○상선 실적에 관해 보충 질문했다. 그러나 ○○상선측은 소액주주들에게 주주명부의 공개를 거부했다. 회사측은 "만약 주주명부 열람을 소액주주 모임에 허가하면 이는 곧 ○○화학측에도 공개해야 된다고 판단했기 때문에 이를 거부했다"고 말했다. 한편, ○○화학 관계자는 "○○상선에서 주주명부의 열람을 거부하는 바

람에 OO은행을 대리인으로 삼아 OO상선의 주주명부를 확보한 상태"라며 "하지만 전화번호 등 개인정보가 많이 누락돼 있다"고 밝혔다. (출처: 서울신문 2004. 3. 10, 이데일리 2004. 3. 10)

제4절 주주명부의 효력

주주명부상의 실제 주주가 아니라 형식주주라는 사실을 알면서도 의결권을 행사토록 한 주주총회의 결의는 무효라는 대법원 판결이 나왔다. 대법원 제O부는 OO공업의 주주 O모씨가 회사를 상대로 낸 주주총회 결의 취소청구소송에서 이같이 판시, 원고패소판결을 내린 원심을 깨고 사건을 서울고법으로 돌려보냈다. 재판부는 판결문에서 "주주명부상 실제주주가 아닌 명의만 빌려준 형식주주라는 사실을 알면서도 의결권행사를 용인하거나 행사토록 한 것은 위법"이라며 "이 회사대표 △모씨가 형식주주라는 사실을 알고 있으면서도 이들에게 일방적으로 주총소집 통지를 하고 주주총회 결의를 한 만큼 효력을 인정할 수 없다"고 밝혔다. O씨는 자신과 50%씩 주식을 나눠 갖고 있는 회사대표 △씨가 지신 몰래 명의만 빌려준 형식주주들에게 소집통지를 하고 의결권을 위임받아 임원선임 등의 주총 결의를 하자 이를 취소하는 소송을 냈다. (출처: 매일경제 1998. 9. 26, 한겨레 1998. 9. 26, 한국경제 1998. 9. 26)

| 해 설 |

주주명부에 주주로 이름이 올려지면 여러 가지 면에서 유리해진다. 회사와 주주와의 법률관계는 주주명부의 기재를 기초로 하기 때문이다. 주주명부의 효력은 명의개서의 효력과 동일하다(즉, 같은 내용이다). 회사는 주주명부에 주주로 기재되어 있는 자를 주주로 취급하면 설령 그 자가 주주가 아닌 경우에도 원칙적으로 면책된다. 그러나 위 사례에서 보는 것처럼 이러한 주주명부의 형식적 기재를 기준으로 한 면책력이 언제나 인정되는 것은 아니다.

주주명부의 기재(또는 명의개서)에는 다음과 같은 효력이 인정된다. 다만, 이는 기명주식의 경우에만 인정되는 주주명부의 효력이다. 무기명주식의 경우는 주권의 점유가 주주명부의 기재를 대신하는 효력을 가진다.

[1] 대항력

적법한 원인과 방법에 의하여 주식을 양수하였더라도 양수인이 주주명부에 명의개서를 하지 않으면 회사에 대하여 주주권을 주장할 수 없다(상 337조 1항). 즉, 명의개서는 기명주식 양도의 회사에 대한 대항요건이다. 이는 주주명부의 중심적 효력이다.

▎대법원 2002. 12. 24. 선고 2000다69927 판결▕

기명주식이 양도된 후 주식회사의 주주명부상 양수인의 명의로 명의개서가 이미 이루어졌다면, 그 후 그 주식양도약정이 해제되거나 취소되었다 하더라도 주주명부상의 주주 명의를 원래의 양도인의 명의로 복구하지 않는 한 양도인은 주식회사에 대한 관계에 있어서는 주주총회에서 의결권을 행사하기 위하여 주주로서 대항할 수 없다.

[2] 권리추정력

주주명부에 주주로 기재된 자는 회사에 대하여 더 이상 실질적인 권리를 입증할 필요 없이 그 기재만으로 주주임을 주장할 수 있다. 그러나 이는 적법한 주주로 추정되어 주주로서의 형식적 자격을 가진다는 것일 뿐(자격수여적 효력), 이로 인하여 주주로서의 실질적 권리가 창설되는 것은 아니다(창설적 효력은 없다). 따라서 명의개서되어 있는 경우에도 회사는 무권리자라는 것을 입증함으로써 주주권을 부인할 수 있다(대판 1989. 7. 11, 89다카5345).

▎대법원 1989. 7. 11. 선고 89다카5345 판결▕

상법상 주권의 점유자는 적법한 소지인으로 추정하고 있으나(상 336조 2항) 이는 주권을 점유하는 자는 반증이 없는 한 그 권리자로 인정된다는 것, 즉 주권의 점유에 자격수여적 효력을 부여한 것이므로 이를 다투는 자는 반대사실을 입증하여 반증할 수 있고, 또한 기명주식의 이전은 취득자의 성격과 주소를 주주명부에 기재하여야만 회사에 대하여 대항할 수 있는 바(상 337조 1항), 이 역시 주주명부에 기재된 명의상의 주주는 실질적 권리를 증명하지 않아도 주주의 권리를 행사할 수 있게 한 자격수여적 효력만을 인정한 것뿐이지 주주명부의 기재에 창설적 효력을 인정하는 것이 아니므로 반증에 의하여 실질상 주식을 취득하지 못하였다고 인정되는 자가 명의개서를 받았다 하여 주주의 권리를 행사할 수 있는 것은 아니다.

[3] 면책력

회사는 주주명부에 주주로 기재된 자를 주주로 인정하면 설령 그 자가 진정한 주주가 아닌 경우에도 악의 또는 중대한 과실이 없는 한 면책된다. 회사의 주주나 질권자에 대한 통지나 최고는 주주명부에 기재된 주소 또는 그자로부터 회사에 통지한 주소로 하면 되고(상 353조 1항), 이러한 통지나 최고는 보통 도달할 시기에 도달한 것으로 본다(상 353조 2항, 304조 2항). 그러나 진정한 주주가 아님을 회사가 알았거나 중대한 과실로 알지 못한 경우에는 회사의 면책이 인정되지 않는다(대판 1998. 9. 8, 96다45818).

❙대법원 1998. 9. 8. 선고 96다45818 판결❙

- 주식회사가 주주명부상의 주주에게 주주총회의 소집을 통지하고 그 주주로 하여금 의결권을 행사하게 하면, 그 주주가 단순히 명의만을 대여한 이른바 형식주주에 불과하여도 그 의결권 행사는 적법하지만, 주식회사가 주주명부상의 주주가 형식주주에 불과하다는 것을 알았거나 중대한 과실로 알지 못하였고 또한 이를 용이하게 증명하여 의결권 행사를 거절할 수 있었음에도 의결권 행사를 용인하거나 의결권을 행사하게 한 경우에는 그 의결권 행사는 위법하게 된다.
- 주주명부상의 주주가 실질주주가 아님을 회사가 알고 있었고 이를 용이하게 증명할 수 있었는데도 위 형식주주에게 소집통지를 하고 의결권을 행사하게 한 잘못이 인정된다는 이유로 그 주주총회결의를 취소할 수 있다.

[4] 그 밖의 효력

① 주식을 담보로 등록질을 설정하려면 주주명부에 질권자로 등록하여야 한다(상 340조).
② 주주가 주권불소지신고를 하면 회사는 그 주권을 발행하지 않는다는 뜻을 주주명부에 기재하여야 한다(상 358조의2).

제5절 주주명부의 폐쇄 및 기준일

주주명부폐쇄 및 기준일 공고

상법 354조 및 당사 정관 16조에 의거 정기주주총회개최를 위한 주주명부 확정을 위해 주식의 명의개서, 질권의 등록 및 말소, 신탁재산의 표시 및 말소 등 주주명부 기재사항 변경을 다음과 같이 정지하오니 양지하시기 바랍니다.

1. 주주명부폐쇄기준일 : 2002년 12월 31일
2. 명의개서 정지기간 : 2003년 1월 1일 ~정기주주총회종료일

2002년 12월 17일

광주광역시 광산구 오선동 546-7

해원에스티(주) 대표이사 이 해 식

명의개서대리인 주식회사 국민은행 은 행 장 김 정 태

| 해 설 |

위는 정기주주총회를 앞두고 주주권을 행사할 자를 확정하기 위하여 회사의 공시매체인 특정 일간신문을 통하여 주주명부 폐쇄와 기준일을 공고하고 있다. 주주명부 폐쇄는 기준일 다음 날부터 주주총회종료일 전 3월 내의 일정기간 동안 명의개서를 정지한다. 위 사례에서는 주주명부 폐쇄 직전일 및 기준일인 12월 31일에 주주명부에 주주 또는 질권자로 기재되어 있는 자가 주주 또는 질권자로서 권리를 행사할 자로 확정된다. 주주명부폐쇄기간 중에는 주식양도는 가능하지만 명의개서는 할 수 없다. 기준일만을 설정한 경우에는 기준일 이후 주식양도는 물론이고 명의개서도 가능하다. 주주명부의 폐쇄기간 또는 기준일의 2주간 전에 공고할 것으로 요구하는 법규정에 따라 위 사례에서는 2002년 12월 17일에 공고하고 있다.

[1] 의의

회사는 의결권을 행사할 자, 이익배당을 받을 자, 기타 주주나 질권자로서 권리를 행사할 자를 확정하기 위하여 주주명부를 폐쇄하거나 기준일을 정할 수 있다. 주주명부폐쇄는 일정기간 주주명부의 기재변경을 정지하고 폐쇄 직전 일을 기준으로, 기준일은 일정한 날을 기준으로, 이 날 주주명부에 주주나 질권자로 기재되어 있는 자를 주주 또는 질권자로 보는 것이다(상 354조 1항). 신주배정일(상 418조 3항, 461조 3항)도 기준일의 일종이다.

[2] 취지 및 성질

(1) 주주명부 폐쇄와 기준일은 결산기로부터 정기주주총회를 열수 있는 시점까지 상당한 시간을 요하고 그 사이에 주주가 변동될 수 있으므로 당해 결산기의 이익배당을 받을 자와 그 이익배당을 결의할 자를 일치시키기 위한 기술적 제도로 출발하였다. 그러나 현재는 주주 또는 질권자로서 권리를 행사할 자를 일률적으로 확정하기 위한 제도로 널리 이용되고 있다.
(2) 이에 의하여 주주 또는 질권자가 확정되는 효력이 생기므로, 이에 관한 상법 규정은 강행규정이다.

[3] 방법 및 절차

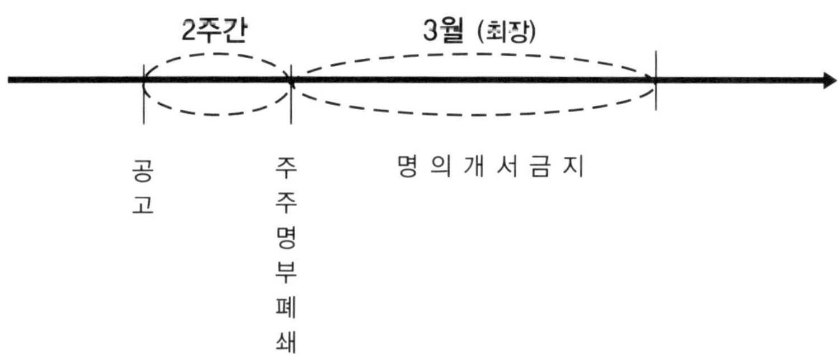

(1) 주주명부의 폐쇄와 기준일의 결정은 회사가 하여야 한다(상 354조 1항).
(2) 주주명부의 폐쇄기간은 3월을 초과할 수 없고(상 354조 2항), 기준일은 주주 또는 질권자로서의 권리를 행사할 날에 앞선 3월 내의 날로 하여야 한다(상 354조 3항). 폐쇄기간을 지나치게 장기로 하면 사실상 주식의 유통에 지장을 초래하기 때문에 이 같은 제한을 둔 것이다.
(3) 주주명부의 폐쇄기간 또는 기준일의 2주간 전에 그 공고를 하여야 한다. 다만, 주주명부의 폐쇄기간과 기준일을 정관에서 정하고 있는 경우에는 공고할 필요가 없다(상 354조 4항).
(4) 주주명부의 폐쇄와 기준일 중에서 택일할 수도 있고 양자를 병용할 수도 있다.

[4] 효력

(1) 주주명부폐쇄 직전일 또는 기준일을 기준으로 이 날 주주명부(또는 실질주주명부)의 기재를 기초로 하여 주주 및 질권자에 대한 법률관계를 처리한다.
(2) 주주명부의 폐쇄기간에는 주식의 명의개서와 질권의 등록과 말소를 할 수 없다. 그러나 기준일만을 설정한 경우에는 이러한 제한을 받지 않는다.

| 사 례 |

A가 2006년 9월 1일 X회사의 주식 100주를 매수하여 X회사의 주주명부에 주주로 명의개서를 하고, 이를 2006년 12월 23일 B에게 그 중 30주를 양도하고, B는 그 30주 모두를 2007년 1월 5일 C에게 양도하였다. C는 그 주식 모두를 2007년 말까지 그대로 보유하였다. 12월 31일이 결산일인 X회사는 2006년 사업연도에 대한 이익배당과 정기주주총회를 2007년 3월 5일에 개최하고 2007년 1월 1일부터 2007년 2월 28일까지 주주명부는 폐쇄한다는 내용을 공고하였다. 이 경우 A, B, C가 X회사의 2007년 3월 5일 정기주주총회에 갖는 법적 지위는?

| 해 설 |

주주명부폐쇄 직전일인 2006년 12월 31일의 주주명부(또는 실질주주명부)의 기재를 기초로 한다.
① X회사의 주권이 증권예탁결제원에 예탁되어 있는 경우 – (ⅰ) 실질주주명부에 의하여 B는 자신이 직접 명의개서를 하지 않아도 된다. 따라서 2007년 3월 5일 정기주주총회에서 A는 70주에 대하여, B는 30주에 대하여 이익배당을 받고 또 의결권을 행사할 수 있다. C는 아무런 권리를 갖지 못한다. (ⅱ) 증권예탁원에 예탁되어 있는 주식의 실물을 인출하여 보관하고 있는 경우에는 B가 직접 명의개서를 하여야 위의 (ⅰ)과 같은 법적 지위에 있게 된다.
② X회사의 주권이 증권예탁결제원에 예탁되어 있지 않는 경우 – B가 주주명부 폐쇄일 전에 명의개서를 하였는가의 여부에 따라 달라진다. (ⅰ) 만일 B가 주주명부 폐쇄일 전에 명의개서를 하지 않은 경우에는, X회사에 대하여 A가 100주 전부에 대하여 2007년 3월 5일 정기주주총회에서 의결권을 행사하고 이익배당을 받게 된다(실기주에 대한 A와 B 사이의 개인법적 문제가 남는다). (ⅱ) 만일 B가 주주명부 폐쇄일 전에 명의개서를 한 경우에는 위 ①의 (ⅰ)의 경우와 같다.

[5] 하자

(1) 주주명부의 폐쇄와 기준일에 중대한 하자가 있는 경우에는 무효로 된다.

① 단순히 회사의 사무상의 편의를 위하여 주주명부를 폐쇄하거나 기준일을 정하는 것은 허용되지 않는다.
② 폐쇄기간이 3월을 초과하는 경우 그 초과기간은 무효이다.
③ 폐쇄기간의 시기와 종기가 정해져 있지 않는 경우에는 그 전부가 무효가 된다.
④ 기준일이 권리를 행사할 날에 앞서 3월을 초과하는 날로 정하여진 경우에는 기준일로서의 효력이 없다.
⑤ 기준일로부터 3월 이내에 권리를 행사할 날이 도래하지 않는 때에도 그 지정은 효력이 없다.
⑥ 공고를 하지 않거나 2주간이 못 미치는 공고기간으로 공고한 때에는 무효이다(원칙).
⑦ 주주명부의 폐쇄 및 기준일이 무효로 되면 그 후속행위(예 : 주주총회 결의, 이익배당, 신주배정 등)에도 하자가 있게 된다.

(2) 가벼운 하자에 그치는 경우에는 무효가 아니다. 예컨대, 이사회 결의 없이 주주명부를 폐쇄하거나 기준일을 정한 경우, 공고사항에 경미한 결함이 있는 데 그치는 경우에는 유효하다.

(3) 주주명부의 폐쇄기간 중에 회사가 임의로 명의개서를 한 경우, 그 명의개서의 효력은 폐쇄기간 경과 후에 발생한다고 보아야 할 것이다.

| 관련사례 |

[1] 주주보호방안의 하나로 결산기 종료 이후 정기주총 사이의 주주명부 폐쇄기간을 단축하는 상장기업이 늘어나고 있다. 증권거래소에 따르면 12월 결산 상장기업 중 정기주총에서 정관을 변경, 주주명부 폐쇄기간을 줄이겠다고 공시한 회사는 그동안 결산기 종료일부터 주총일까지 주주명부를 폐쇄, 명의개서를 허용하지 않던 것을 1월 한 달간만 주주명부를 폐쇄해 2월 이후에는 명의변경이 가능하도록 정관을 변경할 계획이라고 한다. 그동안에는 거의 대부분의 상장기업들이 결산기 종료 이후 정기주총일까지 또는 3개월 이내의 기간 동안 명의개서를 금지했다. 이처럼 기업들이 주주명부 폐쇄기간의 단축을 추진하는 것은 증권예탁원 등 명의개서 대행기관의 업무전산화로 1개월 정도면 주주명부를 확정할 수 있게 된 만큼 주주들의 불편을 가급적 줄이도록 하겠다는 취지에 따른 것이다. 주주명부 폐쇄기간을 단축하면 결산기 이후 주식을 매입한 주주들이 보다 빨리 자신의 이름으로 명의개서를 할 수 있어 담보제공을 비롯한 재산권행사 등에 도움을 받을 수 있다. (출처 : 한국경제 1995. 3. 12 [조태현])

[2] 주주명부의 폐쇄와 기준일을 병용하는 것도 가능하지만, 아래와 같이 기준일 따로 정하지 않고 주주명부를 폐쇄하는 것도 가능하다.

> **주주명부폐쇄기간공고**
>
> 상법 제354조 및 당사 정관 제13조에 의거 임시주주총회를 개최하기 위하여 2001년 6월 18일(月)부터 2001년 6월 28일(木)일까지 주주명부를 폐쇄하고자 공고합니다. 주주명부폐쇄기준일인 6월 17일이 공휴일인 관계로 명의개서는 6월 16일(土)까지 완료하여 주시기 바랍니다.
>
> 2001년 6월 2일
>
> **주식회사 오픈베이스**
>
> 서울시 강남구 역삼동 701-2
>
> 대표이사 정 진 섭

[3] 12월 상장결산법인의 배당에 참여하려면 연말 주식거래가 가능한 마지막 시점 이전(보통 주식시장의 폐장일을 감안하여 12월 28일경)에 주식을 매수하여야 한다. 만일 다른 사람 명의의 실물주권을 가지고 있는 경우라면 증권사에 예탁하거나 명의개서를 마쳐야 주주권을 행사할 수 있다. 주권은 실물로 소지하는 것보다는 증권회사에 맡기는 것이 안전하다. 증권회사에 맡긴 주권은 증권예탁기관인 증권예탁원에 의무예탁되며, 이후 발생하는 주식배당금, 무상신주 등도 증권예탁원이 대신 받아서 증권회사를 통하여 투자자의 계좌에 넣어주기 때문이다. 현재 예탁주식의 비율은 상장기업을 기준으로 총발행주식수의 75%에 이르고 있다. 2003년도 증권예탁원 명의의 주권을 반환받은 후 명의개서나 증권회사에 재예탁하지 않아 발생한 失期株는 5억 4,000여주에 달했으며 98억 원에 이르는 주식배당금을 증권예탁원이 대신 수령하여 실지 구주주에게 지급한 바 있다. (출처: 이데일리 2004. 12. 23, 파이낸셜뉴스 2004. 12. 23)

제6절 실질주주를 증명하는 제도

주권이 증권예탁결제원에 예탁되어 있는 회사에서 명의주주와 실질주주가 일치하지 않는 경우에 실질주주가 주주임을 증명하여 주주로서의 권리를 행사할 수 있도록 하는 제도로 실질주주명부와 실질주주증명서 제도가 증권거래법에 의하여 인정되고 있다.

[1] 실질주주명부

실질주주명부는 실질주주에 관하여 작성한 주주명부이다. 주식이 증권예탁결제원에 예탁되어 있는 회사 또는 그 명의개서대리인은 주주명부 외에 실질주주명부를 작성하여야 한다(증거 174조의8 1항, 174조의7 3항). 예탁주권의 발행회사가 주주명부의 폐쇄기간 또는 기준일을 정한 때에 이를 작성한다. 실질주주명부에의 기재는 주주명부의 기재와 동일한 효력이 있다(증거 174조의8 2항).

[2] 실질주주증명서

실질주주증명서는 증권예탁결제원이 고객 또는 예탁자의 신청에 의하여 그들이 증권예탁결제원에 유가증권을 예탁하였음을 증명하는 문서이다. 예탁자 또는 고객이 실질주주증명서를 발행회사에 제출한 때에는 주주명부에 명의개서를 하지 아니하여도 발행회사에 대항할 수 있다(증거 174조의10). 이는 실질주주명부에 의하여 행사할 수 있는 권리 이외의 주주권을 행사할 수 있도록 하는 증권거래법상의 제도이다.

| 관련사례 |

[1] 본격적인 주총시즌을 앞두고 증권예탁원은 12월 결산법인에 대해 주주명부와 실질주주명부를 교부하기 시작했다고 밝혔다. 이번에 교부하는 주주명부 총량은 1톤 트럭 18대분에 달한다. 상법상 주권을 발행한 회사가 주주명부를 작성하지만 주식거래로 주주가 자주 바뀌기 때문에 일반주주들은 명목상 증권예탁원으로 표시된다. 이에 따라 증권예탁원은 발행회사가 정한 주주명부폐쇄일을 기준으로 실제 주식을 소유하고 있는 일반주주 목록을 작성해 실질주주명부를 작성하고 있다. (출처 : 매일경제 2002. 2. 1, 이데일리 2002. 2. 1)

[2] 소액주주 보호를 위해 주주임을 수시로 증명할 수 있도록 도입된 실질주주증명서제도가 ○○은행의 소액주주들에 의해 처음 사용됐다. 증권예탁원은 ○○은행 주식 28만 3천 9백 30주에 대한 실질주주증명서가 제도도입 이래 처음으로 발급됐다고 밝혔다. 이번 증명서는 ○○은행에 대해 주주대표소송을 제기하려는 시민단체측에 참가하고 있는 소액주주들이 발급받은 것으로 밝혀졌다. 시민단체측은 "○○증권회사와 ○○○증권회사를 통해 증명서 발급을 요청했다"고 밝혔다. 주주들은 실물주식이 없더라도 실질주주증명서만으로 주주총회소집청구권, 회계장부열람청구권, 대표소송권, 유지청구권, 검사인 선임청구권, 그리고 주주제안권 등 주주로서의 각종 권리를 행사할 수 있다. (출처 : 매일경제 1997. 4. 29, 서울경제 1997. 4. 29, 한국경제 1997. 4. 29)

제4장 주식

제1절 의의

주식은 주식회사의 중핵을 이루는 제도이다. 주식은 다음의 두 가지 뜻으로 사용된다.

① 자본을 구성하는 최소단위

② 주주의 회사에 대한 권리(사원권, 주주권)

주식을 유가증권으로 만든 것이 주권이다. 따라서 주식과 주권은 구별된다.

| 대법원 2005. 2. 18. 선고 2002도2822 판결 |

상법상 주식은 자본구성의 단위 또는 주주의 지위인 주주권을 의미하고, 주주권을 표창하는 유가증권인 주권과는 구분이 되는바, 주권은 유가증권으로서 재물에 해당되므로 횡령죄(형법 제355조 제1항)의 객체가 될 수 있으나, 자본의 구성단위 또는 주주권을 의미하는 주식은 재물이 아니므로 횡령죄의 객체가 될 수 없다.

제2절 성질

Ⅰ. 포괄성

주식 1단위에는 주주가 회사에 대하여 갖는 각종 권리(예: 의결권, 이익배당청구권, 잔여재산분배청구권, 신주인수권 등)를 포괄적으로 담고 있다.

Ⅱ. 불가분성

주식은 더 이상 세분할 수 없는 최소단위이다. 주식 1단위가 포괄적으로 담고 있는 위 권리들을 나눌 수 없다. 예컨대, 甲이 자신이 갖고 있는 주식 1단위에 담겨져 있는 권리 중에서 의결권은 乙에게, 이익배당청구권은 丙에게 분리하여 양도할 수 없다. 이를 **주식불가분의 원칙**이라 한다. 1주 미만의 단주는 더 이상 주식으로 존재할 수 없으므로 이를 금전으로 바꾸어 해당 주주에게 주어야 한다.

Ⅲ. 균일성

동일 회사가 발행한 주식의 액면가는 모두 균일하다. 이는 동일회사의 주식은 그 종류에 관계없이 모두 액면가가 동일하다는 것으로, 각 주식 1단위의 자본참여비율이 동일하다는 뜻이 된다.

제3절 종류

주식시세표 (2005년 3월 23일 거래 기준)

종목명	종가	등락	거래량	시가	고가	저가
한국와콤전자 A	420	▽ 15	163,813	450	455	405
인터리츠 B	125	0	38,276	125	130	120
세종공업 C	4,650	▲ 40	7,279	4,545	4,740	4,545
동양철관 C	825	▽ 30	1,326,810	865	910	800
1우 C	6,470	▲ 830	51	5,700	6,480	5,700
대상 D	5,280	▽ 70	78,705	5,310	5,350	5,100
1우 D	2,600	▽ 50	446	2,515	2,600	2,455
2우U D	3,850	▽ 140	160	3,750	3,920	3,700
대한전선 E	10,900	▽ 500	29,174	11,200	11,400	10,750
현대차	55,400	▲ 500	94,615	54,400	55,500	54,200
1우 D	31,000	▽ 550	5,153	31,350	31,350	30,400
2우U	34,700	▽ 100	6,864	34,500	34,800	33,750
3우U	30,300	▽ 650	703	30,500	30,500	30,250
서주관광개발 F	23,000	▲ 300	31	23,100	23,100	22,400

U : 신형우선주
액면가 : A=100, B=200, C=500, D=1,000, E=2,500, F=10,000, 무표시=5,000원
▲ : 상승 ▽ : 하락
단위 : 원, 10주

| 해 설 |

① 주식의 종류에 어떠한 것이 있는가는 회사입장에서는 자금조달수단을 제한하는 의미가 있고 투자자 입장에서는 투자대상을 제한하는 의미가 있다. 주식의 종류는 법에서 규정하고 있는 것에 한정된다(주식종류법정주의). 법에서 인정하지 않는 주식은 발행할 수 없고, 설령 발행하는 경우에도 법에 의한 보호를 받지 못한다.

② 위 주식시세표를 보면 각 종목별로 주식의 거래가격(시세)이 표시되어 있다. 위 주식들의 액면가는 얼마일까? 우리 상법상 무액면주식의 발행이 가능할까? 위 주식들은 기명주식일까, 무기명주식일까? 위의 현대차의 경우 동일한 회사이면서 여러 종류의 주식(아무런 표시가 없는 것, 1우, 2우U, 3우U)들이 있는데, 이들 주식 간에는 어떠한 차이가 있을까?

상법은 발행가능한 주식의 종류를 법에서 열거하고 각 주식의 내용을 법정하고 있다(열거주의 · 법정주의). 이 같은 법의 테두리 내에서 회사는 정관에 의하여 발행할 주식의 종류와 그 내용을 정할 수 있다.

[1] 액면주식 · 무액면주식

(1) 액면주식은 1주의 액면가가 정관과 주권에 표시되어 있는 주식이고, 그렇지 않는 것이 무액면주식이다. 상법은 액면주식만을 인정하고 있다. 동일한 회사가 발행한 주식의 액면가는 100원 이상 균일하여야 한다(상 329조 4항). 탄력적인 자금조달을 위하여 입법론으로 무액면주식을 도입할 필요가 있다는 견해가 있다(서헌제).

(2) 특별법에서 무액면주식을 발행하도록 하는 경우가 있다(간투 48조에 의한 투자신탁의 수익증권, 간투 51조에 의한 투자회사의 주식). 미국의 모범회사법과 일본의 2001년 개정상법에서는 액면제도를 폐지하였다.

[2] 기명주식 · 무기명주식

(1) 기명주식(기명주권)은 주주의 이름이 주권과 주주명부에 기재되어 있는 주식이고, 그렇지 않은 것이 무기명주식(무기명주권)이다. 상법은 기명주식을 원칙으로 하고, 무기명주식은 정관에 근거 규정이 있는 경우에만 발행할 수 있다(상 357조 1항). 실무상 유통되는 주식의 대부분은 기명주식이다.

(2) 무기명주식의 주주는 회사에 대하여 언제든지 기명주식으로 바꾸어 줄 것을 청구할 수 있다(상 357조 2항). 그러나 그 반대는 허용되지 않는다. 기명주식과 무기명주식의 주된 차이점은 주주를 인식하는 방법에 있다.

❙기명주식과 무기명주식❙

	기명주식	무기명주식
발행근거	(불요)	정관 (실제 이용되지 않음)
회사가 주주를 인식하는 수단	주주명부의 기재	주권의 점유
주식양도의 방법	주권의 교부	
주식양도의 대항요건	명의개서	(불요)
주주의 회사에 대한 권리행사방법	주주명부를 기준	주권을 회사에 공탁하여야 함
회사가 주주에게 알리는 방법	개별 통지 · 최고	공고

[3] 수종의 주식

Ⅰ. 의의

수종의 주식이란 이익이나 (건설)이자의 배당 또는 잔여재산분배에 있어서 내용이 다른 주식을 말한다(상 344조 1항). 흔히 보통주와 우선주를 가리킨다. 이는 주주평등의 원칙에 대한 예외이다.

Ⅱ. 종류

1. 보통주

수종의 주식을 발행한 경우에 보통주는 기준이 되는 주식이다. 보통주를 발행하지 않고서는 우선주나 후배주만을 발행할 수는 없다.

2. 우선주

(1) 뜻

재산적 내용에 있어서 다른 주주보다 「우선순위」(선순위)가 부여된 주식이다. 재산적 측면(이익배당 또는/및 잔여재산분배)에서의 우선주만이 인정되고, 비재산적 측면

(예 : 의결권, 신주인수권)에 있어서의 우선주는 인정될 수 없다. 이는 주주평등의 원칙의 예외로 우선주를 허용하더라도 그 예외의 내용을 재산적측면에 국한한다는 뜻이다. 우선주는 다른 주식보다 재산적 내용에 있어서 양적으로 많은 배당 또는 분배를 받는 주식을 뜻하는 것이 아니라 질적으로 우선순위가 인정되는 주식이다.

(2) 유형

(가) 이익배당우선주 · 잔여재산분배우선주 - 이익배당우선주에 대해서는 정관으로 최저배당율을 정하여야 한다(상 344조 2항 ; 신형우선주).

(나) 누적적우선주 · 비누적적우선주 - 당해 결산기에 배당하지 못한 부족부분을 계속 이월시켜 다음 결산기의 배당과 합산하여 받을 수 있는 것을 누적적우선주라 하고, 이 같은 추급권이 없는 것을 비누적적우선주라 한다.

(다) 참가적우선주 · 비참가적우선주 - 우선주로 소정의 이익배당을 받고 다시 보통주로 잔여이익의 배당에 참가할 수 있는 참가권이 있는 것을 참가적우선주라 하고, 우선주로 소정의 이익배당을 받는 것에 그치고 보통주의 자격으로 배당에 참가할 수 없는 것을 비참가적우선주라 한다.

(라) 조건부 · 기한부 우선주 - 우선주의 우선권에 해제조건 또는 終期를 부가할 수 있다. 조건이 성취되거나 기한이 도래하면 특별한 절차나 청구 없이 당연히 우선권이 소멸되어 보통주로 된다.

(마) 복합적우선주 · 비복합적우선주 - 위 (가), (나), (다), (라)의 다양한 조합의 우선주를 발행할 수 있다.

(바) 구형우선주 · 신형우선주 - 이익배당우선주에 관하여 실무에서 사용하는 용어이다. (후술)

3. 후배주 · 혼합주

後配株는 이익배당이나 잔여재산분배에 있어 열후적 지위에 있는 주식이다. 혼합주는 이익배당이나 잔여재산분배 중에서 어떤 권리는 우선적 지위를 가지나 어떤 권리는 열후적 지위를 갖는 주식이다. 이들 주식은 실제 발행되지 않고 있다.

Ⅲ. 발행

1. 정관의 근거

수종의 주식은 정관에 각종 주식의 내용과 수(위 [3]의 Ⅱ.)를 정한 경우에 한하여 발행할 수 있다(상 344조 2항). 정관에 수종의 주식을 발행할 수 있다는 근거규정이 있는 경우에도 수종의 주식을 발행하지 않고 단일 종류의 주식을 발행할 수 있음은 물론이다.

2. 공시

수종의 주식을 발행한 경우에는 이를 등기하여야 하며(상 317조 2항 3호), 주식청약서, 주주명부, 주권 등에 기재함으로써 공시하여야 한다(상 317조 2항 3호). 수종의 주식의 발행은 현재와 장래의 주주에게 중대한 이해관계가 있으므로 이를 공시하도록 한 것이다.

Ⅳ. 특칙

1. 차별적 취급

수종의 주식을 발행한 때에는 주식의 종류에 따른 신주의 인수, 수식의 병합 · 분할 · 소각 또는 합병 · 분할로 인한 주식의 배정에 관하여, 정관에 다른 정함이 없는 경우에도 이사회 또는 주주총회의 결의만으로 이를 할 수 있다.

2. 종류주주총회

위와 같은 특수한 정함으로 인하여 어느 종류의 주주에게 손해를 미치게 될 경우에는 주주총회의의 결의 외에 그 종류의 주주만의 종류주주총회의 결의를 다시 얻어야 한다(상 435조, 436조).

Ⅴ. 특수한 주식

특수한 주식이란 수종의 주식을 발행한 경우에 이에 특수한 내용을 부가한 것을 말한다. 특수한 주식 그 자체는 수종의 주식이 아니다. 특수한 주식에는 다음과 같은 것들이 있다.

① 상환주식 = 수종의 주식(이익배당우선주) + 상환조항

② 전환주식 = 수종의 주식(우선주 또는 보통주) + 전환조항

③ 의결권 없는 주식 = 수종의 주식(이익배당우선주) + 무의결권조항

④ 위의 조합도 가능하다(예 : 이익배당우선주에 대하여 의결권이 없는 것으로 하면서 전환조항과 상환조항을 부가한 주식).

┃상법상 발행가능한 수종의 주식의 조합┃

		상환조항		전환조항		무의결권	
		없음	있음	없음	있음	없음	있음
보통주		○	×	○	○	×	○
우선주	이익배당우선주	○	○	○	○	○	○
	잔여재산분배우선주	○	×	○	○	×	○

○ : 발행가능, × : 발행불가능

┃관련사례┃

○○○ 장관은 장기적으로 발행 주식의 액면가를 정하지 않는 '무액면주식'제도 도입을 허용하는 방안을 검토하겠다고 밝혔다. ○○○ 장관은 기자간담회에서 "벤처기업인들과의 대화에서 무액면주 발행을 허용해 달라는 요청이 있었다"며 "일본처럼 무액면주식제를 도입할 필요가 있으나 도입이 결정되더라도 상법을 고쳐야 하기 때문에 시간이 상당히 많이 걸릴 것"이라고 말했다. 정부당국자는 "무액면주제도가 도입되면 주식분할이 쉬워지는 등 자본금의 상황에 맞게 주식 발행이 자유로워지는 이점이 있다"며 "그러나 해당 회사의 투자가치를 판단하는 최소한의 지표가 사라짐에 따라 투자자보호장치가 미흡해질 우려가 있어 장기적으로 공시기준 강화 등 보완책을 마련해야 한다"고 설명했다. (출처 : 국민일보 2000. 2. 15 [제정임 · 이동훈])

[4] 상환주식

○○회사는 우선주로 상환이 예정되어 있는 전환상환우선주에 대해 결손으로 인해 상환이 연장되었다고 다음과 같이 공시하였다.

1. 개괄 : 당사가 발행한 전환상환우선주는 상법상 상환(소각)이 예정되어 있는 우선주식으로 상환(소각)의 재원은 이익으로써만 가능하도록 되어 있으며, 보통주로 전환청구할 수 있는 권리도 부여된 주식입니다.

2. 안내사항

① 상환기간연장 : 2004년도 결손으로 인해 상환이익이 충족되지 않아 상환이 연장됨(당초상환예정일 : 2005. 5. 24).

② 상환가능시기 : 정기주주총회에서 재무제표승인을 통해 이익규모 및 처분사항을 확정하므로 상환가능시기는 차기 정기주주총회 이후로 예상되나, 만일 정기주주총회에서 재무제표 승인시 상환 및 누적미배당금을 지급할 이익이 충족되지 않는 경우 그 이익이 충족될 때까지 상환시기를 연장함.

③ 전환청구기간 : 존속만료일의 1개월 전까지로 규정되어 있는 바, 상환기일이 연장되면 전환청구기간 또한 존속만료일(누적미배당금의 지급완료 및 상환대금의 지급완료일) 1개월 전까지 연장됨.

④ 전환청구방법 : 보통주로 전환청구하고자 하는 주주께서는 거래 증권회사에서 전환상환우선주식을 실물 인출하시어 ○○은행 증권대행팀에 전환상환우선주식 실물제출과 동시에 전환청구함.

※ 단, 전환청구일로부터 보통주로 거래할 수 있는 시일이 다소 지체될 수 있으므로 유의하시기 바랍니다. 보통주로 전환시 우선주로서의 배당청구권은 소멸됨.

⑤ 2004년 귀속배당 : 2004년도 결손으로 인해 배당가능이익이 산출되지 않아 미배당함. 다만 누적배당조건에 의거하여 배당가능이익이 산출되는 년도말의 주주에게 미배당금액을 포함하여 누적 지급함.

⑥ 발행조건 : 기타 자세한 조건은 첨부된 이사회 의사록(발행 당시)을 참조하시기 바랍니다. (출처 : 머니투데이 2005. 3. 18 [이상배])

| 해 설 |

위 사례에서 ○○회사는 이익배당우선주에 상환조건과 전환조건을 부가한 전환상환우선주식을 발행하였다. 상환주식의 상환은 배당가능이익이 있는 것을 조건으로 하기 때문에 설령 상환기간이 도래하였더라도 이익이 없으면 상환할 수 없고, 또 상환하여서도 아니 된다. 이를 대비하여 상환주식을 발행한 회사는 상환을 위하여 매년 이익의 일부를 상환기금으로 적립해 둘 수 있다. 위 사례는 이익이 없어 상환을 연장한 경우로, 이 때 이사의 손해배상책임(상 399조, 401조)은 발생하지 않는 것이 원칙이다.

Ⅰ. 의의

(1) 상환주식(redeemable share)은 수종의 주식을 발행한 경우에 이익배당우선주에 상환조건을 부가한 주식으로, 발행당시부터 장차 이익에 의한 상환(소각)이 예정되어 있는 주식이다(상 345조). 주식은 원칙적으로 영구자본으로서의 성격을 가진다는 점에서 볼 때 이례적인 것이라 할 것이다.

| 기 능 |

상환주식은 회사입장에서 일시적인 자금조달을 위하여 주식을 발행하지만 장차 상환함으로써 자금조달방법의 탄력성을 기할 수 있다는 장점이 있다.

(2) 다른 것과의 비교

① 상환이 예정되어 있다는 점에서 일반적인 주식과 다르고 회사채와 비슷하지만, 이익이 있는 경우에만 이를 재원으로 하여 소각할 수 있다는 점과 이익에 연동된 가변적인 이익배당을 받는 자기자본적 성질을 띤다는 점에서 회사채와 본질적으로 다르다.

② 회사존속 중에 주식이 소멸된다는 점에서 주식의 소각과 상환주식의 상환은 동일하다. 그러나 주식의 소각은 모든 주식에 대하여 평등하게 하여야 함에 반하여, 상환주식은 그 종류(상환주식)의 주식에 대해서만 소멸시킬 수 있다는 점에서 차이가 있다.

Ⅱ. 발행

1. 대상 - 이익배당우선주

이익배당우선주에 한하여 상환조건을 부가할 수 있다(상 345조 1항). 회사의 상환에 의하여 주주의 지위를 박탈당할 가능성이 있는 상환주식 보유자의 불안정한 지위를 이익배당우선이라는 메리트에 의하여 보상해 주기 위함이다. 또 상환주식의 상환은 우선적 이익배당의 부담을 경감시켜주기 위한 것인데 보통주를 상환주식으로 한다는 것은 이러한 의미를 살릴 수 없다.

2. 정관의 근거

발행 당시에 정관에 명문의 수권이 있어야 하므로, 정관에 상환가액 · 상환기간 · 상환방법과 수를 기재하여야 한다(상 345조 2항). 이미 발행한 주식을 정관변경에 의하여 사후적으로 상환주식으로 변경할 수 없다.

3. 공시

상환내용을 주식청약서에 기재하여야 하고(상 302조 2항 7호, 420조 2호), 등기하여야 하며(상 317조 2항 6호), 주권에도 이를 기재하여야 한다(상 356조 7호).

Ⅲ. 상환

1. 재원

상환은 이익으로써만 할 수 있다(상 345조 1항). 이익이 없으면 상환할 수 없으므로 정관에 규정된 상환기간보다 지연될 수도 있다. 회사는 매결산기마다 이익 중의 일부를 상환기금을 적립해 두는 것이 바람직하다. 이익잉여금의 처분안은 주주총회의 승인사항이므로(상 447조, 449조 1항) 상환할 이익금의 확정과 그 사용은 주주총회의 권한에 속하게 된다. 강제상환이건 임의상환이건 상환주식 상호간에는 주식평등의 원칙에 따라야 한다.

2. 상환받은 주식의 처리

(1) 임의상환의 경우, 회사는 상환으로 인하여 일시 자기주식을 취득하게 된다. 회사는 즉시 주식실효의 절차를 밟아 이를 소멸시켜야 한다(상 341조 1호, 342조). 이때에 상환의 효력이 생긴다.

(2) 강제상환의 경우, 상환조항에 특별한 정함이 없으면 이익소각의 경우에 준하여 회사는 상환을 할 뜻 및 1월 이상의 기간을 정하여 주권을 회사에 제출할 것을 공고하고, 주주명부에 기재된 주주와 질권자에게 따로 통지를 하여야 한다. 위 기간이 만료한 때에 상환의 효력이 생긴다(상 343조 2항, 440조, 441조).

3. 발행주식총수의 감소

상환을 하면 그 주식은 소멸하여 발행주식의 총수가 감소하게 되므로 변경등기를 하여야 한다(상 317조 2항 3호, 4항, 183조). 그러나 자본감소절차에 따르지 않기 때문에 자본이 감소되는 것은 아니다.

4. 재발행의 문제

상환으로 인한 발행주식총수의 감소로 인하여 발행예정주식총수의 미발행부분이 증가하는 것과 같은 모양새가 된다. 그러나 이 부분에 대해서는 재차 「상환주식으로」발행하는 것은 허용되지 않는다(다수설). 상환주식의 발행에 의하여 이미 그 주식의 발행권한이 행사된 것이므로 그 주식이 상환에 의하여 소멸되었다고 하여 다시 동일한 발행권한을 행사할 수 없다고 보아야 하기 때문이다. 만일 이를 허용하면 무한의 발행수권을 부여하는 것이 되어 다른 주주의 배당이익을 해치게 된다.

▎관련사례▕

[1] ○○금융지주는 △△은행을 인수하기 위해 예금보험공사를 배정대상자로 상환우선주와 상환가능한 전환우선주를 각각 발행한다고 공시했다. 상환우선주는 4,658만 3,961주, 상환가능한 전환우선주는 4,472만 603주가 발행되며, 두 가지 우선주의 뚜렷한 차이는 전자가 보통주로 전환이 불가능한 반면, 후자는 주주가 원하는 경우 보통주로의 전환이 가능하다는 점이다. 상환우선주 4,658만 3,961주의 발행가는 1만 8,086원, 납입일은 8월 21일, 신주교부예정일은 9월 5일이다. 상환은 931만 6,792주 단위로 5가지로 구분돼 발행일로부터 1년~5년이 경과된 날부터 상환할 수 있도록 했다. 상환우선주는 유상증자시 보통주로, 무상증자시 상환우선주로 받을 수 있다. 4,472만 603주의 상환가능한 전환우선주도 발행가 1만8,086원, 납입일 8월21일, 신주교부예정일 9월5일이다. 상환은 발행일로부터 3년이 경과한 날부터 5년이 되는 날까지이다. 전환기간 중 주주의 선택에 따라 전부 또는 일부를 보통주로 전환할 수 있다. 또 유상증자시 보통주로, 무상증자시 상환우선주로 받을 수 있다. (출처 : 동아일보 2003. 7. 10, 문화일보 2003. 7. 10, 이데일리 2003. 7. 9, 조선일보 2003. 7. 10, 한국경제 2003. 7. 10)

[2] ○○보증채의 원리금 지급을 위해 △△보증보험에 상환주 형태로 7천억 원의 공적자금이 투입된다. △△보증보험은 일정기간 뒤 우선 상환할 수 있는 상환주(액면 5천 원)를 예금보험공사에 발행하기로 했다. 상환주는 일정기간이 지난 뒤 주식매입자금을 상환, 주식을 재매입해 소각하는 방식으로 △△보증보험은 향후 5년 뒤부터 이익이 날 때 예금보험공사 보유의 상환주를 재매입해 소각하기로 했다. 이에 따라 △△보증보험은 ○○가 발행한 보

증채를 보유한 금융기관과 일반 법인들로부터 신고를 받은 뒤 원리금을 지급하기로 했다. (출처 : 서울경제 2000. 3. 14, 조선일보 2000. 3. 15, 한국경제 2000. 3. 14)

[3] ○○전자는 정관을 고쳐 우선주 발행한도를 2억 주에서 7억 5천만 주로 확대하는 등 전체 발행예정주식수를 15억 주(7조 5천억 원)로 늘렸다. 또 외국인 투자유치 등을 위해 주식을 현금으로 상환하는 상환주 등의 발행근거도 마련했다. (출처 : 경향신문 2001. 3. 30, 서울경제 2001. 3. 29, 한국경제 2001. 3. 30)

[5] 전환주식

○○의 △△부사장은 ○○ 보통주 3만 3,600주와 전환우선주(보통주로 전환될 권리를 가진 우선주) 6,400주를 매입했다. 이에 투입된 금액(주식매입 당일의 종가 기준)은 101억 2,000만 원 정도로 추정된다. 이로 인해 △△부사장의 지분은 지난해 말 보통주 기준 4.88%에서 5.82%(86만 4,600주)로 높아졌고, 전환우선주는 현재 0.37%(1만 4,900주)이다. 이번 지분변동으로 △△부사장은 □□회장(보통주 15.95%, 우선주 13.01%)과 ●●명예회장(보통주 9.58%, 우선주 1.28%)에 이은 3대 주주의 자리를 굳혔다. 증권업계는 최근 몇 년 동안 ○○의 주가가 꾸준히 오른 데다 주식매입금액이 거액인 점 등을 들어 △△부사장의 지분매입이 주가안정보다는 안정적인 경영권 확보를 위한 지분확대목적이거나 경영권상속을 위한 장기적인 포석으로 해석하고 있다. 그러나 ○○의 관계자는 "5년 전 발행한 전환우선주 400만 주가 올 12월 보통주로 전환되면 △△부사장의 지분이 5.82%(보통주 기준)에서 4.66%로 줄어들게 돼 지분방어차원에서 주식을 매입했을 가능성이 높다"고 말했다 (출처 : 동아일보 2004. 7. 29, 문화일보 2004. 7. 28, 조선일보 2004. 7. 29, 한국일보 2004. 7. 29)

| 해 석 |

전환주식은 수종의 주식을 발행한 경우에 주주로 하여금 다른 종류의 주식으로의 전환 여부에 대하여 선택할 수 있는 권리를 부여하는 주식이다. 위 사례에서 보는 것처럼 실무에서는 의결권 없는 우선주를 의결권 있는 보통주로 전환할 수 있는 권리를 부여하는 것이 보통이나, 그 반대도 가능하다. 그 동안 국내에서 전환주식을 발행한 사례는 그다지 많지 않았다. 실무에서는 일정 기간 경과 후 주주의 의사와는 무관하게 자동으로 보통주로 전환되는 주식을 발행하는 경우가 있는데, 이는 상법상의 전환주식이 아님을 유의하여야 한다.

Ⅰ. 의의

(1) 전환주식(convertible share)이란 수종의 주식을 발행한 경우에 주주의 전환청구권 행사에 의하여 다른 종류의 주식(보통주→우선주, 우선주→보통주)으로 전환되는 주식이다(상 346조 1항). 전환주식은 수종의 주식을 발행한 경우 주식의 종류별 선택권이 주주에게 부여되어 있다는 점이 특징이다.

| 기 능 |

전환주식은 주주에게 우선주와 보통주 중에서 유리한 쪽을 선택할 수 있는 권리를 인센티브로 부여함으로써 자금조달을 용이하게 하는 제도이다. 경영권방어를 위하여 의결권있는 보통주로 전환될 수 있는 주식을 발행하기도 한다.

(2) 다른 것과의 비교

① 주주의 전환청구권 행사에 의하지 않고 전환조건의 성취 또는 기한의 도래에 의하여 자동적으로 다른 종류의 주식으로 전환되는 주식은 상법상의 전환주식이 아니다.

② 회사가 전환권을 갖고 있는 경우 이는 상법상의 전환주식이 아니다.

③ 전환사채(CB)와 전환주식은 전환청구권(형성권)의 행사에 의하여 신주의 효력이 생긴다는 점에서는 동일하다. 그러나 전환사채는 사채라는 점에서 주식인 전환주식과는 본질적으로 다르다.

Ⅱ. 발행

1. 대상-수종의 주식

상법상으로는 우선주를 보통주로 전환하는 경우뿐만 아니라 보통주를 우선주로 전환하는 것도 허용한다.

2. 정관의 근거

전환주식은 정관에 수종의 주식을 발행할 것을 정한 경우에 한하여 발행할 수 있다(상 346조 1항 전단). 회사가 전환주식을 발행하는 경우에는 주주가 다른 종류의 주식으로 전환을 청구할 수 있다는 것, 전환의 조건, 전환청구기간, 전환으로 인하여 발행할 주식의 수와 내용을 정관으로 정하여야 한다(상 345조 1항).

3. 공시

전환주식을 발행한 때에는 공시를 위하여 주식청약서 또는 신주인수권증서에 전환내용에 관한 소정의 사항을 기재하여야 하고(상 347조), 이를 등기하여야 하며(상 317조 2항 7호), 주주명부와 주권에도 동일한 사항을 기재하여야 한다(상 352조 3항, 356조 8호).

4. 전환으로 발행할 주식의 유보

전환주식의 발행 전부터 전환청구기간 내에는 종류별 발행예정주식총수 중에서 전환으로 인하여 발행할 종류의 주식의 수에 해당하는 만큼을 미발행부분으로 유보해 두어야 한다(상 346조 2항).

5. 발행가액

전환주식의 총발행가액과 전환으로 인한 신주식의 총발행가액은 동액이어야 한다(상 348조). 즉, 전환 전 주식의 총발행가액(= 전환 전 주식의 발행가액 × 발행주식수)과 전환 후 신주식의 총발행가액(= 전환 후 주식의 발행가액 × 발행주식수)은 일치하여야 한다. 이 때 액면미달발행은 허용되지 않는다(상 417조). 이는 전환조건을 제한함으로써 자본충실을 기하기 위함이다.

Ⅲ. 전환

1. 청구방법

전환청구권의 행사 여부는 주주의 자유로운 판단에 맡겨져 있다(행사의 임의성). 전환을 청구하고자 하는 주주는 청구서 2통을 작성하여 기명날인(또는 서명)을 하고 주권을 첨부하여 회사에 제출하여야 한다(상 349조 1항 · 2항). 주주명부의 폐쇄기간 중에도 전환청구를 할 수 있다.

2. 전환의 효력

전환청구권은 형성권이다. 따라서 전환청구를 할 때에 전환의 효력이 발생하여(상 350조 1항) 전환주식(구주)은 소멸하고 전환으로 인하여 발행할 신주의 효력이 생긴다. 다만,

(1) 이익배당에 관하여는 전환청구를 한 때가 속하는 영업연도 말에 전환된 것으로 본다(상 350조 3항 본문). 정관에 규정을 두어 전환청구가 있은 영업연도의 직전 영업연도 말에 전환된 것으로 할 수 있다(상 350조 3항 후단).
(2) 전환청구가 주주명부의 폐쇄기간 중에 이루어진 경우에는 신주식을 가지고 의결권을 행사할 수 없으나(상 350조 2항), 전환 전의 구주식이 의결권 있는 주식인 경우에는 그 주식으로 의결권을 행사할 수 있다.

| 사 례 |

영업연도가 1일부터 12월 31일까지인 회사에서 2006년 영업연도의 도중인 2006년 9월 1일에 의결권 없는 우선주를 의결권 있는 보통주로 전환청구를 한 경우, 전환청구시점(2006년 9월 1일)에 전환주식(우선주)이 소멸하고 신주(보통주)의 효력이 발생한다. 이에 관한 2006년 영업연도의 이익배당에 관해서는 2006년 12월 31일에 전환된 것으로 보므로 전환 전 주식(우선주)을 기준으로 배당을 하지만, 정관에 직전 영업연도 말에 전환된 것으로 할 수 있다는 규정이 있는 때에는 전환 후 주식(보통주)을 기준으로 배당을 한다.

3. 자본의 증감

전환주식을 전환하면 전환비율에 따라서 전환 전 주식과 전환 후 주식의 수에 변동이 생기고, 그에 따라 자본구성에 변동을 가져올 수 있다.

(1) 자본변동이 없는 전환
전환비율이 1:1인 등가전환의 경우에는 전환 전후에 발행주식수와 자본에 변동이 없다.

(2) 자본증가를 가져오는 전환
전환비율이 예컨대, 1:2와 같이 증가전환인 경우에는 전환에 의하여 발행주식의 수가 증가하게 되고, 그에 따라 자본이 증가하게 된다.

(3) 자본감소를 가져오는 전환
전환비율이 예컨대, 1:0.5와 같이 감소전환인 경우에는 전환에 의하여 발행주식의 수가 감소하게 된다. 그러나 전환 후의 주식의 수를 전환 전의 주식의 수보다 적게 하는 방법은 자본감소절차에 의하지 않는 한 허용되지 않는다.

4. 재발행 여부

(1) 전환으로 인하여 소멸된 전환주식의 수만큼 재발행할 수 있는가? 예컨대, A종류의 주식을 B종류의 주식으로 전환하면, B는 회사가 발행할 주식의 총수(상 289조 1항 3호)에 진입하게 되고, A는 발행할 주식의 총수에서 퇴출하게 된다. 그 결과 전환을 위하여 보류된 미발행주식의 수는 감소하지만 그 대신 전환으로 인하여 소멸한 주식은 그 종류의 미발행주식으로 부활하게 된다. 따라서 회사는 전환으로 인하여 소멸된 주식만큼 재발행이 가능하다(다수설).

(2) 그러면 어떤 종류의 주식으로 재발행할 수 있는가? 이에 대해서는, (ⅰ) 「전환권이 그대로 살아있는 전환주식」으로 재발행할 수 있다는 견해, (ⅱ) 「전환권이 거세된 전환 전의 주식」으로 재발행할 수 있다는 견해(다수설)로 나눠진다. 전환권은 이미 행사되었고, 무한의 전환권을 부여하는 것은 다른 종류의 주주의 이익을 해칠 수 있으므로 (ⅱ)설이 타당하다고 본다.

5. 등기

전환한 날이 속하는 달의 말일부터 2주간 내에 본점 소재지에서 전환으로 인한 변경등기를 하여야 한다(상 351조).

| 관련사례 |

[1] 기한부 전환우선주는 상법상의 전환주식인가?

■ ○○제철이 안정적인 경영권확보를 위하여 일정기간이 지나면 의결권이 있는 보통주로 바꿀 수 있는 전환우선주제도를 국내 처음으로 도입한다. ○○제철은 민영화를 앞두고 전환우선주를 발행할 수 있는 정관개정안을 확정하여 주주총회에 상정하기로 했다. 정관개정안에 의하면, 전환우선주는 기존의 의결권 없이 배당만 받는 우선주와 같이 발행하되 3년 이내에 언제든지 이사회 의결을 거쳐 보통주로 바꿀 수 있는 주식으로 하고, 최저배당율은 일반 우선주(9%)보다 낮은 8%가 적용된다. (출처: 경향신문 1999. 2. 25, 한겨레 1999. 2. 25, 한국일보 1999. 2. 25, 서울경제 1999. 3. 4, 매일경제 1999. 3. 5, 매일경제 1999. 3. 17)

■ M&A가 주식시장의 커다란 변수로 등장하면서 전환우선주에 관심이 모아지고 있다. 전환우선주란 단순히 배당에 있어서 우선권만 주어지는 구형우선주와는 달리 일정 기간이 지나면 보통주로 전환되는 주식을 말한다. 따라서 이 주식을 매입한 투자자는 정관에 정해진 기간이 끝날 경우, 주주총회에서 보통주주와 동일한 지위를 누릴 수 있다. 전환우선주에 대한 관심이 부쩍 높아지고 있는 이유는 발행하는 기업이나 주식 투자자 입장에서 모두 매력을 가졌기 때문이다. 투자자 입장에서는 보통주보다 저렴한 가격에 매입하면서도 일정

기간 후 보통주주로서의 권리가 보장될 수 있다는 것이다. 또 기업 입장에서는 우호적인 투자자들에게 발행해 향후 경영권에 변수로 작용할 수도 있는 지분율을 미리 확보하는 '보험효과'가 있다는 것이다. (출처 : 조선일보 2004. 9. 21 [정지섭], 아이뉴스 2004. 9. 30)

(보충)

위 사례에서의 전환우선주는 주주에게 전환청구권을 부여한 것이 아니라 일정기간이 경과하면 주주의 의사와 무관하게 자동으로 다른 종류의 주식으로 전환되는 것이다. 보통은 의결권 없는 우선주에서 의결권 있는 보통주로 전환된다. 이와같은 전환우선주는 상법 제346조의 전환주식과 다르다.

[2] 정부는 ○○의 민영화 이후 특정 기업이 경영권에 간섭할 수 없도록 ○○정관을 개정해 전환우선주를 도입하기로 했다. 이는 특정 기업이 ○○를 대상으로 인수합병이나 경영권행사를 시도할 경우 ○○는 우호적인 주주에게 보통주로 바꿀 수 있는 이사회 결의에 의하여 전환우선주를 우호적인 주주에게 발행함으로써 이러한 시도를 저지할 목적으로 활용할 계획이다. (출처 : 파이낸셜뉴스 2002. 5. 22, 이데일리 2002. 5. 22, 동아일보 2002. 5. 23, 한국일보 2002. 5. 23)

[6] 의결권 없는 주식

[1] ○○은 보통주 3%, 우선주 3%의 주식배당을 실시키로 결의했다. ○○은 우선주는 현금배당에 있어서만 보통주보다 액면금액을 기준으로 연 1%를 더 배당키로 했으며 신형우선주는 액면기준으로 연 9% 이상으로 우선배당률을 정하기로 했다. (출처 : 이데일리 2000. 12. 14, 이데일리 2001. 12. 17)

[2] ○○은행은 2000년 6월에 최저배당률이 7.5%로 명시된 신형우선주 2,000만 주를 발행한 바 있으나 2000년 사업연도에는 배당가능이익이 없어 배당을 실시하지 못했기 때문에 2001년 사업연도에는 15%의 배당을 실시할 계획이라고 밝혔다. (출처 : 매일경제 2001. 12. 6)

| 해 설 |

실무에서는 1995년 상법개정 이전에 발행된 우선주를 구형우선주, 그 이후 발행된 우선주를 신형우선주라고 해서 구분한다. 신형우선주나 구형우선주는 다 같이 의결권이 없다는 점에서는 동일하지만, 구형우선주의 경우에는 의결권이 없는 대신 보통주의 배당률을 기준으로 1% 추가배당률을 적용한다. 즉, 구형우선주는 보통주의 배당률에 연동하여 배당률이 자동적으로 결정된다. 이에 반하여 신형우선주는 최저배당률이 정관에 정해져 있다. 1995

년 개정상법 이후에는 신형우선주만을 발행할 수 있다. 종전의 구형우선주는 더 이상 발행할 수 없고, 이에 대한 처리는 회사에 맡기고 있다.

Ⅰ. 의의

(1) 회사가 수종의 주식을 발행한 경우에 정관으로 이익배당우선주에 대하여 의결권 없는 것으로 할 수 있다(상 370조 1항 본문). 이는 이익배당에 있어서의 우선을 조건으로 의결권이 정지된 주식이다.

| 기 능 |

의결권없는 이익배당우선주는 회사경영(의결권)에는 관심이 없고 오로지 투자수익(이익배당)에만 관심을 갖는 일반 대중투자자의 수요에 부응하고, 지배주주의 입장에서는 지배력의 감소를 우려하지 않아도 되고, 정족수 계산에서 의결권 없는 주식을 제외시킴으로써 정족수 미달로 인한 주주총회의 불성립을 막을 수 있는 장점이 있다.

(2) 사채와의 차이

의결권 없는 이익배당우선주는 보통주에 앞서 확정율의 이익배당을 받는 대신 의결권이 없다는 점에서 일견 사채와 유사한 점이 있지만, 배당할 이익이 없는 경우에는 배당을 받을 수 없다는 점에서 사채와는 차이가 있다.

Ⅱ. 의결권 박탈의 요건

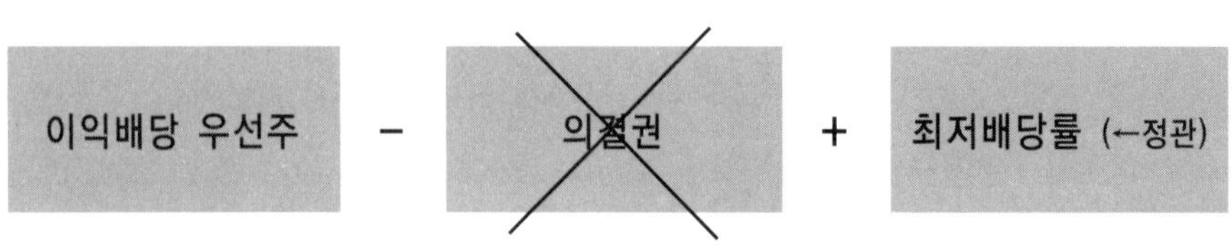

1. 정관의 근거

의결권 없는 주식을 발행하려면 정관에 근거가 있어야 한다.

2. 대상 - 이익배당 우선주

「이익배당우선주」에 한하여 의결권 없는 주식으로 할 수 있다(상 370조 1항). 이는 보통주에 대해서는 의결권을 박탈할 수 없다는 뜻이다. 그러나 이익배당우선주라고 해서 반드시 의결권 없는 주식으로 하여야 한다는 뜻은 아니다(의결권 있는 이익배당우선주의 발행도 가능하다).

3. 최저배당률

① 정관에 최저이익배당률을 정하여야 한다(상 344조 2항 후단). 정관에 이익배당우선주의 배당률을 규정함에 있어서 예컨대, "보통주의 배당에 1% 더 추가하여 배당한다"는 내용으로 하는 것은 허용되지 않고, "액면금액을 기준으로 ○○% 이상"으로 하는 것만이 허용된다(표준정관 8조의2 참조).
② 그러나 최저배당률을 정관에서 구체적으로 정하도록 하면, 시장의 금리변동과 회사의 배당능력에 신축적으로 대응하기 어렵고, 정관에 규정된 최저배당률이 지나치게 낮은 수준이면 우선적 이익배당으로서의 의미가 사실상 반감하는 문제점이 있다.

|구형우선주와 신형우선주|

이는 실무상으로 쓰이는 용어이다. 1995년 개정상법 이후에는 신형우선주만을 발행할 수 있다. 구형우선주는 그 실질이 우선주가 아니고 보통주이므로 이에 대하여 의결권을 부여하지 않는 것은 위법하다(서헌제, 이철송).
① 구형우선주 - 보통주의 이익배당률보다 추가로 1% 더 배당을 하면서 의결권이 없는 주식이다. (보통주의 배당률 + 1% 추가배당)
② 신형우선주 - 정관에 최저이익배당률을 정하고 의결권이 없는 주식이다. (이익배당우선주 - 의결권 + 정관 소정의 최저배당률)

Ⅲ. 발행한도

의결권 없는 주식은 발행주식총수의 4분의 1을 넘지 못한다(상 370조 2항). 의결권 없는 주식을 지나치게 많이 인정하면 소량의 의결권 있는 주식을 가지고 회사를 지배할 수 있고, 자본구성에 있어서 기형적인 불균형현상이 생길 수 있기 때문이다. 다만, 상장법인과 금융기관의 경우에는 특례가 인정되고 있다(증거 191조의2, 금산 13조).

Ⅳ. 의결권 없는 주식의 법적 지위

(1) 의결권 및 의결권을 전제로 하는 권리의 정지

① 의결권 없는 주식을 가진 주주는 의결권과 의결권을 전제로 하는 권리(예 : 총회 소집을 받을 권리, 총회 출석권 및 발언권)를 갖지 못한다.

② 총회소집청구권과 주주총회의 결의의 하자를 다투는 소의 제기권에 대해서는 견해가 대립된다.

(2) 그 밖의 권리

의결권 없는 주식을 가진 주주도 주주 개인의 경제적 이익을 위한 권리(예 : 신주인수권, 주식매수청구권)와 주주의 감독시정권에 속하는 권리(예 : 이사 · 감사의 해임청구권, 이사의 위법행위 유지청구권, 대표소송 제기권)를 갖는다.

Ⅴ. 의결권이 인정되는 경우

(1) 의결권의 부활

의결권 없는 주식에 대한 의결권의 박탈은 우선적 배당을 전제로 한 것이므로, 정관 소정의 우선적 배당을 하지 아니한다는 총회의 결의가 있으면 그 총회의 다음 총회부터 그 우선적 배당을 받는다는 결의가 있는 총회의 종료시까지 의결권이 일시적으로 부활하다(상 370조 1항 단서).

(2) 종류주주총회

의결권 없는 주주도 종류주주총회에서는 의결권을 갖는다(상 435조, 436조).

(3) 회사분할 · 분할합병 승인 주주총회

회사분할 또는 분할합병을 승인하는 주주총회의 결의에 있어서는 의결권 없는 주식에 대해서도 의결권이 인정된다(상 530조의3 3항).

(4) 총주주의 동의를 요하는 경우

총주주의 동의를 요하는 경우(상 400조, 415조, 604조)에는 의결권 없는 주주도 의결권을 갖는다.

| 관련사례 |

[1] 의결권의 부활

■ ○○맥주가 우선주에 대해 보통주보다 우선적으로 배당을 실시하지 않고도 의결권을 부활하지 않기로 해 논란이 일고 있다. 증권예탁원은 지난 95년 회계연도에 배당을 실시하지 않았거나 보통주보다 우선적인 배당을 실시하지 않아 내년도 주주총회에서 의결권이 부활되는 23개 12월 결산상장법인 우선주를 발표했다. 예탁원은 이 자료에서 ○○맥주 84만 3천여 주(총주식의 9.47%)가 95년 결산기에서 보통주와 같은 수준의 주식배당만 받았기 때문에 내년 주주총회에서부터 의결권이 부활된다고 밝혔다. 그러나 ○○맥주측은 우선주의 의결권 부활은 현금배당을 실시할 때 우선주에 대해 우선배당을 실시하지 않은 경우에만 적용되도록 회사의 정관에 규정돼 있다며 의결권 부활을 부인했다. 이에 대해 예탁원 관계자는 "우선주는 의결권이 없는 대신 보통주에 우선해 배당을 받을 수 있도록 하는 것이 상법의 기본 취지"라며 "우선배당을 실시하지 않고도 의결권을 부활하지 않도록 규정한 정관은 그 자체가 법 취지에 어긋난다"고 반박했다. (출처 : 매일경제 1996. 12. 27 [위정환])

■ ○○종합화학 등은 93년 회계연도에만 배당을 실시하지 못해 올해 우선주의 의결권이 부활됐다. 또 ○○식품 등 2년 연속(92, 93년) 무배당사의 우선주는 지난해에 이어 올해에도 의결권을 갖게 됐다. 이밖에 ○○합섬 등은 3년 연속 무배당사, ○○식품 등 4년 연속 무배당사도 우선주의 의결권이 존속된다. (출처 : 매일경제 1995. 2. 15)

[2] 우선주와 보통주의 가격괴리

○○방적의 경우 보통주가 종가기준으로 2,800원이지만 상장물량 165주인 우선주는 보통주의 127배인 35만 5천 원에 이르고 있다. 또 214주가 상장돼 있는 ○○공업의 우선주는 22만 7천 원으로 보통주(4,190원)의 54배에 달한다. 상장물량이 매우 적으면서 가격은 비정상적으로 높은 투기성 우선주에 대해 증권거래소는 일반 투자자를 보호하기 위하여 강제적으로 상장을 폐지하는 방안을 신중히 검토하고 있다. (출처 : 경향신문 2001. 3. 2, 서울신문 2001. 3. 2, 세계일보 2001. 3. 2)

(생각거리)

실무상 유통되는 우선주는 의결권 없는 주식이 대부분이다. 의결권이 없음에도 불구하고 위 사례에서 보는 것처럼 의결권 없는 우선주가 의결권이 있는 보통주보다 높은 가격으로 거래되는 것은 무슨 이유일까? 이와는 반대의 가격으로 형성되는 경우도 있다. 의결권 없는 우선주와 의결권 있는 보통주의 가격차이는 의결권의 가치, 수요와 공급의 차이, 당해 회사에 대한 장기 전망, 그 밖에 사회심리적 요인이 종합적으로 반영된 결과이다.

[3] 의결권 있는 우선주

○○증권은 외자유치에 대비해 정관에 의결권 있는 주식 7,000만 주를 발행할 수 있는 근거조항을 신설했다. 변경된 정관은 우선주식을 의결권 있는 주식과 없는 것으로 구분하고 의결권 있는 주식은 7,000만 주 이내, 무의결권 주식은 5,000만 주로 각각 제한했다. (출처 : 경향신문 2001. 6. 4, 매일경제 2001. 6. 3, 문화일보 2001. 6. 4, 한국경제 2001. 6. 4)

(생각거리)

우선주는 반드시 의결권 없는 주식으로만 발행하여야 하는가? 의결권 있는 우선주는 발행할 수 없는가?

[4] 표준정관의 최저배당률 예시의 공정거래법상의 문제

공정거래위원회는 ○○협의회가 신형우선주의 최저배당 기준에 대하여 표준정관을 마련한 것은 개별 기업의 자율적 결정권을 침해하는 행위로 사실상 기업들의 배당정책에 관여하는 담합행위라고 판단, 최저배당률을 9% 이상으로 하는 것은 명백히 공정거래 질서를 해치는 행위라고 밝혔다. 그러나 ○○협의회가 이에 대해 이의를 제기하고 재경원도 시정조치를 수긍하지 못한다는 입장이다. ○○협의회는 주가하락으로 막대한 손실을 보고 있는 우선주 투자자를 보호하기 위해 신형우선주에 관한 표준정관을 마련, 앞으로 기업들이 우선주를 발행해 자금을 조달하려면 최저 배당률을 9% 이상으로 하도록 표준정관에 명시하도록 했다. ○○협의회의 표준정관은 상장사들이 자율적으로 따르도록 권고하는 것이지만 사실상 재경원의 행정지도에 따라 만들어졌으며 이를 충족하지 못하는 기업은 유상증자 등에서 제한을 받게 돼 구속력이 크다. ○○협의회는 이에 대해 표준정관에서 최저배당률 9%를 명기한 것은 상장회사의 정관 작성에 도움을 주기 위한 참고자료일 뿐이라고 밝혔다. (출처: 매일경제 1997. 4. 25, 한국경제 1997. 4. 25, 문화일보 1997. 6. 10)

[5] ○○투자금융은 증자를 실시할 예정이었으나 대주주인 ○○은행과 전 대주주인 ○씨가 소유권을 둘러싼 주식반환 청구소송이 진행 중이기 때문에 지분변동이 예상되는 증자에 쉽사리 나설 수 없었다. 이에 따라 고심 끝에 보통주를 발행하는 관례와는 달리 증자물량 전량을 의결권이 없는 우선주로 발행한다는 방침을 정했다. 지분변동이 없기 때문에 자금은 조달하면서 현 지분구도를 그대로 유지한 채 재판결과를 기다릴 수 있는 묘수를 찾아낸 셈이다. 이는 제1대 주주와 2대 주주간 싸움으로 10년째 증자에 실패한 △△과는 대조를 이룬다. (출처: 경향신문 1994. 3. 30, 세계일보 1994. 3. 30, 조선일보 1994. 3. 30, 중앙일보 1994. 3. 29)

[7] 신주 · 구주

영업연도 도중에 발행된 주식을 신주라 한다. 이는 영업연도가 시작할 때부터 이미 존재하고 있는 구주와 구별된다. 신주와 구주의 구분은 신주에 대한 이익배당의 기산점을 언제로 할 것인가의 문제와 관련하여 그 실익이 있다. (후술)

제4절 단주

[1] ○○컴퍼니는 적정 유통주식수를 유지하기 위해 액면가 100원인 주식 5주를 액면가 500원 1주로 액면병합을 한다고 밝혔다. 구주권 제출 기간은 11월 2일부터 12월 2일까지이며 신주권은 12월 23일 교부할 예정이다. 액면병합이 이루어지면 ○○컴퍼니의 총발행주식수는 5분의 1로 줄어 8,000만 주가 된다. 단주는 매매개시일의 종가를 기준으로 현금 지급한다. (출처 : 이데일리 2004. 9. 15)

[2] 비등록, 비상장법인인 ○○화장품은 2000년 6월 5일을 기준일로 주당 0.298주 가량을 배정하는 무상증자를 단행키로 했다고 밝혔다. 재원은 이익준비금 30억 원 등이다. 무상증자시 발생하는 단주는 최대주주가 일괄 매입하고 단주권리를 보유한 주주들에게는 주당 5,000원을 지급할 예정이다. (출처 : 이데일리 2000. 6. 3)

| 해 설 |

단주는 1주 미만의 주식이다. 단주는 지주 수에 비례하여 주식을 배분하는 과정에서 발생한다. 주식의 최소단위는 1주이고 더 이상 이를 쪼갤 수 없기 때문에 단주 상태로는 주식이 될 수 없다. 따라서 이를 현금으로 바꾸어 단주의 주주에게 주어야 한다. 실무에서는 신주의 매매개시일 거래종가(거래소에 상장되어 있는 주식의 경우)를 기준으로 단주를 현금화하는 것이 일반적이다. 그러나 위의 [2] 사례는 비상장법인으로 거래소의 시세가 없기 때문에 원칙적으로 경매하여 단주주주에게 그 대금을 지급하여야 할 것이나, 법원의 허가를 얻어 경매 이외의 방법으로 매각하여 금전으로 바꿀 수 있다.

[1] 의의

1주 미만의 주식을 단주(端株)라고 한다. 단주는 주식의 최소단위인 1주에 미치지 못하므로 주식의 형태로는 존재할 수 없고 이를 현금으로 바꾸어 기존의 주주에게 지급하여야 한다. 실무에서는 거래소의 최소 거래단위인 10주 미만을 단주라고 부르는 경우도 있으나(실무에서는 1주 미만의 주식을 '단수주'라 부른다), 이는 상법상의 단주와는 다르다.

[2] 단주의 발생

단주는 기존의 주주가 가진 주식 수에 비례하여 신주를 발행하는 과정에서 소수점 이하의 정제되지 않는 수로 되는 경우에 발생한다. 예컨대, 구주 10주를 신주 3주의 비율로 바꾸는 경우 25주를 가진 주주는 7주의 온전한 주식과 0.5주의 단주를 가지게 된다(25주×3/10=7.5주).

[3] 단주의 처리 (금전화)

Ⅰ. 처리방법이 법정되어 있는 경우

주식의 병합 또는 분할의 경우, 준비금의 자본전입에 의한 무상신주 발행의 경우, 주식배당의 경우 등에 대해서는 단주를 처리하는 방법을 법에서 명시적으로 규정하고 있다. 그 방법은, (ⅰ) 거래소의 시세가 있는 주식인 경우에는 거래소를 통하여 매각할 수 있고, (ⅱ) 거래소의 시세가 없는 주식인 경우에는 경매의 방법을 통하여 현금화하는 것이 원칙이나, 법원의 허가를 얻어 경매 이외의 방법으로 매각할 수 있다(상 329조의3 3항, 461조 3항, 462조의2 3항, 443조).

단주처리방법 (법정처리방법)

거래소의 시세있는 주식의 경우	거래소의 시세없는 주식의 경우
거래소를 통하여 매각	① 원칙 - 경매 ② 특칙 - 경매 이외의 방법에 의한 임의매각 (법원허가를 요함)

Ⅱ. 처리방법이 법정되어 있지 않은 경우

통상의 신주발행(상 416조 이하) 과정에서 생긴 단주에 대해서는 그 처리방법을 법정하지 않고 있다. 이러한 경우에는 이사회에서 이를 임의로 처리하는 것이 보통이다. 주주의 권익보호를 위하여 단주를 시가로 처분하여 발행가액과의 차액을 주주에게 돌려주는 것이 공평한 처리방법이다.

[4] 단주금액의 지급방법

단주에 대하여 매득금을 종전의 주주에게 지급하는 경우에는 구주권을 제출받아야 한다. 구주권을 제출할 수 없는 자가 있는 경우에는 신주권의 교부와 같이 최고절차(상 442조)를 거쳐 그 매득금을 지급할 수 있다(상 443조 2항).

단주 공매 공고

2001년 11월 9일자 당사가 실시한 자본감소와 관련 주식병합과정에서 발생한 단주를 아래와 같이 공매 공고함.

－아　래－

1. 공매 물건 : 당사 기명식 보통주 92주
2. 공매 장소 : 당사 서울지점 회의실
3. 공매 일시 : 2001년 11월 19일(월) 14:00
4. 공매 방법 : 일반경쟁입찰로 공매물건의 전부에 대하여 최고가격 입찰자에게 낙찰함.
5. 입찰보증금 : 입찰금액의 100% 상당액 현금 또는 자기앞 수표
6. 주권교부 예정일 및 장소 : 2001년 12월 6일 당사 경영지원부
7. 기타사항
   - 입찰시 지참서류 : 사업자등록증 또는 주민등록증
   - 기타 자세한 사항은 당사 경영지원부 (Tel : 3708-2126)로 문의 바람.

2001년 11월 15일

경기도 안양시 만안구 안양동 528-13

외환리스금융주식회사

대표이사 사장 이승대

제5절 주식의 일생

주식의 일생은 한번 발행되어 그대로 영구히 존속하기로 하지만, 전전유통하기도 하고, 담보로 제공되기도 하며, 전환 · 분할 · 병합에 의하여 구주가 신주로 바꾸어지기도 하고, 회사가 해산하거나 회사의 존속 중에 소각되어 사라지기도 한다.

발 행	신주발행 (회사설립시, 회사 설립 이후)
⇩	
유 통	1 : 1 거래 조직화된 유가증권시장, 경매, 공매, 담보취득
⇩	
변 신	전환, 병합, 분할
⇩	
소 멸	회사해산, 소각

제 5 장
주 권

〈우선주-앞면〉

〈학습용〉

1 일

SK증권수식회사주권

壹株券

金五百원整

第37回發行

가第000002號

1. 會社의商號　SK증권주식회사
1. 會社의成立年月日　西紀 1955年 7月 30日
1. 會社가發行할株式의總數　五　億　株
1. 壹株의金額　金五百원整
1. 株式의種類　記名式優先株式
1. 株式發行年月日　西紀 2003年 7月 3日

대한민국정부 인지세 400원

① 本 優先株式의 議決權은 없음. ② 本 優先株式 優先期間은 無期限임. ③ 優先株式의 配當은 非參加的, 非累積的이며 現金配當에 있어서만 普通株보다 額面金額을 基準으로 年 1% 더 配當하고 다만, 株式配當이 있을 境遇에는 이를 適用하지 않음. ④ 此後 有·無償增資時 優先株式에는 同一한 條件의 優先株式을 配定함.

本 株券은 當會社의 定款에 依한 株式 壹株의 株主임을 證하기 爲하여 裏面 記名者에게 交付함.

SK증권주식회사

代表理事　金宇平

마70390679가

〈보통주-앞면〉

〈학습용〉

SK증권주식회사주권

壹株券

第 36回 發行

金五百원整　가第 000103號

1. 會社의商號　SK증권주식회사
1. 會社의成立年月日　西紀 1955年 7月 30日
1. 會社가發行할株式의總數　五億株
1. 壹株의金額　金五百원整
1. 株式의種類　記名式普通株式
1. 株式發行年月日　西紀 2003年 7月 3日

本株券은 當會社의 定款에 依한 株式 壹株의 株主임을 證하기 爲하여 裏面 記名者에게 交付함.

SK증권주식회사

代表理事　金宇平

아70390401가

〈보통주 · 우선주-뒷면〉

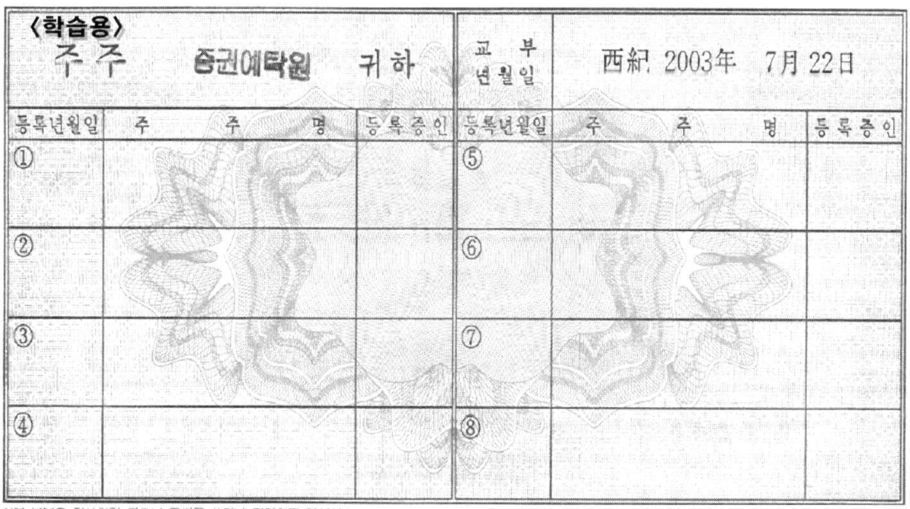

〈학습용〉

주주 증권예탁원 귀하			교부 년월일	西紀 2003年 7月 22日	
등록년월일	주주명	등록증인	등록년월일	주주명	등록증인
①			⑤		
②			⑥		
③			⑦		
④			⑧		

아래 부분은 전산처리 되오니 글씨를 쓰거나 더럽히지 마십시오.

| 해 설 |

(1) 위 사진은 실물 주권이 어떻게 생겼는지를 보여주고 있다. 위 주권은 필자가 실제 증권회사를 통하여 매입하여 실물을 인출한 것이다. 모두 같은 회사(SK증권) 발행한 보통주와 우선주이다. 동일 회사가 발행한 주식의 액면가는 균일하여야 하므로 위 회사가 발행한 보통주와 우선주의 액면가는 모두 500원이다. 그리고 모두 기명주식이다. 저자가 주주(실질주주)임에도 불구하고 저자의 명의(김성탁)는 어느 곳에서도 찾을 수 없고 그 대신 명의주주인 증

권예탁원의 이름이 주권 뒷면에 기재되어 있다. 기명주식의 명의성은 주권에서 이러한 식으로 실현되고 있는 것이다. 위 주권의 발행일은 모두 2003년 7월 3일로 되어 있는데, 주권이 주주에게 교부된 시점에 위 주권의 효력이 발생하게 된다. 이것은 「주권」이 유가증권으로서 효력을 발생하게 된다는 뜻이지, 「신주식」의 효력이 이때부터 발생한다는 뜻은 아님을 유의하여야 한다. 신주의 효력은 그 이전에 이미 주금납입일 다음 날 발생된다. 위 그림에서 판독이 쉽지 않으나, 우선주의 권리내용에 대하여 주권의 하단에「① 본 우선주식의 의결권은 없음. ② 본 우선주식의 우선기간은 무기한임. ③ 우선주의 배당은 비참가적, 비누적적이며 현금배당에 있어서만 보통주보다 액면금액을 기준으로 1% 더 배당을 하고 다만, 주식배당이 있을 경우에는 이를 적용하지 않음. ④ 차후 유 · 무상증자시 우선주식에는 동일한 조건의 우선주식을 배정함」이라고 기재되어 있다. 이는 전형적인 구형우선주이다. 주권의 하단에는 대표이사가 기명날인하였다. 실무에서 상장주권의 경우는 실물주권 없는 거래가 일반적이다. 증권예탁원에 예탁된 주권의 경우는 장부상의 대체기재를 점유의 이전으로 보는 증권거래법의 규정이 법제적으로 이를 뒷받침하고 있다.

(2) 아래의 무액면주식은 정말 어렵게 구해서 선물로 받은 것이다(실제 발행되거나 유통되는 물량이 거의 없다는 뜻이다). 상법상으로는 무액면주식을 발행할 수 없고, 간접투자자산운용업법에 의하여 증권투자회사의 펀드 등의 경우에만 예외적으로 무액면주식이 발행되고 있다. '1주의 금액'란에 '무액면'이라고 표시되어 있는 점만을 제외하고는 액면주식과 외견상 다를 것이 없다. 무액면주식의 뒷면도 위 액면주식과 동일하다.

〈무액면주식〉

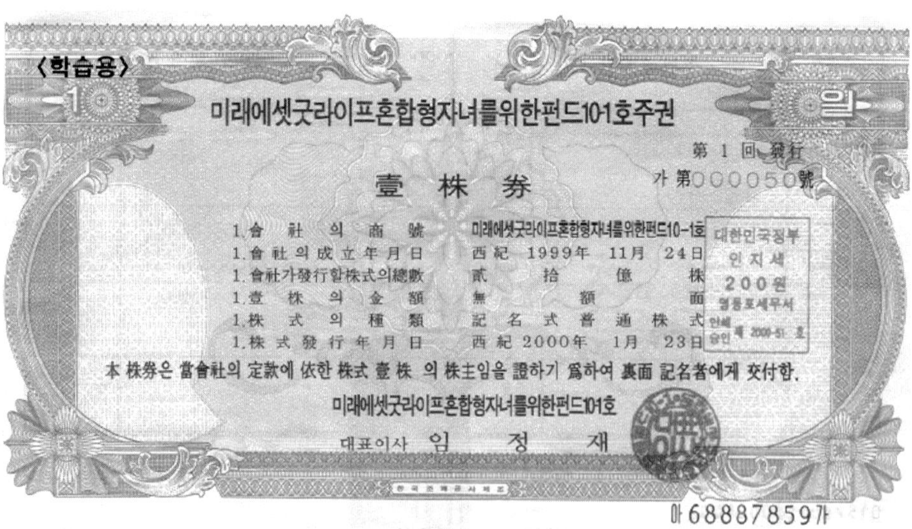

제1절 의의

주권이란 주식(주주권)을 표창하는 유가증권이다(사원권적 유가증권). 주권은 사단법적 권리를 표창한 것이기 때문에 유가증권의 법리뿐만 아니라 사단의 법리도 적용된다. 주권은 주식의 자유로운 양도를 뒷받침하기 위한 제도로 탄생하였으나, 오늘날은 주권불소지제도, 예탁결제제도 등으로 그 기능이 쇠퇴하고 있다.

| 단일주권 · 병합주권 |

주권이 표창하는 주식 수에 따라 1주권에 1주식을 표창하는 단일주권과 1주권에 수개의 주식을 표창하는 병합주권으로 나누어진다.

제2절 성질

주권은 유가증권으로서, 사원권적 유가증권, 불완전유가증권성, 비설권증권성, 완화된 요식증권성, 요인증권성, 비문언증권성, 비상환증권성을 가진다. 기명주권의 배서제도가 폐지되었으므로 법률상 당연한 지시증권은 아니다.

제3절 발행

[1] 발행의 강제성

(1) 주권의 발행은 주권을 작성하여 주주에게 교부하는 것을 말한다. 회사는 주주로부터 주권불소지신고(상 358조의2 1항)가 있는 경우를 제외하고는 지체 없이 주권을 발행하여야 한다. 회사의 주권발행의무에 관한 규정은 강행규정이다. 주식의 양도에는 주권의 교부를 요하고(상 336조 1항), 주식을 자유로이 양도할 수 있는 권리는 보장되기 때문이다(상 335조 1항 본문).

(2) 회사의 주권발행의무는 회사성립시의 주식발행과 회사성립 후의 신주발행을 포함한 모든 신주의 발행의 경우에 적용된다.

(3) 주권을 발행하지 않는 경우에는 이사는 회사 및 주주에 대하여 손해배상책임을 지는 외에(상 399조, 401조), 과태료의 제재를 받는다(상 635조 1항 19호).

| 주권의 무권화 경향 |

유가증권제도의 출발은 원래 유가증권의 유통성을 돕기 위한 것이었는데, 이제는 도리어 유가증권(실물)이 유통성을 저해하는 걸림돌이 되고 있다. 특히 대량으로 유가증권이 신속하게 거래되어야 할 필요가 있는 분야에서는 더욱 그러하다. 이 때문에 기존의 '실물'유가증권을 대체하려는 경향이 뚜렷해지고 있다. 실물유가증권이 발행되지 않는 경우에도 유가증권으로 의제한다는 증권거래법의 규정이나, 주권불소지제도, 전자증권제도의 등장 등이 이에 속한다. 이에 의하여 기업은 주주명부만 관리하면 되기 때문에 주권의 인쇄 및 그 관리에 드는 비용을 줄이는 부수적인 효과를 얻고 있다.

[2] 발행권자

주권의 발행권자는 대표이사이다. 주권에는 대표이사가 기명날인 또는 서명하여야 한다(상 356조).

| 대법원 1970. 3. 10. 선고 69다1812 판결 |

대표이사가 주권을 발행하지 않는다고 하여 전무이사가 그 명의로 발행한 주권은 무효이고, 주권발행 전의 주식의 양도는 회사에 대하여 그 효력이 없다. (同旨: 서울고법 1971.6.23. 70나1035 제12민사부판결)

| 대구지법 경주지원 2002. 3. 29. 자 2002카합1 결정 |

주권의 발행은 대표이사의 권한에 속하고 별도의 이사회의 결의나 기타 의사결정절차는 요하지 않는다 할 것이어서 대표이사의 주권발행행위가 무효라고 할 수 없고, 또한 대표이사의 개인적인 채무의 담보를 위해 교부하였다고 하여 주권의 교부행위가 무효라고 할 수도 없다.

[3] 기재사항

(1) 주권은 요식증권이나(상 356조), 그 요식성은 어음·수표와 같이 엄격하지 않다. 따라서 본질적인 사항이 아닌 사항에 대해서는 그 기재를 흠결한 주권도 유효하다.
(2) 그러나 법정기재사항을 기재하지 아니하거나 부실한 기재를 한 경우 이사는 회사 및 제3자에 대하여 손해배상책임을 지고(상 399조, 401조), 과태료의 제재를 받는다(상 635조 1항 6호).

| 대법원 1996. 1. 26. 선고 94다24039 판결 |

■ 대표이사가 주권 발행에 관한 주주총회나 이사회의 결의 없이 주주 명의와 발행연월일을 누락한 채 단독으로 주권을 발행한 경우, 특별한 사정이 없는 한 주권의 발행은 대표이사의 권한이라고 할 것이고, 그 회사 정관의 규정상으로도 주권의 발행에 주주총회나 이사회의 의결을 거치도록 되어 있다고 볼 근거도 없으며, 기명주권의 경우에 주주의 이름이 기재되어 있지 않다거나 또한 주식의 발행연월일의 기재가 누락되어 있다고 하더라도 이는 주식의 본질에 관한 사항이 아니므로, 주권의 무효 사유가 된다고 할 수 없다.

■ 설사 대표이사가 정관에 규정된 병합 주권의 종류와 다른 주권을 발행하였다고 하더라도 회사가 이미 발행한 주식을 표창하는 주권을 발행한 것이라면, 단순히 정관의 임의적 기재사항에 불과한 병합 주권의 종류에 관한 규정에 위배되었다는 사유만으로 이미 발행된 주권이 무효라고 할 수는 없다.

[4] 발행시기

(1) 회사는 회사성립(설립등기) 후 또는 신주의 납입기일 후가 아니면 주권을 발행할 수 없다(상 355조 2항). 이에 반하여 발행된 주권은 무효이며, 발행한 자에 대하여 손해배상을 청구할 수 있다(상 355조 3항).
(2) 회사는 회사성립 후 또는 신주의 납입기일 이후에는 지체 없이 주권을 발행하여야 한다(상 355조 1항). 「지체없이」란 최대한 6개월 이내라고 보아야 할 것이다(상 335조 3항 단서 참조).

제4절 주권의 효력발생시기

상호변경에 따른 구주권 제출 및 신주권 교부 안내

우리 회사는 2001년 11월 2일부터 '네이버컴주식회사'에서 '엔에이치엔주식회사'로 상호가 변경되었습니다. 이에 신주권으로 교체 발행하오니 주권을 직접 소유하고 계신 주주께서는 아래와 같이 교체하여 주시기 바랍니다.

-아 래-

1. 교체대상주권 : 네이버컴주식회사 주권
2. 주권교체방법 : 신주권교부일(2001년 11월 26일)부터 구주권 제출과 동시에 신주권 교부
3. 구주권 제출 및 신주권 교부장소 : 증권예탁원 여의도 본원
4. 기타사항
   (1) 2001년 11월 26일~2001년 12월 2일까지는 신·구주권이 혼용 유통됩니다.
   (2) 2001년 12월 3일부터는(상호변경된) 신주권만 유통됩니다.
   (3) 구주권 제출시 반드시 신고된 인감을 지참하시기 바랍니다.

2001년 11월 13일

엔에이치엔주식회사

공동대표이사 이해진, 김범수

명의개서대리인 증권예탁원

사장 노 훈 건

| 해 설 |

위 사례에서는 상호변경에 따라 구주권을 회수하고 그 대신 신주권을 교부하는 절차를 밟고 있다. 회사의 상호는 주권의 법정기재사항이기 때문에(상 356조) 그 변경이 있으면 새로이 주권을 발행하여야 한다. 주권을 발행하는 경우 신주권의 효력이 발생하는 시점은 언제일까? 만일 회사가 주권을 주주에게 교부하기 전에 분실된 경우 선의취득의 대상이 될 수 있을까? 신주권이 주주가 아닌 다른 자에게 잘못 교부된 경우 당해 주권은 선의취득의 대상이 될 수 있을까? 이는 주권의 효력이 언제, 그리고 어떠한 요건하에서 발생하는가의 문제로 된다.

[1] 주권발행의 과정

주권을 발행하여 주주에게 교부될 때까지 실무적으로 다음과 같은 과정을 거치게 된다.

① 주권발행에 관한 회사 내부의 의사결정 → ② 주권용지의 인쇄 및 법정사항의 기재 → ③ 대표이사의 기명날인 또는 서명 → ④ 주주에게 발송 → ⑤ 주주 또는 주주 이외의 자(잘못 교부된 경우)에게 도달 또는 교부

[2] 주권의 효력발생시기

Ⅰ. 법에 명시적 규정이 있는 경우

주권의 효력발생시기에 대하여 법에 명시적 규정을 두고 있는 경우에는 동 규정에서 정한 시점에 신주권의 효력이 발생한다. 예컨대, 주식병합에 의한 신주권의 효력발생시기는 원칙적으로 구주권제출기간이 만료한 시점이다(상 441조).

Ⅱ. 법에 명시적 규정이 없는 경우

1. 논의의 실익

주권발행과정에서 어느 시점에 주권으로서 효력이 발생하는가? 이러한 논의의 실익은 주주가 주식을 적법하게 양도할 수 있는 시점, 주주의 채권자가 주권에 대하여 압류 등 권리실행을 할 수 있는 시점 및 주권을 주주에게 교부하기 전에 회사에서 분실 또는 도난당한 경우 주권의 선의취득이 가능해지는 시점이 언제부터인가를 결정하기 위하여 필요하다. 주권이 효력을 발생한 시점부터 주권은 양도·압류·선의취득의 대상이 될 수 있다.

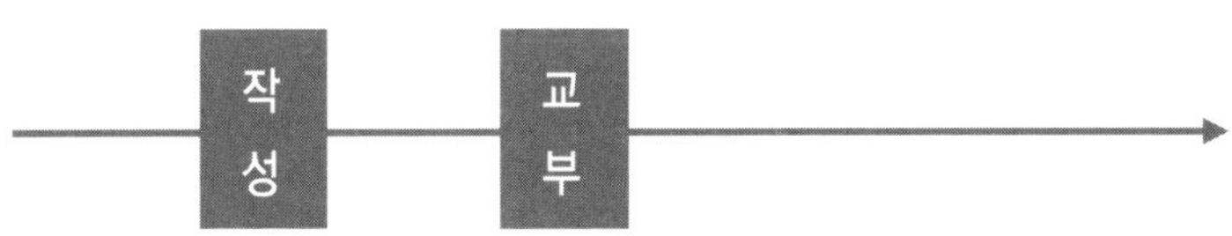

교부의 상대방?
(주주 / 누구에게든지 교부)

2. 학설

(i) 작성시설 - 주권을 작성한 시점에 주주권을 표창하는 유가증권이 성립하고,

주주에 대한 교부는 단지 권리자에 대한 인도에 불과하다는 견해이다.

(ⅱ) 교부시설 - 회사가 주권을 작성하여 「주주에게」「교부」한 때에 주권으로서 효력이 발생한다는 견해이다(통설 · 판례)(대판 2000. 3. 23, 99다67529; 대판 1987. 5. 26, 86다카982 · 983 등).

| 대법원 2000. 3. 23. 선고 99다67529 판결 |

상법 제355조의 주권발행은 같은 법 제356조 소정의 형식을 구비한 문서를 작성하여 이를 주주에게 교부하는 것을 말하고 위 문서가 주주에게 교부된 때에 비로소 주권으로서의 효력을 발생하는 것이다. 그러므로 회사가 주주권을 표창하는 문서를 작성하여 이를 주주가 아닌 제3자에게 교부하여 주었다 할지라도 위 문서는 아직 회사의 주권으로서의 효력을 가지지 못한다. (同旨: 대법원 1987. 5. 26. 선고, 86다카982,86다카983 판결; 대법원 1977. 4. 12. 선고 76다2766 판결)

(ⅲ) 발행시설 - 회사가 주권을 작성하여 주주에게 교부한다는 의사로써 유통상태에 놓은 때, 즉 「누구에게든지」「교부」한 때에 주권으로서 효력이 발생한다는 견해이다. (ⅰ)과 (ⅱ)의 절충설이다.

| 대법원 1965. 8. 24. 선고 65다968 판결 |

회사가 적법하게 주권을 작성하여 주주에게 교부할 의사로써 교부하였고 그 교부에 있어서 교부를 받은 자에 대한 착오가 있다 하여도 이미 그 주권이 전전 유통되어 제3자가 악의 또는 중대한 과실 없이 선의취득을 한 경우에는 본래 주주의 주주권은 상실되었다 아니할 수 없고 따라서 그 주권발행은 유효라고 해석하여야 한다.

(ⅳ) 사견 - 작성시설과 발행시설에 의하면 주권이 주주에게 교부되지 않아 주주가 알지 못하는 사이에 누군가의 선의취득에 의하여 그 권리를 잃게 되어 부당하다. 완전유가증권인 어음 · 수표의 경우는 권리외관론에 따라 선의자보호가 가장 우선시되지만, 요인성의 불완전유가증권인 주권에 있어서는 권리의 유통보다는 진정한 권리자(주주)를 보호할 필요가 더욱 크다. 따라서 교부시설에 의하는 것이 타당하다고 본다.

제5절 주권불소지

증권예탁원의 통계자료에 의하면, 증권예탁원 일산센터에는 2005년 4월 12일 시가기준으로 약 1,119조 원의 유가증권을 보관하고 있다. 이들 유가증권에는 주식, 채권, 수익증권, CD/CP 등이 포함되어 있다. 예탁원 관계자의 말을 빌리면, "한 때 이곳의 유가증권을 차곡차곡 쌓아 놓으면 백두산 높이와 맞먹지만 지금은 대부분의 거래가 전산처리되어 유가증권실물은 1백조 원어치 정도에 불과하다"고 한다. 나머지 유가증권은 유가증권 발행기관 · 소유주를 기록한 장부의 형태로 보관된다. (출처: 한국증권예탁원, 경향신문 2004. 3. 20 [신현기])

| 해 설 |

주권은 주식을 유가증권화한 것이다. 주식의 양도를 원활하게 하는 것이 주권의 중심적인 존재이유이다. 그러나 오늘날 특히 상장주식의 경우와 같이 대량발행 · 대량유통되는 경우는 주권의 존재가 오히려 거추장스러운 존재가 되기도 한다. 위 보도에 의하면 종래 "백두산 높이에 맞먹을" 실물주권이 사라지고 장부상의 기재로 갈음되고 있다고 하는데, 이것을 가능하게 하는 제도가 주권불소지제도이다. 주식회사의 경우 원칙적으로 주권발행이 강제되는데, 주권불소지제도를 이용함으로써 주권발행 또는 주권소지를 피할 수 있는 길이 있다. 주권불소지제도는 주권의 '발행' 여부에 대한 선택권을 회사에게 주는 제도가 아니라, 주권의 '소지' 여부에 대한 선택권을 주주에게 주는 제도이다. 회사의 주권발행 여부는 주주의 주권불소지신고의 부수적 효과이다.

[1] 의의

주권불소지제도는 기명주식의 주주가 주권을 소지하지 않겠다는 뜻을 회사에 신고함으로써 회사가 그 신고된 주권을 발행하지 않는 제도이다(상 358조의2). 이는 주주의 희망과 선택에 따라 주권을 소지하지 않을 수 있도록 하는 제도이다. 회사에 대해서는 주주의 요구가 있는 한 반드시 주권을 발행하도록 하는 한편, 주주에 대해서는 본인의 희망에 따라 주권소지를 원하지 않으면 주권불소지 신고를 할 수 있도록 선택권을 부여하고 있다.

┃취지 및 이용┃

실물주권을 소지하면 보관 · 관리비용이 들고, 주권분실과 타인의 선의취득으로 인한 권리 상실의 위험이 있다. 기명주주의 경우 회사에 대한 주주로서의 권리행사는 주주명부의 기재에 의하므로 주식을 양도하지 않는 고정주주의 경우는 실물주권의 소지가 불필요하다. 더욱이 상장주식의 경우는 증권대체결제에 의하여 실물주권 없이도 주식을 양도할 수 있으므로 실물주권을 소지할 필요성은 더욱 감소하게 된다. 주권불소지는 주권을 소지하는 것이 별 의미가 없는 경우에 유용한 제도이다. 현재는 주로 상장주식의 명의주주인 증권예탁원에 의하여 이용되고 있다. 회사입장에서는 주주의 주권불소지신고가 있는 부분만큼 주권발행 또는 관리비용을 절감할 수 있다.

[2] 허용요건

(1) 소극적 요건

정관에 주권불소지를 금지하는 규정이 없어야 한다(상 358조의2 1항). 주권불소지제도를 채택하면 회사에 사무의 번잡을 가져올 수도 있으므로 주권불소지를 원하지 않는 회사는 이를 금지하는 정관규정을 둘 수 있다. 이와는 반대로 주권불소지를 적극적으로 금지하는 정관규정이 없는 한, 회사는 주주의 주권불소지신고에 응하여야 할 의무가 있다. 실무상 상장회사들은 정관에 주권불소지 금지조항을 두지 않음으로 해서 주권불소지제도를 채택하고 있는 실정이다.

(2) 적극적 요건

주주로부터 불소지신고가 있어야 한다(상 358조의2 1항). 주주로부터 주권불소지신고가 없는 한 회사는 반드시 주권을 발행하여야 한다.

[3] 주주 - 주권불소지 신고

(1) 신고권자

① 주주명부상의 기명주주만이 불소지신고를 할 수 있다. 등록질권자도 위의 신고를 하지 못한다. 주식인수인도 인수한 주식에 대하여 신고를 할 수 있다.
② 무기명주식은 주주권행사를 위하여 주권의 소지가 반드시 필요하기 때문에 불소지신고를 할 수 없다.

(2) 신고의 상대방

신고의 상대방은 회사 또는 명의개서대리인이다.

(3) 신고의 시기

① 주권발행 전후를 불문하고 신고할 수 있다.

② 주주명부폐쇄기간 중에도 신고할 수 있다. 주권불소지신고는 의결권 기타 주주권의 행사를 위한 명의개서가 아니기 때문이다.

(4) 일부신고

보유하고 있는 주식 중에서 일부분에 대해서만 불소지신고를 할 수도 있다.

(5) 신고의 방식

① 신고의 방식에는 아무런 제한이 없다. 서면은 물론 구두로도 할 수 있다.

② 이미 주권이 발행된 후에 신고를 하는 경우에는 주권을 회사에 제출하여야 한다(상 358조의2 3항). 주권의 제출은 불소지신고의 효력요건이다(손주찬). 다만, 주권이 발행되지 않는 동안에 신고하는 경우 또는 주권에 대하여 제권판결이 있는 경우에는 주권을 제출할 필요가 없다.

[4] 회사 - 신고에 따른 조치

(1) 주권발행 전에 신고한 경우 - 불발행조치

주권이 발행되기 전에 주권불소지신고가 있으면 회사는 지체없이 주권을 발행하지 않는다는 뜻을 주주명부와 그 복본에 기재하고, 그 사실을 주주에게 통지하여야 한다(상 358조의2 2항 전단). 불소지신고된 주식에 대해서 회사는 주권을 발행할 수 없다(주권발행금지)(상 358조의2 2항 후단).

(2) 주권발행 후에 신고한 경우 - 무효 또는 임치

① 주권이 발행된 후에 불소지신고가 있으면, 회사는 (ⅰ) 그 주권을 무효로 하거나 또는 (ⅱ) 명의개서대리인에게 임치하여야 한다(상 358조의2 3항).

② 주권의 보관 및 무효로 한 주권의 재발행 모두 비용이 소요되는 것이므로, 관련 사무의 효율적인 처리를 위하여 무효와 임치 중에서 어느 것에 의할 것인가에

대한 선택권을 회사에 부여하고 있다. 임치비용은 회사가 부담한다.

③ 주권을 무효로 하는 경우, 주주명부에 기재한 시점에 당해 주권은 무효로 된다(상 358조의2 3항 후단의 해석).

④ 임치의 경우에는 주권이 유효하므로 선의취득의 대상이 될 수 있다.

[5] 주주의 주권발행청구

주권불소지신고를 한 주주는 언제든지 회사에 대하여 주권의 발행 또는 반환을 청구할 수 있다(상 358조의2 4항). 발행을 청구하는 방법에는 제한이 없으며 주주명부폐쇄기간 중에도 청구할 수 있다. 주주의 주권발행청구권은 강행법적 권리이기 때문에 정관에 의해서도 위 청구를 배제하거나 제한할 수 없다.

| 주권불소지제도 |

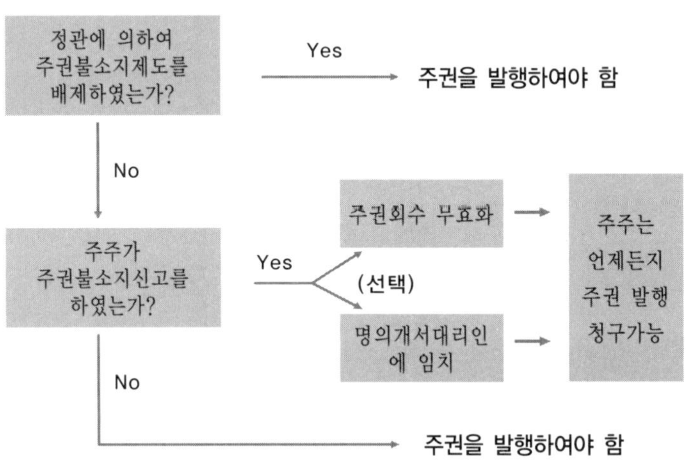

제6절 주권분실의 경우 구제방법

○○증권은 △△ 등 5개 종목의 실물주식 약 38억 원치를 도난당했다고 밝혔다. ○○증권 관계자는 "증권예탁원으로부터 실물주식을 출고해 ○○증권의 본사로 이송하던 도중, 예탁원과 ○○증권 본사 샛길에서 오토바이 날치기에 의해 도난당했다"고 말했다. 이 관계자는 이어 "사고 발생 직후 각 종목의 명의개서 대행기관에 유선 연락해 가신고 접수했다"며 "분실신고 접수증을 수령해 공시최고 절차를 진행하고 있어 새로 주권을 발급받게 될 것"이라고 설명했다. 이 관계자는 "사고주권으로 등재돼 시중에서 매매할 수 없다"고 덧붙였다. (출처: 매일경제 2002. 10. 25, 머니투데이 2002. 10. 25, 이데일리 2002. 10. 25, 파이낸셜뉴스 2002. 10. 25)

| 해 설 |

어음이나 수표를 소지하고 있다가 분실하는 경우만큼 빈번한 것은 아니지만 실물주권을 소지하고 있다가 분실하는 경우도 생각보다는 많은 것 같다. 주주가 실물주권을 소지하고 있다가 분실하였건, 회사가 자기주식을 보관하고 있다가 분실하였건, 명의주주인 증권예탁결제원이 예탁받아 보관하고 있던 주식을 분실하였건, 주권을 분실하였을 때 분실된 주권을 무효로 하고 재발행을 받을 수 있는 방법은 법원으로부터 제권판결을 받는 것이다. 법원이 분실된 주권에 대하여 제권판결을 하려면 관련 당사자의 이해를 조정하기 위하여 공개된 절차(공시최고절차)에 의하도록 하고 있다. 공시최고절차에 의하여 법원으로부터 제권판결을 받은 자와 사고증권이라는 것을 알지 못하고 선의로 취득한 자 사이에 누구를 우선시킬 것인가라는 문제가 생긴다. 소액의 주권을 분실한 경우에는 제권판결을 얻는데 들어가는 비용 및 번잡한 절차 때문에 제권판결을 구하지 않고 포기하는 경우도 빈번하다. 또 공시최고를 하였다고 하여 관련 당사자에게 권리신고를 할 수 있는 기회가 충분히 부여되었다고 보기 어려운 것이 현실이다. 입법정책적으로 주권의 현실적인 소지를 갈음하는 제도 또는 제권판결을 대체할 수 있는 보다 비용이 저렴하고 효율적인 제도가 모색되어야 할 것으로 생각된다.

[1] 의의

주주가 주권을 상실한 경우 민사소송법에 의한 공시최고절차를 밟아 제권판결을 얻음으로써 상실된 주권을 무효로 하고(민소 492조 이하), 이를 기초로 주권을 재발행받을 수 있다(상 360조 2항). 주권발행회사가 주권을 분실한 경우에도 제권판결을 받지 않고서는 주권을 재발행할 수 없다. 누가 주권을 분실하였건, 분실의 이유 여하를 불문하고, 주권을 분실한 경우 이를 재발행할 수 있는 유일한 길은 법원으로부터 상실된 주권에 대하여 제권판결을 받는 것이다.

대법원 1981. 9. 8. 선고 81다141 판결

주권이 상실된 경우에는 공시최고절차에 의하여 제권판결을 얻지 아니하는 이상 회사에 대하여 주권의 재발행을 청구할 수 없다. 따라서 주권을 분실한 것이 원고가 아니고 주권발행 회사라 하더라도 위 주권에 대한 제권판결이 없는 이상 동 회사에 대하여 주권의 재발행을 청구할 수 없다.

[2] 절차

Ⅰ. 신청

1. 신청권자

제권판결을 신청할 수 있는 자는 (ⅰ) 기명주권인 경우에는 주주명부상의 주주 또는 그가 주식을 양도한 때에는 최종의 양수인인 주주이고, (ⅱ) 무기명주권인 경우에는 주권의 최종소지인인 주주이다(민소 493조). (ⅲ) 주식을 입질한 경우에는 주주와 질권자 모두 신청권을 갖는다.

2. 신청방법

신청인은 신청의 증거로서 주권의 등본이나 주권의 내용을 개시하고, 증권의 도난 · 분실 · 멸실과 공시최고절차를 신청할 수 있는 원인사실을 소명하여야 한다(민소 494조). 법원은 당사자 또는 법정대리인으로 하여금 보증금을 공탁하게 하거나 그 주장이 진실함을 선서하게 하여 소명에 갈음할 수 있다(민소 299조 2항).

Ⅱ. 공시최고

1. 관할법원

공시최고절차는 주권을 발행한 회사의 본점소재지의 지방법원이 관할법원이다(민소 476조).

2. 공시최고의 방법

공시최고의 신청이 있으면 공고를 하여야 하고, 공시최고기간은 공고일로부터 3월 이상이어야 한다(민소 481조). 공시최고에는 공시최고기간 중에 권리의 신고나 청구를 하지 않으면 실권된다는 뜻을 게기하여야 한다(민소 479조 2항, 495조).

공시최고

사건번호	신청인및주소	목록
2001카공 219	나종욱 목포시 남교동 88-130	종류: [illegible]음 번호: 자가 7190233. 자가7190235-40. [illegible] 발행일. 지급일: 각 미기재 발행인: 나종욱 지급장소: 신한은행 목포지점 최후소지인: 나종욱
2001카공 229	박용진 전남 완도군 신지면 대곡리 779-10	종류: 약속어음 번호: 자가 17571169 금액: 삼천만원 발행인: 김창균 발행일: 2001. 7. 10. 지급기일: 2001 10. 16. 지급장소: 제일은행 목포지점 최후소지인: 박용진

상기 기재증서의 소지인은 공시최고 기일인 2002년 1월 28일15:00까지 이 법원에 권리 또는 청구의 신고를 하고 그 증서를 제출하시기 바랍니다. 만일 이를 게을리하면 권리를 상실하여 증서의 무효가 선고될수 있습니다.

2001년 10월 15일

광주지방법원 목포지원 판사 신 귀 섭

제권판결

사건번호	신청인및주소	목록
2001카공 135	농업협동조합중앙회 서울 중구 충정로1가 75 [illegible]	종류: 약속어음 번호: 자가02474608 금액: 일천오백오십만원 발행인: 대송의료재단 무안종합병원 지급인: 대송의료재단 무안종합병원 지급장소: 광주은행 무안지점 지급기일: 2001. 3. 28. 사고신고인: 농협중앙회무안군지부
2001카공 148	한주호 (640027-1565915) 구미시 구평동 부영아파트 505-308	종류: (1)약속어음 (2)당좌수표 번호: (1)자가06545861. 자가05588252. 자가06544771-77. 금액: (2)마가08169644. 마가08944265. 마가08944268〈각 항금액미기재〉마가08944262 금액. 삼백오십만원 마가08944266금액. 이백사십만원 마가28944273금액. 오백만원 마가08944274금액이백팔십육만원 마가08944275금액. 일천오백육십만원 마가08944278금액. 이백팔십구만원 마가08944279금액 오백만원 발행일. 지급일: 각 미기재 발행인: 한주호 지급장소: 농협목포2호 광장지점

상기 목록 기재 증서의 무효를 선고한다.
상기 목록 기재 증서에 대하여 2001. 5. 25. 공시최고를 하였는바 그 공시최고에서 정한 2001. 9. 24. 15:00까지 권리의 신고나·청구 및 증서를 제출한 자가 없으므로 신청인의 신청에 의하여 주문과같이 판결한다.

2001년 9월 24일

광주지방법원
목포지원
판사 신 귀 섭

[3] 제권판결

Ⅰ. 권리의 신고가 있는 경우

공시최고기간 중에 권리의 신고가 있는 때에는 그 권리에 관한 재판이 확정될 때까지 공시최고절차를 중지하거나 그 권리를 유보하고 제권판결을 한다(민소 485조).

Ⅱ. 권리의 신고가 없는 경우

(1) 공시최고기간 내에 권리의 신고나 청구가 없는 때에는 법원은 공시최고신청인의 신청에 의하여 주권의 무효를 선고하는 제권판결을 한다(민소 467조). 제권판결의 효력은, (ⅰ) 주권이 무효로 되고(민소 496조)(소극적 효력), (ⅱ) 신청인은 주권을 소지한 것과 동일한 지위를 회복하여 회사에 대하여 주주권을 주장할 수 있다(민소 497조)(적극적 효력). 그러나 이는 공시최고신청인에게 주주로서의 형식적 자격을 회복시켜 주는 데 그치고 실질적 권리자로 확정하는 효력은 없다.

(2) 주권을 상실한 자가 제권판결을 얻으면 회사에 대하여 주권의 재발행을 청구할 수 있다(상 360조 2항).

[4] 제권판결과 선의취득

Ⅰ. 제권판결 전에 선의취득한 경우

공시최고에 관한 공고가 있어도 그에 상관없이 제권판결 전에는 주권의 선의취득이 가능하다. 공시최고기간 중에 상실된 주권에 대하여 선의취득을 한 자가 공시최고기간 중에 법원에 권리의 신고를 하지 않은 경우에 제권판결취득자와 선의취득자 중에서 누가 우선하는가? 이에 대해서는 다음과 같은 견해가 있다.

(ⅰ) 제권판결취득자우선설 - 아무리 선의취득자라 하더라도 권리신고를 하지 않으면 그 권리를 상실한다고 하는 견해이다(소수설, 수표의 제권판결에 관한 대판 1993. 11. 9, 93다32934).

(ⅱ) 선의취득자우선설 - 현재의 공시방법은 불충분할 뿐만 아니라, 제권판결은 신청인에게 형식적인 자격을 회복시켜줄 뿐 실질적 권리를 확정하는 것이 아니므

로 선의취득자의 권리는 제권판결 이후에도 그대로 존속한다는 견해이다(다수설).
(iii) 절충설(제한적 선의취득자 우선설) - 제권판결 전에 명의개서절차를 밟은 선의취득자의 권리는 그대로 존속하지만, 명의개서절차를 밟지 않은 선의취득자는 제권판결에 의하여 그 권리를 잃는다는 견해이다.
(ii)설과 동일한 이유에서 선의취득자우선설이 타당하다고 본다.

Ⅱ. 제권판결 후에 주권을 취득한 경우

제권판결에 의하여 주권은 무효로 된다(민소 496조). 따라서 제권판결 이후에는 당해 주권은 선의취득의 대상이 될 수 없다.

| 제권판결의 대체수단 (특칙) |

(i) 신주인수권증서를 분실한 경우에는 간이한 권리행사방법을 제권판결의 대체수단으로 인정하고 있고(상 420조의4 2항), (ii) 주식병합 · 주식분할 등을 함에 있어서 구주권을 제출할 수 없는 자에 대하여 제권판결에 의하지 않고 3월 이상의 기간을 정하여 이해관계인에게 이의제출을 기회를 준 후 그 기간이 경과한 후 신주권을 청구자에게 교부할 수 있도록 하고 있다(상 442조).

| 관련사례 |

[1] 자동차부품업체인 ○○공업은 최근 회사에 강도가 들어 금고 안에 있던 최대주주 지분의 주식 1,200만 주를 강탈, 장외에서 헐값에 매각한 것으로 알려졌다. 1,200만 주는 이 회사 전체 발행주식 2,005만 주의 60%에 해당된다. ○○공업의 주주구성은 최대주주인 △△회장(33%)을 비롯해 특수관계인인 □□(17.4%), ●●씨(11.7%) 등이 절대지분을 갖고 있다. 이에 대해 증권거래소 관계자는 "주식은 유가증권이기 때문에 수표와 마찬가지로 법원으로부터 공시최고절차만 밟으면 빼앗긴 주식효력을 되찾을 수 있다"고 밝혔다. 회사 관계자도 "이미 법원에 공시최고절차에 들어간 상태이며 법원판결만 나온다면 주권의 재발행이 가능해서 경영권이나 지분에는 변동이 없다"고 밝혔다. (출처 : 이데일리 2004. 11. 16, 파이낸셜뉴스 2004. 11. 15)

[2] ○○는 '분실주권 찾아주기 운동'을 펼쳐 포항지방법원에서 최종 제권판결이 난 4차분까지 포함해 지금까지 모두 3만 8,315주에 대한 주주의 권리를 회복시켰다고 밝혔다. 이를 시가로 환산할 경우 44억 원을 상회한다. ○○는 1988년 국민주 발행으로 주식이 분산된 이후 주권을 분실했지만 복잡한 행정절차 및 큰 비용 때문에 제권판결을 통해 권리를 회복할 수 있음에도 불구하고 사실상 이를 포기한 주주들이 많다는 점에 착안, 분실주권 찾아

주기 운동에 나섰다. ○○의 관계자는 "발행회사가 주권 재발행을 지원하는 것은 유례를 찾아보기 힘들다"면서 "제주도와 울릉도에 거주하는 주주들 가운데도 주권을 회복한 사람들이 더러 있다"고 설명했다. (출처 : 헤럴드경제 2002. 8. 1, 매일경제 2002. 8. 1, 문화일보 2002. 8. 1)

[3] 대부분의 주권을 분실한 투자자들은 엄청난 비용과 까다로운 절차에 묶여 재발급을 포기하는 실정이다. ○○씨의 경우 한전 주 6주를 분실한 뒤 재교부를 받기위해 관할 경찰서에 분실신고를 했다. 이어 확인서를 가지고 서울여의도 ○○은행 증권대행부를 찾아갔으나 담당직원으로부터 절차와 소용비용에 관한 설명을 듣고 크게 실망, 재발급을 포기하고 말았다. 특히 포철 주 주주들은 60%이상 서울에 거주하고 있는 만큼 관할 법원이 너무 멀어 실제 재발급 포기사례가 엄청나게 많은 것이라는 게 일반적인 분석이다. 전문가들은 "대부분의 국민주 분실자들은 재교부를 아예 단념해 버려 증권가의 주식이 증발되는 기현상이 나타난다"고 밝혔다. 주식을 분실해도 주주 명의만 유지되면 의결권 행사엔 지장이 없으나 배당금 수령 등에서 은행이나 회사의 결정에 따라야 하는 불이익을 받게 되며 주식의 생명인 현금화가 불가능하다. (출처 : 국민일보 1990. 2. 3 [조성국])

(생각거리)

① 증권예탁결제원에 예탁되어 실물주권이 아닌 상태로 유통되는 주식의 경우에도 선의취득의 대상이 될 수 있는가?

② 위의 경우 관련 당사자(진실한 원래의 주주, 증권회사, 선의취득을 주장하는 자, 제권판결의 취득자, 증권예탁원 등)의 법률관계를 어떻게 처리하는 것이 옳은가?

제7절 原株와 주식예탁증서 (DR)

주식예탁증서(depository receipts : DR)는 주권발행회사의 原株 대신 국내 또는 해외에서 유통시킬 목적으로 발행되는 증권이다. 예컨대, 외국기업이 국내에서 주식을 공모하고자 하는 경우 원주는 국내예탁기관(증권예탁결제원)에 맡겨두고 이를 기초로 예탁기관이 주식예탁증서(DR)를 발행하게 된다. 증권거래법에서는 유가증권예탁증서를 동법의 적용대상이 되는 유가증권에 포함시키고 있다(증거령 2조의2).

제 5 편 주식회사의 경영구조

제 1 장

총 설

ㅇㅇ사는 소유와 경영을 분리하겠다고 발표했다. 이에 따라 ㅇㅇ회장의 아들이자 ㅇㅇ의 지배주주인 ●●●이 이날 사임했다. (출처: 매일경제 2004. 10. 2, 문화일보 2004. 10. 2, 조선일보 2004. 10. 2)

| 해 설 |

소유와 경영의 분리는 주식회사 기관구성의 기본적인 조직원리이다. 소유와 경영의 분리의 의미에 대해서는 사회에서 통상적으로 사용되는 것과 회사법에서의 그것에는 차이가 있다. 경영의 중립성과 전문성을 기하자는 원래의 취지에는 양자간에 차이가 없다. 그러나 통상적으로 사회에서 흔히 말하는 소유와 경영의 분리는 소유자, 특히 대주주와 그 친인척은 경영을 맡아서는 아니 된다는 의미로 소유자와 경영자의 완전한 「인적 분리」의 의미로 사용되는 경우가 많은 것 같다. 그러나 회사법에서는 「사원자격과 기관자격의 분리」, 즉 경영자는 일단 선임된 연후에는 선임자로부터 독립하여 자기의 책임 하에서 업무를 수행할 법적 의무를 진다는 「기능적 분리」의 의미로 사용되고 있다. 회사법상 이사는 주주총회에서 선임되지만, 주주도 이사가 될 수 있음에는 아무런 장애가 없고, 일단 선임된 이사는 독립하여 그 직무를 수행할 책임을 질뿐이다. 그리고 경제적인 측면에서 소유와 경영이 분리되는 전문경영체제와 소유와 경영이 일치하는 가족경영체제 중에서 어느 것이 더 우수한 것인지와 각각의 장단점에 대해서는 많은 논란이 있다.

제1절 기관구성의 원리

[1] 소유와 경영의 분리

주식회사는 사단이므로 사원인 주주가 있어야 하며, 주식회사는 법인이므로 그 활동을 위하여 기관이 존재하여야 한다. 주식회사 기관구성의 기본원리는 소유와 경영의 분리이다. 이는 출자자(주주)로부터 독립된 지위를 갖는 자(이사)가 경영을 맡는다는 것으로, 사원자격과 기관자격이 분리된다는 뜻이다(제3자 기관). 이에 따라 주식회사에서는 주주 아닌 자도 이사 또는 감사가 될 수 있다. 이는 소유와 경영이 일치하는 인적회사(자기기관)와 뚜렷한 대조를 이룬다.

| 취 지 |

주식회사에서 소유와 경영을 분리하는 이유는, 주주가 유한책임을 지는데 그치기 때문이다. 즉, 유한책임을 지는 데 그치는 주주의 이기심이 회사경영에 영향을 미치는 것을 차단하고 주주는 아니지만 유능한 외부의 경영진에게 경영을 맡김으로써 경영의 중립성과 전문성을 확보하는 데 있다. 그렇게 함으로써 회사재산의 건전성을 유지하고 관련 당사자(특히 회사채권자, 군소주주)의 이익을 보호하기 위함이다.

[2] 경영통제

소유와 경영의 분리에 의하여 이사에 경영권을 집중하게 되면 소위 '대리인문제'(agency problem) 내지 '대리인비용'(agency cost)의 문제가 생길 수 있다. 이 때문에 경영의 합법성과 공정성을 담보하기 위하여 경영에 대한 통제가 필요하다. 그러나 주주가 직접 경영을 감시하는 것은 감시비용이 너무 많이 들고 비효율적이기 때문에 주주를 대신하여 이사의 경영을 상시적으로 감시토록 하는 감사제도를 두고 있다. 그리고 이에 추가하여 주주총회, 개별 주주(특히 소수주주)의 경영통제권, 이사와 이사회의 다른 이사에 대한 감시의무 및 감독의무, 법원의 간여 등을 인정하고 있다. 경영에 대한 적절한 통제장치가 확보되고 그것이 제대로 작동되지 않는 상태에서의 소유와 경영의 분리는 오히려 경영독주의 위험성을 내포하고 있다.

[3] 기관의 분화 및 견제 · 균형

주식회사는 기관을 분화시키고 이들 분화된 기관 상호간에 견제와 균형(checks & balance)을 하도록 하고 있다. 주식회사의 필수기관에는 주주총회, 이사회, 대표이사, 감사 또는 감사위원회가 있고, 임의기관으로는 검사인, 감사인 등이 있다.

(1) 주주총회 - 사원인 주주전원으로 구성되며(자기기관), 그 총의로써 회사의 기본적 사항에 대하여 의사를 결정한다.
(2) 이사회 · 대표이사 - 이사회는 이사전원으로 구성되며 업무집행에 관한 의사를 결정하고 대표이사를 선임한다. 대표이사는 회사의 업무를 집행하고 회사를 대표한다.
(3) 감사 또는 감사위원회 - 이사의 업무집행을 감사한다.

| 입법례 |

주주총회가 필수기관이라는 점에서는 차이가 없으나, 경영 및 감독기관에 관해서는 입법례에 따라 차이가 있다. (i) 미국은 이사회가 경영과 감독을 맡고 감사를 따로 두지 않으나(일원주의), (ii) 독일은 감독을 맡은 감사회와 경영을 맡는 이사회로 나누어져 있다(이원주의). 우리나라는 절충주의에 해당한다.

| 제1 유형 : 감사를 두는 경우 |

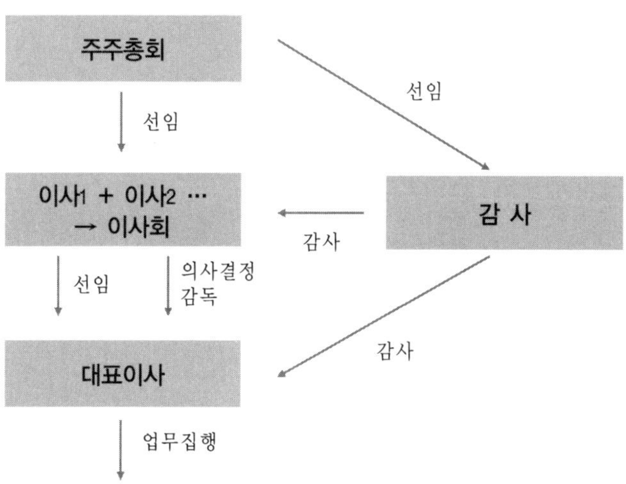

| 제2 유형 : 감사위원회를 두는 경우 |

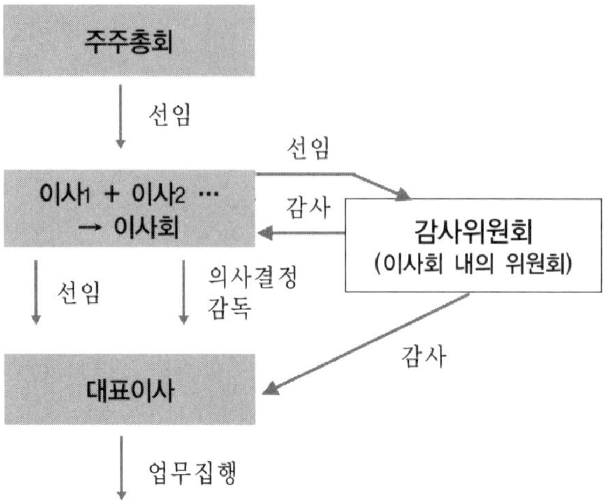

제2절 기관구성의 현실

(1) 위와 같은 기관구성의 원리는 현실적으로 제대로 작동되지 않는 경우가 많다. 그러므로 그 원인을 규명하고 이를 해결하기 위한 입법론적 · 해석론적 방법을 강구하는 것이 중요한 과제가 되고 있다.

(2) 이러한 이상과 현실의 괴리를 야기하는 원인은 무엇인가? 회사의 제도적 기관 밖에 존재하는 소위 기업주(owner) 또는 지배주주가 주주총회의 의사결정을 사실상 지배함으로써 주주총회의 기능이 무력화되고, 그에 의하여 선임된 이사와 감사가 회사의 경영권과 감사권을 담당하는 악순환에서 비롯된다. 이러한 악순환의 고리를 단절하여 주식회사의 기관구조가 정상적으로 작동될 수 있도록 다각적인 해결방안이 모색되어야 한다. 「회사지배구조(corporate governance)」에 관한 논의는 이러한 문제의 해결을 위한 노력의 일환으로 행해지고 있다.

제3절 지배구조개선의 여건 및 방안

(1) 기업지배구조의 개선과 경영감시를 위하여 현행법에서는 여러 가지 제도적 장치를 두고 있다. 이러한 제도의 미흡한 점을 보완하면서 그것이 실질적으로 작동될 수 있도록 하여야 한다.

① 소수주주권의 강화

② 주주총회의 실질화와 의결권행사의 용이화(예 : 서면투표, 전자주주총회, 증권예탁원의 그림자투표제도의 폐지 [입법론])

③ 이사선임에 있어서 지배주주의 독점현상의 시정(예 : 집중투표)

④ 이사회의 활성화, 이사의 중립성과 전문성 제고(예 : 사외이사)

⑤ 감사기능의 실질화와 중립성 제고(예 : 감사선임에 있어서 대주주의 영향력 제한, 감사임기의 법정, 이사와 감사의 분리선임, 감사의 겸직금지 등)

⑥ 이사 · 감사의 의무와 책임(예 : 선관주의의 및 충실의무, 사실상의 이사의 책임, 대표소송 등 책임추궁제도)

⑦ 기업공시의 강화와 정보접근권의 보상

⑧ 상호출자지분을 이용하여 소량의 지분만으로도 기업지배의 고착화가 가능한 현상의 시정

⑨ 기관투자자를 통한 경영감시

⑩ 기업경영권 인수시장(예 : M&A시장)을 통한 견제

⑪ 법원과 감독기관(예 : 금융감독위원회 등)에 의한 통제

⑫ 지배주주의 책임 인정(해석론 또는 입법론)

⑬ 회사법상의 소송, 증권관련집단소송 등

(2) 기업지배구조와 관련하여 현재 국내 사정은 위와 같은 제도개선 외에 IMF 이후 부실기업의 사회문제화, 주주들의 적극적인 주주행동주의(shareholder activism), 시민단체 등 비정부기구(NGO)의 주주운동(예 : 주주로부터 의결권 위임을 받는 방식으로 경영통제), 외국인투자자의 증가에 의한 기업에 대한 압력의 증대, M&A시장의 활성화 등에 힘입어 종전보다 많이 개선된 것으로 보인다. 다른 한편, 국내법과 외국법의 차이에 의한 역차별에 의하여 국내기업이 외국기업보다 경영권공격에 상대적으로 취약한 부분이 있다면 이 역시 공평하다고 할 수 없다.

| 기업지배구조의 기본철학 |

기업지배구조의 기본 철학에는 극단적으로 대비되는 두 가지가 있는데, 하나는 영미의 주주자본주의(shareholder capitalism)이고, 다른 하나는 독일의 이해관계자 자본주의(stakeholder capitalism)이다. 후자는 기업의 사회성을 중시하는 문화에서 나온 것이다. 기업지배구조개선의 지향점은 현재 「주주 중시의 경영」으로 모아지고 있다. 이는 기본적으로 주주자본주의(shareholders democracy)에 뿌리를 둔 것이다. 극단적인 이해당사자자본주의에 의한 기업의 사회화도 바람직한 것은 아니지만, 극단적인 주주자본주의에 의하여 주주들만의 이익을 챙기도록 하는 것 역시 경계하여야 한다.

| 입법론 : 집행임원 도입 및 감사제도의 재편론 |

대규모주식회사의 경우는 이사회의 주된 기능을 업무집행에 대한 감독기능에 두는 감독이사회로 설정하고, 이사회가 업무집행기관인 집행임원(executive officer)을 별도로 선임할 필요가 있다는 입법론이 있다. 이에 의하면, 집행임원을 둔 회사는 대표이사를 폐지하고 이사회 회의를 주재할 이사회 의장을 두어야 하며, 집행임원 중에서 대표집행임원(CEO : chief executive officer)을 두도록 하고, 양자는 겸직할 수 없도록 하여야 한다고 한다. 또한 집행임원을 둔 회사의 감사기구에 대해서는 감독이사회를 주된 감사기관으로 설정하여, 감독이사회 내에 위원회의 하나인 감사위원회를 두어 그로 하여금 집행임원의 업무집행을 감사하도록 하고, 별도로 감사를 둘 필요가 없다고 한다(정찬형). 이는 미국과 일본의 입법례를 참조한 것이다.

| 관련사례 |

[1] 국내 대기업그룹의 출자구조 매트릭스

출자총액제한제의 적용을 받는 13개 대기업그룹의 총수는 평균 1.48%의 계열사 지분을 갖고 계열사 지분을 포함, 모두 46.25%(31배)에 이르는 지분에 영향력을 행사하고 있는 것으로 나타났다. 총수와 친인척 등 총수일가 전체 지분(3.41%) 기준으로는 보유지분 대비 영향력이 13.5배에 달했다. 공정거래위원회에 따르면 총수가 있는 36개 대기업그룹의 경우 총수 본인의 평균 지분은 1.95%에 그쳤으며, 이 가운데 자산 5조 원 이상 13개 출자총액제한 대상 대기업그룹의 총수 지분은 평균 1.48%에 불과했다. 특히 규모가 큰 그룹일수록 총수 일가의 지분이 낮은 것으로 조사됐다. 총수 일가가 지분보유 없으면서도 경영권을 장악할 수 있는 것은 계열사간 순환출자 때문이라고 공정거래위원회는 보고 있다. 총수 일가는 한 계열사의 지분만 갖고 있어도 다른 계열사들을 자연스럽게 지배할 수 있다는 설명이다. 이에 대해 재계는 공정거래위원회의 총수 일가 지분 공개는 헌법 제17조가 규정한 개인 사생활의 비밀과 자유, 기업의 영업상 비밀을 침해한 것으로 위헌 소지가 높다고 반박하고 있다. (출처 : 파이낸셜뉴스 2004. 12. 27, 제일경제 2004. 12. 27, 헤럴드경제 2004. 12. 27, 동아일보 2004. 12. 28, 문화일보 2004. 12. 28, 한국일보 2004. 12. 28)

[2] 지배주식의 프리미엄효과

공정위는 올해 처음 '소유지배괴리도'와 '의결권승수'를 발표했다. 기업소유지배구조의 왜곡 정도를 파악하기 위한 지표다. 소유지배괴리도의 경우 총수의 의결지분률에서 소유지분을 뺀 수치다. 의결권승수는 의결지분률을 소유지분률로 나눈 값에 기업별 지분을 가중 평균한 수치로 총수가 친인척이나 임원, 계열사 지분을 동원해 보유 주식 1주당 실제 행사하는 의결권을 나타낸다. 소유지배괴리도가 가장 큰 곳은 ○○○이었다. ○○○의 소유지배괴리도는 58.39%포인트, 의결승수는 25.69배로 나타났다. 총수가 보유주식의 무려 26배에 달하는 경영권을 행사하고 있는 셈이다. ○○(72.79%포인트, 20.61배), ○○(31.91%, 15.83배), ○○(44.08%포인트, 10.05배), ○○(51.58%포인트, 9.92배) 등도 소유지배간 괴리가 컸다. (출처: 동아일보 2005. 6. 13, 세계일보 2005. 6. 13)

[3] 주식분포와 기업의 지배구조

상장기업 10개 중 1개는 외국인의 지분률이 국내 최대주주 지분률보다 높아 경영권 위협에 노출돼 있는 것으로 나타났다. 증권거래소에 따르면 12월 결산 485개 상장사(신규상장, 관리·감자종목 등 제외) 가운데 2004. 10. 26. 현재 외국인의 전체 지분률이 국내 최대주주 지분률을 웃도는 기업은 48개로 9.9%를 차지했다. 이 기업들의 외국인 지분률은 평균 43.83%로 국내 최대주주 평균 지분률 26.87%보다 16.96% 포인트가 많았다. 외국인과 국내 최대주주의 지분률 격차가 가장 큰 곳은 ○○○로, 외국인 지분률이 68.75%에 달했으나 최대주주인 ○○대학의 지분률은 12.55%에 불과했다. ○○산업개발도 최대주주인 ○○○ 회장의 지분률이 17.02%로 외국인 지분률 65.77%에 크게 못 미쳤다. ○○○자산운용에 의한 적대적 인수합병 시도에 시달리고 있는 ○○㈜의 외국인 지분률은 61.18%로 최대주주 ○○○의 지분률 17.53%보다 훨씬 많은 상황이다. ○○물산의 외국인 지분률은 39.53%로 최대주주인 ○○SDI의 지분률 16.04%를 크게 앞서고 있다. (출처: 동아일보 2004. 10. 29, 서울신문 2004. 10. 29, 조선일보 2004. 10. 29)

제 2 장

주주총회

제1절 총설

주주총회는 주주 전원으로 구성되어 회사의 기본적 사항에 대하여 의사를 결정하는 주식회사의 필요상설기관이다.

(1) 주주총회는 「주주 전원」으로 구성된다. 이사 및 감사도 주주총회에 출석할 의무가 있지만(상 373조 1항, 413조), 주주의 자격으로 참석하는 것이 아닌 한 의결권이 없으므로 주주총회의 구성원이 아니다. 의결권 없는 주주도 주주총회의 구성원인가에 대해서는 견해가 나뉘고 있다. 주주총회는 주주들의 총의를 결정하고 의결권을 가진 주주만이 이에 참여할 수 있으므로 의결권 있는 주주만이 주주총회의 구성원인 것이 원칙이다. 다만 종류주주총회를 열어야 할 경우에는 의결권 없는 주주도 의결권을 행사할 수 있으므로 이러한 경우에는 의결권 없는 주주도 주주총회의 구성원으로 보아야 할 것이다.

(2) 주주총회는 주식회사의 「의사결정기관」이다. 주식회사의 의사결정기관으로는

주주총회와 이사회가 있고, 그 결정된 의사를 집행하는 기관으로는 대표이사가 있다. 주주총회가 결의하여야 할 사항에 대하여 그 결의가 없거나 그 결의가 무효 · 취소가 된 경우에는 주식회사의 의사 그 자체가 부존재(흠결)하는 것으로 되어 절대무효로 되어 선의의 제3자도 그 유효를 주장할 수 없게 된다.

(3) 주주총회는 회사의 「기본적 사항」에 대하여 의사를 결정하는 기관이다. 주식회사의 의사결정기관으로 주주총회와 이사회가 있는데, 주주총회는 회사의 근본적인 사항에 대하여 의사를 결정한다(상 361조). 그 나머지 사항에 대해서는 이사회로 하여금 의사를 결정하도록 하기 때문에 의용상법 때와는 달리 현재의 상법하에서 주주총회는 더 이상 만능기관이 아니다. 그러나 주주총회는 기본적 사항에 대한 의사결정권한을 그대로 가지고 있기 때문에 「최고기관」으로서의 위상에는 변함이 없다. 주주총회의 이러한 최고기관성으로 인하여 주주총회는 다른 기관의 구성원을 선임 · 해임함으로써 다른 기관을 형성할 수 있는 권한을 유보하고 있고, 주주총회의 결의는 다른 기관 전부를 구속하는 힘을 가지게 된다.

(4) 주주총회는 주식회사의 「필요기관」이다.

(5) 주주총회가 「상설기관」인가에 대해서는 견해가 나뉘고 있다. (ⅰ) 활동형식으로서의 주주총회는 소집에 의하여 회합의 형태로 구현되지만 존재형식으로서의 주주총회는 상설적으로 존재한다는 견해가 있는가 하며, (ⅱ) 상설기관은 아니고 소집에 의해서만 구성된다는 견해가 있다.

| 주주총회의 감소화 · 형식화 경향 |

위에서 언급한 주주총회의 이론적인 위상과는 달리 주주총회 운영의 현실적인 모습은 형해화 · 무기능화 · 무기력화의 경향을 보이고 있다. 이러한 현실을 어느 정도 인정하면서 그와 동시에 주주총회가 그 본래의 위상과 기능을 회복하도록 하는 노력이 요구된다. 주주총회의 활성화를 기하는 동시에, 주주총회의 권한을 이사회 등의 다른 기관에 대폭 이양하되, 이들 수임기관에 대하여 무거운 책임을 물을 수 있도록 하고 있다.

제2절 권한

주주총회는 「법」과 「정관」에서 주주총회의 권한사항으로 규정하고 있는 사항에 한하여 결의할 수 있다. 이들 주주총회의 권한사항은 주주총회가 행사할 수 있는 권한의 울타리를 설정한 것으로, 주주의 이해에 특히 중요한 의미를 갖는 기본적 사항들이다. 주주총회는 회사의 소유자인 주주로 구성되므로 원래는 회사의 모든 사항에 대하여 결의할 수 있어야 하겠지만, 기업경영의 합리화를 위하여 기본적인 사항에 대해서만 결정하도록 하고 그 나머지는 이사회로 하여금 결정토록 위임한 것이다.

| 주주총회와 이사회의 권한배분 |

이사가 1인인 소규모회사에서는 이사회 권한의 상당부분이 주주총회의 권한사항으로 되어 (상 383조 4항) 주주총회의 권한범위가 넓어진다.

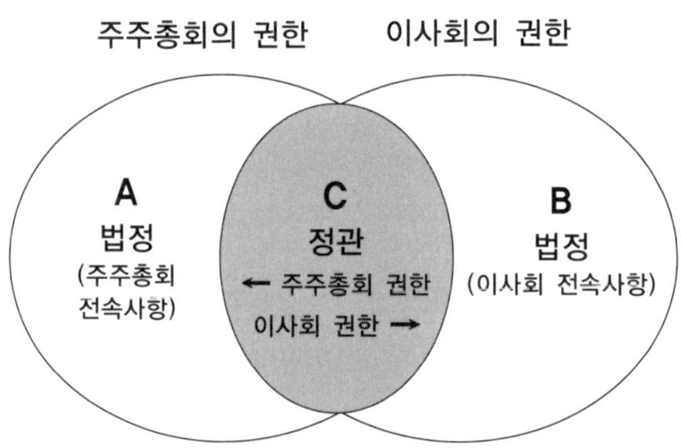

■ 주주총회의 권한 : A or {A + C}
■ 이사회의 권한 : B or {B + C}

[1] 법 소정의 권한

(1) 상법에 의한 권한

상법에서 주주총회의 권한으로 규정하고 있는 사항은 주주총회의 「전속적 사항」이다. 따라서 정관이나 주주총회의 결의에 의하여 이를 다른 기관에 위임하는 것은 허용되지 않는다(강행법규성). 상법에서 주주총회의 전속적 권한사항으로 하고 있는 것 중에서 통상적인 사항은 보통결의사항으로, 비상적인 사항은 특별결의와 특수결의사항으로 구분하여 각각 그 결의요건을 달리하고 있다.

(2) 상사특별법에 의한 권한

특별법에서 주주총회의 권한사항으로 규정하고 있는 것도 있다. 예컨대, 주주 이외의 자에게 이익참가부사채를 발행하는 경우(증거 191조의5), 회사의 임직원에게 주식매수선택권을 부여하는 경우(증거 189조의4 1항), 사외이사가 아닌 감사위원회의 위원인 이사를 선임 · 해임하는 경우(증거 191조의 11 1항, 191조의 11 2항), 외부감사인을 선임하는 경우(외감 4조) 등이 이에 해당한다.

[2] 정관 소정의 권한

상법에서 주주총회의 권한으로 규정하고 있는 사항 외에 정관에 의하여 주주총회의 권한을 확장할 수 있다. 다만 정관에 의하여 주주총회의 권한으로 확장할 수 있는 범위와 한계가 문제된다(정관자치의 한계).

(1) 유보조항이 있는 경우

상법에서 원칙적으로 이사회의 권한으로 하면서 정관에 의하여 이를 주주총회의 권한으로 할 수 있음을 인정하는 명시적인 규정(유보조항)을 두는 경우가 있다. 대표이사의 선임(상 389조 1항), 신주의 발행(상 416조), 준비금의 자본전입(상 461조 1항), 전환사채의 발행(상 513조 2항), 신주인수권부사채의 발행(상 516조의2 2항) 등이 이에 해당한다. 이들은 법에 의하여 정관자치에 명백히 위임된 사항이다.

(2) 유보조항이 없는 경우 (예 : 상법 469조의 사채발행 등)

위와 같은 유보조항이 없는 경우 법에서 이사회의 권한으로 규정하고 있는 사항을 정관에 의하여 주주총회의 권한으로 돌릴 수 있는가에 대해서는 견해가 나뉜다.

(i) 긍정설(다수설) - 주주총회의 최고기관성과 정관자치의 원칙상, 주주총회에 명시적인 유보조항이 없는 경우에도 주식회사의 본질 또는 강행법규에 반하지 않는 한 법에서 이사회의 권한으로 규정되어 있는 사항을 정관에 의하여 주주총회의 권한으로 환원시킬 수 있다고 한다. 다만 주주총회의 소집결정의 경우는 그 성질

상 정관에 의해서도 주주총회의 권한사항으로 할 수 없다고 한다.

(ii) 부정설(소수설) - 법에 명문의 규정이 없는 사항에 관해서는 정관의 규정으로도 주주총회의 권한으로 할 수 없다고 한다. 그 논거로, 다수설에 따르면 주주총회가 이사회의 권한을 대폭 잠식할 수 있어 소유와 경영의 분리이념에 반하고, 각 기관의 권한배분에 관한 상법규정은 유한책임제도하에서 각 기관의 독립적 기능을 확보하기 위한 강행규정이라는 점을 들고 있다.

(iii) 사견 - 기본적으로는 긍정설이 타당하다고 본다. 그 이유는 다음과 같다. ① 기업실정을 보면 각양각색의 주식회사가 존재하여 같은 주식회사라 하더라도 그 스펙트럼이 매우 넓다. 정관자치를 폭넓게 인정하여 각 회사의 사정에 적합한 권한배분상의 선택을 허용할 필요가 있다. ② 유보조항 없는 권한배분에 관한 법규정이 정관에 의한 권한의 재분배를 절대적으로 금하는 취지는 아니다. ③ 정관은 자치법규로 강행법규에 반하지 않는 한 임의법규와 다른 내용으로 정하는 것이 가능하다. 다만, 정관에 의하더라도 주식회사의 본질이나 강행법규에 반하여 권한을 배분하는 것은 허용되지 않음은 물론이다. ④ 이사회의 권한을 주주총회의 권한으로 돌리는 경우 책임을 물을 수 있는 소재가 모호해지는 문제가 있는데, 사실상의 이사, 지배주주의 충실의무, 법인격부인론 등에 의하면 될 것이다.

제3절 종류

[1] 정기주주총회

정기주주총회는 매결산기마다 한번씩 소집되는 주주총회이다(결산주주총회)(상 365조 2항). 다만 결산기가 1년을 넘는 경우에는 매년 1회 반드시 소집하여야 한다(상 365조 1항). 연 2회 이상 결산배당을 하는 회사에서는 그 때마다 정기주주총회를 소집하여야 한다(상 365조 2항). 정기주주총회에서는 이사로부터 영업에 관한 보고를 받고 재무제표를 승인하며 이익배당을 결정하는 등 결산의 결의를 한다(상 449조, 447조). 이에 부수하여 다른 안건을 처리할 수 있다.

[2] 임시주주총회

임시주주총회는 필요에 따라 수시로 개최되는 주주총회이다(상 365조 3항). 임시주주총회와 정기주주총회는 그 권한(재무제표승인은 제외)이나 결의의 효력이 동일하다.

제4절 소집

[1] 소집권자

▪ ○○㈜의 2대 주주인 외국계 자산운용사 △△이 ○회장의 퇴진을 요구하고 나섰다. △△측은 정관개정을 위하여 ○○㈜측에 임시주주총회의 개최를 공식 요구했다. △△이 제시한 정관조항은 금고 이상의 형을 받을 수 있는 형사범죄 혐의로 기소된 이사는 선고가 확정될 때까지 직무수행을 정지하고, 금고 이상의 형의 선고가 확정되면 이사직을 상실케 한다는 내용이다. ○○㈜ 이사회가 임시주총 소집요구를 거부할 경우 △△은 법원에 임시주주총회 소집허가 신청을 낼 수 있으며 임시주총이 열리면 양측은 정관개정안을 놓고 표 대결을 벌여야 한다. (출처: 동아일보 2004. 10. 26, 매일경제 2004. 10. 26, 서울경제 2004. 10. 26, 세계일보 2004. 10. 26, 한국일보 2004. 10. 26)

▪ ○○㈜ 이사회는 임시이사회에서 △△측이 소집을 요구한 임시주주총회에 대하여 만장일치로 거부했다. 이사회는 "△△이 요청한 안건은 정기주주총회에서 부결된 안건과 동일하며 정기주주총회가 얼마 남지 않은 상황에서 임시주총을 소집할 시급한 필요성이 인정되지 않는다"고 덧붙였다. 한편 △△이 지난해 주당 평균 9,293원에 1천 7백 68억 원을 들여 사들인 ○○(주)의 주식 1천 9백 2만 8천 주(14.99%)는 5일 종가(5만 8천 원) 기준으로 보유가치가 1조 1천 36억 원에 이른다. 1년 6개월만에 1조 원에 가까운 시세차익을 얻게 된 셈이다. (출처: 경향신문 2004. 11. 6, 국민일보 2004. 11. 7, 문화일보 2004. 11. 6, 제일경제 2004. 11. 7, 한국경제 2004. 11 6)

▪ △△은 임시주주총회 소집요청을 거부한 ○○㈜ 이사회의 결정을 받아들일 수 없다며 서울중앙지방법원에 임시주주총회 소집 허가신청서를 냈다. (출처: 동아일보 2004. 11. 8, 세계일보 2004. 11. 8, 조선일보 2004. 11. 8, 조선일보 2004. 11. 10)

▪ 법원은 △△이 ○○를 상대로 낸 임시주총 소집허가 항고사건을 기각했다. 법원은 "△△이 임시주총 소집청구권을 행사하는 것은 임시주총 소집청구제도의 취지를 일탈하고 법적으로 보호받을 가치가 없는 것으로 권리남용에 해당한다고 봐야 한다"고 밝혔다. 이에 앞서 1심 법원도 △△의 신청을 기각, 항고 후 5개월 만에 1·2심 모두 △△의 신청을 받아들이지 않았다. 재판부는 결정문에서 "△△은 기업지배구조를 개선하고자 이번 사건을 신

청했다고 했지만 그간 O 회장의 퇴진을 지속적으로 주장해왔다"며 "△△이 제안하는 안건의 적용 대상자 역시 O 회장 단 한 명뿐인 등 제반 사정에 비춰 이 사건 신청의 진정한 목적은 O 회장의 이사직 박탈에 있는 것으로 인정된다"고 밝혔다. 재판부는 "소수주주권의 하나인 임시주총 소집청구권의 본래 취지는 소수주주의 이익 보호와 다수주주의 횡포를 견제하려는 것"이라며 "△△이 주장하는 임시주총 소집청구권은 앞서 인정됐듯 제도의 취지를 일탈한 권리남용에 해당한다"고 덧붙였다. 이에 대해 △△측을 변론한 법무법인의 한 관계자는 "법원이 인정한 권리남용은 법적 이론에 불과할 뿐"이라며 "대법원 재항고 여부에 대해서는 추후 결정하겠다"고 밝혔다. (출처: 국민일보 2005. 5. 14, 서울경제 2005. 5. 13, 한국경제 2005. 5. 13)

| 해 설 |

위 사례는 소수주주의 임시주주총회 소집청구에 관한 내용이다. 주주총회는 회의체이기 때문에 소집권자에 의하여 소집되어야 비로소 그 개최가 가능하다. 상법은 주주총회 소집의 결정권을 원칙적으로 이사회에 부여하고 있다. 그런데 주주총회를 소집할 필요가 있는데도 불구하고 이사회가 소집을 하지 않거나 또는 이사회가 제 역할을 할 수 없는 상태인 때에 주주들이 총회를 소집할 수 있도록 하여야 할 것이다. 상법은 소수주주가 일정한 요건 하에서 임시주주총회의 소집을 청구할 수 있도록 하고 있다.

Ⅰ. 원칙 - 이사회

주주총회는 회의체이기 때문에 누군가에 의하여 소집되어야 개최될 수 있다. 주주총회의 소집은 원칙적으로 이사회가 총회의 개최 · 안건 · 일시 · 장소 등을 결정하고(상 362조), 대표이사가 구체적인 소집절차를 취한다. 이는 주주의 과도한 경영간섭을 배제하기 위한 것으로, 강행규정이다(다수설). 회사가 해산한 경우에는 청산인회가 주주총회의 소집을 결정하고 대표청산인이 소집절차를 집행한다(상 542조 2항, 362조).

Ⅱ. 특칙

1. 소수주주

주주총회의 소집은 이사회의 결정에 의함이 원칙이나, 상법 제366조는 소수주주의 청구에 의하여 주주총회를 소집할 수 있는 길을 열어두고 있다.

(1) 취지

이사회가 주주총회를 소집하는 경우 주주들은 주주제안 등에 의하여 안건을 추가할 수 있으나, 이사회가 주주총회를 소집하지 않는 경우에 총회소집을 마냥 기다리도록 하지 않고, 주주총회의 의사결정에 참가하는 주주 스스로가 자발적으로 총회를 소집할 수 있는 가능성을 열어주기 위함이다. 이는 군소주주가 주주총회에서 회사의 당면문제를 공론화함으로써 현 경영진에 대항하는 수단이 된다. 현실적으로는 후자가 소수주주의 주주총회소집청구권이 갖는 주요 기능이 된다.

(2) 요건

(가) 3% 지주요건

주주가 총회의 소집을 청구할 수 있으려면 발행주식 총수의 3% 이상의 주식을 가져야 한다(상 366조 1항). 총회소집청구권을 소수주주권으로 한 것은 총회의 결의에 아무런 영향력을 행사할 수 없는 주주에게 이러한 권리를 부여하더라도 무의미하기 때문이다. 다수의 주주가 합하여 위 지주비율을 충족하여 공동으로 소집청구를 하는 것도 가능하다. 소집청구를 하는 시점에 소수주주의 요건을 충족하면 된다.

(나) 증권거래법과의 관계

상장법인의 경우는 발행주식총수의 3%(자본금이 1,000억 원 이상인 회사는 1.5% 이상) 이상의 주식을 6월 이상 계속하여 보유하여야 한다(증거 191조의13 5항). 이에 관한 상법규정과 증권거래법규정은 일반법과 특별법의 관계가 아니라는 것이 판례의 입장이다(대판 2004. 12. 10, 2003다41715). 입법론으로 총회소집청구의 요건에 관한 위 증권거래법의 지분비율을 낮출 필요가 있다고 본다.

| 대법원 2004. 12. 10. 선고 2003다41715 판결 |

증권거래법 제191조의13 제5항은 상법 제366조의 적용을 배제하는 특별법에 해당한다고 볼 수 없고, 주권상장법인 내지 협회등록법인의 주주는 증권거래법 제191조의13 제5항이 정하는 6월의 보유기간요건을 갖추지 못한 경우라 할지라도 상법 제366조의 요건을 갖추고 있으면 그에 기하여 주주총회소집청구권을 행사할 수 있다.

(3) 절차

(가) 1단계 - 이사회에 소집청구

소수주주는 회의의 목적사항과 소집의 이유를 기재한 서면을 이사회에 제출하여 임시총회의 소집을 청구할 수 있다(상 366조 1항). 이 같은 소수주주의 청구가 있는 때에는 이사회는 소집이유의 정당성을 검토하여 소집청구에 정당한 이유가 있다고 인정하는 때에는 지체없이 주주총회의 소집절차를 밟아야 한다(상 366조 2항).

(나) 2단계 - 법원에 허가청구

소수주주의 청구가 있었음에도 불구하고 이사회가 소집절차를 밟지 않을 때에는 소집을 청구한 주주는 법원의 허가를 얻어 직접 총회를 소집할 수 있다(상 366조 2항). 이 경우 소수주주가 회사의 일시적인 기관으로 주주총회를 소집하며, 소집비용은 회사가 부담한다. 소수주주가 총회소집에 관한 법원의 허가를 얻은 때에는 이사회와 대표이사는 동일 의안에 관하여는 소집권이 없다. 이렇게 하여 소집된 총회는 회사의 업무와 재산상태를 조사하기 위하여 검사인을 선임할 수 있다(상 366조 3항). 법원의 소집허가에 대해서는 불복할 수 없고(비송 81조 2항), 특별항고만이 허용된다(대결 1991. 4. 30. 90마672).

┃대법원 1991. 4. 30. 자 90마672 결정┃

상법 제366조 제2항의 규정에 의한 소수주주의 신청에 의하여 법원이 비송사건절차법 제145조 제1항의 규정에 의하여 임시주주총회의 소집을 허가한 결정에 대하여는 같은 조 제2항에 의하여 불복의 신청을 할 수 없고 민사소송법 제420조 소정의 특별항고가 허용된다.

┃소수주주가 주주총회를 소집할 수 있는 두 가지 방법┃

소수주주가 임시주주총회를 소집할 수 있는 방법으로는 상법 제366조 이하의 규정에 의하여 이사회를 통하는 방법과 상법 제467조 이하의 규정에 의하여 법원을 통하여 우회적으로 주주총회를 소집할 수 있는 방법이 있다. 양자 모두 궁극적으로는 주주총회의 소집여부에 관하여 법원의 판단에 의한다는 점에서는 동일하다.

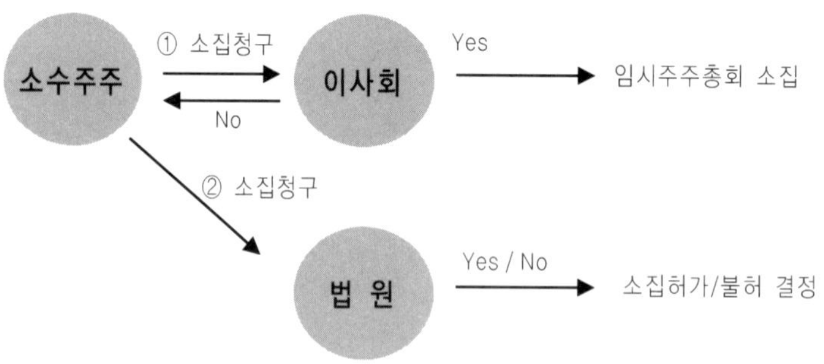

2. 감사

감사(또는 감사위원회의 대표자)도 위의 소수주주와 같은 방법으로 주주총회의 소집을 청구할 수 있다(상 412조의3, 415조의2 6항). 감사는 이사의 직무집행을 감사할 수 있으므로, 그 결과에 따라서 주주총회에 보고하여 신속하게 조치를 취하도록 할 필요가 있기 때문에 인정된 제도이다.

3. 법원의 소집명령

(1) 소수주주의 검사인 선임청구

소수주주(발행주식의 3% 이상의 주식을 가진 주주)는 회사의 업무집행에 관하여 부정행위 또는 법령이나 정관에 위반한 중대한 사실을 의심할 사유가 있음을 이유로 회사의 업무집행과 재산상태를 조사하기 위하여 법원에 검사인의 선임을 청구할 수 있다(상 467조 1항).

(2) 법원의 소집명령

위 검사인의 조사보고에 의해 필요하다고 인정한 때에는 법원은 대표이사에게 주주총회의 소집을 명할 수 있다(상 467조 3항). 이 경우에는 이사회의 소집결정을 요하지 않고 대표이사가 바로 총회를 소집하여야 한다.

|주주총회의 소집권자|

원 칙	이사회	(강행규정)
예 외	소수주주 (발행주식총수 [의결권 없는 주식은 제외]의 3%)	① 소집청구 - 회의의 목적사항과 소집이유를 기재한 서면을 「이사회」에 제출하여 임시총회의 소집을 청구할 수 있다(상 366조 1항). 소수주주의 청구가 있을 때에는 이사회는 지체 없이 주주총회소집의 절차를 밟아야 한다(상 366조 2항). ② 직접소집 - 소수주주의 청구가 있음에도 불구하고 이사회가 소집절차를 밟지 않을 때에는 소집을 청구한 주주는 법원의 허가를 얻어 직접 총회를 소집할 수 있다(상 366조 2항).
	감사 (또는 감사위원회)	(위와 동일)
	법원의 명령	① 발행주식총수의 3% 이상을 가진 주주는 회사의 업무집행에 관하여 부정행위 또는 법령이나 정관에 위반한 중대한 사실을 의심할 사유가 있음을 이유로 회사의 업무와 재산상태를 조사하기 위하여 법원에 검사인의 선임을 청구할 수 있다(상 467조 1항). ② 검사인의 조사보고에 의해 필요하다고 인정하는 때에는 법원은 주주총회의 소집을 명령할 수 있다(상 467조 3항). * 이사회의 소집결정을 요하지 않는다.

| 관련사례 |

[1] 서울지법 민사합의 O부는 파산절차를 밟고 있는 OO회사의 소액주주 39명이 강제화의를 추진할 정식이사를 선임할 수 있도록 주주총회 소집을 허가해달라며 낸 임시주총 소집허가 가처분 신청을 받아들였다. 소액주주들은 O 전 회장을 임원으로 선임하면 복잡하게 얽혀있는 해외공사 문제를 해결하고 강제화의를 추진할 수 있다며 OO회사 전체 주식의 25%가량인 1천 20만 주의 위임장을 모아 신청서를 냈다. 재판부는 신청인들이 요구한 구체적인 내용들은 주주총회의 결의를 필요로 하는 사안이라며 주총을 열지 못하게 할 결격사유가 없는 만큼 신청을 받아들인다고 밝혔다. (출처 : 조선일보 2002. 3. 2, 한겨레 2002. 3. 2, 한국경제 2002. 3. 2)

[2] △△기술의 OOO사장이 서울지방법원에 임시주주총회 소집허가 신청소송을 제기했다. 현직 대표이사가 법원결정을 통해 주총소집을 추진한다는 점에서 상당히 이례적인 일로 받아들여진다. △△기술 관계자는 이날 "현재 과반수 이상의 임원이 이사회에 참석하는 게 어려워 소송을 통해 임시주총 소집을 추진하게 됐다"고 설명했다. 그는 "임시 주총 개최는 법원의 결정이 나는 대로 최대한 빨리 열리게 될 것"이라고 덧붙였다. △△기술의 이사회는 OOO 대표이사를 비롯하여 OOO 이사, 사외이사인 OO, OO, 감사인 2인 등 총 6인으로 구성돼 있다. OOO 사장은 임시주총이 열린다면 경영진을 대폭 교체, 경영혁신의 발판을 마련할 계획이다. (출처 : 머니투데이 2002. 7. 31, 한국경제 2002. 8. 1)

[2] 목적사항

△△(주)의 OOO 회장측과 경영권 다툼을 벌이고 있는 2대 주주(14.99%)인 □□□자산운용은 주주제안권을 활용, △△(주) 이사회에 대해 주주총회에서 전 재정경제부장관을 역임한 ●●● 등 5명을 이사로 선임할 것과 정관개정을 내용으로 하는 주주제안 안건을 상정시켜 줄 것을 요청했다. (출처 : 서울경제 2004. 1. 30, 한국경제 2004. 1. 30, 한국일보 2004. 1. 30)

그러나 최대 관심을 모았던 사외이사 선임을 둘러싼 표대결에서는 △△(주)측이 추천한 후보들이 20% 가까운 표차를 보이며 압승, 5명 전원이 신임 사외이사로 선임됐다. 또 이날 주총에선 △△(주)와 □□□자산운용측이 상대방 안건에 대해 반대표를 던져 투표주식수의 3분의2 찬성이 필요한 집중투표제 도입과 사외이사 70% 확대 등 양측이 제안한 정관개정안은 모두 부결됐다. (출처 : 조선일보 2004. 3. 13, 한국경제 2004. 3. 13, 한국일보 2004. 3. 13)

| 해 설 |

주주총회는 주주들의 총의를 모으는 자리이다. 그럼에도 불구하고 주주총회의 소집권자인 이사회가 총회에 상정한 안건만을 놓고 피동적으로 결의하도록 하는 것은 불합리하다. 이 때문에 주주들이 적극적으로 총회에 상정될 안건을 직접 제안할 수 있도록 할 필요가 있고, 그것을 권리로 인정한 것이 주주제안권이다. 주주제안권은 총회의 안건상정에 대한 현 경영진과 이사회의 독점권을 시정하려는 제도이다. 주주제안권은 차려진 밥상에 밥을 먹는 사람이 직접 식사 메뉴를 추가할 것을 요청하는 것과 비슷한 이치라고 할까.

Ⅰ. 원칙 - 부의안건

회의의 목적사항은 주주총회에서 결의할 안건을 뜻한다. 총회의 목적사항은 총회의 소집권자인 이사회가 결정하는 것이 원칙이다.

Ⅱ. 주주제안권

1. 의의 · 취지

주주제안권은 주주가 주주총회의 목적사항을 제안할 수 있는 권리이다. 회의의 목적사항은 총회소집권자인 이사회가 결정함이 원칙이다. 주주는 총회 낭일 상정된 안건에 대한 수정동의를 할 수 있지만, 수정동의를 하려면 상정된 원안과 동일성을 유지하여야 한다는 제약이 있다. 그런데 총회의 의사결정에 가장 많은 이해관계를 갖는 주주들 스스로가 능동적으로 안건을 제출할 수 있도록 할 필요가 있고, 이에 의하여 회사의 당면문제를 공론화하고 경영에 대한 견제수단으로 활용할 수 있다.

| 총회소집청구권과의 관계 |

발행주식총수의 3% 이상의 주식을 가진 소수주주는 임시주주총회의 소집을 이사회에 청구할 수 있고 이 같은 청구가 있음에도 이사회가 총회소집의 절차를 밟지 않는 경우에는 법원의 허가를 얻어 총회를 소집할 수 있다(상 366조 1항 · 2항). 주주제안권은 회사가 총회를 개최하기로 한 경우에(상 354조 참조) 그 소집통지서(상 363조)의 목적사항에 자신들이 원하는 목적사항을 추가할 것을 청구함으로써 따로 주주총회를 소집하여야 하는 번거로움을 덜고 간편하게 제안할 수 있다.

2. 제안권자

(1) 의결권 있는 발행주식총수의 3% 이상의 주식을 소유한 주주만이 주주제안권을 행사할 수 있다(상 363조의2 1항).

(2) 상장법인의 경우는 6월 전부터 계속하여 의결권 있는 발행주식총수의 1%(자본금이 1,000억 원 이상인 회사는 0.5%) 이상의 보유(합산보유 가능)한 자에 대하여 주주제안권을 부여하고 있다(증거 191조의14 1항). 일본에서는 6월 이상 계속하여 1% 이상 또는 300주 이상 보유한 주주에게 인정하고 있다.

3. 제안대상

주주총회의 권한사항에 속하는 한 주주제안이 될 수 있는 대상에는 원칙적으로 제한이 없다.

4. 제안내용

(1) 안건의 추가제안권

주주제안은 주주총회의 소집을 청구하는 것이 아니라 이사회가 정한 주주총회의 목적사항에 자신들이 제안한 안건을 추가할 것을 요청하는 것이다. 주주총회의 소집을 청구하면서 그와 동시에 주주제안을 하는 것도 가능하다.

(2) 의제제안과 의안제안

① 주주제안은 (ⅰ) 총회의 목적(의제)으로 삼을 사항을 제안하는 것(議題提案)과 (ⅱ) 의안의 요령, 즉 의제의 구체적인 결의안을 제안하는 것(議案提案) 양자 모두를 포함한다(상 363조의3 1항 · 2항). 예컨대, "정관변경의 건"을 회의의 목적사항으로 채택할 것을 제안하는 것은 의제제안이고, "1주의 액면가를 100원으로 인하하는 내용의 정관변경의 건"을 제안하는 것은 의안제안이다.

② 의제제안은 회사측이 제시한 의제와는 별개의 의제를 추가할 것을 청구하는 것이고, 의안제안에는 회사측이 제안한 의안과 다른 내용의 의안을 제안하는 경우와 의제를 제안하면서 그 의안을 함께 제안하는 경우가 있다.

③ 주주총회의 소집통지서에 의안의 요령을 기재하도록 되어 있는 사항인 경우(예: 정관변경, 자본감소, 회사합병, 회사분할 등)에는 의제뿐만 아니라 의안도 제안하여야 한다(상 433조 2항, 438조 2항, 522조 2항, 363조, 530조의3 3항).

(3) 이유제출 불요

주주제안에는 제안의 필요성이나 합리성을 증명할 것을 요하지 않는다.

5. 제안절차

(1) 소수주주는 주주총회 6주간 전까지 이사에게 제안내용을 서면으로 제출하여야 한다(상 363조의2 2항). 주주는 회의의 목적사항에 추가하여 자신이 제출한 의안의 요령을 주주총회의 소집통지와 소집공고에 기재할 것을 청구할 수 있다(상 363조의2 2항). 6주간 전으로 한 것은 주주총회 개최일 2주 전의 소집통지기간과 안건준비를 위하여 실무상 요구되는 기간 등을 고려한 것이다.

(2) 6주간에 미달하는 경우에는 그 제안은 부적법하여 총회에 상정할 수 없는가? 생각건대, 6주간이라는 기간은 제안된 안건을 총회소집통지서의 기재하기에 충분한 기간으로 사무처리를 위한 기술적인 것에 그친다. 또한 총회일이 확정되어 있지 않는 경우에는 제안자측에서 주주제안의 마감시일을 미리 파악하는 것이 곤란하다. 그러므로 이 기간을 지나치게 엄격하게 볼 필요는 없다고 본다.

6. 회사의 조치

(1) 거절

주주제안의 내용이 법령·정관에 위반하는 경우 이사회는 이를 주주총회의 목적사항으로 삼지 않을 수 있다(상 363조의2 3항, 증거 191조의14 3항).

(2) 수용

이사는 주주제안이 있는 경우 이를 이사회에 보고하여야 한다. 이사회는 제안내용이 법령·정관에 위반하지 않는 한 주주총회의 목적사항으로 상정하여야 하고, 총회소집의 통지 또는 공고에 이를 기재하여야 한다(상 363조의2 2항·3항). 제안주주의 요청이 있으면 주주총회에서 의안을 설명할 기회를 주어야 한다(상 363조의2 3항, 증거 191조의14 3항).

7. 부당거절의 효과

(1) 의제제안을 무시한 경우

주주로부터 적법한 의제제안이 있었음에도 불구한다. 주주총회에 안건으로 상정하지 않은 경우, 결의의 하자를 다투는 소의 대상이 되는 결의 자체가 아예 없는 것이 된다. 이때는 부득이 그 총회에서 이루어진 「다른 결의」는 유효하고, 이사에 대하여 손해배상책임과 과태료의 제재를 가할 수 있을 뿐이다(상 635조의3).

(2) 의안제안을 무시한 경우

주주의 의안제안을 무시하고 총회의 결의를 한 경우에는(예 : 제안한 의안의 요령을 소집통지서에 기재하지 않은 경우), 소집절차 또는 결의방법에 하자가 있는 것이 되어 결의취소의 사유가 된다.

(3) 벌칙

적법한 주주제안을 회사가 정당한 이유 없이 총회의 목적사항으로 하지 아니한 때에는 과태료의 제재를 받는다(상 635조 1항 19의3).

| 관련사례 |

[1] 외국계 기관투자자인 △△가 ○○산업에 주당 3만 원의 현금배당과 100%의 주식배당을 요구하는 주주제안서를 제출했다. 이익배당을 많이 하라는 내용의 주주제안이 제출된 것은 국내 증시사상 처음이다. 홍콩계 기관투자자인 △△인베스트먼트사는 93년부터 약 8년간 ○○산업의 주식을 장기투자해 왔고 현재 발행주식 총수의 약 3%에 해당하는 3만 2,330주를 보유하고 있다. △△사는 이번 주주제안과 관련, 일반 국내 소액투자자들의 지지를 얻기 위해 의결권대리행사권유 등의 활동도 펼칠 계획이다. (출처 : 이데일리 2001. 2. 13, 한겨레 2001. 2. 13, 한국경제 2001. 2. 14)

[2] ○○회사의 비상대책위원회는 서울지방법원에 "주주총회 안건상정 및 주주총회 개최금지 가처분신청"을 제출했다고 밝혔다. 이번 가처분 신청은 주주제안을 무시하고 주주총회에 안건을 상정하게 된 데 대한 첫 가처분 신청사례로 관심을 불러일으키고 있다. 특히 이번 가처분신청은 증권거래법의 주주제안법이 도입된 지 10년 민에 처음으로 신청된 것이다. (출처 : 머니투데이 2003. 3. 20, 이데일리 2003. 3. 20)

[3] ○○전기의 주요주주인 □□□ 측은 현직 이사 3명을 해임하는 주주제안권을 행사했다. □□□ 사장측은 또 이와 함께 수원지법에 이들 이사들의 직무집행정지 가처분신청과 현 최대주주인 △△△씨에 대한 의결권행사정지 가처분신청을 제기했다. (출처 : 머니투데이 2003. 7. 3, 이데일리 2003. 7. 3)

[4] ○○증권의 노동조합은 집중투표제의 도입을 위한 정관일부 변경의 건을 주주제안으로 제출했다고 밝혔다. 아울러 주주총회에서 선임할 사내감사위원을 1년간 공모키로 했다. ○○증권의 노조는 현재 노조지분 45만 1,790주(0.32%)와 우리사주조합 651만 6,898주(4.68%)를 확보했으며 우호지분 400만 주도 추가로 확보한 상태다. ○○증권 대주주인 ○○상선은 1,782만 6,385주(12.79%)를 소유하고 있으며 집중투표제 관련 정관변경 건의 경우 증권거래법상 의결권이 3%로 제한돼 실질적으로 418만 602주의 의결권만을 행사할 수 있다. (출처 : 스탁데일리 2005. 4. 7, 이데일리 2005. 4. 7, 문화일보 2005. 4. 19)

[3] 소집의 통지 · 공고

주주제위

제19기 정기주주총회 소집공고

주주님들의 댁내 평안과 건강하심을 기원합니다.
당사는 상법 제365조 및 정관 제18조에 의거하여 제19기 정기주주총회를 아래와 같이 개최하오니 참석하여 주시기 바랍니다.

아 래

1. 일　시 : 2003년 3월 14일 (금요일) 오전 9시 00분
2. 장　소 : 서울특별시 관악구 봉천1동 729-1, SK텔레콤 보라매사옥 4층 대강당
3. 회의 목적 사항
   가. 보고사항 : 감사보고, 영업보고, 외부감사인 선임보고, 이익에 의한 주식소각 보고
   나. 부의안건
   제 1 호 의안 : 제19기 재무제표 승인의 건
   제 2 호 의안 : 이사 선임의 건
   2-1호 : 감사위원회 위원이 되는 사외이사 선임의 건

구분	성명 (생년월일)	주요약력	추천인	회사와의 최근 3년간 거래내역	최대주주와의 관계
이사후보 (사외이사)	○○○	○고려대학교 경제학과 졸업 ○(주)포스코 부사장	이사회	없음	없음

   2-2호 : 사내이사 선임의 건

구분	성명 (생년월일)	주요약력	추천인	회사와의 최근 3년간 거래내역	최대주주와의 관계
이사후보	○○○	○서울대학교 상학과 졸업 ○SK 그룹 회장 및 SK 텔레콤 대표이사 회장	이사회	없음	SK(주) 비상근이사
이사후보	○○○	○보스턴대학교대학원 경제학 박사 ○SK 텔레콤 대표이사 사장	이사회	없음	없음

   제 3 호 의안 : 이사 보수한도 승인의 건
4. 경영참고사항 비치
   증권거래법 제 191조 10의 제 ③항에 의거하여 경영참고사항 등을 당사의 본점, 지점, 금융감독위원회, 증권거래소, ㈜국민은행 증권대행부에 비치하오니 참조하시기 바랍니다.
5. 실질주주의 의결권 행사에 관한 사항
   금번 당사의 주주총회에서는 증권거래법 제174조 6의 제 ⑤항 단서규정에 의거 증권예탁원이 주주님들의 의결권을 대리행사할 수 없습니다. 따라서 주주님께서는 주주총회에 참석하여 의결권을 직접 행사하시거나 적법한 대리인에 위임하여 의결권을 간접적으로 행사하실 수 있습니다.

2003년 2월 26일
서울특별시 종로구 서린동 99
SK 텔레콤주식회사
대표이사 표 문 수 (직인 생략)

| 해 설 |

주주총회의 소집은 다수의 주주를 상대로 총회참석의 기회를 주기 위한 것이고, 모든 주주에게 공평한 기회를 부여하기 위하여 법에서는 총회소집의 방법으로 통지 · 공고를 규정하

고 있다. 원래 상법상으로는 기명주주에 대하여 소집통지를 하려면 개별적으로 소집통지를 하도록 하고 있으나, 위 사례에서는 증권거래법상 상장법인에 대하여 인정되는 특례규정에 의하여 소액주주에 대하여 공고함으로써 개별적인 통지에 갈음하고 있다. 물론 이러한 경우에도 공고의 방식과 주주에 대한 개별적인 통지의 방식을 병행하는 것은 가능하다(주주에 대한 서비스차원에서). 위 사례에서 증권예탁결제원에 예탁된 주식의 실질주주가 의결권을 직접 행사하거나 불행사하고자 하는 경우에는 그 뜻을 총회 회일의 5일 전까지 증권예탁결제원에 통지하도록 하고, 그 통지를 하지 않은 경우에는 증권예탁결제원이 의결권을 행사한다고 공고하고 있다. 그러나 실질주주는 그러한 통지를 하지 않은 경우에도 직접 주주총회에 참석하여 의결권을 행사할 수 있다.

Ⅰ. 취지

총회소집의 통지 · 공고는 주주로 하여금 주주총회 참석권과 준비의 기회를 부여하기 위한 제도적 장치이기 때문에, 이에 관한 상법규정은 강행규정이다. 이에 위반한 총회소집의 적법성 여부는 「주주의 총회참석권의 실질적 침해」 여부에 따라 판단한다.

Ⅱ. 통지 · 공고의 방법

주주총회를 소집하기 위해서는 회의의 일자 · 장소 · 안건 등을 정하여, 기명주주에 대해서는 소집을 통지하고, 무기명주주에 대해서는 소집을 공고하여야 한다(상 363조 1항 · 3항).

1. 기간

통지는 회일의 2주간 전에 하여야 하고, 공고는 회일의 3주간 전에 하여야 한다(상 363조 1항 · 3항). 이 기간을 정관으로 연장하는 것은 가능하지만, 단축하는 것은 허용되지 않는다. 이 기간계산의 기산점은 다수의 주주를 상대로 한 것이기 때문에 일률적으로 발신주의에 의한다.

2. 방법

(1) 문서에 의한 통지

① 회일 2주간 전에 개별적으로 「서면」 또는 「전자문서」에 의하여 「개별적으로」

통지를 발송하여야 한다(통지방법의 법정)(상 363조 1항). 이는 총회소집의 내용(예 : 일자, 장소, 안건 등)을 명확히 하기 위함이다. 이러한 법정방법에 의하지 않는 소집통지(예 : 구두통지, 전화통지)는 주주가 사전에 서면통지에 의한 수령권을 포기하지 않는 한 허용되지 않는다.

② 2001년 상법개정에 의하여 전자문서에 의한 소집통지도 가능하게 되었다. 전자문서란 컴퓨터 등 정보처리능력을 가진 장치에 의하여 전자적 형태로 작성되어 송 · 수신 또는 저장되는 정보를 말한다(전자거래기본법 2조 1호)(예 : 전자우편에 의한 소집통지).

③ 위의 문서요건을 충족하는 한 그 구체적인 방법은 郵便 · 人便 · 전자적 송부(예 : Fax 전송) 등을 불문한다.

(2) 개별적인 통지

주주에게 개별적으로 통지를 하여야 한다. 예컨대, 회사의 인터넷 홈페이지에 총회소집에 관한 내용을 일률적으로 게시하는 방법은 주주에 대한 개별적인 통지방법이 아니기 때문에 적법하지 않다. 소집통지방법의 적법성 판단의 핵심은 통지내용의 명확성과 이에 대한 주주의 용이한 접근가능성에 있다.

(3) 통지의 주소

소집통지는 주주명부에 기재된 주소 또는 그 자로부터 회사에 통지된 주소(예 : 전자우편주소, Fax 번호)로 발송하면 된다.

Ⅲ. 통지 · 공고의 내용

1. 회의 일시와 장소

회의일시와 소집장소는 이사회가 결정하여 주주에 대한 통지 · 공고에 이를 기재하여야 한다.

(1) 총회의 「소집지」는 정관에 다른 정함이 없으면 본점소재지 또는 이에 인접한 地에서 소집하여야 한다(상 364조)(예 : ○○○○시 ○○구 ○○동 ○○○번지). 인접한 地라 함은 인접하는 최소독립행정구역을 뜻한다. 「소집장소」에 관하여는 상법에 규정이 없으나 소집지 내에 있어야 하며, 정관에 다른 정함이 없으면 위 지역 내에

서 선량한 관리자의 주의로써 적절한 장소로 하여야 한다(예 : 위 소집지 내의 본사 3층 101호 회의실 또는 서울 남대문구 소재 대한상공회의소 지하 1층 대강당).

(2) 총회 소집의 일시와 장소는 회사의 사정뿐만 아니라 주주들의 참석상의 편의와 수용능력 등을 고려하여 건전한 상식에 따라 정하여야 한다.

2. 목적사항

(1) 회의의 목적사항은 총회에서 결의할 의안을 말한다. 결의사항이 무엇인가를 주주가 알 수 있는 정도로 기재하면 된다. 다만, 정관변경이나 자본감소, 회사합병, 회사분할 등의 특별결의사항을 다룰 주주총회를 소집할 때에는 의안의 요령(결의할 주된 내용)도 기재하여야 한다(상 433조 2항, 438조 2항, 522조 2항).

(2) 통지 · 공고된 목적사항 이외의 사항을 결의하는 것은 참석 주주 전원의 동의가 있더라도 허용되지 않는다(대판 1969. 2. 44, 68다2284 ; 대판 1979. 3. 27, 79다19). 그러나 목적사항의 전부 또는 일부의 철회는 가능하고, 목적사항의 동일성을 유지하는 한 수정이 가능하다.

3. 의결권행사방법의 특이사항 등

의결권행사방법과 관련하여 특별히 알려야 할 사항이 있으면 통지 · 공고에 이를 밝혀야 한다(예 : 실질주주의 의결권행사방법 등). 반대주주에게 주식매수청구권을 부여하여야 하는 경우에는 그에 관한 내용(매수청구권의 내용과 행사방법)도 소집 통지 및 공고에 명시하여야 한다(상 374조 2항, 530조 2항).

Ⅳ. 통지의 면제

(1) 의결권 없는 주주

의결권 없는 주주에 대해서는 통지를 하지 않는다(상 363조 4항).

(2) 무기명주주에 대한 공고

무기명주주에 대해서는 회일의 3주간 전에 공고하여야 한다(상 363조 3항).

(3) 장기 부도달 주주

① 주주에 대한 총회의 소집통지가 「주주명부상의 주소」에 「계속 3년간」 「도달하지 아니한 때」에는 회사는 당해 주주에게 총회소집을 통지하지 아니할 수 있다(상 363조 1항 본문). 장기 소재불명의 주주에 대한 무익한 통지를 더 이상 하지 않아도 되도록 함으로써 회사의 소집통지의 부담을 덜어주기 위함이다. 위 요건충족에 대한 입증책임은 회사에 있다.

② 입법론으로 무익한 통지의 생략을 주주총회의 소집통지에 국한하지 말고 모든 통지사항에 대해 적용할 수 있는 일반규정을 두는 것이 바람직하다는 견해가 있다(이철송).

(4) 상장법인의 소액주주

상장법인의 소액주주(즉, 의결권 있는 주식총수의 1% 이하의 주식을 가진 주주)에 대해서는 소집통지를 하여도 무방하지만, 회일 2주간 전에 총회소집의 뜻과 목적사항을 2개 이상의 일간신문에 2회 이상 공고함으로써 소집통지에 갈음할 수 있다(증거 191조의10 1항). 이 같은 경우에 주주에 대한 개별적인 통지를 병행하는 것은 물론 가능하다.

| 주주총회 소집의 통지 · 공고 |

소집통지	소집공고
회일 2주전에 서면 또는 전자서면으로 의결권 있는 주주(기명주주)에게 개별 통지하여야 한다. ☞ 면제 - 주주총회 소집통지가 주주명부상 주주의 주소에 계속 3년간 부도달한 경우	■ 무기명주주에 대해서는 회일 3주 전에 공고한다. ■ 상장법인의 소액주주(의결권 있는 주식의 1% 이하)에게는 개별적 통지의무가 면제된다. 그 대신 총회일 2주 전에 2개 이상의 일간지에 2회 이상 소집공고로 통지에 갈음할 수 있다.

Ⅴ. 철회 · 변경

주주총회의 소집 자체를 철회하거나 총회를 소집하되 일시 · 장소 · 목적사항을 변경하는 것은 가능하다. 그러나 이러한 철회 · 변경이 유효하려면 총회소집의 통지 · 공고와 동일한 방법과 기간을 준수하여 철회 · 변경의 통지 · 공고를 하여야 한다.

Ⅵ. 하자의 치유

주주의 총회참석권을 침해하지 않는 총회소집절차상의 경미한 하자는 총회결의의 효력에 영향을 미치지 않는다. 다만, 주주의 총회참석권을 침해하는 경우 그 하자의 경중에 따라 결의의 취소·부존재 등의 사유가 된다. (후술)

▎울산지법 2003. 11. 19. 선고 2003가합1485 판결▕

주주총회의 소집통지기간이 상법에서 정한 2주일보다 1일 부족한 하자가 있고 법정기간을 준수한 서면통지를 하지 아니한 채 소집되었다 하더라도 정족수가 넘는 주주의 출석으로 결의를 하였다면 그 결의는 적법하다. (同旨 : 대법원 1991. 5. 28. 선고 90다6774 판결)

Ⅶ. 전원출석총회·1인회사의 주주총회

전원출석총회 또는 1인 주주인 회사의 경우에는 주주총회의 소집에 관한 상법규정의 엄격한 적용이 완화된다.

1. 의의

전원출석총회(전원집회)란 총회의 소집절차 없이 주주 전원이 모여서 일정한 결의를 하는 것을 말한다. 「주주 전원의 동의」가 필수요건이다. 주주가 1인인 경우에는 그 1인의 주주에 의하여 전원주주총회가 된다.

2. 총회 결의로서의 유효성

전원출석총회의 결의에 대하여 총회의 결의로서 효력을 인정할 수 있는가에 대해서는 그 하자의 종류에 따라 나누어 살펴볼 필요가 있다.

(1) **총회소집절차에 하자가 있는 경우** (예 : 통지기간을 준수하지 않은 경우, 일부 주주 또는 주주 전부에 대한 통지를 하지 않은 경우)

총회소집절차상의 하자에 그치는 경우에는 해당 주주 전원(1인 주주인 회사의 경우에는 그 1인)의 동의가 있으면 하자가 치유된다(다수설). 총회소집의 통지는 주주 개개인에게 총회참석의 기회를 부여하는데 그 뜻이 있으므로 전주주가 그 이익을 포기하여 동의한다면 굳이 문제삼을 필요가 없기 때문이다.

서울고법 1980. 3. 19. 선고 78나3362 제4민사부 판결

실질적인 1인 주주회사에서는 그 1인 주주의 의사가 바로 주주총회의 결의라 할 것이므로 주주총회의 소집통보 등 형식적인 절차를 거치지 않았다 하여 그 결의가 부존재라고 할 수 없다. (同旨 : 대구고법 1977. 6. 14. 77나142 제1민사부판결 ; 광주지법 1993. 12. 8. 선고 92가합6039 제5민사부판결 ; 대법원 1967. 2. 28. 선고 63다981 판결 ; 대법원 1966. 9. 20. 선고 66다1187, 1188 판결)

서울고법 1965. 5. 6. 선고 64나1184 제5민사부 판결

회사의 재산이 대표이사의 개인소유로부터 우러나왔고 주주들도 그의 가족들로 구성된 가족회사에서 가족간의 합의에 의하여 회사의 영업전부에 관한 임대차계약을 체결한 것이라 하더라도 상법 소정의 소집절차를 밟지 아니하였을 뿐만 아니라 그 특별결의에 관한 결의서 등 기타 주주총회의 적법 유효한 결의가 있었다고 인정할 만한 자료가 없으니 주주인 가족들 간의 사실상의 합의가 있었다는 사실만으로 주주총회의 특별결의가 있었다고 볼 수는 없다.

(2) 이사회의 소집결의에 흠결이 있는 경우

이사회의 소집결정에 하자가 있거나 소집결의가 전연 없는 경우에도 주주 전원(1인 주주인 회사의 경우에는 그 1인)이 출석하여 결의하면 유효한 총회결의로 인정할 수 있는가에 대해서는 견해가 나뉜다.

(ⅰ) 유효설 - 주주 전원의 동의로 이사회의 소집결정을 갈음할 수 있다고 보는 견해이다(대판 1993. 2. 26, 92다48727 등 다수). 판례에 의하면, 총회를 개최한 사실이 없더라도 1인 주주가 결의한 것으로 의사록이 작성되어 있다면 주주총회의 결의가 있는 것으로 보고(대판 1993. 6. 11, 93다8702), 의사록조차 없더라도 증거에 의해 주주총회의 결의가 있었던 것으로 볼 수 있다는 판례도 있다(대판 2004. 12. 10, 2004다25123). 그 이유로, 1인회사의 경우에는 결국 그 주주의 의사대로 결의될 것이 명백하기 때문이라고 한다.

대법원 1996. 10. 11. 선고 96다24309 판결

임시주주총회가 법령 및 정관상 요구되는 이사회의 결의 및 소집절차 없이 이루어졌다 하더라도, 주주명부상의 주주 전원이 참석하여 총회를 개최하는 데 동의하고 아무런 이의 없이 만장일치로 결의가 이루어졌다면 그 결의는 특별한 사정이 없는 한 유효하다. (同旨 : 대법원 2002. 7. 23. 선고 2002다15733 판결 ; 대법원 2002. 12. 24. 선고 200다69927 판결 ; 대법원 1993.2.26. 선고 92다48727 판결 : 수원지법 1986. 8. 20. 84가합1013 제2민사부판결)

(ii) 무효설 - 소유와 경영의 분리원칙에 입각한 기관분화의 취지에서 볼 때, 명문의 규정이 없는 터에 이사회에 의한 소집결정의 흠결은 주주 전원의 동의로도 치유될 수 없다는 견해이다(이철송).

(iii) 사견 - 이사회의 소집결정권에 관한 상법규정은 정관으로도 주주총회의 권한으로 돌릴 수 없는 강행규정으로 보는 다수설이 논리적 일관성을 유지하려면 전원출석총회 또는 1인 주주에 의하여 총회소집에 관한 이사회의 결의를 갈음할 수 없다고 보아야 할 것이다. 이 같은 논리적 모순이 있음에도 불구하고 위 다수설과 판례와 같은 입장을 취하는 것은 1인회사나 소규모의 폐쇄적 회사에서의 의사결정구조의 현실적 특성을 감안한 고육지책이라 하겠다. 위의 다수설이나 판례의 입장은 해석론을 뛰어 넘는 것이므로 입법에 의하여 이를 명확히 할 필요가 있다. 주주총회의 소집권한을 이사회의 강행법적 권한으로 보는 다수설에 대해서는, 과연 그렇게만 볼 것인지를 검토해 볼 필요가 있다고 생각한다.

| 유한회사에 관한 상법 제573조의 주식회사에의 유추적용 여부 |

유한회사에서는 총사원의 동의가 있을 때에는 소집절차 없이 총회를 열 수 있음을 명문으로 규정하고 있다(상 573조). 이는 긴급한 결의가 요구되는 경우에 총사원의 동의를 조건으로 이사에 의한 소집통지를 생략하고 사원총회를 열 수 있으며, 반드시 총사원의 출석을 요하는 것이 아니라 결석자가 있는 경우에도 사원총회를 열 수 있다. 상법 제573조의 규정을 주식회사에 대해서도 유추적용할 수 있는지에 대해서는 찬반양론이 있다.

(i) 적용가능설 – 주식회사에서도 명문규정은 없지만 총주주의 동의가 가능한 폐쇄적인 회사에서는 이를 부정할 이유가 없다는 견해이다.

(ii) 적용불가설 – 상법 제573조는 유한회사의 폐쇄성을 고려하여 주식회사와는 다른 특칙이므로, 이를 주식회사에 그대로 적용할 수는 없다는 견해이다.

| 관련사례 |

2001년에 들어 가장 많은 362개 기업이 3월 16일 일제히 정기 주주총회를 열었다. 이달 말까지 주총을 열어야 하는 1,083개사의 3분의 1에 이른다. 증권거래소 상장 573개 법인 가운데 220개사, 코스닥 등록 219개 법인 가운데 142개사의 주총이 이날 집중됐다. (출처: 대한매일 2001. 3. 17)

(생각거리)

흔히 '소나기 주총'으로 표현하듯이 특정 일시에 결산주주총회가 집중적으로 이루어짐으로써 주주의 총회참석권과 주주권행사가 사실상 제약을 받는 경우가 있다. 주주들의 주주총회 참석을 어렵게 하기 위하여 다수의 회사들이 의도적으로 동일한 시점에 주주총회를 열기로 한 경우 당해 주주총회 결의의 적법성 여부는?

제5절 주주의 의결권

차등의결권의 도입여부를 둘러싼 논의가 정치권, 재계, 시민단체 사이에서 활발하게 이뤄지고 있다. 차등의결권 제도는 경영권을 갖고 있는 대주주의 주식에 대해 보통주보다 많은 의결권을 주는 대표적인 경영권 방어장치로, 다른 나라에서 일부 시행 중이다. 경제단체는 이에 대해 반색을 하며 정부에 공식 건의하겠다는 적극적 자세를 보인 반면, 공정거래위원회와 시민단체는 재벌 소유지배구조의 개선에 역행한다며 반대의견을 표명하고 있다. 정부 당국자는 "상법상 1인 1표(주 : 이는 1주 1의결권을 잘못 표현한 것이다)를 규정한 주주평등주의와 외국인이 증시에서 46%를 차지하고 있는 현실에서 기존 주주의 이익을 침해할 우려가 있다"는 부정적인 입장을 밝혀 실제 도입 여부는 불투명하다. (출처 : 동아일보 2004. 10. 20, 제일경제 2004. 10. 20, 한겨레 2004. 10. 20, 한국경제 2004. 10. 20)

| 해 설 |

위 사례는 국내기업의 경영권 안정을 위하여 대주주의 주식에 대해서는 보통주보다 많은 수의 의결권을 인정하는 차등의결권제도의 도입에 대하여 이를 적극적으로 찬성하는 기업계와 이를 반대하는 쪽의 전혀 상반된 시각이 있음을 소개한 것이다. 만일 차등의결권제도를 도입하면 이는 1주 1의결권 원칙에 대한 중대한 수정이 된다. 과연 우리 상법상 차등의결권제도의 도입이 가능할까? 아래 해설을 통하여 이에 대한 해답의 실마리를 찾을 수 있을 것이다.

[1] 의결권의 뜻

주주총회에서의 의결권은 총회에서 주주들의 총의를 결정함에 있어서 주주들이 그 결의에 지분적으로 참가할 수 있는 권리이다.

[2] 의결권의 귀속

(1) 주주총회에서의 의결권은 오로지 「주주」만이 갖는다. 회사를 둘러싸고 주주 외에 회사채권자, 근로자 등의 다양한 이해당사자(stakeholder)들이 있으나, 이들은 주주가 아닌 한 의결권을 갖지 못한다. 「의사결정에 대하여 위험을 부담하는 자만이

그 결정권을 갖는다」는 조리상의 원칙에 따라 잔여재산분배청구권자로서의 지위(즉, 위험의 최종부담자)에 있는 주주만이 회사의 의사결정에 참여할 수 있는 의결권을 갖도록 함이 합당하다는 것이 그 논거이다(주주자본주의, shareholder's capitalism).

(2) 의결권을 행사할 수 있는 주주는, (ⅰ) 기명주식의 경우는 주주명부에 명의개서되어 있는 주주이고(상 337조), (ⅱ) 무기명주식의 경우는 회일의 1주간 전에 회사에 주권을 공탁한 주주이다(상 368조 2항). 기명주식의 경우는 주주명부의 폐쇄와 기준일에 의하여 획일적으로 의결권을 행사할 수 있는 주주를 확정한다(상 354조).

[3] 의결권의 수

(1) 1주 1의결권 원칙

의결권은 주식평등의 원칙에 따라 1주마다 1개만이 주어지는 것이 원칙이다(상 369조 1항). 이를 1주 1의결권 원칙이라 한다. 따라서 특정 주식 1주에 1개 이상의 의결권(또는 의결권가치)을 부여하는 복수의결권 · 차등의결권 · 황금주는 허용되지 않는다.

(2) 강행법규성

1주 1의결권 원칙은 「출자」·「위험」·「영향력(의사결정권)」 3자간 비례적 균형을 실현하기 위한 제도이다. 이는 주식회사의 자본단체적 성질에서 비롯되는 강행법적 원칙이다. 따라서 법이 특히 인정한 예외의 경우를 제외하고는 정관이나 주주총회의 결의로도 달리 정할 수 없고, 이와 다른 주주간의 합의는 무효이다.

차등의결권 · 황금주

차등의결권은 경영권을 갖고 있는 대주주의 주식에 대하여 일반적인 주식보다 더 많은 의결권을 인정하는 것을 말한다. 황금주(golden shares)는 적은 분량의 주식만으로 주요한 의사결정에 대해 거부권을 행사할 수 있는 특별한 주식이다. 차등의결권이나 황금주는 적대적 M&A에 대한 방어장치로 쓰이는 것인데, 주주평등의 원칙에 반하고 다른 주주의 의결권을 침해할 소지가 있다.

| 관련사례 |

미국의 인터넷 검색업체인 ○○은 올해 기업을 공개하면서 차등의결권 제도를 도입했다. 공동창업자인 □과 △를 비롯한 기존 주주들의 보유 주식은 1주당 10표, 일반 투자자들에게 공모한 신주는 1주당 1표의 의결권을 갖도록 한 것이다. □과 △는 주주들에게 보낸 이메일에서 "회사의 의사결정과 운명을 우리가 통제하기 위한 것"이라고 밝혔다. 기업공개 이후 제3자가 주식을 매집해 적대적 인수합병을 시도하거나 경영권을 위협하는 일이 없도록 방어장치를 마련했다는 것이다. 이들은 "단기 경영성과에 구애받지 않고 회사의 핵심가치를 높이는 장기전략을 추구하기 위한 조치"라고 주장했다. 월스트리트에서는 "(의결권 차별화는) 주주들의 이익을 침해할 수 있다"는 비판이 쏟아졌다. 그럼에도 ○○은 주당 85달러의 높은 가격으로 올해 최대 규모의 기업공개에 성공했다. (출처 : 조선일보 2004. 11. 2 [김기천, "주주자본주의 함정"])

[4] 의결권의 제한

○○생명 등이 ○○전자 등 다른 계열사에 대해 계열 금융회사의 의결권 행사를 제한한 공정거래법 관련 조항이 위헌이라며 헌법소원을 제기했다. ○○생명, ○○화재, ○○물산 등 3개사는 "개정 공정거래법의 의결권 제한이 재산권, 평등권 등에 위배된다"면서 헌법재판소에 헌법소원을 제기했다고 공시했다. 이들은 청구서에서 "○○생명 등은 상호출자제한기업집단에 속하는 회사로서 공정거래법으로 인해 2008년 4월1일부터 ○○전자에 대한 보유주식 가운데 2.81% 부분만큼 임원 선임 등의 의결권을 행사할 수 없게 돼 주식재산권에 침해를 받았다"고 주장했다. 이어 "이로써 ○○생명 등은 우량 주식인 ○○전자의 경영권을 적대적 인수 · 합병을 통해 손쉽게 빼앗기는 피해를 당할 위기에 처했다"고 덧붙였다. 개정된 공정거래법은 재벌 대주주가 자금력이 풍부한 금융회사를 통해 계열사를 지배하는 구조를 견제하기 위해 금융 계열사가 의결권을 행사할 수 있는 지분 한도를 30%에서 단계적으로 15%까지 축소하도록 했다. 이에 따라 ○○생명 등이 보유한 ○○전자 지분(현재 17.81%) 가운데 한도를 초과한 2.81%에 대해서는 주식을 갖고 있어도 의결권을 행사하지 못하게 된다. (출처 : 서울경제 2005. 6. 30, 서울신문 2005. 6. 30, 조선일보 2005. 6. 30, 한국경제 2005. 6. 30)

| 해 설 |

회사법적인 측면에서 볼 때, 의결권은 주주의 고유권이기 때문에, 법률에 의하지 않고 정관이나 주주총회의 결의에 의하여 의결권을 제한하는 것은 허용되지 않는다. 의결권은 주식이 담고 있는 가장 중요한 권리 중의 하나로, 이에 대한 제한은 법률에 근거가 있어야 한다. 그러나 법률에 의하여 의결권을 제한한다고 하여 그것이 항상 정당화되는 것은 아니다. 만약 그러한 제한이 합리적인 근거에 의하여 뒷받침되지 못할 때에는 위헌 여부가 문제될 수 있다(헌법 23조 참조). 위는 독점규제및공정거래에관한법률에 기하여 일정 규모 이상의 기업집단에 속하는 금융사의 계열사에 대하여 의결권을 제한하는 것의 위헌 여부를 다루고 있다.

Ⅰ. 총설

주식이 담고 있는 의결권은 법에 의하여 주어진 주주의 고유권이므로 법률에 의하지 않고는 이를 박탈 · 제한할 수 없는 것이 원칙이다. 상법은 예외적으로 의결권을 일시적으로 제한할 수 있는 사유를 법정하고 있다. 이때의 의결권제한은 의결권의 일시적인 휴지일 뿐 항구적으로 의결권을 박탈 · 제한하는 것은 아니다.

Ⅱ. 의결권 없는 주식

회사가 수종의 주식을 발행한 경우 정관으로 이익배당 우선주에 대해서는 의결권 없는 것으로 할 수 있다(상 370조 1항 본문). 그러나 다음과 같은 경우에는 의결권 없는 주식에 대해서도 의결권이 인정된다.

① 정관 소정의 우선배당을 하지 않는다는 결의가 있는 주주총회의 다음 주주총회부터 그 우선배당을 한다는 결의가 있는 주주총회의 종료시까지(상 370조 1항 단서)

② 종류주주총회(상 435조, 436조)

③ 회사분할을 승인하는 결의(상 530조의3 3항)

④ 총주주의 동의를 요하는 경우(상 400조, 415조, 604조)

Ⅲ. 주주명부폐쇄기간 중에 전환된 주식

주주명부폐쇄기간(상 354조 1항) 중에도 전환주식의 전환권을 행사할 수 있다. 다만, 전환된 주식(예 : 의결권 없는 우선주[구주]가 의결권있는 보통주[신주]로 전환된 경우 그 의결권 있는 보통주)을 가지고 폐쇄기간 중의 총회의 결의에 관하여는 의결권이 없다(상 350조 2항). 주주명부폐쇄기간 중에도 전환청구권의 행사를 허용하면서도, 폐쇄기간 중에 전환된 주식에 의한 의결권행사를 인정하게 되면 그에 따른 후속처리가 번잡하게 되므로 이를 피하기 위함이다.

Ⅳ. 자기주식

회사가 예외적으로 자기주식을 보유하고 있는 경우, 자기주식의 상태에 있는 동안은 의결권이 없다(상 369조 2항). 회사가 자기주식을 처분하여 제3자가 이를 취득하였을 때(즉, 자기주식의 상태로부터 벗어난 경우)에는 휴지상태에 있던 의결권이 부활한다.

Ⅴ. 상호주

(1) 비모자관계에 있는 상호주의 경우 의결권이 제한된다. 즉, (ⅰ) 회사가 다른 회사의 발행주식총수의 10%를 초과하는 주식을 가지고 있는 경우, (ⅱ) 모회사와 자회사가 합하여 다른 회사의 발행주식총수의 10%를 초과하는 주식을 가지고 있는 경우, (ⅲ) 자회사가 단독으로 다른 회사의 발행주식총수의 10%를 초과하는 주식을 가지고 있는 경우에는, 그 다른 회사가 가지고 있는 회사의 주식과 모회사의 주식에 대해서는 의결권이 없다(상 369조 3항).

(2) 모자관계에 있는 상호주의 경우 자회사는 모회사의 주식을 취득할 수 없음이 원칙이다. 예외적으로 자회사가 모회사의 주식을 취득할 수 있는 경우에도, 자기주식의 경우와 마찬가지로 자회사가 취득한 모회사의 주식은 의결권이 없다.

Ⅵ. 특별이해관계 있는 주주

○○전자의 소액주주가 주당 10원에 주식을 매도하게 한 주주총회 결의는 무효라며 낸 소송에서 패소했다. 서울고법 민사○부는 ○○전자의 소액주주인 ○모씨가 ○○전자를 상대로 "2002년 10월 임시주총에서 ○○모터공업에게 영업을 양도하기로 결의한 것은 무효"라며 낸 소송의 항소심에서 원심대로 원고 패소판결했다. 재판부는 "소액주주들도 채권단의 출자전환에 동의했고, 당시 주식매입 청구가격 또한 모든 주주에 해당되는 것이기 때문에 특별히 소액주주들에게만 불리할 것이 없었던 것으로 보인다"며 이같이 판결했다. ○○전자는 자본잠식 및 상장폐지 상태이던 2002년 10월 10일 영상사업부문과 냉기사업, 리빙사업부문의 자산 및 부대 관리사항에 대해 부채 1조 8,137억 원과 함께 ○○모터공업에 양도한다는 영업양수도계약을 체결했다. ○○전자는 이에 앞서 이와 같은 영업양도계약을 주주총회에서 승인받기 위해 주주들에게 임시주주총회 소집통지문을 발송했고, 임시주주총회에

서 발행주식총수 중에서 82.76%의 찬성으로 영업양도가 결의됐다. 당시 주식매수청구의 가격이 주당 10원으로 정해지자 ○○전자 지분 13%를 소유한 소액주주들은 반대운동에 나섰다. 소액주주들을 대표한 ○씨는 주주총회의 소집절차에 하자가 있었고, 출자전환으로 주식 87%를 소유하게 된 채권단은 특별이해관계인에 해당되므로 의결권이 없다고 주장하며 소송을 냈다. (출처: 머니투데이 2004. 7. 20, 이데일리 2004. 7. 20)

해 설

주주총회의 결의에 대하여 정도의 차이가 있을 뿐이지 그 결의에 '이해관계'가 전혀 없는 주주란 있을 수 없다. 다만 그 이해관계가 주주로서의 '통상적인 이해관계'를 훨씬 뛰어넘는(또는 이해관계의 성격이 판이한) '특별이해관계'를 가짐으로 해서 당해 결의에 참여토록 허락하면 결의의 공정성을 기하기 어려운 경우에는 예외적으로 당해 결의에 한하여 의결권을 행사할 수 없도록 하고 있다. 특별이해관계 있는 주주가 의결권을 행사한 경우에는 주주총회 결의 취소의 원인이 된다. 위 사례는 영업양도를 위한 주주총회의 승인결의에 있어서 출자전환으로 주식을 소유하게 된 채권단이 당해 안건에 대하여 특별이해관계 있는 주주인가의 여부가 문제되고 있다.

1. 「특별이해관계」의 뜻

(1) 주주총회의 결의에 관하여 특별한 이해관계 있는 주주는 당해 안건에 있어서 의결권을 행사할 수 없다(상 368조 4항). 특별이해관계 있는 주주의 의결권행사를 배제함으로써 결의의 공정을 기하기 위함이다. 이사회의 결의에 대하여 특별이해관계가 있는 이사는 주주총회의 경우와 동일한 이유에서 당해 이사회에서 의결권을 행사할 수 없다(상 391조 3항, 368조 4항).

(2) 여기의 특별한 이해관계는 특정한 주주가 「주주의 입장을 떠나서(즉, 주주의 지위와 상관없이) 개인적으로 가지는 이해관계」를 뜻한다(개인법설)(다수설).

부산고법 2004. 1. 16. 선고 2003나12328 판결

상법 제368조 제4항의 특별한 이해관계라 함은 특정한 주주가 주주의 입장을 떠나서 개인적으로 이해관계를 갖는 것을 말한다고 풀이되는 바, 회사와 주주 사이에 영업양도를 할 경우 그 주주는 특별한 이해관계인에 해당한다고 볼 수 있으나, 사업의 양도인이 독점규제및공정거래에관한법률상으로 합작회사의 대주주의 계열회사에 해당한다는 것만으로 그 대주주를 위 규정 소정의 특별한 이해관계인에 해당한다고 할 수는 없다.

2. 특별이해관계가 있는 경우

다음과 같은 경우 총회결의에서 주주는 그 결의에 관하여 특별이해관계가 있는 자로 된다. (ⅰ) 이사 · 감사 · 청산인의 보수액을 결의하는 안건에서 당해 이사 · 감사 · 청산인이 주주인 경우, (ⅱ) 재무제표의 이익처분안에 이사 · 감사의 상여금 지급이 포함되어 있는 안건에서 그 이사 · 감사가 주주인 경우, (ⅲ) 이사 · 감사에 대한 면책을 결의하는 안건에서 당해 이사 · 감사가 주주인 경우, (ⅳ) 영업양도 등에 대한 주주총회의 승인결의에 있어서 그 영업양도 · 양수의 상대방이 주주인 경우 등(이상의 경우 관련된 당사자가 주주가 아닌 경우에도 특별한 이해관계가 있는지, 없는지를 생각해 보라). 이러한 특별이해관계가 있는 주주는 당해 결의에 대하여 본인이 직접 의결권을 행사하는 것은 물론이고 대리인으로 통해서도 의결권을 행사할 수 없을 뿐만 아니라, 타인의 대리인으로도 행사하지 못한다.

3. 특별이해관계가 없는 경우

다음과 같은 총회결의의 경우 주주는 특별이해관계가 있는 자가 아니다. (ⅰ) 주주가 이사 · 감사인 경우 주주총회에서 그 이사 · 감사의 선임 · 해임을 결의하는 경우, (ⅱ) 주주가 이사 · 감사인 경우 주주총회에서 재무제표 등의 승인결의를 하는 경우 등. 이러한 경우에 특별한 이해관계가 있다고 하여 의결권을 행사할 수 없다면 대주주일수록 경영에 참가하기 어렵다는 모순이 생기기 때문이다.

4. 특별이해관계 있는 주식의 취급

특별이해관계 있는 주주는 당해 특별이해관계 있는 의안에 대하여 의견을 진술할 수는 있으나 의결권을 행사할 수 없다(상 368조 4항). 특별이해관계 있는 주주가 가지는 주식의 수는 발행주식총수에는 산입되나(상 368조 1항 참조), 출석주주의 의결권의 수에는 산입되지 않는다(상371조 2항). 이와는 달리 발행주식총수와 출석주주의 의결권의 수 모두에서 특별이해관계인의 주식의 수를 제외하여야 한다는 견해가 있다(손주찬).

5. 위반의 효과

특별이해관계 있는 주주가 의결권을 행사한 경우에는 주주총회 결의 취소의 원인이 된다(상 376조 1항).

6. 특별이해관계인의 사후적 시정

특별이해관계 있는 주주를 제외한 다른 주주들이 결의를 하였으나 그 결의의 내용이 현저하게 부당하고 그 특별관계 있는 주주가 의결권을 행사하였더라면 그 결의를 저지할 수 있었을 때에는, 그 특별이해관계 있는 주주는 부당결의 취소 또는 변경의 소를 제기할 수 있다(상 381조 1항). (후술)

Ⅶ. 감사선임시의 대주주

감사를 선임하는 결의에서는 의결권 없는 주식을 제외한 발행주식총수의 3%를 초과하는 수의 주식을 가진 주주는 그 초과분의 주식에 대해서는 의결권을 행사하지 못한다(상 409조 2항). 예컨대, 발행주식총수의 7%의 지주비율을 가진 주주는 감사선임에 있어서 3%까지만 의결권을 행사하고 초과분(4%)에 해당하는 주식으로는 의결권을 행사할 수 없다. 감사선임에 있어서 대주주의 영향력을 제한하여 중립적인 인물이 감사로 선임되도록 하기 위함이다.

| 의결권을 행사할 수 있는 주식의 총수 |

의결권을 행사할 수 있는 주식의 총수
= 발행주식총수 - 의결권 없는 주식수(예: 자기주식, 의결권 없는 이익배당우선주 등) - 증권거래법 등 기타 상사특별법에 의하여 의결권행사가 제한된 주식수 + 의결권이 부활된 주식의 수

| 관련사례 |

○○건설의 감자를 결의한 임시주주총회의 결의내용을 취소시켜달라는 소액주주의 청구가 법원에 의해 기각됐다. 증권거래소의 공시에 의하면, 관할법원은 소액주주인 ○씨가 ○○건설을 상대로 한 "임시주주총회의 결의가 부존재한다는 주위적 청구 및 결의의 취소를 구하는 예비적 청구"를 모두 기각했다. 법원은 기각사유로 "원고가 주장하는 사유들이 총회결의가 존재한다고 볼 수 없을 정도의 중대한 결의방법상의 하자라고 볼 수 없어 결의부존재 확인의 건은 더 살필 필요 없이 이유가 없다"고 밝혔다. 법원은 다만 당시 주총 결의의안 제4호인 전환사채 액면미달 발행의 건과 제5호인 신주 액면미달 발행의 건과 관련, 채권금융기관인 ○○은행과 ○○은행이 전환사채와 신주를 인수할 지위에 있어 특별이해관계인으로서 의결권행사를 할 수 없다는 청구인의 지적은 인정했다. 그러나 이 결의를 취소할 경우 피고회사와 채권금융기관이 추진했던 경영정상화를 위한 약정 등도 실효하게 돼 주주

에게나, 피고회사측에 치명적인 불이익을 가져오고 국민경제 전체에도 중대한 악영향이 미칠 것이므로 결의를 취소하는 것은 적절하지 않다고 판단했다. (출처: 머니투데이 2002. 6. 7 [문성일], 이데일리 2002. 6. 7)

제6절 의결권의 행사방법

[1] 총설

의결권은 주주가 직접 총회에 참석하여 행사하여야 하는 것이 원칙이다. 그러나 주주의 의사를 명확하게 확인할 수 있고 단체적 의사결정방식에 배치하지 않는 한 보다 간편한 방식의 의결권 행사방법을 인정함으로써 주주의 의결권행사를 실질적으로 보장해줄 필요가 있다. 이를 위한 방법으로, 주주를 대신하여 대리인으로 하여금 의결권을 행사하는 방법(대리투표), 총회에 「물리적으로 출석」하지 않고 서면으로 의결권을 행사하는 방법(부재자 서면투표), 실질주주의 의결권 행사와 관련된 의결권의 불통일행사 등이 있다. 특히 외국인 주주와 원격지 주주의 수가 상당한 비중을 차지하고 있는 국내 증권시장의 현실에 비추어 보다 용이하게 주주권을 행사할 수 있는 방안이 강구되어야 한다.

| 의결권의 행사방법 |

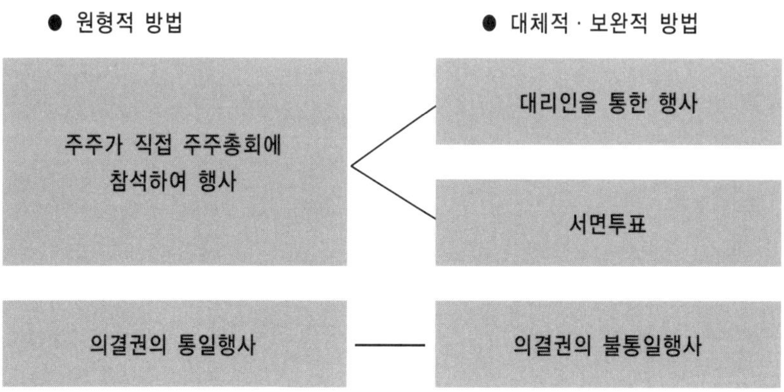

[2] 직접행사

(1) 주주는 자신이 직접 주주총회에 출석하여 의결권을 행사할 수 있다. 이것이 주주가 의결권을 행사하는 원형적인 방법이다. 기명주주의 경우는 주주명부(또는 실질주주명부)상의 주주가 의결권을 행사할 수 있고(상 337조), 무기명주주의 경우는 회일 1주 전에 주권을 회사에 공탁한 자가 의결권을 행사할 수 있다(상 368조 2항).

(2) 회사는 총회참석자가 주주명부상의 주주인지(기명주주주의 경우) 또는 주권을 공탁한 주주인지(무기명주주의 경우)를 조사할 의무가 있으며, 의결권을 행사하려는 주주는 자신의 인적사항의 동일성에 대하여 스스로 입증하여야 한다(예 : 신분증 · 참석장의 지참). 실무에서는 총회에 출석하려는 주주는 회사로부터 미리 송부받은 참석장을 접수처에 제시하거나 그 밖의 방법으로 그 자격을 증명하도록 하고 있다(표준주주총회운영규정 5조 참조).

[3] 대리행사

○○전자와 표대결을 벌이고 있는 시민단체는 약 200명의 소액주주들에게 주주제안에의 참여를 부탁하는 안내문을 발송했으며, 정기주주총회에 이사선임의 건을 상정하도록 하는 내용의 주주제인을 제출했나. 시빈난체는 제안을 통해 국내외 개인주주 및 기관 66명으로부터 지분 1.19%(1,814,311주)를 확보했으며 이사후보로 ○○○씨를 추천했다. 이에 대해 ○○전자는 시민단체측이 지원하는 인사의 사외이사 선임 불가로 맞대응하고 나섰다. 시민단체는 약 11만 명에 달하는 ○○전자 주주 중 100주나 100주 이상의 주주들에게 위임장을 제출받아 주주총회에서 권한을 행사할 수 있도록 해당 주주들에게 우편을 발송할 계획이다. 시민단체는 "주주총회와 관련 경영진이 직원들에게 각 의안에 찬반표시가 돼있는 위임장을 돌려 서명하도록 하고 있다"는 제보가 잇따르고 있다며, 이는 소액주주로서 직원들의 자유로운 의결권행사권을 침해하는 부당행위라고 주장했다. 이에 대해 ○○전자측은 "다른 회사와 마찬가지로 주주총회의 원만한 진행을 위해 일정 정도의 의결권을 직원들에게 받은 것으로, 한 사업장에 예시문 차원에서 안내문을 보내기는 했지만 찬반을 표시한 위임을 강요하지는 않았다"고 밝혔다. (출처 : 이데일리 2001. 2. 1, 헤럴드경제 2001. 2. 9, 이데일리 2001. 2. 16, 매일경제 2001. 2. 23, 매일경제 2001. 2. 23, 동아일보 2001. 2. 26, 서울경제 2001. 2. 27, 한국경제 2001. 2. 28, 한국일보 2001. 2. 28, 경향신문 2001. 2. 28, 한겨레 2001. 2. 28)

| 해 설 |

주주는 본인이 직접 의결권을 행사할 수도 있지만 대리인을 통하여 의결권을 행사할 수도 있다. 의결권의 대리행사는 주주의 의결권행사를 보다 간편하게 함으로써 의결권 행사를 실질적으로 보장하는 방법이다. 주주가 다른 사람에게 의결권행사를 위임하려면 어떠한 방법에 의하여야 할까? 위 사례처럼 시민단체가 주주운동을 하려면 스스로가 주식을 가지고 있지 않는 한 시민단체의 뜻에 호응하는 주주들로부터 의결권행사를 위임받아야 한다. 실제 의결권 행사의 대리제도는 경영권을 다투는 자나 주주총회에서 자신의 의사를 실현하고자 하는 자들 사이에서 위임장경쟁을 하는 과정에서 흔히 이용된다.

Ⅰ. 의의

의결권의 대리는 대리권 있는 제3자(대리인)가 특정 주주(본인)를 위하여 의결권을 행사(대리행위)하고 이에 대하여 주주가 직접 의결권을 행사한 것과 동일한 효과(대리효과)를 인정하는 것을 말한다(상 368조 3항).

Ⅱ. 취지 · 성격

의결권의 행사에서는 주주의 개성이 문제되지 않으므로 대리에 친한 행위이다. 의결권의 대리행사제도는 주주의 의결권행사를 용이하게 함으로써 주주의 권리행사를 보장해주는 것이 그 본연의 목적이므로, 이에 관한 규정은 강행규정이다. 따라서 정관 또는 주주총회의 결의에 의하여 의결권의 대리행사 그 자체를 금지하는 것은 허용되지 않는다(통설).

Ⅲ. 구조

1. 본인 - 주주

기명주식의 경우에만 의결권대리행사의 문제가 생긴다. 무기명주식의 경우에는 주권의 점유자가 주주로 추정되므로 회사에 대해 대리권을 입증할 필요가 없다.

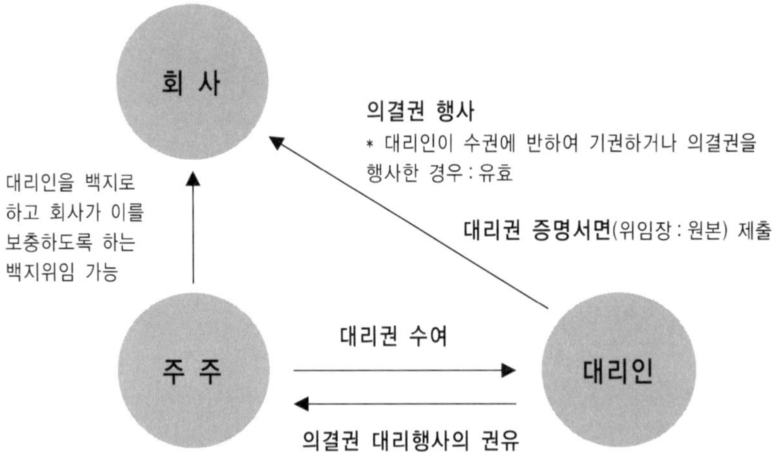

2. 대리인

(1) 자격

① 대리인의 자격에는 제한이 없다. 행위무능력자나 법인도 대리인이 될 수 있다. 그러나 회사 자신이 대리인이 될 수는 없다. 만일 이를 허용하면 자기주식에 대하여 의결권을 행사하는 것과 같은 것이 되기 때문이다.

② 대리인의 자격을 주주로 한정하는 정관의 효력에 대해서는 (i) 유효설, (ii) 무효설, (iii) 제한적 유효설(법인주주가 직원을 대리인으로 선임하는 경우나 개인주주가 질병 등으로 가족을 대리인으로 선임하는 경우에는 유효)이 있다. 유효설과 제한적 유효설은 주주총회의 교란방지나 회사사무의 편의를 위하여 그 같은 제한을 허용할 필요가 있다는 것을 이유로 들고 있다. 그러나 의결권의 대리행사제도는 주주의 권리행사를 보장해주기 위한 제도이고, 만일 대리인의 자격을 주주로 제한하면 주주의 의결권행사가 어렵게 될 수도 있다. 「대리인의 자격을 주주로 한정할 회사의 이익」과 「대리인선정에 제한을 받지 않음으로 해서 주주가 갖는 의결권행사상의 이익」 두 가지 사항을 비교할 때, 후자의 이익이 더 우선되어야 한다고 본다. 그러므로 정관에 의하더라도 위와 같은 제한은 허용되지 않는다고 보아야 할 것이다.

| 서울지법 2003. 11. 20. 선고 2001가합18662, 61253 판결 |

■ 비록 회사가 정관에 의결권 대리행사자의 자격을 주주로 한정하여 규정해 놓았다고 하더라도 이는 외부인의 개입으로 주주총회의 질서가 문란해지는 것을 방지할 회사의 필요에

의한 것이므로 회사가 주주 아닌 자의 대리인 자격을 확인하여 이들에게 적극적으로 의결권 행사를 보장하는 것은 무방하다 할 것이고, 이러한 의결권의 대리행사도 정관 규정과 무관하게 그 효력이 인정된다.

■ 구 증권업감독규정 제7-16조 제1항에서 외국인 주주가 상임대리인 이외의 자로 하여금 의결권을 대리행사하지 못하도록 규정한 것은, 외국인 주주가 상임대리인(감독규정 제7-15조에 따라 외국인 주주의 주식을 보관하는 은행, 증권회사 등의 보관기관이 상임대리인이 된다.)을 선임한 경우, 회사로서는 외국인 주주 본인이 아니라 그 상임대리인에게 주주총회 소집통지를 하게 되는 상황에서 외국인 주주가 상임대리인이 아닌 다른 자를 대리인으로 선임하여 의결권을 행사하려고 할 경우 발생할 수 있는 의결권 행사의 불확실성과 혼선을 미리 방지하고자 하는 취지라고 보아야 하고, 따라서 외국인 주주가 상임대리인이 아닌 다른 자에게 의결권 행사를 위임하는 게 아니라, 외국인 주주로부터 의결권 행사를 위임받은 상임대리인이 제3자에게 그 의결권 행사를 재위임하는 것을 금지하는 취지는 아니다.

(2) 수

1인의 주주가 복수의 대리인으로 하여금 의결권을 행사하게 할 수 있는가? 이에 대해서는 소극설과 적극설이 있다. 이는 경우에 따라 나누어서 보아야 한다. (ⅰ) 복수의 대리인을 공동대리(민 119조 단서)로 하는 경우에는 적극설이 타당하다. 일반적인 공동대리제도와 마찬가지로 의결권 대리행사의 경우에도 1인 대리인의 독주를 견제할 필요가 있기 때문이다. (ⅱ) 그러나 복수의 대리인을 이용하여 의결권불통일행사의 효과를 얻으려 하는 경우에는(예 : 1인의 주주가 소유주식의 각 부분에 대하여 각각 별개의 대리인으로 하여금 의결권을 행사하게 하는 경우), 의결권불통일행사의 요건(상 368조의2)을 구비한 때에만 복수의 대리인을 둘 수 있다.

3. 대리권의 부여

(1) 대리권의 존재

① 대리인의 대리권은 법률의 규정 또는 본인의 수권에 의하여 주어진다. 대리권의 수여는 자유로이 이를 철회할 수 있다.

② 주주가 대리인란을 백지로 하고 회사로 하여금 이를 보충하게 하는 백지위임은 주주가 회사에 대리인의 선임을 위임한 것으로 볼 수 있으므로 유효하다.

③ 수회의 총회(또는 수개의 의안)에 걸친 의결권의 대리권을 1회의 수권에 의하여 한꺼번에 부여하는 것이 가능한가? 이에 대해서는 (ⅰ) 매 총회별로 수여되어야 한다는 견해(이철송)와 (ⅱ) 기간이 특정되어 있는 한 포괄적으로 대리권을 수여하여도 무방하다는 견해가 있다(다수설)(대판 1969. 7. 8, 69다688). 수회의 총회에 대하여

포괄적으로 대리권을 수여하는 것은 사실상 의결권만을 분리하여 양도하는 것이 되어 주식불가분의 원칙상 허용되지 않는다는 것이 (ⅰ)설의 논거이다. 생각건대, 주식으로부터 의결권만을 분리하여 양도하는 것은 주식불가분의 원칙상 허용될 수 없음은 자명하지만, 기간을 특정하여 그 기간 동안의 의결권 행사를 포괄적으로 위임하였다고 하여 이를 두고 의결권의 분리양도로 단정할 수는 없다. 이러한 경우 외견상 의결권을 분리하여 양도한 것 같은 모습으로 비치지만, 기실 주주 본인이 의결권을 그대로 유보하고 있으므로 의결권의 분리양도가 아니다. 다만, 이 경우 주주는 의결권의 위임을 언제든지 철회할 수 있는 철회권을 유보하고 있어야 한다.

(2) 대리권의 범위
주주가 소유주식 전부 모두를 대리인으로 하여금 행사하는 경우뿐만 아니라(전부대리), 일부는 주주 자신이 의결권을 행사하고 나머지를 대리인으로 하여금 행사하게 하는 것도 허용된다(부분대리).

Ⅳ. 행사

(1) 대리인은 대리권을 증명하는 서면(위임장)을 총회에 제출하여야 한다(상 368조 3항 후단). 대리권의 존재와 총회에서 결의의 성립 및 투표의 집계를 명확하게 하기 위함이다.

| 대법원 1995. 2. 28. 선고 94다34579 판결 |

■ 상법 제368조 제3항은 주주의 의결권을 대리행사하고자 하는 자는 대리권을 증명하는 서면을 총회에 제출하도록 규정하고 있는 바, 그 규정은 대리권의 존부에 관한 법률관계를 명확히 하여 주주총회 결의의 성립을 원활하게 하기 위한 데 그 목적이 있다고 할 것이므로, 대리권을 증명하는 서면은 위조나 변조 여부를 쉽게 식별할 수 있는 원본이어야 하고 특별한 사정이 없는 한 사본은 그 서면에 해당하지 않는다. (同旨: 대법원 2004. 4. 27. 선고 2003다29616 판결)

■ 회사의 주주는 A와 그 회사의 대표이사들인 B, C의 3인뿐이었고, B·C는 A가 그 소유주식 일부를 D와 E에게 명의신탁하여 그들이 A의 단순한 명의수탁자에 불과하다는 사실을 잘 알면서 오랜 기간 동안 회사를 공동으로 경영하여 왔는데, A가 주주총회 개최 사실을 통보받고 미리 의결권을 변호사로 하여금 대리행사하게 하겠다는 의사를 주주총회 개최 전에 회사에 통보까지 하였고 그 변호사가 주주총회에 참석하여 A의 위임장 원본을 제출하

였다면, 비록 그 변호사가 지참한 D·E의 위임장 및 인감증명서가 모두 사본이라 하더라도 A가 그 소유주식 전부에 대한 의결권을 그 변호사에게 위임하였다는 사실은 충분히 증명되었다고 할 것이어서, 회사의 대표이사들은 그 변호사의 의결권 대리행사를 제한하여서는 안 된다.

(2) 대리권 존부에 관한 분쟁을 막기 위하여 위임장은 원본일 것을 요하나, 미리 회사에 통지한 경우에는 사본을 제출하였더라도 의결권의 대리행사를 제한할 수 없다(대판 1995. 7. 28, 94다34579). 주주의 법정대리인이나 그 밖의 자격에 의하여 당연히 주주를 대리할 권한이 있는 사람인 경우에도 그 자격을 증명하는 자료를 회사에 제출하여야 한다. 법인 기타 단체의 대표자가 출석하는 경우에도 이와 마찬가지이다(표준주주총회운영규정 6조, 7조 참조).

Ⅴ. 효과

대리인의 의결권 행사는 본인인 주주가 의결권을 행사한 것과 동일한 효력을 가진다. 대리인이 본인의 의사와 다르게 의결권을 행사한 경우에는 내부적으로 대리인이 주주에 대하여 손해배상책임을 지는 것과는 별개로, 그 의결권 행사는 그와 상관없이 유효하다.

Ⅵ. 의결권 대리행사의 권유

1. 의의·방식

의결권대리행사의 권유란 의결권 행사에 있어서 스스로 대리인이 되고자 하는 자가 주주들에게 의결권의 행사를 자기 또는 타인에게 위임할 것을 권유하는 것이다. 의결권행사의 대리를 권유하는 자가 위임장을 주주들에게 보내고, 주주가 이 위임장에 대리인을 특정하지 않고 기명날인하여 회사에 반송하면, 회사가 특정인을 대리인으로 하여 그 자로 하여금 의결권을 대리행사하도록 하는 방식에 의하는 것이 보통이다.

| 기 능 |

의결권 대리행사의 권유는 총회의 정족수를 채우기 위하여 이용되기도 하나, 경영권 다툼을 벌이는 경쟁자들 간에 위임장 쟁탈전(proxy fighting)을 벌이는 경우에 주로 이용된다. 의결권 대리행사의 권유는, 그대로 두면 행사되지 않을 의결권을 적극적으로 발굴하여 이를 행사하도록 하는 긍정적인 측면이 있는 한편, 군소주주의 지분을 들러리로 동원하여 경영권 다툼에 유리한 고지를 점하기 위한 수단으로 이용될 가능성도 있다.

2. 규제

증권거래법에서는 의결권을 위임하는 주주에게 정확한 판단에 기하여 가능한 본인의 의사를 반영할 수 있도록 하기 위하여, 상장법인의 경우 의결권대리행사의 권유자는 총회의 목적사항의 각 항에 대하여 찬부를 명기할 수 있는 위임장용지와 의안에 관한 참고서류를 주주에게 제공하도록 하고 있다(증거 199조, 증거령 85조 1항 · 2항). 권유자는 위임장용지에 나타난 피권유자의 의사에 따라 의결권을 행사하여야 하므로(증거령 85조 6항), 그에 따라 의결권의 불통일행사를 할 수 있다. 그러나 위 규정은 단속법규에 불과하므로, 이에 위반한 결의도 유효하다. 다만 위반행위자에 대하여 형사처벌을 할 수 있다(증거 209조 9호).

| 관련사례 |

[1] 정부가 1999년 ○○캐피탈에 ○○은행의 지분 51%를 팔면서 경영권의 원활한 행사를 돕는다는 이유로 정부 지분(49%)에 대한 의결권 행사를 포기한 것으로 확인됐다. 이 때문에 최근 ○○은행이 추진하고 있는 특혜성 스톡옵션을 포함해 주주이익에 영향을 받을 수 있는 주주총회 의결사항이 있어도 이를 견제할 수 없는 것으로 밝혀졌다. ○○보험공사와 ○○은행 관계자는 "99년 12월 맺은 매각계약서에 '주주총회 때 ○○보험공사와 재정경제부의 지분 49%를 뉴브리지쪽에 위임한다'는 조항이 포함돼 있다"고 밝혔다. ○○공사와 재경부는 ○○은행의 정기 주총과 임시 주총 때 위임장을 써줬으며, ○○은행은 정기 주총을 앞두고도 정부에 의결권 위임을 요청한 상태다. (출처 : 문화일보 2001. 3. 9, 한겨레 2001. 3. 9, 한국일보 2001. 3. 9)

(생각거리)

주주의 의결권위임각서는 회사법적으로 어떠한 의미가 있는가? 수회에 걸친 주주총회에서의 의결권행사를 포괄적으로 위임하는 경우 그 효력은?

[2] ■ ○○방직의 주주총회에서 회사측은 본인이 직접 참석한 주주를 제외하고는 위임장과 인감증명을 가지고 온 대리인도 주총장에 들어갈 수 없다며 적극 제지했다. 하지만 소액주주들은 인감증명을 첨부한 위임장은 법적으로 효력이 있다고 항변하였다. 양측의 입장이 좁혀지지 않자 소액주주들은 결국 힘으로 주총장에 들어갔다. 주총장에서도 일일이 주주에 대한 확인이 이뤄졌다. 이 과정에서 인감증명 없이 위임장만을 가지고 온 소액주주에 대해

서는 의결권 대리행사를 인정하지 않았으며 일부 주주는 퇴장당하였다. 이처럼 양측이 대립하면서 당초 10시부터 열릴 예정이었던 주총은 12시가 되어서야 시작됐다. 여기서 성원보고를 놓고 다시 공방이 벌어졌다. 논란의 핵심은 회사측이 회장을 비롯해 의결권을 위임받은 주식 가운데 인감증명을 첨부하지 않은 30여만 주에 대한 효력 여부였다. 소액주주측은 이를 인정할 수 없다며 50만 6,763주에 대해서만 적법하다고 주장했다. 반면 ○○방직측은 예전에는 인감증명이 없더라도 의결권을 인정했다며 관례대로 81만여 주가 참석한 것으로 봐야 한다고 주장했다. 일단 81만여 주가 참석한 것으로 보고 논란이 된 인감증명의 효력에 대해서는 법적 판단에 맡기자고 강조했다. 양측의 주장이 좁혀지지 않고 평행선을 달리자 소액주주들은 의장불신임안을 냈다. 하지만 의장은 불신임안에 대한 찬부를 묻지 않고 주주총회 연기를 선언하고 주주총회장에서 퇴장했다. 이에 대해 소액주주들은 "주총 연기를 선언하기 전에 이미 의장에 대한 불신임안이 나왔기 때문에 의장의 자격이 없는 상태였다"면서, "찬부를 묻지 않고 주총연기를 선언한 것은 무효"라고 주장했다. 또 주총 연기 자체도 주주들의 의견을 묻지 않고 일방적으로 선언해 효력이 없다고 주장하였다. 이후 소액주주들은 주주 중에서 임시의장을 선출하고 주총을 강행해 재무제표 등을 승인하는 한편, 회사측이 안건으로 올린 이사 4명에 대한 재신임 안을 부결하는 한편, 자신들이 내세운 이사 12명을 새로 선임했다. 한편 회사측도 소액주주들이 주총장을 떠난 30여분 후 주총을 다시 속개해 당초 안건을 그대로 승인했다. (출처 : 서울경제 2001. 3. 18, 이데일리 2001. 3. 17)

■ 회사측에 반기를 들어 소액주주들로 이사진을 전격 구성한 ○○방직의 소액주주 50명은 회사를 상대로 "소액주주를 제외한 채 회사측에 우호적인 주주로만 주총을 열어 결의한 사항은 무효"라며 회사를 상대로 "○○방직 주주총회 결의 부존재 확인의 소와 임원 직무집행정지 가처분의 소"를 제기하였다. 소액주주들이 가처분신청을 내기로 한 대상은 소액주주들이 해임결의를 하였으나 회사측이 속행된 주주총회에서 선임한 이사들이다. 소액주주측은 주총장 출입문 배치현황과 사진 등의 증빙자료를 제출하고 "주총장 입장을 막아 정상적인 의사진행을 할 수 없어 회사측만의 주총이 불가피했다"는 회사측의 주장을 반박했다. 반면 회사측은 소액주주측이 진행한 주주총회의 상황과 회사측의 주총상황을 담은 비디오테이프를 증거물로 제출하는 한편, "주주만이 의결권을 위임받을 수 있다"는 정관과 일본의 판례를 들어 소액주주측의 의결권 위임은 효력이 없다고 주장하였다. (매일경제 2001. 3. 23, 이데일리 2001. 3. 23, 서울신문 2001. 3. 24, 한국경제 2001. 4. 5, 이데일리 2001. 4. 18, 이데일리 2001. 5. 3)

■ 증권선물위원회는 ○씨 등을 증권거래법상의 시세조종 및 의결권대리행사 권유제한 등을 위반한 혐의로 검찰에 고발하였다. 증권선물위원회는 ○씨가 ○○방직의 경영에 참여할 목적으로 소액주주연합을 결성하고 그 가운데 12명으로부터 의결권 대리행사를 위임받으면서 위임장과 참고서류를 발송하지 않은 한편, 이 회사의 주식을 매매하는 과정에서 고가매수주문방식으로 시세를 조종한 혐의를 받고 있다. ○○방직의 주가는 소액주주의 반란이라는 호재를 맞아 주총을 전후에 3만 원대 초반에서 4만 2천 원대까지 치솟았다. (출처 : 이데일리 2001. 8. 28, 동아일보 2001. 8. 29, 조선일보 2001. 8. 29, 한겨레 2001. 8. 29, 한국경제 2001. 8. 29)

[4] 불통일행사

실질주주 의결권행사 안내문

증권거래법 제174조의6에 의거 실질주주(증권회사 계좌를 통하여 주식을 소유하고 있는 주주)께서 주주총회 會日 5일전까지 그 의결권의 직접행사 · 대리행사 또는 不行使의 뜻을 증권예탁원에 통지하지 않은 부분에 대해서는 증권예탁원에서 주주총회에 참석하는 다른 株主님들의 찬성 및 반대비율에 따라 株主님들의 의결권을 행사할 수 있도록 하였습니다.

따라서, 의결권을 직접행사 · 대리행사 또는 不行使하고자 하시는 株主님께서는 아래의 **'의사표시 통지서'** 또는 이에 준하는 서면에 그 뜻을 표시하시고 인감을 날인하시어 우편, 사송 또는 전신(FAX)의 방법으로 주주총회 會日 5일전(2003.2.22)까지 증권예탁원에 도달되도록 직접 송부하여 주시거나 또는 會日 7일전(2003.2.20)까지 거래증권회사에 제출하여 주시기 바랍니다.

'의사표시 통지서'는 반드시 송부하여야 하는 것은 아니며, '의사표시 통지서'를 송부하지 않으시더라도 주주권 행사에 불이익이나 제약은 없습니다.

★ 의사표시 통지서 송부처

· 주소 : 서울특별시 영등포구 여의도동 34-6번지 증권예탁원 권리대행실(150-884)
· FAX번호 : 02-3774-3244~5

의사표시 통지서

증권예탁원 귀중

본인은 2003년 2월 28일 개최하는 삼성중공업주식회사 제29기 주주총회 및 속회 또는 연기회에 대하여 증권거래법 제174조의6 제5항의 규정에 의거 본인 소유주식의 의결권 행사에 관하여 다음과 같이 의사표시를 합니다.

실질주주번호		의 사 표 시		
주민등록번호		직접행사	대리행사	불행사
의결권주식수				

2003 년 2월 일

실질주주 성 명 : (인)
주 소 :

| 해 설 |

위 사례는 상장법인의 실질주주가 의결권을 행사하지 않을 경우 명의주주인 증권예탁결제원이 소위 그림자투표(shadow voting)의 방식으로 의결권을 불통일행사할 수 있음을 보여주고 있다. 위 안내문에서는 실질주주가 총회 5일전까지 그 의결권의 직접행사 · 대리행사 또는 불행사의 뜻을 증권예탁원에 통지하지 않은 부분에 대해서는 "증권예탁원이 주주총회에 참석하는 다른 주주들의 찬성 또는 반대비율에 따라 실질주주의 의결권을 행사할 수 있다" 고 설명하고 있다. 그러나 주주가 주주총회일 5일 전까지 그 의결권행사에 관하여 증권예탁결제원에 통지하지 않았다고 해서 의결권이 박탈되는 것은 아니고, 증권예탁결제원에 통지하지 않은 주주도 직접 주주총회에 참석하여 의결권을 행사할 수 있다.

Ⅰ. 의의

의결권의 불통일행사는 주주가 2개 이상의 의결권을 가지고 있을 때 이를 통일하지 아니하고, 동일한 의안에 대하여 일부는 찬성표로, 일부는 반대표로 서로 엇갈리게 의결권을 행사하는 것을 말한다(상 368조의2 1항 전단).

| 취 지 |

의결권의 불통일 행사는 명의상 주주의 배후에 있는 복수의 실질주주의 의사를 반영하기 위하여 의결권을 분리행사할 필요가 있는 경우에 그 실용성이 있다. 주식의 신탁, 주식의 집중예탁 등과 같이 명의주주와 실질주주가 다른 경우에 주로 이용된다.

Ⅱ. 요건

1. 실질적 요건 - 필요성

의결권을 불통일행사하려면 주식의 신탁을 인수하였거나 기타 「타인을 위하여 주식을 가지고 있는 경우」이어야 한다(상 368조의2 2항). 이는 굳이 불통일행사할 필요가 없는 경우에는 불통일행사를 허용하지 않는다는 취지로 이해된다(필요성 요건). 여기서 주식신탁의 인수는 「타인을 위하여 주식을 가지고 있는 경우」의 예시에 불과하다. 이 밖에도 (ⅰ) 주식의 일부를 양도하고 명의개서를 하지 않는 동안 양도인이 양수인의 뜻에 따라 의결권을 행사하는 경우, (ⅱ) 증권회사가 고객으로부터 위탁받아 주식을 위탁매매하는 경우, (ⅲ) 주식을 공유하는 경우, (ⅳ) 증권예탁결제원이 명의주주로서 실질주주의 의결권을 행사하는 경우 등이 있다.

2. 절차적 요건 - 통지

(1) 통지의 방법

주주가 의결권을 불통일행사하기 위해서는 회사에 대해서 미리 불통일행사의 뜻을 통지하여야 한다. 이때의 통지는 총회 회일의 3일 전에 불통일행사의 뜻과 이유를 기재한 서면으로 하여야 한다(상 368조의2 1항 후단). 이 통지는 회일의 3일 전에 회사에 도달하여야 한다(도달주의). 주주가 불통일행사의 뜻을 통지하였다고 하더라도 별도의 통지 없이 통일행사하는 것은 가능하다. 그러나 그 역은 허용되지 않는다(다수설).

포괄적 통지가 가능한가?

1회의 통지로 수회의 총회에 걸쳐 불통일행사의 뜻을 포괄적으로 통지하는 것이 가능한가에 대해서는 긍정설과 부정설이 나뉘고 있다.

(2) 통지의 요건성

주주의 통지를 의결권을 불통일행사하기 위한 요건으로 볼 것인가? 만일 통지를 하지 않은 경우 회사는 불통일행사를 거부하여야 할 것인가, 아니면 불통일행사를 수용할 수도 있는가?

(ⅰ) 요건설(다수설) - 불통일행사의 통지를 불통일행사의 요건으로 보는 입장이다. 이에 의하면 통지가 없는 한 회사는 반드시 불통일행사를 거부하여야 한다고 한다. 그 논거로, 상법 제 368조의2 제1항의 법문에서 「통지하여야 한다」고 규정하고 있고, 통지가 없어도 불통일행사를 할 수 있도록 한다면 3일 전의 통지를 요하는 규정이 무의미하고 주주평등의 원칙에 반한다는 점을 들고 있다.

(ⅱ) 비요건설(소수설) - 의결권의 불통일행사에 있어서 통지는 조건일 뿐이지 요건이 아니라고 보는 입장이다. 이에 의하면 통지가 없는 때에도 회사는 불통일행사를 인정할 수 있다고 한다(이기수).

참조판례 : 서울지법 2003. 11. 20. 선고 2001가합18662, 61253 판결

증권예탁원이 증권거래법 제174조의6 제1항에 따라 외국인 실질주주의 의결권을 행사하는 경우, 유가증권예탁및결제등에관한규정 제31조 제1항에 의하면, 외국인 실질주주가 예탁자를 통하여 증권예탁원에 의결권 행사의 신청을 하는 시한은 주주총회일의 5 영업일 전까지 이고, 금융기관의 합병계약 승인을 위한 주주총회의 경우에는 주주총회일의 3 영업일 전까지라 할 것인바, 증권예탁원에 대한 외국인 실질주주의 의결권행사 신청마감일은 국내 실질주주의 증권예탁원에 대한 의결권 행사 여부에 관한 의사표시 마감일처럼 증권예탁원이 이른바 그림자투표(shadow voting)를 할 수 있는 주식 수를 계산하는 기준이 되지는 않는다는 점, 국내 실질주주와는 달리 외국인 실질주주의 경우는 주주총회에서 직접 의결권을 행사하는 것이 사실상 불가능하다는 점에 비추어 외국인 실질주주의 의결권 행사의 기회를 가능한 보장하여 줄 필요가 있다는 점에 비추어 볼 때, 증권예탁원이 예탁규정이나 예탁자와의 약정서에 정해 놓은 주주총회일의 3 영업일 전까지라는 시한을 강행규정으로 해석할 필요는 없다.

Ⅲ. 행사

(1) 불통일행사는 의안별로 하는 것이므로, 어느 의안에 대해서는 불통일행사를 하고 다른 의안에 대해서는 통일행사하여도 무방하다.

(2) 복수의 주식을 가지는 주주가 일부의 의결권은 불통일행사하고 나머지 부분은 의결권행사를 포기하는 것도 가능하다.

(3) 불통일행사의 여부는 원칙적으로 임의적이나, 법에 의하여 의무적으로 불통일행사를 하여야 하는 경우도 있다(예 : 근로자복지기본법 31조에 의한 우리사주조합).

Ⅳ. 회사의 처리

(1) 불통일행사를 수용하여야 할 경우
주식의 신탁을 인수하였거나 기타 타인을 위하여 주식을 소유하고 있는 주주로부터 적법한 불통일행사의 통지를 받은 경우, 회사는 불통일행사를 거부할 수 없고 이를 수용하여야 한다(상 368조의2 2항).

(2) 불통일행사를 거부하여야 할 경우
주주로부터 불통일행사의 통지가 없는 경우에 회사는 불통일행사를 거부하여야 한다(다수설). 주주가 통지 없이 의결권을 불통일행사한 경우에는 결의방법이 위법하여 결의취소의 원인이 된다(다수설).

(3) 불통일행사의 수용과 거부 중에서 선택할 수 있는 경우

위의 실질적 요건을 구비하지 못한 경우 회사는 불통일행사를 거부할 수 있으나, 실질적 요건을 구비하지 못하였지만 절차적 요건을 구비한 경우 이를 반드시 거부하여야 하는 것은 아니고 불통일행사를 수용할 수도 있다(다수설). 이 때 불통일행사를 거부하려면 의결권을 행사하기 전까지 거부를 하여야 한다(다수설).

▌대법원 2001. 9. 7. 선고 2001도2917 판결▐

주주의 자유로운 의결권 행사를 보장하기 위하여 주주가 의결권의 행사를 대리인에게 위임하는 것이 보장되어야 한다고 하더라도 주주의 의결권 행사를 위한 대리인 선임이 무제한적으로 허용되는 것은 아니고, 그 의결권의 대리행사로 말미암아 주주총회의 개최가 부당하게 저해되거나 혹은 회사의 이익이 부당하게 침해될 염려가 있는 등의 특별한 사정이 있는 경우에는 회사는 이를 거절할 수 있다고 보아야 할 것이며, 주주가 자신이 가진 복수의 의결권을 불통일행사하기 위해서는 회일의 3일 전에 회사에 대하여 서면으로 그 뜻과 이유를 통지하여야 할 뿐만 아니라, 회사는 주주가 주식의 신탁을 인수하였거나 기타 타인을 위하여 주식을 가지고 있는 경우 외에는 주주의 의결권 불통일행사를 거부할 수 있는 것이므로, 주주가 위와 같은 요건을 갖추지 못한 채 의결권 불통일행사를 위하여 수인의 대리인을 선임하고자 하는 경우에는 회사는 역시 이를 거절할 수 있다.

▌사견 (입법론)▐

위에서는 다수설에 따라 설명하였다. 그러나 입법론적 관점에서 이 같은 다수설에는 의문이 있다. 주주가 복수의 의결권을 갖는 경우 이를 통일로 행사하건 불통일행사하건 그 이유 여하를 불문하고 이에 대한 신택은 주주의 자유로운 판단영역에 속한다. 예를 들어 동일인이 100주의 주식을 보유하고 있는 경우 같은 의안에 대하여 명확한 판단이 어렵거나 또는 전략적 판단에 기하여 51주는 찬성표에 49주는 반대표로 분리하여 행사할 필요가 있는 경우 이를 막을 이유가 없다. 이렇게 함으로써 정족수 부족을 피할 수도 있다. 또한 불통일행사를 하려면 이를 회사에 통지하도록 하는 것은 단지 회사의 편의를 위한 것이므로 이를 위반하였다고 하여 불통일행사를 할 수 없도록 하는 것은 주주권을 지나치게 제약하는 것으로 부당하다고 본다. 실질적 요건을 충족하지 못한 경우 회사가 그 수용여부에 대하여 재량권을 갖도록 하는 것은 그것이 의결권 행사 전이라 하더라도 사실상 회사가 의결권 행사의 결과를 선택할 수 있는 여지를 줄 수 있으므로 이 역시 부당하다. 입법론으로 불통일행사의 이유 여하를 불문하고 또 통지 여부와 관계없이 주주의 의결권불통일행사를 허용하여야 할 것으로 생각된다.

Ⅴ. 효과

적법하게 의결권을 불통일행사한 때에는 불통일행사된 의결권은 각각 따로 모두 유효하고, 서로 반대방향으로 행사된 동수의 의결권이 상쇄되어 그 만큼 무효로 되는 것은 아니다. 불통일행사를 할 수 없음에도 불구하고 이에 위반하여 불통일행사한 의결권행사는 무효이다(다수설).

| 의결권의 불통일행사 |

불통일행사	→	회사의 조치
① 〈실질적 요건〉		〈수용의무〉
주주가 타인을 위하여 주식을 가지고 있는 경우 (예 : 주식의 신탁을 인수한 경우, 위탁매매인이 위탁자의 주식을 가지고 있는 경우, 공유자 1인이 공유주식을 가지고 의결권을 행사하는 경우)		
② 〈절차적 요건〉		〈거부권〉 (* 시점 : 결의 前)
총회 회일 3일 전에 회사에 서면으로 통지		▪ 실질적요건 위반시 → 거부 또는 승인(재량) ▪ 절차적요건 위반시 → 거부의무(사후 승인불가)

| 관련사례 |

기업이 효율적인 주주총회를 위해 1주만을 가진 주주 수천 명의 주주총회 참석을 저지할 수 있고 경우에 따라서는 주주총회의 표결을 박수로 대신할 수도 있다는 판결이 나왔다. 서울지법 민사합의O부는 판결문에서 "1주 주주 들의 의결권은 대표자 1명이 주총에 참석해 의결권 불통일(대표자가 위임받은 의결권을 주주들의 찬반 비율대로 나눠 행사하는 것) 행사를 하면 충분하다"며 "노조원 수천 명을 입장시키려는 것은 실력으로 주총을 저지하겠다는 의도로 보이므로 회사가 노조원 입장을 막은 것은 정당한 조치"라고 밝혔다. 재판부는 또 "주총의 표결방법에 대해 관련 법령과 회사 정관에 아무런 규정이 없는 이상 특정 의안에 대해 참석주주들의 이의가 없다면 의장이 박수로 통과시키는 것도 적법한 표결방법"이라고 덧붙였다. (출처 : 서울경제 2003. 12. 18, 매일경제 2003. 12. 18, 문화일보 2003. 12. 18).

[5] 서면투표

○○회사는 서면투표제의 도입을 위한 정관변경안을 주주총회에 상정키로 했다. ○○회사는 "집중투표제에 이어 서면투표제를 도입키로 했다"며 "주주중시의 경영을 확대해 지배구조를 개선하기 위한 것"이라고 설명했다. ○○의 서면투표제 도입은 공정거래법상의 출자총액제한 탈피용 이라기보다 주주중시의 경영과 지배구조 투명성을 높이기 위한 개선노력이라는 것이라는 것이 회사측의 설명이다. 서면투표제는 주주총회 의결권 행사와 관련해 주주총회에 직접 참석하지 않고 회사에서 보내준 서면으로 의결권을 행사할 수 있도록 한 것이다. 서면투표에 의하면 대주주 등에 비해 총회참석이 상대적으로 저조한 소액주주들의 의결권 행사가 좀 더 용이해진다. 지난해 △△△가 집중투표제와 함께 도입하면서 눈길을 끌었으며, 현재까지 도입한 기업은 서면투표제 50개, 집중투표제 34개에 불과한 것으로 알려지고 있다. (출처 : 이데일리 2005. 2. 16, 머니투데이 2005. 3. 11, 파이낸셜뉴스 2005. 3. 21)

| 해 설 |

주주총회에서 주주의 의결권행사는 주주가 회사에 대하여 갖는 가장 중요한 권리 중의 하나이다. 그럼에도 불구하고 일반 군소주주들은 주주총회에 참석하기 위하여 들이는 시간과 비용에 비하여 자신이 총회에서 의결권을 행사함으로써 미칠 수 있는 영향이 극히 미미하기 때문에 들러리를 서느니 차라리 주주총회의 출석을 외면하는 것이 일반적인 현실이다. 서면투표제는 일종의 부재자투표로, 주주들이 총회에 직접 참석하지 않고서도 회사가 보낸 투표용지에 찬반을 표시하여 의결권을 행사할 수 있도록 함으로써 주주들이 보다 용이하게 의결권을 행사할 수 있도록 한 것이다. 위 사례는 주주총회에서 서면투표제를 채택하고 있는 국내 기업을 소개한 것으로, 아직까지는 서면투표를 실시하는 기업이 극히 일부에 그치고 있음을 알 수 있다.

Ⅰ. 의의

(1) 서면투표란 주주 또는 그 대리인 직접 주주총회에 참석하여 의결권을 행사하지 않고 회사에 보낸 투표용지에 찬반의 의사를 표기하여 회사에 제출하는 방법으로 의결권을 행사하는 것을 말한다.

(2) 유한회사의 사원총회와 투자신탁의 수익자총회에서도 서면으로 의결권을 행사할 수 있다(상 577조, 간투 71조 3항).

| 취 지 |

① 서면투표는 주주의 사정(예 : 시간, 비용, 지리적 거리, 귀찮음 등)으로 총회 당일 회장에 출석하여 의결권을 행사할 수 없는 주주들이 총회에 물리적인 출석을 하지 않고도 의결권을 보다 편의롭게 행사할 수 있도록 하는 제도이다. 부재자투표의 일종이다. 이러한 경우 의결권의 대리행사의 방법에 의할 수도 있겠지만, 적당한 대리인을 물색하는 것이 여의치 않거나, 대리인에 의하여 주주 본인의 의사가 제대로 반영되지 않을 수도 있는 가능성이 있으므로, 주주가 직접 서면으로 의결권을 행사할 수 있도록 한 것이다.

② 주주의 수가 많지 않은 소규모회사에서는 서면결의제도의 도입이 총회의 형식화를 부채질할 가능성이 없지 않으므로 서면결의제도는 일정 규모 이상의 회사만 채택하도록 하는 방안이 바람직하다는 견해가 있다(서헌제).

| 유한회사 사원총회의 서면결의와의 차이점 (손주찬) |

	주식회사 주주총회의 서면투표	유한회사 사원총회의 서면결의
정관의 근거	정관에 근거규정이 있어야 한다.	(불요)
사원의 동의	(불요)	총사원의 동의를 요건으로 한다.
총회의 생략	주주총회를 개최하여야 한다(병행). 따라서 총회소집절차가 필요하다.	사원총회의 개최를 생략한다. 서면결의만으로 총회의 결의를 갈음할 수 있다.
실시범위	부분적 · 개별적 실시	총사원 전부가 실시하여야 한다. 서면결의는 사원총회의 결의와 동일한 효력을 가진다.
절차 및 방법	회사가 소집통지에 투표용지 및 참고자료를 첨부하여 발송하여야 한다.	(주식회사와 같은 절차를 요하지 않는다.)

Ⅱ. 현실적 주주총회와의 병행관계

서면투표만으로 주주총회를 완전히 대체하는 것은 허용되지 않는다. 즉, 회사가 주주에게 서면투표만으로 의결권을 행사하도록 하는 것은 허용되지 않는다. 따라서 서면투표를 실시하는 경우에도 현실적인 주주총회의 개최를 위하여 총회를 소집하여야 한다(출석투표와 서면투표의 병행). 유한회사의 사원총회의 서면결의는 사원총회를 완전히 생략하고 서면결의만으로 갈음하는 것도 가능하다(상 577조).

Ⅲ. 요건

1. 정관에 근거가 있을 것

주식회사의 주주총회에서 서면투표에 의하여 의결권행사를 하려면 정관에 그 근거규정이 있는 경우에 한하여 실시할 수 있다(상 368조의3 1항)(예 : 정관에 "주주는 총회에 출석하지 아니하고 서면에 의하여 의결권을 행사할 수 있다"는 조항). 유한회사의 경우는 총사원의 동의에 의하여 서면결의를 채택할 수 있다(상 577조 1항).

2. 서면투표가 가능 · 적합할 것

(1) 무기명주주의 경우
서면투표를 하려면 총회소집통지서에 투표용지와 참고자료를 첨부하여 주주에게 제공하여야 하기 때문에(상 368조의3 2항), 무기명주주의 경우는 현실적으로 서면투표에 의할 수 없다.

(2) 총회소집통지가 도달될 수 없는 경우
총회소집통지가 주주명부상의 주주의 주소에 계속 3년간 도달하지 아니한 때에는 당해 주주에게 총회소집통지를 하지 아니할 수 있고(상 363조 1항 후단), 투표용지와 참고자료를 발송할 수 없기 때문에 이러한 주주에게는 서면투표를 적용할 수 없다.

(3) 의안의 내용이 親서면투표적일 것
서면투표의 성질상 의안의 내용이 찬성 또는 반대의 의견만을 묻는 정도로 단순한 것이어야 한다.

3. 선택권이 주주에게 있을 것

의결권행사를 서면투표에 의할 것인지 아니면 출석에 의할 것인지에 대한 선택권이 주주에게 주어져야 한다.

Ⅳ. 절차 및 방법

1. 주주에 서류송부

서면투표를 채택한 경우에는 총회소집통지서에 주주가 서면으로 「의결권을 행사하는 데 필요한 서면」(투표용지)과 참고자료를 첨부하여야 한다(상 368조의3 2항). 주주의 의결권 행사에 필요한 안건 기타의 자료를 충분히 검토할 수 있도록 하기 위함이다. 서면결의에 의하는 경우는 찬반의 의견만을 기재하면 될 정도로 구체적이어야 한다. 의안에 대한 수정안은 서면결의의 대상이 될 수 없다.

2. 주주의 의결권행사서면의 작성 및 제출

서면투표에 의하여 의결권을 행사할 주주는 회사가 보낸 의결권행사서면에 찬반의 의사를 표기하여 회사에 제출하여야 한다. 의결권행사서면의 제출은 도달주의에 의한다. 집계를 위하여 총회일 1일 전까지는 도달하여야 한다고 해석한다(표준정관 27조의2 2항 참조).

Ⅴ. 효과

의결권행사서면을 제출하면 그 주주의 의결권은 출석한 의결권으로 가산되고 의사표시의 내용대로 찬성 또는 반대의 표에 가산된다(상 368조 1항, 434조). 찬부 표시 없이 백지로 제출된 경우에는 결의에 대한 반대의 의사로 간주하여야 한다는 견해가 있다(이철송). 그러나 이러한 경우 적극적으로 반대의 의사를 표시하지 아니하고 백지로 제출하는 행위를 통하여 찬부에 관한 의결권의 행사를 제출의 상대방인 회사에 백지 일임한 것으로 해석할 수 있는 여지도 있다고 본다.

| 전자주주총회 |

주주총회의 기능이 부실해진 것은 일반군소주주들의 총회참석률의 저하에서 비롯된다. 군소주주들이 주주총회에 적극적으로 참여하지 않는 것은 총회참석을 위하여 들이는 시간과 노력에 비하여 얻는 것이 너무나 적기 때문이다. 증권예탁결제원의 그림자투표제도 이에 일조를 하였다. 그 결과 주주총회는 '관객 없는 희극'으로 전락하는 경우가 적지 않다. 군소주주들의 주주총회의 참석을 용이하게 하는 방법으로 의결권의 대리행사와 서면투표가 있지만, 그 역시 한계가 있다. 따라서 주주들이 직접 주주총회에 '물리적으로 출석'하지 않고도 보다 용이한 방법으로 직접 의결권을 행사할 수 있는 방법을 모색할 필요가 있다. 그 대안으로 생각할 수 있는 것이 전자주주총회이다. 전자주주총회란 넓게는 화상회의방식에 의한 주주총회를 포함하지만, 일반적으로 인터넷방식에 의한 사이버 주주총회를 지칭한다. 현행 상법상 전자주주총회에 인정될 수 있는지에 대해서는 논란이 있을 수 있으므로 이를 입법에 의하여 명확히 할 필요가 있다. 그 입법적 방법으로는 서면투표에 관한 상법규정의 상당부분을 참조할 수 있을 것이다. 전자주주총회를 인정하는 경우에도 이에 대한 접근가능성이 모든 주주들에 있어서 한결같지는 않을 것이므로, 현실공간에서의 실제의 주주총회를 열지 않고 전자주주총회만에 의하여 이를 완전히 대체하는 것은 허용되지 않는다고 본다.

▎관련사례▎

○○○의 주주총회는 지난 해부터 지배구조의 성공모델로 평가받고 있는 집중투표제와 서면투표제가 시행된 첫 번째 주주총회라는 점에서 많은 관심을 모았다. 집중투표제는 이사선임에 있어 소액주주들이 선임하고자 하는 후보에게 의결권을 집중해 행사할 수 있는 제도로 이날 주주총회에서는 주주들의 청구가 없어 직접 시행되지는 않았으나 서면으로 주주총회 안건에 대해 의결할 수 있는 서면투표제는 1천 140여 명의 주주들이 참석했다. (출처: 서울경제신문 2005. 2. 25, 파이낸셜뉴스 2005. 3. 21, 제일경제신문 2005. 3. 28)

[6] 의결권행사에 관한 특약

1. 의결권구속계약

의결권구속계약(voting agreement)이란 주주들 사이에 의결권행사의 내용에 대하여 미리 약정하는 것을 말한다. 주주간의 의결권구속계약은 법규에 반하지 않는 한 유효하나, 이는 채권법적 효력에 그친다. 따라서 의결권구속계약에 반하는 의결권행사도 유효하고, 다만 구속계약을 위반하여 의결권을 행사한 주주는 계약의 상대방에 대하여 손해배상책임을 진다.

2. 의결권신탁

의결권신탁(voting trust)은 의결권만을 분리하여 수탁자에게 신탁하는 것이 아니고 주식 자체를 수탁자에게 신탁적으로 양도하는 것이다(주식신탁). 의결권신탁은 주로 미국에서 이용되고 있다. 이에 의하여 수탁자는 아무런 투자 없이 회사를 지배할 수 있게 됨으로써 남용의 우려가 있다. 우리나라에서도 신탁법상의 주식신탁이 허용된다(다수설). 주식신탁에 의하여 수탁자는 주주로서 의결권 등의 일체의 주주권을 행사하고, 수탁자는 신탁자와의 내부관계에서 의결권신탁계약에 정해진 대로 의결권을 행사하여야 할 채권법적 의무를 부담한다. 의결권신탁계약 위반의 효력은 위의 의결권구속계약 위반의 경우와 같다. 한편, 의결권은 재산권이 아니므로 신탁의 목적이 될 수 없다는 견해가 있다.

第7절 의사운영

[1] 의사운영의 준칙

주주총회의 의사운영방법에 관해서는 상법에 특별한 규정이 없으므로, 정관, 주주총회의 결의, 총회운영과 의사에 관한 관례와 일반원칙 등에 의한다. 주주총회 의사운영의 일반적인 순서는, 주주 및 이사 등의 출석 → 성원보고 및 의장의 개회선언 → 의안의 상정 → 의사 등의 보고, 설명, 발언권의 부여, 또는 수정동의 → 질의와 토론의 종료 → 표결 → 표결결과의 선포 → 의장의 폐회선언 → 의사록의 작성이다.

[2] 총회의 성립

주주총회는 소집통지 · 공고된 일시와 장소에서 결의의 성립에 필요한 수의 주식을 가진 주주가 출석하고(상 368조 1항), 이사 · 감사가 출석하여, 의장이 위 요건의 충족에 대하여 확인보고(성원보고)를 하여 개회를 선언함으로써 적법하게 성립한다.

[3] 의장

I. 선임

(1) 주주총회에서 누가 의장으로 되는가? 정관에 의장이 될 자에 관한 규정이 있으면 그에 의하고(대판 1977. 9. 28, 76다2386), 정관에 이에 관한 정함이 없으면 총회

에서 선출한다(상 366조의2 1항). 의장의 선출은 주주총회의 보통결의에 의한다(상 366조의2 1항).

(2) 소수주주가 소집한 주주총회에서는 이를 소집한 주주 또는 그 대표자가 임시 의장으로서 총회를 개회하고, 그에 이어 즉시 그 총회에서 당일의 의장을 선출하면 된다(표준총회규정 13조 2항). 감사의 청구에 의하여 대표이사가 총회를 소집한 경우(상 412조의3 1항)나 법원의 명령에 의하여 대표이사가 총회를 소집한 경우(상 467조 3항)는 정관이 예정한 통상의 주주총회가 아니므로 그 총회에서 별도의 의장을 선출하여야 한다.

(3) 정관에 의한 의장이 불신임되거나 직무를 포기한 때에는 남은 주주들이 임시 의장을 선출하여 회의를 계속할 수 있다(대판 2001. 5. 15, 2001다12973). 이 때 정관에 의한 차순위의 자가 의장이 되고, 정관에 그러한 정함이 없는 때에는 역시 주주총회의 보통결의에 의하여 임시의장을 선출한다(대판 1983. 8. 23, 83도748).

| 대법원 1983. 8. 23. 선고 83도748 판결 |

개회 선언된 임시주주총회에서 의안에 대한 심사도 아니 한 채 법률상으로나 사실상으로 의사를 진행할 수 있는 상태에서 주주들의 의사에 반하여 대표이사나 이사가 자진하여 퇴장한 경우 임시 주주총회가 개회되었다거나 종결되었다고 할 수는 없으며, 설령 당시 대표이사가 독단으로 개회선언을 하고 퇴장하였더라도 의장으로서 적절한 의사운영을 하여 의사일정의 전부를 종료케 하는 등의 직책을 포기하고 그의 권한 및 권리행사를 하지 아니하였다고 볼 것이니 그 당시 회의장에 남아있던 총 주식수의 과반수 이상의 주주들이 전 주주의 동의로서 임시의장을 선출하여 진행한 임시주주총회의 결의는 적법하다. (同旨 : 대법원 2001. 5. 15. 선고 2001다12973 판결)

Ⅱ. 자격

의장의 자격에 대해서는 상법에 특별한 제한이 없다. 이사가 아닌 자(예 : 회사의 고문)도 의장이 될 수 있으며, 주주가 아닌 자도 의장이 될 수 있다. 의장은 총회의 의사진행만을 맡는데 그치기 때문이다. 주주가 아닌 의장은 의사진행권만을 가질 뿐 의결권이 없다.

Ⅲ. 특별이해관계가 있는 경우

총회의 의사에 관하여 특별이해관계 있는 자가 의장이 될 수 있는가? 이에 대해서는 긍정설과 부정설이 있다.

(ⅰ) 긍정설 - 특별이해관계 있는 자도 그와 관계없이 의장이 될 수 있다고 한다. 주주가 아닌 의장은 당연히 의결권을 갖지 못하고, 주주인 경우에도 특별이해관계가 있으면 의결권을 행사할 수 없으므로, 의장직을 수행하더라도 문제가 없다는 것을 그 논거로 한다.

(ⅱ) 부정설 - 특별이해관계 있는 자는 총회의 의장이 될 수 없다고 한다. 의사진행의 공정성을 그 논거로 한다. 이 경우 상법 제368조 제4항을 유추적용할 필요가 있다고 한다.

(ⅲ) 사견 - 의장은 단순히 기계적으로 의사진행만을 하는 것이 아니고 누가 의장을 맡는가에 따라 사실상 의사결정에 중대한 영향력을 미칠 가능성이 있는 위치에 있다. 따라서 의사진행의 공정성을 담보하기 위하여 민사소송의 제척 · 기피 · 회피제도의 취지를 유추적용할 필요가 있다고 본다. 의장이 심의안건에 대하여 특별한 이해관계를 가지고 있거나 의사진행이 심히 불공정한 때에는 주주는 의장에 대한 불신임의 동의를 제기할 수 있다(표준총회규정 16조 참조).

Ⅳ. 권한 - 의사진행권 · 질서유지권

(1) 의장은 질서유지권에 기하여 주주의 발언시간 및 발언횟수를 제한할 수 있고(예 : 1의제 1회, 1회의 발언시간 5분 이내 등), 발언의 정지(예 : 중복발언, 장시간 발언, 의제와 무관한 발언, 공서양속에 반하는 발언, 그 밖에 총회진행을 방해하는 발언 등의 경우)나 심지어 퇴장을 명할 수도 있다(상 366조의2 2항 · 3항). 그러나 이러한 제한은 공정하고 합리적인 범위 내이어야 한다. 퇴장명령은 그 자를 총회장에 그대로 두고서는 총회운영에 현저한 지장을 받는 경우에 한하여 제한적으로만 허용된다(표준총회운영규정 15조 참조).

(2) 의장은 효율적인 심의를 위하여 소집통지서에 기재된 순서를 바꾸어 상정할 수 있고, 복수의 의안에 대하여 심의를 마친 후 일괄하여 결의할 수도 있으며, 1개의 의안을 분할하여 상정할 수 있다(표준총회규정 19조 참조). 그러나 이러한 경우

주주의 동의를 얻는 것이 바람직하다. 주주 아닌 자에 대한 방청의 허용 여부는 의장이 질서유지권 차원에서 결정한다.

(3) 의사진행상의 동의(예 : 의장의 불신임, 회의의 연기 · 속행 등)는 그것이 명백한 권리남용이 아니면 총회에 부의하여야 한다. 무의미하거나 불합리한 의사진행상의 동의는 의장이 직권으로 각하할 수 있으나, 그것이 재량권 남용에 해당할 때에는 결의취소의 소의 원인이 된다(손주찬).

(4) 가부동수인 경우 의장은 결정권을 갖지 못한다.

Ⅴ. 의무와 책임

(1) 의장과 회사와의 관계에 대해서는 상법에 규정이 없으나, 상법 제382조 제2항(회사와 이사와의 위임관계)을 유추적용하여 선량한 관리자로서의 주의의무(민 681조)를 진다고 본다(손주찬).

(2) 의장의 직무상의 책임에 대해서는 상법에 규정이 없으나, 그 임무를 해태한 경우 이사의 책임에 관한 상법 제399조 및 제401조의 유추적용에 의하여 그 책임을 물을 수 있다고 본다(손주찬, 최기원).

(3) 의장은 주주의 총회참석권 및 발언권을 실질적으로 보장해 줄 수 있는 적절한 조치를 취하여야 할 주의의무가 있다.

❙대법원 2003. 7. 11. 선고 2001다45584 판결❙

주주총회의 개회시각이 부득이한 사정으로 당초 소집통지된 시각보다 지연되는 경우에도 사회통념에 비추어 볼 때 정각에 출석한 주주들의 입장에서 변경된 개회시각까지 기다려 참석하는 것이 곤란하지 않을 정도라면 절차상의 하자가 되지 아니할 것이나, 그 정도를 넘어 개회시각을 사실상 부정확하게 만들고 소집통지된 시각에 출석한 주주들의 참석을 기대하기 어려워 그들의 참석권을 침해하기에 이르렀다면 주주총회의 소집절차가 현저히 불공정하다고 하지 않을 수 없고, 또한 소집통지 및 공고가 적법하게 이루어진 이후에 당초의 소집장소에서 개회를 하여 소집장소를 변경하기로 하는 결의조차 할 수 없는 부득이한 사정이 발생한 경우, 소집권자가 대체장소를 정한 다음 당초의 소집장소에 출석한 주주들로 하여금 변경된 장소에 모일 수 있도록 상당한 방법으로 알리고 이동에 필요한 조치를 다한 때에 한하여 적법하게 소집장소가 변경되었다고 볼 수 있다.

[4] 결의할 수 있는 사항

(1) 주주총회는 목적사항으로 미리 소집·공고된 사항에 한해서만 결의할 수 있다. 총회의 결의에 의하여 의제를 삭제하는 것은 가능하지만, 설령 출석한 주주 전원의 동의가 있더라도 추가하는 것은 허용되지 않는다(대판 1969. 2. 4, 68다2284).

(2) 원안에 대한 가결 또는 부결로 결의하는 것이 일반적이지만, 원안을 수정하여 가결할 수도 있다. 다만 수정가결은 통지·공고된 원안과 동일성이 유지되는 한도 내에서만 허용된다.

(3) 주주총회에서 안건을 다루거나 결의하지 않고 연기 또는 속행의 결의를 할 수도 있다(상 372조 1항).

| 대법원 1979. 3. 27. 선고 79다19 판결 |

상법 제363조 제1항, 제2항의 규정에 의하면 주주총회를 소집함에 있어서는 회의의 목적사항을 기재하여 서면으로 그 통지를 발송하게 되어 있으므로 주주총회에 있어서는 원칙적으로 주주총회 소집을 함에 있어서 회의의 목적사항으로 한 것 이외에는 결의할 수 없으며, 이에 위배된 결의는, 특별한 사정이 없는 한, 상법 제376조 소정의 총회의 소집절차 또는 결의방법이 법령에 위반하는 것으로 보아야 하고, 다만 회사 정관에 주주전원의 동의가 있으면 미리 주주에게 통지하지 아니한 목적 사항에 관하여도 결의할 수 있다고 되어 있는 때는 예외이나, 그 경우의 주주 전원이란 재적주주 전원을 의미한다고 보아야 할 것이며, 미리 주주에게 통지하지 아니한 사항에 관한 결의에 가담한 주주가 그 결의의 취소를 구함이 곧 신의성실의 원칙 및 금반언의 원칙에 반한다고 볼 수 없다.

[5] 주주의 설명청구권

Ⅰ. 설명청구권 및 응할 의무

주주는 의결권의 행사에 필요한 사항에 관하여 이사에게 질문을 하고 설명을 요구할 수 있는 권리(설명청구권)를 갖고, 이사는 이에 대하여 설명을 하기 곤란한 특별한 사정을 소명하지 않는 한 설명할 의무가 있다(표준총회규정 20조 2항 참조). 주주의 설명청구권은 의사결정에 참여하는 자들에게 당연이 인정되는 조리상의 권리라 할 것이다. 다만, 그 인정여부에 대한 논란의 소지를 불식시키기 위하여 입법에 의하여 이를 명시적으로 규정할 필요가 있다는 견해가 있다(정동윤).

Ⅱ. 거절

주주의 설명청구에 대하여 모두 응할 의무가 있는 것은 아니다. 질문사항이 회의의 목적사항과 무관하거나, 설명을 하는 것이 주주 공동의 이익을 현저하게 해치게 되거나, 설명을 위하여 상당기간의 조사가 필요하거나, 그 외 정당한 사유가 있는 경우에는 설명을 거절할 수 있다(표준총회규정 27조 참조).

제8절 연기회 · 계속회

○○통상은 당초 예정돼 있던 임시주주총회 대신 정기주주총회 계속회를 열기로 했다고 공시했다. 공시에 따르면 회사측은 당초 임시주주총회를 열어 제35기 정기주주총회에서 처리되지 못한 감사 선임의 건과 감사보수한도 승인의 건을 처리할 예정이었다. 그러나 정기주총 당시 상근감사 후보를 추천한 ○○○ 주주측이 연기 결의된 감사선임의 건은 임시주총이 아닌 정기주총 계속회에서 다뤄야 한다며 법원에 주주총회 소집허가 신청서를 제출했다. 회사측은 이에 따라 고문 변호사를 자문을 얻어 이 같이 결정했다고 설명했다. 다음은 공시 원문이다.

2005년 임시주주총회 대신에 정기주주총회(2005년 3월 11일)의 계속회를 개최하기로 결의함.
1. 당초 2005년 3월 31일 이사회 결의를 통하여 2005년 5월 19일 서대문 문화체육회관 2층 소강당에서 개최하기로 예정한 2005년 임시주주총회 대신에 (권리주주 기준일 : 2005년 4월 18일)
2. 동일자(2005. 5. 19.) 동일 장소(서대문 문화체육회관 2층 소강당)에서 제35기 정기주주총회(2005년 3월 11일)의 계속회를 개최하기로 결의함. (권리주주 기준일 : 2004년 12월 31일)
3. 상기 '2'번 계속회의 기준일은 2005. 3. 11 개최한 제35기 정기주주총회의 기준일인 2004. 12. 31으로서 동 정기주주총회에서 의결권을 행사할 수 있었던 주주만이 본 계속회에서 의결권을 행사할 수 있음.
4. 상기와 같이 변경된 사유는 다음과 같음.
2005년 3월 31일에 기 신고된 바와 같이 2005년 4월 18일을 기준일로 하여 임시주주총회를 2005년 5월 19일에 개최하여 지난 제35기 정기주주총회에서 처리되지 못한 감사 선임의 건과 감사보수한도 승인의 건을 처리할 예정이었으나, 제35기 정기주주총회에서 상근감사 후보를 추천한 ○○○ 주주측이 지난 정기주총에서 감사 선임의 건이 처리되지 못하고 연기결의가 된 것은 임시주주총회가 아닌 계속회임을 주장하며 법원에 주주총회 소집허가 신청서까지 제출함에 따라, 고문변호사의 자문을 얻어 법적인 논쟁으로 회사의 경영 전반에 지장이 초래되는 것을 막고 다수의 소액주주들에게 피해가 가는 것을 최소화하기 위하여 당초의 임시주주총회 대신 제35기 정기주주총회(2005. 3. 11)의 계속회를 2005년 5월 19일에 개최하기로 오늘 이사회에서 결의함. (출처: 머니투데이 2005. 5. 3, 한국경제 2005. 5. 3)

| 해 설 |

일단 총회가 성립하였으나 시간의 부족 기타의 사정으로 결의에 이르지 못한 경우에 후일에 동일 의안을 다루는 것으로는 주주총회의 속행과 연기가 있다. 이러한 경우 처음부터 다시 주주총회의 소집절차를 밟을 수도 있지만 주주총회의 연기 또는 속행에 의하여 총회의 동일성을 유지하면서 동일 의안을 다룰 수 있다. 위 사례는 계속회에 관한 것이다.

[1] 의의

(1) 주주총회의 연기란 총회가 일단 성립한 후에 의사에 들어가지 않고 회일을 후일로 다시 정하는 것이다. 그 후일의 연기된 주주총회를 연기회(또는 연회)라고 한다.

(2) 주주총회의 속행이란 총회가 성립한 후 의사에 들어갔으나 시간부족 기타의 사정으로 결의에 이르지 못한 경우 회의를 일시 중지하고 회일을 다시 후일로 정하고 동일 의안을 계속 다루는 것을 말한다. 그 후일의 속행된 주주총회를 계속회라고 한다. 총회의 연기와 속행은 의사에 들어갔는지의 여부에 차이가 있다.

[2] 요건 및 절차

Ⅰ. 주주총회의 결의

총회를 연기 또는 속행하려면 주주총회에서 이에 관한 결의가 있어야 한다(상 372조 1항). 주주총회의 결의에 의하지 않고 의장이나 이사회가 임의로 연기 또는 속행을 결정할 수 없다. 연기 또는 속행을 결의할 때에 그 연기회 또는 계속회의 일시와 장소도 정하여야 한다. 연기회와 계속회는 앞선 회의와 동일성이 인정되므로 연기회와 계속회의 소집을 위한 통지·공고가 필요없다(상 372조 2항)(대판 1989. 2. 14, 87다카3200).

| 대법원 1964. 5. 26. 선고 63다670 판결 |

소집통지한 지정된 일시에 주주총회가 유회된 후 총회소집권자의 적법한 새로운 소집절차 없이 동일 장소에서 동일자 다른 시간에 개최된 총회에서의 결의는 주주총회의 결의라 할 수 없다.

Ⅱ. 동일성 유지

연기회와 계속회는 그 결의를 한 총회의 연장으로 일시만 뒤로 물러졌을 뿐 앞선 총회의 동일성이 유지되어야 한다(일체관계). 동일성이 유지된다고 하기 위해서는 안건이 동일하여야 하고 후일의 주주총회가 전일의 주주총회가 종료된 후 상당한 시간 내(가능한 조속한 시일내에)에 개최되어야 한다.

| 대법원 1989. 2. 14. 선고 87다카3200 판결 |

주주총회의 계속회가 동일한 안건토의를 위하여 당초의 회의일로부터 상당한 기간 내에 적법하게 거듭 속행되어 개최되었다면 당초의 주주총회와 동일성을 유지하고 있다고 할 것이므로 별도의 소집절차를 밟을 필요가 없다.

| 관련사례 |

○○소프트는 30일 계속된 정기주주총회가 마무리되지 않아 31일 오전 9시 계속회 형식으로 다시 개최키로 했다고 공시했다. 회사측은 이날 주총에서 이사 추가 선임의 건, 감사 선임의 건 및 이사 보수한도 승인의 건을 상정했지만 주주들이 이건을 보였나. (출처 : 이데일리 2005. 3. 30)

제9절 결의

○○회사는 100% 지분을 갖는 인터넷 전문 자회사 △△를 설립해 인터넷 관련 사업을 양도하기 위하여 임시주주총회에 인터넷 양도 승인건을 상정하였다. 그런데 2000. 6. 5. 마감일 기준 증권사를 통해 인터넷 사업양도에 반대해 주식매수청구권을 행사한 주식 수가 총발행주식 1억 6,000만 주(보통주 1억 5,543만 5,000주, 우선주 465만 8,000주)의 65% 수준에 달하고 있다. 예탁원은 "현재 주가에 비해 회사가 제시한 주식매수가격이 높아 대부분의 투자자들이 반대의사를 표시한 것으로 보인다"고 밝혔다. 임시주총에서 인터넷사업 영업양도

안건이 통과되고 반대의사를 표시한 투자자들이 모두 매수청구권을 행사한다면 영업양도에 필요한 주식매수 비용만 1조 3,000억 원 정도로 추산된다고 밝혔다. 그러나 2000. 6. 8. 열린 임시주주총회에서 전체 주식의 23.86%만이 참석, 안건처리를 위해 필요한 최소요건인 발행주식 총수의 3분의 1 이상을 채우지 못하여 의안처리를 위한 의결정족수의 부족으로 인터넷 사업양도는 자동 부결되었다. (출처 : 헤럴드경제 2000. 6. 5, 매일경제 2000. 6. 8, 한겨레 2000. 6. 8, 한국경제 2000. 6. 8, 이데일리 2000. 6. 8, 매일경제 2000. 6. 9)

| 해 설 |

주주총회는 자본다수결의 원리에 의하여 주주들의 총의를 도출하는 장이다. 주주총회의 결의요건을 사안의 중요도에 따라 보통결의 · 특별결의 · 특수결의로 구분하고 있다. 총회의 결의는 주주(반대주주도 포함) 모두를 구속하는 힘이 있다. 다만, 다수결에 따른 소수파주주의 불이익을 구제하기 위하여 주식매수청구권 등의 제도를 두고 있다. 위 사례에서처럼 영업의 전부 또는 중요한 일부를 양도하기 위해서는 주주총회의 결의(특별결의)를 거쳐야 하는데, 가결되려면 출석한 주식 수의 2/3 이상이 찬성하고 그 찬성한 주식 수가 발행주식총수의 1/3 이상이어야 한다. 특별결의사항에 있어서는 주식 수 1/3 이상의 출석이 사실상 성립정족수인 셈이 된다. 그런데 위 사례에서는 발행주식총수의 1/3에 밑도는 23.86%만이 출석하여 성립정족수의 부족으로 결의에 이르기도 전에 안건이 부결되었다.

[1] 의의

주주총회의 決議는 개개 주주들의 의결권행사를 집계하여 이에 다수결의 원칙을 적용하여 도달하게 된 주주총회의 집단적 의사(총의)를 말한다. 결의에는 가결과 부결이 있다.

| 성 질 |

주주총회의 결의는 주주들의 의사표시를 요소로 하고 결의에 따른 법적 효과(가결 또는 부결)가 생겨나므로 법률행위의 일종이다. 의결권행사에 하자가 있는 경우에는 법률행위의 하자에 관한 민법규정(민 107조 이하)이 원칙적으로 적용된다. 그러나 주주총회의 결의에는 단체적 법률관계의 안정성이 강하게 요구되는 사단적 법률행위이므로 일반 법률행위의 하자론이 그대로 적용되는 것은 아니다.

[2] 유형

주주총회의 결의는 기본적으로 다수결의 원리에 의하되, 주주총회의 법정권한사항을 보통결의 · 특별결의 · 특수결의로 구분하여 결의요건을 달리 정하고 있다.

| 정족수 |

① 의사정족수 - 회사가 성립하기 위하여 일정한 수의 주식을 가진 주주가 출석하여야 한다(성립정족수, 출석정족수).
② 의결정족수 - 어떤 의안이 가결되기 위해서는 출석한 주주의 의결권 가운데 일정 수 이상이 찬성하여야 한다(찬성정족수).

	의사정족수('출석') ⟶	의결정족수('찬성')
• 보통결의사항 :	발행주식총수의 1/4	출석주주의 과반수
• 특별결의사항 :	발행주식총수의 1/3	출석주주의 2/3

Ⅰ. 보통결의

(1) 주주총회의 권한사항 중에서 상법이나 정관에서 특별결의나 특수결의의 사항으로 정한 것 이외의 사항은 모두 보통결의사항이다. 보통결의사항은 출석한 주주의 의결권의 과반수와 발행주식총수의 4분의 1 이상의 수로써 하여야 한다(상 368조 1항). 정관으로 그 요건을 완화하는 것은 허용되지 않으나 가중하는 것은 허용된다(다수설). 가부동수인 때에는 부결된 것으로 본다.

| 1995년 개정 전 상법에서의 보통결의요건 |

1995년 상법개정 전에는 보통결의요건을 발행주식총수의 과반수에 해당하는 주식을 가진 주주의 출석으로 그 의결권의 과반수로 규정하였다(개정 전 368조 1항, 371조).

(2) 보통결의사항에 속하는 것에는 주주총회의 권한사항 중 특별결의와 특수결의의 사항이 아닌 사항이다. 이에는 이사 · 감사 · 검사인의 선임(상 382조 1항, 409조 1항, 366조 3항, 367조), 청산인의 선임 · 해임(상 531조 1항, 539조 1항), 이사 · 감사 · 청산인의 보수 결정(상 388조, 415조, 542조 2항), 재무제표의 승인(결산기의 이익배당과 배당금지

급시기 포함)(상 447조, 449조 1항, 464조의2), 이사 · 감사 · 청산인의 책임해제의 유보(상 450조, 542조 2항), 주식배당의 결정(상 462조의2 1항), 주주총회의 연기 · 속행의 결의, 청산의 승인(상 540조 1항), 준비금의 자본전입(461조 1항 단서), 전환사채 · 신주인수권부사채의 발행사항의 결정(상 513조 2항 단서, 516조의2 2항 단서) 등이 있다.

Ⅱ. 특별결의

(1) 회사의 구조적 · 기본적 변경(fundamental change)을 초래하는 중요사항에 대하여 군소주주의 이익을 보호하고 대주주의 영향력을 줄이기 위하여 특별결의사항으로 규정하고 있다. 특별결의사항은 출석한 주주의 의결권의 3분의 2 이상의 수와 발행주식총수의 3분의 1 이상의 수로써 하여야 한다(상 434조). 정관으로 그 요건을 완화하는 것은 허용되지 않으나 가중하는 것은 허용된다(다수설). 다만 정관에 의한 가중의 한계에 대해서는 견해가 나뉘고 있다. (후술)

(2) 특별결의사항에 속하는 것에는 정관변경(상 433조 434소), 주주 외의 지에 대한 신주 · 전환사채 · 신주인수권부사채의 발행(상 513조 3항, 516조의2 4항), 이사 · 감사의 해임(상 385조 1항, 415조), 액면미달의 신주발행(상 417조 1항), 자본감소(상 438조), 총회의 결의에 의한 주식의 매수소각(상 343조의2), 주식의 병합 · 분할(상 329조의2), 회사의 합병 · 분할 · 분할합병(상 522조, 530조의3), 영업의 전부 또는 중요한 일부의 양도(상 374조 1호), 영업 전부의 임대 · 경영위임 · 이익공통계약 기타 이에 준하는 계약의 체결 · 변경 · 해약(상 374조 2호), 다른 회사의 영업 전부의 양수(상 374조 3호), 영업에 중대한 영향을 미치는 다른 회사의 영업 일부의 양수(상 374조 1항 4호), 신설합병의 경우 설립위원의 선임(175조 2항), 주식의 포괄적 교환(상 360조의3 2항), 주식의 포괄적 이전(상 360조의16 2항), 사후설립(상 375조), 회사의 임의해산(상 517조 2호, 518조), 회사의 계속(상 519조), 휴면회사가 해산의제된 경우 회사계속의 결의(상 520조의2 3항) 등이 있다.

| 대법원 1997. 5. 23. 선고 95다5790 판결 |

시장개설 허가를 받은 법인에 의한 관리권 위임약정은 그 법인이 정상화될 때까지 수임인이 시장을 관리하기로 한 이른바 경영위임에 해당하므로, 구 상법(1995. 12. 29. 법률 제5053호로 개정되기 전의 것) 제374조에 의하여 요구되는 같은 법 제434조의 규정에 의한 발행주식총수의 과반수에 해당하는 주식을 가진 주주의 출석으로 그 의결권의 3분의 2 이상의 다수의 결의로써 하여야 하는 주주총회의 특별결의를 거치지 아니한 경우, 그 관리권 위임약정은 무효이다.

Ⅲ. 특수결의

(1) 사안의 성격상 다수결의 원칙을 적용할 수 없는 극히 이례적인 사항에 대해서는 의결권 없는 주식을 포함하여 주주 전원의 동의(즉, 100% 찬성)를 요하는 특수결의사항으로 하고 있다(상 324조, 400조, 415조, 542조 2항).

(2) 특수결의사항에 속하는 것에는, 이사 · 감사 · 발기인 · 청산인의 회사에 대한 손해배상책임의 면제(상 400조, 324조, 415조), 주식회사의 유한회사로의 조직변경(상 604조 1항), 간이합병(상 527조의2 1항), 간이분할합병(상 530조의11 2항), 간이주식교환(상 360조의9) 등이 있다.

| 주주총회의 결의요건 |

	보통결의	특별결의	특수결의
성립 정족수	발행주식총수의 1/4 이상 출석	발행주식총수의 1/3 이상 출석	발행주식 전부 출석
의결 정족수	출석한 주식수의 과반수가 찬성하고, 그 찬성한 주식의 수가 발행주식총수(의결권 있는 주식 기준)의 1/4 이상	출석한 주식수의 2/3 이상이 찬성하고, 그 찬성한 주식수가 발행주식총수(의결권 있는 주식 기준)의 1/3 이상	총주주(의결권 없는 주식 포함)의 동의

| 비판론 및 사견 |

① 상법에 의하면 보통결의사항인 경우에는 발행주식총수의 1/4(25%) 이상의 주식을 가진 주주가 전부 출석하여 찬성하면 가결시킬 수 있기 때문에 대주주가 군소주주를 완전히 배제한 채 회사를 운영할 수 있는 가능성이 높아졌다. 더욱이 상장법인의 경우는 증권예탁원의 그림자투표제에 의하여 정족수 확보에 별 어려움이 없는 상태에 있다. 사정이 이러함에도 불구하고 1995년 개정상법에서처럼 결의요건을 완화할 필요가 있는지에 대하여 의문을 표시하는 견해가 있다(정동윤).

② 입법론으로, 상법의 적용을 받는 일반 주식회사의 경우는 1995년 개정 이전의 상법에서 정하고 있는 결의요건에 의하도록 하고, 상장법인 등의 경우는 만일 필요하다면 증권거래법에 특례규정을 두면 될 것이다. 그리고 증권거래법에 의하여 증권예탁결제원에 부여되어 있는 그림자투표제는 주주의 의사와는 무관하게 주주의 의결권을 차용하여 의제적 효과를 부여하는 것으로, 이는 헌법의 재산권보장조항에 저촉할 우려가 있다. 이 제도의 폐지 여부를 검토할 필요가 있다.

[3] 결의의 방법

Ⅰ. 집계의 명확성

주주총회의 결의는 다수 주주의 집단적 의사를 결정하는 것이다. 그러므로 이에 도달하기 위한 방법과 절차의 엄격한 적용이 요구된다.

Ⅱ. 의안별 구분결의

같은 주주총회에서 복수의 의안에 다루어질 경우 이들 의안은 각각 독립적이다. 그러므로 결의에 필요한 성립정족수와 의결정족수는 각 의안별로 충족 여부를 따져야 한다. 그러나 상호 관련된 의안을 하나로 묶어서 표결하더라도 무방한 경우에는 주주들의 동의를 얻어 일괄적으로 결의할 수 있다.

Ⅲ. 표결방법

票決방법은 찬반의 의결권의 수를 산정할 수 있는 방법이어야 한다(명확성의 원칙). 이러한 방법이라면 어떠한 것이건 상관없다(예 : 개별투표, 거수, 기립 등). 반대하는 주주가 없는 경우에는 전원 찬성한다는 의미의 박수로 결의하는 것도 가능하다(서울지법 2003. 11. 20. 선고 2001가합18662, 61253 판결). 무기명투표는 의결권의 수를 산정할 수 없으므로 허용되지 않는다.

서울지법 2003. 11. 20. 선고 2001가합18662, 61253 판결

주주총회의 표결방법에 대하여는 관련 법령과 회사의 정관에 아무런 정함이 없는 경우, 거수, 기립, 투표, 기타 어떠한 방법이든 출석주주의 의사를 확인할 수 있는 방법이면 무방하다고 보아야 하고, 어떠한 의안에 대해서 의장이 주주들에게 이의 여부를 묻고 아무런 이의가 없는 경우 박수로써 의안을 통과시키는 방법으로 가결하는 것도 적법한 표결방법이다.

Ⅳ. 불산입항목

(1) 발행주식총수에 불산입하는 경우

의결권 없는 주주(상 370조 1항, 409조 2항 등)가 가진 주식의 수는 정족수를 산정함에 있어서 발행주식총수에 불산입한다(상 371조 1항). 의결권행사금지 가처분결정을 받은 주주는 의결권은 행사할 수 없으나, 그 주식의 수는 주주총회의 결의요건에 관한 제368조의 발행주식총수에 포함된다(대판 1998. 4. 10, 97다50619).

┃대법원 1998. 4. 10. 선고 97다50619 판결┃

주식 자체는 유효하게 발행되었지만 주식의 이전 등 관계로 당사자간에 주식의 귀속에 관하여 분쟁이 발생하여 진실의 주주라고 주장하는 자가 명의상의 주주를 상대로 의결권의 행사를 금지하는 가처분의 결정을 받은 경우, 그 명의상의 주주는 주주총회에서 의결권을 행사할 수 없으나, 그가 가진 주식 수는 주주총회의 결의요건을 규정한 구 상법(1995. 12. 29. 법률 제5053호로 개정되기 전의 것) 제368조 제1항 소정의 정족수 계산의 기초가 되는 '발행주식의 총수'에는 산입되는 것으로 해석함이 상당하다.

(2) 출석주주의 수에 불산입하는 경우

특별한 이해관계가 있어 의결권을 행사할 수 없는 자(상 368조 4항)가 가진 주식의 의결권의 수는 출석한 주주의 의결권의 수에 불산입한다(상 371조 2항).

[4] 결의의 성립 및 효력발생

주주총회 결의의 성립시기는 표결과정을 거쳐 가결 또는 부결로 의결권의 수를 확인하는 순간이다. 결의의 효력발생은 결의의 성립시기와 일치하는 것이 원칙이지만, 기한(시기 또는 종기)을 붙이거나 결의의 내용을 불안정하게 하지 않는 한 조건을 붙이는 것도 가능하다. 주주총회의 결의는 주주 전원과 회사의 다른 기관을 구속하는 힘을 갖는다(최우위적 구속력).

[5] 다수결원리와 소수파주주의 보호

다수결원칙에 따른 소수파주주의 불이익을 구제하는 방법으로는, 반대주주의 주식매수청구권, 이사선임에 있어서 집중투표제, 감사선임에 있어서 대주주의 의결권 제한, 다수결이 남용된 경우 결의의 하자를 다투는 소 등이 있다.

| 관련사례 |

[1] ○○테크는 △△아이씨의 자회사인 ㅁㅁ가속기의 경영권 위협으로 적대적 M&A에 휘말렸으나 주주총회에서 초다수결의제 등 이사해임요건을 강화하는 정관변경을 하였다. 초다수결의제는 이사해임의 의결정족수를 기존의 상법보다 훨씬 까다롭게 정하는 것으로 상법에서 정한 이사의 해임 의결정족수는 '출석주주의 3분의 2 이상, 발행주식의 3분의 1 이상'이다. ○○테크가 추진한 초다수결의제는 이사 해임요건을 출석주주의 4분의 3 이상과 발행주식의 과반수로 강화하고 동일한 사업연도에 정당한 사유 없이 해임될 수 있는 이사의 수는 직전 사업연도 말 재적 이사의 4분의 1을 초과할 수 없다는 내용을 골자로 하고 있다. (출처 : 서울경제 2005. 3. 28, 파이낸셜뉴스 2005. 3. 28, 한국경제 2005. 3. 30, 파이낸셜뉴스 2005. 4. 12)

[2] ○○미디어는 정기 주주총회에 초다수결의제 도입을 골자로 한 정관변경안을 상정했다. "적대적 M&A로 이사를 교체할 때엔 발행주식 70%, 주총 출석주식 90% 이상의 찬성을 얻어야 한다"는 내용이다. 이사의 해임의결 정족수를 "출석주주의 3분의 2 이상, 발행주식의 3분의 1 이상"으로 규정하고 있는 상법보다 훨씬 까다롭다. (출처 : 이데일리 2005. 3. 17, 한국경제 2005. 3. 18)

| 초다수결의 허용여부 |

超多數決(supermajority voting)이란 주주총회의 특별결의사항에 관하여 법에서 정한 결의요건보다 훨씬 가중된 결의요건을 정관에 특별히 규정하는 것을 말한다. 경영권방어를 위한 초다수결제의 도입에 대해서는 "회사 입장에선 경영권 안정을 도모하겠지만 M&A 시장 본래의 기능을 저해하므로 바람직하지 않다"며 "특히 초다수결의제는 기존 경영진 의사에 반하는 M&A를 사실상 원천 봉쇄하기 때문에 자칫 소액주주의 이익을 해칠 수 있다"던가 또 "기존 이사회가 적대적 M&A 여부를 결정한다는 것도 이사회의 권한을 벗어난 월권행위라는 논란을 일으킬 수 있다"는 시각이 있다. 정관에 초다수결요건을 두는 것이 허용되는지에 대해서는 찬반양론이 있다.

(i) 긍정설 – 폐쇄회사에서는 소수파주주에게 거부권을 확보해 줄 필요가 있고, 그 방법으로 정관으로 특별결의요건을 가중하거나 심지어 총주주의 동의를 요하도록 하는 것까지도 허용된다고 한다(손주찬, 최기원).

(ii) 부정설 – 부정설은, 초다수결을 허용하면 일부 주주들에게 거부권을 줌으로써 주주간에 의사대립이 있으면 회사가 교착상태에 빠지게 되어 결국 기업해체로 해결할 수밖에 없

게 되므로 기업유지의 이념에 반하고, 주식회사에 인적회사의 운영논리를 적용하는 것이 되어 주주 유한책임의 법적 전제로 요구되는 회사의 독자적인 의사결정과 행동의 자유를 부정하는 것이 된다는 것을 그 논거로 들고 있다(이철송). 이 견해에 의하면 상법상의 특별결의요건을 정관에 의하여 가중하는 경우에도 과반수 출석에 3분의 2 이상의 찬성을 최대한으로 하고, 그 이상으로 가중하는 것은 허용되지 않는다고 한다.

제10절 주주총회 의사록

시민단체는 ○○전자에 주주총회 의사록의 열람·등사를 청구했다. 이번 주주총회 의사록의 열람·등사 청구는 소송과 관련하여 법원에 제출할 증거확보를 위해 이루어진 것이다. 시민단체는 지난 ○○전자의 주주총회가 주주의 정당한 발언권을 봉쇄하는 등 편파적으로 진행되어 법적 실효성을 가질 수 없다고 판단하여 주주총회결의 취소의 소를 제기하는 한편, 주주권 침해와 명예훼손, 폭행 등에 대해 손해배상소송을 함께 제기한 바 있다. 이와 함께 시민단체는 ○○전자를 방문하여 ○○카드 출자시 이사회가 검토했던 자료들을 열람하고 설명을 듣겠다고 밝혔다. 주주총회에서 ○○전자측은 이사회가 ○○카드에 대한 출자를 결정할 때 검토했던 자료들이 무엇인지 등에 대한 시민단체측 주주들의 질의에 대해 "주주총회 종료 후 회사로 찾아오면 모두 설명해주겠다"고 답한데 따른 후속조치다. 시민단체는 ○○전자에 빠른 시일 내에 설명이 가능한 날짜를 알려줄 것을 요청했다. (출처 : 머니투데이 2004. 3. 10, 이데일리 2004. 3. 10)

|해 설|

위 사례는 주주총회 의사록의 열람에 관한 내용이다. 주주총회의 의사록은 의사의 경과요령과 그 결과를 기록한 것으로 주주총회의 결의내용에 관한 중요한 물적 증거가 된다. 회사는 주주총회의 의사록을 반드시 작성하고 이를 이해당사자인 주주와 회사채권자의 열람청구에 응하도록 하고 있다.

[1] 작성

(1) 주주총회가 종료되면 의사에 관한 증거로 의사록을 작성하여야 한다(상 373조 1항). 의사록에는 의사의 경과요령과 그 결과를 기재하고 의장과 출석한 이사가 기

명날인 또는 서명하여야 한다(상 373조 2항). 감사의 기명날인 또는 서명은 요하지 않는다(표준정관 28조 참조).
(2) 의사록에 기재할 사항을 기재하지 아니하였거나 부실한 기재를 한 때에는 벌칙이 적용된다(상 635조 1항 9호).

|법적 성격|

총회 의사록의 작성은 총회 결의의 효력과는 무관하다. 총회 의사록은 총회 결의내용에 대한 증거문서로서 書證의 대상이 될 뿐이다. 유일한 증거는 아니므로 달리 증명하여 결의의 내용을 다툴 수 있다.

[2] 공시

1. 비치 · 열람

이사는 주주총회 의사록을 작성하여 본점과 지점에 비치하여야 한다. 주주 및 회사채권자는 영업시간 내에는 언제든지 열람 또는 등사를 청구할 수 있다(상 396조 1항 · 2항). 주주총회에서 결의한 내용이 등기사항인 때에는 등기신청서에 주주총회의 의사록을 첨부하여야 하고, 이 경우 의사록의 진실성을 확보하기 위하여 공증인의 인증을 받아야 한다(공증 66조의2).

2. 보존

주주총회 의사록의 보존기간에 대하여 상법의 명시적인 규정이 없다. 상업장부의 보존기간(상 33조 1항 본문)을 유추적용하여 10년간 보존하여야 하는 것으로 해석한다.

|관련사례|

주주총회의 결의에 따라 제3자와 맺은 계약은 그 뒤 절차상 문제로 주주총회 의결이 무효화되더라도 계속 효력을 갖지만 주주총회 의사록 자체를 위조해 맺은 계약은 무효로 봐야 한다는 대법원 판결이 나왔다. 대법원 민사○부는 ○○개발(주)이 학교법인 ○○학원을 상대로 낸 소유권 이전등기말소 청구소송 상고심에서 "주주총회 결의에 따라 맺은 계약은 그 의결이 무효화될 경우에도 예측할 수 없는 손해를 입을 수 있는 계약상대를 보호하고 회사에 관한 법률관계의 안정성을 보장하기 위해 계약이 유효한 것으로 간주해왔다"며 "그러나 주주총회의 의사결정을 위조해 대표가 된 사람이 제3자와 맺은 계약은 의결 자체가 존재하지 않기 때문에 계약 자체가 무효"라며 원고 패소판결을 내린 원심을 깨고 사건을 서울 ○○지법으로 내려 보냈다. (출처: 경향신문 1992. 8. 21, 동아일보 1992. 8. 21, 한겨레 1992. 8. 21)

제11절 총회결의 관련 군소주주의 보호

[1] 종류주주총회

株主[illegible]

合併 및 第42期 定期株主總會 召集公告

當社 定款 第16條에 依據 合併 및 第42期 定期株主總會를 다음과 같이 召集하오니 參席하여 주시기 바랍니다.

－다　　음－

1. 日　時 : 2001年 3月 16日(金) 午前 10時
2. 場　所 : 서울特別市 中區 小公洞 50番地(當社 19層 講堂)
3. 會議目的事項
   가) 報告事項 : 監査報告 및 營業報告
   나) 附議事項
   第 1 號 議案 : 第42期(2000年 1月 1日－2000年 12月 31日)
   貸借對照表, 損益計算書 및 利益剩餘金處分計算書(案) 承認의 件
   ※利益配當 豫定內容(1株當 配當金) : 普通株 600 원, 優先株 650 원
   第 2 號 議案 : (株)製鐵化學과의 合併契約書 承認의 件
   ※合併要領(其他 內容은 『經營參考事項』 參照)
   1. 合併方法 : (株)製鐵化學이 當社를 吸收合併함
   2. 合併比率 : 當社 普通株 1株當 (株)製鐵化學 普通株 1.4812株 配定
   當社 優先株 1株當 (株)製鐵化學 普通株 1.0221株 配定
   3. 合併期日 : 2001年 5月 1日
   第 3 號 議案 : 自己株式 消却에 依한 減資 承認의 件
   第 4 號 議案 : 理事 選任의 件
   第 5 號 議案 : 理事 報酬限度額 承認의 件
   第 6 號 議案 : 監事 報酬限度額 承認의 件

優先株 種類株主總會 召集公告

當社 定款 第16條에 依據 優先株 株主의 種類株主總會를 다음과 같이 召集하오니 參席하여 주시기 바랍니다.

－다　　음－

1. 日　時 : 2001年 3月 16日(金) 午前 11時
2. 場　所 : 서울特別市 中區 小公洞 50番地(當社 19層 講堂)
3. 議　案 : 優先株式의 (株)製鐵化學 普通株式 轉換交付 承認의 件(轉換比率 1.0221株)

○ 經營參考事項 備置
證券去來法 第191條의10 第2項에 의거 當社의 經營參考事項을 金融監督委員會, 韓國證券去來所, 證券預託院 및 當社에 備置하오니 參考하시기 바랍니다.

○ 實質株主의 議決權 行使에 관한 事項 案內
證券去來法 第174條의6 第5項에 의거 議決權을 直接行使 또는 不行使에 관한 『의사표시통지서』를 株主總會 會日 5日前(2001年 3月 11日)까지 證券預託院에 通知하시거나 株主總會 會日 7日前(2001年 3月 9日)까지 去來證券會社에 通知하시기 바랍니다.

2001年 2月 28日
서울特別市 中區 小公洞 50番地

DCI 東洋化學工業株式會社

代表理事 李 秀 永

名義改書代理人　證券預託院 社長 金 東 寬

| 해 설 |

위 사례에서는 합병승인을 위한 주주총회를 열면서 그에 이어 우선주주만의 종류주주총회를 열고 있다. 합병에 관하여 주주총회에 상정된 안건의 내용 중에 보통주보다 우선주에 대한 합병비율이 불리하게 되어있기 때문에 그로 인하여 손해를 입게 되는 우선주주만의 종류주주총회를 별도로 열도록 한 것이다. 종류주주총회의 결의는 주주총회의 결의가 효력을 갖기 위하여 요구되는 요건이다. 만약 종류주주총회에서 부결되면 앞서 있었던 합병안에 대한 주주총회의 결의(만일 가결된 경우)는 무효로 된다.

Ⅰ. 의의

종류주주총회는 회사가 수종의 주식을 발행한 경우 주주총회의 결의사항 중 특정 종류의 주주들(예: 우선주주 또는 보통주주)에게 손해를 입힐 우려가 있는 사안에 대하여 주주총회 외에 그 종류의 주주들만의 결의를 위한 모임을 말한다. 사채권자집회의 경우(상 509조)와는 달리 각종의 주식마다 별개의 주주총회가 열리는 것은 아니다. 주주총회는 하나뿐이고, 종류주주총회는 주주총회의 효력발생을 위한 부가요건이다.

| 취 지 |

회사가 수종의 주식을 발행한 경우 주주총회의 결의에 의하여 주식의 종류별로 이해관계가 상충하는 경우가 생긴다. 종류주주총회는 주주총회의 결의에 의하여 손해를 입을 우려가 있는 종류의 주식을 가진 주주들을 보호하기 위한 제도이다. 원래는 손해를 입을 주주 전원의 개별적인 동의가 있어야 하겠으나, 그 종류의 주주의 다수결로써 개개 주주의 동의에 갈음할 수 있도록 하는 일종의 타협이다(손주찬).

| 강행법규성 |

종류주주총회제도는 특정 종류의 주주이익을 다수결로부터 보호하기 위한 것이므로 이에 관한 상법규정은 강행규정이다. 따라서 종류주주총회의 결의를 요하는 사항에 대하여 이를 배제하는 정관규정을 두더라도 그 정관규정은 무효이다.

Ⅱ. 종류주주총회를 요하는 경우

종류주주총회는 수종의 주식을 발행한 경우로서 다음에 해당하는 사유로 「**어느 종류의 주주에게 손해를 미치게 될 때**」 그 결의가 필요하다.

(1) **정관변경으로 인한 경우**(상 435조 1항)

예컨대, 의결권 없는 우선주가 일정기간 경과 후 자동적으로 보통주로 변경된다는 정관조항을 삭제하는 경우, 의결권 없는 구형우선주를 모두 의결권 있는 보통주로 교체하는 경우, 비참가적 우선주를 참가적 우선주로 바꾸는 경우 등이다.

(2) **수종의 주식 사이에 신주의 인수, 주식의 병합 · 소각 또는 합병으로 인한 주식의 배정에 관하여 주식의 종류에 따라 특수한 정함으로 인한 경우**(상 436조, 344조 3항)

회사가 수종의 주식을 발행한 때에는 정관에 다른 정함이 없는 경우에도 신주의 인수, 주식의 병합, 소각 또는 합병으로 인한 주식의 배정에 관하여 특수한 정함을 할 수 있다(상 344조 3항). 이에 따라 예컨대, 우선주와 보통주에 대한 신주인수권을 부여하는 비율이 다른 경우가 이에 해당한다.

(3) **회사의 합병 · 분할 · 분할합병 및 주식의 포괄적 교환 · 이전으로 인한 경우**(상 436조, 530조의35항)

예컨대, 우선주와 보통주의 합병비율을 달리하는 경우가 이에 해당한다.

Ⅲ. 결의요건

종류주주총회의 결의는 출석한 그 종류주주의 의결권의 3분의 2 이상의 다수로 하되, 찬성한 의결권이 그 종류의 발행주식총수의 3분의 1 이상이어야 한다(상 435조 2항). 이에 관해서는 법정요건만이 허용되어 정관에 의한 가중과 완화 모두가 금지된다(다수설).

Ⅳ. 운영 - 주주총회 규정의 준용

(1) 종류주주총회의 소집과 운영에 대해서는 의결권 없는 주식에 관한 규정을 제외하고는 주주총회의 규정을 준용한다(상 435조 3항). 종류주주총회에서는 의결권 없는 주식(상 370조 1항)도 의결권을 가진다(상 435조 3항).

(2) 창립총회에서도 종류주주총회에 관한 상법 제435조의 규정이 준용된다(상 308조 2항).

Ⅴ. 결의의 효과 및 주주총회와의 관계

1. 주주총회 결의의 효력발생요건

종류주주총회의 결의는 주주총회의 결의가 효력을 발생하기 위하여 추가적으로 요구되는 요건이다. 주주총회의 결의에 종류주주총회의 결의가 추가되면 주주총회의 결의는 효력발생에 필요한 필요충분조건을 모두 갖추어 유효하게 되나, 종류주주총회의 결의를 얻지 못하면 주주총회의 결의는 확정적으로 무효가 된다.

2. 하자를 다투는 방법

종류주주총회의 결의에 하자가 있는 경우 이것만을 대상으로 따로 소를 제기하지 못하고 주주총회의 결의의 하자에 포함시켜 다투면 된다(흡수관계).

| 관련사례 |

[1] ○○전자는 2002. 2. 28. 정기주주총회에서 우선주의 보통주 전환에 관한 내용을 삭제하는 정관 일부변경의 건을 표결로 결의하였다. ○○전자는 3시간여에 걸친 논란 끝에 의결권 있는 주식 63.22%의 찬성으로 "97년 2월 이후 발행한 신형우선주는 발행일로부터 10년 후 보통주로 전환할 수 있다"는 내용이 들어있는 정관 제8조 제5항 삭제안을 통과시켰다. 이날 ○○펀드와 ○○투신은 주주총회에서 정관 제8조 제5항의 삭제안이 우선주 주주들의 이익을 침해할 수 있다는 논리로 강력히 반발, 우선주 관련 조항을 제외한 나머지 안건만을 처리하자고 주장했으나, 회사측은 표결 처리를 강행, 삭제안을 통과시켰다. ○○전자측은 우선주 관련조항의 삭제 논란에 대해 "우선주의 보통주 전환은 정관 변경일인 97년 2월 이후 발행된 신형우선주에 한정된 사안으로 이러한 신형우선주를 발행한 적도 없으며 변경 전에 발행된 구형우선주는 해당이 되지 않는 조항"이라고 반박하며 종전 입장을 고수했다. 그러나 ○○펀드와 ○○투신의 관계자들은 정관상에 구형우선주와 신형우선주에 대한 구분이 없으므로 모든 우선주, 즉 구형우선주도 보통주 전환이 가능하다고 하며, 우선주 주주들에 대한 이익 침해가 우려되는 만큼 일단 이에 관한 정관조항의 삭제를 보류하자는 주장으로 맞섰다. ○○펀드의 대리인인 법무법인측은 "앞으로 우선주주주들이 참석가능한 종류주주총회의 소집을 요구하고 이날 주주총회 결의사항의 무효확인소송을 진행할 방침"이라고 밝혔다. (출처: 이데일리 2002. 2. 20, 이데일리 2002. 2. 21, 조선일보 2002. 2. 22, 중앙일보 2002. 2. 21, 한겨레 2002. 2. 21, 한국일보 2002. 2. 21, 한국경제 2002. 2. 26, 매일경제 2002. 2. 28, 머니투데이 2002. 2. 28, 파이낸셜뉴스 2002. 2. 28, 이데일리 2002. 2. 28, 매일경제 2002. 12. 5)

대법원 ○부는 외국계 투자사 ○○○가 ○○전자를 상대로 "○○전자 우선주를 보통주로 자동 전환하는 정관을 삭제한 주총결의는 무효"라며 낸 주총결의 불발효 확인소송에서 원고승소로 판결한 원심을 확정했다. 재판부는 판결문에서 "상법 제435조 제1항은 여러 종류의 주식을 발행한 회사가 정관을 변경해 특정 주주가 손해를 입게 되는 경우 주주총회 결의 외에 특정 종류주주들만의 총회 결의가 있어야 한다고 규정하고 있다"며 "피고 회사는 주주총회 결의 외에 우선주 주주들만의 결의를 거치지 않았으므로 정관 삭제의 효력이 없다"고 밝혔다. (출처 : 매일경제 2006. 1. 27)

(보충)

위 사례는 일정 기간이 경과하면 우선주에서 보통주로 자동 전환된다는 회사의 정관규정이 동 정관규정 이후에 발행된 신형우선주에 대하여 적용되는 것은 당연하나, 동 정관규정이 있기 이전에 발행된 기 발행된 구형우선주에 대해서도 적용되는지가 다투어지고 있다. 이는 정관의 해석에 관한 문제로, 정관은 법규적 성질을 띠고 있기 때문에 법률심의 대상이 된다.

[2] ○○수산은 임시주주총회, 보통주식주주총회, 상환주식주주총회를 각각 개최한다고 공시하였다. (출처 : 머니투데이 2005. 3. 29)

[2] 주식매수청구권

○○증권은 이사회를 열고 △△투자증권을 흡수합병하기로 결의했다. 합병비율은 △△투자증권 보통주 1주에 ○○증권 보통주 0.519주를 배정하는 것으로 ○○증권이 발행하는 신주는 2,398만 주이다. △△투자증권은 현재 ○○증권 지분 2.69%를 보유하고 있지만 합병비율에 따른 신주배정을 마치면 ○○증권 지분 89.55%를 보유하는 최대주주가 된다. 합병승인을 위한 주주총회가 열릴 예정이며 합병에 반대하는 ○○증권 주주들은 합병승인 주주총회 전까지 주식매수청구권 행사를 위한 합병반대의사를 표시해야 한다. 주식매수청구의 예정가격은 주당 1,171원이다. (출처 : 매일경제 2005. 4. 1, 제일경제 2005. 4. 1)

| 해 설 |

주주총회에서 다수결의 원리에 의하여 결의된 사항에 대해서는 이에 반대한 주주도 그 결의에 구속된다. 주주의 이해관계에 중대한 구조적 변경을 초래하는 사항이 주주총회에서 가결되면, 이에 반대하는 주주 역시 그 결의에 따를 수밖에 없다. 그런데 법에서는 이러한 경우 반대주주가 투하자본을 회수하고 그 회사의 주주의 지위에서 벗어날 수 있는 길을 마련해 주고 있다. 그것이 주식매수청구제도이다. 반대주주가 주식매수청구권을 행사하면 해당 회사는 그에 응하여야 한다.

Ⅰ. 의의

주식매수청구권이란 주주의 이해관계에 중대한 영향을 미치는 사안이 주주총회 또는 이사회에서 결의되었을 때, 그 결의에 반대한 주주가 자신의 주식을 회사에 공정한 가격으로 매수하여 줄 것을 청구할 수 있는 권리이다.

| 취 지 |

주식매수청구권제도는 회사의 중대한 구조적 변경에 반대하면서도 그 반대의 의사를 관철시킬 수 없는 주주들이 소극적으로 보유주식을 처분하고 투자를 회수할 수 있는 길을 열어주는 제도이다. 다수결에 의하여 구조적 변경을 꾀하는 다수파 주주와 이를 반대하는 소수파주주 쌍방의 이익 모두를 위한 제도이다.

| 타당성 논란 |

주식양도를 제한하는 경우에 주식매수청구권을 인정하는 것은 불가피한 면이 없지 않다. 그러나 합병 등의 경우에 인정되는 주식매수청구권에 대해서는, (ⅰ) 자본을 일부 반환하는 것이 되어 자본충실의 원칙에 반한다는 점, (ⅱ) 다수결의 원칙에 반한다는 점, (ⅲ) 투하자본의 회수는 주식의 양도로 가능하고 주가하락으로 인한 위험부담은 원래 주주가 인수한 것이라는 점에서 논란의 여지가 있다. 상법에서 이러한 경우에도 주식매수청구권을 인정한 것은 위와 같은 문제점이 있음에도 불구하고 소수주주의 보호를 우위에 둔 결과이다(손주찬).

Ⅱ. 요건

1. 대상

(1) 회사에 중대한 구조적 변경을 초래하는 사항이어야 한다. (ⅰ) 합병, (ⅱ) 분할합병, (ⅲ) 영업의 전부 또는 중요한 일부의 양도, 영업 전부의 임대 또는 경영위임, 타인과 손익 전부를 같이하는 계약 기타 이에 준하는 계약의 체결 · 변경 · 해약, 다른 회사의 영업 전부의 양수(상 374조 1항 1호~4호), (ⅳ) 주식의 포괄적 교환 · 이전의 승인을 위한 결의가 이에 해당한다(상 374조의2, 522조의3 1항, 530조의11 2항, 360조의5 1항, 360조의22).

■ 주주총회의 결의사항에 반대하는 경우에만 주식매수청구권이 인정되는 것은 아니다. 정관에 의하여 주식양도를 제한한 경우 주식양도의 승인청구를 이사회가 거부한 때에도 주식

매수청구권이 인정되는데(상 335조의2 4항), 이는 주주총회의 결의와는 무관하게 인정된다.

■ 증권거래법에서는 상장법인에 있어서 합병(상 522조), 간이합병(상 527조의2), 분할합병(상 530조의3, 530조의2), 영업양도 · 양수 · 임대 등(상 374조), 주식교환(상 360조의3), 간이주식교환(상 360조의9), 주식이전(상 360조의16)에 관한 이사회의 결의가 있는 경우 이에 반대하는 주주에 대하여 주식매수청구권을 부여하고 있다(증거 191조 1항). 그러나 단순분할(상 530조의3), 소규모합병(상 527조의3) 및 소규모주식교환(상 310조)의 경우는 주식매수청구권을 인정한다는 규정이 없다.

(2) 회사해산 이후에는 주식매수청구권이 인정되지 않는다. 이러한 경우에도 주식매수청구권을 인정하면 주주가 회사채권자보다 우선적으로 출자를 환급받는 결과가 되어 부당하고, 주주는 잔여재산분배를 받음으로써 투하자본을 회수할 수 있기 때문이다.

(3) 정관변경에 반대하는 경우에는 주식매수청구권이 인정되지 않는다. 그러나 정관변경의 경우에도 주식매청구권을 인정하는 입법례가 있다(일본 상법 349조 1항 참조). 생각건대, 모든 정관변경에 대하여 주식매수청구권을 인정하는 것은 온당치 못하나, 정관변경사항 중에서 구조적 변경을 초래하는 사항에 대해서는 주식매수청구권을 인정할 필요가 있다고 본다.

(4) 회사의 단순분할의 경우에는 주주의 권리관계에 구조적인 변경을 가져오지 않으므로 주식매수청구권이 인정되지 않는다(증거 191조 1항 참조).

(5) 주주는 자기가 소유하고 있는 주식의 일부만의 매수청구를 할 수 있다.

2. 매수청구권자

(1) 「의결권 없는 주주」도 주식매수청구권을 갖는가? 이에 대해서는 찬반양론이 있다. 생각건대, 의결권 없는 주주도 주식매수청구권을 갖는다고 본다. 주식매수청구권은 주주총회에 참석하여 의결권을 행사할 수 있느냐의 여부와는 무관하게 당해 결의에 대하여 상반된 이해관계가 있느냐의 여부에 중점을 둔 제도이기 때문이다. 단지 의결권이 없다는 이유로 회사의 중대한 구조적 변경에 그대로 순응하여야 한다는 것은 의결권 없는 주주에게 제도가 예정한 그 이상의 불이익을 주는 것이 되어 온당치 못하다. 증권거래법에서는 상장회사의 의결권 없는 주주에

게도 주식매수청구권이 있음을 명문으로 인정하고 있다(증거 191조 1항 참조). 상법에서도 입법적으로 이를 명시하는 것이 바람직하다고 본다. 한편, 주식양도에 대하여 승인거부의 통지를 받은 주주가 주식매수청구를 하는 경우에는 총회의 결의와 무관하므로 의결권 없는 주주도 당연히 주식매수청구권을 갖는다(다수설).

(2) 주식매수청구권은 반대 「주주」에 대하여 인정되는데, 어느 시점에 주주의 자격을 갖추고 있어야 하는가? 사전반대의 통지를 할 당시를 기준으로 하여 이 시점에 주주이어야 한다. 기명주주의 경우는 주주명부 또는 실질주주명부에 등재된 자이어야 하고, 무기명주주의 경우는 사전반대의 통지와 동시에 주권을 회사에 공탁하여야 한다.

(3) 주식매수청구는 「사전에 반대한 주주」에 대해서만 인정된다. 주식매수청구는 사전 반대로부터 사후 주식매수청구까지의 기간 동안 매수청구 주주와 매수청구 주식의 동일성이 유지되는 부분에 대해서만 인정된다. 즉, 사전 반대와 사후 주식매수청구는 모두 동일한 주주에 의하여 이루어져야 하고, 사전 반대와 사후 주식매수청구의 사이에 매수청구권을 행사한 주주의 보유주식 수에 증감이 있는 경우 매수청구를 할 수 있는 주식의 수는 이 기간 동안의 최저수량이다.

Ⅲ. 절차

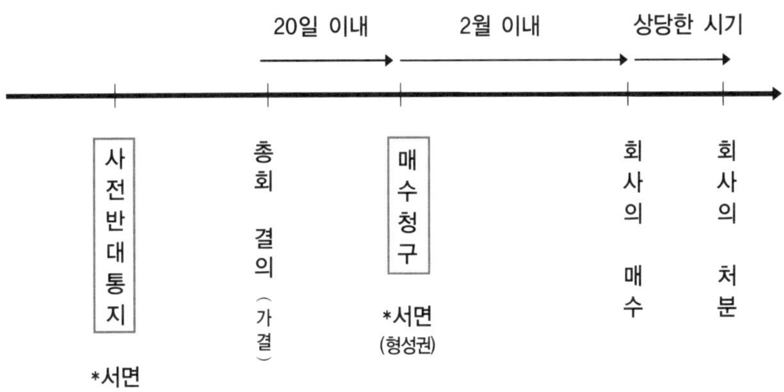

1. 사전 반대의 통지 (1단계)

결의에 반대하는 주주는 주주총회 전에 회사에 대하여 서면으로 그 결의에 반대하는 의사를 통지하여야 한다(상 374조의2 1항, 522조의3 1항). 사전통지는 회사로 하여금 주식매수의 준비를 위한 예고적 의미가 있다. 반대통지는 주주총회일 이전에 회사에 도달하여야 하고, 이에 대한 입증책임은 주주에게 있다.

2. 결의의 성립

매수청구권은 주식매수청구의 사유가 되는 결의의 성립을 전제로 한다. 만일 주식매수청구권을 행사한 주식을 합산한 반대표가 많아 가결되지 않은 경우에는 주식매수청구권을 행사할 수 없다.

┃총회출석의 불요┃

총회 전에 결의반대의 의사를 통지한 주주는 총회에 출석하여 결의에 반대하는 의사를 표시하여야 하는가? 이에 대해서는 찬반양론이 있다. 생각건대, 사전에 서면에 의하여 결의에 반대하는 의사를 명백히 통지한 이상 총회에 출석하여 재차 반대의사를 표시할 필요는 없다고 본다. 서면에 의하여 반대의 의사를 표명한 의결권 있는 주주의 의결권은 총회의 해당 결의에서 반대표에 합산처리한다. 반대주주가 총회에 출석하여 이를 번복하여 찬성한 경우에는 반대의사를 철회한 것으로 본다.

3. 사후 매수청구 (2단계)

총회의 결의일로부터 20일 이내에 서면으로 매수청구를 하여야 하며, 그 서면에는 매수청구를 하는 주식의 종류와 수를 기재하여야 한다(상 374조의2 1항). 매수청구권의 행사 여부는 주주의 자유이며, 그가 소유하고 있는 주식의 일부에 대해서만 매수청구를 하는 것도 가능하다.

Ⅳ. 효과

매수청구권은 형성권이다. 매수청구권이 행사되면 회사는 2월 이내에 매수대금을 지급하여야 한다(상 374조의2 2항).

| 주식매수청구권의 失效 |

(ⅰ) 주식매수청구의 원인사실이 소멸한 경우(예 : 합병의 중지, 합병안의 총회에서의 부결 등)와 (ⅱ) 사전 반대의사를 통지한 주주가 총회결의일로부터 20일 이내에 주식매수청구권을 행사하지 않은 경우 주식매수청구권은 실효된다.

Ⅴ. 매수가격의 결정

매수가격은 다음과 같은 단계로 결정한다. 이는 주식양도제한의 경우(상 335조의5) 및 합병반대의 경우(상 530조 2항) 등의 주식매수청구에서의 매수가격의 결정방법과 동일하다.

① 제1단계 - 주주와 회사간의 협의에 의하여 결정한다(상 374조의2 3항).

② 제2단계 - 주식매수청구일로부터 30일 이내에 협의가 이루어지지 아니 한 경우에는 회사 또는 매매청구 주주는 법원에 대하여 매수가격의 결정을 청구할 수 있다(상 374조의2 4항). 법원은 회사의 재산상태와 그 밖의 사정을 참작하여 공정한 가격으로 이를 산정하여야 한다(상 374조의2 4항). 공정하고 합리적인 매수가격 결정의 기준은 주주총회의 결의에 의하여 영향받기 전의 주식의 가치를 기준으로 그 주식의 시장가치, 자산가치, 수익가치, 그리고 배당가치 등을 종합적으로 고려하여야 한다(미국 MBCA 제13장 제13.01조(3) 참조).

■ 상장법인의 경우, 매수가격의 결정은 (ⅰ) 1차적으로 주주와 당해 법인간의 합의에 의하되, (ⅱ) 합의가 불성립한 경우에는 이사회 결의 이전에 유가증권시장에서의 거래가격을 기준으로 하고, (ⅲ) 당해 법인이나 매수청구주주의 30% 이상이 그 매수가격에 반대하는 경우에는 금융감독위원회가 그 매수가격을 조정할 수 있다(증거 191조 3항). (ⅳ) 이에 대해서도 불만이 있는 경우에는 최종적으로 법원이 공정한 가격을 산정할 수밖에는 없다(상 374조의2 4항).

Ⅵ. 매수주식의 처분

주식매수청구에 응하여 회사가 취득한 자기주식에 대해서는 상당한 시기 내에 이를 처분하여야 한다(상 341조 5호, 342조). 이익으로 소각하는 것도 가능하다(증거 191조 4항 참조).

| 관련사례 |

[1] OO물산의 실질주주 중 64.7%가 인터넷사업의 영업양도 안건에 반대해 주식매수청구권을 행사하겠다는 의사를 사전에 표시하였다. 증권예탁원은 OO물산의 실질주주 중 64.7%가 주식매매청구권 행사의사를 표시했다면서 임시주총에서 인터넷사업 영업양도 안건이 통과되고 반대의사를 표시한 투자자들이 모두 매수청구권을 행사한다면 영업양도에 필요한 주식매수비용만 1조 2,625억 원으로 추산된다고 밝혔다. (출처: 경향신문 2000. 6. 8, 동아일보 2000. 6. 8, 매일경제 2000. 6. 8, 조선일보 2000. 6. 8, 한겨레 2000. 6. 8)

[2] OO은행과의 합병에 반대하는 주주들의 주식매수청구로 인한 △△은행의 자금부담이 7천 9백 65억 원에 이를 것으로 추정했다. 이 같은 추정의 근거로 합병에 반대해 주식매수청구권을 행사할 주주가 34% 정도로 예상되기 때문이다. 우선 전체 주주 중 OOOO 등 주요 법인주주(총 28%)와 나머지 기타 외국인(약 30%)은 합병에 반대하지 않을 것으로 보여 반대의사를 표시할 수 있는 주식수가 42% 정도다. 또 통상 반대의사가 표시된 주식 중 80% 정도가 실제로 매수청구로 이어진다는 경험에 비춰 매수청구될 물량은 34%를 넘지 않을 것으로 내다봤다. (출처: 중앙일보 2002. 10. 1, 헤럴드경제 2002. 9. 30)

[3] OO · △△은행의 합병추진위원회는 두 은행의 주식매수청구가격을 OO은행 1만 3천 9백 68원, △△은행 2만 2천 4백 41원으로 각각 확정했다. 합병추진위 관계자는 "두 은행의 주식매수 청구가격을 이사회 결의일 직전 두 달 · 한 달 · 일주일치의 주가를 각각 거래량 가중평균으로 산출해 이를 다시 산술평균하는 방식으로 결정했다"고 설명했다. 두 은행의 20일 종가는 OO은행 1만 4,100원, △△은행 2만 3,400원으로 주식매수청구가격보다 약간 높은 수준이다. 그러나 합병주주총회가 10월 20일로 예정돼있어 지금처럼 불안한 증시상황이 이어질 경우 주가가 주식청구가격 밑으로 떨어질 가능성도 있다. 이렇게 되면 합병에 따른 자금부담이 너무 크기 때문에 합병자체가 무산될 수도 있다. (출처: 경향신문 2001. 4. 23, 동아일보 2001. 4. 23, 세계일보 2001. 4. 23, 중앙일보 2001. 4. 23)

[4] OO는 △△에 인터넷 그린복권사업에 관한 자산 및 영업권 등 일체를 12억 원에 양도키로 했다. 이번 영업양도건은 주식매수청구권이 부여되는 데 반대주주들은 임시주주총회 때까지 반대의사표시를 하면 된다. 매수청구 가격은 408원이다. (출처: 이데일리 2004. 3. 23 [김세형])

[5] OO전선은 공시를 통해 "자본금의 100분의 10이상을 출자하고 있는 비상장 계열사 △△리조트의 경영을 □□에 위임키로 했다. 전문위탁경영위임으로 인한 매출극대화와 운영의 효율성 증대 및 대고객 서비스 질의 향상을 위해서이며 위임의 범위는 '영업 일반'이다. 이와 관련 주식매수청구 주식수는 417만 6,387주(25.5%)이며 청구가격은 주주와 협의 중으로 확정되는 대로 공시하겠다고 회사측은 밝혔다. (출처: 이데일리 2004. 3. 31 [김희석])

[6] OO버팔로는 본사에서 열린 주주총회에서 △필름과 □필름과의 주식교환을 승인했다

고 밝혔다. △필름과 □필름이 전일 임시주주총회를 통해 포괄적 주식교환을 승인한데 이어 O버팔로도 이를 승인한 것이다. 이로써 △필름과 □필름은 영화사로서는 처음으로 거래소에 우회상장하게 됐다. OO버팔로는 신주를 발행해 □필름 주주들에게 주당 1.8567주, △필름 주주들에게 주당 4.2197주를 배정키로 했다. 이로써 □필름과 △필름은 OO버팔로의 100% 자회사로 편입된다. 이들 3사의 기업결합 결의에 반대하는 주주들은 10일부터 29일까지 주식매수청구권을 행사할 수 있으며 주당 매수청구가격은 OO버팔로 1,764원, □필름 1,230원, △필름 2,956원이다. (출처: 이데일리 2004. 3. 10 [전설리])

[7] △△은행을 계약이전(P&A) 방식으로 인수한 OO은행은 주주들에게 주식매수청구권을 인정하지 않을 방침이라고 밝혔다. OO은행 관계자는 "P&A 방식으로 퇴출은행을 인수한 경우에는 주식매수청구권을 인정할 수 없다는 것이 우리의 판단"이라고 밝혔다. 증권거래법 제191조에는 중요 영업 일부양도, 전부양수, 합병시에 주식매수청구권을 인정토록 규정하고 있다. 따라서 중요영업의 일부 양수인 P&A방식으로 퇴출은행의 계약을 이전받은 이번 경우는 주식매수청구권을 인정할 수 없다는 것이 OO은행 관계자의 설명이다. 금융감독기관도 퇴출은행의 인수은행 주주들에게 주식매수청구권을 인정치 않기로 내부방침을 정한 것으로 알려졌다. (출처: 문화일보 1998. 8. 18, 세계일보 1998. 8. 18, 조선일보 1998. 8. 18, 한국경제 1998. 8. 18)

[8] OO상선은 상장기업 중 처음으로 실시했던 주식매수청구 철회신청을 접수한 결과 철회 신청률이 35.5%에 이르렀다고 밝혔다. 회사는 주식매수청구를 행사했던 782만 8,437주를 대상으로 청구철회신청을 받은 결과 이 중 35.5%인 277만 8,129주가 철회를 요청했다. 이에 따라 782만여 주에 대해 주당 2,904원씩 총 227.3억 원에 달했던 총 청구금액은 80.7억 원이 줄어들게 됐다. 회사는 "철회를 신청한 277만여 주는 거래소에서 거래가 이뤄졌으며 나머지 505만여 주는 자금이 확보되는 대로 청구대금과 이자 연리 6%를 합쳐 지급될 예정"이라고 말했다. 회사는 주식매수청구 이후 주가가 2,000원대에서 2,800원대로 뛰어오르자 매수청구를 신청한 투자자들에게 손실이 발생할 우려가 있다고 판단, 상장기업 사상 처음으로 주식매수 청구철회 신청을 받았었다. (출처: 이데일리 2002. 12. 9, 이데일리 2002. 11. 29, 파이낸셜뉴스 2002. 11. 29, 한국일보 2002. 11. 30)

[9] OO정보통신은 네트워크장비사업 경쟁력 강화를 위해 △△텔레콤을 흡수합병한다고 공시했다. 이번 합병은 △△텔레콤의 연구인력 확보를 위한 것이다. 합병비율은 △△텔레콤 1주당 OO정보통신 0.4966주다. 소규모합병이기 때문에 주식매수청구권은 주어지지 않는다. (출처: 이데일리 2001. 10. 5)

[10] OO는 회사분할과 관련, 주주들에게 주식매수청구권이 부여되지 않는다고 밝혔다. OO는 분할방법으로 물적분할의 방식을 결정했다며 이 때문에 주주들에게는 주식매수청구권이 없다고 한다. 또 물적분할을 할 경우는 모기업이 분할되는 회사의 주식을 100% 소유하는 모기업-자회사 관계가 되기 때문에 모기업의 주주들에게 자회사의 주식이 부여되지 않

는다. 이와는 달리 △△의 경우는 인적분할을 택했기 때문에 분할비율에 따라 주주들은 모기업은 물론 분할 자회사의 주식을 자동 소유할 수 있었다. (출처 : 이데일리 2002. 1. 30)

[3] 주주총회 개최 및 결의 금지의 가처분

주주총회의 결의를 저지하는 사전적 구제방법으로는 주주총회 개최 및 결의 금지의 가처분을 구하는 방법이 있다.

제12절 총회결의의 하자를 다투는 4종의 소

[1] 총설

Ⅰ. 특징

주주총회의 결의는 사단적 법률행위로 이를 기초로 다수인의 이해관계가 형성된다. 이 때문에 주주총회의 결의에 하자가 있는 경우에는 단체법적 법률행위의 효력을 획일적으로 확정할 필요가 있으므로, 이를 다투는 회사법상의 소송은 일반 민사소송에 비하여 다음과 같은 특징을 갖고 있다.

① 원칙적으로 회사법상의 소만으로 주장할 수 있다. 회사를 둘러싼 다수의 법률관계의 획일적 처리와 법적 안정을 기하기 위함이다. 그렇다고 해서 일반 민사소송에 의한 주장이 완전히 금지되는 것은 아니다. 회사법에 특별규정이 없는 사항에 대해서는 일반 민사소송에 의하여 다툴 수 있다.

② 하자의 유형에 따라 소송물을 달리하여 이를 다투는 회사법상의 소의 유형을 법정하고 있다.

③ 판결의 효력을 법정하고, 원고승소판결의 경우는 관련 법률관계를 획일적으로 확정하기 위하여 대세적 효력을 인정하고 있다.

④ 회사법관계의 안정을 위하여 하자가 경미한 결의 취소의 소의 경우에는 재량기각을 인정하고 있다.

Ⅱ. 4가지 유형의 소

총회결의의 하자의 유형을 기준으로 4종의 소를 인정하고 있다. 우선 (ⅰ)「절차상의 하자」와 「내용상의 하자」로 구분하여, 절차상의 하자에 대해서는 취소소송으로, 내용상의 하자에 대해서는 무효확인소송으로 다툴 수 있도록 함을 원칙으로 하고, (ⅱ) 절차상의 하자가 중대한 경우에는 부존재확인의 소송으로, 내용상의 하자가 경미한 경우(결의내용이 정관에 위반한 경우)에는 취소소송으로 다툴 수 있도록 하고 있다. 절차상의 하자란 총회의 소집방법 또는 결의방법에서의 하자를, 내용상의 하자란 결의내용에서의 하자를 뜻한다.

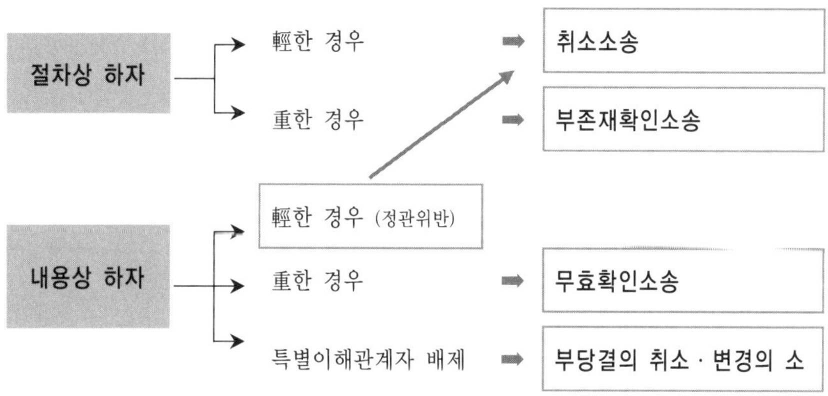

Ⅲ. 소송물

동일한 결의에 대한 결의취소 · 결의무효확인 · 결의부존재확인의 소는 각각 소송물이 다르다는 것이 종래의 일반적인 견해였으나(소송물다원론), 최근에는 이들 소송 모두가 하자있는 결의의 효력을 부정하는 것을 목적으로 하므로 소송물이 1개라는 견해도 있다(소송물1원론, 이철송). 판례에서는 결의무효확인의 소와 결의부존재확인의 소의 소송물이 같은 것으로 판시하고 있으나(대판 1983. 3. 22, 82다카1810), 부존재원인이 있는 사안을 취소소송으로 제기한 경우 부적법한 소로 각하하고 있다(대판 1978. 9. 26, 78다1219). 부당결의취소 · 변경의 소는 특별이해관계인의 구제방법으로 인정된 것이므로 나머지 3개의 소와는 그 성격이 다르다. 이들 소를 제기하면서 주위적 청구와 함께 예비적 청구를 하거나(민소 253조), 청구기초의 동일성이 유지되는 한 사실심의 변론종결 전에 청구를 변경하는 것이 가능하다(민소 262조).

| 다른 소송과의 관계 |

주주총회의 결의에 기하여 이루어지는 후속행위에 대하여 별도의 소를 두는 경우가 있다(예 : 신주발행무효의 소, 자본감소무효의 소, 합병무효의 소, 분할무효의 소, 주식의 교환 · 이전의 무효의 소 등). 이러한 경우 분쟁의 획일적 확정을 위하여 주주총회 결의의 하자는 후속행위의 하자로 흡수되어 후속행위를 다투는 소만을 제기할 수 있다고 보아야 한다(흡수관계)(대판 2004. 8. 16, 2003다9636 ; 대판 1993. 5. 27, 92누14908).

| 일부무효법리의 적용가능성 |

주주총회의 결의에는 일부무효의 법리(민 137조)가 적용될 수 없다고 본다. 일부무효에 관한 민법 제137조는 무효사유가 있으면 원칙적으로 전부무효로 하고 예외적으로 표의자의 가정적 의사를 기초를 기초로 일부무효로 하고 있으나, 주주총회의 결의의 경우는 위와 같은 표의자의 가정적 의사의 존재를 인정하기 어렵기 때문이다. 그리고 법원은 청구의 취지를 종합적으로 고려하여 판단하면 된다. 다만 문제가 된 결의를 하자 있는 부분과 하자 없는 부분으로 분리하는 것이 가능한 경우에는, 각 의안별로 독립적으로 그 유효 · 무효를 판단하는 것은 가능하다고 본다(이철송).

[2] 결의 취소의 소

소액주주의 주주총회 참석권을 제대로 보장하지 않은 파행적인 주주총회의 결의는 취소돼야 한다는 법원의 판결이 나왔다. 서울고법 민사O부는 "소액주주들에게 주주총회의 시간과 장소의 변경을 알리지 않아 참여기회를 주지 않은 채 스톡옵션의 부여를 결의한 것은 위법하다"며 O씨가 OO은행을 상대로 낸 소송에서 "OO은행 주주총회의 스톡옵션의 부여결의를 취소한다"며 원고승소판결을 내렸다. 재판부는 판결문에서 "OO은행은 노조의 방해를 이유로 주주총회의 시간과 장소를 변경하면서 주주들에게 이를 알리지 않은 채 임원 일부만이 참여해 스톡옵션 부여를 결정했다"며 "다른 주주들한테는 출석기회조차 주지 않은 것은 소집절차상 하자가 있으므로 스톡옵션 부여의 결의는 취소돼야 한다"고 밝혔다. 재판부는 "만일 노조가 주총을 방해할 것으로 예상했다면 방해가 미치지 않는 장소를 물색하거나 노조와 냉각기를 갖기 위해 주총을 연기하는 등 조처를 취해야 함에도 이런 조처를 취하지 않은 것은 결의취소사유"라고 말했다. 재판부는 "이번 판결은 주총 소집절차의 엄격한 준수를 요구해 소액주주의 주주총회 참석권을 보장하기 위한 것"이라고 설명했다. OO은행의 전 사외이사이기도 한 O씨는 노조가 은행장 선임을 반대하며 주총 저지에 나섰다는 이유로 회사측이 정기주총일 밤 주주총회의 장소를 옮겨 5분 만에 끝내자 주주총회 결의 무효소송을 냈다. O씨는 1심에서 패소하자 스톡옵션 부여와 이사보수 승인 등 2가지 주주총회 결의취소를 예비적 청구로 덧붙여 항소했다. (출처 : 대한매일 2001. 6. 20, 문화일보

2001. 6. 20, 서울경제 2001. 6. 20, 서울신문 2001. 6. 20, 세계일보 2001. 6. 20, 한겨레, 2001. 6. 20, 한국경제 2001. 6. 20)

| 해 설 |

주주총회는 적법한 절차에 의하여 소집되어 적법한 방법으로 결의를 하여야 한다. 위 사례에서처럼 만일 주주총회의 기간과 장소가 당초 통지·공고된 내용과 달라졌다면 이를 적법한 방법으로 다시 통지·공고하여야 한다. 위 판례에서 밝힌 바와 같이 주주총회 소집절차에 관한 법 규정은 "소액주주의 주주총회 참석권을 보장하기 위한 것"으로 강행규정이다. 주주총회 소집절차 또는 결의방법에 하자가 있는 경우에는 주주총회결의 취소의 소의 대상이 된다.

Ⅰ. 의의 · 성질

(1) 주주총회결의 취소의 소라 함은 주주총회의 결의에 형식적 하자 또는 경미한 내용상의 하자(정관위반)가 있는 경우에 그 결의가 있는 날로부터 2월 내에 주주·이사 또는 감사가 그 결의의 취소를 구하는 소이다(상 376조 1항).

(2) 결의취소의 소는 형성의 소이다(대판 1965. 11. 16, 65다1683). 결의취소의 판결이 있기 전까지는 일단 유효한 것으로 취급되므로, 소에 의하지 않고 다른 청구의 공격·방어방법으로 주장할 수 없다.

| 형성의 소 |

형성의 소는 법률관계의 변동을 일으키는 일정한 법률요건(형성권)의 존재를 주장하여 그 변동을 구하는 판결을 구하는 소이다. 형성의 소는 이해관계인 모두에 대하여 획일적인 법적 변동을 일으켜 법률관계의 안정을 기할 필요가 있는 경우에 주로 인정된다. 형성의 소는 법률관계의 변동을 가능한 억제함으로써 법률관계의 안정을 기하기 위하여 제소권자와 제소기간을 한정하는 것이 보통이다.

Ⅱ. 사유

(1) 주주총회 결의 취소의 소의 대상이 되는 것은, (ⅰ) 주주총회의 소집절차 또는 결의방법(형식적·절차적 측면)이 법령 또는 정관에 위반하거나 현저하게 불공정한 때 또는 (ⅱ) 결의의 내용(실질적·내용적 측면)이 정관에 위반한 때이다(상 376조 1항). (ⅰ)에 하자가 있는 경우에는 결의내용에 관계없이 취소사유가 된다. 결의내

용에 하자가 있는 경우에는 무효사유로 되는 것이 원칙이나, 그 정도가 단순히 정관에 위반하는 경미한 경우에는 취소사유로 하고 있다.

(2) 취소의 소의 사유 (판례)

① 소집절차 · 결의방법이 법령 · 정관에 위반한 경우

■ 소집통지를 일부 주주에게 발송하지 않은 경우(대판 1981. 7. 28, 80다2745, 2746). 회사주식의 17%에 해당하는 주주에 대하여 소집통지를 하지 아니한 것은 주주총회결의 취소의 사유는 될 수 있을지언정 결의의 당연무효사유는 아니다(서울고법 1965. 7. 2, 64나1216).

■ 소집통지를 구두로 한 경우(대판 1987. 4. 28, 86다카553)

■ 통지는 하였지만 결의사항을 기재하지 않았거나 또는 기재하지 않은 사항을 결의한 경우(대판 1969. 2. 24, 68다2284)

■ 2주간의 기간을 두지 않고 소집통지를 발송한 경우(대판 1981. 7. 28, 80다2745, 2746)

■ 대표이사가 이사회의 결의 없이 소집한 경우(대판 1980. 10. 27, 79다1264). 이에 대해서는 주주총회가 성립할 수 있는 법적 기초가 결여되어 있으므로 결의 부존재사유로 보는 것이 타당하다는 견해가 있다(이철송).

■ 소집에 관한 이사회의 결의는 있었으나 대표권이 없는 평이사가 소집한 경우(대판 1962. 1. 11, 4294민상490). 소집권 없는 자가 소집한 경우 그 하자가 중대하면 결의부존재의 원인이 된다는 견해가 있다(이철송).

■ 특별이해관계인 등 의결권 없는 자가 결의에 참가한 경우(대판 1965. 11. 16, 65다1683 ; 대판 1962. 1. 31, 4294민상452). 의결권 없는 자가 의결권을 행사하였으며 동인이 의결권을 행사한 주식수를 제외하면 의결정족수에 미달하여 총회결의에 하자가 있다는 주장은 주주총회 결의방법이 법령 또는 정관에 위반하는 경우에 해당하여 결의취소의 사유에 해당한다(대판 1983. 8. 23, 83도748).

■ 다수결의 규정에 반하여 결의를 성립시킨 경우(대판 1983. 8. 23, 83도748)

■ 의장이 아닌 자가 사회를 한 경우(대판 1977. 9. 28, 76다2386)

■ 주주 또는 그 대리인이 아닌 자가 주주총회의 결의에 참가한 경우(대판 1962. 1. 31, 4294민상452)

■ 회사가 실질주주가 아님을 알고 있음에도 불구하고 형식주주에게 의결권을 행사하게 한 경우(대판 1998. 9. 8, 96다45818)

■ 다른 주주에 대한 소집절차상의 하자를 이유로 하는 경우(대판 1981. 7. 28, 80다카2745, 2746)

② 소집절차 · 결의방법이 현저히 불공정한 경우

■ 사실상 2인의 주주로 구성된 주식회사의 일방 주주측이 다른 주주의 회의장 입장을 부당하게 방해하는 등의 경우(대판 1996. 12. 20, 96다39998)

■ 표결이 주주의 의사를 왜곡시키는 방법으로 이루어진 경우(대판 1996. 12. 20, 96다39998)

③ 결의내용이 정관위반인 경우

■ 정관 소정의 정관을 초과하는 이사의 선임을 결의한 경우(日最判 1940. 10. 9)

④ 절차상의 하자가 아니라고 본 사례

■ 명의개서를 요구하는 주식에 관하여 그 양도의 효력이 다투어져 주주권확인소송 및 명의개서절차이행청구의 소가 제기되어 있는 경우에는 그 주식의 명의개서에 불응하고 그 자에 대한 소집통지를 하지 아니하여도 주주총회결의의 무효나 부존재의 사유가 되는 것은 아니다(대판 1996. 12. 23, 96다32768, 32775, 32782).

| 주주의 주관적 사유 |

주주의 의결권행사가 무능력 · 착오 · 사기 · 강박 등 그 주관적 사유로 취소된 경우에는 결의의 효력에 영향을 미치지 않는다.

Ⅲ. 소의 당사자

1. 원고

결의취소의 소에서 원고적격이 있는 자는 주주 · 이사 · 감사에 한한다.

(1) 주주는 제소시점부터 변론종결시까지 계속하여 주주의 지위를 유지하여야 한다. 모든 주주가 결의취소의 소를 제기할 소의 이익을 가진다.

(2) 의결권 있는 주주만이 결의취소의 소를 제기할 수 있는가? 이에 대해서는 찬반양론이 있다. 의결권 없는 주주도 결의취소의 소를 제기할 수 있다고 본다. 의결권과 제소권은 서로 무관한 별개의 주주권이고, 결의취소의 소는 의결권의 유무와 무관한 주주의 감독시정권의 발동으로, 의결권 없는 주주도 결의취소를 구할 소의 이익이 있는 자이기 때문이다.

(3) 주주가 그 결의로 인해 개별적으로 불이익을 받았느냐의 여부를 불문하고(대판 1998. 5. 12, 98다4569), 주주는 다른 주주에 대한 소집절차의 하자를 이유로 결의 취소의 소를 제기할 수도 있다(대판 2003. 7. 11, 2001다45584). 결의에 찬성했던 주주가 제소한다고 해서 신의성실의 원칙에 반하는 것은 아니다(대판 1977. 4. 26, 76다1440, 1441). 결의취소의 소는 객관적으로 총회 의사형성의 공정성과 적법성을 확보하기 위한 제도이기 때문이다.

(4) 이사와 감사는 원칙적으로 제소 당시에 이사 · 감사임을 요한다. 그러나 하자 있는 총회결의에 의하여 해임당한 이사 · 감사 또는 임기만료 · 사임한 이사 · 감사로 그 퇴임으로 결원이 되어 후임이사 · 감사가 취임할 때까지 이사 · 감사로서의 권리의무를 가지는 자는 제소권을 갖는다.

| 청주지법 2000. 4. 28. 선고 99가합1830 판결 |

■ 주식회사 제도에 있어서의 병폐적 현상의 예방과 그 사후구제를 위하여 인정되는 주주총회결의 취소소송의 입법 취지 및 주식을 인수함에 있어 타인의 승낙을 얻어 그 타인 명의로 주식을 인수한 자가 실제로 주식인수가액을 납입한 경우에는 명의차용자만이 주주가 된다는 법리를 고려하면, 우리사주조합의 조합원이 비록 회사에 대한 관계에서는 주주로 인정받지 못한다 할지라도 그들이 회사로부터 주식을 배정받아 그 가액을 납입한 이상 주주로서 법원에 하자 있는 주주총회결의의 취소를 구할 수 있다.

■ 우리사주조합은 일종의 비법인 사단으로서 민사소송법 제48조의 규정에 따라 그의 이름으로 소송당사자가 될 수 있으나, 법인 아닌 사단의 당사자능력을 인정하고 있는 민사소송법 제48조의 취지는 법인 아닌 사단을 상대로 소송을 제기하려고 하는 경우 또는 법인 아닌 사단 스스로가 소송을 제기하려고 하는 경우에 대표자나 관리인의 정함이 있으면 소송수행상의 편의를 위하여 법인 아닌 사단에게도 당사자능력을 인정하여 그를 소송당사자로 할 수 있다는 것일 뿐, 법인 아닌 사단의 구성원 각자가 가지고 있는 권리까지도 모두 법인 아닌 사단의 이름으로 행사하여야 한다는 것은 아니므로 우리사주조합의 조합원에게 주주총회결의취소의 소 제기권이 인정되는 이상, 우리사주조합의 구성원인 조합원은 각자 주주총회결의취소의 소를 제기할 수 있다고 보이며 반드시 우리사주조합의 대표자만이 주주총회 결의취소의 소를 제기할 수 있는 것은 아니다.

2. 피고

회사만이 결의취소의 소의 피고가 될 수 있고, 이사 등을 상대로 결의취소의 소를 제기할 수 없다. 총회의 결의는 회사의 의사결정이고 원고승소판결에 대세적 효력이 인정되기 때문이다.

| 대법원 1982. 9. 14. 선고 80다2425 판결 |

주주총회결의 취소와 결의무효확인판결은 대세적 효력이 있으므로 그와 같은 소송의 피고가 될 수 있는 자는 그 성질상 회사로 한정된다.

Ⅳ. 제소기간

결의취소의 소는 결의일로부터 2월 내에만 제기할 수 있다(제척기간). 이 같이 단기의 제소기간을 둔 것은 하자의 정도가 상대적으로 경미하므로 회사의 법률관계를 조속히 안정시키기 위함이다. 이 기간이 경과하면 더 이상 결의취소의 소를 제기할 수 없다. 법정기간 내에 제소된 결의취소의 소에 관하여 취소사유를 추가할 수 있는 것도 이 제소기간 내에 한한다.

| 대법원 2003. 7. 11. 선고 2001다45584 판결 |

주주총회결의 취소의 소는 상법 제376조에 따라 결의의 날로부터 2월 내에 제기하여야 할 것이나, 동일한 결의에 관하여 부존재확인의 소가 상법 제376조 소정의 제소기간 내에 제기되어 있다면, 동일한 하자를 원인으로 하여 결의의 날로부터 2월이 경과한 후 취소소송으로 소를 변경하거나 추가한 경우에도 부존재확인의 소 제기시에 제기된 것과 동일하게 취급하여 제소기간을 준수한 것으로 보아야 한다.

Ⅴ. 소의 절차

1. 관할법원 · 병합심리

본점 소재지의 지방법원이 전속관할이다(상 376조 2항, 186조). 수개의 소가 제기된 때에는 판결간의 모순과 저촉을 피하기 위하여 병합심리하여야 한다(상 376조 2항, 188조)(유사필요적 공동소송, 민소 67조 1항). 이것은 훈시규정이며, 이에 위반하여도 판결의 효력에는 영향이 없다(상 376조 2항).

2. 회사의 공고

소가 제기된 때에는 회사는 지체 없이 이를 공고하여야 한다(상 376조 2항, 187조). 법원의 판결에 의하여 총회결의가 취소되면 그로 인하여 회사법관계에 변동이 생기므로 그 가능성을 미리 예고하기 위함이다.

3. 소송처분권의 제한

원래 민사소송에서는 당사자가 소송의 주도권을 갖는 당사자처분권주의를 원칙으로 한다. 이에 의하면 소송의 개시와 종료, 심판의 대상과 범위 등을 당사자 스스로가 결정한다. 당사자처분권주의에 따라 당사자는 소의 취하, 청구의 포기·인락, 재판상의 화해 등을 통하여 절차를 종료시킬 수 있음을 원칙으로 한다. 그러나 회사관계소송은 다수의 이해관계자에게 영향을 미치므로 제소권자의 소송에 대한 임의처분권은 제한된다. 따라서 화해, 청구의 포기나 청구의 인락은 허용되지 않는다(다수설, 대판 1993. 5. 27, 92누14908 ; 대판 2004. 9. 24, 2004다28047).

| 대법원 2004. 9. 24. 선고 2004다28047 판결 |

주주총회결의의 부존재·무효를 확인하거나 결의를 취소하는 판결이 확정되면 당사자 이외의 제3자에게도 그 효력이 미쳐 제3자도 이를 다툴 수 없게 되므로, 주주총회결의의 하자를 다투는 소에 있어서 청구의 인낙이나 그 결의의 부존재·무효를 확인하는 내용의 화해·조정은 할 수 없고, 가사 이러한 내용의 청구인낙 또는 화해·조정이 이루어졌다 하여도 그 인낙조서나 화해·조정조서는 효력이 없다. (同旨 : 대법원 1993. 5. 27. 선고 92누14908 판결)

4. 제소주주의 담보제공의무

주주(이사·감사인 경우는 제외)가 결의취소의 소를 제기한 때에는 법원은 회사의 청구에 의하여 상당한 담보를 제공할 것을 명할 수 있다(상 377조 1항). 남소를 방지하기 위함이다. 이 경우 회사는 주주의 청구가 악의임을 소명하여야 한다(상 377조 2항, 176조 4항). 「악의」의 의미에 대해서는, 단순히 취소사유가 없음을 알면서 소를 제기한 경우로 넓게 보는 견해가 있는가 하면(이철송), 보다 적극적으로 주주가 회사를 곤경에 빠뜨리는 등 부당한 목적을 가지고 있는 경우로 좁게 보는 견해가 있다(정동윤).

Ⅵ. 법원의 재량기각

결의취소의 소가 제기된 경우에 결의의 내용, 회사의 현황과 제반사정을 참작하여 그 취소가 부당하다고 인정할 때에는 법원은 직권으로 그 청구를 기각할 수 있다(상 379조). 법률위반은 존재하지만 실질적인 손해가 없거나 정당한 취소의 이익이 없는 경우에 경미한 하자를 내세운 남소를 방지하여 회사법관계의 안정을 기하기 위함이다(대판 2003. 7. 11, 2001다45584 ; 대판 1987. 9. 8, 86다카2971). 이는 더 큰 이익을 위하여 작은 잘못을 눈감아 주는 제도라 할 것이다.

| 대법원 2003. 7. 11. 선고 2001다45584 판결 |

주주총회결의 취소의 소에 있어 법원의 재량에 의하여 청구를 기각할 수 있음을 밝힌 상법 제379조는, 결의의 절차에 하자가 있는 경우에 결의를 취소하여도 회사 또는 주주에게 이익이 되지 않든가 이미 결의가 집행되었기 때문에 이를 취소하여도 아무런 효과가 없든가 하는 때에 결의를 취소함으로써, 회사에 손해를 끼치거나 일반거래의 안전을 해치는 것을 막고 결의취소의 소의 남용을 방지하려는 취지이며(同旨 : 대법원 1987. 9. 8. 선고 86다카2971 판결), 또한 위와 같은 사정이 인정되는 경우에는 당사자의 주장이 없더라도 법원이 직권으로 재량에 의하여 취소청구를 기각할 수도 있다.

| 서울고법 1998. 8. 25. 선고 98나5267 판결 |

은행의 주주총회결의가 절차상의 하자로 인하여 취소된다면 그 결의를 통하여 선임된 이사들로 구성된 이사회에서 행한 일련의 정상화계획, 특별융자, 자본감소를 조건으로 한 정부의 출자, 부실채권의 매각 등이 무효로 돌아가 은행의 자기자본비율이 크게 하락함으로써 그에 따른 예금인출사태, 업무정지나 폐쇄조치 등에 의하여 도산의 위험성이 예상되고, 다른 금융기관들의 신인도 하락이나 금융위기의 발생까지 예상되는 경우, 그 결의를 취소하는 것은 당해 은행이나 그 주주 나아가 일반 국민들에게 아무런 이익이 되지 않는 것으로 판단되고 오히려 양사에게 돌이길 수 없는 손해를 끼치거나 일반거래의 안전을 해할 것으로 보일 뿐만 아니라 주주총회결의의 하자가 상대적으로 경미한 점 등에 비추어 주주총회결의를 취소하는 것은 부당하다.

| 울산지법 2003. 11. 19. 선고 2003가합1485 판결 |

주주총회 소집통지에 감사의 임기변경에 관한 의안의 요령을 기재하지 않았으나 정관상 감사의 임기를 상법상 감사의 임기와 동일한 기간으로 변경하는 결의를 한 경우, 상법 제410조의 감사의 임기에 관한 규정은 감사의 독립성을 보장하고 그 지위의 안정을 도모하기 위하여 이사의 임기와 유사하게 2년에서 3년으로 연장한 것으로서, 정관 또는 주주총회의 결의에 의한다고 하여도 본조에 규정된 것과는 달리 이를 단축 또는 연장할 수 없는 강행규정이므로 감사의 임기를 법정한 것보다 단축한 정관의 조항 또는 그러한 결의는 무효라고 할 것이어서 이를 취소한다고 하여도 동일한 내용의 결의가 예상되고 회사 또는 주주에게 이익이 되지 않는 경우에 해당하므로 법원의 직권에 의하여 재량기각이 가능하다.

Ⅶ. 판결의 효력

1. 원고가 승소한 경우

(1) 대세적 효력

원고가 승소한 경우 주주총회 결의취소의 판결은 당사자 이외의 제3자에 대해서도 그 효력이 있다(상 376조 2항, 190조 본문). 이는 회사를 둘러싼 법률관계를 획일적으로 확정하기 위하여, 기판력은 대립하는 당사자 사이에서만 미친다는 민사소송의 기판력의 인적 범위(민소 218조)에 대한 특칙을 둔 것이다.

(2) 소급효의 문제

1995년 개정상법은 개정 이전의 상법과는 달리 상법 제190조 단서(불소급효)를 상법 제376조 제2항의 준용규정에서 삭제하였다. 이에 대해서는 다음과 같은 견해로 나뉘어지고 있다.

(ⅰ) 일률적 소급효설 - 일률적으로 소급효를 인정하는 견해이다.

(ⅱ) 구분설 - 여러 가지 사정을 종합하여 소급효가 인정되는 경우와 소급효를 인정할 수 없는 경우를 판단하여야 한다는 견해이다. 개정상법이 제190조 본문만을 준용한 것은 판결의 소급효의 인정 여부를 해석에 맡긴 것이며, 불소급효규정을 준용하지 않았다고 하여 소급효를 인정하는 것으로 단정하여서는 아니 된다고 한다.

위의 (ⅰ)설과 (ⅱ)설 모두 소급효를 인정하는 경우 그로 인하여 야기되는 선의의 제3자 보호의 문제는 부실등기의 공신력(상 39조), 표현대리(민 126조) 등의 외관이론에 의하여 해결하려는 점에서는 동일하다.

| 대법원 2004. 2. 27. 선고 2002다19797 판결 |

■ 이사 선임의 주주총회결의에 대한 취소판결이 확정된 경우 그 결의에 의하여 이사로 선임된 이사들에 의하여 구성된 이사회에서 선정된 대표이사는 소급하여 그 자격을 상실하고, 그 대표이사가 이사 선임의 주주총회결의에 대한 취소판결이 확정되기 전에 한 행위는 대표권이 없는 자가 한 행위로서 무효가 된다.

■ 이사 선임의 주주총회결의에 대한 취소판결이 확정되어 그 결의가 소급하여 무효가 된다고 하더라도 그 선임 결의가 취소되는 대표이사와 거래한 상대방은 상법 제39조의 적용 내지 유추적용에 의하여 보호될 수 있으며, 주식회사의 법인등기의 경우 회사는 대표자를 통하여 등기를 신청하지만 등기신청권자는 회사 자체이므로 취소되는 주주총회결의에 의하여 이사로 선임된 대표이사가 마친 이사선임 등기는 상법 제39조의 부실등기에 해당된다.

(3) 등기

결의한 사항이 등기된 경우에 결의취소의 판결이 확정된 때에는 본점과 지점의 소재지에서 이를 등기하여야 한다(상 378조).

2. 원고가 패소한 경우

(1) 대인적 효력

원고패소판결(즉, 주주총회결의가 유효하다는 판결)의 효력은 민사소송법의 기판력의 일반원칙에 따라 당사자 사이에만 미치고, 제3자에게는 영향이 없다(민소 218조).

(2) 손해배상책임

패소원고에게 악의 또는 중과실이 있는 때에는 회사에 대하여 연대하여 손해배상 책임을 진다(상 376조 2항, 191조).

| 관련사례 |

[1] 대주주가 주주총회에서 '날치기 통과' 방식으로 이사를 선임한 것을 문제삼은 노조측이 소송에서 이겼다. 서울중앙지법 민사합의O부는 OO화재의 소액주주 O모씨가 "회사의 대주주가 사전 절차 없이 일방적으로 이사를 선임했다"며 회사를 상대로 낸 주주총회결의 취소청구소송에서 원고승소판결했다. 재판부는 판결문에서 "피고는 절차상 하자는 인정하면서도 노조측이 제기한 이 소송이 받아들여질 경우 회사에 막대한 손해를 끼치게 된다며 재판부가 재량으로 원고청구를 기각할 것을 요청하고 있다"며 "노조측이 회사의 경영개선조치를 저해할 목적으로 소송을 냈다거나 적법한 절차를 거치더라도 동일한 이사가 선임될 것이라는 피고측의 주장은 받아들이기 어렵다"고 밝혔다. 재판부는 "피고 회사 대주주는 다른 대주주와의 사전협의 없이 주주총회에서 긴급발의를 이용해 이사를 선임한 사실이 인정되고 이후 금감위의 경영개선조치에 따라 회사경영에 새로 참여한 대주주는 문제가 된 이사들을 재임용하지 않기로 했으므로 법원의 재량기각 사유도 안 된다"고 덧붙였다. OO화재 대표이사 O모씨는 정기주주총회에서 "주주총회에서 이사를 선임할 경우 사전에 후보자의 이름과 약력 등을 통지한다"고 정한 회사 정관에 위배해 대주주에게 추가 이사선임을 요구받았다며 △모, □모씨 등 2명을 이사로 선임하는 안건을 긴급발의, 참석주주들의 구두의결로 가결시켰다. (출처: 매일경제 2004. 3. 23, 서울경제 2004. 3. 23, 제일경제 2004. 3. 23, 매일경제 2004. 3. 24)

[2] 법원은 OO은행의 주주총회 결의취소청구 소송 제1심에서 소액주주의 권리를 처음으로 인정함으로써 대주주의 무책임한 경영에 제동을 걸어 비상한 주목을 끌었다. 그러나 법원은 제2심에서 법리상 원고의 승리를 인정하면서도 현실론을 들어 원고 패소판결을 내렸

다. 고민을 거듭하던 재판부는 결국 판결이 사회에 미칠 엄청난 파장을 고려해 이같이 판결하였다. 이 판결 뒤 ○○은행 소액주주 100명을 대리한 원고측도 "은행 문을 닫는 것까지는 원치 않는다"며 "상고하지 않겠다"고 밝혔다. 원고패소판결을 내린 서울고법 민사○부는 판결문에서 "이사진을 선출한 주주총회에서 결의정족수의 충족여부를 확인하지 않은 절차의 하자가 인정된다"며 "결의를 취소해 법과 원칙의 엄정함을 체험하게 하고 경제정의를 실현하는 것이 바람직하다"고 제1심 판결을 그대로 인정했다. 그러면서도 재판부는 "결의가 취소되면 총회 이후 이사회 결의를 통해 마련됐던 한국은행 특별융자, 자본감소조치, 업무용부동산 매각 등 일련의 경영정상화 노력들이 모두 효력을 잃게 된다"면서 현실론을 강조했다. 재판부는 "이 경우 현재 8.1%인 자기자본비율이 경영개선조치 이전의 -2.74%로 되돌아가 24조 원에 달하는 예금의 인출사태가 빚어질 것"이라며 "은행 지급불능-금융감독기관의 영업정지·폐쇄조치-은행 도산-일반예금자 피해-대외신인도 추락-금융위기-제2의 외환위기로 이어지는 최악의 시나리오를 예상하지 않을 수 없다"고 밝혔다. 이어 재판부는 "경제사정이 허락한다면 총회의 결의를 취소해야 하지만 한국 경제의 현실이 한치 앞을 가늠하기 어려울 정도"라고 진단한 뒤 "적어도 이 시점에서 총회 결의를 취소하는 것은 부적당하다"며 상법의 예외조항을 인용, 원고측의 취소청구를 재량으로 기각했다. (출처: 경향신문 1998. 8. 27, 동아일보 1998. 8. 27, 세계일보 1998. 8. 27, 조선일보 1998. 8. 27, 동아일보 1998. 8. 28)

[3] 결의 무효·부존재 확인의 소

○○의 소액주주는 대주주들이 소액주주들을 따돌리고 주주총회 장소가 아닌 제3의 장소에서 비밀리에 정관개정안을 날치기 통과시켰다며, ○○의 정기주주총회 부존재확인청구 및 결의 효력정지 가처분신청을 서울지법에 제기했다. 신청인들은 당시 5차례 정회됐던 주주총회에서 총회장소를 변경한 사실이 전체주주들에게 통보되지 않았고 일부 주주들이 모여 총회결의안을 통과시킨 것은 위법하다고 주장하였다. 이에 대해 ○○의 관계자는 소액주주들의 물리적인 저지로 인해 안건의 표결처리가 불가능한 상황에서 취한 조치라고 설명했다. ○○는 이번 주주총회에서는 자본잠식상태여서 자기자본의 70배 이내에 분양보증하도록 되어 있는 정관에 따라 더 이상 보증할 수 없는 상황을 타개하기 위한 정관개정안과 2000년 결산안을 처리했다. (출처: 서울경제 2001. 3. 30, 국민일보 2001. 3. 31, 매일경제 2001. 3. 31, 서울신문 2001. 3. 31, 헤럴드경제 2001. 3. 31, 경향신문 2001. 4. 2, 조선일보 2001. 4. 2, 서울신문 2001. 4. 3, 국민일보 2001. 4. 5, 한겨레 2001. 4. 5, 한국경제 2001. 4. 5)

| 해 설 |

주주총회의 결의라고 도저히 인정할 수 없을 정도로 하자가 중대한 경우에는 주주총회 결의부존재 확인의 소의 대상이 된다. 위 사례는 주주총회장을 변경하면서 이를 일부 주주에게 알리지 않은 상태에서 주주총회를 열어 안건을 기습적으로 처리한 이른바 '날치기 주총'이 문제된 사안에서 그 결의의 효력이 다투어지고 있다. 주주총회결의 부존재확인의 소와 무효확인의 소는 소의 원인에 차이가 있을 뿐, 그 나머지는 동일하다.

Ⅰ. 무효의 사유

총회결의 무효확인의 소는 결의의 내용이 법령에 위반한 것을 이유로 그 결의의 무효를 주장하는 소이다(상 380조). 결의무효의 사유로는 예컨대, 결의내용이 주주총회의 권한사항이 아닌 경우, 주주평등의 원칙 · 주주유한책임 등 주식회사의 강행법적 명제에 반하는 경우, 결의내용이 강행법규나 사회질서(민 103조)에 반하는 경우 등이다. 결의의 내용이 단순히 정관의 위반에 그치는 경우에는 결의취소의 소의 사유가 된다.

Ⅱ. 부존재의 사유

(1) 총회결의 부존재확인의 소는 결의 자체가 애당초 존재하지 아니하여 아무런 효력이 없다고 주장하는 소이다. 종래 판례법상 인정되어 온 것을 1984년 상법개정에서 명문화하였다(상 380조). 주주총회의 소집절차 또는 결의방법에 결의가 존재한다고 볼 수 없을 정도로 중대한 하자가 있는 때에는 결의부존재 확인의 소의 사유가 된다.

(2) 결의부존재 확인의 소는 소집절차 또는 결의방법의 하자(절차상의 하자)를 원인으로 한다는 점에 있어서는 결의취소의 소와 같지만, 그 하자의 정도가 현저하게 중대하여 결의의 존재조차 인정할 수 없는 경우이어야 한다. 즉, 결의취소의 소와 결의부존재의 소는 하자의 질적 차이(하자의 대상)가 아니라 양적 차이(하자의 정도)가 있을 뿐이다.

┃주주총회결의 부존재의 사례┃

■ 주주총회가 소집권자에 의하여 적법하게 소집되지 않는 이상, 전주주가 집합하여 어떠한 결의를 하여도 이것은 주주의 회합에 불과하고 법률상 주주총회라 할 수 없으며, 이러한 회합에서의 결의는 총회의 결의라 할 수 없으므로 그 결의는 부존재 또는 당연무효가 된다

(대판 1960. 9. 8. 4292민상766).

■ 소집권한이 없는 자가 소집하여 결의한 경우(대판 1962. 12. 27. 62다473)

■ 부존재인 결의에 의해 선임된 이사들로 구성된 이사회의 결의에 의하여 소집된 총회의 결의(대판 1975. 7. 8. 74다1969)

■ 대부분의 주주에게 소집통지를 하지 않은 경우(대판 1973. 6. 9. 72다2611)

■ 총발행주식 5만 주 중 2만 5천여 주식에 대한 소집통지를 하지 않은 경우(대판 1991. 8. 13. 91다14093). 그러나 발행주식총수의 41%의 주주에게 소집통지를 하지 않은 사례에서는 취소사유가 된다고 하였다(대판 1993. 1. 26. 92다11008)

■ 대부분 주주 아닌 자들이 모여 결의한 경우(대판 1968. 1. 31. 67다2011)

■ 총회가 유효하게 종료된 후에 일부 주주들이 모여 결의한 경우. 대표이사가 1987.2.26. 10:00 회사 사무실에서 임시주주총회를 개최한다는 통지를 하였으나 주주총회 당일 16:00경 소란으로 인하여 사회자가 주주총회의 산회선언을 하였는데 그 후 주주 3인이 별도의 장소에 모여 결의를 한 것이라면, 위 주주 3인이 과반수를 훨씬 넘는 주식을 가진 주주라고 하더라도 나머지 일부 소수주주들에게는 그 회의의 참석과 토의, 의결권행사의 기회를 전혀 배제하고 나아가 법률상 규정된 주주총회 소집절차를 무시한 채 의견을 같이 하는 일부 주주들만 모여서 한 결의를 법률상 유효한 주주총회의 결의라고 볼 수는 없다. 제1 주주총회 결의가 부존재로 된 이상 이에 기하여 대표이사로 선임된 자들은 적법한 주주총회의 소집권자가 될 수 없어 그들에 의하여 소집된 주주총회에서 이루어진 제2 주주총회 결의 역시 법률상 결의부존재라고 볼 것이다(대판 1993. 10. 12. 92다2823, 28242).

■ 대표이사와 이사가 참석하지 않고, 소집된 예정시각보다 늦게 2인만이 참석한 경우(대판 1993. 10. 12. 92다28235, 58242).

■ 부득이한 사유에 의하여 대표이사를 포함하여 이사 전원이 총회에 불참한 경우(대판 1964. 5. 26. 63다670)

┃표현결의와 비결의┃

① 表見決議 - 결의가 사실상 존재하지만 결의성립과정에 중대한 하자가 있기 때문에 법률상 결의가 존재하지 않는다고 평가되는 경우이다. "외형상 당해 회사의 주주총회로서 소집·개최되어 결의가 성립하였으나 그 소집절차나 결의방법에 중대한 하자가 있어 법률상 결의의 부존재로 볼 수밖에 없는 경우"를 말한다(대판 1992. 8. 18. 91다14369 ; 대판 1992. 9. 22. 91다5365 ; 대판 1996. 6. 11. 95다13982).

② 非決議 - 총회를 열거나 결의를 한 사실이 전혀 없음에도 불구하고 마치 결의가 있는 것처럼 총회의사록을 작성하여 등기한 경우이다(대판 1996. 6. 11. 95다13982 ; 대판 1992. 9. 22. 91다5865). 즉, "전혀 주주총회를 소집·개최함이 없이 주주총회 의사록만을 작성하였거나 또는 외형상 당해 회사의 주주총회로 볼 수 없는 회의를 개최하여 의사록을 작성한 경우와 같이 외형상 당해 회사의 주주총회의 결의의 존재를 인정하기 어려운 경우"를 말한다(대판 1992. 8. 18. 91다14369 ; 대판 1992. 9. 22. 91다5365 ; 대판 1996. 6. 11. 95다13982).

| 총회결의가 외관상으로도 부존재하는 경우 |

총회결의 부존재의 소는 최소한 의사록이나 결의에 따른 등기 등 결의의 외관이 존재하는 경우에 제소할 수 있다. 이와는 달리 의사록 등 결의의 존재를 인정한 외관조차도 없는 경우에는 회사법상의 소송은 물론이고 일반 확인의 소에 의하여 구할 소익 자체가 없다(대판 1993. 3. 26, 92다32876).

| 광주고법 1992. 6. 23. 선고 91나3078 제2민사부 판결 |

주주총회결의 부존재확인의 소를 제기하려면 우선 주주총회의 결의 자체는 존재하지만 총회의 소집절차 또는 결의방법에 총회결의가 존재한다고 볼 수 없을 정도의 중대한 하자가 있는 경우이거나 적어도 주주총회가 소집되어 그 결과가 있었던 것과 같은 외관이 남아 있는 결과 현재의 권리 또는 법률관계에 장애를 초래하므로 그 외관을 제거할 필요가 있는 경우라야만 하므로, 주주총회 자체가 소집된 바도 없을 뿐만 아니라 그 결의서 등 결의의 존재를 인정할 아무런 외관적인 징표도 없는 경우에는 그 확인의 이익이 없다. (同旨 : 대판 1993. 3. 26, 92다32876)

Ⅲ. 소의 성질

상법학계의 다수설과 판례는 결의무효의 소와 결의부존재의 소를 확인소송으로 보고 있다(대판 1992. 9. 22, 91다5365 ; 대판 1963. 5. 17, 4294民上1114). 확인소송설에 의하면, 결의 무효·부존재의 경우에는 하자의 내용이 중대하여 결의가 당연 무효이므로 누구든지, 언제든지 또 어떠한 방법으로도 그 하자를 주장할 수 있다고 하고, 다만 대세적 효력을 인정한 것은 법률관계의 획일적 확정을 위한 특별규정이라고 한다. 이 설에 의하면 결의 무효·부존재의 경우에는 굳이 결의의 무효·부존재를 소로 주장할 필요 없이, 곧바로 이행의 소에서 항변으로 총회결의의 무효·부존재를 주장할 수 있다고 한다.

| 대법원 1992. 9. 22. 선고 91다5365 판결 |

주주총회 결의의 효력이 그 회사 아닌 제3자 사이의 소송에 있어 선결문제로 된 경우에는 당사자는 언제든지 당해 소송에서 주주총회 결의가 처음부터 무효 또는 부존재하다고 다투어 주장할 수 있는 것이고, 반드시 먼저 회사를 상대로 제소하여야만 하는 것은 아니며, 이와 같이 제3자간의 법률관계에 있어서는 상법 제380조, 제190조는 적용되지 아니한다.

| 형성소송설 |

결의무효의 소와 결의 부존재의 소를 형성의 소로 보는 견해에 의하면, 결의무효 · 부존재 확인의 소의 경우에도 소의 절차를 법정하고 무엇보다도 판결의 효력에 대세적 효력을 부여하고 있는 만큼 단체의 법률관계를 획일적으로 처리할 필요가 있으므로 형성의 소로 보아야 한다고 한다(이철송). 형성소송설에 의하면 무효판결이 있기까지는 일단 유효하므로 먼저 총회결의의 무효 · 부존재를 주장하여 법원으로부터 그것이 받아들여진 연후에, 이를 기초로 하여 후속행위의 무효 · 부존재를 주장할 수 있다고 한다.

Ⅳ. 소의 절차

1. 결의 무효 · 부존재의 소에 특유한 사항

(1) 원고 · 피고

① 제소권자를 법정하지 않고 있다. 따라서 소의 이익(확인의 이익)이 있는 자는 누구나 무효 · 부존재 확인의 소를 제기할 수 있다. (ⅰ) 주주 · 이사 · 감사는 일반적으로 확인의 이익이 있다(대판 1977. 4. 26, 76다1440, 1441 ; 대판 1970. 3. 10, 69다1812 ; 대판 1992. 8. 14, 91다45141 ; 대판 1962. 1. 25, 4924민상525 ; 대판 1969. 9. 27, 66다980 ; 대판 1991. 12. 13, 90다카1158). (ⅱ) 제3자(회사채권자 등)도 소의 이익이 있으면 제소할 수 있다(대판 1985. 12. 10, 84다카319 ; 대판 1980. 10. 27, 79다2267 ; 대판 1980. 1. 29, 79다1322 ; 대판 1970. 2. 24, 69다2018). 예컨대, 총회의 결의가 회사와 제3자와의 법률관계에 영향을 미치거나, 배당가능이익이 없음에도 불구하고 이익배당을 결의한 경우에는 제3자도 확인의 이익이 있다. 그러나 예컨대, 이사를 선임하는 결의에 대하여 채권자는 확인의 이익이 없다(대판 1992. 8. 14, 91다45141).

| 대법원 1992. 2. 28. 선고 91다8715 판결 |

이사가 임원 개임의 주주총회 결의에 의하여 임기 만료 전에 이사직에서 해임당하고 그 후임이사의 선임이 있었다 하더라도 그 후에 적법한 절차에 의하여 후임이사가 선임되었을 경우에는 당초의 이사 개임결의가 무효라 할지라도 이에 대한 무효확인을 구하는 것은 과거의 법률관계 내지 권리관계의 확인을 구하는 것에 귀착되어 확인의 소로서의 권리보호요건을 결여한 것이라 할 것이다. 그러나 후임이사를 선임한 주주총회의 결의가 무권리자에 의하여 소집된 총회라는 하자 이외의 다른 절차상, 내용상의 하자로 인하여 부존재임이 인정되는 경우에는 그 임원을 선임한 당초 결의의 무효 여부는 현재의 임원을 확정함에 있어서 직접적인 관계가 있는 것이므로 이 경우 당초의 선임결의의 무효확인을 구할 법률상의 이익이 있다. (同旨 : 대법원 1991.12.13. 선고 90다카1158 판결)

| 대법원 1992. 8. 14. 선고 91다45141 판결 |

주식회사의 채권자는 그 주주총회의 결의가 그 채권자의 권리 또는 법적 지위를 구체적으로 침해하고 또 직접적으로 이에 영향을 미치는 경우에 한하여 주주총회결의의 부존재확인을 구할 이익이 있다. (同旨 : 대판 1980. 1. 29, 79다1322 ; 대판 1970. 2. 24, 69다2018결 ; 대판 1980. 10. 27.)

| 대법원 1991. 5. 28. 선고 90다6774 판결 |

주주로부터 기명주식을 양도받은 자라 하더라도 주주명부에 명의개서를 하지 아니하여 그 양도를 회사에 대항할 수 없는 이상 그 주주에 대한 채권자에 불과하고, 또 제권판결 이전에 주식을 선의취득한 자는 위 제권판결에 하자가 있다 하더라도 제권판결에 대한 불복의 소에 의하여 그 제권판결이 취소되지 않는 한 회사에 대하여 적법한 주주로서의 권한을 행사할 수 없으므로 회사의 주주로서 주주총회 및 이사회결의 무효확인을 소구할 이익이 없다.

② 회사만이 피고가 될 수 있다(대판 1982. 9. 14, 80다2425 ; 대판 1973. 12. 11, 73다1553 ; 서울고판 1976. 7. 2, 75나2965). 총회의 결의는 회사의 결정이며 회사가 그 행위의 주체이기 때문이다. 회사 이외의 자는 회사와 공동피고도 될 수 없다(손주찬).

(2) 제소기간

제소기간을 법정하지 않고 있다. 따라서 소의 이익이 있는 한 언제든지 제소할 수 있다.

(3) 법원의 재량기각 불허

결의의 무효 · 부존재 확인의 소의 경우에는 하자의 중대성을 감안하여 법원의 재량기각이 인정되지 않는다.

2. 결의취소의 소와 동일한 사항

관할법원, 소 제기의 공고, 소의 병합심리, 처분권의 제한, 제소주주의 담보제공의무, 원고승소판결의 효력(대세적 효력 및 소급효), 원고 패소판결의 효력, 등기 등은 모두 결의 취소의 소의 경우와 동일하다(상 380조, 186조, 187조, 188조, 190조, 191조, 377조, 378조).

[4] 부당결의 취소·변경의 소

Ⅰ. 사유

주주가 총회의 결의에 관하여 특별한 이해관계를 가지는 때에는 의결권을 행사하지 못하나(상 368조 4항), 그 결과 현저하게 부당하게 결의가 이루어지고, 만일 그 주주가 의결권을 행사하였더라면 이를 저지할 수 있었을 때에는, 그 특별이해관계있는 주주가 그 결의의 취소 또는 변경을 구하는 소를 제기할 수 있다(상 381조 1항).

| 취 지 |

이 제도는 특별한 이해관계가 있는 주주에 대한 의결권 제한으로 인하여 오히려 다른 주주의 횡포 등에 의하여 결의가 불공정하게 이루어진 경우를 대비한 것이다. 법원이 취소판결을 내리더라도 재차 동일한 결의가 있을 수 있기 때문에 취소와 함께 변경을 청구할 수 있도록 하고 있다. 한편, 이는 결의 취소의 소의 일종이기 때문에 별도로 이러한 유형을 소송을 인정하는 것은 입법론상 문제가 있다는 견해가 있다(정동윤).

Ⅱ. 제소요건

(1) 특별이해관계를 이유로 의결권을 행사하지 못하였을 것

의결권을 행사하지 못한 사유가 상법 제368조 제4항에 의한 제한으로 인한 경우이어야 한다. 그 이외의 사유로 의결권을 행사하지 못한 경우에는 본조의 적용대상이 아니다.

(2) 그 결과 현저하게 부당한 결의가 이루어졌을 것

결의의 내용이 현저하게 부당하다고 하는 것은 회사나 이해관계자의 이익을 현저하게 해한 것을 뜻한다.

(3) 특별이해관계 있는 주주가 의결권을 행사하였더라면 그 결의를 저지할 가능성이 있었을 것

특별이해관계 있는 주주에 의한 '결의저지의 가능성'이 있어야 하는바, 특별이해관계 있는 자가 당해 안건에 대하여 결의의 성립을 저지하기에 충분한 수의 주식을 보유하고 있어야 한다.

Ⅲ. 제소권자

총회의 결의에 관하여 특별히 이해관계를 갖고 있어서 의결권을 행사할 수 없었던 주주가 제소권자가 된다.

Ⅳ. 결의취소의 소와 비교

부당결의 취소 · 변경의 소는 결의 취소의 소와 본질적으로 동일하다. 형성의 소라는 점, 피고, 관할, 제소기간, 소의 병합, 제소주주의 담보제공의무, 원고 승소판결의 효력(대세적 효력 및 소급효), 원고 패소판결의 효력, 결의취소의 등기 등은 결의취소의 소와 같다. 그러나 법원의 재량기각은 인정되지 않는다.

| 4종의 소 |

	취소의 소	무효확인의 소	부존재확인의 소	부당 결의 취소 · 변경의 소
소의 원인	▲절차상의 하자가 경미한 경우 ▲결의내용의 하자가 경미한 경우 (정관위반)	▲내용상 하자 (결의내용이 강행법규, 사회질서, 주식회사의 본질 위반)	▲절차상의 하자가 중대한 경우	▲내용상 하자 (특별한 이해관계 있는 주주를 배제하고 한 결의의 내용이 현저히 부당한 경우)
성 격	형성의 소	형성의 소, 확인의 소(다수설, 판례)	(좌동)	형성의 소
제소권자 (원고)	주주, 이사, 감사	소의 이익이 있는 한 누구나	(좌동)	의결권을 행사하지 못한 특별이해관계 있는 주주
제소기간	결의일로부터 2월 내 (제척기간)	× (소의 이익이 있는 한 언제든지)	× (소의 이익이 있는 한 언제든지)	(취소와 동일 : 결의일로부터 2월)
소의 절차	▲ 피고 : 회사 ▲ 전속관할 : 본점소재지 지방법원 ▲ 소제기 공고 ▲ 병합심리 ▲ 제소주주의 담보제공의무 : 제소주주가 악의임을 소명하여야 한다. ▲ 당사자처분권의 제한			
법원의 재량기각	○ (결의내용, 회사 현황 고려 청구기각)	×	×	×

	취소의 소	무효확인의 소	부존재확인의 소	부당 결의 취소·변경의 소
원고승소시 판결의 對世的 효력	○	○	○	○
원고승소시 판결의 遡及效	○	○	○	○
원고패소시 대세적 효력	×	×	×	×
패소원고의 회사에 대한 책임	패소원고에게 악의 또는 중과실이 있는 경우 회사에 연대하여 손해배상책임을 진다.			
다른 소와의 관계	후속행위를 다투는 다른 소와의 관계(흡수관계)			

○ : 있음, × : 없음

제3장

이사회 · 대표이사

제1절 이사

○○그룹의 이사 직급이 없어질 전망이다. ○○그룹 구조조정본부 관계자는 "이사보와 이사 직급을 없애는 대신 상무보를 만들어 임원의 직급 체계를 간소화하는 방안이 확정단계"라고 밝혔다. 이사직이 없어지면 ○○그룹의 임원 직급체계는 현재의 이사보-이사-상무-전무-부사장에서 상무보-상무-전무-부사장으로 축소된다. ○○이 임원직급을 이같이 단순화하는 것은 발탁 승진을 활성화하고 의사결정과정을 줄이기 위한 것으로 풀이된다. 여기에 현행 이사의 호칭이 사외이사나 등기이사와 구별되지 않는 점과 이사 직급을 없애는 다른 그룹의 추세 등도 고려된 것으로 알려졌다. (출처 : 대한매일 2001. 2. 8, 조선일보 2001. 2. 8, 한국일보 2001. 2. 9)

| 해 설 |

기업실무에서 통상적으로 호칭하는 '이사'와 상법상의 이사가 반드시 일치하는 것은 아니다. 기업에서 이사라고 부르지만 사실상 회사의 계선조직(흔히 line이라 부른다)상의 한 직급을 의미하는 경우도 있다. 이러한 의미로 계급 비슷하게 '평이사, 상무, 전무' 등의 호칭을 사용하고, 평이사에서 상무로, 상무에서 전무로 되면 '승진'하였다고 보는 경우가 많다. 또 기업실무에서는 부장을 승진인사하는 방법으로 '이사보'라는 직함을 부여하는 경우가 있다. 그러나 상법상의 이사는 주주총회에서 이사회의 구성원으로 선임되어 이사로 등기한 자만을 말한다. 그리고 상법상의 이사는 모두 이사회의 구성원으로서 상하관계 없이 동등한 관계에 있다. 소유와 경영의 분리에 따라 회사운영에 관한 권한이 이사회에 집중함에 따라 이사회의 구성원이 되는 이사의 권한과 책임은 매우 막중하다.

[1] 의의

이사는 주주총회에서 이사로 선임된 자로서, 이사회의 구성원으로서 회사의 업무집행에 관한 의사결정에 참여하고, 이사회를 통하여 이사(대표이사 포함)의 직무집행을 감독하는 권한을 가진 자이다. 이사와 회사는 위임의 관계에 있다.

① 이사는 주주총회에서 선임한다.

② 이사는 회사의 수임자로서 오직 회사에 대해서만 의무를 부담하고 주주에 대해서는 직접 의무를 부담하지 않는다.

③ 이사는 이사회의 구성원이 된다.

④ 이사는 주식회사의 기관이 아니다(다수설). 그러나 이사를 주식회사의 필요적 상설기관이라 보는 견해가 있다(이철송). 이사는 원칙적으로 기관이 아니고 기관인 이사회(board of directors)의 구성원이 되고 기관인 대표이사의 전제자격일 뿐이다. 그러나 자본금이 5억 원 미만인 회사로 1인의 이사를 둔 경우 그 이사는 기관의 지위에 있게 된다.

[2] 종류

이사는 상근 · 비상근이사, 사내 · 사외이사, 보수 · 무보수이사, 업무담당이사와 업무를 당당하지 않는 이사, 등기 · 비등기이사 등으로 구분할 수 있다. 이 중에서 주주총회에서 적법하게 선임되어 등기된 이사만이 상법상의 이사가 되고, 이러한 요건을 충족하는 한 상근 · 보수 · 업무담당 · 사내 여부를 불문한다.

[3] 자격

(1) 이사의 자격에 대해서는 상법상 제한이 없다.

(2) 정관에 이사의 자격요건을 규정하는 것은 무방하다. 이사는 주주임을 요하지 않으나, 정관으로 이사가 보유하여야 할 주식의 수(즉, 자격주)를 정할 수 있다. 정관에 자격주에 관한 규정을 둔 경우, 다른 규정이 없는 한 이사는 당해 주권을 감사에 공탁하여야 한다(상 387조). 정관에서 규정한 이사의 자격요건을 유지시키고 이사의 불공정한 주식거래를 방지하기 위함이다.

(3) 이사는 행위능력자임을 요한다. 이사는 고도의 전문적인 판단능력을 요하고 회사나 제3자에 대하여 책임을 질 수 있기 때문이다.

(4) 법인도 이사가 될 수 있는가에 대해서는 긍정설과 부정설이 있다. (i) 긍정설은 법인도 발기인이 될 수 있음을 이유로 들고 있다. (ii) 부정설은, 이사는 전문적인 고도의 경영판단을 요한다는 점, 이사회의 결의는 실제 회합을 통한 의견수렴을 요한다는 점, 이사인 법인의 대표기관이 경질되면 실질적으로 이사가 경질되는 것이 되어 회사의 경영불인정을 초래한다는 점 등을 그 이유로 들고 있다. (iii) 생각건대, 「법인이 이사가 될 수 있는 법률적인 자격이 있느냐」는 것과 「법인이 이사가 되었을 때 생길 수 있는 문제」는 구분하여야 한다고 본다. 법인을 이사로 하였을 때 생기는 문제는 선임권자인 주주들이 그 부담을 안게 될 것이므로 이 같은 문제를 이유로 법인에 대하여 이사가 될 수 있는 자격을 전면적으로 부정할 필요는 없다고 본다. 현실적으로 법인을 이사로 하여야 할 경우도 있다. 또한 특별법에서 법인이사를 인정하는 경우도 있다(예 : 간접투자자산운용업법상의 자산운용회사 등).

(5) 감사는 당해 회사의 이사를 겸할 수 없으나(상 411조), 지배인 기타의 상업사용인은 영업주의 허락이 있으면 이사를 겸할 수 있다(상 17조 1항)(대판 1996. 8. 23, 95다39472).

(6) 사형 · 무기징역 · 무기금고의 판결을 받은 자는 이사의 자격을 상실하며(형 43조 1항 4호), 유기징역 · 유기금고에 처하는 경우에는 이사의 자격정지를 병과할 수 있다(형 43조 2항).

| 대법원 1996. 8. 23. 선고 95다39472 판결 |

주식회사의 기관인 상무이사라 하더라도 상법 제15조 소정의 부분적 포괄대리권을 가지는 그 회사의 사용인을 겸임할 수 있다. (同旨 : 대법원 1968. 7. 23. 선고 68다442 판결)

| 관련사례 |

[1] 대기업을 중심으로 연공서열 중심의 인사관행 대신 새로운 임원인사제도가 확산되고 있다. OO그룹은 같은 전무라도 이사회 멤버라면 필요에 따라 전무 OOO-이사회 이사로 명함을 찍을 수 있으나, 이사회 멤버가 아니면 단지 '전무'로만 표기하도록 했다. 이사회 중심의 경영을 준비 중인 OO와 OO 등의 대기업도 새로운 인사제도를 받아들일 것으로 알려졌다. (출처: 서울경제 2001. 2. 7, 이데일리 2001. 2. 7, 경향신문 2001. 2. 8, 서울신문 2001. 2. 8, 세계일보 2001. 2. 8, 조선일보 2001. 2. 8, 한국경제 2001. 2. 8, 국민일보 2001. 2. 9, 한국일보 2001. 2. 9, 문화일보 2001. 2. 10)

[2] 통상 회사의 경영층으로 인식되는 이사급 임원도 대표이사의 지휘·감독 아래 일을 하고, 보수를 받으면 근로자로 봐야 한다는 법원의 판결이 나왔다. 이에 따라 일반 직원들에 비해 비교적 쉬웠던 이사급 임원의 해고가 어려워지고, 이사급의 계약관계에도 영향을 미칠 것으로 보인다. 서울남부지법 민사O부는 OO사 전직 이사인 O모씨가 회사를 상대로 낸 해고 무효소송에서 "회사측이 해고 최소화 노력을 기울이지 않은 만큼 해고는 무효이며, 복직 때까지 매달 받던 임금을 지급하라"고 판결했다. OO사의 비등기이사로 선임된 O씨는 3년 전 회사의 당기순이익이 떨어지면서 구조조정대상으로 해고된 뒤, 소송을 제기했다. 재판부는 판결문에서 "근로자인지 여부는 계약 형식에 관계없이 임금을 목적으로 종속관계에서 사용자에게 근로를 제공하느냐를 기준으로 해야 한다"면서 "이사, 감사 등 임원이라도 대표이사나 사용자의 지휘·감독 아래 일하면서 보수를 받으면 근로자로 봐야 한다"고 밝혔다. (출처: 국제신문 2004. 4. 26, 동아일보 2004. 4. 26, 이데일리 2004. 4. 26, 한국경제 2004. 4. 26)

[4] 최소인원

1. 원칙

주식회사에서 이사는 최저 3인 이상이어야 한다(상 383조 1항). 회의체를 구성하려면 최소 2인 이상이어야 하나 가부동수로 부결되는 것을 막기 위하여 홀수인 3인 이상으로 한 것이다.

2. 특칙

발행주식의 액면총액이 5억 원 미만인 회사는 이사의 수를 1인 또는 2인으로 할 수 있다(상 383조 1항). 소규모회사의 경영상의 편의와 기관운영부담의 경감을 위한 예외조치이다. 이사가 1인인 경우에는 이사회가 없게 된다.

[5] 임기

1. 임기의 최장

이사의 임기는 최장 3년을 넘지 못한다(상 383조 2항). 이사의 임기를 지나치게 단기로 하면 경영의 계속성을 확보하기 어렵고, 그 반대로 지나치게 장기로 하면 경영에 대한 통제가 어렵게 된다. 양자를 타협하는 수준으로 상법에서는 최장 3년으로 한 것이다. 정관으로 이를 단축하는 것이 가능하다. 연임에 대한 제한은 없다. 3년은 임기의 법정 최대한을 의미할 뿐이므로, 회사가 임기를 정하지 않은 경우에 임기가 자동적으로 3년으로 되는 것은 아니다(대판 2001. 6. 15, 2001다23928).

2. 정관에 의한 연장

다만 정관에 규정을 두어 임기 중의 최종 결산기에 관한 정기주주총회의 종결에 이르기까지 이사의 임기를 연장할 수 있다(상 383조 3항). 예컨대, 12말 결산인 회사에서 3월 중에 결산정기주주총회를 여는 경우, 1월 중순에 임기가 만료된 이사의 임기를 정관에 의하여 3월 중 정기주주총회의 종료시까지 그 임기를 연장할 수 있다. 이는 이사로 하여금 당해 결산기의 주주총회에서 주주의 질문에 대하여 충분히 답변을 할 수 있도록 하고, 임기 중의 결산에 대하여 책임을 물을 수 있도록 하여 책임경영체제를 확보하고, 결산주주총회에서 다른 이사를 선임할 때까지의 공백이 생기는 것을 피하기 위함이다.

| 관련사례 |

국내 기업들의 임원 수명이 갈수록 짧아지고 있다. 특히 주총에서 상법상 등기이사의 임기를 3년 이내에서 회사별로 정할 수 있도록 한 규정을 적극 해석해 임원의 임기를 단축시키는 방향으로 정관을 변경하는 곳이 잇따르고 있어 향후 실적이 좋지 않은 임원은 1년 뒤 연임이 힘들어질 것으로 예상되고 있다. OO증권은 정기주총에서 상근이사를 포함한 전 등기이사의 임기를 1년으로 단축했다. △△도 주총에서 기존 3년이던 상임이사의 임기를 3년 이내로, 3년 이내로 돼 있던 집행임원의 임기는 2년 이내로 단축하기로 결정했다. 이에 대해 업계 관계자들은 "기업 실적 부진을 몇 년 정도 참아주던 투자자들이 지난해부터 급격히 달라지기 시작한 데 따른 결과"라고 말했다. (출처 : 국민일보 2002. 6. 3 [한장희], 조선일보 2002. 6. 3)

[6] 선임

Ⅰ. 선임기관

주주회사의 경영창출권, 즉 이사선임권은 주주총회의 전속적 권한사항이다. 정관이나 주주총회의 결의에 의해서도 이사선임권을 주주총회 아닌 타에 위임할 수 없다. 소유와 경영의 분리를 기관구성을 기본원리를 삼고 있는 회사법제하에서, 경영권은 소유권자로부터 창출되어야 한다는 것은 지극히 당연한 명제이기 때문이다. 회사설립시에는 발기설립의 경우에는 발기인이 이사를 선임하고 모집설립의 경우에는 창립총회에서 선임하고(상 296조 1항, 312조), 설립 이후에는 주주총회에서 이사를 선임한다(상 382조 1항).

Ⅱ. 선임절차

주주총회의 보통결의에 의하여 이사를 선임한다(상 368조 1항). 이사의 선임은 이사될 자의 동의가 필요하다. 판례에 의하면, 감사(또는 이사)의 선임에 관한 주주총회의 결의는 회사 내부의 결정에 불과한 것이므로, 주주총회에서 감사(또는 이사) 선임의 결의가 있었다고 하여 바로 피선임자가 감사(또는 이사)의 지위를 취득하게 되는 것은 아니고, 주주총회의 선임결의에 따라 회사의 대표기관이 임용계약의 청약을 하고 피선임자가 이에 승낙을 함으로써 비로소 피선임자가 감사(또는 이사)의 지위에 취임하게 된다고 한다(대법원 1995. 2. 28 판결, 94다31440). 이러한 선임절차 없이 회사로부터 이사라는 직함을 형식적으로 부여받은 것에 불과한 자는 상법상의 이사가 아니다(대판 2003. 9. 26, 2002다64681).

Ⅲ. 선임방법

[1] ○○인삼공사가 국내 상장기업 중 처음으로 집중투표제 배제조항을 정관에서 삭제했다. ○○인삼공사는 "이사회를 열어 집중투표제 배제조항을 정관에서 삭제하기로 결의했다"면서 증권거래소에 공시하고 "소액주주들이 주주총회 때 집중투표를 희망할 경우 내년 주총에서부터 도입할 것"이라고 밝혔다. ○○인삼공사 관계자는 "지금까지는 정부가 대주주이고 소액주주는 많지 않았기 때문에 집중투표제가 필요 없었지만 올해 정부 지분 전량이 매

각되는 만큼 소액주주보호를 위해 이 같은 조치를 취했다"고 밝혔다. 현재 상장법인의 78% 가량이 집중투표제의 배제를 정관에 명문화했으며 공기업 중에서는 ○○공사를 제외하고는 모두 배제조항을 두고 있다. (출처 : 경향신문 2001. 3. 7, 국민일보 2001. 3. 7, 동아일보 2001. 3. 7, 문화일보 2001. 3. 7, 중앙일보 2001. 3. 7)

[2] KT&G의 대전 본사에서 열렸던 주주총회에서 기존 경영진과 적대관계에 있는 외국인 주주가 사외이사로 선출되었다. 이날 투표는 국내에서 처음으로 집중투표제로 이루어졌다. 2명의 일반 사외이사의 선임을 놓고 5명의 후보 중 3명을 추천한 ▲▲ 측은 ○○슈타인 대표에게 몰표를 행사해 39.57%로 1위를 차지했다. KT&G가 추천한 두 명 가운데 안○○ 사장은 2위인 34.88%로 새로 이사진에 합류했다. 이날 의결권을 행사한 지분은 전체 주식수의 76.6% 이었으며, 전체득표율은 KT&G측이 52.1%, ▲▲ 측이 47.9%로 KT&G가 불과 4.2% 높았다. 그러나 일반 사외이사가 아닌 감사위원 사외이사에서는 KT&G측이 추천한 4명이 모두 뽑혔다. 이로 인하여 KT&G 이사진 12명(사내이사 3명, 사외이사 9명) 중 ▲▲ 측이 1명의 사외이사 자리를 차지하게 되었다. KT&G 이사회의 의사결정은 과반수 출석에 과반수 찬성으로 이루어지기 때문에 1명의 이사만으로는 의사결정에 결정적인 영향을 미치기는 어렵다. 그러나 일각에서는 '트로이의 목마'로 이를 비유한다. 당장 경영권에 미치는 영향은 크지 않겠지만 장기적인 공격을 위한 교두보가 마련된 셈이다.

KT&G 사외이사 후보 득표수 (단위 : 만 표)

KT&G 측 후보	▲▲ 측 후보
안○○ (7473) 김○○ (3693)	○○슈타인 (8480) ○○스키 (1757) ○버 (23)
총 52.1%	총 47.9%

(출처 : 동아일보 2006. 3. 18, 조선일보 2006. 3. 18, 매일경제 2006. 3. 18, 한국경제 2006. 3. 18)

| 해 설 |

이사를 선임하는 방법에는 단순투표제와 집중투표제가 있다. 집중투표제는 대주주가 이사 선임을 독점하는 현상을 시정하기 위한 제도적 방안의 하나로 1998년 개정상법에 의하여 도입되었다. 입법 당시 이 제도의 도입여부를 놓고 찬반양론이 격렬하게 대립하였고, 도입을 반대하는 기업계의 의사가 일부 반영되어 타협적인 형태로 입법화되었다. 즉, 집중투표의 실시를 강제하지 않고 이를 원하지 않는 기업은 정관에 배제조항을 둘 수 있도록 한 것이다(상 382조의2 1항). 그 결과 위 사례에서 보는 것처럼 현재 이사선임에 있어서 집중투표제를 실시하는 기업의 수는 그다지 많지 않은 것으로 알려지고 있다.

1. 단순투표제

이사의 선임을 위한 통상적인 방법은 단순투표제이다. 이에 의하면, 선임하는 이사의 수에 관계없이 1주에 대하여 1개의 의결권을 인정하고, 그 결과 총회의 보통결의를 지배할 수 있는 정도의 지분을 가진 대주주가가 이사 전원을 선임할 수 있게 된다. 예컨대, 51%의 주식을 가진 주주와 49%의 주식을 가진 주주가 이사선임을 놓고 대립하는 경우, 단순투표제에 의하면 51%의 주식을 가진 주주가 이사 전원을 선임하여 '싹쓸이'하고(대주주의 이사선임 독점, 100%의 의결권 효과), 49%의 주식을 가진 주주는 단 한명의 이사도 선임할 수 없게 된다(0%의 의결권 효과).

2. 집중투표제

(1) 의의

집중투표(또는 누적투표)란 2인 이상의 이사를 선임함에 있어서 1주에 대해 선임하고자 하는 이사의 수에 상응하는 수만큼의 복수의 의결권을 부여하는 방법이다. 예를 들어, Dn명의 이사를 선임하는 주주총회에서 Sn개의 주식을 갖고 있는 주주는 모두 {Dn × Sn} 개의 의결권을 갖고 이를 자신이 선임하고자 하는 이사에 집중 또는 분산하여 의결권을 행사할 수 있다.

| 사 례 |

A는 2,100주를 B는 2,000주를 가지고 있는 회사(이 회사의 발행주식총수는 모두 4,100주이다)의 주주총회에서 2인의 이사를 선임하는 데, A는 오성과 한음을 이사후보로 밀고, B는 이태백과 사오정을 이사후보로 미는 경우를 보자.

① 단순투표제에 의하면, A는 2,100개의 의결권을 오성과 한음에게, B는 2,000개의 의결권을 이태백과 사오정에게 행사하여, 그 결과 A는 오성과 한음 모두를 이사로 선임하고, B는 단 1명의 이사도 선임할 수 없게 된다.

② 집중투표제에 의하면, A는 모두 4,200개(2,100개×2인)의 표를, B는 4,000개(2,000개×2인)의 표를 가지게 된다. A와 B는 자신이 사용할 수 있는 총투표수의 범위 내에서 상대방의 예상전략을 고려하여 다양한 방법으로 의결권을 행사할 수 있다. 만일 A가 4,200개 중에서 2,200개는 오성에게, 나머지 2,000개는 한음에게 표를 행사하고, B는 4,000개 중에서 3,999개는 이태백에게, 나머지 1개는 사오정에게 표를 행사하면, 다수득표의 순에 따라, B가 후보로 내세운 이태백(1순위 득표자)과 A가 후보로 내세운 오성(2순위 득표자)이 이사로 선임된다.

| 취 지 |

① 집중투표제에 의하면 소수자주주도 자신이 원하는 자를 이사로 선임함으로써 다수자 지배의 고착현상(대주주의 이사선임의 독점현상)을 시정할 수 있는 가능성이 생기게 된다. 특히 거의 대등한 자본참가가 이루어지는 경우에는 집중투표제의 실시효과가 커진다.

② 다만 집중투표제는 이사들 간에 극심한 분열과 반목을 초래하고 그로 인하여 이사회운영의 효율성이 떨어질 수도 있다.

(2) 다른 제도와의 관계

(가) 1주 1의결권 원칙과의 관계

집중투표제는 1주 1의결권 원칙의 예외라는 견해가 있다. 1개의 주식에 선임하고자 하는 이사와 동일한 수만큼의 복수의 의결권을 부여하므로 얼핏 보면 1주 1의결권 원칙에 대한 예외처럼 비추어지는 면이 있다. 그러나 의결권의 수가 주주가 보유하고 있는 주식 수에 비례하여 주어지고, 다만 그 투표방법에서 이를 집중 또는 분산하여 행사하는 것뿐이므로 집중투표제가 1주 1의결권 원칙에 배치되는 것이라 할 수 없다.

(나) 의결권의 불통일행사와의 차이

집중투표제는 의결권을 집중 또는 분산하여 행사할 뿐 모두 동일한 방향으로 의결권을 행사하는 것이므로, 동일한 의안에 대하여 찬성과 반대로 서로 반대방향으로 의결권을 행사하는 의결권의 불통일행사와는 다르다.

(3) 요건

(가) 정관에 배제조항이 없을 것

집중투표제를 채택할 것인가에 대하여 기업의 자율적인 선택에 맡기고 있다. 소위 'opt-out 방식'을 취하여 집중투표를 원하지 않는 회사는 정관에 집중투표 배제조항을 두어야 한다(상 382조의2 1항). 「2인 이상의 이사를 선임하는 경우 상법 제382조의2에서 규정하는 집중투표제는 적용하지 아니한다」는 내용의 집중투표 배제조항을 정관에 두지 않으면 집중투표를 배제할 수 없다.

(나) 2인 이상의 이사를 선임할 것

집중투표는 2인 이상의 이사를 선임하는 경우에만 채택할 수 있다(상 382조의2 1항). 1인의 이사를 선임하는 경우에는 집중투표를 채택하더라도 단순투표에 의하는 것과 결과적으로 차이가 없기 때문이다. 집중투표제를 채택하고 있는 회사는 주주로 하여금 집중투표에 의할 것인지의 여부를 결정할 수 있도록, 선임할 이사의 수를 총회의 소집통지서나 소집공고에 의하여 사전에 공시하여야 하고, 이를 기재하지 아니한 경우에는 총회결의 취소의 소(상 376조)의 원인이 된다.

(다) 주주의 청구가 있을 것

의결권 있는 발행주식총수의 3% 이상의 주식을 가진 주주가 집중투표에 의할 것을 주주총회의 7일 전까지 서면으로 청구하여야 한다(상 382조의2 1항 · 2항)(도달주의). 집중투표를 청구한 주주는 투표 전에는 언제든지 그 청구를 철회할 수 있다. 청구주의를 원칙으로 하고 있으나, 정관에 의하여 주주의 청구 없이 자동적으로 집중투표를 할 수 있도록 하는 규정을 두는 것도 무방하다(상 382조의1 1항 참조).

(라) 집중투표청구의 사실을 공시할 것

집중투표청구의 서면은 주주총회가 종결될 때까지 본점에 비치하고 주주로 하여금 열람할 수 있게 하여야 한다(상 382조의2 6항). 주주총회에서 의장은 이사선임의 결의를 하기 전에 집중투표의 청구가 있었음을 알려야 한다(상 382조의2 5항).

| 상장법인의 특례 |

상장법인의 경우에는 집중투표의 실시를 보다 용이하게 이루어질 수 있도록 특례를 두고 있다. 즉, (ⅰ) 집중투표를 배제하기 위한 정관변경을 할 경우 의결권 있는 발행주식총수의 3%를 초과하는 주식을 소유한 주주의 의결권은 3%까지로 제한되고(증거 191조의18 2항), (ⅱ) 집중투표를 청구할 수 있는 소수주주의 요건을 의결권 있는 발행주식총수의 1%로 완화하고(증권거래법상의 다른 소수주주권과 달리 6개월 계속보유요건이 없다)(증거 191조의18 1항), (ⅲ) 집중투표제를 배제하는 정관변경안을 다른 정관변경안과 분리하여 표결하도록 하고 있다(증거 191조의18 3항).

(4) 방법

주주는 소유주식 수에 선임하는 이사의 수를 곱한 수만큼의 의결권을 가지고 선임하고자 하는 1인의 이사후보에게 그 모두를 집중하여 투표할 수도 있고 수인의 이사후보에게 분산하여 투표할 수도 있다(상 382조의2 3항). 그에 의하여 최다득표자의 순으로 이사가 선임된다(상 382조의2 4항).

(5) 집중투표제 회피수단의 적법성

① 회사는 정관에 집중투표의 배제조항을 두거나, 이사의 수를 줄이거나 이사의

임기를 시차제로 하여 매 주주총회마다 선임하는 이사의 수를 1명으로 함으로써 집중투표의 실시를 의도적으로 회피할 수 있다. 이러한 회피행위는 그 자체만으로는 위법한 것이 아니다.

② 그러나 수인의 이사를 선임하면서 일부러 수차의 총회에 분산시켜 1인의 이사만을 선임하는 것은 집중투표제에 관한 상법규정의 탈법행위로 되어 위법하다고 평가될 수도 있다. 탈법적 의도가 있는지의 여부는 각 총회의 간격 기타의 정황을 종합적으로 고려하여야 한다.

③ 집중투표제는 이사를 선임하는 경우에만 적용되고 해임하는 경우는 그 적용대상이 아니다. 집중투표에 의해 선임된 이사의 해임요건을 현재보다 강화하거나 특별한 사유가 없으면 해임할 수 없도록 하는 입법적 보완이 필요하다는 견해가 있다(서헌제).

| 관련사례 |

[1] 상장기업 대부분이 집중투표제를 외면하고 있으며 집중투표제를 도입한 기업도 대부분 이를 이용하지 않는 것으로 나타났다. 2003년 4월부터 2004년 3월까지 주주총회를 개최한 644개 상장사를 대상으로 설문조사를 벌인 결과, 설문에 응한 296개사의 90.5%(268개)가 정관에서 집중투표제를 배제하고 있다고 응답했다. 집중투표제를 허용한 28개사 중에도 실제 집중투표제를 통해 이사를 선임했다고 답변한 곳은 1개사에 불과했다. (출처 : 한국일보 2004. 9. 23, 제일경제 2004. 9. 22)

[2] 대전지법 제○민사부는 "일반사외이사(2명)와 감사위원(4명)을 분리하여 뽑기로 한 ●●의 이사회 결정을 무효로 하라"는 ▲▲ 측의 가처분신청을 기각했다. 재판부는 "사외이사를 분리선출할 것인지 일괄 선출할 것인지 어떤 방식을 취할지는 별도의 주주제안이 없는 한 이사회가 결정할 수 있다"고 밝혔다. ▲▲ 측은 "분리선출은 주주의 권리를 침해한다"며 사외이사 6명을 일괄적으로 뽑고 이들 중에서 다시 4명의 감사위원을 재선임하자고 요구해 왔다. 분리해 사외이사를 뽑으면 집중투표제를 활용해 2명 정도의 사외이사를 선임할 수 있다는 계산에서이다. 그러나 법원의 결정에 따라 ●●는 이사회 결정대로 사외이사를 뽑을 수 있게 되었다. (출처 : 동아일보 2006. 3. 15, 서울신문 2006. 3. 15, 세계일보 2006. 3. 15, 중앙일보 2006. 3. 15)

(생각거리)

대주주가 이사선임을 독점하는 현상을 시정하기 위한 방안은? 현재 상법에 규정되어 있는 집중투표제도의 실효성은?

Ⅳ. 등기

이사를 선임하거나 이사가 퇴임한 때에는 본점소재지에서는 2주간 내 또는 지점소재지에서는 3주간 내에 등기하여야 한다(상 317조 1항 · 2항 8호, 183호). 이사 선임의 효력은 선임에 관한 주주총회의 결의에 의하여 발생하고, 퇴임의 효력은 원인된 사실이 생김으로써 발생하고, 등기의 유무와는 관계가 없다. 대표이사나 감사의 경우도 이와 동일하다.

| 대법원 2003. 9. 26. 선고 2002다64681 판결 |

상법상 이사와 감사는 주주총회의 선임 결의를 거쳐 임명되고 그 등기를 하여야 하며, 이사와 감사의 법정 권한은 위와 같이 적법하게 선임된 이사와 감사만이 행사할 수 있을 뿐이고 그러한 선임절차를 거치지 아니한 채 다만 회사로부터 이사라는 직함을 형식적 · 명목적으로 부여받은 것에 불과한 자는 상법상 이사로서의 직무권한을 행사할 수 없다.

| 대법원 1991. 12. 27. 선고 91다4409, 91다4416 판결 |

법인등기부에 이사 또는 감사로 등재되어 있는 경우에는 특단의 사정이 없는 한 정당한 절차에 의하여 선임된 적법한 이사 또는 감사로 추정된다고 할 것이다. (同旨 : 대법원 1983. 12. 27. 선고 83다카331 판결)

[7] 종임

Ⅰ. 총설

이사는 (ⅰ) 임기만료, (ⅱ) 사임, (ⅲ) 해임, (ⅳ) 회사해산, (ⅴ) 위임의 일반적인 종료사유(예 : 이사의 사망 · 파산 · 금치산, 회사의 파산), (ⅵ) 정관 소정의 종임사유 등에 의하여 종임한다.

Ⅱ. 사임

이사는 위임계약 상호해지 자유의 원칙상 언제든지 회사에 대한 일방적인 의사표시로 사임할 수 있다(민 689조 1항). 회사의 승낙을 요하지 않고 사임의 의사가 대표이사에게 도달함으로써 효력이 발생한다. 사임의 의사표시는 철회할 수 없다(대판 1991. 5. 10, 90다10247).

| 대법원 1998. 4. 28. 선고 98다8615 판결 |

주식회사와 이사의 관계는 위임에 관한 규정이 준용되므로, 이사는 언제든지 사임할 수 있고 사임의 의사표시가 대표이사에게 도달하면 그 효과가 발생하나, 대표이사에게 사표의 처리를 일임한 경우에는 사임 의사표시의 효과 발생 여부를 대표이사의 의사에 따르도록 한 것이므로 대표이사가 사표를 수리함으로써 사임의 효과가 생긴다.

Ⅲ. 해임

일부 그룹 총수와 대주주들이 일방적으로 전문경영인들을 중도 하차시키는 '황제식 경영'이 문제되고 있다. △△자동차에서 ○○○사장을 전격 교체한 것은 총수나 대주주가 마음만 먹으면 이사회나 사외이사는 무용지물이 될 수밖에 없는 현실을 보여주는 대표적인 사례나. △△자동치는 ㅁㅁㅁㅁ회장과 공동대표이사였던 ○○○사장을 물러나게 하면서 이사회를 거치는 대신 사표제출의 형식을 취하게 했다. (출처: 한겨레 2001. 7. 30 [권태호 · 박효상])

| 해 설 |

대주주라 하여 임기 중에 있는 이사를 마음대로 해임할 수 있는가? 이사를 해임하려면 누가, 그리고 어떠한 절차를 거쳐야 하는가? 종전 우리 기업현실에서는 그룹총수나 대주주가 임기 중에 있는 이사를 일방적으로 해임하는 사례가 있었다. 이러한 상황에서 자신의 운명을 좌지우지하는 그룹총수나 대주주에 대한 '해바라기성' 이사로 되어 회사 전체의 이익보다는 특정인의 의중을 헤아리는 쪽으로 나아갈 가능성이 많고, 그렇게 되면 경영의 전문성이나 중립성은 요원한 과제가 되고 만다. 이 때문에 상법에서는 주주들이 임기 중에 있는 이사를 해임할 수 있도록 함과 동시에 대주주라 하여 함부로 이사를 해임할 수 없도록 견제장치를 두고 있다.

1. 주주총회의 해임결의

(1) 해임기관

해임은 회사가 일방적 의사표시에 의하여 이사와의 위임계약을 해지하는 것이다(위임계약 상호해지 자유의 원칙). 이사해임권은 이사선임권자인 주주총회의 전속적 결의사항에 속한다. 따라서 정관에 의해서도 이사 해임권을 주주총회가 아닌 다른 자(예 : 이사회, 대표이사, 지배주주 등)에게 부여할 수 없다. 주주총회는 임기 중에 있는 이사를 언제든지 또 정당한 이유의 유무에 관계없이 특별결의에 의하여 해임할 수 있다(상 385조 1항 본문).

| 취 지 |

주주총회의 이사해임권은 소유와 경영의 분리에 의하여 경영을 담당하는 이사에게 문제가 있을 때 소유자인 주주들이 이사의 임기만료 전에 자기의 이익을 지키는 수단이 된다. 또한 이사 선임권자인 주주총회만이 이사를 해임할 수 있도록 하고 이사를 선임할 때의 요건(주주총회의 보통결의)보다 가중하여 주주총회의 특별결의로 한 것은 경영의 중립성과 안정성을 보장하기 위함이다.

(2) 해임사유

해임사유의 정당성 여부는 문제되지 않으므로 그 정당성 여부를 다툴 수는 없다. 만일 정당한 이유 없이 해임한 경우에는 해임 그 자체를 다툴 수는 없고, 손해배상을 청구할 수 있을 뿐이다. 해임결의에 하자가 있다면, 그 하자를 문제삼아 해임결의의 효력을 다툴 수 있다.

(3) 해임방법 및 절차

주주총회의 특별결의에 의하여야 한다. 주주총회의 해임결의만으로 해임의 효력이 발생하므로, 해임의 고지나 피해임자의 동의를 요하지 않는다(日最判 1966. 12. 20, 民集 20. 10. 2160).

(4) 손해배상

회사가 이사를 「정당한 이유 없이」「임기 만료 전에」「적극적으로 해임」할 때에는 회사는 그 이사에 대하여 손해배상책임을 진다(상 385조 1항 단서).

① 정당한 이유 없이 해임한 경우이어야 한다. 「정당한 이유」란 소수주주의 이사해임 청구사유(상 385조 2항)인 부정행위 또는 법령이나 정관에 위반한 중대한 사실에 그치지 않고 직무의 현저한 부적임을 포함한다(대판 2004. 10. 15, 2004다25611).

② 이사의 임기가 정해져 있는 경우이어야 한다. 이사의 임기가 정해지지 않은 경우에는 언제든지 해임할 수 있으므로, 이때에는 이유 여하를 불문하고, 또 손해배상을 할 필요가 없다(대판 2001. 6. 12, 2001다23928).

③ 회사가 적극적으로 해임한 경우이어야 한다. 이사가 의원면직의 형태로 사임

의 의사표시를 하여 이를 수리하는 의미에서 해임한 경우에는 손해배상을 청구할 수 없다(대판 1993. 8. 24, 92다3298).

④ 손해배상의 범위는 그 이사가 잔여 재임기간에 받을 보수이다(서울고법 1978. 7. 6, 89다3298). 이 손해배상책임은 채무불이행이나 불법행위에 기한 것이 아니고 법정책임이다. 따라서 채무불이행이나 불법행위에 기한 손해배상의 일반법리가 이에 적용되지 않는다(서울고판 1990. 7. 6, 89나46297).

| 대법원 2004. 10. 15. 선고 2004다25611 판결 |

상법 제385조 제1항에 규정된 '정당한 이유'란 주주와 이사 사이에 불화 등 단순히 주관적인 신뢰관계가 상실된 것만으로는 부족하고, 이사가 법령이나 정관에 위배된 행위를 하였거나 정신적·육체적으로 경영자로서의 직무를 감당하기 현저하게 곤란한 경우, 회사의 중요한 사업계획 수립이나 그 추진에 실패함으로써 경영능력에 대한 근본적인 신뢰관계가 상실된 경우 등과 같이 당해 이사가 경영자로서 업무를 집행하는 데 장해가 될 객관적 상황이 발생한 경우에 비로소 임기 전에 해임할 수 있는 정당한 이유가 있다고 할 것이다.

| 대법원 2001. 6. 15. 선고 2001다23928 판결 |

상법 제385조 제1항에서 이사의 임기를 정한 경우라 함은 정관 또는 주주총회의 결의로 임기를 정하고 있는 경우를 말하고, 이사의 임기를 정하지 않은 때에는 이사의 임기의 최장기인 3년을 경과하지 않는 동안에 해임되더라도 그로 인한 손해의 배상을 청구할 수 없다고 할 것이고, 회사의 정관에서 상법 제383조 제2항과 동일하게 "이사의 임기는 3년을 초과하지 못한다"고 규정한 것이 이사의 임기를 3년으로 정하는 취지라고 해석할 수는 없다.

| 서울고법 1990. 7. 6. 선고 89나46297 제10민사부 판결 |

▪ 이사가 주주총회의 결의로 임기만료 전에 해임된 경우 그로 인하여 입게 되는 손해는 이사로서 잔여임기 동안 재직하여 얻을 수 있는 상법 제388조 소정의 보수상당액인 정기적 급여와 상여금 및 퇴직금이라 할 것이고(同旨: 서울고법 1978. 7. 6. 77나2669 제9민사부 판결), 이사해임에 관한 상법 제385조 제1항의 규정은 주주총회에 대하여 사유 여하를 막론하고 이사를 해임할 수 있는 권한을 부여하는 것으로서 그에 따른 주주총회의 이사해임은 불법행위를 구성하지 아니하는 것이므로 임기만료 전에 해임된 이사가 그로 인하여 정신적 고통을 받았다 하더라도 위자료는 청구할 수 없다.

▪ 임기가 정하여진 이사를 정당한 이유 없이 임기만료 전에 해임한 회사의 손해배상책임은 채무불이행이나 불법행위책임과는 달리 고의, 과실을 요건으로 하지 아니하는 상법상의 법정책임이라 할 것이므로 여기에는 일반 채무불이행이나 불법행위책임에서와 같은 과실상계의 법리가 적용되지 아니한다.

2. 소수주주의 해임청구

이사가 그 직무에 관하여 부정행위 또는 법령이나 정관에 위반한 중대한 사실이 있음에도 불구하고 주주총회에서 해임을 부결한 때에는 소수주주(발행주식총수의 3% 이상의 주식을 가진 주주)는 총회의 부결결의가 있은 날로부터 1월 내에 그 이사의 해임을 법원에 청구할 수 있다(상 385조 2항).

| 취 지 |

대주주의 비호를 받아 주주총회에서 해임이 부결된 이사를 소수주주가 법원의 힘을 빌려 해임할 수 있는 가능성을 열어두는 제도이다.

(1) 해임청구의 사유

① 이사가 그 직무에 관하여 부정행위 또는 법령이나 정관에 위반한 중대한 사실이 있어야 한다(상 385조 2항). 단순한 임무해태만으로는 부족하다(상 399조 1항 참조).

② 주주총회에서 해임을 부결하였어야 한다. 주주총회에서의 이사해임절차를 거치지 않고 곧바로 소수주주가 법원에 이사의 해임을 청구할 수 없다. 이런 의미에서 소수주주의 해임청구는 2차적인 해임청구절차이다.

| 광주지법 2004. 12. 3. 선고 2004가합3668 판결 |

상법 제385조 제2항에서 규정한 '주주총회에서 그 해임을 부결한 때'의 의미는 주주총회를 개회하여 해임을 부결한 적극적인 결의가 있었던 경우뿐만 아니라, 해임안이 상정되었으나 정족수 미달로 심의가 되지 않거나, 해임안이 상정되지 않아서 심의조차 되지 않음으로써 의안의 채택이 없었던 경우 등 해임을 가결하지 않는 모든 경우를 뜻하고, 여기서 말하는 '주주총회'는 주주총회뿐만 아니라 이사의 해임을 결정할 수 있는 권한을 가진 기관을 뜻한다.

③ 해임청구를 구할 소의 이익이 있어야 한다.

| 서울지법 서부지원 1998. 6. 12. 선고 97가합11348 판결 |

상법 제385조 제2항 소정의 주주의 이사해임청구소송은 이사가 직무집행에 관한 부정행위 기타 위 법조에서 정한 사유가 있음에도 불구하고 주주총회에서 해임을 부결하여 여전히 그 지위에 머무르게 하는 것은 부당하므로 소수주주권자에게 법원에 대하여 해임청구를 인정하는 것이기 때문에 그 소송의 목적은 현재 이사의 지위에 있는 자의 지위를 그 잔여임기 동안 박탈하는 것 자체에 있는 것이므로 해임되어야 할 자가 현재 이사의 지위에 있는 경우에만 소의 이익을 갖는다.

(2) 해임청구의 소

① 원고는 발행주식총수의 3% 이상의 주식을 가지고 있는 주주이다(상 385조 2항). 상장법인의 경우에는 특례가 인정된다. 해임청구의 소를 제기한 주주는 판결이 확정될 때까지 이 법정지주수를 유지하여야 한다.

② 피고를 누구로 할 것인가에 대해서는 견해가 나누어지고 있다. (ⅰ) 이사 해임의 소는 회사에 대하여 이사의 해임을 청구하는 것이 아니고 판결로 당해 이사의 지위를 박탈할 것을 청구하는 형성의 소이므로, 피고는 그 직접의 효력을 받는 이사라고 보는 것이 타당하다는 견해가 있는가 하면(이사단독피고설), (ⅱ) 이사해임의 소는 회사와 이사 사이에 존재하는 위임관계의 해소를 구하는 것이고 또 어느 일방에 대한 판결의 효력이 당연히 타방에 미치는 것은 아니므로, 이사와 회사를 공동피고로 하여야 한다는 견해가 있다(이사·회사공동피고설). (ⅲ) 생각건대, 이상의 견해와는 달리 회사를 피고로 하는 것이 옳지 않을까 생각한다. 이사해임의 주체는 회사이고, 위의 소가 주주총회의 해임부결을 원인으로 한 것이고, 해임판결이 형성판결로서 회사의 이사에 대한 일방적인 해임을 갈음하는 효과가 있기 때문이다.

③ 관할법원은 회사의 본점소재지의 지방법원에 전속한다(상 385조 3항, 186조).

(3) 해임판결의 효력

① 이사해임의 소는 형성의 소이다. 따라서 원고승소판결이 확정되면 별도로 위임관계의 해소절차를 요하지 않고 당연히 해임의 효력이 발생한다.

② 해임판결이 있기 전이라도 법원은 당사자의 신청에 의하여 가처분으로 이사의 직무집행을 정지할 수 있고, 직무대행자를 선임할 수 있다(상 407조 1항 전단).

| 대법원 1997. 1. 10. 자 95마837 결정 |

■ 상법 제385조 제2항에 의하면 이사가 그 직무에 관하여 부정행위 또는 법령이나 정관에 위반한 중대한 사실이 있음에도 불구하고 주주총회에서 그 해임을 부결한 때에는 발행주식 총수의 100분의 5 이상에 해당하는 주식을 가진 주주는 총회의 결의가 있은 날로부터 1월 내에 그 이사의 해임을 법원에 청구할 수 있고, 그와 같은 해임의 소를 피보전권리로 하는 이사의 직무집행정지신청은 본안의 소송이 제기된 경우뿐만 아니라 급박한 경우에는 본안 소송의 제기 전에라도 할 수 있음은 같은 법 제407조에서 명문으로 인정하고 있을 뿐더러, 그와 같은 직무집행정지신청을 민사소송법 제714조 제2항 소정의 임시의 지위를 정하는 가처분과 달리 볼 것은 아니므로 반드시 본안소송을 제기하였음을 전제로 하지는 않는다.

■ 이사의 직무권한을 잠정적이나마 박탈하는 가처분은 그 보전의 필요성을 인정하는 데 신

중을 기해야 할 것인바, 소수 주주가 피보전권리인 해임의 소를 제기하기 위한 절차로는 발행주식 총수의 100분의 5 이상에 해당하는 주식을 가진 소수주주가 회의의 목적과 소집의 이유를 기재한 서면을 이사회에 제출하여 임시총회의 소집을 요구하고, 그렇게 하였는데도 소집을 불응하는 때에는 법원의 허가를 얻어 주주총회를 소집할 수 있고, 그 총회에서 해임을 부결할 때 그로부터 1월 내에 이사의 해임을 법원에 청구할 수 있는 것이므로, 그와 같은 해임의 소를 제기하기 위한 절차를 감안해 보면 특별히 급박한 사정이 없는 한 해임의 소를 제기할 수 있을 정도의 절차요건을 거친 흔적이 소명되어야 피보전권리의 존재가 소명되는 것이고, 그 가처분의 보전의 필요성도 인정될 수 있다.

❙관련사례❙

[1] ○○공사는 정기주주총회를 열고 이사회가 상정한 △사장에 대한 해임안을 의결했다. 이로 인해 △사장은 임기를 채우지 못하고 주주총회에서 해임되었다. 이날 주주총회는 이사회가 △이 사장으로서 회사의 명예와 품위를 손상시키고 기관장으로서 적절한 임무수행에 문제점을 야기했다며 상정한 해임안을 의안대로 통과시켰다. ○○회사의 이사회는 △의 해임안 상정의 이유로 산업구조개편을 위한 노사합의 도출 실패, 대규모노조집회 방치 등을 들었다. △은 주주총회 직후 이임식을 가진 자리에서 주주총회의 자신에 대한 해임결정은 주주들의 의사인 만큼 수용하겠다는 입장을 표명하는 한편, 명예회복차원에서 법적 대응을 통해 자신의 해임사유에 대한 시시비비를 가리겠다고 밝혔다. ○○회사의 노조와 우리사주조합은 △의 해임에 대해 해임사유가 객관적인 경영평가와 무관하고 과반주주의 횡포라고 본다면서 주주총회 결의무효소송 등 법적 조치를 취하겠다고 밝혔다. (출처 : 동아일보 2005. 4. 1, 파이낸셜뉴스 2005. 3. 31, 머니투데이 2005. 3. 31)

[2] 회계처리기준 위반으로 금융감독당국으로부터 임원해임 권고조치를 받았던 상장법인이 주주총회에서 해임안을 부결하는 초유의 일이 발생했다. 대표이사를 중심으로 부모와 동생, 부인 등 일가가 전체 주식의 48.99%를 보유하고 있는 이 회사는 주주총회에서 논란이 된 이사해임 및 선임의 건을 출석주주 전원의 반대로 부결시키는 등 조직적으로 감독당국의 회계처리위반 지적을 거부한 것으로 분석돼 감독당국의 대응이 주목된다. 금감원 등에 따르면, ○○○은 정기주총에서 이사해임 및 선임안을 출석주주 전원의 반대로 부결 처리했다. ○○○은 증권선물위원회의 회계처리기준 위반조치로 주주총회에서 ○○○의 최대주주(지분율 31.40%) 겸 대표이사인 △△△씨에 대한 해임안을 처리할 예정이었다. 대표이사 해임은 증권선물위원회의 임원해임 권고 조치에 따른 것이다. ○○○의 증권선물위원회 조치에 대한 조직적인 거부에 대해 금융감독원은 "주주총회에서 임원 해임안이 부결된 적은 그동안 한 번도 없었다"면서 "현재 동일한 사항으로 다시 조치를 내릴 수는 없고, 이번에 첫 사례가 확인된 만큼 향후 대책을 마련할 방침"이라고 말했다. (출처 : 서울경제신문 2005. 3. 29 ; 이데일리 2005. 3. 29, 파이낸셜뉴스 2005. 3. 28)

[8] 결원의 보충

Ⅰ. 퇴임이사

법률 또는 정관으로 정한 이사의 원수에 달하지 못하여 회사의 운영에 장애가 생길 경우에는 임기만료 또는 사임으로 인하여 퇴임한 이사(퇴임이사)는 새로 선임된 이사가 취임할 때까지 이사로서의 권리 · 의무가 있다(상 386조 1항)(대판 1988. 3. 22, 88누884 ; 대판 1968. 9. 30, 68다515).

| 대법원 2001. 12. 6. 자 2001그113 결정 |

상법 제386조가 규정한 "임시이사의 선임이 필요하다고 인정되는 때"라 함은 이사가 사임하거나 장기간 부재중인 경우와 같이 퇴임이사로 하여금 이사로서의 권리의무를 가지게 하는 것이 불가능하거나 부적당한 경우를 의미하는 것으로서 그의 필요성은 임시이사제도의 취지와 관련하여 사안에 따라 개별적으로 판단되어야 한다.

| 대법원 2000. 11. 17. 자 2000마5632 결정 |

▪ 상법 제386조는 이사의 퇴임으로 말미암아 법률 또는 정관에 정한 원수를 결한 경우에 임기의 만료 또는 사임으로 인하여 퇴임한 이사로 하여금 새로 선임된 이사가 취임할 때까지 이사의 권리의무를 행하도록 하는 한편, 필요하다고 인정할 때에는 법원은 이사, 감사, 기타의 이해관계인의 청구에 의하여 일시이사의 직무를 행할 자를 선임할 수 있도록 규정하고, 같은 법 제389조에 의하여 이를 대표이사의 경우에 준용하고 있는바, 여기에서 필요한 때라 함은 이사의 사망으로 결원이 생기거나 종전의 이사가 해임된 경우, 이사가 중병으로 사임하거나 장기간 부재중인 경우 등과 같이 퇴임이사로 하여금 이사로서의 권리의무를 가지게 하는 것이 불가능하거나 부적당한 경우를 의미한다고 할 것이나, 구체적으로 어떠한 경우가 이에 해당할 것인지에 관하여는 일시이사 및 직무대행자 제도의 취지와 관련하여 사안에 따라 개별적으로 판단하여야 할 것이다.

▪ 회사의 대표이사 및 이사의 임기 만료로 법률 또는 정관에 정한 원수에 결원이 발생한 경우, 회사 동업자들 사이에 동업을 둘러싼 분쟁이 계속되고 있다는 사정만으로는 그 임기 만료된 대표이사 및 이사에게 회사의 대표이사 및 이사로서의 권리의무를 보유하게 하는 것이 불가능하거나 부적당한 경우에 해당한다고 할 수 없다.

| 대법원 1991. 12. 27. 선고 91다4409, 91다4416 판결 |

수회에 걸쳐 이사(또는 감사)로 선임 또는 중임되어 온 자가 그를 다시 이사(또는 감사)로 선임하는 주주총회결의가 부존재한다고 하더라도 그 후임 이사(또는 감사)가 없는 결과가 되어 퇴임이사(또는 퇴임감사)로서 계속 이사(또는 감사)로서의 권리 · 의무를 가진다.

Ⅱ. 임시이사

사유 여하를 불문하고 이사의 정원을 결한 경우 법원이 필요하다고 인정할 때에는 이사·감사 기타 이해관계인의 청구에 의하여 일시 이사의 직무를 행할 자를 선임할 수 있다(상 386조 2항 전단). 임시이사(假이사)를 선임한 경우에는 본점 소재지에서 등기하여야 한다(상 386조 2항 후단)(대판 1964. 4. 28, 63다518).

┃대법원 1981. 9. 8. 선고 80다2511 판결┃

- 주식회사의 이사 및 대표이사 전원이 결원인 경우에 법원이 선임하는 일시이사 및 일시대표이사의 자격에는 아무런 제한이 없으므로 동 회사와 무슨 이해관계가 있는 자만이 일시이사 등으로 선임될 자격이 있는 것이 아니다.
- 주식회사가 해산(상법시행법 제15조 제3항에 의하여 해산 의제된 경우를 포함)한 경우(합병 또는 파산의 경우 제외)에 정관에 다른 규정이 있거나 주주총회에서 타인을 선임한 때를 제외하고는 해산 당시의 일시이사 및 일시대표이사는 청산인 및 대표청산인이 된다.

Ⅲ. 퇴임이사·임시이사의 권한

퇴임이사 또는 임시이사는 가처분에 의해 선임된 직무대행자의 권한이 상무에 제한되는 것과는 달리 평상적인 상태에서의 이사와 동일한 권리를 가진다.

┃대법원 2005. 3. 8. 자 2004마800 전원합의체 결정┃

대표이사를 포함한 이사가 임기의 만료나 사임에 의하여 퇴임함으로 말미암아 법률 또는 정관에 정한 대표이사나 이사의 원수(최저인원수 또는 특정한 인원수)를 채우지 못하게 되는 결과가 일어나는 경우에, 그 퇴임한 이사는 새로 선임된 이사(후임이사)가 취임할 때까지 이사로서의 권리의무가 있는 것인바(상법 제386조 제1항, 제389조 제3항), 이러한 경우에는 이사의 퇴임등기를 하여야 하는 2주 또는 3주의 기간은 일반의 경우처럼 퇴임한 이사의 퇴임일부터 기산하는 것이 아니라 후임이사의 취임일부터 기산한다고 보아야 하며, 후임이사가 취임하기 전에는 퇴임한 이사의 퇴임등기만을 따로 신청할 수 없다고 봄이 상당하다.

[9] 사외이사

경제단체가 회원인 상장회사를 대상으로 조사해 발표한 보고서에 따르면 경영투명성 확보 차원에서 도입된 사외이사의 수는 조사당시기준 평균 3.71명으로 전체 이사수 대비 평균 8.03명의 46.2%에 달했으나, 이사회 안건에 대한 찬성률이 평균 96.78%에 달해 '거수기' 역할만 하는 것이 아니냐는 지적이 제기됐다. 특히 사외이사의 선임방법으로 후보위, 경영진, 대주주, 기관투자가 추천이 대부분을 차지한 반면, 외부전문가 풀(pool)의 활용은 극히 미미하여 사외이사 인력풀 조성 및 교육이 시급한 것으로 분석됐다. 기업들은 사외이사 선임시 문제점으로 적격 후보자 물색 곤란, 법정 선임 의무비율 준수에 따른 부담, 사외이사 자격 법적 기준의 미진 등을 꼽았으며, 운영상의 문제점으로는 전문성 부족, 경영에 대한 이해 부족, 사외이사의 과중한 책임, 독립성 부족 등을 들었다. (출처 : 국민일보 2004. 7. 7, 세계일보 2004. 7. 7, 조선일보 2004. 7. 7, 한국일보 2004. 7. 7)

| 해 설 |

사외이사제도는 이사회 내에 경영진에 대한 견제와 감시기능을 수행하는 이사를 둠으로써 경영통제의 실효성을 높이기 위하여 미국의 제도를 도입한 것이다. 사외이사제도의 핵심은 경영진으로부터의 독립성이다. 주권상장법인의 경우는 사외이사를 의무적으로 두어야 하지만, 상법상의 일반 회사의 경우는 회사의 임의에 맡기고 있다.

1. 의의

사외이사(outside director)는 회사와 중대한 이해관계가 없기 때문에 경영진으로부터 독립하여 임무를 수행할 수 있는 이사를 지칭한다. 증권거래법에서는 사외이사란 당해 회사의 상무에 종사하지 아니하는 이사로서 당해 회사의 최대주주 · 주요주주 등이 아닌 자라고 규정하고 있다(증거 2조 19항).

| 취 지 |

사외이사 제도는 이사회중심의 경영을 실질화하기 위해서는 그 전제로 이사회의 구성원인 이사가 대주주로부터 독립되어야 할 필요가 있다는 이유에서 도입한 것이다. 사외이사제도 도입의 핵심은 이사회의 대주주로부터의 독립성에 있고, 전문성의 보완은 그 부수적 기능이라 하겠다.

2. 선임의 강제여부

상법상으로는 사외이사의 선임은 임의적이다. 그러나 증권거래법에서는 상장법인의 경우 일정 수의 사외이사를 의무적으로 두도록 하고 있다(증거 191조의16, 54조의5).

3. 자격

사외이사는 회사와 밀접한 관련성이 없어야 한다(소극적 요건). 상법상으로는 회사의 업무를 담당하는 이사 및 피용자 또는 선임된 날로부터 2년 이내에 업무를 담당한 이사 및 피용자이었던 자, 최대주주가 자연인인 경우 본인 · 배우자 및 직계 존 · 비속, 최대주주가 법인인 경우 그 법인의 이사 · 감사 및 피용자, 이사의 배우자 및 직계 존 · 비속, 회사의 모회사 또는 자회사의 이사 · 감사 및 피용자, 회사와 거래관계 등 중요한 이해관계에 있는 법인의 이사 · 감사 및 피용자, 회사의 이사 및 피용자가 이사로 있는 다른 회사의 이사 · 감사 및 피용자 등은 사외이사가 될 수 없다. 증권거래법에서도 이보다 폭넓게 사외이사의 소극적 요건에 대하여 규정하고 있다(증거 54조의5 4항).

4. 수

상법상으로는 사외이사의 수에 대한 제한이 없으나, 개별법에서 사외이사의 수에 관한 규정을 두는 경우가 있다(증권거래법 54조의5 1항 등).

5. 선임 · 해임

사외이사도 이사이므로 그 선임과 해임의 절차는 보통의 이사와 같다. 증권거래법에서는 이에 대하여 보다 상세한 규정을 두고 있다(증거 54조의5 1항 · 2항, 191조의16 1항 · 3항).

6. 지위

사외이사의 권한 · 의무 · 책임은 보통의 이사와 동일하다. 다만 통상적인 업무집행에 속하는 사항은 사외이사의 직무가 아니다. 사외이사의 주된 기능과 역할은 경영진에 대한 견제와 감시기능이다.

제2절 이사회

○○그룹은 구조조정본부를 해체하고 계열사별로 이사회 중심의 독립경영체제의 정착을 가속화하기로 했다. ○○그룹은 이 같은 내용의 기업구조개혁방안을 발표하고 기업명칭인 '○○'브랜드와 기업문화를 공유하는 독립 기업의 네트워크(느슨한 연합체)로 변신키로 했다고 밝혔다. (출처: 경향신문 2003. 6. 19, 국민일보 2003. 6. 19, 동아일보 2003. 6. 19, 조선일보 2003. 6. 19, 한국경제 2003. 6. 19)

| 해 설 |

이사회 중심주의는 우리 상법상 전연 새로울 것이 없는 것이고 또 당연한 것이다. 우리 상법은 오래전부터 주식회사의 기관구조에 관하여 이사회 중심주의를 취하고 있기 때문이다. 그러나 위 사례에서 보는 것처럼 우리 기업현실에서는 이사회중심주의를 표방하는 것이 뉴스거리가 될 정도로 아직 이사회중심주의가 완전히 정착되지 않은 것으로 보인다. 법제상으로 이사회중심주의는 주식회사 기관구성의 중요한 기본원리이다.

[1] 의의

이사회는 이사 전원으로 구성되고, 회사의 업무집행에 관한 의사를 결정하고, 이사의 직무집행을 감독하는 주식회사의 필요적 상설기관이다.

(1) 이사회는 이사 전원으로 구성된다. 감사도 이사회에 출석할 수 있지만 이사회의 구성원은 아니다. 이사회는 이사 일부만으로 구성되는 위원회(소이사회)와는 차이가 있다.
(2) 이사회는 업무집행에 관한 의사결정기관이다. 그 구체적인 집행은 대표이사가 담당한다.
(3) 이사회는 필요적 상설기관이다. 기관의 존재형식으로서의 이사회(board of directors)와 현실적으로 개최되는 활동형식으로서의 이사회의 회의(meeting of directors)는 별개의 개념이다.

| 다른 기관과의 관계 |

이사회는 주주총회와는 독립된 기관으로 자기책임 하에서 그 권한을 수행한다. 이사회가 결의한 사항을 주주총회의 결의로 번복하거나 무효로 할 수 없다(대판 1991. 5. 28, 90다20084). 그러나 이사회의 결의에 대하여 주주총회의 결의를 거치도록 되어 있는 경우에는 최종적인 결정권자인 주주총회는 이사회의 결의를 승인 · 수정 · 부결할 수 있다(예 : 이익배당안).

[2] 권한

Ⅰ. 의사결정권

주식회사에서 업무집행에 관한 의사결정권은 주주총회와 이사회가 나누어 갖고 있다. 이사회는 법령 또는 정관에 의하여 주주총회의 권한으로 되어 있는 것을 제외한 나머지 모든 업무집행에 관하여 회사의 의사를 결정한다(상 393조 1항). 주주총회의 전속적 권한사항과 이사회의 전속적 권한사항 이외의 것을 양 기관 중 어디에 배분할 것인지는 정관자치에 의한다(다수설).

1. 상법 소정의 사항

상법이 이사회의 결의사항으로 규정하고 있는 것(전속적 권한사항)은 정관에 의하여 주주총회의 권한사항으로 하지 않는 한 반드시 이사회가 결의하여야 하고 이를 하부기관인 대표이사 등에 위임할 수 없다. 상법에서 이사회의 권한으로 규정하고 있는 것은 다음 표와 같다.

2. 그 밖의 사항

상법 또는 정관에 의하여 주주총회의 권한으로 되어 있는 것을 제외한 나머지의 업무집행에 관한 의사결정권은 이사회에 속한다(대판 1997. 6. 13, 96다48282). 이러한 이사회의 권한 중 그 세부적 · 구체적 사항에 대해서는 대표이사 또는 업무담당이사에 그 결정을 위임할 수 있다.

| 이사회의 법정 권한 |

주주 또는 주주총회에 대한 권한	■ 주주총회의 소집결정(상 362조) ■ 주식양도를 제한하는 경우 승인(상 335조 1항 단서) ■ 중간배당(상 462조의3)
이사의 업무집행에 대한 권한	■ 업무집행에 관한 의사결정(상 393조 1항) ■ 이사의 자기거래 승인(상 398조) ■ 경업거래 승인 · 개입권 행사(상 397조) ■ 대표이사의 선임(상 389조 1항) ★ ■ 지배인의 선임 · 해임(상 393조 1항) ■ 지점의 설치 · 이전 · 폐지(상 393조 1항) ■ 재무제표와 영업보고서의 승인(상 447조, 447조의2)
간이구조변경에 관한 권한	■ 중요한 영업자산의 처분 및 양도, 대규모 자산의 차입(상 393조 1항) ■ 간이합병(분할합병 포함), 소규모합병(분할합병 포함), 간이주식교환, 소규모주식교환의 승인(상 527조의2, 527조의3, 530조의2, 360조의9, 360조의10)
자금조달에 관한 권한	■ 신주발행(상 416조) ★ ■ 준비금의 자본전입에 의한 신주발행(상 461조 1항) ★ ■ 주주에 대한 전환사채 발행(상 513조) ★ ■ 주주에 대한 신주인수권부사채 발행(상 516조의2) ★ ■ 사채 발행(상 469조)

★ : 원칙적으로 이사회의 권한이지만 정관에 의하여 주주총회의 권한으로 할 수 있다는 조항(유보조항)을 둔 것이다.

| 대법원 1997. 6. 13. 선고 96다48282 판결 |

■ 법률 또는 정관 등의 규정에 의하여 주주총회 또는 이사회의 결의를 필요로 하는 것으로 되어 있지 아니한 업무 중 이사회가 일반적 · 구체적으로 대표이사에게 위임하지 않은 업무로서 일상 업무에 속하지 아니한 중요한 업무에 대하여는 이사회에게 그 의사결정권한이 있다. (同旨 : 서울지법 2003. 7. 4. 선고 2003카합980 판결 ; 서울중앙지법 2005. 3. 11. 선고 2003가합9129 판결)

■ 약정내용이 정관 등에 의하여 또는 대표이사의 일상 업무에 속하지 아니한 중요한 업무에 해당하여 이사회의 결의를 거쳐야 할 사항인데 대표이사가 이를 거치지 아니하고 그와 같은 약정을 한 경우, 약정 당시 약정의 상대방이 이사회의 결의가 없었음을 알았거나 알 수 있었다면 그 약정은 회사에 대하여 효력이 없다.

| 대법원 2005. 7. 28. 선고 2005다3649 판결 |

상법 제393조 제1항은 주식회사의 중요한 자산의 처분 및 양도는 이사회의 결의로 한다고 규정하고 있는바, 여기서 말하는 중요한 자산의 처분에 해당하는가 아닌가는 당해 재산의 가액, 총자산에서 차지하는 비율, 회사의 규모, 회사의 영업 또는 재산의 상황, 경영상태, 자산의 보유목적, 회사의 일상적 업무와 관련성, 당해 회사에서의 종래의 취급 등에 비추어 대표이사의 결정에 맡기는 것이 상당한지 여부에 따라 판단하여야 할 것이고, 중요한 자산의 처분에 해당하는 경우에는 이사회가 그에 관하여 직접 결의하지 아니한 채 대표이사에게 그 처분에 관한 사항을 일임할 수 없는 것이므로 이사회규정상 이사회 부의사항으로 정해져 있지 아니하더라도 반드시 이사회의 결의를 거쳐야 한다.

▎서울중앙지법 2005. 3. 11. 선고 2003가합9129 판결▎

'대북사업권 등의 대가로 북한측에 1억 달러의 거액을 송금할 것인지 여부'는 대표이사의 일상 업무에 속하지 아니한 중요한 업무라 할 것이어서 회사의 이사회 결의를 거쳐야 할 사항이라 할 것이나, 반면에 '대북송금과정에서 다른 계열 회사의 거래계좌를 이용할 것인지의 여부'는 대북송금의 의사결정에 따르는 '송금 방법'에 관한 부차적인 문제일 뿐이어서 대표이사의 일상적인 업무의 범위 내에 속하는 것으로 이사회 결의 사항이라고 볼 수 없다.

Ⅱ. 감독권

(1) 의의

이사회는 이사의 직무집행을 감독한다(상 393조 2항). 이사회의 監督權은 이사와의 상명하복의 관계에서 발동되는 것이다.

(2) 대상 · 범위

이사회는 이사의 대내 · 대외의 업무집행에 대하여 업무집행의 적법성뿐만 아니라 타당성 내지 합목적성도 감독할 수 있다(경영정책적 통제).

(3) 행사

이사회가 감독권을 발동하기 위해서는 이사회의 결의가 필요하다.

(4) 이사의 정보요구권 및 보고의무

(가) 이사회의 보고요구권 - 능동적 정보접근권

이사는 대표이사로 하여금 다른 이사 또는 피용자의 업무에 관해 이사회에 보고할 것을 요구할 수 있다(상 393조 3항).

(나) 이사의 보고의무 - 수동적 정보접근권

2001년 개정상법은 위에 추가하여, 이사는 3월에 1회 이상 업무집행의 상황을 이사회에 보고하도록 하고 있다(상 393조 4항).

[3] 소집

Ⅰ. 소집권자

(1) 소집권자를 정하지 않은 경우

각 이사가 이사회의 소집권자이다(상 390조 1항 본문).

(2) 소집권자를 정한 경우

이사회의 결의로 특정한 이사에게 소집권을 일임할 수 있다(상 390조 1항 단서). 이 경우에도 다른 이사는 소집권자인 이사에게 언제든지 이사회의 소집을 요구할 수 있으며, 소집권자인 이사가 정당한 이유 없이 소집을 거절할 경우에는 소집을 요구한 이사가 스스로 이사회를 소집할 수 있다(상법 390조 2항)(대판 1975. 2. 13, 74마595 ; 대판 1976. 2. 10, 74다2255). 상법 제390조 제2항은 2001년 상법개정에 의하여 판례의 취지를 명문화한 것이다.

| 광주고법 1974. 12. 13. 74카23 제2민사부 결정 |

주식회사의 정관에 이사회를 소집할 수 있는 자를 대표이사만으로 제한하고 있더라도 상법 390조의 취지에 따라 해석하면 이사 각자가 본래적으로 할 수 있는 이사회 소집에 관한 행위를 대표이사로 하여금 하게 하는데 불과하므로, 대표이사가 다른 이사의 정당한 이사회 소집요구가 있을 때에는 거절할 수 없고, 만일 정당한 사유 없이 거절할 경우에는 그 이사회의 소집을 요구한 이사가 이사회를 소집할 수 있다고 봄이 상당하다. (同旨 : 대법원 1975.2.13. 자 74마595 결정)

Ⅱ. 소집절차

(1) 통상적인 방법 - 소집통지

이사회를 소집함에는 회일을 정하고 1주간 전에 각 이사에 대하여 소집의 통지를 발송하여야 한다(상 390조 3항 본문). 「1주간 전」에 통지하도록 한 것은 출석과 준비의 기간을 주기 위한 것으로, 이 기간은 정관으로 단축할 수 있다. 통지의 방법은 불문하기 때문에 서면으로 하던 구두로 하든 상관없다. 감사도 이사회에 출석할 권한이 있으므로 감사에게도 소집통지를 하여야 한다(상 391조의2, 390조 3항).

| 소집통지 등 소집절차에 하자가 있는 경우 |

이사회는 소수의 회의체이므로, 일부의 이사에게 통지를 하지 않고 결의하면 무효로 된다. 그러나 소집통지를 받지 않은 이사 또는 감사가 출석하고 또 전원이 이에 이의를 하지 아니할 때에는 소집절차의 하자가 치유된다고 본다. 판례에 의하면, 이사 3명 중 회사의 경영에 전혀 참여하지 않고 경영에 관한 모든 사항을 다른 이사들에게 위임하여 놓고 그들의 결정에 따르며 필요시 이사회 회의록 등에 날인만 하여 주고 있는 이사에 대한 소집통지 없이 열린 이사회에서 한 결의는 위 이사가 소집통지를 받고 참석하였다 하더라도 그 결과에 영향이 없었다고 보이므로 유효하다고 한다(대판 1992. 4. 11, 90다카22698).

| 통지에 의제를 기재하지 않은 경우 |

이사회 소집통지에 일시와 장소만을 기재하고 구체적인 의제를 기재하지 않았다고 해서 반드시 위법한 것은 아니다. 의제의 기재가 없는 경우에는 업무집행에 관한 제반사항이 부의될 것을 당연히 예상할 수 있기 때문이다(손주찬).

(2) 소집절차의 생략

이사 및 감사 전원의 동의가 있으면 위와 같은 소집절차를 생략하고 언제든지 이사회를 개최할 수 있다(상 390조 4항). 의사결정의 신속성이 요구되는 이사회의 특성 때문이다. 이사 또는 감사 전원의 동의로써 미리 정례이사회의 개최일을 정한 경우에도 소집절차가 필요없다.

[4] 의결권

Ⅰ. 의결권의 수

이사회에서의 의결권은 이사 1인에 대해 1개씩 주어진다(頭數主義). 주수주의에 의하는 주주총회와 다른 점이다.

Ⅱ. 특별이해관계 있는 이사의 의결권 제한

(1) 이사회의 결의에 대하여 특별한 이해관계가 있는 이사는 의결권을 행사할 수 없다(상 391조 3항, 368조 4항). 결의의 공정을 기하기 위한 것이다. 이 경우에 특별이해관계인의 의결권의 수는 출석한 이사의 의결권의 수에 산입하지 아니한다(상

391조 3항, 371조 2항).

(2) 결의에 관하여 특별한 이해관계가 있는 예로는, 이사와 회사간의 거래의 승인(상 398조)의 경우 당해 이사 등이 있다.

(3) 대표이사를 선임하는 경우(상 398조 1항) 당해 이사는 특별이해관계인이 아니라고 보고 있다. 주주총회가 정한 이사의 보수의 총액을 이사회에서 배분할 것을 결정하는 경우에는 어느 특정 이사의 특별이해관계가 아닌 이사 전원의 공통의 이해관계에 관한 것이므로 특별이해관계의 문제는 생기지 않는다.

(4) 대표이사 해임의 경우 당해 이사가 특별이해관계인에 해당하는가에 대해서는 찬반양론이 있다.

| 대법원 1992. 4. 14. 선고 90다카22698 판결 |

특별이해관계가 있는 이사는 이사회에서 의결권을 행사할 수는 없으나 의사정족수 산정의 기초가 되는 이사의 수에는 포함되고 다만 결의성립에 필요한 출석이사에는 산입되지 아니하는 것이므로(同旨 : 대법원 1991. 5. 28. 선고 90다20084 판결) 회사의 3명의 이사 중 대표이사와 특별이해관계 있는 이사 등 2명이 출석하여 의결을 하였다면 이사 3명 중 2명이 출석하여 과반수 출석의 요건을 구비하였고 특별이해관계 있는 이사가 행사한 의결권을 제외하더라도 결의에 참여할 수 있는 유일한 출석이사인 대표이사의 찬성으로 과반수의 찬성이 있는 것으로 되어 그 결의는 적법하다.

| 관련사례 |

○○그룹의 상장 계열사들이 유상증자로 발생한 실권주 가운데 92.5%를 이사회 결의를 통해 임원들에게 배정해 인수시점에 191억 원의 시세차익을 얻도록 했다고 시민단체가 밝혔다. 시민단체의 말을 빌리면, 1998년부터 현재까지 ○○, ○○ 등 상장 계열사들의 유상증자 실권주 처리실태를 분석한 보고서에서 4대 그룹의 47개 상장계열사들은 조사기간 동안 105회의 유상증자를 실시해, 47.6%인 50회는 실권주를 일반 공모하지 않고 이사회 결의로 임원과 관계회사 등 특정인에게 배정했다고 주장했다. ○○그룹은 특정인에 대한 실권주 배정 비율이 92.5%로 다른 그룹보다 월등히 높았고 실권주를 인수한 등기임원의 수도 170명으로 4대 그룹 전체 234명의 73%에 이른다. ○○그룹은 11개 상장사가 14회의 유상증자 중 7번에 걸쳐 실권주를 특정인에게 배정하고, ○○그룹은 12.5%, ○○그룹은 9.1%의 실권주를 특정인에게 배정했다고 시민단체는 덧붙였다. 이런 실권주 인수로 4대 그룹 234명의 등기임원들은 실권주를 인수한 시점에 이미 모두 232억 원의 시세차익(평가익)을 얻었고, 특히 ○○은 191억 원으로 4대 그룹 전체의 82%에 이르렀다. 시민단체는 "이런 이사회 결의로 임원들에게 실권주를 배정한 것은, 이사회 결의에 관해 이해관계가 있는 자는 의결권을 행사하지 못하도록 한 상법 제391조 제3항에 위배된다"고 지적했다. 그러나 ○○쪽은 "'이해관계를 가지는 이사'는 그 결의에 대해 개인적인 이해관계를 가지는 이사를 뜻하는 것으

로, 모든 이사에게 공통되는 사항을 결의할 때 그 이사는 특별이해관계인에 해당한다고 볼 수 없으므로 법적으로 전혀 문제가 없다"고 반박했다. (출처 : 한겨레 2000. 11. 2 [안수찬])

Ⅲ. 의결권 행사방법

이사 중 일부가 도장만 맡긴 채 출장을 떠난 가운데 열린 이사회의 적법성을 놓고 소액주주들과 ○○가 법정공방을 벌이고 있다. 대표소송을 진행 중인 시민단체는 항소심에서 ○○의 97년 3월 24일자 이사회 회의록에 출석자로 기재된 이사진 32명 중 4명이 외국에 나가 있었다는 사실을 확인하고 이사회의 성립 여부 자체를 문제삼고 나섰다. 출입국관리소에 따르면 이때 이사회에 출석한 것으로 본인의 도장이 찍힌 △아무개 이사는 프랑스에 있었으며 나머지 3명도 출장 중이었다. 이에 대해 ○○쪽은 "출장을 떠나는 이사들한테서 사전에 위임의사를 확인했다"며 "이사회 불참 이사들의 위임을 받는 것은 재계의 오랜 관행"이라고 반박했다. ○○는 "출타중인 이사 모두에게 전화로 의사를 확인한 뒤 보관 중이던 도장을 회의록에 찍었다"고 강조했다. 법원 관계자는 "의결권을 위임한 회의의 적법성을 다투는 경우는 판례를 찾기 힘들어 판단에 고심하고 있다"고 말했다. (출처 : 한겨레 1999. 2. 19 [임민])

|해 설|

위 사례는 소위 '도장 이사회'의 적법성에 관한 것이다. 그동안 국내 기업 중에는 이사회를 운영함에 있어서 이사회에 참석하지 않는 상태에서 의결권을 위임하거나 도장을 회사에 맡겨두고 이사회 의사록에 날인할 것을 위임하거나 또는 회사의 그 같은 업무처리를 방치하는 사례가 적지 않다. 이렇게 되면 '이사회의 형해화 내지 무기능화'를 가져올 가능성이 크다. 이사는 이사회에서 기계적으로 안건에 대한 찬반투표만을 하는 것이 아니라, 토론과 협의에 전문적인 식견으로 실질적으로 참여함으로써 이사회가 올바른 의사결정을 하도록 하여야 한다. 이런 의미에서 이사의 의결권 행사는 일신전속적인 성격이 강하여 누군가에게 대신 맡기기에는 적절하지 않는 것이 원칙이다. 그러나 다른 한편, 주주총회의 경우와는 달리 이사회 운영의 효율성이란 측면도 존중되어야 할 것이다. 그러므로 이사회의 지나친 형식화를 가져오지 않는 한, 해당 이사 자신의 책임하에 이사회 운영에 관한 상법규정의 엄격성을 보다 완화하여야 할 것이다.

(1) 대리행사 · 위임의 금지

이사는 본인이 직접 의결권을 행사하여야 하고, 그 대리행사나 이사 상호간의 위임은 허용되지 않는다(대판 1982. 7. 13, 80다2441). 이사는 개개인의 개별적인 판단을 기초로 자기의 책임 하에 독립적으로 그 의결권을 행사하여야 하기 때문이다.

(2) 무기명투표의 금지

이사회의 결의에 대하여 이사들은 책임을 져야 하는데, 무기명투표에 의하면 책임의 소재가 불명확해지기 때문에 허용되지 않는다.

(3) 서면결의의 금지

이사회의 결의는 토론을 거쳐야 하므로 서면결의에 의할 수 없다.

Ⅳ. 의결권행사와 책임

이사는 의결권의 행사에 관하여 회사에 책임을 진다(상 399조 2항). 이는 주주들이 주주총회에서의 의결권 행사에 관하여 아무런 책임을 지지 않는 것과 대조된다.

[5] 결의

기업에서 화상회의의 도입이 확산되고 있다. 전국 어디에서나 인터넷에 접속할 수만 있으면 언제든지 본사 등 통신을 원하는 곳과 의사소통을 할 수 있는 시스템을 구축, 본격 운영에 들어갔다. 이 같은 화상회의는 특히 해외에 현지법인이나 지사 등 사업장을 많이 두고 있는 기업들에 큰 환영을 받고 있다. 본사에서 주기적으로 열리는 임원회의 등에 참석하기 위해서는 비싼 항공료와 체재비 등 만만치 않은 부가비용이 소요되기 때문이다. 해외에서 활발한 마케팅을 펼치고 있는 ○○코닝도 이런 이유로 일찌감치 화상회의 시스템을 도입한 경우이다. ○○코닝은 95년부터 전략회의 등 해외법인 중역들이 반드시 참석해야 하는 주요 회의를 온라인 화상회의 체제로 전환했다. 이 회사의 관계자는 "현장에서 회의에 참석하기 때문에 현지 감각을 그대로 반영할 수 있는 데다 회의 도중에도 의문사항을 부하 직원에게 즉각 확인, 신속한 의사결정을 내릴 수 있기 때문에 시너지효과가 상당히 크다"고 설명했다. 이 회사는 또 일반 직원들 사이의 원격회의를 위해 최대 15명까지 동시 통화가 가능한 '컨퍼런스 콜'(conference call) 시스템을 도입, 여러 사업장에서 기술협의 등을 원활히 진행하고 있다. △△정보기술도 지난 97년부터 화상회의 체제를 도입, 1주일에 한 차례씩 인터넷을 통해 본부장 회의를 열고 있다. (출처 : 문화일보 2001. 5. 28 [백수하])

| 해 설 |

이사들이 원격지에 흩어져 있는 경우 일정한 장소에 물리적인 회합의 방식으로만 이사회 결의를 할 수 있다고 하면, 이사회 결의의 기동성이 떨어질 뿐만 아니라, 이사회 운영의 비용이 증가하게 된다. 종전의 법에서는 회합을 하려면 「구체적인 장소에 물리적 출석」을 당연한 전제조건으로 삼았다. 그러나 참석자간에 쌍방적으로 의견을 주고받음으로써 정반합적인 의견수렴에 도달할 수만 있다면 굳이 이를 요구할 이유가 없다. 장소적 제약을 받지 않고 동시에 쌍방향으로 의사소통이 가능한 전자통신기술의 발전이 이 같은 문제에 대하여 해결의 실마리를 제공하고 있다. 상법은 이사회운영의 기동성 확보와 이를 가능하게 하는 통신기술의 발전을 적극적으로 수용하여 화상이사회제도를 도입하고 있다. 이처럼 기술의 발전과 회사법제는 서로 영향을 주고받음을 알 수 있다.

Ⅰ. 결의요건

(1) 원칙

이사회의 결의는 이사 「과반수의 출석」(성립정족수)과 「출석이사의 과반수」(의결정족수)로 하여야 한다(상 391조 1항 본문). 성립정족수는 개회시 뿐만 아니라 토의 · 결의의 전 과정을 통하여 유지되어야 한다.

| 대법원 1995. 4. 11. 선고 94다33903 판결 |

재적 6명의 이사 중 3인이 참석하여 참석이사의 전원의 찬성으로 연대보증을 의결하였다면 위 이사회의 결의는 과반수에 미달하는 이사가 출석하여 상법 제391조 제1항 본문 소정의 의사정족수가 충족되지 아니한 이사회에서 이루어진 것으로 무효라고 할 것이다.

(2) 특칙

감사위원회 위원의 해임에 관한 이사회의 결의는 이사 총수의 3분의 2 이상의 결의로 하여야 한다(상 415조의2 3항).

(3) 정관에 의한 가중

정관으로 이사회의 결의요건을 가중하는 것은 가능하다(상 391조 1항 단서). 상법 제391조 1항 본문의 결의요건은 최소요건이기 때문에 완화하는 것은 허용되지 않는다.

| 가부동수의 처리 |

가부동수인 때에 의장이 결정하다는 정관규정의 유효성에 대하여 견해가 나뉜다.

(ⅰ) 무효설 - 특정인에게 결정권을 부여하는 것은 그 특정인에게 이중의 의결권을 주는 것이어서 허용될 수 없고 부결된 것으로 보아야 한다는 견해이다.

(ⅱ) 유효설 - 이사회는 업무집행에 관한 의사결정을 신속하게 결정하여야 하고 주주총회에 있어서의 각 주주처럼 이사의 의결권의 평등을 엄격하게 적용할 필요는 없으므로 그러한 정관규정은 유효하다는 견해이다.

(ⅲ) 사견 - 무효설이 타당하다고 본다. 가부동수인 때는 부결된다고 보는 것은 의사결정에 있어서 조리상의 원칙이며, 유효설에 의하면 이사회의 결의요건을 정관에 의하여 완화하는 것을 금하는 상법의 취지에 반하기 때문이다.

Ⅱ. 결의방법

1. 구체적 회합

이사회의 결의는 구체적인 회합에 의하여 하며, 회람에 의한 결의나 서면결의는 허용되지 않는다(다수설). 이사회 결의는 이사들의 상호의견교환을 통하여 정반합적인 의사결정에 이르러야 하기 때문이다.

2. 화상이사회

(1) 의의 · 취지

화상이사회(video conference)란 이사들이 일정한 장소에 모이지 않고 동영상 및 음성을 동시에 송수신할 수 있는 통신수단에 의하여 진행하는 이사회를 말한다. 이사의 일부는 물론이고(부분화상이사회) 이사 전부가 화상이사회에 참석하는 것도 허용된다(전원화상이사회). 원격지의 이사들이 용이하게 이사회에 참석할 수 있도록 하기 위하여 1999년 개정상법에 의하여 도입되었다.

(2) 요건

① 정관에 배제조항이 없을 것

② 상호간에 모습을 볼 수 있을 것(영상성)

③ 동시에 대화를 할 수 있는 장치에 의할 것(동시성 · 쌍방성 · 대화성)

통상적인 이사회와 비교할 때, 화상이사회는 물리적인 장소만이 동일하지 않을 뿐이다. 위의 ②와 ③의 요건을 충족하기 위하여 모든 이사가 동영상 및 음성을 동시에 송 · 수신하는 통신수단에 의하여 의소소통과 결의에 참가할 수 있는 기술적 장치를 갖추어야 한다. 동시성 · 쌍방성은 있지만 영상성이 결여되어 있는 전화회의(telephone conference) 또는 e-mail 회의는 적법한 이사회가 아니다.

| 참조 : 원격영상재판의 요건 |

원격영상재판에관한특례법이 화상이사회 제도를 도입할 때 참조가 되었다. 이 법에서는 원격영상재판의 장치는, 「동영상 및 음성의 송수신장치는 양쪽에 모두 갖추어져 서로 상대방을 보면서 대화할 수 있을 것, 동영상 및 음성의 전송은 양쪽에서 동시에 이루어질 수 있을 것, 전송되는 동영상 및 음성은 권한이 없는 자가 송수신할 수 없도록 보안장치를 갖출 것, 기타 대법원규칙으로 정한 요건을 갖출 것」을 요건으로 한다(동법 5조).

(3) 효과

위 요건을 갖춘 경우 이사는 이사회에 직접 출석한 것으로 본다(상 391조 2항). 그러나 화상회의에 출석한 이사는 이사회의 의사록에 기명날인 또는 서명할 수가 없으므로(상 391조의3), 대표이사가 영상에 의하여 출석하였다는 취지와 발언내용을 등을 이사회에 기재하는 방식에 의하여야 할 것이다(손주찬).

Ⅲ. 연기 · 속행

주주총회와 마찬가지로 이사회의 연기 · 속행은 가능하다(상 392조, 372조). 이 경우에는 소집절차가 필요없다. (→ 주주총회의 연기회 · 계속회 참조)

Ⅳ. 감사의 이사회출석

(1) 감사는 이사의 구성원이 아니므로 결의에 참가하지는 못하지만, 이사회에 출석하여 의견을 진술할 수 있다(상 391조의2 1항). 감사로 하여금 이사회에 참가하도록 하는 것은 이사회 운영의 적법성을 감시하도록 하기 위함이다.

(2) 감사는 이사가 법령 또는 정관에 위반한 행위를 하거나 그 행위를 할 염려가 있다고 인정한 때에는 이사회에 이를 보고하여야 한다(상 391조의2 2항). 이 보고는 당해 이사의 행위로 인하여 회사에 회복할 수 없는 손해가 생길 염려가 없는 경우에도 하여야 한다. 만일 그러한 염려가 있으면 감사는 당해 이사에 대하여 유지청구를 할 수 있다(상 402조).

(3) 감사에게 위와 같은 권리와 의무가 있으므로 이사회의 소집통지를 감사에 대

해서도 하도록 하고(상 390조 3항 · 4항), 이사회의 의사록에 출석한 감사가 기명날인 또는 서명하도록 하고 있다(상 391조의3 2항).

| 부산고법 2004. 1. 16. 선고 2003나12328 판결 |

감사는 이사회 결의시 의견을 진술할 권한이 있을 뿐 의결권은 없어 그에 대한 소집통지가 되지 않아 감사가 출석하지 않은 상황에서 주주총회 소집을 의결하는 이사회 결의가 되었다고 하더라도 그 이사회의 의사형성에 결정적인 영향을 미쳤다고 보기 어려워, 이사회 결의가 무효라고 볼 수 없고, 그 후 이사회가 다시 소집되어 주주총회 소집을 재의결하면서 비록 정관에서 정한 통지기일보다 하루가 늦었지만 이사회가 개최되기 6일 전에 감사에 대한 이사회 소집통지가 되었고, 이에 따라 감사가 서면으로 자신의 의견을 진술하기도 하였다면 최초 이사회 소집통지의 절차상 하자가 치유되어 주주총회 결의를 취소할 수 없다.

[6] 이사회 의사록

[1] 수원지법 OO지원 민사O단독은 소액주주들의 이사회 의사록의 열람을 제한한 OO전자(주)에 대해 300만 원의 과태료 부과 결정을 내렸다. 이 판사는 결정문에서 "OO전자쪽이 이사회 의사록의 열람 및 등사를 요청한 소액주주들의 요구를 거부한 것은 상법 제396조 제2항에 위배되는 것"이라며 "소액주주들의 정당한 권리를 무시하는 기업들의 관행을 없애기 위해 과태료 부과 결정을 내렸다"고 밝혔다. 시민단체는 주주총회를 앞둔 OO전자쪽이 주주 21명의 명의로 낸 이사회 의사록의 열람요청을 거부했다며 법원에 과태료 부과신청을 요구했다. (출처 : 조선일보 1998. 6. 13, 한겨레 1998. 6. 13)

[2] OO은행 노동조합이 은행측을 상대로 제기한 '이사회 의사록 열람 및 등사' 청구소송에서 일부 승소했다. 노조가 주주권을 이용해 회사측의 이사회 의사록 열람권을 얻어낸 것은 이번이 처음이다. OO은행 노조에 따르면 서울중앙지방법원 O부는 OO은행 노조가 요청한 20여개 사안 중 10개 의사록에 대한 열람 및 등사권을 인정한다고 판결했다. 재판부는 결정문에서 "공휴일을 제외한 5일 동안 OO은행 본점에서 영업시간 내에 별지기재 각 이사회 의사록을 열람 및 등사하게 해야 한다"고 밝혔다. 하지만 재판부는 OO카드의 합병배경이나 △△△ 처리 등 민감한 사안에 대해서는 열람권을 인정하지 않았다. △△은행 노조는 법원이 허가한 이사회 열람을 거부함에 따라 사측을 고발하는 등 후속 법적조치에 돌입한다고 밝혔다. 노조는 법원의 결정에 따라 은행 이사회의 의사록 일부에 대한 열람을 시도했으나, 은행측이 이를 거부했으며, 서울중앙지방법원이 정한 열람기간인 21일이 만료됨에 따라 은행측을 고발하고, 간접강제신청을 포함한 후속적인 법적 조치에 곧바로 착수할 계획이다. OO은행의 노조 관계자는 "법원에 허가신청을 내기 전에 노조는 은행측

에 수차례 열람을 요청한 바 있으며 그때마다 '내부 논의 중이다'는 식으로 차일피일 미뤄왔었다"며 법원의 결정조차 무시하면서 열람을 거부하고 있다고 주장하였다. (출처: 머니투데이 2004. 9. 16, 머니투데이 2004. 9. 21 [진상현])

| 해 설 |

모든 회의에는 안건처리의 경과와 결과를 기록(증거)으로 남겨두기 위하여 의사록을 작성하여야 한다. 주주총회나 이사회 결의의 경우도 마찬가지이다. 위 사례 [1]은 주주의 열람청구에 대하여 회사가 정당한 이유 없이 이사회 의사록의 열람을 거부한 행위에 대하여 과태료를 부과한 내용이며, 위 사례 [2]는 주주의 이사회 의사록 열람청구에 대하여 회사가 이를 허가하였음에도 불구하고 회사가 이에 협조하지 않아 실행에 옮기지 못한 내용이다. 다만, 이사회 의사록은 주주총회의 의사록에 비하여 공개에 부적당한 회사기밀을 포함할 수도 있기 때문에 그 공개를 제한적으로 허용하고 있다.

Ⅰ. 의사록 기재의 효과

이사회의 결의는 결의 그 자체만으로 효력이 발생하고, 의사록의 작성 여부는 이사회 결의의 효력에 영향을 미치지 않는다. 이사회 의사록은 결의에 관한 일응의 증거가 된다(상 399조 3항). 이사회의 결의에 참석한 이사로서 결의에 이의를 한 때에는 의사록에 그 사실을 기재하여야 하며, 의사록에 이의를 한 기재가 없는 경우에는 그 결의에 찬성한 것으로 추정한다(상 399조 3항).

Ⅱ. 작성

1. 작성의무

이사회의 의사에 관하여는 의사록을 작성하여야 한다(상 391조의3 1항). 작성의무자에 대하여 상법에는 규정이 없다. 의장이 작성하여야 하나, 의장이 작성하지 않는 경우에는 대표이사가 이를 작성하여야 한다(손주찬).

2. 작성요령

의사록에는 의사의 안건, 경과요령, 그 결과, 반대하는 자와 그 반대이유를 기재하고, 출석한 이사 및 감사가 기명날인 또는 서명하여야 한다(상 391조의3 2항). 「의사의 경과요령」은 총회의 회일과 회장, 출석한 주주의 주와 주식의 수, 개회시간, 의안의 제출, 토의, 의결방법, 폐회 등을 요약하여 기재하며, 원격지의 이사가 회상이사회에 참가한 경우에는 그 사실을 기재한다. 「의사의 결과」는 의제에 관한 결의를 말하며, 가결 또는 구 수정이나 부결을 기재한다(손주찬).

3. 부실작성에 대한 제재

이사회 의사록에 기재할 사항을 기재하지 않거나 부실한 기재를 한 때에는 과태료에 처할 수 있다(상 635조 1항).

4. 비치의무조항의 삭제

1999년 개정상법에 의하여 이사회 의사록의 비치의무를 없앴다. 그러나 이러한 개정에도 불구하고 이사회 의사록의 본점 비치의무는 존치되었다고 보는 견해가 있다. 그러나 이러한 논의는 불필요하다. 이사회 의사록을 작성하여야 하고 주주이 열람청구에 응하기 위해서는 그 비치를 요하기 때문이다. 다만, 일반적인 공개를 위한 비치가 아닐 뿐이다.

Ⅲ. 열람 · 등사

1. 열람 · 등사의 청구

(1) 주주는 영업시간 내에 이사회 의사록의 열람 또는 등사를 청구할 수 있다(상 391조의3 3항). 주주는 열람 · 등사 청구를 함에 있어서 이유의 개시를 요하지 않는다. 1999년 개정상법에 의하여 채권자의 열람 · 등사 청구권을 배제하였다. 이사회 결의 중에는 기업비밀에 속하는 사항도 포함되어 있을 수 있으므로, 이사의 열람 · 등사의 필요성보다는 그로 인하여 생길 수 있는 폐단이 더 크다고 보았기 때문이다.

(2) 한편, 회사채권자도 상법 401조에 의한 이사의 손해배상책임을 묻기 위해서는 이사회 의사록을 열람할 필요가 있는데, 법원에 열람허가를 청구할 수 있는 권리마저 부정하는 것은 부당하다는 견해가 있다. 이 견해는 입법론으로, 이사회 의사록의 대외비적 성격을 감안하여 주주의 열람청구권도 부정하고, 주주나 채권

자가 그 이유를 소명하여 열람을 청구할 수 있도록 하는 것이 바람직하다고 한다(이철송).

2. 열람 · 등사의 거절

회사는 주주의 이사회 의사록 열람청구에 대하여 이유를 붙여 이를 거절할 수 있다(상 391조의3 4항 전단). 따라서 정당한 이유가 없으면 열람을 거절할 수 없다. 열람청구의 부당성에 대한 입증책임은 회사에 있다.

3. 법원의 열람 · 등사 허가

회사가 이사회 의사록의 열람을 거절할 경우 주주는 법원의 허가를 얻어 이사회의 의사록을 열람 또는 등사할 수 있다(상 391조의3 4항 후단). 법원이 허가를 결정함에 있어서는 회사의 거절에 정당한 이유가 있는가를 고려하여야 한다.

| 관련사례 |

[1] ○○는 이사회를 열어 △△대표이사를 해임하고 후임에 □□ 이사를 대표이사로 선임했다고 공시했으나 △△사장이 이에 반발하고 나섰다. △△사장은 "자사주 매각을 위해 열린 이사회에서 안건이 아닌 대표이사 해임안을 임의로 상정한 것은 위법"이라며 이사회결의 무효소송 등을 검토하겠다고 반박했다. △△사장은 또 "대표이사 변경등기에 첨부된 이사회 의사록은 실제 이사회 내용과 다르게 위조된 것"이라고 주장했다. △△사장은 "본사에서 이사회를 마친 시각이 오전 10시 30분경인데 등기소에서 대표이사 변경등기를 받은 시각이 10시 40분 경"이라며 "이는 이사회 결과와 무관하게 미리 조작한 의사록을 등기소에 제출해서 받아낸 것"이라는 주장을 폈다. 이날 이사회는 자사주 매각을 안건으로 열렸으나 이사회에 참석한 두 이사가 대표이사 해임안을 임의로 상정했다는 게 △△사장 측의 설명이다. △△사장은 "회사 정관상 대표이사 해임안을 이사회에서 상정하기 위해서는 대표이사를 포함한 모든 이사들의 동의가 필요하며 대표이사가 자발적으로 물러나지 않으면 주주총회에서 주주들이 이사 선임에 반대하면 된다"고 말했다. (출처: 이데일리 2004. 3. 8)
○○는 △△ 전 대표이사가 제기한 소송과 관련, 법원으로부터 □□ 대표이사를 선임한 이사회효력 정지의 판결을 받았다고 공시했다. 법원은 판결문에서 "원고인 △△ 전 대표이사는 ○○의 대표이사 해임의 이사회 결의에 따라 퇴임되지 않으며 전과 같이 대표이사의 지위를 보유한다"면서 "또 ○○가 □□ 이사를 대표이사로 선임한 이사회 결의 효력을 정지한다"고 밝혔다. 법원이 이 같은 판결을 내린 것은 ○○가 이사회의사록을 임의로 작성해 등기를 마친 사실이 인정됐기 때문이다. (출처: 이데일리 2004. 4. 30, 파이낸셜뉴스 2004. 5. 2)

[2] 상장 · 등록기업들이 공시자료로 발표하는 이사회 의사록이 허위로 작성된 경우가 많아

기업 신뢰도를 떨어뜨리고 있다. 사장이 해외 출장 중인데도 버젓이 이사회에 참석한 것처럼 꾸미는가 하면 본인도 모르게 대표 직인이 날인돼 공시되는 경우도 있다. 금융감독기관은 이사회의 허위작성에 대해 일제 점검결과에 의하면, OO가 공시한 주주총회소집의 이사회 결의서의 의사록에서 "△모 사장 등 3명의 이사와 1명의 감사가 참석한 가운데 이사회를 개최했다"고 밝혔다. 의사록에는 △사장의 비롯한 참석자 4명의 직인이 찍혀있다. 그러나 당시 △사장은 미국 디트로이트에서 열린 자동차부품 박람회에 참석하고 있었다. 공시담당 직원은 "당시 미국에 있던 △사장과 전화통화를 통해 이사회의사록 작성에 대한 승인을 받은 뒤 대표 직인을 찍었다"며 "이미 △사장을 비롯한 임원들 사이에서 논의가 있었기 때문에 문제될 게 없다"고 말했다. 제조업체 재무팀 관계자는 "재무팀에서 대표 직인을 비롯한 이사회 직인을 일괄보관하고 의사록을 만들 때 일괄 날인하는 것이 관행처럼 돼 있다"며 "의사록에 기록된 이사회 개최 날짜와 장소도 사실과 다른 경우가 많다"고 말했다. 금융감독기관은 이와 관련, "상장기업의 이사회 의사록도 공시의 일부이고 공시에 첨부된 이사회 의사록이 허위로 작성됐다면 불성실공시법인으로 지정할 수 있다"고 밝혔다. (출처: 머니투데이 2003. 3. 28 [이상배])

[7] 이사회결의의 하자를 다투는 방법

Ⅰ. 이사회 결의의 효력

이사회의 결의에 하자가 있는 경우 그 하자를 다투는 방법에 관하여 상법에는 특별한 규정이 없으므로 일반원칙에 의한다. 따라서 이사회 결의의 내용이나 절차에 하자가 있는 경우 당연무효로 되고, 이해관계인은 언제든지 어떠한 방법으로도 그 무효를 주장할 수 있다. 이사회 결의무효 확인의 소를 제기한 경우에도 소의 이익이 있는 한 제소권자 · 제소기간에 제한이 없으며, 관할법원 · 병합심리 · 판결의 효력 등도 민사소송법의 일반원칙에 의한다(대판 1988. 4. 25, 87누399).

| 대법원 1988. 4. 25. 선고 87누399 판결 |

이사회의 결의에 하자가 있는 경우에 관하여 상법은 아무런 규정을 두고 있지 아니하나 그 결의에 무효사유가 있는 경우에는 이해관계인은 언제든지 또 어떤 방법에 의하든지 그 무효를 주장할 수 있다고 할 것이지만 이와 같은 무효주장의 방법으로서 이사회결의 무효확인소송이 제기되어 승소확정판결을 받은 경우, 그 판결의 효력에 관하여는 주주총회결의 무효확인소송 등과는 달리 상법 제190조가 준용될 근거가 없으므로 대세적 효력은 없다.

| 대법원 1982. 9. 14. 선고 80다2425 판결 |

주식회사의 이사회결의는 회사의 의사결정이고 회사는 그 결의의 효력에 관한 분쟁의 실질적인 주체라 할 것이므로 그 효력을 다투는 사람이 회사를 상대로 하여 그 결의의 무효확인을 소구할 있다 할 것이나, 그 이사회결의에 참여한 이사들은 그 이사회의 구성원에 불과하므로, 특별한 사정이 없는 한 이사 개인을 상대로 하여 그 결의의 무효확인을 소구할 이익은 없다.

Ⅱ. 후속행위의 효력

1. 이사회의 결의(A)에 기하여 후속행위(B)가 이루어지고 B의 효력을 다투는 소가 별도로 인정되는 경우

A의 하자가 B의 하자에 흡수되어 B를 다투는 소에 의한다(흡수관계). 예컨대, 하자 있는 이사회의 결의에 기하여 신주발행이 된 경우 신주발행무효의 소(상 429조)에 의하여 다투면 된다. 주주총회의 소집에 관한 이사회의 결의에 하자가 있는 경우에는 총회결의 취소의 소에 의하여 다툴 수 있다.

2. 이사회의 결의(A)에 기하여 후속행위(B)가 이루어졌으나 B의 효력을 다투는 소가 별도로 존재하지 않는 경우

이 경우는 회사의 이익과 선의의 제3자의 이익을 비교하여 구체적으로 그 효력을 결정하여야 한다.

① B가 순수하게 내부적인 것에 그치고 거래안전을 고려할 필요가 없는 경우에는(예 : 지배인 선임, 업무분담 등), 당해 이사회 결의는 무효로 된다.

② B가 대외적 거래행위로 거래안전을 보호할 필요가 있는 경우에는(예 : 중요재산의 처분 등), 상대방이 선의이면 유효이나, 악의 · 중과실이면 무효로 된다(통설)(대판 1995. 4. 11, 94다33903 ; 대판 1994. 10. 28, 94다39253 ; 대판 1995. 4. 11, 94다33903). 이 경우에 상대방의 악의 · 중과실은 이를 주장하는 회사측에 그 입증책임이 있다(대판 1978. 6. 27, 78다389 ; 대판 1996. 1. 26, 94다42754 ; 대판 1999. 10. 8, 98다2488).

제3절 위원회 (소이사회)

이사회 내부에 각종 위원회를 두는 기업들이 늘고 있다. ○○센터는 2004년 4월 현재 이사회 내부에 위원회를 1개 이상 설치한 증권거래소거래소 상장기업은 154개사로 작년보다 15개사가 늘었고, 코스닥 기업도 6개사가 증가한 43개사로 나타났다고 밝혔다. 이사회 내부의 위원회란 감사, 사외이사 후보추천, 리스크 관리 등 기업 경영에서 독립성이 필요한 영역을 맡는 위원회를 뜻한다. ○○센터 관계자는 "각 기업들이 독립적 위원회를 늘려 이사회 업무의 효율성과 전문성을 높이고 있다"고 말했다. (출처 : 조선일보 2004. 5. 11 [장원준])

| 해 설 |

이사회제도의 활성화를 위한 방안의 하나로 1999년 개정상법은 미국 회사법의 위원회제도를 도입하였다. 이로 인하여 이사회 내의 다수의 분화된 소이사회라고 할 수 있는 위원회(committee)제도가 실험대에 올랐다. 이 제도가 성공적으로 정착된다면 보다 전문화된 위원회를 통하여 신속한 의사결정이 가능해짐으로써 이사회제도의 활성화에 기여할 수 있을 것이다. 이사회와 위원회와 관계설정이 특히 문제된다.

[1] 의의

1999년 개정상법에서는 정관이 정하는 바에 따라 이사회 내에 하나 또는 수개의 위원회를 두어 이사회의 권한을 위임할 수 있도록 하고 있다(상 393조의2). 위원회제도는 이사회 업무를 세분하여 적임자에게 분담시키고 의사결정의 전문성과 신속성을 기함으로써 이사회 운영의 효율성을 높이기 위하여 미국 모범회사법(MBCA)의 제도를 도입한 것이다. 위원회제도는 이사회의 分化로, 특히 이사의 수가 많은 회사에서 일일이 전체이사회를 개최하는 부담을 덜고, 사외이사로 구성된 위원회를 두어 특정 사항을 위임함으로써 사외이사의 전문성과 독립성을 살릴 수 있다.

| 이사회와 위원회의 관계 : 감시 및 감독 |

위원회는 이사회의 기능을 일부 대신하므로 위원회의 결의에 대해서 각 이사는 감시권을, 이사회는 감독권을 갖는다. 이사의 감시권은 부당한 위원회의 결의가 있는 경우 이사가 이사회를 소집하는 방법으로 실행되며, 이사회의 감독권은 위원회의 결의가 부당할 경우 이를 번복하는 결의를 함으로써 실행된다.

[2] 설치

위원회를 설치하기 위해서는 정관에 그 근거가 있어야 한다. 위원회의 설치 여부와 어떠한 위원회를 둘 것인가는 회사의 자율적인 결정에 맡기고 있다. 이에 따라 회사는 사정에 따라 이사회 내에 다양한 위원회 예컨대, 업무집행위원회, 이사후보추천위원회, 감사위원회, 보수위원회 등의 위원회를 둘 수 있다.

[3] 구성

1. 수

(1) 위원회는 2인 이상의 이사로 구성하되(상 393조의2 3항), 감사위원회는 3인 이상의 이사로 구성하여야 한다(상 415조의2 2항).

(2) 법률 또는 정관으로 정한 위원의 원수에 미달하게 된 경우에는, 임기만료 또는 사임으로 인하여 퇴임한 위원은 새로운 위원이 취임할 때까지 위원으로서의 권리와 의무를 가진다(상 393조의2 5항, 386조 1항).

2. 선임

위원회 위원의 선임권은 이사회에 있다. 위원회의 설치 · 폐지에 관한 이사회 결의에는 모든 이사가 참가할 수 있으나, 특정 이사를 위원으로 선임 · 해임하는 결의에 관하여는 당해 이사는 특별이해관계인이 되므로 의결권이 없다(상 393조의3 5항, 391조 3항).

3. 임기

위원의 임기에 대해서는 상법에 규정이 없으므로 해석에 의할 수밖에 없다. (i) 정관에 위원의 임기조항이 있으면 그에 의하고, (ii) 정관에 위원의 임기조항이 없으면 위원의 선임기관이 그 임기를 정할 수 있으며, (iii) 이사회에서 이를 정하지 아니한 때에는 이사 지위의 종료와 함께 자동적으로 위원의 임기가 종료된다고 본다.

4. 종임

정관에 다른 규정이 없는 한 이사회는 언제든지 위원을 해임할 수 있다. 위원은 이사의 자격을 전제요건으로 하므로, 이사의 자격을 상실하면 위원의 자격도 당연히 상실한다.

[4] 권한

1. 이사회로부터 수권받은 사항

위원회는 이사회로부터 수권받은 사항에 한하여 권한을 행사한다.

2. 이사회의 고유권한사항

다음의 사항은 이사회가 위원회에 수권할 수 없으므로 이사회 자신이 그 권한을 행사하여야 한다.

① 주주총회의 승인을 요하는 사항(예 : 정관변경, 재무제표의 승인 등)
② 대표이사의 선임 및 해임
③ 위원회의 설치와 그 위원의 선임 및 해임
④ 정관에서 위임을 불허한 사항
⑤ 성질상 위원회에 위임할 수 없는 사항(예 : 주주총회의 소집권, 이사에 대한 감독권)

[5] 소집 및 결의

1. 이사회 규정의 준용

위원회의 소집과 결의, 의사록, 위원회의 연기 · 속행에 관해서는 이사회에 관한 규정을 준용한다(상 393조의2 5항, 390조, 391조, 391조의3, 392조).

2. 이사에 대한 통지

위원회는 결의된 사항을 각 이사에게 통지하여야 한다(상 393조의2 4항 전단). 통지의 방법에는 제한이 없다. 「각 이사」란 이사 전부를 뜻한다. 통지를 받은 각 이사는 이사회의 소집을 요구할 수 있다(상 393조의2 4항 후단).

3. 결의의 효력

(1) 위원회의 결의로 종결되는 경우

이사회가 위원회의 결의를 변경하지 않는 한, 위원회의 결의는 이사회의 결의로서 효력을 발생한다.

(2) 이사회가 재결의하는 경우

이사회는 위원회가 결의한 사항을 다시 결의할 수 있다(상 393조의2 4항 후단). 이사회가 위원회의 결의와 다른 내용으로 결의(번복 · 변경결의)하면 위원회의 결의는 효력을 잃는다. 이처럼 변경의 가능성이 있기 때문에, 통지를 받은 이사가 이사회를 소집할 수 있는 상당한 기간 내에는 위원회의 결의는 효력이 정지된다고 해석한다.

(3) 위원회 결의와 이사회 결의의 관계

① 위원회의 결의와 이사회의 결의의 관계를 어떠한 법리로 구성할 것인가? 위원회의 결의는 이사회의 번복 · 변경결의가 없을 것을 정지조건으로 하여 그 효력이 발생한다. 이렇게 보면 이사회의 번복 · 변경결의가 있기까지 위원회의 결의는 유동적이다. 이러한 불안정한 상태를 무한정 계속되게 하는 것은 법적 명확성의 차원에서 바람직하지 않으므로 위원회 결의 후 상당한 기간 내에 이사회의 번복 · 변경결의가 없는 한 추인한 것으로 보아 위원회의 결의는 확정적으로 그 효력이 발생한다고 보아야 할 것이다.

② 감사위원회의 경우는 그 독립성을 위하여 이사회가 이를 재결의할 수 없도록 하는 입법적 검토가 필요하다고 본다(정찬형).

[6] 결의의 하자

위원회 결의에 하자가 있는 경우 그 결의의 효력에 대해서는 이사회의 경우와 마찬가지로 상법에 아무런 규정이 없다. 이에 대해서는 이사회 결의에 하자가 있는 경우와 동일하게 처리하면 될 것이다.

| 관련사례 |

○○는 이사회 산하에 전문위원실을 신설키로 하고 다음과 같은 위원회를 두기로 했다고 공시했다. 다음은 공정공시의 내용이다.

■ 전략위원회 – 경영목표, 경영전략, 투자계획 심의 – 사외이사 2인, 사내이사 1인

■ 인사위원회 – 집행임원에 대한 평가 · 보상, 복리후생 등 인사정책 등을 검토 – 사외이사 2인, 사내이사 2인

■ 투명경영위원회 – 계열사간 내부거래 사전 심의, 리스크관리 · 윤리경영 관련 사전 검토 – 사외이사 2인, 사내이사 1인

■ 제도개선위원회 – 정관 및 이사회 운영 규칙 등에 대한 개선 방안 도출 – 사외이사 2인, 사내이사 1인

■ 기존 위원회 현황

– 감사 위원회 – 법령에서 정한 이사에 대한 업무감사 · 회계감사 등 – 사외이사 3인

– 사외이사후보추천위원회 – 법령에 따라 주주총회에 사외이사 후보 추천 (사외이사후보추천자문단 운영) – 사외이사 2인, 사내이사 1인 (출처 : 머니투데이 2004. 3. 26)

제4절 대표이사

[1] 의의

대표이사는 대내적으로 회사의 업무를 집행하고 대외적으로 회사를 대표하는 주식회사의 필요적 상설기관이다.

[2] 자격 · 수

대표이사의 원수는 1인 이상이면 되므로, 수인의 대표이사를 두는 것도 가능하다. 이사 중에서 대표이사를 선정하므로 대표이사는 이사의 자격을 전제로 한다. 이사 전원을 대표이사로 선임할 수 있는가에 대해서는 긍정설과 부정설이 있다. 정관으로 대표이사의 자격과 수를 정하는 것은 무방하다.

[3] 선임

---

[1] ○○제약은 이사회를 열어 △전무를 대표이사 사장으로 선임했다고 밝혔다. (출처: 경향신문 2001. 4. 10)

[2] △△화재는 주주총회를 열어 △부사장을 신임 대표이사 사장으로 선임했다. (출처: 대한매일 2001. 5. 31)

[3] ○○경제신문은 주주총회와 이사회를 열어 △△ 논설실장을 대표이사 사장에 선임하고 발행인 편집인 인쇄인을 겸하도록 했다. (출처: 동아일보 2004. 10. 15)

| 해 설 |

위의 사례에서 대표이사의 선임기관이 다르다. [1]의 경우는 이사회가 대표이사의 선임기관이고, [2]와 [3]의 경우는 주주총회가 대표이사의 선임기관이다. 위 사례에서 보는 것처럼 실무에서는 대표이사의 직과 함께 실무에서는 '사장', '전무' 등의 직을 동시에 부여하는 경우가 있는데, '사장', '전무' 등의 직은 회사 내부의 계선(line) 조직상의 명칭이다.

Ⅰ. 선임기관

대표이사는 이사회의 결의로 선임하여야 하나(상 389조 1항 본문), 정관으로 주주총회에서 선임하는 것으로 정할 수 있다(상 389조 1항 단서). 이때의 주주총회의 결의는 보통결의에 의한다(상 368조 1항). 적법한 선임기관에 의하여 대표이사로 선임되지 않는 한, 이사가 장기간 사실상 대표이사의 직무를 수행하더라도 이를 대표이사의 행위로 볼 수는 없다(대판 1989. 10. 24, 89다카14714).

| 대법원 1994. 12. 2. 선고 94다7591 판결 |

회사의 운영권을 인수한 자라 하더라도 그가 이사회에서 대표이사로 선정된 바 없는 이상 회사의 적법한 대표자라고 볼 수 없다.

Ⅱ. 등기

대표이사를 선임한 때에는 그 대표이사의 성명 · 주민등록번호 · 주소를 등기하여야 한다(상 317조 2항 9호, 183조).

| 관련사례 |

주주총회를 거친 후에 대표이사 등 경영진 인사를 실시하려는 대기업들이 크게 늘고 있다. 그룹 총수가 주주총회에 관계없이 일방적으로 실시해온 대기업의 인사관행이 바뀌고 있는 것이다. OO그룹 관계자는 "상법 등 관련 법규에 정한대로 올 봄 정기 주총에서 등기이사를 선임한 뒤 이들이 당일 또는 가까운 시일 안에 이사회를 열어 대표이사를 뽑는 절차를 밟기로 했다"고 밝혔다. 정기주총 훨씬 전인 연말연시에 관계사 사장단 및 임원을 한꺼번에 내정, 발표하던 종전의 관행과는 달리 계열사별로 주주총회 당일 발표하기로 했다. 대기업의 이 같은 추세는 주주중심의 인사관행을 정착시키기 위한 것으로 현행 상법규정에 의한 적법절차를 거쳐 이사와 대표이사를 선임하겠다는 것을 의미한다. 다만 정관에 특별규정이 있을 때에는 주주총회에서 대표이사를 직접 뽑을 수 있다. (출처 : 매일경제, 2001. 2. 13, 서울경제 2001. 2. 13, 아이뉴스 2001. 2. 13, 이데일리 2001. 2. 13, 중앙일보 2001. 2. 14, 한겨레 2001. 2. 14, 한국일보 2001. 2. 14)

(보충)

이사회중심주의를 취하는 현행 상법에서 이사와 대표이사를 선임할 수 있는 권한이 어디에 있는가 하는 것은 중요한 문제가 된다. 주주총회에서 이사를 정식으로 선임하기 이전에 사장단회의 등에 의하여 내부적으로 선임이 내정된 이사들의 명단이 마치 선임이 확정된 것처럼 신문에 보도되고(예 : 주주총회 전에 이미 신문의 인사동정란에 이사선임자의 명단이 실린다), 이를 기정사실화하는 사례가 있었다. 이는 이사의 선임기관이 엄연히 주주총회라는 점을 망각하고 있거나 주주총회의 선임절차를 단순히 통과예례적인 것으로 가볍게 보는 처사라 하겠다. 그러나 요즈음에는 위 기사에서 보는 바와 같이 그와 같은 잘못된 관행이 많이 시정되고 있는데, 이는 매우 바람직한 현상으로 마땅히 그래야 한다.

[4] 종임

Ⅰ. 종임사유

1. 해임

(1) 대표이사의 선임기관(원칙 → 이사회, 정관 → 주주총회)은 언제든지 그 결의로 대표이사를 해임할 수 있다(민 128조, 689조 1항). 이사회는 그 결의에 의하여 대표이사를 해임할 수 있으나, 이사의 직을 해임 하지는 못한다. 주주총회에서 대표이사를 해임할 때 이사자격까지를 포함하여 해임할 때에는 주주총회의 특별결의를 요하나, 대표자격만을 박탈할 때에는 보통결의에 의한다.

(2) 대표이사의 임기를 정한 경우에 회사가 정당한 이유 없이 그 임기만료 전에 대표이사를 해임한 때에는 그 대표이사는 회사에 대하여 해임으로 인한 손해배상을 청구할 수 있는가? 이에 대해서는 (ⅰ) 상법 제385조 제1항 단서를 대표이사에 대해서도 유추적용할 수 있다는 견해가 있으나, (ⅱ) 판례는 이를 부정하고 있다(대판 2004. 12. 10, 2004다25123). (ⅲ) 이사표이사직만을 박탈하는 데 그치고 이사직을 그대로 유지토록 하는 해임의 경우는, 판례와 같은 이유에서 유추적용을 부정하는 것이 타당하다고 본다.

| 대법원 2004. 12. 10. 선고 2004다25123 판결 |

상법 제385조 제1항은 주주총회의 특별결의에 의하여 언제든지 이사를 해임할 수 있게 하는 한편, 임기가 정하여진 이사가 그 임기 전에 정당한 이유 없이 해임당한 경우에는 회사에 대하여 손해배상을 청구할 수 있게 함으로써 주주의 회사에 대한 지배권 확보와 경영자 지위의 안정이라는 주주와 이사의 이익을 조화시키려는 규정이고, 이사의 보수청구권을 보장하는 것을 주된 목적으로 하는 규정이라 할 수 없으므로, 이를 이사회가 대표이사를 해임한 경우에도 유추적용할 것은 아니고, 대표이사가 그 지위의 해임으로 무보수, 비상근의 이사로 되었다고 하여 달리 볼 것도 아니다.

2. 그 밖의 퇴임사유

대표이사는 대표이사로서의 임기만료, 사임에 의하여 퇴임한다. 또한 대표이사는 이사의 자격을 전제로 하므로 이사직을 퇴임하게 되면 자동적으로 대표이사의 직을 잃게 된다. 대표이사의 자격을 잃더라도 이사의 자격을 당연히 상실하는 것은 아니다.

Ⅱ. 등기

대표이사가 퇴임하면 회사는 이를 등기하여야 한다(상 317조 2항 9호, 183조).

Ⅲ. 결원의 보충

대표이사 결원시의 처리는 이사 결원의 경우와 같다. 즉, (ⅰ) 대표이사의 임기만료 또는 사임으로 인하여 대표이사가 없게 되거나 법률 또는 정관으로 정한 대표이사의 원수를 결한 경우에 그 퇴임한 이사는 새로 대표이사가 취임할 때까지 대표이사의 권리의무를 가지며(상 389조 3항, 386조 1항), (ⅱ) 법원이 필요하다고 인정할 때에는 이사 기타 이해관계인의 청구에 의하여 일시 대표이사의 직무를 행할 자(즉, 假대표이사)를 선임할 수 있다(상 389조 3항, 386조 2항 전단).

[5] 권한

대표이사는 업무집행의 실행기관으로서 이사회의 결의(또는 일정한 범위 내에서 대표이사 스스로 결정한 것)를 집행하게 되는데, 이는 회사업무의 대내적인 것뿐만 아니라 대외적인 것도 포함한다.

Ⅰ. 의사결정권

업무집행에 관한 의사결정권은 기본적으로 이사회에 있으나, 대표이사도 회사의 일상업무로서 이사회로부터 위임받은 사항에 대하여 결정권을 가진다(대판 1997. 6. 13, 96다48282).

Ⅱ. 업무집행권

상법에는 대표이사가 회사의 업무집행권을 갖는다는 명문의 규정이 없으나 대표이사가 업무집행권을 갖는다는 점에 대해서는 의견이 일치되어 있다.

(1) **상법에서 명문으로 대표이사의 권한으로 규정한 사항**
주권과 채권에의 기명날인과 서명(상 356조, 478조 2항)이 이에 해당한다.

(2) **상법에서 이사의 권한으로 되어 있지만 대표이사의 권한으로 해석하여야 할 사항**
정관 · 의사록 · 주주명부 · 사채원부의 비치(상 396조 1항), 신주인수권증서 · 신주인수권증권의 기명날인 또는 서명(상 420조의2 2항, 516조의5 2항), 주식청약서와 사채청약서의 작성(상 420조, 474조), 현물출자 검사인의 선임(상 422조 1항), 재무제표 등의 작성 · 제출 · 비치 · 공고(상 447조~449조) 등이 이에 해당한다.

(3) 그 밖의 사항

명문의 규정이 없더라도 대표이사는 주주총회와 이사회에서 결의한 사항을 집행하고 회사의 대내적인 일상 관리업무를 집행할 권한을 갖는다. 회사는 대표이사 이외의 이사(업무담당이사)에게도 대내적 업무집행권을 부여할 수 있다.

Ⅲ. 대표권

1. 대표권의 범위

대표이사는 대외적으로 회사를 대표한다. 대표권의 범위는 다음과 같은 특징을 가진다.

(1) **포괄성** - 대표이사는 회사의 영업에 관하여 재판상·재판외의 모든 행위를 대표할 권한을 갖는다(상 389조 3항, 209조 1항). 대표는 대리와는 달리 사실행위와 불법행위에도 미친다.

(2) **획일성** - 정관이나 이사회의 결의에 의하여 대표권의 범위를 내부적으로 제한한 경우, 이러한 내부적 제한은 선의의 제3자에게 대항하지 못한다(상 389조 3항, 209조 2항)(대판 1997. 8. 29, 97다18059). 회사가 상대방의 악의를 입증하여야 한다.

(3) **법정배제사유** - 대표이사는 회사와 이사간의 소에 관하여서는 회사를 대표할 권한이 없고, 감사가 회사를 대표한다(상 394조).

| 대법원 1997. 8. 29. 선고 97다18059 판결 |

■ 일반적으로 주식회사 대표이사는 회사의 권리능력의 범위 내에서 재판상 또는 재판 외의 일체의 행위를 할 수 있고, 이러한 대표권 그 자체는 성질상 제한될 수 없는 것이지만 대외적인 업무 집행에 관한 결정권한으로서의 대표권은 법률의 규정에 의하여 제한될 뿐만 아니라 회사의 정관, 이사회의 결의 등의 내부적 절차 또는 내규 등에 의하여 내부적으로 제한될 수 있으며, 이렇게 대표권한이 내부적으로 제한된 경우에는 그 대표이사는 제한 범위 내에서만 대표권한이 있는데 불과하게 되는 것이지만, 그렇더라도 그 대표권한의 범위를 벗어난 행위 다시 말하면 대표권의 제한을 위반한 행위라 하더라도 그것이 회사의 권리능력의 범위 내에 속한 행위이기만 하다면 대표권의 제한을 알지 못하는 제3자는 그 행위를 회사의 대표행위라고 믿는 것이 당연하고 이러한 신뢰는 보호되어야 한다.

■ 주식회사의 대표이사가 회사 명의로 한 채무부담행위가 회사의 목적 범위 내의 행위에 속하는 것으로 인정된다.

2. 대표권의 남용

대표권의 남용이란, 객관적으로는 대표이사의 권한 내의 적법한 행위이지만, 주관적으로는 대표이사가 자기 또는 제3자의 이익을 위하여 하는 행위로 회사에 손해를 끼치는 것을 말한다. 예컨대, 대표이사가 자신의 채무변제를 위하여 회사 명의로 어음을 발행하거나 배서하는 것이 이에 해당한다. 그 대외적 효력은, 원칙적으로 유효이나(외관존중주의, 거래안전주의), 상대방이 남용행위임을 안 때에는 무효이다(통설 · 판례). 그 논거에 관한 법리구성에 대해서는 여러 견해가 있으나 대표적인 것은 다음과 같다. 판례는 신의칙설(또는 권리남용설)에서 비진의의사표시설로 옮겨가고 있다. 학설은 아직 크게 양분되고 있다.

(ⅰ) 비진의의사표시설 - 대표권의 남용행위에 대하여 비진의의사표시에 관한 민법 제107조를 적용하는 견해이다. 이에 의하면, 대표권의 남용행위는 원칙적으로 유효하고, 상대방이 권한남용이라는 사실을 「알았거나 알 수 있었을 때」에는 무효로 되고(민 107조 1항), 선의의 제3자에 대해서는 무효임을 주장할 수 없다고 한다(민 107조 2항)(대판 1997. 8. 29, 97다18059 ; 대판1988. 8. 9, 86다카1858).

(ⅱ) 신의칙설 - 대표권의 남용행위는 객관적으로 대표권의 범위 내의 행위이므로 원칙적으로 유효하나, 악의인 상대방이 그 유효를 주장하는 것은 신의칙상 권리남용에 해당하여 허용될 수 없다고 한다(대판 1987. 10. 13, 86다카1522).

(ⅲ) 사견 - 위의 설 중 어느 설에 의하건 상대방이 「악의」인 경우(즉, 대표권남용을 안 경우)에는 동일한 결론이 도달하게 된다. 차이가 나는 점은 상대방에게 악의는 없으나 「알 수 있었을 때」인데, 이 경우 비진의의사표시설에 의하면 무효로 되나, 신의칙설에 의하면 반드시 무효로 되는 것은 아니다. 상법에서 중과실은 악의로 처리하기 때문에 상대방이 대표권남용을 중과실로 알지 못한 때에는 어느 설에 의하건 무효로 된다. 그러나 경과실로 알지 못한 때에는, 비진의의사표시설에 의하면 무효로 되나, 신의칙설에 의하면 반드시 무효로 되는 것은 아니다. 그리고 대표권의 남용이 민법 제107조의 「비진의」에 해당하는지도 의문이다. 그러므로 신의칙이라는 일반적 기준에 만연히 도피하기 보다는 무권대리(대표권이 있는 것 같은 외관을 띤 경우에는 표현대리)(민 130조 이하, 125조, 126조 등)에 의하여 처리하는 것이 옳지 않을까 생각한다.

| 대법원 1990. 3. 13. 선고 89다카24360 판결 |

주식회사의 대표이사가 회사의 영리목적과 관계없이 자기의 개인적인 채무변제를 위하여 회사 대표이사 명의로 약속어음을 발행 교부한 경우에는 그 권한을 남용한 것에 불과할 뿐 어음발행의 원인관계가 없는 것이라고 할 수는 없고, 다만 이 경우 상대방이 대표이사의 진의를 알았거나 알 수 있었을 때에는 그로 인하여 취득한 권리를 회사에 대하여 주장하는 것은 신의칙에 반하는 것이므로 회사는 상대방의 악의를 입증하여 그 행위의 효력을 부인할 수 있다. (同旨 : 대법원 1987. 10. 13. 선고 86다카1522 판결)

| 대법원 2005. 7. 28. 선고 2005다3649 판결 |

주식회사의 대표이사가 그 대표권의 범위 내에서 한 행위는 설사 대표이사가 회사의 영리목적과 관계없이 자기 또는 제3자의 이익을 도모할 목적으로 그 권한을 남용한 것이라 할지라도 일단 회사의 행위로서 유효하고, 다만 그 행위의 상대방이 대표이사의 진의를 알았거나 알 수 있었을 때에는 회사에 대하여 무효가 되는 것이다. (同旨 : 대법원 1993. 6. 25. 선고 93다13391 판결 ; 대법원 1988. 8. 9. 선고 86다카1858 판결 ; 광주고법 1976. 12. 10. 76나284 제1민사부판결 ; 대법원 2004. 3. 26. 선고 2003다34045 판결 ; 대법원 1997. 8. 29. 선고 97다18059 판결)

| 대법원 2004. 3. 26. 선고 2003다34045 판결 |

법인의 대표자의 행위가 직무에 관한 행위에 해당하지 아니함을 피해자 자신이 알았거나 또는 중대한 과실로 인하여 알지 못한 경우에는 법인에게 손해배상책임을 물을 수 없다고 할 것이고, 여기서 중대한 과실이라 함은 거래의 상대방이 조금만 주의를 기울였더라면 대표자의 행위가 그 직무권한 내에서 적법하게 행하여진 것이 아니라는 사정을 알 수 있었음에도 만연히 이를 직무권한 내의 행위라고 믿음으로써 일반인에게 요구되는 주의의무에 현저히 위반하는 것으로 거의 고의에 가까운 정도의 주의를 결여하고, 공평의 관점에서 상대방을 구태여 보호할 필요가 없다고 봄이 상당하다고 인정되는 상태를 말한다.

| 대법원 2005. 7. 28. 선고 2005다3649 판결 |

주식회사의 대표이사가 이사회의 결의를 거쳐야 할 대외적 거래행위에 관하여 이를 거치지 아니한 경우라도, 이와 같은 이사회 결의사항은 회사의 내부적 의사결정에 불과하다 할 것이므로, 그 거래상대방이 그와 같은 이사회결의가 없었음을 알았거나 알 수 있었을 경우가 아니라면 그 거래행위는 유효하다 할 것이고, 이 경우 거래의 상대방이 이사회의 결의가 없었음을 알았거나 알 수 있었음은 이를 주장하는 회사측이 주장 · 입증하여야 한다. (同旨 : 대법원 1998. 3. 24. 선고 95다6885 판결 ; 대법원 1996. 1. 26. 선고 94다42754 판결 ; 대법원 1995. 4. 11. 선고 94다33903 판결 ; 대법원 1994. 10. 28. 선고 94다39253 판결 ; 대법원 1993. 6. 25. 선고 93다13391 판결 ; 대법원 1989. 5. 23. 선고 89도570 판결 ; 대법원 1978. 6. 27. 선고 78다389 판결)

3. 위법한 대표행위

주주총회나 이사회의 결의를 요하는 사항에 대하여 대표이사가 그 결의 없이 또는 그 결의와 다르게 업무를 집행한 경우 그 효력은 어떠한가? 이를 일반적으로 말하자면, 주주총회 또는 이사회의 결의를 요하게 함으로써 회사가 얻는 이익과 회사의 대표행위를 신뢰하여 거래한 제3자의 이익을 비교형량하여 그 유효·무효를 결정하여야 한다.

(1) 주주총회의 결의를 흠결한 경우
주주총회의 결의사항에 관하여 총회의 결의를 흠결한 대표이사의 행위는 무효임이 원칙이다. 주주총회의 결의사항은 대부분이 중요한 사항이고 제3자도 그 결의가 필요하다는 것을 일반적으로 예견할 수 있기 때문이다.

(2) 이사회의 결의를 흠결한 경우
이사회의 결의사항에 관하여 이사회의 결의를 흠결한 대표이사의 행위의 효력은 경우에 따라 다르다. (ⅰ) 대내적 사항에 그치는 경우에는 무효이나, 그 효과가 제3자에게 파급될 때에는 선의의 제3자에게 무효를 주장할 수 없다(상대적 무효)(대판 1997. 6. 13, 96다48282; 대판 1998. 3. 24, 95다6885; 대판 1999. 10. 8, 98다2488; 대판 2003. 1. 24, 2000다20670). (ⅱ) 대외적 사항으로 거래의 안전을 고려할 필요가 있는 경우에는 원칙적으로 유효하다고 보아야 한다.

| 대법원 2003. 1. 24. 선고 2000다20670 판결 |

- 이사회 결의요건을 충족하는지 여부는 이사회 결의 당시를 기준으로 판단하여야 하고, 그 결의의 대상인 행위가 실제로 이루어진 날을 기준으로 판단할 것은 아니다.
- 주식회사의 대표이사가 이사회의 결의를 거쳐야 할 대외적 거래행위에 관하여 이를 거치지 아니한 경우라도, 이와 같은 이사회 결의사항은 회사의 내부적 의사결정에 불과하다 할 것이므로, 그 거래 상대방이 그와 같은 이사회 결의가 없었음을 알았거나 알 수 있었을 경우가 아니라면 그 거래행위는 유효하다 할 것이고, 이 경우 거래의 상대방이 이사회의 결의가 없었음을 알았거나 알 수 있었음은 이를 주장하는 회사측이 주장·입증하여야 한다.

(同旨: 대법원 1999. 10. 8. 선고 98다2488 판결; 대법원 1998. 7. 24. 선고 97다35276 판결)

4. 대표권의 행사방법

대표이사가 顯名하지 않더라도 회사의 대표행위로 된다(상 48조 준용). 그러나 어음·수표행위의 경우에는 엄격한 요식을 갖추어야 하므로 반드시 대표자격을 표시하고 대표이사가 기명날인 또는 서명하여야 한다.

5. 불법행위

대표이사가 업무집행으로 인하여 타인에게 손해를 가한 때에는 회사는 대표이사와 연대하여 배상할 책임이 있다(상 389조 3항, 210조).

[6] 공동대표이사

○○회사는 주주총회를 통해 사업부분대표에 △△전문이사와 기술·관리부분 대표에 □□전무이사를 신임대표이사로 선임하여 2인의 공동대표이사체제로 출범했다. 유통·제조부분을 총괄 담당했던 △△상무는 전무이사로 승진하여 사업부문을 대표하게 되었다. 경영기획·인사·마케팅을 담당했던 □□상무는 전무이사로 승진하여 기술지원을 포함한 관리부문을 대표하게 되었다. (출처: 서울경제신문 2005. 3. 31, 아이뉴스 2005. 3. 31)

| 해 설 |

주식회사에서는 1인 이상의 대표이사를 반드시 두어야 한다. 2인 이상의 대표이사를 둔 경우 각 대표이사는 독립하여 회사를 대표하는 것이 원칙이다. 그러나 2인 이상의 대표이사가 공동으로만 대표권을 행사하도록 할 수 있다. 이를 공동대표이사라 한다. 공동대표이사로 하는 까닭은, 업무를 분담시켜 각 분야별로 특화하도록 하거나, 의사결정에 신중을 기하도록 하거나, 공동대표이사간 상호 견제하도록 하기 위함이다. 한편, 공동대표이사는 대표권에 대한 제한이 되므로 이러한 제한을 알지 못한 제3자를 보호하는 문제가 생긴다.

Ⅰ. 의의

수인의 대표이사가 있는 경우 각자 대표권을 가지는 것이 원칙이나(단독대표의 원칙), 2인 이상의 대표이사가 공동으로써만 회사를 대표할 수 있도록 하고 이에 위반한 단독의 대표행위를 무효로 하는 것이 공동대표이사이다(상 389조 2항). 이는 대표권남용을 방지하고, 대표권행사에 신중을 기하고, 대표이사 상호간 견제기능을 발휘하게 함으로써 회사의 이익을 보호하는 데 그 취지가 있다(대판 1989. 5. 23, 89다카3677).

Ⅱ. 선정

1. 선정기관

수인의 대표이사를 공동대표이사로 하기 위해서는 이들을 공동대표이사로 한다는 별도의 결의가 있어야 한다. 공동대표이사의 선정을 결의할 수 있는 기관은 대표이사의 선임권이 있는 기관이다. 즉, 이사회에서 대표이사를 선임하는 경우에는 이사회의 결의에 의하고, 정관에 의하여 주주총회에서 대표이사를 선임하는 경우에는 주주총회의 결의에 의하여 공동대표이사를 선정할 수 있다.

2. 선정유형

수인의 대표이사 전원 모두를 공동대표이사로 하는 것(전부공동대표이사)과 수인의 대표이사 중 일부만을 공동대표이사로 하고 나머지 일부는 단독대표로 하는 것(일부공동대표이사) 모두가 가능하다.

3. 등기

공동대표이사를 선정한 때에는 그 내용을 등기하여야 한다(상 317조 2항 10호). 등기하지 아니한 때에는 공동대표이사가 단독으로 회사를 대표하는 행위를 하였더라도 선의의 제3자에게 무효를 주장하지 못한다(상 37조 1항). 등기를 하더라도 제3자가 정당한 사유로 이를 알지 못한 때에는 마찬가지이다(상 37조 2항).

Ⅲ. 유형 및 효력

1. 능동대표

공동대표이사 중 1인의 대표이사가 단독으로 대표행위를 한 경우에는 상대방의 선의·악의를 불문하고 무효이다(상 389조 2항). 조직법상 회사의 완성된 대표행위를 구성하지 못하기 때문이다. 어음·수표의 발행과 같은 서면행위의 경우에는 공동대표이사 전원의 기명날인(또는 서명)이 있어야 한다. 공동대표이사 중 1인의 대표이사가 단독으로 대표하는 행위는 무효이지만, 나머지 공동대표이사가 추인하는 것은 가능하다(대판 1992. 10. 27, 92다19033).

┃인천지법 1997. 8. 22. 선고 97가합7505 판결┃

수인의 대표이사가 공동으로 회사를 대표할 것을 정하고 이를 법인등기부에 등재하여 공시한 경우, 회사측의 소송행위는 원칙적으로 공동으로 하지 아니하면 그 효력이 없고 지급명령에 대한 이의신청도 공동대표이사들이 공동으로 하여야 할 소송행위에 해당하므로, 공동대표이사 중 1인만이 한 이의신청은 부적법하여 무효이다.

┃대법원 1992. 10. 27. 선고 92다19033 판결┃

공동대표이사가 단독으로 회사를 대표하여 제3자와 한 법률행위를 추인함에 있어 그 의사표시는 단독으로 행위를 한 공동대표이사나 그 법률행위의 상대방인 제3자 중 어느 사람에게 대하여서도 할 수 있다.

2. 수동대표

거래상대방이 회사에 대하여 하는 의사표시는 공동대표이사 중 1인에게만 하여도 유효하다(상 389조 3항, 208조 2항). 이는 회사와 거래하는 제3자의 편의를 위하는 동시에 의사표시를 단순히 수령하는 것에 그치는 경우에는 권한남용의 소지가 적기 때문이다.

Ⅳ. 공동대표권의 상호위임

1. 포괄적 위임

공동대표이사 중 일부가 다른 공동대표이사에게 일반적 · 포괄적으로 그 대표권의 행사를 위임하는 것은 허용되지 않는다(대판 1989. 5. 23, 89다카3577). 만일 이를 허용하면 실질적으로 단독대표와 다를 것이 없으므로 대표권의 남용과 오용을 상호견제하도록 하는 공동대표이사제의 취지에 반하기 때문이다.

┃대법원 1989. 5. 23. 선고 89다카3677 판결┃

주식회사에 있어서의 공동대표제도는 대외관계에서 수인의 대표이사가 공동으로만 대표권을 행사할 수 있게 하여 업무집행의 통일성을 확보하고, 대표권 행사의 신중을 기함과 아울러 대표이사 상호간의 견제에 의하여 대표권의 남용 내지는 오용을 방지하여 회사의 이익을 도모하려는데 그 취지가 있으므로 공동대표이사의 1인이 그 대표권의 행사를 특정사항에 관하여 개별적으로 다른 공동대표이사에게 위임함은 별론으로 하고, 일반적 · 포괄적으로 위임함은 허용되지 아니한다.

2. 개별적 위임

공동대표이사 1인에게 개별적인 행위를 위임하는 것이 가능한가에 대해서는 긍정설(다수설, 대판 1989. 5. 23, 89다카3677)과 부정설이 있다. 판례는 "나머지 다른 공동대표이사들이 대표행위를 단독으로 하도록 용인 내지 방임하였고, 또한 상대방이 그에게 단독으로 회사를 대표할 권한이 있다고 믿은 선의의 제3자에 해당하는 경우"에는 단독대표행위도 유효하다고 한다(대판 1996. 10. 25, 95누14190). 일반적으로 개별적 위임은 허용되지만, 소송행위 · 어음행위 등과 같이 엄격한 형식을 요하는 법률행위의 경우에는 공동명의로 하여야 하므로 다른 대표이사에게 위임할 수 없다고 보아야 할 것이다(인천지법 1997. 8. 22, 97가합7505).

Ⅴ. 제3자의 보호

공동대표이사 1인이 단독으로 대표권을 행사한 행위는 무효가 되므로 이로 인한 상대방의 보호가 문제된다. 이 때 (ⅰ) 표현대표이사의 요건(상 395조)을 충족하는 경우에는 상대방은 회사에 거래책임을 물을 수 있고, (ⅱ) 불법행위의 경우는 상대방은 불법행위를 행한 대표이사 개인에 대하여 불법행위책임을 물을 수 있으며(민 750조), (ⅲ) 회사의 업무집행으로 인한 손해로 보아 그 대표이사와 회사에 연대하여 손해배상책임을 물을 수 있다(상 389조 3항, 210조).

| 대법원 1993. 12. 28. 선고 93다47653 판결 |

회사가 수인의 대표이사가 공동으로 회사를 대표할 것을 정하고 이를 등기한 경우에도, 공동대표이사 중의 1인이 대표이사라는 명칭을 사용하여 법률행위를 하는 것을 용인하거나 방임한 때에는, 그 공동대표이사가 단독으로 회사를 대표하여 한 법률행위에 관하여 회사가 선의의 제3자에 대하여 상법 제395조에 따른 책임을 진다.

[7] 표현대표이사

직급 인플레가 심한 기업이 다수 있는 것으로 알려지고 있다. 회사마다 직급을 높여달라는 직원들의 요구가 적지 않다. 직급이 낮은 명함을 상대방에게 제시하면 "책임 있는 임원은 한 명도 없이 애송이들만으로 하겠다는 거냐"며 불만을 보이는 업체가 적지 않은 탓이다. (출처 : 한국경제 2003. 2. 17 [권영설])

| 해 설 |

직함이라든가, 타이틀이라든가 하는 명칭은 현실적으로 대외적 신뢰의 표상이 되는 경우가 많다. 이러한 명칭이 진실과 부합되는 경우도 있지만 위 사례에서 보는 것처럼 부풀려지거나 거짓인 경우도 있다. 어느 사회이건 다소의 거품이 있기는 마련이고 이러한 거품이 때로는 활력이 되기도 한다. 그러나 그 정도가 지나칠 때에는 신뢰의 기반을 해치게 된다. 외부의 표상(외관)이 실질을 뒷받침하지 못하는 경우 그러한 표상을 순진하게 믿는 상대방이 피해를 입지 않도록 하는 배려를 법에서는 하고 있다. 법에서 「표현○○」 제도를 두어 그러한 외관의 창출에 원인을 제공한 자에 대해서도 책임을 물을 수 있도록 하는 것이 그것이다. 민법상의 표현대리, 상법상의 표현지배인과 표현대표이사 등의 제도가 이에 해당하고 그 취지를 같이 한다.

Ⅰ. 의의

표현대표이사란, 등기된 대표이사가 아니면서도 대표이사로 오인할 수 있는 명칭을 사용하여 대표행위를 한 경우 이를 믿은 거래상대방에 대하여 회사에 외관책임을 지우는 제도이다. 상법 제395조에서는 「사장, 부사장, 전무, 상무 기타 회사를 대표할 권한이 있는 것으로 인정할 만한 명칭을 사용한 이사의 행위에 대해서는 그 이사가 회사를 대표할 권한이 없는 경우에도 선의의 제3자에 대하여 그 책임을 진다」고 규정하고 있다.

| 취 지 |

표현 대표이사제도는 대표권이 있는 것으로 보이는 명칭을 신뢰한 상대방에 대하여 등기부 조회를 하지 않았다는 실수를 문제삼기보다는 거래의 신뢰와 안전을 보호하기 위하여 그러한 대표권의 존재라는 외관의 창출에 책임이 있는 회사에 책임을 지우는 제도이다. 이는 영미법상의 禁反言(Estoppel)의 법리와 독일의 外觀理論에 기초를 두고 있다(대판 1998. 3. 27, 97다34709 ; 대판 1995. 11. 21, 선고 94다50908 ; 대판 1988. 10. 11, 86다카2936).

Ⅱ. 다른 제도와의 관계

(1) 표현지배인과의 관계

표현지배인(상 14조)은 상업사용인의 명칭을 사용한 경우이고, 표현대표이사(상 395조)는 대표이사의 명칭을 사용한 경우이다. 그 취지는 동일하다.

(2) 상법 제37조와의 관계

상법 제37조에 의하면 등기사항이 등기된 후에는 정당한 사유가 없는 한 그 사항에 관해 제3자의 악의가 의제된다. 그러나 표현대표이사의 행위에 대해서는 상업등기의 효력에 관한 상법 제37조가 적용되지 않는다는 것이 학설과 판례의 입장이다. 그 근거에 관하여는 (ⅰ) 제395조는 제37조 제1항과는 차원을 달리하는 별개의 규정이라는 견해(대판 1979. 2. 13, 77다2436)와 (ⅱ) 제395조는 제37조 제1항에 대한 예외규정이라는 견해가 있다.

(3) 대리제도와의 관계

표현대표이사제도와 민법상의 대리제도는 별개의 것이다. 판례에 의하면, 상법 제395조는 상무이사 기타 회사를 대표할 권한이 있는 것으로 인정될 만한 명칭을 사용한 이사의 행위에 대하여는 그 이사가 회사를 대표할 권한이 없는 경우에도 회사는 선의의 제3자에 대하여 책임을 진다는 것이고, 대표권이 없는 상무이사가 대표이사를 대리하여 법률행위를 한 경우에는 상법 제395조는 적용되지 아니하고 대리에 관한 규정이 적용된다고 한다(대판 1968. 7. 30, 68다127).

Ⅲ. 요건

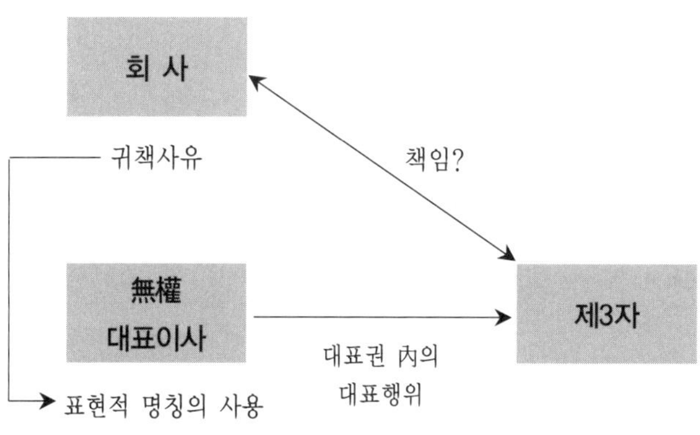

1. 표현대표이사에 관한 요건 - 외관의 존재

(1) 대표권이 없을 것

표현대표이사는 무권대리의 일종이다. 대표권이 있다면 표현대표이사의 문제는 생길 수 없다. 예컨대, 공동대표이사 중 1인이 단독대표권을 갖는 것으로 보이는 명칭으로 대표권을 행사한 경우, 대표이사의 선임결의가 무효 · 취소로 된 경우(대판 1992. 10. 27, 92다19033) 등이 이에 해당한다.

(2) 표현적 명칭의 사용

표현대표이사의 명칭에 해당하는 지의 여부는 사회일반의 거래통념에 따라 판단하여야 한다. 상법 제395조의 법문에서 규정하고 있는 명칭은 예시에 지나지 않는다. 상법 제395조 소정의 명칭을 사용하였다고 하여 반드시 회사대표권이 있는 것으로 인정할 만한 명칭이 되는 것은 아니다. 판례 중에는 일반인도 대표이사제도에 익숙해져 있음을 감안하여, 단지 '전무'나 '상무' 또는 '경리담당이사'라는 명칭을 사용한 자를 대표이사로 믿은 것은 중과실에 해당한다는 것이 있다(대판 1999. 11. 12, 99다19797 ; 대판 2003. 2. 11, 2002다62029).

| 대법원 1999. 11. 12. 선고 99다19797 판결 |

상법 제395조는 표현대표이사의 명칭을 예시하면서 사장, 부사장, 전무, 상무 등의 명칭을 들고 있는바, 사장, 부사장, 전무, 상무 등의 명칭은 표현대표이사의 명칭으로 될 수 있는 직함을 예시한 것으로서 그와 같은 명칭이 표현대표이사의 명칭에 해당하는가 하는 것은 사회 일반의 거래통념에 따라 결정하여야 할 것인데(同旨 : 대법원 2003. 2. 11. 선고 2002다62029 판결), 상법은 모든 이사에게 회사의 대표권을 인정하지 아니하고, 이사회 또는 주주총회에서 선정한 대표이사에게만 회사 대표권을 인정하고 있으며, 그와 같은 제도는 상법이 시행된 이후 상당한 기간 동안 변함없이 계속하여 시행되어 왔고, 그 동안 국민 일반의 교육수준도 향상되고 일반인들이 회사 제도와 대표이사 제도를 접하는 기회도 현저하게 많아졌기 때문에 일반인들도 그와 같은 상법의 대표이사 제도를 보다 더 잘 이해하게 되었으며, 적어도 직제상 사장, 부사장, 전무, 상무 등의 직책을 두고 있는 주식회사의 경우라면 상법상 대표이사에게는 사장 등의 직책과는 별도로 대표이사라는 명칭을 사용하도록 하고 상법상 대표이사가 아닌 이사에게는 대표이사라는 명칭을 사용하지 못하도록 하고 있으며, 또한 규모가 큰 주식회사의 경우 직제상 사장의 직책을 가지는 이사는 대표이사로 선정되어 있는 경우가 많은 반면, 직제상 전무 또는 상무의 직책을 가지는 이사는 반드시 그러하지는 아니하고, 전무 또는 상무의 직책을 가지면서 동시에 대표이사로 선정되어 있는 이사들은 '대표이사 전무, 대표이사 상무' 등의 명칭을 사용하는 것이 현재 우리나라 경제계의 실정이고, 따라서 상법 제395조가 표현대표이사의 명칭으로 사장, 부사장, 전무, 상무 등의 명칭을 나란히 예시하고 있다 하더라도 그 각 명칭에 대하여 거래통념상 제3자가 가질 수 있는 신뢰의 정도는 한결같다고 할 수 없으므로 위와 같은 각 명칭에 대하여 제3자가 그 명칭을 사용한 이사가 회사를 대표할 권한이 있다고 믿었는지 여부, 그와 같이 믿음에 있어서 중과실이 있는지 여부 등은 거래통념에 비추어 개별적 · 구체적으로 결정하여야 할 것이며, 특히 규모가 큰 주식회사에 있어서 '대표이사 전무' 또는 '대표이사 상무' 등의 명칭을 사용하지 아니하고, 단지 '전무이사' 또는 '상무이사' 등의 명칭을 사용하는 이사에 대하여는 제3자가 악의라거나 중과실이 있다는 회사측의 항변을 배척함에 있어서는 구체적인 당해 거래의 당사자와 거래 내용 등에 관하여 신중한 심리를 필요로 하고, 함부로 그 항변을 배척하여서는 아니 된다.

(3) 이사 자격의 요부

상법 제395조의 법문만을 보면 행위자가 최소한 이사의 자격을 갖출 것을 요건으로 하는 것으로 비추어질 수도 있다. 그러나 본 제도는 표현적 명칭이라는 외관을 기초로 한 것이지 회사 내부의 실질적 권한에 터 잡은 것이 아니므로, 이사의 자격이 없는 자에 대해서도 상법 제395조를 유추적용하는 것이 합당하다(대판 1985. 6. 11, 84다카963; 대판 1987. 7. 7, 87다카504). 따라서 이사가 아닌 상업사용인이 대표이사의 명칭을 사용한 경우에도 표현대표이사가 될 수 있다.

| 대법원 1991. 11. 12. 선고 91다19111 판결 |

회사가 공동으로만 회사를 대표할 수 있는 공동대표이사에게 대표이사라는 명칭의 사용을 용인 내지 방임한 경우에는 회사가 이사자격이 없는 자에게 표현대표이사의 명칭을 사용하게 한 경우이거나 이사자격 없이 그 명칭을 사용하는 것을 알고서도 용인상태에 둔 경우와 마찬가지로, 회사는 상법 제395조에 의한 표현책임을 면할 수 없다. (同旨: 대법원 1992. 10. 27. 선고 92다19033 판결)

(4) 표현대표이사의 대표행위

(가) 대표권 내의 행위

표현대표이사가 대외적으로 대표이사의 대표권 내에 속하는 대표행위를 하였어야 한다. 그러나 회사가 내부적으로 대표이사의 권한을 제한하더라도 이로써 선의의 제3자에게 대항할 수 없으므로(상 389조 3항, 209조 2항), 회사는 표현대표이사의 행위가 내부적으로 제한된 행위라는 것을 제3자에게 주장할 수 없다.

(나) 대외적 법률행위일 것

상법 제395조는 거래의 안전을 보호하기 위한 제도이므로 법률행위에 대해서만 적용되고, 불법행위나 소송행위에 대해서는 적용되지 않는다.

2. 회사에 관한 귀책요건 - 외관의 부여

회사에 상법 제395조의 책임을 묻기 위해서는 귀책의 근거로, 회사가 위와 같은 「표현적 명칭의 사용을 허용」함으로써 실질과 다른 외관을 창출하는 데 원인을 제공하였어야 한다. 표현적 명칭의 사용을 「회사」가 허용하였다고 보기 위해서는 주주총회나 이사회에서 결의하거나 대표이사가 명칭사용을 허용하였어야 한다(대판 1992. 9. 22, 91다5365). 회사의 허용은 명시적이건, 행위자가 임의로 사용하는 것을 회사가 묵인하는 것이건 불문한다(日最判 1967. 4. 28). 그러나 행위자가 무단으로 그러한 명칭을 사용한 경우에는 회사측에 과실이 있다고 하더라도 회사는 상법 제395조의 책임을 지지 않는다(대판 1975. 5. 27, 74다1366 ; 대판 1988. 10. 11, 86다카2936).

| 대구고법 1975. 6. 26. 74나880 제2민사부 판결 |

대표이사직을 사임하였으나 이사직을 사임하기 전에 회사의 묵인 아래 계속하여 대표이사의 명칭을 사용하여 회사의 업무를 처리하던 중 대표이사 명칭으로 선의의 제3자에게 회사주식을 매도하고 대금일부를 수령하였다면 회사는 그 대표이사의 명칭을 사용한 자의 위 행위에 관하여 선의의 제3자에 대한 책임이 있다.

| 대법원 1998. 3. 27. 선고 97다34709 판결 |

이사의 자격이 없는 사람이 임의로 표현대표이사의 명칭을 사용하고 있는 것을 회사가 알면서도 아무런 조치를 취하지 아니한 채 그대로 방치하여 소극적으로 묵인한 경우에도 상법 제395조 규정이 유추적용되는 것으로 해석함이 상당하다. (同旨 : 대법원 1987. 7. 7. 선고, 87다카504 판결 ; 대법원 1985. 6. 11. 선고 84다카963 판결 ; 대법원 1979. 2. 13. 선고 77다2436 판결 ; 대법원 1992. 7. 28. 선고 91다35816 판결)

| 대법원 1995. 11. 21. 선고 94다50908 판결 |

표현대표자의 행위에 대하여 회사가 책임을 지는 것은 회사가 표현대표자의 명칭 사용을 명시적으로나 묵시적으로 승인할 경우에 한하는 것이고 회사의 명칭 사용 승인 없이 임의로 명칭을 참칭한 자의 행위에 대하여는 비록 그 명칭 사용을 알지 못하고 제지하지 못한 점에 있어 회사에게 과실이 있다고 할지라도 그 회사의 책임으로 돌려 선의의 제3자에 대하여 책임을 지게 할 수 없다. (同旨 : 대법원 1988. 10. 11. 선고 86다카2936 판결)

3. 제3자에 관한 요건 - 외관의 신뢰

(1) 악의 · 중과실이 없을 것

(가) 선의일 것

표현대표이사제도는 외관에 대한 제3자의 신뢰를 보호해주는 제도이다. 따라서 회사는 선의의 제3자에 대해서만 책임을 진다. 「선의」란 표현대표이사가 대표권을 갖지 않음을 알지 못한 것을 뜻하는 것이지, 반드시 형식상 대표이사가 아니라는 것을 알지 못한 것에 한정하지 않는다(대판 1998. 3. 27, 72다1907).

(나) 중과실이 없을 것

상법 제395조에서는 무과실을 요건으로 하지 않으나, 중대한 과실이 있는 제3자까지를 보호하는 것은 본 제도의 취지에 부합되지 않는다(대판 1999. 11. 12, 99다19797). 제3자의 신뢰가 경과실에 그치는 경우에는 본조에 의한 보호를 받는다. 악의·중과실에 대한 입증책임은 회사에게 있다.

| 대법원 2003. 9. 26. 선고 2002다65073 판결 |

상법 제395조가 규정하는 표현대표이사의 행위로 인한 주식회사의 책임이 성립하기 위하여 제3자의 선의 이외에 무과실까지도 필요로 하는 것은 아니지만, 그 규정의 취지는 회사의 대표이사가 아닌 이사가 외관상 회사의 대표권이 있는 것으로 인정될 만한 명칭을 사용하여 거래행위를 하고, 이러한 외관이 생겨난 데에 관하여 회사에 귀책사유가 있는 경우에 그 외관을 믿은 선의의 제3자를 보호함으로써 상거래의 신뢰와 안전을 도모하려는 데에 있다 할 것인바, 그와 같은 제3자의 신뢰는 보호할 만한 가치가 있는 정당한 것이어야 할 것이므로, 설령 제3자가 회사의 대표이사가 아닌 이사에게 그 거래행위를 함에 있어 회사를 대표할 권한이 있다고 믿었다 할지라도 그와 같이 믿음에 있어서 중대한 과실이 있는 경우에는 회사는 그 제3자에 대하여는 책임을 지지 아니하고, 여기서 제3자의 중대한 과실이라 함은 제3자가 조금만 주의를 기울였더라면 표현대표이사의 행위가 대표권에 기한 것이 아니라는 사정을 알 수 있었음에도 만연히 이를 대표권에 기한 행위라고 믿음으로써 거래통념상 요구되는 주의의무에 현저히 위반하는 것으로서, 공평의 관점에서 제3자를 구태여 보호할 필요가 없다고 봄이 상당하다고 인정되는 상태를 말한다. (同旨: 대법원 2003. 7. 22. 선고 2002다40432 판결; 대법원 1999. 11. 12. 선고 99다19797 판결)

| 대법원 2003. 7. 22. 선고 2002다40432 판결 |

상법 제395조는 표현대표이사가 자기의 명칭을 사용하여 법률행위를 한 경우는 물론이고 자기의 명칭을 사용하지 아니하고 다른 대표이사의 명칭을 사용하여 행위를 한 경우에도 유추적용되고, 이와 같은 대표권 대행의 경우 제3자의 선의나 중과실은 표현대표이사의 대표권 존부에 대한 것이 아니라 대표이사를 대행하여 법률행위를 할 권한이 있느냐에 대한 것이다.

(2) 제3자의 범위

제3자란 표현대표이사의 직접 상대방뿐만 아니라 이 행위와 관련하여 표현적 명칭을 신뢰한 당사자 모두(예: 어음의 제3 취득자)를 포함한다(대판 2003. 9. 26, 2002다65073).

| 대법원 2003. 9. 26. 선고 2002다65073 판결 |

회사를 대표할 권한이 없는 표현대표이사가 다른 대표이사의 명칭을 사용하여 어음행위를 한 경우, 회사가 책임을 지는 선의의 제3자의 범위에는 표현대표이사로부터 직접 어음을 취득한 상대방뿐만 아니라, 그로부터 어음을 다시 배서양도받은 제3 취득자도 포함된다.

Ⅳ. 효과

(1) 표현대표이사의 대표권 행사에 대하여 회사는 선의의 제3자에 대하여 책임을 진다(상 395조). 회사는 책임뿐만 아니라 권리도 취득한다.

(2) 표현대표이사의 행위로 인하여 회사가 책임을 부담함으로 인하여 손해를 입은 경우, 회사는 당해 표현대표이사에 대하여 손해배상을 청구할 수 있다.

제5절 임직원에 대한 보상

[1] 이사의 보수

ㅇㅇ전자가 2000년 사업연도 중 등기이사들의 보수로 298억 원(1인당 평균 14억 9천만 원)을 지급하였다. 등기임원 중 연봉이 없는 사외이사 6명을 제외하면 14명의 사내이사의 평균 보수는 이보다 훨씬 많을 것으로 추정된다. 이는 직전 주주총회에서 승인받은 임원보수한도 400억 원(1인당 평균 20억 원)의 74.5%로 한도에서 102억 원 가량이 적다. ㅇㅇ측은 개인별 보수액을 밝히지 않았으나 고정보수와 연간 영업실적 등을 토대로 보수가 결정되었다고 설명했다. 이 같은 보수규모는 미국 주요 기업 CEO의 연봉에 육박하는 것이다. 이밖에 다른 ㅇㅇ전자 계열사 경영진들은 2억~4억 가량의 연봉을 받은 것으로 집계되었다. ㅇㅇ전자는 2001년 사업연도에도 임원보수한도를 직전 사업연도와 같은 400억 원으로 책정키로 하고 주주총회에서 승인받은 계획이다. 이 경우 ㅇㅇ전자가 20명이던 등기이사 수를 14명으로 줄이기로 했기 때문에 임원 1인당 보수한도 평균은 28억 원으로 늘어날 전망이다. 이에 비해 △△전자와 ㅁㅁ텔레콤 등 다른 주요 대기업의 최고경영자급 임원들이 받은 보수는 같은 시기에 최고 5억 원에서 적게는 1억 원 정도에 그쳤다. (출처: 매일경제 2001. 2. 21, 한국경제 2001. 2. 22, 한겨레 2001. 2. 22)

| 해 설 |

회사의 임원을 흔히 '기업의 꽃'이라든가 '기업의 스타(별)'이라 부르기도 한다. 이는 임원이 되면 많은 권한과 책임을 가지게 된다는 가진다는 뜻도 있지만 회사로부터 받는 월급봉투가 그만큼 두터워진다는 의미도 지닌다. 그러나 같은 이사라고 하지만 회사에 따라서 보수액수는 천차만별이다. 이사의 보수는 회사법적으로 어떠한 의미가 있는가? 그리고 이를 결정할 수 있는 권한은 누구에게 있는가? 이사가 수행하는 직무에 비하여 과다한 보수를 받는 경우 이를 시정하기 위하여 취할 수 있는 법적 조치로는 어떠한 것이 있을까?

Ⅰ. 의의 · 성질

(1) 이사의 보수는 명칭 여하와 지급시기를 불문하고 회사의 직무수행에 대한 대가로 지급되는 일체의 대가를 뜻한다. 이사의 퇴직금도 재직 중의 직무수행에 대한 대가로 후급된 것이면 상법 제388조의 보수에 포함된다(대판 2004. 12. 10, 2004다25123 ; 대판 1977. 11. 22, 77다1742).

| 이사보수에 대한 회사법적 통제 |

이사의 보수결정에 대한 상법의 제한은, 특히 소유와 경영의 분리를 기관구성의 기본원리로 하고 있는 주식회사에 있어서 (ⅰ) 대리인문제(agency problem)의 폐단을 방지하고 주주의 이익과 회사재산을 보호한다는 측면이 있는 동시에(인천지법 부천지원 2005. 5. 27, 2004가합3207), (ⅱ) 경영성과에 대한 평가와 보상의 의미가 있다.

(2) 이사 등 임원에 지급되는 보수는 근로기준법상의 임금이 아니므로(同旨 : 대판 2003. 9. 26, 2002다64681 ; 대판 1992. 12. 22, 92다28228), 임원의 퇴직금청구권에는 근로기준법 소정의 임금채권의 시효에 관한 규정이 적용되지 아니하고 일반채권의 시효에 관한 규정이 적용된다(대판 1988. 6. 14, 87다카2268).

Ⅱ. 절차적 통제

1. 결정기관

이사의 보수는 정관에서 규정하거나, 정관에서 정하지 아니한 때에는 주주총회의 결의로써 이를 결정하여야 한다(상 388조). 이사의 보수는 경영통제수단의 하나이므로 원래 주주가 정하여야 할 사항이고, 이사들이 보수를 스스로 결정하게 하면 과다하게 보수를 책정할 우려가 있기 때문이다. 이사의 보수결정에 관한 상법 제388조는 강행규정이므로, 이사회나 대표이사에게 이를 위임할 수 없다.

| 이사보수에 관한 정관규정의 사문화 |

상법에서는 이사의 보수를 정관에 의하여 정할 수 있도록 하고 있으나, 정관에 의하여 이사의 보수를 정하면 정관변경의 번거로움으로 인하여 이사의 보수를 증감하는 경우에 신축적으로 대응하기 어렵다. 이 때문에 이사의 보수를 정관으로 정할 수 있다는 위 규정은 사실상 사문화되고 있다(표준정관 40조 1항 참조).

| 대법원 1979. 11. 27. 선고 79다1599 판결 |

회사의 정관에 이사의 보수 및 퇴직금은 주주총회의 결의에 의하여 정하게 되어 있는 경우, 동 회사의 대표이사가 이사에 대한 보수 및 퇴직금에 관하여 한 약정은 그 대표이사가 동 회사의 전 주식 3,000주 중 2,000주를 가지고 있더라도 주주총회의 결의가 없는 이상 동 회사에 대하여 효력이 있다고 할 수 없다.

2. 결정방법

이사의 보수결정에 관한 상법 제388조의 규정은 회사재산의 보호에도 염두에 둔 것이므로, 보수의 총액만을 정관이나 주주총회의 결의로 정하고, 이사 개인별 지급액은 이사끼리 서로 알아서 정하도록 이사회에 그 결정을 위임할 수도 있다. 실무에서는 보통 그렇게 하고 있다.

3. 이사·감사 보수의 분리

이사의 보수에 관한 제388조는 감사의 보수에도 준용된다(상 415조). 정관 또는 주주총회에서 보수액을 정함에 있어서 이사의 보수와 감사의 보수는 구분하여 각별로 결의하여야 한다. 이사와 감사와 보수를 함께 정하고 그 분배를 이사회에 위임하면 감사의 중립성보호의 취지에 반하여 위법하다.

Ⅲ. 실질적 통제

이사의 보수는 직무수행의 대가적 성격을 띠므로 수행하는 직무와 보수액 사이에는 합리적인 비례관계가 인정되어야 하고 회사의 재무상태에 비추어 적정하여야 한다. 이러한 적정성을 잃어 이사의 보수가 과다하게 책정된 때에는 비록 형식적으로 정관이나 주주총회의 결의를 거친 것이라 하더라도 자본충실의 원칙상 그 효력을 인정할 수 없다.

Ⅳ. 이사의 보수청구권

(1) 이사와 회사간에는 위임에 관한 규정이 준용되므로(상 382조 2항) 근로기준법상의 근로자와는 달리 이사가 당연히 회사에 대하여 보수청구권을 갖는 것은 아니다. 이사의 보수에 관한 정관 또는 주주총회의 결의가 없는 한 이사는 보수청구권을 행사할 수 없다(대판 1992. 12. 22, 92다28228).

| 대법원 2004. 12. 10. 선고 2004다25123 판결 |

정관 등에서 이사의 보수 또는 퇴직금에 관하여 주주총회의 결의로 정한다고 규정되어 있는 경우 그 금액·지급방법·지급시기 등에 관한 주주총회의 결의가 있었음을 인정할 증거가 없는 한 이사의 보수나 퇴직금청구권을 행사할 수 없다. (同旨: 대법원 1999. 2. 24. 선고 97다38930 판결; 서울고법 1968. 10. 16. 67나2138 제4민사부판결; 대법원 1992. 12. 22. 선고 92다28228 판결)

(2) 한편, 정관에 아무런 규정이 없고 주주총회에서 보수에 관한 결의가 없는 경우에도 예컨대, 이사 재임 중 이사회의 결의로 2회에 거쳐 가불한 사실이 있고 후임이사가 월 일정액의 보수를 받고 있는 사실이 있는 때에는 전임이사에 대해서도 보수약정을 한 것으로 추정할 것이라 하여 이사 임용계약의 유상성에 대하여 관대한 입장을 취한 판례가 있다(대판 1965. 8. 31, 65다1156).

| 인천지법 부천지원 2005. 5. 27. 선고 2004가합3207 판결 |

주식회사 정관에 퇴직금의 지급은 주주총회 결의를 거친 임원퇴직금지급규정에 의하도록 되어 있더라도, 회사가 대차대조표에서 임원에게 지급할 퇴직금을 일정한 기준에 의하여 산정한 다음 그 금액을 회사의 채무로 계상하여 왔고, 실제로 퇴직하는 임원에 대하여 위 기준에 의하여 산정한 퇴직금을 지급하였으며, 주주총회는 매년 이러한 대차대조표를 승인해 왔고, 나아가 임원이 수령할 퇴직금에 대한 소득세를 원천징수하였다면 회사가 주주총회 결의를 거친 퇴직금지급규정이 존재하지 아니한다는 사실만으로 퇴직금의 지급을 거절하는 것은 신의칙에 비추어 허용되지 않는다.

[2] 주식매수선택권

[1] ○○은행의 △△은행장은 98년 8월 취임한 이후, 3년 동안 스톡옵션 30만 주를 약속받고 월급은 단돈 1원만 받아 왔다. △△은행장으로 재선임될 예정이며, 재선임된 이후에는 다른 은행장과 비슷한 월급을 받기로 결정했다. 월급수준은 사외이사들로 구성된 '보상위원회'가 결정한다. (출처 : 서울신문 2001. 8. 21, 조선일보 2001. 8. 21, 매일경제 2001. 8. 20, 한국경제 2001. 8. 21)

[2] ○○전자 스톡옵션 부여 · 행사현황 (부분발췌) (2004년 12월 31일 현재, 단위 : 원, 주)

부여받은자	관계	부여일	부여방법	주식의 종류	변동수량			미행사 수량	행사기간	행사가격	종가
					부여	행사	취소				
OOO	등기임원	2000.3.16	자기주식 교부	보통주	50,000	15,000	2,117	32,883	03.3.17~10.3.16	272,700	498,000
△△	미등기임원	2001. 3. 9	자기주식 교부	보통주	15,000	-	783	14,217	04.3.10~11.3.9	197,100	498,000
□□	미등기임원	2004. 4.16	자기주식 교부	보통주	5,000	-	95	4,905	06.4.17~14. 4. 16	580,300	498,000

(출처 : ○○전자, 2004년 사업보고서)

| 해 설 |

실무에서 스톡옵션(stock option)이라고 부르는 주식매수선택권은 회사에 대한 기여를 유도하기 위한 '당근'으로 제공된다. 스톡옵션에 따른 이익은 과거의 경영실적과는 무관하게 장래의 경영성과에 따라 달라지기 때문에 종업원지주제와는 달리 철저히 성과주의적이면서 자본주의적인 제도라 할 것이다. 주식매수선택권은 회사의 임원뿐만 아니라 직원에 대해서도 주어질 수 있다. 한편 스톡옵션은 기존 주주에게 돌아갈 몫의 일부를 떼어내어 주는 것인 만큼 기존 주주의 동의를 얻는 절차가 있어야 하고, 스톡옵션의 남용과 도덕적 해이를 방지하기 위한 제도적 장치가 필요하다.

Ⅰ. 의의

주식매수선택권이라 함은, 회사의 임원 또는 종업원에게 장래의 일정한 시기에 예정된 가격(행사가액)으로 회사의 주식을 매수 또는 인수할 수 있는 권리를 부여하는 것을 말한다. 예컨대, 행사가격 5,000원에 10만 주의 주식매수선택권을 받은 X사 사장은 X사의 주가가 6,000원일 때 스톡옵션을 행사해 매수한 후 곧바로 되팔면 1억 원(주당 1,000원×10만 주)의 매매차익을 챙길 수 있으나, 그와는 반대로 X사의 주가가 행사가격에 밑도는 3,000원인 경우에는 그 의미가 없다. 이는 1997년 증권거래법에 의하여 상장법인에 먼저 도입되었다가, 1999년 개정상법에 의하여 일반 회사로 확대되었다. 실무에서는 흔히 스톡옵션(stock option)이라 한다.

| 취 지 |

주식매수선택권은 업적연동형 보수의 성격을 지니고 있다. 임직원의 업적에 의하여 주가가 오르면 오를수록 주식매수선택권의 행사에 의하여 얻을 수 있는 차익(capital gain)이 커진다. 회사의 임원 또는 종업원에게 장차 선택권행사로 인하여 회사의 주식을 유리한 가격으로 매수할 수 있는 이익획득의 인센티브를 부여함으로써 회사에의 공헌을 유도하기 위한 제도이다.

Ⅱ. 유형

1. 자기주식형 · 신주발행형

회사는 선택권의 행사에 응하여 회사가 기보유하고 있는 자기주식을 부여하는 방법(자기주식양도형)과 신주를 발행하여 부여하는 방법(신수발행형) 중에서 선택할 수 있다(상 340조의2 1항 본문, 341조의2 1항).

2. 주식지급형 · 차액지급형

회사는 선택권의 행사에 응하여 자기주식을 양도하거나 또는 신주를 발행하여 이를 부여하는 방법(주식지급형)과 이에 갈음하여 주식의 실질가액과 행사가액의 차액을 정산하여 지급하는 방법(차액지급형) 중에서 선택할 수 있다(상 340조의2 1항 후단).

| 유형의 결정 및 併用 |

이상의 여러가지 유형 중 어느 것에 의할지는 주주총회의 특별결의에 의하여 정하여야 한다(상 340조의3 2항 2호). 주주총회는 원칙적으로 위에서 2가지 이상의 방법을 병용하는 것이 가능하다(손주찬). 다만 일본 상법에서는 자기주식형과 신주발행형의 병용을 금지하고 있다(일본상법 210조의2 5항 참조).

Ⅲ. 근거 및 요건

1. 정관의 규정

주식매수선택권을 부여하기 위해서는 정관에 그 근거가 있어야 한다(상 340조의2 1항). 주식매수선택권을 부여하는 회사는 이를 등기하여야 한다(상 317조 2항 3호의3).

2. 자격

주식매수선택권을 부여할 수 있는 상대방은 회사의 설립 · 경영과 기술혁신 등에 기여하거나 기여할 수 있는 이사 · 감사 또는 피용자이다(상 340조의2 1항 본문). 대주주 등에 의하여 남용되는 것을 방지하기 위하여, (ⅰ) 의결권 없는 주식을 제외한 발행주식총수의 10% 이상의 주식을 가진 주주, (ⅱ) 이사 · 감사의 선임과 해임 등 회사의 주요 경영사항에 대하여 사실상 영향력을 행사하는 자, (ⅲ) (ⅰ)과 (ⅱ)에 해당하는 자의 배우자와 직계 존 · 비속에 대해서는 (ⅰ)과 (ⅱ)의 동일인으로 보아 선택권의 부여가 금지된다(상 340조의2 2항).

3. 총량제한

주식매수선택권의 행사로 발행하거나 양도할 주식의 총량은 발행주식총수의 10%를 초과할 수 없다(상 340조의2 3항). 주식매수선택권의 부여가 남용되는 것을 방지함으로써 주주를 보호하고 자본충실을 기하기 위함이다.

Ⅳ. 부여절차

1. 주주총회의 결의

특정 임원 또는 피용자에게 주식매수선택권을 부여하기 위해서는 주주총회의 특별결의를 거쳐야 한다(상 340조의2 1항). 주주총회의 결의에서는, (ⅰ) 선택권을 부여할 자의 성명, (ⅱ) 선택권의 부여방법, (ⅲ) 선택권의 행사가액과 그 조정에 관한 사항, (ⅳ) 선택권의 행사기간, (ⅴ) 선택권을 부여할 자 각각에 대하여 선택권의 행사로 인하여 발행하거나 교부할 주식의 종류와 수 등을 정하여야 한다(상 340조의2 2항).

| 행사가액 |

행사가액은 (ⅰ) 신주발행형인 경우에는 선택권부여일을 기준으로 주식의 실질가액과 주식의 액면가 중 높은 금액 이상이어야 하고, (ⅱ) 자기주식양도형인 경우에는 선택권부여일을 기준으로 한 주식의 실질가액 이상이어야 하고(상 340조의2 4항), (ⅲ) 차액지급형인 경우에는 선택권행사일을 기준으로 주식의 실질가액 이상이어야 한다(상 340조의2 1항). 이는 자본충실을 위한 제한이다. 사후에 행사가격을 조정하려면 주주총회의 특별결의를 거쳐야 하고(상 340조의3), 액면가 이하로의 감액은 허용되지 않는다.

| 행사기간 |

선택권을 행사하려면 이를 부여하는 주주총회의 결의일(始期)로부터 2년 이상 재임 또는 재직하여야 한다(상 340조의4 1항). 이러한 상법상의 제한 내에서 회사는 구체적으로 정관에 의하여, 예컨대 "주주총회의 결의일로부터 5년 내에 행사하여야 한다"는 식으로 규정할 수 있다. 이 행사기간 동안에는 회사는 선택권의 행사에 의하여 회사가 발행할 종류와 수의 주식을 발행예정주식의 총수 중에 보유하여야 한다.

2. 계약의 체결

주주총회에서 특정인에 대하여 선택권을 부여하기로 결의하면, 회사는 결의내용에 따라 선택권자와 계약을 체결하고, 상당한 기간 내에 이를 계약서로 작성하여야 한다(상 340조의3 3항).

3. 공시

주식매수선택권부여계약서는 다른 주주가 볼 수 있도록 그 계약서를 선택권의 행사기간이 종료될 때까지 본점에 비치하고 주주로 하여금 영업시간 내에 열람할 수 있도록 하여야 한다(상 340조의3 4항).

Ⅴ. 매수선택권

1. 성질

주식매수선택권의 행사는 회사에 대하여 자기주식의 양도 또는 신주의 발행 또는 차액정산 중에서 선택적 이행을 청구하는 것이다. 회사의 승낙을 요하지 않고 일방적인 선택권의 행사에 의하여 효력이 발생되므로 형성권이다.

2. 양도

주식매수선택권은 양도할 수 없다(상 340조의4 2항 본문). 선택권은 특정 선택권자에 대하여 직무충실을 유도하는 동기부여를 위하여 제공되는 것으로 일신전속적 성격이 강하기 때문이다. 같은 이유에서 입질과 압류도 불가능하다. 그러나 재산권적인 성격을 지니므로 선택권자가 사망한 경우에는 그 상속인이 이를 행사할 수 있다(상 340조의4 2항 단서).

3. 행사

(1) 청구

주식매수선택권을 행사하려는 자는 청구서 2통에 선택권을 행사할 주식의 종류와 수를 기재하고 기명날인 또는 서명하여 회사에 제출하여야 한다(상 340조의5, 516조의8 1항).

(2) 회사의 결정

주식매수선택권의 행사에 대하여 회사는 자기주식을 양도할 것인지 신주를 발행할 것인지, 혹은 이에 갈음하여 차액을 정산할 것인지를 이사회의 결의에 의하여 결정하여야 한다.

(3) 납입

회사의 결정에 의해 선택권자가 자기주식양도의 청구권자 또는 신주발행의 청구권자로 확정된 경우, 선택권자는 행사가액 전액을 납입하여야 한다(상 340조의5, 516조의8 1항 · 3항). (i) 자기주식양도형인 경우에는, 행사가액을 회사에 납입하면 된다. (ii) 신주발행형인 경우에는, 신주인수권부사채의 신주인수권행사에 관한 상법 제516조의8 제1항과 제3항을 준용한다. 즉, 신주발행청구서 2통을 회사에 제출하고 신주발행가액 전액을 소정의 은행 기타 금융기관에 납입하여야 한다(상 340조의5). (iii) 차액정산형인 경우에는, 그 차액을 회사에 지급하여야 한다.

(4) 행사의 효과

(가) 효력발생시기

자기주식양도형인 경우에는 회사로부터 주권을 이전받음으로써 주주가 되고(상 336조 1항), 신주발행형인 경우에는 행사가액을 납입한 때에 주주가 된다(상 340조의

5, 516조의9).

(나) 의결권 행사

주주명부폐쇄기간 중에도 선택권을 행사할 수 있다. 다만 폐쇄기간 중에는 그로 인하여 발행된 신주의 의결권을 행사할 수 없다(상 340조의5, 350조).

(다) 이익배당

영업연도 도중에 선택권을 행사한 경우 그로 인하여 발행된 신주의 이익배당에 관하여는 그 청구를 한 때가 속하는 영업연도 말에 신주가 발행된 것으로 보나, 정관에 의하여 직전 영업연도 말에 선택권을 행사한 것으로 볼 수 있다(상 340조의 5, 350조 3항 후단).

(라) 변경등기

선택권의 행사로 인하여 신주가 발행되는 경우에는 등기사항에 변경이 생기므로 선택권을 행사한 날로부터 2주간 내에 변경등기를 하여야 한다(상 340조의5, 351조).

4. 상실

(1) 상실사유

(가) 법정상실사유

주식매수선택권을 부여하는 주주총회의 결의일 후 2년 내에 선택권자가 퇴임하거나 퇴직하는 경우에는 선택권을 상실하게 된다(상 340조의4 1항). 회사가 2년 내에 정당한 이유 없이 임직원을 해임 또는 해고하는 경우에는 신의칙상 선택권은 상실되지 않는다고 보아야 한다.

(나) 정관소정의 상실사유

회사는 자율적으로 정관에 선택권의 취소(철회)사유를 규정할 수 있다. 즉, 회사는 일정한 경우 이사회의 결의로 주식매수선택권의 부여를 취소(철회)할 수 있다는 뜻을 정관에 기재할 수 있다(상 340조의3 1항 5호). 예컨대, 주식매수선택권을 부여받은 자가 고의 또는 과실로 회사에 중대한 손해를 끼치는 경우 등을 철회사유로 정관에 정할 수 있다.

(2) 선택권부여의 무효

선택권부여에 무효사유가 있는 경우 그 하자를 다투는 방법은 다음과 같이 나누어 보아야 한다.

① 아직 선택권을 행사하지 않는 때에는, 선택권부여에 관한 주주총회 결의의 무

효 또는 취소의 소에 의한다.

② 이미 선택권을 행사한 때에는, 자기주식이 양도되었거나 차액이 정산 지급된 경우에는 주주총회결의 무효 또는 취소의 소에 의하여, 만일 신주가 발행된 경우에는 신주발행 무효의 소(상 429조)에 의하여 다툴 수 있다.

| 관련사례 |

[1] OO전자는 정기주주총회에서 스톡옵션부여 대상을 임원에서 부장급까지 대폭 확대키로 했다. OO전자의 스톡옵션 대상자는 지난해만 해도 임원과 일부 연구인력에 그쳤으나 올해는 경영실적 호전에 큰 공을 세운 부장급까지 확대했다. 실적개선에 대한 '포상'의미와 함께 우수인력의 유출 방지, 경영에 대한 책임감 제고, 동기부여를 통한 경쟁 유발 등 다목적 포석으로 해석된다. OO전자는 보통주 신주발행이나 자사주 지급 등을 통해 309만 9,500주를 이들에게 부여할 방침이다. 이로써 OO전자 스톡옵션 대상자는 662명, 부여 주식수는 459만 9,500주로 늘어났다. 스톡옵션의 행사기간을 2004년 3월부터 2008년 3월까지로 했다. (출처: 세계일보 2001. 2. 17, 조선일보 2001. 2. 17, 서울경제 2001. 2. 18, 한국일보 2001. 2. 19, 동아일보 2000. 2. 21)

[2] 1996년 국내에 소개된 스톡옵션제는 주주자본주의의 이상을 잘 담아낸 보상제도이지만 도입 초기에는 논란이 거셌다. 특히 종합주가지수와 코스닥지수가 3배로 오른 1998년 말~1999년 말 스톡옵션을 받자마자 행사한 뒤 이직하는 사례가 많아 '도덕적 해이' 논란이 일었다. 이에 따라 '2년 이상 재직해야 스톡옵션을 행사할 수 있다'는 조항이 2001년 3월 증권거래법 시행령에 삽입됐다. 최고경영자(CEO)에 대해 자기자본이익률(ROE), 시가총액, 국제결제은행(BIS) 자기자본비율 등 경영지표 목표치를 달성하는 정도에 비례해 부여 주식 수를 결정하는 형태도 그 즈음 등장했다. OO은행은 국내 최초로 2001년 11월 △ 전 행장에게 준 스톡옵션 행사 가격을 업종주가지수에 연동시켰다. 이 산식에 따르면 은행업종 전체의 주가지수가 오르면 행사가격이 올라 스톡옵션 행사시 매매차익이 줄어든다. 다른 은행의 주가가 오르는 바람에 OO은행의 주가도 덩달아 올라 덕을 보는 무임승차 문제를 줄여보자는 취지였다. (출처: 동아일보 2004. 11. 4 [이철용])

제6절 이사의 의무

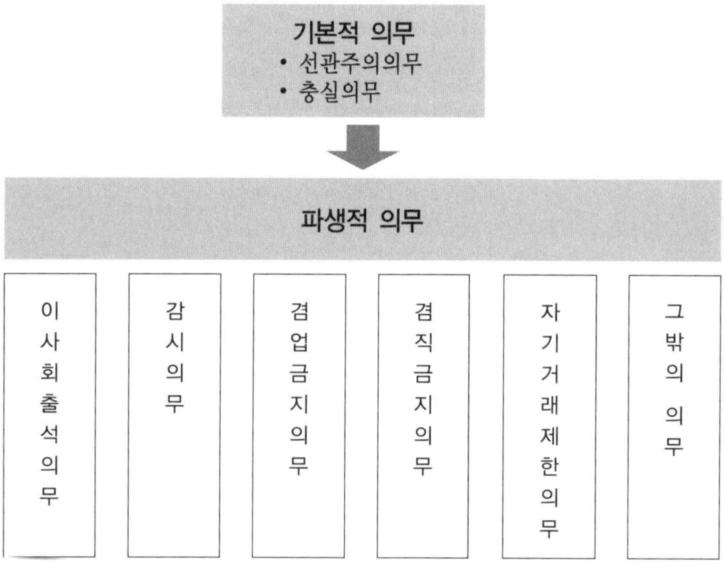

[1] 기본적 의무

서울중앙지법 민사합의O부는 법정관리 중인 ㅁㅁ의 관리인이 OO 前회장 등 당시 △△그룹 임원 9명을 상대로 낸 손해배상청구소송에서 "피고들은 연대해서 300억 원을 원고에 지급하라"며 원고 일부승소판결을 내렸다. 재판부는 판결문에서 "ㅁㅁ이 ▲▲의 1·2차 신주를 인수할 당시 ▲▲은 발행자본금 전액이 잠식돼 주식의 실질가치가 0원으로 평가됐을 뿐만 아니라 누적결손액이 3,872여 억 원 달하는 등 재무구조 및 경영상황이 매우 취약했다"며 "OO 前회장 등 피고들은 ▲▲의 신주를 인수할 경우 ㅁㅁ이 막대한 손해를 입을 가능성을 충분히 예상할 수 있었다"고 밝혔다. 재판부는 "피고들은 ㅁㅁ의 대표이사와 이사들로서 선량한 관리자의 의무나 충실의무를 다해 ㅁㅁ의 이익을 가장 우선적으로 고려해 ▲▲의 신주인수를 거절했어야 함에도 이를 이행하지 않고 부당한 업무집행을 한 만큼 배상책임이 있다"고 덧붙였다. 재판부는 또 신주인수과정에서 예측할 수 없었던 IMF 사태가 발생해 ▲▲의 경영악화에 영향을 미쳤다는 피고들의 주장은 받아들이지 않았다. 재판부는 다만 "OO 前회장 등은 ▲▲의 주주이기도 하나 개인적으로 사익을 추구하기 위해 신주를 인수키로 했던 점, ▲▲이 1·2차 유상증자 이후에도 경영이 정상화되지 않아 결국 부실금융기관으로 지정되고 ▲▲의 주식이 무상소각됨으로써 ㅁㅁ의 손해가 현실화된 점 등을 감안해 피고들의 책임을 전체 손해액의 50%로 제한한다" 고 설명했다. ㅁㅁ은 두 차례의 ▲▲ 유상증자를 통해 1400억 원의 자본금을 증액했으나 1997년 IMF 이후 자금 유동성 위기 등으로 인해 재무구조개선이 이뤄지지 않았고 금융감독기관이 ▲▲을 부실금융기관으로 지정하여 기존의 모든 주식을 무상소각토록 해 결국 500억 원의 손해를 입자 소송을 냈다.
(출처 : 매일경제 2005. 4. 20, 이데일리 2005. 4. 19, 조선일보 2005. 4. 20, 한국일보 2005. 4. 20)

┃해 설┃

위 사례는 회사로 하여금 부실 계열회사의 신주를 인수하도록 한 이사의 행위가 회사에 대한 선량한 관리자로서의 주의의무 내지 충실의무를 위반한 것인가의 문제를 다루고 있다. 위 사례에서 소개한 판례의 핵심은 "회사의 대표이사와 이사들로서 선량한 관리자의 의무나 충실의무를 다해 당해 회사의 이익을 가장 우선적으로 고려하여야 할 의무가 있고, 이를 위반한 경우 부당한 업무집행을 한 만큼 배상책임이 있다"고 한 점이다. 이사의 회사에 대한 선량한 관리자로서의 주의의무 내지 충실의무는 기본적인 의무로, 이를 원천으로 하여 이사는 회사에 대하여 각종 구체적인 의무를 진다.

Ⅰ. 선관주의의무

1. 근거

회사와 이사는 위임의 관계에 있다. 따라서 이사는 회사의 경영수임인으로서 회사에 대하여 선량한 관리자로서의 주의의무를 진다(민 681조, 상 382조 2항, 399조).

2. 범위 · 성격

(1) 고도의 주의의무 · 전문가책임

이사의 주의의무는 이사의 지위에 있는 자에게 보통 요구되는 정도의 추상적 · 객관적 주의의무이다. 이사는 주주로부터 경영권을 위임받은 자이기 때문에 전문경영인으로서 회사에 대하여 고도의 주의의무를 지고, 이를 위반한 경우 회사에 대하여 전문가책임(professional liability)을 진다.

┃대법원 2002. 3. 15. 선고 2000다9086 판결┃

금융기관인 은행은 주식회사로 운영되기는 하지만, 이윤추구만을 목표로 하는 영리법인인 일반의 주식회사와는 달리 예금자의 재산을 보호하고 신용질서 유지와 자금중개기능의 효율성 유지를 통하여 금융시장의 안정 및 국민경제의 발전에 이바지해야 하는 공공적 역할을 담당하는 위치에 있는 것이기에, 은행의 그러한 업무의 집행에 임하는 이사는 일반의 주식회사 이사의 선관의무에서 더 나아가 은행의 그 공공적 성격에 걸맞은 내용의 선관의

무까지 다할 것이 요구된다 할 것이고, 따라서 금융기관의 이사가 위와 같은 선량한 관리자의 주의의무에 위반하여 자신의 임무를 해태하였는지의 여부는 그 대출결정에 통상의 대출담당임원으로서 간과해서는 안될 잘못이 있는지의 여부를 금융기관으로서의 공공적 역할의 관점에서 대출의 조건과 내용, 규모, 변제계획, 담보의 유무와 내용, 채무자의 재산 및 경영상황, 성장가능성 등 여러 가지 사항에 비추어 종합적으로 판정해야 한다.

(2) 광범한 책임

이사는 직무를 수행함에 있어서 법령과 정관을 준수해야 할 의무(소극적 의무)를 짐은 물론이고, 나아가 전문경영인으로서 회사에 최선의 이익을 추구하여 할 의무(적극적 의무)를 부담한다.

(3) 경영판단의 존중

회사경영은 사후예측이 불확실하고 위험부담을 안고 있는 상태에서 의사결정을 하여야 하고 다양하고 복잡한 변수를 종합적으로 고려하여야 하므로 경영판단의 옳고 그름을 사후적으로 심사하여 주의의무위반(과실)의 유무를 판단하는 것은 적절하지 못하다. 그러므로 이사가 회사의 권리능력범위 내에서 또 이사의 권한범위 내에서 합리적인 근거에 의하여 판단을 하고 그 판단에 따라 성실하게 직무를 수행한 경우에는 이사의 경영판단을 존중하여야 한다. 이를 경영판단의 법칙(business judgement rule)이라 한다. 이는 미국 판례법에 의하여 확립된 원칙인데, 우리 학계와 판례도 이를 받아들이고 있다.

(4) 독자적 의무

이사가 이사회와 주주총회의 결의에 구속되는 것은 회사의 이익을 위한 경우에 한한다. 이사회나 주주총회의 결의가 객관적으로 위법 · 불공정한 때에는 이사는 이에 구속되지 않고, 이사는 자신의 판단에 입각하여 회사의 이익을 추구하여야 한다. 그러므로 이사가 이사회 또는 주주총회의 결의에 따라 행위를 하였다고 하여 그 책임이 면제되는 것은 아니다(대판 1989. 1. 13, 89도1012).

(5) 원천적 의무

선관주의의무는 이사가 회사에 대하여 지는 다른 모든 의무의 원천(기본)이 된다. 선관주의의무를 원천으로 하여 다른 구체적인 의무가 파생한다.

3. 선관주의의무를 지는 자

모든 이사는 상근 · 비상근, 사외 · 사내, 보수의 유무 등을 불문하고 선관주의의무를 진다. 명목상의 이사도 마찬가지이다. 이사가 선관주의의무를 위반하였을 때에는 회사에 대하여 손해배상책임을 지고(상 399조), 악의 또는 중대한 과실이 있으면 제3자에 대해서도 손해배상책임을 진다(상 401조).

Ⅱ. 충실의무

1. 의의 · 근거

1998년 개정 상법에서는 이사에게 회사의 수임인으로서 선량한 관리자로서의 주의의무를 진다는 규정(상 382조 2항, 399조)을 두는 것과는 별도로, 「이사는 법령과 정관의 규정에 따라 회사를 위하여 그 직무를 충실하게 수행하여야 한다」는 충실의무조항을 두고 있다(상 382조의3).

2. 선관주의의무와 충실의무의 관계

충실의무를 명시적으로 규정하고 있는 상법 제382조의3의 성격에 대하여, (ⅰ) 선관주의의무와 동질적인 것이거나 선관주의의무를 구체적으로 부연 설명한 것에 불과하다는 견해(同質說)와 (ⅱ) 영미법 본래의 충실의무를 도입하여 이를 입법화한 것으로 선관주의의무와는 다르다는 견해(異質說)로 나뉘고 있다.

| 이질설에 의한 설명 |

이질설에 의하면, 민법상의 위임의 경우는 무상이 원칙이지만, 이사의 경우는 통상 보수를 받는 것이 보통이므로 수임인의 이익을 무시해가면서 위임인의 이익을 우선시키도록 요구하는 것이 가능하고, 충실의무조항은 이러한 요구의 법적 근거가 된다. 1998년 개정 상법의 입법의도가 IMF 사태를 맞이하여 이사의 책임을 강화하는 방향으로 법을 개정한 것으로서, 개정 상법상의 이사의 충실의무는 종래의 선관주의의무와는 전연 다른 영미법상의 충실의무를 도입하는 것이라고 한다(서헌제, 정동윤).

| 영미법상의 충실의무 |

영미법상 이사는 회사의 수탁자로서 회사에 대하여 信忍義務(fiduciary duty)를 진다. 신인의무는 크게 주의의무(duty of care)와 충실의무(duty of loyalty)로 나누어진다. 이 중에서 충실의

무란 이사, 경영자 및 지배주주와 회사간에 이해상충(conflict of interests)이 발생한 상황에서, 이사나 경영자 및 지배주주가 자신의 이익을 위하여 회사에 해를 끼치는 행위를 할 수 없다는 것을 말한다. 영미법에서 이사의 충실의무는 이사회의 권한강화에 상응한 고도의 주의의무이다.

| 선관주의의무와 충실의무 |

이질설에 따라 선관주의의무와 충실의무를 비교하면 그 차이점은 다음 표와 같다(정동윤).

	선관주의의무	충실의무
의무가 요구되는 측면	이사가 회사를 위하여 직무를 수행하는 측면에서 요구되는 의무	이사가 그 지위를 이용하여 자기 또는 제3자의 이익을 위하여 행동하는 측면에서 요구되는 의무
고의 · 과실이 요구되는지의 여부	고의 · 과실을 요함	고의 · 과실을 요하지 않음
경영판단의 법칙의 적용여부	적용	충실의무의 위반에 대해서는 경영판단의 원칙의 적용에 따른 면책이 인정되지 않음
책임의 범위	회사가 입은 손해의 배상	회사가 입은 손해의 배상 + 이사가 얻은 모든 이득의 반환
인정되는 범위		매우 광범 (예: 회사와의 경업금지, 회사기회의 유용 금지, 내부정보의 이용금지 등)

[2] 파생적 의무

Ⅰ. 이사회 출석의무

그룹총수들의 평균적인 이사회 출석률은 매우 저조한 것으로 나타났다. 불참의 이유로 "등기이사로서 경영에 대한 책임은 지되 개별 경영은 전문경영인들이 소신있게 결정할 수 있는 분위기를 조성하기 위한 것"이라고 설명했다. 이와는 달리 OO그룹의 △△ 회장은 지난해 비상근 등기이사로 있으면서 34번의 이사회 가운데 26번 출석, 총수 일가임에도 불구하고 76.5%의 비교적 높은 출석률을 보였다. (출처: 주간동아 1999. 4. 1, 한겨레 2004. 3. 30, 머니투데이 2004. 4. 26, 서울신문 2005. 2. 25)

| 해 설 |

이사회는 회의체이기 때문에 회의에 참석하지 않고서는 그 직무를 제대로 수행할 수 없다. 그러므로 이사회 출석은 이사가 그 직무를 수행하는 첫걸음이 된다.

이사는 이사회에 출석하여 의결권을 행사할 의무를 진다. 정당한 사유 없이 이사회에 출석하지 아니하여 중요한 의사결정을 하지 못하도록 하거나 위법 · 부당한 결의를 막지 못한 경우에는 임무해태가 되어 손해배상책임을 져야 한다(서울고법 2003. 11. 20, 2002나6585).

Ⅱ. 감시의무

(1) 의의

이사는 다른 이사의 직무집행을 감시할 의무가 있다.

(2) 근거

이사의 감시의무(감시권)를 인정하는 명시적인 규정이 없으나, 「이사는 대표이사로 하여금 다른 이사 또는 피용자의 업무에 관하여 이사회에 보고할 것을 요구할 수 있다」는 상법 제393조 3항은 이사의 권한인 동시에 감시의무의 근거규정이 된다.

| 감사권 · 감독권 · 감시권 |

	감사의 감사권	이사회의 감독권	이사의 감시권
법적 근거	상 412조 1항	상 393조 2항	상 393조 3항
성격	제3자적 지위에서 업무감사	자기시정적 감사, 각 이사의 업무집행에 대한 지휘권 포함	대등한 이사 상호간의 감사, 감사 · 감독기관에 시정을 호소하는 수단
범위	적법성만을 감사(원칙) 자회사의 감사권 포함	적법성뿐만 아니라 타당성도 포함 (자회사에 대한 감독권은 인정되지 않음)	(좌동)

(3) 감시의무를 지는 이사

대표이사나 상근의 업무담당이사는 물론이고 일상적인 업무집행을 하지 않는 비상근의 평이사도 대표이사 또는 업무담당이사의 직무집행을 감시할 의무가 있다(대판 1985. 6. 25, 85다카1954).

(4) 감시의무의 대상과 범위

① 평이사는 이사회에 부의된 사항에 대하여 감시의무(수동적 · 소극적 감시의무)를 질뿐만 아니라, 이사회에 부의되지 않은 사항에 대해서도 감시의무(능동적 · 적극적 감시의무)를 진다고 한다(다수설, 판례).

② 평이사의 능동적 · 적극적 감시의무의 한계에 대해서는, (ⅰ) 평이사는 대표이사나 업무담당이사의 직무위반을 알게 된 경우에 한해 감시의무를 진다는 견해(소극설), (ⅱ) 그에 그치지 않고 나아가 적극적으로 회사의 업무집행상황을 정확하게 파악하여야 할 의무까지를 부담한다는 견해(적극설), (ⅲ) 평이사가 업무담당이사의 부정을 의심할만한 사유가 있고 이를 알 수 있었음에도 불구하고 방치한 때에는 감시의무를 위반한 것이라고 하는 견해(절충설)가 있다. 판례는 절충설을 취하고 있다(대판 1985. 6. 25, 84다카1954).

| 대법원 2004. 12. 10. 선고 2002다60467, 60474 판결 |

주식회사의 이사는 이사회의 일원으로서 이사회에 상정된 의안에 대하여 찬부의 의사표시를 하는 데에 그치지 않고, 담당업무는 물론 다른 업무담당이사의 업무집행을 전반적으로 감시할 의무가 있으므로, 주식회사의 이사가 다른 업무담당이사의 업무집행이 위법하다고 의심할 만한 사유가 있음에도 불구하고 이를 방치한 때에는 이로 말미암아 회사가 입은 손해에 대하여 배상책임을 면할 수 없다. (同旨 : 대법원 1985.6.25. 선고 84다카1954 판결)

Ⅲ. 보고의무

(1) 취지

이사는 회사에 현저하게 손해를 미칠 우려가 있는 사실을 발견한 때에는 즉시 감사에게 이를 보고하여야 한다(상 412조의2). 감사의 보고요구(상 412조 2항)가 없더라도 이사로 하여금 자진하여 회사에 손해를 미칠 염려가 있는 사실을 감사에게 보고하도록 함으로써 회사의 손해를 사전에 방지하고 감사의 감사를 용이하게 하기 위한 제도이다.

| 이사회 보고의무와의 관계 |

이사는 적어도 3월에 1회 이상 이사회에 대하여 업무집행상황을 보고하여야 한다(상 393조 4항). 이사회의 감독기능을 보장하기 위한 것으로, 상법 제412조의2의 감사에 대한 보고의무와는 그 취지가 다르다.

(2) 보고의무자

감사에 대하여 보고의무를 지는 자는 그러한 사실을 「발견」한 이사이다. 이에 해당하는 한 대표이사나 업무담당이사일 것을 요하지 않으며, 그러한 사실의 발생에 관여한 이사에 국한하지 않는다.

(3) 보고의 대상

보고사항은 「회사에 현저하게 손해를 미칠 우려가 있는 사실」이므로 경미한 손해는 보고사항이 아니다. 원인을 불문하고 회사에 중대한 손해의 발생을 미연에 방지하기 위한 것이기 때문에, 이사의 위법행위로 인한 것임을 요하지 않고, 이사의 행위로 인한 것이 아닌 경우(예 : 항공운송회사의 대형 여객기 사고 등)도 보고대상이 된다.

(4) 보고의 시기 · 방법

보고의 시기는 회사에 현저하게 손해를 미칠 우려가 있는 사실을 「발견한 즉시」이다. 손해발생에 대비한 신속한 조치를 취할 수 있게 하기 위함이다. 보고의 방법에는 아무런 제한이 없다. 감사가 2인 이상인 경우에는 그 중 1인에 대하여 보고하면 된다.

(5) 보고의무 위반의 효과

이사가 보고의무를 위반하여 회사에 손해가 발생하거나 손해가 확대된 경우에는 손해배상책임을 진다(상 399조 1항).

Ⅳ. 경업 · 겸직금지의무

1. 競業禁止義務

시민단체는 보고서에서 "OO그룹이 자회사나 사내 영업조직을 통해서 물류사업을 하지 않고 OO그룹의 지배주주인 △△△회장과 □□□사장 개인이 만든 ●●●에 그룹 물류의 물량을 몰아주어 회사가 손해를 입었다"고 주장했다. ●●●는 OO 계열사의 지원으로 배당과 매각 · 상장을 통해 거액의 이익을 실현했지만 이 돈이 회사의 이익금 대신 △△△ 회장과 □□□ 사장의 개인이익으로 넘어간 셈이라고 시민단체는 주장했다. (출처: 내일신문 2006. 4. 6, 이데일리 2006. 4. 6)

| 해 설 |

이사는 회사의 수임자로서 회사에 최대한 이익을 가져다 줄 의무가 있다. 이사가 회사의 이익보다는 자기 또는 회사가 아닌 자의 이익을 위하여 이사의 자리를 이용하는 것은 이사에 부여된 선량한 관리자로서의 주의의무 내지 충실의무를 위반한 것이 된다. 위 사례는 경업적인 성격과 자기거래적인 성격을 아울러 갖는다.

(1) 의의

이사는 이사회의 승인이 없으면 자기 또는 제3자의 계산으로 회사의 영업부류에 속하는 거래를 할 수 없다(상 397조). 이는 회사의 비용으로 획득된 「영업기회」를 회사의 이익이 아닌 다른 용도로 유용하는 것을 금지함으로써 회사의 이익을 희생하면서 자기 또는 제3자의 이익을 꾀하는 이해충돌행위를 방지하기 위함이다.

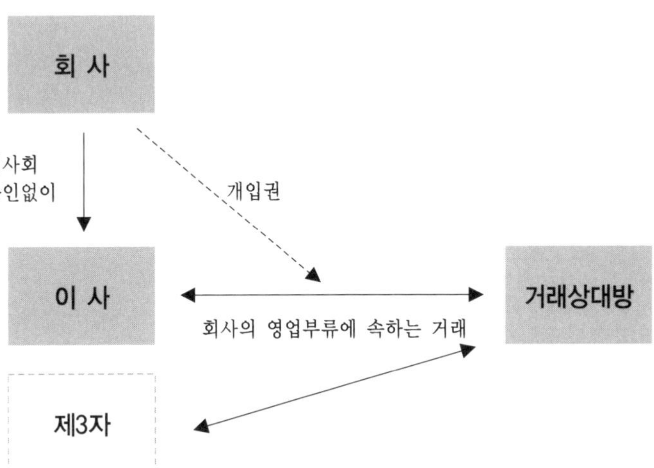

┃회사기회의 편취┃

회사기회의 편취(usurpation of corporate opportunity)란 이사, 경영진 및 이사회를 실질적으로 장악하고 있는 지배주주가 회사에 이익이 될 수 있는 사업기회를 중간에 가로채서 이를 자신이 수행함으로써 사적인 이익을 취하는 행위를 말한다. 이러한 행위는 회사와 전체 주주의 이익에 반하는 행위이기 때문에 원칙적으로 금지된다. 현재의 사업뿐만 아니라 또는 사업의 연장선(the line of business)상에 있는 장래의 유망한 사업기회를 편취하는 것도 금지된다.

┃상업사용인의 경업 · 겸직금지의무와의 차이점┃

이사의 경업 · 겸직금지는 상업사용인의 경우(상 17조)와 같은 취지의 제도이다. 다만, 상업사용인의 경업 · 겸직금지의무(상 17조)는 회사의 업무에 전심전력하여 한다는 의무임에 반하여(정력집중의무), 이사의 경업 · 겸직금지의무(상 397조)는 이사와 회사와의 사이에 이해충돌을 야기할 수 있는 경업관계에 서는 것을 금지하는 데 그 취지가 있다(경업금지의무).

(2) 금지의 요건

(가) 자기 또는 제3자의 계산

「자기 또는 제3자의 계산」이란, 그 거래의 경제적 효과가 회사가 아닌 자기 또는 제3자에 귀속하는 것을 뜻한다. 경제적 효과의 귀속을 문제삼는 것이지, 거래에 따른 법적 권리의무의 귀속을 문제삼는 것이 아니므로, 거래의 명의 여하를 불문한다. 예컨대, 이사가 별도의 회사를 설립하여 그 회사로 하여금 경업거래를 하도록 하는 것은 제3자의 계산으로 하는 것에 해당한다.

(나) 회사의 영업부류에 속하는 거래

「회사의 영업부류에 속하는 거래」에는 동종의 영업뿐만 아니라 회사와 널리 이익충돌을 가져올 수 있는 거래(예 : 대체재 내지 시장분할의 효과가 있는 거래)도 포함한다. 현재적인 이익상충뿐만 아니라 잠재적인 이익충돌의 가능성도 포함된다. 회사가 착수준비 중에 있는 영업에 속하는 거래도 이에 포함된다. 일회적인 거래와 비영업적인 거래도 회사의 영업기회를 유용하는 경우라면 본조의 적용대상이 된다.

┃대법원 1993. 4. 9. 선고 92다53583 판결┃

■ 이사의 경업금지의무를 규정한 상법 제397조 제1항의 취지는 이사가 그 지위를 이용하여 자신의 개인적 이익을 추구함으로써 회사의 이익을 침해할 우려가 큰 경업을 금지하여 이사로 하여금 선량한 관리자의 주의로써 회사를 유효적절하게 운영하여 그 직무를 충실하게 수행하여야 할 의무를 다하도록 하려는 데 있으므로, 경업의 대상이 되는 회사가 영업을 개시하지 못한 채 공장의 부지를 매수하는 등 영업의 준비작업을 추진하고 있는 단계에 있

다 하여 위 규정에서 말하는 "동종영업을 목적으로 하는 다른 회사"가 아니라고 볼 수는 없다.

■ 회사의 이사가 회사와 동종영업을 목적으로 하는 다른 회사를 설립하고 다른 회사의 이사 겸 대표이사가 되어 영업준비작업을 하여 오다가 영업활동을 개시하기 전에 다른 회사의 이사 및 대표이사직을 사임하였다고 하더라도 이는 상법 제397조 제1항 소정의 경업금지의무를 위반한 행위로서 특별한 다른 사정이 없는 한 이사의 해임에 관한 상법 제385조 제2항 소정의 "법령에 위반한 중대한 사실"이 있는 경우에 해당한다. (同旨 : 대법원 1990.11.2. 자 90마745 결정)

(다) 손해발생 불요

의무위반으로 인해 회사에 손해가 발생하였을 것을 요하지 않는다.

2. 겸직금지의무

(1) 의의

이사는 이사회의 승인 없으면 동종영업을 목적으로 하는 다른 회사의 무한책임사원 또는 이사가 되지 못한다(상 397조). 이는 이사가 회사의 업무에 전념토록 하기 위함이다.

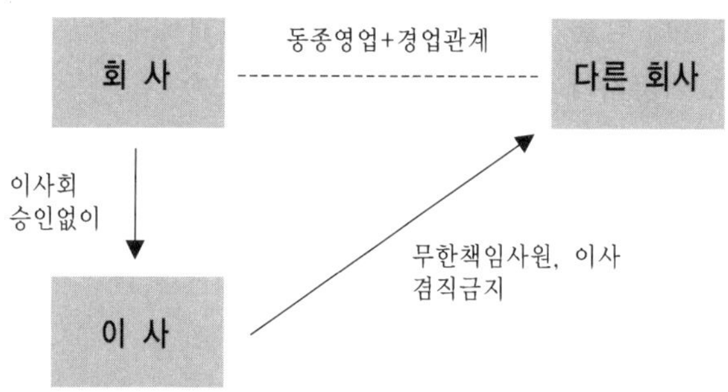

| 상업사용인의 겸직금지의무와의 차이점 |

상업사용인의 경우는 동종영업에 한하지 않고 모든 회사에 걸쳐 무한책임사원 또는 이사가 되거나 다른 상인의 상업사용인이 되는 것을 금지함으로써 이사의 경우보다 금지되는 겸직의 범위가 넓다(정력집중의무)(상 17조 1항).

(2) 금지의 요건

(가) 동종영업을 목적으로 하는 다른 회사

이는 경업금지의무의 「회사의 영업부류」와 동일한 뜻이다. 경쟁가능성이 있는 영업을 준비하고 있는 회사도 포함된다(대결 1990. 11. 2, 90마745 ; 대판 1993. 4. 9, 92다53583).

(나) 무한책임사원 또는 이사

법문상으로는 다른 회사의 유한책임사원이나 감사가 되는 것은 금지의 대상이 아니다.

(다) 손해발생 불요

이는 경업금지의 경우와 마찬가지이다.

3. **허용** (이사회의 승인)

(1) 경업거래나 겸직이 허용되려면 이사회의 승인을 요한다(상 397조 1항). 이사가 1인인 경우에는 주주총회의 승인으로 갈음한다(상 383조 4항). 입법론으로 주주총회 대신에 감사가 승인권을 가지도록 하는 것이 바람직하다는 견해가 있다(손주찬). 이사회의 승인을 총주주의 동의로 대체할 수 있는가에 대해서는 긍정설과 부정설이 있다.

(2) 사전승인이어야 한다. 사후의 승인은 이사의 책임면제에 총주주의 동의를 요하는 규정(상 400조)을 무의미하게 할 우려가 있으므로 허용되지 않는다.

(3) 개별 거래마다 일일이 승인을 받을 필요는 없고, 거래의 범위 · 대상을 한정하여 포괄적으로 승인하는 것도 가능하다.

(4) 이사가 이사회의 승인을 받을 때에는 그 거래와 겸직에 관한 중요한 사실을 밝혀야 한다.

4. **위반의 효과**

(1) 경업 · 겸직금지의무를 위반한 경우 (공통)

금지위반으로 회사에 손해가 발생한 경우 이사는 회사에 대하여 손해배상책임을 진다(상 399조). 또한 손해배상을 하지 않고서도 이사를 해임할 수 있는 사유가 되며(상 385조 1항), 소수주주가 법원에 이사의 해임을 청구할 수 있다(상 385조 2항).

(2) 경업금지의무를 위반한 경우

(가) 경업거래의 효과

경업거래는 상대방의 선의 · 악의를 불문하고 유효하다.

(나) 개입권 (탈취권)

① 이사의 계산으로 한 경우에는 회사의 계산으로 한 것으로 볼 수 있다.

② 제3자의 계산으로 한 경우에는 이사에 대하여 그로 인한 경제적 이득(보수)의 양도를 청구할 수 있다(상 397조 2항, 383조 4항). 손해배상만으로는 회사의 보호에 충분하지 못한 경우도 있고 또 회사의 거래처를 그대로 유지할 필요가 있을 수 있기 때문이다.

③ 개입권은 형성권이다. 개입권을 행사하더라도 이사와 제3자간의 거래는 여전히 유효하며, 이사는 그 경제적 효과를 회사에 귀속시킬 의무를 부담하는데 그치고, 회사가 직접 그 거래의 당사자가 되는 것은 아니다(다수설). 개입권은 거래일로부터 1년이 경과하면 소멸한다(제척기간)(상 397조 3항).

(다) 형사벌칙

경업금지위반의 행위는 특별배임죄(상 622조 1항)를 구성할 수도 있다.

V. 자기거래 제한의무

△△그룹의 전 회장인 ○○을 상대로 손해배상소송을 내 1,000억 원 지급판결을 받아낸 □□이 과거 ○○ 전 회장이 불법으로 기부금을 전달한 바 있는 학교재단과 선교단체를 상대로 낸 소송에서도 잇따라 승소했다. 서울중앙지법 민사합의○부는 □□이 ○○ 전 회장의 부인 ●●씨가 이사장으로 있던 ■■재단을 상대로 "이사회의 결의 없이 낸 기부금을 돌려달라"며 낸 부당이득금 반환청구소송에서 "피고는 원고에게 213억 9,000만 원을 지급하라"고 원고승소판결했다. 재판부는 판결문에서 "■■재단에 대한 기부행위는 □□의 대표이사와 ■■재단의 대표권 있는 이사를 겸하던 ○○ 전 회장에 의해 행해진 상법상의 "이사의 자기거래에 해당하며, 이사회의 결의 없이 ○○ 전 회장의 독자적인 결정과 지시로 이뤄졌기 때문에 무효"라고 밝혔다. 재판부는 "수년에 걸쳐 매년 30억 원 정도의 정기적인 기부행위가 있었다면 이는 회사의 중요자산의 처분에 해당하므로 이사회의 결의가 필요하다"고 설명했다. □□의 대표이사로 재직했던 ○○ 전 회장은 자신의 부인이 이사장으로 있던 ■■재단에 1993년 6월부터 1998년 7월까지 74회에 걸쳐 총 213억 9,000만 원을 기부했고, △△그룹이 해체된 뒤 □□은 이 기부행위가 부당하게 이뤄졌다며 ■■재단을 상대로 기부금을 반환하라는 소송을 냈다. 한편 앞서 서울고법 민사○부도 □□이 학교법인 △학원을 상대로 "○○ 전 회장이 회사 자금을 불법으로 기부했다"며 낸 부당이득금 청구소송에서 "피고는 원고에게 위법하게 받은 기부금 231억 원을 되돌려주라"고 원고 승소판결한 바 있다. (출처 : 머니투데이 2005. 4. 27, 관련기사 : 매일경제 2004. 2. 8, 새전북신문 2004. 2. 8, 서울경제 2004. 2. 8, 제일경제 2004. 2. 8, 경향신문 2004. 2. 9)

| 해 설 |

위 사례는 회사의 대표이사와 다른 법인의 이사를 겸하는 자가 회사의 재산으로 다른 법인에 기부한 행위는 이사의 자기거래이며 회사에 불이익을 줄 염려가 있는 거래이므로 그것이 이사회의 승인 없이 이루어졌다면 회사와의 관계에서 무효라는 취지의 판결이다. 이사와 회사와의 거래는 이사가 회사재산을 함부로 사용함으로써 회사재산의 건전성을 해칠 우려가 있다. 이 때문에 상법에서는 이사가 회사와 거래하려면 사전에 이사회의 승인을 받을 것을 요하고 있다. 우리 기업계에서 위와 유사한 사례가 법위반에 대한 의식 없이 매우 폭넓게 이루어지고 있을 것으로 짐작된다. 위 판례는 이러한 잘못된 관행에 경종을 울린 것이라 하겠다. 법적 관점에서 볼 때, "그것이 종교단체나 학교기부 등과 같이 좋은 뜻으로 이루어 진 경우에도" 위법하기는 마찬가지이다.

1. 의의 · 취지

이사의 자기거래란 이사가 회사를 상대방으로 하여 자기 또는 제3자의 계산으로 하는 거래를 말한다(상 398조). 이사가 회사의 희생 하에 자기 또는 제3자의 이익을 도모할 염려가 있고, 회사재산을 빼돌리는 '빨대'로 악용될 위험이 있기 때문에 원칙적으로 이를 금지하고 있다.

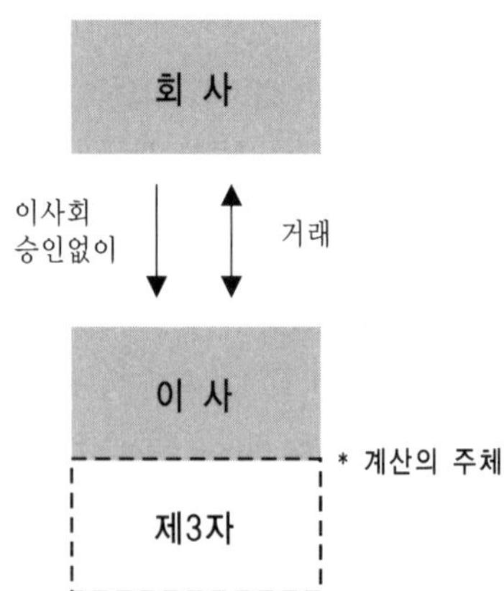

| 경업금지의무와의 관계 |

이사의 경업거래와 자기거래는 사적인 이익을 추구하기 위하여 회사에 돌아갈 이익을 가로채는 것이므로 넓은 의미의 회사기회의 편취라는 면에서 양자는 동질적이다. 다만 경업거래는 거래의 상대방이 회사가 아닌 제3자라는 점에서 차이가 있을 뿐이다.

2. 금지되는 자기거래

상법 제398조에 의하여 제한을 받는 자기거래란 「이사가 자기 또는 제3자의 계산으로 회사와 거래」하는 것을 말한다.

(1) 이사와 회사간의 거래

이사 또는 제3자가 직접 회사의 상대방이 되어 거래하는 경우(직접거래) 뿐만 아니라, 형식적으로는 이사 이외의 제3자와 회사 사이에 거래가 이루어지지만 결과적으로는 그 이득이 이사에 귀속하는 경우(간접거래)도 자기거래에 포함된다(대판 1984. 12. 11, 84다카1591 ; 대판 1974. 1. 15, 73다955). 이사(B)의 채무에 대하여 회사(A)가 이사의 채권자(C)와 채무보증 또는 담보설정계약을 체결하거나 그 채무를 인수하는 것은 간접거래의 예에 해당한다(대판 1992. 3. 31, 91다16310).

┃적용대상이 되는 이사┃

① 회사와의 거래에 관하여 이사회의 승인을 요하는 이사는 주주총회에서 적법하게 선임된 자라야 하고, 거래 당시에 이사와 그에 준하는 자(이사직무대행자, 청산인 등)에 한정한다(대판 1966. 1. 18, 65다 880·881 ; 대판 1988. 9. 13, 88다카908).

② X회사와 Y회사의 대표이사를 겸하는 A가 X회사의 채무에 관하여 Y회사를 대표하여 연대보증한 경우에는 상법 제398조의 적용대상이 된다(대판 1969. 11. 11, 69다1374 ; 대판 1984. 12. 11, 84다카159 ; 대판 1996. 5. 28, 95다12101 · 2118). A가 X회사와 Y회사의 대표이사가 아닌 경우에도 거래의 공정을 해할 우려가 있으므로 X와 Y의 거래는 자기거래로 보아야 한다는 견해가 있다(이철송).

(2) 이익충돌의 염려가 있는 행위

(가) 이익충돌 여부의 판단

상법 제398조에 의하여 이사회의 승인을 요하는 자기거래는 회사와 이사간에 이익충돌의 염려가 있는 모든 재산상의 행위를 포함하고, 또 이에 한정한다. 이익충돌의 염려가 있는가 없는가를 판단함에 있어서는 그 행위의 일반적 · 추상적 성질만을 기준으로 할 것이 아니라, 실질적 · 구체적인 측면도 고려하여야 한다.

┃이익충돌의 염려가 있는 거래의 예시┃

예컨대, 회사로부터 금전의 차용, 회사재산의 매수, 이사재산의 회사에 대한 매도, 회사의 채권을 이사의 채권으로 하는 更改, 이사의 회사에 대한 채무의 면제 등은 상법 제398조의 자기거래에 해당한다. 주식회사의 대표이사가 변태 지출한 경비를 회사의 차입금으로 처리하는 경우도 이에 해당한다(대판 1980. 7. 22, 80다341, 342).

| 이익충돌의 염려가 없는 거래의 예시 |

예컨대, 회사에 부담 없는 증여, 이사의 회사에 대하여 무이자·무담보의 대여, 상계, 채무의 이행행위, 약관에 의하여 정형적으로 이루어지는 거래, 약관에 의하지 않더라도 일상용품의 구입과 같이 통상적인 거래조건에 따라 이루어지는 거래, 대표이사가 회사의 채무를 담보하기 위한 방편으로 회사가 대표이사에게 약속어음을 발행하고 대표이사가 채권자에게 배서하는 경우 등은 회사에 불이익을 주지 않으므로 본조의 적용대상이 아니다. 명의신탁자인 이사가 명의수탁자인 회사에 대하여 명의신탁관계를 해지하는 행위도 이에 해당한다(서울민사지법 1992. 12. 22, 91가합1139).

(나) 어음행위

어음행위·수표행위의 경우 상법 제398조에 따라 이사회의 승인을 필요로 하는가? 이에 대해서는 (i) 어음행위는 원인행위와 절단되어 있고 거래의 수단에 지나지 않은 행위이므로 그 자체로서는 이익충돌을 일으키는 행위가 아니라는 이유로 본조가 적용되지 않는다는 견해(부정설, 소수설), (ii) 어음행위자는 어음행위에 의하여 원인관계로부터 단절된 전혀 다른 새로운 어음채무를 부담하고 어음채무는 항변의 절단과 증명책임의 전환에 의하여 원인관계상의 채무보다 엄격한 채무를 지며, 특히 부도시에는 거래정지처분의 불이익을 입게 되므로, 어음행위는 이사와 회사간 이익충돌의 염려가 있는 행위라 할 것이고, 따라서 본조가 적용된다는 견해(긍정설, 다수설)(대판 2004. 3. 25, 2003다64688; 서울고법 1969. 10. 30, 68나2049)가 있다. 후자의 견해에 찬동한다. (iii) 그러나 어음행위라도 예를 들어, 이사가 회사의 채무를 담보하기 위하여 회사로부터 어음을 발행받아 채권자에게 배서하는 경우와 같이 실질적으로 이사의 이익도 회사의 희생도 없는 경우에는 본조의 적용대상이 아니다(대판 1962. 3. 13, 62다1).

(3) 자기 또는 제3자의 계산

위에 해당하여 이익충돌의 염려가 있는 한 거래의 명의와 계산의 주체를 불문한다.

3. 허용요건

이사의 자기거래가 허용되기 위해서는, 절차적 요건으로 이사회의 승인을 요하고, 실질적 요건으로 거래의 공정성으로 요한다.

절차적요건 (이사회 승인) **+** **실질적 요건** (거래의 공정성) ⇨ **자기거래 허용**

(1) 절차적 요건 - 이사회의 승인

이사회(1인 이사인 경우에는 주주총회)의 승인이 있으면 이사는 자기거래를 할 수 있다. 이사회의 승인은 사전적 · 개별적 승인이어야 한다. 다만 계속 · 반복되는 동종의 정형적인 거래에 대하여는 거래의 종류 · 금액 · 기간 등을 정하여 포괄적으로 승인하는 것은 본조의 취지에 반하지 않는다. 이사회의 승인결의에 있어서 당해 이사는 특별이해관계인으로서 의결권을 행사하지 못한다(상 391조 2항, 368조 4항).

|총주주의 동의로 갈음할 수 있는지의 여부|

주주 전원(1인 주주인 회사의 경우는 그 1인 주주)의 동의가 있으면 이를 가지고 이사회의 승인을 갈음할 수 있는지에 대해서는 찬반양론이 있다.

(i) 긍정설(대체가능설) - 상법 제398조는 회사, 나아가 주주의 보호를 목적으로 하기 때문에 이사회의 승인은 주주 전원의 합의로 대체할 수 있다는 견해이다. 판례는 이러한 입장을 따르고 있다(대판 2002. 7. 12, 2002다20544 ; 대판 1992. 3. 31, 91다16310).

(ii) 부정설(대체불가설) - 상법 제398조가 주주만을 보호하기 위한 것이 아니고 회사재산의 건전한 유지에 목적이 있으며, 이사회 결의를 총주주의 동의로 갈음하면 주주의 책임을 물을 수 없으므로 주주 전원의 동의라 하더라도 이사회 승인에 갈음할 수 없다는 견해이다. 더욱이 1인 또는 소수의 주주들이 회사를 개인기업처럼 운영하는 회사의 경우에는 이사회의 동의를 총주주의 동의로 갈음할 수 있다고 하면, 자기거래를 이용하여 주주가 회사의 이익을 詐取하는 수단으로 이용할 우려가 있다는 비판을 제기하고 있다(손주찬, 서헌제, 이철송, 홍복기).

(iii) 사견 - 자기거래에 이사회의 승인을 요하는 가장 중요한 이유는 자기거래가 회사재산을 빼돌리는 불공정한 거래의 수단으로 이용되지 못하도록 이를 절차적으로 통제하는 데 있다. 만일 1인 주주의 동의로 이사회의 승인을 갈음할 수 있다고 하면 이사회의 이러한 통제기능을 기대할 수 없게 된다. (ii) 설에 찬동한다.

|소규모회사의 경우|

이사가 1인인 경우에는 이사회가 없으므로 자기거래의 승인은 주주총회의 보통결의에 의한다(상 383조 4항). 이사가 2인인 경우에는 다른 한 사람의 승인을 얻으면 된다. 입법론으로, 이사가 1인 또는 2인인 회사에서는 감사의 승인을 얻도록 하는 것이 합리적이라는 견해가 있다(손주찬).

(2) 실질적 요건 - 거래의 공정성

이사의 자기거래에 대하여 이사회의 승인이 있더라도 거래가 불공정하여 회사에 손해를 입혔다면 거래한 이사 및 승인결의에 찬성한 이사는 연대하여 상법 제399조에 의한 손해배상책임을 진다. 이사회의 승인은 자기거래 금지를 해제하는 요건일 뿐이고 이사의 책임을 면제하는 것은 아니기 때문이다.

4. 제재 및 효력

(1) 대내적 책임

이사회의 승인 없이 자기거래를 한 경우 이사의 손해배상책임(상 399조) 및 해임사유가 된다.

(2) 대외적 효력

이사회의 승인 없는 자기거래의 사법적 효력은 어떠한가? 이에 대해서는 다음과 같은 견해가 있다.

(ⅰ) 무효설 - 회사의 이익보호에 중점을 두어 상법 제398조는 강행규정이므로 이에 위반하여 이사회의 승인 없이 한 이사의 자기거래는 무효라는 견해이다.

(ⅱ) 유효설 - 거래의 안전에 중점을 두어 상법 제398조는 효력규정이 아니고 명령규정이므로, 이에 위반하여 이사회의 승인 없이 한 자기거래는 유효하고, 다만 이사의 손해배상책임과 해임의 사유가 될 뿐이라는 견해이다.

(ⅲ) 상대적 무효설 - 회사와 이사간에는 무효이나, 자기거래에 관련되는 선의의 제3자와의 사이에서는 유효라는 견해이다(다수설)(대판 2004. 3. 25, 2003다64688 ; 대판 1978. 12. 28, 77다907 ; 대판 1980. 7. 22, 80다321 · 342). 상대적 무효설에서는 회사가 자기거래임을 이유로 무효를 주장할 경우, 이사회의 승인이 없었다는 점과 이 점에 대한 상대방의 악의를 회사가 입증하여야 한다고 한다(대판 1973. 10. 31, 73다954).

(ⅳ) 정리 - 이사회의 승인은 회사 내부의 절차적 요건에 불과한 것으로서 반드시 행위의 유효요건이라고 보기 곤란하므로, 회사의 이익과 거래의 안전의 조화를 기하는 상대적 무효설이 타당하다고 생각한다. 상법 제398조에 위반하여 무효라는 것은 회사만이 주장할 수 있고, 이사나 제3자는 무효를 주장할 수 없다(대판 1973. 10. 31, 73다954).

| 대법원 2004. 3. 25. 선고 2003다64688 판결 |

■ 회사의 대표이사가 이사회의 승인 없이 한 이른바 자기거래행위는 회사와 이사 간에서는 무효이지만, 회사가 위 거래가 이사회의 승인을 얻지 못하여 무효라는 것을 제3자에 대하여 주장하기 위해서는 거래의 안전과 선의의 제3자를 보호할 필요상 이사회의 승인을 얻지 못하였다는 것 외에 제3자가 이사회의 승인 없음을 알았다는 사실을 입증하여야 할 것이고, 비록 제3자가 선의였다 하더라도 이를 알지 못한 데 중대한 과실이 있음을 입증한 경우에는 악의인 경우와 마찬가지라고 할 것이며, 이 경우 중대한 과실이라 함은 제3자가 조금만 주의를 기울였더라면 그 거래가 이사와 회사간의 거래로서 이사회의 승인이 필요하다는 점과 이사회의 승인을 얻지 못하였다는 사정을 알 수 있었음에도 불구하고 만연히 이사회의 승인을 얻은 것으로 믿는 등 거래통념상 요구되는 주의의무에 현저히 위반하는 것으로서 공평의 관점에서 제3자를 구태여 보호할 필요가 없다고 봄이 상당하다고 인정되는 상태를 말한다.

■ 어음할인 등 여신을 전문적으로 취급하는 은행이 대표이사의 개인적인 연대보증채무를 담보하기 위하여 대표이사 본인 앞으로 발행된 회사 명의의 약속어음을 취득함에 있어서 당시 위 어음의 발행에 관하여 이사회의 승인이 없음을 알았거나 이를 알지 못한 데 대하여 중대한 과실이 있다.

| 민법 제124조와의 관계 |

회사를 대표하는 이사가 회사와 거래하는 경우에는 민법 제124조의 자기계약 또는 쌍방대리가 될 것이나, 이사회의 승인이 있으면 본인의 허락이 있는 것으로 되므로 민법 제124조의 적용이 당연히 배척된다(상 398조 단서). 이것은 당연한 것을 주의적으로 규정한 것에 지나지 않는다.

| 대형상장법인의 특례 |

자기거래금지에 관하여 증권거래법에서는 대형상장법인에 대해서는 이사 이외에 주요주주와 그 특수관계인, 상법 제401조의 2의 실질상의 이사, 감사 또는 감사위원에 대해서도 확대하고, 이사회의 승인 여부와 관계없이 절대적으로 금지하는 행위와 이사회의 승인 및 주주총회 보고의무를 요하는 거래로 구분하고 있다.

① 대형상장법인은 주요주주와 그 특수관계인, 이사, 실질상의 이사, 감사 또는 감사위원을 상대방으로 하거나 그를 위하여 재산대여 · 담보제공 · 채무보증을 할 수 없음이 원칙이다. 그러나 복리후생적 성격의 대여, 타법이 허용한 신용공여, 정상적인 경영활동을 수행하는 과정에서 필요한 행위는 그러하지 아니하다(증거 191조의19 1항, 증거령 84조의24 1항).

② 대형상장법인이 최대주주와 그 특수관계인과 일정 규모 이상의 거액거래를 하는 경우에는 이사회의 승인을 얻어야 하고 이를 다음 주주총회에 보고하여야 한다(증거 191조의19 3항). 그러나 당해 법인이 금융기관인 경우 약관에 의한 정형화된 거래, 이사회에서 거래총액을 승인하고 그 승인된 범위 내에서의 거래는 그러하지 아니하다(증거 191조의19 3항).

| 대규모내부거래의 이사회 결의 · 공시의무 |

상호출자제한기업집단에 속하는 회사가 일정 규모 이상의 자금 · 유가증권 · 자산거래를 하는 경우 사전에 이사회의 의결을 거치고 이를 공시하도록 하고 있다(독점 11조의2). 이 때 상법에 의한 이사회의 절차와 방법에 따라야 한다. 다만 이사회 내 위원회에 의한 의결은 이사회의 의결로 보지 아니한다(동 고시 5조).

| 관련사례 |

[1] 시가 3천억 원대 규모의 ○○중공업(구 ○○양행)의 영동사옥 소유권이 ○○산업개발에 넘어가게 됐다. 대법원 민사○부는 ○○산업개발이 ○○중공업을 상대로 낸 "소유권 이전등기 말소"청구소송 상고심에서 "○○중공업은 ○○산업개발에 영동사옥 및 부지의 소유권을 이전하라"며 원고승소판결을 내린 원심을 확정했다. ○○중공업은 만 8여년을 끌어온 이번 소송에서 패소함에 따라 민영화를 앞두고 서울 강남구 노른자위 땅을 손실, 재산상의 타격을 입게 됐다. 재판부는 판결문에서 "79년 9월13일 ○○건설이 ○○양행에 건물을 넘겨줄 때 두 회사의 대표이사였던 △씨가 매매계약을 체결한 사실이 인정된다"며 "그러나 이 같은 계약은 상법상 "회사와 이사와의 거래"에 해당, 계약 전에 ○○건설 이사회의 승인을 거쳐야 하는데도 절차를 어기고 계약을 맺었기 때문에 무효"라고 밝혔다. 재판부는 이어 "○○건설이 △△씨의 1인회사라 하더라도 그 거래를 하게 된 경위 및 사정을 고려할 때 이사회의 승인을 거치지 않은 것은 계약성립과정의 중대한 하자"라고 덧붙였다. ○○산업개발은 지난 79년5월 정부의 중화학투자 조정조치에 따라 현 영동사옥 및 부지가 ○○중공업에 넘어가자 "이사회 결의도 거치지 않았고 계약서도 허위로 작성된 채 정부의 강압에 의해 소유권이 이전됐다"며 88년 소송을 제기, 1심에서 패소했으나 2심에서 승소했다. (출처 : 동아일보 1996. 5. 29, 매일경제 1996. 5. 29, 조선일보 1996. 5. 29, 한국경제 1996. 5. 29, 한겨레 1996. 5. 29)

[2] 대표이사와 회사 사이의 계약이라 하더라도 회사에 손해를 입힌 양도계약은 무효라는 판결이 나왔다. 창원지방법원 제○민사부는 ○○이 대표이사인 ○모씨를 상대로 낸 주권반환청구소송에서 "○씨는 ○○건설에 주식 60만 4백 88주를 돌려주고 주식대금 15억 6천여만 원을 받아가라"며 원고승소판결을 내렸다. 재판부는 판결문에서 "통상적으로 거래되는 가격보다 현저히 낮은 금액으로 주식을 처분한 양도계약은 회사에 손해를 입힌 이사의 자기거래에 해당된다"며 "이 경우 반드시 이사회의 승인을 얻어야 하는데도 이 절차를 밟지 않았다"고 밝혔다. (출처 : 한국경제 2001. 10. 30 [김태현])

[3] ○○연구소는 ○○전자가 ○회장의 부인 ○씨에게 회사 토지를 86억 원에 매도한 사실과 관련해 상법상 자기거래에 준한 것으로 보아 사외이사가 포함된 이사회의 결의를 거쳤어야 한다고 지적했다. ○○연구소에 따르면 이번 거래는 3명의 사내이사들이 참여한 경영위원회의 승인을 거쳐 결정됐다. ○○연구소는 이번 거래가 지배주주 가족과의 거래지만 거래대금이 100억 원을 넘지 않으므로 사외이사가 포함된 이사회의 승인을 받지 않고 경

영위원회의 승인만으로 거래를 한 것으로 보인다고 분석했다. 또 비록 감정평가기관의 감정을 거쳤다고 하더라도 회사가 보유한 자산을 가장 높은 가격과 좋은 조건하에서 매각하려는 노력을 충실히 했는지는 별개의 문제라고 지적했다. OO전자는 O회장의 부인 O씨에게 회사 토지를 86억 원에 매도했다고 공시했다. OO전자는 이번 거래에서 장부가 약 66억 원 대비 약 20억 원의 처분이익을 얻었다고 밝혔다. OO전자는 1966년 사업부지로 이용하기 위해 이 토지를 매입했으나 사업을 취소하면서 매각하게 됐다고 밝혔다. (출처: 머니투데이 2003. 8. 29)

[4] 시민단체는 OO자동차그룹의 종합광고회사의 설립 추진과 관련, 총수 일가가 광고사에 출자할 경우 회사와 주주의 이익을 탈취하는 문제가 발생될 수 있다며 이사회에 질의서를 발송했다고 밝혔다. 시민단체는 질의서에서 종합광고회사 설립계획 여부, 추진시 광고회사의 지분구조, 지배주주 일가가 출자할 경우 발생할 수 있는 '회사기회의 편취' 및 '회사자산의 유용' 문제에 대한 답변을 요청했다. 특히 O회장을 비롯한 지배주주 일가가 광고회사에 출자하게 된다면 OO자동차 및 △△자동차의 광고를 사실상 독점적으로 수주하면서 얻게 될 이익이 몇몇 특수관계인에게 돌아가게 될 것이라고 우려했다. 시민단체는 회사의 인적, 물적 자원을 특정인에게 지원하게 되면서 회사자산을 유용하게 되는 문제도 발생할 수 있다고 지적했다. 시민단체는 "OO자동차그룹이 광고회사를 설립하게 된다면 객관적 근거와 투명한 절차 없이 유망한 사업기회를 특수관계인에게 넘기는 문제에 대해 답변이 있어야 할 것"이라며 "광고독점 수주에 대한 이익은 회사와 주주들에게 돌아가야 할 것"이라고 강조했다. 한편 OO자동차그룹은 광고회사의 설립 이유로, 옛 OO그룹에서 형제회사였던 OO기획과 맺은 5년간의 광고대행계약기간이 끝나면서 독창적인 광고를 집행할 자체 광고회사를 설립할 필요성이 높아진 데 따른 것이라고 설명하고 있다. (출처: 머니투데이 2005. 4. 19, 이데일리 2005. 4. 19, 한겨레 2005. 4. 22)

Ⅵ. 영업비밀준수 의무

상법 제382조의4에서는 「이사는 재임 중 뿐만 아니라 퇴임 후에도 직무상 알게 된 회사의 영업상의 비밀을 누설하여서는 아니 된다」고 규정하고 있다. 퇴임 후에도 비밀준수의무를 진다는 점을 명문으로 규정하였다는 데 이 규정의 의의가 있다. 위 규정에서는 영업비밀의 누설금지의무만을 명시하고 있으나, 영업비밀을 사익을 위해 이용하지 않을 의무(비밀이용금지의무)도 포함한다.

Ⅶ. 그 밖의 의무

이사의 의무는 위에서 언급한 것에 한정하지 않는다. 이사는 기업의 사회적 책임을 실현하기 위하여 회사의 사회적 역할을 증진시키고 유해한 행위를 억제하는 방향으로 업무를 집행할 사회적 책임 이행의무를 진다는 견해가 있다(정동윤).

제7절 이사의 책임

[1] 총설

(1) 이사가 선량한 관리자로서의 주의의무 내지 충실의무(상 382조 2항)를 위반하면 회사에 대하여 당연히 책임을 진다. 상법은 소유와 경영의 분리에 따라 이사에게 광범한 경영권을 부여하는 대신 이사의 충실한 업무수행을 촉구하고 주주와 회사의 이익을 보호하기 위하여 민법상의 책임과는 별도로 상법에서 이사의 책임에 관한 특별규정을 두고 있다.

(2) 등기이사가 아닌 사실상의 이사에 대해서도 등기이사와 동일한 책임을 인정하고 있다(상 401조의2).

| 이사의 책임 |

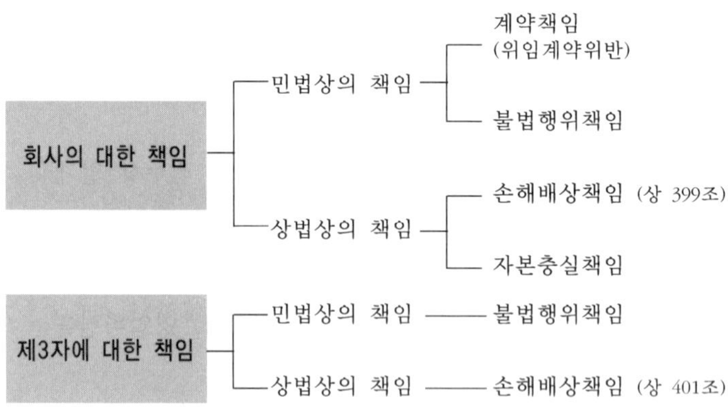

[2] 이사의 회사에 대한 책임

[1] 서울지법 민사합의O부는 OO철강에 거액의 부실대출을 해줘 주주들에게 막대한 손해를 입혔다며 △△은행 소액주주 52명이 △씨 등 △△은행의 전이사 4명을 상대로 낸 4백억 원의 손해배상 청구소송에서 "피고들은 △△은행에 4백억 원을 지급하라"며 원고승소판결을 내렸다. 이 판결은 법원이 소액주주의 권익을 보호하기 위해 기업체 임원들에게 부실경영의 책임을 물은 국내에서의 첫 판결이다. 피고들의 재산에 대해서는 가집행을 할 수 있다. 시민단체는 △△은행의 경영진이 타당성 검토도 제대로 하지 않은 채 부도난 OO철강에 부실여신을 제공, 은행과 주주들에게 막대한 손해를 입힌 만큼 대출에 책임이 있는 담당 임원들이 연대해서 손해를 배상할 책임이 있다며 소액주주들의 권한을 위임받아 주주대표소송을 제기했다. 소송을 대리한 시민단체는 주주대표소송을 제기할 수 있는 총발행주식기준이 0.5%(82만 주) 이상이기 때문에 당시 주식을 위임한 소액주주 1백 46명(1백 4만 5천여 주) 가운데 실질주주증명서의 발급을 마친 52명(83만 주)을 1차 원고로 내세웠다. 소액주주들의 소송제기요건과 관련해 재판부는 "소액주주 중 일부가 부적격한 점은 인정되나 나머지 주주들의 지분으로도 법상의 소송요건을 갖추었기 때문에 소송요건은 문제가 없다"고 밝혔다. 제소시점에는 총발행주식의 0.05%의 요건을 갖추었으나 이후 △△은행이 감자와 증자를 각각 실시하면서 보유지분이 크게 줄어 소송이 각하될 뻔했고, 이 과정에서 주가폭락으로 막대한 손해를 입은 소액주주들이 이탈하기도 하였다. 재판부는 판결문에서 "통상 은행업무 종사자들은 대출시 대출받는 사람의 회수능력을 고려해야 할 의무가 있다"며 "피고들이 재무구조가 부실하고 사업전망이 불투명한 OO철강에 거액의 대출을 해 △△은행에 막대한 손해를 입힌 것이 인정된다"고 밝혔다. 재판부는 이어 "△△은행이 OO철강에 대한 일부 채권을 20% 할인한 가격으로 매각해 발생한 손실금만도 현재 2,113억 원에 달하고 앞으로도 채권회수가 불투명하다"며 "원고들이 청구한 4백억 원을 전액 인정한다"고 덧붙였다. △ 전 은행장 등은 OO철강에 대출한 돈을 회수하지 못할 것이라는 것을 예측하면서도 이를 무시하고 OO철강이 부도나기 직전까지 거액의 여신을 지속적으로 제공하도록 부하 직원에게 지시했다. 나머지 이사들은 △△은행 이사로서 OO철강에 대한 여신의 위험성을 감지하고서도 이사회 결의에서 찬성하였다. 이는 행장의 무모한 여신제공결정을 저지하여야 할 은행 이사의 의무를 해태한 것으로 재판부는 인정하였다. (출처 : 문화일보 1998. 7. 24, 경향신문 1998. 7. 25, 매일경제 1998. 7. 25, 서울신문 1998. 7. 25, 세계일보 1998. 7. 25, 조선일보 1998. 7. 25, 한겨레1998. 7. 25, 한국경제 1998. 7. 25)

[2] 시민단체가 O씨 등 22명의 △△전자의 주주들을 원고로 제기한 △△전자의 주주대표소송에서 1심 법원이 원고승소판결을 내렸다. 이번 주주대표소송 승소판결은 지난 97년 OO은행 전·현직 이사들을 상대로 한 주주대표소송에 이어 두 번째이며, 비금융기관을 상대로 한 소송으로서는 최초이다. 금액면에 있어서도 OO은행 이사들은 1심에서 4백억 원을 선고받았으나, 이번 △△전자 이사들의 경우는 그보다 훨씬 많은 1천억 원에 달하는 금

액이다. 시민단체는 특히, 재판부가 "OO전기에 대한 출자 및 OO종합화학 주식의 저가 매각과정에서 이사회가 회사의 이익을 고려하여 합리적이고 충분한 검토를 하지 않고 회사에 엄청난 손해가 발생할 수 있는 사안에 대해 사전에 자료를 배포를 하지 아니하고 1시간도 안 돼 졸속으로 결의한 것은 이사의 선관주의의무를 해태한 것으로, 경영판단으로 보호될 수 없다"는 점을 분명히 한 것은 형식적으로 운영되고 있는 대기업의 이사회 운영에 대해 경종을 울린 판결로서, 이사회 기능을 활성화하고 실질화하는 데 획기적인 계기가 될 것으로 기대된다고 밝혔다. (출처: 경향신문 2001. 12. 28, 머니투데이 2001. 12. 28, 문화일보 2001. 12. 28, 이데일리 2001. 12. 27, 조선일보 2001. 12. 28, 한국경제 2001. 12. 28)

| 해 설 |

위 [1]의 판결은 경영진이 위법한 업무수행에 대하여 무한책임을 진다는 것을 분명히 했다는 점에서 기념비적 판결이라 하겠다. 위 [2]의 판결은 이사의 경영실패에 대한 법적 책임과 그 한계가 특히 경영판단의 문제와 관련하여 쟁점으로 다루어진 사건이다. 이사는 회사에 대하여 선량한 관리자로서 성실하게 그 직무를 수행하여 할 고도의 주의의무를 지고, 이를 위반하여 회사에 손해를 초래한 경우에는 회사에 대하여 배상책임을 진다. 그러나 모든 경영실패에 대하여 법적책임을 지는 것은 아니고 성실한 경영판단은 설령 그 결과를 그르치더라도 존중된다. 경영판단의 결과 '대박'이 될지 '쪽박'이 될지는 절대자가 아닌 인간으로서는 그 누구도 장담할 수 없다. 결국 경영판단에 대한 법적 책임의 유무는 행위 당시를 기준으로 판단할 수 밖에 없다.

Ⅰ. 상법 제399조

이사와 회사 간에는 위임의 법률관계에 있으므로 이사는 회사에 대하여 선량한 관리자의 주의로 회사의 업무를 집행할 의무를 부담한다(민법 681조). 이러한 주의의무를 위반하여 이사가 회사에 손해를 끼친 때에는 채무불이행으로 인한 책임을 진다(민 390조). 이와는 별도로 상법에서는 「이사가 법령 또는 정관에 위반하는 행위를 하거나 그 임무를 게을리 한 때에는 회사에 대하여 연대하여 손해배상책임을 진다」는 규정을 두고 있다(상 399조 1항).

Ⅱ. 법적 성격

상법 제399조에 의한 이사의 회사에 대한 책임조항이 민법 제681조에 의한 책임조항과 어떠한 관계에 있는지에 대해서는 다음과 같은 견해대립이 있다.

(ⅰ) 채무불이행책임설 - 다수설과 판례(대판 1985. 6. 25, 84다카1954 ; 대판 2005. 10. 28,

2003다69638)는 상법 제399조에서 규정하고 있는 이사의 회사에 대한 손해배상책임은 위임관계로 인한 채무불이행책임으로 보고 있다.

(ⅱ) 법정책임설 - 상법 제399조의 책임은 민법상의 위임계약의 불이행책임과는 그 성격이 다른 상법상의 특별책임이라는 견해이다.

(ⅲ) 사견 - 상법 제399조에 의한 이사의 회사에 대한 책임은 본질적으로 이사와 회사간의 위임계약위반을 이유로 한 책임이다. 민법의 규정과 별도로 상법 제399조를 두는 실익은, 일반의 계약책임과는 달리 이사의 책임을 주장하는 자가 이사의 과실에 대하여 입증책임을 진다는 점, 다수 이사에 연대책임을 부여한 점, 특별한 면책사유를 규정하고 있다는 점에 있다. 따라서 이러한 특칙이 없는 부분에 대해서는 민법의 계약책임에 관한 규정이 적용된다.

Ⅲ. 요건

1. 법령·정관위반, 임무해태

(1) 회사에 대한 이사의 책임을 묻기 위해서는 이사가 법령 또는 정관을 위반하거나 그 임무를 해태하였어야 한다. (ⅰ) 이사는 회사에 대하여 법령과 정관을 준수하여야 할 의무(소극적 의무)에 머물지 않고, (ⅱ) 경영의 수임자로서 회사에 최대의 이익을 가져주어야 할 의무(적극적 의무)를 진다. 따라서 이사가 법령이나 정관을 위반하여 회사에 손해를 끼친 때에는 물론이고, 이사가 경영의 수임인(전문경영인)으로서 선량한 관리자로서의 주의의무를 위반하여 업무를 집행함으로써 회사에 손해를 끼친 때에는 회사에 대하여 배상책임을 진다(상 399조 1항).

(2) 경영수임인인 이사에게 요구되는 주의의무의 정도는, 업무의 적법성뿐만 아니라 합목적성과 효율성에 대한 고도의 전문가적 판단의무를 포함한다. 다만 경영판단에 속하는 사항에 대해서는 면책된다.

┃대법원 2002. 6. 14. 선고 2002다11441 판결┃

상호신용금고의 대표이사가 재직 당시 동일인에 대한 대출한도를 초과하여 돈을 대출하면서 충분한 담보를 확보하지 아니하는 등 그 임무를 해태하여 상호신용금고로 하여금 대출금을 회수하지 못하게 하는 손해를 입게 한 경우, 회수하지 못한 대출금 중 동일인 대출한도를 초과한 금액에 해당하는 손해를 상법 제399조에 따라 상호신용금고에게 배상할 책임이 있다.

2. 과실 유무

법령이나 정관을 위반한 때에는 과실유무를 불문하나(무과실책임), 임무해태의 경우에는 과실을 요한다(과실책임). 한편, 법률이나 정관을 위반한 경우에도 민사책임의 일반원리에 따라 과실책임으로 보아야 하고, 무과실에 대한 입증책임이 이사에게 있다는 견해가 있다.

3. 회사의 손해

이사가 회사에 대하여 위의 책임을 지기 위해서는 법령·정관 위반행위 또는 임무해태행위로 인하여 회사에 손해가 생겨야 한다. 그 행위와 손해와의 사이에 상당인과관계가 있어야 한다.

Ⅳ. 책임의 내용

(1) 상법 제399조 제1항에 의하여 책임을 지는 자는 책임의 원인이 되는 행위를 한 이사이다. 책임을 지는 자가 수인인 경우에는 그 모두가 연대책임을 진다(상 399조 1항).

(2) 이사회의 결의에 의한 경우에는 그 결의에 찬성한 이사도 그 행위를 한 이사와 같이 연대책임을 진다(상 399조 2항). 이사회의 결의에 참가한 이사로서 의사록에 이의를 한 기재가 없는 자는 그 결의에 찬성한 것으로 추정된다(상 399조 3항).

(3) 감사도 책임을 질 경우에는 그 감사와 이사가 연대하여 책임을 진다(상 399조 1항, 414조 3항).

(4) 배상책임액은 채무불이행시의 손해배상액의 산정방법에 의한다.

| 대법원 2005. 10. 28. 선고 2003다69638 판결 |

이사가 법령 또는 정관에 위반한 행위를 하거나 그 임무를 해태함으로써 회사에 대하여 손해를 배상할 책임이 있는 경우에 그 손해배상의 범위를 정함에 있어서는, 당해 사업의 내용과 성격, 당해 이사의 임무위반의 경위 및 임무위반행위의 태양, 회사의 손해 발생 및 확대에 관여된 객관적인 사정이나 그 정도, 평소 이사의 회사에 대한 공헌도, 임무위반행위로 인한 당해 이사의 이득 유무, 회사의 조직체계의 흠결 유무나 위험관리체제의 구축

여부 등 제반 사정을 참작하여 손해분담의 공평이라는 손해배상제도의 이념에 비추어 그 손해배상액을 제한할 수 있다. (同旨 : 대법원 2004. 12. 10. 선고 2002다60467,60474 판결)

Ⅴ. 책임추궁

이사의 회사에 대한 손해배상책임에 대해서는 회사가 직접 그 책임을 묻는 것이 원칙이지만, 대표소송(상 403조)의 대상이 된다.

Ⅵ. 면책

1. 경영판단사항 (경영판단의 원칙)

(1) 의의

소위 '경영판단'에 속하는 사항에 대해서는 설령 그로 인하여 결과적으로 회사에 손해를 끼친 경우에도 면책된다(경영판단의 원칙, business judgement rule). 원래 미국 판례법에 의하여 확립된 것인데, 우리 판례에서도 경영판단의 개념을 인정하고 있다(대판 2005. 10. 28, 2003다69638 ; 대판 2002. 6. 14, 2001다52407 ; 대구지법 2000. 5. 30, 99가합13533).

(2) 취지

경영판단에 대하여 면책을 하는 이유는 다음과 같다.

① 법적 근거로, 성실한 경영판단은 선량한 관리자로서의 주의의무(민 681조, 상 382조의3)를 위반한 것이 아니다(대판 2002. 6. 14, 2001다52407 ; 수원지법 2001. 12. 27, 98가합22553). 불확실성이 지배하고 치열한 경쟁과 경제환경의 극심한 변화 속에서 신속한 판단을 하여야 하는 경영자에게 언제나 정확하고 회사에 전혀 손해를 끼치지 않을 의사결정을 하도록 요구하는 것은 무리이다.

② 입법정책적 근거로, 성실한 경영판단에 대한 면책의 이익(당해 기업의 이익과 사회적 이익)이 문책의 이익보다 크기 때문이다. 기업경영에는 원천적으로 위험이 내재하고 있어 경영자가 아무런 개인적 이익을 취할 의도 없이 기업이익에 합치된다는 믿음을 가지고 신중하게 결정을 내렸다고 하더라도 그 예측이 빗나가 기업에 손해가 발생하는 경우가 있고, 만일 이러한 경우까지 그 결과만을 놓고 책임을 묻는다면 기업가정신(entrepreneurship)을 위축시켜 사회적으로 큰 손실이 될 것이기 때문이다.

| 기영경영의 위험적 성격과 법적 책임 |

기업세계에서 위험을 완전히 회피하는 경영이란 있을 수 없고, 「고위험 고수익」(high risk, high return)을 가져오는 경우가 많다. 이 때문에 기업경영에서 위험을 완전히 회피하기 보다는, 위험요소에 대한 사전의 정밀한 분석(risk analysis), 위험인수(risk taking), 위험관리(risk management)가 요구된다. 이러한 기업경영이 본질적으로 안고있는 위험성 문제는 법적 책임을 판단할 때도 고려되어야 한다.

(3) 적용요건

극단적으로 이사에 대하여 지나치게 엄격한 책임을 부여하는 것이나, 경영판단의 원칙을 지나치게 안이하게 적용하는 것, 모두 바람직한 것은 아니고, 양자의 조화점을 찾아야 한다.

① 경영판단에 속하는 사항에 대하여 면책을 인정하기 위해서는, 이사가 합리적으로 인정되는 정보에 기초하여(예 : 관련 정보의 충분한 입수와 분석) 합리적인 절차에 따라서 판단하고 그 판단이 성실성과 합리성을 확보한 상태에서 행해져야 하고, 그러한 의사결정이 회사의 최선의 이익을 위한 것임을 요한다.

② 경영판단에 대한 면책은 이사의 임무해태의 경우에 한한다. 이사가 '법령에 위반한 행위'로 회사에 손해를 입힌 경우에도 경영판단의 원칙이 적용되지 않는다(대판 2005. 10. 28, 2003다69638 ; 수원지법 2001. 12. 27, 98가합22553).

③ 경영판단의 원칙은 원칙적으로 이사의 회사에 대한 책임에 대하여 적용된다. 그러나 이사의 제3자에 대한 책임에 대해서도 이 원칙을 적용하여야 한다는 견해가 있다.

| 대구지법 2000. 5. 30. 선고 99가합13533 판결 |

대표이사의 행위가 회사의 경영에 관한 것인 경우에는, 대표이사가 법령이나 정관의 규정에 위배되지 아니하는 범위 안에서 회사의 경영에 대한 판단재량권을 가지고 있고, 또한 회사경영이란 것이 그 성질상 다소의 모험을 수반하기 마련이므로, 대표이사가 업무를 집행함에 있어 경영자로서 요구되는 합리적 선택의 범위 안에서 판단하고 이에 따라 업무를 집행하였다면 사후 그의 행위로 인하여 회사가 손해를 입었다고 할지라도 대표이사에게 선량한 관리자로서의 주의의무를 위반하였다고 하여 책임을 물을 수는 없다 할 것이다. 그러나 대표이사가 경영에 관한 판단을 함에 있어 판단의 자료가 될 정보를 용이하게 수집할 수 있었음에도 불구하고 이용 가능한 정보를 수집하기 위한 노력을 태만하거나 이용 가능한 정보를 얻을 때까지 판단을 유보하지 아니한 채 무모하거나 경솔한 판단을 내리는 경우는 경영판단에 관하여 허용된 재량권의 범위를 일탈한 것으로서 선량한 관리자로서의 주의의무에 위반된다.

| 수원지법 2001. 12. 27. 선고 98가합22553 판결 |

■ 인수대상 기업의 비정상적인 재무상황에 비추어 기업의 인수에 따른 위험성의 정도가 통상적인 범위를 이미 훨씬 넘어서고 있는 사정에 있을 경우, 마땅히 인수결의에 참석한 이사들은 인수대상 기업의 재무구조, 인수대상기업을 인수하는 것이 신규업체를 설립하는 것보다 어느 정도의 이익이 있는지 그에 대한 근거, 인수대상기업을 인수하여 경영을 정상화시킬 수 있을 때까지 부담하여야 할 투자비용, 그로 인하여 장래 얻게 될 예상수익, 인수에 따라 예상되는 위험성의 정도 등에 관하여 보고 받고, 필요한 경우 관련 자료를 제출할 것을 요구하여 검토하는 등 기업의 인수에 따른 위험성의 정도를 면밀히 검토하여야 함에도, 이사회 개최 전은 물론 이사회 당일에도 참석 이사들이 그와 같은 점에 대하여 충분한 정보에 기하여 선량한 관리자로서의 주의의무를 다한 검토를 하지 아니한 채, 기업인수의 필요성과 추진방법에 관하여만 기재된 자료를 참조하고 1시간 만에 기업인수를 결의한 경우, 인수결의에 참석한 이사들은 회사의 이익을 위하여 충분한 정보에 기하여 합리적인 통찰력을 다하여 적절한 판단을 하였다고는 도저히 보이지 아니하므로, 위 인수결의는 경영판단으로서 보호될 수 없고, 따라서 이사로서의 임무를 해태하였다고 인정된다.

■ 1988. 7. 23.부터 1994. 4. 22.까지 10여 회에 걸쳐 처분대상주식 2,175만여 주를 액면가인 10,000원에 취득하여 왔음에도 1994. 4. 22.부터 채 8개월이 경과하기 전인 1994. 12. 17. 당시 시행되던 상속세법 시행령이 규정하는 비상장법인 주식의 평가방법에 의하여 산정된 2,600원에, 소유하던 처분대상주식의 약 92%에 해당하는 2,000만 주를 처분한 경우, 처분대상주식 해당 회사의 1주당 주식가치가 보수적인 평가방법이라 할 수 있는 순자산가치라는 관점에서 보아도 처분가액인 2,600원을 훨씬 상회하는 5,733원에 이르고 있었고, 종전 취득가액에 비하여 그 주식가치가 1/4 수준으로 감소되었다고 볼 만한 별다른 사정도 없으며 1993. 6.경 위 2,600원보다 훨씬 비싼 6,600원에 거래된 실례가 있음에도 불구하고, 영리를 목적으로 하는 법인의 이사들이 법인에게 이익이 되는 처분의 가능성을 고려하지 아니하고 조세법률주의에 따라 법규에 근거를 둔 세액만을 징수할 수 있는 조세징수권자의 입장에서 평가한 가액을 근거로 불과 1시간 동안의 토론 끝에, 일시에 지배주주로서의 지위를 양도하는 결과를 갖는 2,000만 주라는 많은 주식을, 종전 취득가액의 1/4 가액에 처분하기로 결의하였다는 것은 도저히 이사로서의 주의의무를 다한 것으로 볼 수 없다. 그러므로 위 매각결의를 한 이사회에 참석한 이사들은 합리적인 자료를 토대로 충분한 검토를 한 후 위 매각결의에 찬성하였다고 볼 수 없는 결과 경영판단으로서 보호될 수도 없고, 따라서 이사로서의 임무를 해태하였다고 인정된다.

| 대법원 2002. 6. 14. 선고 2001다52407 판결 |

금융기관의 임원은 소속 금융기관에 대하여 선량한 관리자의 주의의무를 지므로, 그 의무를 충실히 한 때에야 임원으로서의 임무를 다한 것으로 된다고 할 것이지만, 금융기관이 그 임원을 상대로 대출과 관련된 임무 해태를 내세워 채무불이행으로 인한 손해배상책임을 물음에 있어서는 임원이 한 대출이 결과적으로 회수곤란 또는 회수불능으로 되었다고 하더라도 그것만으로 바로 대출결정을 내린 임원에게 그러한 미회수금 손해 등의 결과가 전혀 발생하지 않도록 하여야 할 책임을 물어 그러한 대출결정을 내린 임원의 판단이 선량한 관리자로서의 주의의무 내지 충실의무를 위반한 것이라고 단정할 수 없고, 대출과 관련된 경영판단을 함에 있어서 통상의 합리적인 금융기관 임원으로서 그 상황에서 합당한 정보를 가지고 적합한 절차에 따라 회사의 최대이익을 위하여 신의성실에 따라 대출심사를 한 것이라면 그 의사결정과정에 현저한 불합리가 없는 한 그 임원의 경영판단은 허용되는 재량의 범위 내의 것으로서 회사에 대한 선량한 관리자의 주의의무 내지 충실의무를 다한 것으로 볼 것이며, 금융기관의 임원이 위와 같은 선량한 관리자의 주의의무에 위반하여 자신의 임무를 해태하였는지의 여부는 그 대출결정에 통상의 대출담당임원으로서 간과해서는 안 될 잘못이 있는지의 여부를 대출의 조건과 내용, 규모, 변제계획, 담보의 유무와 내용, 채무자의 재산 및 경영상황, 성장가능성 등 여러 가지 사항에 비추어 종합적으로 판정해야 한다.

▎대법원 2005. 10. 28. 선고 2003다69638 판결▕

법령에 위반한 행위에 대하여는 이사가 임무를 수행함에 있어서 선관주의의무를 위반하여 임무해태로 인한 손해배상책임이 문제되는 경우에 고려될 수 있는 경영판단의 원칙은 적용될 여지가 없다. (同旨 : 수원지법 2001. 12. 27. 선고 98가합22553 판결)

2. 면책 - 총주주의 동의

이사의 회사에 대한 손해배상책임은 총주주(의결권 없는 주주도 포함)의 동의로 면제할 수 있다(상 400조). 민법상 불법행위에 의한 손해배상책임은 총주주의 동의에 의해서 면책할 수 없다(대판 1996. 4. 9, 95다56316). 그러나 회사의 책임재산에 대하여 이해관계를 갖는 자는 비단 주주에 국한되는 것이 아님에도 불구하고, 또 주주는 유한책임을 지는 자임에도 불구하고 주주의 동의에 의하여 이사의 회사에 대한 책임을 면제할 수 있도록 하는 것이 과연 온당한 것인지에 대해서는 의문이 있다.

▎대법원 2002. 6. 14. 선고 2002다11441 판결▕

상법 제399조 소정의 이사의 책임은 상법 제400조의 규정에 따라 총주주의 동의로 이를 면제할 수 있는데, 이 때 총주주의 동의는 묵시적 의사표시의 방법으로 할 수 있고 반드시 명시적, 적극적으로 이루어질 필요는 없으며, 실질적으로는 1인에게 주식 전부가 귀속되어 있지만 그 주주명부상으로만 일부 주식이 타인 명의로 신탁되어 있는 경우라도 사실상의 1인 주주가 한 동의도 총주주의 동의로 볼 것이다.

대법원 1996. 4. 9. 선고 95다56316 판결

상법 제415조, 제400조에 의하여 총주주의 동의로 면제할 수 있는 감사의 회사에 대한 책임은 위임관계로 인한 채무불이행책임이지 불법행위책임이 아니므로, 사실상의 1인 주주가 책임 면제의 의사표시를 하였더라도 감사의 회사에 대한 불법행위책임은 면제할 수 없다.

서울고법 1970. 11. 9. 선고 67나2057 제3민사부 판결

피고들이 원고회사의 이사로서 회사의 돈을 횡령한 사실이 있다고 하더라도, 피고들이 원고회사의 주주 또는 다른 주주의 대리인으로서 이를 불문에 붙이기로 합의하였다면, 피고들의 원고회사에 대한 손해배상책임은 총주주의 동의를 얻어 면제된 것으로 볼 것이다.

3. 책임해제 - 재무제표의 승인

정기주주총회에서 재무제표의 승인결의가 있은 후 2년 내에 다른 결의가 없으면 이사에게 부정행위가 없는 한 이사의 책임이 해제된 것으로 의제한다(상 450조).

4. 소멸시효

이사의 회사에 대한 손해배상책임은 일반원칙에 따라 10년의 소멸시효의 완성에 의하여 소멸한다(다수설)(대판 1985. 6. 25, 84다카1954). 상법 제399조에 기한 손해배상청구의 소를 제기한 것이 일반 불법행위로 인한 손해배상청구권에 대한 소멸시효 중단의 효력은 없다(대판 2002. 6. 14, 2002다11441).

대법원 1985. 6. 25. 선고 84다카1954 판결

주식회사의 이사 또는 감사의 회사에 대한 임무해태로 인한 손해배상책임은 일반불법행위책임이 아니라 위임관계로 인한 채무불이행책임이므로 그 소멸시효기간은 일반 채무의 경우와 같이 10년이라고 보아야 한다. (同旨 : 대법원 1969.1.28. 선고 68다305 판결)

Ⅶ. 다른 책임과의 관계

(1) 불법행위책임(민 750조)과의 경합이 인정된다(다수설)(대판 1989. 1. 31, 87누760).

대법원 1989. 1. 31. 선고 87누760 판결

▪ 주식회사의 대표이사가 그의 개인적인 용도에 사용할 목적으로 회사명의의 수표를 발행하거나 타인이 발행한 약속어음에 회사명의의 배서를 해주어 회사가 그 지급책임을 부담하

고 이행하여 손해를 입은 경우에는 당해 주식회사는 대표이사의 위와 같은 행위가 상법 제398조 소정의 이사와 회사간의 이해가 상반되는 거래행위에 해당한다 하여 이사회의 승인 여부에 불구하고 같은 법 제399조 소정의 손해배상청구권을 행사할 수 있음은 물론이고 대표권의 남용에 따른 불법행위를 이유로 한 손해배상청구권도 행사할 수 있다.

■ 총주주의 동의를 얻어 대표이사의 행위로 손해를 입게 된 금액을 특별손실로 처리하기로 결의하였다면 그것은 바로 상법 제400조 소정의 이사의 책임소멸의 원인이 되는 면제에 해당되는 것이나 이로써 법적으로 소멸되는 손해배상청구권은 상법 제399조 소정의 권리에 국한되는 것이지 불법행위로 인한 손해배상청구권까지 소멸되는 것으로는 볼 수 없다.

(2) 상법 제399조는 이사가 회사에 대하여 지는 배상책임의 일반조항이다. 이익소각의 경우(상 343조의2 6항)와 중간배당의 경우(상 462조의3 4항)는 책임의 요건과 입증책임에 관하여 상법 제399조의 특칙을 두고 있다.

❙관련사례❙

[1] 서울고법 민사O부는 OO생명이 O 前회장과 당시 대표이사, 이사 등을 상대로 낸 750억 원의 손해배상 청구소송 항소심에서 "O 前회장은 원고에게 1,000억 원을 배상하라"며 원고 일부승소판결을 내렸다. 재판부는 판결문에서 "피고인들의 손해배상책임 여부를 심리한 결과 O 前회장의 횡령액이 1,000억 원이 넘는 만큼 원고의 청구액 1,000억 원 모두를 인정한다"고 밝혔다. 재판부는 "피고들은 대출대상 계열사가 경영상태의 악화로 채무변제능력을 상실해 OO생명이 자금을 대여할 경우 막대한 손해가 날 것을 충분히 알면서도 대출토록 했다"며 "이사회 결의절차도 밟지 않고 담보 등 채권회수조치도 없이 거액의 부당대출을 실행해 피해를 입힌 만큼 배상책임이 있다"고 밝혔다. 재판부는 "피고들이 흑자결산을 위해 책임준비금을 과소계상해 분식결산하는 방법으로 추가계약자배당을 실시한 것은 보험사 영업을 위한 불가피한 경영판단으로 볼 수 없다"며 "분식결산 등은 OO생명의 신용도 하락과 대외적 이미지 실추의 가능성을 높였다"고 설명했다. 재판부는 이어 "은행 대출금을 국외로 이전하고 자금회수가 어려워지자 빠른 회수를 위해 형식적인 펀드를 설립한 뒤 투자명목으로 OO생명 자금 1억 달러를 빼 쓴 뒤 자금을 회수하지 못한 사실이 인정된다"며 "미회수 대금 상당액의 손해도 배상해야 한다"고 덧붙였다. OO생명은 O 前회장을 비롯한 임원들이 부당하게 대출을 취급하고 회사자금을 횡령하는 등의 행위로 750억 원의 손해를 입었다며 소송을 냈고 1심에서 일부승소 판결을 받았다. (출처 : 동아일보 2005. 4. 21, 매일경제 2005. 4. 21, 문화일보 2005. 4. 20, 이데일리 2005. 4. 20, 한국일보 2005. 4. 21)

[2] ■ IMF 외환위기로 촉발된 금융사의 대규모 부실화와 관련해 당시 경영진이 마땅히 부실책임을 져야 하는지를 두고 법적 소송까지 이른 사건들의 선고가 잇따르고 있는 가운데, 금융사별로 엇갈린 판결이 나오고 있어 주목된다. 재판부는 당시 경영진이 부실대출을 막기 위해 노력한 흔적이 엿보이는지, 외환위기 당시의 상황 속에서 불가피한 경영 판단이었는지, 비록 불가피했더라도 적법한 절차를 준수했는지 등을 주요 판단 근거로 삼았다.

■ 규정을 준수하기 위한 노력 있으면 경영판단의 자율성이 인정된다는 취지의 판결이 있다. 서울○○지법은 최근 ○○생명보험의 파산관재인 등이 "부실대출로 회사에 경영상 손실을 끼쳤다"며 전 ○○생명보험의 임원 및 직원을 상대로 낸 손해배상청구소송에서 원고 일부승소 판결했다. 이 사건에서 재판부는 임원의 부실대출 책임과 관련해 "비록 대출금의 미회수로 회사에 손실을 가져왔더라도 회사측이 대출규정을 준수하려는 노력을 보였다"며 임원진의 책임을 인정하지 않았다. 재판부는 "당시 이사회측이 비록 자본잠식상태였던 회사에 7억원을 대출했다는 점은 인정되지만, 연대보증인으로 다른 회사를 설정한 점을 감안했다"고 판시했다. 이는 연대보증을 선 회사가 변제능력이 충분한지 여부가 증명되지 않은 상황에서 일방적으로 임원에게 손해배상 책임을 물을 수 없다는 의미로, 부실대출을 방지하기 위한 경영진의 최소한의 의지를 법적 책임의 유무를 판단함에 있어서 반영한 것이다.

■ 기업가정신은 법적 판단의 대상이 아니라는 판결이 있다. 서울고법은 ○○종합금융의 부실대출 관련사건에서 "경영자들이 외환위기 당시의 급박한 상황 속에서 불가피하게 취할 수밖에 없었던 경영판단은 손해배상의 대상이 아니다"고 판시했다. 재판부는 "금융기관의 임원은 여신취급 담당자의 역할뿐 아니라 금융기관의 공공적 역할 등을 수행하는 자"라며, "이처럼 공적 이익과 사적 이익을 넘나드는 임원들의 역할을 종합적으로 고려하여야 한다"고 밝혔다. 따라서 "당시 임원들이 간판 기업들이었던 ○○와 ○○그룹의 부도위기를 타개하기 위해 실시했던 대출이 비록 부실화됐을지라도 모든 부실책임을 임원들에게 물을 순 없다"고 덧붙였다. 재판부는 특히 "기업인들은 경영상 '재량권'을 가지며 다소의 모험을 수반한다"는 점도 인정, 기업가 정신에 대한 배려도 곁들였다.

■ 경영상의 판단이라도 정확한 정보를 바탕으로 해야 면책된다는 판결이 있다. 대법원은 부실대출로 피해를 본 ○○금고 측이 전직 사장을 상대로 부실대출의 책임을 묻는 손해배상청구소송에서 "비록 독자적인 경영판단이라 하더라도, 경영판단을 내리기 위한 과정에서 충분한 정보 취득과 적합한 절차 준수 등의 요건이 갖춰지지 않았다면 임원진의 책임을 물을 수 있다"는 판례를 내놨다. 재판부는 "합당한 경영정보와 적합한 의사결정 과정의 유무 등이 판단의 주요 변수"라고 설명했다. 재판부의 이 같은 판단은 "금융기관의 임원이 독자적인 경영판단을 내려야 할 경우라도 경영진은 마땅히 회사의 최대 이익을 위한 충분한 정보와 합당한 절차를 바탕으로 삼아야 한다는 것"으로, 경영판단에 대한 무조건적으로 면책하는 분위기를 경계했다는 점에서 의미를 갖는다. (출처 : 헤럴드경제 2004. 6. 22, 헤럴드경제 2004. 6. 20 [정순식 · 신소연])

[3] 서울고법이 ○○전자의 이사들에게 120억 원, ○회장에게 70억 원 등 총 190억 원을 회사에 물어주라는 판결을 내렸다. 이는 1심 판결과 달리 경영판단의 범위를 넓게 해석한 것이다. 배상액은 1심 때의 977억 원에서 190억 원으로 대폭 줄어들었다. 서울고법 민사○부는 ○○전자가 보유 중이던 ○○종합화학의 주식을 계열사에 매각하는 과정에서 적정 주식가치를 제대로 평가하지 않아 626억 원의 손해를 끼친 ○○전자 이사들의 책임을 20%로 대폭 제한했다. 재판부는 "당시 ○○종합화학의 주당 적정 주가에 비춰 ○○전자의 이사회가 이 주식들을 저가에 매각하는 바람에 ○○전자가 626억 원의 손해를 입은 점이 인

정된다"면서도 "○○전자가 주식매각에 따른 단기 손실을 봤지만 이후 반도체 부문에서 많은 수익을 얻었고, 당시 이사회 구성원이던 피고들이 ○○전자의 핵심 경영진으로서 이윤창출에 큰 기여를 한 점 등을 감안, 책임비율은 20%인 120억 원으로 제한한다"고 밝혔다. 1심 법원이 626억 원의 손해에 대해 이사들의 100% 책임을 인정한 것과 비교되는 대목이다. 재판부는 또 ○○전기 인수 및 매각으로 인한 손실에 대해선 "이사회에서 사전검토와 사업계획을 거쳐 이천전기를 인수했으며 기업인으로서 과오를 저질렀다거나 당시 상황에서 경영판단의 재량권 범위를 넘어섰다고 보기 어렵다"며 기각했다. 실패한 경영판단에 대해서까지 법적 책임을 물으면 경영위축이 초래된다는 설명도 곁들였다. 1심 법원은 "1시간만에 충분한 검토 없이 이천전기 인수를 결정했다"는 이유로 276억 원의 배상책임을 물렸었다. 그러나 소송을 제기한 시민단체측은 "부실한 이사회 결정을 경영판단으로 인정하면 우리나라에선 더 이상 이사회 결정에 법적 책임을 물을 여지가 없어진다"며 "경영판단의 범위를 너무 넓게 해석한 것 같다"고 평가했다. (출처 : 파이낸셜뉴스 2003. 11. 20, 경향신문 2003. 11. 21, 국민일보 2003. 11. 21, 동아일보 2003. 11. 21, 매일경제 2003. 11. 28, 문화일보 2003. 11. 21, 헤럴드경제 2003. 11. 21) 대법원 ○부는 시민단체 등 ○○전자 소액주주 22명이 이사회 의사결정 과정을 문제삼아 ○○전자 전·현직 이사 9명을 상대로 낸 손해배상청구소송에서 "이사들은 120억 원을 삼성전자에 지급하라"고 판결한 원심을 확정했다. 재판부는 또 ○○전자에서 가불금 명목으로 돈을 조성, ○○○ 전 대통령에게 건넨 ○회장에게도 회사에 70억 원을 배상하라고 판결한 원심을 유지했다. 재판부는 또 ○회장의 뇌물공여 부분에 대해 "이사가 회사의 업무를 집행하면서 회사 자금으로 뇌물을 공여했다면 회사가 입은 뇌물액 상당의 손해를 배상할 책임이 있다"고 명시했다. 재판부는 그러나 ○○전자가 ○○전기를 인수해 생긴 손해와 관련, 실패한 경영판단까지 법적 책임을 물을 수 없다며 임원들에게 면죄부를 줬다. (출처 : 국민일보 2005. 10. 29, 동아일보 2005. 10. 29)

[4] 법원이 전직 은행장에 대해 부실경영의 책임을 물어 은행직원들에게 3,500만 원을 배상하고 공식 사과하도록 하는 임의조정결정을 내렸다. 서울지법 민사합의○부는 ○○은행의 직원 4,038명이 △△에 대한 대출비리로 복역 중인 전 ○○은행장을 상대로 낸 1억 원의 손해배상청구소송에서 이같이 결정했다. (출처 : 국민일보 1998. 7. 28, 서울신문 1998. 7. 28, 한국경제 1998. 7. 28, 매일경제 1998. 7. 29)

[5] 집단소송제도에 대비해 상장사들의 임원배상책임보험 가입이 증가하고 있다. ○○○협의회는 상장법인 655개사를 대상으로 2004년 말 현재 임원배상책임보험 실태를 조사한 결과 총 225개사가 가입해 3개사 중 1개사 꼴로 보험에 가입한 것으로 나타났다고 발표했다. 이들이 불입한 보험료는 641억 원, 보험사고 발생 때 받는 보험금은 모두 2조 6,941억 원에 이르는 것으로 집계됐다. 이들에 대한 보험료는 회사가 전액 부담하고 있다. 특히 증권집단소송제가 적용되는 자산 2조 원 이상 상장사는 77개사 가운데 70개사가 가입해 가입률이 90%를 넘었다. 이들의 전체 보험료는 516억 원, 보험금은 1조 8,616억 원으로, 1사당 평균 보험료가 7억 4천만 원, 보험금은 266억 원이었다. (출처 : 매일경제 2005. 6. 1, 조선일보 2005. 6. 1, 한겨레 2005. 6. 1, 한국일보 2005. 6. 1)

[3] 이사의 제3자에 대한 책임

서울중앙지법 민사합의O부는 OO은행 등 4개 금융회사가 "허위 재무제표를 믿고 대출해줬다가 손해를 봤다"며 △△자동차의 O 前대표 등을 상대로 낸 손해배상 청구소송에서 "당시 이사진 7명은 OO은행 등 4개 채권은행에 67억여 원을 지급하라"고 원고 일부승소 판결했다고 밝혔다. 재판부는 판결문에서 "피고들은 1993~1996 회계연도 재무제표를 허위로 작성한 뒤 공시해 이를 믿고 대출해준 원고측에 대출금 미회수 등 큰 손해를 입힌 점이 인정된다"며 "상법상 이사의 제3자에 대한 불법행위책임은 소멸시효가 10년이라고 볼 수 있으므로 면책되지 않는다"고 밝혔다. 재판부는 "다만 피고들은 당시 분식된 재무제표상으로도 △△자동차의 재무상태가 좋지 못했는데도 불구하고 비재무적 상황을 고려해 대출을 해주는 등 스스로 손해 확대에 기여한 점이 있으므로 30% 책임이 있다"고 덧붙였다. (출처 : 서울경제 2005. 12. 25, 제일경제신문 2005. 12. 25)

해 설

위 사례에서처럼 회사의 이사와 외부감사인이 허위의 재무제표 등을 작성하여 이를 믿고 투자한 주주나 회사에 돈을 빌려준 채권자는 어떠한 방법에 의하여 그 책임을 물을 수 있을까? 상법에서는 이를 이사(감사, 외부감사인 포함)의 제3자에 대한 배상책임의 문제로 다루고 있다. 상법 제401조에 의하여 제3자가 이사에 책임을 물을 수 있도록 함으로써 이사의 제3자에 대한 책임은 주주가 동시에 이사이기도 한 소규모주식회사에서는 법인격부인론의 보완적 기능을 갖는다.

Ⅰ. 상법 제401조

이사와 제3자 사이에는 계약관계가 없으므로 제3자는 이사에 대하여 계약책임을 물을 수는 없고 민법 제750조의 불법행위책임을 물을 수 있다. 그런데 상법에서는 이와는 별도로 「이사가 악의 또는 중대한 과실로 인하여 그 임무를 해태한 때에는 그 이사는 제3자에 대하여 연대하여 손해배상책임을 진다」는 규정을 두고 있다(상 401조).

Ⅱ. 법적 성격

(1) 상법 제401조에서 규정하고 있는 이사의 제3자에 대한 책임의 법적 성질에 대해서는 (ⅰ) 상법이 인정한 특수한 불법행위책임이라는 견해(특수불법행위책임설) 및

(ⅱ) 상법이 인정한 특수한 책임이라는 견해(법정특별책임설) 등의 견해가 있다. 상법 제401조와 민법 제750조의 불법행위규정을 비교해 보면, 상법 제401조에서는 이사의 경과실의 경우에는 적용되지 않고, 위법행위일 것을 요건으로 하지 않으며, 악의·중과실이 임무해태에 대하여 존재할 것으로 요한다는 점에서 차이가 있다. 그러므로 상법 제401조는 민법 제750조의 불법행위책임과 동질적인 것으로 보기는 어렵고, 제3자를 보호하기 위하여 상법이 특별히 인정한 법정책임으로 보는 것이 타당하다(다수설).

┃불법행위책임 등과의 관계┃

상법 제401조를 법정특별책임으로 보는 견해에 의하면, 상법 제401조에 의한 책임추궁과 민법 제750조에 의한 일반 불법행위책임 추궁과의 경합이 인정된다.

(2) 상법 제401조는 이사가 자신과는 위임관계에 있지 않은 거래상대방에 대하여 직접 배상책임을 지게 함으로써 제3자를 보호하는 측면이 있는 한편, 경과실에 대해서는 면책함으로써 이사를 보호하는 측면이 있다.

Ⅲ. 요건

1. 악의 또는 중대한 과실

이사에게 악의 또는 중대한 과실이 있어야 한다(주관적 요건). 악의 또는 중대한 과실은 회사에 대한 임무해태에 대하여 존재하면 된다. 경과실에 그치는 경우에는 상법 제401조의 책임을 물을 수 없다. 이는 이사와 제3자 사이에 직접 아무런 법률관계가 없기 때문에 그 책임을 제한하기 위함이다.

┃대법원 2003. 4. 11. 선고 2002다70044 판결┃

■ 상법 제401조 제1항에 규정된 주식회사의 이사의 제3자에 대한 손해배상책임은 이사가 악의 또는 중대한 과실로 인하여 그 임무를 해태한 것을 요건으로 하는 것이어서 단순히 통상의 거래행위로 인하여 부담하는 회사의 채무를 이행하지 않는 것만으로는 악의 또는 중대한 과실로 그 임무를 해태한 것이라고 할 수 없지만, 이사의 직무상 충실 및 선관의무 위반의 행위로서 위법성이 있는 경우에는 악의 또는 중대한 과실로 그 임무를 해태한 경우에 해당한다. (同旨 : 대법원 2002. 3. 29. 선고 2000다47316 판결)

■ 대표이사가 대표이사로서의 업무 일체를 다른 이사 등에게 위임하고, 대표이사로서의 직무를 전혀 집행하지 않는 것은 그 자체가 이사의 직무상 충실 및 선관의무를 위반하는 행위에 해당한다.

▎대법원 2002. 3. 29. 선고 2000다47316 판결 ▎

부동산의 매수인인 주식회사의 대표이사가 매도인과의 사이에 매매잔대금의 지급방법으로 매수부동산을 금융기관에 담보로 제공하여 그 대출금으로 잔금을 지급하기로 약정하였으나, 대출이 이루어진 후 해당 대출금 중 일부만을 매매잔대금으로 지급하고 나머지는 다른 용도로 사용한 후, 나머지 잔금이 지급되지 않은 상태에서 피담보채무도 변제하지 아니하여 그 부동산이 경매절차에서 경락되어 결과적으로 매도인이 손해를 입은 경우, 그 주식회사의 대표이사가 악의 또는 중대한 과실로 인하여 그 임무를 해태한 경우에 해당한다고 볼 여지가 있다.

2. 임무해태

이사의 임무해태가 있어야 하고, 그로 인하여 제3자에게 손해가 발생하여야 한다(색판직 요긴). 임무해태는 이사의 업무집행에 관한 임무해태 일반을 뜻하는 것으로, 법령 또는 정관에 위반하는 경우에 한하지 않는다(대판 2002. 3. 29, 2000다47316 ; 대판 2003. 4. 11, 2002다70044 참조).

▎대법원 1985. 11. 12. 선고 84다카2490 판결 ▎

이사가 제3자에 대하여 연체하여 손해배상책임을 지는 고의 또는 중대한 과실로 인한 임무해태 행위라 함은 이사의 직무상 충실 및 선관의무 위반의 행위로서 위법한 사정이 있어야 하고 통상의 거래행위로 인하여 부담하는 회사의 채무를 이행할 능력이 있었음에도 단순히 그 이행을 지체하고 있는 사실로 인하여 상대방에게 손해를 끼치는 사실만으로는 이를 임무를 해태한 위법한 경우라고 할 수는 없다.

▎대구고법 2002. 3. 13. 선고 2000나8336 판결 ▎

이사가 회사의 경영상태로 보아 계약상 채무의 이행기에 이행이 불가능하거나 불가능할 것을 예견할 수 있었음에도 이를 감추고 상대방과 계약을 체결하고 급부를 미리 받았으나 그 이행불능이 된 경우 이는 상법 제401조 제1항의 임무해태가 된다. 회사의 대표이사의 아들이고 경리를 담당하는 상근 이사가 계약 당시 회사의 경영상태가 악화되어 선급금을 지급받더라도 파지의 매매계약을 이행하는 것이 불가능한 상태임을 잘 알고 있었거나 조금만 주의를 기울이면 이를 알 수 있었을 경우, 상대방으로부터 파지대금 전액을 미리 지급받은 것은 고의 또는 중대한 과실에 의하여 이사의 직무상 충실의무 및 선량한 관리자의 주의의무를 위반한 행위에 해당한다고 볼 것이므로, 이사는 상대방에게 매매대금 상당의 손해를 배상할 의무가 있다.

3. 제3자

상법 제401조에 의하여 이사에 대하여 책임을 추궁할 수 있는 제3자에는 회사채권자 뿐만 아니라 주주와 주식인수인도 포함한다(다수설). 그러나 주주는 제3자에 포함되지 않는다는 견해가 있다.

4. 손해발생

위의 행위로 인하여 제3자에게 손해가 발생하여야 한다. 상법 제401조의 적용대상이 되는 손해의 범위에 대해서는 견해가 나뉘고 있다.

(ⅰ) 간접손해포함설 - 제3자의 손해는 직접적인 1차 손해이건 간접적인 2차 손해이건 그 모두를 포함한다는 견해이다(다수설). 2차 손해란 1차적으로 회사가 손해를 입고, 그 결과에 의하여 2차적으로 제3자가 손해를 입는 경우를 뜻한다.

(ⅱ) 직접손해한정설 - 판례는 제3자의 손해는, 특히 제3자가 주주인 경우에는 직접손해에 한정된다는 입장을 취하고 있다. 대표이사가 회사재산을 횡령하여 회사재산이 감소함으로써 회사가 손해를 입고 결과적으로 주주의 경제적 이익이 침해되는 것과 같은 간접손해는 상법 제401조 제1항에서 말하는 손해의 개념에 포함되지 않는다고 한다(대판 2003. 10. 24, 200329661 ; 대판 1993. 1. 26, 91다36093). 주주의 간접손해는 원칙적으로 상법 제401조의 적용대상이 아니지만, 특별한 사정이 인정되는 경우에 한하여 상법 제401조의 적용을 인정하는 판례도 있다(서울지법 2002. 11. 12, 선고 2000가합6051).

(ⅲ) 사견 - 상법 제401조는 이사가 악의 또는 중과실에 의한 임무해태로 제3자가 손해를 입었을 것을 요건으로 하는 것일 뿐, 그 손해를 직접적인 것에 한정하려는 취지는 아니다. 간접손해의 경우 손해액의 산정에 어려운 점이 있으나, 손해액에 대한 입증책임은 배상을 청구하는 제3자에게 있으므로, 제3자가 손해액을 입증하는 한 그 손해가 직접적이건 간접적이건 불문하고 원칙적으로 상법 제401조의 적용대상이 된다고 보아야 할 것이다. 다만 이 경우에도 손해배상은 통상손해의 배상을 원칙으로 하고 특별손해는 예외적으로 인정된다는 배상법의 일반원칙은 적용된다고 본다.

직접손해의 예시

보물선 인양업체가 허위로 해저에서 침몰한 보물선을 발견하였다고 공시하는 경우, 변제할 자력이 없음을 알고 있음에도 불구하고 제3자로부터 금전을 차입하거나 물건을 구입한 경우, 주식청약서 · 사채청약서 · 재무제표 등에 허위의 기재를 한 경우, 허위의 등기 · 공고를 한 경우, 제3자가 회사에 맡긴 것을 회사가 유용한 경우, 허위의 사업설명서에 의하여 주식을 모집한 경우, 정당한 이유없이 주식의 상장을 폐지한 경우 등이 있다.

간접손해의 예시

이사의 방만한 경영으로 회사가 도산한 경우, 회사가 채권을 제때 실행하지 않음으로 해서 회사에 재산상의 손실이 발생하고 그로 인하여 회사채권자가 변제를 받지 못하게 된 경우, 이사가 회사재산을 횡령하거나 자기거래로 인하여 회사자산이 부실하게 되어 회사채권자가 채권의 만족으로 얻지 못하게 된 경우 등이 있다.

대법원 2003. 10. 24. 선고 2003다29661 판결

주식회사의 주주가 이사의 악의 또는 중대한 과실로 인한 임무해태행위로 직접손해를 입은 경우에는 이사에 대하여 상법 제401조에 의하여 손해배상을 청구할 수 있으나, 이사가 회사재산을 횡령하여 회사재산이 감소함으로써 회사가 손해를 입고 결과적으로 주주의 경제적 이익이 침해되는 손해와 같은 간접적인 손해는 상법 제401조 제1항에서 말하는 손해의 개념에 포함되지 아니하므로 이에 대하여는 위 법조항에 의한 손해배상을 청구할 수 없다. (同旨 : 대법원 1993. 1. 26. 선고 91다36093 판결 ; 서울고법 1997. 4. 1. 선고 96나26703 판결)

서울지법 2002. 11. 12. 선고 2000가합6051 판결

이사가 회사재산을 횡령하여 회사재산이 감소함으로써 회사가 손해를 입고 결과적으로 주주의 경제적 이익이 침해되는 손해와 같은 간접적인 손해는 상법 제401조 제1항에서 말하는 손해의 개념에 포함되지 아니한다고 볼 것이므로 이에 대하여는 위 법조항에 기한 손해배상을 청구할 수 없다고 할 것이다. 그러나 회사 경영진이 기업 경영자에게 일반적으로 기대되는 충실 · 선관의무를 위배하여 비합리적인 방법으로 기업을 운영하고 이로 인해 회사의 채권자나 주주 등 회사의 이해관계인조차도 도저히 예상할 수 없는, 통상적인 기업경영상 손실을 넘어서는 특별한 손실이 회사에 발생하고, 이러한 손실의 원인이 회사 경영진의 명백히 위법한 임무해태행위에 있으며, 그 손실의 규모가 막대하여 이를 직접적인 원인으로 회사가 도산하는 등 소멸하여 회사 경영진에 대한 회사의 책임 추궁이 실질적으로 불가능하고, 따라서 회사 경영진에 대한 주주의 직접적인 손해배상청구를 인정하지 않는다면 주주에게 발생한 손해의 회복은 사실상 불가능한 경우와 같이 특별한 사정이 인정되는 경우에는 주주의 간접손해에 대해서도 상법 제401조의 적용을 인정함이 타당하다. (참조판례 : 대법원 1993. 1. 26. 선고 91다36093 판결)

Ⅳ. 책임의 주체

제3자에 대하여 책임을 지는 이사는 악의 또는 중대한 과실로 인하여 임무를 해태한 이사이다(상 401조 1항). 이사의 임무해태가 이사회의 결의에 의한 것인 때에는 그 결의에 찬성한 이사도 연대책임을 진다(상 401조 2항, 399조 2항). 이 경우에 결의에 참가한 이사로서 이의를 한 기재가 의사록에 없는 자는 그 결의에 찬성한 것으로 추정된다(상 401조 2항, 399조 3항).

Ⅴ. 책임추궁

이사의 제3자에 대한 책임은 이사의 회사에 대한 책임과는 달리 대표소송의 대상이 아니다. 피해를 입은 자가 일반 민사소송에 의하여 책임있는 이사 등을 상대로 배상책임을 물을 수 있다.

Ⅵ. 면책

(1) 이사의 제3자에 대한 손해배상책임은 총주주의 동의에 의한 면책(상 400조)이나 재무제표의 승인에 의한 책임해제의 의제(상 450조)는 인정되지 않는다.

(2) 일반채권의 소멸기간인 10년의 경과에 의하여 소멸한다(민 162조 1항). 그러나 특수불법행위설에 의하면 시효기간은 3년이 된다.

| 이사의 회사 및 제3자에 대한 책임 |

	이사의 회사에 대한 책임	이사의 제3자에 대한 책임
상대방	회사	제3자
책임의 성질	위임계약의 불이행책임(다수설)	법정책임(다수설)
책임요건	법령 · 정관위반(무과실책임), 임무해태(과실책임)	악의 · 중과실로 임무해태 (과실책임)
공동행위자의 책임	연대책임(부진정연대채무)	(좌동)
책임면제	주주 전원의 동의에 의한 면책	× (규정 없음)

	이사의 회사에 대한 책임	이사의 제3자에 대한 책임
책임해제	주주총회에서 재무제표승인 후 2년 경과(다만, 다른 결의가 없고, 부정행위가 없는 경우에 한함)	× (규정 없음)
소멸시효	10년	(좌동)
불법행위책임과 경합	경합 인정	(좌동)

| 관련사례 |

[1] 인터넷과 일간지에 허위광고를 해 12억여 원의 주식모집 사기행각을 벌인 기업주가 검찰에 고발됐다. 금융감독위원회 산하 증권선물위원회는 비상장 · 비등록법인인 ○○사와 이 회사 대표 ○모씨를 주식모집 사기 및 유가증권신고서 제출의무 위반혐의로 검찰에 고발키로 의결했다. ○○사는 자본금이 5,000만 원에 불과하고 매출실적이 거의 없는데도 설립 직후부터 일간지와 인터넷 홈페이지 등에 자본금 5억 원, 매출액 95억 원, 순이익 16억 원 등으로 허위표시했다. 이 같은 허위광고에 속아 주식모집에 응한 투자자는 566명, 주금납입액은 12억 4,490만 원에 달했다. (출처 : 경향신문 2001. 4. 11, 대한매일 2001. 4. 11, 한국경제 2001. 4. 11, 헤럴드경제 2001. 4. 10) * 이는 민법 제750조의 불법행위책임으로도 다룰 수 있는 사안이다.

[2]X 보물선 인양'과 끊임없는 M&A 행진으로 증시에 화제를 뿌려왔던 한 기업의 전 회장이 검찰에 구속됐다. 유상증자한 돈을 개인자금으로 빼돌려 M&A에 이용하고, 내부자정보를 이용해 차익을 챙긴 혐의를 받고 있다. (출처 : 동아일보 2001. 9. 5, 매일경제 2001. 9. 5, 문화일보 2001. 9. 5, 조선일보 2001. 9. 5, 한국경제 2001. 9. 5)

[3] ○○증권의 소액주주 582명이 ○○증권과 경영진 2명, ○○회계법인 등을 상대로 124억 원의 손해배상소송을 제기키로 했다. 원고측은 "○○증권이 고객을 대상으로 실권주 공모를 하는 과정에서 잘못된 경영정보와 주식가치평가로 투자자들에게 손해를 끼친데 대해 서울지방법원에 손해배상소송을 제기하기로 했다"고 밝혔다. 원고측은 "증자과정에서 발생한 2,700억 원 규모의 실권주에 대해 청약을 받는 과정에서 청약안내서 등에 회사가 이익을 내고 2001년에는 코스닥등록도 할 것이라고 했으나 실제로는 2년간 적자를 냈으며 코스닥등록도 이뤄지지 못했다"고 설명했다. 원고측 소송대리인은 "○○회계법인은 당시 실권주공모 유가증권신고서에 ○○증권이 2000년 3월 말에 8,000억 원, 2001년 3월 말에 9,000억 원의 이익을 낼 것으로 추정했고 이에 따라 주식평가를 했으나 실제 회사는 적자를 냈기 때문에 함께 손해배상소송을 제기하는 것"이라고 덧붙였다. 그러나 ○○관계자는 손실발생 및 상장계획 좌절은 어쩔 수 없는 상황이었다고 해명했다. (출처 : 서울신문 2002. 3. 22, 이데일리 2002. 3. 21, 이데일리 2002. 4. 29, 한국일보 2002. 3. 22)

제8절 이사책임의 추궁

[1] 총설

(1) 「이사의 의무위반 - 책임 - 책임추궁」은 상호 연결되어 있는 문제이다. 즉, 이사의 의무위반으로 인정되면, 책임이 인정되고, 책임이 인정되면 책임을 추궁하는 문제가 따르게 된다. 이사의 책임을 추궁하는 방법으로는, 사전적 추궁방법과 사후적 추궁방법으로 구분할 수 있다. (ⅰ) 사전적 추궁방법으로는 이사의 위법행위의 유지청구권을 행사하는 것이 있다. (ⅱ) 사후적 추궁방법으로는 이사의 해임, 대표소송의 제기 등이 있다. 이사의 직무집행을 정지시키고 그 직무대행자를 선임하는 방법은 사전적 구제방법으로도 사후적 구제방법으로도 사용될 수 있다.

(2) 이사 등에 대한 책임에 대비하여 회사 또는 이사는 자체적으로 이사회의 감독권을 강화하는 등의 방법에 의하여 자율적으로 예방책을 강구하는 한편, 사후적으로 책임이 인정되는 때를 대비하여 임원배상책임보험에 가입함으로써 배상책임을 사회적으로 분산할 수 있다.

┃이사책임의 추궁방법┃

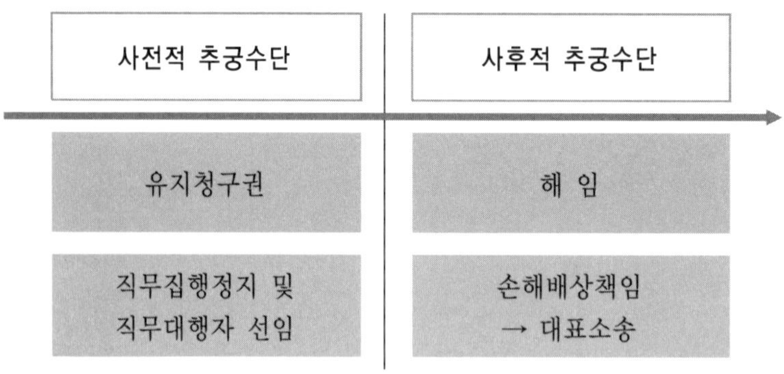

| 대법원 2001. 2. 28. 자 2000마7839 결정 |

주식회사의 주주는 주식의 소유자로서 회사의 경영에 이해관계를 가지고 있다고 할 것이나, 회사의 재산관계에 대하여는 단순히 사실상, 경제상 또는 일반적, 추상적인 이해관계만을 가질 뿐, 구체적 또는 법률상의 이해관계를 가진다고는 할 수 없고, 직접 회사의 경영에 참여하지 못하고 주주총회의 결의를 통해서 또는 주주의 감독권에 의하여 회사의 영업에 영향을 미칠 수 있을 뿐이므로 주주는 일정한 요건에 따라 이사를 상대로 그 이사의 행위에 대하여 유지청구권을 행사하여 그 행위를 유지시키거나, 또는 대표소송에 의하여 그 책임을 추궁하는 소를 제기할 수 있을 뿐 직접 제3자와의 거래관계에 개입하여 회사가 체결한 계약의 무효를 주장할 수는 없다. (同旨 : 서울지법 2003. 11. 20. 선고 2001가합18662, 61253 판결).

[2] 유지청구권

시민단체는 "○○자동차의 부채를 ○○전자가 대신 갚는 것은 부당하다"며 ○○전자의 이사 20명을 상대로 위법행위유지 가처분신청을 서울지법에 냈다. 시민단체측은 소장에서 "○○그룹의 계열사 중 ○○전자의 자산이나 수익이 가장 크므로 결국 ○○생명의 주식 처분대금으로 메우지 못한 ○○자동차 채무액에 대한 책임은 ○○전자가 지게 될 것"이라며 "○○전자는 ○○자동차 출범시 이미 1천 7백여 억 원을 출자하는 등 4천 2백여 억 원의 손실보전을 해 줬고 ○○전자가 ○○자동차의 채무를 부담해야 할 아무런 근거가 없다"고 주장했다. ○ 회장은 지난 해 채권금융단과 손실보전을 위해 "○○생명 주식 3백 50만 주를 무상으로 증여하고 그 처분금액이 총부채 2조 4천 5백억 원에 모자랄 경우 ○○그룹 계열사가 그 부족액에 대해 보전해 줄 것"이라는 내용의 합의서를 체결한 바 있다. 시민단체는 위법행위유지 가처분을 신청해 ○○전자의 이사들이 ○○자동차의 채권금융기관에 대하여 자본출자나 후순위채권의 매입, 혹은 이자를 지급하는 등의 행위를 하지 못하도록 조치했다고 밝혔다. 이번 위법행위 유지청구의 요건을 만족시키기 위해 시민단체는 국내 주주와 ○○○펀드 등 외국인 주주들의 지분 약 53만 주를 모았다. (출처 : 조선일보 2000. 10. 25, 매일경제 2000. 11. 23, 이데일리 2000. 11. 23, 경향신문 2000. 11. 24)

| 해 설 |

위는 계열사의 채무를 대신 갚는 등의 회사의 행위에 대하여 유지청구의 소를 제기하고 이를 본안으로 하여 가처분신청을 한 사례이다. 유지청구는 이사의 위법행위를 신속하게 중지시킬 필요가 있는 경우에 인정되는 긴급수단이다. 유지청구는 반드시 소에 의할 필요는 없지만 현실적으로 소에 의하지 않으면 유지청구의 실효성을 확보하기 곤란하기 때문에,

위 사례에서처럼 소에 의하여 유지청구를 하고 있는 것이다. 유지청구권은 경영권에 대한 중대한 간섭이므로 법에서 인정한 요건을 충족하는 경우에만 제한적으로 허용된다. 위 사례에서 짚고 가야할 점은, 계열사의 채무를 대신 갚는 등의 행위가 상법 제402조에서 규정하고 있는 '법령 또는 정관을 위반하는 행위'로서 그로 인하여 '회사에 회복하기 어려운 손해발생의 염려'가 있는지, 그리고 유지청구를 할 수 있는 청구권자로서의 자격요건(소수주주요건)을 갖추었는지 등이다. 상장법인에서의 유지청구권에 대해서는(위 사례는 이에 해당한다) 증권거래법상의 특례가 적용된다.

Ⅰ. 의의

이사의 법령 또는 정관에 위반하는 행위로 인하여 회사에 회복할 수 없는 손해가 생길 염려가 있는 경우에는 감사(감사위원회를 두는 경우에는 감사위원회) 또는 소수주주는 회사를 위하여 이사에 대하여 그 행위를 유지(중지)할 것을 청구할 수 있다(상 402조). 이를 위법행위 유지청구권이라 한다.

┃취 지┃

유지청구권은 이사의 행위로 인하여 회사에 회복하기 어려운 손해가 생길 염려가 있는 경우에 사전예방적 긴급수단으로 인정되는 제도이다. 회사가 이와 같은 위법행위를 사전에 방지할 수 있지만, 회사와 이사간의 특수한 관계로 인하여 이를 소홀히 하는 경우에 주주 또는 감사로 하여금 그러한 조치를 취할 수 있도록 한 것이다. 유지청구권은 본래 회사에 속하는 권리를 주주가 대신 행사하는 것이므로 공익권에 속한다. 이는 미국 회사법상 주주의 유지명령(injunction) 제도를 계수한 것이다.

┃다른 제도와의 차이점┃

① 위법행위 유지청구권은 넓은 의미에서의 보존행위의 일종으로 상법 제407조의 직무집행정지제도와 그 궤를 같이 하나, 반드시 소에 의하지 않고서도 행사할 수 있다는 점과 이사의 권한을 일반적으로 정지시키는 것이 아니라 특정 행위를 저지할 수 있다는 점에서 차이가 있다.

② 위법행위 유지청구권은 사전적 구제방법이고 소에 의할 필요가 없지만, 주주의 대표소송은 사후에 이사의 책임을 소에 의하여 추궁하는 제도라는 점에서 차이가 있다.

③ 신주발행 유지청구권(상 424조)과의 차이점에 대해서는 후술한다.

Ⅱ. 요건

1. 법령 · 정관 위반

이사의 「법령 또는 정관 위반」의 일체의 행위가 유지청구의 대상이 된다(상 402조). 단순한 임무해태는 유지청구의 대상이 되지 못하나, 이사의 선관주의의무에 관한 일반적 규정(상 382조 2항, 민 681조)에 위반한 행위도 유지청구의 대상이 될 수 있다(서울지법 2003. 7. 4, 2003카합980). 이사의 법령 또는 정관 위반에는 고의 또는 과실의 유무를 불문한다.

▎서울지법 2003. 7. 4. 선고 2003카합980 판결▕

회사경영의 주체로서 고도의 인적 신뢰를 기초로 하여 선임된 주식회사의 이사는 상법 제382조 제2항에 의하여 준용되는 민법 제681조, 상법 제382조의3 등의 규정에 의하여 회사에 대하여 선량한 관리자의 주의의무를 부담하므로 상법 제402조에 의한 유지청구의 대상이 되는 법령 또는 정관에 위반한 행위라 함은 이사회의 승인 없는 이사의 자기거래 등 법령 또는 정관의 구체적인 규정에 위반하는 행위뿐만 아니라 위와 같은 일반적인 주의의무를 해태한 모든 행위를 포함한다.

2. 회복 곤란한 손해발생의 염려

법령이나 정관에 위반하는 행위로 인해 「회사에 회복할 수 없는 손해가 생길 염려」가 있어야 한다(상 402조). 회복할 수 없는 손해인지의 여부는 사회통념의 관점에서 판단하여야 한다. 따라서 손해회복이 법률적으로 가능하더라도 회복을 위한 비용이나 절차 등으로 인하여 회복이 심히 곤란하거나 상당한 시일을 요하는 경우에는 유지청구의 대상이 된다.

3. 시기적 제한

이사의 위의 행위에 대해서는 사전(위반행위의 종료 전)에 유지할 것을 청구하여야 한다. 사후에는 더 이상 유지청구를 하지 못한다.

Ⅲ. 당사자

1. 청구권자

감사(감사위원회의 대표자 포함) 또는 소수주주(발행주식총수의 1% 이상에 해당하는 주식을 가진 주주)만이 유지청구를 할 수 있다. 소수주주의 지주수의 계산에 있어서는 의결권 없는 주식도 포함되고, 유지청구할 당시에 소수주주이면 된다(다수설).

2. 상대방

유지청구의 상대방은 회사가 아니고 법령 또는 정관에 위반한 행위를 하는 이사이다. 청산인과 유한회사의 이사에도 준용된다(상 542조 2항, 564조의2).

Ⅳ. 방법 · 절차

(1) 법령 또는 정관에 위반되는 행위를 하려는 이사에 대하여 직접 그 행위를 못하게 하는 것이므로 회사에 대하여 연락할 필요가 없다(손주찬).
(2) 유지청구권의 행사는 반드시 소에 의하여야 하는 것은 아니다. 재판에 의하지 않고 이사에 대한 의사표시만으로도 할 수 있다.
(3) 유지청구의 실효성을 높이기 위하여 실무에서는 이사를 피고로 하는 위법행위유지의 소를 제기하고, 이것을 본안소송으로 하는 위법행위유지의 가처분을 구하는 방법이 사용되고 있다(민집 300조 1항). 유지청구의 소에 대해서는 상법에 아무런 규정이 없으나, 그 본질이 대표소송과 같으므로 대표소송에 관한 상법규정이 유추적용된다고 본다(다수설).

Ⅴ. 효과

1. 소로서 하는 경우

판결에 따라 그 효과가 주어진다. 회사를 위하여 제소하는 것이므로 판결의 효과는 당연히 회사에도 미치게 된다(민소 218조).

2. 소에 의하지 않는 경우

(1) 유지청구의 의사표시에 이사가 응하여 반드시 유지하여야 할 의무는 없다. 다만, 이사는 자신의 행위가 법령 또는 정관에 위반한 것인지의 여부를 살펴보아 유지여부를 결정하여야 할 선관주의의무가 있다.

(2) 유지청구를 무시하고 한 행위의 사법적 효력에 대해서는 견해가 나뉜다.
(가) 단체법적 행위(예 : 신주발행, 사채발행)의 경우
유지청구를 무시하여도 상대방의 유지청구에 대한 선의 · 악의를 불문하고 유효하다.
(나) 통상의 개별적인 개인법적 행위(예 : 매매)의 경우
(ⅰ) 상대방이 유지청구에 대하여 악의인 때에는 회사는 유지청구를 무시하고 한 거래행위의 무효를 주장할 수 있다는 견해, (ⅱ) 유지청구의 유무 및 상대방의 선의 · 악의는 행위의 효력에 영향을 주지 않는다는 견해가 있다. (ⅲ) (ⅱ)설이 타당하다고 본다. 유지청구가 있다고 하여 그 대상이 되는 행위의 위법성이 추정되는 것은 아니다. 사리가 이럴진대 유지청구의 사실에 대한 상대방의 선의 또는 악의는 당해 행위의 효력과는 더 더욱 무관하다. 결국 소에 의하지 않는 유지청구권의 행사는 이를 무시한 행위의 효력에 별다른 영향을 미치지 아니하는 결과가 된다.

| 유지청구 관련 이익수수 등에 대한 벌칙 |

유지청구권 행사에 관하여 부정한 청탁을 받고 재산상의 이익을 수수 · 요구 또는 약속한 자 및 위 이익을 약속 · 공여 또는 공여의 의사표시를 한 자는 권리행사방해 등에 관한 증수뢰죄로서 형벌의 제재를 받는다(상 631조 1항 3호).

| 관련사례 |

[1] ○○맥주와 합병하기로 한 △△음료의 소수주주들이 합병에 반대하는 소송을 제기했다. △△음료 소수주주 10여 명(약 2만여 주)은 ○○맥주와의 합병을 하기로 한 이사회 결의가 무효라며 서울지법 ○○지원에 '이사회결의 무효확인의 소'를 제기했다고 밝혔다. △△음료와 ○○맥주는 지난 달 음료부문의 통합으로 사업다각화를 실현하고 여유자산의 매각 등으로 경영합리화를 하기 위해 ○○맥주가 △△음료를 1.15대 1의 비율로 흡수합병하기로 이사회에서 결의했다. △△음료의 소수주주측은 이 같은 합병이 △△음료의 주당 자산가치와 수익성에 비춰 볼 때 현저하게 불리한 것이라며 합병반대의 이유를 밝혔다. ○○맥주는 지난해 말 기준으로 부채 총계가 1조 3천 2백 1억 원으로 자산총계 1조 3천 3백 40억 원과 비슷하다. 반면에 △△음료의 경우 부채를 제외한 순자산이 1천 3백 26억 원이며 지난 해

36억 원의 당기순이익을 올렸다. 따라서 재무구조가 취약한 ○○맥주와 △△음료를 1대 1에 가까운 비율로 합병하는 것은 △△음료의 소액주주들의 이익을 침해하는 것으로 부당하다는 것이 △△음료 소수주주들의 주장이다. △△음료의 소수주주들은 이사회결의 무효소송과 아울러 △△음료측 임원들을 상대로 한 '이사 직무집행정지 가처분 신청'과 '이사 위법행위 유지청구소송'도 함께 제기할 계획이다. △△음료와 ○○맥주는 임시주주총회를 열어 합병승인을 받을 예정이다. 소수주주측은 그 주주총회 개최금지의 가처분을 곧 신청하겠다고 말했다. (출처: 매일경제 1997. 6. 18, 조선일보 1997. 6. 18)

[2] 경영진에게 부실 계열사를 지원하라고 강요한 대주주인 ○○측 등기이사를 상대로 △△증권의 소액주주들이 법원에 위법행위유지의 가처분신청을 서울지방법원에 제출했다. ○○은 두 차례의 이사회를 통하여 영업정지 중인 ●●증권과 부실금융기관인 ■■화재에 1천 2백억 원을 지원하라고 △△증권의 경영진에게 요구했다. 신청인인 소액주주 8명은 △△증권의 지분 약 6.09%를 보유하고 있다. 신청인들은 그동안 독립적으로 운영돼 온 △△증권이 외국인 대주주의 요구에 따라 부실계열사를 지원할 경우 △△증권의 동반부실을 야기할 것이 명백하다고 주장했다. 또한 신청인들은 대주주의 의도대로 자금지원이 이루어질 경우 이는 특정경제범죄가중처벌법상의 배임에 해당하며 상법의 충실의무에도 반하는 것이라고 지적했다. (출처: 매일경제 2001. 3. 27, 문화일보 2001. 3. 27, 동아일보 2001. 3. 28, 서울신문 2001. 3. 28, 조선일보 2001. 3. 28, 한겨레 2001. 3. 28, 한국경제 2001. 3. 28)

[3] 이사의 직무집행정지 및 직무대행자의 선임

○○○는 채권자인 ○○○가 주주총회 결의 취소의 소를 제기해 그 소송이 확정될 때까지 직무집행이 정지되는 이사 ○○○의 직무대행자로 변호사 ○○○를, 이사 ○○○의 직무대행자로 변호사 ○○○을, 감사 ○○○의 직무대행자로 공인회계사 ○○○을 각각 선임한다고 공시했다. (출처: 머니투데이 2005. 5. 9 [원정호])

| 해 설 |

이사 등의 법적 지위가 다투어질 때 임시의 보존처분으로 그 직무집행을 정지하고 대행자를 선임하는 제도가 실무에서는 매우 광범하게 이용되고 있다. 당해 이사의 법적 지위에 대한 법원의 판결이 있기까지 당해 이사에 대하여 말하자면 '계급장'을 떼어 놓는 것이다.

Ⅰ. 직무집행정지

1. 의의

직무집행정지의 가처분은 이사 · 감사 · 청산인의 지위에 대하여 다툼이 있는 경우에 일시적으로 이들의 직무수행권한을 박탈하는 제도이다(민집 300조). 문제된 이사 등이 직무집행을 계속하면 회사에 손해가 발생할 우려가 있으므로 이를 미연에 방지하기 위함이다. 이때의 가처분은 임시의 지위를 정하는 가처분이다(민집 300조 2항).

2. 요건

(1) 본안소송의 제기

이사 등의 직무집행정지 가처분을 신청하기 위해서는 이사 등의 지위를 다투는 본안소송이 제기되어 있어야 한다. 본안소송의 소송물이 가처분에 의하여 보전되는 계쟁물과 동일하여야 한다. 예컨대, 이사선임결의의 무효나 취소의 소, 이사해임의 소, 또는 대표이사를 선정한 이사회 결의의 효력을 다투는 소를 본안소송으로 하여 가처분을 구할 수 있다(대판 1989. 5. 23, 88다카9883). 예외적으로 급박한 사정이 있는 때에는 본안소송을 제기하기 전에도 가처분을 구할 수 있다(상 407조 1항 단서).

(2) 보전의 필요

가처분을 하기 위해서는 이사 등의 지위에 다툼이 있는 외에, 그 이사 등을 그대로 직무를 집행하게 할 때에는 회사에 회복할 수 없는 손해가 생길 염려가 있는 등의 보전의 필요(민집 300조 2항 단서)가 있어야 한다. 보전의 필요성은 가처분을 신청한 자가 소명하여야 한다(민집 301조, 279조 2항).

3. 절차

가처분의 신청은 본안소송의 원고(본안소송 전에는 본안소송의 원고가 될 자)가 할 수 있다. 피신청인은 신청인의 주장에 의하여 지위가 다투어지는 자이며, 회사는 피신청인이 될 수 없다(대판 1972. 1. 31, 71다2351 ; 대판 1982. 2. 9, 80다2424). 관할법원은 본안소송의 관할법원(즉, 회사의 본점소재지의 지방법원)이 된다. 본안이 2심에 계속한 때에는 그 係屬法院이 관할법원으로 된다(민집 311조 단서).

4. 효력

직무집행정지의 가처분이 있으면 이사 등의 지위가 박탈되는 것은 아니지만 그 이사 등의 직무 전반의 집행이 정지된다(전면적 정지). 이 가처분은 당사자뿐만 아니라 제3자에 대해서도 효력이 있다(대법원 1992. 5. 12. 선고 92다5638). 가처분에 반하는 행위는 제3자에 대한 관계에서도 절대적으로 무효로 된다(대판 1982. 2. 9, 80다2424).

▎대법원 1992. 5. 12. 선고 92다5638 판결▎

위 가처분은 그 성질상 당사자 사이에서 뿐만 아니라 제3자에게도 효력이 미치므로, 새로이 선임된 대표이사가 위 가처분에 위반하여 회사 대표자의 자격에서 한 법률행위는 결국 제3자에 대한 관계에서도 무효이고 이때 위 가처분에 위반하여 대표권 없는 대표이사와 법률행위를 한 거래상대방은 자신이 선의였음을 들어 위 법률행위의 유효를 주장할 수는 없다.

5. 가처분의 변경 · 취소

법원은 당사자의 신청에 의하여 가처분을 변경 또는 취소할 수 있다(상 407조 2항). 그 요건과 절차는 민사집행법의 일반 가처분의 변경 · 취소에 관한 규정에 의한다(민집 307조, 309조, 301조, 286조, 288조).

6. 등기

법원에 의한 가처분 또는 그 변경 · 취소의 처분이 있는 때에는 본점과 지점의 소재지에 그 등기를 하여야 한다(상 407조 3항). 가처분은 제3자의 이해에도 관련이 있으므로 이를 공시하기 위함이다.

Ⅱ. 직무대행자의 선임

1. 선임

(1) 법원은 이사 등의 직무집행정지 가처분과 함께 직무대행자를 선임할 수 있다(상 407조 1항 전단). 직무집행을 정지하지 않고서는 직무대행자의 선임만을 구할 수 없다. 직무대행자 선임의 가처분은 직무집행정지의 가처분에 당연히 따르는 것이

아니고, 직무집행정지의 가처분의 결과 대행자의 선임이 필요한 경우에만 하게 된다.

(2) 어떠한 자를 직무대행자로 선임할 것인가는 법원의 자유이다(대결 1985. 5. 28, 85그50). 그러나 가처분에 의하여 직무집행이 정지된 종전의 이사 등을 직무대행자로 선임할 수는 없다(대결 1990. 10. 31, 90그44).

2. 회사와의 관계

직무대행자의 법적 지위는 가처분에 의하여 창설된 것이므로 회사에 대하여 위임관계를 가지는 것은 아니다.

3. 권한범위

(1) 원칙 - 상무에 속하는 행위

직무대행자는 임시적인 지위에 있는 자이므로 가처분명령에 다른 정함이 없는 한 회사의 「常務」에 속하는 행위만을 할 수 있다(상 408조 1항 본문). 상무, 즉 '일상의 업무'란 회사의 영업을 계속함에 있어 통상의 업무범위 내의 사무를 뜻한다(대판 1991. 12. 24, 91다4355; 대판 1970. 4. 14, 69다1613; 대판 1989. 9. 12, 87다카2691). 이사직무대행자가 한 행위가 회사의 상무에 속한다고 하는 사실의 주장과 입증은 회사와 거래한 상대방인 제3자가 하여야 한다(대판 1965. 10. 20, 65다1677).

(2) 예외 - 법원의 허가를 얻은 경우

이사가 상무에 속하지 아니한 행위를 하기 위해서는 법원의 허가를 얻어야 한다(상 408조 1항 단서). 허가의 신청은 직무대행자이며, 신청절차는 비송사건이다(비송 85조). 직무대행자가 법원의 허가없이 상무에 벗어난 행위를 한 경우 회사는 선의의 제3자에 대하여 책임을 진다(상 408조 2항).

▎대법원 1991. 12. 24. 선고 91다4355 판결▕

상법 제408조 제1항에서 말하는 "상무"는 일반적으로 회사의 영업을 계속함에 있어 통상 업무범위 내의 사무, 즉 회사의 경영에 중요한 영향을 미치지 않는 보통의 업무를 뜻하는 것이고 직무대행자의 지위가 본안소송의 판결시까지 잠정적인 점 등에 비추어 보면 회사의 사업 또는 영업의 목적을 근본적으로 변경하거나 중요한 영업재산을 처분하는 것과 같이 당해 분쟁에 관하여 종국적인 판단이 내려진 후에 정규 이사로 확인되거나 새로 취임하는 자에게 맡기는 것이 바람직하다고 판단되는 행위가 아닌 한 직무대행자의 상무에 속한다.

| 대법원 1989. 9. 12. 선고 87다카2691 판결 |

가처분에 의하여 대표이사 직무대행자로 선임된 자가 변호사에게 소송대리를 위임하고 그 보수계약을 체결하거나 그와 관련하여 반소제기를 위임하는 행위는 회사의 상무에 속하나, 회사의 상대방 당사자의 변호인의 보수지급에 관한 약정은 회사의 상무에 속한다고 볼 수 없으므로 법원의 허가를 받지 않는 한 효력이 없다.

| 대법원 1984. 2. 14. 선고 83다카875, 876, 877 판결 |

법원의 가처분명령에 의하여 선임된 회사의 대표이사 직무대행자가 회사의 업무집행기관으로서의 기능발휘를 전혀 하지 아니하고 그 가처분을 신청한 사람 측에게 그 권한의 전부를 위임하여 회사의 경영을 일임하는 행위는 가처분명령에 의하여 정하여진 대표이사 직무대행자의 회사경영책임자로서의 지위에 변동을 가져오게 하는 것으로서 가처분 명령에 위배되는 행위일 뿐만 아니라 회사업무의 통상적인 과정을 일탈하는 것으로서 이를 회사의 상무라고 할 수 없으므로, 가처분명령에 특히 정한 바가 있거나 법원의 허가를 얻지 않고는 할 수 없다 할 것이다.

4. 책임

직무대행자는 회사와 위임관계에 있는 것은 아니지만 상법 제399조(이사의 회사에 대한 책임), 제401조(이사의 제3자에 대한 책임)를 유추적용하여 이사와 동일한 책임이 있는 것으로 본다(손주찬).

[4] 대표소송

이사의 회사에 대한 책임에 관한 사례 (제5편 제3장 제7절 [2]) 참조.

| 해 설 |

위 사건([1] 철강회사에 대한 은행의 부실대출 사건)은 소액주주들이 경영부실로 인하여 회사가 입은 손해에 대하여 배상책임을 물은 우리나라 최초의 대표소송이다. 그런 의미에서 1998년의 위 판결은 우리나라 대표소송의 신기원을 연 것이라 할 수 있다. 이 사건을 계기로 하여 그 이후 다수의 대표소송이 있었다. 대표소송은 주로 시민단체가 소액주주로부터 의결권을 위임받아 공익소송을 제기한 것이 대부분이다. 대표소송에서 원고가 시간과 비용을 들여 어렵게 승소하더라도 그 '전리품'(승소판결의 효력)은 자신에게 귀속하는 것이 아니고 회사에 귀속한다. 그러므로 소송에 의하여 얻은 결과물을 자신이 직접 누리고자 하는 동기에서라면 대표소송제도는 별 메리트가 없는 제도라 할 것이다.

Ⅰ. 의의 · 취지

(1) 대표소송제도는 이사가 회사에 대하여 책임이 있음에도 불구하고 회사가 그 책임을 묻지 않고 이를 방치하고 있는 경우에 주주가 직접 회사를 위하여 이사의 책임을 추궁하기 위하여 제기하는 소송이다(상 403조).
(2) 이러한 경우 원래는 회사가 직접 나서서 책임을 물어야 할 것이나 회사(감사 또는 감사위원회)가 그렇게 하지 않는 경우, 궁극적 이해당사자인 주주가 회사를 대신하여 책임을 물을 수 있도록 하는 제도이다. 미국의 대위소송제도(representative suit)를 도입한 것이다.

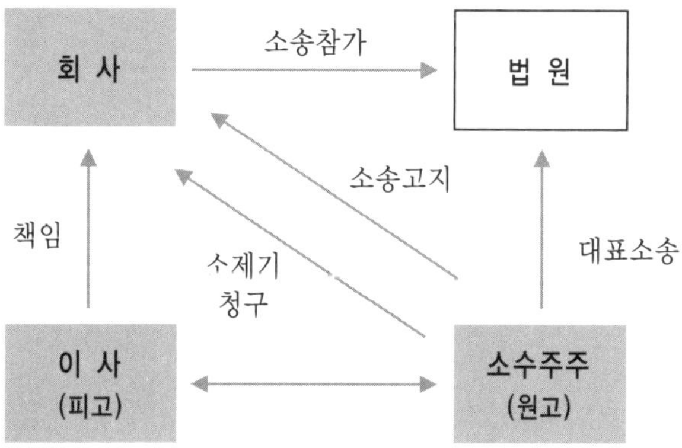

| 법적 성질 |

대표소송은 회사의 이익을 위하여 제3자가 소송을 제기하는 것이므로 제3자의 소송담당에 해당한다. 그 결과 판결의 효력은 회사에 미치게 된다. 제3자의 소송담당이란, 소송에서 다투어지는 권리의무의 주체에 갈음하여 또는 그와 병행하여 제3자가 당사자적격을 가지고, 제3자의 이름으로 소송을 수행하고, 제3자가 받은 판결의 효력이 그 권리와 의무의 주체에 미치는 것을 말한다.

Ⅱ. 요건

1. 대상

(1) 대표소송에 의하여 추궁할 수 있는 이사의 책임에는 회사에 대한 이사의 손해배상책임(상 399조)과 자본충실의 책임(상 428조 1항) 뿐만 아니라 회사와의 거래로부

터 생긴 책임 등 이사가 회사에 대하여 부담하는 일체의 책임을 포함한다. 추궁할 수 있는 책임은 이사 등의 지위에 있는 동안에 부담하는 것에 한하며, 일단 그 책임이 발생한 이상 퇴임한 이사도 대표소송의 대상이 된다.

(2) 발기인 · 감사 · 청산인 · 실질상의 이사 등이 회사에 대하여 부담하는 일체의 책임도 대표소송의 대상이 된다.

(3) 이사 · 감사 등은 아니지만 주주권의 행사와 관련하여 회사로부터 재산의 이익을 공여받은 자(상 424조의2)와 이사와 통모하여 현저하게 불공정한 가액으로 신주를 인수한 자(상 467조의2)의 회사에 대한 책임도 대표소송의 대상이 된다.

(4) 대표소송은 이사의 회사에 대한 책임을 추궁하기 위한 제도이므로, 이사의 제3자에 대한 책임(상 401조)이나 주주 자신의 손실은 대표소송의 대상이 아니다.

┃대법원 1979. 2. 13. 선고 78다1117 판결┃

주주는 상법 제403조 이하의 규정에 의한 대표소송의 경우를 제외하고 회사의 재산관계에 대하여 당연히 확인의 이익을 갖는다고 할 수 없으므로 구체적 또는 법률상의 이해관계가 없는 한 회사가 체결한 계약에 관한 무효확인을 구할 이익이 없다.

2. 원고적격

(1) 대표소송을 제기할 수 있는 원고적격을 가지려면 발행주식총수의 1% 이상의 주식을 가진 소수주주이어야 한다(상 403조 1항). 의결권 없는 주식을 가진 주주도 제기할 수 있다(통설). 증권거래법에서는 이에 대한 특례를 두고 있다. 소수주주권으로 한 것은 남소를 방지하기 위한 것이다.

(2) 소를 제기한 주주의 보유주식이 제소 후 발행주식총수의 1% 미만으로 감소한 경우에도 제소의 효력에는 영향이 없다(상 403조 5항). 그러나 발행주식을 전혀 보유하지 아니하게 된 경우에는 당사자적격이 없게 되므로 소를 각하한다.

(3) 회사가 파산한 경우 대표소송을 제기할 수 있는 자는 주주가 아닌 파산관재인이며 상법 제403조의 대표소송제도가 적용되지 않는다(대판 2002. 7. 12, 2001다2617).

┃이중대표소송의 인정 여부┃

지배회사의 주주는 종속회사의 이사 등에 대하여 책임을 추궁하기 위한 이중대표소송을 제기할 수 없다는 것이 판례의 입장이다(대판 2004. 9. 23, 2003다49221). 이와는 달리 이중대표소송 및 그 이상의 중복대표소송을 일반화할 수 있다는 견해가 있다(김정호). 특히 자회사가 비상장회사인 경우에는 외부주주가 존재하지 않으므로 주주대표소송을 통한 책임추궁이 사실상 불가능하다. 입법론으로 이중대표소송제도의 도입이 필요하다는 견해가 있다.

| 회사파산의 경우 : 대구지법 2000. 4. 14. 선고 98가합24390 판결 |

상법상 주주대표소송은 이사, 감사 등이 그 임무를 해태하여 회사에 손해를 입혔음에도 회사와의 특수한 관계 때문에 이를 게을리 하여 회사 또는 주주 전체의 이익을 해하는 것을 막기 위하여 주주들에게 회사를 대신하여 그 소송을 제기할 권능과 자격을 부여한 제도이므로, 회사가 그 소를 제기할 권능을 가질 것을 전제로 하고 있다고 할 것인데, 회사가 파산선고를 받게 되면 파산재단의 관리 · 처분권은 파산관재인에게 전속하게 되고(파산법 제7조), 파산재단에 관한 소송에 있어서는 파산관재인이 당사자적격을 갖게 되어(파산법 제152조) 회사는 그 소송을 제기할 권능을 상실하게 될 뿐만 아니라, 파산관재인은 법원의 감독을 받고(파산법 제151조), 선량한 관리자의 주의로써 그 직무를 행하여야 하며 이를 게을리 하면 이해관계인에 대하여 손해배상책임을 지게되고(파산법 제154조), 나아가 이사나 감사와의 사이에 특수한 관계가 있는 것도 아니어서 이사 등의 책임 추궁을 게을리 할 염려도 없다고 할 것이므로, 결국 회사에 대하여 파산선고가 된 후에는 이사, 감사 등에 대한 책임의 추궁 여부는 전적으로 파산관재인에게 맡겨져 있다고 봄이 상당하므로 주주들로서는 더 이상 주주대표소송을 제기할 수 없다. (同旨 : 대법원 2002. 7. 12. 선고 2001다2617 판결)

3. 제소 前 절차

(1) 소수주주는 대표소송을 제기하기 전에 회사에 이유를 기재한 서면으로 이사의 책임을 추궁하는 소를 제기할 것을 청구하여야 한다(상 403조 1항 · 2항). 회사가 소제기의 청구를 받은 날로부터 30일 이내에 소를 제기하지 않는 경우에는 그 소제기를 청구한 소수주주는 회사를 위하여 대표소송을 제기할 수 있다(상 403조 3항).

(2) 그러나 30일의 경과로 인하여 회사에 회복할 수 없는 손해가 생길 염려가 있는 경우에는 30일의 경과를 기다릴 필요 없이 또는 회사에 대하여 소 제기를 청구하는 절차를 생략하고 곧바로 대표소송을 제기할 수 있다(상 403조 4항).

Ⅲ. 소의 절차

1. 관할법원

대표소송은 회사의 본점 소재지의 지방법원에 제기하여야 한다(전속관할)(상 403조 5항, 186조).

2. 소송고지 · 소송참가

(1) 소수주주가 대표소송을 제기한 때에는 지체 없이 회사에 대하여 소송의 고지

를 하여야 한다(의무적 소송고지)(상 404조 2항). 이에 의하여 회사는 대표소송이 제기된 사실을 알고 소송에 참가할 수 있는 기회를 갖게 된다(상 404조 1항).

(2) 회사의 소송참가는 공동소송적 당사자참가(민소 83조)이다(대판 2002. 3. 15, 2000다9086). 대표소송이 제기되면 감사가 회사를 대표하여 소송에 참가하여(상 394조 후단), 회사를 위하여 적극적으로 권리주장을 하여야 할 임무를 진다.

(3) 주주가 대표소송을 제기하면 중복제소금지의 원칙상 회사는 다시 별소를 제기하지 못한다(민소 259조).

| 대법원 2002. 3. 15. 선고 2000다9086 판결 |

주주의 대표소송에 있어서 원고 주주가 원고로서 제대로 소송수행을 하지 못하거나 혹은 상대방이 된 이사와 결탁함으로써 회사의 권리보호에 미흡하여 회사의 이익이 침해될 염려가 있는 경우 그 판결의 효력을 받는 권리귀속주체인 회사가 이를 막거나 자신의 권리를 보호하기 위하여 소송수행권한을 가진 정당한 당사자로서 그 소송에 참가할 필요가 있으며, 회사가 대표소송에 당사자로서 참가하는 경우 소송경제가 도모될 뿐만 아니라 판결의 모순 · 저촉을 유발할 가능성도 없다는 사정과, 상법 제404조 제1항에서 특별히 참가에 관한 규정을 두어 주주의 대표소송의 특성을 살려 회사의 권익을 보호하려한 입법 취지를 함께 고려할 때, 상법 제404조 제1항에서 규정하고 있는 회사의 참가는 공동소송참가를 의미하는 것으로 해석함이 타당하고, 나아가 이러한 해석이 중복제소를 금지하고 있는 민사소송법 제234조에 반하는 것도 아니다.

3. 담보의 제공

피고(이사 등)가 원고의 대표소송의 제기가 악의에 의한 것임을 소명하여 담보의 제공을 청구한 때에는 법원은 원고에게 상당한 담보를 제공할 것을 청구할 수 있다(상 403조 5항, 176조 3항 · 4항).

4. 소송처분권의 제한

소를 제기한 경우 당사자는 법원의 허가를 얻지 아니하고는 소의 취하, 청구의 포기 · 인락, 화해를 할 수 없다(상 403조 6항). 그러나 청구의 인락은 피고인 이사가 하는 것이므로 이를 금할 이유가 없다(이철송).

Ⅳ. 판결의 효력

1. 원고승소판결의 효력

(1) 판결효력의 귀속점

대표소송은 원고가 자기의 명의로 타인인 회사를 위하여 수행하는 제3자의 소송담당이므로, 그 판결의 효력은 원고가 승소한 경우이든 패소한 경우이든 당연히 회사에 미친다(민소 218조 3항). 다른 회사법상의 소송에서 판결의 대세적 효력이 원고송소판결의 경우에만 인정되는 것과는 다르다. 그 결과 대표소송을 수행한 원고가 승소하더라도 그 전리품을 직접 누릴 수는 없다.

(2) 소송비용의 부담

원고가 승소한 경우 소송비용은 패소자인 이사가 부담한다(민소 98조). 소를 제기한 주주가 승소한 때에는 그 주주는 회사에 대하여 소송비용 및 그 밖에 소송으로 인하여 지출한 비용 중 「상당한 금액」의 지급을 청구할 수 있다. 소송비용 등을 지급한 회사는 이사 또는 감사에 대하여 구상권을 갖는다(상 405조 1항). 증권거래법에서는 대표소송에서 승소한 원고는 회사에 대하여 소송비용 기타 소송으로 인한 「모든 비용」의 지급을 청구할 수 있다고 규정하고 있다(증거 191조의13 6항).

2. 원고패소판결의 효력

(1) 패소한 원고는 소송비용을 부담한다(민소 98조).

(2) 패소 원고는 그에게 악의가 있는 때에 한하여 회사에 대하여 손해배상책임을 진다(상 405조 2항). 「악의」는 회사를 해할 것을 알면서도 부적당한 소송을 수행하는 것을 뜻한다. 패소주주가 선의인 때에는 과실이 있더라도 손해배상을 청구하지 못한다.

Ⅴ. 재심의 소

1. 사유

상법 제403조의 대표소송에서 원고와 피고의 공모에 의하여 소송의 목적인 회사의 권리를 詐害할 목적으로 판결을 하게 한 경우에는 회사 또는 주주가 확정된 종국판결에 대하여 재심의 소를 제기할 수 있다(상 406조 1항). 주주가 대표소송(상 403조)을 제기하는 경우에만 재심의 소의 대상이 된다. 입법론으로, 일본상법과 마찬가지로 회사가 이사의 책임을 추궁하는 소를 제기한 경우에도는 재심의 소의 대상으로 하는 것이 바람직하다는 견해가 있다(이철송).

2. 제소권자

회사 또는 주주가 제소권자이다. 주주는 재심청구 당시에 주주이면 족하고 소수주주에 한하지 않는다.

3. 절차

재심의 소는 당사자가 판결 확정 후에 재심의 사유를 안 날로부터 30일 이내에 재심청구의 대상인 판결을 한 법원에 제기하여야 한다(민소 453조 1항, 456조 1항). 판결이 확정된 뒤 5년이 경과되면 재심의 소를 제기할 수 없다(민소 456조 3항). 대표소송을 제기하는 경우와 같은 제소 전 절차(상 403조 1항 · 3항)는 필요 없다.

4. 승소 · 패소의 경우

주주가 재심의 소를 제기하여 승소한 경우에는 그 주주는 회사에 대하여 소송비용 외에 소송으로 인한 실비액의 범위 내에서 상당한 금액의 지급을 청구할 수 있다. 주주가 패소한 때에는 악의가 있는 경우 외에는 회사에 대하여 배상할 책임이 없다(상 406조 2항, 405조 1항 · 2항). 이는 대표송의 경우와 같다.

| 형사벌칙 |

대표소송 또는 재심의 소의 제기에 관하여 부정한 청탁을 받고 재산상의 이익을 수수 · 요구 또는 약속한 경우 또는 이러한 이익을 약속 · 공여 또는 공여의 의사를 표시한 경우에는 형벌의 제재를 받는다(상 631조 1항 · 2항).

| 관련사례 |

시민단체는 OO의 전환사채를 △씨 등에게 헐값에 넘긴 법인주주를 상대로 주주대표소송을 내기로 했다. 시민단체는 "OO의 CB를 인수하지 않은 OO그룹의 상장회사 중 기대이익을 상실한 △△과 □□ 등의 소액주주 지분 0.01%를 모아 주주대표소송을 내겠다"고 밝혔다. 시민단체측은 "OO 계열사들이 OO의 CB를 인수하지 않음으로써 최소 8만 5,000

원 가량 되는 CB를 7,700원에 인수할 수 있는 기회를 잃은 동시에 특수관계인인 O씨 등에게 재산상 이득을 주는 불법행위를 한 만큼 기대이익 상실분을 배상해야 한다"고 말했다. (출처 : 문화일보 2005. 10. 5, 경향신문 2005. 10. 6, 세계일보 2005. 10. 6)

[5] 해 임

이사를 해임하는 것은 이사의 책임을 묻는 극단적인 방법이 된다. 임기 중의 이사를 해임하려면 주주총회의 특별결의에 의하여야 한다(상 385조 1항 본문). 책임이 있는 이사를 해임하는 경우에는 정당한 이유가 있는 해임이므로 임기가 정해진 이사를 임기만료 전에 해임하는 때에도 그 이사는 회사에 대하여 해임으로 인한 손해배상을 청구할 수 없다(상 385조 1항 단서). 이사가 그 직무에 관하여 부정행위 또는 법령이나 정관에 위반한 중대한 사실이 있음에도 불구하고 주주총회에서 그 해임을 부결한 때에는 발행주식총수의 3% 이상의 주식을 가진 주주는 총회결의가 있는 날로부터 1월 내에 그 이사의 해임을 법원에 청구할 수 있다(상 385조 2항).

[6] 증권관련집단소송

(1) 증권집단소송이라 함은 유가증권의 거래과정에서 불공정한 거래로 인하여 손해를 입은 자가 그 중의 1인 또는 수인이 대표당사자가 되어 수행하는 손해배상청구소송이다(증집 2조 1호). 이를 위하여 증권관련집단소송법이 제정되어 2005. 1. 1.부터 시행하고 있으며, 민사소송법의 특례를 인정하고 있다(증집 1조).

(2) 증권관련집단소송법이 적용되는 대상은 상장법인이 발행한 유가증권의 매매 기타의 거래와 관련하여, (i) 유가증권신고서 · 사업설명서 · 사업보고서에 허위의 기재를 하거나 주요 사항을 누락한 경우, (ii) 미공개정보를 이용한 경우, (iii) 시세조작행위를 한 경우, (iv) 회계감사인이 부실한 회계감사를 청구원인으로 하는 경우 등이다(증집 3조 1항).

(3) 소송의 전문성을 고려하여 원고와 피고 모두 변호사를 선임하여야 하는 등 남소방지를 위한 장치를 두고 있다(증집 5조 1항 등). 자산 2조 원 미만인 상장법인의 유가증권신고서와 사업보고서의 허위기재 또는 주요사항의 누락과 부실감사에 대해서는 2007. 1. 1.부터 시행한다(증집 부칙 ③).

제9절 사실상의 이사

OO그룹의 △ 회장이 최근 ㅁㅁ에 이어 5개 계열사의 등기 이사직에서 한꺼번에 물러났다. OO전자의 1/4분기 사업보고서에 따르면 △회장은 그동안 등기이사로 등재돼 있던 5개 계열사의 이사직을 모두 사퇴한 것으로 나타났다. 이에 따라 O회장은 OO전자와 일본 판매법인 2곳만 등기이사로 남게 됐다. 이에 대해서는 "등기이사 사임은 권한만 행사하되 책임은 지지 않겠다는 것이나 마찬가지" 라는 반발이 있으나, OO그룹의 관계자는 "계열사 여러 곳의 등기이사를 맡는 것보다는 상징적으로 그룹의 대표회사인 OO전자의 등기이사만 맡는 것이 바람직하다는 판단에 따른 것"이라면서 "그러나 △회장이 OO그룹 경영 전반에 책임을 지겠다는 의지는 명확하다"고 강조했다. (출처: 경향신문 2005. 5. 17, 동아일보 2005. 5. 17, 매일경제 2005. 5. 17, 문화일보 2005. 5. 17, 서울신문 2005. 5. 17, 세계일보 2005. 5. 17)

|해 설|

이사로 등기되어 있지 않았다고 해서 이사로서의 책임을 면할 수 있는가? 상법상의 이사는 원래 주주총회에 의하여 선임되어 이사로 등기되어 있는 자이다. 그런데 그룹총수라든가 지배주주처럼 상법상의 이사가 아니면서도 이사 이상의 힘을 갖고 회사의 업무집행에 관여하는 경우가 흔히 있다. 만일 이들의 자에 대하여 등기이사가 아니라는 이유만으로 회사 및 제3자에 대한 책임으로부터 면죄부를 받을 수 있다고 한다면 불합리하다. 종래 이들의 자에 대해서도 상법 제399조 · 제401조의 책임과 대표소송에 관한 상법 제403조의 규정을 적용할 수 있는지에 관해서 법해석상의 논란이 있었다. 그러던 것을 1998년 개정상법에서는 이를 입법적으로 해결하였다.

[1] 의의

사실상의 이사(de facto director)는, 법률상의 이사(de jure director)가 아니더라도 회사에 대한 자신의 영향력을 이용하여 이사에게 업무집행을 지시하거나 직접 업무를 집행한 자로서 상법 제399조(이사의 회사에 대한 손해배상책임), 제401조(이사의 제3자에 대한 손해배상책임) 및 제403조(대표소송)의 적용에 있어서 이사로 의제된 자를 말한다(상 401조의2).

| 용 어 |

이를 일반적으로 '업무집행관여자', '실질상의 이사', 또는 '사실상의 이사'라고 부른다. 상법 제401조의2 제1항에서 제1호와 제2호의 경우를 '배후이사', 제3호를 '표현이사'라 부르기도 한다.

[2] 취지

(1) 법률상의 이사가 아니면서 사실상 이사와 같은 역할을 하고 있거나 회사에 대한 지배적인 영향력을 이용하여 실질적으로 회사의 의사결정을 지배하고 있는 자에 대하여 이사로서의 등기 여부에 관계없이 법률상의 이사와 동일한 책임을 지우기 위함이다.

(2) 사실상의 이사는 영미법에서 판례법으로서 발달해 온 것인데, 독일 주식법, 영국 회사법 등에서도 이와 유사한 개념을 인정하고 있다.

[3] 유형

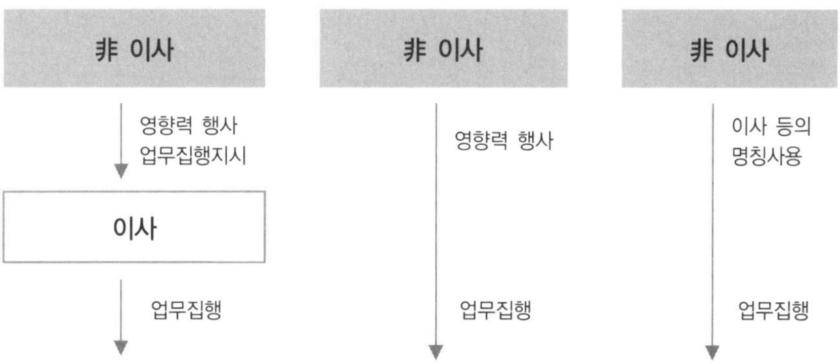

Ⅰ. 업무집행지시자 (배후지시자)

회사에 대한 자신의 영향력을 이용하여 이사에게 업무집행을 지시하는 자를 말한다(상 401조의2 1항 1호).

1. 회사에 대한 영향력

(1) 회사에 「영향력」을 행사할 수 있는 자이어야 한다. 영향력의 유무를 판단하는 기준에 대해서는 견해가 나뉜다.

(ⅰ) 협의설(법적 영향설) - 영향력을 좁게 해석하여 주식의 소유 등 회사법적 지배수단을 가진 자가 이를 부당하게 이용하여 영향력을 행사하는 경우에 한정된다는 견해이다(다수설).

(ⅱ) 광의설(사실적 영향설) - 영향력을 매우 넓게 해석하여 지배주주 뿐만 아니라 회사에 유력한 채권자, 지속적인 거래에서 우월적 지위에 있는 자, 공법적으로나 정치적으로 우월한 힘을 가진 자도 포함된다는 견해이다(이철송).

(ⅲ) 사견 - 상법 제401조의2 제1항 제1호의 영향력에 사실상의 영향력까지를 포함하면 동조의 적용대상이 지나치게 확대될 수 있으므로 회사법적 영향력에 국한하여야 할 것이다. 여기에서의 영향력은 1인 주주 또는 지배주주 등의 자가 자신은 이사로 취임하지 않고 다른 사람을 이사로 임면하여 그 이사를 통하여 회사에 영향력을 행사하는 경우를 상정한 것이다. 지배회사나 지주회사는 종속회사나 자회사에 대하여 영향력을 행사할 수 있는 자가 될 수 있다.

(2) 「회사」에 대한 영향력을 요한다. 업무를 집행하는 이사와의 개인적 관계에 의한 영향력은 본조의 적용대상이 아니다.

2. 이사의 업무집행 지시

(1) 「이사」의 업무집행을 지시하였어야 한다. 지시의 상대방은 본 규정의 취지에 비추어 이사에 한정할 필요는 없고, 비등기 임원이나 사용인(예 : 부장, 과장 등)에 대하여 업무를 지시하는 경우도 포함한다.

(2) 「지시」는 직접적이건 간접적이건, 어떠한 경로를 통해서건, 명시적이건 묵시적이건 이사의 복종을 이끌어낼 수 있으면 된다. 권고 · 조언 · 협조요청 · 제안 등

의 형식을 띠더라도 실제에 있어서 강제성을 가지는 경우에는 지시와 같이 보아야 한다. 지시의 내용은 「업무집행」으로 되어 있으나, 업무와 직접·간접으로 관련되는 사항까지를 포함하며, 법률행위뿐만 아니라 사실행위도 포함한다.

Ⅱ. 이사업무집행자 (배후집행자)

(1) 이사가 아니면서 다른 이사의 이름으로 직접 업무를 집행한 자를 말한다(상 401조의2 1항 2호). 예컨대, 이사로서의 직함이 없는 자(甲)가 이사(乙)에게 실권을 주지 않고 그 이사(乙)의 도장을 보관하면서 자신(甲)이 직접 그 이사(乙)의 이름으로 업무를 처리하는 것이 이에 해당한다. 이러한 경우 甲은 배후이사로서 책임을 지고, 乙은 당해 행위의 주체가 아니므로 상법 제401조의2 제1항 제2호의 적용대상이 아니다.

(2) 상법 제401조의2 제1항 제2호의 법문에서는 회사에 대한 영향력의 존재를 명시적으로 규정하고 있지는 않지만, 제1호에서와 같은 영향력의 존재를 암묵적으로 전제하고 있다고 해석한다(서헌제).

Ⅲ. 이사명칭집행자 (표현이사)

(1) 이사가 아니면서 명예회장, 회장, 사장, 부사장, 전무, 상무 기타 회사의 업무를 집행할 권한이 있는 것으로 인정될만한 명칭(예: 사업본부장, 기획조정실장)을 사용하는 자로서 회사의 업무를 집행한 자를 말한다(상 401조의2 1항 3호). 이에 해당하는 명칭은 제한이 없으며, 위 제3호의 명칭은 예시에 불과하고, 당해 기업의 모든 사정을 종합적으로 고려하여야 한다. 예컨대, '그룹비서실장'이라는 명칭은 기업에 따라서는 위의 명칭에 해당하는 경우도 있고 그렇지 않는 경우도 있을 수 있다.

(2) 위의 제2호와 다른 점은, 제3호의 경우는 어떠한 직함을 가지는 자가 이사로서의 업무집행을 함으로써 업무집행행위자와 명의자(이사)가 일치한다는 점이다. 제3호는 회사에 대한 영향력 행사를 그 요건으로 하지 않는다.

(3) 이를 '표현이사'라고 부르기도 한다. 그러나 제3호의 '표현이사'는 표현대표이

사(상 395조)와는 그 취지를 완전히 달리한다. 표현이사는 회사가 표현적 명칭을 부여하거나 그 사용을 용인한 귀책사유가 있는지의 여부와 상대방의 신뢰 여부는 전혀 문제되지 않는다. 만일 명칭사용을 회사가 승인 또는 묵인한 경우에는 표현대리 또는 표현대표이사의 규정에 의하여 회사가 책임을 질 수 있다.

| 표현대표이사와 이사명칭집행자 (표현이사) |

	표현대표이사	이사명칭집행자 (표현이사)
근거조문	상법 제395조	상법 제401조의2 제1항 제3호
규율목적 및 본질	외관신뢰자의 보호 (상대방의 신뢰보호를 위한 외관창출책임)	사실상의 업무집행자의 책임 면탈 방지 (회사의 외관창출책임이 아님)
책임주체	회사	사실상의 이사
사용된 명칭	대표이사로 오인할만한 명칭	이사로서의 업무집행권한이 있는 것으로 오인할만한 명칭
명칭에 대한 회사의 허락	필요	불필요(불문)
상대방의 선의 (신뢰)	요함	불문
대표소송	불허	허용
양자의 관계	표현대표이사의 요건을 갖추지 못한 경우에도 표현이사의 요건을 갖추면 이에 의하여 보호받을 수 있다.	

[4] 책임

(1) 실질상의 이사(또는 실질상의 이사의 지시에 따른 이사)의 업무집행이 상법 제399조와 제401조의 책임요건을 갖추어야 한다. 실질상의 이사는 그 집행한 업무에 관하여 회사 및 제3자에 대하여 이사로서 책임(상 399조, 401조)을 지며(상 401조의2 1항), 이 책임을 추궁하기 위한 대표소송이 인정된다(상 401조의2 1항, 403조).

(2) 실질상의 이사 이외에 회사 또는 제3자에 대하여 손해를 배상할 이사가 있는 경우, 이들은 연대책임을 진다(부진정연대채무)(상 401조의2 3항).

(3) 사실상의 이사의 회사에 대한 책임(상 399조)은 일반 이사와 마찬가지로 10년의 소멸시효가 적용된다(민 162조 1항). 표현이사(상 401조의2 1항 3호)에 대해서는 총주주의 동의에 의한 책임면제가 가능하다. 그러나 업무집행지시자(상 401조의2 1항 1호)의 책임은 총주주의 동의로도 면제하지 못한다는 견해가 있다(손주찬, 이철송).

제 4 장

감사제도

제1절 총설

주식회사에서는 다른 종류의 회사보다도 감사제도가 엄격하게 되어 있다. 그 이유는, 주식회사는 소유와 경영 분리되므로 대리인문제로부터 출자자인 주주의 이익을 보호할 필요가 있고, 또 회사채권자에 대해서는 회사재산이 유일한 담보가 되기 때문이다. 아래의 표에서 보는 바와 같이 다면적인 감사제도가 있다. 이 중에서 監事에 의한 監査가 감사제도의 중심이 된다.

| 감사제도 총괄 |

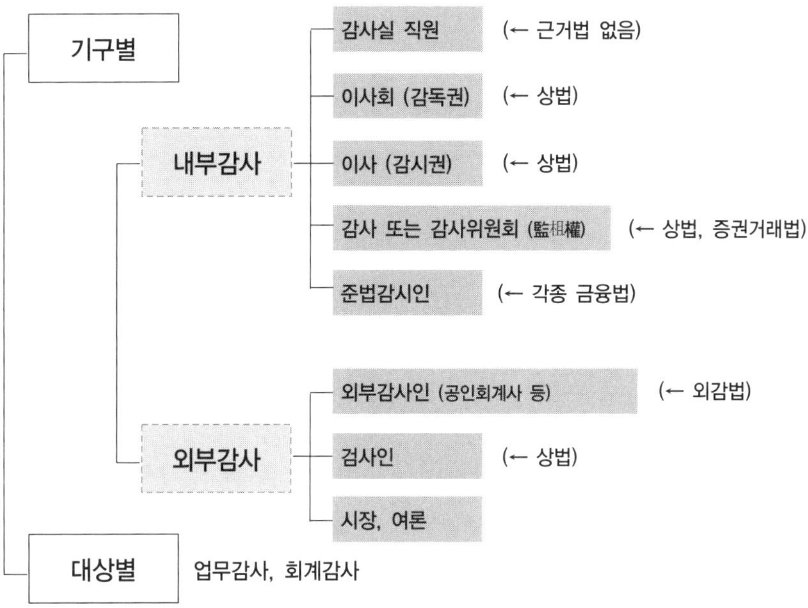

제2절 監事

[1] 의의

감사는 회사의 감사를 주된 직무로 하는 주식회사의 필요적 상설기관이다. 필요적 기관이라는 점에서 유한회사의 감사(상 568조)와 다르며, 상설기관이라는 점에서 검사인과 다르다. 감사와 회사는 위임의 관계에 있다.

| 입법례 |

(ⅰ) 감사를 두지 않고 이사회 내의 내부감사기구로 상근검사인을 두는 입법례(미국), (ⅱ) 복수의 감사로 하여금 감사회를 구성하고, 이로 하여금 이사를 선임·감독하게 하는 입법례(독일), (ⅲ) 이사회와 양립시켜 감사업무만을 전담시키는 감사를 입법례(일본, 우리나라)가 있다.

[2] 선임과 종임

감사의 선임과 종임에 관한 법 규정은 감사의 독립성과 중립성을 확보하는 데 초점을 맞추고 있다.

Ⅰ. 자격

감사의 자격에는 제한이 없다. 다만, 피감사자(즉, 당해 회사 및 자회사의 이사, 지배인 또는 그 밖의 사용인)는 감사를 겸할 수 없다(상 411조). 그러나 모회사의 감사가 자회사의 감사를 겸하거나 모회사의 이사나 사용인 등이 자회사의 감사를 겸하는 것은 가능하다. 위의 사용인은 상업사용인보다 그 개념이 넓고, 예컨대 회사의 고문, 공장장 등도 포함된다(손주찬).

| 감사의 겸직 제한 |

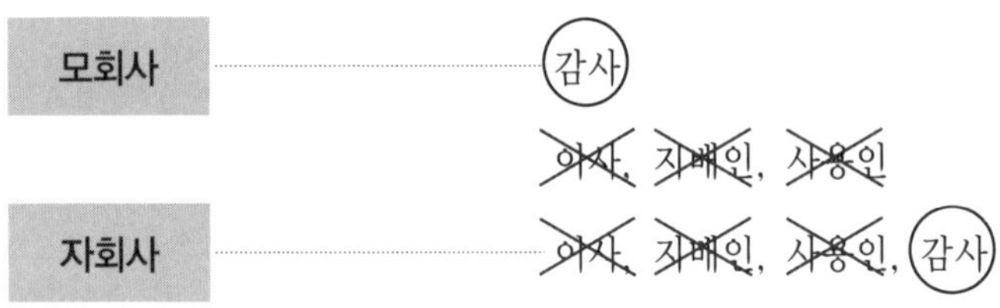

× : 불가, O : 가능

Ⅱ. 수

감사는 최저 1인 이상이면 된다. 수인의 감사를 둔 경우에도 회의체를 구성하지 않고, 각자가 독립하여 직무를 수행한다(각자감사). 다만, 감사위원회는 회의체로서 권한을 행사한다. 상근 · 비상근을 불문한다. 다만, 상장회사의 경우에는 상근감사를 의무적으로 두도록 하고 있다(증거 191조의12 1항).

Ⅲ. 선임

(1) 감사는 주주를 대신하여 경영진에 대한 감사를 하는 기관이므로, 그 선임권은 주

주총회에 있다(상 409조 1항). 감사의 선임은 주주총회의 보통결의에 의한다(상 368조 1항).

(2) 이사의 선임과 비교하여 다른 점은, 감사선임의 경우 ① 집중투표제의 실시가 허용되지 않고, ② 대주주의 영향을 제한하기 위하여 의결권 없는 주식을 제외한 발행주식총수의 3%를 초과하는 주식을 가진 주주는 그 초과분에 관하여 의결권을 행사하지 못한다(상 409조 2항). 다만, 감사위원회는 이사회의 내부기관이므로 감사위원은 이사회가 선정한다.

(3) 감사를 선임한 때에는 이사의 경우와 마찬가지로 이를 등기하여야 한다(상 317조 2항 8호).

| 대법원 1995. 2. 28. 선고 94다31440 판결 |

주식회사와 임용계약을 체결하고 새로이 회사의 감사의 지위에 취임하여 감사로서의 직무를 수행할 권리와 의무를 가지게 된 자로서는, 아직 감사로서 회사등기부에 등재되지 아니한 상태라면 등기에 의하여 선의의 제3자에 대항할 수 없어 완전한 감사로서의 직무를 수행할 수 없으므로, 회사에 대하여 회사와의 임용계약에 기하여 회사등기부상 감사변경의 등기절차의 이행을 구할 수 있으나, 감사의 선임에 관한 주주총회의 결의는 피선임자를 회사의 기관인 감사로 한다는 취지의 회사 내부의 결정에 불과한 것이므로, 주주총회에서 감사선임결의가 있었다고 하여 바로 피선임자가 감사의 지위를 취득하게 되는 것은 아니고, 주주총회의 선임결의에 따라 회사의 대표기관이 임용계약의 청약을 하고 피선임자가 이에 승낙을 함으로써 비로소 피선임자가 감사의 지위에 취임하여 감사로서의 직무를 수행할 수 있게 되는 것이므로, 주주총회에서 감사선임의 결의만 있었을 뿐 회사와 임용계약을 체결하지 아니한 자는 아직 감사로서의 지위를 취득하였다고 할 수 없고, 따라서 감사로서의 지위에서 회사와의 임용계약에 기하여 회사에 대하여 감사선임등기가 지연됨을 이유로 감사변경의 등기절차의 이행을 구할 수 없다.

Ⅳ. 임기

감사의 임기는 취임 후 3년 내의 최종결산기에 관한 정기주주총회의 종결일까지로 법정되어 있다(상 410조). 이는 감사 임기의 최장기간인 동시에 최단기간이다. 정관에 의하여 이와 달리 정할 수 없다. 연임은 가능하다. 감사의 임기는 취임 후 3년 내의 최종 결산기에 관한 정기주주총회의 종결시까지이므로 3년을 초과하는 경우도 있을 수 있고 3년에 미달하는 경우도 있을 수 있다.

Ⅴ. 보수

감사의 보수는 정관으로 정하거나 주주총회에서 정하여야 한다(상 415조, 388조). 감사의 보수와 이사의 보수는 구분하여 별도의 안건의 처리하여야 한다(증거 191조의 11 2항 참조).

Ⅵ. 종임

감사의 종임은 이사와 동일한 종임사유에 의한다. 다만, 이사와는 달리 회사의 해산은 감사의 종임사유가 아니다(상 531조, 534조). 회사가 해산하여도 영업의 계속을 전제로 하는 것이 아니고 청산중의 회사의 감사를 위하여 감사의 자격을 그대로 유지토록 한 것이다.

Ⅶ. 해임

(1) 감사도 주주총회의 특별결의에 의하여 해임할 수 있다. 다만 정당한 이유없이 그 임기 만료 전에 해임한 때에는 그 감사는 회사에 대하여 해임으로 인한 손해의 배상을 청구할 수 있다(상 415조, 386조 1항). 또 감사가 그 직무에 관하여 부정행위 또는 법령이나 정관에 위반한 중대한 사실이 있음에도 불구하고 주주총회에서 그 해임을 부결한 때에는 발행주식총수의 3% 이상의 소수주주는 총회의 결의가 있은 날로부터 1월 내에 그 감사의 해임을 법원에 청구할 수 있다(상 415조, 385조 2항). 이는 이사의 경우와 같다.

(2) 감사는 주주총회에서 해임에 관하여 의견을 진술할 수 있는 권리를 가진다(상 409조의2). 이는 이사와 차이가 있다. 감사 신분의 안정성을 보장하고 감사해임을 위한 총회결의에서 감사에게 직접 자신의 입장을 밝힐 수 있는 기회를 부여하기 위함이다. 주주총회에서 감사에게 의견진술의 기회를 주지 않은 상태에서 해임결의를 한 때에는 총회결의 취소사유(상 376조)가 된다. 감사해임의 경우에는 감사선임의 경우와는 달리 대주주의 의결권행사에 아무런 제한을 두고 있지 않은데, 입법론상 보완이 필요하다(강희갑).

|상장법인의 특례|

① 증권거래법에서는 상장법인의 경우 최대주주와 그 특수관계인 기타 대통령령으로 정하는 자가 소유하는 주식을 합산하여 3%를 초과하는 경우에는 그 초과분은 감사 또는 감사위원회의 위원(사외이사 제외)을 선임할 때 의결권을 행사하지 못하도록 하고, 3%의 비율을 정관으로 더 낮게 규정할 수 있음을 명시하고 있다(증거 191조의11 1항).
② 상장법인의 경우 주주총회에서 이사의 선임과 감사의 선임, 이사의 보수와 감사의 보수는 그 의안을 별도로 상정하여 의결하여야 한다(증거 191조의11 2항).
③ 상장법인의 경우는 감사위원회를 설치하는 경우를 제외하고는 1인 이상의 상근감사를 두어야 한다고 규정하고, 상근감사의 소극적 자격요건을 규정하고 있다(증거 191조의12 1항 · 2항).

Ⅷ. 결원의 처리

이사결원의 경우와 같다(상 415조, 386조 1 · 2항).

[3] 직무 및 권한

감사의 권한 중에는 사전감사의 수단이 되는 것과 사후감사의 수단이 되는 것이 있고, 능동적인 감사와 보고를 수령하는 수동적인 감사, 정기적 감사와 수시적 감사, 재판의 방법에 의하는 것과 재판 외의 방법에 의하는 것이 있다. 감사의 권한에 해당하는 사항은 동시에 의무이기도 하다. 따라서 정당한 이유 없이 그 권한을 행사하지 않으면 임무해태로 인한 책임을 진다.

Ⅰ. 업무감사권 - 기본적 권한

(1) 감사는 이사의 직무집행을 감사한다(상 412조 1항). 회계감사권 뿐만 아니라 업무감사권을 포함한다.

(2) 감사의 감사권이 미치는 범위는 원칙적으로 적법성 감사에 한한다(다수설). 타당성 감독권은 원칙적으로 이사회에 있다. 만일 감사의 감사권이 타당성 감사에까지 미친다고 하면, 감사의 경영판단이 이사의 경영판단에 우선하는 결과가 되어 기관분화와 권한분배의 취지에 반하기 때문이다. 다만, 상법에서 명문으로 타

당성 감사를 인정하는 경우(총회에 제출할 의안과 서류, 이익잉여금처분계산서 · 결손금처리계산서가 현저하게 부당한 경우)에는 타당성 감사를 할 수 있다(상 413조, 447조의4 2항 5호 · 8호).

(3) 감사는 언제든지 이사에 대하여 영업에 관한 보고를 요구하거나 회사의 업무와 재산상태를 조사할 수 있다(상 412조 2항). 감사의 요구를 이사가 거부하거나 조사를 방해한 때에는 과태료의 제재를 받는다(상 635조 1항 3항 · 4항).

(4) 이사는 매결산기에 재무제표와 영업보고서를 작성하여 정기총회일의 6주간 전에 감사에게 제출하고(상 447조의3), 감사는 4주간 내에 이를 감사하여 감사보고서를 이사에게 제출한다(상 447조의4).

Ⅱ. 자회사 감사권

(1) 모회사의 감사는 그 직무를 수행하기 위하여 필요한 때에는, (ⅰ) 자회사에 대하여 영업의 보고를 요구할 수 있고(보고요구권)(상 412조의4 1항), (ⅱ) 자회사가 모회사 감사의 보고요구를 지체없이 응하지 아니할 때 또는 보고의 내용을 확인할 필요가 있을 때에는 자회사의 업무와 재산상태를 조사할 수 있다(직접조사권)(상 412조의4 2항).

(2) 자회사에 대한 감사는 자회사를 위한 감사가 아니라 모회사의 감사를 위하여 필요한 경우에 한하여 인정된다. 즉, 자회사에 대한 감사권은 모회사의 현황을 파악함에 있어서 이와 연관되어 있는 자회사에 대한 현황파악이 필요한 경우에 한하여 제한적으로 허용된다. 자회사도 법적으로는 엄연히 독립된 회사이기 때문이다.

(3) 자회사는 정당한 이유가 없는 한 위의 보고요구 및 조사를 거부할 수 없다(상 412조의4 3항). 정당한 사유의 예로는, 기업비밀에 속하는 사항으로 자회사의 중대한 이익이 침해되는 경우가 있다. 정당한 이유가 없는 거부에 대해서는 벌칙이 따른다(상 635조 1항 21의2).

Ⅲ. 이사회 출석 · 의견진술권

감사는 이사회에 출석하여 의견을 진술할 수 있다(상 391조의2 1항). 그러므로 이사회를 소집할 때에는 감사에게도 소집통지를 하여야 한다(상 390조 2항). 그러나 감사의 이사회 출석은 감사권의 수행을 위한 것일 뿐 이사회의 결의에 참여하는 것은 아니므로, 감사에게 소집통지를 하지 않았다고 하더라도 이사회 결의의 효력에는 영향이 없다. 이사회에 출석한 감사는 이사회 의사록에 기명날인 또는 서명하여야 한다(상 391조의3 2항).

Ⅳ. 이사 보고의 수령권

이사는 회사에 현저한 손해를 미칠 염려가 있는 사항을 발견한 때에는 즉시 감사에게 이를 보고하여야 한다(상 412조의2). 이사가 보고의무를 게을리 한 경우에는 손해배상책임(상 399조) 및 해임(상 385조)의 사유가 된다.

Ⅴ. 유지청구권

감사는 소수주주와 마찬가지로 이사의 위법행위에 대하여 그 유지를 청구할 수 있다(상 402조).

Ⅵ. 주주총회 소집청구권

감사는 소수주주와 마찬가지로 임시주주총회의 소집을 청구할 수 있다(상 412조의3 1항). 감사업무의 수행과 관련하여 감사가 직접 주주들에게 호소할 수 있는 길을 열어두기 위함이다.

Ⅶ. 회사와 이사간 소의 회사대표권

회사(원고)가 이사(피고)를 상대로 또는 이사(원고)가 회사(피고)를 상대로 소를 제기한 경우 감사는 그 소에 관하여 회사(원고 또는 피고)를 대표한다(상 394조 1항 전단). 원래는 회사의 대표기관인 대표이사가 맡을 일이나 소송수행의 공정을 기하기 위하여 특별히 감사에게 맡긴 것이다. 이에 위반하여 대표이사가 회사를 대표하여 수행한 소송행위는 무효이나(대판 1990. 5. 11, 89다카15199), 회사를 상대로 소를 제기한 이사가 회사를 대표할 자를 대표이사로 기재하였더라도 이를 감사로 보정하는 것이 가능하다(대판 1990. 5. 11, 89다카15199). 회사와 감사간의 소에 있어서는 대표이사가 회사를 대표하여 소송을 수행한다.

┃대법원 1990. 5. 11. 선고 89다카15199 판결┃

■ 피고 회사의 이사인 원고가 피고 회사에 대하여 소를 제기함에 있어서 상법 제394조에 의하여 그 소에 관하여 회사를 대표할 권한이 있는 감사를 대표자로 표시하지 아니하고 대표이사를 피고 회사의 대표자로 표시한 소장을 법원에 제출하고, 법원도 이 점을 간과하여 피고 회사의 대표이사에게 소장의 부본을 송달한 채, 피고 회사의 대표이사로부터 소송대리권을 위임받은 변호사들에 의하여 소송이 수행되었다면, 이 사건 소에 관하여는 피고 회사를 대표할 권한이 대표이사에게 없기 때문에 소장이 피고에게 적법유효하게 송달되었다고 볼 수 없음은 물론 피고 회사의 대표이사가 피고를 대표하여 한 소송행위나 피고 회사의 대표이사에 대하여 원고가 한 소송행위는 모두 무효이다.

■ 원고가 스스로, 또는 법원의 보정명령에 따라, 소장에 표시된 피고 회사의 대표자를 이 사건 소에 관하여 피고 회사를 대표할 권한이 있는 감사로 표시하여 소장을 정정함으로써 그 흠결을 보정할 수 있고, 이 경우 법원은 원고의 보정에 따라 피고 회사의 감사에게 다시 소장의 부본을 송달하여야 되고, 소장의 송달에 의하여 소송계속의 효과가 발생하게 됨에 따라, 피고 회사의 감사가 위와 같이 무효인 종전의 소송행위를 추인하는지의 여부와는 관계없이 법원과 원고 · 피고의 3자간에 소송법률관계가 유효하게 성립한다고 보아야 할 것이다.

┃대법원 2002. 3. 15. 선고 2000다9086 판결┃

■ 상법 제394조 제1항에서는 이사와 회사 사이의 소에 있어서 양자간에 이해의 충돌이 있기 쉬우므로 그 충돌을 방지하고 공정한 소송수행을 확보하기 위하여 비교적 객관적 지위에 있는 감사로 하여금 그 소에 관하여 회사를 대표하도록 규정하고 있는바, 소송의 목적이 되는 권리관계가 이사의 재직 중에 일어난 사유로 인한 것이라 할지라도 회사가 그 사람을 이사의 자격으로 제소하는 것이 아니고 이사가 이미 이사의 자리를 떠난 경우에 회사가 그 사람을 상대로 제소하는 경우에는 특별한 사정이 없는 한 위 상법 제394조 제1항은 적용되지 않는다.

■ 전 이사들을 상대로 하는 주주대표소송에 회사가 참가하는 경우, 상법 제394조 제1항의 적용이 배제되어 회사를 대표하는 자는 감사가 아닌 대표이사이다.

┃부산고법 2002. 12. 18. 선고 2002나8957 판결┃

주식회사가 이사에 대하여 소를 제기하는 경우에 감사는 그 제소 여부의 결정, 소의 제기 및 그 취하를 포함한 소송종결에 이르기까지의 모든 소송절차에 관하여 회사를 대표할 권한을 가지는데, 감사가 2인 이상이 있는 경우 감사 전원이 공동으로 회사를 대표하는 것으로 하여 그 권한을 제한할 아무런 근거규정이 없고, 그렇게 할 만한 합리적인 필요성이 있다고 보이지도 아니하므로 각자가 단독으로 회사를 대표하여 그 권한을 행사할 수 있다고 할 것인바, 소를 제기하지 않은 다른 감사 역시 회사를 대표하여 소를 취하할 적법한 권한이 있다.

Ⅷ. 각종 소 제기권

감사는 회사설립 무효의 소(상 328조), 합병 무효의 소(상 529조), 분할 및 분할합병 무효의 소(상 530조의11 1항, 529조), 주주총회결의 취소의 소(상 376조 1항), 신주발행 무효의 소(상429조), 자본감소 무효의 소(상 445조) 및 주식교환 · 주식이전 무효의 소(상 360조의14 1항, 360조의23 1항) 등을 제기할 수 있는 권한을 갖는다.

[4] 의무

Ⅰ. 기본적 의무

감사는 이사와 마찬가지로 회사에 대하여 위임관계에 있으므로 선량한 관리자로서의 주의의무를 진다(민 680조). 다만, 감사는 회사의 업무집행에 관여하지 않기 때문에 경업금지(상 397조)와 자기거래 제한(상 398조) 등의 의무를 부담하지 않는다.

Ⅱ. 파생적 의무

(1) 이사회 보고의무

감사는 이사가 법령 또는 정관에 위반한 행위를 하거나 그러한 행위를 할 염려가 있다고 인정한 때에는 이사회에 이를 보고하여야 한다(상 391조의2 2항). 이사회의 감독권을 촉구하기 위한 것으로, 이러한 보고에 의하여 감사의 감사의무가 이사회로 전가되는 것은 아니다.

(2) 감사보고서 작성 · 제출의무

정기주주총회를 앞두고 결산감사를 할 때에는 재무제표와 영업보고서를 받은 날로부터 4주간 내(즉, 주주총회 2주간 전)에 감사보고서를 작성하여 이사에게 제출하여야 한다(상 447조의4 1항). 상장법인의 경우 감사 또는 감사위원회의 이사에 대한 감사보고서의 제출기한은 총회 1주간 전에 제출하면 된다는 특례를 두고 있다(증거 191조의11 3항).

(3) 주주총회에서의 의견진술의무

감사는 이사가 주주총회에 제출할 의안 및 서류를 조사하여 법령 또는 정관에 위반하거나 현저히 부당한 사항이 있는지의 여부에 관하여 주주총회에 그 의견을 진술하여야 한다(상 413조). 이사에 대한 최종적인 견제기관은 주주총회이므로 감사가 직접 주주들에게 필요한 정보를 제공할 수 있도록 하기 위함이다.

(4) 감사록 작성의무

감사는 감사록을 작성하여야 한다(상 413조의2 1항). 감사록에는 감사의 실시요령과 그 결과를 기재하고 감사를 실시한 감사가 기명날인 또는 서명하여야 한다(상 413조의2 2항). 감사보고서 및 감사록에 기재할 사항을 기재하지 아니하거나 부실한 기재를 한 때에는 과태료의 제재를 받는다(상 635조 1항 9호).

(5) 비밀유지의무

감사는 이사와 동일하게 재임 중뿐만 아니라 퇴임 후에도 직무상 지득한 회사의 영업상의 비밀을 누설하여서는 아니된다(상 415조, 382조의4).

[5] 책임

ㅇㅇ상사의 채권은행인 △△은행과 파산한 ㅁㅁ은행의 관재인인 예금보험공사는 ㅇㅇ상사가 허위로 재무제표를 작성해 공시하는 등의 분식회계를 저질러 막대한 손실을 입었다며 前그룹 회장과 대표, 前재무담당이사, 前감사 등 4명을 상대로 28억 원의 손해배상청구소송을 서울지법에 냈다. △△은행과 예금보험공사측은 소장에서 "피고들은 회계처리기준에 따라 실제로 재무제표를 작성해야 함에도 불구하고 前회장 등은 ㅇㅇ상사의 분식회계를 주도했다"고 주장했다. △△은행과 예금보험공사측에 의하면 "ㅇㅇ상사 회사채 100억 원의 지급보증을 섰으나 만기일에 원리금을 갚지 않았고, 80억 원대의 어음대출을 해줬으나 66억여 원을 상환치 않았다"고 한다. (출처: 매일경제 2004. 9. 3, 머니투데이 2004. 9. 3, 서울경제 2004. 9. 3, 이데일리 2004. 9. 3)

| 해 설 |

감사는 주주로부터 감사권을 위임받은 자로서, 감사의 생명은 피감사자와의 독립성 내지 중립성이다. 소금이 짠 맛을 잃으면 아무런 소용이 없듯이 감사에게 중립성과 독립성이 없으면 아무런 소용이 없다. 이런 취지에서 우리 상법에서는 주식회사의 경우 감사를 필요적 상설기관으로 두도록 하고 있음에도 불구하고, 기업현실에서는 감사가 피감사자인 이사와 '한 솥밥'을 먹는 동류의식 때문에 감사기능을 제대로 발휘하지 못하는 경우가 있었다. 그에 따른 폐해가 감사의 기능부재로 인한 기업부실로 나타나는 경우가 있다. 특히 IMF 관리체제하에서 우리 기업의 이러한 문제점은 여실히 드러났다. 상법에서는 감사가 제대로 그 기능을 발휘할 수 있도록 하기 위해서는 감사의 중립성을 확보하고 그와 동시에 직무를 제대로 수행하지 않는 감사에 대해서는 엄중히 책임을 물을 수 있도록 하고 있다. 외부감사의 경우도 마찬가지이다.

Ⅰ. 회사에 대한 책임

감사가 그 임무를 해태한 때에는 그 감사는 회사에 대하여 연대하여 손해배상책임을 진다(상 414조 1항). 소수주주가 대표소송으로 그 책임을 추궁할 수 있다(상 415조, 403조). 총주주의 동의에 의하여 책임을 면제할 수 있다(상 415조, 400조). 감사의 임무해태가 불법행위를 구성하는 경우에는 총주주의 동의가 있더라도 불법행위책임을 면제할 수 없다(대판 1996. 4. 9, 95다56316).

Ⅱ. 제3자에 대한 책임

(1) 감사가 악의 또는 중대한 과실로 그 임무를 해태한 때에는 그 감사는 제3자에 대하여 연대하여 손해배상책임을 진다(상 424조 2항).

(2) 이사도 회사 또는 제3자에 대하여 책임이 있는 때는 감사는 그 이사와 연대책임을 진다(상 414조 3항).

Ⅲ. 책임추궁

감사는 업무집행에 관여하지 않으므로 주주의 감사에 대한 유지청구제도(상 402조)는 없으나 대표소송(상 403조)에 의한 책임추궁이 가능하다.

제3절 감사위원회

사외이사인 감사위원회 위원 후보자 Profile

성 명	생년월일 추천인	주 요 약 력	회사와의 거래내역	최대주주와의 관 계
(사외이사)	사외이사후보 추천 위원회	· '00년: 경영대학원 학장 · 現 대 경영대학 교수 · 現 전국경제인연합회 자문위원	없음	없음
(사외이사)	사외이사후보 추천 위원회	· '79년: 大 석좌교수 · 現 대 마케팅 교수	없음	없음
(사외이사)	사외이사후보 추천 위원회	· '99년: 지방국세청장 · 現 세무법인 대표	없음	없음

| 해 설 |

감사제도의 실질화는 우리 상법이 안고 있는 오랜 고민거리이다. 그 동안 여러 차례의 상법개정과정에서 감사제도의 개혁을 위한 법 개정이 있었지만 감사제도의 실질화는 아직도 미흡하다는 평가를 받고 있다. 1999년 개정상법에서 영미의 감사위원회제도(audit committee)를 참고하여 이를 입법화하였다. 이는 국제금융기관(IBRD)의 요청을 우리 정부가 수용함으로써 도입된 것이다. 이에 의하여 회사는 감사와 감사위원회 중에서 선택할 수 있으며, 감사위원회를 두려면 정관에 그 근거를 두어야 한다. 감사위원회제도는 대규모회사로서 비상근이사 또는 사외이사의 수가 수인이 아니면 사실상 그 실시가 곤란하다. 위 사례에서 감사위원 후보자의 프로필과 주요 약력은 전문성을 가늠하기 위한 것이고, 회사와의 거래내역과 최대주주와의 관계는 독립성을 확보하기 위한 것이다.

[1] 의의

(1) 감사위원회는 정관이 정하는 바에 따라 감사를 갈음하는 감사기구로, 감사를 고유한 직무권한으로 하는 합의체 의결기관이다. 상법상의 일반 주식회사에서는 감사를 두는 것을 원칙으로 하되, 정관의 규정에 의하여 감사위원회를 둘 수 있다.

(2) 감사위원회제도는 유명무실한 감사제도를 보완하기 위하여 도입된 것이다. 감사위원회는 직접 이사회의 의사결정에 참여하여 경영통제의 효율성을 기할 수 있다는 측면이 장점으로 제시되고 있다. 그러나 감사위원회제도의 실효성에 대해서는 특히 이사회와의 관계에서 비판적인 견해가 있다.

┃다른 기관과의 관계┃

① 감사위원회는 조직과 위상면에서 이사회 내부의 위원회의 하나로 이사회에 속해 있지만, 권한과 기능면에서는 이사회와 독립하여 감사와 동일한 권한을 가진다. 감사위원회의 이사회에 대한 종속성과 독립성의 조화는 이 제도의 성패를 갈음하는 관건이 된다.
② 감사위원회를 둔 경우에는 감사를 둘 수 없다(양자택일관계)(상 415조의2 1항 후문).

[2] 설치 · 폐지

1. 근거

(1) 감사위원회를 설치하려면 우선 「정관」에 그 근거가 있어야 한다(상 415조의2 1항). 이러한 정관의 근거규정에 기하여, 「이사회의 결의」에 의하여 감사위원회를 설치한다. 이는 이사회 내의 다른 이사회의 설치 및 폐지의 경우와 다를 것이 없다(상 415조의2 1항, 393조의2).
(2) 정관에 감사위원회를 둔다고 규정하지 않은 경우에는 감사를 두어야 한다. 일정한 규모 이상의 상장법인의 경우에는 의무적으로 감사위원회를 두어야 함이 원칙이다(증거 54조의6 1항, 191조의17 1항).
(3) 감사위원회의 폐지에 관하여는 상법에 규정이 없으나, 설치의 경우와 동일한 것으로 본다.

2. 설치요건

감사위원회는 3인 이상의 이사로 구성되고 그 자격에도 제한이 있으므로(상 415조의2 2항), 감사위원회를 설치하려면 적어도 업무를 담당하지 않는 이사가 상당수 있어야 가능하다.

3. 구성

감사위원회는 3인 이상의 이사로 구성되고, 감사위원의 자격에 대해서는 특별한 규정이 없다. 다만 감사위원회의 중립성을 확보하기 위하여 다음에 해당하는 자가 위원의 3분의 1을 넘을 수 없다(상 415조의2 2항). 대주주나 경영자의 영향을 받는 자가 감사위원의 다수를 점하는 것을 막기 위함이다.

(ⅰ) 회사의 업무를 담당하는 이사 및 피용자 또는 선임된 날부터 2년 이내에 업무를 담당한 이사 및 피용자이었던 자

(ⅱ) 최대주주가 자연인인 경우 본인·배우자 및 직계 존·비속

(ⅲ) 최대주주가 법인인 경우 그 법인의 이사·감사 및 피용자

(ⅳ) 이사의 배우자 및 직계 존·비속

(ⅴ) 회사의 모회사 또는 자회사의 이사·감사 및 피용자

(ⅵ) 회사와 거래관계 등 중요한 이해관계에 있는 법인의 이사·감사 및 피용자

(ⅶ) 회사의 이사 및 피용자가 이사로 있는 다른 회사의 이사·감사 및 피용자

4. 감사위원의 선임·종임

(1) 선임

이사회의 결의에 의하여 감사위원을 선임한다(상 393조의2 2항). 입법론으로 감사위원회의 중립성을 확보하기 위하여 감사위원은 주주총회에서 이사를 선임할 때에 감사위원으로 지명하여 선임토록 하여야 한다는 견해가 있다(정동윤).

(2) 종임

(가) 해임

감사위원은 특별한 사유 없이도 이사회의 결의로 해임할 수 있다. 다만, 감사위원의 해임을 어렵게 하기 위하여 이사회의 해임결의는 이사 총수의 3분의 2 이상의 결의로 하여야 한다(상 415조의2 3항). 감사위원에서 해임되어도 이사의 지위에는 영향이 없다.

(나) 임기만료

감사위원의 임기에 관하여 상법에 규정이 없다. (ⅰ) 정관에 임기에 관한 규정이 있으면 그에 의하고, (ⅱ) 정관에 임기에 관한 규정이 없으면 이사회가 이를 정할 수 있으나 이사의 임기를 넘을 수 없고, (ⅲ) 이사회에서 이를 정하지 않은 경우

에는 이사의 지위를 상실함으로써 감사위원의 지위도 상실하게 되나, 그 전에도 감사위원의 해임에 의하여 감사위원의 지위를 상실하게 된다(손주찬).

[3] 운영

1. 원칙 - 일반 위원회와 동일

감사위원회는 이사회 내의 위원회이므로 그 운영은 다른 위원회와 동일하다(상 393조의2 4항 · 5항). 즉, 감사위원회의 소집과 결의방법은 이사회의 그것과 동일하며(상 393조의2 5항, 390조, 391조), 의사록을 작성하여 출석한 위원이 기명날인 또는 서명을 하여야 한다(상 393조의2 6항, 391조의3). 회의의 연기와 속행도 이사회의 경우와 동일하다(상 393조의2 6항, 392조).

2. 대표위원

(1) 감사위원회는 그 결의로 대표위원을 선정하여야 한다는 점이 다른 위원회와 다르다(상 415조의2 4항 전단). 감사위원회는 감사업무에 관한 의사결정을 하고, 대표위원이 이를 집행한다.
(2) 수인의 위원이 공동으로 위원회를 대표할 것을 정할 수 있다(공동대표감사위원)(상 415조의2 4항 후단).
(3) 회사가 이사에 대하여 또는 이사가 회사에 대하여 소를 제기한 경우에 감사위원회의 대표자는 그 소에 관하여 회사를 대표한다(상 415조의2 6항, 394조 1항).

3. 전문가의 조력

감사위원회는 회사의 비용으로 전문가의 조력을 받을 수 있다(상 415조의2 5항). 입법론으로, 감사에 대해서도 회사의 비용으로 전문가의 조력을 받을 수 있도록 하는 명문의 규정을 둘 필요가 있다(정찬형).

[4] 권한 · 의무

감사위원회의 권한과 의무는 감사의 권한과 의무와 동일하다(상 415조의2 6항, 412조~414조). 그러므로 감사의 감사권이 적법성 감사에 한한다고 보면, 감사위원회의 감사권도 원칙적으로 적법성 감사에 한한다고 해석한다.

[5] 책임

감사위원의 책임에 대해서는 감사의 책임에 관한 규정을 준용하고 있다(상 415조의2 6항, 414조).

| 관련사례 |

대전지법은 ●●가 주주총회에서 이사선임을 위하여 채택한 분리선출방식이 소수주주의 이사선임청구권을 침해했다고 볼 수 없다며 ▲▲측의 신청을 기각하였다. 분리선출은 사외이사를 선출할 때 일반사외이사와 감사위원을 겸하는 사외이사를 따로 뽑는 방식이다. ▲▲측은 일반사외이사와 감사위원을 겸하는 사외이사 후보 전체를 대상으로 이사를 선출한 후 이 가운데서 다시 감사위원을 겸하는 사외이사를 뽑는 일괄선출방식을 희망하였다. 재판부는 "현행 상법 및 증권거래법상 분리선출방식과 일괄선출방식 모두 주주총회의 결의가 가능하다"며, "이 가운데 어느 방식을 취할 것인지의 권한은 별도의 주주제안이 없는 이상 이사회에 있다"고 판시하였다. "▲▲측은 분리선출방식이 위법하다면서도 주주제안 당시에 자신들이 추천한 후보 3명을 후보에 포함시켜 달라고 있을 뿐 투표방식 자체에 대해서는 문제제기를 하지 않았다"고 덧붙였다. (출처 : 동아일보 2006. 3. 15 [김창원 · 전지성]) 그 이후 열린 주주총회에서 ▲▲측은 감사위원 선임의 의안상정에 대하여 "4인을 선출하는 투표에서 4인의 후보가 모두 이사회측이 추천한 후보이므로 집중투표제가 무의미하다"며 "일반적인 찬반투표로 하자"는 제안을 하였지만 받아들여지지 않았다. 이에 ▲▲측의 대리인은 자신들에게 위임장을 건넨 개인주주 몫의 의결권만을 4인의 후보에게 골고루 나눠 투표하고 ○○○ 등 기관주주들의 의결권에 대해서는 기권했다. 이날 주주총회에서 ▲▲측은 일반사외이사투표에서는 집중투표에 의하여 자신들이 지원하는 1인을 선임하는 데 성공한 바 있다. (출처 : 한국경제 2006. 3. 18 [차기현])

| 감사와 감사위원회 |

	감사	감사위원회
양자의 관계		선택적 - 감사에 갈음하여 이사회에 설치하는 위원회 (정관자치)
이사회와의 관계	■ 이사회 외부의 독립 기구 ■ 이사는 감사를 겸할 수 없음	■ 이사회 내에 설치하는 위원회 ■ 이사가 감사위원을 겸함 → 이사회에 출석하여 의결권을 행사할 수 있음
최저 수	1인 이상 (2인 이상인 경우에도 회의체를 구성하지 않음)	3인 이상의 이사로 구성 ■ 중립성 - 업무담당이사, 피용자 또는 선임일로부터 2년 이내에 업무담당이사, 피용자이었던 자 등 감사위원회의 독립성을 해칠 수 있는 자가 1/3 이상을 넘을 수 없음 ■ 대표위원제 - 수인의 위원이 공동으로 위원회를 대표할 수 있음
선임권자	주주총회(보통결의)	이사회
해임권자	주주총회(특별결의)	이사회 (2/3 이상의 결의)
전문가의 조력	(규정 없음)	회사의 비용으로 전문가의 조력을 구할 수 있음
권한 · 의무 · 책임	(양자 동일)	

제4절 외부감사

■ ㅇㅇ그룹의 소액주주 524명은 "분식회계를 근거로 주식투자를 했다 손해 본 74억 8,000여만 원을 배상하라"며 ㅇㅇ그룹의 전 회장과 임직원, 계열사, 회계법인 등을 상대로 6건의 손해배상청구소송을 서울지법에 냈다. 소액주주들이 책임을 물은 대상은 ㅇㅇ그룹의 5개 계열사와 전 · 현직 임직원, ㅇㅇ · ㅇㅇ 회계법인은 물론 ㅇㅇ그룹 계열사의 해외전환사채 발행 주간사였던 ㅇㅇㅇ은행이다. (출처 : 서울경제 2000. 10. 25, 조선일보 2000. 10. 26, 한국경제

2000. 10. 24, 한국일보 2000. 10. 26, 한겨레 2000. 10. 26)

■ 정리금융공사는 OO의 전 경영진과 OO회계법인 소속의 회계사 등을 상대로 1백억 원, OO자동차의 전 경영진과 OO회계법인 소속의 회계사 등을 상대로 50억 원의 손해배상 청구소송을 서울지법에 각각 냈다. 정리금융공사는 소장에서 "OO의 분식회계 등으로 금융기관의 미회수채권 등 손해가 1천 5백 83억여 원, OO자동차의 분식회계 등으로 인한 손해는 4백 67억여 원에 이른다"며 "피고들은 손해액을 전액 배상해야 하지만 그 중 일부만 청구한다"고 밝혔다. 정리금융공사는 97, 98년 OO 분식회계로 발생한 금융기관 미회수채권을 인수 또는 지급보증한 예금보험공사의 자회사다. (출처: 경향신문 2003. 9. 16, 국민일보 2003. 9. 16, 동아일보 2003. 9. 16, 매일경제 2003. 9. 15, 한국경제 2003. 9. 16)

■ 서울고법 형사O부는 OO그룹사태와 관련, OO그룹에 대한 허위사실을 적시한 감사보고서를 작성한 혐의(주식회사의외부감사에관한법률 위반)로 불구속 기소된 전 OO회계법인 대표에 대한 항소심에서 원심대로 징역 6월에 집행유예 1년을 선고했다. 재판부는 또 같은 혐의로 기소된 전 OO회계법인 대표에게는 벌금 2000만 원을 선고한 원심을 깨고 징역 6월 집행유예 1년을 선고했다. 재판부는 판결문에서 "외부감사인인 피고인들이 1997~1998 회계연도에 OO그룹의 분식 사실을 알았거나 적어도 미필적으로 인식했으면서도 당시 OO그룹이 제1 고객이라는 사실에 집착해 이를 묵인하고 적정의견을 낸 점이 인정된다" 고 밝혔다. 재판부는 "'시장의 파수꾼'인 피고인들의 감사의견서를 믿은 금융기관, 투자회사들은 대출 또는 지급보증을 해줬다가 막대한 손해를 입었고, 그 피해가 선량한 일반 투자자에게까지 미쳤으며, 막대한 공적자금이 투입돼 국민경제에 충격을 가했다" 고 설명했다. 재판부는 "OO그룹사태의 일차적인 책임은 분식회계를 그룹 전체 차원에서 조직적으로 행한 OO그룹의 경영진에게 있다"면서도 "피고인들이 감사인으로서의 의무를 져버린 행위에 대해서도 상응한 책임을 물어야 한다"고 덧붙였다. (출처: 머니투데이 2006. 1. 13 [오상헌], 이데일리 2001. 2006. 1. 13 [조용철])

| 해 설 |

기업회계에 대하여 공정하고 객관적인 감사가 요구되는 회사에 대해서는 회사 내부의 자체적인 감사와는 별도로 외부의 회계전문가에 의한 감사를 강제하고 있다. 그러나 위 사례에서 보는 바와 같이 회계전문가에 의한 외부감사가 있었음에도 불구하고 회계부정이 제대로 적벌되지 않음으로써, 회사의 재무건전성이 개선되지 않고, 또 진실과 동떨어진 회계감사보고서를 믿고 거래한 회사채권자나 주주 등에게 손해를 끼치는 사례가 발생하고 있다. 특히 종래에는 회계감사에 소요되는 시간의 부족과 외부감사인이 기업으로부터 회계감사업무를 수임하려다보니 당해 기업의 회계감사에는 보다 치밀하게 임하기가 어려운 사정이 있었다. 이러한 경우를 대비하여 주식회사의 외부감사에 관한 법률에서는 회계감사를 소홀히 한 외부감사인에게 회사 및 제3자에 대한 손해배상책임을 규정하는 한편, 이에 대한 감독기관의 징계권과 벌칙을 규정하고 있다.

[1] 근거법

주식회사의외부감사에관한법률('외감법'으로 약칭)에서는 소정 규모 이상의 회사에 대해서는 회사 외부의 회계전문가(外部監査人)에 의한 회계감사를 강제하고 있다.

[2] 적용대상

국민경제에 미치는 영향이 커서 회계에 대한 보다 중립적이고 객관적인 감사가 요구되는 회사에 대해서는 외감법에 의하여 외부감사를 의무적으로 받도록 하고 있다. 그 적용대상법인은 직전 사업연도 말을 기준으로 자산총액이 70억 원 이상인 회사이다(외감 2조, 동 령 2조 1항).

[3] 자격 · 신임

(1) 외부감사인이 될 수 있는 자는 회계법인, 한국공인회계사회에 등록된 감사반에 한한다(외감 3조 1항). 회사는 매 사업연도 개시일로부터 4월 이내에 외부감사인을 선임하여야 한다(외감 4조 1항).
(2) 외부감사인은 감사(감사위원회가 있는 경우에는 감사위원회)의 제청에 의하여 정기주주총회의 승인을 받아야 한다(외감 4조 2항).
(3) 외부감사인은 회사의 기관이 아니다. 회사와 감사인 사이의 감사계약의 법적 성질은 법률행위 이외의 사무처리를 위임하는 것이다(준위임).

| 외부감사인과 감사의 관계 |

외부감사인과 감사는 상호 독립적 · 보완적 기능을 수행한다. 외부감사인은 감사 · 감사위원회의 제청에 의하여 이사회를 거치지 않고 주주총회에서 선임하고(외감 10조 1항), 이사의 부정행위를 발견한 때에는 서로 상대방에게 통보할 의무가 있다(외감 10조 2항).

[4] 권한

1. 재무제표의 감사권

외부감사인은 이사로부터 제출된 그 사업연도의 재무제표와 그 부속명세서를 감사한다(외감 7조). 외부감사인은 일반적으로 공정·타당하다고 인정되는 감사기준에 따라 감사를 실시하여야 한다(외감 5조 1항).

2. 회계장부열람 및 업무·재산상태조사권

외부감사인은 언제든지 회사의 회계에 관한 장부와 서류를 열람 또는 등사할 수 있으며(회계장부열람권), 회계에 관한 자료의 제출을 요구할 수 있고(회계보고요구권)(외감 6조 1항 전단), 직무수행을 위하여 특히 필요한 때에는 회사의 업무와 재산상태를 조사할 수 있다(업무·재산상태조사권)(외감 6조 1항 후단).

[5] 의무

1. 감사 실시·보고의무

외부감사인은 감사보고서를 작성하여 정기총회일 1주일 전에 회사에 제출하고, 총회 후 2주일 내에 증권선물위원회 및 한국공인회계사회에 제출하여야 한다(외감 8조 1항, 동 령 7조 1항). 외부감사인이 감사과정에서 이사의 직무수행에 관한 부정행위 또는 법령이나 정관에 위반하는 중대한 사실을 발견한 때에는 이를 주주총회에 보고하여야 한다(외감 10조).

2. 주주총회 출석·답변의무

외부감사인 및 그에 소속된 공인회계사는 주주총회의 요구가 있는 때에는 주주총회에 출석하여 의견을 진술하거나 주주의 질문에 답변하여야 한다(외감 11조).

3. 감사보고서 공시

회사가 재무제표를 비치·공시할 때에는 감사보고서를 함께 비치·공시하여야 하고(외감 14조 1항), 대차대조표를 공고할 때에는 외부감사인의 명칭과 감사의견을 병기하여야 한다(외감 14조 2항).

[6] 책임

1. 회사에 대한 책임

외부감사인이 그 임무를 게을리 하여 회사에 손해를 발생하게 한 때에는 그 감사인은 책임 있는 이사 · 감사와 연대하여 손해배상책임을 진다(외감 17조 4항).

2. 제3자에 대한 책임

외부감사인이 중요한 사항에 관하여 감사보고서에 기재를 하지 아니하거나 허위의 기재를 함으로써 제3자에게 손해를 발생하게 한 때에는 그 감사인은 제3자에 대하여 책임 있는 이사 · 감사와 연대하여 손해배상책임을 진다(외감 17조 2항 본문). 위의 책임이 종속회사 · 관계회사 또는 계열회사의 감사인에게 있는 경우에는 당해 감사인은 이를 믿고 이용한 제3자에 대하여 손해배상책임을 진다(외감 17조 2항 단서).

3. 소속 공인회계사의 책임

외부감사인에 소속되어 감사를 행한 공인회계사도 연대하여 회사 또는 제3자에 대하여 손해배상책임을 진다(외감 17조 1항 · 2항 · 3항). 다만 공인회계사 자신이 임무를 해태하지 않았음을 증명한 경우에는 책임을 면할 수 있다(외감 17조 5항).

4. 책임이행의 보장

외부감사인은 손해배상책임의 이행을 보장하기 위하여 손해배상공동기금의 적립 또는 보험가입 등 기타 필요한 조치를 취하여야 한다(외감 17조 6항).

5. 소멸시효

외부감사인 · 이사 · 감사의 책임은 청구권자가 당해 사실을 안 날로부터 1년 이내 또는 감사보고서를 제출한 날로부터 3년 이내에 청구권을 행사하지 아니하면 소멸한다(외감 17조 7항 본문). 다만 이 기간은 외부감사인의 선임계약에 의하여 연장할 수 있다(외감 17조 7항 단서).

| 형사벌칙 : 대법원 1993. 6. 22. 선고 93도498 판결 |

공인회계사법 제20조, 제12조 제2항에 의하면 "공인회계사가 직무를 수행함에 있어서 고의로 진실을 은폐하거나 허위의 보고를 한 경우에는 3년 이하의 징역·금고 또는 5년 이하의 자격정지에 처한다"고 규정되어 있고 주식회사의외부감사에관한법률 제20조 제1항 제2호는 "상법 제635조 제1항에 규정된 자, 감사인 또는 그에 소속된 공인회계사나 감사업무에 관련된 자가 감사보고서를 소정기간 내에 제출하지 아니한 때 또는 감사보고서에 기재하여야 할 사항을 기재하지 아니하거나 허위의 기재를 한 때에는 2년 이하의 징역이나 1천만 원 이하의 벌금에 처한다"고 규정되어 있는바, 그 중 "허위의 보고를 하는 행위"와 "감사보고서에 허위의 기재를 하는 행위"만을 따로 떼어 보더라도 구성요건이 동일하다고 할 수 없을 뿐만 아니라 동일하다고 하여도 공인회계사법 제20조, 제12조 제2항의 경우는 행위주체가 공인회계사로 한정되어 있음에 비하여 주식회사의외부감사에관한법률 제20조 제1항 제2호의 경우는 행위주체가 광범위함에 비추어 주식회사의외부감사에관한법률 제20조 제1항 제2호가 공인회계사법 제20조, 제12조 제2항에 대하여 특별법의 관계에 있다고 볼 수 없다.

[7] 감독

증권선물위원회는 감사보고서의 감리 등 외부감사인에 대한 감독권(외감 15조)과 징계권(외감 16조)을 갖고 있다. 또한 벌칙조항을 두고 있다(외감 19조~21조).

제5절 그 밖의 감사제도

[1] 주주의 경리 · 업무감사권

Ⅰ. 총설

주주는 회사에서 제공하는 정보만으로는 회사의 사정에 대하여 정확히 알기 어렵다. 그러므로 주주가 보다 적극적으로 회사의 경리상황과 이에 관련된 회사의 업무상황을 파악할 필요가 있다. 그러나 이러한 주주의 요청으로 인하여 회사의 경영비밀이 노출됨으로써 회사가 피해를 입을 가능성이 있다. 따라서 주주에 대한 정보제공의 필요성과 회사의 경영비밀보호의 이익 사이에 균형을 이루어야 한다. 이에 따라 상법에서는 청구권자의 범위(단독주주권 또는 소수주주권, 주주 또는 회사채권자)와 검사의 대상(일반적인 공시자료 또는 그 원천이 되는 자료, 회계자료 또는 널리 일반업무와 재산에 관한 자료)을 구분하여 차별화하고 있다. 이 중에서 수동적 감시권이라 할 수 있는 기업의 공시에 대해서는 따로(제13편 제3장) 설명한다.

| 주주의 경리 · 업무감사권 |

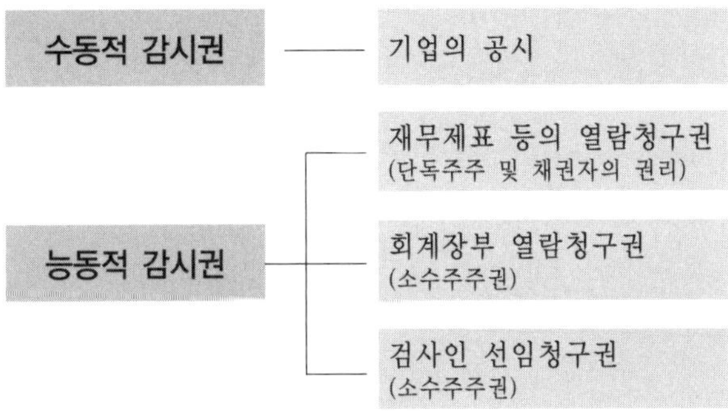

Ⅱ. 재무제표 등의 열람권

(1) 이사는 정기주주총회일의 1주간 전부터 재무제표 및 영업보고서와 감사보고서를 본점에 비치하고 그 등본을 지점에 비치하여야 한다(상 448조 1항). 주주(단독주주무방)와 회사채권자는 영업시간 내에는 언제든지 재무제표 및 그 부속명세서, 영업보고서, 감사보고서를 열람할 수 있으며, 회사가 정한 비용을 지급하고 서류 등의 열람이나 초본의 교부를 청구할 수 있다(상 448조 2항).

(2) 정관, 주주명부, 사채원부, 주주총회의 의사록도 같은 방법으로 열람 · 등사를 청구할 수 있다(상 396조 2항).

(3) 이사회 의사록에 대한 열람 · 등사청구권은 주주에게만 인정되고, 회사채권자에게는 그러한 권리가 없다(상 391조의3 3항).

Ⅲ. 회계장부 열람권

ㅇㅇ맥주의 주식을 대량으로 보유하고 있는 △복주, ㅁㅁ주조, ●●주조 등 지방소주 3사는 ㅇㅇ맥주의 회계장부의 열람을 요구하는 가처분신청서를 서울지방법원 남부지청에 제출했다. ㅇㅇ맥주 전체주식의 15%이상을 보유하고 있다고 주장하는 지방소주 3사들은 "ㅇㅇ맥주가 2년 연속 매년 1천억 원 이상의 적자를 내고 있다"며 "주주로서 경영진에게 책임을 묻고 회사를 살리기 위한 방법을 모색하기 위해 회계장부 열람권을 청구했다"고 말했다. 서울지방법원 남부지원은 지방소주 3사가 ㅇㅇ맥주를 상대로 신청한 회계장부 및 서류 등의 열람 가처분소송에 대해 "회사의 회계장부를 열람하겠다는 신청인의 신청은 이유있다" 고 판결했다. 따라서 "판결 결정문이 도착된 후 5일 동안 ㅇㅇ맥주의 회계장부 및 관련서류를 열람할 수 있다"고 판결했다. 소액주주들이 상장기업의 회계장부 및 관련서류를 열람하겠다고 법원에 가처분신청서를 제출해 승소판결을 받기는 이번이 처음이다. 회계장부 열람권에 의한 공개자료의 범위가 세무조사에 버금갈 정도다. 지방소주 3사들이 이번에 열람할 수 있는 ㅇㅇ맥주측의 회계서류는 재무제표 원장과 기밀비, 접대비 등의 사용내역서까지 포함되어 있다. 이에 따라 ㅇㅇ맥주와 지방소주 3사간의 영업권 싸움은 새로운 국면을 맞게 됐다. 지방소주 3사들은 ㅇㅇ그룹이 ◆◆소주를 인수한지 1년만인 94년 초 ◇◇소주를 생산해 지방시장에 진출할 무렵부터 ㅇㅇ그룹의 모회사인 ㅇㅇ맥주의 주식을 취득해온 것으로 알려졌다. 이에 따라 M&A 전문가들은 지방 소주사가 회계장부의 열람 등을 통해 ㅇㅇ그룹에 압력을 넣어 ㅇㅇ그룹이 생산한 소주의 지방시장 진출을 막아보려는 수단으로 해석하고 있다. ㅁㅁ주조, △복주, ●●주조 등 지방소주 3사는 ㅇㅇ맥주의 회계장부열람 가처분신청 결정문이 도착함에 따라 5일간 회계장부 열람과 관련 서류를 등사키로 하고 이를 ㅇㅇ맥주측에 통보했다. 그러나 지방소주 3사의 ㅇㅇ맥주 회계장부열람은 실현되지 못하였다. 지방소주 3사는 공인회계사와 변호사, 경리직원 등 8명을 ㅇㅇ맥주의 본사에 파견, 회계장부를 열람하려 했으나 ㅇㅇ맥주측이 이를 거부했다고 밝혔다. ㅇㅇ맥주 관계자는 "서울지법 남부지원에 낸 회계장부 열람결정에 대한 '가처분 이의신청'과 '강제집행 정지신청'에 대한 법원의 결정이 날 때까지 이들 소주회사들에게 장부를 보여주지 않기로 했다"고 설명했다. 지방소주 3사측은 "ㅇㅇ맥주가 법원의 결정을 무시하고 장부열람을 거부할 것에 대비해 보여줄 때까지 매일 배상금을 받을 수 있는 간접강제신청을 법원에 제출했다"고 밝혔다. (출처: 경향신문 1996. 11. 19, 동아일보 1997. 1. 25, 문화일보 1997. 1. 23, 서울경제 1997. 1. 28, 매일경제 1996. 8. 13, 매일경제 1996. 11. 19, 매일경제 1997. 1. 23, 매일경제 1997. 1. 25, 매일경제 1997. 1. 28, 조선일보 1997. 12. 23, 한국경제 1997. 1. 23, 한국경제 1997. 1. 28, 한국일보 1997. 1. 23) 그 후 ㅇㅇ맥주와 위 영남지역 소주 3사는 다른 주류제조업자와의 경쟁을 위하여 그동안 다투어 온 회계장부열람 관련 소송을 곧 취하하고 전략적 제휴관계를 구축하기로 입장을 선회하였다. (출처: 동아일보 1997. 3. 18, 매일경제 1997. 3. 18, 서울경제 1997. 3. 22, 한국일보 1997. 3. 18)

| 해 설 |

위 사례는 소수주주들이 법원으로부터 가처분을 받아 회계장부의 열람청구권을 행사한 내용이다. 재무제표 등은 회사가 능동적인 공시를 위하여 마련된 것으로 회사의 주요 회계정보를 담고 있으나, 그 내용이 개략적이다. 이러한 가공된 회계서류에 만족하지 못하는 경우에는 재무제표의 원천이 되는 데이터(원시기록)를 열람할 필요가 있다. 그러나 이러한 회계장부 등에는 회사의 중요한 영업비밀이나 공개하기는 적절하지 못한 내용을 포함하고 있을 수도 있다. 그래서 상법은 이들 정보에 접근하고자 하는 자의 이익과 회사의 이익을 비교형량하여 주주의 경리검사제도의 내용을 달리하고 있다.

1. 청구권자

소수주주(발행주식총수의 3% 이상의 주주)에 한하여 회계장부의 열람을 청구할 수 있다. 소수주주로 한정한 것은 회계장부의 경우 재무제표 등과 같은 일반적으로 공시되는 서류에 비하여 기밀도가 높기 때문이다. 상장법인의 경우는 증권거래법에서 특례를 두고 있다(증거 191조의13 3항). 모회사의 주주는 일체관계에 있는 자회사의 회계장부를 열람할 수 있다고 본다.

2. 사유

회계장부의 열람과 등사를 청구할 정당한 이익과 필요성이 있어야 한다. 이 때 청구자의 이익과 회사의 이익을 비교형량하여야 한다(서울지법 1998. 4. 1, 97가합68790 판결).

| 서울지법 1998. 4. 1. 선고 97가합68790 판결 |

주주에게 인정되는 회계장부 및 서류의 열람 및 등사청구권은 주주의 회사경영상태에 대한 알 권리 및 감독·시정할 권리와 한편 열람 및 등사청구를 인정할 경우에 발생할 수 있는 부작용, 즉 이를 무제한적으로 허용할 경우 회사의 영업에 지장을 주거나, 회사의 영업상 비밀이 외부로 유출될 염려가 있고, 이로 인하여 얻은 회계정보를 부당하게 이용할 가능성 등을 비교형량하여 그 결과 주주의 권리를 보호하여야 할 필요성이 더 크다고 인정되는 경우에만 인정되어야 하고, 회계장부의 열람 및 등사를 청구하는 서면에 기재되는 열람 및 등사의 이유는 위와 같은 비교형량을 위하여, 또한 회사가 열람·등사의 청구에 응할 의무의 존부의 판단을 위하여 구체적으로 기재될 것을 요한다고 할 것인바, 주주가 회계의 장부와 서류를 열람 및 등사하려는 이유가 막연히 회사의 경영상태가 궁금하므로 이를 파악하기 위해서라든지, 대표이사가 자의적이고 방만하게 회사를 경영하고 있으므로 회사의 경영상태에 대한 감시의 필요가 있다는 등의 추상적인 이유만을 제시한 경우에는 주주의 권리를 보호하여야 할 필요성이 더 크다고 보기가 어려우므로 열람 및 등사청구가 인정되지 아니한다고 봄이 상당하지만, 예컨대 회사가 업무를 집행함에 있어서 부정한 행위를 하였다고 의심할 만한 구체적인 사유가 발생하였다거나, 회사의 업무집행이 법령이나 정관에 위배된 중대한 사실이 발생하였다거나, 나아가 회사의 경영상태를 악화시킬 만한 구체적인 사유가 있는 경우 또는 주주가 회사의 경영상태에 대한 파악 또는 감독 · 시정의 필요가 있다고 볼 만한 구체적인 사유가 있는 경우 등과 같은 경우에는 주주의 권리를 보호하여야 할 필요성이 더 크다고 보이므로 열람 및 등사청구가 인정된다.

3. 대상

(1) 회계의 장부 및 서류

「회계의 장부와 서류」가 그 대상이다. (ⅰ) 회계의 「장부」는 상법 제29조의 회계장부(예 : 원장, 분개장 등)와 회계학상 또는 회계실무상 널리 회계장부라는 것을 모두 포함한다. (ⅱ) 회계의 「서류」는 위 회계장부 기록의 원천이 되는 서류(예 : 전표, 영수증, 납품서, 계약서 등)를 말한다.

(2) 자회사의 장부 및 서류

열람 · 등사의 대상이 되는 회계의 장부 및 서류에는 자회사의 회계장부도 포함될 수 있는가? 「모회사의 회계상황을 파악하기 위한 근거자료로서 실질적으로 필요한 경우에는」 모회사의 회계서류로서 모회사의 소수주주는 열람 · 등사를 청구할 수 있다(대판 2001. 10. 26, 99나58051).

| 대법원 2001. 10. 26. 선고 99다58051 판결 |

상법 제466조 제1항에서 정하고 있는 소수주주의 열람 · 등사청구의 대상이 되는 '회계의 장부 및 서류'에는 소수주주가 열람 · 등사를 구하는 이유와 실질적으로 관련이 있는 회계장부와 그 근거자료가 되는 회계서류를 가리키는 것으로서, 그것이 회계서류인 경우에는 그 작성명의인이 반드시 열람 · 등사제공의무를 부담하는 회사로 국한되어야 하거나, 원본에 국한되는 것은 아니며, 열람 · 등사제공의무를 부담하는 회사의 출자 또는 투자로 성립한 자회사의 회계장부라 할지라도 그것이 모자관계에 있는 모회사에 보관되어 있고, 또한 모회사의 회계상황을 파악하기 위한 근거자료로서 실질적으로 필요한 경우에는 모회사의 회계서류로서 모회사 소수주주의 열람 · 등사청구의 대상이 될 수 있다.

4. 열람 · 등사의 청구

소수주주가 열람 · 등사의 청구를 함에는 이유를 붙인 서면으로 하여야 한다(상 466조 1항). 소수주주는 열람 · 등사청구권을 피보전권리로 하여 이를 명하는 가처분을 신청할 수 있다(대판 1999. 12. 21, 99다137). 열람 또는 등사에 있어서 보조자(예 : 회계사, 변호사 등)를 사용하여도 무방하다.

| 청구이유 기재의 정도 : 대법원 1999. 12. 21. 선고 99다137 판결 |

주식회사 소수주주가 상법 제466조 제1항의 규정에 따라 회사에 대하여 회계의 장부와 서류의 열람 또는 등사를 청구하기 위해서는 이유를 붙인 서면으로 하여야 하는 바, 회계의 장부와 서류를 열람 또는 등사시키는 것은 회계운영상 중대한 일이므로 그 절차를 신중하게 함과 동시에 상대방인 회사에게 열람 및 등사에 응하여야 할 의무의 존부 또는 열람 및 등사를 허용하지 않으면 안 될 회계의 장부 및 서류의 범위 등의 판단을 손쉽게 하기 위하여 그 이유는 구체적으로 기재하여야 한다.

| 위법한 열람 · 등사의 청구 : 대법원 2001. 9. 7. 선고 2001도2917 판결 |

회사의 정기주주총회에 적법하게 참석한 주주라고 할지라도 주주총회장에서의 질문, 의사진행 발언, 의결권의 행사 등의 주주총회에서의 통상적인 권리행사 범위를 넘어서서 회사의 구체적인 회계장부나 서류철 등을 열람하기 위해서는 별도로 상법 제466조 등에 정해진 바에 따라 회사에 대하여 그 열람을 청구하여야 하고, 만일 회사에서 정당한 이유 없이 이를 거부하는 경우에는 법원에 그 이행을 청구하여 그 결과에 따라 회계장부 등을 열람할 수 있을 뿐 주주총회 장소라고 하여 회사측의 의사에 반하여 회사의 회계장부를 강제로 찾아 열람할 수는 없다고 할 것이며, 설사 회사측이 회사 운영을 부실하게 하여 소수주주들에게 손해를 입게 하였다고 하더라도 위와 같은 사정만으로 주주총회에 참석한 주주가 강제로 사무실을 뒤져 회계장부를 찾아내는 것이 사회통념상 용인되는 정당행위로 되는 것은 아니다. 주주총회에 참석한 의결권 대리인이 회사 사무실을 뒤져 원하는 장부를 찾아낸 경우, 형법 제20조 소정의 정당행위라고 볼 수 없다는 이유로 방실수색죄(형법 제321조)가 성립한다.

| 열람 · 등사청구의 가처분 : 대법원 1999. 12. 21. 선고 99다137 판결 |

■ 상법 제466조 제1항 소정의 소수주주의 회계장부열람등사청구권을 피보전권리로 하여 당해 장부 등의 열람 · 등사를 명하는 가처분이 실질적으로 본안소송의 목적을 달성하여 버리는 면이 있다고 할지라도, 나중에 본안소송에서 패소가 확정되면 손해배상청구권이 인정되는 등으로 법률적으로는 여전히 잠정적인 면을 가지고 있기 때문에 임시적인 조치로서 이러한 회계장부 열람 · 등사청구권을 피보전권리로 하는 가처분도 허용된다고 볼 것이고, 이러한 가처분을 허용함에 있어서는 피신청인인 회사에 대하여 직접 열람 · 등사를 허용하라는 명령을 내리는 방법뿐만 아니라, 열람 · 등사의 대상 장부 등에 관하여 훼손, 폐기, 은닉, 개찬이 행하여질 위험이 있는 때에는 이를 방지하기 위하여 그 장부 등을 집행관에게 이전 보관시키는 가처분을 허용할 수도 있다.

■ 상법 제466조 제1항 소정의 소수주주의 회계장부 및 서류의 열람, 등사청구권이 인정되는 이상 그 열람, 등사청구권은 그 권리행사에 필요한 범위 내에서 허용되어야 할 것이지, 열람 및 등사의 회수가 1회에 국한되는 등으로 사전에 제한될 성질의 것은 아니다.

5. 회사의 조치

(1) 회사는 주주의 열람청구가 부당함을 증명하지 못하면 거부할 수 없다(상 466조 2항). 단순히 "경영감시의 필요성이 있다"는 식의 추상적인 이유만으로는 열람을 허용할 정당한 사유가 있다고 보기 어려우나, 이사의 부정을 의심할만한 사유가 있는 경우에는 열람을 청구할 수 있는 정당한 사유가 된다(서울지법 1998. 4. 1 판결, 97가합68790 ; 대판 1999. 12. 21, 99다137).

(2) "주주의 열람·등사권의 행사가 부당한 것인지 여부는 그 행사에 이르게 된 경위, 행사의 목적, 악의성 유무 등 제반 사정을 종합적으로 고려하여 판단하여야 할 것이고, 특히 주주의 이와 같은 열람·등사권의 행사가 회사업무의 운영 또는 주주 공동의 이익을 해치거나 주주가 회사의 경쟁자로서 그 취득한 정보를 경업에 이용할 우려가 있거나, 또는 회사에 지나치게 불리한 시기를 택하여 행사하는 경우 등에는 정당한 목적을 결하여 부당한 것이라고 보아야 한다"(대결 2004. 12. 24, 2003마1575).

(3) 부당하게 열람·등사청구를 거절한 경우 이사는 과태료에 의한 제재를 받게 된다(상 635조 1항 3호).

| 관련사례 |

[1] 회사의 일정지분을 소유한 소수주주는 모회사뿐만 아니라 업무상 관련된 자회사의 회계장부 및 서류도 열람·등사할 수 있다는 대법원판결이 나왔다. 대법원 O부는 모철강회사의 소수주주인 O모씨 등 16명이 회사측을 상대로 낸 가처분이의 청구소송 상고심에서 소수주주의 자회사 회계서류 열람권을 인정한 원심을 확정했다. 재판부는 판결문에서 "모회사의 소수주주는 모회사의 출자나 투자로 성립한 자회사의 회계장부가 모회사 회계상황을 파악하기 위해 필요한 경우 열람·등사를 청구할 수 있다"고 밝혔다. O씨 등은 자신들이 주주로 있는 회사가 본 사업목적과는 무관한 사업에 투자했다가 큰 손해를 보자 모회사뿐만 아니라 투자한 자회사의 회계장부와 서류를 열람하게 해달라며 소송을 제기, 1심에서 패소했으나 2심에서 승소했다. (출처: 국민일보 2001. 11. 2, 동아일보 2001. 11. 3, 매일경제 2001. 11. 2, 서울신문 2001. 11. 3, 한국경제 2001. 11. 3)

[2] 자격을 갖춘 주주라도 단순히 회사경영상태를 감시한다는 이유만으로는 회계장부의 열람을 허용할 수 없다는 판결이 나왔다. 서울지법 민사합의O부는 대표이사가 방만하고 자의적인 경영을 한다며 대주주 △모씨가 OOO공업을 상대로 낸 회계장부 열람 및 등사 청

구소송에서 "막연히 경영상태가 궁금하다는 이유로는 열람을 허용할 수 없다"며 원고패소 판결을 내렸다. 재판부는 판결문에서 "주주의 알 권리 및 감시권은 회사의 경영상태를 악화시킬만한 구체적 사유가 발생하거나 감시의 필요성이 있다고 판단할만한 특별한 사정이 있을 경우에만 보호된다"며 "피고회사가 주주총회의 특별결의 없이 자산을 처분했다는 사유만으로는 모든 회계장부의 열람권을 인정할 수 없다"고 밝혔다. ○○○공업의 지분 50%를 보유하고 있는 △씨는 이 회사 대표 □모씨가 이사회 결의만을 거친 채 레미콘트럭 50대를 매각하자 특별손익장부, 고정자산장부, 세무조정계산서 등의 회계장부를 보여줄 것을 요구하며 소송을 냈다. (출처: 매일경제 1998. 4. 7, 한국경제 1998. 4. 6, 한국일보 1998. 4. 6)

Ⅳ. 검사인 선임청구권

1. 특징

검사인선임청구권은 회계장부 등의 열람에 그치지 않고 직접 조사할 수 있다는 점, 회계에 관한 기록에 국한하지 않고 널리 회사의 업무와 재산상태도 그 대상이 된다는 점에서 위의 회계장부열람청구권보다 한층 강화된 권리이다. 따라서 이를 허용하는 경우에도 그 실시는 중립적 제3자(검사인)에게 이를 맡기고 있다.

2. 사유

업무집행에 관하여 부정행위 또는 법령이나 정관을 위반한 중대한 사실이 있음을 의심할 사유가 있는 경우이어야 한다(상 467조). 검사인에 의한 조사는 회사의 업무집행에 대한 중대한 제약이되므로 단순한 임무해태는 그 사유가 될 수 없고, 주주는 청구사유를 구체적으로 소명하여야 한다(대결 1985. 7. 31, 85마214 ; 대결 1996. 7. 3, 95마1335).

| 대법원 1996. 7. 3. 자 95마1335 결정 |

상법 제467조 제1항이 규정하고 있는 검사인선임청구 사유인 '회사의 업무집행에 관하여 부정행위 또는 법령이나 정관에 위반한 중대한 사실이 있음을 의심할 사유가 있는 때'에 대하여는, 그 내용을 구체적으로 명확히 적시하여 입증하여야 하고 단순히 일반적으로 그러한 의심이 간다는 정도의 막연한 것만으로는 그 사유로 삼을 수 없다.

3. 청구권자

소수주주(발행주식총수의 3% 이상의 주주)만이 청구권자가 된다(상 467조).

4. 청구에 대한 조치

(1) 검사인을 통한 간접조사
회사의 업무와 재산의 상태를 조사하기 위하여 법원에 검사인의 선임을 청구하여 검사인으로 하여금 조사를 하도록 할 수 있다(상 467조). 회사의 업무와 재산상태에 대한 조사권은 매우 강력하고 남용의 염려가 있기 때문에, 소수주주가 직접 조사할 수 있는 것이 아니고 검사인을 통한 간접조사이다. 검사인은 업무와 재산의 상태를 조사하고 그 결과를 법원에 보고하여야 한다(상 467조 2항).

(2) 법원의 조치
법원은 검사인의 보고에 의하여 필요하다고 인정한 때에는 대표이사에게 주주총회의 소집을 명할 수 있다(상 467조 3항). 검사인은 주주총회에 보고서를 제출하여야 한다(상 467조 3항). 이사와 감사(또는 감사위원회)는 검사인의 보고서의 정확여부를 조사하여 주주총회에 보고하여야 한다(상 467조 4항). 주주총회에서 주주는 그 결과에 따라 적절한 처분을 할 수 있다.

[2] 검사인

1. 의의

검사인은 주식회사의 설립이나 업무 또는 재산상태를 조사하기 위하여 선임되는 임시적인 외부의 검사기관이다.

2. 자격 · 수

검사인의 자격에 대해서는 법률상 아무런 제한이 없으나, 공정한 직무수행을 위하여 검사인은 당해 회사의 이사·감사 및 지배인 기타의 사용인을 겸할 수 없다고 본다. 검사인의 수에는 제한이 없다.

3. 선임기관 · 권한 · 책임

검사인은 법원 또는 주주총회(설립시는 창립총회)에 의하여 선임된다. 법원이 검사인을 선임하는 경우는 발기인 · 이사 또는 소수주주의 청구에 의하거나 법원의 직권으로 선임하는 경우가 있다. 검사인은 임시적 기관에 불과하기 때문에 등기할 필요가 없다.

| 검사인의 선임 · 권한 · 책임 |

선임기관	법원이 선임하는 경우	창립총회 · 주주총회에서 선임하는 경우
권한	① 발기설립 · 모집설립의 경우에 변태설립사항의 조사(상 298조 4항, 310조, 290조) ② 신주발행시의 현물출자의 조사(상 422조 1항) ③ 소수주주가 청구에 의하여 회사의 업무 · 재산상태의 조사(상 467조) ④ 신주의 할인발행의 경우에 회사의 재산상태 기타 필요한 사항의 조사(상 417조)	① 모집설립의 경우에 설립경과의 조사(상 313조 3항) ② 소수주주에 의하여 소집된 임시주주총회에서 회사의 업무와 재산상태의 조사(상 366조 3항) ③ 이사 또는 청산인이 제출한 서류와 감사의 감사보고서 조사(상 367조, 542조 2항)
책임	■ 변태설립사항을 조사하기 위하여 검사인이 선임된 경우 - 악의 또는 중대한 과실로 인하여 그 임무를 해태한 때에는 회사 또는 제3자에 대하여 손해배상책임을 진다(상 325조). 다수의 이해관계인을 보호하기 위한 법정책임이다. ■ 그 밖의 경우 - 민법의 원칙에 의한다. 즉, 회사에 대해서는 채무불이행 또는 불법행위책임을 지고, 제3자에 대해서는 불법행위책임을 진다.	■ 검사인은 선량한 관리자의 주의로 위임사무를 처리하여야 하며(민 681조), 위 의무를 다하지 못한 경우에는 회사에 대하여 임무해태로 인한 손해배상책임을 진다(민 390조). ■ 3자에 대해서는 불법행위요건을 갖춘 때에 한하여 불법행위로 인한 손해배상책임을 진다(민 750조).
회사와의 관계	검사인과 회사 사이에 위임관계가 있는가에 대해서는 긍정설과 부정설이 있다.	감사인과 회사는 위임의 관계에 있다.

4. 종임

검사인의 임기에 관해서는 규정이 없고, 보통은 그 직무의 종료시까지이다. 선임기관(법원 또는 주주총회)은 해임권도 갖는다. 주주총회에 의하여 선임된 경우에는 위임의 종료사유(민 689조, 690조)에 의하여 종임된다.

[3] 준법감시인

주로 금융기관에 대해서는 관련법에 의하여 준법감시인을 의무적으로 두도록 하고 있다(간투 11조, 보험 17조, 상호 22조의3, 은행 23조의3, 증거 54조의4). 준법감시인은 내부통제기준(compliance)의 위반행위를 감사하기 위한 기업 내의 자율적인 통제기관으로, 이사회의 의결을 거쳐 임명하도록 하고 있다(증거 54조의4 3항). 준법감시인은 선량한 관리자의 주의로 그 직무를 수행하여야 하며(증거령 37조의5 4항), 당해 회사의 업무수행을 겸하여서는 아니 된다. 준법감시인은 내부통제기준의 위반행위를 조사하여 감사 또는 감사위원회에 보고하여야 한다(증거 54조의4 2항).

제5장 소규모주식회사

제1절 총설

우리나라의 기업현실을 보면 주식회사가 대부분이고, 이들 회사의 규모와 내용에는 천양지차가 있음에도 불구하고 원칙적으로 모두 동일한 법규범의 적용을 받고 있다. 이들 회사 중에는 주식회사보다는 유한회사 등의 회사에 의하는 것이 더 바람직할 수도 있겠지만, 주식회사 편중현상을 보이고 있다. 현실이 이럴진대 수적으로 절대 다수를 차지하고 있는 중·소규모의 주식회사에 대하여 주식회사에 관한 상법규정을 예외 없이 그대로 준수토록 강요하는 것은 비현실적이며 또 비경제적이다. 그래서 상법은 입법적 타협으로 자본금 5억 원 미만인 소규모의 주식회사에 대해서는 기관구조의 특칙을 인정하고 있다. 이와는 별도로 주주가 1인인 회사에 대해서는 법해석론(1인 주식회사론)에 의하여 엄격한 법적용을 완화하려는 노력을 기울이고 있다.

| 대소회사 구분 입법론 |

우리나라 기업의 대다수를 차지하고 있는 중소규모의 주식회사는 소유와 경영이 일치하고,

자본과 기업규모가 영세하며, 의사결정권이 1인 또는 소수에 집중되어 있다. 이러한 사정하에서 같은 주식회사라 하여 동일한 법조를 적용하는 것은 불합리하므로 대소회사를 구분하여 입법할 필요가 있다는 견해가 있다. 이러한 요청에 대해서는 상법에 대한 증권거래법의 특별규정에 의하여 어느 정도 부응하고 있는 실정이다.

제2절 1인 주주의 주식회사

[1] 총설

(1) 주식회사와 유한회사와 같은 물적회사는 인적회사와는 달리 1인의 주주 또는 1인의 사원만으로도 성립하고 존속할 수 있다(상 288조, 293조, 543조 1항, 517조, 609조 1항). 이를 '1인 회사'라고도 한다. 이 때문에 상법 제169조의 주식회사의 사단성과 관련하여 문제가 되는데, 주식회사의 사단성은 「인적(주주) 결합체」로서의 특성보다는 「자본적(주식) 결합체」로서의 특성이 더욱 뚜렷하다.

(2) 1인 회사는 다양한 경제적 동기에서 이용된다. 즉, 실질적으로는 개인영업이지만 주식회사 또는 유한회사의 형태를 취하기를 원하는 경우, 개인 또는 회사가 사업위험에 대하여 유한책임의 혜택을 누리기 위한 경우, 독립회사로 설립하면서 모회사에 의한 완전지배를 원하는 경우, 주식의 포괄적 교환·이전에 의하여 완전모자관계의 회사를 설립하는 경우 등을 위하여 1인 회사가 이용된다. 그러나 그 동기를 불문하고 1인 회사는 원칙적으로 적법하다.

(3) 주주가 1인인 주식회사에서는 다수의 주주를 전제로 한 상법규정을 그대로 적용하기에는 무리가 있으므로 법적용의 엄격성을 완화하고 있다. 한편, 주주는 유한책임을 지는데 그치므로 1인 주주(지배주주)가 회사의 희생으로 자신의 이익만을 꾀할 가능성에 대한 법적 대처방안이 필요하다.

[2] 상법적용의 엄격성 완화

주식회사에 관한 규정을 대내적으로 주주의 이익보호에 관한 규정과 대외적으로 회사채권자의 이익보호에 관한 규정으로 구분하면, 특히 전자에 관한 규정은 그 성질상 1인 회사의 경우 그 적용의 간소화를 기할 수 있는 것이 없지 않다(손주찬). 보다 상세한 것은 해당되는 부분에서 각각 설명한다.

Ⅰ. 내부관계

1. 주주총회에 관한 규정

(1) 주주총회에 관한 상법규정은 원래 다수의 주주를 전제로 이들의 이익을 보호하기 위한 것이므로 주주가 1인인 회사에서는 그 수정이 불가피하다. 다수설과 판례는 주주총회의 소집절차나 결의방법이 상법규정을 그대로 따르지 않는 경우에도, 그것이 1인 주주의 의사에 합치하는 한 유효하다고 본다(대판 1964. 9. 22, 63다792 ; 대판 1966. 9. 20, 66다1187 · 1188 ; 대판 1976. 4. 13, 74다1755 ; 대판 1964. 9. 22, 63다743 등). 그러나 주주총회 소집을 위한 통지절차에 흠이 있는 경우에는 관련 주주 전원의 동의로 하자가 치유된다고 보아도 무방하나, 이사회 소집결정의 결여는 전원출석총회의 동의나 1인 주주의 참석으로도 치유될 수 없는 성질의 하자라는 견해가 있다(이철송). 1인 회사라 하여 기관의 분화라는 주식회사의 조직규범을 완전히 무시하는 것은 허용되지 않는다는 것이 그 근거이다.

| 대구고법 1972. 11. 15. 선고 71나556 특별부 판결 |

1인 주주인 동시 대표이사인 사람이 회사 소유의 영업에 관한 유일한 재산을 주주총회의 특별결의 없이 처분하였다 하더라도 이를 무효라고 할 수는 없다.

(2) 1인 주주인 회사의 경우에도 주주총회의 의사록을 작성하여야 한다(상 373조). 종전의 판례 중에는 1인 회사에서 주주총회를 개최한 사실이 없더라도 의사록의 작성을 결의의 유효요건으로 본 것이 있다(대판 1976. 4. 13, 74다1755). 그러나 최근의 판례 중에는 1인 회사에서 주주총회의 의사록이 작성되지 아니한 경우라도 증거에 의하여 주주총회 결의가 있었던 것으로 볼 수 있다고 판시한 것이 있다(대판 2004. 12. 10, 2004다25123).

| 대법원 2004. 12. 10. 선고 2004다25123 판결 |

주식회사에 있어서 회사가 설립된 이후 총주식을 한 사람이 소유하게 된 이른바 1인 회사의 경우에는 그 주주가 유일한 주주로서 주주총회에 출석하면 전원총회로서 성립하고 그 주주의 의사대로 결의가 될 것임이 명백하므로 따로 총회소집절차가 필요 없고, 실제로 총회를 개최한 사실이 없었다 하더라도 그 1인 주주에 의하여 의결이 있었던 것으로 주주총회 의사록이 작성되었다면 특별한 사정이 없는 한 그 내용의 결의가 있었던 것으로 볼 수 있고, 이는 실질적으로 1인 회사인 주식회사의 주주총회의 경우도 마찬가지이며, 그 주주총회 의사록이 작성되지 아니한 경우라도 증거에 의하여 주주총회 결의가 있었던 것으로 볼 수 있다. 임원퇴직금지급규정에 관하여 주주총회 결의가 있거나 주주총회 의사록이 작성된 적은 없으나 위 규정에 따른 퇴직금이 사실상 1인 회사의 실질적 1인 주주의 결재·승인을 거쳐 관행적으로 지급되었다면 위 규정에 대하여 주주총회의 결의가 있었던 것으로 볼 수 있다고 판시하였다.

(3) 회사가 영업의 전부 또는 중요한 일부를 양도하는 경우에는 주주총회의 특별결의를 거쳐야 한다(상 374조 1호). 그러나 1인 회사에서는 대표이사가 회사를 대표하여 회사의 중요한 재산을 양도하는 경우에는 주주총회의 특별결의를 요하지 않는다는 것이 판례의 입장이다(대판 1964. 9. 22, 63다743). 유일한 주주가 출석하면 전원출석총회가 성립되어 결국은 그 주주의 의사대로 결의될 것이라는 것이 그 이유이다.

2. 이사인 주주와 회사와의 거래

1인 주주인 이사가 회사와 거래한 경우에도 상법 제398조에 의하여 이사회의 승인을 받아야 하는가? 이에 대해서는 긍정설(대체가능설, 대판 1992. 3. 31, 91다16310)과 부정설(대체불가설)로 나뉘고 있다. 부정설이 타당하다고 본다.

3. 주식양도의 제한

(1) 정관에 의하여 주식의 양도를 제한하는 방법으로 이사회의 승인을 얻도록 할 수 있다(상 335조 1항). 이 때 정관으로 이사회의 승인이 아닌 총주주의 동의를 얻도록 규정하는 것은 허용되지 않지만(대판 2000. 9. 26, 99다48429), 총주주의 동의가 있거나 1인 주주가 양도한 경우에는 이사회의 승인이 없더라도 그 양도는 유효하다는 것이 다수설이다.

(2) 1인 회사에서 만일 이사가 1인인 경우에는 이사회가 존재하지 않게 되어 그

대신 주주총회의 승인을 받아야 하므로(상 383조 3항, 335조), 이때에는 당연히 1인 주주는 이사회 승인 없이도 임의로 주식을 양도할 수 있다.

4. 의결권의 제한

(1) 주주총회의 의안에 특별이해관계가 있는 자는 당해 결의에 있어서 의결권을 행사할 수 없다(상 368조 4항). 그러나 1인 회사의 경우 동 조항을 그대로 적용하면 결의를 할 수 없게 되므로 1인 회사에 대해서는 동 조항이 적용되지 않는다고 보아야 할 것이다(이철송).

(2) 감사선임시 발행주식총수의 3%를 초과하는 주식을 가진 주주는 그 초과부분에 대하여 의결권을 행사할 수 없다(상 409조). 그러나 위와 마찬가지의 이유에서 1인 회사에 대해서는 동 조항이 적용되지 않는다고 보아야 할 것이다(이철송).

5. 기관구성의 강행성

1인 주식회사에서도 이사·감사를 두어야 한다. 주식회사의 기관구성에 관한 규정은 회사의 기본적 조직에 관한 것으로 보아야 하기 때문이다.

Ⅱ. 외부관계

1. 민사책임 - 법인격부인론

1인 주주라 하여 회사채무에 대하여 무한책임을 지는 것은 아니고 유한책임을 지는 것이 원칙이다. 그러나 주주가 1인인 회사의 경우는 그 1인 주주가 지배주주로 되므로 주주가 복수인 경우에 비하여 법인격부인론을 적용할 여지가 크다.

2. 형사책임 - 횡령죄 및 배임죄

종전의 판례 중에는 주식회사의 주식이 사실상 1인의 주주에게 귀속되는 경우에는 그 회사의 손해는 바로 1인 주주의 손해라 할 것이므로 그 주주가 회사의 금원을 소비하였다고 하여 배임죄가 성립하는 것은 아니라는 것이 있었다(대판 1976. 5. 11, 75도823). 그러나 1인 주주라고 해도 1인 주주가 곧 회사라는 등식이 성립하는 것은 아니다. 현재의 판례는 1인 주주인 자가 회사 소유의 돈을 개인 채무에 변제하는 경우에는 회사와 1인 주주는 별개의 법인격자이고 회사에 손해를 끼쳤으므로 횡령죄 또는 배임죄의 형사책임을 질 수 있다고 보고 있다(대판 1983. 12. 13, 82도2330 ; 대판 1989. 5. 23, 89도570).

| 대법원 1974. 4. 23. 선고 73도2611 판결 |

실질적인 1인 회사의 1인 주주가 주주총회의 특별결의도 없이 회사의 중요한 영업재산을 양도한 경우에 회사의 손해는 바로 그 주주 한 사람의 손해인 것이니 회사에 대한 배임죄가 성립될 수 없다. * 아래 판례 참조.

| 대법원 1989. 5. 23. 선고 89도570 판결 |

주식회사의 주식이 사실상 1인 주주에 귀속하는 1인 회사에 있어서도 회사와 주주는 분명히 별개의 인격이어서 1인 회사의 재산이 곧바로 그 1인 주주의 소유라고 볼 수 없으므로 사실상 1인 주주라고 하더라도 회사의 금원을 임의로 처벌한 소위는 횡령죄를 구성한다.
(同旨 : 대법원 1982.4.13. 선고 80도537(분리) 판결)

제3절 이사가 2인 이하인 주식회사

회사의 자본규모별 숫자 (단위 : 개)

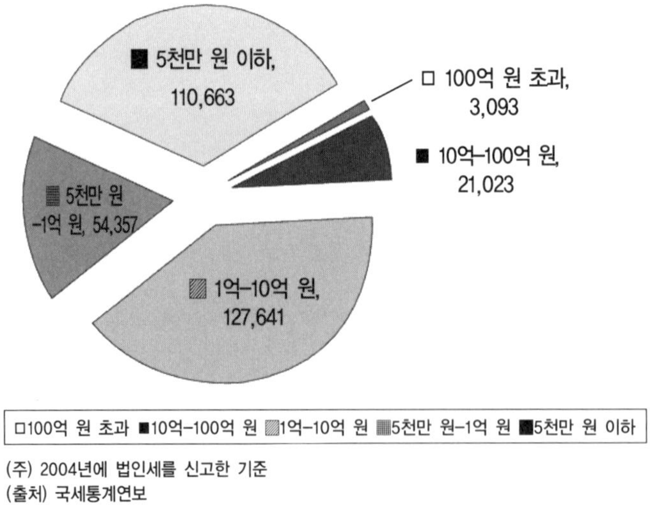

(주) 2004년에 법인세를 신고한 기준
(출처) 국세통계연보

| 해 설 |

위 표에 의하면 2004년 법인세를 신고한 회사 중에서 자본금이 법정최저자본금인 5천만 원인 회사가 110,663개로 약 3분의 1을 차지하고 있다. 또 위 표만으로는 정확한 숫자는 알 수 없으나 자본금이 5억 원 미만인 회사의 수가 절반을 훨씬 초과할 것으로 짐작된다. 자본금이 5억 원 미만인 주식회사에 대해서는 이사를 1~2인을 두어도 무방하고 이사회를 두지 않아도 되는 특칙이 인정된다.

[1] 적용대상 · 취지

(1) 주식회사에서 이사는 최소 3인 이상이어야 한다(상 383조 1항 본문). 그러나 자본의 총액이 5억 원 미만인 회사는 1인 또는 2인의 이사를 둘 수 있다(상 383조 1항 단서). 이는 중소규모의 주식회사에 대하여 3인 이상의 이사를 둠으로 해서 생기는 기관운영상의 부담을 줄일 수 있도록 하기 위함이다. 그러나 이에 대해서는 주식회사의 거의 대부분이 자본금이 5억 원 미만인 우리나라의 기업현실을 감안할 때 위와 같은 특칙은 이사회중심주의에 역행한다는 비판론이 있다(홍복기).

(2) 자본의 총액이 5억 원 미만인 회사도 3인 이상의 이사를 둘 수 있으며 이러한 경우에는 이사가 1인인 경우의 특칙이 적용되지 않는다. 이사가 2인인 회사에서는 이사회가 존재하지만, 이사가 1인인 회사에서는 이사회가 존재하지 않게 된다, 그 결과 2인 이하의 이사를 두는 경우에도 1인의 이사를 두느냐 아니면 2인의 이사를 두느냐에 따라 기관구성과 권한분배가 달라진다.

[2] 이사가 1인인 경우

Ⅰ. 기관구조의 특징

이사가 1인 주식회사에서는 이사회가 없다. 그 결과 (ⅰ) 업무집행에 관한 의사결정기관은 주주총회와 1인의 이사에게 재분배되고, (ⅱ) 집행기관은 1인 이사이며, 그 1인 이사가 동시에 회사를 대표하고, (ⅲ) 이사회의 감독기능을 주주총회와 감사가 대신하게 된다.

Ⅱ. 이사회의 부재

이사의 수가 1인뿐인 경우에는 이사회를 구성할 수 없으므로, 이사회를 전제로 한 상법규정 중에서 일부는 아예 적용이 배제되고, 이사회의 권한 중에서 일부는 주주총회에, 나머지 일부는 1인 이사에게 분속된다.

|1인 이사인 회사에서의 권한의 재분배|

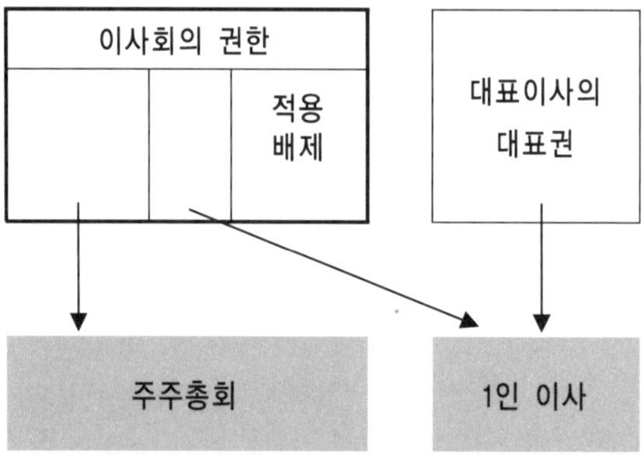

Ⅲ. 주주총회의 권한으로 되는 사항

이사회의 승인이나 결의를 요하는 사항은 주주총회가 이를 대신하여 승인 또는 결의를 하여야 한다(상 383조 4항). 예컨대, 주식양도의 승인, 양도상대방의 지정청구 및 주식양수인의 지정청구(상 302조 2항, 317조 2항, 335조 1항 단서 · 2항, 335조의2 1항 · 3항, 335조의3 1항 · 2항, 335조의7 1항, 356조), 이사의 경업 · 겸직거래와 자기거래의 승인(상 397조 1항 · 2항, 398조), 신주발행사항의 결정(상 416조 본문), 준비금의 자본전입(상 461조 1항 본문 · 3항), 주식매수선택권 부여의 취소(상 383조 4항, 340조의3 1항 5호), 중간배당의 결정(상 462조의3 1항 · 464조의2 1항), 사채의 모집(상 469조), 전환사채의 발행(상 513조 2항 본문), 신주인수권부사채의 발행(상 516조의2 본문) 등이 이에 해당한다. 합병반대주주의 주식매수청구의 전제가 되는 이사회의 결의(상 522조의3) 등은 주주총회의 결의로 본다(상 383조 4항).

Ⅳ. 1인 이사의 권한으로 되는 사항

(1) 대표이사의 대표권

1인 이사인 회사에도 대표이사가 존재하여야 한다. 1인 이사가 자동적으로 회사의 대표권을 갖는다(상 383조 6항). 대표이사의 선정에 관한 절차를 요하지 않으며(상 389조 1항), 공동대표이사 제도(상 389조 2항)가 적용될 여지가 없다.

(2) 이사회의 권한사항 중 일부

1인 이사가 이사회를 대신하여 단독으로 결정할 수 있는 사항이 있다. 예컨대, 주주총회의 소집(상 362조), 주주제안의 채택(상 363조의2 3항), 소수주주 또는 감사의 청구에 의한 주주총회 소집의 결정(상 366조 1항, 412조의3 1항), 지배인의 선임·해임 및 지점의 설치·이전·폐지, 이사회의 통상적인 업무집행의 결의(상 393조 1항) 등이 이에 해당한다.

Ⅴ. 이사회 관련규정의 배제

수인의 이사나 이사회의 존재를 전제로 한 규정으로 이사가 1인인 회사에서는 그 존재가 무의미하므로 적용되지 않는다. 예컨대, 이사회의 소집, 이사회의 결의방법, 감사의 이사회 출석·의견진술권, 이사회의 의사록, 이사회의 이사직무집행에 대한 감독, 이사회 결의에 관한 수인 이사의 연대책임(상 390~392조, 393조 2항, 399조 2항, 526조 3항, 527조의2, 527조의3 1항, 527조의5 2항, 449조 등), 이사가 작성한 재무제표·영업보고서의 이사회 승인(상 447조, 447조의2, 449조), 합병에 있어서 보고총회 또는 창립총회를 이사회의 공고로 갈음할 수 있다는 규정(상 383조 5항, 526조 3항, 527조 4항), 흡수합병의 경우 주주총회의 결의를 이사회의 결의로 갈음할 수 있는 간이합병·소규모합병에 관한 규정(상 383조 5항, 527조의2, 527조의3, 527조의5 2항) 등은 1인 이사인 회사에서는 적용되지 않는다.

[3] 이사가 2인인 경우

Ⅰ. 이사회의 존재

이사가 2인인 경우에는 이사회를 구성할 수 있으므로 이사회가 원래의 권한과 기능을 수행한다. 그러나 이사가 2인인 관계로 현실적으로 정상적인 이사회의 운영이 곤란한 경우가 발생할 수 있다.

Ⅱ. 이사회의 변태적 운영

1. 이사회의 결의요건 - 전원출석 · 전원찬성

이사회의 결의는 정관으로 달리 정하지 않는 한 이사 과반수의 출석과 출석이사의 과반수로 한다(상 391조). 그 결과 항상 2인의 이사 전원의 출석과 전원의 찬성이 있어야 결의가 가능하다.

2. 1인 이사의 단독결정사항

(ⅰ) 이사회의 결의에 관하여 이사 1인이 특별이해관계가 있는 경우(상 391조 3항 368조 4항), (ⅱ) 이사의 경업 · 겸직거래나 자기거래의 승인에 있어서 어느 1인의 이사가 관련 당사자인 경우에는(상 397조 2항, 398조), 그 이사는 특별이해관계인으로서 이사회의 결의에 참여할 수 없게 된다. 그 결과 나머지 1인의 이사가 단독으로 이를 결정하게 된다(상 393조 1항).

제 6 장

지배권경쟁

미국의 기업사냥꾼 △△이 마침내 주식 공개매수를 통해 ▲▲를 인수하겠다고 선언, 양측의 공방이 전면전으로 치닫고 있다. 특히 △△은 미국 등 외국인 주주들을 대상으로 우호세력을 확보하는 데 어느 정도 성과를 거두고 있는 것으로 파악돼 ▲▲를 초긴장 상태에 빠뜨리고 있다. 현재 △△측은 외국인 단일 주주로서 가장 많은 지분을 갖고 있는 ○○뮤추얼(8.14%)과 ○○○어소시에이츠(1.14%) 및 일부 헤지펀드(1.12%) 등을 동조세력으로 확보했을 가능성이 있는 것으로 알려졌다. 현재 추정되는 △△측 지분과 우호세력 지분은 총 17% 가량이다. 만일 공개매수를 통해 2조 원어치 주식을 사들이는 데 성공할 경우 △△측 보유지분(약 27%) 및 우호지분(약 10%)이 37%까지 불어날 수 있을 것으로 추정되고 있다. ▲▲는 일단 우리사주조합(6.1%), ○○은행(5.96%), ○연금(3.1%), ○○투신운용 등 기관투자가(16.64%), ○○타바코(1.76%) 등이 잠재적 우호세력이다. 의결권이 없는 자사주 9.76%를 백기사(의결권이 있는 우호세력)에게 넘겨줄 경우 최대 39% 가량을 우군으로 확보할 수 있는 상황이다. 아직은 △△측에 비하면 유리한 고지에 있으나, 약 25% 가량이 부동표이다. △△측의 확보지분이 아직 6.59%에 불과한 데다, 제시한 공개매수가격(주당 6만 원)도 낮은 편이어서 현재로선 인수의 성공 가능성은 그리 높지 않다는 분석이 우세하다. 따라서 △△의 공개매수선언의 목적이 결국 주가를 끌어올려 차익을 얻고 빠지는 '그린 메일' 일 가능성이 크다는 관측이 많다. (출처 : 한국경제 2006. 2. 10, 국민일보 2006. 2. 24, 동아일보 2006. 2. 25, 서울경제 1997. 1. 28, 한국일보 2006. 2. 26, 중앙일보 2006. 3. 15)

| 해 설 |

"기업도 상품이다"라는 말이 있다. 기업도 마치 상품처럼 사고 팔수 있다는 뜻이다. 기업(기업 자체 또는 그 지배권)을 팔려고 하는 사람과 이를 인수하려는 사람의 자유로운 계약에서 이루어질 때 이를 통상 우호적 기업인수(friendly M&A)라 한다. 이와는 반대로 경영권을 그대로 유지하려는 자와 이를 장악하려고 하는 자 사이에 경쟁적으로 이루어질 때 이를 적대적 기업인수(hostile M&A)라 한다. M&A를 통하여 기업의 경영권을 완전히 장악할 수 있지만, 그 정도까지는 아니더라도 다양한 방법으로 지배권경쟁을 벌릴 수 있다. 경제적인 측면에서 볼 때 경영권공격과 경영권방어는 기업 자체는 물론이고 사회적으로 비용과 편익을 동시에 가져온다. 지배권경쟁은 무능하고 부도덕한 경영진을 유능하고 성실한 경영진으로 교체하고, 저평가되어 있는 주가를 끌어올리는 등의 긍정적인 효과가 있는 한편, 그 과정에서 많은 비용을 유발하기도 한다. 경영권을 방어하는 최상의 방책은 기업가치를 높이는 것이라는 것이 정설이다. 한편, 회사법은 지배권경쟁에 대하여 중립적이며, 지배권경쟁이 공정하게 이루어질 수 있도록 특히 공격방법과 방어방법의 적법성을 확보하는 문제에 관심을 둔다. 이사는 지배권경쟁에서 경영판단에 입각하여 적절한 방법을 강구할 수 있으나, 선량한 관리자의 주의로써 이를 판단하여야 하며 적법한 방어방법을 모색하여야 한다.

제1절 총설

(1) 회사에 대한 「지배력」은 회사의 의사결정을 자기가 원하는 방향으로 이끌어 낼 수 있는 힘을 말하고, 그것이 권리로 인정되는 것이 「지배권」이다. 지배권은 상법상 명시적으로 인정되는 권리는 아니고, 회사의 지배라는 사실에 기초한 개념이다. 그리고 어떠한 경우에 지배권이 인정되는가는 일률적으로 말하기는 곤란하고, 회사의 여러 가지 사정, 특히 자본의 규모와 주식분산의 정도, 주주의 구성 등을 종합적으로 고려하여야 한다. 회사에 대한 지배력은 사회적 · 정치적 · 사실적 지배까지 포함시키면 지나치게 넓어져 그 범위를 획정하기 곤란하므로, 여기에서 말하는 지배력은 법적 지배력에 한정한다.

(2) 회사의 지배권은 회사의 의사결정에 영향력 내지 지배력을 행사할 수 있는 힘으로부터 나온다. 회사의 의사결정권은 주주총회와 이사회에 분장되어 있으므로, 결국 회사의 지배권은 주주총회와 이사회의 결의에 지배력을 행사할 수 있는 힘이 된다. 회사지배권을 장악하려면 경영권을 맡고 있는 이사의 선임에 필요한 의

결권을 확보하면 된다. 이사의 선임권(즉, 경영창출권)은 주주총회에 있다. 그러므로 회사지배권을 둘러싼 다툼은 종국적으로 상대방보다 주식(또는 의결권)을 더 많이 확보하려는 경쟁으로 모아지게 된다. 주주총회의 결의사항은 사안에 따라 다르지만 이사의 선임에 필요한 보통결의사항의 결의는 출석한 주주의 의결권의 과반수와 발행주식총수의 4분의 1 이상을 요하고 있다(상 368조 1항). 따라서 보통결의사항인 경우에는 최소 발행주식총수의 25% 이상이나 50%+1주(주주 전원이 출석한 경우의 과반수)의 주식을 보유하면 총회에서의 의사결정을 주도할 수 있다(물론 특별결의사항은 그 이상의 결의요건을 요한다). 모자회사에 관한 상법규정에서 보는 바와 같이 과반수의 지주수를 가지면 안정적으로 지배력을 확보할 수 있게 된다. 그러나 특히 대규모의 상장법인의 경우에는 주식이 다수의 주주에게 분산되어 있고 주주의 총회출석율이 저조하기 때문에, 이보다 낮은 비율(대략 25%)의 주식보유만으로도 충분히 회사의 지배권을 장악할 수 있는 것이 현실이다. 또한 단독으로 지배력을 가질 수도 있지만, 여럿이 공동으로, 자신의 영향력 하에 있는 계열회사 등을 통하여, 또는 우호지분의 협조에 의하여서도 지배력을 행사할 수 있다.

❙M&A 및 지배권장악의 유형❙

기업을 인수하거나 경영권을 취득(속칭 'M&A'라 부른다)하는 방법과 유형은 매우 다양하고 복잡하다.

① 기업의 인수는 대상(target)이 되는 기업의 기존 경영진과의 관계에 따라 우호적인 기업인수(friendly takeover), 적대적인 기업인수(hostile takeover), 중립적 기업인수(neutral takeover)로 구분된다. 적대적 기업인수를 시도하는 자를 세칭 '기업사냥꾼'(raider)이라 부른다.

② 인수방식을 기준으로 하여 합병, 영업양수, 분할합병, 주식취득, 위임장취득 등으로 구분할 수 있다. 기업의 합병과 인수(merger & acquisition)는 대상 기업의 지배권을 완전히 장악하는 가장 강력한 방법이다.

③ 주식취득에 의한 기업인수는 구주를 취득하는 방법과 신주를 취득하는 방법으로 구분할 수 있다.

④ 위임장(proxy)을 취득하는 방법에 의하면 직접 주식을 보유하지 않고서도 타인의 의결권을 대리행사하는 방법에 의하여 지배권경쟁을 벌일 수 있다.

⑤ 기업인수의 대가를 지급하는 방법에 따라 현금으로 매수하는 방법, 주식 등의 교환에 의하는 방법, 이들 방법을 혼합적으로 사용하는 방법 등으로 구분할 수 있다.

⑥ 기업의 지배권장악을 목적으로 하는 경우와 단지 시세차익을 겨냥한 재무전략으로 지배권경쟁의 시도하는 경우가 있다.

기업의 합병과 인수는 후술하는 기업구조조정에서 따로 설명하고, 여기에서는 기업합병과 인수에까지 이르지 않는 그 밖의 지배권경쟁에 대해서만 설명한다.

| 지배권경쟁에 대한 법적 규율 |

지배권경쟁에 대한 회사법의 규율은 주로 지배권경쟁수단으로 이용되는 공격 및 방어방법의 적법성 여부에 중점을 둔다. 지배권경쟁이 경쟁제한적인 기업결합으로 될 때에는 독점규제및공정거래에관한법률에 의하여 규율된다(독점 7조 이하).

제2절 지배권 공격

[1] 지배권 공격방법

Ⅰ. 지배주식의 인수

(1) 지배주식(control share)은 이사의 선임 · 해임권을 가질 수 있는 정도 또는 주주총회의 결의를 자신이 원하는 방향으로 유도할 수 있는 정도의 지분의 주식을 말한다. 다른 회사의 지배주식을 양수하는 방법으로 해당 기업에 대한 지배력을 장악할 수 있다. 구주의 취득에 의하는 경우는 대주주와의 직접적인 거래에 의한 방법과 대주주를 통하지 않고 공개매수하거나 비밀리에 매수하는 방법이 있다. 신주의 취득에 의하는 경우는 신주의 제3자 배정에 의하거나 잠재주식으로서의 성질을 띠는 전환사채 또는 신주인수권부사채를 인수하는 방법 등이 있다.

(2) 지배주식의 가격에는 일반적인 주식의 거래가격에 $+\alpha$ 의 프리미엄이 붙은 것이 보통이다. 지배주식을 양도하는 자는 회사를 약취하려는 부당한 목적을 가진 자에게 지배주식을 매도하는 경우에는 그로 인한 손해를 회사에 배상할 책임이 있고, 지배권에 대한 프리미엄을 회사에 반환하거나 다른 주주에게 이를 분배하여야 한다는 견해가 있다(정동윤).

Ⅱ. 공개매수

1. 의의

주식의 공개매수(take-over bid, tender offer)는 불특정 다수인을 상대로 하여 매수의 청약을 하거나 매도의 청약을 권유하고 유가증권시장 및 코스닥시장 밖에서 당해 주식 등을 매수하는 것이다(증거 21조 3항). 즉, 거래소시장 밖에서 경영권 획득이나 유지를 목적으로 불특정 다수인에게 주식 등의 매매를 권유하고 이를 매수하는 행위이다. 주식의 공개매수는 신문공고, 공매매수신고서의 제출, 당해 기업에 통지를 의무화한 것으로 비밀매수와 대비된다.

2. 강제

거래소시장 밖에서 6개월 내에 10명 이상으로부터 주식 등을 매수하여 5% 이상 보유하게 되는 경우에는 공개매수의 방식에 의하여 매수하여야 함이 원칙이다(증거 21조 1항).

3. 방식

(1) 공개매수를 하고자 하는 자는 전국을 보급지역으로 하는 일간신문을 통하여 일정한 사항을 포함한 공개매수의 공고를 하고, 공개매수신고서를 금융감독위원회에 제출하여야 한다(증거 21조의2 1항 · 2항). 공개매수자는 신고서 제출 후 지체없이 대상회사와 증권거래소에 신고서의 사본을 제출하여야 한다(증거 22조). 공개매수신고서를 제출한 자는 공개매수설명서를 작성하여 일정한 장소에 비치하여 일반인이 열람할 수 있도록 하여야 한다(증거 24조 1항).

(2) 공개매수기간 중에는 공개매수의 방식으로만 매수하여야 한다(별도매수 금지의 원칙)(증거 23조 2항). 공개매수자는 공개매수에 응모한 주식 등의 전부를 공개매수기간의 종료일 다음 날 이후 지체없이 매수하여야 한다(증거 25조의2 1항). 공개매수가격은 균일하여야 한다(증거 25조의2 2항).

4. 위반에 대한 제재

증권거래법에 위반한 공개매수행위의 경우 응모주주에 대하여 손해배상책임을 지고(증거 25조의3), 과징금 및 형사벌칙의 제재를 받으며(증거 206조의11 2항, 209조 4항), 공개매수강제규정(증거 21조 1항)과 공개매수신고서제출의무(증거 21조의2 1항)를 위반하여 주식 등의 매수를 한 경우에는 당해 주식 등의 의결권은 매수 등을 한 날로부터 이를 처분한 후 6월이 경과한 날까지 행사할 수 없고, 금융감독위원회는 그 주식 등의 처분을 명할 수 있다(증거 21조의3).

Ⅲ. 위임장경쟁

위임장은 의결권행사의 대리권을 증명하는 서면이다. 위임장경쟁(proxy fighting)은 공개매수의 대체수단으로 이용되기도 하고, 공개매수와 결합하여 이용되기도 한다. 위임장경쟁은 완전한 지배권의 인수가 목적이 아니라, 현 경영진에 대한 압박수단으로 또는 자신의 이익을 대변하는 이사를 이사회에 진출시키기 위한 수단으로 사용되기도 한다. 위임장경쟁은 공개매수와는 달리 주식매입자금의 부담이 없기 때문에 대중주주의 무관심을 이용하여 기업가치의 증대보다는 자신의 사적 이익을 추구하는 수단으로 악용할 우려도 있다. 증권거래법에서는 위임장을 권유하려면 참고서류와 위임장용지를 주주에게 제공하도록 하고 있다(증거령 85조). 이는 주주에게 정확한 정보를 제공하고 주주가 자신의 의사를 적극적으로 표시를 할 수 있도록 하기 위함이다. 그러나 위 규정은 단속규정에 불과하여 이에 위반한 주주총회 결의도 유효하고, 다만 벌칙이 따를 뿐이다(증거 209조 9항).

| 관련사례 |

주주총회에서 사외이사의 선임을 둘러싸고 ▲▲측과 표 대결을 앞두고 있는 ●●는 기관투자가를 제외한 소액 주주지분은 특히 잎담배경작농민, 제조협력업체 직원, 담배소매인 등 업무와 관련된 사람들이 주식을 많이 보유하고 있는 것으로 전해지고 있다. 잎담배 경작농민의 경우 지난 1999년 주식공모 때 특별배정을 받았다. ●● 관계자는 소액주주의 지원의 받는 것이 중요하다고 판단, “위임장 발송이 본격화된 때부터 전 직원이 나서 소액주주들을 찾아다니며 위임장 권유 등 적극적인 지지를 호소하고 있다”고 밝혔다. (출처 : 문화일보 2006. 2. 22)

Ⅳ. 의결권행사금지의 가처분

상대방 의결권행사의 발을 묶어 놓기 위하여 의결권행사의 하자를 다투는 소송을 제기하고 이를 본안소송으로 하여 의결권행사금지의 가처분을 구하는 방법이 이용되기도 한다. 판례는 경영권분쟁 중의 의결권행사금지 가처분신청에 대해서는 단순히 피보전권리를 소명하는 것만으로는 부족하고 그 보전의 필요성에 대한 충분하고도 구체적인 소명이 필요하다고 하여 그 요건을 매우 엄격하게 보고 있다.

| 서울고법 1997. 5. 13. 자 97라36 결정 |

경영권 분쟁상황 하에서의 주주의결권행사금지 가처분은 일반 가처분과는 달리 단순한 집행

보전에 그치는 것이 아니라 가처분으로 경영권의 귀속을 변동시켜 버리는 거의 종국적인 만족을 가져오는 것으로서 그 결과가 중대할 뿐만 아니라, 가처분 채무자에게는 원상으로의 회복이 곤란한 점으로 말미암아 보전의 필요성에 대한 더욱 강도 높은 소명을 요구하므로, 그와 같은 경우 보전의 필요성은 피보전권리의 존재로 사실상 추정될 수도 없고, 단순히 주주권 즉 지배적 이익이 계속 침해된다는 추상적 사유만으로도 부족하며, 더 나아가 본안판결의 확정 후에 비로소 경영권이 넘어와서는 본안판결의 의미가 거의 없게 되거나 혹은 그렇게 될 경우 신청인에게 회복하기 어려운 구체적 손해가 발생할 우려가 있다는 사정이 따로 있어야 한다.

[2] 지배권공격의 공정성

Ⅰ. 대량주식취득의 통지의무

금융감독기관의 모니터링 결과에 의하면, 'ㅇㅇ의 연인'이라는 TV 드라마에는 ●●자동차의 최 이사가 사장 몰래 소액주주의 지분을 10% 이상 끌어 모아 사장 해임을 안건으로 하여 임시주주총회를 비밀리에 소집한다는 대목에서 이런 대사가 나온다. "●●자동차 대표 : 최 이사님, 지난 2년 동안 저희 회사 주식 중에 10%가 넘는 주식이 최 이사님 쪽으로 넘어갔더군요."
실제 상장 기업이라면 이런 일이 가능할까? 금융감독원은 "TV 드라마에서 왜곡된 기업경영활동이 반복돼 나갈 경우 일반인들의 오해를 불러일으킬 소지가 높다"고 보아 최근 한국방송작가협회와 방송 3사에 공문을 보내 드라마에서 다룬 잘못된 기업공시제도를 예시하고, 앞으로 드라마 제작과 관련한 질의와 상담 요청이 있을 경우 적극 상담하겠다고 안내했다. (출처 : 매일경제 2004. 11. 18, 문화일보 2004. 11. 18, 조선일보 2004. 11. 19, 한국일보 2004. 11. 19)

| 해 설 |

드라마는 어디까지나 드라마다. 방송드라마에서 절대적으로 모든 면에서 오류가 없을 것을 기대하는 것 자체가 무리라 하겠다. 그러나 방송드라마는 대중매체가 갖는 영향력을 감안하여 일반인들에게 잘못된 인식을 줄 수 있는 가능성은 가급적 피하는 것이 바람직한 것은 물론이다. 위 사례는 회사경영권 쟁탈을 위하여 상대방 회사의 대주주 모르게 주식을 은밀히 매집하였다가 결정적인 순간에 숨겨둔 주식을 이용하여 경영권을 일거에 장악하려는 내용을 소재로 하고 있다. 드라마에서는 극적인 장면을 연출함으로써 시청자의 흥미를 유발하는 효과가 있을 것이다. 그러나 상법과 증권거래법에서는 이렇게 취득한 주식을 통해서는 의결권을 행사할 수 없도록 함으로써 위법하게 매집한 주식을 이용한 경영권쟁탈의 시도를 무력화시키고 있다. 죽느냐 사느냐 하는 전쟁에서도 지켜야할 룰이 있듯이 경영권전쟁에서도 지켜야 할 일정한 룰이 있다. 기습적인 경영권공격은 위법하다.

1. 의의

대량주식취득의 통지의무란, 어느 회사가 다른 회사의 주식을 그 발행주식총수의 10%를 초과하여 취득한 때에는 지체없이 그 다른 회사에 통지하여야 하는 것을 말한다(상 342조의3).

| 취 지 |

(ⅰ) 지배권경쟁에 있어서 공정한 기회를 부여하기 위함이다. 즉, 지배가능성이 있거나 지배권에 영향을 줄 수 있는 정도의 주식을 취득하는 경우에는 상대방 회사에 미리 알려주도록 함으로써, 경영권쟁탈의 대상이 되는 회사의 주식을 비밀리에 매집하여 두었다가 총회에서 전격적으로 의결권을 행사함으로써 경영권을 기습적으로 쟁탈하지 못하도록 한 것이다.
(ⅱ) 상호주제도 운영의 전제조건으로 필요하다. 모자회사간에서 자회사는 모회사의 주식을 취득할 수 없고(상 342조의2 1항 본문), 비모자회사간에서는 의결권이 제한되는데(상 369조 3항), 이는 주식을 소유당한 회사가 그 사실을 알고 있을 때에만 가능하다.
(ⅲ) 그러나 상장법인의 경우 상법의 10% 통지제도는 증권거래법의 5% 룰에 의하여 그 기능이 반감하고 있다.

2. 통지를 요하는 경우

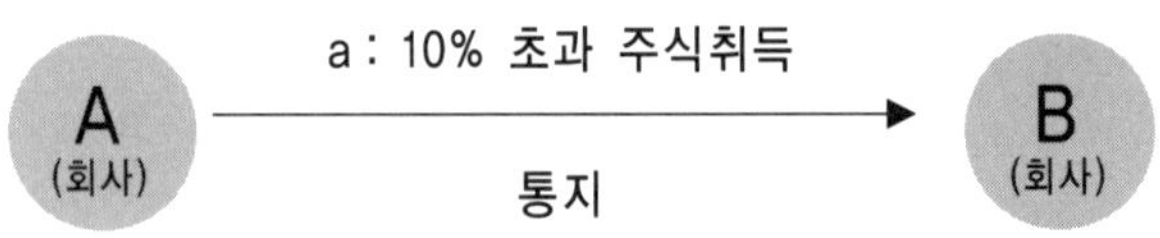

(1) (ⅰ) 회사가 단독으로 또는 (ⅱ) 모회사와 자회사가 합하여, 다른 회사의 발행주식총수의 10%를 초과하여 취득한 때이다.

(2) 의결권행사의 대리권을 취득한 경우에도 통지를 요하는가에 대해서는 부정설(대판 2001. 5. 15, 2001다12973)과 긍정설이 있다.
(ⅰ) 부정설 - 통지의무위반을 이유로 하여 개별 안건에 대한 의견을 명시하여 의결권대리행사를 위한 주주의 의결권을 박탈하는 것은 불합리하다는 것을 이유로 들고 있다.

(ii) 긍정설 - 제도의 목적에 비추어 이러한 경우도 당연히 통지하도록 하여야 한다고 한다.

(iii) 사견 - 입법취지를 고려할 때 긍정설이 타당하다고 본다.

| 대법원 2001. 5. 15. 선고 2001다12973 판결 |

상법 제342조의3에는 "회사가 다른 회사의 발행주식 총수의 10분의 1을 초과하여 취득한 때에는 그 다른 회사에 대하여 지체 없이 이를 통지하여야 한다."라고 규정되어 있는바, 이는 회사가 다른 회사의 발행주식 총수의 10분의 1 이상을 취득하여 의결권을 행사하는 경우 경영권의 안정을 위협받게 된 그 다른 회사는 역으로 상대방 회사의 발행주식의 10분의 1 이상을 취득함으로써 이른바 상호보유주식의 의결권제한규정(상법 제369조 제3항)에 따라 서로 상대 회사에 대하여 의결권을 행사할 수 없도록 방어조치를 취하여 다른 회사의 지배가능성을 배제하고 경영권의 안정을 도모하도록 하기 위한 것이다. 특정 주주총회에 한정하여 각 주주들로부터 개별안건에 대한 의견을 표시하게 하여 의결권을 위임받아 의결권을 대리행사하는 경우에는 회사가 다른 회사의 발행주식 총수의 10분의 1을 초과하여 의결권을 대리행사할 권한을 취득하였다고 하여도 위 규정이 유추적용되지 않는다.

3. 통지의 방법·시기

통지의 방법에 대해서는 아무런 제한이 없다. 통지의 시기는 10% 이상에 해당하는 주식을 취득 한 후 지체없이 하여야 한다고 규정되어 있다. 「지체없이」란 상대방 회사가 주식을 취득하여 명의개서를 하는 등의 방어대책을 강구할 수 있는 시간적 여유를 주어야 한다는 뜻이다.

4. 통지흠결의 효과

통지흠결의 효과에 대하여 상법에는 아무런 규정이 없으나(규정흠결), 의결권을 행사할 수 없다고 해석하여야 한다. 증권거래법에서는 소위 5% 룰을 위반한 경우 의결권 있는 발행주식총수의 5%를 초과하는 부분 중 위반부분에 대하여 의결권을 행사할 수 없다고 규정하고 있다(증거 200조의3).

Ⅱ. 증권거래법의 5% 룰

증권거래법에서는 위와 동일한 취지에서 본인과 특수관계자 및 사실상의 보유분을 합하여 상장법인의 발행주식총수의 5% 이상을 보유(대량보유)하게 된 때에는 그 보유상황과 보유목적을, 1% 이상의 지분변동이 있을 때에는 그 변동상황과 보유목적을 그 날로부터 5일 이내에 금융감독위원회와 증권거래소에 보고하도록 하고 있다(증거 200조의2). 대상이 되는 주식 등에는 의결권 있는 주식 이외에 신주인수권증서 · 신주인수권증권 · 전환사채 · 신주인수권부사채 · 교환사채 등을 포함한다(증거 21조 1항, 증거령 10조). 위반행위에 대해서는 의결권의 행사가 제한되며, 금융감독위원회가 처분명령권을 발동할 수 있고(증거 200조의3), 형사처벌이 가해질 수도 있다(증거 210조).

제3절 지배권 방어

지배권경쟁에서 동원되는 방어방법은 매우 다양하다. 아래에서는 그 중에서 몇 가지 대표적인 것을 설명한다. 아래의 여러가지 방법이 복합적으로 사용되기도 하고, 위에서 언급한 지배권공격수단은 동시에 지배권방어수단으로 사용될 수도 있다.

[1] 지배권 방어방법

Ⅰ. 주식양도의 제한

정관에 의하여 주식양도에 이사회의 승인을 요하도록 하는 규정을 둠으로써 회사의 경영권을 공격하려는 자에게 주식이 양도되는 것을 막을 수 있다(상 335조 1항 단서). 정관에 이러한 제한규정이 있음에도 불구하고 이사회의 승인을 얻지 않고 주식을 양수한 자는 회사에 대항하지 못한다(상 335조 2항). 이는 비상장회사에서만 적용될 수 있는 제도이다. 상장회사의 경우는 이러한 제한이 허용되지 않기 때문이다.

Ⅱ. 신주 등의 제3자 배정

신주나 잠재주식에 해당하는 전환사채와 신주인수권부사채를 기존 경영진에 우호적인 제3자에게 배정함으로써 지지세력을 확대하는 방법이 있다. 경영권방어를 위하여 우호적인 제3자에게 신주나 전환사채 또는 신주인수권을 배정하는 경우 그 적법성 여부가 문제된다. 이러한 제3자 배정이 정당화되려면 우선 이를 인정하는 정관의 근거 또는 이에 갈음하는 주주총회의 특별결의가 있어야 하고(형식적 요건), 또 회사의 이익을 위한 것이라는 정당화 사유가 인정되어야 한다(실질적 요건). 후자를 판단하는 기준으로는, 주주의 신주인수권을 배제하지 않고서는 회사의 목적을 달성할 수 있는 다른 적절한 방법이 존재하지 않아야 하며(필요성의 원칙), 회사가 달성하고자 하는 목적과 그러한 방법에 의함으로써 초래되는 주주의 권익침해의 정도를 비교하여 주주의 권익침해가 중대하면 제3자 배정의 적법성 여부를 보다 엄격하게 판단하여야 한다(비례의 원칙).

Ⅲ. 자기주식

자기주식의 취득을 경영권방어수단으로 이용하기도 한다. 만일 시중에 유통되는 주식의 물량을 줄이는 것이 경영권방어를 위하여 도움이 된다면 상법과 증권거래법상 자기주식의 취득이 가능한 예외를 이용하여 자기주식을 취득하는 방법을 사용할 수 있다. 또 자기주식으로 보유하고 있던 주식을 우호적인 제3자에게 양도함으로써 우호세력을 확충하는 방법이 있다. 회사가 자기주식을 처분함에 있어서 이를 취득할 수 있는 상대방에 대하여 상법에는 아무런 제한을 두고 있지 않다. 자기주식을 처분함에 있어서 그 양도가격은 공정하여야 한다. 그리고 경영권방어를 목적으로 자기주식을 우호적인 제3자에 매각하는 행위의 적법성은 엄격하게 판단하여야 한다고 본다.

Ⅳ. 독약처방

독약처방(poison pill)이란, 지배권공격을 받는 대상기업의 가치를 감소시켜 공격대상으로서 별 매력이 없도록 하기 위하여 예컨대, 적대적 인수가 있을 때 저렴한 가격으로 신주를 인수할 수 있는 증권을 미리 발행해 두는 것이다. 경영권공격자가 경영권장악에 성공하더라도 치명적인 '독'(poison)이 될 수 있다는 의미에서 붙여진 말이다.

Ⅴ. 정관개정

정관을 변경함으로써 지배권공격으로부터 회사의 독립성을 유지하려는 방법이 이용되기도 한다. 예컨대, 정관변경에 의하여 時差이사회조항, 超다수결조항 등을 두는 방법이다. 시차이사회조항은 이사의 임기에 시차를 둠으로써 지배권공격자가 공격에 성공하더라도 이사회 지배가 지연되도록 하는 방법이고, 초다수결조항은 주주총회에서의 결의요건을 강화함으로써 주주총회의 지배를 어렵게 하는 방법이다.

Ⅵ. 황금낙하산

황금낙하산(golden parachutes)은 경영권탈취에 대비하여 경영진에게 높은 보수를 제공하는 계약이다(예 : 임원퇴직금특별지급약정). 이는 기업매수가격을 높임으로써 경영권을 장악하려는 시도를 좌절시키기 위한 방법으로 이용된다. 황금낙하산은 일종의 보수이기 때문에 이사 보수의 적정성과 관련하여 주주들의 통제를 받는다.

Ⅶ. 그린메일

그린메일(green mail)은 지배권 공격자가 보유하고 있는 주식을 프리미엄을 붙인 가격으로 매입함으로써 공격을 멈추도록 하는 방법이다. 경영권 획득에는 뜻이 없으면서 마치 지배권경쟁을 벌이는 듯 주식을 대량으로 매입하여 주가를 끌어 올린 뒤에 상대방 회사에 매각하여 시세차익을 얻을 목적으로 기업사냥꾼이 흔히 요구하는 수법이다. 그린메일의 후속조치로 공격자와 방어자가 일정 기간 동안 서로 보유지분을 증가하지 않기로 불가침협정(standstill agreement)을 맺기도 한다. 그린메일은 자기주식을 취득하는 형태로 실행된다.

Ⅷ. 백기사

지배권경쟁에서 방어자에 우호적인 제3자를 백기사(white knights)라고 한다. 방어자와 백기사가 연합하여 공격자에게 대항하게 된다. 다만, 백기사의 역할을 하는 회사의 주주의 입장에서는 회사의 그러한 역할로 인하여 손해를 입는 경우도 있다.

우리사주조합이 백기사 역할을 하는 경우도 있다. 중세 기사들의 싸움에서 유래한 것으로, 기존의 경영진(처녀, maiden)과 이를 돕는 백기사(white knight), 이를 탈취하려는 공격자(기업사냥꾼, raider)와 이를 돕는 흑기사(black knight)의 대결구도로 되어 있다. 그러나 흑기사가 반드시 악의 존재는 아니고 경우에 따라서는 정의의 사도가 될 수도 있다.

Ⅸ. 자본구조개편

자본구조의 재편이 경영권을 방어하는 수단으로 이용되기도 한다. 예컨대, 부채를 증가하는 자본구조의 재편을 통하여 현 지배권을 더욱 공고히 하고 경영권탈취대상기업으로서의 매력을 떨어뜨리는 방법이다. 또한 주식을 추가 발행함으로써 기존 주식의 가치를 희석시키고 공격자가 주식의 과반수 확보를 어렵게 만들 수도 있다.

Ⅹ. 기업재편

개인기업화하거나, 상장기업을 비상장화 하거나, 가치있는 자산을 매각하거나, 청산함으로써 지배권공격에 대하여 소극적인 방법으로 대응할 수 있다.

Ⅺ. 逆공격

이상과는 반대로 매수위협을 받고 있는 대상회사가 역으로 공격자를 매수하려는 逆공개매수의 제의(counter-tender offer)를 제시하여 대세를 역전시키는 공격적 방어방법(Pac-Man defense)이 있다. 이는 일본의 비디오게임인 'Pac-Man'에서 유래하는 용어이다.

[2] 경영권 방어와 이사의 선관주의의무

(1) 기업 외부로부터 적대적인 인수합병과 지배권쟁탈의 시도가 있고 이에 대한 방어가 있게 되면, 그로 인하여 군소주주, 대주주, 경영자 등의 이해관계에 영향을

미치게 된다. 적대적인 지배권공격에 대하여 방어행위를 하여야 할 것인지에 대해서는 상반된 두 가지 견해가 있다. 첫 번째 견해는, 현 경영진이 적대적 지배권공격을 방어하게 되면 현 경영진은 자신의 지위를 보존하는 데에만 급급하여 회사와 주주의 이익은 아랑곳하지 않게 된다고 하여, 방어행위 자체를 반대한다(경영자참호가설). 두 번째 견해는, 기업사냥꾼들은 일반적으로 기업의 장기적인 이익보다는 목전의 이익에만 골몰하기 때문에 적대적 지배권경쟁에 방어할 필요가 있고 그 과정에서 주주의 이익이 증대된다고 하여 경영권방어를 지지한다(주주이익가설).

(2) 적대적인 지배권 공격에 대한 이사 등의 방어행위는 이사회의 권한사항에 속하고, 이에 관한 경영판단은 존중된다. 다만, 경영판단의 원칙에 의하여 면책되려면, 경영권 방어가 현 경영진의 경영권 또는 자리 유지를 위할 목적으로 이용되어서는 아니 된다. 이사 등은 지배권 방어행위를 함에 있어서 회사 및 주주의 최대이익에 부합하도록 합리적으로 판단하여야 할 선관주의의무 내지 충실의무를 진다(민 681조, 상 382조의3). 방어행위의 적법성에 대한 판단은 지배권 공격행위의 성격, 방어행위의 적절성, 관계 이해당사자의 이익침해의 정도와 이들 이익의 비교형량 등을 종합적으로 고려하여 개별적으로 판단하여야 한다.

| 관련사례 |

○○제약이 경영권 방어를 위해 도입한 '황금낙하산'제도가 법정분쟁으로 비화됐다. 황금낙하산 제도는 적대적 M&A를 막기 위해 경영진이 자신의 의사에 반해 회사를 그만둘 경우 거액의 퇴직위로금을 주도록 하는 제도이다. ○○제약측은 주주총회를 열고 황금낙하산제도의 도입을 골자로 한 정관개정안을 통과시킨 바 있다. 이에 따라 현 ○○○ 대표이사가 자신의 의사에 반해 물러날 경우 퇴직금 외 40억 원을 추가로 지급받게 돼 사실상 경영권을 방어할 수 있게 됐다. 그러나 ○○제약의 지분 6.98%를 확보한 의료서비스업체인 △△는 황금낙하산제도를 포함한 정관변경의 내용을 취소해달라는 소송을 서울중앙지방법원 제○민사부에 제기했다고 공시했다. 소송을 제기한 △△측은 "○○제약의 영업적자는 계속 확대되고 있다"며 "경영실패에 대한 책임을 통감해야 할 이사진이 과도한 퇴직위로금조항을 근거로 경영권을 지키려 하고 있다"고 비판한 바 있다. (출처 : 데일리팜 2006. 1. 13 [박찬하])

제6편 주식회사의 자금조달(Ⅰ) (자기자본)

제 1 장
총 설

(1) 회사에서 자금은 마치 인체의 '혈액'과 같은 것이다. 인체의 세포조직 곳곳에 건강한 혈액이 공급되지 않으면 건강에 이상이 생기듯이, 회사에 필요한 자금이 적기에 조달되지 못하면 최악의 경우에는 기업이 쓰러지고 만다. 이와는 반대로 필요 이상의 자금은 오히려 회사에 부담이 되기도 한다. 기업은 자금을 조달할 때에 필요한 자금의 규모, 자금조달의 비용, 자금이 필요한 기간, 계속 사용 또는 조기 상환의 여부, 회사지배구조에 미치는 영향 등의 다양한 요소를 종합적으로 고려한다.

(2) 회사의 자금조달의 유형은, (i) 외부의 자금을 회사에 유입시키는 방법, (ii) 회사자금의 사외유출을 억제하여 사내에 차곡차곡 유보해두는 방법, (iii) 자기자본에 의하는 방법, (iv) 타인자본에 의하는 방법, (v) 증권(주권 또는 사채권)의 발행에 의하는 방법과 그렇지 않은 방법 등이 있다. 이 편에서는 자기자본에 의한 자금조달방법으로 주식을 설명하고, 다음 편에서는 타인자본에 의한 자금조달방법으로 사채에 대하여 설명한다.

| 주식회사의 자금조달방법 |

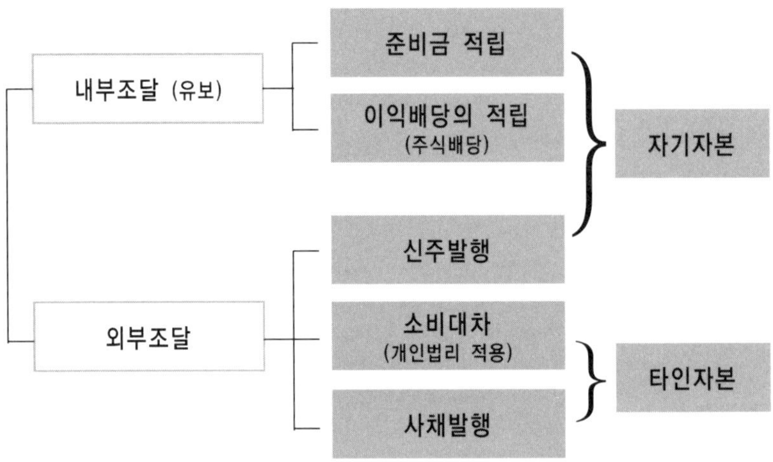

(3) 증권(예 : 주권, 사채권 등)을 이용한 자금조달은 증권의 발행과 유통으로 구분된다. 증권의 발행이 이루어지는 시장을 발행시장, 발행된 증권이 거래되는 시장을 유통시장이라 부른다. 이들 두 시장은 상호 유기적인 관계를 맺고 있다. 발행시장이 없는 유통시장은 존재할 수 없고, 유통시장이 없으면 발행시장은 위축된다. 주식의 경우, 신주가 발행되어 그것이 유통시장에서 거래됨으로써 자금의 순환이 이루어진다.

(4) 주식에 의하여 자금을 조달할 경우 그것은 투자자와 회사의 富 및 재무상태 등 다방면에 걸쳐 영향을 미친다. 예를 들어, X회사가 발행하는 신주(액면가 100원)를 A가 발행가 500원에 1주를 인수하여, 나중에 이를 시가 800원에 B에게 매도하거나 또는 X회사에 주식매수청구권을 행사하여(주식매수청구권을 행사할 수 있는 경우는 제한되어 있음) 그 대금으로 B또는 X회사로부터 800원을 받았다고 가정해보자. 액면가 100원은 X회사의 자본을 구성하고, 액면초과금인 400원(=500원-100원)은 자본준비금으로 그 전액을 적립하게 된다. X회사는 회사에 유입된 500원을 영업활동에 사용함으로써 이익을 남기고, 그 중에 일부는 사내에 유보하고 나머지는 A주주에게 배당금(예 : 20원)으로 지급하게 된다. 또한 A는 그 주식을 이용하여 X회사에 주주로서 권리를 행사할 수 있고, 800원을 받고 B에게 매도하거나 X회사에 주식매수청구권을 행사하면 300원의 시세차익을 남기게 된다(물론 X회사의 주가가 떨어지면 손해를 볼 수도 있음). 이를 그림으로 표시하면 다음과 같다.

| 주식 1주가 주주 및 회사의 富와 자본에 미치는 영향 (자본의 순환) **|**

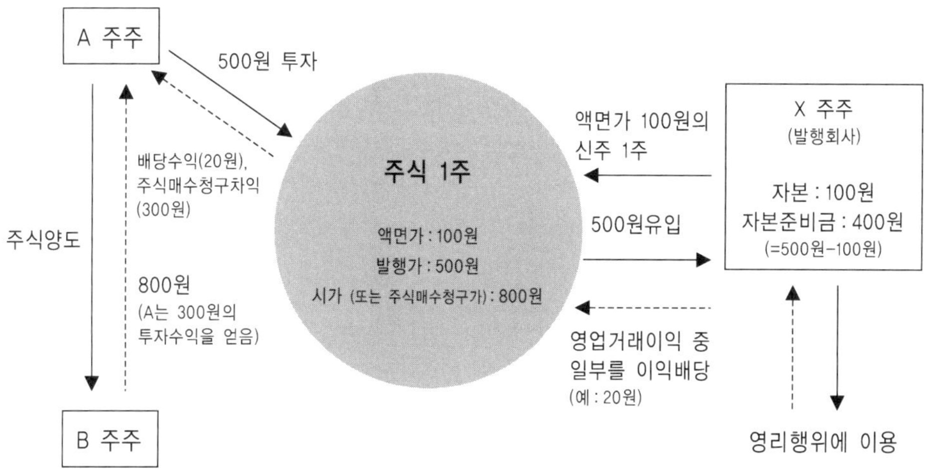

제 2 장

주식의 발행

제1절 총설

신주의 발행에는 그 동기와 조달의 재원, 그로 인하여 회사의 자본과 재산에 미치는 영향에 따라 매우 다양한 유형이 있다.

(1) 신주발행의 재원에 따라, (i) 외부로부터 신규 조달된 자금을 재원으로 하는 신주발행(예: 상법 제416조 이하의 통상의 신주발행, 신주인수권부사채의 현실납입에 의한 신주발행), (ii) 외부에 유출될 배당금을 회사내부에 유보하고 이를 재원으로 하는 신주발행(예: 주식배당에 의한 신주발행), (iii) 기 적립된 내부유보금을 재원으로 하는 신주발행(예: 법정준비금을 재원으로 한 신주발행), (iv) 기 유입되어 있는 타인자본(사채상환금)을 재원으로 하는 신주발행(예: 전환사채의 전환에 의한 신주발행, 신주인수권사채의 대용납입에 의한 신주발행, 상계계약에 의한 채무의 출자전환에 의한 신주발행), (v) 기 유입되어 있는 자기자본(주식)을 재원으로 하는 신주발행(예: 전환주식의 전환에 의한 신주발행, 주식병합 · 분할로 인한 신주발행, 이들은 구주를 신주와 교체하는 과정에서 신주를 발행하는 것임), (vi) 합병 또는 분할되는 회사 자체 또는 지주회사 자체를 재원으로 하

는 신주발행(예: 합병 · 분할로 인한 신주발행, 주식의 포괄적 교환 · 이전에 의한 신주발행), (vii) 출자(금전출자 또는 현물출자)에 따른 신주발행과 출자와 무관하게 행해지는 신주발행 등으로 구분할 수 있다.

| 신주를 발행하는 경우 |

통상의 신주발행 유상증자 ⇦ 자금조달의 목적

특수한 신주발행 ⇦ 자금조달과 무관한 목적

① 법정준비금의 자본전입 (무상증자)
② 주식배당
③ 전환주식의 전환
④ 전환사채(CB)의 전환
⑤ 신주인수권부사채(BW)의 신주인수권 행사
⑥ 주식의 병합 또는 분할
⑦ 회사의 흡수합병 또는 분할합병
⑧ 회사분할
⑨ 주식의 포괄적 교환과 이전

| 유상증자 · 무상증자 |

실무상으로는 상법 제416조 이하의 신주발행을 유상증자, 법정준비금을 재원으로 하는 신주발행을 무상증자라고 부른다.

(2) 자본과의 관계에서, (ⅰ) 자본의 증가를 가져오는 신주발행(예: 상법 416조 이하의 신주발행, 전환주식에서 전환으로 인한 신주의 수가 전환전 주식의 수보다 많은 경우, 준비금의 자본전입에 의한 신주발행, 주식배당에 의한 신주발행, 전환사채 · 신주인수권부사채에 의한 신주발행, 합병으로 인한 신주발행), (ⅱ) 자본의 감소를 가져오는 신주발행(예: 자본감소를 위하여 주식병합을 하는 경우, 전환주식에서 전환으로 인한 신주의 수가 전환 전 주식의 수보다 적은 경우), (iii) 자본에 아무런 변동이 없는 신주발행(예: 전환주식의 전환으로 인하여 주식수에 변동에 없는 경우, 단순히 액면가의 증가 또는 감소를 위한 주식병합 또는 주식분할의 경우) 등으로 구분할 수 있다.

(3) 재산과의 관계에서, (ⅰ) 재산의 증가를 가져오는 신주발행(예: 상법 416조 이하의 신주발행), (ⅱ) 재산의 감소를 가져오는 신주발행(예: 실질적인 자본감소의 경우), (iii) 재산에 아무런 변동이 없는 신주발행(예: 특수한 신주발행의 대부분) 등으로 구분할 수 있다.

| 신주발행 종합 |

<table>
<tr><th></th><th>신주를 배정받는 자</th><th>절차상의 특징</th><th>신주의 효력발생시기</th><th>재원</th><th>자본</th><th>재산</th></tr>
<tr><td>통상의 신주발행 (유상증자, 상 416조 이하)</td><td>기존의 주주(원칙), 제3자(예외)</td><td>인수 (청약 · 배정), 납입</td><td>납입기일 다음 날</td><td>새로운 출자</td><td>↑</td><td>↑</td></tr>
<tr><td>무상증자</td><td>기존의 주주</td><td>새로운 출자 없음 (납입절차가 없음)</td><td>■이사회결의에 의한 경우 - 신주배정기준일,
■주주총회결의에 의한 경우 - 그 결의시</td><td>법정준비금</td><td>↑</td><td>●</td></tr>
<tr><td>주식배당</td><td>기존의 주주</td><td>주주총회 승인</td><td>총회 종결시</td><td>이익배당금</td><td>↑</td><td>●</td></tr>
<tr><td>전환주식의 전환</td><td>전환주식 보유자</td><td>전환청구권 행사</td><td>전환청구권행사시 (형성권)</td><td>전환전 주식</td><td>■ 주식수에 변동이 없는 경우 : ●
■ 주식수가 증가하는 경우 : ↑</td><td>●</td></tr>
<tr><td>전환사채의 전환</td><td>전환사채 보유자</td><td>전환청구권 행사</td><td>전환청구권행사시 (형성권)</td><td>전환전 사채</td><td>↑</td><td>●(부채인 소극재산은 감소)</td></tr>
<tr><td rowspan="2">신주인수권 부사채의 신주인수권 행사</td><td rowspan="2">신주인수권부 사채보유자</td><td rowspan="2">신주인수권 행사</td><td>■ 현실납입의 경우 - 전액납입시</td><td>새로운 출자</td><td>↑</td><td>↑</td></tr>
<tr><td>■ 대용납입의 경우 - 신주인수권행사시</td><td>종전의 사채</td><td>↑</td><td>●(부채인 소극재산은 감소)</td></tr>
<tr><td>흡수합병, 분할합병</td><td>소멸회사 (분할합병의 경우는 피분할회사)의 주주</td><td>주식인수의 청약과 배정이 없음</td><td>합병(분할합병) 등기시</td><td>소멸회사 (분할합병의 경우는 피분할회사)</td><td>↑</td><td>↑</td></tr>
<tr><td>주식의 포괄적 교환</td><td>완전자회사의 주주</td><td>조직법적 행위</td><td>주식교환일</td><td>완전자회사 주주의 주식 전부</td><td>↑(완전모 회사)</td><td>↑(완전모 회사)</td></tr>
<tr><td rowspan="2">주식병합</td><td rowspan="2">기존의 주주</td><td rowspan="2"></td><td rowspan="2">주권제출기간 종료시 (+채권자보호절차 종료시)</td><td rowspan="2">종전의 주식</td><td>자본감소절차에 의한 경우 : ↓</td><td>●</td></tr>
<tr><td>회사합병 · 분할의 경우 : ↑</td><td>↑</td></tr>
<tr><td>주식분할</td><td>기존의 주주</td><td>액면분할</td><td>주권제출기간 종료시 (+채권자보호절차 종료시)</td><td>종전의 주식</td><td>●</td><td>●</td></tr>
</table>

↑ : 증가, ↓ : 감소, ● : 변동 없음

제2절 유상증자 - 통상의 신주발행

[1] 의의

상법 제416조 이하의 신주발행(통상의 신주발행)은 회사성립 후의 추가적인 자금조달을 목적으로 발행예정주식총수(상 289조 1항 3호) 중에서 기발행주식수를 뺀 잔여주식수의 범위 내에서 새로이 주식을 발행하는 것이다. 신주를 인수할 자를 구하여 신주의 대가를 납입하게 되므로 실무에서는 '유상증자'라고 부른다. 그 경과가 모집설립에 가깝기 때문에 모집설립에 관한 상당수의 규정이 이에 준용된다(상 425조).

| 설립시의 주식발행과 통상의 신주발행 |

	설립시의 주식발행	통상의 신주발행 (설립 이후)
기본입장	설립단계에서의 물적 기초가 건실한 회사의 설립을 위하여 엄격하게 규제	회사설립 후의 자금조달의 기동성을 위하여 설립시보다는 완화
총액인수납입의 여부	발행주식총수에 대한 인수와 납입을 요한다(자본확정의 원칙).	발행신주 총액에 대한 인수와 납입을 요하지 않는다(마감발행 가능).
현물출자	정관기재사항(변태설립사항) 원칙적으로 검사인의 검사와 법원의 승인(발기설립) 또는 창립총회의 승인(모집설립)을 받아야 한다.	이사회결의 원칙적으로 검사인의 검사와 법원의 승인을 받아야 한다,
납입불이행의 경우	모집설립의 경우 실권절차를 밟아야 한다.	자동실권(실권절차 없음)
주식인수의 무효·취소의 제한	회사설립 후 창립총회에 출석하여 그 권리를 행사하면 더 이상 하자를 주장할 수 없다.	신주발행의 변경등기일로부터 1년을 경과하거나 그 주식에 대하여 주주권을 행사하면 하자를 주장할 수 없다.
신주의 효력발생시기	설립등기시	납입기일 다음 날
기존주주의 이익보호	(해당사항 없음)	기존주주의 이익보호가 필요하다. → 신주인수권의 기존 주주배정의 원칙, 신주발행유지청구권, 불공정가액으로 인수한 자의 차액반환책임 등

[2] 기본원칙

(1) 유상증자를 할 때 요구되는 주요 3원칙은 다음과 같다.

(가) 자본충실의 원칙

추가적인 자금조달을 목적으로 하므로 신주발행에 의하여 증가되는 자본 이상의 재산이 실제로 회사에 유입되어야 한다.

(나) 수권자본의 원칙

확정자본원칙에 의하는 회사설립시와는 달리 회사 설립 이후에 신주를 발행하는 경우에는 자금조달의 기동성을 확보하기 위하여 수권자본의 원칙에 의한다. 이에 따라 정관에 규정되어 있는 발행예정주식총수의 범위 내에서 신주발행사항을 결정할 수 있는 권한이 이사회에 수권되어 있다. 발행할 주식의 총수가 부족하게 된 때에는 정관변경에 의하여 이를 증가하고, 그 증가된 범위 내에서 다시 이사회는 신주발행을 계속할 수 있다.

(다) 주식의 비례적 가치 보존의 원칙

신주발행으로 인하여 발행주식의 수가 증가함에 따라 '주식가치의 희석화 현상'이 생길 수 있으므로 기존 주식의 비례적 가치가 보존되어야 한다.

(2) 위의 3대 원칙은 회사의 자금조달목적을 달성하기 위하여 또는 신주발행에 있어서 주주의 의사를 직접 반영하기 위하여 예외적으로 수정되는 경우가 있다. 예컨대, 액면미달발행을 제한적으로 허용하는 경우, 정관에 의하여 신주발행의 결정권을 주주총회에 부여하는 경우, 신주인수권의 제3자 배정을 제한적으로 허용하는 경우 등이 이에 해당한다.

[3] 발행의 결정

○○그룹으로부터 △△철강을 인수한 □□제강측과 △△철강의 창업주인 ●●씨 측의 한치 양보 없는 경영권 다툼으로 수년째 증자를 하지 못해 신규 설비투자와 운영자금 마련에 어려움을 겪고 있다. 1대 주주인 □□제강(58%)은 해마다 주주총회 때 증자안을 올렸지만 2대주주인 ●●씨(38.7%)측은 경영참여를 요구하며 이에 반대, 증자에 실패를 거듭했다.
(출처: 한국일보 2001. 4. 24 [김호섭])

| 해 설 |

유상증자에 의한 신주발행의 경우 그 결정권은 이사회에 있는 것이 원칙이다. 이에 따라 이사회는 정관에 규정되어 있는 발행할 주식의 총수 범위 내에서 필요한 자본의 규모를 정하고 이를 조달하는 방법 등에 대하여 의사결정을 하게 된다. 다만 회사는 정관에 의하여 주주총회에 그 결정권을 부여할 수 있다. 위 사례의 경우 명확하지는 않으나 1대 주주측에서 유상증자안을 '주주총회'에 올렸으나 2대 주주측의 반대로 증자에 실패하였다는 것을 통하여 볼 때 이사회가 신주발행의 결정권을 갖고 있는 통상적인 경우와는 달리 유상증자에 의한 신주발행의 결정권이 주주총회에 부여되어 있거나, 아니면 수권자본의 한도를 늘리기 위하여 정관변경을 위한 주주총회의 결의가 이루어지지 않고 있는 상태에 있는 것으로 짐작된다. (아마도 일반적인 기업실무에 비추어 후자일 가능성이 크다.)

Ⅰ. 결정기관

(1) 원칙 - 이사회

상법 제416조 이하의 신주발행사항은 수권자본주의에 따라 원칙적으로 이사회의 결의에 의하여 정한다(상 416조 본문). 따라서 이사회는 신주발행의 여부, 신주를 발행하는 경우 상법 제416조 제1호 내지 제6조에 열거된 사항에 대하여 구체적으로 결정하여야 한다. 이사회는 위의 결정을 대표이사나 다른 자에게 위임하지 못한다(이사회 전속사항).

(2) 특칙 - 주주총회

정관에 규정을 두어 신주발행의 결정기관을 주주총회로 할 수 있다(상 416조 단서). 신주발행은 주주에 대하여 중대한 이해가 걸린 문제이므로 신주발행의 결정권을 이사회에 부여하지 않고 주주들이 직접 주주총회의 결의를 통하여 자신들의 의사를 반영할 수 있는 길을 열어둔 것이다. 이사가 1인인 회사에서는 주주총회가 신주발행사항을 결정하게 된다(상 383조 4항).

Ⅱ. 결정사항

신주발행시 이사회가 반드시 결정하여야 할 사항은 아래 표의 ①~④이고, 해당사항이 있는 경우에만 이사회가 결정하여야 할 사항은 아래 표의 ⑤~⑦이다. 현물출자는 회사설립시에는 정관의 상대적 기재사항이나 신주발행시에는 정관에 기재할 필요는 없고 이사회의 결정사항이다.

┃신주발행시 이사회의 결정사항┃

반드시 결정하여야 할 사항 (필수항목)	① 신주의 종류와 수 ② 신주의 발행가액과 납입기일 ③ 신주의 인수방법 - 정관에 규정이 있는 경우 주주 이외의 자에게 인수권을 주는 것, 청약일, 주식의 청약단위, 청약증거금의 징수, 주식납입금을 취급할 금융기관, 단주 및 실권주의 처리방법 등을 결정한다. ④ 배정기준일
해당사항이 있는 경우에 한하여 결정하여야 할 사항 (임의항목)	⑤ 현물출자에 관한 사항 - 회사설립시의 현물출자에 관한 사항은 정관의 상대적 기재사항이나(상 290조 2항), 신주발행시의 현물출자는 이사회의 결정사항이다. ⑥ 신주인수권의 양도 ⑦ 신주인수권증서의 발행과 청구기간

[4] 신주인수권

○○전자가 종전 1대 주주 등을 대상으로 140만 주의 3자 배정을 내용으로 하는 유상증자안을 결의하자, 최근 지분을 매집해 1대 주주가 된 ○씨 측이 가처분신청 등으로 맞대응하겠다고 나섰다. ○○전자는 △△ 등을 대상으로 140만 주 규모의 제3자 배정 유상증자를 하기로 결의한 바 있다. 증자에 성공할 경우, △△의 지분율이 7.9%(75만 주)로 늘어나 최근 장내매입으로 최대주주가 된 ○씨(57만 주)를 밀어내고 다시 최대주주가 된다. 이에 대하여 ○씨는 "3자 배정방식의 유상증자는 구주주의 신주인수권을 배제하는 제도이기 때문에 신기술 도입, 구조조정, 경영상의 목적 등이 있는 경우에 한하여 엄격히 제한하고 있다"며 "최대주주가 변경된 상태에서 구주주의 신주인수권을 배제하고 시세보다 할인된 가격으로 3자 배정을 하는 것은 불공정하다"고 강하게 비판했다. ○씨는 "현 경영진이 경영권을 인수한 뒤 이미 두 차례에 걸쳐 최대주주와 개인들을 상대로 시세보다 할인된 가격으로 3자 배정 증자를 실시, 주가 희석화로 기존 주주에게 피해를 입혔다"고 주장했다. 이어 "법무법인을 통해 신주발행 유지청구와 가처분 신청을 법원에 제출할 것"이라고 말했다. 가처분 결정까지 시일이 소요돼 그 이전까지 공정성 확보와 주주보호 차원에서 유가증권 발행의 중지 또는 유예를 금융감독기관에 요청할 계획이란 것이다. ○씨 측은 "회계장부 열람을 통해 회사의 현황을 파악하고 이후 임시주총소집도 요구해 임원선임, 정관변경안을 상정할 것"이라며 "향후 경영권 확보를 위해 지분을 계속 매수할 수 있다"고 말했다. (출처 : 이데일리 2003. 10. 29, 파이낸셜뉴스 2003. 10. 29)

| 해 설 |

위 사례는 기존의 주주가 아닌 제3자에 신주인수권을 부여함으로써 생기는 문제를 다루고 있다. 만일 인기 있는 아파트가 분양되는 경우라면 서로 그 아파트를 분양받으려 할 것이고 우선적인 청약순위에 지대한 관심을 가질 것이다. 신주를 발행하는 경우 이를 우선적으로 인수할 수 있는 권리 역시 이와 마찬가지이다. 신주를 발행할 때에 우선적으로 이를 인수할 수 있는 권리는 누구에게 주는 것이 옳을까? 만일 기존의 주주가 아닌 제3자에게 신주를 배정하면 기존의 주주는 그에 의하여 어떠한 영향을 받게 될까? 이는 신주가 발행될 때 누가 가장 많은 이해관계를 가지는가 하는 문제가 된다.

Ⅰ. 의의

신주인수권이란 회사설립 후에 신주를 발행할 경우에 그 신주를 다른 자보다 우선하여 인수할 수 있는 권리를 말한다. 인수순위에 있어서 우선하는 권리일 뿐, 발행가액 등 신주인수의 조건에 있어서 우대를 받는다는 뜻은 아니다. 신주인수권자에 대한 신주배정의 경우는 배정자유의 원칙이 적용되지 않는다.

Ⅱ. 귀속

1. 원칙 - 주주 귀속

(1) 의의 · 성질

주주는 정관에 다른 정함이 없으면 그 지주수에 비례하여 우선적으로 신주를 배정받을 권리를 가진다(상 418조). 주주의 신주인수권은 주주의 지위에 기하여 법률상 당연히 인정되는 권리로서, 정관이나 이사회의 결의에 의하여 비로소 생기는 것은 아니다. 따라서 주주의 신주인수권은 주주총회 또는 이사회의 결의로써 주주에게 불리하게 변경하거나 박탈하지 못한다.

| 주주가 신주인수권을 가져야할 당위성 |

만일 신주인수권이 주주에게 주어지지 않으면 기존 「주식가치의 희석화」('물탄 주식화'; watered stock) 현상이 생기게 되므로 신주발행에 대하여 가장 이해관계가 많은 자는 기존의 주주이다. 그러므로 주주에게 신주인수권을 부여하는 것은 「출자의 비례적 가치」(즉, 주식 1주의 자산가치 및 회사지배권에 대한 비례적 가치)를 유지시켜주기 위함이다.

(2) 유형

(가) 추상적 신주인수권

추상적 신주인수권은 법률의 규정에 의하여 당연히 인정되는 것으로서 주주권(사원권)의 일부이며, 현재화된 권리가 아니고 주주로 있는 동안 잠재적으로 가지는 권리이다. 이를 주식과 분리하여 양도 기타의 처분을 할 수 없고, 따로 시효에 걸리지 않는다(주식불가분의 원칙).

(나) 구체적 신주인수권

구체적 신주인수권은 추상적 신주인수권을 기초로 하여 이사회의 결의에 의하여 구체적으로 주주가 가지는 신주인수권이다. 이는 회사에 대한 채권적 권리이다. 원천이 되는 주식과는 독립된 별개의 권리이므로, 주식과 독립하여 양도 등의 처분을 할 수 있고 시효에 걸린다.

(3) 배정의 기준

주주는 원칙적으로 지주수에 비례하여 신주인수권을 가진다(주식평등의 원칙). 그러나 회사가 수종의 주식을 발행한 때에는 주식의 종류에 따라 신주의 인수에 관하여 특수한 정함을 할 수 있다(상 344조 3항). 이 경우에도 동종의 주식 상호간에는 주식평등의 원칙이 적용된다. 단주의 경우는 주식평등의 원칙의 예외가 된다(후술).

| 주주의 신주인수권이 미치지 않는 경우 |

① 주주권을 행사할 수 없는 경우

신주인수권은 주주권의 한 내용이므로 주주권 그 자체를 어떠한 사정에 의하여 행사할 수 없는 경우에는 신주인수권도 행사할 수 없게 된다. 예컨대, 자기주식의 경우 의결권을 포함한 주주로서의 모든 권리가 전면적으로 휴지된다는 견해에 의하면, 자기주식에 대해서는 신주인수권이 인정되지 않는다. 자회사가 모회사의 주식을 예외적으로 가지고 있는 경우에도 그 동안은 신주인수권이 없다.

② 신주발행이 아닌 경우

회사가 자기주식을 처분하는 경우(상 342조) 및 자회사가 모회사의 주식을 처분하는 경우(상 342조의2 2항)에는 신주발행이 아니므로 신주인수권이 문제되지 않는다.

③ 신주인수권의 귀속이 법정되어 있는 경우

통상의 신주발행(상 416조) 이외에는 신주인수권자가 법정되어 있다. 이러한 경우에 발행되는 신주에 대해서는 주주의 신주인수권의 대상이 되지 않는다.

(ⅰ) 주식배당이나 준비금의 자본전입에 의한 신주발행의 경우에는 신주인수권이 현재의 주주에게 귀속되어 있다(상 461조 2항).

(ⅱ) 전환주식의 전환, 회사합병, 회사분할 또는 분할합병, 주식병합, 주식교환 · 주식이전

등의 경우는 당해 주식을 가지고 있는 기존의 주주가 신주를 배정받게 된다.

(ⅲ) 주식매수선택권에 의한 신주발행은 당해 매수선택권을 갖는 자가 그 권리를 행사함으로써 신주를 배정받게 된다.

(ⅳ) 전환사채나 신주인수권부사채에서 신주를 발행받을 수 있는 자는 이를 보유하고 있는 사채권자이다.

④ 현물출자의 경우

현물출자의 경우는 당해 현물을 출자하는 자가 신주를 배정받게 되므로 현물출자에 대하여 발행되는 신주 부분은 일반 주주의 신주인수권의 대상이 아니다(대판 1989. 3. 14, 88누889).

⑤ 실권주의 경우

실권주는 인수권을 가지는 자가 포기한 것이고 실권 부분의 주식은 이사회가 임의로 처리할 수 있으므로 신주인수권의 문제되지 않는다.

⑥ 제3자 배정의 경우 (후술)

2. 예외 - 제3자 배정

(1) 필요성 및 제3자의 범위

① 신주를 발행하는 회사의 입장에서는 자금조달이나 경영정책상 주주 이외의 제3자 중에서 출자자를 물색하여야 할 필요가 있다. 그러나 이렇게 되면 주주의 신주인수권이 제한 또는 배제되므로, 아래와 같은 근거와 요건을 구비하여야 한다.

② 제3자라 함은 주주 이외의 자를 말한다. 주주이더라도 주주의 자격에 기하지 않고 신주인수권을 갖는 경우에는 제3자의 신주인수에 해당한다.

(2) 법률에 의한 제3자 배정

법률에 의하여 주주 이외의 제3자에게 신주인수권이 부여되는 경우가 있다. 예컨대, 증권거래법에 의하여 우리사주조합원에게 발행신주의 20% 범위 내에서 신주를 배정하는 경우(증거 191조의7), 주주의 신주인수권을 완전히 배제하고 일반공모증자의 방식으로 신주를 발행하는 경우(증거 189조의3), 주식매수선택권을 부여받는 자가 신주인수권을 갖는 경우가 이에 해당한다(상 340조의2, 증거 189조의4).

(3) 정관에 의한 제3자 배정

(가) 제3자 배정의 요건

정관에 기하여 제3자에게 신주인수권을 부여하려면 다음과 같은 엄격한 요건을 갖추어야 한다.

① 형식적 근거 - 정관에 제3자배정을 허용하는 근거규정이 있어야 한다(상 418조

1항). 정관에 기하여 제3자에게 신주인수권을 부여하려면 주주들의 예측이 가능할 정도로 부여대상, 주식의 종류와 수 등을 구체적으로 정관에 정하여야 한다. 정관의 근거규정에 갈음하여 정관변경의 요건인 주주총회의 특별결의에 의한 제3자 배정도 가능하다.

② 실질적 합리성 - 제3자배정이 회사의 경영목적을 달성하기 위하여 필요하고(필요성), 이러한 목적을 달성하기 위한 수단으로서 제3자에 대한 신주인수권 부여의 내용이 합리적이어야 한다(목적과 수단의 적합성 및 비례성). 상법 제418조 제2항은 「신기술의 도입, 재무구조의 개선 등 회사의 경영상의 목적을 달성하기 위하여 필요한 경우에 한하여 정관이 정하는 바에 따라 주주 외의 자에게 신주를 배정할 수 있다」고 규정하고 있다. 제3자 배정이 회사의 경영상의 목적과는 무관하게 대주주의 경영권방어를 위한 경우에는 무효이다(서울고법 1997. 5. 13 결정, 97라36).

③ 발행가의 공정성 - 발행가가 공정하여야 한다. 제3자에 대한 신주의 발행가가 현저하게 불공정하면 주주의 이익을 해치게 되기 때문이다. 주주에 대한 신주의 발행가액은 주주평등의 원칙상 균등하여야 하지만, 제3자에게 배정하는 경우에는 현저히 불공정하지 않는 한 이와 달리 정할 수 있다.

(나) 신주인수의 계약

제3자는 회사와의 구체적인 계약에 의하여 신주인수권을 취득한다(계약상의 권리)(다수설). 이에 대하여 제3자의 신주인수권은 정관규정의 효력으로 인정되는 권리이지 계약상의 권리가 아니라는 견해가 있다(이철송).

3. 침해시 구제방법

(1) 제3자의 신주인수권이 침해된 경우 그 제3자는 이사 또는 제3자에 대하여 손해배상을 청구할 수 있을 뿐이고, 신주발행유지청구권이나 신주발행무효의 소를 제기하지 못한다. 이사가 악의 또는 중대한 과실로 그 임무를 해태한 경우에는 제3자에 대하여 연대하여 손해배상책임을 진다(상 401조).

(2) 주주의 신주인수권이 침해된 경우에는 위의 경우와는 달리 신주발행유지청구권(상 424조)과 신주발행무효의 소(상 429조)를 제기할 수 있다. (후술)

Ⅲ. 신주인수권의 양도

┃신주인수권 양도의 실익┃

배정기준일로부터 청약일까지 최단 2주간의 기간을 남겨두고 신주인수의 포기와 출자 중에서 출자는 하지 않지만 신주인수를 포기함으로써 생기는 주식가치의 감소분을 보상받기 위하여 신주인수권을 양도할 실익이 있다.

1. 대상

신주인수권 양도의 대상이 될 수 있는 것은 「주주의 구체적 신주인수권」이어야 한다. 주주의 추상적 신주인수권은 주식불가분의 원칙상 양도할 수 없다. 제3자의 신주인수권은 회사와의 특별한 관계에 기하여 특별한 목적을 위하여 주어진 것이기 때문에 양도할 수 없다(다수설).

2. 요건

(1) 이사회가 양도를 허용하기로 정한 경우

이사회의 결의(정관으로 주주총회의 결의사항으로 한 경우에는 주주총회의 결의)로 신주인수권을 양도할 수 있다는 뜻을 정하여야 한다(양도 許否의 임의성)(416조 5호). 이러한 정함이 있는 경우 신주인수권의 양도는 신주인수권증서의 교부에 의한다(상 420조의3 1항).

(2) 이사회가 양도에 관하여 정하지 않은 경우

이사회의 결의(또는 주주총회의 결의)로 신주인수권을 양도할 수 있음을 정하지 않은 경우 주주의 구체적인 신주인수권을 양도할 수 있는가? 이에 대해서는 견해가 나뉜다.

(ⅰ) 부정설(다수설) - 양도할 수 없다거나 양도는 가능하지만 회사에 대하여 효력이 없다는 견해이다. 정관이나 이사회의 신주발행결의에서 신주인수권의 양도에 관한 정함이 없는 경우에도 주주가 임의로 양도할 수 있다고 하면, 상법 제416조 제5호의 사항이 무의미해지고, 상법 제416조 제5호의 사항은 제416조에 규정된 다른 신주발행사항과 함께 효력규정으로 보아야 한다는 것을 그 이유로 들고 있다.

(ⅱ) 긍정설(소수설, 판례) - 신주인수권의 양도에 관한 정함이 없더라도 지명채권양도의 방법과 효력으로 신주인수권을 양도할 수는 있다는 견해이다. 신주인수권은

주주의 비례적 이익을 보호하기 위하여 주어진 것이므로 이사회의 결의로 좌우할 수 없는 성질의 권리이고, 상법 제416조에서 이사회의 결의로 신주인수권을 양도할 수 있음을 정한 것은 단순히 회사의 편의를 위한 규정일 따름이라는 것이 그 이유이다. 판례는 이러한 입장을 취하고 있다(대판 1995. 5. 23, 94다36421)

(iii) 사견 -「신주인수권의 양도는 신주인수권증서의 교부에 의해서만 이를 행한다」는 상법 제420조의3 제1항의 규정과 신주인수권의 양도에 관한 사항을 이사회 또는 주주총회의 결의로 정하도록 하고 있는 상법 제416조 제5호의 규정의 법문으로 보면 상법은 일견 위의 (i)설에 입각하고 있는 것처럼 보인다. 그러나 상법 제420조의3 제1항과 상법 제416조 제5호의 규정은 회사의 사무편의를 위한 편면적 구속에 그치는 규정으로 보아야 할 것이다. 따라서 정관이나 이사회의 신주발행결의에서 신주인수권의 양도에 관한 정함이 없는 경우에도 회사가 그 양도를 승낙하는 것은 가능하다고 본다. 이 때 신주인수권증서가 발행되어 있지 않으므로 신주인수권의 양도는 지명채권의 양도방법(민 450조)에 의하고, 제3자에 대한 대항요건을 갖추려면 확정일자 있는 증서에 의한 양도의 통지 또는 회사의 승낙이 있어야 한다고 본다. 만일「회사가 그 양도를 승낙한 경우」에는 회사에 대해서도 효력이 있다고 보아야 할 것이다(민 450조).

대법원 1995. 5. 23. 선고 94다36421 판결

■ 상법 제416조 제5호에 의하면, 회사의 정관 또는 이사회의 결의로 주주가 가지는 신주인수권을 양도할 수 있는 것에 관한 사항을 결정하도록 되어 있는 바, 신주인수권의 양도성을 제한할 필요성은 주로 회사측의 신주발행사무의 편의를 위한 것에서 비롯된 것으로 볼 수 있고, 또 상법이 주권발행 전 주식의 양도는 회사에 대하여 효력이 없다고 엄격하게 규정한 것과는 달리 신주인수권의 양도에 대하여는 정관이나 이사회의 결의를 통하여 자유롭게 결정할 수 있도록 한 점에 비추어 보면, 회사가 정관이나 이사회의 결의로 신주인수권의 양도에 관한 사항을 결정하지 아니하였다 하여 신주인수권의 양도가 전혀 허용되지 아니하는 것은 아니고, 회사가 그와 같은 양도를 승낙한 경우에는 회사에 대하여도 그 효력이 있다.

■ 주권발행 전의 주식의 양도는 지명채권 양도의 일반원칙에 따르고, 신주인수권증서가 발행되지 아니한 신주인수권의 양도 또한 주권발행 전의 주식양도에 준하여 지명채권 양도의 일반원칙에 따른다고 보아야 하므로, 주권발행 전의 주식양도나 신주인수권증서가 발행되지 아니한 신주인수권 양도의 제3자에 대한 대항요건으로는 지명채권의 양도와 마찬가지로 확정일자 있는 증서에 의한 양도통지 또는 회사의 승낙이라고 보는 것이 상당하고, 주주명부상의 명의개서는 주식 또는 신주인수권의 양수인들 상호간의 대항요건이 아니라 적법한 양수인이 회사에 대한 관계에서 주주의 권리를 행사하기 위한 대항요건에 지나지 아니한다.

3. 방법

신주인수권증서가 발행되어 있는 경우 신주인수권의 양도는 그 증서의 교부에 의한다. 신주인수권증서가 발행되어 있지 않는 경우에는 지명채권의 양도방법과 효력으로 신주인수권을 양도할 수 있다(대판 1995. 5. 23, 94다36421). 신주인수권부사채를 분리형으로 발행한 경우 신주인수권의 양도는 신주인수권증권의 교부에 의한다. (후술)

Ⅳ. 신주인수권증서

국내에서도 신주인수권증서라는 신종 유가증권이 본격 매매되기 시작했다. 증권예탁원에 따르면 외국인의 신주인수권증서 발행이 허용된 이후 외국인투자자 15명이 ○○물산 등 6개 종목에 총 2만 8천 7백 16매(1매는 주식 1주 상당)의 신주인수권증서를 발행, 국내의 기관투자가에게 매각한 것으로 나타났다. 신주인수권증서란 유상증자시 신주를 매입할 수 있는 권리를 가진 증서로 기존 주주가 자금부족 등으로 유상증자에 참여하기 어려울 때 이를 발행해 타인에게 매각할 수 있다. 이 같은 신주인수권증서는 대부분 국내 증권사들이 사들여 2차 유통과정을 거치지 않고 직접 신주인수권을 행사한 것으로 나타났다. 외국의 경우 신주인수권증서가 주식처럼 기관들간에 활발히 유통되고 있다. 그러나 국내투자자들의 경우 상법에 이를 발행할 수 있도록 규정돼 있으나 이해부족으로 이용실적이 미미하다. (출처 : 매일경제 1996. 7. 20 [설진훈])

❙해 설❙

신주인수권이란 신주를 우선적으로 인수할 수 있는 권리이다. 신주인수권을 갖는 자는 신주인수권에 기해 주식인수의 청약과 납입을 함으로써 실제 주주가 될 수 있지만, 주식인수의 청약과 납입을 하기 전에 신주인수권을 시장에 매도함으로써 차익을 실현할 수도 있다. 마치 아파트 분양권을 가진 자가 프리미엄을 받고 분양권을 매도하는 것과 비슷하다. 종전까지만 해도 신주인수권의 양도를 불허하는 것이 일반적이었으나, 위 사례에서 보는 것처럼 점차 그 양도를 허용하고 신주인수권증서를 발행하는 사례가 생겨나고 있다. 신주인수권증서는 증권거래법상의 유가증권으로 증권시장에서 유통될 수 있다.

1. 의의 · 법적 성질

신주인수권증서는 신주를 발행할 때에 주주의 구체적인 신주인수권을 표창하는 유가증권이다.

(1) 주주의 구체적 신주인수권에 대해서만 발행할 수 있고 제3자의 신주인수권에 대해서는 발행할 수 없다.

(2) 신주인수권증서는 유가증권이다. 신주인수권의 양도와 신주의 청약을 하려면 신주인수권증서가 필요하다. (ⅰ) 신주인수권증서의 작성에 의하여 신주인수권이 발생하는 것이 아니므로 비설권증권이고, (ⅱ) 신주인수권증서에 인수권자를 표시할 필요가 없고 증서의 점유이전만으로 신주인수권이 양도되므로 무기명증권이다. (ⅲ) 신주인수권증서에는 소정의 사항을 기재하고 대표이사가 기명날인 또는 서명하여야 하므로 요식증권이다(상 420조의2 2항 본문). (ⅳ) 신주인수권증서의 방식에는 제한이 없으므로 기명식 또는 무기명식으로 발행할 수 있다.

(3) 「신주인수권증서」는 신주인수권부사채를 분리형으로 하는 경우 신주인수권을 표창하기 위하여 발행되는 「신주인수권증권」과는 다르다. (후술)

2. 발행

신주인수권증서를 발행하려면 다음의 요건을 갖추어야 한다.

(1) 신주인수권의 양도를 허용한 경우이어야 한다. 즉, 신주인수권증서는 정관 또는 이사회의 결의에 의하여 주주의 신주인수권을 양도할 수 있음을 정한 경우에 한하여 발행할 수 있다.

(2) 주주의 청구가 있어야 한다. 이사회가 신주발행사항으로 「주주의 청구가 있는 때에만 신주인수권증서를 발행한다는 것과 그 발행의 청구기간」을 정한 경우에는, 그 청구기간에 청구한 주주에 대해서만 신주인수권증서를 발행한다(일부발행)(상 420조의2 1항). 신주인수권의 양도를 원하지 않는 주주도 있을 것이고, 주식청약서에 의한 청약이 가능하다. 그러므로 신주인수권이 필요한 주주에 대해서만 청구에 의하여 발행하도록 한 것이다.

(3) 이사회가 주주의 신주인수권을 양도할 수 있다는 점만을 정하고 신주인수권증서 발행의 청구기간을 정하지 않는 경우에는, 주주의 청구 유무를 불문하고 신주인수의 청약기일 2주간 전에 모든 주주에게 신주인수권증서를 발행하여야 한다(전부발행)(상 420조의2 1항). 그러므로 이사회는 신주인수권의 양도를 허용하는 경

우에는 주주의 청구가 있는 때에만 신주인수권을 발행한다는 뜻과 그 청구기간에 청구한 주주에 대해서만 신주인수권을 발행한다는 뜻을 정함으로써 모든 주주에 대하여 신주인수권을 발행하여야 하는 사태가 발생하지 않도록 하는 것이 바람직하다.

|발행 관련 책임과 벌칙|

① 신주인수권증서를 발행하여야 할 시기에 발행하지 아니하거나 부실하게 기재한 경우, 이사는 이로 인해 손해를 입은 주주나 제3자에 대하여 손해배상책임(상 401조)을 지며 회사에 대해서도 손해배상책임을 진다(상 399조). 또 과태료의 제재를 받는다(상 635조 1항 16호).
② 기재요건의 흠결이 있어도 신주발행의 변경등기 후 1년이 경과하면 그 흠결을 이유로 신주인수권의 무효를 주장하지 못한다(상 427조).

3. 효력

(1) 신주인수권증서의 점유자는 적법한 소지인으로 추정된다(상 420조의3 2항, 336조 2항). 이러한 권리추정력의 결과 신주인수권증서를 점유한 자는 실질적인 권리를 입증할 필요 없이 신주인수권을 행사할 수 있고, 신주인수권증서의 선의취득도 가능하다(상 420조의3 2항, 수 21조).

(2) 신주인수권의 양도는 신주인수권증서의 교부에 의하여야 한다(상 420조의3 1항).

(3) 신주인수권증서를 발행한 경우에는 신주인수의 청약은 신주인수권증서에 의하여 함이 원칙이나(상 420조의4 1항), 그 대체수단이 인정된다.

|분실한 경우|

유가증권을 분실한 경우 원래는 공시최고절차에 의한 제권판결을 얻어야 할 것이지만, 신주인수권증서의 경우 공시최고기간(3개월 이상)과 신주청약일까지의 기간을 비교해 볼 때 이를 기대할 수 없으므로 주식청약서에 의한 청약을 제권판결의 대체수단으로 허용하고 있다(상 420조의4 2항 본문).

|관련사례|

기업의 유상증자과정에서 신주를 인수할 수 있는 권리를 사고파는 신주인수권증서시장이 증권거래소에 개설됐다. 이에 따라 유상증자를 하는 기업은 신주청약을 원하지 않는 주주가 다른 사람에게 권리를 양도함으로써 실권주 발생으로 인한 자금조달의 차질을 막을 수 있고, 주주는 권리를 팔아 실권에 따른 권리락 손실을 피할 수 있게 됐다. (출처 : 이데일리 2002. 1. 2, 헤럴드경제 2002. 1. 2, 경향신문 2002. 1. 3, 한국일보 2002. 1. 3)

[5] 발행가액

---

[1] ○○증권이 국내 증시사상 처음으로 법원의 허락을 받아 액면가보다 낮은 가격의 신주를 발행한다. ○○증권은 1,280만 주(액면 합계 640억 원)의 신주와 전환사채를 액면가(5,000원)보다 낮은 1,563원에 발행하게 해 달라며 주식액면미달 발행인가 신청을 서울지법에 냈다. 액면가보다 낮은 가격의 신주를 발행할 수 있도록 법원에 신청하기는 ○○증권이 처음이다. ○○증권은 신청서에서 "△△제분의 부도에 따른 256억 원의 대지급 채무부담으로 영업용 순자본비율이 43.7%로 급락하게 돼 대규모 인출사태가 예상되고 135억 원이 넘는 고객예탁금을 예치해야 한다"면서 신주발행의 필요성을 강조했다. ○○증권은 또 "영업용 순자본비율이 100% 이하로 떨어지면 금융감독기관으로부터 경영개선명령을 받게 된다"며 "신주를 발행하지 못한다면 퇴출위기에 직면할 가능성이 높다"고 설명했다. ○○증권은 "현 주가가 액면가를 크게 밑돌고 있어 액면가로 주식을 발행하면 인수할 투자자가 없을 것"이라며 "회계법인의 실사를 받아 최저발행가격을 액면가보다 낮게 정했다"고 밝혔다. 액면가 미달의 주식발행은 기존 주주와 채권자가 손해를 볼 가능성이 높고 액면가에 못 미치는 자본금이 납입돼 회사의 재무상태가 실제보다 부풀려질 가능성이 있다는 점 때문에 반드시 법원의 허가를 받도록 되어 있다. (출처 : 매일경제 1998. 11. 3 [김인수])

[2] ○○은행은 1,500억 원어치의 신주를 액면가로 발행 해 주주들에게 인수시키는 대신 50년 만기의 신주인수권부사채(BW)를 함께 교부하는 방식으로 증자하기로 하였다. 신주를 인수하는 주주들은 현재 가격으로 주당 2,100원의 손해를 보는 셈인데 이를 장기 채권으로 보전해 주겠다는 것이다. 신주와 함께 발행 되는 주식은 50년 만기에 연 15%의 수익률로 이를 현재 가격으로 할인하면 채권 1주당 10원의 가격이 나온다. 신주를 인수하는 주주들에 대해서만 BW를 10원에 인수시키고 BW를 인수한 주주는 3개월에서 5년 사이에 5,000원짜리 신주로 바꾸어 받을 수 있게 된다. 따라서 주가가 5,000원만 넘어가면 주당 2,100원씩 손해를 본 주주들은 BW 1주당 4,000원 이상의 이득을 보는 셈이 된다. (출처 : 매일경제 1998. 9. 17, 동아일보 1998. 9. 18, 한국경제 1998. 9. 18, 한겨레 1998. 10. 13, 한국경제 1998. 10. 13, 한국일보 1998. 10. 14, 매일경제 1998. 10. 28, 한국경제 2000. 2. 13)

| 해 설 |

신주의 발행가는 액면가 이상의 시가발행을 원칙으로 한다. 그러나 주식의 시세가 액면가보다 낮은 가격으로 형성되어 있는 경우에도 이러한 원칙으로 고수하면 당해 기업은 신주발행을 통한 자금조달이 불가능하게 된다. 일반투자자들은 시장에서 시세에 의하여 액면가보다 낮은 가격으로 당해 주식을 살 수 있음에도 불구하고 굳이 그 보다 비싼 액면가로 주식을 살 이유가 없기 때문이다. 이 때문에 액면미달발행을 예외적으로 허용하고 있다. 그러나 액면미달발행을 하려면 그 절차가 복잡하고 엄격한 요건을 구비하여야 한다. 이러한 이유 때문에 종래에는, 특히 IMF 이후 주식시장이 전반적으로 침체한 상태에서 액면미달발행을 하여야 할 회사들이 액면미달발행을 기피하고 주로 연고자들을 대상으로 액면발행을 하는 사례도 있었다. 위의 [1]은 법원의 인가를 얻어 액면미달발행을 한 사례이다. 위의 [2]는 주가가 액면가를 밑도는 상태에서 액면발행을 하는 대신 당해 주식을 인수한 주주들의 손실을 신주인수권부사채(BW)에 의하여 보전해주는 매우 기교적인 방식을 사용하고 있다.

Ⅰ. 원칙 - 액면 이상

신주의 발행가는 액면가 또는 액면초과의 가액으로 발행하는 것이 원칙이다. 발행초과금(발행가와 액면가의 차액)은 자본준비금으로 적립된다. 예컨대, 액면가 100원, 시가 700원인 주식을 발행가 500원에 발행하는 경우, {100원 × 발행신주의 수}는 자본으로, {액면초과금(400원=500원-100원) × 발행신주의 수}는 자본준비금으로 적립된다.

Ⅱ. 예외 - 액면 미달

1. 원칙적 금지

주식의 액면미달발행, 즉 신주의 발행가를 액면가보다 적은 금액으로 발행하는 것은 원칙적으로 금지된다. 주식의 액면미달발행은 자본충실을 해치고 회사채권자의 이익을 해칠 우려가 있기 때문이다. 그러나 사채의 경우는 액면미달발행이 허용된다.

2. 예외적 허용

(1) 취지

주식의 시세가 액면가를 밑도는 상황에서 액면가 이상의 시가발행을 고집하면 신주발행에 의한 자금조달이 불가능하게 된다. 그래서 상법은 예외적으로 액면미달발행을 허용하되, 자본충실의 견지에서 엄격한 요건과 절차를 갖추어야 하고, 사후에 상각하도록 하고 있다(상 417조). 액면미달발행은 액면주식제를 전제로 하는 것이므로 무액면주식의 경우에는 이러한 문제가 생기지 않는다.

(2) 요건

① 회사 성립 후 2년이 경과하여야 한다. 액면미달금액을 발행 후 3년 내에 상각할 수 있으려면 회사설립 후 회사의 기반형성에 필요한 어느 정도의 시간경과가 있어야 하겠기 때문이다.

② 주주총회의 특별결의가 있어야 한다. 할인발행은 기존 주주의 이익을 침해할 수 있기 때문이다. 주주총회의 특별결의에서는 액면미달발행한다는 취지 외에 최저발행가액을 정하여야 한다(상 417조 3항). 따라서 액면미달발행의 경우 이사회는 발행가액을 결정할 권한이 없다.

③ 법원의 인가를 받아야 한다. 회사채권자의 보호와 할인발행으로 인한 사회적 폐해를 방지하기 위함이다. 법원은 회사의 현황과 제반사정을 참작하여 최저발행가액을 변경하여 인가할 수 있다(상 417조 3항 전단). 이 경우에 법원은 회사의 재산상태 기타 필요한 사항을 조사하기 위하여 검사인을 선임할 수 있다(상 417조 3항 후단). 상장법인에 대해서는 법원의 인가를 생략할 수 있는 특례가 인정되고 있다(증거 191조의15 1항 · 2항).

(3) 실행

위의 절차가 끝나면 이사회는 즉시 신주발행을 할 수 있으나, 법원의 인가를 얻은 날로부터 1월 내에 한하여 발행할 수 있다(상 417조 4항 전단). 다만 법원의 인가를 얻어 이 기간을 연장할 수 있다(상 417조 4항 후단).

(4) 사후처리

액면미달금액을 그대로 두어서는 아니되고 자본충실과 회사채권자의 이익보호를 위하여 일정한 기간 내에 상각하여야 한다. 액면미달금액의 총액은 자산으로 계상할 수 있으며, 발행 후 3년 내의 균등액 이상을 상각하여야 한다(상 455조).

(5) 공시

주식청약서와 신주인수권증서에 할인발행의 조건과 미상각액을 기재하여야 한다(상 420조 4호, 420조의2 2항 2호). 신주발행으로 인한 변경등기를 할 때에 할인발행으로 인한 미상각액을 등기하여야 한다(상 426조).

| 관련사례 |

[1] 서울지방법원 민사O부는 "OO이 액면가 2천 5백 원인 보통주를 주당 최저발행가액 1

천 1백 36원으로 신주발행하는 것을 인가한다"고 결정했다. ○○은 자금조달과 채권단의 출자전환을 유도하기 위해 신주발행을 추진했으나 주가가 액면가 이하여서 법원의 인가가 필요했다고 설명했다. (출처 : 매일경제 2002. 8. 20, 머니투데이 2002. 8. 20, 한국경제 2002. 8. 21)

[2] ○○전자의 정기주주총회에서 결의된 신주액면미달발행에 대해 법원의 취소판결이 나왔다. ○○전자는 △△씨 등 소액주주가 제기한 신주의 액면미달발행을 가결한 주주총회 결의의 취소소송이 법원으로부터 받아들여졌다고 밝혔다. 소액주주들이 ○○전자를 상대로 제기한 '신주액면발행결의 취소소송'에 대해 법원은 "신주액면미달발행의 승인결의에 의사진행방법과 결의방법이 현저하게 불공정한 경우에 해당하는 하자가 있어 결의취소사유가 된다"고 판결했다. (출처 : 경향신문 2001. 12. 28, 한국경제 2001. 12. 28, 머니투데이 2002. 1. 12)

[6] 발행절차

선창산업(주) 주주여러분께

신 주 발 행 공 고

상법 및 당사 정관에 의거 2000년 10월 24일 개최한 이사회에서 신주발행에 관하여 다음과 같이 결의하였으므로 공고합니다.

▶▶▶ 다 음 ◀◀◀

1. 신주의 종류와 주식수 : 기명식 보통주식 400,000주
2. 자금조달의 목적 : 시설자금
3. 신주의 발행방법 : 전액 시가발행
4. 신주의 발행가액 : 금융감독위원회의 '상장법인의재무관리등에관한규정' 제8조에 의거한 가액으로 하되, 100원 미만은 절상함.
5. 신주발행가액 할인율 : 20%
6. 신주의 배정기준일 : 2000년 11월 15일 17 : 00시
7. 신주의 배정방법 : 신주의 20%는 증권거래법 제191조의 7에 의거하여 우리사주조합원에게 배정하고, 80%는 2000년 11월 15일 17 : 00시 현재 주주명부에 등재된 주주에게 소유주식 1주당 0.2주의 비율로 배정함. 단, 우리사주조합원과 주주 배정후 발생하는 단수주 및 청약결과 청약미달 잔여 주식에 대하여는 일반에게 공개 모집함.
8. 신주의 청약기간
   가. 우리사주조합원 및 구주주 : 2000년 12월 13일 ~ 2000년 12월14일
   나. 일반 공모분 : 2000년 12월 18일 ~ 2000년 12월 19일
9. 주금납입일 : 2000년 12월 27일
10. 신주배당기산일 : 2000년 9월 30일
11. 일반공모 주간사회사 : 한빛증권주식회사
12. 청약취급처 : 한빛증권 본점 및 지점
13. 주금납입처 : 한빛은행 본점 영업1부
14. 신주인수권에 관한 사항 : 신주인수권의 양도는 제한함.
15. 기타
   가. 청약증거금은 주금납입일에 주금으로 대체하며, 청약일로부터 주금납입일까지 무이자로 함.
   나. 본 유상증자 계획은 관계기관의 조정 또는 유가증권신고서 수리과정에서 변경될 수 있음.
   다. 기타 신주발행에 대한 부수적인 사항은 대표이사에게 위임함.

新株配定基準日 및 株式名義改書停止公告

當社는 商法 제354조 및 當社 定款 제14조에 의거 新株配定을 위하여 다음과 같이 株式의 名義改書, 質權登錄 및 抹消 등 株主名簿의 記載事項變更을 停止하오니 諒知하시기 바랍니다.

▶▶▶ 다 음 ◀◀◀

1. 新株配定基準日 : 2000년 11월 15일
2. 名義改書停止期間 : 2000년 11월 16일부터 ~ 2000년 11월 27일까지

2000년 10월 31일

서울特別市 江西區 塩倉洞 280-17

鮮昌産業株式會社

代表理事 李 埰 得

名義改書代理人 서울特別市 永登浦區 汝矣島同 33番地

證 券 預 託 院

社長 金東寬

| 해 설 |

위 사례의 신주발행공고 내용을 살펴보면, 신주발행의 결정기관은 이사회이며, 발행하는 신주의 종류는 기명식 보통주이고, 발행신주의 수는 400,000주, 발행가액은 액면 이상의 시가를 기준으로 할인발행하며, 2000년 11월 15일 17:00시를 신주배정기준일로 하여 이날 주주명부(실질주주명부 포함)에 주주로 기재되어 있는 자가 신주인수권자로 확정되며, 신주의 청약기간을 기존의 주주와 우리사주조합원의 경우는 2000년 12월 13일~14일로 하고, 일반 공모분에 대해서는 청약기간을 2000년 12월 18일~19일로 하고, 주금납입일은 모두 2000년 12월 27일로 하고, 청약취급처 및 주금납입처를 한빛은행으로 하고, 이러한 내용을 배정기준일 2주간 전인 2000년 10월 31일에 회사 정관에 규정되어 있는 공시매체인 일간신문을 통하여 공고하고 있다. 청약증거금을 청약일에 미리 예납받아 주금납입일에 주금으로 대체하고 청약일로부터 주금납입일까지 무이자로 하고 있는데, 실무에서는 통상 그렇게 처리하고 있다. 위 사례에서는 이사회의 결의에 의하여 신주인수권의 양도를 불허하고 있으므로 신주인수권증서는 발행되지 않는다(이 경우에 주주의 신주인수권을 양도할 수 있는지의 여부에 대해서는 논란이 있다). 위 사례에서 신주의 효력발생일은 납입기일(2000년 12월 27일) 다음 날인 2000년 12월 28일이 되고, 그 신주에 대한 이익배당의 기산점을 2000년 9월 30일로 일괄 소급시키고 있다. 그리고 신주인수권자를 확정하기 위하여 신주배정기일(2000년 11월 15일)과 주주명부폐쇄(기준일 다음 날인 2000년 11월 16일부터 2000년 11월 27일까지)를 함께 공고하고 있다. 위의 사례에서 기존 주주는 신주인수권자로 확정되는 날(2000년 11월 15일)로부터 청약일(2000년 12월 18일~19일)까지 약 한 달의 시간적 여유가 있으므로, 이 기간 동안 청약 여부를 결정하고, 청약하기로 마음먹었다면 청약할 대금을 조달해 두어야 한다. 주주의 자격으로 신주를 배정받기를 원한다면, 기준일(2000년 11월 15일)까지 회사의 주주명부에 명의개서를 해두어야 한다. 증권거래법상의 실질주주에 해당하는 경우에는 직접 명의개서하는 수고를 하지 않아도 된다.

Ⅰ. 총설

상법 제416조 이하의 규정에 의한 신주발행(통상의 신주발행)의 절차는 모집설립의 경우와 비슷하다. 모집설립의 주식인수의 청약(상 302조 1항 · 3항), 신주인수인의 납입의무(상 303조), 주금납입장소(상 305조 2항), 현물출자(상 295조 2항, 305조 3항), 납입금보관자의 변경(상 306조), 납입금보관자의 증명과 그에 따른 책임(상 318조) 및 권리주의 양도(상 319조)의 규정이 신주발행에 준용된다(상 425조).

┃신주발행절차┃

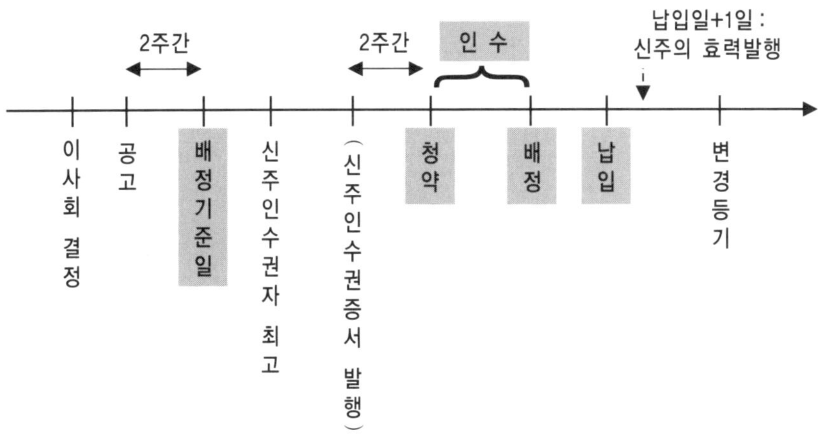

Ⅱ. 신주발행사항의 결정

통상의 신주발행은 정관으로 주주총회에서 결정하기로 정한 경우를 제외하고는 이사회가 상법 제416조에 의한 신주발행사항을 결정한다(상 416조). (전술)

Ⅲ. 신주인수권자의 확정 - 배정일의 지정 · 공고

(1) 주주에게 신주인수권을 부여하는 경우 회사는 일정한 날(신주배정기준일)을 정하여 그 날에 주주명부에 기재된 주주가 신주인수권을 가진다는 뜻을 그 날의 2주간 전에 공고하여야 한다(상 418조 2항). 배정일은 기준일(상 354조 1항)의 일종이다. 배정기준일이 주주명부 폐쇄기간 중인 때에는 그 폐쇄기간의 초일의 2주간 전에 공고하여야 한다(상 418조 2항 단서). 배정일의 공고에는 배정일에 주주명부에 기재된 주주가 신주인수권을 가진다는 뜻과 신주인수권을 양도할 수 있는 경우에는 그 뜻을 기재하여야 한다(상 418조 2항 본문).

┃유가증권신고서 · 사업설명서┃

증권거래법에서는 일반 투자자를 상대로 유가증권을 모집 · 매출의 권유하는 경우에는 원칙적으로 유가증권신고서와 사업설명서에 의하도록 하고 있다. 이는 상법의 주식청약서와 사채청약서를 보다 강화시킨 것으로, 발행증권의 진실성을 확보하기 위한 공시제도이다. 유가증권신고서는 금융감독위원회가 수리한 날로부터 일정한 기간(대기기간)을 경과한 후에 그 효력이 발생하여(증거 9조 1항), 이후부터 후속 발행절차를 진행할 수 있게 된다. 사업설명서는 일반투자자를 상대로 유가증권신고서의 내용을 알기 쉽게 작성하여 제공하는 투자권유 문서이다(증거 12조). 유가증권신고서와 사업설명서를 허위·부실로 기재하면 배상책임·과징금·형사벌칙의 제재가 따른다(증거 14조, 206조 11, 207조의3).

(2) 배정기준일 현재의 주주명부상의 명의주주가 신주인수권자로 확정된다. 만일 신주배정일까지 명의개서를 하지 않으면 失期株의 상태가 된다.

신주배정기준일 공고

당사 이사회에서 신주발행에 관하여 아래와 같이 결의하였기에 공고합니다.

1.신주의 종류와 수:	액면가 5,000원의 기명식 보통주 808,940주
2.신주의 발행가액:	1주당 5,000원
3.신주의 배정기준일:	2002년 11월 28일
4.청 약 일:	2002년 12월 16일
5.신주의 납입기일:	2002년 12월 16일
6.신주의 인수방법:	2002년 11월 28일 17시 현재 주주명부에 등재된 주주에 대하여 소유주식 1주당 2주의 비율로 신주인수권을 부여하고, 단주 및 실권주는 이사회결의에 의하여 처리한다.

2002년 11월 13일

주식회사 판타그램 공동대표이사 이상윤, 이규환

Ⅳ. 신주인수권자에 대한 최고·공고

(1) 신주인수권자가 확정되면, 회사는 일정한 날(청약일)을 정하고 그 기일의 2주간 전에 신주인수권자에게 (i) 그가 신주인수권을 가지는 주식의 종류와 수, (ii) 그 기일까지 주식인수의 청약을 하지 않으면 그 권리를 잃는다는 뜻을 통지하여야 한다(失權豫告附 催告)(상 419조 1항). (iii) 신주인수권을 양도할 수 있는 것에 관한 사항과 주주의 청구에 의해 신주인수권증서를 발행한다는 사항을 정한 때에는 그 사항도 통지하여야 한다(상 419조 1항 2문).

(2) 무기명주권을 발행한 경우에는 2주간 전에 위 사항을 공고하여야 한다(상 419조 2항·3항).

V. 신주의 인수

신주의 「인수」는 주식인수의 「청약」과 「배정」(승낙)에 의하여 성립하는 입사계약이다(다수설).

1. 청약

주식을 인수하고자 하는 자는 청약을 하여야 한다. 신주인수권자가 청약기일에 청약하지 않으면 당연히 실권하게 된다(失權株).

(가) 주식청약서에 의한 청약

주식인수의 청약을 하고자 하는 자는 회사가 법정사항을 기재하여 작성한 주식청약서 2통에 인수할 주식의 종류와 수 및 주소를 기재하여 기명날인 또는 서명함으로써 한다(상 425조 1항, 302조 1항).

(나) 신주인수권증서에 의한 청약

신주인수권증서를 발행한 경우에는 「신주인수권증서」에 인수할 주식의 종류 및 수와 주소를 기재하고 기명날인 또는 서명함으로써 청약을 한다(상 420조의4 1항). 신주인수권증서를 상실한 자는 주식청약서에 의하여 주식인수의 청약을 할 수 있다. 그러나 후에 타인이 상실한 신주인수권증서에 의하여 신주의 청약을 하면 앞서 주식청약서에 의하여 한 신주의 청약은 효력을 잃는다(상 420조의4 2항). 신주인수권증서에 의한 청약이 시간의 선후를 불문하고 주식청약서에 의한 청약보다 항상 우선하는 셈이 된다.

2. 배정

이사가 신주를 배정한다(상 421조). 신주인수권을 갖는 자에 대해서는 배정의무를 부담하므로 이사의 재량이 인정될 여지가 없다. 그러나 신주인수권이 없는 자에 대해서는 자유로이 배정할 수 있다.

VI. 납입 - 출자의 이행

1. 납입방법

인수인은 납입기일에 인수가액 전액을 현실적으로 납입하여야 한다(상 425조 1항,

303조, 421조). 실무에서는 청약일에 미리 청약증거금을 예납하게 하여 이를 가지고 납입기일에 납입으로 갈음하고 있다. 회사설립시의 경우와 마찬가지로, 인수금액 전액을 금전에 의하여 현실적으로 납입하여야 하며, 상계에 의한 납입은 자본충실의 견지에서 허용되지 않는다.

2. 납입장소, 납입금보관자의 증명과 책임

신주인수권증서에 관한 사항을 제외하고는 모집설립의 경우와 같다. 즉, 주금액의 납입은 주식청약서 또는 신주인수인수권증서에 기재된 납입장소에서 하고(상 305조 2항, 425조 2항), 납입금의 보관자 또는 납입장소를 변경할 때에는 법원의 허가를 얻어야 하고(상 425조 1항, 306조), 납입금보관 금융기관은 납입금보관증명서의 교부에 의하여 증명한 보관금액에 대하여 납입의 부실 또는 그 금액의 반환에 관한 제한이 있음을 이유로 회사에 대항하지 못한다(상 425조 1항, 318조).

3. 현물출자

신주발행시의 현물출자는 회사설립의 경우와 같다. 즉, 현물출자가 있는 경우 이사는 이를 조사하기 위하여 법원에 검사인의 선임을 청구하여야 하나(상 422조 1항), 검사인의 조사는 공인된 감정인의 감정으로 갈음할 수 있다(상 422조 1항 단). 법원은 검사인의 보고서(또는 감정인의 감정결과)를 심사하여 현물출자가 부당하다고 인정하는 때에는 이를 변경하여 이사와 현물출자자에게 통고할 수 있다(상 422조 2항). 현물출자자는 이에 불복하여 주식인수를 취소할 수 있으나, 통고 후 2주간 내에 취소가 없으면 통고한 내용대로 변경된 것으로 본다(상 422조 3항 · 4항).

Ⅶ. 실권주와 단주의 처리

1. 실권주

○○텔레콤의 유상증자에 2대 주주인 영국의 △△△이 참여하지 않아 ○○텔레콤이 자금조달에 차질을 빚게 됐다. ○○텔레콤은 "구주주를 대상으로 한 유상증자의 청약접수를 실시한 결과, 증자에 참여할 것으로 예상했던 2대 주주 △△가 내부사정으로 참여하지 않아 참여율이 34.4%를 기록했다"고 밝혔다. 이에 따라 ○○텔레콤이 이번 증자를 통해 확보한 자금은 애초 목표인 3,000억 원에 2,000억 원 가량 부족한 1,000억 원 수준에 그치게 됐

으며, △△의 지분율은 24.12%에서 21.76%로 줄어들게 됐다. ○○텔레콤은 "최대주주인 ○○전자 등이 증자에 참여했지만 주가 약세 때문에 예상보다 실권주가 많이 발생했다"며 "실권주 처리 방안은 이사회에서 최종 결정할 계획"이라고 밝혔다. ○○텔레콤은 이사회를 열고 실권주를 제3자에 배정하지 않기로 했다. 이에 따라 ○○텔레콤의 이번 증자는 당초 목표금액인 3,000억 원의 34.38%인 1,031억 원에 그치게 됐다. (출처: 세계일보 2001. 4. 14, 한겨레 2001. 4. 14, 한겨레 2001. 4. 16, 한겨레 2001. 4. 20, 한국일보 2001. 4. 14)

| 해 설 |

회사설립시에는 설립시의 발행할 주식 총수에 대한 인수와 납입이 있어야 하지만(자본확정의 원칙), 설립 이후에 신주를 발행하는 경우에는 이사회의 결의에 의하여 실권부분을 포기하고 마감발행을 하거나 실권부분에 대하여 주주를 다시 모집하는 등의 조치를 취할 수 있다. 위 사례에서는 실권부분에 대하여 이사회의 결의에 의하여 미발행부분으로 유보하고 있다(마감발행).

(1) 의의

失權株란 신주인수권의 대상이 되는 주식 중에서 인수의 청약이나 납입을 하지 아니하여 실권된 주식을 말한다. 失期株와는 나르다.

(2) 발생

실권주는 신주인수권자가 청약을 하지 않거나 청약을 하고서는 납입기일에 납입 또는 현물출자의 이행을 하지 않음으로써 발생한다(상 419조 2항, 423조 2항). 실무에서는 100%의 청약증거금을 미리 예납받아 납입기일에 이로써 납입금에 충당하므로 실권주의 발생은 신주인수의 청약을 하지 않은 시점에 발생하는 것이 보통이다.

(3) 처리

신주발행시의 경우는 회사설립의 경우(상 307조)와는 달리 실권절차를 밟을 필요 없이 납입기일의 경과로 인하여 당연히 실권된다(상 423조 2항). 실권주의 처리는 이사회에 맡겨져 있다. 실권주를 미발행부분으로 남겨두어 차후에 발행할 수도 있고(소극적 처리), 재모집 · 제3자배정 등의 방법으로 처리할 수도 있다(적극적 처리). 실권부분에 대하여 이사가 인수책임을 지는 것은 아니다. 실권한 신주인수인은 회사에 대하여 손해배상책임을 질 수도 있다(상 423조 3항).

| 회사설립시의 실권절차 |

회사설립시에는 주식인수인이 금전출자를 이행하지 않는 경우 특별히 실권절차를 밟도록 하고 있다. 그러나 현물출자를 이행하지 않는 경우에는 실권절차에 관한 규정이 적용되지 않는다. 회사설립시의 실권절차는 다음과 같다.

① 발기인은 일정한 기일을 정하여 그 기일 내에 납입하지 않으면 그 권리를 잃는다는 뜻을 기일의 2주간 전에 그 주식인수인에게 통지하여야 한다(상 307조 1항). 주식인수인은 실권절차에 의하지 않고는 주금을 납입하지 않더라도 실권하지 않는다(서울고법 1979. 6. 21. 78나3263).

② 이 통지를 받은 주식인수인이 그 기일 내에 납입을 이행하지 않으면 그 권리를 잃으며, 발기인은 그 주식을 인수할 주주를 모집할 수 있고(상 307조 2항), 스스로 그 주식을 인수할 수도 있다.

이와는 별도로 주식인수인에 대하여 납입불이행으로 회사가 입은 손해의 배상을 청구할 수 있다(상 307조 3항).

(4) 실권주 처리에 있어서 이사회의 재량과 그 한계

실권부분에 대하여 이사회가 다시 주주를 모집하거나 특정인에게 배정할 수 있는데, 이 때 발행가의 공정성이 문제된다. 실권주를 액면가 이하의 발행가액으로 배정하는 것은 허용되지 않으며, 당초의 발행가보다 현저하게 낮은 가격으로 배정하는 때에는 모든 주주에 대하여 실권주 인수의 기회가 공평하게 주어지도록 하여야 한다. 이사회가 의도적으로 실권주의 발생을 유도하여 지배권에 변동을 가져오는 것은 허용되지 않는다.

| 관련사례 |

[1] ○○랜드는 주주배정 방식으로 유상증자를 실시키로 했다고 공시했다. 발행될 신주는 310만 주이며 1주당 1.5034939주의 비율로 배정된다. 배정기준일은 오는 11월 30일이고, 할인율은 25%다. 구주주에 대한 청약은 오는 12월 27일과 28일 이틀간이고 신주권은 그 다음 해 1월 1일 교부할 예정이다. 주간사는 ○○증권이고 등록예정일은 내년 1월 7일이다. 실권주가 발생할 경우 처리방법에 대해서는 이사회에서 결정할 예정이다. (출처: 이데일리 2004. 11. 3)

[2] 검찰에 따르면 ○○는 1996년 10월 30일 CB 신규발행을 결의하는 이사회를 열었다. 이 이사회에서 ○○는 1996년 12월 3일까지 주주들이 소유한 주식만큼의 CB를 청약하도록 주주들에게 통보했다. ○○는 공식 청약마감시각보다 8시간 이른 1996년 12월 3일 오후 4시에 이사회를 열어, CB를 청약한 □□을 제외한 나머지 주주들의 실권주 125만 4,000여 주를 △△씨 등에게 3자 배정키로 의결했다. 검찰측은 "○○가 96년 12월 3일 자정인 청약

마감 시점보다 8시간 앞서 이사회 의결을 통해 △△씨 등에게 실권주를 배정한 것은 문제가 있다"고 밝혔다. 이에 앞서 검찰은 CB 발행을 의결한 1996년 10월 30일의 이사회 역시 정족수가 미달된 채 개최되었다고 밝혔다. (출처: 경향신문 2004. 2. 3, 동아일보 2004. 2. 2, 서울경제 2004. 2. 2, 이데일리 2004. 2. 2, 한겨레 2004. 2. 3)

2. 단주

(1) 단주는 1주 미만의 주식으로, 신주인수권자의 지주수에 비례하여 신주를 배정하는 과정에서 생긴다. 이 때 발생한 단주의 처리방법에 대하여 상법에 규정이 없다. 이는 신주발행의 편의를 위하여 단주처리에 있어서 주식평등의 원칙의 예외를 인정할 수도 있다는 취지이다(손주찬).

(2) 단주의 처리방법에 관하여 정관에 규정이 있으면 그에 의하고, 없는 경우에는 이사회가 그 처분을 결정할 수 있다. 이사회는 그 결의에 의하여 단주를 시가로 처분하여 발행가와의 차액을 단주의 주주에게 돌려주는 것이 공평한 처리방법이다. 이를 위하여 반드시 주주를 모집하는 절차에 의할 필요는 없다.

Ⅷ. 신주의 효력발생

1. 효력발생의 범위

(1) 회사설립시에는 발행주식총수가 인수 · 납입되어야 함에 반하여(자본확정의 원칙), 회사 설립 이후의 신주발행시에는 신주발행 결의에서 정하여진 주식(상 416조 1호)의 전부에 대한 인수와 납입이 없어도 인수와 납입이 된 신주만으로써 유효한 발행이 된다. 즉, 당초 목표로 한 발행주식수에 미달하더라도 인수 · 납입된 부분만을 발행하고 나머지는 포기하는 것도 가능하다(마감발행).

(2) 신주의 효력이 발생하면 회사의 발행주식총수(상 317조 2항 3호)와 자본의 총액(상 317조 2항 2호)이 증가하게 된다.

2. 효력발생의 시기

(1) 인수인이 납입 또는 현물출자를 이행한 때에는 납입기일(상 416조 2호)(D일)의 다음 날(D+1일)로부터 신주의 효력이 발생한다(상 423조 1항).

(2) 신주에 대한 이익배당은 신주의 효력발생일이 속하는 영업연도(Y년)의 이익배당에 신주로 참여할 수 있다. 이 때 정관에 규정을 두어 직전 영업연도(Y-1년) 말에 신주가 발행된 것으로 보아 구주와 동등한 배당을 받게 할 수도 있다(상 423조 1항 후단, 350조 3항 후단).

Ⅸ. 변경등기

신주를 발행하면 등기사항에 변경이 생기므로 일정한 기일 내에 본점과 지점의 소재지에서 각각 변경등기를 하여야 한다(상 183조, 317조 2항 3호, 317조 2항 2호, 317조 4항).

[7] 하자있는 신주발행을 다투는 방법

하자있는 신주발행에 대하여 이를 다투는 방법은 다양하다.
① 시기적으로 신주의 효력이 발생하기 전에 사용할 수 있는 사전적인 구제방법과 신주의 효력이 발생한 이후에 사용할 수 있는 사후적인 구제방법으로 구분할 수 있다. 사전적 구제방법으로는 신주발행유지청구권이 있다.
② 사후적 구제방법으로는, 신주발행에 관여한 이사에 대하여 손해배상책임과 자본충실책임을 묻는 방법, 현저히 불공정한 발행가액으로 인수한 자에 대한 차액반환책임, 하자가 있는 신주의 효력을 다투는 방법으로 하자가 있는 부분에 대해서만 부분적 · 개별적으로 하자를 주장하는 방법과 발행신주 전부의 무효를 구하는 방법이 있다. 이 중에서 신주발행 무효의 소는 관련 당사자에 미치는 영향이 막대하므로 다른 구제방법으로 충분한 구제가 되지 못하는 경우에 한하여 극히 제한적으로 인정된다(최후의 구제방법).

| 위법 · 불공정한 신주발행에 대한 구제방법 |

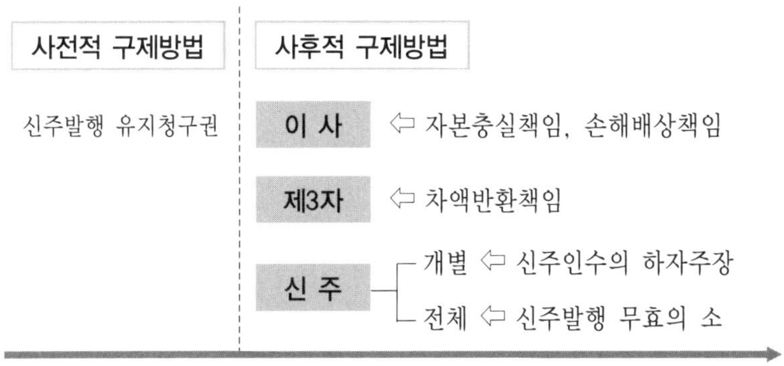

[8] 신주발행유지청구권 (사전적 구제방법)

○○투자금융의 2대 주주인 △△씨는 ○○투자금융이 미국의 □□은행과 합작계약을 맺으면서 주당매각가격을 7,000원으로 정한 것은 기존 투자자의 이익을 침해하는 것이라며 서울지방법원에 ○○투자금융을 상대로 신주발행유지의 가처분 신청을 냈다. 그러나 ○○투자금융은 주당 매각가격은 국내 증시의 유상증자 공모가 산정방식에 따라 계약 직전 3개월 평균주가(9,900원)에 25%를 할인한 수준이므로 적정하다고 밝혔다. 또 당초 □□은행이 요구한 주당 5,000~6,000원에 비하면 유리한 조건이라고 덧붙였다. 한편 △△씨는 자신이 보유한 지분 6.4%를 ○○측에 창업자공로를 인정해 프리미엄을 얹어 주당 2만 원에 매입해 달라고 요청했으나 ○○측이 너무 과도하다는 이유로 이를 거부해온 것으로 알려졌다. (출처: 조선일보 1996. 6. 26 [송양민], 한국경제 1996. 6. 26 [안상욱])

| 해 설 |

위법 · 불공정한 신주발행이 진행되고 있는 동안 그로 인하여 불이익을 입을 염려가 있는 주주는 이를 막기 위하여 어떠한 법적 조치를 강구할 수 있을까? 이러한 경우에 사전 예방적 구제조치로 인정되는 것이 상법 제424조의 신주발행유지청구권이다. 위 사례는 신주발행의 유지청구권을 다룬 것이다. 신주발행유지청구권은 신주의 효력이 발생하기 이전에 긴급수단으로 취할 수 있는 조치라는 점에서 다른 구제방법과는 구분된다. 회사법상의 유지청구권에는 상법 제402조의 이사의 위법행위 유지청구권(일반 유지청구권)과 상법 제424조의 신주발행 유지청구권이 있다. 양자의 차이점이 무엇이고, 양자의 관계(즉, 병용가능성)는 어떠한가?

Ⅰ. 의의

회사가 법령 또는 정관에 위반하거나 현저하게 불공정한 방법으로 신주를 발행함으로써 주주가 불이익을 받을 염려가 있는 경우에 그 주주는 회사에 대하여 신주발행의 유지를 청구할 수 있다(상 424조). 이는 신주의 효력이 발행하기 전의 사전적 구제방법이다.

| 일반 유지청구권과의 차이점 |

신주발행 유지청구권(상 424조)과 이사의 위법행위 유지청구권(상 402조)은 모두 사전 예방적인 긴급수단으로 인정된다는 점에서는 동일하다. 그러나 신주발행 유지청구권은 주주의 비례적 이익을 보호하기 위한 자익권이라는 점에서 공익권인 일반적인 유지청구권과 차이가 있다. 일반적인 유지청구권과 별도로 신주발행 유지청구권을 인정하는 까닭은, 신주발행으로 회사로서는 손해를 입지 않으나 주주에게 손해가 되는 경우가 있을 수 있기 때문에 주주의 비례적 이익을 보호하기 위함이다.

| 각종 유지청구권 |

	일반적인 유지청구권 (§ 402)	신주발행의 유지청구권 (§ 424)
법적 성질	공익권 - 회사의 이익을 보호하기 위한 제도	자익권 - 주주 개인의 비례적 이익을 보호하기 위한 제도
청구 사유	이사의 「법령 또는 정관 위반행위」로 인하여 「회사」에 회복할 수 없는 손해가 생길 염려가 있을 때	회사가 법령 또는 정관에 위반하거나 「현저하게 불공정한 방법으로」 신주를 발행함으로 인하여 「주주」가 불이익을 받을 염려가 있을 때
대상	이사의 모든 위법행위	회사의 위법 · 불공정한 신주발행행위
청구 권자	소수주주(1%), 감사(또는 감사위원)	불이익을 받을 염려가 있는 모든 주주 (단독주주권)
피청 구자	이사	회사
공통점 (청구 방법)	• 사전적 · 예방적 구제수단 • 제한 없음 (재판상 · 재판 외의 방법으로도 행사할 수 있음)	
병용	서로 대체행사하는 것이 가능하다. (병행가능)	

Ⅱ. 요건

1. 위법·불공정한 신주발행

회사의 신주발행이 법령·정관에 위반하거나 현저하게 불공정한 방법으로 행해져야 한다(상 424조).

(1) 법령·정관에 위반하여 신주를 발행하는 예로는, 이사회의 결의에 의하지 않거나 위법한 결의에 의하여 신주를 발행하는 경우, 현물출자에 필요한 검사절차를 밟지 않는 경우, 주주의 신주인수권을 무시하고 신주를 발행하는 경우, 정관이 인정하지 않는 종류의 주식을 발행하는 경우 등이 있다.

(2) 현저하게 불공정한 예로는, 정관에 근거를 두었더라도 합리적인 이유없이 제3자 배정을 하는 경우, 군소주주를 밀어내기 위한 수단으로 신주를 발행하는 경우, 현물출자를 과대하게 평가한 경우 등이 있다. 「현저하게」 불공정할 것을 요하기 때문에 다소의 불공정에 그치는 경우에는 유지청구의 사유가 되지 못한다.

2. 특정 주주가 불이익을 받을 염려

위법·불공정한 신주발행으로 인하여 「특정 주주」가 불이익을 받을 염려가 있어야 한다(상 424조). 신주발행이 위법하여 회사 전체에 손해가 발생하고 주주가 간접적으로 손해를 입은 경우에는 상법 제424조의 유지청구권을 행사할 수 없고 상법 제402조의 일반적인 유지청구권에 의하여야 하고, 이 때 신주발행 무효의 소(상 429조) 또는 이사의 책임추궁(상 399조)을 할 수 있다.

Ⅲ. 절차 및 방법

(1) 청구권자·상대방

신주발행으로 인하여 「불이익을 받을 염려가 있는 특정 주주」(단독주주권)가 「회사」를 상대로 청구하여야 한다(상 424조).

(2) 청구방법

아무런 제한이 없다. 단순히 유지할 것을 의사표시로 할 수 있고, 소를 제기할 수도 있으며, 그 소를 본안으로 하여 발행유지의 가처분명령(민집 300조 이하)을 신청할 수 있다. 소로 유지청구를 하는 경우 관할법원은 회사의 본점소재지의 지방법원이 된다(민소 5조).

(3) 청구시기

신주발행유지청구권은 사전적 구제방법이므로 신주의 효력발생일(상 423조 1항) 이전까지만 행사할 수 있다(상 423조).

Ⅳ. 효과

(1) 주주가 유지청구를 하면 회사는 신주발행의 위법·불공정 여부를 심사하여야 할 주의의무를 질 뿐, 유지 여부는 이사회가 결정하여야 한다. 주주의 유지청구가 있음에도 불구하고 이를 무시하고 발행한 경우, 유지청구의 불응만으로는 신주발행 무효의 소의 원인이 되지 못하고, 이사의 책임사유(상 401조)로 고려될 수 있을 뿐이다.

| 서울고법 1977. 4. 7. 선고 76나2887 제7민사부 판결 |

상법 424조의 규정에 의하여 주주가 회사에 대하여 신주의 발행을 유지할 것을 단순히 청구하였을 뿐인 경우에 이 청구에 반하여 이루어진 신주발행을 무효라고 할 수는 없다.

(2) 법원의 유지처분이나 가처분이 있었음에도 불구하고 이를 무시하고 신주를 발행한 경우에는 법원의 공적 판단을 무시한 것이므로 신주발행 무효의 소(상 429조)의 원인이 된다는 것이 다수설이다.

| 관련사례 |

[1] ○○전자는 △씨가 장내 지분매집으로 최대주주가 되자마자 □□ 등을 대상으로 140만주 규모의 제3자 배정 유상증자를 추진하였다. 이에 대하여 △씨가 ○○전자의 3자 배정에 의한 유상증자의 추진에 대해 무효를 주장하는 가처분신청을 내면서 경영권분쟁이 법정으로까지 확산되었다. △씨는 "일반 주주를 배제한 채 기존 경영진의 경영권 확보를 목적으로 하는 3자 배정은 상법을 위반한 행위이며, 제3자 배정 근거가 될 수 있는 정관에 근거

하지 않았다는 점에서도 위법"이라고 지적했다. △씨는 이와 함께 현 ○○전자의 대표이사에게 회사현황파악을 위한 회계장부열람과 이사의 해임 및 선임을 위한 임시주주총회의 소집요구를 서면으로 전달했다. △씨는 ○○전자의 경영권 인수의사를 공식 표명하고 지분 1%를 추가로 취득해 현재 65만 3,930주를 확보해 지분율을 8.02%로 높였다고 공시했다. 다만 ○○전자가 3자 배정에 의한 유상증자에 성공할 경우 경영권 확보가 힘들어지는 만큼 추가로 지분을 장내에서 더 취득할 계획은 현재로선 없다고 밝혔다. (출처: 매일경제 2003. 10. 29, 서울경제 2003. 10. 29, 헤럴드경제 2003. 10. 31)

[2] ○○증권의 이사회가 신주를 인수하는 제3자측의 요구를 받아들여, 신주 발행가를 8,940원에서 7,000원으로 하향조정할 방침이라는 소식이 알려지자 ○○증권의 노조 등은 신주발행금지 가처분신청을 제기하기로 하는 등 강력 반발했다. 시민단체는 보도자료를 통해 "○○증권이 이사회를 개최, 일방적으로 유리한 조건으로 신주 발행가를 확정할 경우 법원에 신주발행금지 가처분신청을 낼 예정"이라고 밝혔다. 시민단체는 "이번 협상의 핵심 문제는 ○○증권이 경영권 뿐 아니라 사실상 이자나 다름없는 확정배당을 주면서 유치하는 자금을 순자산가치가 '0'인 ○○투신에 출자하는 것"이라며 "○○증권은 ○○투신에 대한 출자로 인하여 생길 수 있는 손실에 대비한 안전장치를 마련해야 한다"고 촉구했다. (출처: 세계일보 2001. 9. 11, 조선일보 2001. 9. 11, 한국일보 2001. 9. 11)

[9] 이사의 책임

Ⅰ. 자본충실책임 - 인수담보책임

(1) 신주발행으로 인한 변경등기가 있은 후에 아직 인수되지 아니한 주식이 있거나 주식인수의 청약이 취소된 때에는 이사는 이를 공동으로 인수한 것으로 의제한다(상 428조 1항). 변경등기(공시)에 부합되는 자본충실을 기하기 위함이다. 이사는 인수가 의제된 주식에 대하여 연대하여 납입할 책임을 진다(상 333조 1항).

(2) 무과실책임이며, 총주주의 동의로도 면제할 수 없다.

(3) 회사설립시 발기인은 인수담보책임과 납입담보책임 양자 모두를 부담하지만(상 321조), 회사설립 이후 신주발행시에는 주식인수인이 인수 후 납입하지 않을 경우에는 실권주로 처리되어 주식인수인의 지위를 상실하므로(상 423조 2항), 이사의 인수담보책임 이외에 납입담보책임이 문제되지 않는다.

| 자본충실책임 |

	회사설립시	신주발행시
제도의 취지	회사설립 무효의 회피	공시된 자본에 대한 대외적 신뢰 보호
책임의 주체	발기인	이사
책임의 내용	인수담보책임, 납입담보책임	인수담보책임 (납입담보책임은 문제되지 않음)
같은 점	무과실책임, 총주주의 동의로 면제가능 손해배상책임(상 399조)과의 병존 가능	

Ⅱ. 손해배상책임

인수담보책임과는 별도로 회사가 입은 손해에 대하여 이사는 연대하여 배상책임을 진다(상 428조 2항, 399조). (상세한 것은 상 399조 설명 참조)

[10] 인수인의 차액반환책임

서울지법 형사합의O부는 이사회의 결의 없이 적정가격보다 싼 가격에 신주인수권부사채(BW)를 발행, 75억 원의 부당이익을 챙긴 혐의로 기소된 OO반도체의 전 사장 △모씨와 BW의 발행을 도와준 투자상담사 ㅁ모씨에 대해 특정경제가중처벌법상의 배임죄를 적용, 각각 징역 3년과 징역 2년6월을 선고하고 법정구속했다. 재판부는 판결문에서 "△씨가 이사회 결의 없이 BW 15만 주를 적정가격보다 낮게 발행해 회사와 다른 주주들에게 피해를 준 점이 인정된다" 며, "증권거래소에 상장되지 않은 회사의 주식가격을 산정할 근거법률이 없어 적정한 가격을 정하기 어려웠다는 주장은 받아들일 수 없다"고 밝혔다. 이에 앞서 부산고법은 장외거래 가격의 약 8분의 1 수준에 전환사채(CB)를 발행해 44억 원의 부당이득을 챙긴 벤처기업 대표 ●모씨에게 특정경제범죄가중처벌법상의 배임죄를 적용, 징역 2년을 선고하고 법정구속했다. (출처: 동아일보 2001. 8. 31, 매일경제 2001. 8. 31, 중앙일보 2001. 8. 31, 한겨레 2001. 8. 31)

|해 설|

위 사례는 적정가격보다 지나치게 헐값으로 신주인수권부사채를 발행하여 그 이익을 챙긴 것을 이유로 형사처벌한 내용을 다루고 있다. 신주인수권부사채는 일종의 잠재주식이기 때문에 위와 같은 문제는 전환사채나 신주를 발행하는 경우에도 동일하게 발생한다. 이러한 경우에는 형사책임 이외에도 이사의 회사 및 제3자에 대한 손해배상책임, 그리고 현저하게 불공정한 발행가액으로 신주를 인수한 자의 회사에 대한 차액반환책임 등이 문제된다.

Ⅰ. 의의

이사와 통모하여 현저하게 불공정한 방법으로 주식을 인수한 자는 회사에 대하여 공정한 발행가액과의 차액을 지급할 책임이 있다(상 424조의2 1항). 특정인이 현저히 불공한 발행가로 신주를 인수받으면 자본충실을 해치고 다른 주주의 주식가치가 희석되므로 이를 메우기 위함이다.

Ⅱ. 요건

1. 발행가액의 현저한 불공정성

여기에서의 「발행가액」은 이사회가 결정한 발행예정가액(상 416조 2항)이 아니라 회사에 실제 납입한 납입가액(상 421조)을 뜻한다. 발행가액의 「현저한 불공정성」 여부는 주식의 시가, 회사의 자산상태와 수익력 등을 종합적으로 참작하여 판단한다.

2. 이사와의 通謀

인수인이 이사와 「통모」하였을 것을 요한다. 즉, 현저히 불공정한 발행가로 신주가 발행되는 데 인수인이 적극적으로 관여하여야 한다(적극성). 통모가 없는 한 발행가가 불공정하다는 것을 인수인이 단순히 알고 있더라도 그것만으로는 차액반환책임이 없다.

3. 주주배정의 경우 적용여부

위 제도는 제3자배정의 경우에만 적용되는가, 아니면 주주배정의 경우에도 적용되는가? 상장법인의 경우에는 시가발행이 강제되기 때문에 이러한 문제는 주가가 객관적으로 평가되기 어려운 소규모 폐쇄회사의 경우에 주로 문제가 된다(서헌제).

(i) 제3자배정한정설 - 제3자가 신주를 인수하거나 특정 주주가 주주의 신주인수권에 기하지 않고 제3자적 지위에서 인수한 경우에만 적용된다는 견해이다. 주주배정에 의한 신주발행의 경우에는 그 차액은 구주가 입은 불이익을 벌충하여 주는 것에 불과하므로 차액을 반환토록 할 필요가 없다는 것을 논거로 한다.

(ii) 주주배정포함설 - 제3자배정의 경우는 물론이고 주주배정의 경우에도 적용된다는 견해이다. 회사의 자본충실을 위하여 주주배정의 경우에도 차액반환책임을 인정할 필요가 있다는 것을 논거로 한다.

(iii) 사견 - 본조에 의한 차액반환책임은 단순히 기존 주식의 비례적 가치의 보호에만 있는 것이 아니고 자본충실을 기하고 나아가 회사의 재무구조의 건실화(예: 액면초과금의 자본준비금으로의 적립)를 기하는 데도 그 취지가 있다. 액면가 이상의 시가로 발행할 수 있음에도 불구하고 액면미달발행을 하는 경우에는 넓은 의미의 자본충실을 해친다. 물론 액면미달발행의 법원의 인가에 의한 통제제도가 있지만, 그것이 발행가의 공정성을 담보하는 것은 아니다. 그러므로 법리적으로는 주주배정의 경우에도 위 제도의 적용대상이 된다고 본다. 다만 현실적으로 위 제도의 적용이 문제되는 것은 주로 제3자배정의 경우일 것이다.

Ⅲ. 차액반환책임

1. 내용

이사와 통모한 인수인은 회사에 대하여 그가 실제 인수한 발행가액과 공정한 발행가액과의 차액에 상당하는 금액을 지급할 의무가 있다.

2. 성질

(1) 인수인의 차액반환책임은 자본충실을 위한 추가출자의무의 성질을 가지며, 주주의 유한책임에 대한 예외가 된다(다수설). 따라서 회사는 통모인수인의 지급의무를 면제하거나 지급금액을 반환하지 못하며, 인수인은 그 지급에 관하여 상계로써 회사에 대항하지 못한다(상 334조).

(2) 다만 위 책임은 신주를 인수한 이사 전원에게 부과되는 것은 아니고 통모한 이사만을 대상으로 삼으므로 일종의 불법행위에 기한 배상책임으로서의 성격을 동시에 갖고 있다는 견해가 있다(서헌제).

3. 책임을 지는 자

이사와 통모하여 현저하게 불공한 가액으로 인수한 자가 책임을 진다. 그로부터 주식이 양도되더라도 책임이 이전되는 것은 아니다(다수설).

4. 책임추궁

인수인의 책임은 회사에 대한 책임이므로 회사가 그 책임을 추궁하여야 할 것이나, 회사가 그 책임추궁을 게을리 할 경우에는 주주가 대표소송에 의하여 그 책임을 추궁할 수 있다(상 424조의2 2항, 403조~406조).

Ⅳ. 회계처리

인수인으로부터 반환받은 차액은 자본준비금(상 459조 1항 1호)으로 적립하여야 한다. 그러나 액면미달발행을 한 경우에는 그 발행가과 액면가액과의 차액은 자본금으로 적립하여야 한다.

Ⅴ. 이사의 책임과의 관계

(1) 통모인수인이 위의 책임을 지는 경우에도 이사의 회사 또는 주주에 대한 손해배상책임에는 영향을 미치지 않는다(상 424조의2 3항). 현저하게 불공정한 발행가액으로 신주를 발행한 이사는 회사에 대하여 손해배상책임을 진다(상 399조).

(2) 이러한 이사의 책임과 통모인수인의 책임은 부진정연대채무의 관계에 있다는 견해(다수설)와 양자는 상호 독립된 책임이라는 견해(이철송)가 있다.

[11] 신주인수의 개별적인 무효 · 취소의 주장

| 신주의 무효를 주장하는 방법 |

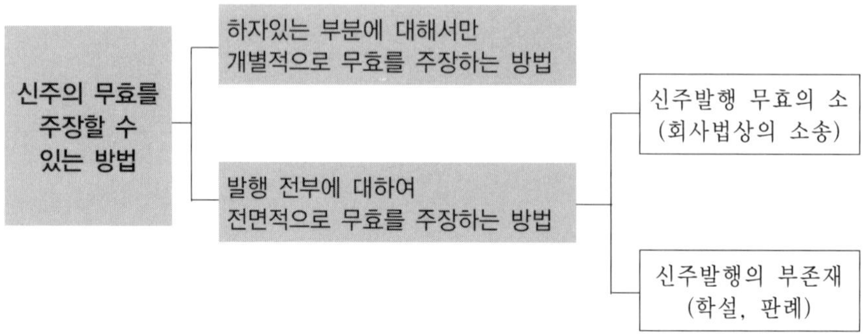

Ⅰ. 원칙

신주인수도 법률행위이므로 법률행위의 하자에 따라 무효 또는 취소를 주장할 수 있음이 원칙이다.

Ⅱ. 특칙

신주인수의 청약의 효력에 대해서는 단체법적 법률관계의 안정을 기하기 위하여 민법에 대한 특칙이 인정되고 있다. 즉,

(1) 민법 제107조 제1항 단서(상대방이 아는 비진의의표시의 무효)의 적용이 배제되어, 이사가 신주인수의 청약이 진의 아님을 알았거나 알 수 있었을 때에도 유효로 된다는 점은 모집설립의 경우와 같다(상 425조, 302조 3항).

(2) 신주발행의 변경등기를 한 때로부터 1년이 경과하였거나 그 신주에 대하여 권리를 행사한 때에는 신주를 인수한 자는 주식청약서 또는 신주인수권증서의 요건의 흠결을 이유로 그 인수의 무효를 주장하거나 사기 · 강박 또는 착오를 이유로 인수를 취소하지 못한다(상 427조). 회사설립의 경우에는 회사성립 후에는 사기 ·

강박 또는 착오를 이유로 하는 주식인수의 취소를 인정하지 않으나(상 320조), 신주발행의 경우에는 변경등기 후 1년 내에는 이를 이유로 취소할 수 있다(상 427조).

(3) 그러나 행위무능력의 경우에는 행위무능력자보호의 법이념이 회사법관계 안정의 요청보다 우위에 있기 때문에 민법에 대한 특례가 인정되지 않는다.

[12] 신주발행 무효의 소

ㅇㅇ전자가 ㅇㅇ투신을 상대로 "담보로 맡긴 ㅇㅇ 계열사의 주식을 출자전환한 것은 위법"이라며 소송을 냈다. ㅇㅇ전자는 ㅇㅇ투신의 정상화를 위해 내놨던 담보주식(ㅇㅇ오토넷 · 택배 · 정보기술)이 출자전환된 것은 관계 법령과 정관을 위배한 것이며 신주 발행가도 불공정하게 산정돼 서울지법 남부지원에 '신주발행 무효' 소송을 냈다고 밝혔다. 이번에 출자전환된 주식은 ㅇㅇ투신의 1대 주주(출자 전 기준 27.69%)인 ㅇㅇ전자가 ㅇㅇ투신의 자기자본 부족분 해소를 담보하는 차원에서 ㅇㅇ투신의 채권단에 맡겼던 것이다. ㅇㅇ투신의 관계자는 "ㅇㅇ전자 · ㅇㅇ상선 · ㅇㅇ엘리베이터 등 3개사가 ㅇㅇ투신의 자기자본 부족이 해소되지 못할 경우 이를 책임지는 차원에서 맡긴 2천 3백 73억 원 규모의 담보주식을 채권단과의 경영개선협약에 따라 출자전환했다"고 설명했다. ㅇㅇ투신과 채권단은 외자를 유치하려던 ㅇㅇ투신의 정상화계획이 지연됨에 따라 이번에 이들 주식을 출자전환한 것으로 풀이되며 현대 3사의 담보주식 가운데 ㅇㅇ전자의 몫은 2천 1백 97억 원어치다. 이번 현물출자는 3개 비상장 계열사 주식의 가치를 평가한 뒤 평가액만큼 ㅇㅇ투신이 발행한 보통주를 주당 5,000원에 매입하는 형식으로 이뤄졌다. ㅇㅇ전자의 관계자는 "ㅇㅇ투신이 자본잠식상태여서 주식가치가 거의 없는데도 불구하고 출자전환과정에서 신주 발행가를 5,000원으로 산정한 것은 ㅇㅇ전자에 일방적으로 불리하다"며 "출자전환 전에 ㅇㅇ투신의 자구노력이 선행돼야 한다"고 말했다. (출처: 경향신문 2001. 2. 12, 국민일보 2001. 2. 12, 서울경제 2001. 2. 11, 조선일보 2001. 2. 12)

| 해 설 |

위 사례는 담보로 제공된 주식을 현물출자하여 신주를 발행한 것과 관련하여 신주의 발행가액이 현저히 불공정하다는 것을 이유로 신주발행무효의 소를 제기한 것이다. 신주발행무효의 소는 발행신주 모두를 무효로 하는 것이어서 그 파급효과가 막대하기 때문에 가급적 그 행사를 억제하고 있다.

Ⅰ. 의의

(1) 신주발행 무효의 소란 신주발행에 중대한 하자가 있는 경우 신주발행 무효의 소에 의하여 그 回의 발행주식 전부를 획일적으로 무효로 하는 것을 말한다(상 429조). 신주발행에 관한 법률관계를 획일적으로 확정할 필요가 있기 때문에 신주발행의 무효의 주장은 소에 의하여 하도록 하고 있다. 소의 성질은 형성의 소이다.

(2) 부분무효와의 차이점
개개 주식인수의 하자(사기 · 강박 · 착오 등에 의한 주식인수)를 이유로 하는 경우에는 단지 그 부분만이 무효로 되는데 그치고 전체의 신주발행이 무효로 되는 것은 아니며(상 423조), 그 하자부분을 이사의 인수담보책임에 의하여 처리한다(상 428조).

Ⅱ. 무효사유

| 특 징 |

① 보충성 – 신주발행무효의 소는 신주발행에 중대한 하자가 있고 다른 구제방법(예: 신주발행유지청구, 이사의 손해배상책임)만으로는 충분한 구제가 되지 못하는 경우에 한하여 최후의 구제수단으로 인정된다. 신주발행무효의 판결이 있게 되면 발행신주가 모두 무효로 되므로 신주와 관련된 법률관계의 안정을 기하기 위함이다.

② 제한성 – 신주발행의 무효사유는, 관련 당사자 특히 구주주의 이익과 신주를 중심으로 한 거래관계자의 이익을 비교형량하여 가급적 엄격하게 그리고 제한적으로 보아야 한다.

1. 자본충실 침해

(ⅰ) 액면미달발행을 함에 있어서 법 소정의 절차를 거치지 않은 경우, (ⅱ) 현물출자가 과대하게 평가된 경우이다. 다만 그 금액이 근소하여 이사의 손해배상책임으로 전보할 수 있는 정도인 때에는 유효하다. (ⅲ) 현물출자의 검사절차를 흠결한 경우에는 현물출자가 과대하게 평가된 것이 아니라면 단순히 절차상의 하자에 그쳐 자본충실을 해친 것으로 볼 수 없으므로 유효하다(대판 1980. 2. 12, 79다50). 이때에는 신주발행유지청구 · 이사의 손해배상책임 · 과태료 등에 의하여 제재를 가할 수 있다.

| 서울고법 1996. 11. 29. 선고 95나45653 판결 |

신주의 발행가액이 불공정하다고 하더라도 그것이 액면에 미달되거나 또는 그 발행조건이 주주들에게 불균등하여 회사의 지배구조에 영향을 미치지 아니하는 이상 이러한 사유만으로는 신주발행 무효의 원인이 되는 이른바 '현저하게 불공정한 신주발행'에 해당한다고 볼 수 없다.

2. 수권자본제 위반

(1) 발행예정주식총수를 초과한 경우에는 초과부분을 포함한 발행신주 전부가 무효로 된다. 다만 초과부분이 근소한 경우에는 법적 안정성을 위하여 유효하다고 본다.

(2) 법률과 정관에서 인정하지 않은 신주를 발행한 경우에는 무효가 된다.

(3) 이사회의 결의 없이 대표이사가 신주를 발행한 경우에 대해서는 견해가 나뉜다.

(ⅰ) 무효설 - 신주발행은 거래법상의 행위인 사채발행과는 달리 조직법상의 행위이므로, 이사회의 결의가 없으면 신주발행의 의사 자체가 존재하지 않는 것이어서 무효라고 한다.

(ⅱ) 유효설 - 신주발행을 회사의 자금조달을 위한 업무집행에 준하는 행위로 보아 거래의 안전을 중시하고 법률관계의 획일적 처리를 위하여 유효라고 본다.

(ⅲ) 상대적 무효설 - 악의의 양수인에 대해서는 무효이지만, 선의의 양수인에 대해서는 유효라는 견해이다.

(ⅳ) 사견 - 수권자본제의 취지를 고려할 때 이사회의 결의가 없는 신주발행은 무효로 보아야 할 것이다. 다만, 이러한 경우 선의의 상대방에 대한 보호는 법원의 재량기각, 이사와 회사의 배상책임 등에 의하여 구제될 수 있다.

(4) 정관에 의하여 신주발행이 주주총회의 권한으로 유보되어 있는 경우에는 주주총회의 결의 없이 행한 신주발행은 무효이다. 이러한 경우의 신주발행은 회사의 자금조달을 위한 업무집행에 준하는 행위로 보기 어렵고 주주의 이익이 우선되어야 하기 때문이다. 이 때 신주발행을 무효로 함으로써 야기되는 거래안전의 보호방법은 위의 이사회 결의를 결하는 경우와 동일하다.

3. 주주의 신주인수권 침해

주주의 신주인수권이 침해되어 (ⅰ) 회사지배에 영향력을 줄 정도인 경우에는 손해배상에 의한 전보가 어렵기 때문에 무효이나, (ii) 단순히 주주의 통상적인 경제적 가치를 침해한 정도에 그치는 경우에는 손해배상에 의한 전보가 가능하기 때문에 유효라고 본다. (iii) 그러나 예컨대, 소수파를 축출하기 위한 신주발행, 시가보다 높은 발행가에 의하여 의도적으로 대량의 실권주 발생을 유도하여 특정 제3자에게 신주를 배정하는 경우 등과 같이 현저히 불공정한 방법으로 신주를 발행한 경우 그로 인하여 주주의 신주인수권에 중대한 침해가 있는 때에는 무효사유가 된다. (iv) 제3자의 신주인수권이 무시된 경우에는 회사가 계약위반책임을 지는데 그친다.

| 대구지법 김천지원 2003. 3. 13. 자 2003카합9 결정 |

제3자 배정에 의한 유상증자를 반대하는 주주들이 있음에도 이를 무시한 채 이사회의 결의만으로 신주를 발행하여 그 중 대부분의 신주를 주요 주주에게 배정하였다면, 이는 주식회사 주주권의 기본 원칙인 주주평등의 원칙에 위배될 뿐만 아니라, 상법 제418조에서 정한 주주의 신주인수권을 침해한 것으로 무효에 해당한다.

| 대법원 1995. 2. 28. 선고 94다34579 판결 |

회사가 주주에게 상법 제418조 제1항 소정의 주주의 신주인수권을 배제한 바 없고 오히려 그 주주가 회사로부터 신주배정 통지를 받고도 그 주식대금을 납입하지 아니하여 실권된 경우, 가사 발행주식의 총수를 증가시키는 정관변경의 주주총회결의 이전에 그 주주와 회사의 대표이사 사이에 회사의 경영권에 관하여 분쟁이 있었고, 그 주주가 자기 소유 주식을 그 대표이사에게 양도하고 회사 경영에서 탈퇴하려고 하였지만 그 양도대금에 관한 합의가 이루어지지 않은 상태에서 발행주식 총수를 현저하게 증가시키는 신주발행이 이루어짐으로써 회사에 대한 그 주주의 지배력이 현저하게 약화되고, 그로 인하여 그 주주가 대표이사에게 적정한 주식대금을 받고 주식을 양도하는 것이 더욱 어려워지게 되었다고 하더라도, 그러한 사유만으로는 그 신주발행이 현저하게 불공정한 방법에 의한 신주발행으로서 무효라고 볼 수 없다.

Ⅲ. 절차

(1) 당사자

① 원고적격을 갖는 자는 제소시점을 기준으로 주주 · 이사 · 감사에 한한다(상 429조). 제3자는 비록 그의 신주인수권이 침해된 경우에도 신주발행무효의 소를 제기할 수 있는 원고적격이 없다.

② 피고는 회사이다.

(2) 제소기간

신주를 발행한 날(신주의 효력발생일, 즉 납입기일 다음 날)로부터 6월 내에 제소하여야 한다(상 429조). 신주발행무효의 소가 제기된 상태에서 주식이 양도되어 양수주주가 그 소에 승계참가한 경우에는 그 제소기간의 준수여부는 승계참가의 시기가 아닌 원래의 소의 제기시점을 기준으로 판단한다(대판 2003. 2. 26, 2000다42786).

| 서울고법 1977. 4. 7. 선고 76나2887 제7민사부 판결 |

상법 429조의 6개월 내라 함은 제소 자체에 대한 법정기간을 규정한 것일 뿐만 아니라 청구원인에 있어서도 그 기간이 경과하기 전에 이미 제기한 소에 새로운 무효원인을 추가하는 이외에 그 기간 경과 후에 새로운 무효원인을 추가하는 것은 이를 허용하지 않는 것으로 해석함이 상당하다.

| 소송승계의 경우 : 대법원 2003. 2. 26. 선고 2000다42786 판결 |

■ 신주발행무효의 소 계속 중 그 원고적격의 근거가 되는 주식이 양도된 경우에 그 양수인은 제소기간 등의 요건이 충족된다면 새로운 주주의 지위에서 신소를 제기할 수 있을 뿐만 아니라, 양도인이 이미 제기한 기존의 위 소송을 적법하게 승계할 수도 있다.

■ 승계참가가 인정되는 경우에는 그 참가시기에 불구하고 소가 제기된 당초에 소급하여 법률상의 기간준수의 효력이 발생하는 것이므로, 신주발행무효의 소에 승계참가하는 경우에 그 제소기간의 준수 여부는 승계참가시가 아닌 원래의 소 제기시를 기준으로 판단하여야 한다.

■ 주식의 양수인이 이미 제기된 신주발행무효의 소에 승계참가하는 것을 피고 회사에 대항하기 위해서는 주주명부에 주주로서 명의개서를 하여야 하는바, 주식 양수인이 명의개서절차를 거치지 않은 채 승계참가를 신청하여 피고 회사에 대항할 수 없는 상태로 소송절차가 진행되었다고 할지라도, 승계참가가 허용되는 사실심 변론종결 이전에 주주명부에 명의개서를 마친 후 소송관계를 표명하고 증거조사의 결과에 대하여 변론을 함으로써 그 이전에 행하여진 승계참가상의 소송절차를 그대로 유지하고 있다면 명의개서 이전의 소송행위를 추인한 것으로 봄이 상당하여 그 이전에 행하여진 소송절차상의 하자는 모두 치유되었다고 보아야 한다.

(3) 그 밖의 사항

전속관할(상 186조), 소제기의 공고(상 187조), 소의 병합심리(상 188조), 하자보완 등의 경우 청구의 기각(상 189조), 제소주주의 담보제공의무(377조), 무효판결의 대세적 효력(상 190조 본문), 패소원고의 책임(상 191조), 무효판결의 등기(상 192조)에 관한 규정이 준용된다(상 430조).

Ⅳ. 효력

1. 원고승소판결의 효력

(1) 대세적 효력

신주발행 무효의 판결은 제3자에 대해서도 그 효력이 미친다(상 430조, 190조 본문).

(2) 불소급효 (장래효)

신주발행무효의 판결이 확정되면 거래의 안전을 위하여 신주는 장래에 향하여 효력을 잃는다(상 431조 1항). 그 결과 신주발행의 유효를 전제로 무효판결시까지 이루어진 모든 행위(예 : 신주에 의한 이익배당, 주식의 양도 · 입질, 의결권 행사 등)는 유효하다.

(3) 주식의 무효와 주금액의 반환

무효판결이 확정되면 주식은 무효로 되므로 주권의 회수 및 주금액의 반환이 필요하다.

(가) 주권의 회수 - 회사는 지체없이 무효판결이 확정되었다는 뜻과 3월 이상의 일정한 기간 내에 신주의 주권을 회사에 제출할 것을 공고하고 주주명부에 기재된 주주와 질권자에 대하여 각별로 통지를 하여야 한다(상 431조 2항 본문).

(나) 주금액의 반환 - 무효판결이 확정되면 회사가 주주로부터 납입받은 주금액은 부당이득이 되어 이를 반환하여야 한다. 주금액 반환의 청구권자는 무효판결 당시의 주주이다. 반환하여야 할 주금액은 금전출자인 경우에는 납입한 주금액, 현물출자의 경우에는 출자당시의 평가액이 원칙이다(상 432조 1항). 그러나 이러한 금액이 무효판결 당시의 회사의 재산상태에 비추어 현저하게 부당한 경우에는 법원은 회사 또는 주주의 청구에 의하여 그 금액의 증감을 명할 수 있다(상 432조 2항).

(4) 원래의 자본으로 환원 및 변경등기의 更正

무효판결을 받은 신주만큼 발행주식수와 자본은 발행 전의 상태로 환원되고, 변경등기를 更正하여야 한다(상 317조 2항 2호 · 3호).

2. 원고패소판결의 효력

(1) 원고패소판결의 효력은 당사자간에만 미친다(대인적 효력).

(2) 원고가 손해배상책임을 질 수도 있다(상 430조, 191조).

Ⅴ. 다른 소와의 관계

1. 신주발행절차를 구성하는 선행절차에 하자가 있는 경우

하자 있는 이사회의 결의(정관에 의하여 주주총회에서 결정하기로 되어 있는 경우에는 주주총회의 결의)에 기하여 신주발행이 행해진 경우, 이사회 결의(또는 주주총회의 결의)의 하자를 다투는 소(A)와 신주발행무효의 소(B)의 관계에 대해서는, (ⅰ) A가 B에 흡수된다는 설(다수설), (ⅱ) A와 B 양자가 병존한다는 설이 있다. (ⅲ) 신주의 효력이 발생하기 전에는 A에 의하여 다투어야 하나, 신주의 효력이 발생한 이후에는 A는 B의 절차상의 일부이므로 소송경제상 A는 B에 흡수된다고 보는 것이 타당하다(흡수관계). 이는 자본감소무효의 소(상 445조) 또는 합병무효의 소(상529조)와 주주총회결의 취소의 소(상 376조)의 관계에서도 동일하다.

2. 신주발행절차를 구성하지 않는 선행절차에 하자가 있는 경우

예컨대, 수권주식의 수를 증가하기 위하여 주주총회에서 정관변경의 결의를 하였는데 이에 하자가 있는 경우와 같이, 신주발행의 전제요건이기는 하지만 직접 신주발행의 절차를 구성하는 것이 아닌 때에는, 양자의 하자는 별개의 소로서 다투어야 한다. 그러나 실제의 소송수행에 있어서는 양자를 일관성있게 다루는 것이 바람직하다.

| 수원지법 1986. 8. 20. 선고 84가합1013 제2민사부 판결 |

당초의 신주발행 무효확인청구에서 각 주주총회결의 및 이사회결의의 무효 또는 부존재확인청구로 소의 변경을 한 경우 위 신주발행의 결의를 한 주주총회결의 및 이사회결의무효 또는 부존재확인청구 이외에 그 전후에 걸쳐 이루어진 주주총회의 결의 및 이사회결의무효 또는 부존재확인청구는 당초에 청구된 신주발행 무효확인청구와는 그 소송목적물이 다른 별개의 청구로서 허용되지 않는다.

Ⅵ. 신주발행의 부존재

1. 의의

신주발행 부존재는 신주발행의 실체가 전혀 존재하지 않음에도 불구하고 신주발행의 외관이 존재하는 것을 말한다. 학설 · 판례에 의하여 인정되는 개념이다.

2. 부존재의 사유

(1) 신주발행의 실체가 전혀 없을 것

예컨대, 신주의 인수와 납입과 같은 자본구성의 실체가 전혀 없는 경우, 주주 아닌 자들이 이사를 선임하여 이사회와 대표이사를 구성하고 이들이 주축이 되어 신주발행절차를 밟은 경우와 같이 조직법적 의미에서 신주발행의 실체를 인정할 수 없는 경우가 이에 해당한다.

(2) 신주발행의 외관이 존재할 것

신주발행이 존재하는 것과 같은 외관을 없애버리는 것이 신주발행 부존재의 주장을 인정하는 주된 이유이다. 예컨대, 신주발행의 등기, 주권발행, 주주명부의 기재 등이 존재하는 경우와 같이 신주발행이 존재한 것으로 오해할 수 있는 외관이 존재하는 경우가 이에 해당한다.

3. 하자를 다투는 방법

일반 민사소송의 방법과 효력에 의하여 그 하자를 다툴 수 있다(대판 1989. 7. 25, 87다카2316). 즉, 소의 이익이 있는 한, 언제라도, 누구라도, 또 어떠한 방법으로도 무효를 주장할 수 있고, 필요한 경우에는 신주발행 부존재 확인의 소(일반의 확인의 소)를 제기할 수 있다. 그 기판력도 대인적 효력에 그친다.

| 대법원 1989. 7. 25. 선고 87다카2316 판결 |

주주들에게 통지하거나 주주들의 참석 없이 주주 아닌 자들이 모여서 개최한 임시주주총회에서 발행예정주식총수에 관한 정관변경결의와 이사선임결의를 하고, 그와 같이 선임된 이사들이 모인 이사회에서 대표이사 선임 및 신주발행결의를 하였다면 그 이사회는 부존재한 주주총회에서 선임된 이사들로 구성된 부존재한 이사회에 지나지 않고 그 이사들에 의하여 선임된 대표이사도 역시 부존재한 이사회에서 선임된 자이어서 그 이사회의 결의에 의한 신주발행은 의결권한이 없는 자들에 의한 부존재한 결의와 회사를 대표할 권한이 없는 자에 의하여 이루어진 것으로서 그 발행에 있어 절차적, 실체적 하자가 극히 중대하여 신주발행이 존재하지 않는다고 볼 수밖에 없으므로 회사의 주주는 위 신주발행에 관한 이사회 결의에 대하여 상법 제429조 소정의 신주발행무효의 소의 제기기간에 구애되거나 신주발행무효의 소에 의하지 않고 부존재확인의 소를 제기할 수 있다.

| 관련사례 |

유령주식 파문을 둘러싸고 법정다툼이 계속되고 있다. 이 사건은 주금납입증명서 위조라는 사상 초유의 사기사건이지만 피해자들이 구제받기는 사실상 힘들 것으로 전망된다. 상장기업인 ○○와 등록기업인 △△의 소액주주들은 국가와 금융감독기관, 증권거래소, 증권업협회 등 증자 유관기관을 상대로 손해배상청구소송을 청구, 현재 재판이 진행 중에 있다. 하지만 유관기관의 책임을 입증하는 데 있어서 결정적 관건이 되는 '신주발행무효 확인의 소'에서 피해자들은 이미 패소한 상태다. 주금납입이 되지 않았더라도 상업등기소에서 변경등기를 마쳤으므로 신주발행 자체는 유효하다는 판결이 나왔고 피해자들이 이의를 제기하지 않아 이 판결은 확정됐다. 등기가 이미 이뤄졌기 때문에 거래안정성의 확보를 위해서는 증자를 인정하지 않을 수 없다는 이유에서이다. (출처 : 내일신문 2004. 6. 22 [조숭호])

제3절 무상증자 - 준비금의 자본전입

株主各位

無償新株發行公告

商法 第416條에 依據 2001年 4月 21日 開催한 當社 理事會에서 資本剩餘金중 一部를 아래와 같이 資本에 傳入하기로 決議하였기에 이를 公告합니다.

-아　　래-

1. 新株의 種類와 數 : 記名式 普通株式 1,013,896株
2. 新株의 額面 價額 : 1株當 1,000원
3. 資本에 轉入할 金額 : 1,013,896,000원
4. 新株 配定 基準日 : 2001年 5月 15日
5. 新株의 配定 : (方法 : 2001年 5月 15日 現在 株主名簿에 登載된 株主에게 所有株式 1株당 0.2의 比率로 配定함) (自社株 除外)
   (但, 1株 未滿의 但株는 新株 配定 基準日 終價를 基準으로 賣却하여 現金으로 支給함.)
6. 新株의 財源 : 再評價積立金
7. 配當 起算日 : 2001年 01月 01日

株主各位

新株의 配定基準日 및 名義改書 停止公告

商法 第354條 및 當社 定款 第10條에 依據 新株를 配定받을 株主를 確定하기 위하여 다음과 같이 株式의 名義改書, 質權의 登錄 및 抹消 등 株主 記載事項 變更을 停止하오니 諒知하시기 바랍니다.

1. 新株 配定 基準日 : 2001年 5月 15日
2. 株權名義改書 停止期間 : (2001年 5月 16日→2001年 5月 26日)

2001年 4月 30日

釜山市 水營區 望美洞 475番地

Kiswire
고려제강
대표이사 홍영철

名義改書代理人 證券預託院 社長 盧 勳 健

| 해 설 |

법정준비금을 재원으로 하여 주주에게 무상으로 신주를 발행하는 것(상 461조 1항)을 두고 실무에서는 통상 상법 제416조에 의한 신주발행(유상증자)과 대비하여 무상증자라고 부른다. 위 사례는 재평가적립금을 재원으로 무상신주를 발행하여 주주에게 배정하기로 이사회가 결의한 내용을 공고한 것이다. 무상증자에 의한 신주발행의 기준일이 2001년 5월 15일이기 때문에 이 날 주주명부에 주주로 기재된 자가 액면가 기준으로 지주수에 비례하여 무상신주를 배정받게 된다. 즉, 기존의 주주는 2001년 5월 15일을 기준으로 [(무상신주발행의 재원으로 사용되는 재평가적립금 ÷ 액면가) X (주주의 지주수 ÷ 회사의 발행주식총수)] 만큼 무상으로 신주를 배정받게 된다. 이를 위하여 위 회사는 2001년 5월 16일부터 5월 26일까지 주주명부를 폐쇄하였다.

[1] 의의

준비금의 자본전입은 준비금계정의 금액 전부 또는 일부를 빼내어 그 금액을 자본금계정에 추가하는 회계적 처리를 말한다. 그로 인하여 증가된 자본금에 상응하여 새로이 신주를 발행하여 종전의 주주에게 지주수에 비례하여 무상으로 교부하기 때문에 실무에서는 통상 '무상증자'라고 부른다. 무상증자에 의한 신주발행은 주식분할과 비슷한 점이 있으나, 액면가에 변화가 없고 그로 인하여 자본이 증가한다는 점에서는 주식분할과 차이가 있다.

[2] 재원 - 법정준비금

(1) 자본전입의 대상이 될 수 있는 준비금은 법정준비금(이익준비금과 자본준비금)에 한한다(다수설). 법정준비금을 자본으로 전입함에 있어서 이익준비금과 자본준비금 중 먼저 전입하여야 할 순서가 있는 것은 아니다(다수설). 법정준비금의 자본전입의 한도에 아무런 제한이 없다. 입법론으로 법정준비금의 최소한도를 회사에 유보시킬 필요가 있다는 견해가 있다(홍복기).

(2) 임의준비금은 자본전입의 대상이 될 수 없다. 임의준비금은 주주총회의 결의로 이익배당의 재원으로 삼을 수 있는데 이를 자본으로 전입하여 고정시키면 주주의 배당이익을 해치게 되기 때문이다.

[3] 결정권자 · 발행한도

법정준비금의 자본전입은 정관에서 주주총회에서 결정한다는 정함이 없는 한 이사회의 결의에 의한다(상 461조 1항). 발행할 신주의 수와 종류는 정관에서 정한 발행예정주식총수의 범위 내이어야 한다(상 344조, 345조, 346조, 370조).

[4] 무상신주의 귀속

주주만이 무상증자를 받을 수 있고, 제3자는 어떠한 경우에도 무상증자를 받을 수 없다. 무상증자는 애당초 주주에게 돌아갈 몫을 적립해둔 것을 재원으로 하기 때문이다. 주주는 그가 가진 주식의 수에 비례하여 무상증자를 받을 권리를 가진다(상 461조 2항 전단).

[5] 발행가액

무상증자시 신주의 발행가액은 액면가로만 하여야 하고, 액면미달발행이나 액면초과의 시가발행은 허용되지 않는다.

[6] 발행주식의 종류

(1) 보통주 · 우선주 모두에 대하여 보통주로 발행하여야 한다. 우선주는 특별한 조건으로 발행되는 것이고, 준비금의 자본전입은 법정준비금을 액면가로 환산하여 신주를 발행하는 것이므로 환가과정에서 우선주와 보통주에 재차 차이를 둘 필요가 없기 때문이다.

(2) 그러나 무상증자의 주식분할적인 성격을 강조하는 입장에서는 각각 같은 종류의 주식으로 신주를 발행하여야 한다고 한다.

[7] 절차

무상증자의 절차는 별도의 신주인수절차와 납입절차가 없다는 점을 제외하고는 유상증자의 경우와 비슷하다.

1. 이사회의 결의 및 기준일의 지정·공고

(1) 이사회에서 자본전입의 결의를 한 경우에는, 회사는 일정한 날(신주배정기준일)을 정하여 그 날 주주명부에 주주로 기재된 자가 신주의 주주가 된다는 것을 기준일 2주간 전에 공고하여야 한다(상 461조 3항 본문). 기준일이 주주명부폐쇄기간 중인 경우에는 주주명부폐쇄기간의 초일의 2주간 전에 공고하여야 한다(상 461조 3항 단서).

(2) 정관에 의하여 주주총회에서 자본전입의 결의를 한 경우에는, 배정기준일을 별도로 정할 필요가 없다. 주주총회의 소집통지에 의하여 자본전입의 사실이 미리 예고되기 때문이다. 그러나 주식을 새로이 취득하는 자에게 자본전입사실을 알려줄 필요가 있으므로 입법에 의하여 공고제도가 마련되어야 한다는 견해가 있다(이철송).

▎대법원 1988. 6. 14. 선고 87다카2599, 2600(반소) 판결▕

상법 제461조에 의하여 주식회사가 이사회의 결의로 준비금을 자본에 전입하여 주식을 발행할 경우에는 회사에 대한 관계에서는 이사회의 결의로 정한 일정한 날에 주주명부에 주주로 기재된 자만이 신주의 주주가 된다고 할 것이므로 甲이 丙주식회사의 기명주식을 실질적으로 취득하였으나 丙주식회사의 이사회가 신주를 발행하면서 정한 기준일 현재 甲이 기명주주의 명의개서를 하지 아니하여 乙이 그 주주로 기재되어 있었다면 丙주식회사에 대한 관계에서는 신주의 주주는 乙이라 할 것이다.

2. 통지·공고

준비금의 자본전입의 효력이 발생한 때에는 이사는 지체없이 신주를 받은 주주와 그 질권자(등록질권자)에 대하여 무상신주의 종류와 수를 통지하고, 무기명주권을 발행한 경우에는 이사회(또는 주주총회)의 결의의 내용을 공고하여야 한다(상 461조 5항).

3. 변경등기

준비금의 자본전입에 의하여 신주를 발행한 경우에는 등기사항에 변경이 생기므로 그 변경등기를 하여야 한다(상 317조 4항, 183조).

[8] 효력

1. 신주의 발행

(1) 이사회에서 자본전입의 결의를 한 경우에는, 회사가 지정한 신주배정기준일에 자본전입의 효력이 발생한다(상 461조 3항 본문).
(2) 주주총회에서 자본전입의 결의를 한 경우에는, 주주총회의 자본전입의 결의가 있는 때에 자본전입의 효력이 발생한다(상 461조 4항).
(3) 이익배당의 기산점은 신주의 효력발생시기를 기준으로 하는 것이 원칙이나, 정관이 정하는 바에 의하여 신주의 효력이 발생하는 영업연도의 직전 영업연도 말을 기준으로 하여 구주와 신주를 동액으로 배당할 수 있다(상 461조 4항, 350조 3항 후단).

▎단주의 처리▕

준비금의 자본전입과정에서 단주가 발생한 경우 그 처리방법은 법정되어 있다. 즉, (ⅰ) 거래소의 시세가 있는 주식의 경우는 거래소를 통하여 매각하고, (ⅱ) 거래소의 시세가 없는 주식의 경우는 원칙적으로 신주를 경매하여 그 매각대금을 그 단주 수에 따라 단주의 주주에게 지급하여야 함이 원칙이나, 법원의 허가를 얻어 경매 외의 방법으로 매각하여 그 매각대금을 지급할 수 있다(상 461조 2항 2문, 443조 1항).

2. 재무구조에 미치는 영향

무상증자의 경우 신주가 발행되므로 발행주식총수와 자본금이 증가하나, 외부로부터 유입되는 자금이 없기 때문에 회사재산에는 아무런 변동이 없다.

3. 질권의 물상대위

준비금의 자본전입에 의하여 발행되는 신주는 종전의 주식이 분할된 것과 같은 실질을 띤다. 따라서 종전의 주식에 대하여 질권을 갖는 자는 등록질이건 약식질이건 그 주주가 받을 신주와 단주의 처분에 의한 금전 위에도 질권을 가진다(상 461조 4항, 339조). 이는 유상증자의 경우와 다른 점이다.

[9] 위법한 자본전입의 효력

(1) 통상의 신주발행에서의 신주발행유지청구(상 424조)에 관한 규정은 무상증자의 경우에도 유추적용된다(다수설). 그러나 차액반환책임에 관한 규정(상 424조의2)은 무상증자에 적용될 여지가 없다.
(2) 신주발행무효의 소에 관한 규정(상 429조 이하)이 무상증자의 경우에도 유추적용된다는 것이 다수견해이다. 이와는 달리, 준비금의 자본전입에 의한 신주발행의 경우에는 자본의 실체적 변동이 따르지 않으므로 자본전입의 실체적 요건을 흠결한 경우에는 당연무효로 되어, 확인의 이익이 있는 한 누구라도, 언제든지 무효의 소를 제기하거나, 소 이외의 방법으로 무효를 주장할 수 있다는 견해가 있다(서헌제, 이철송).

| 유상증자와 무상증자 |

	유상증자	무상증자
같은 점	■ 결정기관 - 원칙적으로 이사회의 결의에 의하지만 정관으로 주주총회에서 결정할 수 있다. ■ 발행한도 - 정관 소정의 발행예정주식총수의 범위 내이어야 한다. ■ 신주발행 → 발행주식수의 증가, 자본증가	
재원	회사 외부로부터 추가적으로 유입되는 자금	회사에 기 적립되어 있는 법정준비금
납입절차의 유무	있음	없음
신주인수권의 귀속	주주(원칙), 제3자(예외)	주주 (제3자는 무상신주를 받을 수 없음)
발행가액	액면 이상의 시가발행(원칙), 액면미달발행(예외)	액면발행만 허용
신주의 효력발생시기	납입기일 다음 날	이사회 결의에 의한 때에는 신주배정일, 주주총회의 결의에 의한 때에는 주주총회의 결의가 있는 때
순자산의 변동	증가	변동 없음
약식질권의 물상대위	인정되지 않음	인정

| 관련사례 |

[1] 결산기가 다가오며 배당대신 무상증자를 실시하는 기업들이 있어 눈길을 끌고 있다. ○○은 이사회를 열고 주당 0.1주의 비율로 31만 9,996주를 무상증자하기로 결의했다. 배정기

준일은 내년 1월 1일이며 내년 2월 4일 신주권이 교부되고 그 다음날 상장될 예정이다. 무상증자 재원은 재평가적립금 15억 9,998만 원이다. ○○ 관계자는 "주식배당을 실시할 경우 주주들은 배당소득세를 물어야 하고 주식을 받아보는 시기도 정기주주총회가 끝난 이후"라며 "무상증자를 할 경우엔 주주들이 배당소득세를 낼 필요가 없으며 주식을 받기까지 걸리는 시간도 한 달여 밖에 걸리지 않는다"고 설명했다. 기업으로서도 주식배당과 무상증자에 적지 않은 차이가 있다. 우선 주식배당은 현금배당과 마찬가지로 이익잉여금을 그 재원으로 한다. 따라서 이익잉여금이 없는 회사는 주식배당을 실시할 수 없다. △△가 올해 5,000억 원 가량의 경상이익을 내면서도 배당을 실시하지 못하는 이유도 이 때문이다. 반면 무상증자는 자본잉여금이 재원이 된다. 재평가적립금이나 주식발행초과금 등이 자본잉여금에 속한다. 증권거래소의 관계자는 "결산기가 다가오며 주주들의 배당에 대한 요구가 높아지고 있다"며 "이익을 내지 못한 기업들은 무상증자를 통해 주주들의 배당욕구를 충족시키는 경우도 고려해볼 수 있을 것"이라고 설명했다. (출처 : 머니투데이 2001. 12. 15, 이데일리 2001. 12. 15)

[2] 유무상포괄증자

주주여러분께

신 주 발 행 공 고

상법 제416조 및 제461조에 의거 1997년 4월 4일 및 4월 9일 개최한 당사 이사회에서 유상증자 및 무상증자에 따른 신주발행에 관하여 아래와 같이 결의하였기에 공고합니다

Ⅰ. 유상증자 결의

1. 신주의 종류와 수 : 기명식 보통주식 800,000주
2. 신주의 발행방법 : 전액 시가 발행
3. 신주의 발행가액 : 상장법인 재무관리규정에 의하여 산출되는 가액을 25%로 할인한 가액으로 함. (단, 100원미만은 절상함)
4. 신주배정기준일 : 1997년 4월26일
5. 신주의 배정방법 : 신주발행주식의 20%를 우리사주조합원에게 우선배정하고, 잔여주식은 1997년4월26일13시 현재 주주명부에 등재된 주주에게 소유주식 1주당 0.39530330의 비율로 우선배정하며 우리사주조합원 및 우선청약주주의 청약미달시에는 잔여주식과 단수주식은 일반에게 공개모집함
6. 청약일
   ①우리사주조합 및 구주주 : 1997년 5월26일~1997년 5월27일(2일간)
   ②일반공모 : 1997년 6월 2일~1997년 6월 3일(2일간)
7. 청약장소 : 동양증권(주) 본, 지점
8. 청약증거금 : 1주당 발행가액 전액(청약증거금은 주금납입일에 주금으로 대체하며 청약일로부터 납입일까지의 이자는 없음)
9. 주금납입일 : 1997년 6월10일
10. 신주의배당기산일 : 1996년12월 1일
11. 주금납입은행 : 중소기업은행 영업부
12. 주간사회사 : 동양증권(주)
13. 기타사항
   ①신주의 발행가액이 확정되는 때에는 이를 증권시장지에 공시하고 한국경제신문에 공고하므로써 주주에 대한 개별통지에 갈음함
   ②관계기관의 증자조정 및 유가증권 수리과정에서 변경될 수 있음

Ⅱ. 무상증자 결의

1. 신주의 종류와 수 : 기명식 보통주식 366,671주, 기명식 우선주식 44,560주
2. 신주의 발행가액 : 1주당 5,000원
3. 신주의배정기준일 : 1997년 6월11일
4. 신주의 배정방법 : 1997년 6월11일17시 현재 주주명부에 등재된 주주에게 소유주식과 동일한 종류의 주식을 1주당 0.17주의 비율로 배정함. 단, 전환사채의 전환으로 배정비율이 변경될 수 있으며, 1주미만의 단주는 신주상장 초일종가를 기준으로 매각하여 현금으로 지급함.
5. 신주의 재원 : 주식발행초과금
6. 신주의배당기산일 : 1996년12월 1일

신주배정기준일 및 주식명의개서 정지공고

상법 제354조 및 당사 정관 13조에 의거 유·무상증자에 따른 신주배정을 위하여 다음과 같이 신주배정기준일 및 주식의 명의개서, 질권의 등록 및 변경과 말소, 신탁재산의 표시및 말소 등 주주명부 기재사항 변경을 정지하오니 양지하시기 바랍니다.

Ⅰ. 유상증자

1. 신주의배정기준일 : 1997년 4월26일
2. 주식명의개서 정지기간 : 1997년 4월27일~1997년 5월10일

Ⅱ. 무상증자

1. 신주의배정기준일 : 1997년 6월11일
2. 주식명의개서 정지기간 : 1997년 6월12일~1997년 6월21일

1997년 4월11일

경기도 화성군 태안읍 안녕리 138-77

주식회사 엔케이전선

대표이사 홍 정 식

명의개서대리인

증권예탁원

사장 정 중 기

(보충)

유무상포괄증자에는 (ⅰ) 발행가액 중 일부는 법정준비금의 자본전입금으로 충당하고 그 나머지는 주주로 하여금 납입토록 하는 방법(무상증자와 유상납입의 불가분적 결합유형)과 (ⅱ) 위 사례에서 보는 것처럼 유상증자의 효력발생일인 납입기일(1997년 6월 10일)의 다음 날(1997년 6월 11일)을 무상증자의 배정기준일(1997년 6월 11일)로 하여 유상증자에 참여하여 납입한 자에게 무상증자를 받도록 하는 방법(유상증자와 무상증자의 단계적 결합유형)이 있다. (ⅰ)의 방법은 주주에게 주어진 무상주를 받을 권리를 부당하게 침해하는 것이 되어 허용되지 않는다. 그러나 (ⅱ)의 방법은 단지 무상신주를 받을 권리를 유상증자에 참여하는 것과 결부시키고 있을 뿐 양자가 별도의 것이고 무상증자를 받을 주주의 권리를 부당하게 침해하는 것이라 볼 수 없으므로 허용된다고 본다.

제4절 주식의 병합 · 분할

[1] 주식의 병합

기업가치와는 무관한 액면병합 발표만으로 주가가 단기 급등하는 사례가 최근 부쩍 늘어나 투자자들의 주의가 요망된다. 기업들이 잇따라 액면병합에 나서는 것은 과다한 유통주식수를 줄여 주가를 관리하기 위한 목적이다. 과거 주가상승에 편승해 시세차익을 극대화하려는 목적으로 액면분할을 통해 주식수를 부풀렸던 것과는 정반대 논리다. 액면병합은 유통물량을 줄이는 효과가 분명하기 때문에 단기적인 효과를 볼 수 있는 것은 사실이지만 기업의 본질가치에는 아무 영향도 주지 못한다. 증시 분석가의 말을 빌리면 "액면병합은 유통량 감소에 따른 일시적인 착시현상만을 초래할 뿐"이라며 "주가를 지속적인 상승추세로 이끌기는 어렵다"고 밝혔다. (출처 : 조선일보 2001. 2. 19 [김종호], 매일경제 2001. 2. 20)

| 해 설 |

주식병합은 자본감소나 합병의 경우에 주식 수를 줄이는 방법으로 이용된다. 위 사례에서 보는 것처럼 주가관리를 위하여 유통주식의 물량을 줄이는 방편으로 액면병합을 하는 경우도 있다.

Ⅰ. 의의

주식의 병합은 주식분할과는 반대로 여러 개의 주식을 합하여 그보다 적은 수의 주식을 발행하는 것이다. 예컨대, 5주를 1주로 바꾸는 것이다. 주식병합에 의하여 회사의 재산에는 변동이 없이 주식의 수만 감소하게 된다. 주식의 병합은 주권의 병합(예 : 1주권을 10주권으로 병합)과는 구별된다.

Ⅱ. 주식병합이 허용되는 경우

주식의 병합으로 단주가 발생되면 각 주주의 이해에 영향을 미칠 수 있으므로 주식병합은 제한적으로 허용된다(다수설). 상법상 주식병합이 인정되는 경우로는 (ⅰ) 자본감소의 경우(상 440조), (ⅱ) 회사합병의 경우(상 530조 3항), (ⅲ) 회사의 단순분할과 분할합병의 경우(상 530조의11 1항) 및 (ⅳ) 주식의 포괄적 교환과 이전의 경우(상 360조의8 2항, 360조의11, 3260조의19, 360조의22)가 있다.

Ⅲ. 절차

자본감소에서 주식병합의 절차에 관하여 규정하고, 그 밖의 주식병합을 하는 경우도 이를 준용하고 있다.

1. 구주권 제출의 공고 · 통지

(1) 공고 · 통지

주식을 병합할 경우에는 구주권을 제출받아 이를 병합된 신주권으로 바꾸어 주어야 한다. 이를 위하여 회사는 1월 이상의 기간을 정하여 그 뜻과 그 기간 내에 주권을 회사에 제출할 것을 공고하고, 주주명부에 기재된 주주와 질권자에 대하여 그 통지를 하여야 한다(상 440조). 원래는 공고기간을 3월 이상으로 되어 있었으나 자본감소절차의 신속한 진행을 위하여 1995년 상법개정에 의하여 이를 1월 이상으로 단축하였다.

(2) 구주권을 제출할 수 없는 경우

구주권을 회사에 제출할 수 없는 자의 청구에 의하여 3월 이상의 기간을 정하여 이해관계인에 대하여 그 주권에 대한 이의가 있으면 그 기간 내에 제출할 뜻을 공고하고, 그 기간이 경과한 후에 신주권을 청구자에게 교부할 수 있다. 위 공고비용은 청구자가 부담한다(상 442조). 무기명주권으로서 주권제출기간 내에 제출하지 않은 것에 대해서는 구주권 제출 불능자에 관한 위 규정을 준용한다(상 444조, 443조).

2. 신주권의 교부

(1) 주식의 병합으로 정관의 절대적 기재사항인 액면가에 변경이 생기면 정관변경을 위하여 주주총회의 특별결의를 거쳐야 한다(상 289조, 433조, 434조).

(2) 단주의 처리

병합에 적합하지 않는 부분(단주)은 각 주수에 따라 그 대금을 종전의 주주에게 지급한다. 단주를 매각하는 방법은, 거래소의 시세 있는 주식은 거래소를 통하여 매각하고, 거래소의 시세없는 주식은 경매에 의하는 것이 원칙이나 법원의 허가를 얻어 경매 외의 방법으로 매각할 수 있다(상 443조). 단주의 처리에 관한 이 규정은 무기명주권으로서 병합을 위한 회사의 제출공고가 있은 후 소정의 기간 내에 제출하지 못한 주권에 대해서도 준용한다(상 444조).

Ⅳ. 효과

(1) 주식 수 등에 미치는 영향

주식병합의 결과 회사의 발행주식총수와 주주가 가지는 주식의 수는 감소한다. 그러나 자본감소를 위하여 주식병합을 하는 경우를 제외하고는 회사의 자본과 재산에는 변동이 없다. 주식병합의 결과 회사의 발행주식총수가 변경되므로 변경등기를 하여야 한다(상 317조 2항, 183조).

(2) 효력발생시기

주식병합의 효력은 구주권 제출기간이 만료한 때에 발생한다. 그러나 채권자 이의절차가 종료하지 아니한 때에는 그 절차가 종료한 때에 효력이 생긴다(상 441조). 이에 따라 구주식은 소멸하고 신주의 효력이 발생한다. 병합 전후의 주식은 동질성이 유지된다.

[2] 주식의 분할

○○이 액면가 5천 원인 주식을 2천 5백 원으로 분할한다. ○○은 증권거래소 공시를 통해 "유동성 개선을 위해 액면가 5천 원인 주식 1주를 액면가 2천 5백 원인 2주로 액면분할하기로 했다"고 밝혔다. 이에 따라 ○○의 총상장 보통주는 5천 6백만 주에서 1억 1천 2백만 주로 늘어난다. ○○은 유통물량이 적어 유동성 확보에 애로를 겪어왔다. 최근 이 회사의 하루 거래량은 5만 주를 밑돌았다. 현재 사우디의 국영석유사인 △△(35.0%) 등 외국인 투자자가 45.5%의 지분을 보유하고 있는 데다 자사주가 39.0%에 달하는 등 장기보유물량이 많아 실제 유통주식은 총발행주식의 10% 미만에 머물렀다. ○○은 10월 23일 주주총회를 열고 액면분할안을 승인할 예정이다. 구주권 제출기간은 10월 24일부터 11월 30일, 매매거래정지 예정일은 11월 29일부터 30일이며, 신주교부예정일은 12월 11일이다.
(출처 : 이데일리 2001. 9. 10, 한국경제 2001. 9. 11)

| 해 설 |

주식분할은 액면가를 더 적은 금액으로 낮추는 액면분할을 뜻한다. 주식분할을 하면 주식의 액면가가 낮추어지므로 1주당 거래단가가 감소하고 발행주식의 수는 늘어남으로써 주식의 거래량이 늘어난다. 기업실무에서는 이러한 효과를 기대하여 주식분할을 하는 경우가 많다. 특히 상법개정에 의하여 주식의 최저액면가를 100원으로 낮추면서 액면분할하는 기업이 늘어났다. 주식분할을 하면 주식병합의 경우와 마찬가지로 구주권을 신주권으로 바꾸어 발행하는 절차를 밟아야 한다. 주식분할은 주식병합과는 반대로 주식 수가 늘어나는 것을 제외하고는 그 절차와 효과에 있어서 주식병합과 비슷하다.

Ⅰ. 의의

(1) 주식의 분할이란 자본을 그대로 유지하면서 주식을 쪼개어 발행주식의 수를 증가하는 것을 말하므로, 주식분할은 결국 액면분할이 된다. 예컨대, 액면가 5,000원의 주식을 액면가 500원으로 바꾸면서 기존의 주식 1주당 신주 10주를 발행한다. 주식을 분할하면 모든 주주의 주식수가 비례적으로 증가한다.
(2) 주식분할으로 인하여 액면가를 최저액면가인 100원 미만으로 하는 것은 허용되지 않는다.

| 경제적 기능 |

주식분할은 주식의 유통물량(수)을 늘리기 위해서 또는 다른 회사와의 합병 또는 분할을 위한 준비작업 등을 위하여 행해진다.

Ⅱ. 절차

1. 정관변경절차

주식분할을 하면 액면가가 감소하고 발행주식수가 증가하므로, 발행예정주식총수의 미발행부분에 여유가 없으면 발행예정주식총수와 액면가 변경을 위한 정관변경절차(주주총회의 특별결의)를 밟아야 한다.

株主各位 第29次

臨時株主總會 召集公告

當社 定款 第18條에 依據 第29次 臨時株主總會를 다음과 같이 開催하오니 參席하여 주시기 바랍니다.

－다 음－

1. 日 時 : 2001年 10月 23日 (火) 午前 10時
2. 場 所 : 서울特別市 永登浦區 汝矣島洞 60 63빌딩 別館 3層 엘리제홀
3. 會議의 目的事項

   上程 議案 : 株式額面分割을 爲한 定款一部變更의 件

   － 普通株, 優先株 供히 1 株當 額面金 5,000원인 株式 1株를 額面金 2,500원인 株式 2株로 分割
4. 經營參考事項에 關한 事項

   證券去來法 第 191 條의 10의 規定에 依한 經營參考事項은 當社, 國民銀行 證券代行部, 金融監督委員會, 證券去來所에 備置함으로써 通知에 갈음함을 알려드립니다.

2001年 10月 6日

서울特別市 永登浦區 汝矣島洞 60번지 63빌딩

S-Oil주식회사

代表理事 會長 金 鮮 東

2. 신주의 발행

(1) 주식분할로 인하여 주식수가 증가하게 되므로 각 주주에게 지주수에 비례하여 신주를 발행하여야 한다(주식평등의 원칙).

(2) 수종의 주식을 발행한 경우 분할 후의 신주는 분할 전의 구주와 동일한 종류이어야 한다. 주식분할을 전후하여 주주의 지위가 동일하게 유지되어야 하기 때문이다.

(3) 회사가 보유한 자기주식에 대해서도 주식분할에 의한 신주를 발행하여야 한다. 주식분할로 인한 신주의 배정은 주식이 갖는 가치를 그대로 유지하는 것일 뿐이기 때문이다.

3. 그 밖의 절차

다음의 사항은 주식병합의 규정을 준용한다(상 329조의2 3항).

① 구주권의 회수 및 신주권의 교부를 위한 주주 및 질권자에 대한 공고·통지(441조)

② 구주권을 제출할 수 없는 경우의 처리(상 442조)

③ 단주의 처리방법(상 443조, 444조)

④ 주식분할의 효력발생시기(상 441조)

| 단주의 처리 |

상법상 단주가 발생하는 주식분할도 가능하나, 端數가 생기면 주주의 지분에 변동이 생기므로 주식분할을 할 때에 실무처리상 가급적 이를 피하는 것이 바람직하다(예 : 액면가 5000원의 주식을 액면가 2500원, 1000원, 500원, 250원, 100원 등으로 분할). 액면분할시 발생하는 단주의 처리는 주식병합의 규정을 준용한다.

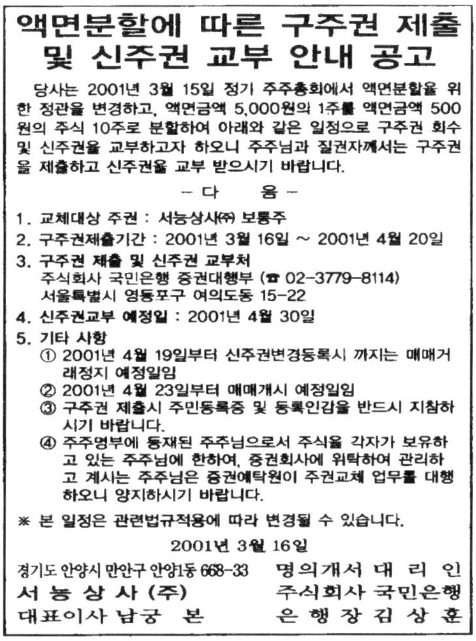

액면분할에 따른 구주권 제출 및 신주권 교부 안내 공고

당사는 2001년 3월 15일 정기 주주총회에서 액면분할을 위한 정관을 변경하고, 액면금액 5,000원의 1주를 액면금액 500원의 주식 10주로 분할하여 아래와 같은 일정으로 구주권 회수 및 신주권을 교부하고자 하오니 주주님과 질권자께서는 구주권을 제출하고 신주권을 교부 받으시기 바랍니다.

－다　　음－

1. 교체대상 주권 : 서능상사㈜ 보통주
2. 구주권제출기간 : 2001년 3월 16일 ~ 2001년 4월 20일
3. 구주권 제출 및 신주권 교부처
   주식회사 국민은행 중권대행부 (☎ 02-3779-8114)
   서울특별시 영동포구 여의도동 15-22
4. 신주권교부 예정일 : 2001년 4월 30일
5. 기타 사항
   ① 2001년 4월 19일부터 신주권변경등록시 까지는 매매거래정지 예정일임
   ② 2001년 4월 23일부터 매매개시 예정일임
   ③ 구주권 제출시 주민등록증 및 등록인감을 반드시 지참하시기 바랍니다.
   ④ 주주명부에 등재된 주주님으로서 주식을 각자가 보유하고 있는 주주님에 한하여, 증권회사에 위탁하여 관리하고 계시는 주주님은 증권예탁원이 주권교체 업무를 대행하오니 양지하시기 바랍니다.

※ 본 일정은 관련법규적용에 따라 변경될 수 있습니다.

2001년 3월 16일

경기도 안양시 만안구 안양1동 668-33　　명의개서 대리인
서 농 상 사 (주)　　주식회사 국민은행
대표이사 남궁 본　　은 행 장 김 상 훈

Ⅲ. 효과

주식분할을 하면 회사의 발행주식총수가 증가하고 그와 같은 비율로 주주의 소유주식의 수가 증가한다. 그러나 회사의 사본·재산에는 아무런 변동이 없다. 주식분할의 결과 발행주식의 총수가 증가하므로 이에 따른 변경등기를 하여야 한다(상 317조 2항, 183조).

| 관련사례 |

증권거래소 관계자는 "액면분할 회사 104개 중 77.9%가 5,000원짜리를 500원으로 나누는 10대 1의 분할을 했다"면서 "이는 미국의 회사들이 보통 2대 1로 분할한다는 점과 비교하면 과도한 편"이라고 말했다. 그는 이어 "지나친 액면분할은 물량부담을 초래하면서 주가 상승의 장애물로 작용하고 유동성을 늘리는데도 크게 기여하지 못한다"면서 "유통주식수를 감안한 적절한 분할이 필요하다"고 강조했다. (출처 : 경향신문 2001. 2. 23, 동아일보 2001. 2. 23, 한겨레 2001. 2. 23)

제 3 장

주식의 유통

제1절 총설

주식의 유통시장은 주식의 양도가 이루어지는 시장으로 발행시장과 대비된다. 주식의 유통시장은 발행시장과 상호 보완적 기능을 수행한다. 주식의 유통시장에는 다음과 같은 유형이 있다.

(1) 개별적 거래시장
양도인과 양수인이 개별적으로 주식양도에 관한 합의를 하고 주권을 교부하는 방법에 의하여 주식을 양도할 수 있다(no-broker market). 이것은 주식양도의 원형적인 방법이고, 상법은 기본적으로 이러한 방법의 주식양도를 염두에 두고 있다.

(2) 조직화된 유통시장
한국증권선물거래소(이하 '증권거래소'로 약칭)와 같은 조직화된 유통시장에서 주식을 집단적으로 비대면적 · 대량적으로 양도하는 방법이 있다. 증권거래소는 유가증권시장과 함께 코스닥시장을 개설하고 있다(증거 2조 12항 · 14항). 상장회사의 주식은 환가가 용이하고 객관적인 시장가격이 형성되어 있다는 장점이 있다. 이들 시장에 올려져 주식 등을 유통하는 것을 상장(listing)이라 하고, 상장주권 등을 더 이상 이들 시장에서 거래하지 않는 것을 상장폐지라 한다. 증권거래법과 한국증권선물거래소법 등이 그 근거법이고, 상법규정이 이에 보충적으로 적용된다.

┃상장주식의 유통시장┃

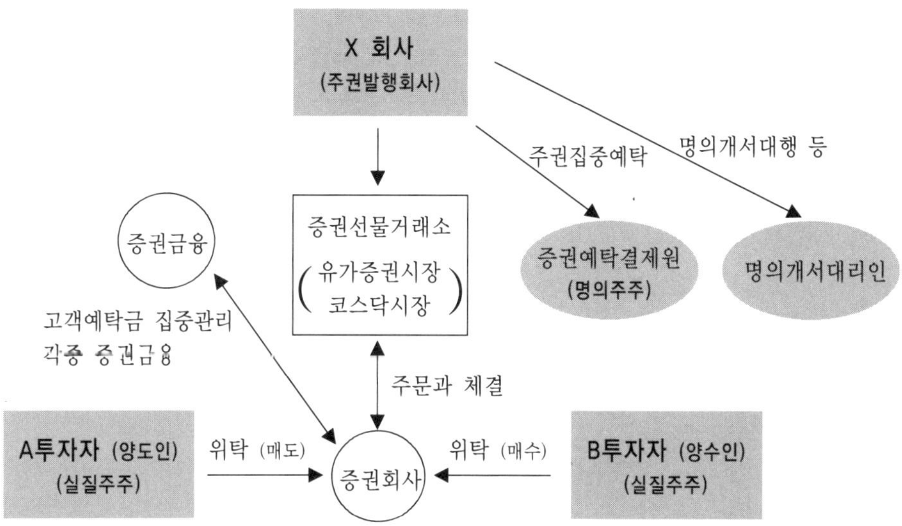

┃관련사례┃

[1] 온라인을 통한 주식거래가 상당한 비중을 차지하고 있는 것으로 나타났다. 증권단체의 분석결과에 의하면 전체 증권계좌에서 온라인계좌가 차지하는 비중은 44.6%이며, 온라인 거래에서 개인이 차지하는 비중은 전체적으로 97.6%였고 특히 코스닥 시장의 경우는 99%에 달했다. (출처 : 매일경제 2001. 2. 21, 한겨레 2001. 2. 22, 한국경제 2001. 2. 22, 헤럴드경제 2001. 2. 21)

[2] ㅇㅇ은행은 임시주주총회를 열어 상장 폐지안을 통과시킨 뒤 증권거래소에 상장폐지를 신청했다. 이에 따라 ㅇㅇ은행은 1989년 증권거래소에 상장된 이후 15년 만에 거래소에서 이름을 내리게 됐다. ㅇㅇ은행은 또 상장폐지일 다음날부터 장외시장에서 6개월간 소액주주 지분을 주당 1만 5,500원에 사들일 계획이다. 현재 미국의 씨티그룹이 ㅇㅇ은행의 지분을 99.33% 보유하고 있으며 나머지 0.67%인 136만 4112주는 소액주주가 보유하고 있다. (출처 : 국민일보 2004. 7. 10, 서울신문 2004. 7. 10, 조선일보 2004. 7. 10, 한겨레 2004. 7. 10)

제2절 주식양도의 방법

[1] 총설

(1) 주식의 양도란 법률행위에 의하여 주식을 이전하는 것을 말한다. 주식의 양도는 매매 · 증여 · 교환과 같은 채권행위를 원인으로 하고 그 이행으로 행해진다(준물권행위). 주식의 양도에 의하여 양수인은 양도인으로부터 주식을 승계취득한다. 주식을 양도함으로써 주주는 투하자본을 회수할 수 있다. 이 때문에 주주는 주식을 자유롭게 양도할 수 있음을 원칙으로 한다(주식양도자유의 원칙).

(2) 법률행위에 의하여 주식을 양도하려면 그 효력요건과 대항요건을 구비하여야 한다.

| 주식양도의 효력요건 및 대항요건 |

효력발생요건
당사자간 의사합치 + 주권교부 … 현실의 인도, 간이인도, 점유개정, 목적물 반환청구권의 양도(대체결제)

+

대항요건
명의개서

[2] 주식양도의 효력요건

주식양도의 효력발생요건은 「양도에 관한 당사자의 합의」 및 「주권의 교부」이다(상 336조 1항).

Ⅰ. 양도의 합의

주식을 양도하려면 당사자 간에 양도에 관한 합의가 있어야 한다. 이에는 특별한 방식을 요하지 않는다(대판 1996. 6. 25, 96다12726 ; 대판 1995. 5. 23, 94다36421). 홈트레이딩(home trading) 또는 인터넷에 의한 주식거래도 주식양도에 관한 합의에 의하기는 마찬가지이다. 행위무능력자에 의한 양도, 의사표시에 하자가 있는 경우, 대리권 흠결 등의 경우의 주식양도의 효과는 민법의 일반원칙에 의한다.

Ⅱ. 주권의 교부

(1) 무기명주식뿐만 아니라 기명주식의 양도도 주권의 교부에 의한다. 주권의 교부는 주권의 점유를 이전해 주는 것이다. 그 방법으로는 동산의 인도와 마찬가지로 현실의 인도(민 188조 1항), 간이인도(민 188조 2항), 占有改定(민 189조), 목적물반환청구권의 양도(민 190조) 등이 있다.

(2) 증권예탁결제제도하에서 계좌부상의 대체의 기재는 목적물반환청구권의 양도에 의한 점유의 이전방법으로 본다(증거 174조의3 2항). 이에 의하여 실물주권의 점유이전 없이 장부상의 대체기재(즉, 목적물반환청구권의 양도)만에 의하여 보다 간이한 방법으로 주식을 양도할 수 있다. 이와 관련되어 있는 것이 실질주주명부제도이다.

| 대구지법 경주지원 2002. 3. 29. 자 2002카합1 결정 |

현행 상법상 주식의 양도는 양도의 합의 외에 주권의 교부를 요하고, 이로써 족하도록 되어 있으며, 위 규정은 강행규정으로서 정관으로도 달리 정하지 못한다 할 것인바, 기명주식의 양도방법에 의하지 아니한 주식양도의 계약만으로는 주식을 양도하기로 하는 채권적 효력 밖에 없어 회사에 대하여 주식양도의 효력이 있다고 주장할 수 없다 할 것이므로 그 양도행위는 무효이다.

| 증권예탁원 예탁주식에 대한 특례 |

증권예탁원에 예탁된 주식을 양도하거나 질권의 대상으로 제공하는 경우에는 상법에 대한 특칙이 증권거래법에 의하여 인정되고 있다.

① 예탁의 구조 - 고객이 증권회사를 통하여 증권예탁원에 예탁된 주식을 취득하게 되면, 증권회사는 「고객계좌부」에 기재하고 그 주권을 증권예탁결제원에 예탁한다(증거 174조의2 1

항·2항). 증권예탁결제원은 예탁받은 주권에 대하여 「예탁자계좌부」에 기재한다(증거 174조 3항). 증권예탁원은 이러한 예탁주권을 종류와 종목별로 혼합하여 보관한다(혼장임치)(증거 174조 4항).

② 예탁주권에 대한 법률관계 – 고객계좌부와 예탁자계좌부의 기재는 주권을 점유한 것으로 보며, 계좌부에의 대체기재는 그 주권의 양도 또는 질권설정을 목적으로 하는 경우 주권의 교부가 있는 것과 동일한 효력을 가진다(증거 174조의3 2항). 고객과 예탁자는 고객계좌부와 예탁자계좌부에 기재된 내용에 따라 예탁된 주권에 대하여 공유지분을 가지는 것으로 추정되며(증거 174조의4 1항), 고객은 예탁자에 대하여 또 예탁자는 증권예탁결제원에 대하여 언제든지 그 공유지분의 반환을 청구할 수 있다(증거 174조의4 2항).

③ 예탁주식에 대한 권리행사 – (제4편 제2장 제7절 [2]. 실질주주와 명의주주에서 설명)

[3] 주식양도의 대항요건

Ⅰ. 명의개서

○○는 지난 2000년 7월 △△와 건물임대계약을 맺고 총 9억 5,776만여 원의 임대료 중 절반인 4억 7,888여만 원은 △△가 발행한 보통주 3만 1,926주를 주당 1만 5,000원(액면가 5천 원)에 양도받기로 했으나 △△측이 주식명의개서를 해줄 수 없다고 주장하자 소송을 냈다. 이 사건을 담당한 서울중앙지법 민사 제○부는 ○○회사가 △△회사를 상대로 낸 주식 명의개서 청구소송에서 원고승소판결을 내렸다. 재판부는 "△△가 앞서 진행된 건물명도청구소송에서 6억 2,000만 원을 ○○에게 지급하라는 강제조정결정을 받았지만 이 결정금액상에서는 주식양도를 대신할만한 차임상당액이 포함돼 있지 않다"고 판단했다. 재판부는 판결문에서 "두 업체 간에 적법하게 주식양도가 이루어졌다면 △△는 주주명부상의 명의개서절차를 이행해야 할 의무가 있다고 밝혔다." (출처 : 이데일리 2004. 7. 11)

| 해 설 |

위 사례는 주식의 양도가 있었음에도 불구하고 회사가 명의개서에 협조하지 않자 법원에 명의개서의 이행을 명하는 판결을 구하는 내용이다. 주식의 양도는 당사자간에 양도에 관한 의사의 합치(합의)와 주권의 교부에 의하여 그 효력이 발생한다(336조 1항). 그러나 주식이 양도되었을 때 양수인이 회사에 명의개서를 하지 않으면 회사로서는 누가 새로이 주주가 되었는지를 알 수 없다. 이 때문에 주식의 양수인이 주주로서 회사에 주장하려면 회사의 주주명부에 자신의 이름으로 명의개서할 것을 요하고 있다. 기명주식의 경우 명의개서를 하지 않으면 회사에 대항하지 못한다(상 337조 1항).

1. 의의

명의개서란 주식의 양도로 주주가 교체되었을 경우에 주주명부에 기존의 주주(양도주주) 대신 새로운 주주(양수주주)로 그 명의를 고쳐서 기재하는 것을 말한다. 명의개서는 주식양도의 회사에 대한 대항요건이다(상 337조 1항).

| 취 지 |

기명주식의 명의개서는 대량적 · 집단적 · 계속적으로 이루어지는 주식거래에 있어서 주주와 회사간의 권리관계를 보다 명확하게 처리하게 위한 기술적 제도이다. 즉, 주주가 수시로 교체되더라도 회사는 주주명부상의 명의개서를 기초로 하여 집단적 · 획일적 · 정형적으로 주주를 인정할 수 있는 명확성과 편리함이 있다.

| 포괄승계의 경우 |

상속 · 합병 등 포괄승계에 의한 경우에는 해당 법 규정에 의하여 당연이 주식이 이전되며, 주권의 교부를 요하지 않는다.

2. 절차 및 방법

(1) 청구권자 · 상대방

주식양도에 의하여 주식을 양수받은 양수인은 단독으로 명의개서를 청구할 수 있다. 청구의 상대방은 회사이지 양도인이 아니다. 주주명부폐쇄기간 중에는 명의개서를 청구할 수 없다(상 354조).

| 대법원 1992. 10. 27. 선고 92다16386 판결 |

상법 제337조 제1항에 규정된 주주명부상의 명의개서는 주식의 양수인이 회사에 대한 관계에서 주주의 권리를 행사하기 위한 대항요건에 지나지 않는 것이므로, 회사성립 후 또는 신주의 납입기일 후 6월이 경과하도록 회사가 주권을 발행하지 아니한 경우에 당사자 간의 의사표시만으로 주식을 양수한 사람은 특별한 사정이 없는 한 양도인의 협력을 받을 필요 없이 단독으로 자신이 주식을 양수한 사실을 증명함으로써 회사에 대하여 그 명의개서를 청구할 수 있다.

(2) 주권의 제시

① 명의개서를 청구함에는 주권을 회사에 제시하여야 한다(대판 1995. 7. 28, 94다25735). 주권의 점유자는 적법한 소지인으로 추정되어 자격수여적 효력을 인정받으

므로(상 336조 2항), 양수인은 주권을 제시함으로써 더 이상 실질적 권리자임을 증명할 필요 없이 명의개서를 청구할 수 있다.

② 주권불소지신고를 한 자는 회사로부터 주권을 발행 또는 반환받아서 회사에 제시하여야 한다.

③ 주권을 제시할 수 없는 사정이 있는 때에는 주권소지를 갈음할 수 있는 증빙자료(예 : 분실의 경우는 제권판결문, 주권발행 전 주식양도가 유효한 경우에는 주금납입영수증 · 양도증서 등)를 제시하여야 한다(대판 1995. 3. 24, 94다47728).

| 대법원 1995. 7. 28. 선고 94다25735 판결 |

기명주식을 취득한 자가 회사에 대하여 주주로서의 자격을 인정받기 위해서는 주주명부에 그 취득자의 성명과 주소를 기재하여야 하고, 취득자가 그 명의개서를 청구할 때에는 특별한 사정이 없는 한 회사에게 그 취득한 주권을 제시하여야 하므로, 주식을 증여받은 자가 회사에 그 양수한 내용만 통지하였다면 그 통지 사실만 가지고는 회사에 명의개서를 요구한 것으로 보기 어렵다.

| 대법원 1995. 3. 24. 선고 94다47728 판결 |

회사성립 후 또는 신주의 납입기일 후 6월이 경과하도록 회사가 주권을 발행하지 아니한 경우 그 주식을 취득한 자는 특별한 사정이 없는 한 상대방의 협력을 받을 필요 없이 단독으로 자신이 주식을 취득한 사실을 증명함으로써 회사에 대하여 그 명의개서를 청구할 수 있는 것이고, 이 경우에 명의개서의 청구에 소정 서류의 제출을 요한다고 하는 정관의 규정이 있다 하더라도, 이는 주식의 취득이 적법하게 이루어진 것임을 회사로 하여금 간이 명료하게 알 수 있게 하는 방법을 정한 것에 불과하여 주식을 취득한 자가 그 취득사실을 증명한 이상 회사는 위와 같은 서류가 갖추어지지 아니하였다는 이유로 명의개서를 거부할 수는 없다.

(3) 회사의 심사 및 처리

① 주권을 점유한 자는 적법한 소지인으로 추정되므로(상 336조 2항), 회사는 제시받은 주권의 진정성 여부(형식적 요건)만을 조사할 의무가 있고 그가 진정한 주주인가(실질적 요건)에 대한 조사의무는 없다. 그러나 청구자가 진실한 권리자가 아닌 경우에, 회사가 이를 알고 또 용이하게 증명할 수 있음에도 불구하고 악의 또는 중대한 과실로 인하여 명의개서에 응한 때에는 면책되지 않는다.

② 적법한 명의개서의 청구가 있으면 회사는 이에 응할 의무가 있고, 회사가 정당한 이유 없이 명의개서를 하지 아니한 때에는 과태료에 의한 제재를 받는다(상 635조 1항 7호).

3. 효과

(1) 회사에 대한 효력

회사에 대해서는 실질상의 주주라도 명의개서를 하지 않으면 주주임을 주장할 수 없다(상 337조 1항). 그 결과 주식이 양도되었더라도 양수인이 명의개서를 하지 않으면 회사와의 관계에서는 양도인이 여전히 주주로 남게 된다(대법원 1988. 6. 14 판결, 87다카2599 · 2600).

(2) 양도인 · 제3자에 대한 효력

주식양수인은 주식양도인 · 제3자에 대한 관계에서는 명의개서 여부와 관계없이 실질상의 법률관계에 기하여 주주임을 주장할 수 있다.

4. 명의개서 없이도 회사에 대항할 수 있는 경우

(1) 6개월이 경과하여도 주권을 발행하지 않는 경우

| 대법원 1999. 7. 23. 선고 99다14808 판결 |

주권발행 전에 주식이 양도되는 경우라도 그것이 회사 성립 후 6개월이 경과한 후에 이루어진 때에는 회사에 대하여 효력이 있으므로 그 주식 양수인은 주주명부상의 명의개서 여부와 관계없이 회사의 주주가 되고, 그 후 주식양도 사실을 통지 받은 바 있는 회사가 그 주식에 관하여 주주가 아닌 제3자에게 주주명부상의 명의개서 절차를 마쳤다고 하더라도, 그로써 그 제3자가 주주가 되고 주식양수인이 주주권을 상실한다고 볼 수는 없다. (同旨 : 대법원 1996. 8. 20. 선고 94다39598 판결)

(2) 명의개서를 부당하게 거절하는 경우

회사가 정당한 이유 없이 명의개서를 거부한 경우, 양수인은 명의개서에 갈음하는 판결을 구할 수 있고, 그로 인한 손해배상을 청구할 수 있으며, 이사 등에게는 벌칙이 적용된다(상 635조 1항 7호). 부당하게 명의개서를 거절당한 양수인은 명의개서가 없는 상태에서 주주권을 행사할 수 있을까? 신의칙상 이를 긍정하여야 한다는 것이 학설과 판례(대판 1993. 7. 13, 92다40952)의 입장이다.

| 대구지법 경주지원 2002. 3. 29. 자 2002카합1 결정 |

기명주식의 취득자는 명의개서를 해야 회사에 대하여 주주권을 행사할 수 있음이 원칙이나, 회사는 명의개서 청구인이 적법한 소지인이 아니라는 입증 없이는 명의개서를 거부할 수 없으며, 회사가 이를 거부할 경우에는 주식 양수인은 신의칙상 명의개서 없이도 회사에 대하여 주주권을 행사할 수 있다.

▎대법원 1993. 7. 13. 선고 92다40952 판결▕

주식을 양도받은 주식양수인들이 명의개서를 청구하였는데도 위 주식양도에 입회하여 그 양도를 승낙하였고 더구나 그 후 주식양수인들의 주주로서의 지위를 인정한 바 있는 회사의 대표이사가 정당한 사유 없이 그 명의개서를 거절한 것이라면 회사는 그 명의개서가 없음을 이유로 그 양도의 효력과 주식양수인의 주주로서의 지위를 부인할 수 없다. (同旨 : 서울고법 1991. 7. 25. 선고 90나28097(본소), 28103(반소) 제1민사부 판결)

(3) 실질주주명부에 명의개서된 경우

증권예탁결제원에 예탁되어 있는 주식의 경우, 실질주주명부의 기재는 주주명주의 기재와 동일한 효력을 갖는다(증거 174조의8 2항).

Ⅱ. 失期株

증권예탁원은 2004년 6월 9일 현재 보관하고 있는 상장·등록법인의 실기주 과실의 규모가 114억 8,000만 원, 12만 5,000주에 이른다고 밝혔다. 실기주 과실이란 결산기준일 등 권리행사의 기준일까지 명의개서를 하지 않아 예탁원이 대신 보관하고 있는 배당금(소위 '잠자는 배당금')이나 무상신주 등을 말한다. 주주에게 배당금이 전달되지 못한 이유는 투자자가 주권을 실물로 인출한 뒤 예탁원명의의 주권을 자신의 이름으로 바꾸어 놓지 않아 주권 소지자가 누구인지 알 수 없기 때문이다. 예탁원 관계자의 말에 의하면, "장외거래, 금융기관 담보제공 등을 사유로 예탁주식이 인출되는 경우 명의개서 실기주가 발생될 수 있다"며, "이를 방지하기 위해서는 실물주권 인출 즉시 명의개서 대행회사에서 본인 명의로 명의개서를 하거나 증권회사를 통해 증권예탁원에 재예탁하여야 한다"고 한다. 주식을 예탁원에 맡겨 놓으면 주식 발행사의 주주명부에 예탁원이 주주로 등재됨으로써 예탁원이 배당금이나 무상신주 수령 등 주주의 권리를 대행한다. (출처 : 동아일보 2004. 6. 11, 경향신문 2004. 6. 11, 머니투데이 2004. 6. 10)

▎해 설▕

기명주식의 양도를 회사에 대항하려면 주주명부에 명의개서를 하여야 한다. 주식을 양수하였으나 명의개서를 하지 않은 주식을 실기주라 한다. 위 기사를 통하여 실기주가 적지 않게 발생하고 있음을 알 수 있다. 회사는 주주명부의 기재를 기초로 주주를 확정하고 그렇게 하면 악의 또는 중대한 과실이 없는 한 책임을 면하게 된다. 실기주의 상태가 되지 않으려면 주식을 양수한 자가 회사에 주권을 제시하여 명의개서를 하여야 한다. 다만 상장주권의 경우에는 실질주주명부의 기재는 주주명부의 기재와 동일한 효력이 인정된다. 따라서 인출된 실물주권을 거래하는 것이 아니라 증권예탁원에 예탁되어 있는 상태에서 주식을 양수한 경우에는 양수주주가 별도로 명의개서를 위한 수고를 하지 않더라도 실기주가 되지 않는다. 그러나 실물주권을 소지하고 있는 자는 직접 회사에 명의개서를 해놓지 않으면 실기주가 된다.

1. 의의 · 발생

주식을 양수받았다고 해서 명의개서가 저절로 이루어지는 것은 아니고, 주식을 양수받은 양수인이 주권을 첨부하여 회사에 명의개서를 청구함으로써 명의개서가 이루어진다. 명의개서는 주식양수인이 회사에 대하여 주주권을 대항하기 위한 요건이다(상 337조 1항). 주식을 양수하였음에도 불구하고 양수인이 주주명부에 자신의 이름으로 명의개서를 하지 않은 경우에 失期株(또는 失念株)의 상태가 발생한다.

| 광의의 실기주와 협의의 실기주 |

실기주는, 좁은 의미로는 신주발행의 경우에 신주배정일까지 명의개서를 하지 않음으로 해서 주주명부상의 주주인 양도인에게 배정된 신주를 뜻하고, 넓은 의미로는 신주발행의 경우 외에 소정의 기일까지 명의개서를 하지 않은 일체의 경우(예 : 의결권 행사, 이익배당 등)를 포함한다.

| 상장법인에서 실기주가 발생하는 경우 |

상장법인의 경우 실질주주명부의 기재는 주주명부의 기재와 동일한 효력을 갖는다(증 174조의8 2항). 이에 의하여 주권이 증권예탁결제원에 예탁되어 있는 경우에는 상장법인의 주주(실질주주)는 상법상의 명의개서절차를 밟지 않은 때에도 실질주주명부의 작성에 의하여 자동적으로 주주권을 행사할 자로 되므로 실기주가 되지 않는다. 그러나 상장법인이라 하더라도 주권이 증권예탁결제원에 예탁되어 있지 않는 상태에서 실물주권이 양도된 경우라면, 증권거래법상의 위 특칙이 적용되지 않으므로 상법의 규정에 따라 양수인이 명의개서절차를 밟지 않으면 실기주의 상태로 된다(상 337조 1항).

2. 실기주의 법률관계

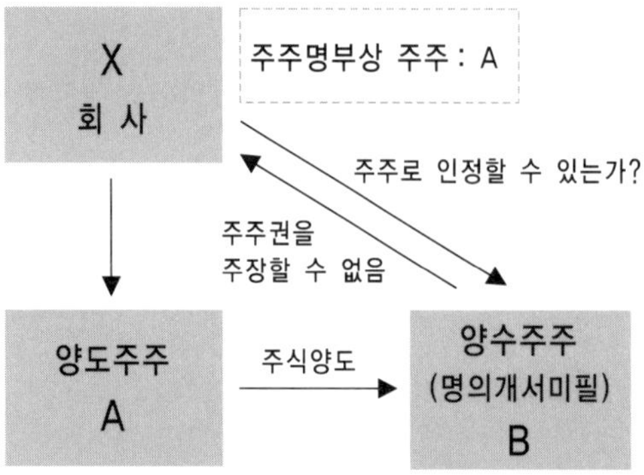

(1) 양수인과 회사와의 관계

(가) 양수인 ⇒ 회사

명의개서는 기명주식 양도의 대항요건이다(상 337조 1항). 따라서 적법한 원인과 방법에 의하여 기명주식을 양수받았다고 하더라도 명의개서를 하지 않은 양수인은 회사에 대하여 주주권을 주장할 수 없다.

(나) 회사 ⇒ 양수인

반대로, 회사가 명의개서를 하지 않은 자를 주주로 인정하는 것은 가능한가?

(ⅰ) 편면적 구속설 - 상법 제337조 제1항을 회사의 사단법적 사무처리의 편의를 위한 규정이고, 상법의 문언에서도 명의개서를 하지 않으면 '회사에 대항하지 못한다'고 하고 있을 뿐이므로, 법문언에 따라 회사가 스스로 자기의 위험부담 하에 명의개서하지 않은 자를 주주로 인정하는 것은 무방하다는 견해이다(다수설).

(ⅱ) 쌍방적 구속설 - 상법 제337조 제1항의 입법취지가 단순히 회사의 주식사무의 편의를 위한 것만이 아니라 다수인의 이해관계가 교차하는 회사법률관계의 획일적 처리를 위한 규정으로 이해함으로써, 회사도 명의개서하지 않은 자를 주주로 인정할 수 없다는 견해이다(소수설). 위의 (ⅰ)설에 의하면 회사가 자의적으로 주주를 인정할 수 있게 되어 부당하고, 단체법적 법률관계의 획일적 확정을 저해할 뿐만 아니라, 주주평등의 원칙에 반한다고 한다.

(ⅲ) 판례 - "상법 제337조의 규정은 기명주식 이전의 효력요건을 정한 것이 아니고 회사에 대한 관계에서 누가 주주로 인정되느냐 하는 주주의 자격을 정한 것으로서 기명주식의 취득자가 명의개서를 하지아니하면 스스로는 회사에 대하여 주주권을 주장할 수 없다는 의미이고, 명의개서를 하지 아니한 실질상의 주주를 회

사측에서 주주로 인정하는 것은 무방하다"고 함으로써 편면적 구속설을 취하고 있다(대판 1989. 10. 24, 89다카214714; 대판 2001. 5. 15, 2001다12973).

(ⅳ) 사견 - 쌍방적 구속설은 매우 강한 논리적 설득력을 갖고 있다. 그러나 명의개서에는 창설적 효력이 없고 단지 명의개서를 하지 않으면 양수인이 회사에 대하여 주주로 대항할 수 없을 뿐이라는 것이 상법 제337조 제1항의 취지라는 것을 감안하면 법해석상 편면적 구속설이 타당하다. 따라서 회사는 실질적 권리관계를 입증하여 명의개서 미필 주주를 주주로 인정할 수 있다.

| 대법원 2001. 5. 15. 선고 2001다12973 판결 |

상법 제337조 제1항의 규정은 기명주식의 취득자가 주주명부상의 주주명의를 개서하지 아니하면 스스로 회사에 대하여 주주권을 주장할 수 없다는 의미이고, 명의개서를 하지 아니한 실질상의 주주를 회사측에서 주주로 인정하는 것은 무방하다. (同旨: 대법원 1989. 10. 24. 선고 89다카14714 판결; 서울지법 의정부지원 1996. 6. 27. 선고 95가합10287 판결)

(2) 양수인과 양도인의 관계

양도인과 양수인 사이의 법률관계는 회사법적인 문제가 아니라 개인 민사법적인 문제로 처리된다.

(가) 당사자간에 권리귀속에 관한 합의가 있는 경우

양도인과 양수인 사이에 권리의 귀속에 관한 합의가 있으면 그에 의한다.

(나) 당사자간에 권리귀속에 관한 합의가 없는 경우

이에 관한 합의가 없는 경우 당사자 간에 있어서는 양수인에게 주주권이 이전되었다고 보아야 할 것이다(통설). 다만 그 법리를 어떻게 구성할 것인가에 대해서는 다음과 같은 견해가 있다.

(ⅰ) 一元說 - 협의의 실기주와 광의의 실기주를 구분하지 않고 모든 실기주에 대하여 통일적으로 그 근거법리를 ㉠ 부당이득설, ㉡ 사무관리설, ㉢ 준사무관리설 등으로 설명한다. 어떤 학설에 의하는가에 따라 양도인이 반환하여야 할 범위에 차이가 있다. 부당이득설에 의하면 양도인이 반환하여야 할 범위는 양수인의 손실을 최대한도로 하나, 준사무관리설(또는 사무관리설)에 의하면 양도인은 주주권 행사로 인한 모든 이익(예: 배당금, 신주)을 반환하여야 하고 주주권행사에 소요된 비용(예: 유상신주의 납입금)은 유익비로 청구할 수 있다.

(ⅱ) 二元說 - 이 견해는 협의의 실기주에 대해서는 준사무관리설이 타당하다고 하고, 광의의 실기주에 대해서는 부당이득으로 그 근거법리를 설명한다.

(iii) 私見 - 생각건대, 일률적으로 부당이득, 사무관리 또는 준사무관리로 보는 것은 반드시 옳다고 볼 수 없고, 양도인과 양수인 사이의 구체적인 법률관계, 주식의 명의가 양도인으로 되어 있는 경위 등을 종합적으로 고려하여 구체적인 사안에 따라 부당이득, 사무관리 또는 준사무관리에 의하여 처리하여야 할 것이다(구체적 법률관계설).

Ⅲ. 명의개서대리인

○○는 명의개서대리인인 △△은행의 잘못으로 합병일정이 늦춰지는 등 피해를 입었다며 △△은행을 상대로 8억 6천만 원의 손해배상청구소송을 서울지방법원에 제기하였다. ○○회사의 관계자는, "지난 2월 25일 ●●와의 합병을 결의하면서 주주명부 폐쇄일을 올해 3월 말로 정했는데 △△가 실수로 지난 해 12월 31일을 주주명부 폐쇄일로 삼아 임시주주총회 소집통지서를 주주들에게 보냈고" 이로 인해 임시주주총회 소집통지서를 받아야 할 3백여 명의 주주들이 소집통지를 받지 못하였다고 한다. 이에 따라 주주총회소집통지를 받지 못한 주주가 항의하는 소동이 벌어졌고 하는 수 없이 주주총회일 한 달 정도 늦추게 되면서 주식매수청구부담이 늘어났다고 한다. ○○는 △△와의 원만한 합의가 되지 않아 소송을 제기하는 한편, 이와는 별도로 명의개서대행 등 주식수탁사무회사를 △△에서 다른 곳으로 변경할 것을 검토하였다. (출처 : 한국경제 2002. 12. 3 [박준동], 매일경제 2002. 12. 2 [박기효])

▌해 설▐

위 사례는 명의개서대리인의 잘못으로 합병주주총회에서 소집통지를 받아야 할 주주들이 소집통지를 받지 못하게 되었고 이로 인하여 합병일정이 늦추어짐으로써 회사에 손해가 발생하였다는 내용이다. 명의개서대리인의 본래의 업무는 회사의 명의개서업무를 대행하는 것인데, 회사와의 별도 계약에 의하여 그와 관련된 총회소집통지 등의 업무를 대행하기도 한다. 회사와 명의개서대리인, 그리고 명의개서대리인과 제3자 사이에 발생한 법률문제의 처리를 어떻게 할 것인가는 이들의 법률관계를 무엇으로 볼 것인가에 따라 달라진다.

1. 의의 · 취지

(1) 명의개서대리인은 회사를 위하여 기명주식과 기명사채의 명의개서업무를 대행하는 자이다(상 337조 2항, 479조 2항). 명의개서는 법률행위가 아니므로 엄밀한 의미에서의 '대리'가 아니고 '대행'이다.

(2) 명의개서대리인제도는, (ⅰ) 회사입장에서는 명의개서업무를 전문으로 하는 자에게 업무를 위임함으로써 비용절감과 업무의 능률을 기하고, (ⅱ) 주식양수인의 입장에서는 회사의 본점에서만 명의개서를 할 수 있는 것보다 편리하게 명의개서를 할 수 있으며, (ⅲ) 명의개서대리인이 여러 회사들로부터 명의개서업무를 모아 취급함으로써 명의개서업무에 있어서 규모의 경제를 얻을 수 있다.

2. 근거

명의개서대리인은 선임이 강제되는 것이 아니고, 이를 두려면 정관에 그 근거 있어야 한다(상 337조 2항). 그러나 상장법인은 명의개서대리인을 의무적으로 두어야 한다(증권거래소 유가증권시장상장규정 32조 1항 15호).

3. 자격 · 선임

(1) 자격

명의개서대리인의 자격은 증권거래법에 따라 금융감독위원회에 등록한 주식회사에 한한다(부 8조 2항, 상시규 4조, 증거 173조의2, 180조 1항). 현재 증권예탁결제원과 국민은행, 하나은행이 이 업무를 수행하고 있다.

(2) 선임

명의개서대리인의 선임은 회사의 업무집행에 속하므로 이사회의 결의에 의한다.

(3) 등기 · 공시

명의개서대리인을 둔 경우에는 이를 등기하여야 하고, 주식청약서와 사채청약서에도 기재하여야 한다(상 317조 2항 11호, 302조 2항 10호, 420조 2호).

4. 회사와 제3자와의 관계

(1) 회사와 명의개서대리인은 기본적으로 위임계약의 관계에 있다. 따라서 명의개서대리인이 선량한 관리자의 주의로써 그 업무를 수행하지 않음으로 해서 회사에 손해를 가한 때에는 그로 인한 손해배상책임을 진다.

(2) 한편, 명의개서대리인은 회사의 이행보조자의 지위에 있다(이철송). 따라서 명의개서대리인의 부주의에 의하여 회사 이외의 제3자(예 : 투자자)에 손해를 가한 때

에는 회사가 제3자에 대하여 손해배상책임을 져야 한다(민 391조). 또한 명의개서대리인의 불법행위에 대하여 회사는 사용자책임(민 756조)을 진다.

(3) 명의개서대리인이 정당한 이유 없이 명의개서를 거절하거나, 주주명부 또는 그 복본에 기재하여야 할 사항을 기재하지 아니하거나 또는 부실한 기재를 한 때에는 과태료에 의한 제재를 받는다(상 635조 1항 9호).

5. 업무

(1) 명의개서 대행업무

명의개서대리인을 둔 경우에는 주주명부나 사채원부를 회사의 본점에 비치하는 대신 그 명부 또는 복본을 명의개서대리인의 영업소에 비치할 수 있다(상 396조 1항 후단). 여기서 '영업소'는 명의개서대리인이 명의개서사무를 취급하는 장소를 뜻하며, 상법상의 영업소(본점과 지점)와는 반드시 그 내용이 일치하는 것은 아니다. 명의개서대리인이 주주명부의 복본에 기재를 한 때에는 회사의 주주명부에 명의개서한 것으로 본다(상 337조 2항 후단).

(2) 그 밖의 업무

명의개서대리인은 회사와의 위임계약에 따라 명의개서의 대행 이외에 기명주식의 질권의 등록(상 340조), 주주총회의 소집통지, 배당, 이자 및 상환금의 지급, 주권 및 사채권의 발행, 신주의 배정 등을 대행하는 업무를 수행할 수 있다(증거 180조 2항).

제3절 주식양도의 자유와 제한

[1] 주식양도 자유의 원칙

주식의 양도는 주주가 회사존속 중에 투하한 자본을 회수하는 가장 원형적인 방법이다. 또한 주식회사에서는 인적회사와는 달리 사원의 개성과 인적 유대관계가 중시되지 않으므로 기존 주주의 입장에서는 누가 주주로 되건 별 상관없는 것이 일반적이다(몰개성). 이 때문에 주주는 주식을 자유로이 양도할 수 있음을 원칙으로 한다(상 335조 1항 본문). 이를 제한하려면 법률 또는 정관에 그 근거가 있어야 한다.

[2] 주식양도의 제한

(1) 주식은 자유롭게 양도할 수 있는 것이 원칙이지만, 주식의 자유로운 양도를 허용하기가 곤란한 특수한 사정이나 이유가 있는 경우에는 예외적으로 주식의 양도를 제한할 수 있도록 하고 있다.

(2) 주식의 양도를 제한하려면 정관이나 법률에 그 근거가 있어야 한다. (ⅰ) 정관에 의한 주식양도의 제한은 주주구성에 있어서 인적 폐쇄성을 유지할 필요가 있는 회사에서 정관에 의한 자치적 제한이며, (ⅱ) 법률에 의한 제한은 입법정책적 고려에 의한 제한이다. 이 밖에 (ⅲ) 당사자간의 계약에 의하여 양도제한의 약정을 맺을 수 있으나, 상법 제335조 제1항의 탈법수단인 경우에는 허용되지 않는다.

| 주식양도의 제한 |

계약에 의한 제한	당사자간 채권적 효력 (회사법적 효력은 없음)
정관에 의한 제한	정관 → 이사회 승인 (*비상장법인) ☞ **양도거절시** - 양도인(또는 양수인)은 회사에 대하여 상대방지정청구권 또는 주식매수청구권을 행사할 수 있다.
법률에 의한 제한	권리주, 주권발행 전, 자기주식, 상호주 등

제4절 정관에 의한 주식양도의 제한

[1] 의의 · 취지

(1) 회사는 정관에 규정을 두어 주식양도시 이사회의 승인을 얻도록 할 수 있다. 이는 주주구성이 인적인 소규모의 주식회사에서 자율적으로 사원구성을 폐쇄적으

로 운용할 수 있는 길을 열어두기 위함이다. 그 대신 주식양도를 제한당한 주주에 대해서는 투하자본을 회수할 수 있는 수단(즉, 주식매수청구권, 양도상대방 지정청구권)을 제공하고 있다.

(2) 규정의 성격

정관에 의하여 주식양도를 제한할 수 있다는 상법규정은 정관에 의하여 주식양도를 제한하는 경우에도 그 제한방법 및 제한정도의 상한선을 정한 강행규정이다. 따라서 상법에서 정한 양도제한의 방법 및 정도 이상으로 주식양도를 전면적으로 금지하거나 주식양도에 대한 제한의 강도를 높이는 정관 또는 합의는 무효이다(다수설, 판례).

┃대법원 2000. 9. 26. 선고 99다48429 판결┃

■ 상법 제335조 제1항 단서는 주식의 양도를 전제로 하고, 다만 이를 제한하는 방법으로서 이사회의 승인을 요하도록 정관에 정할 수 있다는 취지이지, 주식의 양도 그 자체를 금지할 수 있음을 정할 수 있다는 뜻은 아니기 때문에, 정관의 규정으로 주식의 양도를 제한하는 경우에도 주식양도를 전면적으로 금지하는 규정을 둘 수는 없다.

■ 회사와 주주들 사이에서, 혹은 주주들 사이에서 회사의 설립일로부터 5년 동안 주식의 전부 또는 일부를 다른 당사자 또는 제3자에게 매각·양도할 수 없다는 내용의 약정을 한 경우, 그 약정은 주식양도에 이사회의 승인을 얻도록 하는 등 그 양도를 제한하는 것이 아니라 설립 후 5년간 일체 주식의 양도를 금지하는 내용으로 이를 정관으로 규정하였다고 하더라도 주주의 투하자본회수의 가능성을 전면적으로 부정하는 것으로서 무효라는 이유로 정관으로 규정하여도 무효가 되는 내용을 나아가 회사와 주주들 사이에서, 혹은 주주들 사이에서 약정하였다고 하더라도 이 또한 무효이다.

┃제도운영의 과제┃

회사의 주식양도제한의 이익과 주주의 자유로운 주식양도의 이익을 비교형량하고, 주식양도를 제한당한 주주에 대하여 부여되는 투하자본회수수단(주식매수청구권)에 의하여 주주가 다른 이해당사자들보다 우선적으로 출자금을 회수하는 수단으로 악용할 수 있는 가능성에 대한 대비가 필요하다.

[2] 적용범위

(1) 소규모의 인적 주식회사에서만 가능하다. 주식의 자유로운 양도를 생명으로

하는 상장법인의 경우는 상장규정에 의하여 정관에 의한 주식양도의 제한을 금지하고 있다(증권거래소 유가증권시장상장규정 32조 1항 14호).

(2) 주식의 양도(특정승계)의 경우에만 적용된다. 담보제공행위(예 : 입질)와 포괄승계(예 : 상속, 합병, 유증)에 대해서는 이러한 제한이 적용되지 않는다.

(3) 주식양도 자체를 전면적으로 제한하거나 상법에서 인정하지 않는 방식으로 양도를 제한하는 것은 허용되지 않는다(대판 2000. 9. 26, 99다48429).

[3] 양도제한의 요건 · 방법

Ⅰ. 정관의 근거

(1) 정관의 근거
주식의 양도를 제한하기 위해서는 반드시 정관에 그 근거가 있어야 한다(상 335조 1항 단서). 주주권에 대한 중대한 제약을 가하는 것이므로 자치적 구속이라는 의미에서 정관에 그 근거를 두도록 한 것이다.

(2) 제한내용의 합리성
양도의 제한은 「모든 주식」에 대하여 일반적으로 적용되어야 한다(주식평등의 원칙). 특정 주주 또는 특정 수량의 주식에 한정하여 제한하는 것은 허용되지 않는다. 양수인을 제한하는 것(예 : 주주의 외의 자, 외국인 등)은 주주의 동질성을 유지할 필요에서 허용된다고 본다. 양도를 제한하는 사유는 「합리성」이 인정되어야 한다. 주식양도의 제한은 이례적인 것이므로 주식양도자유의 이익과 비교하여 그 이상의 필요성과 합리성이 있는 경우에 한정하여 제한적으로 허용되어야 하기 때문이다.

(3) 공시
① 주식양도의 제한은 등기하여야 한다(상 3417조 2항 3호의2). 등기를 하지 않은 경우에는 선의의 제3자에게 대항하지 못한다(상 37조 1항). 양도제한의 사실은 주식청약서(상 302조 2항 5호의2), 신주인수권증서와 주권(상 356조 6호의2)에도 기재하여야 한다.

② 전환사채와 신주인수권부사채의 경우에는 사채청약서, 사채원부, 신주인수권증권에도 양도제한의 사실을 기재하여야 한다(상 514조 1항 5호, 516조의4 4호, 516조의5 2항 5호).

Ⅱ. 이사회의 승인

(1) 대체방법의 허용여부

① 주식양도제한의 방법은 「이사회의 승인」을 얻도록 하는 방법만이 허용된다(335조 1항 단서). 그 밖의 다른 제한방법(예 : 특정 주주 또는 대표이사의 승인을 얻도록 하는 것)은 허용되지 않는다.

② 정관에 이사회의 승인 대신에 총주주의 동의를 얻도록 하는 것은 주식양도를 더욱 어렵게 하기 때문에 허용되지 않는다. 이사회의 승인이 없더라도 총주주의 동의가 있거나 1인 회사의 1인 주주가 양도한 때에는 회사에 대하여 효력이 있다는 견해가 있다.

③ 이사가 1인인 주식회사에서는 이사회 대신 주주총회가 승인기관이 된다(상 335조의3 단서, 383조 4항).

(2) 이사회의 승인을 얻는 방법

(가) 청구 - 승인청구의 시점은 양도의 전후를 불문하고 모두 가능하다. 양도인(양도 전의 경우) 또는 양수인(양도 후의 경우)은 이사회에 양수인, 양도주식의 종류와 수를 기재한 서면으로 승인을 청구하여야 한다(상 335조의2 1항, 335조의7 1항).

(나) 승인결의 - 승인여부는 이사회의 결의에 의한다.

(다) 승인여부의 통지 - 회사는 위 청구에 대하여 1월 이내에 주주 또는 주식양수인에게 서면으로 승인 여부를 통지하여야 한다(상 335조의2 3항, 335조의7 2항). 이 기간 내에 통지하지 아니한 때에는 주식양도를 이사회가 승인한 것으로 의제한다(상 335조의2 3항, 335조의7 2항). 그 결과 회사는 그 양도의 효력을 인정하여야 한다.

(3) 이사회의 승인 없는 양도의 효력

(가) 양도 당사자간의 관계 - 주식양도가 유효하다.

(나) 회사와의 관계 - 회사에 대항하지 못한다(상 335조 2항). 즉, 회사에 대한 관계에서 그 주식양도는 무효이다(상대적 무효).

[4] 이사회가 승인을 거절하는 경우

| 주식양도의 승인 및 거절시의 절차 |

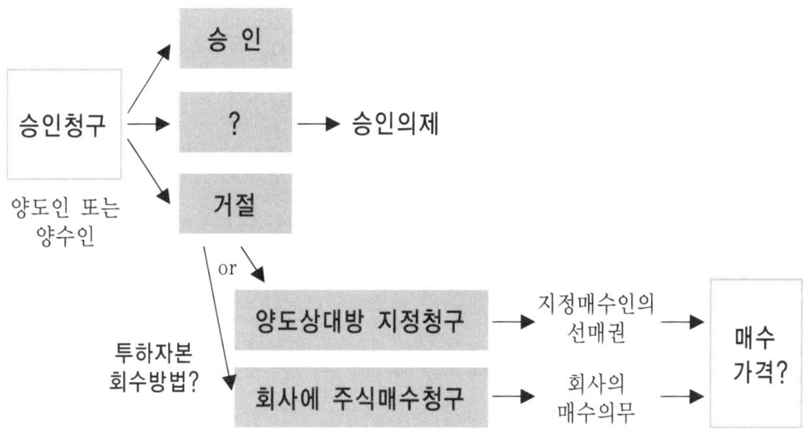

| 승인거절시 구제방법 및 선택권의 소재 |

양도승인의 거부통지를 받은 주주 또는 주식양수인은 거절의 통지를 받은 날로부터 20일 이내에 회사에 대하여 양도상대방의 지정 또는 그 주식의 매수를 청구할 수 있다(상 335조의 2 4항, 335조의7 2항). 양도상대방의 지정청구권과 주식매수청구권 중 어느 것을 선택할 것인가에 대해서는, 그 선택권이 (ⅰ) 주주측에 있다는 견해와 (ⅱ) 회사측에 있다는 견해가 있다. 법문의 해석상으로는 전자로 보아야 한다. 만일 후자로 해석하면 회사에 대하여 주식매수청구권을 행사하였으나 회사가 이를 수용하는 대신 양도상대방을 지정할 수 있다고 보게 되는데, 그렇게 되면 주식매수청구권을 형성권으로 보는 것과 모순이 된다. 다만 주주가 그 선택권을 회사에 일임하는 것은 가능하다고 본다.

Ⅰ. 양도상대방의 지정청구

(1) 지정청구

양도승인거부의 통지를 받은 주주(또는 그 주식의 양수인)는 그 통지를 받은 날로부터 20일 이내에 회사에 대하여 양도의 상대방의 지정을 청구할 수 있다(상 335조의 2 4항, 335조의7 2항). 청구의 방법에 제한이 없으므로 서면에 의할 것을 요하지 않는다.

(2) 양도상대방의 지정

양도상대방의 지정청구가 있으면 회사는 이사회의 결의에 의하여 양도상대방을 지정하여야 한다(상 335조의3 1항). 이사회는 충실의무에 따라 양도상대방을 지정하여야 하고, 기존의 주주를 양도의 상대방으로 하는 경우에는 지배권에 변동이 생기지 않도록 하여야 한다. 정관에 양도상대방 지정의 방법에 관한 규정이 없는 한, 현재의 주주들이 지주 수에 비례하여 양도상대방이 될 수 있는 권리를 갖는다고 보는 견해가 있다.

(3) 지정통지

회사는 양도상대방의 지정청구를 받은 날로부터 2주간 내에 청구인 및 양도상대방으로 지정된 자(지정매수인)에게 서면으로 통지하여야 한다(상 335조의3 1항, 335조의7 2항). 이 기간 내에 회사가 청구인에게 양도상대방 지정의 통지를 하지 않은 때에는 주식의 양도에 관하여 이사회의 승인이 있는 것으로 의제한다(상 335조의3 2항).

(4) 지정매수인의 매도청구권

① 양도상대방으로 지정된 매수인은 지정통지를 받은 날로부터 10일 이내에 지정청구자에 대하여 서면으로 당해 주식을 자기에게 매도할 것을 청구할 수 있다(상 335조의4 1항, 335조의7 2항). 이때의 매도청구권(先買權)은 형성권이다. 따라서 지정청구자(매도인)의 승낙을 요하지 않으며, 지정매수인의 매도청구가 있으면 지정청구자는 지정매수인에게 당해 주식을 양도해야 할 의무를 진다.

② 양도상대방으로 지정된 매수인이 지정통지를 받은 날로부터 10일 이내에 매도의 청구를 하지 아니한 때에는 매도청구권을 상실하고 이사회가 양도를 승인한 것으로 의제한다(상 335조의4 2항).

| 이사회의 양도승인이 의제되는 경우 |

예컨대, X회사의 주주 A가 B에게 주식을 양도하고 X회사에 그 양도의 승인을 청구하였으나 거부되자, X회사에 양도상대방의 지정을 청구하였다고 가정하자. 다음 두 가지의 경우에는 A의 B에 대한 주식양도를 이사회가 승인한 것으로 의제되어 A의 B에 대한 주식양도는 X회사에 대하여 효력이 있게 된다.

① 위의 양도상대방 지정청구에 대하여 X회사가 소정기간 내에 양도상대방을 지정하여 이를 통지하지 아니한 때(상 335조의3 2항)

② 위의 양도상대방 지정청구에 대하여 X회사가 C를 양도상대방으로 지정하여 소정기간 내에 A 또는 B에게 통지하였으나 C가 소정기간 내에 그 선매권을 행사하지 아니한 때(상 335조의4 2항, 335조의3 2항)

(5) 매매가격의 결정

지정매수인이 지정청구인에게 선매권을 행사하면 이들 사이에 당해 주식의 매매관계가 성립하며, 그 매매가격을 정하게 된다. 매매가격의 결정은 영업양도나 합병에 반대하는 주주가 주식매수청구권을 행사한 경우와 마찬가지로 다음의 2단계에 의한다(상 335조의5 2항, 374조의2 4항).

① 1단계 - 지정청구인과 지정매수인간의 협의에 의하여 결정한다.

② 2단계 - 매도청구를 받은 날로부터 30일 내에 협의가 이루어지지 않을 경우에는 지정청구인과 지정매수인은 법원에 대하여 매수가격의 결정을 청구할 수 있다. 법원이 매수가격을 결정할 때에는 회사의 재정상태, 그 밖의 사정을 참작하여 공정한 가액을 산정하여야 한다(상 335조의5 2항, 374조의2 5항).

Ⅱ. 회사에 대한 주식매수청구

(1) 주식매수청구

양도승인거부의 통지를 받은 주주(또는 그 주식의 양수인)는 그 통지를 받은 날로부터 20일 이내에 회사에 대하여 주식의 매수를 청구할 수 있다(상 335조의2 4항, 335조의7 2항).

(2) 회사의 매수의무

회사는 주식매수청구를 받은 날로부터 2월 이내에 그 주식을 매수하여야 한다(상 335조의6, 374조의2 2항).

(3) 매수가격의 결정

매수가격의 결정은 합병 및 영업양도시의 반대주주의 주식매수청구에 적용되는 매수가격의 결정방법을 준용함으로써 회사가 지정한 양도상대방이 매수하는 경우의 매매가격의 결정방법과 동일하다(상 374조의2 4항 · 5항).

제5절 법률에 의한 주식양도의 제한

[1] 권리주 및 주권발행 전의 주식

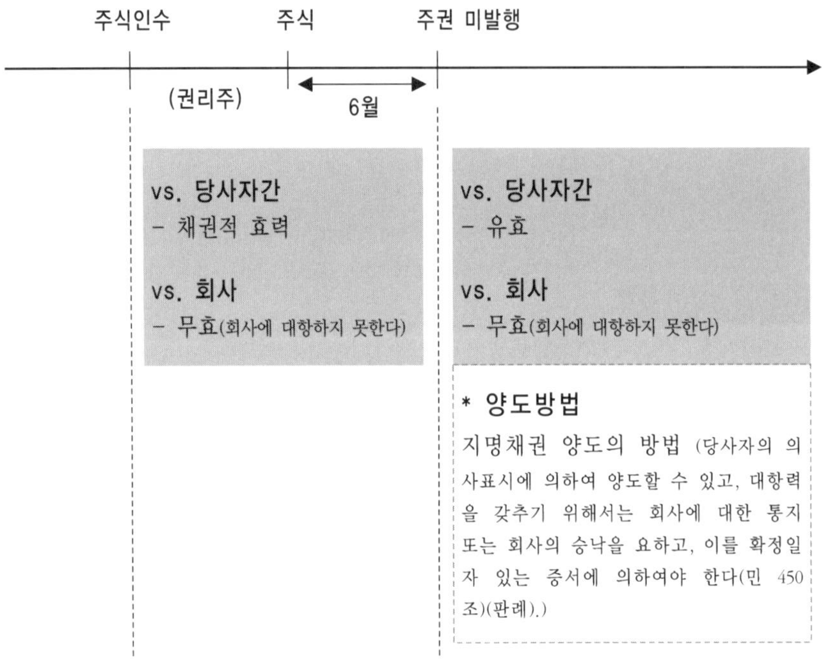

Ⅰ. 권리주의 양도제한

1. 의의

권리주란 회사의 성립(상 172조) 또는 신주의 효력발생(상 423조 1항) 전에 주식인수인이 가지는 지위를 말한다. 주식의 효력이 발생하는 시점은 회사설립시에는 설립등기시이고 신주발행의 경우에는 납입기일 다음 날이므로, 그 이전에는 주주가 아닌 주식인수인의 지위에 있을 뿐이다.

2. 양도제한

| 취 지 |

권리주의 양도를 금지하는 이유는 주식인수인의 지나친 투기를 방지하기 위한 측면도 있지만, 보다 중요한 이유는 아직 주권이 없으므로 주식양도방법을 갖출 수 없고 회사설립업무 또는 신주발행업무의 번잡을 피하기 위함이다.

(1) 당사자간에는 채권적 효력이 있다.

(2) 회사에 대해서는 무효이다(상 319조). 당사자가 회사에 대하여 그 효력을 주장할 수 없는 동시에 회사도 그 효력을 인정할 수 없다는 것이 다수설과 판례이다(대판 1965. 12. 7, 65다2069). 회사측의 승인을 허용하면 주식과 관련된 법률관계의 획일적 처리와 주주평등의 원칙에 반하기 때문이라는 것이 그 이유이다. 다만 이에 대하여는 회사가 자발적으로 권리주의 양도를 인정하는 것은 무방하다는 견해가 있다.

Ⅱ. 주권발행 전 주식의 양도제한

1. 의의

주권발행 전 주식이라 함은 신주의 효력이 발생한 때로부터 주권이 발행되기 이전까지의 주식을 말한다. 즉, 회사설립시에는 설립등기를 마친 때부터, 신주발행시에는 신주의 효력발생시점(예 : 상법 제416조 이하의 신주발행의 경우는 납입기일 다음날)부터 주권이 발행되기 전까지의 주식이다.

2. 양도제한

주권발행 전에는 원칙적으로 주식양도를 금지하되, 회사의 방치로 장기간(6월이 경과하도록) 주권이 발행되지 않는 경우에는 주권 없이도 주식을 양도할 수 있도록 하고 있다.

| 취 지 |

주식양도의 방법으로 주권의 교부를 요구하고 있는데(상 336조 1항), 주권 없이 주식이 양도된 경우에는 일정한 방식이 없으므로 법률관계가 불안정해진다. 그러나 주권을 발행할 수 있는 합리적인 기간이 지나도록 주권이 발행되지 않는 경우에는 주권교부 없는 주식양도에 대하여도 회사에 대하여 양도의 효력을 인정하여 주주가 투하자본을 회수할 수 있도록 하였다.

(1) 6월 경과 이전인 경우

① 당사자간에는 채권적 효력이 있다(광주고법 1975. 2. 28, 74나178).

② 회사에 대해서는 무효이다(상 335조 3항). 당사자가 회사에 대하여 그 주식양도의 효력을 주장할 수 없는 동시에 회사도 이를 인정할 수 없다는 것이 다수설·판례이다(대판 1981. 9. 8, 81다141).

③ 주식의 양도는 6월 경과 전에 이루어졌으나 6월이 경과하도록 회사가 주권을 발행하지 않았다면 그 기간이 경과하는 시점부터 하자가 치유되어 유효한 양도가 된다(대판 1999. 7. 23, 99다14808 ; 대판 2002. 3. 15, 2000두1850).

(2) 6월 경과 이후인 경우

① 신주의 효력이 발생한 시점으로부터 6월이 경과하도록 회사가 주권을 발행하지 않은 경우에는 주권 없이도 주식을 양도를 할 수 있다(상 335조 3항 단서).

② 위의 경우 당사자간에는 물론이고 회사에 대해서도 유효한 주식양도(또는 질권설정)가 된다. 주식양수인이 적당한 입증방법으로 주식양수의 사실을 증명한 때에는 회사에 대하여 명의개서를 청구할 수 있고, 회사는 이를 거절하지 못한다.

③ 주권이 없으므로 지명채권양도의 방법(민 450조)에 따라 당사자의 의사표시에 의하여 양도할 수 있다(다수설)(대판 2003. 10. 24, 2003다29661). 회사와 제3자에 대한 관계에서 대항력을 갖추기 위해서는 채권양도에 준하여 확정일자 있는 증서에 의하여 회사에 양도를 통지하거나 또는 양도에 관하여 회사의 승낙을 얻어야 한다(민 450조).

④ 주권 없이 주식을 취득한 양수인이 주주로서 회사에 대하여 권리를 행사하려면 주주명부에 명의개서를 하여야 한다(상 337조 1항).

대법원 2003. 10. 24. 선고 2003다29661 판결

상법 제335조 제3항 소정의 주권발행 전에 한 주식의 양도는 회사성립 후 6월이 경과한 때에는 회사에 대하여 효력이 있는 것으로서, 이 경우 주식의 양도는 지명채권의 양도에 관한 일반원칙에 따라 당사자의 의사표시만으로 효력이 발생하는 것이고(同旨 : 대법원 1996. 6. 25. 선고 96다12726 판결 ; 대법원 1995. 5. 23. 선고 94다36421 판결 ; 대법원 1995. 3. 24. 선고 94다47728 판결 ; 대법원 1993. 12. 28. 선고 93다8719 판결 ; 대법원 1991. 8. 13. 선고 91다14093 판결 ; 대법원 1988. 10.

11. 선고 87누481 판결), 상법 제337조 제1항에 규정된 주주명부상의 명의개서는 주식의 양수인이 회사에 대한 관계에서 주주의 권리를 행사하기 위한 대항요건에 지나지 아니한다.

| 서울지법 1996. 7. 11. 선고 94가합96619 판결 |

주권 발행 전의 주식의 양도는 회사성립 후 또는 신주의 납입기일 후 6월이 경과한 때에는 지명채권양도에 관한 일반원칙에 따라 양도할 수 있는 것이므로 양도당사자 사이에서는 양도의 의사표시만으로 효력이 발생하나, 주식이 이중으로 양도된 경우와 같이 제3자에게 대항하기 위해서는 확정일자 있는 증서에 의한 양도인의 회사에 대한 양도의 통지 또는 회사의 승낙이 있어야만 한다.

| 지명채권 양도의 효력요건 · 대항요건 |

지명채권의 양도에 관한 내용은 회사법의 여러 군데에 등장하므로 이에 대한 이해가 필요하다. 지명채권은 채권자가 특정되어 있는 채권으로, 증권적 채권에 속하지 않는 보통의 채권을 말한다. 지명채권은 양도할 수 있음이 원칙이다(민 449조 1항 본). 지명채권의 양도는 양도인과 양수인의 합의에 의하여 그 효력이 발생한다. 지명채권의 양도를 채무자 기타 제3자에 대항하려면, 양도인이 채무자에게 통지하거나 채무자가 승낙하여야 한다(민 450조 1항). 채무자 이외의 제3자에 대항하려면 위의 통지나 승낙은 확정일자 있는 증서에 의하여야 한다(민 450조 2항).

| 상장주식의 특례 |

증권예탁원에 예탁된 상장주식과 같이 계좌간 대체의 방법으로 주식을 양도할 수 있는 경우에는 주권발행 전에 주식을 양도하더라도 6월 경과 여부를 불문하고 회사에 대하여 효력이 있다(증거 174조의3 4항).

[2] 자기주식

---

[1] ○○엔지니어링이 약 75만 주 규모의 자사주 매입을 추진한다. 이 같은 자사주 매입은 장기적인 주가안정과 주식매수선택권(스톡옵션) 행사에 대비하기 위한 것으로 알려졌다. (출처 : 이데일리 2005. 5. 3, 한국경제 2005. 5. 3)

[2] 최근 상장기업들이 외국인 지분율 급등에 따라 설비투자 보다는 경영권 방어를 위한 자사주 매입에 열중하고 있는 것으로 조사됐다. 경제단체가 발표한 보고서에 따르면 국내 상장기업의 자사주 보유 총액은 2001년 말 현재 8조 2,040억 원에서 2004년 5월 19조 1,390억 원으로 2년 6개월 만에 133% 가량 늘어났다. "미국, 영국 등 선진국과 달리 국내

기업들은 마땅한 경영권 방어수단을 갖지 못해 자사주 매입과 같은 현금투입형 방어에 전적으로 의존하고 있다"고 설명했다. 보고서는 이어 "자사주 매입이나 배당확대와 같은 현금투입형 경영권 방어는 단기적 주가 안정과 주주중시 경영 측면에서 긍정적일 수도 있으나 과도한 현금 소요로 기업의 투자와 성장 잠재력을 위축시키는 결과를 가져온다"고 지적했다. (출처 : 한국일보 2004. 7. 15)

해 설

실무에서는 자기주식을 흔히 '자사주'라 부르기도 한다. 회사가 자신이 발행한 주식을 취득하면 출자를 환급하는 셈이 된다. 이 때문에 상법에서는 자본충실의 견지에서 회사가 자기주식을 취득하는 것을 매우 엄격하게 금지하고 있다. 그러나 증권거래법의 특례규정에 의하여 상장법인의 경우는 주가관리, 경영권방어, 주식매수선택권에 대한 대비 등의 다양한 경영상의 목적을 달성하기 위하여 자기주식을 취득하는 사례가 많이 있다. 자사주취득이 광범하게 이루어지는 현실을 반영하여 자기주식취득금지에 관한 상법규정의 엄격성을 완화할 필요가 있다는 입법론도 있다.

Ⅰ. 의의

자기주식이란 회사가 일단 주식을 발행한 후에 그 발행회사 스스로가 취득하여 소지하고 있는 주식을 말한다. 예컨대, X회사가 X회사의 주식(Sx)을 보유하고 있는 주주 A로부터 X회사의 주식(Sx)을 스스로 취득하는 것을 말한다.

Ⅱ. 원칙 - 취득금지

1. 취지

자기주식의 취득을 금지하는 이유는, (ⅰ) 자기주식을 취득하면 출자를 환급해주는 결과가 되어 자본충실을 해치고, (ⅱ) 취득한 자기주식의 주가가 하락하면 회사에 손해가 생기고, (ⅲ) 회사가 자기주식을 이용하여 불공정한 주식거래를 할 우려가 있고, (ⅳ) 일부 주주에게만 투자회수의 기회를 부여하면 주주평등의 원칙에 반하기 때문이다.

대법원 2003. 5. 16. 선고 2001다44109 판결

주식회사가 자기의 계산으로 자기의 주식을 취득하는 것은 회사의 자본적 기초를 위태롭게 하여 회사와 주주 및 채권자의 이익을 해하고 주주평등의 원칙을 해하며 대표이사 등에 의한 불공정한 회사지배를 초래하는 등의 여러 가지 폐해를 생기게 할 우려가 있으므로 상법은 일반 예방적인 목적에서 이를 일률적으로 금지하는 것을 원칙으로 한다.

2. 금지의 대상

(1) 회사의 계산에 의한 유상승계취득

회사는 명의 여하를 불문하고 「자기의 계산으로」 자기의 주식을 취득하지 못함이 원칙이다(상 341조). 비록 회사 아닌 제3자의 명의로 회사의 주식을 취득하더라도, 그 주식취득을 위한 자금이 회사의 출연에 의한 것이고 그 주식취득에 따른 손익이 회사에 귀속되는 경우라면 자기의 계산으로 한 것이 되어 금지된다(서울지법 2003. 7. 31, 2002나61476). 금지의 대상이 되는 자기주식의 취득은 유상 · 특정 · 승계취득에 한하는 것이 원칙이며, 무상취득, 원시취득, 포괄승계취득에 의하는 경우는 상법 제341조의 적용대상이 아니다.

(2) 신주발행단계에서 자기주식을 취득하는 경우

① 회사가 설립시 또는 신주발행시에 자기주식을 취득하는 것(자기주식의 원시취득)은 회사 스스로가 자기 회사의 구성원이 된다는 점에서 논리적 모순이 있기 때문에 허용될 수 없다. 따라서 신주발행단계에서의 자기주식의 취득은 일종의 가장납입으로, 상법 제341조에 의하지 아니하고도 이론상 금지된다.

② 회사가 자기의 전환사채와 신주인수권부사채를 취득할 수 있으나, 다만 전환청구권이나 신주인수권은 행사할 수 없다. 이를 행사하면 자기주식을 원시취득하는 결과가 되기 때문이다.

(3) 자기의 주식을 취득하는 자에 대하여 자금을 지원하는 경우

자기의 주식을 취득하는 제3자에 대하여 회사의 계산으로 자금을 지원하는 행위 역시 자기주식의 취득이 금지되는 유형에 해당된다는 것이 판례의 입장이다(대판 2003. 5. 16, 2001다44109).

▍서울지법 2003. 7. 31. 선고 2002나61476 판결▕

형식적으로는 회사의 임 · 직원들에게 주금을 납입시키고 주식을 인수하게 하여 외형적으로는 회사의 자본금 150억 원이 증가하였지만, 주금을 납입한 직원들이 퇴직시에는 그 출자손실금을 전액 보전하여 주는 내용의 퇴직금 특례지급기준 및 합의를 체결함으로써, 그 주식취득에 따른 손익은 결국 회사에 귀속되게 되는 경우, 이는 결국 회사가 자기의 계산으로 자기가 발행하는 신주를 인수한 것과 같은 결과를 초래하는 것이고, 회사가 외형적으로 증가된 자본액에 상당하는 재산만큼 현실적으로 보유할 수 없게 되어 회사의 자본적 기초가 위태롭게 될 우려가 있는 것으로써 상법 제341조가 금지하는 자기주식의 취득에 해당한다.

┃대법원 2003. 5. 16. 선고 2001다44109 판결┃

■ 회사 아닌 제3자의 명의로 회사의 주식을 취득하더라도 그 주식취득을 위한 자금이 회사의 출연에 의한 것이고 그 주식취득에 따른 손익이 회사에 귀속되는 경우라면, 상법 기타의 법률에서 규정하는 예외사유에 해당하지 않는 한, 그러한 주식의 취득은 회사의 계산으로 이루어져 회사의 자본적 기초를 위태롭게 할 우려가 있는 것으로서 상법 제341조가 금지하는 자기주식의 취득에 해당한다.

■ 주식회사의 자본충실의 원칙상 주식의 인수대금은 그 전액을 현실적으로 납입하여야 하고 그 납입에 관하여 상계로써 회사에 대항하지 못하는 것이므로 회사가 제3자에게 주식인수대금 상당의 대여를 하고 제3자는 그 대여금으로 주식인수대금을 납입한 경우에, 회사가 처음부터 제3자에 대하여 대여금 채권을 행사하지 아니하기로 약정되어 있는 등으로 대여금을 실질적으로 회수할 의사가 없었고 제3자도 그러한 회사의 의사를 전제로 하여 주식인수청약을 한 때에는, 그 제3자가 인수한 주식의 액면금액에 상당하는 회사의 자본이 증가되었다고 할 수 없으므로 위와 같은 주식인수대금의 납입은 단순히 납입을 가장한 것에 지나지 아니하여 무효이다.

┃대법원 1963. 5. 30. 선고 63다106 판결┃

회사가 자기회사의 주식을 어떤 사람에게 공로주로 주기로 약정하였다 하더라도 반드시 회사가 자기주식을 취득하지 아니하면 위 약정을 이행할 수 없는 것은 아니고 회사가 주주인 제3자에게 대가를 지불하고 제3자로부터 직접 위 사람에게 주식을 양도케 할 수도 있는 것이므로 위 약정이 강행법규에 반하거나 원시적으로 이행이 불능한 것이라고 볼 수 없다.

(4) 신탁계약에 의하여 자기주식을 취득하는 경우

회사가 자기주식을 신탁회사의 금전신탁을 이용하여 취득하는 경우는, 명의는 신탁회사로 되어있지만 실질적으로 회사 자신의 계산에 의한 취득이므로 그 역시 원칙적으로 금지된다(증거 189조의2 2항 참조).

3. 금지 위반의 효과

(1) 사법상의 효력

회사가 자기주식취득의 제한규정(상 341조)을 위반하여 자기주식을 취득한 경우, 그 효력에 관해서는 견해가 나누어지고 있다.

(ⅰ) 무효설 - 자기주식의 취득은 상대방(양도인)의 선의·악의를 불문하고 무효라고 한다(대판 1964. 11. 12, 64마719; 대판 2003. 5. 16, 2001다44109). 이는 상법 제341조를 강행법규로 보고 또 자기주식의 취득은 자본충실의 원칙에 반하는 것으로 보기 때문이다.

(ⅱ) 유효설 - 이사 등에 책임을 추궁할 수 있을 뿐, 자기주식의 취득 자체는 유효라고 한다. 이는 상법 제341조를 명령적 규정으로 보기 때문이다.

(ⅲ) 부분적 무효설 - 원칙적으로 무효이지만, 회사가 타인 명의로 취득한 경우와 자회사가 모회사의 주식을 취득한 경우에는 상대방이 선의이면 유효라고 한다. 기본적으로는 무효설과 그 논거를 같이 하나, 선의의 양도인을 보호할 필요가 있다는 것을 이유로 한다.

(ⅳ) 상대적 무효설 - 자기주식의 취득은 양도인의 선의·악의를 불문하고 무효이나, 선의의 제3자(전득자, 압류채권자 등)에게 대항하지 못한다고 한다. 자기주식취득을 무효로 했을 때 정작 보호가 필요한 자는 양도인보다는 선의의 전득자라는 것을 이유로 들고 있다.

(ⅴ) 정리 - 자기주식의 취득을 금지하는 상법 제341조는 그 취지상 자본충실을 위한 효력규정으로 보아야 할 것이므로 기본적으로는 무효설이 타당하다고 본다. 다만, 주식거래의 안전을 위하여 선의의 제3자를 보호할 필요가 있는데, 이는 입법에 의하여 해결되어야 한다.

| 상대적 무효설의 적용례 |

상대적 무효설에 따라 이를 설명하면, 아래 그림에서 보는 바와 같이 회사(X)가 자기의 주식을 양도인(A)로부터 유상으로 취득한 경우, 양도인(A)의 선의·악의를 불문하고 그 양도행위는 강행법규에 위반한 것이 되어 무효이다. 따라서 X는 A에게 취득한 주식을 반환하여야 하며, A는 X에게 대가로 받은 주식매매대금을 반환하여야 한다(이는 민법 제746조의 불법원인급여의 적용대상이 아니다). X가 상법 제341조를 위반하여 취득한 자기주식을 B에게 양도한 경우, B가 선의인 때에는 B에 대하여 X와 A간의 자기주식의 취득행위가 무효라는 것을 주장하지 못한다.

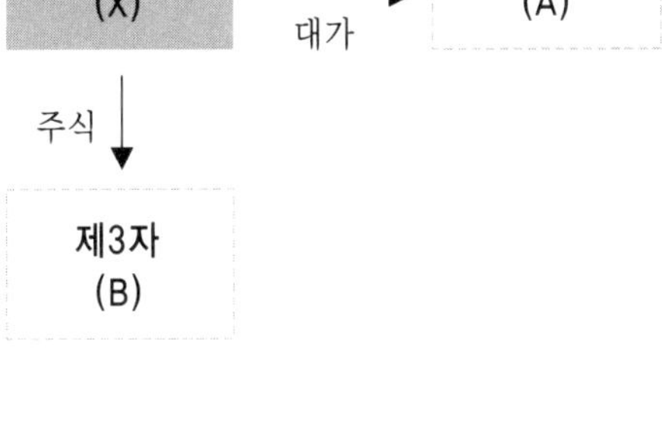

(2) 이사의 책임

상법 제341조에 위반한 자기주식의 취득으로 인하여 회사 또는 제3자에게 손해가 발생한 경우, 이사는 회사 또는 제3자에 대하여 연대하여 손해배상책임을 진다(상 399조, 401조). 또한 이사는 형벌의 제재를 받는다(상 625조 2항).

| 대법원 1993. 2. 23. 선고 92도616 판결 |

■ 상법 제625조 제2호가 자기주식취득행위를 처벌하는 가장 중요한 이유는 자사주를 유상취득하는 것은 실질적으로는 주주에 대한 출자의 환급이라는 결과를 가져와 자본충실의 원칙에 반하고 회사재산을 위태롭게 한다는 데 있고, 사법상의 위법과 형법상의 위법은 반드시 일치하는 것은 아니므로 외형적으로는 사법상 금지되는 자기주식취득의 경우라도 자기주식취득의 위법상태가 바로 해소되는 것을 예정하고 취득한 때와 같이 회사재산에 대한 추상적 위험이 없다고 생각되는 경우 형법상으로는 실질적 위법성이 없으므로 '부정하게' 주식을 취득한 경우에 해당하지 않아 자기주식취득금지위반죄로 처벌할 수 없으나, 그러한 경우에 해당하지 않는 사법상 금지되는 자기주식취득은 본죄로 처벌할 수 있다.

■ 대표이사가 회사의 자금으로 주주 8명으로부터 주식을 액면가에다 그 동안의 은행금리 상당의 돈을 덧붙여 주식대금을 지급하고 자사주를 취득한 경우 주주 아닌 자에게 주식을 양도하지 않기로 하는 주주총회의 결의가 있었고, 취득 후 1년이 지난 뒤에 대표이사 자신이 회사가 지급한 주식대금보다 많은 돈을 회사에 지급하고 자사주를 양수하였더라도 자기주식취득금지위반죄에 해당한다.

Ⅲ. 예외 - 취득허용

1. 자기주식 취득이 허용되는 경우

자기주식의 취득이 불가피하거나 자기주식의 취득을 허용하더라도 폐해가 없는 경우에는 예외적으로 자기주식의 취득이 허용된다.

(1) 법에 의하여 취득이 허용되는 경우

① 주식소각을 위한 때 **(상 341조 1호)**	장차 주식을 소각할 계획으로 자기주식을 취득하는 것도 허용하고 있다(대판 1992. 4. 14, 90다카22698).
② 회사합병 또는 다른 회사의 영업 전부의 양수로 인한 때(상 341조 2호)	

③ 회사의 권리실행에 있어 그 목적을 달성하기 위하여 필요한 때(상 341조 3호)	채무자가 채권자 발행주식 이외에는 다른 재산을 가지고 있지 않은 경우이다(대판 1977. 3. 8, 76다1292).
④ 단주 처리를 위한 필요한 때(상 341조 4호)	단주의 처리방법이 법정되어 있지 않는 경우(상법 제416조에 의한 통상의 신주발행의 경우)이다. 단주처리방법이 법정되어 있는 경우(상 360조의11, 360조의22, 443조 1항, 530조 3항, 461조 2항, 462조의2 3항)에는 그에 따라야 한다.
⑤ 주주의 주식매수청구권 행사로 인한 때(상 341조 5호)	회사가 주식양도의 승인을 거부하여 주식매수청구권을 행사한 경우, 회사의 영업 전부의 양도 등 · 합병 · 분할합병 · 주식교환 · 주식이전에 반대하여 주식매수청구권을 행사한 경우
⑥ 주식매수선택권 부여목적을 위한 때(상 340조의2 1항)	자기주식으로 주식매수선택권을 주는 경우이다. 이 같은 목적으로 취득하는 자기주식의 수는 발행주식총수의 10%를 초과할 수 없고, 동시에 그 취득가액이 상법 제462조 제1항에 의한 배당가능이익의 한도 내이어야 한다(상 341조의2 1항 단서).
⑦ 퇴직 이사 · 감사 · 피용인의 주식을 취득한 때(상 340조의2 1항)	발행주식총수의 10%를 한도로 한다. 취득금액은 배당가능이익의 한도 내이어야 한다(상 341조의2 1항 단서).
⑧ 質取의 허용범위	회사는 발행주식총수의 5%의 범위에서 자기주식을 질권의 목적으로 받을 수 있다(상 341조의3 본문). 그러나 (i) 합병 또는 다른 회사의 영업 전부의 양수로 인한 경우 및 (ii) 회사의 권리를 실행함에 있어 목적달성을 위하여 필요한 경우에는 그 한도를 초과하여 질취할 수 있다(상 341조3 단서).
⑨ 증권거래법에 의한 취득	증권회사는 고객의 위탁을 받은 경우 유가증권시장 또는 코스닥시장의 매매수량단위(10주) 미만의 자기주식을 유가증권시장 또는 코스닥시장 밖에서 취득할 수 있다(증거 46조의2).

| 대법원 1977. 3. 8. 선고 76다1292 판결 |

주식회사가 자기주식을 취득할 수 있는 경우로서 상법 제341조 제3호가 규정한 회사의 권리를 실행함에 있어서 그 목적을 달성하기 위하여 필요한 때라 함은 회사가 그의 권리를 실행하기 위하여 강제집행, 담보권의 실행 등에 당하여 채무자에 회사의 주식 이외에 재산이 없는 때에 한하여 회사가 자기 주식을 경락 또는 대물변제 등으로 취득할 수 있다고 해석되며(同旨 : 광주고법 1976. 5. 13. 75나285 제2민사부판결), 따라서 채무자의 무자력은 회사의 자기 주식취득이 허용되기 위한 요건 사실로서 자기주식 취득을 주장하는 회사에게 그 무자력의 입증책임이 있다.

| 입법론 |

상법상 자기주식취득은 지나치게 엄격하다는 지적이 있다. 이에 의하면, 상장주식의 주가관리, 정관변경에 반대하는 주주에 대한 주식매수청구권의 인정, 경영권방어 등을 위하여 그 예외를 확대할 필요가 있다고 한다.

| 상장법인의 특례 |

상장법인은 배당가능이익이 있는 한도 내에서 거래소시장을 통하거나 공개매수의 방법으로 자기주식을 취득할 수 있다(증거 189조의2 1항). 이 때 거래소를 통하여 매수하도록 한 것은 특정인의 주식을 장외에서 고가로 매수하는 등의 부작용을 막기 위함이고, 공개매수에 의한 자기주식의 취득을 허용한 것은 경영권방어방법으로 이용할 수 있도록 하기 위함이다. 자사주 취득은 이익배당과 함께 회사이익의 일정부분을 주주에게 환원하는 수단으로 이용되기도 한다.

(2) 해석상 취득이 허용되는 경우

법에 명시적 규정은 없으나 아래와 같이 자기주식의 취득을 허용하더라도 회사의 자본적 기초를 위태롭게 하거나 주주 등의 이익을 해한다고 할 수 없는 것이 유형적으로 명백한 경우에는 해석상 자기주식의 취득이 허용된다. 그러나 이에 해당하지 않는 한, 회사 또는 주주나 회사채권자 등에게 생길지도 모르는 중대한 손해를 회피하기 위하여 부득이 한 사정이 있다고 하더라도 자기주식의 취득은 허용되지 아니한다(대판 2003. 5. 16, 2001다44109).

① 무상으로 취득하는 경우(대판 1996. 6. 25, 96다12726 ; 대판 1989. 11. 28, 88누9268)

② 위탁매매업자가 위탁자의 계산으로 자기주식을 취득하는 경우(즉, 위탁자가 위탁매매인에게 위탁매매인의 주식을 매수해 줄 것을 요구하여 그 실행으로, 위탁매매인이 자기주식을 취득한 경우)

③ 신탁회사가 자기주식의 신탁을 인수하는 경우

2. 자기주식의 법적 지위

(1) 전면적 휴지

회사가 예외적으로 적법하게 자기주식을 취득하고 있는 경우, 상법 제369조 제2항에서는 「회사가 가진 자기주식은 의결권이 없다」고 규정하고 있다. 그러나 자기주식의 상태에 있는 주식은 의결권뿐만 아니라 주주로서의 모든 권리가 전면적으로 休止(정지)된다고 보는 것이 다수설이다(전면적 휴지설).

(2) 주식분할 · 주식병합의 경우

주식분할이나 주식병합에 있어서 구주를 회수하여 그 대신 신주를 발행하는 경우에는, 주식분할이나 주식병합의 전후에 주식의 동일성이 유지되므로 자기주식도 주식분할이나 주식병합의 대상이 된다.

(3) 권리의 부활

자기주식이 회사로부터 제3자에게 이전되어 자기주식의 상태에서 벗어나게 되면 그동안 휴지되었던 주주로서의 모든 권리가 부활한다.

| 자기주식의 회계처리 |

자기주식은 취득가액을 자본조정의 과목에 기재하고, 그 취득경위 · 향후처리계획 등을 주석으로 기재한다(기계준 33조 3호).

3. 자기주식의 처분

예외적으로 자기수식을 취득하는 경우에도 항구적인 소유가 허용되는 것은 아니고 失效 내지 처분(매각)의 조치를 취하여야 한다.

① 주식소각을 위하여 자기주식을 취득한 경우	「지체 없이」 주식실효의 절차를 밟아야 한다(상 342조).
② 회사합병 또는 영업 전부의 양수, 권리의 실행, 단주, 주식매수, 퇴직임원으로부터의 양수, 질권취득의 허용한도를 초과한 경우	「상당한 시기에」 주식을 처분(매각)하여야 한다(상 342조).

| 관련사례 |

[1] 기업이 대주주의 경영권 방어를 위해 자사주를 우호세력에 넘겨주는 사례가 잇따르고 있다. 그동안 인수 · 합병 가능성이 꾸준히 제기돼온 ○○는 보유중인 자사주 13.39%(3백 7만 주)를 매각했다. 매각물량 가운데 36.2%인 1백 11만 주는 대주주인 △ 회장에게, 34.9%인 1백 7만 주는 협력사인 ▲▲정보기술에 시간외 거래를 통해 넘어갔다. 자사주 처분 직전 ○○ 지분 분포는 자사주 13.39%, ○○중공업 계열의 ○○○엔진 12.81%, △ 회장 8.96%, ○○은행 7.53%, ▲▲정보기술 4.94% 등이었다. 그러나 자사주 매각 후 △ 회장의 지분은 14.39%로 늘어 최대주주가 됐으며, ▲▲정보기술의 보유지분도 9.62%로 늘어 경영권 위협에서 상당부분 벗어나게 됐다. 대주주가 경영권 위협에 노출되자 이사회 결의를 통

해 회사 소유인 자사주를 우호지분으로 활용한 셈이다. 이에 대해서는 주가안정 등 주주보호를 위해 사놓은 회사 자산인 자사주를 대주주의 경영권 방어를 위해 처분하는 것이 옳지 않다는 비판이 나오고 있다. (출처 : 경향신문 2004. 6. 18, 한국경제 2004. 6. 18)

[2] 서울서부지법 민사○부는 ○○통상의 2대 주주(지분 30.25%)인 △△가 ○○통상의 회장인 ▲▲을 상대로 낸 '의결권행사 가처분신청'을 받아들여, "▲▲회장의 자사주 취득과 의결권 행사는 무효"라고 결정했다. 이는 기존 최대주주가 경영권 방어를 위해 자사주를 취득하는 데 대해 제동을 건 법원의 첫 번째 결정이다. ○○통상의 최대주주인 ▲▲회장은 240만 주(11.11%)의 자사주를 취득, 보유지분을 50% 가까이로 늘리면서 안정적인 경영권을 확보하는 듯했다. 그러나 법원은 이 자사주(11.11%) 취득에 대해 무효라는 결정을 내렸다. 그동안 적대적 M&A 시도를 막기 위해 회사가 보유 중인 자사주를 기존 최대주주나 그 우호세력에 매각하는 것은 유사시 방어카드로 사용하려는 시도는 국내에서 큰 문제가 되지 않았다. 그러나 법원이 자사주 매각을 통해 경영권 방어에 나서는 것을 "주주평등권 침해"라고 결정하였다. (출처 : 조선일보 2006. 3. 27, 중앙일보 2006. 3. 27)

[3] ○○산업이 이사회를 열고 자사주 1천 4백 33만 3천 9백 96주(발행주식총수의 25.81%)를 자본감소의 방식으로 소각키로 결의했다. 이번에 소각하는 자사주는 지난 99년 말 석유화학사업 구조조정에 반대한 주주들의 주식매수청구권행사로 보유하던 자사주 1,435만 1,601주의 99.88%인 1,433만 3,996주이며, 취득가는 2,104억 원이다. 자사주 소각이 완료되면 ○○산업의 자본금은 2,902억 원에서 2,185억 원으로 줄어든다. ○○산업은 임시주주총회를 열어 자본감소를 결의할 예정이며 그에 이어 주식을 소각한다. ○○산업의 관계자는 "현재 회사 내부의 유동성이 풍부한 수준이어서 주주가치 극대화라는 회사의 경영방침을 실행하는 것"이라며, "소각비율 면에서 국내사상 최대규모로 향후 당사의 주가에 매우 긍정적인 영향을 줄 것으로 기대한다"고 말했다. (출처 : 문화일보 2001. 7. 12, 중앙일보 2001. 7. 12, 한겨레 2001. 7. 12)

[4] 기업들의 자사주 매입에 의외의 부작용이 나타나고 있다. 유통주식을 줄여 주가도 높이고, 기존 대주주의 경영권도 방어하는 일거양득의 효과가 있기 때문에, 주가가 하락기에 들어서자 많은 기업들이 채택했다. 그러나 최근 자사주 매입과정에서 대주주가 보유 주식을 팔아치워 이익을 보는 경우가 있는가 하면, 기업이 지나치게 주가부양에만 골몰, 장기적으로 회사 재정을 멍들게 하는 경우도 나오고 있다. 상장기업 ○○의 2대 주주(13.4% 보유)인 △ 명예회장은 ○○가 시장에서 자사주를 매입하고 있는 동안 보유주식의 약 9%(3만 5,820주)를 처분했다. 회사는 주가를 떠받치기 위해 시장에서 주식을 사들이고 있는 중에 주요 대주주는 반대로 시장에 주식을 팔아치운 셈이다. ○○의 관계자는 "명예회장 개인적으로 돈이 필요해서 판 것으로 안다"며 "자사주 취득은 이미 일반투자자들에게 공개된 사실이기 때문에 큰 문제는 없다고 본다"고 밝혔다. 일반인에게도 공개된 정보를 가지고, 일반인들과 똑같은 조건으로 주식을 팔고 사는 것을 문제삼는다면, 대주주에 대한 역차별이라

는 논리다. 그러나 이 논리대로라면 회사 돈으로 주식 값을 올려놓은 다음에 대주주가 이익을 볼 수 있다는 얘기다. 코스닥시장에 등록한 ●●사는 주가가 공모가 아래로 내려가자 자사주를 매입, 소각하기로 했다. 주식공모를 통해 1,000억 원 이상을 조달했던 ●●사는 자사주 매입에 200억 원을 투입했다. 그러나 조달액의 5분의 1씩이나 투입해 ●●사가 줄인 자본금은 불과 5억 원이었다. ●●사는 현재 새로운 외국인투자자를 모집하기 위해 해외 투자설명회를 준비 중이다. 자본금을 줄이는 감자를 실시한 후 얼마 되지 않아 다시 한 번 자본금을 늘리는 증자를 하게 됐다. 자사주 매입을 위해 과도한 돈을 쓴 탓에 기업운영 일정 자체가 흐트러지게 된 것이다. 자사주 매입은 원래 기업이 주주들에게 배당해 줄 수 있는 범위 이내에서 해야 한다. 어차피 주주들을 위해 쓸 돈이라면 배당을 해서 현금으로 주나, 자사주 매입으로 주가를 상승시켜서 주식시장에서 이익을 보게 하는 것이나 마찬가지라는 논리다. 그러나 현재 우리 기업들이 하고 있는 자사주 매입은 배당과는 관계없는 단순한 주가부양일 뿐이며, 이 때문에 장기적으로 주가에 좋지 않은 영향을 가져올 가능성도 많다는 지적이다. (출처 : 조선일보 2001. 6. 1 [최흡])

[3] 상호주

공정거래위원회가 처음으로 공개한 '재벌 출자구조 매트릭스'에 의하면, ○○자동차가 △△자동차의 지분 37.33%를 소유하고, △△자동차는 다시 ●●모비스의 지분 18.30%를 소유한다. ●●모비스는 다시 ○○자동차의 지분 14.53%를 소유하고 있다. ▲▲그룹의 경우 ▲▲에버랜드가 ▲▲생명의 지분 19.34%를 보유하고, ▲▲생명이 ▲▲물산의 지분 4.81%를 보유하고, ▲▲물산이 다시 ▲▲에버랜드의 지분 1.48%를 보유하는 등 순환고리를 잇고 있다. (출처 : 파이낸셜뉴스 2004. 12. 27, 헤럴드경제 2004. 12. 27, 문화일보 2004. 12. 28)

| 해 설 |

상호출자는 출자의 환급에 따른 자본공동화를 초래하고 회사지배의 왜곡 및 경제력집중의 수단으로 이용되는 문제점이 있기 때문에 이를 규제하고 있다. 위 사례에서와 같은 간접순환상호출자는 경제력집중억제를 위하여 공정거래법에 의하여 규제되고, 상법에서 규제하고 있는 것은 직접상호출자이다. 상법에서는 상호주를 모자관계와 비모자관계로 구분하고, 각각에 대하여 주식취득금지와 의결권제한을 하고 있다.

Ⅰ. 의의 · 유형

상호주란 2개 이상의 회사가 서로 상대방 회사의 주식을 취득하는 것을 말한다.

상법에서는 직접상호출자에 대해서만 규제하고, 간접상호출자 등에 대해서는 공정거래법에서 경제력집중억제 차원에서 규제하고 있다.

┃상호주의 유형┃

① 직접식(교환식) – A회사가 B회사의 주식을, B회사가 A회사의 주식을 보유하는 형태이다.
② 순환식(고리식) – A회사가 B회사의 주식을, B회사가 C회사의 주식을, C회사가 다시 A회사의 주식을 보유하는 형태이다(원숭이 꼬리 잇기형).
③ 행렬식(matrix) – A회사, B회사, C회사, D회사가 서로 교차하여 주식을 보유하는 형태이다.

┃규제의 취지┃

① 자본충실의 저해 – 상호주는 우회적인 방법으로 자기주식을 취득하는 것으로 자기주식의 취득과 동일한 실질을 띤다. 그 결과 상호출자분만큼 출자환급의 효과가 생겨 資本空洞化를 가져온다.
② 회사지배의 왜곡 – 상호주를 소유하는 회사들끼리 의결권행사에 협조함으로써 출자 이상의 지배력을 행사하게 된다.

┃규제의 유형┃

① 주식취득 금지형 – 지배종속관계에 있는 회사(모자회사)간 상호주의 경우는 자기주식 취득의 일종으로 보아 자회사에 의한 모회사 주식의 취득 자체를 금지하고 있다(상 342조의2).
② 의결권행사 금지형 – 비모자회사간 상호주의 경우는 주식취득 자체를 금지하는 것은 아니고, 취득은 허용하되 취득한 주식을 통한 의결권을 행사할 수 없도록 하고 있다(상 369조 3항).

Ⅱ. 母子會社간 상호주

1. 모자회사

모회사는 자회사를 지배하는 회사이다. 그 지배력을 인정하는 기준으로 상법은 상대방 회사의 발행주식총수의 50% 초과 보유(즉, 50% + 1주 이상)를 기준으로 삼고 있다(過半數持株基準). 상법에서 모자회사관계로 인정하는 경우는 다음 세 가지이다. 의결권 없는 주식은 회사지배와 무관하므로 50% 초과 기준은 의결권 있는 주식을 기준으로 한다.

① P회사가 S회사의 발행주식총수의 50%를 초과하는 주식을 가지고 있는 경우, S회사는 P회사의 자회사이다(직접모자회사)(상 342조의2 1항 본문).

② P회사의 자회사인 S회사가 S'회사의 발행주식총수의 50%를 초과하는 주식을 가지고 있는 경우, S'회사는 S회사의 자회사인 동시에 P회사의 자회사로 본다(간접모자회사)(상 342조의2 3항). 즉, '할머니회사'는 모회사로 의제된다(의제자회사 [1]).

③ P회사와 S회사(P회사의 자회사)가 합하여 S'회사의 발행주식총수의 50%를 초과는 주식을 가지고 있는 경우, S'회사는 P회사의 자회사로 의제된다(의제자회사 [2])(상 342조의2 3항).

| 모자회사의 유형 |

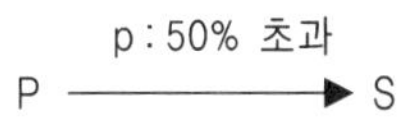

P는 S의 모회사
S는 P의 자회사
→ S는 P의 주식을 취득할 수 없음

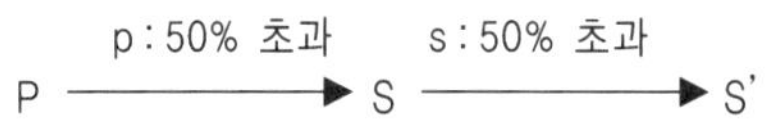

P는 S의 모회사
S는 P의 자회사
S'는 S의 자회사이면서 P의 자회사로 의제
→ S는 P의 주식을 취득할 수 없음
S'는 S의 주식을 취득할 수 없음
S'는 P의 주식을 취득할 수 없음

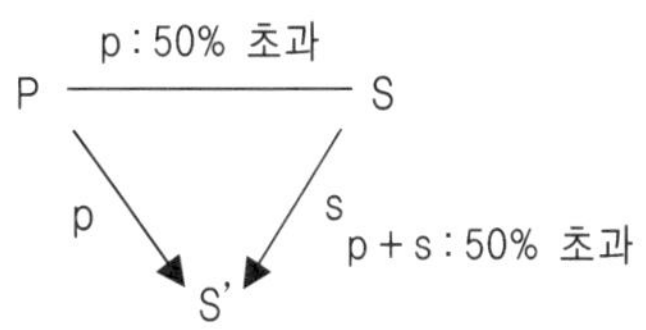

P는 S의 모회사
S는 P의 자회사
S'는 P의 자회사로 의제
→ S는 P의 주식을 취득할 수 없음
S'는 P의 주식을 취득할 수 없음

| 모자회사관계의 확대문제 |

손자관계에 그치지 않고 曾孫관계에 있는 회사도 의제자회사에 포함시킬 것인지에 대해서는 찬반양론이 있다. 상법 제342조의 2를 위반한 경우에는 형사벌칙(상 625조의 2)이 가해지므로 형사벌칙과의 관계에서는 죄형법정주의에 따라 제한적으로 보아야 할 것이다.

2. 주식취득의 원칙적 금지

(1) 자회사는 명의 여하를 불문하고 자회사의 계산으로 모회사의 주식을 취득할 수 없다(상 342조의2 1항 본문). 자회사가 모회사의 주식을 質取하는 것도 자기주식의 질취와 마찬가지로 금지된다.

(2) 위의 금지에 위반하여 자회사가 모회사의 주식을 취득한 경우 그 취득행위의 효력 및 이사에 대한 책임과 형사벌칙은 자기주식의 경우와 같다.

3. 주식취득의 예외적 허용

(1) (ⅰ) 주식의 포괄적 교환, 주식의 포괄적 이전, 회사의 합병 또는 다른 회사의 영업 전부의 양수로 인한 경우, (ⅱ) 회사의 권리를 실행함에 있어 그 목적을 달성하기 위하여 필요한 경우에는 자회사가 모회사의 주식을 취득할 수 있다(상 342조의2 1항 1호 · 2호). 이것은 자기주식 취득금지의 예외와 대부분 공통되나, 주식의 소각 또는 단주처리 등을 위하여 모회사의 주식을 취득하는 문제는 생기지 않는다.

(2) 예외적으로 자회사가 모회사의 주식을 취득한 경우 그 주식은 자기주식의 경우와 마찬가지로 일체의 권리가 휴지된다(전면적 휴지설).

(3) 위의 사유로 취득한 모회사의 주식은 「6월 내」에 처분하여야 한다(상 342조의2 2항). 자기주식의 경우는 '상당한 시기'에 처분하도록 하고 있는데, 모자회사간의 경우는 그 처분시한을 '6월 내'로 못 박고 있다.

Ⅲ. 非母子會社간 상호주

1. 非母子會社의 유형

비모자회사(출자회사와 피출자회사) 간의 상호주에는 다음과 같은 유형이 있다.

① A회사가 B회사의 발행주식총수의 10%를 초과(즉, 10%+1주 이상)하여 보유하지만 50% 이하의 주식을 가지고 있는 경우(직접출자관계)

② 모회사(P)의 자회사(S)가 B회사의 발행주식총수의 10%를 초과하지만 50% 이하의 주식을 가지고 있는 경우(간접출자관계)

③ 모회사(P)와 자회사(S)가 합하여 B회사의 발행주식총수의 10%를 초과하지만 50% 이하의 주식을 가지고 있는 경우(공동출자관계)

┃非모자회사의 유형┃

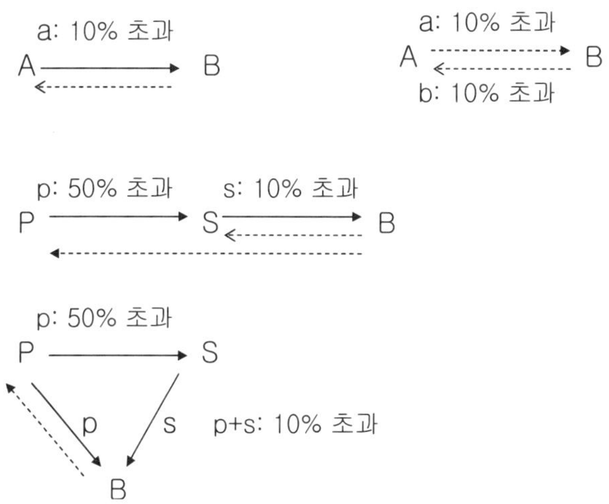

* 모두 10% 초과 50% 이하의 주식취득을 요함.

---------▶ 주식을 취득할 수는 있지만 의결권을 행사할 수 없음을 뜻함.

2. 의결권의 제한

어느 회사는 자기의 주식을 10% 초과하여 보유하는 다른 회사의 주식을 보유할 수는 있지만, 그것을 가지고 의결권을 행사할 수 없다(상 369조 3항). 쌍방 회사 모두가 서로 상대방 회사의 주식을 10% 초과하여 보유하는 경우에는, 주식취득의 선후를 불문하고 쌍방 회사 모두가 취득한 주식을 가지고 의결권을 행사하지 못한다.

[4] 불공정한 주식거래의 금지

증권거래법에서는 유가증권 거래의 공정성과 투자자보호 및 증권시장에 대한 신뢰를 확보하기 위하여 불공정한 증권거래를 금지하고 있다. (i) 회사의 내부자가 미공개 중요정보를 이용한 증권거래(내부자거래)는 금지되며(증거 188조의2), (ii) 내부자가 자기 회사가 발행한 주식을 6개월 미만의 단기로 매매하여 차익을 얻는 행위와 타인으로부터 자기 회사의 주식을 빌려서 부당한 이득을 얻을 목적으로 매매(공매도)하는 경우에는 내부정보의 이용 여부를 불문하고 금지하고(증거 188조의 1항 · 2항), (iii) 인위적으로 시세를 조종하는 행위와 사기적 증권거래를 하는 행위는 그 주체를 불문하고 금지하고 있다(증거 188조의4).

第6절 계약에 의한 주식양도의 제한

정관에 의한 주식양도제한을 위반하여 행해진 주식양도에 대하여 회사가 양도의 효력을 부정할 수 있는 길은 상법 제335조 제1항(정관에 의한 주식양도의 제한조항) 단서에 의하는 것만이 가능하다. 따라서 회사와 주주 상호간, 주주 상호간 또는 주주와 회사가 아닌 제3자와의 사이에 주식양도제한의 계약을 맺는 경우, 이러한 계약은 당사자간에 채권법적 효력을 가질 뿐이고, 그것이 상법 제335조 제1항의 탈법수단으로 이용된 경우에는 무효이다(대판 2000. 9. 26, 99다48429).

第7절 주권의 선의취득

○○신탁은행의 증권대행부 직원이 은행금고에 보관 중이던 △△전선의 폐기증권(잘못 인쇄된 주권) 20만 주(시가 28억 원 상당)를 훔쳐 불법 매각한 것으로 밝혀졌다. 이 은행의 증권대행부의 ●모씨가 금고에 보관 중이던 △△전선의 폐기증권 20만 주(1만 주권 20장)를 훔쳐 증권회사 창구에 매각을 의뢰하여, 이 중 10만 주가 팔렸다. 문제의 증권은 지난 연말 주권발행 및 명의개서대행업무 전문기관인 ○○신탁은행이 △△전선으로부터 유상증자분 주권발행을 의뢰받아 인쇄한 것이다. 이 은행은 그러나 주권발행 전 인쇄가 잘못된 부분을 발견, 재인쇄로 주권을 발행하고도 잘못 인쇄된 증권 20만 주를 폐기하지 않고 보관해 온 것으로 알려졌다. ●씨는 폐기증권을 훔친 뒤 5개 증권사 창구에 가명계좌를 개설, 20만 주 모두를 매각 의뢰했다. 매각의뢰 주식 중 10만 주는 일부 증권사와 투자자들에게 1주당 시가 1만 4천 원에 팔렸으며 10만 주는 팔리지 않고 증권사에 보관 중이었다. 5개 증권사는 △△전선 주식의 매매가 체결되자 대금결제일을 앞두고 (주)증권대체결제(현, 증권예탁결제원)에 예탁을 했으며 증권대체결제는 이 주식을 보관키 위해 주권번호를 확인하다 이 주식이 폐기증권임을 발견했다. 증권대체결제는 주권번호를 컴퓨터에 입력하는 과정에서 이 증권이 이미 발행된 증권의 번호와 같은 폐기증권임을 확인하고 문제의 △△전선의 주식을 즉각 사고주권으로 처리, 해당 증권사에 돌려주고 ○○은행에 이 사실을 통보했다. 통보를 받은 5개 증권사와 ○○은행은 대금결제일에 매각대금을 지불정지토록 하고 △△전선 폐기증권의 회수에 나서는 등 큰 소동을 벌였다. 이에 따라 도난당한 20만 주 가운데 16만 주는 회수됐으나 4만 주는 아직 회수되지 않고 시중에 유통되고 있는 것으로 알려졌다. ○○은행측은 이와 관련, "거래는 이루어졌으나 대금결제가 안된 만큼 사고증권을 산 사람에게는 △△전선 주식을 같은 수량만큼 다른 경로를 통해 매입, 보상해줄 방침"이라고 밝혔다. (출처 : 국민일보 1992. 6. 12, 세계일보 1992. 6. 14, 한겨레 1992. 6. 13)

| 해 설 |

위 사례는 인쇄가 잘못되어 폐기된 증권이 유출되어 버젓이 거래된 경우이다. 그 같은 폐기주권(외양상으로는 멀쩡한)이 유통되어 이를 유효한 주권으로 믿고 취득한 자가 선의취득자로 보호받을 수 있을까? 답은 그렇지 못하다는 것이다. 주권이 선의취득의 대상이 될 수 있으려면 그 전제로 유효한 주권이어야 하기 때문이다. 쉽게 생각해서, 도금된 금반지를 진짜 금반지로 잘못 알고 구매했다고 해서 그러한 믿음이 '가짜' 금반지를 '진짜' 금반지로 바꿀 수 있는 힘을 갖는 것은 아니기 때문이다. 법에서는 권리의 외관을 신뢰한 자에 대하여 그 같은 신뢰가 정당하여 법으로 보호받을 만한 것인 경우에는 설령 무권리자로부터 취득한 경우에도 선의취득자로서 보호하고 있다. 선의취득제도는 동산의 선의취득제도에 관한 민법규정(민 249조, 250조)을 기초로 하되, 유가증권의 경우에는 그 유통성을 보다 강하게 보호하기 위하여 동산의 경우보다 그 요건을 완화하고 있다. 주권은 유가증권이기 때문에 유가증권의 선의취득에 관한 규정(수표법 21조)의 적용을 받는다.

[1] 의의

주권의 선의취득은 주권을 점유하는 소지인(양도인)으로부터 주권을 악의 또는 중과실 없이 취득한 자(양수인)는 양도인이 설령 무권리자라 하더라도 양수인이 적법하게 주권을 취득하고 주주권을 원시취득하게 되는 것을 말한다(상 359조). 상법 제359조에서는 주권에 관해 수표법 제21조를 준용함으로써 주권의 선의취득을 인정하고 있다. 동산의 선의취득(민 249조 이하)과 대체로 비슷하지만 유가증권의 유통성 보호를 위하여 그 요건이 보다 완화되어 있다.

| 취 지 |

주권의 선의취득제도는 일반적인 선의취득제도와 마찬가지로 주식의 유통성을 강화하기 위함이다. 즉, 주권의 소지인이 실질적인 권리자인지를 일일이 조사하지 않더라도 양수인이 권리의 외관을 신뢰하고 주권을 취득한 경우에는 선의취득자로서 보호받을 수 있도록 한 것이다. 이는 주권의 점유에 권리추정력(상 336조 2항)을 인정함으로써 생기는 결과이다.

[2] 요건

1. 주권에 관한 요건

(1) 유효한 주권만이 선의취득의 대상이 될 수 있다. 따라서 주권으로서 효력이 없는 것(예 : 인수와 납입이 없이 발행된 주권, 아직 주주에게 교부되지 않아 주권으로서 효력이 발생하지 않은 것, 실효주권, 제권판결을 받은 것, 주권불소지신고를 하여 무효로 처리된 폐기주권, 위조주권 등)은 선의취득의 대상이 될 수 없다.

(2) 盜品 · 유실물인 경우에도 그것이 유효한 주권인 한 선의취득의 대상이 될 수 있다. 도품 · 유실물의 경우 선의취득을 제한하는 동산의 선의취득(민 250조)과 다른 점이다.

2. 양도인에 관한 요건

양도인은 무권리자이지만 주권의 소지라고 하는 권리의 외관을 띠고 있어야 한다.

┃대법원 1997. 12. 12. 선고 95다49646 판결┃

주권의 선의취득은 양도인이 무권리자인 경우뿐만 아니라 무권대리인인 경우에도 인정된다.

3. 양수인에 관한 요건

양수인은 선의이며 중대한 과실이 없어야 한다(상 359조, 수 21조 단서). 경과실의 경우에도 선의취득이 인정된다는 점이 동산의 선의취득과 다른 점이다. 악의 · 중과실의 유무는 취득시점을 기준으로 한다(대판 2000. 9. 8, 99다58471). 주권의 점유자는 적법한 소지인으로 추정되므로(상 336조 2항), 선의취득을 부정하는 자가 양수인의 악의 또는 중과실을 입증할 책임이 있다.

┃대법원 2000. 9. 8. 선고 99다58471 판결┃

주권의 취득이 악의 또는 중대한 과실로 인한 때에는 선의취득이 인정되지 않는바(상법 제359조, 수표법 제21조), 여기서 악의 또는 중대한 과실의 존부는 주권 취득의 시기를 기준으로 결정하여야 하며, 중대한 과실이란 거래에서 필요로 하는 주의의무를 현저히 결여한 것을 말한다.

4. 양수행위에 관한 요건

(1) 주식의 양도가 있어야 한다. 선의취득은 거래의 안전을 보호하기 위한 제도이기 때문이다. 상속이나 회사합병과 같이 양도행위가 아닌 포괄적 승계에 의하여 취득하는 경우에는 거래행위가 존재하지 않으므로 선의취득이 있을 수 없다.

(2) 주식의 양도가 적법하게 이루어져야 하므로 양수인에게 주권이 교부되어야 한다. 다만, 점유개정(민 189조)의 경우에는 외관상 점유의 이전을 확인할 수 없으므로 점유개정에 의한 선의취득은 인정되지 않는다(통설 · 판례)(대판 1964. 5. 5, 63다775). 명의개서는 회사에 대한 대항요건에 불과하기 때문에 선의취득의 요건이 아니다.

(3) 주식의 양도가 유효하여야 한다. 단순히 단속규정에 불과한 주식취득제한 규정을 위반하여 취득한 경우에는 벌칙과는 별개로 취득행위의 효력에는 영향이 없다(대판 1978. 9. 26, 77다2289).

| 대법원 2000. 9. 8. 선고 99다58471 판결 |

주권의 점유를 취득하는 방법에는 현실의 인도(교부) 외에 간이인도, 반환청구권의 양도가 있으며, 양도인이 소유자로부터 보관을 위탁받은 주권을 제3자에게 보관시킨 경우에 반환청구권의 양도에 의하여 주권의 선의취득에 필요한 요건인 주권의 점유를 취득하였다고 하려면, 양도인이 그 제3자에 대한 반환청구권을 양수인에게 양도하고 지명채권 양도의 대항요건을 갖추어야 한다.

[3] 효과

선의취득자는 적법하게 주권을 취득하고 그 주권이 표창하는 주주권을 취득한다(원시취득). 그에 따라 원권리자는 주주권을 상실한다. 선의취득자가 회사에 대하여 주주권을 주장하려면 대항요건(즉, 명의개서)을 갖추어야 한다. 주권을 담보로 하는 질권도 선의취득이 가능하다.

제 4 장

주식의 퇴출

제1절 총설

일단 발행된 주식은 회사가 존속하는 한 영구히 존속하는 영구자본적인 성격을 갖는 것이 원칙이나, 주식이 절대적으로 소멸됨으로써 완전히 퇴출하는 경우가 있다. 주식의 퇴출사유로는, (i) 회사의 해산으로 인한 주식 전부의 퇴출, (ii) 회사가 존속하는 중에 일부의 주식만을 주식의 소각에 의하여 소멸시키는 경우가 있다. 이하에서는 회사가 존속하는 중에 주식이 소멸되는 주식의 소각과 자본감소에 대하여 설명한다.

제2절 주식의 소각

[1] 의의

주식의 소각이란 회사의 존속 중에 발행주식의 일부를 절대적으로 소멸시키는 회사의 행위를 말한다. 주식의 소각은 회사가 해산하지 않은 상태에서 특정 주식이 소멸되는 유일한 원인이다.

┃다른 제도와의 차이점┃

주식소각은 특정 주식만을 소멸시키는 점에서 주식 전부의 소멸을 가져오는 회사의 해산과 다르고, 주식 자체를 절대적으로 소멸한다는 점에서 주권만을 무효로 하는 제권판결과 다르다.

[2] 유형

(1) 주식의 소각은, (i) 자본감소의 규정에 의하는 경우(상 343조 1항 본문), (ii) 정관규정에 따라 주주에게 배당할 이익을 재원으로 소각하는 경우가 있다. (ii)에는 상환주식의 상환(상 345조)과 이익소각(상 343조 1항 단서)이 있다. (i)의 경우에는 자본이 감소하므로 채권자보호절차를 밟아야 하나, (ii)의 경우에는 자본이 감소하지 않기 때문에 채권자보호절차를 밟을 필요가 없다. (ii)에서 상환주식의 상환의 경우에는 그 대상이 미리 상환주식으로 특정되어 있으나, 이익소각의 경우에는 모든 주주에게 평등한 기준에 의하여 소각하므로 소각되는 주식은 소각할 때에 가서야 비로소 특정된다. 자본감소의 규정에 의한 주식소각과 상환주식의 상환에 의한 주식소각에 대해서는 따로 설명하고, 이하에서는 이익소각에 대해서만 설명한다.

|주식의 소각|

	자본감소의 법 규정에 의하는 경우	정관에 따라 이익으로 하는 경우	
		상환주식의 상환	이익소각
근거	자본감소 규정 (정관의 근거규정 불요)	정관 → 이익으로 소각	
소각 대상	일반 주식	특정주식(상환주식)	일반주식
재원	이익에 한정하지 않는다.	주주에게 「배당할 이익」에 한정한다.	
절차	주주총회 특별결의 채권자보호절차	× (주주총회 특별결의, 채권자보호절차가 없음)	
효과	자본감소	주식 수 감소, 자본 불변	

(2) 주식을 소각하는 방법에는, (ⅰ) 주주의 동의를 요하는가에 따라 임의소각과 강제소각, (ⅱ) 소각의 대가가 지급되느냐에 따라 유상소각과 무상소각이 있다. 이상의 어느 방법에 의하건 회사는 주주평등의 원칙에 따라 모든 주주가 균등하게 소각을 받도록 하여야 한다.

[3] 이익소각

2000년 사업연도의 정기주주총회에서 '자사주 이익소각'을 정관에 추가한 상장·등록법인이 크게 늘어났다. 자사주 이익소각은 이익금으로 회사가 보유하고 있는 자사주를 소각할 수 있는 제도로, 주식수를 줄임으로써 주식가치를 높이는 효과가 있다. 주식소각제도를 도입하는 기업이 느는 것은 주주들의 주가관리에 대한 요구의 증대와 함께 배당이익으로 주식을 소각할 수 있도록 정관에 규정할 경우 주주총회의 특별결의 없이 이사회 결의만에 의하여 간이하게 주식을 소각하는 것이 가능하게 되기 때문이다. (출처: 국민일보 2001. 3. 13, 세계일보 2001. 3. 13, 한겨레 2001. 4. 9)

| 해 설 |

이익소각은 위 사례에서 보는 것처럼 최근의 실무에서는 주로 자사주의 소각이 문제가 되고 있다. 회사가 자사주를 보유하고 있는 경우 이를 매각할 수도 있지만 소각할 수도 있다.

자사주를 소각함에 있어서 개정 증권거래법에서는 정관에 그 근거규정을 두면 이사회 결의만으로 할 수 있도록 하여 그 절차를 간소화하였다. 만일 정관에 주식소각에 관한 근거규정이 없는 회사라면 자본을 감소시켜야만 주식을 소각할 수 있기 때문에 별도로 주주총회를 열어야 하는 번거로움이 있다.

Ⅰ. 총설

이익소각은 이익을 재원으로 하는 주식소각이다. 이에는 정관규정에 의한 이익소각과 주주총회의 특별결의에 의한 이익소각이 있다.

| 기 능 |

이익소각은 장차 소멸하게 될 회사가 해산의 청산절차를 간단하게 하기 위하거나, 유통주식수를 줄임으로써 주가를 끌어올리기 위한 목적으로 또는 경영권방어 등의 목적으로 이용된다.

| 성 질 |

① 이익에 의한 주식소각은 주주권 소멸의 원인이 된다. 따라서 해당 주주의 동의를 요건으로 하며 주주평등의 원칙에 따라야 한다.
② 배당이익을 재원으로 하며 이익처분적인 성격을 띤다.
③ 출자환급의 성격을 띤다. 이익을 재원으로 하지만 출자환급의 실질을 지니므로 자본충실을 위하여 자본결손을 초래할 수 있는 이익소각이 금지된다.

Ⅱ. 정관규정에 의한 이익소각

1. 요건

(1) 이익소각을 하려면 「정관」에 이익소각에 관한 근거조항이 있어야 한다. 이때의 정관은 원시정관이거나 총주주의 동의로 변경한 정관이어야 한다(다수설). 일반적인 정관변경의 경우와는 달리 총주주의 동의에 의한 정관변경을 요하는 이유로 주식의 소각에 의하여 주주권이 소멸된다는 점을 들고 있다. 이에 대해서는 정관변경절차인 주주총회의 특별결의로 족하다는 소수설이 있다.
(2) 배당가능한 이익이 존재하여야 한다(상 343조 1항 단서). 여기의 이익은 순자산액으로부터 자본액과 준비금으로 적립하여야 할 금액을 공제한 잔액이다.
(3) 주주평등의 원칙이 준수되어야 한다.

2. 절차

(1) 강제소각의 경우에는 1월 이상의 일정기간을 정하여 주식을 소각한다는 뜻과 그 기간 내에 주권을 회사에 제출할 것을 공고하고 주주명부에 기재된 주주와 질권자에 대하여 각별로 통지를 하여야 한다(상 343조 2항, 440조). 강제소각은 회사가 주식을 취득하지 않고 소각하는 것이므로, 그 효력은 위 기간이 만료한 때에 발생한다(343조 2항, 441조).

(2) 임의소각의 경우에는 회사가 자기주식을 취득하여 지체 없이 실효절차를 밟아야 한다(상 342조). 임의소각의 효력은 주식실효절차가 종료한 때에 발생한다.

3. 효력

주식소각에 의하여 발행주식 수가 감소하지만, 자본감소의 엄격한 절차를 거치지 아니하였으므로 자본에는 변동이 없다. 주식소각에 의하여 감소된 주식 수만큼 미발행주식의 수가 증가되는 것은 아니므로 그 만큼의 주식을 재발행할 수 없다(통설).

Ⅲ. 정기주주총회의 특별결의에 의한 이익소각

1. 의의

정관에 이익소각에 관한 근거규정이 없는 경우에도 정기주주총회의 특별결의에 의하여 이익을 재원으로 자기주식을 매수취득하여 소각할 수 있는 제도이다(매수소각). 회사의 잉여자금의 적절한 운용이나 주식의 수급조절을 통한 주가관리의 편의 등의 필요가 있는 경우에 보다 완화된 절차요건하에서 주식소각을 할 수 있는 길을 열어주기 위하여 2001년 개정상법에서 도입하였다. 이는 주주의 동의를 얻어 행하는 임의소각의 방법으로 이용된다. 이익처분의 성격을 띠고 있다.

2. 요건

(1) 재원

매수할 수 있는 주식의 취득가액의 총액은 배당가능이익(상 462조 1항)을 최대한도로 한다(상 343조의2 3항). 이는 자본충실을 위한 것으로, 자본이나 법정준비금 등을 소각의 재원으로 할 수 없다.

(2) 자본결손의 우려가 있는 매수의 제한

자본결손의 우려가 있는 경우에는 이익소각이 금지된다. 즉, 당해 영업연도의 결산기에 대차대조표상의 순자산액이 상법 제462조 제1항 각호의 금액의 합계액에 미치지 못할 우려가 있는 때에는 주식의 매수소각을 할 수 없다(상 343조의2 5항). 이러한 경우에 이익소각을 위하여 자기주식을 취득하면 자본결손을 초래하고 주주에 대한 이익배당을 할 수 없기 때문이다.

| 이사의 책임 |

당해 영업연도의 결산기에 대차대조표상의 순자산액이 상법 제462조 제1항 각호의 금액의 합계액에 미치지 못함에도 불구하고 매수소각한 경우, 이사는 회사에 대하여 연대하여 배상할 책임이 있다(상 343조의2 6항 전단). 그러나 이사가 이익소각을 하더라도 결손이 발생할 우려가 없다고 판단함에 있어서 과실이 없음을 증명한 때에는 책임을 면한다(과실책임)(상 343조의2 6항 후단, 462조의3 4항 후단). 이는 중간배당에 있어서 이사의 책임과 동일하다.

3. 방법 · 절차

(1) 정기주주총회의 특별결의

「정기주주총회」의 특별결의에 의하여 주식을 「매수」하여 소각할 수 있음을 결의할 수 있다(상 343조의2 1항). 정기주주총회의 결의를 요하도록 한 것은 이익소각의 재원이 되는 배당가능이익이 정기주주총회에 가서야 확정되기 때문이다. 매수하여 소각한다고 하는 것은 임의유상소각을 뜻한다. 총회의 결의에서는 매수할 주식의 종류, 총수, 취득가액의 총액 및 주식을 매수할 수 있는 기간을 정하여야 한다(상 343조의2 2항).

| 매도기회의 공평한 부여 |

이사는 매수소각을 함에 있어서 매수상대방을 임의로 선택할 수 없고 주주 모두가 매도의 기회를 균등하게 가질 수 있는 방법에 의하여 매수하여야 한다.

| 임의성 |

주주총회에서 이익소각을 결의하였다고 하여 반드시 이익소각을 하여야 하는 것은 아니다. 이사는 회사의 재무구조 및 재무상태와 시세 등을 고려하여 이익소각의 여부, 시기의 선택 등을 합리적으로 하여야 한다.

(2) 자기주식의 매수취득

주식소각을 위하여 자기주식을 매수할 수 있는 기간은 이익소각에 관한 총회결의 후 최초의 결산기에 관한 정기주주총회일(즉, 다음 정기주주총회일)까지이다(상 343조의 2 4항). 다음 정기주주총회가 되면 전기의 미처분이익은 소멸하게 되고, 수년에 걸쳐 소각함으로써 생길 수 있는 제도의 남용되는 것을 막기 위함이다.

(3) 주식실효절차

임의소각의 경우에는 회사가 일시 자기주식을 취득하였다가 주식실효의 절차를 밟아야 한다(상 342조). 즉, 회사는 소각할 주식의 주권을 제출하게 하고, 그 대가를 지급하며, 제출된 주권을 파기하고, 주주명부에서 당해 주식에 관한 사항을 말소한다. 이러한 실효의 절차를 완료한 때에 소각의 효력이 생긴다.

4. 효과

(1) 자본에 미치는 영향

주식을 소각하면 발행주식수가 그만큼 감소한다. 그러나 자본감소절차를 밟지 아니하였으므로 자본은 감소하지 않는다. 소각부분만큼 미발행주식수가 증가하지 않는다. 발행주식총수에 변경이 생기므로 변경등기를 하여야 한다(상 317조 2항 3호).

(2) 재발행 가능 여부

소각한 부분에 대해서는 회사가 이미 주식 발행권을 사용하였기 때문에 소각한 부분에 대하여 재차 신주를 발행할 수는 없다(통설).

┃상장법인의 특례┃

	상법상의 이익소각	증권거래법상의 이익소각
대상	일반 주식회사	상장법인
요건	정기주주총회의 특별결의를 요함	정관에 이익소각을 할 수 있다는 근거가 있는 경우에는 이사회의 결의만으로 가능 (영업연도 중 기동적으로 주식을 소각할 수 있다.)
매수방법	일반적인 제한 (주주평등의 원칙의 준수)	증권시장을 통하여 매수하거나 공개매수의 방법에 의하여야 함
매수의 시기제한	정기주주총회의 이익소각 결의(시기) 후 다음 정기총회일(종기) 까지	이사회 결의일 3일이 경과한 날(시기)로부터 3월 내(종기)

| 관련사례 |

[1] ○○자동차는 이사회를 열어 자사주 1,100만 주를 소각하기로 결의했다. 소각 예정인 자사주는 보통주 1천만 주와 2우선주 100만 주로 총 발행주식 2억 9,529만 주의 3.73%(보통주 기준 4.37%), 유통물량의 10%에 이르며, 시가(당일 종가 기준)로는 1,837억 원 규모다. 소각은 자본금을 줄이지 않고 작년도 순이익을 포함한 이익잉여금과 자기주식을 상계처리하는 방법으로 이뤄지며 ○○자동차는 금융감독기관에 이익소각신청서를 제출해 정기주주총회 이전까지 발행주식수 변경 상장을 마치기로 했다. ○○자동차는 "자사주 소각으로 유통물량이 대폭 감소해 주당순이익과 주가상승의 가능성이 높아지게 됐다"고 말했다. ○○자동차는 3천억 원 규모의 펀드를 조성해 자사주를 사들여왔으며 임시주주총회를 통해 회사정관에 이익소각의 규정을 신설한 바 있다. (출처 : 경향신문 2001. 2. 20, 동아일보 2001. 2. 20, 서울신문 2001. 2. 20, 세계일보 2001. 2. 20, 조선일보 2001. 2. 20, 한겨레 2001. 2. 20)

[2] 2000년 12월 결산 상장법인들의 올해 주주총회 최대 이슈는 주식소각인 것으로 나타났다. 증권거래소에 따르면 주주총회 일정을 신고한 491개 12월 결산 상장사중 20%인 98개사가 주식소각제도를 정관에 도입했다. 주식소각제도는 이익금으로 회사가 보유하고 있는 자사주를 소각할 수 있는 제도로 이 규정을 정관에 도입하면 이사회 결의만으로 자사주 소각이 가능하다. 정관에 규정이 없으면 자본금을 감소시켜야만 주식소각이 가능하기 때문에 별도의 주주총회를 개최해야 한다. 주식소각제도가 붐을 이루고 있는 것은 주주들의 주가관리에 대한 요구가 증대하는 것도 한 원인인 것으로 풀이된다.(출처 : 경향신문 2001. 3. 13, 국민일보 2001. 3. 13, 한국경제 2001. 3. 13)

제3절 자본감소

[1] ■ ○○전자는 이사회를 열고 보통주 7주를 1주로 병합하기로 하고 자본감소 승인을 위한 임시주주총회를 개최하기로 의결했다. 이에 따라 현재 8,290억 원인 자본금은 1,184억 원으로 줄어든다. 채권단은 ○○전자의 주식을 최저 7대 1로 감자하는 방안을 확정하여 이를 ○○전자의 경영진에 통보했다. 감자관련 구주권 제출기간은 다음 달 31일부터 11월 30일, 매매거래정지일은 11월 29일부터 12월 25일, 감자기준일은 11월 30일, 신주교부일은 12월 24일로 각각 예정돼 있다. 채권자 이의제출기간은 다음달 31일부터 11월 30일까지다. (출처 : 대한매일 2001. 9.7, 대한매일 2001. 9. 11, 서울신문 2001. 9. 11, 조선일보 2001. 9. 7, 한국경제 2001. 9. 7)

■ 우여곡절 끝에 임시주주총회를 통해 ○○전자와 채권단측은 7대 1의 자본감소안을 통과시켰다. ○○전자의 임시주총은 소액주주들이 제시한 위임장의 진위여부 및 수량집계의 지연으로 정회를 거듭한 끝에 오후 5시 40분께 회사측 주도로 주주총회를 진행해 주요 안건

인 감자안을 통과시켰다. 이 과정에서 감자안을 지지하는 노조 및 채권단측과 반대입장인 소액주주들 사이에 고성이 오가고 몸싸움이 벌어지는 등 파행이 거듭됐다. 주총이 진행되는 동안 소액주주들로부터 4470만 주를 위임받았다는 소액주주운동본부는 회사측이 400만 주를 웃도는 위임장을 인정하지 않은 데 대해 항의했지만 주총 의장인 ○○전자의 △△ 사장은 표결을 감행했다. 이에 반발한 소액주주들은 주주총회 원천무효를 주장하며 투표를 거부했고 결국 채권단과 일부 소액주주들의 투표로 진행된 감자안 표결 결과 유효표 9,156만 7,628주 가운데 93%에 달하는 8,513만 2,899주의 찬성으로 감자안이 통과됐다. 이에 대해 소액주주운동본부는 "회사 측이 위임장 인정을 거부한 400만 주와 누락된 70만 주 등의 처리방안을 확정하지 않은 채 표 결을 감행한 데 따른 결과를 받아들일 수 없다"며 주총결의 무효 가처분을 구하는 소를 제기할 것이라 한다. (출처 : 내외경제 2001. 10. 30, 동아일보 2001. 10. 30, 매일경제 2001. 10. 30, 헤럴드경제 2001. 10. 30)

[2] 대주주의 자금회수 여부를 놓고 논란을 빚어온 ○○증권은 전체 주식의 67.5%(1억 5,000만 주)를 유상감자하는 안건이 임시주주총회에 상정되어 승인됐다. 자본감소절차가 순조롭게 마무리되면 ○○증권의 자본금은 2,296억 원에서 796억 원으로, 발행주식수는 2억 2,962만 주에서 7,962만 주로 각각 줄어들게 된다. 감자는 강제유상소각방식으로 진행되며, 소각주식에 대해서는 1주당 1,000원씩 소각대금이 지급된다. 감자기준일은 7월 19일이다. ○○증권의 대주주인 △△는 현재 지분율이 75.1%여서 이번 유상감자대금 1,500억 원의 1,125억 원 정도를 돌려받게 될 것으로 추산되고 있다. (출처 : 매일경제 2004. 6. 15, 서울경제 2004. 6. 16, 세계일보 2004. 6. 16, 한겨레 2004. 6. 16)

| 해 설 |

위의 [1] 사례는 자본감소에서 일반 군소주주의 보호가 문제된 것이고, [2] 사례는 대주주가 출자금을 우선적으로 회수하는 수단으로 유상감자의 방법을 이용할 수 있는 가능성이 문제된 사례이다. 우리 상법은 자본감소를 하는 절차과정에서 이해당사자를 보호하는 제도적 장치를 두는 동시에, 자본감소에 하자가 있는 경우에 이를 사후적으로 시정할 수 있는 제도적 장치를 두고 있다. 자본감소를 실무에서는 흔히 '감자'라고 부른다.

[1] 의의 · 유형

신주발행을 통하여 자본을 늘리는 것과는 반대로 자본을 줄이는 것이 자본감소이다. 자본감소에는 그로 인하여 회사재산의 감소(출자환급)가 수반되는 실질적인 자본감소와 회사재산의 감소가 수반되지 않는 명목적(계산상) 자본감소가 있다.

| 자본감소의 유형 |

	실질적 자본감소	명목적 자본감소
의의	자본감소 → 주주에게 되돌려 줌 → 재산 감소	자본감소 → 주주에게 돌려주지 않음 → 재산 불변
이용되는 경우	회사가 사업을 축소하는 경우라든가 불필요한 과잉자본을 줄여서 주주에게 반환하기 위한 방법으로 이용된다.	자본결손(자본잠식)이 있는 경우 자본을 순자산에 근접시키기 위하여 이용된다. 실제에 있어서 자본감소는 이 경우가 보통이다.

[2] 자본감소제한의 원칙

(1) 자본감소와 관련하여 직접적으로 이해관계에 영향을 받는 자는 주주와 회사채권자이다. 자본을 감소하면 주주의 권리를 감축 또는 소멸시키는 결과를 가져오며, 실질적 · 명목적 자본감소 모두에 있어서 책임재산의 규범적 수치가 감소하여 채권의 책임재산이 감소하기 때문이다. 또한 대주주가 소액주주나 채권자의 희생하에 자신의 출자를 우선적으로 회수하는 수단으로 자본감소를 악용할 가능성이 있다. 이 때문에 상법에서는 엄격한 자본감소의 절차에 의하여 이해당사자(주주 및 회사채권자)들이 참여하여 자신의 이익을 보호할 수 있는 기회를 부여하고 있다.

(2) 자본감소에 있어서 주주간에는 주주평등의 원칙이 준수되어야 한다. 종류가 다른 주식을 발행한 경우에도 주주평등의 원칙에 따라야 하나, 종류주주총회의 승인결의(상 435조, 436조)가 있으면 차별취급을 할 수 있다(상 344조 3항).

(3) 최저자본금(5,000만 원) 미만으로 자본감소를 할 수 없다.

[3] 방법

자본을 감소하는 방법으로는 다음의 것들이 있다.

(1) 액면가를 줄이는 방법

주금액(액면가)을 줄이는 방법으로는, (i) 감소액을 주주에게 반환하지 않고 주주의 손실로 처리하여 단순히 주금액을 감소하는 방법(切棄), (ii) 감소액을 주주에게 반환하는 방법(還給)이 있다. 법정최저액면가(100원) 미만으로 주금액을 감소하지 못한다(상 329조 4항).

(2) 주식 수를 줄이는 방법

주식 수를 줄이는 방법으로는 주식소각과 주식병합이 있다. 주식소각의 방법으로는 임의소각, 강제소각, 유상소각, 무상소각이 있다. 주식병합은 명목적인 자본감소에 주로 이용된다.

(3) 위의 (1)과 (2)를 병용하는 방법이 있다.

| 자본감소의 방법 |

	자본증가(유상증가)	자본감소
방 법	자본=액면가 × 발행주식수 ↑ (↑불가) ↑(신주발행)	자본=액면가 × 발행주식수 ↓ ↓ ↓(주식 소각/병합)
절 차	이사회 결의	■ 주주총회 특별결의 ■ 채권자보호절차(이의절차)
무 효	신주발행 무효의 소	자본감소 무효의 소

↑: 증가, ↓: 감소

[4] 절차

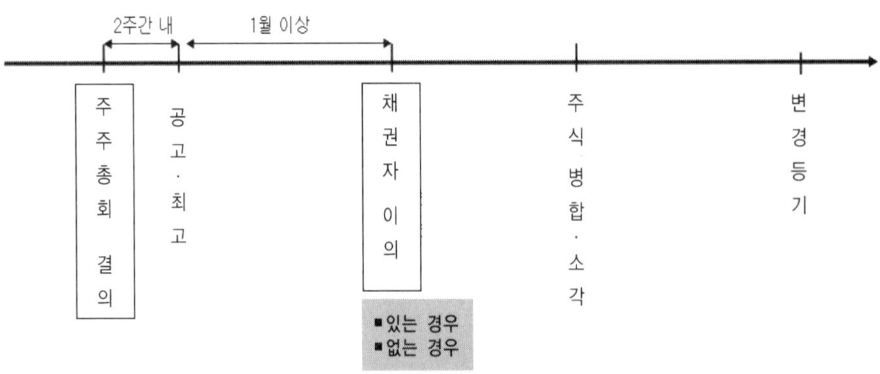

| 자본감소의 일정 (실례) |

- 주주총회의 자본감소 승인결의 : 2006년 2월 25일
- 구주권 제출기간 : 2006년 2월 28일~2007년 3월 30일(24:00시)
- 신주배정기준일 : 2006년 3월 30일
- 감자효력발생일 : 2006년 3월 31일
- 변경상장예정일 : 2006년 4월 14일
- 주권교부예정일 : 2006년 4월 21일

Ⅰ. 주주보호절차

자본을 감소하려면 주주총회의 특별결의에 의하여야 한다(상 438조 1항). 주주총회를 소집할 때에 자본감소에 관한 의안의 요령도 통지·공고하여야 한다(상 438조 2항). 자본감소의 결의에서는 그 감소의 방법도 정하여야 한다(상 439조 1항). 어떠한 방법으로 자본을 감소하는가에 따라 주주의 이해관계에 미치는 영향이 다르기 때문이다. 액면가를 줄이는 방법에 의하여 자본감소를 하려면 정관변경절차(주주총회의 특별결의)를 밟아야 한다.

> **임시주주총회소집공고**
>
> 당사 정관 제19조의 규정에 의하여 임시주주총회를 아래와 같이 소집하오니 참석하여 주시기 바라오며, 소액주주에 대한 소집통지는 증권거래법 제191조의 10에 의거하여 본 공고로 갈음하오니 양지하여 주시기 바랍니다.
>
> \- 아 래 -
>
> 1. 일 시 ; 2001 년 11 월 6 일 (화) 오전 9 시
> 2. 장 소 : 서울특별시 서대문구 연희동 87-9 경향건설(주) 8 층 회의장
> 3. 회의 목적사항
>
> (부의안건)
>
> 제 1호 의안 : 정관일부 변경의 건
> - 제10조(신주인수권) 제②항7, 8호 : 주주외의 자에 대한 배정사유 추가
> - 제10조의3 (일반공모증자및제3자배정증자) 제④항, 제⑤항 : 제3자 배정의 내용
> - 추가
> - 제14조(전환사채의발행) 제①항3호 : 전환사채의 발행사유 추가
>
> 제 2호 의안 : 자본 감소의 건
> - 감자주식의 종류와 수
>   기명식 보통주 - 3,146,581주 , 기명식 우선주 - 345,000주 계 - 3,491,581주
>   감자 방법 : 액면 금액 5천원의 기명식 보통주식 및 우선주식 각 20주를 같은액면주식 1주로 병합
> - 감자 기준일 : 2001년 12월 7일
> - 감자비율 : 대주주 - 95% , 소액주주 - 95 %
> - 감자일정 : 명의개서정지기간 - 2001.10.11 ~ 2001.10.18
>   구주권 제출 기간 - 2001.11.08 ~ 2001.12.07
>   매매거래정지예정기간 - 2001.12.06 ~ 신주권 상장전일까지
>   신주권 교부 예정일 - 2001년 12월 26일
> - 구주권제출 및 신주권교부 장소 : 증권예탁원 증권대행부
> - 단주처리 방법 : 주식의 병합으로 인하여 발생하는 1주 미만의 단수주는 신주상장 초일의 종가를 기준으로 계산하여 현금지급함
> - 감자이유 : 재무구조 개선 및 투자유치
> - 채권자이의제출기간 : 2001.11.07 ~ 2001.12.06
>
> 4. 경영 참고 사항 비치
>
> 증권거래법 제191조의10 제3항에 의거하여 경영참고사항을 당사의 본사,금융감독 위원회,증권거래소 및 증권예탁원에 비치하오니 참조하시기 바랍니다.
>
> 5. 실질주주의 의결권 행사에 관한 사항
>
> 금번 당사의 주주총회에서는 증권거래법 제174조의6 제5항 단서규정에 의거하여 증권예탁원이 주주님들의 의결권을 행사할 수 없습니다. 따라서 주주님께서는 주주총회에 참석장에 의거 의결권을 직접 행사하거나 또는 위임장에 의거 의결권을 간접 행사하실 수 있습니다.
>
> 2001 . 10 . 22
>
> 서울특별시 서대문구 연희동 87-9번지
>
> **경 향 건 설 주 식 회 사**
>
> **대 표 이 사 유 정 욱**

Ⅱ. 채권자보호절차

자본감소에 있어서 채권자보호절차는 회사합병의 경우의 채권자보호에 관한 절차규정(상 232조)을 준용하고 있다(상 439조 2항).

(1) 공고와 최고

회사는 자본감소의 결의일로부터 2주간 내에 회사채권자에 대해 자본감소에 이의가 있으면 1월 이상의 일정한 기간 내에 이의를 제출할 것을 공고하고, 알고 있는 채권자에 대해서는 각별로 최고하여야 한다(상 439조 2항, 상 232조 1항).

> **구주권 제출 및 채권자 이의신청 공고**
>
> 당사는 2001년 9월 22일 임시주주총회에서 자본의 총액 5,280,000,000원중 금3,168,000,000원을 감소하여 자본금을 2,112,000,000원으로 하고 발행주식의 총수 1,056,000주를 422,400주로 할 것을 결의하였음. 그 방법으로 보통주 2.5주를 액면주식 1주로 병합하기로 하였음. 이 자본감소에 이의가 있는 채권자는 이 공고 게재 익일로부터 1개월이내에 이의를 제출하시기 바라며 주주제위께서는 이 기일내에 주권을 제출하시기 바랍니다. 만약 위 기간내에 이의가 없으면 자본감소를 승인한 것으로 간주하겠습니다.
>
> 1. 구주권 제출기간 : 2001년 9월 24일~2001년 10월 25일
> 2. 채권자 이의 신청기간 : 2001년 9월 24일~2001년 10월 25일
> 3. 구주권제출 및 신주권 교부장소 :
>   서울특별시 영등포구 여의도동 43-2
>   (주식회사 서울은행 증권대행부(368-5800))
> 4. 신주권 교부 예정일 : 2001년 11월 16일
> 5. 매매거래 정지기간 : 2001년 10월 24일~상장전일
>
> **주식 명의개서 정지 공고**
>
> 상법 제354조에 의거 주식병합을 위하여 다음과 같이 주식의 명의개서, 질권의 등록, 말소와 신탁재산의 표시 및 말소 등 주주명부의 기재사항을 다음과 같이 정지하오니 양지하시기 바랍니다.
>
> 1. 주주확정일 : 2001년 10월 25일
> 2. 명의개서 정지기간 : 2001년 10월 26일~상장전일
>
> 2001년 9월 24일
>
> 경남 함안군 군북면 장지리 477
>
> **한국주강주식회사**
>
> 대표이사 하 경 식
>
> 명의개서대리인 (주)서 울 은 행
>
> 은행장 강 정 원

(2) 채권자의 이의

(가) 이의가 없는 경우 - 자본감소의 승인을 의제하고(상 439조 2항, 상 232조 2항), 자본감소절차를 속행한다.

(나) 이의가 있는 경우 - 이의를 제출한 채권자에 대해서는 회사는 채무를 변제하거나, 상당한 담보를 제공하거나, 또는 이를 목적으로 상당한 재산을 신탁회사에 신탁하여야 한다(상 439조 2항, 232조 3항). 채권자가 이의를 할 때에는 단독으로 할 수 있으나, 사채권자가 이의를 함에는 사채권자집회의 결의가 있어야 한다(상 439조 2항).

Ⅲ. 자본감소의 실행

(1) 주식병합을 하는 경우, 회사는 1월 이상의 기간을 정하여 그 기간 내에 주권을 회사에 제출할 것을 공고하고, 주주명부에 기재된 주주와 질권자에 대해서는 각별로 통지하여야 한다(상 440조). 구주권을 제출할 수 없는 자를 위하여 청구에 의하여 일정기간의 공고를 하는 등의 절차를 밟아야 한다(상 442조).

(2) 주식소각을 하는 경우, 주식소각의 절차는 주식병합에 관한 규정을 준용한다(상 343조 2항, 440조, 441조).

(3) 액면가를 감액하는 경우, 신주권으로 교환해 주어야 하며, 그 절차와 효력발생은 주식병합의 경우와 동일하다(상 440조, 441조, 442조).

| 단주의 처리 |

자본감소를 위한 주식병합에 의하여 단주가 생긴 때에는, 거래소에 시세가 있는 주식이라면 거래소를 통하여 매각할 수 있고, 거래소에 시세가 없는 주식이라면 경매의 방법으로 매각하여야 하나 회사는 법원의 허가를 얻어 경매 이외의 방법으로 매각할 수 있다(상 443조 1항).

| 사 례 |

자본감소를 위하여 21주를 1주(21:1)로 병합하면 감자비율(주식병합비율)은 95.23809524%가 된다. 주식병합 이전에 1,000주를 보유하고 있는 상장회사의 주주라면, 새로 받을 주식의 수는 47이고 단주는 0.619047620I다(1,000주÷21=47.61904762). 1주 미만의 단주에 대하여 발행된 신주는 매각하여 주권교부예정일에 주주에게 현금으로 지급된다.

Ⅳ. 등기

자본이 감소되면 등기사항에 변경이 생기므로 자본감소의 효력발생시로부터 본점소재지에서는 2주간 내에, 지점소재지에서는 3주간 내에 변경등기를 하여야 한다(상 317조 2항, 183조). 이는 단순히 공시를 하기 위한 것에 불과하기 때문에 등기 여부는 자본감소의 효력과는 무관하다.

[5] 효력

Ⅰ. 효력발생시기

자본감소의 효력발생시기는 자본감소를 위한 위의 절차가 모두 종료된 때이다. 즉, 구주권의 제출이 필요한 경우에는 주권제출기간 만료시에 그 효력이 생기고(상 441조 1문), 채권자 이의절차가 종료하지 아니한 경우에는 그 종료시에 효력이 생긴다(441조 2문). 그 후의 후속절차(신주권의 교부라든가 단주의 처리, 변경등기 등)는 자본감소의 효력발생과 무관하다.

Ⅱ. 자본구조에 미치는 영향

자본감소에 의하여 발행주식총수가 감소한다. 그러나 감소분만큼 회사가 발행할 주식의 총수(수권주식수)가 감소하는 것은 아니며, 감소분만큼 미발행주식의 수가 부활·증가하는 것도 아니다. 이사회가 일단 수권받은 주식을 발행한 이상, 그 이후에 그 주식이 소멸되어도 이미 발행된 것으로 취급하여야 하기 때문이다. 따라서 주식의 소각이나 병합에 의하여 발행주식 수가 감소하는 부분에 대해서는 재발행이 허용되지 않는다(다수설).

| 감자차익금 |

감자차익금은 자본감소에 의하여 감소된 자본의 액이 주식의 소각 또는 주금의 반환에 요하는 금액과 결손의 전보에 충당한 금액을 초과한 경우 그 초과금액을 말한다. 감자차익금은 자본준비금으로 적립하여야 한다(상 459조 2호).

[6] 자본감소 무효의 소

1. 의의·성질

자본감소의 절차 또는 내용에 중대한 하자가 있는 경우 소만으로 그 무효를 주장할 수 있다(상 445조). 자본감소무효의 소에서는 무효의 주장을 가급적 제한하여 법률관계의 안정을 기하는 한편, 무효판결이 있는 경우 이를 획일적으로 처리하고 있다. 자본감소 무효의 소는 형성의 소이다.

2. 무효사유

자본감소 무효의 소를 제기하려면 자본감소의 절차 또는 내용에 중대한 하자가 있어야 한다. 예컨대, 자본감소의 방법이 주주평등의 원칙에 반하여 주주의 이익을 현저하게 해치거나, 채권자보호절차를 이행하지 않는 경우가 이에 해당한다.

3. 원고·피고

자본감소 무효의 소에서 원고적격을 갖는 자는 주주·이사·감사·청산인·파산관재인·자본감소에 승인을 하지 않은 채권자에 한한다(상 445조). 피고는 회사이다.

4. 제소기간

제소기간은 자본감소로 인한 변경등기가 있은 날로부터 6월 내로 한정한다(상 445조). 자본감소의 효력이 발생한 이상 변경등기를 하기 전이라도 제소가 가능하다.

5. 소의 절차

자본감소 무효의 소의 관할법원(상 186조), 소제기의 공고(상 187조), 소의 병합심리(상 188조), 하자보완 등의 경우 청구기각(상 189조), 제소주주의 담보제공의무(상 377조), 무효판결의 등기(192조), 패소원고의 책임(상 191조) 등은 신주발행무효의 소와 같다(상 446조).

| 대법원 2004. 4. 27. 선고 2003다29616 판결 |

▪ 법원이 감자무효의 소를 재량기각하기 위해서는 원칙적으로 그 소 제기 전이나 그 심리 중에 원인이 된 하자가 보완되어야 한다고 할 수 있을 것이지만, 하자가 추후 보완될 수 없는 성질의 것으로서 자본감소 결의의 효력에는 아무런 영향을 미치지 않는 것인 경우 등에는 그 하자가 보완되지 아니하였다 하더라도 회사의 현황 등 제반 사정을 참작하여 자본감소를 무효로 하는 것이 부적당하다고 인정한 때에는 법원은 그 청구를 기각할 수 있다.

▪ 주주총회의 감자결의에 결의방법상의 하자가 있으나 그 하자가 감자결의의 결과에 아무런 영향을 미치지 아니하였고, 감자결의를 통한 자본감소 후에 이를 기초로 채권은행 등에 대하여 부채의 출자전환 형식으로 신주발행을 하고 수차례에 걸쳐 제3자에게 영업을 양도하는 등의 사정이 발생하였다면, 자본감소를 무효로 할 경우 부채의 출자전환 형식으로 발행된 신주를 인수한 채권은행 등의 이익이나 거래의 안전을 해할 염려가 있으므로 자본감소를 무효로 하는 것이 부적당하다고 볼 사정이 있다.

6. 원고승소판결의 효력

원고승소판결(자본감소무효판결)이 있게 되면 자본감소가 무효로 되어 자본감소 이전의 상태로 환원된다.

(1) 대세적 효력

원고승소판결은 제3자에 대해서도 효력이 있다(상 446조, 190조 본문).

(2) 소급적 효력

① 소급효를 인정하는 것이 다수설이며, 그 논거로 1995년 개정 이전의 상법이 상법 제190조 전체를 준용하다가 1995년 개정상법에서는 제190조 단서(불소급효의

규정)를 준용규정에서 삭제하고 제190조 본문만 적용하는 것으로 개정한 점을 들고 있다.

② 이에 대해서는 (ⅰ) 소급효의 인정 여부는 구체적인 문제에 따라 개별적으로 판단하여야 한다는 견해가 있는가 하면, (ⅱ) 소급효가 제한되는 것으로 해석하여야 한다는 견해가 있다. 그 논거로 개정 상법에서 제190조 단서를 준용하지 않는다고 하여 그것이 반드시 소급효를 인정하여야 하는 것으로 해석하여야 할 필연적인 이유가 되지 못한다는 점을 이유로 들기도 하고, 입법의 착오로 인한 것으로 만일 소급효를 인정하면 매우 큰 혼란이 생기게 된다는 점을 들고 있다.

③ 입법론으로, 자본감소무효의 소의 경우에도 신주발행무효의 소(상 431조 1항)의 경우와 마찬가지로 불소급효를 인정하는 것이 바람직하다는 견해가 있다(서헌제).

7. 원고패소판결의 효력

(1) 원고패소판결의 효력은 대인적 효력만이 있다(민소 204조).

(2) 패소원고에게 악의 또는 중대한 과실이 있는 때에는 원고는 회사에 대하여 연대하여 손해배상책임을 진다(상 446조, 191조).

8. 다른 소와의 관계

(1) 흡수관계

하자 있는 주주총회의 결의에 기하여 자본감소가 이루어진 경우 주주총회의 결의의 하자를 다투는 소와 자본감소 무효의 소 중에서 어느 것에 의하여 다투어야 하는가? 양자는 흡수관계에 있다(다수설). 따라서 (ⅰ) 자본감소의 소를 제기할 수 있는 시점 이전에는 주주총회 결의의 하자를 다투는 소를 제기할 수 있으나, (ⅱ) 일단 자본감소의 효력이 발생한 후에는 주주총회 결의의 하자를 다투는 소는 자본감소 무효의 소에 흡수되어 자본감소무효의 소만을 제기할 수 있다.

(2) 청구의 변경

자본감소를 위한 주주총회 결의에 절차상의 하자가 있는 경우 주주총회 결의일로부터 2월 내에 주주총회 결의 취소의 소를 제기하고(상 376조 1항), 그 소송이 계속 중에 자본감소의 효력이 발생한 때에는 자본감소 무효의 소의 제소기간(6월) 내에 자본감소 무효의 소로 청구를 변경하여야 한다.

┃신주발행 무효의 소와 자본감소 무효의 소┃

	신주발행무효의 소	자본감소무효의 소
무효원인	㉠ 수권자본의 한계 일탈 ㉡ 자본충실 위반 ㉢ 주식의 비례적 가치의 중대한 침해	㉠ 채권자보호절차상의 하자 ㉡ 주주보호절차상의 하자
법적 성질	형성의 소	형성의 소
제소권자(원고)	주주, 이사, 감사	주주, 이사, 감사, 청산인, 파산관재인, 자본감소에 승인하지 않은 이의채권자
제소기간	「신주를 발행한 날」(납입기일 다음 날)로부터 6개월	자본감소로 인한 「변경등기일」로부터 6개월 그러나 자본감소의 효력이 발생한 때에는 변경등기 전에도 자본감소무효의 소를 제기할 수 있다.
소의 절차	관할, 피고, 소제기의 공고, 병합심리, 하자보완시 청구기각(재량기각), 무효판결의 등기, 제소주주의 담보의무	관할, 피고, 소제기의 공고, 병합심리, 하자보완시 청구기각(재량기각), 무효판결의 등기, 제소주주의 담보의무
무효판결의 효력범위	대세적 효력	대세적 효력
무효판결의 소급효	장래효 : "신주발행무효의 판결이 확정된 때에는 신주는 장래에 대하여 그 효력을 잃는다"(§ 431①).	소급효(다수설)(§ 446→§ 190본문) (※소급효가 제한된다고 해석하는 견해가 있다.)
원고패소 판결의 효과	㉠ 대세적 효력이 없다. (당사자간에만 미침) ㉡ 악의 또는 중대한 과실이 있는 때에는 회사에 대하여 연대하여 손해를 배상할 책임이 있다(§ 191).	㉠ 대세적 효력이 없다. (당사자간에만 미침) ㉡ 악의 또는 중대한 과실이 있는 때에는 회사에 대하여 연대하여 손해를 배상할 책임이 있다(§ 191).

┃관련사례┃

[1] ○○증권은 이사회를 열어 자기주식 보통주 1,800만 주 소각을 통해 자본감소하기로 결의했다고 증권거래소를 통해 공시했다. 이에 따라 자본금은 4,361억 5,000만 원에서 3,461억 5,000만 원으로 900억 원이 줄어들게 됐다. ○○증권은 감자안건을 주주총회에 상정하여 승인받을 예정이다. 이번 감자대상 주식은 ○○투자신탁과의 합병과정에서 주주의 주식매수청구권행사에 따라 취득한 것이다. (출처 : 헤럴드경제 2001. 5. 15, 이데일리 2001. 5. 15, 문화일보 2001. 5. 16, 조선일보 2001. 5. 16, 한국경제 2001. 5. 16)

[2] OO건설에 대한 감사를 맡은 △△회계법인과 금융감독기관의 잠정 집계 결과, OO건설의 지난해 전체 부실규모는 2조 9,800여 억 원으로서, 지난 해 말 현재 2조 974억 원인 자본을 전액 잠식한 것으로 드러났다. (출처: 한겨레 2001. 3. 28) OO건설의 □□ 회장 등 OO건설의 대주주 지분은 완전감자되고 소액주주 지분은 5.99대 1로 부분 감자처리하기로 최종 확정됐다. OO건설은 임시주주총회를 열어 소액주주의 거센 반발 속에 대주주 완전감자와 소액주주 5.99대 1 부분 감자안을 상정, 원안대로 의결했다. 이에 따라 당초 계획대로 2조 9,000억 원의 자본출자가 이뤄지면 OO건설은 자본잠식상태에서 벗어나는 것은 물론 부채비율도 떨어지는 등 재무구조가 획기적으로 개선되고 자본금 3조 원의 초우량 건설업체로 거듭나게 된다. 이날 임시주주총회는 예상대로 소액주주들의 거센 반발로 인해 회의초기 진행이 원활하지 못했다. 가장 논란이 된 감자안은 표결에 부쳐지지 않고 주주들의 동의와 제청으로 통과됐다. 소액주주들은 5.99대 1 감자안 확정에 반발, 내주 중 정부와 ●●은행을 상대로 손해배상청구소송을 내기로 했다. (출처: 대한매일 2001. 5. 19, 조선일보 2001. 5. 19, 중앙일보 2001. 5. 19, 한국일보 2001. 5. 19) 이에 앞서 소액주주 모임인 OO건설의 소액주주 투쟁위원회는 OO건설이 보유하고 있던 자사주 5천 62만 주(15.5%)를 ●●·◆◆은행으로 무상 양도한 것은 소액주주들의 권리를 침해한 것이라며 의결권 행사금지 가처분 신청을 냈었다. 그러나 서울지법 민사O부는 이날 "자사주 양도가 이사회 결의를 거친 만큼 불법으로 보기 어렵다"며 소액주주들의 신청을 기각했다. (출처: 서울신문 2001. 5. 17, 중앙일보 2001. 5. 17)

제 5 장

주식의 담보

제1절 총설

보유하고 있는 주식을 담보로 증권사로부터 돈을 빌리는 주식담보대출이 증가하고 있다. 돈은 필요한데 주식을 팔기 싫거나 돈을 빌려서라도 주식을 더 사고 싶어 하는 고객들이 늘어나고 있는 한편 증권사들도 고질적인 실적 부진을 타개하기 위한 방책으로 대출을 장려하고 있어 이해관계가 맞아 떨어진 셈이다. (출처: 매일경제 2005. 1. 6 [신헌철], 이데일리 2005. 1. 6)

| 해 설 |

주식도 재산적 가치를 가지는 권리이므로 채권의 담보물로 제공될 수 있다. 주식을 채권의 담보로 하는 방법에는 상법에 규정되어 있는 入質과 비전형담보인 양도담보가 있다. 실무상으로 주식은 주식의 신용거래나 대출채권의 담보를 위하여 주로 이용되고 있다. 주식을 담보로 하는 경우 이에 대해서는 상법에 특별규정을 두고 있는 사항 외에는 민법의 물적담보에 관한 규정이 적용된다.

(1) 채권의 이행을 확보하기 위하여 주식을 담보로 하여 물적 담보를 설정하는 경우, 그 방법과 효력은 기본적으로 민법의 담보물권에 관한 규정에 의한다. 주식을 담보로 물적 담보를 설정할 수 있는 방법은 (ⅰ) 유치권(민 320조 이하)을 설정하는 방법, (ⅱ) 질권(민 345조)을 설정하는 방법, (ⅲ) 양도담보물권을 설정하는 방법만이 가능하다. 저당권은 등기·등록 등에 의하여 공시될 수 있는 것을 담보물로 하기 때문에 주식은 저당권의 대상이 될 수 없다(민 356조).

(2) 실무에서 주식을 담보로 금융을 얻는 방법으로는 질권을 설정하는 방법과 양도담보물권을 설정하는 방법이 주로 이용되고 있다. 주식을 담보로 한 질권에 대해서는 민법의 질권에 관한 규정(민 329조 이하)을 기본으로 하면서 상법에 특칙을 두고 있다.

제2절 주식의 질권

[1] 의의

주식의 入質이란, 채권의 담보를 위하여 주식을 질권의 담보물로 제공하는 것을 말한다. 질권의 대상이 될 수 있는 것에는 동산 외에 권리가 있는데(민 345조), 주식질은 권리질의 일종이다. 주식의 질권에 대해서는 상법에 규정되어 있는 것을 제외하고는 민법의 질권에 관한 규정이 적용된다.

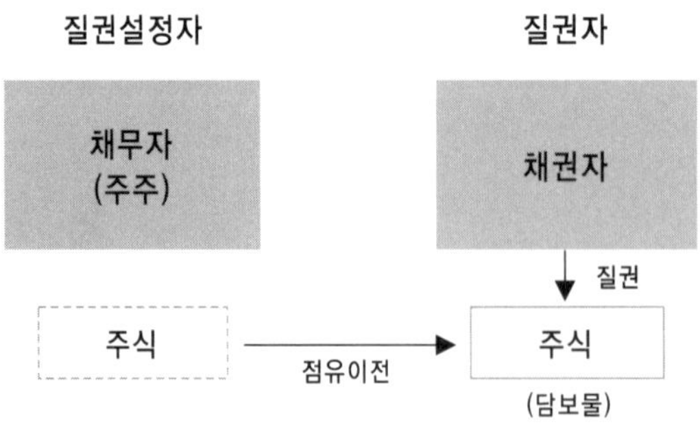

[2] 입질가능한 주식

(1) 주권발행 이후의 주식

① 주식을 담보로 하여 질권을 설정하려면 주권에 대한 교부가 필요하므로 주권이 발행된 이후의 주식만이 질권의 대상이 될 수 있음이 원칙이다. 권리주 및 주권발행 전의 주식의 입질은 회사에 대하여 효력이 없고 회사에 대하여 질권의 등록을 청구할 수 없다.

② 다만 회사의 성립 후 또는 신주의 효력발생 후 6월이 경과한 때에는 주권이 발행되지 않더라도 회사에 대하여 효력이 있는 주식의 입질을 할 수 있다(상 319조, 425조 1항, 335조 2항).

③ 주권발행 전에도 민법상의 권리질(민 345조 본문)의 대상이 될 수 있다.

| 대법원 2000. 8. 16. 자 99그1 결정 |

주권발행 전의 주식에 대한 양도도 인정되고, 주권발행 전 주식의 담보제공을 금하는 법률규정도 없으므로 주권발행 전 주식에 대한 질권설정도 가능하다고 할 것이지만, 상법 제338조 제1항은 기명주식을 질권의 목적으로 하는 때에는 주권을 교부하여야 한다고 규정하고 있으나, 이는 주권이 발행된 기명주식의 경우에 해당하는 규정이라고 해석함이 상당하므로, 주권발행 전의 주식 입질에 관하여는 상법 제338조 제1항의 규정이 아니라 권리질권 설정의 일반원칙인 민법 제345조로 돌아가 그 권리의 양도방법에 의하여 질권을 설정할 수 있다고 보아야 한다.

(2) 자기주식

① 회사는 발행주식총수의 5%를 초과하는 자기주식을 질권의 목적으로 받지 못한다(상 341조의2 본문). 이는 자기주식의 질취가 자기주식 취득금지의 탈법행위로 이용되는 것을 막기 위함이다. 5%로 제한한 것은 대량의 자기주식을 담보취득한 경우 만일 채권을 회수할 수 없게 된 때에는 그로 인하여 회사의 재정상태가 악화될 위험성이 있는데, 5% 정도의 자기주식의 질취는 그다지 문제되지 않을 것으로 본 때문이다(손주찬). 법에서는 '질권의 목적'으로 받는 경우를 규정하고 있으나, 양도담보로 자기주식을 받는 경우에도 동일한 제한을 받는다고 본다.

② 다만, (ⅰ) 회사의 합병 또는 다른 회사의 영업 전부의 양수로 인한 때, (ⅱ) 회사의 권리를 실행함에 있어 그 목적을 달성하기 위하여 필요한 때에는 수량에 관계없이 자기주식을 담보로 취득할 수 있다(상 341조의2 단서, 341조 2항 · 3항).

③ 회사가 위 제한을 초과하여 자기주식을 질취한 때에는 상당한 시기에 입질된 주식을 처분하여야 한다(상 342조).

[3] 설정방법

Ⅰ. 기명주식

1. 약식질

(1) 성립요건

略式質은 「질권 설정의 합의」와 「주권의 교부」에 의해 성립한다(상 338조 1항). 주권의 인도는 현실의 인도, 간이인도, 목적물반환청구권의 양도에 의할 수 있으나, 점유개정에 의한 질권설정은 허용되지 않는다(민 332조).

(2) 대항요건

회사 및 제3자에 대항하기 위해서는 질권자가 주권을 계속하여 점유하는 것이 필요하다(상 338조 2항).

2. 등록질

(1) 성립요건

등록질은 「질권설정의 합의」, 「주권의 교부」외에 질권자를 「등록」하여야 성립한다(상 340조 1항). 질권의 등록은 회사가 질권설정자의 청구에 의하여 질권자의 성명과 주소를 주주명부에 부기하고 그 성명을 주권에 기재하는 방법에 의한다(상 340조 1항). 등록질권자는 주권을 제시할 필요 없이 주주명부상의 기재만으로 질권자로서의 권리를 행사할 수 있다.

(2) 대항요건

회사 이외의 제3자에 대해서는 주권을 계속하여 점유하여야 질권으로 대항할 수 있다(상 338조 2항).

Ⅱ. 무기명주식

무기명주식은 주권을 질권자에게 교부함으로써 질권이 성립하고(민 351조), 기명주식의 등록질과 동일한 효력을 가진다.

[4] 효력

Ⅰ. 질권의 대상

주식질은 주식의 재산적 교환가치만을 그 대상으로 한다. 따라서 이익배당, 신주인수권 등과 같은 주식의 재산적 측면만이 질권의 대상이 된다. 비재산적인 측면(예: 의결권)은 질권의 대상이 되지 못하므로 입질 이후에도 주주(채무자)가 여전히 그 권리를 갖는다.

Ⅱ. 물상대위권

담보 주식(S)과 그 변형물(S') 간에 동질성이 인정될 경우 주식(S)의 질권은 동질성이 있는 변형물(S') 위에도 인정된다. 그러나 동질성이 인정되지 않는 경우에는 물상대위권이 인정되지 않는다.

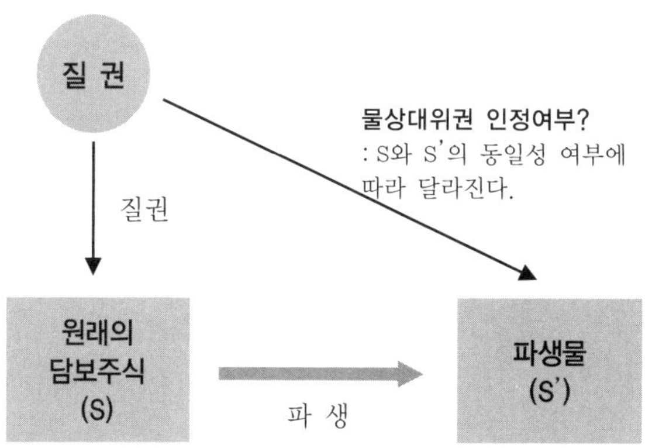

1. 물상대위의 대상

(1) 동질성이 인정되어 물상대위권이 인정되는 경우

(ⅰ) 주식의 소각 · 병합 · 분할 · 전환에 하여 종전 주주가 받을 금전이나 주식, (ⅱ) 법정준비금의 자본전입에 의하여 발행되는 무상신주, (ⅲ) 신주발행무효의 소가 확정되어 주주가 환급받은 주식납입금, (ⅳ) 합병시 소멸법인의 주주에게 지급 · 발행되는 합병교부금 · 신주, (ⅴ) 회사분할에 의하여 주주가 받는 주식 또는 교부금, (ⅵ) 주식교환과 주식이전에 의해 자회사가 주주가 받은 모회사의 주식 또는 교부금, (ⅶ) 주식매수청구권의 행사에 의하여 회사로부터 받은 주식매수대금, (ⅷ) 잔여재산분배청구권 등의 경우는 원래의 담보물과 동질성이 인정되므로 물상대위의 대상이 된다.

(2) 동질성이 인정되지 않아 물상대위권이 인정되지 않는 경우

유상증자에 의한 신주는 별도의 납입에 의한 것이므로 종전 주식의 변형물이 아니고, 따라서 물상대위의 대상이 되지 않는다(다수설). 그러나 신주를 발행하면 구주의 가치가 하락하므로 담보가치의 보전을 위하여 신주인수권에도 질권의 효력이 미친다는 견해가 있다.

(3) 이익배당 · 주식배당의 경우

등록질의 효력은 주주가 회사로부터 받는 이익배당, 주식배당에도 미친다는 명문의 규정을 두고 있다(상 340조 1항, 462조의2 6항). 그러나 약식질의 경우에는 이러한 명문의 규정이 없기 때문에 견해가 나뉜다.

(가) 이익배당청구권 - 이익배당청구권에 대해서는 주식의 과실이므로 약식질의 효력이 이에 미친다는 견해도 있다(소수설). 그러나 약식질은 회사와 무관하게 행해지고, 공시되지 않는 권리를 가지고 우선변제권을 인정하면 채권자평등의 원칙에 반하므로 약식질은 이익배당청구권에 미치지 않는다고 본다(다수설).

(나) 주식배당의 경우 - 주식배당의 성질을 주식분할로 보면 약식질의 효력이 이에 미치나(소수설), 이익배당으로 보면 약식질의 효력이 이에 미치지 않는다(다수설).

2. 회사의 통지의무

담보 주식이 다른 변형물로 바뀌어 물상대위의 사유가 발생한 경우 회사는 이를 등록질권자에게 통지하여야 한다(상 440조, 461조 5항, 462조의2 5항). 약식질권자에 대해서는 회사가 알지 못하기 때문에 이러한 통지의무가 없다.

3. 물상대위권의 행사절차

(1) 약식질권자가 물상대위권을 행사하는 방법에 대해서는 상법에 특별규정이 없다. 약식질의 설정은 회사와는 관계없이 이루어진 것이므로, 민법(민 355조, 342조 후단)의 규정에 따라, 회사가 주주에게 주권이나 금전을 교부하거나 지급하기 전에 압류하여야 한다고 해석한다. 물상대위권의 행사에 목적물의 압류가 필요한 것은 담보설정자의 일반재산에 혼입되는 것을 막기 위함이다.

(2) 등록질권자는 미리 압류할 필요 없이 물상대위의 목적물인 주식이나 금전을 회사로부터 받아 직접 변제에 충당할 수 있다(상 340조 1항 · 3항). 무기명주식의 질권자도 이와 같다.

(3) 등록질권자는 대위의 목적물이 금전인 경우에는 변제기에 이르지 아니한 때에도 회사에 대해 그 금전을 공탁하게 할 수 있고, 공탁금에 대해 질권을 갖는다(상 340조 2항, 민 353조 3항).

Ⅲ. 우선변제권

질권자는 채무자가 채무를 이행하지 않으면 질권이 설정된 주식을 경매하여 우선변제를 받을 수 있다(민 355조, 338조 1항). 물상대위의 목적물이 금전일 때에는 그것을 가지고 우선변제에 충당할 수 있으며, 주식일 때에는 경매하여야 한다.

| 주식의 입질 |

<table>
<tr><th colspan="2"></th><th>약식질</th><th>등록질</th></tr>
<tr><td colspan="2">설정방법</td><td>질권설정에 관한 합의 + 주권교부</td><td>(좌) + 주주명부에 질권 등록</td></tr>
<tr><td colspan="2">의결권 등 공익권</td><td colspan="2">주주(질권설정자)가 행사</td></tr>
<tr><td rowspan="6">물상대위</td><td>▲ 미치는 범위</td><td></td><td></td></tr>
<tr><td>■ 변형물(대표물)
–주식소각 · 병합 · 분할 · 전환으로 인하여 주주가 받을 금전·주식
–무상신주
–합병 · 해산으로 주주가 받을 주식 · 금액
–매수청구된 주식의 매수대금
–잔여재산분배청구권</td><td>O</td><td>O</td></tr>
<tr><td>■ 변형물이 아닌 경우
–유상신주</td><td>×</td><td>×</td></tr>
<tr><td>■ 이익배당청구권</td><td>긍정설 : 주식의 과실이다.
부정설 : 공시되지 않고 채권자평등의 원칙에 반한다.</td><td>O (←상법의 규정)</td></tr>
<tr><td>▲행사절차
■ 회사의 통지의무
■ 압류</td><td>×
필요</td><td>O
不要</td></tr>
<tr><td>■ 공탁</td><td>×</td><td>O (금전의 지급기가 채권변제기 전에 도래한 때에는 질권자는 회사로 하여금 그 금액을 공탁하게 하고, 그 공탁금 위에 질권을 가짐)</td></tr>
<tr><td colspan="2">우선변제</td><td colspan="2">[주식 : 경매하여야 한다.
[금전 : 그것을 가지고 우선변제에 충당할 수 있다.</td></tr>
</table>

O : 있음, 가능, X : 없음, 불가

제3절 주식의 양도담보

[1] 의의

(1) 주식의 양도담보란 주식을 양도(신탁적 양도)하는 방법에 의하여 채권을 담보하는 관습법상의 담보물권이다. 즉, 채무의 담보를 위하여 채무자가 주식을 채권자에게 양도한 후, 채무를 변제하면 채권자가 주식을 반환하고, 채무를 변제하지 않는 경우에는 채권자가 확정적으로 주식을 취득하기로 약정하는 방법에 의한다.

(2) 채권자가 우선변제를 받음에 있어서 경매절차를 밟을 필요가 없기 때문에 양도담보에 의하는 것이 채권자에게 유리하다.

[2] 유형

(1) 기명주식의 양도담보에는 약식양도담보와 등록양도담보가 있다. 약식양도담보는 담보권자가 담보의 목적으로 주권을 교부받아 계속 점유하는 것이고, 등록양도담보는 이에 더하여 주주명부에 담보권자의 이름으로 명의개서를 하는 것이다.

(2) 약식양도담보의 경우는 주식의 입질과 외형상으로는 구별이 되지 않으므로 당사의 의사에 따라서 정하는 수밖에 없다. 당사자의 의사가 불명확한 때에는 담보권자에 유리한 양도담보로 추정하여야 한다는 것이 다수설이다.

[3] 담보권의 실행과 정산

(1) 원칙 : 유담보의 금지
일반적으로 流擔保가 허용되지 않는 것이 원칙이므로(민 339조) 주식의 양도담보를 실행하면 목적물을 환가하여 청산절차를 밟아야 한다.

(2) 예외 : 유담보의 허용

상행위로 인한 채권의 담보에 관해서는 유질계약이 허용된다(상 59조). 양도담보의 경우에도 이를 유추적용할 수 있다. 이러한 경우에는 청산절차를 거칠 필요가 없다.

[4] 양도담보권자의 지위

(1) 약식양도담보의 효력은 약식질의 그것과 유사하고, 등록양도담보의 효력은 등록질의 그것과 대체로 같다. 양도담보권은 채권의 담보를 위하여 주식양도의 방법을 취한 것에 불과하다. 따라서 양도담보권자는 주식의 재산적 가치의 확보를 위한 권리의 행사에 그치며, 의결권 등의 공익권은 행사하지 못한다.

(2) 그러나 양도담보권자는 대외적으로는 주식의 소유자이다. 따라서 명의개서를 마친 양도담보권자는 의결권을 포함한 모든 주주권을 행사할 수 있다(대판 1992. 5. 26, 92다84 ; 대판 1995. 7. 28, 93다61338 ; 대구지법 경주지원 2002. 3. 29, 자 2002카합1 결정).

▎대법원 1993. 12. 28. 선고 93다8719 판결▐

채권담보의 목적으로 주식이 양도되어 양수인이 양도담보권자에 불과하다고 하더라도 회사에 대한 관계에는 양도담보권자가 주주의 자격을 갖는다.

▎대법원 1995. 7. 28. 선고 93다61338 판결▐

주식 양도담보의 경우 양도담보권자가 대외적으로 주식의 소유권자라 할 것이므로, 양도담보 설정자로서는 그 후 양도담보권자로부터 담보 주식을 매수한 자에 대하여는 특별한 사정이 없는 한 그 소유권을 주장할 수 없는 법리라 할 것이고, 설사 그 양도담보가 정산형으로서 정산 문제가 남아 있다 하더라도 이는 담보 주식을 매수한 자에게 대항할 수 있는 성질의 것이 아니다.

▎대구지법 경주지원 2002. 3. 29. 자 2002카합1 결정▐

주식회사의 대표이사가 개인적인 일로 회사의 발행주식 중 50%에 달하는 그 소유의 기명주식을 양도담보로 제공하고 주권을 발행 · 교부한 다음 그 주식을 채권양도의 방법으로 제3자에게 다시 양도한 사안에서 양도담보권자에게 주주총회의 소집통지를 하지 아니한 채 이루어진 주주총회결의는 소집절차상 중대한 하자가 있어 무효이다.

| 관련사례 |

[1] 일부 업체들은 사채업자로부터 주식을 담보로 사채를 쓰고 있다. 주가가 계약일보다 20~30% 떨어지면 사채업자가 통보 없이 장내에서 주식을 팔아 빚을 회수할 수 있는 특약이 붙기도 한다. (출처 : 동아일보 2004. 9. 9)

[2] ○○은행 등 △△그룹의 채권은행단은 대표자회의를 열고 △△그룹의 ▲▲회장 일가의 보유주식을 담보로 잡고 경영권포기각서를 제출받는 조건으로 긴급자금을 지원하는 방안을 추진하기로 했다. ○○은행의 관계자는 "주식을 담보로 잡고 경영권 포기각서를 받는다고 해서 ▲▲회장의 경영권을 박탈하는 것이 아니며 △△그룹측이 약속한 자구계획을 확실히 이행토록 하는 의미가 강하다"고 덧붙였다. (출처 : 국민일보 1997. 4. 22, 매일경제 1997. 4. 22)

[3] ○○증권금융은 일부 카드회사의 후순위 전환사채와 비상장주식에 대해 담보대출을 실시키로 했다고 밝혔다. 담보대출 대상은 ○○카드 · △△현대카드의 후순위 CB, ○○생명 · ○○SDS · ○○광주전자의 주식 등이다. 증권금융의 관계자는 "기업가치가 높은 비상장주식은 담보가치가 높을 뿐만 아니라 상장차익 등을 노리는 투자자들의 대출 수요가 상존하고 있다"고 덧붙였다. (출처 : 이데일리 2005. 2. 14, 제일경제 2005. 2. 14, 파이낸셜뉴스 2005. 2. 14)

제 7 편 주식회사의 자금조달(II) (타인자본)

제 1 장

총 설

타인자본 즉, 채무에 의하여 자금을 조달하는 방식으로는 일반 금전소비대차에 의하는 방법과 회사채의 발행에 의한 방법이 있다. 일반 금전소비대차에 의하는 경우는 개인법적 법리의 지배를 받기 때문에 민법과 관련 특별법에 의하여 규율되고, 社債의 발행에 의하는 경우는 단체법적 법리의 지배를 받기 때문에 회사법에서 이에 관한 기본적인 규정을 두고 있다. 社債는 본질적으로는 채권채무의 법률관계이나 집단화·정형화되어 있다는 점에서 일반 채권채무와 차이가 있을 뿐이다. 기업실무에서 社債에 의한 자금조달이 그 규모면에서 매우 크지만 법리적인 측면에서는 주식에 비하여 단조롭게 되어 있다. 이하에서는 社債에 대해서만 설명한다.

기업의 직접 금융조달규모(2003년도) (단위 : 억 원)

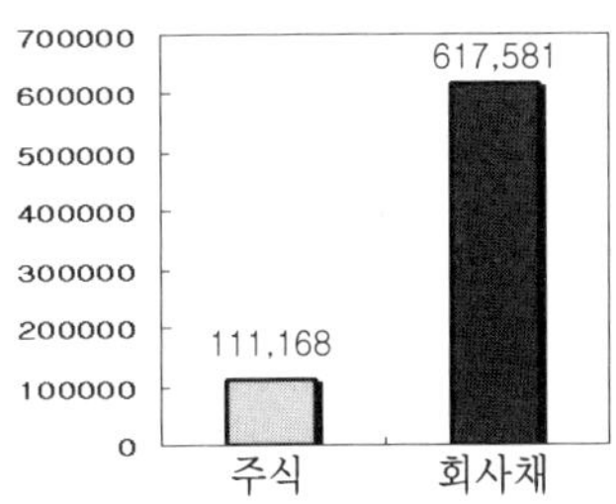

(주) 유가증권신고서 제출(공모), 납입일 기준
(출처) 금융감독원

제2장 사채의 의의

제1절 사채의 뜻

社債라 함은 주식회사가 다수의 일반인으로부터 대량의 자금을 비교적 장기에 걸쳐 집단적·정형적으로 조달하기 위하여 債券을 발행함으로써 부담하는 채무를 말한다. 실무에서는 보통 '회사채'라고 부른다.

제2절 일반 채무와 비교

사채는 타인으로부터 금전을 차입하는 것이고, 일정한 이자를 지급하며, 만기에 상환한다는 점에서는 일반 금전채무와 다를 것이 없다. 다만, 다음과 같은 점에서 사채는 일반 금전채무와 차이가 있다.

(1) 주식회사만이 사채를 발행할 수 있다. 유한회사는 그 폐쇄성으로 인하여 사채를 발행할 수 없다고 본다(상 600조 2항, 604조 1항 참조). 인적회사의 경우 사채를 발

행할 수 없는 것은 아니지만 실제 발행한 예가 없다. 국가 또는 지방자치단체가 발행하는 국채 · 지방채 등은 상법상의 사채가 아니다.

(2) 다수의 사채권자에 대한 집단적 · 정형적인 채무이다. 이 때문에 사채는 起債와 사채권자의 단체적 취급, 사채발행조건의 균등화, 社債券의 발행 등의 특징을 띠고 있다.

| 기업어음 |

CP(commercial paper, 기업어음)는 기업이 단기(1년 내)의 운영자금조달을 목적으로 발행하는 어음(융통어음)이다. 주로 신용도가 높은 우량기업이 이자 상당액을 할인하는 방법으로 발행하고, 금융회사가 이를 인수하여 일반 고객에게 매출하는 방법에 의한다. 주식, 회사채, CP는 기업의 주요한 자금조달방법으로 이용되고 있다.

제3절 주식과 비교

[1] 차이점

주식은 자기자본이고 사채는 타인자본이다. 이러한 본질적 차이에 기초하여 주식과 사채는 여러가지 면에서 차이가 있다.

(1) 주식의 보유자인 주주는 자기자본에 지분적으로 참여하는 주주의 지위에 있고, 경영에 직접 또는 간접적으로 참여하기 때문에 경영성과에 연동된 가변적인 이익배당을 받고, 영구자본적인 성격을 띠므로 상환할 필요가 없는 것이 원칙이고, 회사가 해산한 경우에는 잔여재산분배청구권자로서 최후의 순서로 잔여재산을 분배받게 되며, 자본충실의 요청에 따른 여러 가지 제약(예 : 주금액의 일시납입, 액면미달발행의 원칙적 금지, 상계납입의 금지, 자기주식 취득의 원칙적 금지)을 받는다.

(2) 이에 반하여 사채의 보유자인 사채권자는 타인자본에 참여하는 채권자의 지위에 있고, 경영에 전혀 관여하지 않기 때문에 경영성과와는 무관하게 확정적인 이자를 받으며, 만기에 상환을 받게 되고, 회사가 해산한 경우에는 채권자의 지위에서 주주보다 우선하여 채권을 변제받게 되며, 자본과는 무관하기 때문에 자본충실의 원칙상 요구되는 제약을 받지 않는다.

| 주식과 사채의 차이점 |

	주 식	社 債
출자자의 지위	주주 : 회사내부의 구성원으로서 사원권을 가진다.	사채권자 : 회사외부의 제3자의 지위에서 채권을 가진다.
출자의 성격	자기자본	타인자본
경영참가	직접(의결권행사를 통하여) 또는 간접(이사선임을 통하여) 회사경영에 참여한다.	회사경영에 참여하지 못한다.
경영성과에의 참여	가변적인 이익배당을 받는다. (이익없으면 배당도 없다.)	이익의 유무를 불문하고 확정율의 利子를 받는다.
출자의 회수	■ 회사존속 중 : 투자의 반환을 청구할 수 없다. ■ 회사해산시 : 잔여재산분배청구권자의 지위에 있으므로 일반채권자보다 후순위이다.	■ 회사존속 중 : 만기에 상환받는다. ■ 회사해산시 : 주주에 우선하여 회사재산으로부터 변제받는다. 일반채권자와 동순위이다.
납입방법	전액납입주의 금전출자 · 현물출자 모두 인정된다.	분할납입 가능 금전납입만이 인정된다. (현물출자는 인정되지 않는다.)
상계납입	불가	상계납입 가능
액면미달발행	원칙적으로 금지	액면미달발행 허용
자기증권취득	자기주식취득 원칙적 금지	자기사채취득 가능 (단, 전환사채의 경우 취득할 수는 있으나, 전환권을 행사할 수 없다.)
질권설정	주식의 입질에 대해서는 상법에 특별규정을 두고 있다.	사채의 입질에 대해서는 특별규정이 없으므로 민법규정에 의한다.

[2] 유사점

주식과 사채는 일반인을 상대로 집단적으로 정형적으로, 그리고 비교적 장기에 걸쳐 자금을 조달하는 경제적 기능면에서는 서로 유사하다.

| 주식과 사채의 유사점 |

경제적 기능	장기 · 거액의 자금조달
발행결정기관	이사회 결의에 의함이 원칙이다.
발행한도	■ 신주 : 발행예정주식총수 범위 ■ 사채 : 최종 대차대조표에 의하여 현존하는 순자산액의 4배
증권발행	주권 또는 채권 발행 (실제 채권을 발행하지 않고 등록필증으로 대체하는 경우가 많다.)
증권종류	기명식 · 무기명식 모두를 인정하고 전환이 인정된다. (실제, 주식은 기명식이 보통이고, 사채는 무기명식이 보통이다.)
인수의 형식	주식청약서, 사채청약서
명의개서 **(기명식인 경우)**	양도시 회사에 대한 대항요건 (사채의 경우 실제 대부분 무기명식이기 때문에 명의개서 불요)
권리자의 지위	주주평등의 원칙, 사채권자평등의 원칙
권리자의 단체적 취급	주주총회, 사채권자집회
최저 액면가(법정)	■ 주식 : 100원 이상 균일하여야 한다. ■ 사채 : 10,000원 이상 균일하거나 또는 최저액으로 정제할 수 있어야 한다.
청약방법	서면주의(주식청약서, 사채청약서)

[3] 양자의 접근

주식과 사채는 법리적으로 본질적인 차이가 있음에도 불구하고 그 경제적 기능면에서 서로 유사하기 때문에 서로 다른 쪽의 특징을 취하는 混合證券이 생겨나고 있다.

① 주식의 사채화 현상으로는, 비참가적 우선주(상 344조), 상환주식(상 345조), 의결권 없는 주식(상 370조) 등이 있다.

② 사채의 주식화 현상으로는, 전환사채(상 513조), 신주인수권부사채(상 516조의2), 이익참가부사채(증거령 84조의12 1항) 등의 「잠재주식」의 성격을 띠는 사채가 있다.

[4] 장단점

(1) 회사채에 의한 자금조달은 주식과 비교하여, 배당압력과 지배권에 대한 위협 없이 장기자금을 일시에 조달할 수 있고, 사채의 이자는 법인세 과세소득계산상 손비로 인정되어 법인세를 절감하는 효과가 있다(법인세법 19조, 20조, 28조).

(2) 회사채에 의한 자금조달은 주식과 비교하여, 일정 기간 후 상환부담이 있고, 이익이 없는 경우에도 이자를 지급하여야 하며, 사업실패시에도 채무상환책임은 그대로 남는다.

제3장

사채의 종류

제1절 총설

사채의 종류는 법에서 규정하고 있는 것에 한하여 인정된다고 본다(사채종류법정주의). 특히 신주의 발행가능성이 있는 사채나 주식과 연계성을 갖는 사채는 기존주주의 이해관계에 영향을 줄 수 있으므로 반드시 법적 근거를 요한다. 이에 대해서는 재무전략과 금융상품의 급격한 변화에 따른 실무의 수요에 부응하여 다양한 사채의 발행을 뒷받침할 수 있는 법적근거가 필요하다는 입법론이 있다(김건식).

(1) 기명사채 · 무기명사채

사채권에 사채권자의 성명이 기재되어 있느냐의 여부에 따른 분류이다. 양자 사이의 전환이 인정되나, 어느 한쪽에 한정할 수 있다(상 480조). 실무상으로는 주로 무기명사채가 발행되고 있다.

(2) 등록사채 · 실물사채

사채권이 발행되느냐의 여부에 따라, 사채권을 발행하지 않고 공사채등록법에 의하여 등록기관에 등록한 사채를 등록사채라 하고, 실제 사채권이 발행되어 있는 사채를 실물사채(또는 현물사채)라고 한다. 현재 국공채 · 특수금융채 등을 제외하고 회사채의 경우는 거의 대부분이 등록사채로 발행되고 있다. 이 때문에 실물 사채권을 찾아보기 어렵다.

(3) 담보부사채 · 무담보사채

사채에 대하여 물적 담보가 설정되어 있느냐의 여부에 따른 분류이다. 무담보사채가 일반적인 형태이고, 담보부사채에 대해서는 담보부사채신탁법에서 규정하고 있다.

(4) 보증사채 · 무보증사채

금융기관 등이 사채의 상환을 보증하느냐의 여부에 따른 분류이다.

(5) 근거법에 따른 분류

상법에서는 사채에 관한 일반규정과 전환사채와 신주인수권사채에 관한 규정을 두고 있다. 증권거래법에서는 이익참가부사채와 교환사채 등과 같은 신종사채에 관한 규정을 두고 있다. 담보부사채신탁법에서는 담보부사채에 관한 규정을 두고 있다. 이 중에서 전환사채 · 신주인수권부사채 · 이익참가부사채 · 교환사채 등은 잠재주식으로서의 성격을 띠는 사채이다.

| 사채의 종류 |

일반사채

특수사채

- 상법 → 전환사채, 신주인수권부사채 **(잠재주식)**
- 증권거래법 → 신종사채
  (이익참가부사채, 교환사채)
- 담보부사채신탁법 → **담보부사채**

제2절 전환사채

■ 임시주주총회를 앞두고 2대 주주인 ○○ 등 일반주주의 주식매집으로 경영권분쟁에 휘말린 △△는 400억 원 규모의 전환사채(CB)를 전격 발행, 이를 △△회사의 1대 주주와 평소 친분이 있는 ●● 등에게 인수시킴으로써 경영권방어를 위한 지분확충에 나섰다. 이번에 발행한 전환사채는 표면금리 1%, 만기보장수익율 4%, 만기 3년이며, 전환가액은 최근 시가인 2만 1천 8백 원이다. 전환사채발행분이 전량 주식으로 전환되면 전체 지분의 18% 정도에 해당한다. ○○측은 경영권분쟁이 진행되고 있는 상황에서 지분확충을 목적으로 제3자배정의 방식으로 CB를 발행한 것은 일반주주의 경영권 인수를 막기 위한 대주주의 권한남용이라는 것을 이유로 법원에 사채발행 무효소송 및 전환된 주식의 의결권행사금지 가처분소송을 제기하였다. 증권거래소는 △△회사의 전환에 의한 주식을 상장·유통시켰다가 해당 주식에 대한 의결권이 없는 것으로 법원의 판결이 내려질 경우 일반투자자들의 권리가 침해되는 사태가 발생할 수 있다는 것을 이유로 법원의 확정판결 전까지는 상장을 보류할 것이라고 밝혔다. 그 후 열린 △△ 회사의 임시주주총회의 2인 이사의 선임안건에 대한 표결에서 총출석주식수 8백 87만 1천 9백 11주 가운데 54.89%인 4백 86만 9천 9백 83주가 찬성했고, 44.83%인 3백 97만 6천 9백 79주가 반대함으로써 △△회사 1대 주주의 경영권은 더욱 강화되었다. 이에 따라 ○○측의 관계자는 18%에 달하는 사모전환사채의 전환주식의 의결권이 제한되었다면 ○○측이 승리할 수 있었을 것이라면서 아쉬움을 토로했다. 실제 △△측이 발행한 사모전환사채가 주식으로 전환되지 못했다고 가정하면 찬성이 3백 12만 6천 8백 66주(43.9%), 반대가 3백 97만 6천 9백 79주(55.8%)로 △△회사측의 안건이 부결되고 ○○측이 제시한 안건이 통과될 수 있었던 것으로 나타났다. 결국 △△회사측이 기습적으로 발행한 4백억 원의 사모전환사채가 경영권을 지키는데 결정적인 역할을 한 것으로 나타났다.

■ 이러한 전환사채 발행의 적법성 문제가 법정에서 다투어졌다. 법정공방에는 국내의 내로라하는 법무법인들이 양쪽 당사자의 법정대리인으로 법리논쟁의 불꽃을 튀긴 한판 승부를 벌였다. 공격측은 경영권분쟁과 관련해 △△회사의 사모전환사채의 발행은 순수한 자금조달목적이 아닌 경영권방어차원에서 이루어진 것으로 소액주주의 주주권행사를 침해한 것이므로 무효라는 논리를 폈다. 이에 대하여 방어측 변호인은 공격자측이 공개매수를 통해서만 주식을 매집토록 되어 있는 개정 증권거래법이 시행되기 직전에 3개월여 만에 대량의 주식을 은밀히 사들인 것은 경영권탈취를 목적으로 한 것으로 회사가 사모전환사채를 발행한 것은 비정상적으로 경영권을 쟁취하려는 적에 맞선 정당한 방어행위라는 점을 강조하였다. 이 사건을 담당한 서울지법은 ○○가 △△를 상대로 낸 전환사채 의결권금지 가처분신청에 대해 "이유 없다"며 기각결정을 내렸다. 재판부는 결정문에서 "△△회사의 전환사채는 회사를 대표하는 권한을 가진 대표이사가 정관의 규정에 따라 발행한 것"이라며, "전환사채의 발행은 회사 조직법상의 행위가 아니라 거래법상의 행위로 주주의 이익보호 이상으로 거래안전의 보호를 중시해야 하므로 전환사채 발행 무효사유는 엄격하게 판단하여야 한

다"고 밝혔다. 재판부는 그러나 "이번 결정이 M&A의 방어수단으로 전환사채를 발행하려할 때 전환사채발행금지 가처분을 낼 수 없다는 취지는 아니다"며 거래의 안전을 위한 것임을 강조하였다. 재판부는 ○○가 △△회사 대표이사와 이사를 상대로 낸 직무집행정지 가처분 신청도 직무를 정지할 만한 긴급성이 인정되지 않는다며 기각했다.

■ 그러나 서울고법은 위와 같은 내용의 원심을 깨고 경영권확보를 위해 △△ 회사가 발행한 사모전환사채는 무효라고 판결했다. 재판부는 "이 사건 전환사채는 경영권을 다투는 상황에서 △△측이 경영권을 방어하기 위해 우호세력에게 신주를 배정하기 위한 방편으로 발행한 것임이 인정된다"며, "이는 전환사채제도를 남용해 사실상 신주를 발행한 것이나 다름없어 주주의 신주인수권을 침해한 것"이라고 밝혔다. 그러나 ○○가 함께 항고한 신주의 결권행사금지 가처분신청에 대해서는 "경영권교체라는 중대한 결과를 초래하는 사안인 만큼 사전적 조치인 가처분 결정이 아닌 본안소송이나 가처분사건에 대한 대법원판결 이후로 판단을 미루는 것이 타당하다"며 기각했다.

* 위 사례의 날짜별 정리

1996. 12. 6. ○○가 서울지법에 △△회사의 임시주주총회소집요구서 제출발표
1997. 1. 6. △△회사의 임시이사회에서 1997. 2. 13. 임시주주총회를 열기로 결정
1997. 1. 7. △△회사가 4백억 원 규모의 사모전환사채 발행 발표
1997. 1. 9. ○○가 △△회사의 사모전환사채 의결권금지 가처분신청
1997. 1. 12~13. ●● 등이 △△회사의 사모전환사채를 주식으로 전환
1997. 1. 17. 소액주주 10명이 △△회사 등을 상대로 신주발행무효와 의결권행사금지가처분 신청
1997. 2. 6. 서울지법이 △△회사 사모전환사채에 의하여 전환주식이 의결권을 갖는다고 결정하고 , 이에 ○○가 서울고법에 항고
1997. 2. 13. △△회사의 임시주주총회의 표 대결에서 1대 주주가 승리
1997. 5. 3. ○○가 △△회사의 임시주주총회 소집허가 신청
1997. 5. 13. 서울고법, △△ 회사의 사모전환사채 무효 결정

(출처 : 경향신문 1997. 2. 7, 매일경제 1997. 1. 9, 서울경제 1997. 1. 17, 서울경제 1997. 2. 14, 서울경제 1997. 5. 14, 조선일보 1997. 1. 9, 한국경제 1997. 1. 11, 한국경제 1997. 1. 14, 한국경제 199. 1. 18, 한국경제 1997 2. 7, 한국일보 1997. 1. 9, 한국일보 1997. 5. 14, 서울고등법원 1997. 5. 13 결정, 97라36)

┃해 설┃

위 사례는 경영권방어를 목적으로 기존 경영진에 우호적인 제3자에게 전환사채를 발행한 행위의 적법성 여부에 대하여 판단한 판례의 내용을 소개하고 있다. 또 위 사례에서는 전환사채를 발행함에 있어서 널리 일반인을 상대로 공모하는 방식을 취하지 않고 우호적인 제3자을 특정인으로 하여 그 자에 대하여 전환사채를 발행하는 소외 사모방식으로 발행하고 있다. 경영권을 방어할 목적으로 주주 아닌 제3자에게 전환사채를 배정하는 행위의 적법성에 대하여 위 기사에서 보듯이 1심과 2심이 서로 상반된 판결을 내리고 있다.

전환사채는 주식으로 전환될 수 있는 가능성을 갖고 있는 사채이므로 잠재주식적인 성격을 띠고 있다. 이 때문에 전환사채에 대해서는 신주발행의 경우(상법 416조)와 동일한 법리가 적용된다.

[1] 의의 · 성격

(1) 전환사채(convertible bonds : CB)는 사채에 기채회사의 주식(신주)으로의 전환청구권이 부여되어 있는 것이다. 전환사채는 사채로서의 성격과 **잠재주식**으로서의 성격을 함께 가지고 있다.

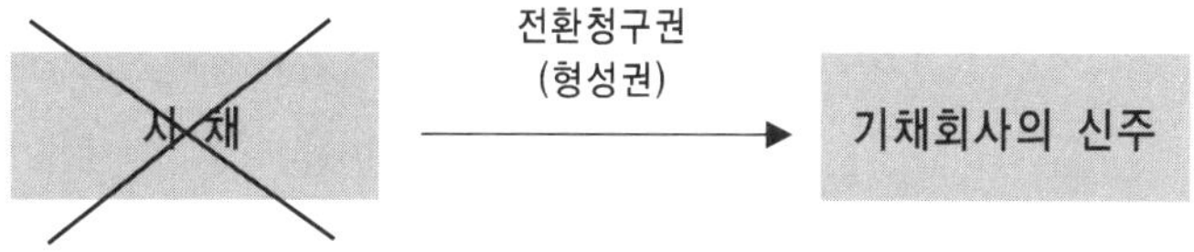

(2) 잠재주식으로서의 성격
전환사채 보유자의 일방적인 전환청구권의 행사에 의하여 전환의 법적 효력(신주의 효력)이 발생하기 때문에 전환사채는 잠재주식으로서의 성질을 가진다. 그 결과 전환사채의 발행은 기존 주주의 지분적 권리에 영향을 미치게 되므로, 주주입장에서 보면 실질적으로 신주발행의 경우와 동일한 이해관계를 갖는다.

| 미발행주식의 유보 |

회사가 전환사채를 발행한 경우에는 전환청구기간 중에 전환으로 발행할 주식의 수만큼을 미발행 주식으로 유보하고 있어야 한다(상 516조 1항, 346조 2항).

[2] 발행

Ⅰ. 발행의 결정

전환사채의 발행사항은 이사회에서 결정함이 원칙이다(상 513조 2항 본문). 그러나 정관으로 주주총회의 결의사항으로 할 수 있다. 정관 또는 이사회에서 결정할 발행사항은 다음 표와 같다.

전환사채 발행사항의 결정

결정사항	내용
① 전환사채의 총액	상장법인의 경우는 발행한도의 제한을 받지 않는다(증거 191조의5).
② 전환의 조건	전환사채와 전환으로 인한 신주의 비율(전환비율)과 전환으로 인한 주식 1주에 대하여 요구되는 사채의 액면금액(전환가액) 전환가액을 결정하는 방법으로는 주식의 시가를 기준으로 하는 방법과 사채와 주식의 액면가를 기준으로 하는 방법이 있다.
③ 전환으로 인하여 발행할 주식의 내용	신주의 종류와 내용
④ 전환청구기간	전환을 청구할 수 있는 시기와 종기
⑤ 주주에게 신주인수권을 준다는 뜻과 인수권의 목적인 전환사채의 액	주주에게 전환사채인수권을 주는 경우
⑥ 주주 이외의 자에게 전환사채를 발행한다는 것과 이에 대하여 발행할 전환사채의 액	주주 이외의 제3자에게 전환사채의 인수권을 주는 경우

대법원 2004. 6. 25. 선고 2000다37326 판결

■ 구 상법(2001. 7. 24. 법률 제6488호로 개정되기 전의 것) 제513조 제3항은 주주 외의 자에 대하여 전환사채를 발행하는 경우에 그 발행할 수 있는 전환사채의 액, 전환의 조건, 전환으로 인하여 발행할 주식의 내용과 전환을 청구할 수 있는 기간에 관하여 정관에 규정이 없으면 상법 제434조의 결의로써 이를 정하여야 한다고 규정하고 있는바, 전환의 조건 등이 정관에 이미 규정되어 있어 주주총회의 특별결의를 다시 거칠 필요가 없다고 하기 위해서는 전환의 조건 등이 정관에 상당한 정도로 특정되어 있을 것이 요구된다고 하겠으나, 주식회사가 필요한 자금수요에 대응한 다양한 자금조달의 방법 중에서 주주 외의 자에게 전환사채를 발행하는 방법을 선택하여 자금을 조달함에 있어서는 전환가액 등 전환의 조건을 그때그때의 필요자금의 규모와 긴급성, 발행회사의 주가, 이자율과 시장상황 등 구체적인 경제사정에 즉응하여 신축적으로 결정할 수 있도록 하는 것이 바람직하다 할 것이고, 따라서 주주총회의 특별결의에 의해서만 변경이 가능한 정관에 전환의 조건 등을 미리 획일적으로 확정하여 규정하도록 요구할 것은 아니며, 정관에 일응의 기준을 정해 놓은 다음 이에 기

하여 실제로 발행할 전환사채의 구체적인 전환의 조건 등은 그 발행시마다 정관에 벗어나지 않는 범위에서 이사회에서 결정하도록 위임하는 방법을 취하는 것도 허용된다.

■ 정관이 전환사채의 발행에 관하여 "전환가액은 주식의 액면금액 또는 그 이상의 가액으로 사채발행시 이사회가 정한다."라고 규정하고 있는 경우, 이는 구 상법(2001. 7. 24. 법률 제6488호로 개정되기 전의 것) 제513조 제3항에 정한 여러 사항을 정관에 규정하면서 전환의 조건 중의 하나인 전환가액에 관하여는 주식의 액면금액 이상이라는 일응의 기준을 정하되 구체적인 전환가액은 전환사채의 발행시마다 이사회에서 결정하도록 위임하고 있는 것이라고 할 것인데, 전환가액 등 전환의 조건의 결정방법과 관련하여 고려되어야 할 특수성을 감안할 때, 이러한 정관의 규정은 같은 법 제513조 제3항이 요구하는 최소한도의 요건을 충족하고 있는 것이라고 봄이 상당하고, 그 기준 또는 위임방식이 지나치게 추상적이거나 포괄적이어서 무효라고 볼 수는 없다.

▎대법원 1999. 6. 25. 선고 99다18435 판결▐

회사의 정관에 신주발행 및 인수에 관한 사항은 주주총회에서 결정하고 자본의 증가 및 감소는 발행주식 총수의 과반수에 상당한 주식을 가진 주주의 출석과 출석주주가 가진 의결권의 2/3 이상의 찬성으로 의결하도록 규정되어 있는 경우, 전환사채는 전환권의 행사에 의하여 장차 주식으로 전환될 수 있어 이를 발행하는 것은 사실상 신주발행으로서의 의미를 가지므로, 회사가 전환사채를 발행하기 위해서는 주주총회의 특별결의를 요한다.

Ⅱ. 발행가

전환사채의 총발행가와 전환으로 인해 발행하는 신주의 총발행가는 동액이어야 한다(상 516조 2항, 348조). 따라서 전환청구가 있으면 사채의 총발행가액을 전환가액으로 나눈 수의 신주를 발행하여야 한다. 그 내용은 전환주식의 경우와 같다

$$\text{전환사채의 총발행가} = \text{전환으로 인한 신주의 총발행가}$$

$$\text{전환으로 인한 신주의 수} = \frac{\text{사채의 총발행가액}}{\text{전환가액}}$$

Ⅲ. 배정

전환사채는 장래에 주식으로 전환될 수 있기 때문에, 주주 아닌 제3자에게 전환사채를 발행할 경우에는 신주발행의 경우와 동일한 법리에 의한다.

1. 원칙 : 주주 배정

주주는 각자 소유한 주식의 수에 비례하여 전환사채를 인수할 수 있는 권리를 가진다(상 513조의2 1항). 그러나 각 전환사채의 금액 중 최저액에 미달하는 단수에 대해서는 그 권리가 없다(상 513조의2 1항).

2. 예외 : 제3자 배정

(1) 절차적 요건

주주 아닌 제3자에게 전환사채를 발행하고자 할 경우에는 정관에 그 근거를 두거나 또는 주주총회의 특별결의를 거쳐야 한다. 이 때 정하여야 할 사항은 전환사채의 액 · 전환조건 · 전환으로 인하여 발행할 주식의 내용 · 전환청구기간 등이다(상 513조 3항). 정관이나 주주총회의 결의에서는 신주인수권의 내용을 구체적이고 확정적으로 정하여야 하고, 이사회에 포괄적으로 위임하는 것은 무효이다(서울고법 2000. 5. 9 결정, 2000라77).

(2) 실질적 요건

주주 아닌 제3자에 대하여 전환사채를 발행하려면, 제3자에 대한 신주발행의 경우와 마찬가지로, 위와 같은 절차적 요건 외에 신기술의 도입, 재무구조의 개선 등 회사의 경영상의 목적을 달성하기 위하여 필요한 경우에 한한다(상 418조 2항 단서, 513조 3항 후단).

Ⅳ. 발행절차

1. 주주 배정의 경우

(1) 배정일 공고

주주가 전환사채의 인수권을 가지는 경우에는 회사는 신주발행의 경우와 같이 배정기준일을 정하고 그 2주간 전에 배정기준일에 주주명부에 기재된 주주가 전환사채의 인수권을 갖는다는 뜻을 공고하여야 한다(상 513조의2 2항, 418조 2항). 그 배정기준일이 주주명부 폐쇄기간 중인 때에는 그 기간의 초일의 2주간 전에 이를 공고하여야 한다(상 513조의2 2항, 418조 2항).

(2) 실권예고부 최고

배정기준일에 의하여 전환사채의 인수권자로 확정된 주주에 대하여 회사는 그 인수권을 가지는 전환사채의 액, 발행가액, 전환의 조건, 전환으로 인하여 발행할 주식의 내용, 전환청구기간과 일정한 청약일까지 전환사채의 청약을 하지 않으면 권리를 잃는다는 뜻을 청약일의 2주간 전에 통지하여야 한다(상 513조의3 1항 · 2항, 419조 2항). 무기명주주에 대해서는 위의 사항을 청약기일의 2주간 전에 공고하여야 한다(상 513조의3 2항, 419조 2항).

> **전환사채 발행공고**
>
> 상법 제354조 및 당사정관 제17조에 의거 2001년 11월 2일 개최된 당사 임시주주총회에서 휴먼밸리 주식회사의 전환사채를 발행키로 결의하였기에 이를 공고합니다.
>
> 1. 청약일 : 2001년 11월 8일
> 2. 발행 및 납입일 : 2001년 11월 8일
> 3. 사채의 개요 : 6개월 만기 전환사채
> 4. 사채의 발행가액 : 각 사채 권면금액의 100.00%로 함
> 5. 사채의 이자율 : 사채발행일로부터 원금상환기일 전까지 월합계산하며 이율은 연 22%로 한다. (단 주간사와 협의에 따라 변경될 수 있음)
> 6. 원금상환방법 및 기한 : 본 사채의 현금은 상환기일인 2002년 5월 8일 일시상환한다.
> 7. 주식의 전환 : 본 사채는 만기일에 주식으로 전환하여 청약할 수 있다.
> 8. 이자지급방법 및 지급일 : 월별분할지급
> 9. 발행인의 중도상환 : 청약자의 요청시 회사인수 및 신규자에 재발행
> 10. 발행주간사 : 신원캐피탈 주식회사
> 11. 투자자의 유의사항 : 본 사채는 금융기관 등이 보증한 것이 아니며, 정부가 유가증권의 가치를 보증 또는 승인한 것이 아니므로 원리금상환 불이행에 따른 투자위험은 투자자에게 귀속됩니다.
>
> 상기 사채의 발행공고는 발행게시일(2001년 11월 8일) 이전까지 변경될 수 있습니다.
>
> 2001년 11월 6일
>
> 발행사 : 휴먼밸리 주식회사
> 주간사 : 신원캐피탈 주식회사

(3) 청약

전환사채를 인수하고자 하는 주주는 사채청약서 2통에 인수할 전환사채의 수와 주소를 기재하고 기명날인 또는 서명하여야 한다(상 474조 1항). 청약기일에 청약하지 않으면 실권한다(상 513조의3 2항, 419조 4항).

(4) 납입

전환사채의 모집이 완료된 때에는 이사는 지체없이 전환사채의 인수인에 대하여 각 사채의 전액 또는 제1회의 납입(분할납입의 경우)을 시켜야 한다(상 476조).

2. 제3자 배정 및 모집의 경우

제3자에게 전환사채를 발행하는 경우의 절차에 대하여 상법에 특별한 규정이 없다. 이에 대해서는 사채의 공모발행절차에 관한 규정(상 474조)을 유추적용할 수 있을 것이다.

[3] 전환

Ⅰ. 방법

(1) 전환사채는 사채권자의 전환청구에 의하여 주식으로 전환된다. 전환사채권자의 전환청구권의 행사 여부는 전적으로 본인의 자유로운 판단에 맡겨져 있다(임의성). 만일 주식으로 전환되는 것보다 사채권자로 남는 것이 유리하다고 판단되면 전환청구권을 행사하지 않을 수 있고, 전환청구권을 스스로 포기할 수도 있다(서울지법 1999. 2. 4 판결, 98가합69295).

(2) 전환사채의 전환청구권은 전환청구기간 중 언제든지 청구서 2통에 채권을 첨부하여 회사에 제출함으로써 행사한다(상 515조). 주주명부폐쇄기간 중에도 전환을 청구할 수 있으나, 이 경우에는 주주명부폐쇄기간 중의 총회의 결의에 관하여는 의결권을 행사할 수 없다(상 350조 2항). 만일 의결권을 인정하면 총회 당일까지 의결권을 행사할 자를 확정하지 못하여 총회운영에 지장을 가져오기 때문이다. 이는 전환주식의 전환의 경우(상 350조)와 동일하다.

Ⅱ. 효력

(1) 전환청구권은 형성권이다. 따라서 전환청구와 동시에 전환의 효력이 발생하여, 사채는 소멸하고 신주의 효력이 발생한다(상 516조 2항, 350조 1항). 회사의 승낙을 요하지 않는다.

▎서울지법 1999. 2. 4. 선고 98가합69295 판결▕

전환사채를 주식으로 전환할 수 있는 전환권은 전환을 청구한 때에 그 효력이 생기고 별도로 회사의 승낙이 필요치 않는 형성권이므로 전환청구 행사기간이 경과하지 않았다고 해도 당사자가 전환권 포기의사를 밝혔다면 전환권이 인정되지 않는 일반사채와 동일한 성격의 사채로 확정된다.

(2) 다만, 이익이나 건설이자의 배당에 관하여는 그 청구를 한 때가 속하는 영업연도 말에 전환된 것으로 본다(상 516조 2항, 350조 3항 전단). 그러나 정관으로 직전 영업연도 말에 전환된 것으로 볼 수 있다(상 516조 2항, 350조 3항 후단). 전환주식의

전환과 같이 획일적으로 취급함으로써 배당에 있어서 일할계산의 번잡을 피하기 위함이다.

[4] 등기

일반적인 사채에는 등기제도가 없으나, 전환사채는 조건부(전환청구권의 행사를 조건으로 하는) 신주발행의 성질을 지니므로 회사가 전환사채를 발행한 때에는 본점소재지에서 납입완료 후 2주간 내에 등기하여야 한다(상 514조의2). 전환사채의 전환이 있으면 변경등기를 하여야 한다(상 516조 2항 351조).

[5] 하자를 다투는 방법

Ⅰ. 유지청구권

신주발행의 경우와 같다. 즉, 회사가 법령 또는 정관에 위반하거나 현저하게 불공정한 방법으로 전환사채를 발행함으로써 주주가 불이익을 받을 염려가 있는 경우에는 그 주주는 회사에 대하여 전환사채 발행의 유지를 청구할 수 있다(상 516조 1항, 424조).

| 대법원 2004. 8. 16. 선고 2003다9636 판결 |

전환사채발행 유지 청구는 회사가 법령 또는 정관에 위반하거나 현저하게 불공정한 방법에 의하여 전환사채를 발행함으로써 주주가 불이익을 받을 염려가 있는 경우에 회사에 대하여 그 발행의 유지를 청구하는 것으로서(상법 제516조 제1항, 제424조), 전환사채 발행의 효력이 생기기 전, 즉 전환사채의 납입기일까지 이를 행사하여야 할 것이고, 한편 전환사채권자가 전환청구를 하면 회사는 주식을 발행해 주어야 하는데, 전환권은 형성권이므로 전환을 청구한 때에 당연히 전환의 효력이 발생하여 전환사채권자는 그 때부터 주주가 되고 사채권자로서의 지위를 상실하게 되므로(상법 제516조, 제350조) 그 이후에는 주식전환의 금지를 구할 법률상 이익이 없게 될 것이다.

Ⅱ. 불공정가액 인수인의 차액지급책임

신주발행의 경우와 같다. 즉, 이사와 통보하여 현저하게 불공한 발행가액으로 전환사채를 인수한 자는 회사에 대하여 불공정한 발행가액과 공정한 발행가액과의 차액에 상당하는 금액을 회사에 지급할 의무가 있다(상 516조 1항, 424조의2 1항). 그 이행을 확보하기 위하여 주주의 대표소송이 인정되며(상 516조 1항, 424조의2 2항), 이사에게 손해배상책임을 물을 수 있다(상 516조 1항, 424조의2 3항).

Ⅲ. 전환사채 발행 무효의 소

신주발행무효의 소(상 429조)의 경우와는 달리 전환사채발행 무효의 소에 대해서는 상법에 명문의 규정이 없다. 전환사채발행 무효의 소가 가능한가에 대해서 찬반 양론이 있다.

(ⅰ) 부정설 - 상법 제516조가 신주발행 무효의 소의 규정(상 429조)을 준용하지 않는 점에 비추어 부정하여야 한다고 한다.

(ⅱ) 긍정설 - 전환사채의 발행은 사실상 신주발행과 같으므로 신주발행 무효의 소에 관한 규정(상 429조)을 유추적용하여 전환사채발행 무효의 소를 제기할 수 있다고 한다(대판 2004. 8. 16, 2003다9636 ; 대판 2004. 6. 25, 2000다37326 ; 서울고법 1997. 5. 13 결정, 97라36). 전환사채에 기해 신주가 발행된 경우에는 그 신주의 발행에 관해 독립적으로 신주발행 무효의 소를 제기할 수 있다고 한다(수원지법 1997. 12. 16 판결, 97카합7333).

(ⅲ) 사견 - 전환사채는 사실상 신주발행과 동일한 실질을 띠고 있으므로, 그 원인이 되는 전환사채발행 그 자체에 대하여 무효의 소로 다툴 수 있도록 상법 제429조를 유추적용할 필요가 있다. 그러나 위와 같은 해석상의 논란이 있으므로 입법에 의하여 이를 명확히 하는 것이 바람직하다. 전환사채의 발행에 중대한 하자가 있는 경우 전환청구권행사의 금지를 구하는 가처분을 구하는 방법도 있다.

| 대법원 2004. 6. 25. 선고 2000다37326 판결 |

■ 상법은 제516조 제1항에서 신주발행의 유지청구권에 관한 제424조 및 불공정한 가액으로 주식을 인수한 자의 책임에 관한 제424조의2 등을 전환사채의 발행의 경우에 준용한다고 규정하면서도 신주발행무효의 소에 관한 제429조의 준용 여부에 대해서는 아무런 규정

을 두고 있지 않으나, 전환사채는 전환권의 행사에 의하여 장차 주식으로 전환될 수 있는 권리가 부여된 사채로서, 이러한 전환사채의 발행은 주식회사의 물적 기초와 기존 주주들의 이해관계에 영향을 미친다는 점에서 사실상 신주를 발행하는 것과 유사하므로, 전환사채의 발행의 경우에도 신주발행무효의 소에 관한 상법 제429조가 유추적용된다고 봄이 상당하다(同旨 : 대판 2004. 8. 16, 2003다9636 ; 서울고법 1997. 5. 13, 자 97라36 결정 ; 수원지법 1997. 12. 16, 97카합7333 판결).

■ 이 경우 당사자가 주장하는 개개의 공격방법으로서의 구체적인 무효원인은 각각 어느 정도 개별성을 가지고 판단할 수밖에 없는 것이기는 하지만, 전환사채의 발행에 무효원인이 있다는 것이 전체로서 하나의 청구원인이 된다는 점을 감안할 때 전환사채의 발행을 무효라고 볼 것인지 여부를 판단함에 있어서는 구체적인 무효원인에 개재된 여러 위법 요소가 종합적으로 고려되어야 한다.

■ 상법 제429조는 신주발행의 무효는 주주 · 이사 또는 감사에 한하여 신주를 발행한 날로부터 6월 내에 소만으로 이를 주장할 수 있다고 규정하고 있는바, 이는 신주발행에 수반되는 복잡한 법률관계를 조기에 확정하고자 하는 것이므로, 새로운 무효사유를 출소시간의 경과 후에도 주장할 수 있도록 하면 법률관계가 불안정하게 되어 위 규정의 취지가 몰각된다는 점에 비추어 위 규정은 무효사유의 주장시기도 제한하고 있는 것이라고 해석함이 상당하고, 한편 상법 제429조의 유추적용에 의한 전환사채발행무효의 소에 있어서도 전환사채를 발행한 날로부터 6월의 출소기간이 경과한 후에는 새로운 무효사유를 추가하여 주장할 수 없다고 보아야 한다.

■ 신주발행무효의 소에 관한 상법 제429조에도 무효원인이 규정되어 있지 않고 다만, 전환사채의 발행의 경우에도 준용되는 상법 제424조에 '법령이나 정관의 위반 또는 현저하게 불공정한 방법에 의한 주식의 발행'이 신주발행유지청구의 요건으로 규정되어 있으므로, 위와 같은 요건을 전환사채 발행의 무효원인으로 일응 고려할 수 있다고 하겠으나, 다른 한편, 전환사채가 일단 발행되면 그 인수인의 이익을 고려할 필요가 있고 또 전환사채나 전환권의 행사에 의하여 발행된 주식은 유가증권으로서 유통되는 것이므로 거래의 안전을 보호하여야 할 필요가 크다고 할 것인데, 전환사채발행 유지청구권은 위법한 발행에 대한 사전 구제수단임에 반하여, 전환사채발행 무효의 소는 사후에 이를 무효로 함으로써 거래의 안전과 법적 안정성을 해칠 위험이 큰 점을 고려할 때, 그 무효원인은 가급적 엄격하게 해석하여야 하고, 따라서 법령이나 정관의 중대한 위반 또는 현저한 불공정이 있어 그것이 주식회사의 본질이나 회사법의 기본원칙에 반하거나 기존 주주들의 이익과 회사의 경영권 내지 지배권에 중대한 영향을 미치는 경우로서 전환사채와 관련된 거래의 안전, 주주 기타 이해관계인의 이익 등을 고려하더라도 도저히 묵과할 수 없는 정도라고 평가되는 경우에 한하여 전환사채의 발행 또는 그 전환권의 행사에 의한 주식의 발행을 무효로 할 수 있을 것이며, 그 무효원인을 회사의 경영권 분쟁이 현재 계속 중이거나 임박해 있는 등 오직 지배권의 변경을 초래하거나 이를 저지할 목적으로 전환사채를 발행하였음이 객관적으로 명백한 경우에 한정할 것은 아니다.

■ 전환사채의 인수인이 회사의 지배주주와 특별한 관계에 있는 자라거나 그 전환가액이 발

행시점의 주가 등에 비추어 다소 낮은 가격이라는 것과 같은 사유는 일반적으로 전환사채 발행유지청구의 원인이 될 수 있음은 별론으로 하고 이미 발행된 전환사채 또는 그 전환권의 행사로 발행된 주식을 무효화할 만한 원인이 되지는 못한다.

| 수원지법 1997. 12. 16. 선고 97카합7333 판결 |

■ 전환사채의 발행절차에 법령 또는 정관의 규정에 위반한 중대한 하자가 있는 경우뿐만 아니라 그 발행이 법령 또는 정관의 규정에 근거하여 적법한 절차에 의하여 이루어졌다고 하더라도 주주의 신주인수권을 배제하거나 제한하여 제3자 또는 특정 주주에게 신주를 발행하는 경우와 같이 전환사채를 제3자 또는 특정 주주에게 발행하는 경우, 법원은 정관에서 부여한 권한을 행사하는 이사회의 결의에 대한 내용통제를 위하여 그 발행에 객관적인 정당성이 있는지를 심사할 수 있다고 할 것이고, 다만 자금 조달의 필요가 있고 합리적인 경영상의 목적이 인정되는 한 그에 부수하여 다른 목적이 있었다고 하더라도 그러한 사유만으로는 이를 무효로 할 수 없고, 적어도 자금조달의 목적은 표면적인 이유에 불과하고 다른 주주들의 의사를 무시한 채 지배주주나 경영진의 이익만을 위하여 회사지배관계에 대한 영향력에 변동을 주는 것을 주된 목적으로 한 경우에 한정하여 이를 무효로 볼 것이다.

■ 회사가 발행한 전환사채 중 회사의 주주가 아닌 지배주주의 아들에게 발행한 부분은 회사의 지배권의 승계를 주된 목적으로 하여 발행한 것으로서 지배주주 및 그 아들의 이익을 위하여 다른 주주들의 이익을 실질적으로 침해하여 객관적 정당성을 결여하고 있으므로 무효이다.

| 서울고법 1997. 5. 13. 자 97라36 결정 |

전환사채의 발행이 경영권 분쟁상황 하에서 열세에 처한 구지배세력이 지분 비율을 역전시켜 경영권을 방어하기 위하여 이사회를 장악하고 있음을 기화로 기존 주주를 완전히 배제한 채 제3자인 우호세력에게 집중적으로 '신주'를 배정하기 위한 하나의 방편으로 채택된 것이라면, 이는 전환사채 제도를 남용하여 전환사채라는 형식으로 사실상 신주를 발행한 것으로 보아야 하며, 그렇다면 그러한 전환사채의 발행은 주주의 신주인수권을 실질적으로 침해한 위법이 있어 신주 발행을 그와 같은 방식으로 행한 경우와 마찬가지로 무효로 보아야 하고, 뿐만 아니라 그 전환사채 발행의 주된 목적이 경영권 분쟁 상황 하에서 우호적인 제3자에게 신주를 배정하여 경영권을 방어하기 위한 것인 점, 경영권을 다투는 상대방인 감사에게는 이사회 참석 기회도 주지 않는 등 철저히 비밀리에 발행함으로써 발행유지 가처분 등 사전 구제수단을 사용할 수 없도록 한 점, 발행된 전환사채의 물량은 지배구조를 역전시키기에 충분한 것이었고, 전환기간에도 제한을 두지 않아 발행 즉시 주식으로 전환될 수 있도록 하였으며, 결과적으로 인수인들의 지분이 경영권 방어에 결정적인 역할을 한 점 등에 비추어, 그 전환사채의 발행은 현저하게 불공정한 방법에 의한 발행으로서 이 점에서도 무효라고 보아야 한다.

Ⅳ. 그 밖의 사항

(1) 전환사채발행 부존재확인의 소

| 대법원 2004. 8. 16. 선고 2003다9636 판결 |

전환사채 발행의 실체가 없음에도 전환사채 발행의 등기가 되어 있는 외관이 존재하는 경우 이를 제거하기 위한 전환사채발행 부존재 확인의 소에 있어서는 상법 제429조 소정의 6월의 제소기간의 제한이 적용되지 아니한다.

(2) 후속 신주발행을 다투는 소와의 관계

| 수원지법 1997. 12. 16. 선고 97카합7333 판결 |

전환사채의 전환청구에 의해 이미 신주가 발행되었다고 하더라도 전환사채발행 무효의 소가 인정되는 이상 무효사유가 있는 전환사채에 기해 발행된 신주에 대하여는 독립적으로 신주발행무효의 소를 제기할 수 있다.

(3) 형사책임

| 대법원 2001. 9. 28. 선고 2001도3191 판결 |

비등록·비상장 법인의 대표이사가 시세차익을 얻을 의도로 주식 시가보다 현저히 낮은 금액을 전환가격으로 한 전환사채를 발행하고 제3자의 이름을 빌려 이를 인수한 후 전환권을 행사하여 인수한 주식 중 일부를 직원들에게 전환가격 상당에 배분한 경우, 전환사채의 발행·인수로써 주식 시가와 전환가격의 차액 상당의 재산상의 이익을 취득하고 법인에게 손해를 가한 업무상배임죄(특정경제범죄가중처벌등에관한법률 제3조, 형법 제355조 제2항, 제356조)가 성립한다.

| 통상의 신주발행과 전환사채 |

	통상의 신주발행	전환사채 (CB)
수권주식과 관계	발행예정주식총수에 미발행 부분이 남아 있어야 한다. (CB의 경우는 전환청구기간동안 이 부분을 유보하여야 한다.)	
발행사항 결정	이사회 (원칙) 주주총회 (←정관)	
발행가 (액면미달발행)	액면미달발행 원칙적 금지	액면미달발행 허용

	통상의 신주발행	전환사채 (CB)
인수권자	▲주주 (원칙) : 주주는 지주수에 비례하여 신주인수권을 가진다. ▲제3자 (예외) : 법률이나 정관(또는 주주총회의 특별결의)에 근거가 있어야 한다.	
주주의 인수권 양도	신주인수권증서	규정 없음 (그러나 CB 인수권은 독립된 채권이므로 채권양도의 방법으로 양도가능하다.)
인수권자 확정 (배정기준일 공고)	회사는 배정기준일을 정하여 그 날의 주주명부에 기재된 주주가 인수권을 가진다는 뜻을 그 날(기준일이 주주명부 폐쇄기간 중인 때에는 폐쇄기간 초일)의 2주전에 공고하여야 한다.	
인수권자에 대한 최고 · 공고	회사는 청약일을 정하여 그 날의 2주 전에 인수권자에게 ㉠ 그가 인수권을 가지는 주식의 종류와 수(CB의 경우는 전환사채의 액, 발행가, 전환조건, 전환으로 인하여 발행할 주식의 내용, 전환청구기간), ㉡ 그 기일까지 인수의 청약을 하지 않으면 실권한다는 뜻을 통지하여야 한다. 무기명주주에 대해서는 2주 전에 같은 내용을 공고하여야 한다.	
인수 · 납입	▲청약 : 주식청약서 (또는 신주인수권증서) ▲배정 : ▲납입 : 납입기일 경과로 당연 실권	▲청약 : 사채청약서 (인수모집에서 수탁회사가 인수하는 부분에 관해서는 사채청약서를 요하지 않는다.) ▲배정 : ▲납입 : 사채 전액 또는 1회 납입(분할납입인 경우), 현금납입에 한하지 않고 상계 · 更改 · 대물변제가 가능하다.
등기	변경등기 (일반사채의 경우는 등기를 요하지 않으나 CB와 BW는 등기를 요한다.)	
이사의 손해배상책임	○	○
이사의 자본충실책임 (인수담보책임)	○	×
불공정 가액으로 인수한 자의 책임	○ (§ 424의 2)	○ (§ 516① → § 424의 2)
주주의 발행유지청구권	○ (§ 424)	○ (§ 516① → § 424)
발행 무효의 소	○	○ (규정이 없으나 유추적용)(판례)
전환의 문제	×	○ (CB에 특유한 문제)

○ : 긍정, × : 부정

| 관련사례 |

○○전자는 1997년 △씨 등이 매입한 ○○전자의 CB 전환분 120만 1,657주가 거래소시장에 7년만에 상장된다고 공시했다. 이는 1997년 9월 발행됐던 120만 1,657주(지분율 0.8%) 상당의 ○○전자 무보증 사모전환사채의 주식전환분으로, 상장물량 중 90만 1,243주는 △씨

소유이고, 나머지 물량은 ○○전자의 계열회사인 ○○물산의 소유다. CB의 주식 전환가격이 4만 9,931원이고, 23일 ○○전자 주식의 종가가 43만 8,000원이라는 점을 감안하면 △씨는 주당 38만 8,069원씩, 전체 보유주식기준 3,497억 원에 육박하는 평가익을 올린 셈이다. △씨는 지난 1997년 3월 ○○전자의 CB를 매입한 뒤 그해 9월 주식으로 전환, 상장하려 했지만 시민단체가 "주주들의 권리를 침해하는 변칙증여"라며 전환사채발행 무효확인소송을 제기하고 상장금지 가처분신청을 내면서 그동안 상장이 연기돼 왔다. 그러나 법원의 상장금지가처분 신청을 기각함으로써 7년여 만에 상장됐다. 거래소 관계자에 의하면, 해당 주식은 상장금지 가처분 때문에 상장되지 못했으나 전환은 이미 이루어져 지분율 변동은 없다고 한다. (출처: 경향신문 2004. 8. 24, 문화일보 2004. 8. 24, 조선일보 2004. 8. 24, 한겨레 2004. 8. 24, 한국일보 2004. 8. 24)

제3절 신주인수권부사채

■ 외국계 자금의 주식매집에 의한 M&A설에 시달려 온 ○○회사가 1997. 2. 28. 자금조달을 위해 인수기관 없이 직접공모방식으로 신주인수권부사채(BW)를 400억 원어치 발행한다고 관련 금융당국에 신고했다. 3년 만기 연 7% 금리로 발행될 ○○회사의 BW는 서울에 소재하고 있는 ○○회사의 사옥에서 선착순방식으로 배정할 예정이며, 발행일 2주 후(3월 15일)부터 신주인수권을 행사할 수 있다. 이번 BW 발행으로 증가할 주식 수는 133만 7,837주(8.27%)로 신주인수권의 행사가격은 2만 9,899원이다. 지난 달 법원에 의해 제3자 배정방식의 사모 BW 발행을 금지당한 ○○회사가 이번에 공모방식의 BW를 발행키로 한 것은 우호세력을 통해 지분을 늘리거나 얼굴 없는 주식매집세력의 실체를 파악하기 위한 전략으로 풀이된다.

■ 그러나 서울지법 민사합의 ○부는 27일 △△ 등 말레이시아 법인 2개사가 ○○ 회사를 상대로 제기한 BW 발행 유지가처분신청을 받아들여 7월 1일 이전에 보통주식으로 전환될 수 있는 전환사채 및 BW 발행을 금지하였다. 법원은 결정문에서 특정 일시와 장소에서 선착순으로 공모하는 BW 발행에 대하여, "○○ 회사의 BW 발행은 겉으로는 공모의 형식을 띠고 있으나 내용상으로 보면 선착순 배정방식을 택하고 있어 인수자를 지정하는 사모나 다를 바 없다"며, "이는 기존 주주의 이익에 정면으로 배치되는 만큼 위법하다"고 밝혔다. 법원은 지난 달 주주권 침해를 이유로 ○○ 회사에 대해 사모 CB 및 BW 발행을 제한하는 결정을 한 바 있다. 한편, ○○ 회사의 주식을 집중 매입해 온 ●●회사는 이날 ○○회사의 주식 29만 1,570주를 102억 원에 추가취득, 전체지분의 12.63%를 보유하게 됐다. 이로써 ○○회사는 외국인 및 ●●회사의 주식집중매입에 따른 적대적 M&A 가능성으로부터 경영권을 방어하기 위한 사모 CB 발행에 이어 BW 발행까지 물거품이 됨으로써 경영권에 심각한 도전을 받게 됐다.

■ ○○회사는 다시 3월 6일 신주를 주당 2만 9천 8백 99원에 인수할 수 있고 만기 3년, 표면이자율 5%인 BW 5백억 원어치를 발행했다. 신주인수권을 행사할 수 있는 기간은 법원에서 신주인수권행사를 금지한 7월 1일 이후 또는 사모신주인수권부사채 발행 금지 가처분 취소결정이 서울고법에 받아들여지는 날 이후이다. 인수자는 □□회사(1백 50억 원 인수), ◇◇회사(1백 50억 원 인수), ▽▽회사(2백억 원 인수) 등이다. ○○회사의 이 같은 결정은 한편으로는 서울고법의 결정이 불리하게 나오더라도 8월의 정기주주총회 이후의 지분경쟁에 대비한 것으로 풀이된다. 이번에 발행된 BW가 주식으로 전환되면 ○○회사의 발행주식은 1백 67만 2천 2배 96주로 10.15% 늘어나고 ○○그룹의 지분율은 29.83%에서 40%로 높아지게 된다. ○○회사를 상대로 경영권분쟁을 벌이고 있는 ●●회사는 3월 11일 ○○회사를 상대로 "○○측이 6월 30일까지 주주 외의 사람에 대해 신주 또는 보통주식으로 전환할 수 있는 신주인수권부사채를 공모 외의 방식으로 발행하는 것을 금지해 달라"며 가처분신청을 서울지법에 냈다. ●●측은 "○○회사측이 발행하려는 신주인수권부사채나 전환사채는 경영권방어차원의 목적 외에는 없다"며 "이는 기존 주주들의 권리를 침해하고 주가하락을 가져올 수 있다"고 그 이유를 밝혔다. 이와 함께 ●●는 3월 11일에 ○○회사의 경영진에게 임시주주총회를 소집할 것을 요청하고, 이러한 요청이 받아들여지지 않으면 바로 법원에 임시주주총회 소집허가를 신청할 계획이라고 밝혔다. ●●는 주주총회가 열리면, 자기자본의 10배에 달하는 관계사에 대한 지급보증, 관계회사에 대한 부당대출, 과다한 매출채권, 업계평균이 못 미치는 자기자본수익율 등에 대해 경영책임을 물을 것이라고 밝혔다. 한편, 경제단체는 ○○회사에 대한 적대적 M&A 시도와 관련하여 중재에 나서는 한편 공동대응하겠다는 입장을 천명하였다.

■ 이러한 와중에 ■■회사는 자신들이 위탁계좌로 보유하고 있던 ○○회사의 주식 1백 86만 9천 5백 70주(12.63%)를 모두 실물로 인출하여 자신의 이름으로 명의개서를 완료하였다. 일각에서는 실물주권을 장외에서 거래할 경우 거래상황이 일체 드러나지 않는다는 점을 들어 ■■측이 ○○회사 또는 ●●회사에 장내시세와는 관계없는 가격으로 지분을 매각하기 위한 사전포석으로 해석하고 있다.

■ 1997. 3. 14. ○○회사가 정기주주총회 이후 의결권 있는 보통주식으로 전환되는 BW 등을 발행하는 것은 유효하다는 결정이 나왔다. 서울지법 민사 ○부는 결정문에서 "○○회사가 □□ 등에 매각한 BW는 회계연도 마지막 날인 6월 30일 이후 가능하므로 기업의 자금조달방식이나 자유경쟁원리를 침해한 것으로 볼 수 없어 거래행위를 막을 이유가 없다"고 밝혔다. 법원의 이번 결정은 경영권분쟁이 진행 중인 회사가 신주인수권부사채 등을 발행했더라도 주주총회 이후 주식전환이 가능하여 실질적인 지분변화가 주주총회 이후에 이루어진다면 비록 자금조달의 목적이 아닌 경우에도 이는 법적으로 유효하다고 해석된다고 한다. 그러나 재판부는 ●●가 제기한 6월 30일 이전 신주로 전환되는 BW 등의 발행을 금지해 달라는 유지청구 가처분신청과, ○○회사의 회장 등 4명이 보유한 280만 주의 ○○회사 계열회사의 주식의 처분을 금지해 달라는 가처분신청(위법행위유지청구 가처분신청)을 모두 받아들였다.

■ ■■는 3월 14일 보유중인 ○○회사 주식 전량(1백 86만 9천 5백 70주, 지분율 12.63%)을 ○○회사측에 매각하겠다고 증권거래소 공시를 통해서 밝혔다. 이에 따라 ○○그룹의 지분은 45.50%로 경영권을 방어하는데 필요한 지분을 확보하였다. 한편 ●●는 지난 14일 ■■를 상대로 ■■가 보유한 ○○회사의 주식을 처분하지 못하도록 해달라는 처분금지 가처분신청을 서울지법에 제출하였다. 이 신청서에 의하면, "○○를 공동으로 인수하기로 ●●와 ■■가 합의하고 중간에 인수를 포기할 때에는 서로 상대방 주식을 매입해 주기로 약정했다"고 주장한다. 그러나 ●●는 이날 오후 이를 취하해 ○○회사의 경영권을 둘러싼 분쟁은 약 3개월 만에 ○○그룹측의 승리로 막을 내리게 되었다.

■ ○○회사를 둘러싼 지분경쟁이 ○○회사의 승리로 마무리되었지만, 그 과정에서 해당 기업은 막대한 타격을 입게 되었다. 3개월에 걸친 이번 싸움에서 가장 피해를 본 쪽은 경영권쟁탈에 실패한 ●●측으로, ○○회사 주식 2백 2만여 주를 주당 평균 3만~3만 9천 원씩 모두 6백 76억여 원을 들여 매입하였으나 3월 15일 현재 주식 값이 2만 3천 4백 원으로 뚝 떨어지는 바람에 2백 4억 원의 평가손을 입게 되었다. ○○회사의 그룹은 경영권방어를 위하여 ■■회사에 지불한 7백 84억 원을 포함, 1천 5백억 원의 자금을 쏟아 부음으로써 재정적 압박이 가중되었다. 이번 싸움에서 가장 이익을 본 쪽은 외국인으로, 이들은 주당 평균 1만 5천~1만 6천 원의 가격으로 주식을 매집했다가 주당 3만~4만 원에 매각하는 과정에서 550억 원이 넘는 시세차익을 남기게 되었다. 이와 함께 ■■그룹도 ○○회사 주식 1백 80여만 주(12.24%)를 확보했다가 ○○그룹측에 넘긴 대가로 약 3백억 원을 벌어들였다. 그러나 ■■그룹은 유리한 쪽에 지분을 넘기는 그린 메일러(green mailer) 수법의 활용으로 기업이미지에 타격을 입게 되었다.

(출처: 경향신문 1997. 3. 14, 국민일보 1997. 2. 28, 국민일보 1997. 3. 13, 국민일보 1997. 3. 17, 동아일보 1997. 3. 12, 매일경제 1997. 3. 13, 매일경제 1997. 3. 15, 매일경제 1997. 3. 17, 문화일보 1997. 2. 26, 문화일보 1997. 3. 15, 서울경제 1997. 3. 12, 서울경제 1997. 3. 15, 서울신문 1997. 3. 15, 조선일보 1997. 3. 17, 한국경제 1997. 2. 28, 한국경제 1997. 3. 7, 한국경제 1997. 3. 12, 한국경제 1997. 3. 13, 한국경제 1997. 3. 15, 한국일보 1997. 2. 26, 한국일보 1997. 2. 28, 한국일보 1997. 3. 14, 한국일보 1997. 3. 15)

| 해 설 |

① 위 사례에서는 경영권방어를 위하여 신주인수권부사채를 주주 아닌 제3자에게 발행하고 있는데, 그 적법성이 쟁점으로 되고 있다. 신주인수권부사채는 신주인수권이 부여되어 있다는 점에서 잠재주식으로서의 성질을 가지므로 상법 제416조 이하의 규정에 의한 통상의 신주발행이나 전환사채와 동일한 법리에 의한다. (위의 전환사채의 설명부분 참조)

② 적대적 M&A는 공격을 당하는 기업으로서는 '죽을 맛'이고, 경영권방어에 성공하기 위하여 막대한 재원이 투여되며, 이로 인하여 기업경영에 막대한 타격을 입기도 한다. 그리고 M&A를 시도하는 공격자측에서도 상대방 회사로부터 무언가 대가를 바라고 경영권공격에 나서거나 경영권공격을 가장(假裝)하는 경우도 있다. 이 때문에 적대적 M&A를 부정적인 시각으로 보는 견해도 없지 않으나, 적대적 M&A를 일률적으로 '나쁜 것'이라고 단정할 수는 없다. 적대적 M&A는 기업경영권시장을 활성화하고 건실성을 유지하려는 기업의 자구노

력을 유도하는 등 그 나름의 긍정적인 기능을 수행하는 측면도 없지 않다. 적대적 M&A에 대하여 회사법은 가치중립적이며, 회사법이 관심을 두는 것은 이러한 M&A의 공격과 방어 수단이 적법한가라는 문제이다. (지배권경쟁에 대해서는 별도 설명)

[1] 의의

(1) 신주인수권附사채(bond with warrants; BW)란 「社債權」에 기채회사의 「新株引受權」, 즉 신주의 발행을 청구할 수 있는 권리가 부가된 사채이다. 신주인수권부사채권자가 신주인수권을 행사하면 신주가 발행된다.

(2) 다른 사채와의 비교
① 신주인수권부사채는 사채에 신주인수권이 부가되어 잠재주식으로서의 성질을 가진다는 점에서 일반 사채와 차이가 있다.
② 신주인수권부사채와 전환사채는 잠재주식으로의 성질을 띤다는 점에서는 동일하다. 그러나 신주인수권부사채는 신주인수권을 행사하더라도 사채는 사채대로 존속하여 만기에 상환된다는 점에서(현실납입의 경우), 전환청구권을 행사하면 사채 자체가 소멸하여 주식으로 전환되는 전환사채와는 차이가 있다.

[2] 유형

(1) 신주인수권부사채에는 분리형과 결합형이 있다. 결합형은 社債權과 新株引受權이 모두 1장의 社債券에 표창되어 양자가 일체로서만 양도될 수 있는 것이고, 분리형은 社債權은 社債券에, 그리고 新株引受權은 新株引受權證券에 표창하여 양자를 분리하여 각각 따로 양도할 수 있는 것이다.

(2) 결합형을 원칙으로 하고 이사회에서 특히 분리형의 발행을 결의한 경우에 한하여 분리형으로 발행할 수 있다(상 516조의2 2항). 실무상 비분리형뿐만 아니라 분리형이 발행되는 경우도 흔히 있다.

| 신주인수권부사채의 유형 |

	결 합 형	분 리 형
구 조	債 券 ← 채권(債權), 신주인수권	債 券 ← 채권(債權) / 신주인수권 증권 ← 신주인수권
양 도	債券(단일증권)에 의해 양도	분리 양도

[3] 발행

1. 결정

(1) 통상의 신주발행의 경우와 마찬가지로, 신주인수권부사채의 발행은 이사회가 결정함이 원칙이나, 정관으로 주주총회에서 결정할 수 있도록 할 수 있다(상 516조의2 2항).

(2) 발행예정주식총수 중에서 미발행 부분이 있는 범위 내에서 신주인수권부사채를 발행할 수 있다(516조의10, 516조 1항, 346조 2항).

2. 인수권자

통상의 신주발행의 경우와 마찬가지로, (i) 신주인수권부사채의 인수권자는 원칙적으로 주주이고, (ii) 제3자에게 발행하고자 할 경우에는 정관의 규정 또는 주주총회의 특별결의가 있어야 한다(상 516조의2 4항). 제3자에 대하여 신주인수권부사채를 발행하는 경우에는 제3자에 대한 신주발행의 경우와 동일한 요건(상 418조 2항 단서)을 갖추어야 한다(상 516조의2 4항 후단).

3. 발행가액

각 신주인수권부사채에 부여된 신주인수권의 행사로 발행할 신주의 발행가액의 합계액은 각 신주인수권부사채의 금액을 초과할 수 없다(상 516조의2 3항). 사채액에 비하여 과다한 신주인수권을 부여하는 것을 방지함으로써 주주의 이익을 보호하기 위한 제한이다.

- 사채의 총발행가액 ≧ 신주의 총발행가액
- 신주인수권의 행사에 의하여 발행할 수 있는 신주의 수
  ≦ {사채의 총발행가액 ÷ 신주의 발행가액}

4. 발행의 절차

전환사채의 경우와 동일하다.

[4] 신주인수권증권

신주인수권증권은 지난해 ○○은행이 유상증자를 실시하면서 국내에서는 사실상 첫 등장했다. ○○은행은 당시 액면가로 유상증자를 하면서 주가가 액면가에 밑돌자 실권방지를 위해 유상증자에 참여한 주주에 한해서 신주 1주당 신주인수권부사채 1매의 권리를 줬다. 이 신주인수권부사채의 행사가격 5,000원에 2주를 받을 수 있는 권리를 표시한 것으로 10원에 발행됐다. 만기는 50년으로 발행자인 ○○은행이 5년 이후에 조기상환을 요구하는 옵션이 붙어있어 채권으로서의 의미는 없다. 결국 신주인수권증권과 같은 성격이다. 신주인수권의 행사기간은 발행 후 3개월 뒤부터 5년 이내까지로 다음 달 3일부터는 신주를 요구할 수 있다. 단돈 10원에 발행된 ○○은행의 신주인수권부사채권은 이후 ○○은행의 주가가 오르자 덩달아 값이 올라 지난 1월 11일에는 최고가인 7,200원에 거래되기도 했다. 값이 720배 뛰어 오른 것이다. ○○은행 증자에 참여했던 주주들은 유상증자 청약 때에는 주가가 4,240원에 불과해 액면가 5,000원에 비해 한 주당 760원을 손해 봤다. 그러나 증자 후 주가 상승으로 1월 말을 기준으로 할 때 주당 2,000원 가량의 이익이 남았고 신주인수권부사채로는 4,200원 가량이 남아 투자수익률이 다른 어떤 주식에 비해 높았다. (출처 : 매일경제 1999. 2. 9)

| 해 설 |

신주인수권부사채는 결합형이 원칙이지만 분리형으로 발행할 수도 있다. 신주인수권부사채를 분리형으로 발행하는 경우에는 사채권과는 별도로 신주인수권을 표창하는 신주인수권증권을 발행하여야 한다. 기업실무에서는 분리형으로 신주인수권부사채를 발행하고 그에 따라 신주인수권증권을 별도 발행하여 이를 유가증권시장에 상장하여 거래하는 사례가 있다. 신주인수권증서와 신주인수권증권의 같은 점과 다른 점에 유의하자.

1. 의의 · 성질

신주인수권증권은 신주인수권부사채를 분리형으로 발행한 경우에 신주인수권(warrant)을 표창하는 유가증권이다(상 516조의5). 신주인수권증권에는 인수권자의 성명을 기재하지 않고, 기명식으로 발행되더라도 교부에 의하여 이전되므로, 무기명증권성을 띤다(상 516조의5 2항). 신주인수권증권에는 소정의 사항을 기재하고 (대표)이사가 기명날인 또는 서명하여야 한다(요식증권성)(상 516조의5 2항).

2. 발행

신주인수권부사채의 발행을 결정하면서 신주인수권만을 양도할 수 있음을 정한 때에는 신주인수권증권을 발행하여야 한다(상 516조의5 1항).

3. 양도

신주인수권증권이 발행된 경우 신주인수권의 양도는 신주인수권증권의 교부에 의한다(상 516조의6 1항). 신주인수권증권의 점유자는 적법한 소지인으로 추정되며(상 516조의6 2항, 336조 2항), 선의취득이 인정된다(상 516조의6 2항, 수 21조). 신주인수권증권을 분실한 경우에는 공시최고절차에 의한 제권판결을 받아 증권의 재발행을 청구할 수 있다(상 516조의6 2항, 360조).

4. 행사

신주인수권증권이 발행된 경우 신주인수권의 행사는 청구서 2통에 신주인수권증권을 첨부하고, 신주발행가액을 납입하여야 한다.

| 신주인수권증서와 신주인수권증권 |

	신주인수권증서	신주인수권증권
같은 점	신주인수권을 표창하는 유가증권 - 권리의 양도와 행사에 증권을 요한다. - 증권의 점유자는 적법한 소지인으로 추정되며 선의취득이 인정된다.	
표창하는 권리	주주의 구체화된 신주인수권	증권소지인의 신주발행청구권
발행하는 경우	통상의 신주발행의 경우	신주인수권부사채를 분리형으로 발행하는 경우
발행의 상대방	주주	신주인수권부사채권자
발행의무	주주의 청구가 있는 경우 청구한 주주에 대해서만 또는 신주의 청약기일 2주간 전에 모든 주주에 대하여 발행한다 (상 416조 6호, 420조의2 1항).	분리형으로 신주인수권부사채를 발행한 경우에는 주주의 청구여부에 관계없이 모든 사채권자에 대하여 의무적으로 발행하여야 한다.
유통기간	단기 (배정기준일로부터 청약일까지 최단 2주간)	장기 (사채와 별도로 유통되어 독립된 가치를 가진다.)
분실의 경우	제권판결에 의하지 않고 간편한 구제조치가 인정된다. (주식청약서에 의한 청약 허용)	제권판결을 받아 증권의 재발행을 청구할 수 있다.
신주인수권의 행사	신주인수권증서 자체에 의하여 청약한다.	신주발행청구서에 의하여 청구한다(신주인수권증권은 이에 첨부자료로 제공된다).

| 관련사례 |

[1] ○○회사는 경영권방어를 위해 3백 억 원 규모의 사모 BW를 발행, □□회사에 전량 매각하였다. ○○회사가 발행한 BW는 신주를 1만 3천 원에 인수 할 수 있는 만기 3년의 사채로, 사채권과 신주인수권을 따로 떼어 매매할 수 있는 분리형으로 국내에서 처음 발행되는 형태이다. 이번 BW를 주식으로 환산하면 2백 30만 7천 6백 92주(발행주식총수의 6.89%)에 해당한다. (출처: 매일경제 1997. 3. 17, 한국경제 1997. 3. 25)

[2] ○○은행이 2000년 7월 3일 매매가 시작되는 신주인수권증권시장에 첫 상장된다. 증권거래소는 ○○은행이 행사가격을 5천 7백 90원으로 한 신주인수권증권 상장을 신청, 이를 허용키로 했다고 밝혔다. ○○은행이 신주인수권 행사로 발행할 주식의 수는 9천 4백 98만 8천 4백 59주이다. 신주인수권의 행사기간은 2002년 10월 22일까지다. 증권거래소 관계자는 "분리형 신주인수권부사채(BW)의 원활한 발행과 신주인수권증권의 환금성 제고를

위해 신주인수권증권의 상장을 추진해왔다"고 말했다. (출처: 국민일보 2000. 6. 15, 조선일보 2000. 6. 15, 이데일리 2000. 6. 30, 한국경제 2000. 7. 1)

[3] ㅇㅇ브릿지는 무기명식 이권부 무보증 사모 분리형 신주인수권부사채 10억 원을 발행한다고 공시했다. 만기상환은 2008년 3월 22일이며 사채의 권면총액을 만기시에 일시 상환한다. 신주인수권의 행사에 따라 발행할 주식의 종류는 ㅇㅇ브릿지의 기명식 보통주이며, 행사기간은 2006년 3월 22일 부터 2008년 2월 22일 이다. (출처: 스탁데일리 2005. 3. 22)

[5] 신주인수권의 행사

청구서 (서면주의) + 신주인수권증권 (또는 債券) + 납 입

- **현실납입** : 발행가액 전액납입
- **대용납입** : 사채의 상환에 갈음하여 그 발행가액으로 주금납입 의제

Ⅰ. 행사방법

1. 청구

(1) 신주인수권의 행사는 비분리형인 경우에는 사채권자가 할 수 있고, 분리형인 경우에는 신주인수권증권의 소지인이 할 수 있다.
(2) 신주인수권을 행사하려는 자는 청구서 2통을 회사에 제출하고 신주발행가액 전액을 납입하여야 한다(상 516조의8 1항). 신주인수권의 행사기간 내에는 주주명부 폐쇄기간 중에도 행사할 수 있다.
(3) 결합형인 경우에는 채권을 제시하여 이에 신주인수권을 행사하였다는 사실을 기재하고 사채권자에게 반환하여야 하고(상 516조의8 2항), 분리형인 경우에는 신주인수권증권을 첨부하여야 하고 회사가 이를 회수한다.
(4) 주주명부폐쇄기간 중에도 신주인수권을 행사할 수 있다. 다만, 그 기간 중의 총회의 결의에 관하여는 의결권을 행사할 수 없다(상 516조의9, 350조 2항).

2. 납입

전환사채의 전환과는 달리 주금의 납입이 신주인수권 행사의 요건이 된다. 사채권자의 청구에 의하여 현실납입과 대용납입 중에서 선택할 수 있다.

(1) 현실납입의 경우

신주의 발행가액 전액을 금전(현물출자는 불가)으로 납입하여야 한다. 납입은 채권 또는 신주인수권증권에 기재된 은행 기타의 금융기관의 납입장소에서 하여야 한다(상 516조의8 3항). 납입금보관기관 또는 납입장소의 변경, 납입금보관 금융기관의 증명서교부에 따른 책임 등은 회사설립시의 주금납입의 경우와 같다(상 516조의8 4항, 306조, 318조).

(2) 대용납입의 경우

신주인수권부사채의 상환에 갈음하여 그 발행가액으로 신주의 발행가액의 납입이 있는 것으로 보는 것이다(상 516조의2 2항 5호). 분리형이든 비분리형이든 모두 위의 청구서에 상환에 갈음하여 신주발행가액의 납입에 충당할 채권을 첨부하여야 한다. 대용납입의 성질에 대해서는, (i) 대물변제의 일종으로 보는 견해와 (ii) 상계로 보는 견해(다수설)가 있다. (iii) 생각건대, 상계로 보면 신주인수권자의 일방적인 의사표시에 의하여 그와 동시에 상계적상에 있는 사채권도 소멸하게 되나, 대물변제로 보면 대물변제시점에 사채권이 반드시 소멸하는 것은 아니다. 기채회사의 입장에서 대용납입으로 받은 신주인수권부사채를 곧바로 소멸시키지 않고 후일에 처분하는 것이 유리하다고 판단할 경우에 이를 그대로 보유할 수 있도록 하려면 대물변제로 그 법리를 구성하여야 할 것이다.

Ⅱ. 효력발생시기

(1) 신주인수권은 형성권이므로, 주금을 납입한 때에 신주의 효력이 생긴다(상 516조의9 전단). 신주의 효력발생시기는 (i) 현실납입의 경우에는 신주발행가액의 전액을 납입한 때가 되고(상 516조의9 전단), (ii) 대용납입의 경우에는 대용납입청구서에 신주의 발행가액 전액에 해당하는 채권을 첨부하여 회사에 도달한 때이다(손주찬). 통상의 신주발행의 경우에 납입기일 다음 날부터 주주가 되는 것(상 423조 1항)과는 다르다.

(2) 그러나 이익이나 이자의 배당에 관하여는 (ⅰ) 신주인수권을 행사한 때가 속하는 영업연도 말에 신주가 발행된 것으로 보되(상 516조의9, 350조 3항 전단), (ⅱ) 정관의 규정에 의하여 직전 영업연도 말에 신주가 발행된 것으로 볼 수 있다(상 516조의9, 350조 3항 후단).

[6] 등기

신주인수권부사채를 발행한 때에는 사채납입이 완료된 때로부터 본점소재지에서 2주간 내에 등기를 하여야 하고(상 516조의7 2항, 514조의2 1항), 신주인수권의 행사가 있는 때에는 변경등기를 하여야 한다(상 516조의10, 351조).

| 질권의 물상대위 |

현실납입의 경우는 인수권의 행사로 인하여 발행된 신주는 별도 납입에 의한 것이므로 모체가 되는 사채(존속)와는 동질성이 없다. 그러나 대용납입의 경우에는 인수권행사로 인하여 발행된 신주와 모체가 되는 사채(소멸) 간에는 동질성이 인정되어 물상대위의 대상이 된다.

[7] 하자를 다투는 방법

하자 있는 신주인수권부사채에 대하여 다투는 방법으로는 통상의 신주발행 및 전환사채의 발행에 관하여 설명한 것과 같다. 즉, 신주인수권부사채의 발행에 대하여는 신주발행 유지청구권(상 424조)과 불공정가액에 대한 인수인의 차액반환책임(상 424조의)에 관한 규정이 준용되며(상 516조의10), 신주발행무효의 소(상 429조)에 관한 규정이 유추적용된다.

| 전환사채와 신주인수권부사채 |

	전환사채 (CB)	신주인수권부사채 (BW)
동일한 점	■ 잠재주식 ■ 발행의 결정기관 : 이사회(원칙), 정관 또는 주주총회 특별결의(예외) ■ 인수권자 : 주주(원칙), 제3자(예외) ■ 발행절차 ■ 전환청구권 · 신주인수권의 성격 : 형성권 ■ 등기 ■ 유지청구 · 불공정발행의 경우 차액반환책임 · 발행무효의 소	
본질적 차이 (사채의 존속여부)	사채가 소멸하고 그 대신 주식으로 전환	■ 현실납입의 경우 : 사채는 만기까지 존속하고 별도의 신주인수권 인정 → 사채와 주식 병존 (추가적인 자금조달기능이 있다.) ■ 대용납입의 경우 : 전환사채의 경우와 동일
증권	사채권과 전환권이 단일의 채권에 표창	■ 결합형 : 사채권과 신주인수권이 단일 채권에 표창 ■ 분리형 : 별도 증권으로 발행 (사채권 → 채권, 신주인수권 → 신주인수권증권)
발행가액 제한	사채발행총액 = 신주발행총액	사채발행총액 ≥ 신주발행총액
신주인수권 양도	(규정 없음)	신주인수권증권의 교부
신주인수권 행사 (회사의 추가적인 자금조달기능)	청구서(2통) + 채권 첨부	청구서(2통) + 신주인수권증권 첨부 (결합형인 경우 채권 제시) + 납입 ■ 현실납입 : 신주발행가액 전액 납입 (현물출자 불가) ■ 대용납입 : 사채 상환에 갈음하여 사채 발행가로 대용납입
신주인수권 행사의 효력	사채 소멸 ⇒ 신주 효력발생	■ 현실납입인 경우 : 사채 존속, 별도로 신주 효력발생 ■ 대용납입인 경우 : 사채 소멸 ⇒ 신주효력발생
신주의 효력발생시기	형성권 (청구서제출시점)	형성권 (현실납입의 경우는 신주발행가액 전액을 납입한 때, 대용납입의 경우는 신주발행청구서를 제출한 때)
질권의 물상대위	○	■ 현실납입인 경우 : × ■ 대용납입인 경우 : ○

○ : 인정, × : 불인정

| 관련사례 |

[1] ○○금융지주회사가 완전감자로 피해를 본 △△·□□·◇◇·▽▽은행 소액주주들에게 신주인수권부사채를 부여하기 하였다. ○○금융지주회사가 소액주주들에게 배정키로 한 BW는 지주사 주식수의 6.73%인 4,755만 주다. 대상 소액주주는 주식매수청구일인 작년 12월 19일 현재 각 은행 총발행주식의 1% 미만을 소유한 30만여 명이다. △△은행 3,063만 주, □□은행 454만 주, ◇◇은행 641만 주, ▽▽은행 597만 주가 각각 배정됐다. BW는 해당 은행 소액주주의 총보유주식에서 자신이 소유한 주식비율(지분율)에 따라 배정된다. 예를 들어 자본감소 전 4개 은행 주식 1,000주씩을 갖고 있던 주주라면 △△은행 138주, □□은행 69주, ◇◇은행 80주, ▽▽은행 84주를 각각 받게 된다. 행사가격은 주당 5,000원, 만기는 2년, 표면금리는 발행시점의 2년 만기 정기예금금리에서 1.0%를 뺀 수준이다. 만기까지 상장이 안 되면 정기예금금리(연 5%정도)가 적용된다. 상장될 경우 BW는 발행 후 3개월부터 만기 1개월 전에 주식으로 전환할 수 있다. (출처: 국민일보 2001. 5. 16, 문화일보 2001. 5. 16, 세계일보 2001. 5. 16, 조선일보 2001. 5. 16)

[2] 서울지법 형사합의 ○부는 이사회의 결의 없이 적정가격보다 싼 가격에 신주인수권부사채를 발행, 75억 원의 부당이익을 챙긴 혐의로 기소된 ○○반도체 전 사장 △모씨와 BW 발행을 도와준 투자상담사 □모씨에 대해 각각 징역 3년과 징역 2년 6월을 선고하고 법정구속했다. 이번 판결은 BW나 전환사채(CB)를 변칙적인 재산증식과 증여의 수단으로 악용해 온 관행을 처벌할 근거를 마련한 것으로 평가된다. 재판부는 "△가 BW의 행사가격을 2만 원으로 책정한 것은 BW 발행의 기준가격으로 계산한 7만여 원 등과 비교하면 턱없이 낮은 감이 있다"며 "증권거래소에 상장되지 않은 회사의 주식 가격을 산정할 근거 법률이 없어 적정한 가격을 정하기 어려웠다는 주장은 받아들일 수 없다"고 하면서, "BW를 신규로 발행할 경우 이사회의 적법한 결의를 거쳐야 하며 산정가격 또한 증권거래소 주식 평균가격 등 객관적인 교환가치가 채택돼야 함에도 이를 지나치게 싸게 산정해 특정인이 이를 집중 매수함으로써 회사와 다른 주주들에게 피해를 준 점이 인정된다"고 밝혔다. 이에 앞서 부산고법은 장외거래가격의 약 8분의 1 수준에 전환사채(CB)를 발행해 44억 원의 부당이득을 챙긴 벤처기업 대표 ○모씨에게 특정경제범죄가중처벌법상 배임죄를 적용, 징역 2년을 선고하고 법정구속했다. (출처: 국민일보 2001. 8. 30, 동아일보 2001. 8. 31, 한겨레 2001. 8. 31)

제4절 신종사채

○○중석이 일반공모 형태로 3백억 원에 해당하는 교환사채를 발행했다. 이 교환사채의 교환대상 유가증권은 ○○중석이 보유하고 있는 △△제철의 주식으로, ○○중석이 보유하고 있는 △△ 주식 90만 주 중에서 45만 주를 교환대상으로 한 것이다. 교환사채는 일정기간

이 지난 후 발행회사가 보유하고 있는 특정 유가증권과 교환할 수 있는 조건으로 발행되는 사채이다. 지난 1989년에는 ●●이 ■■주식을 대상으로 2백억 원의 교환사채를 발행한 바 있다. (출처 : 동아일보 1995. 9. 22, 매일경제 1995. 9. 22, 한국경제 1995. 9. 22)

| 해 설 |

증권거래법에 의하여 상장법인이 발행할 수 있는 소위 '신종사채'에는 이익참가부사채와 교환사채가 있다. 기업실무에서 실제 이익참가부사채와 교환사채가 발행되는 사례는 전환사채나 신주인수권부사채에 비하면 매우 적다.

[1] 이익참가부사채

1. 의의

(1) 이익참가부사채라 함은 사채권자가 사채의 이자를 받는 것 외에 이익배당에도 참가할 수 있는 권리가 부가된 사채를 말한다(증거 191조의4). 상장법인만이 발행할 수 있다(증거 191조의4 1항).

(2) 이익을 배당받지 못하였을 때 다음 사업연도로 배당참가권이 넘어가는가의 여부에 따라 누적적 이익참가부사채와 비누적적 이익참가부사채로 구분된다.

2. 발행

이익참가부사채의 발행사항은 정관으로 주주총회에서 결정하도록 정한 경우가 아니면 이사회에서 결정한다(증거령 84조의12 2항). 이익참가부사채는 주주에게 배정하는 것이 원칙이고, 주주 이외의 제3자에게 이익참가부사채를 발행하는 경우에는 주주의 이익을 보호하기 위하여 정관에 그 근거가 있거나 주주총회의 특별결의에 의하여야 한다(증거 84조의12 3항). 이는 전환사채나 신주인수권부사채의 경우와 동일하다.

[2] 교환사채

1. 의의

교환사채(EB)는 사채에 기채회사가 소유하는 상장유가증권과의 교환을 청구할 수 있는 권리가 부여된 것이다(증거령 84조의13). 교환사채는 상장법인만이 발행할 수 있다(증거 191조의4).

2. 발행

교환사채는 정관에 근거를 두거나 주주총회의 결의를 거칠 필요 없이 이사회의 결의만으로 발행할 수 있다(증거령 84조의13). 교환사채의 교환청구권이 행사되더라도 기채회사의 신주가 발행되는 것이 아니므로 기채회사의 주주의 이익을 해치는 일이 없기 때문이다. 이는 전환사채 · 신주인수권부사채 · 이익참가부사채와 구별되는 교환사채만의 특징이다.

3. 교환 대상물의 예탁

교환사채를 발행하는 주권상장법인은 교환에 필요한 상장유가증권을 사채권자의 교환청구가 있는 때 또는 당해 사채의 교환청구기간이 만료하는 때까지 증권예탁결제원에 예탁하여야 한다(증거령 84조의13 3항).

| 교환사채와 전환사채 |

	전환사채 (CB)	교환사채 (EB)
근거법	상법	증권거래법
발행할 수 있는 회사	일반 주식회사	상장법인
주주 외의 제3자에게 발행하기 위한 근거	정관 또는 주주총회의 결의	이사회의 결의만으로 가능 (정관 또는 주주총회의 결의 불요)
전환 · 교환의 대상	기채회사의 신주	기채회사가 소유하고 있는 상장유가증권
전환 · 교환의 효력	기채회사에서 신주발행 (자본증가)	신주발행 및 자본과 무관
예탁의무	(없음)	증권예탁원에 예탁하여야 한다.

제5절 담보부사채

[1] 의의

담보부사채라 함은 물적 담보가 붙여진 사채를 말한다. 담보부사채신탁법에서 이에 관한 규정을 두고 있다. 동법에 특별한 규정이 없는 한 상법의 사채에 관한 규정이 적용된다.

[2] 구조

(1) 사채권자의 수가 많고 그 변동이 많은 사채에 있어서 각 사채권자에게 개별적으로 담보권을 보유·행사하도록 하는것은 불편하다. 이 때문에 사채발행회사(위탁회사)와 사채권자 사이에 신탁회사 등(수탁회사)을 개재시키고 위탁회사와 수탁회사와의 신탁계약에 의하여 수탁회사는 물적 담보권을 취득하고 이것을 총사채권자를 위하여 보유하고 실행할 의무를 지우고 있다.

(2) 사채에 물적 담보를 붙이고자 할 경우에는 발행회사가 신탁회사와의 신탁계약에 의하여 신탁회사를 수탁회사로 하여 사채를 발행한다(담보 3조).

(3) 수탁회사는 물적 담보를 취득하고 이것을 총사채권자를 위하여 보존·실행할 의무를 지며, 총사채권자는 수익자로서 그 채권액에 따라 평등하게 담보의 이익을 받는다(담보 60조, 61조, 71조).

(4) 담보권자인 수탁회사는 담보권설정자인 위탁회사뿐만 아니라 사채권자에 대해서도 선관주의의무를 진다(담보 59조).

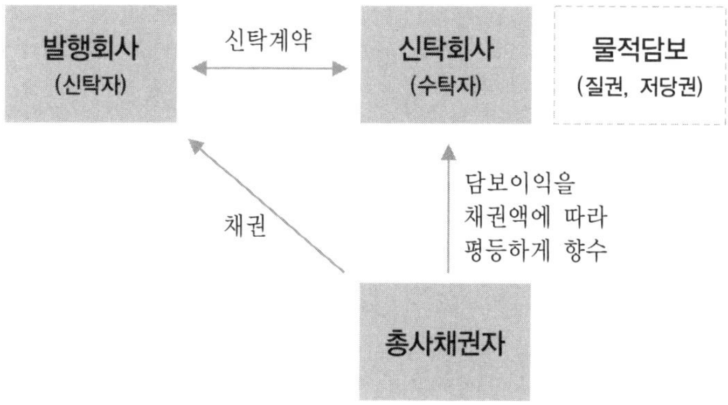

[3] 물적 담보

물적 담보로 될 수 있는 것은 질권과 저당권에 한한다(담보 4조). 이 때 질권의 대상이 될 수 있는 것은 동산, 증서가 있는 채권, 주식 등이고, 저당권의 대상이 될 수 있는 것은 부동산 및 기타 법령이 인정하는 저당권에 한한다(담보 4조).

제 4 장

사채의 발행

○○산업은 운영자금의 마련을 위해 1,000억 원 규모의 무보증 공모사채를 다음과 같이 발행키로 했다고 밝혔다. 이는 자기자본 대비 6.02%에 해당하는 규모이다.

① 원금상환방법과 기한 :

- 제223-1회 : 사채발행일로부터 2년 만기 일시상환
- 제223-2회 : 사채발행일로부터 3년 만기 일시상환 (다만 상환기일이 은행의 휴업일에 해당할 경우 그 다음 영업일을 상환기일로 한다.)

② 이자지급방법과 기한 : 본 사채의 이자는 사채 발행일로부터 원금 상환기일 전일까지 이자를 계산하며, 매 3개월마다 이자를 후급함. (다만, 이자 지급기일이 은행의 휴업일에 해당하는 경우 그 다음 영업일을 이자 지급기일로 하고, 이 경우 은행휴업일과 다음 영업일간의 이자는 계산하지 아니함)

③ 사채원리금 지급장소 : 주식회사 ○○은행 ○○동 업무팀과 해당지역 각 광역시 및 도청 소재지 지점

④ 대표주관회사 및 수탁회사 : SK증권

⑤ 인수회사 :

- 제223-1회 : SK증권
- 제223-2회 : SK증권, 대신증권, 대우증권, CJ증권

⑥ 사채의 등록기관 : 증권예탁원

⑦ 기타사항 : 본 사채발행에 관한 기타사항은 대표이사에게 일임함.

※ 당사가 발행할 제223회 무보증사채의 내역은 아래와 같음

– 223-1회 : 권면금액 : 500억 원(만기 2년) 액면금리 : 3.0%
– 223-2회 : 권면금액 : 500억 원(만기 3년) 액면금리 : 3.0%
※ 장기차입금액(원)은 당사가 발행할 사채의 권면총액이며 차입일은 차입예정일임.
※ 상환일은 3년 만기 사채의 만기일이며 2년 만기 사채의 만기일 은 2006년 12월 27일임
(출처 : 머니투데이 2004. 12. 16)

| 해 설 |

위 사례에서 기채회사(○○산업)는 증권회사(SK증권)를 수탁회사로 하는 동시에 인수회사로 하는 인수모집의 방식에 의하여 사채를 발행하고 있다. 수탁회사는 기채회사와 사채권자를 연결하는 통로역할을 한다. 위 사례에서는 같은 회차에 만기가 상이한 두 종류의 회사채를 발행하고, 이자는 3월마다 후급으로 하고 있다. 사채를 증권예탁원에 등록한 것으로 보아 실물 채권이 발행되지 않는 것으로 보인다(대부분의 회사채 발행이 이러하다). 만기가 정해져 있지만 회사는 그 이전에도 기한의 이익을 포기하고 조기상환하는 것이 가능하다.

제1절 발행의 방법 – 모집

(1) 사채의 발행에 있어서는 신주인수권에 상당하는 것이 없으므로 주주배정 · 제3자 배정에 의한 방법은 있을 수 없고 모두 모집의 방법에 의한다.

(2) 회사채를 발행하는 유형에는, (ⅰ) 소수의 특정인(예 : 은행 등 기관투자가나 특정 개인)과의 개별적인 교섭에 의하여 발행하는 방법(私募)과 (ⅱ) 불특정다수인을 상대로 발행하는 방법(公募)이 있다.

(3) 공모에 의하는 경우는 누가 발행에 따른 제반업무를 처리하고 발행의 위험을 부담하는가에 따라 기채회사가 그 주체로 되는 직접발행과 기채회사 이외의 자가 그 주체로 되는 간접발행이 있다. 간접발행에는 위탁모집, 인수모집 등의 방법이 있다(상 474조, 475조). 실무에서는 주로 인수모집의 방법에 의하고 있다. 인수모집은 인수기관이 사채발행업무 일체를 맡아서 처리하고 인수기관이 사채총액을 일괄하여 인수한 후에 인수기관의 책임하에 모집 또는 매출하는 방법이다.

| 증권거래법상의 특례 |

사채를 유가증권시장에서 모집하고자 하는 회사는 금융감독위원회에 등록하여야 한다(증거 3조). 사채의 모집총액이 소정의 금액을 초과하는 사채를 모집하고자 하는 회사는 금융감독위원회에 유가증권신고서를 제출하여 수리되어야만 모집·매출을 할 수 있다(증거 8조 1항). 또 사업설명서를 작성·비치하여 일반인에게 공람하게 하여야 한다(증거 12조).

제2절 발행의 제한

[1] 발행총액

OO은행을 포함한 21개 채권금융기관은 OO은행의 본점에서 여신담당 이사들이 참석한 가운데 회사채 신속인수 대상업체 선정을 위한 회의를 갖고 △△전자, △△건설, △△상선, △△양회의 2월 만기도래 회사채 6,339억 원 가운데 80%인 5,071억 원을 차환발행하기로 결정했다. 나머지 20%는 해당기업이 자체 상환해야 한다. (출처: 세계일보 2001. 1. 17, 헤럴드경제 2001. 1. 17)

| 해 설 |

회사채는 채무의 일종이므로 만기 또는 만기 이전에 상환함으로써 채무를 변제하여야 한다. 회사채를 상환하는 방법은 실제 상환금액을 지급함으로써 상환하는 것이 보통이지만, 다시 사채를 발행하여 그 자금으로 상환할 수도 있다. 구사채를 상환하기 위하여 다시 사채를 발행하는 것을 借換發行이라 부른다. 사채의 발행총액은 최종 대차대조표에 의하여 회사에 현존하는 순자산액의 4배를 초과할 수 없는데(상 470조 1항), 차환발행을 하는 경우 사채발행총액에 대한 제한에 있어서 구사채의 액은 사채총액에 산입하지 않는다(상 470조 3항 전단). 이 경우 구사채를 6월 내에 상환하여야 한다는 제한이 있다(상 470조 3항 후단).

(1) 사채의 총액은 최종 대차대조표에 의하여 회사에 현존하는 순자산액의 4배를 초과하지 못한다(상 470조 1항). 이는 기채회사에 타인자본에 의한 자금조달의 길을 열어두는 동시에 사채권자의 이익을 고려하여 기채회사가 상환능력보다 지나치게 많은 채무를 부담하는 것을 억제하기 위한 제한이다. 생각건대, 사채발행회사의 상환능력에 대한 판단은 시장에 맡기는 것이 바람직하므로, 입법론으로 상환 능

력에 관한 정보의 개시를 조건으로 사채발행총액에 대한 제한을 폐지하는것이 바람직하다고 본다(김건식).

(2) 다만 다음의 경우는 예외이다.

① 구사채를 상환하기 위하여 사채를 모집(차환발행)하는 경우에는 일시적인 초과이기 때문에 구사채의 액은 이에 산입하지 않는다. 이 경우에 신사채의 납입기일 또는 제1회의 납입기일로부터 6월 내에 구사채를 상환하여야 한다(상 470조 3항).

② 상장법인이 발행하는 전환사채와 신주인수권부사채의 경우는 자기자본화의 가능성이 있는 것이므로 이러한 제한을 받지 않는다(증거 191조의5).

(3) 이를 위반한 사채의 모집도 유효하고, 다만 이사의 책임문제가 발생할 뿐이다(상 399조).

[2] 재모집

(1) 회사는 전에 모집한 사채의 총액의 납입이 종료된 후에만 비로소 사채를 모집할 수 있다(상 471조). 구사채의 총액이 아직 완납되어 있지 않은 상태에서 다시 신사채를 발행한다는 것은 불필요한 사채의 남발을 가져오기 때문이다. 이러한 제한은 특히 분할납입을 한 경우에 의미가 있는데, 실무에서는 현재 분할납입이 거의 이용되지 않고 있다.

(2) 이에 위반하여 발행된 사채도 유효하다.

[3] 액면가

(1) 각 사채의 권면액은 10,000원 이상이어야 하고, 동일 종류의 사채의 권면액은 균일하거나 최저액으로 整除할 수 있어야 한다(상 472조 1항 · 2항). 최저액으로 정제할 것을 요하는 이유는, 사채권자집회에서의 의결권은 최저 권면액당 1개의 의결권이 주어지기 때문이다(상 492조 1항). 예컨대, 사채의 최저권면액이 10,000원인 경우 권면액이 10,000원, 20,000원, 30,000원인 사채는 최저액으로 정제될 수 있기 때문에 문제가 없으나, 권면액이 25,000원인 사채는 최저액으로 정제가 되지 않기 때문에(즉, 25,000원÷10,000원=2.5) 발행할 수 없다.

(2) 이는 사채와 관련된 법률문제의 정형적 · 집단적 처리를 위한 것이므로, 이를 위반한 사채의 모집은 무효이다.

▎발행가▎

① 액면발행 – 사채의 발행가액을 액면가액으로 하여 액면가액 전액을 납입시키는 방법이다. 사채의 발행이율이 투자자의 기대수익율과 일치하는 경우에는 액면발행을 한다.
② 할인발행 – 사채의 발행가액을 액면가액 이하의 금액으로 하는 것이다. 사채의 발행이율이 투자자의 기대수익율보다 낮은 경우에 실질수익율과 기대수익율을 일치시키기 위한 방법이다.
③ 할증발행 – 사채의 발행가액을 액면가액 이상의 금액으로 하는 것이다. 사채의 발행이율이 투자자의 기대수익율보다 높은 경우에 실질수익율과 기대수익율을 일치시키기 위한 방법이다.

제3절 발행의 절차

[1] 사채발행의 결의

(1) 사채를 모집하려면 이사회의 결의가 있어야 한다(상 469조). 사채발행도 일종의 금전차입이므로 업무집행에 속하지만, 대량적 · 장기적 · 계속적인 차입이며, 장기간에 걸쳐 회사의 재무상태와 주주의 이익에 영향을 미치므로 이사회의 결의사항으로 한 것이다(손주찬). 이사회의 결의에서는 사채총액, 각 사채의 금액, 이율, 발행가액, 상환방법 및 기한 등을 정하여야 한다.
(2) 이사회의 결의 없이 대표이사가 사채를 모집한 경우 또는 위법한 이사회 결의에 기하여 사채가 발행된 경우에도, 사채발행의 효력은 원칙적으로 유효하다(다수설). 이는 거래법상의 행위이며 채권의 거래안전을 보호할 필요가 있기 때문이다. 다만 이사는 배상책임을 진다(상 399조).

[2] 사채계약의 성립

1. 청약

(1) 사채의 청약은 사채청약서(상 474조 2항)에 의하여야 함이 원칙이다. 사채의 청

약을 하고자 하는 자는 사채청약서 2통에 인수할 사채의 수와 주소를 기재하고 기명날인 또는 서명하여야 한다(상 474조 1항). 사채청약서는 기채회사의 이사 또는 위탁회사가 작성하고(상 474조 2항, 476조 2항), 법정의 사항을 기재하여야 한다(상 474조 2항).

(2) 사채청약서에 의하지 않는 사채청약은 무효이고, 중요한 기재사항을 누락한 사채청약서에 의한 청약도 무효이다(다수설).

(3) 그러나 총액인수와 인수모집에서 수탁회사가 인수하는 부분과 같이 일반인을 대상으로 하지 않는 경우에는 사채청약서에 의한 청약을 요하지 않는다(상 475조). 이러한 경우는 총액을 인수한 자나 수탁회사가 기채회사의 사정을 잘 알고 있어 굳이 일반 공중의 보호를 위한 사채청약서를 강요할 필요가 없기 때문이다.

2. 배정

(1) 청약에 대하여 기채회사의 이사 또는 수탁회사가 배정을 하면 사채의 인수가 확정되어 사채계약이 성립한다.

(2) 신주발행의 경우(상 423조)와 마찬가지로 전부에 대한 응모가 없는 경우에도 응모가 있는 범위 내에서 사채발행의 효력이 발생한다(마감발행)(다수설).

[3] 납입

(1) 사채의 모집이 완료되면 기채회사의 이사 또는 수탁회사는 지체없이 인수인으로 하여금 사채금액을 납입하도록 하여야 한다.

(2) 주금납입과는 달리, 실권절차(상 307조)가 없고, 상계의 금지(상 334조)도 없으며, 납입장소에 대한 제한(상 302조 2항 9호)도 없고, 전액 일시납입뿐만 아니라 분할납입도 가능하다(상 476조 1항).

| 등기의 불요 |

일반 사채의 발행은 등기를 요하지 않는다. 그러나 전환사채나 신주인수권부사채의 경우는 등기를 요한다(상 514조의2, 516조의7 2항).

제4절 하자있는 사채발행을 다투는 방법

[1] 일반사채의 경우

법령이나 정관에 위반하거나 현저하게 불공정한 방법으로 일반 사채를 발행한 경우의 구제방법에 대하여 상법에 아무런 규정이 없다. 이 경우에도 신주발행의 경우에 인정되는 사채발행 유지청구, 불공정한 가액으로 인수한 사채를 인수한 자의 책임 및 사채발행 무효의 소를 고려해 볼 수 있다는 견해가 있다(정동윤).

[2] 특수사채의 경우

(전환사채와 신주인수권부사채에서 설명)

제5장

사채의 관리

제1절 債券

[1] 의의 · 성질

(1) 社債券은 社債權을 표창한 유가증권이다. 社債券은 유가증권으로서, 채권적 유가증권, 요인증권, 완화된 요식증권, 문언증권, 상환증권 등의 성질을 갖는다.
(2) 사채권에는 기명식과 무기명식이 있으며, 사채발행조건에서 어느 것에 한정할 것으로 정하지 않는 한, 사채권자는 언제든지 상호간의 전환(즉, 기명식 → 무기명식, 무기명식 → 기명식)을 회사에 청구할 수 있다(상 480조).

[2] 발행

(1) 사채의 전액이 납입된 후에는 원칙적으로 채권을 발행하여야 한다. 사채 전액의 납입이 완료된 후가 아니면 채권을 발행하지 못한다(상 478조 1항). 사채 전액의

납입이 완료되기 전에 발행된 채권의 효력에 관하여는 유효설과 무효설이 있다.
(2) 증권예탁결제원 등의 등록기관에 등록한 사채에 관하여는 채권을 발행하지 않고, 이미 발행한 사채에 대하여 등록을 하는 경우에는 등록기관이 채권을 회수하여야 한다(채등 6조).

▎사채의 무권화 경향 (사채등록제도)▕

현재 실물채권으로 회사채가 발행되는 경우는 드물고 사채등록제도에 의하여 무권화하는 경향이 뚜렷하다. 공사채등록법에 의하여 등록한 사채를 현물사채에 대비하여 등록사채라 한다. 사채등록제도는 사채의 발행물량이 급격하게 늘어남에 따라 사채발행업무를 간편화하고 사채권자의 권리를 확실하게 하기 위함이다. 이는 주권불소지제도에 비견될 수 있는 것이다. 등록사채는 증권예탁결제원이 전문등록기관으로서 등록업무를 취급하고, 등록사채의 경우에는 채권이 발행되지 않고(채등 5조 1항), 사채등록부를 두어 관리한다. 사채등록부는 공사채등록법에 의하여 등록사채를 위하여 등록기관이 비치하여야 하는 장부로서, 등록사채권자 기타 이해관계인의 열람에 제공하여야 한다(채등 9조, 12조). 사채등록부에의 등록은 등록사채의 이전, 담보권설정의 대항요건이 된다(채등 6조).

제2절 사채원부

(1) 사채원부는 사채 · 사채권자 및 채권에 관한 사항을 기재하는 장부이다(상 488조). 이는 주식의 주주명부에 상당하는 것이다. 그러나 실제 무기명사채가 대부분이므로 사채원부의 현실적인 의미는 퇴색하고 있다.
(2) 이사는 사채원부를 작성하여 본점에 비치하고, 주주 또는 회사채권자가 언제든지 열람할 수 있도록 하여야 한다(상 396조).
(3) 사채원부의 기재는 기명사채 이전의 대항요건이다(상 479조). 사채권자에 대한 통지 · 최고는 사채원부에 기재된 주소로 하면 회사는 면책된다(상 489조 1항, 353조).

제3절 사채권자집회

사채권자집회 소집공고

【사채권자님 여러분께】

상법 제491조 제1항에 의하여 별표 목록에 기재된 무기명식 등록사채에 관한 사채권자집회를 다음과 같이 개최하고자 하오니 참석하여 주시기 바랍니다.

1. 일 시 : 2003년 3월 11일(화) 오전 10시
2. 장 소 : 서울특별시 강남구 삼성동 167번지
   한국전력공사 본사 707호 회의실
3. 집회 목적사항
   별표 목록에 기재된 각 회차별 사채에 대한 당사의 상환채무에 대하여 한국남동발전주식회사, 한국남부발전주식회사, 한국동서발전주식회사, 한국서부발전주식회사, 한국수력원자력발전주식회사 및 한국중부발전주식회사가 상법 제530조의9 제1항에 의거 부담하고 있는 연대책임을 한국산업은행의 지급보증을 조건으로 면제시키는 결의의 건
4. 기 타
   가. 사채권자님께서는 2003년 3월 3일까지 "가까운 법원 공탁소(시·군법원 공탁소 제외)"에 사채등록필증을 공탁하여야 **사채권자집회에서 의결권을 행사하실 수 있습니다.**
   나. 사채권자집회에 참석하시는 사채권자님께서는 사채권자확인을 위하여 사채등록필증이 공탁되었다는 사실을 증명하는 공탁서를 필히 지참하시기 바랍니다.
   다. 사채권자집회에서의 의결권은 직접행사하시거나 대리인을 통하여 위임행사하실 수 있습니다.
   라. 사채권자집회, 공탁 및 의결권 위임절차 등에 관한 문의사항이 있으시면 한국전력공사 전력산업구조조정실 민영화추진1팀(☎ 02-3456-3450~5)으로 연락하여 주시기 바랍니다.

〈별 표〉

순번	사 채 명	발 행 일	상 환 일	현재잔액
1	한국전력공사 제395회 채권	1998. 08. 05	2003. 08. 05	100억원
2	한국전력공사 제454회 채권	2000. 03. 30	2005. 03. 30	2,400억원
3	한국전력공사 제475회 채권	2001. 02. 20	2004. 02. 20	100억원

2003년 2월 17일

한국전력공사
사 장 강 동 석

| 해 설 |

주주의 총의를 결정하는 기관이 주주총회라면, 사채권자의 총의를 구하는 기관이 사채권자집회이다. 이들 모두 회의체라는 점에서는 동일하지만, 사채권자집회는 임시기관이라는 점에서 차이가 있다. 상법에서는 사채권자집회의 결의에 의할 사항을 법정하는 한편, 이 밖에도 사채권자의 이익에 중대한 영향을 미치는 사항은 법원의 허가를 얻어 사채권자집회의 결의에 의할 수 있도록 하고 있다. 위 사례는 기채회사가 사채에 대한 담보내용을 변경하기 위하여 사채권자집회를 소집한 것이다. 위 사안은 무기명식 사채에 관한 것이므로 의결권을 행사하려면 회일 1주간 전에 채권을 공탁하도록 하고 있다(상 492조 2항). 또 위 사례에서 소집의 대상이 된 사채의 종류(한국전력공사 제395회 채권, 제454조 채권, 제475회 채권)가 각각 다르므로 각 종류별 사채권자집회에서 결의하도록 하여야 한다. 사채권자집회에 관해서는 특별한 규정이 없으면 주주총회에 관한 규정이 준용된다.

[1] 의의

(1) 사채권자집회는 사채권자로 구성되며, 사채권자의 이익에 중대한 관계가 있는 사항에 관하여 같은 종류의 사채권자의 총의를 결정하기 위하여 소집되는 임시의 회의체이다. 사채권자의 이익을 보호하는 동시에 발행회사에 대하여 명확한 교섭의 상대방을 두기 위함이다.

(2) 수종의 사채를 발행하고 있는 경우에는 각 종류별로 사채권자집회가 구성된다(상 509조). 주주총회와는 달리 각종의 사채권자의 전부로써 구성되는 사채권자집회는 없다(상 509조).

▎사채권자집회와 주주총회▕

<table>
<tr><th colspan="2"></th><th>주주총회</th><th>사채권자집회</th></tr>
<tr><td rowspan="7">공통점</td><td>인정되는 회사</td><td colspan="2">주식회사</td></tr>
<tr><td>소집</td><td colspan="2">소집에 의하여 구성된다.</td></tr>
<tr><td>의결권의 수</td><td colspan="2">1단위마다 1개의 1의결권 (주식의 경우 1주 1의결권, 사채의 경우는 최저액마다 1개의 의결권)</td></tr>
<tr><td>의결권의 대리행사</td><td colspan="2">인정</td></tr>
<tr><td>특별이해 관계인</td><td colspan="2">의결권을 행사할 수 없다.</td></tr>
<tr><td>자기주식 · 자기사채</td><td colspan="2">의결권을 행사할 수 없다.</td></tr>
<tr><td>의사록</td><td colspan="2">본점에 비치하고 영업시간 내에는 언제든지 열람에 제공하여야 한다(열람청구권자 : 주주총회의 경우는 주주와 회사채권자, 사채권자집회의 경우는 사채권자와 수탁회사).</td></tr>
<tr><td rowspan="10">차이점</td><td>상설여부, 기관성</td><td>상설기관</td><td>임시적 회의체</td></tr>
<tr><td>수종의 증권을 발행한 경우</td><td>■ 전체주주총회
■ 종류주주총회</td><td>■ 각 종류별 사채권자집회
■ 각종의 사채권자의 전부로 구성되는 사채권자집회는 없다(상 509조).</td></tr>
<tr><td>권한</td><td>■ 법정권한
■ 정관으로 정한 권한</td><td>■ 법정권한
■ 법원의 허가를 얻은 사항</td></tr>
<tr><td>소집권자</td><td>원칙(이사회), 예외(소수주주, 감사, 법원의 명령)</td><td>원칙(기채회사 또는 수탁회사), 예외(10% 이상 사채권자)</td></tr>
<tr><td>참석권자</td><td>주주</td><td>사채권자, 다만 기채회사 또는 수탁회사는 그 대표자를 사채권자집회에 출석하게 하거나 서면으로 의견을 제출할 수 있다.</td></tr>
<tr><td>결의의 대표자</td><td>(없음)</td><td>집회는 대표자를 선임하여 집회에 대신하는 결정을 위임할 수 있다.</td></tr>
<tr><td>결의요건</td><td>보통결의, 특별결의, 특수결의로 구분</td><td>주주총회의 특별결의에 해당하는 것을 원칙으로 한다.</td></tr>
<tr><td>결의의 효력발생</td><td>결의 그 자체만으로 효력이 발생한다.</td><td>법원의 인가를 요한다.</td></tr>
<tr><td>하자를 다투는 소</td><td>회사법상의 소송(4종) 법정</td><td>특별규정이 없다.</td></tr>
</table>

[2] 권한

사채권자집회의 결의사항은 다음 사항에 한정한다.

(1) 법정사항

자본감소의 이의(상 439조 3항), 합병의 이의(상 530조 2항, 439조 3항), 사채권자집회의 대표자 및 결의집행자의 선임 · 해임과 위임사항의 변경(상 500조 1항, 501조, 504조), 기채회사의 기한이익의 박탈(상 505조), 기채회사의 불공정한 행위를 취소하기 위한 소의 제기(상 512조), 수탁회사의 사임에 대한 동의(상 481조) · 해임청구(상 482조) · 사무승계자의 선임(상 483조), 기채회사의 대표자의 출석청구(상 494조) 등이 이에 해당한다.

(2) 법원의 허가사항

이 밖에도 사채권자의 이해에 중대한 관계가 있는 사항(예 : 원리금지급의 유예, 이율의 인하 등)에 관하여는 법원의 허가를 얻어 결의할 수 있다(상 490조).

(3) 정관에 의한 권한 부여 불가

주주총회와는 달리 정관에 의하여 사채권자집회의 권한으로 할 수 있는 사항은 없다.

[3] 소집

(1) 사채권자집회의 소집은 결의의 필요가 있는 때마다 수시로 하여진다.

(2) 원칙적으로 기채회사 또는 수탁회사가 소집하나(상 491조 1항), 사채총액의 10% 이상에 해당하는 사채권자(소수사채권자)도 회의의 목적사항과 소집의 이유를 기재한 서면을 발행회사 또는 수탁회사에 제출하여 사채권자집회의 소집을 청구할 수 있다(상 491조 2항). 이 소집청구에 발행회사가 응하지 않은 때에는 소집을 청구하였던 소수사채권자는 법원의 허가를 얻어 사채권자집회를 소집할 수 있다(상 491조 3항, 366조 2항).

[4] 의결권

(1) 각 사채권자는 사채의 최저액마다 1개의 의결권을 갖는다(상 492조 1항).
(2) 무기명식의 사채권자는 회일 1주간 전에 채권을 공탁하여야 의결권을 행사할 수 있다(상 492조 2항).

[5] 결의

(1) 결의방법
(가) 원칙 - 출석한 의결권의 3분의 2 이상의 찬성과 총사채의결권의 3분의 1 이상을 원칙으로 한다(상 495조 1항). 원칙적으로 주주총회의 특별결의요건(상 434조)과 같다.
(나) 특칙 - 그러나 비교적 경미한 사항(예 : 수탁회사의 해임청구 · 사임의 동의, 수탁회사의 사무승계자의 결정, 기채회사의 대표자의 출석청구)에 대해서는 출석한 의결권의 과반수의 찬성만으로 할 수 있다(상 495조 2항, 481~483조, 494조).

(2) 대표자에 결의 위임
① 사채권자집회는 대표자를 선임하여 그 결정을 위임할 수 있다. 대표자의 자격에는 제한이 없으나 사채총액의 500분의 1 이상의 가진 사채권자 중에서 선임하여야 한다. 1인 또는 수인의 대표자를 선임하여 결의를 위임할 수 있다. 대표자가 수인인 때에는 그 과반수로 결정한다(상 500조).
② 사채권자는 언제든지 대표자를 해임할 수 있고, 또 그 위임사항을 변경할 수 있다(상 504조).
③ 대표자는 발행회사로부터 받을 금액에서 사채권자에 우선하여 보수와 비용의 변제를 받을 수 있다(상 507조 2항).

(3) 결의의 효력발생요건
(가) 법원의 인가
사채권자집회의 결의는 결의일로보터 1주간 내에 법원에 인가를 청구하여야 하며(상 496조), 인가를 얻어야 비로소 효력이 생긴다(상 498조 1항). 일반 대중인 사채권자를 보호하기 위함이다.

(나) 불인가사유

다음과 같은 경우 법원은 원칙적으로 인가를 할 수 없다. (i) 사채권자집회의 소집절차나 결의방법이 법령이나 사채모집계획서의 기재를 위반한 때, (ii) 부당한 방법에 의하여 결의가 성립된 때, (iii) 결의가 현저하게 불공정한 때, (iv) 결의가 사채권자 일반의 이익에 반한 때이다(상 497조 1항). 이 중에서 (i)과 (ii)의 경우 법원은 결의내용 기타 모든 사정을 참작하여 예외적으로 결의를 인가할 수 있다(상 497조 2항). 법원의 인가가 있으면 그 결의는 총사채권자를 구속하는 힘을 갖게 된다(상 498조 2항).

사채권자 집회결의 법원인가 공고

상법 제499조에 의거하여 2003년 3월 6일(목) 서울지방법원의 사채권자집회결의 인가 결정이 있었음을 다음과 같이 공고합니다.

1. 인가일자
2003년 3월 6일

2. 인가법원
서울지방법원

3. 인가사항
아래 별표목록에 기재된 각 사채와 관련하여, 2001. 4. 한국남동발전(주), 한국중부발전(주), 한국서부발전(주), 한국남부발전(주), 한국동서발전(주) 및 한국수력원자력("발전자회사들")의 분할에 따라, 상법에 의하여 발생한 한국전력공사의 사채상환의무에 대한 발전자회사들의 연대책임을 한국산업은행의 지급보증을 조건으로 면제하는 것에 대한 2003. 1. 10.자 각 사채권자집회결의에 대한 인가결정

4. 기타사항
문의사항이 있으시면 한국전력공사 전력산업구조조정실 부채대책팀(☎ 02-3456-3450~5)으로 연락하여 주시기 바랍니다.

〈별 표〉

사건번호	유로 본드 (Euro Debt Securities)
2003비합18	• JPY3,360,000,000 2.75% Notes due 2004
2003비합18	• US $ 70,000,000 Floating Rate Notes due 2004
2003비합18	• US $ 150,000,000 Floating Rate Notes due 2004

2003년 3월 8일

한국전력공사
사 장 강 동 석

(다) 인가 · 불인가의 공고

결의에 대하여 인가 또는 불인가의 결정이 있는 때에는 기채회사는 지체없이 그 뜻을 공고하여야 한다(상 499조).

[6] 의사록

사채권자집회에 있어서도 주주총회의 경우와 마찬가지로 의사록을 작성하여야 하며, 의사의 경과요령과 그 결과를 기재한다(상 510조 1항, 373조). 기채회사는 의

사록을 본점에 비치하고, 수탁회사와 사채권자의 열람에 응하여야 한다(상 510조 2항 · 3항).

[7] 결의의 집행

(1) 사채권자집회의 결의가 집행을 요하는 경우에는, (ⅰ) 사채권자집회의 결의에 의하여 집행자를 선임한 경우에는 그 집행자가, (ⅱ) 그 선임이 없는 경우에는 수탁회사, 대표자의 순으로 결의를 집행한다(상 501조).
(2) 사채권자집회는 언제든지 대표자나 집행자를 해임할 수 있고 위임한 사항을 변경할 수 있다(상 504조).

[8] 그 밖의 사항

이 밖에 사채권자집회의 운영에 관하여는 주주총회의 규정(예 : 소집의 통지 · 공고, 의결권의 대리행사, 특별이해관계인의 의결권제한, 자기사채의 의결권휴지, 정족수 및 의결권수의 계산, 연기 · 속행의 결의, 의사록의 작성 · 비치 등)이 준용된다(상 510조).

결의의 하자를 다투는 소

사채권자집회의 결의에 대해서는 법원의 인가를 얻도록 하는 결과, 주주총회의의 경우와는 달리 사채권자집회의 결의에 관하여 결의취소의 소, 결의무효확인의 소, 결의부존재 확인의 소, 부당결의 변경 · 취소의 소 등의 제도가 없다.

제4절 수탁회사

[1] 의의 · 자격 · 공시

수탁회사는 기채회사로부터 사채모집의 위탁을 받은 회사이다. 수탁회사의 자격은 은행, 신탁회사 또는 증권회사로 한정되며, 그 사무승계자도 마찬가지이다(부 6

조). 수탁회사의 상호는 사채청약서, 채권, 사채원부 등에 기재하여 공시하여야 한다(상 474조 2항, 478조 2항 2호, 488조 3호).

[2] 취임 · 사임 · 해임

(1) 일반적 종임사유

수탁회사는 기채회사와의 위임계약에 의하여 취임하고 그 계약의 종료에 의하여 퇴임한다.

(2) 사임

수탁회사는 사채권자의 이익을 보호하는 중요한 직무권한을 수행하는 지위에 있기 때문에 수탁회사의 사임에 대하여 제약을 가하고 있다. 즉, 기채회사와 사채권자집회의 동의를 얻은 때 또는 부득이한 사유가 있는 경우로서 법원의 허가를 얻은 때에 한하여 사임할 수 있다(상 481조).

(3) 해임

기채회사도 수탁회사를 자유로이 해임하지 못한다. 다만 수탁회사가 그 사무를 처리함에 부적임하거나 기타 정당한 사유가 있을 때에는 법원은 기채회사 또는 사채권자집회의 청구에 의하여 해임할 수 있다(상 482조).

(4) 사무승계자의 선임

수탁회사가 사임하거나 해임된 경우에는 발행회사와 사채권자집회의 일치로 사무승계자를 선임할 수 있으며(상 483조 1항), 부득이한 사유가 있을 경우 법원은 이해관계인의 청구에 의하여 사무승계자를 선임할 수 있다(상 483조 2항).

[3] 직무권한

(1) 기채회사에 대한 직무권한

① 수탁회사는 기채회사로부터 사채모집의 위탁을 받은 회사이므로 기채회사와 수탁회사는 위임의 관계에 있다(임의대리인).

② 수탁회사는 기채회사에 대하여 사채모집의 직무권한을 갖는다.

(2) 사채권자집회에 대한 직무권한

① 원래 수탁회사는 사채권자에 대하여 직접 아무런 계약관계가 없다. 그러나 상법은 사채권자의 이익을 보호하기 위하여 수탁회사에 법정대리권을 부여하고 있다(법정대리인).

② 이에 기하여 수탁회사는 사채권자집회를 위하여 (ⅰ) 사채권자집회의 소집권(상 491조 1항), (ⅱ) 사채권자집회에의 출석 및 의견제출권(상 493조 1항), (ⅲ) 사채권자집회의 결의에 의하여 따로 집행자를 정하지 아니한 때에 사채권자집회 결의의 집행(상 501조), (ⅳ) 사채의 상환을 받음에 필요한 재판상 또는 재판외의 모든 행위를 할 수 있는 권한(상 484조 1항), (ⅴ) 기채회사의 현저히 불공정한 행위에 대한 취소의 소의 제기권(상 511조) 등을 갖는다.

[4] 보수 · 비용 · 우선변제권

수탁회사의 보수와 그 사무처리를 위한 비용은 기채회사와의 약정에 따른다. 그 약정이 없는 경우에는 법원의 허가를 얻어 기채회사로 하여금 이를 부담하게 할 수 있다(상 507조 1항). 수탁회사는 상환을 받을 금액에서 사채권자에 우선하여 보수와 비용의 변제를 받을 수 있다(상 507조 2항).

| 관련사례 |

○○신탁은 부도난 ●●사의 회사채 인수업무를 맡았던 ▲▲증권을 상대로 손해배상청구소송을 낼 계획이다. ○○신탁의 채권운용 관계자는 "투자자를 위해 회사채발행기업의 경영을 감시해야 할 증권사가 의무를 게을리 하는 바람에 막대한 손해를 봤다"며 "증권사가 일정 부분 손해를 배상해야 한다"고 말했다. 손해배상소송을 제기하는 근거는 투신 등이 증권사로부터 회사채를 살 때 작성하는 '무보증회사채 위탁계약서'이다. 지금까지는 계약서작성이 요식행위에 불과해 회사채 발행 기업은 발행자금을 마음대로 사용했고 증권사도 기업에 대한 감시를 제대로 하지 않았다. 직접금융시장이 발달한 미국의 경우 인수업무를 맡은 증권사가 유가증권을 발행하는 기업평가에 깊숙이 개입해 인수업무를 맡을지 여부를 결정하며 투자자들은 인수 증권사의 공신력을 믿고 회사채 등에 투자하고 있다. (출처 : 동아일보 2001. 11. 28 [이병기])

제6장

사채의 유통

제1절 사채의 양도와 입질

사채의 양도와 입질은 자유롭게 할 수 있다. 주식과는 달리 자기사채의 취득과 입질도 금지되지 않는다. 사채의 양도방법에 대하여 상법에 특별한 규정이 없다.

(1) 무기명사채의 경우

상법에 아무런 규정이 없으므로 민법의 일반원칙에 의하게 된다. 무기명사채는 무기명채권의 일종이므로 당사의 의사표시에 의하여 양도할 수 있으나, 債券이 발행된 경우에는 양수인에게 채권을 교부함으로써 효력이 생기고(민 523조), 계속 점유함으로써 제3자에게 대항할 수 있다(민 351조).

(2) 기명사채의 경우

기명사채는 지명채권의 일종이므로 의사표시만으로 양도할 수 있으나, 채권이 발행되어 있는 경우에는 채권의 교부가 양도의 효력발생요건이다. 회사 및 제3자에 대항하기 위해서는 취득자의 성명과 주소를 사채원부에 기재(명의개서)하여야 한다(상 479조 1항). 명의개서대리인을 둔 경우에는 그 영업소에 비치된 사채원부 또는 복본에 명의개서를 하여도 된다(상 479조 2항, 337조 2항).

(3) 등록사채의 경우

(ⅰ) 사채등록부에 등록한 무기명사채의 양도를 기채회사 또는 제3자에게 대항하기 위해서는 사채등록부에 기재하여야 한다(채등 6조 1항). (ⅱ) 사채등록부에 등록한 기명사채의 양도를 기채회사 또는 제3자에게 대항하기 위해서는 등록기관의 사채등록부에 등록을 하고 또 기채회사의 사채원부에 기재하여야 한다(채등 6조 2항).

제2절 선의취득

(1) 무기명채권은 유가증권이고 그 양도방법이 채권의 교부에 의하므로 선의취득이 인정되고, 분실한 경우 제권판결을 받아 재발행을 청구할 수 있다.

(2) 기명채권은 기명증권으로서 그 점유에 자격수여적 효력이 없기 때문에 선의취득이 인정되지 않는다(다수설).

제 7 장

이자지급 및 사채상환

제1절 이자의 지급

[1] 이자의 약정

사채의 이율, 이자의 지급방법 및 지급기한은 사채모집조건으로 정한다. 사채청약서 · 채권 · 사채원부에 이를 기재하여야 한다(상 474조 2항, 479조 2항, 488조).

[2] 이자의 지급방법

(1) 무기명사채의 경우는 무기명사채에 붙여진 各期의 利券(coupon)의 소지인에게 이권과 상환하여 지급한다. 기명사채의 경우는 사채원부에 기재된 사채권자에게 지급한다.

(2) 이자는 선급 · 후급 모두 가능하다. 이자를 선급하는 경우에는 발행시에 액면가에서 이자 상당액을 할인한 가격으로 발행하는 것이 일반적이다.

[3] 利券

(1) 이권은 각 이자지급시기의 이자지급청구권을 표창한 유가증권이다. 이권은 채권으로부터 분리하여 독립하여 유통될 수 있다. 사채권자는 각 이자지급시기에 이권을 제시하고 이와 상환하여 이자의 지급을 받을 수 있으며, 이 때 채권을 제시할 필요는 없다.
(2) 본체인 채권이 상환되어도 이권소지인은 언제든지 그 이권과 상환하여 그 권면액에 상당하는 금액을 청구할 수 있다. 그 대신 사채의 상환액에서 그 금액을 공제하여 지급한다(상 486조).

제2절 사채의 상환

[1] 상환의 약정

(1) 사채의 상환은 회사가 사채권자에 대하여 부담하는 채무를 변제(민 460조 이하)하는 것으로 채무이행의 일종이다. 사채권자는 기한이 도래하면 상환을 받고 또 그 때까지의 이자를 지급받을 권리를 가진다.
(2) 사채상환은 사채모집조건에 의하여 정해지며, 사채청약서 · 채권 및 사채원부에 의하여 공시된다(상 474조 2항, 478조 2항, 488조). 사채상환에 있어서 사채권자평등의 원칙이 지켜져야 한다.

[2] 상환금액

(1) 할증상환의 경우
사채의 상환금액은 권면액으로 하는 것이 원칙이나, 권면액의 초과액 또는 권면액의 미달액으로 상환할 것을 약정할 수 있다. 할증상환의 경우 그 초과액(premium)은 각 사채에 대하여 동률이어야 한다(상 473조). 이는 사채발행조건 균등의 원칙에 따른 것으로, 이에 반하는 사채모집은 사채권자평등의 원칙에 반하여 무효이다.

(2) 할인발행의 경우

사채를 발행할 때에 상환시에 지급하는 금액을 권면액으로 하고 발행시부터 상환시까지의 이자의 합계액을 미리 차감한 금액을 발행가로 하여 사채를 발행할 수 있다. 실무에서는 '할인발행'이라 부르기도 하는데, 이자의 선급에 해당한다.

(3) 利券 흠결의 경우

이권부 무기명사채의 상환에 있어서 이권이 흠결된 경우에는 그 이권에 상당하는 금액을 공제한 금액을 상환한다(상 486조 1항). 이권소지인은 따로 언제든지 이권과 상환하여 공제액의 지급을 청구할 수 있다(상 486조 2항).

[3] 상환방법

(1) 상환방법은 사채계약에서 정하는 바에 의한다. 일정 기간 경과 후의 일시상환과 분할상환, 만기상환과 만기 전 매입소각 등의 방법이 있다.

(2) 사채를 상환받으려면 채권과 상환하여야 한다. 채권이 발행되어 있지 않는 등록사채의 경우에는 등록사채 원금영수증과 상환하여 지급받을 수 있다.

(3) 주식과는 달리 자기사채의 취득과 소각에 관한 제한이 없으므로 자기사채를 매입하여 소각할 수 있다(매입소각). 사채의 시세가 상환할 금액보다 하락되어 있는 경우에는 이 방법에 의하는 것이 회사에 유리하다.

[4] 수탁회사가 있는 경우의 상환

(1) 사채모집의 위탁을 받은 수탁회사가 있는 경우에는 수탁회사가 사채권자를 위하여 사채의 상환을 받음에 필요한 재판상 · 재판외의 모든 행위를 할 권한을 가진다(상 484조 1항).

(2) 수탁회사가 발행회사로부터 사채의 상환을 받은 때에는 발행회사의 채무는 소멸한다. 수탁회사는 지체 없이 그 뜻을 공고하고, 알고 있는 채권자에 대하여는 각별로 이를 통지하여야 한다(상 484조 2항). 사채권자는 수탁회사에 대하여 채권과 상환으로 상환액의 지급을 청구할 수 있다(상 484조 3항).

(3) 수탁회사가 2 이상인 경우에는 그 권한에 속하는 행위는 공동으로 하여야 하며, 각 회사는 사채권자에 대하여 연대하여 상환액 지급의무를 부담한다(상 485조).

[5] 기한이익의 포기 - 만기 전 상환

(1) 이자 있는 사채라 하더라도 기채회사는 만기 전에 상환할 수 있다. 기한의 이익은 채무자의 이익을 위한 것으로 추정되기 때문이다(민 153조 1항).
(2) 그러나 기한의 이익의 포기는 상대방의 이익을 해치지 못하므로(민 153조 2항), 만기 전에 상환하려면 잔존기간에 대한 이자를 지급하여야 함이 원칙이다. 이자를 지급함이 없이 만기 전에 상환하려면 사채 발행시에 상환조항으로 이를 약정하고 그 뜻을 사채청약서와 채권에 기재하여야 한다(상 474조 2항 8호, 478조 2항 2호).

[6] 기한이익의 상실

(1) 회사가 사채의 이자지급을 해태하거나 정기에 사채 원금의 일부씩을 상환하여야 함에도 불구하고 그 상환을 해태한 때에는 사채권자집회의 결의에 의하여 2월 이상의 일정한 기간 내에 그 변제를 하여야 한다는 뜻과 그 기간 내에 변제를 하지 아니할 때에는 사채의 총액에 관하여 기한의 이익을 상실한다는 뜻을 서면으로 통지할 수 있다(상 505조 1항 · 2항).
(2) 회사가 위 기간 내에 변제를 하지 아니하면 사채총액에 대한 기한의 이익을 상실한다(상 505조 3항). 이 경우에 사채권자집회의 결의를 집행하는 자는 지체없이 그 뜻을 공고하고, 알고 있는 사채권자에 대하여 각별로 이를 통지하여야 한다(상 506조).

| 옵션부사채 |

옵션부사채(OB : bond with imbedded option)란 채권발행시에 제시되는 조건이 성취되면 만기 전이라도 발행회사가 사채권자에게 매도청구(call option)를, 사채권자는 발행회사에 상환청구(put option)를 할 수 있는 권리가 부가된 것이다.

[7] 상환청구권 등의 소멸시효

(1) 사채의 상환청구권 및 수탁회사에 대한 사채권자의 상환액 지급청구권은 10년간 행사하지 않으면 소멸시효가 완성한다(상 487조 1항 · 2항). 사채의 공중성을 고려하여 상사채권에 관한 일반원칙(상 64조)보다 장기로 한 것이다.
(2) 그러나 사채의 이자지급청구권과 흠결된 이권소지인의 공제금액 지급청구권(상 486조 2항)은 5년간 행사하지 않으면 소멸시효가 완성된다(상 487조 3항).

[8] 起債會社의 불공정행위 취소의 訴

(1) 소의 사유
① 기채회사가 어느 사채권자에 대하여 한 변제, 화해 기타의 행위가 현저하게 불공정한 때에는 수탁회사 또는 사채권자집회의 대표자나 집행자는 소만으로 그 행위의 취소를 청구할 수 있다(상 511조 1항, 512조). 사채권자평등의 원칙에 반하는 변제 등의 행위를 사후적으로 시정하기 위한 제도이다.
② 다만 수익자나 전득자가 그 행위 또는 전득 당시에 그 행위가 현저하게 불공정하다는 것을 알지 못한 때에는 취소의 소를 제기할 수 없다(상 511조 3항, 민 406조 1항 단서).

(2) 제소권자 · 제소기간
수탁회사가 취소의 원인을 안 때로부터 6월, 행위가 있은 때로부터 1년 내에 소를 제기하여야 한다.

(3) 관할법원
본점소재지의 지방법원을 전속관할로 한다(상 511조 3항, 186조).

(4) 취소판결의 효력
취소판결은 모든 사채권자를 위하여 그 효력이 있다(상 511조 3항, 민 407조).

(5) 채권자취소권과의 관계
위 소와 민법상의 채권자취소권(민 406조)과의 경합이 인정된다.

| 관련사례 |

○○반도체의 채권단은 ○○반도체의 회사채 만기를 최대 1년 6개월까지 연장해줄 방침이다. ○○반도체측은 △△은행에서 열린 채무재조정 관련 설명회에 참석, 자구계획을 밝히면서 채권단에 이 같은 지원을 요청했다. (출처 : 경향신문 2001. 4. 21, 매일경제 2001. 4. 21, 조선일보 2001. 4. 21, 헤럴드경제 2001. 4. 21)

제8편 주식회사의 회계 (계산)

제 1 장

총 설

미국 역사상 최대의 부도사건이자 회계부정 사건으로 '주식회사 미국'에 대한 신뢰를 송두리째 무너뜨렸던 에너지 기업 엔론(Enron)의 최고 경영진에 대한 재판이 텍사스주 휴스턴 연방법원에서 시작됐다. 엔론 스캔들이란 2001년 당시 미국 재계 7위였던 텍사스의 거대 에너지기업인 엔론이 회계부정 파문으로 파산, 투자자들에게 500억 달러 이상의 손실을 입히는 등 미국 경제는 물론 사회 · 정치 각 분야에 큰 충격을 던졌던 사건을 가리킨다. 이 사건은 미국 자본주의의 부패와 탐욕 등 경제 사회 전반의 치부를 만천하에 드러냈다. 이 회사의 급성장 뒤에는 정계의 후원이 중요한 역할을 했고, 회사 경영진이 정부 고위관리들과 밀접한 관계를 맺어온 사실이 드러나면서 큰 파장을 일으켰다. 엔론의 경영진은 높은 주가를 유지하기 위해 분식회계로 영업이익 부풀기를 무모하게 저질렀고, 결국 엔론의 실적이 과대 포장된 사실이 드러나면서 투자자의 신뢰는 급전직하했다. 2000년 매출액이 당초 발표된 1,007억 달러가 아니라 63억 달러이며, 순이익도 25억 7,000만 달러가 아니라 4억 7,400만 달러에 불과했던 것으로 드러났다. 엔론의 경영진은 2001년 12월 4일 파산을 공식적으로 선언했다. 엔론의 파산으로 4,000여 명의 직원이 직장을 잃었으며 기업들의 연쇄도산이 초래됐다. 엔론의 회계감사를 담당해온 세계적인 회계회사 아더 앤더슨은 회계조작을 묵인하는 정도를 넘어서 관련 서류를 파기하는 등 부정행위에 적극 가담했다는 비난 속에 문을 닫았다. 검찰은 엔론 회장의 불법행위 사실을 확인하고, 2004년 기소했다. 엔론의 대담한 부정행위는 미국 사회와 자본주의의 도덕적 해이가 낳은 결과였다. 엔론의 임원들은 관련기관들의 감시소홀을 틈타 회계장부를 마음대로 주물렀으며, 파산 직전에는 내부정보를 이용해 주식을 은밀하게 처분하고 간부들에게 50만~500만 달러의 특별상여금을 지급하기까지 했다. 또 친분을 쌓은 정치권 인사들을 동원해 구명로비를 펼쳤다. 검찰은 부도이전 엔론의 이윤 급증을 '사람의 눈을 속인 회계 요술'이라고 지적했다. 그러나 변호인단은 "레이 회장은 엔론사의 몰락에 대한 책임을 질 것"이라며 "그러나 경영실패는 범죄가 아니다"고 맞섰다. 변호인측은 "엔론을 죽인 것은 시장의 광기이었다"고 강변하면서 엔론사의 부도를 외부책임으로 돌렸다. 특히 변호인들은 월스트리트저널이 2001년 10월 16일 엔론사가 12억 달러의 주식감자 사실을 공개하지 않았다고 보도함으로써 시장의 불안감을 촉발시켰다고 주장했다. (출처: 문화일보 2006. 2. 4 [최형두 · 오애리], 헤럴드경제 2006. 1. 31)

| 해 설 |

위의 엔론(Enron) 사태는 기업부정과 사회 · 정치적 비리가 총체적으로 실타래처럼 서로 얽히고설켜 발생한 것으로 미국의 치부를 드러낸 일대 사건이었다. 그동안 회계투명성을 자랑하던 미국의 기업이었기에 더 큰 충격을 주었다. 그에 뒤이어 일본에서는 제2의 엔론사태라 할 수 있는 호리에 사건이 있었다(제일경제 2006. 1. 24, 한국경제 2006. 1. 24, 경향신문 2006. 1. 25, 매일경제 2006. 1. 25). 국내에서도 심각한 회계부정으로 관련 기업이 해체되고 해당 경영주들이 법정에 서기도 하였다. 그리고 그 부담은 고스란히 국민에게 전가되기도 하였다. 생전에 존경받던 한 대기업총수로부터 "물이 지나치게 맑으면 물고기 살 수 없듯이 경제도 그와 비슷하다"는 이야기를 필자가 직접 들은 기억이 난다. 현실적으로 기업이 100% 깨끗하기를 기대하는 것은 불가능하고, 영리성을 추구하는 기업의 생리상 어느 정도는 흙탕물에 담그는 것을 피하고서는 기업경영이 어려운 경우도 없지 않을 것이다. 그러나 기업부정은 결국 해당 기업의 부실화를 가져오고, 나아가 사회의 총체적 비리의 온상이 되기도 한다. 이런 의미에서 기업비리의 주된 수단이 되는 회계부정에 대하여 결코 관대할 수가 없는 것이고, 이에 대한 엄격한 법적 규제가 필요하다. 여성이 더욱 아름다워지기 위하여 '화장'을 하는 것은 좋은 것이지만, 기업이 실적을 부풀리기 위해 '분식'하는 것은 죄악이다.

제1절 회계(계산)의 중요성

주식회사의 재산 및 수익상태에 대한 정확한 재무정보는 회사채권자, 주주, 잠재적인 투자자, 근로자, 나아가 국민경제 모두의 이해와 관련이 있다. 기업의 병리적 현상은 회사의 회계처리의 부실에 의하여 은폐되고 확산된다. 이 때문에 주식회사의 계산이 투명하고 공정하게 이루어질 수 있도록 상법은 주식회사의 계산에 관한 규정을 강행규정으로 하고 있다.

제2절 회계에 관한 상법규정의 변화

1984년 상법개정에 의하여 주식회사의 계산규정에 다음과 같은 변화를 가져옴으로써 기업회계에 접근하고 있다.

① 종전의 재산법적 회계체계에서 손익법적 회계체계로 전환하여, 재산목록을 삭제하였다(상 447조).

② 대차대조표는 회계장부를 기초로 하여 작성하도록 하여 유도법을 채택하였다(상 30조 2항).

③ 결손금처리계산서를 재무제표에 포함시키고 있다.

④ 부속명세서를 재무제표와 동시에 작성하여 이사회의 승인을 얻어(상 447조), 감사에게 제출하며(상 447조의3), 정기총회의 승인을 얻도록 하고 있다(상 449조 1항).

⑤ 영업보고서를 재무제표에서 제외하였다(상 447조).

| 회계방식 |

	재산법	손익법
기업회계의 목적	채권자보호에 두고, 기업을 해체하는 경우의 환가가치(시가)를 명확히 표시하고자 한다. 재산의 현황을 파악하는데 중점을 둔다.	채권자 이외에 주주의 보호에 중점을 두고, 계속기업의 수익력을 명확하게 표시하고자 한다.
중심이 되는 계산서류	재산목록	손익계산서 (재산목록은 불필요)
대차대조표의 작성방법	재산목록을 기초로 하여 대차대조표를 작성한다.	회계장부로부터 유도법에 의하여 대차대조표와 손익계산서, 이익잉여금처분계산서(또는 결손금처리계산서)를 작성한다.
자산평가	시가주의	원가주의
채택	1984년 개정 전 상법	1984년 개정 상법

제2장

회계에 관한 규정

제1절 회계규정

[1] 상법 중 주식회사의 계산규정

주식회사의 계산에 대해서는 상법 제3편의 주식회사의 계산에 관한 규정이 우선적으로 적용된다. 이 범위에서 상법 제1편의 상업장부에 관한 규정 중 유동자산의 평가에 관한 규정(상 31조 2호)은 주식회사에 적용되지 않는다(상 452조 1항).

| 자산평가에 관한 상법총칙편과 주식회사 규정의 차이 |

자산평가에 있어서는 상법총칙편의 상업장부에 관한 규정과 주식회사의 계산에 관한 규정에서 모두 원가주의를 원칙으로 하고 있다. 다만, 총칙의 회계장부에 기재될 유동자산의 평가에 있어서는 원가주의와 시가주의를 병용함에 반하여, 주식회사의 경우는 원가주의를 원칙으로 하고 시가가 원가보다 현저히 낮은 때에만 시가에 의하도록 하여 저가주의를 가미하고 있는 점에서 다소 차이가 있다(상 31조 1항, 452조 1항).

[2] 기업회계기준

기업회계기준은 「주식회사의외부감사에관한법률」(이하 '외감법')에 근거하여 금융감독위원회가 일반적으로 공정 · 타당하다고 인정되는 회계관행(상 29조 2항)을 모아 성문화한 것이다. 기업회계기준에서는 외부감사대상인 주식회사뿐만 아니라 모든 기업의 회계처리의 기준이 된다고 규정하고 있다(기계준 91조)(그 타당성에 대하여 논란이 있다).

[3] 일반적으로 공정 · 타당한 회계관행

상업장부의 작성에 관하여 상법에 규정되어 있는 것을 제외하고는 「일반적으로 공정 · 타당한 회계관행」에 의하도록 하고 있다(상 29조 2항). 이같이 포괄적으로 규정한 것은 기업회계의 변화에 탄력적으로 대응할 수 있도록 하기 위함이다. 기업회계기준에서도 「동 기준에서 정하는 것 이외는 일반적으로 공정타당하다고 인정되는 회계관습에 따라야 한다」고 규정하고 있다(기계준 4조).

제2절 상법의 회계규정과 기업회계기준의 관계

(1) 상법의 회계에 관한 규정과 기업회계기준이 상충하는 경우 양자의 관계가 문제된다. 이는 기업회계기준의 법규성 여부와 그 적용대상이 무엇인가 하는 문제로 귀결된다. 기업회계기준은 외감법의 일부이다(외감 13조). 그리고 외감법은 상법은 특별법이다. 따라서 특별법우선의 원칙에 따라, (ⅰ) 외감법의 적용대상이 되는 회사의 경우는 기업회계기준이 상법에 우선하여 적용되고, (ⅱ) 외감법의 적용대상이 아닌 회사의 경우는 기업회계기준이 공정하고 타당한 회계관행(상 29조 2항)으로 준용된다 할 것이므로, 상법과 그 내용이 같지 않은 사항에 대해서는 상법이 우선하여 적용된다.

(2) 상법의 회계에 관한 규정과 기업회계기준은 현재 다음과 같은 문제점을 갖고 있다. ① 그동안 상법개정에 의하여 회계관련규정의 개정이 있었지만 아직도 기

업의 회계실무와 현재의 회계이론에 동떨어진 내용들이 남아 있다. ② 그 결과 상법의 회계규정을 그대로 적용하면 기업의 경영성과와 재무상태를 제대로 반영할 수 없게 된다. ③ 기업회계기준이 법규성을 갖는가의 문제와 상법과의 관계에 대하여 논란이 있다. ④ 기업회계기준의 적용대상이 아닌 경우 기업회계기준이 공정하고 타당한 회계관행의 하나로 보충 적용된다고 보면 죄형법정주의와 관련하여 문제의 소지가 있다. 이러한 문제점들은 입법적으로 해결되어야 할 것들이다. 그 입법의 방향은, 상법의 회계규정을 회계이론에 부합되는 방향으로 정비하는 한편, 상법에서는 회계에 관한 기본규정만을 두고, 회계에 관한 기술적 · 세목적인 사항은 다른 특별법에 의하는 것이 바람직하다고 본다.

| 상법과 기업회계기준의 상위점 |

① 재산과 자산 – 상법에서는 「재산」이라는 용어를 사용하고 있으나 기업회계기준에서는 「자산」이라는 용어를 사용하고 있다(기계준 12조, 13조, 15조~18조, 20조). 이익배당에 관한 상법 제462조의 「순자산」은 기업회계기준의 순자산과 반드시 일치하는 것은 아니다. 상법에서는 이연자산을 인정하고 있으나, 기업회계기준은 이를 인정하지 않는다.

② 자본과 자본금 – 상법에서는 「자본」을 발행주식의 액면총액으로 규정하고 있으나(상 451조), 이는 기업회계기준상 「자본금」에 해당한다. 기업회계기준의 자본에는 자본금, 자본잉여금, 이익잉여금이 있다(기계준 29조).

③ 준비금과 잉여금 – 상법에서는 「자본준비금」과 「이익준비금」이라는 용어를 사용하고 있으나, 기업회계기준에서는 이를 사용하지 않고 「자본잉여금」과 「이익잉여금」이라는 용어를 사용하고 있다(기계준 31조, 32조).

④ 자본결손의 처리 – 상법에서는 이익준비금으로 자본결손을 충당하고서도 부족한 경우가 아니면 자본준비금으로 충당하지 못한다고 규정하고 있으나, 기업회계기준에서는 결손금의 처리순서를 임의적립금이입액 → 기타 법정적립금이입액 → 이익잉여금이입액 → 자본잉여금이입액 순으로 하고 있다(기계준32조).

⑤ 영업권 – 상법에서는 영업권을 유상취득하는 경우 5년 내의 매결산기에 균등액 이상을 상각하도록 하고 있으나(상 452조), 기업회계기준에서는 영업권을 유상취득하는 경우 20년 이내에 상각하도록 하고 있다(기계준 20조).

⑤ 창업비 – 상법에서는 창업비를 회사성립 후 5년 내의 매결산기에 균등액 이상을 상각하도록 하고 있으나(상 452조), 기업회계기준에서는 당기비용처리하도록 하고 있다(기계준 20조).

⑥ 개업비 – 상법에서는 개업비를 개업 후 3년 내의 매결산기에 균등액 이상을 상각하도록 하고 있으나(상 453조), 기업회계기준에서는 당기비용처리하도록 하고 있다.

⑦ 연구개발비 – 상법에서는 신제품 · 신기술의 연구 · 개발과 관련하여 특별히 발생한 비용을 자산으로 계상하여 이를 지출한 후 5년 내의 매결산기에 균등액 이상을 상각하도록 하고 있으나(상 457조의2), 기업회계기준에서는 이를 당기비용으로 처리하되 자산인식요건을

충족한 경우에만 개발비(무형자산)로 처리하고 사용가능한 때부터 20년 이내에 상각하도록 하고 있다(기계준 20조).

⑧ 신주발행비용 - 상법에서는 신주발행에 필요한 비용을 3년 내에 균등액 이상을 상각하도록 하고 있으나(상 454조), 기업회계기준에서는 신주발행 수수료 등 신주발행을 위하여 직접 발생한 비용은 주식발행가액에서 차감하도록 하고 있다.

⑨ 액면미달금액 - 상법에서는 액면미달금액을 자산으로 계상하여 3년 내에 균등액 이상을 상각하도록 하고 있으나(상 455조), 기업회계기준에서는 액면미달금액을 자본조정으로 계상하여 3년 내의 기간에 균등액 이상을 상각하도록 하고 있다(기계준 31조, 33조, 72조 1호). 기업회계기준에서는 주식할인발행차금, 배당건설이자, 자기주식을 자본조정의 과목으로 하고 있다(기계준 33조).

⑩ 사채차액 - 상법에서는 사채를 상환할 총액이 그 모집에 의한 실수액을 초과하는 경우 그 차액을 자산으로 계상하여 사채상환기간 내의 매결산기에 균등액 이상을 상각하도록 하고 있으나(상 456조), 기업회계기준에서는 사채할인발행차금으로 사채액면에서 가감표시하여 유효이자율에 의하여 상각하도록 하고 있다(기계준 28조, 65조).

⑪ 건설이자배당 - 상법에서는 건설이자배당을 대차대조표의 자산에 계상하고 개업 후 연 6% 이상의 이익을 배당하는 경우 그 6분을 초과하는 금액과 동액 이상을 상각하도록 하고 있으나(상 457조), 기업회계기준에서는 건설이자배당을 자본조정으로 계상하고 개업 후 6% 이상의 이익을 배당하는 경우 그 6분을 초과하는 금액과 동액 이상을 상각하고 그 상각액은 이익잉여금의 처분으로 계상하도록 하고 있다(기계준 33조의2, 72조 2호).

⑫ 재무제표 - 상법에서는 재무제표에 해당하는 것으로 재무제표 · 손익계산서 · 이익잉여금처분계산서(또는 결손금처리계산서)를 들고 있으나, 기업회계기준에서는 이에 현금흐름표 · 주기와 주석을 추가하고 있다(기계준 5조 1항).

| 회계에 관한 규정의 적용순서 (기업회계기준의 적용대상인 경우) |

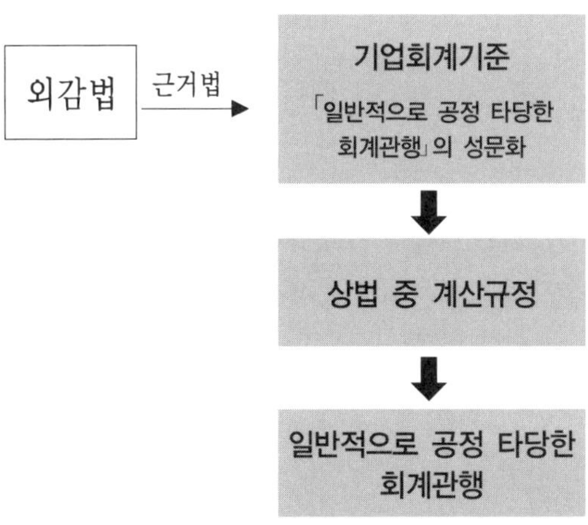

제 3 장

회계의 자료

제1절 상업장부

주식회사는 상인이므로 상업장부인 회계장부와 대차대조표를 작성하여야 한다(상 29조 1항).

(1) 회계장부는 거래와 기타 영업상의 재산에 영향을 미치는 사항을 기재하는 장부로서(상 30조 1항), 분개장 · 원장 · 전표 등이 이에 해당한다.

(2) 대차대조표는 일정한 시기에 있어서 정태적으로 자산과 부채 및 자본을 표시하여 기업의 재무상태를 총괄적으로 나타내는 장부로서, 회계장부에 의하여 작성한다(유도법)(상 30조 2항). 대차대조표에는 통상대차대조표(예 : 개업대차대조표, 결산대차대조표)와 비상대차대조표(예 : 합병대차대조표, 분할대차대조표, 청산대차대조표 등)가 있다. 대차대조표에는 작성자가 기명날인 또는 서명을 하여야 한다(상 30조 2항).

| 상업장부와 재무제표 |

상업장부 (일반 상인의 경우)	주식회사 · 유한회사의 경우
■ **회계장부** 傳票, 分介帳, 原帳, 현금출납부, 상품수도증, 어음수표책 등	(좌동)
■ **대차대조표** (balance sheet : B/S)	■ **재무제표** • **대차대조표** • 손익계산서 (Profit & Loss Statement : P/L) • 이익잉여금처분계산서 (또는 결손금처리계산서) ■ **그 부속명세서**

제2절 재무제표

재무제표에서는 대차대조표, 손익계산서, 이익잉여금처분계산서(또는 결손금처리계산서)가 있다. 기업회계기준에서는 위의 것 외에 현금흐름표, 주기와 주석을 재무제표에 추가하고 있다(기계준 5조). 대표이사는 재무제표와 그 부속명세서를 작성하여 이사회의 승인을 얻어야 한다(상 447조).

[1] 대차대조표

대차대조표는 상업장부이면서 동시에 재무제표의 하나이다. 대차대조표는 기업의 재무상태를 명확히 보고하기 위하여 대차대조표일 현재의 모든 자산 · 부채 및 자본을 적정하게 표시하여야 한다(기계준 10조 1항).

| 대차대조표의 기재항목 |

① 자산은 유동자산 및 고정자산으로, 부채는 유동부채 및 고정부채로, 자본은 자본금 · 자본잉여금 · 이익잉여금 및 자본조정으로 각각 구분한다(기계준 11조 1항 1호).

② 자본금은 보통주자본금 · 우선주자본금 등으로 분류한다(기계준 29조 1항). 회사가 발행할 주식의 총수, 1주의 금액 및 발행한 주식의 수와 당해 회계연도 중에 증자, 감자, 주식배당 또는 기타의 사유로 자본금이 변동한 경우에는 그 내용을 주석으로 기재한다(기계준 29조 2항).
③ 자본잉여금은 주식발행초과금, 감자차익, 자기주식처분이이익 등 기타 자본잉여금으로 한다(기계준 31조).
④ 이익잉여금 또는 결손금은 이익준비금(상법에 의하여 적립된 것), 기타의 법정준비금, 임의적립금, 차기이월이익잉여금 또는 차기이월결손금으로 구분한다(기계준 32조).
⑤ 자본조정의 과목은 주식할인발행차금, 배당건설이자, 자기주식, 미교부주식배당금, 투자유가증권평가이익(또는 투자유가증권평가손실), 해외사업환산대(해외사업환산차) 등으로 구분한다(기계준 33조).

[2] 손익계산서

일정한 기간(영업연도)의 경영성적을 동태적으로 나타내기 위하여 그 기간 동안 발생한 수익 · 비용 · 순손익을 표시하는 서류이다(기계준 34조).

[3] 이익잉여금처분계산서 (또는 결손금처리계산서)

이익잉여금처분계산서(또는 결손금처리계산서)는 대차대조표와 손익계산서의 이익금(결손금처리계산서의 경우는 결손금)의 처분계획서이다(기계준 76조 1항 · 2항).

| 이익잉여금처분계산서(또는 결손금처리계산서)의 기재항목 |

이익잉여금처분계산서의 과목은 (ⅰ) 처분 전 이익잉여금, (ⅱ) 임의적립금 등의 이입액, (ⅲ) 이익잉여금처분액(이익준비금, 기타 법정적립금, 이익잉여근처분에 의한 상각 등, 배당금으로 세분하여 기재), (ⅳ) 차기이월이익잉여금으로 한다(기계준 77조). 결손금처리계산서의 과목은 (ⅰ) 처리 전 결손금, (ⅱ) 결손금처리액, (ⅲ) 차기이월결손금 등으로 한다(기계준 78조).

[4] 현금흐름표 · 주기 · 주석

(1) 현금흐름표는 회계기간 중의 현금 또는 현금등가물의 유입과 유출을 표시하는 서류이다(기계준 80조 1항).

(2) 주기와 주석은 재무제표를 이용하는 자에게 충분한 회계정보를 제공하도록 회계방침 등에 대하여 하여야 한다(기계준 5조 5항). 주기는 재무제표상의 해당 과목 다음에 그 회계사실의 내용을 간단한 자구 또는 숫자로 괄호 안에 표시하는 방법으로 한다(기계준 5조 5항 1호). 주석은 재무제표상의 해당 과목 또는 금액에 기호를 붙이고 난외 또는 별지에 동일한 기호를 표시하여 그 내용을 간결명료하게 기재하는 방법으로 한다(기계준 5조 5항 2호).

[5] 부속명세서

부속명세서는 재무제표 중에서 주로 대차대조표와 손익계산서의 중요항목에 대하여 보다 상세한 재무정보를 제공하기 위하여 작성하는 서류이다(기계준 88조).

제3절 영업보고서

(1) 영업보고서는 당해 영업연도에 있어서 회사의 영업의 경과와 영업성적의 개략을 문장으로서(이를 뒷받침하는 수치 포함) 기재한 보고서이다. 이는 재무제표는 아니다. 영업보고서의 기재사항에 대해서는 상법의일부규정의시행에관한규정에서 상세하게 규정하고 있다(상시규 5조).

(2) 영업보고서는 대표이사가 작성하여 이사회의 승인을 얻어(상 447조의2 1항), 주주총회에 「보고」하는 것으로 족하고 승인을 요하는 것은 아니다(상 449조 2항).

제 4 장

회계의 확정

第1期 決算公告

貸借對照表

(2002년 12월 31일 현재) (단위: 원)

계정과목	금액	계정과목	금액
자산		부채	
I. 유동자산	(14,396,248,281)	I. 유동부채	(4,637,028,418)
(1) 당좌자산	(10,945,023,408)	1. 매입채무	1,557,481,061
1. 현금및현금등가물	227,730,039	2. 단기차입금	950,000,000
2. 단기금융상품	45,000,000	3. 미지급금	1,029,119,356
3. 매출채권	10,781,884,589	4. 선수금	240,517,775
대손충당금	△1,045,169,077	5. 예수금	58,728,960
4. 미수금	466,423,371	6. 미지급법인세	401,181,266
대손충당금	△4,664,234	7. 미지급배당금	400,000,000
5. 미수수익	656,250	II. 고정부채	(606,414,433)
6. 선급금	464,229,298	1. 장기성예수보증금	237,000,000
7. 선급비용	8,933,172	2. 퇴직급여충당금	990,495,950
(2) 재고자산	(3,451,224,873)	국민연금전환금	△32,027,800
1. 제품	3,121,905,397	퇴직보험예치금	△589,053,717
2. 상품	52,955,227	부채총계	5,243,442,851
3. 재공품	261,060,132	I. 자본금	(5,000,000,000)
4. 원재료	15,304,117	1. 보통주자본금	5,000,000,000
II. 고정자산	(23,935,791,554)	II. 자본잉여금	(26,162,909,832)
(1) 투자자산	(16,099,197,398)	1. 주식발행초과금	26,162,909,832
1. 투자유가증권	8,378,045,509	III. 이익잉여금	(1,256,087,037)
2. 투자부동산	3,338,465,000	1. 이익준비금	1,000,000,000
3. 보증금	4,044,232,190	2. 차기이월이익잉여금 (당기순이익: 1,672,092,953 원)	256,087,037
4. 이연법인세차	338,464,699	IV. 자본조정	(669,600,115)
(2) 유형자산	(7,816,794,156)	1. 투자유가증권평가이익	669,600,115
1. 토지	4,622,677,980		
2. 기계장치	167,278,069		
감가상각누계액	△164,714,438		
3. 차량운반구	34,429,239		
감가상각누계액	△26,514,653		
4. 임차시설물	550,210,908		
감가상각누계액	△406,529,000		
5. 공구기구비품	2,243,517,214		
감가상각누계액	△1,789,776,163		
6. 건설중인자산	2,586,215,000		
(3) 무형자산	(19,800,000)		
1. 상표권	19,800,000	자본총계	33,088,596,984
자산총계	38,332,039,835	부채와자본총계	38,332,039,835

上記와 같이 公告함

2003年 03月 8日

株式會社 三省出版社

代表理事 **金 鎭 用**

감사의견: 이 법인의 재무제표를 감사한 바 본 감사인의 의견은 다음과 같습니다.

[適正意見]

대성회계법인 대표이사 **최 문 원**

| 해 설 |

① 위 공고는 결산주주총회에서 재무제표승인 후 대차대조표를 공고한 것이다. 외부감사를 받아야 하는 회사의 경우는 대차대조표에 외부감사인의 감사의견을 표시하여야 한다.

② 주식회사는 상인으로서 영업상의 재산과 손익의 상황을 명백히 하기 위하여 회계장부를 작성하고(상 29조 1항), 이를 기초로 매결산기마다 재무제표와 그 부속명세서 및 영업보고서를 작성하여야 한다(상 447조, 447조의2). 주식회사의 재무제표에는 대차대조표, 손익계산서, 이익잉여금처분계산서(또는 결손금처리계산서) 등이 있다(상 147조). 대차대조표는 재무제표 중에서 기본이 되는 장부로, 일정한 시점에 있어서 기업의 재무상태를 표시하기 위하여 총재산을 자산(asset) · 부채(liability) · 자본(capital)으로 구분하여 기재한 일람표이다. 대차대조표를 보면 당해 결산기의 자산 및 영업상태를 일목요연하게 알 수 있다.

제1절 계산의 확정절차

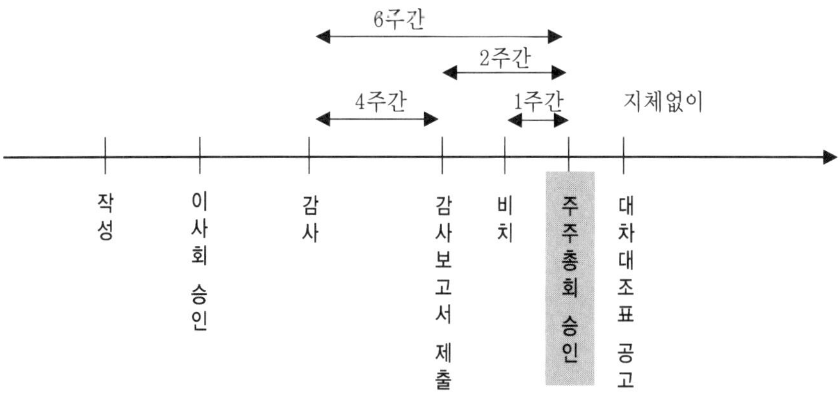

[1] 재무제표의 작성 · 제출

이사(대표이사)는 매결산기마다 재무제표와 그 부속명세서 및 영업보고서를 작성하여 이사회의 승인을 얻고(상 447조, 447조의2 1항), 정기주주총회일의 6주간 전에 감사(또는 감사위원회)에게 제출하여야 한다(상 447조의3). 감사(또는 감사위원회)에 대한 위 서류의 제출기한을 법정한 것은 충실한 감사를 위하여 최소한의 감사기간을 확보해주기 위함이다.

[2] 감사의 감사

감사와 외부감사인은 각각 별개로 재무제표, 그 부속명세서, 영업보고서 등의 서류를 받은 날로부터 4주간 내에 감사하고 그 내용을 감사보고서로 작성하여 이사에게 제출하여야 한다(상 447조의4 1항). 감사보고서에는 상법 제447조의4 제2항 소정의 법정 사항을 기재하여야 한다. 이에는 회계감사와 업무감사에 관한 사항이 포함되어 있다.

| 울산지법 2003. 11. 19. 선고 2003가합1485 판결 |

주식회사의외부감사에관한법률은 적용대상인 주식회사를 외부의 감사인으로 하여금 '회계감사'를 실시하여 회계처리의 적정을 기하도록 하는데 목적을 두고 있어 외부감사인의 감사보고서는 회계감사에 한정된 판단만 기재되었다고 볼 수 있음에 대하여, 상법상의 감사보고서는 감사의 회계감사권 외에도 이사의 업무집행 전반에 대한 '업무감사권'에 기한 판단도 기재된다고 할 것이어서, 양자의 감사보고서는 그 기능면에서 일치한다고 할 수 없으므로 주식회사의외부감사에관한법률이 상법의 특별법으로서 상법상의 감사보고서에 관한 규정을 배제한다고 보기는 어려워 주주총회 1주간 전부터 외부감사인과 감사의 감사보고서를 모두 제출받아야만 재무제표 승인과 관련된 모든 절차를 준수했다고 할 것이다.

[3] 재무제표의 사전 · 사후 공시

(1) 이사는 정기주주총회의 회일의 1주간 전부터 재무제표, 그 부속명세서, 영업보고서 및 감사보고서를 본점에 5년간 또 그 등본을 지점에 3년간 비치하여야 한다. 이 비치의무의 위반에 대해서는 과태료가 가해진다(상 635조 1항 21호).
(2) 주주와 회사채권자는 영업시간 내에는 언제든지 위의 비치서류를 열람할 수 있으며, 회사가 정한 비용을 지급하고 그 등본이나 초본의 교부를 청구할 수 있다(상 448조 2항).

[4] 재무제표의 승인

(1) 이사는 재무제표, 그 부속명세서 및 영업보고서를 정기주주총회에 제출하여야 하고(상 449조 1항), 이 중에서 재무제표에 대해서는 정기주주총회의 승인을 받아야 한

다. 재무제표를 제외한 그 밖의 것은 승인사항이 아니고 단순히 보고사항에 그친다.

(2) 재무제표의 승인은 정기주주총회의 전속적 결의사항(보통결의사항)이다. 재무제표의 승인을 주주총회의 전속적 권한으로 한 것은, 이익의 처분은 주주 자신이 결정하는 것이 당연하고 이를 통하여 주주에게 이사의 경영에 대한 통제의 기회를 주기 위함이다. 주주총회는 제출된 재무제표를 수정하여 결의할 수도 있다.

(3) 감사는 이사가 주주총회에 제출할 의안과 서류를 조사하여 법령 또는 정관에 위반하거나 현저하게 부당한 사항이 있는가의 여부에 관하여 주주총회에 그 의견을 진술하여야 한다(상 413조).

(4) 정기주주총회는 이사가 제출한 재무제표, 그 부속명세서, 영업보고서 및 감사보고서를 조사하기 위하여 검사인을 선임할 수 있다(상 367조).

제2절 재무제표 승인결의의 효력

[1] 계산의 확정

주주총회에서 재무제표를 승인하면 당해 영업연도의 재무제표가 확정된다. 이를 기초로 이익배당 · 준비금의 적립 · 결손금의 처리가 결정되고, 주주의 추상적(잠재적)인 이익배당청구권은 구체적인 이익배당청구권으로 현재화된다.

[2] 이사 · 감사의 책임해제

1. 의의

주주총회의 재무제표에 대한 승인결의 후 2년 내에 다른 결의가 없는 한 이사와 감사의 책임은 부정행위가 있는 경우를 제외하고는 해제된 것으로 본다(상 450조).

2. 취지 · 성격

(1) 이사 · 감사의 회사에 대한 책임을 면제하려면 총주주의 동의를 요하는데(상

400조), 위의 책임해제조항에 의하면 주주총회의 보통결의에 의하여 책임을 해제하는 셈이 된다. 이는 2년의 제척기간의 경과에 의하여 법에 의하여 주어지는 특별한 효과로 이해하여야 한다(제척기간효과설).
(2) 이는 상법이 이사 · 감사에 특히 엄격한 책임을 지우는 것과 균형을 맞추기 위하여 단기간의 책임소멸사유를 인정한 것이다.

3. 책임해제의 대상

(1) 이사 · 감사(또는 감사위원회 위원)와 사실상의 이사(상 401조의2) 모두를 포함한다.
(2) 책임해제의 범위는 재무제표에 기재되었거나 그로부터 알 수 있는 사항에 한정된다(대판 1969. 1. 28, 68다305; 대판 2002. 2. 26, 2001다76854). 상법 제450조에 의한 책임의 해제는 주주총회의 승인을 전제로 하므로 책임해제의 대상도 주주총회의 승인의 대상이 된 것에 한정하도록 한 것이다.
(3) 책임해제의 입증책임은 이사 · 감사에게 있다(대판 1969. 1. 28, 68다305; 대판 2002. 2. 26, 2001다76854).

대법원 2002. 2. 26. 선고 2001다76854 판결

상법 제450조에 따른 이사의 책임해제는 재무제표 등에 기재되어 정기총회에서 승인을 얻은 사항에 한정되는데, 상호신용금고의 대표이사가 충분한 담보를 확보하지 아니하고 동일인 대출 한도를 초과하여 대출한 것은 재무제표 등을 통하여 알 수 있는 사항이 아니므로, 상호신용금고의 정기총회에서 재무제표 등을 승인한 후 2년 내에 다른 결의가 없었다고 하여 대표이사의 손해배상책임이 해제되었다고 볼 수 없다.

4. 책임해제가 인정되지 않는 경우

(1) 「부정행위」가 있는 때에는 책임이 해제되지 않는다. 이때의 부정행위란 손해배상책임이 부정행위로 발생한 경우뿐만 아니라, 재무제표의 승인을 얻는데 있어서 부정행위를 한 것까지를 포함한다.
(2) 승인결의 후 2년 내에 「다른 결의」가 있으면 책임이 해제되지 않는다. 다른 결의란 책임해제를 적극적으로 부정하는 결의뿐만 아니라, 이사 · 감사의 책임이 존속함을 전제로 하는 일체의 결의를 포함한다고 본다.

| 대법원 2005. 10. 28. 선고 2003다69638 판결 |

이사가 회사가 보유하고 있는 비상장주식을 매도하면서 그 매도에 따른 회사의 손익을 제대로 따져보지 않은 채 당시 시행되던 상속세법 시행령만에 근거하여 주식의 가치를 평가함으로써 적정가격보다 현저히 낮은 가액으로 거래가액을 결정하기에 이른 것은 회사의 손해를 묵인 내지는 감수하였던 것이라 할 것이므로, 이러한 이사의 행위는 상법 제450조에 의하여 책임이 해제될 수 없는 부정행위에 해당한다.

| 대구지법 2000. 5. 30. 선고 99가합13533 판결 |

이사의 책임해제에 관한 상법 제450조의 입법 취지와 주주대표소송에 관한 같은 법 제403조의 입법취지를 종합적으로 고려하면, 주주총회가 재무제표를 승인한 후 2년 이내에 이사의 책임을 추궁하는 주주대표소송이 제기되어 그 소송이 계속 중인 경우에는 위 2년의 기간이 도과하였다 하더라도 이사의 책임해제에 관한 위 규정의 적용은 배제된다고 해석함이 타당하다.

[3] 대차대조표의 공고

재무제표의 승인이 있으면 이사는 지체없이 대차대조표를 공고하여야 한다(상 449조 3항). 외부감사를 받는 주식회사는 대차대조표를 공고할 때에 외부감사인의 명칭과 감사의견을 병기하여야 한다(외감 14조 2항).

제9편 주식회사의 배당

제 1 장
총 설

(1) 주식회사는 영리법인이므로 영리활동을 통하여 발생된 이익을 사원인 주주에게 분배하여야 한다(이익분배설). 이익분배는 회사가 해산한 경우에 잔여재산분배의 방법으로 할 수도 있으나, 보통의 경우는 계속기업을 상정하여 정기적으로 결산하여 주주에게 이익을 분배하는 방법에 의한다.

(2) 이익배당청구권은 주주의 고유권이다. 따라서 주주의 동의가 없으면 이를 박탈하거나 장기에 걸쳐 제한하지 못한다.

(3) 상법에서는 금전배당과 주식배당(신주배당)만을 인정하고 현물배당(예 : 자기주식) 또는 재산배당은 인정하지 않는다. 배당의 시기에 따라 중간배당과 결산배당이 있다. 이들 이익배당의 공통점은 배당가능한 이익이 있을 때에만 배당할 수 있다는 것이다.

(4) 배당가능한 이익의 범위를 배당의 최도 한도로 하여 구체적으로 어느 정도의 배당을 할 것인가는, 계속기업으로서 회사에 필요한 자금규모와 회사채권자의 책임재산을 확보하는 동시에, 배당금의 지나친 사내유보로 인하여 주주의 배당받을 수 있는 권리기 침해되지 않도록 하는 점 등을 두루 고려하여야 한다.

제 2 장

이익배당

[1] 금융감독기관은 책임준비금을 과소적립, 이익규모를 부풀리고 부당하게 주주배당을 실시한 OO해상에 대해 기관경고와 함께 사장을 포함한 관련 임원을 무더기로 중징계 했다. 금융감독기관은 OO해상에 대해 기관경고와 함께 손익수정, 주주배당금 환수 등의 시정조치를 내리는 한편, 사장을 해임하도록 요구하고 부사장, 감사, 상무 등 관련 임원 모두에게 감봉조치 하도록 통고했다. OO해상은 1995 사업연도에 장기저축성보험료적립금 1백 35억 원을 과소 적립, 손실이 발생한 것을 이익이 난 것처럼 분식결산하고 부당하게 61억 원의 주주배당을 실시했다. OO해상이 회수하지 못한 배당금은 대부분 기관투자가나 소액주주들의 몫이어서 사실상 회수가 어려운 실정이다. OO해상은 그동안 1% 이상의 지분을 갖고 있는 금융기관 등 기관투자가들과 배당금 환수문제를 협의했으나 합의에 이르지 못한 것으로 알려졌다. 따라서 미환수 배당금은 △△ 전 사장과 당시 배당을 결정했던 이사회 임원들이 대납하게 될 전망이다. (출처: 경향신문 1996. 9. 24, 동아일보 1996. 9. 24, 조선일보 1996. 9. 24, 한국일보 1996. 9. 24, 매일경제 1996. 11. 27, 서울경제 1996. 11. 30, 한겨레 1996. 11. 30)

[2] 회사에 막대한 이익이 있음에도 불구하고 소액주주들에게는 '쥐꼬리 배당'을 일삼으면서 계열사에는 거액의 자금을 지원한 기업에 대해 외국인 주주가 고액의 배당을 요구하고 나섰다. OO산업 전체 주식의 3%를 보유하고 있는 홍콩계 기관투자가인 △△은 주당 3만 원의 현금배당과 100%의 주식배당을 요구하는 주주제안서를 회사 쪽에 제출했다고 국내 법률대리인이 밝혔다. 배당규모를 지정한 주주제안서를 안건으로 주주총회에 올린 것도 국

내 주주총회 역사상 흔치 않다. ○○산업은 그동안 1천억 원이 넘는 당기순이익을 내면서도 배당금 규모는 1% 안팎인 10억 원대에 그쳐 소액주주들의 불만을 사왔다. 지난해에는 순익 1,383억 원에 배당금이 16억 원에 불과했고, 지난 99년에는 1,404억 원의 순익에 배당금이 14억 원을 약간 넘었을 뿐이다. 지난 8년 동안 ○○산업에 투자해오면서 한 차례도 주식을 팔지 않았던 △△는 이를 크게 문제 삼지 않았다. 문제는 ○○산업이 주주들에게는 쥐꼬리배당을 하면서도 계열사인 □□생명에는 수천 억 원대의 자금을 부당지원했다는 의혹 때문에 불거졌다. ○○산업은 지급여력비율의 부족으로 퇴출위기에 몰린 계열사 □□생명에 대해 100억 원의 후순위대출을 해준 데 이어, 사옥을 장부가보다 1천억 원 이상 비싼 2,530억 원에 경쟁입찰절차도 거치지 않은 채 매입해 부당지원이 아닌가 하는 의혹을 사고 있다. 이는 ○○산업의 전체 시가총액인 1,800억 원의 1.4배에 해당하는 규모이다. (출처 : 한겨레 2001. 2. 13, 이데일리 2001. 2. 13, 이데일리 2001. 3. 16)

| 해 설 |

"이익 없으면 배당도 없다"는 것은 주식회사의 배당에 있어서 철칙이다. 즉, 배당가능한 이익을 최대한으로 하여 그 범위 내에서만 배당을 할 수 있다. 이와 관련하여 배당이익이 없음에도 불구하고 가공의 이익을 만들어 배당하는 '문어발 배당'과 이와는 반대로 배당여력이 충분히 있음에도 불구하고 배당을 적게 하는 '쥐꼬리 배당'이 문제되고 있다. 위 사례 [1]은 분식결산에 의하여 배당할 이익이 없음에도 불구하고 가공의 이익을 기초로 하여 배당을 하였다. 이러한 경우 그 배당은 무효가 되며, 관련자는 책임을 진다. 배당이 무효인 경우 이를 받은 주주는 부당이득으로 회사에 반환하여야 한다. 그런데 위 사례에서 보는 것처럼 현실적으로 이미 배당을 받은 군소주주로부터 이를 반환을 받는 것이 말처럼 쉬운 것은 아니다. 이와는 반대로, 위 사례 [2]는 회사에 배당할 이익이 충분히 있는데도 그에 상응한 배당을 하지 않는 경우에 주주는 어떠한 방법으로 자신들이 받을 배당의 몫을 늘릴 수 있는가 하는 문제를 다루고 있다.

제1절 이익배당의 요건

실질적 요건	…	**배당가능이익 범위 내**
절차적 요건	…	**주주총회 승인**

[1] 배당가능이익의 존재

1. 배당의 최대한도

회사는 배당가능이익의 범위 내에서만 배당을 할 수 있다(상 462조 1항). 이익배당 우선주의 경우에도 배당가능이익이 없으면 배당할 수 없고 그 대신 의결권이 부활한다.

| 배당가능이익 산정의 기본원칙 |

① 채권자우선의 원칙 – 채권자를 위한 책임재산을 확보한 연후에만 배당할 수 있다. 그러므로 배당가능이익을 산정함에 있어서 총자산 중에서 부채를 우선적으로 공제하여야 한다.
② 계속기업의 재산적 기초를 확보하여야 한다는 원칙 – 자본과 준비금을 공제한 잉여재산으로 배당하여야 한다.
③ "이익 없으면 배당도 없다"는 원칙 – 배당가능한 이익을 한도로 해서만 배당할 수 있다.

배당가능이익
= 대차대조표상 총자산 – 필수공제항목 (부채, 자본, 그 결산기까지 적립된 자본준비금과 이익준비금, 그 결산기에 적립하여야 할 이익준비금) – 임의공제항목 (임의준비금) – 법인세

2. 배당의 재량성과 그 한계

(1) 위의 배당가능이익이 있다고 하여 그 전부를 모두 배당하여야 하는 것은 아니므로, 주주총회의 결의에 의하여 합리적인 범위 내에서 배당하지 않고 회사에 유보하는 것도 가능하다. 배당규모는 미래전략사업에의 투자, 차입의 규모 내지 무차입경영, 적정수준의 현금확보 등의 재무정책의 우선순위를 고려하고 영업실적과 현금흐름 등의 상황을 종합적으로 고려하여 경영전략적으로 결정한다.

| 서울고법 1976. 6. 11. 선고 75나1555 제2민사부 판결 |

주주의 이익배당청구권은 주주총회의 배당결의 전에는 추상적인 것에 지나지 않아 주주에게 확정적인 이익배당청구권이 없으며 배당결의가 없다하여 상법상 회사의 채무불이행이나 불법행위가 될 수 없다. (同旨 : 대구고법 1971. 10. 19. 70나880 제1민사부 판결)

(2) 그러나 자의적으로 또는 장기간에 걸쳐 배당하지 않는 경우에는 주주의 고유권인 이익배당청구권을 사실상 침해하는 것이 되어 위법 여부가 문제될 수 있다.

▎과소배당 · 무배당의 경우 ▎

배당가능이익이 충분히 있음에도 불구하고 지극히 적은 배당('쥐꼬리배당')을 하거나 수년에 걸쳐 무배당으로 일관하는 경우 주주는 배당청구권에 기하여 배당을 법적으로 강제할 수 있는가?

① 해석론 – 이에 대해서는 (ⅰ) 주주는 소송에 의하여 배당을 강제할 수 있다는 견해, (ⅱ) 배당안에 대한 주주총회의 승인결의가 없는 한 주주는 회사에 대하여 배당금을 청구할 수 없다는 견해(대판 1983. 3. 22, 81다343)가 있다. 현행법상으로는 주주가 배당에 대하여 의견을 제시할 수 있는 방법은 주주제안에 의한 방법과 주주총회의 배당안 결의에 참여하는 방법이 있다. 결국 배당의 여부, 배당액의 정도에 대한 최종결정권은 주주총회에 있고 그 결과에 의하여 구속을 받는다.

② 입법론 – 입법론으로, 이익이 충분히 있음에도 불구하고 장기간 배당하지 않을 경우에 주주가 사법적 구제를 통하여 배당을 청구할 수 길을 열어두거나 해산을 청구하여 잔여재산분배를 통해 투자이익을 회수할 수 있도록 하여야 한다는 견해가 있다(이철송).

[2] 주주총회의 승인결의

회사가 이익배당을 하려면 이사가 이익잉여금처분계산서를 작성하여 이사회의 승인을 얻고 감사의 감사를 거쳐 정기주주총회의 승인(보통결의)을 받아야 한다(상 449조 1항). 주주총회는 이사회가 작성 · 제출한 이익잉여금처분계산서를 수정 결의할 수 있다.

제2절 배당금의 지급

[1] 지급기준

주주는 지주수에 비례하여 배당금을 받는다(주주평등의 원칙)(상 464조 본문). 다만 이익배당에 관하여 내용이 다른 수종의 주식을 발행한 경우에는 정관의 정함에 따라 주식의 종류에 따라 차등배당을 할 수 있다(상 464조 단서, 344조 1항). 그러나 이 경우에도 같은 종류의 주식 사이에는 주식평등의 원칙이 지켜져야 한다.

[2] 차등배당

동일 종류의 주식에 대하여 차등배당을 다수결에 의하여 강행할 수는 없다. 그러나 불리한 차등배당을 받는 주주측의 자발적인 포기로 인정되는 경우에는 유효하다(대판 1980. 8. 26, 80다1263)("권리를 갖는 자는 스스로 포기할 수 있다").

| 서울고법 1980. 4. 14. 선고 79나3882 제11민사부 판결 |

주식회사에 있어서 모든 대주주가 참석하여 당해 사업연도 잉여이익 중 자기들이 배당 받을 몫의 일부를 스스로 떼어 내어 소액주주들에게 고루 나눠주기로 한 주주총회 결의는 주주가 스스로 그 배당받을 권리를 포기하거나 양도하는 것과 마찬가지로서 이익배당에 있어서의 주주평등 원칙을 규정한 상법 제464조의 규정에 위반 된다고 할 수 없다.

[3] 일할배당 · 동액배당

(1) 일할배당이라 함은, 영업연도 도중에 신주가 발행된 경우에 그 신주의 효력발생일로부터 결산일까지의 일수를 계산하여 그것이 영업연도의 전체 일수 중에서 차지하는 비율에 따라 배당하는 것을 말한다. 일할배당의 적법성 여부에 대해서는 견해가 나뉜다.

(ⅰ) 적법설 - 일할배당은 주식의 존속기간에 비례하여 배당액을 정하는 것이므로 주주의 실질적 평등에 합치하여 적법하다는 견해이다(다수설).

(ⅱ) 위법설 - 출자와 이익배당은 주주의 지위에서 유래하는 것이지 양자간에 직접적 · 개별적 대가관계나 보상관계가 존재하는 것이 아니므로 무상신주의 경우는 물론이고 유상신주의 경우에도 일할배당은 위법하다는 견해이다(소수설).

(2) 동액배당이라 함은, 영업연도 도중에 신주가 발행된 경우에도 신주에 대하여 영업연도 전 기간(예 : 결산기간이 1년인 경우에는 365일 전부)에 해당하는 배당을 함으로써 구주와 동액으로 배당하는 것을 말한다.

(3) 일할배당적법설에 의하면, 일할배당과 동액배당 중 어느 것에 의할 것인가를 회사가 임의로 정할 수 있다고 한다(일할배당임의설)(다수설). 그러나 무상신주의 경우에는 구주의 분할로 볼 수 있으므로 동액배당을 하여야 한다고 본다.

(4) 상법에서는 통상의 신주발행, 준비금의 자본전입, 주식배당, 전환사채의 전환, 신주인수권부사채의 신주인수권 행사로 인하여 발행된 신주의 배당에 관하여는 정관에 정하는 바에 따라 당해 신주가 직전 영업연도 말일에 발행된 것으로 볼 수 있다는 규정을 둠으로써 신주와 구주에 대하여 동액배당을 할 수 있도록 하고 있다(상 423조 1항, 461조 6항, 462조의2 4항, 516조, 516조의9, 350조 3항 후단).

| 신주발행시 이익배당의 기산점 |

A형 **① 전환주식 전환 (§350③)** **② 전환사채 전환** **③ 신주인수권부 사채의 신주인수 권 행사**	**청구를 한 때(예: 2006.8.1) 가 속하는 영업년도 말(예: 2006.12.31)**에 전환된 것으로 본다(§350③ 전단). 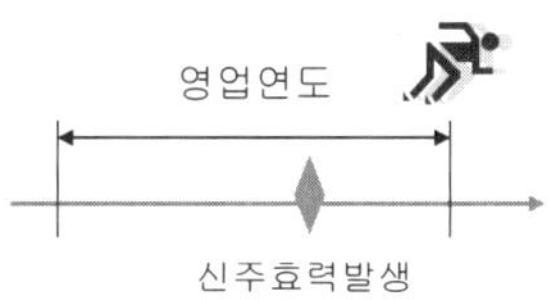	**정관**이 정하는 바에 따라 청구를 한 때가 속하는 영업년도의 **직전 영업년도 말(예: 2005.12.31)**에 전환된 것으로 할 수 있다(§350③ 후단). ⇒신주가 발행된 영업년도의 배당금 전액을 배당받는다(신구주 동액배당) 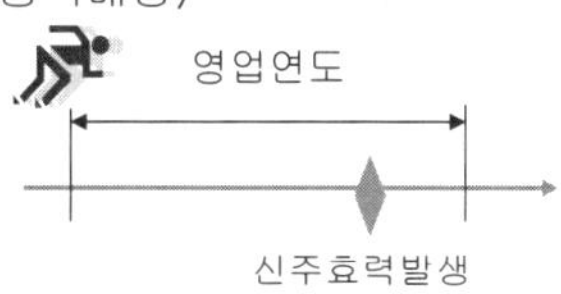
B형 **④ 통상의 신주발행 (유상신주)** **⑤ 준비금의 자본전입 (무상신주)** **⑥ 주식배당**	× (준용규정 없음)	(상동)

 : 배당기산점

[4] 지급시기

(1) 정기주주총회에서 배당안을 승인결의하면서 배당금지급시기를 정한 경우에는 그 정한 시기에 배당금을 지급하여야 한다(상 464조의2 1항 단서).

(2) 이러한 정함이 없는 경우에는 회사는 정기주주총회에서 배당안에 대한 승인결의가 있은 날로부터 1월 내에 배당금을 지급하여야 한다(상 464조의2 1항 본문).

[5] 배당금지급청구권

정기주주총회에서 배당안을 승인결의하면 주주는 구체적인 이익배당청구권을 갖게 된다. 이 배당금지급청구권은 주주의 지위와 독립하여 양도 · 압류 · 전부명령의 대상이 될 수 있고, 소멸시효(5년)의 대상이 된다(상 464조의2 2항).

제3절 위법배당의 효과 · 제재

[1] 위법배당액의 반환

(1) 배당가능이익에 관한 위법

① 배당가능이익이 없음에도 불구하고 배당하거나 배당가능이익을 초과하여 배당을 한 경우, 그 이익배당은 주주의 선의 · 악의를 불문하고 무효이다. 이러한 경우 「회사」는 주주에 대하여 위법배당액을 부당이익으로 회사에 반환할 것을 청구할 수 있다(민 741조). 「회사채권자」도 주주에 대하여 위법배당액을 회사에 반환할 것을 청구할 수 있다(상 462조 2항).

② 위법배당의 주장방법에 제한이 없다. 반드시 소에 의하여야 하는 것은 아니다. 소에 의하는 경우 반환청구소송은 회사의 본점소재지의 지방법원에 제기함으로써 한다(상 462조 3항, 186조)(확인소송설).

(2) 그 밖의 위법

① 배당가능한 이익의 범위 내에서 배당이 이루어졌지만 절차, 방법, 내용 등이 법령 또는 정관에 위반하여 배당을 한 경우, 그 위법배당은 무효이므로 주주는 반환의무를 지고 회사는 반환청구권을 갖는다.

② 이 때 회사채권자는 이해관계가 없으므로 직접 이러한 반환청구권을 갖지 못하나, 채권자대위권(민 404조)의 행사는 가능하다고 본다.

[2] 이사 · 감사 · 외부감사인의 책임과 벌칙

(1) 위법배당에 대하여 책임이 있는 이사 · 감사 · 외부감사인은 회사에 연대하여 손해배상책임을 지고(상 399조, 414조 1항, 외감 17조), 악의 또는 중대한 과실이 있는 때에는 제3자에 대해서도 손해배상책임을 진다(상 401조). 또 해임사유(상 385조)가 된다.

(2) 위법배당을 한 이사 · 감사는 형사벌칙(회사재산을 위태롭게 한 죄)의 제재를 받는다(상 625조 3호).

| 관련사례 |

[1] 배당금을 받는 절차를 제대로 알아둬야 주주로서 제몫을 챙길 수 있다. 위탁계좌가 없는 주주의 경우 발행회사가 발송하는 배당금지급 통지서에 기재된 지급기일내에 배당금 지급장소를 찾아가 직접 배당금을 수령해야 한다. 배당금 지급장소는 지급대행은행이나 명의개서대행기관인 경우가 대부분이며 간혹 발행회사가 직접 지급하는 경우도 있다. 지급장소가 은행이나 명의개서대행기관인 경우는 배당금 지급일이 통상 2~3일 이내로 이 기간이 지나면 발행회사로 직접 찾아가 배당금을 받아야 한다. 위탁계좌를 갖고 있는 주주는 배당금이 발행회사(지급대행은행)→증권예탁원→증권사의 경로를 거쳐 투자자의 계좌에 자동 입금되기 때문에 배당지급일에 잔고조회를 통해 지급여부를 확인할 수 있고 이후 아무 때나 찾을 수 있다. (출처 : 서울경제 1999. 3. 9, 매일경제 1999. 3. 10, 한겨레 1999. 3. 10, 한국일보 1999. 3. 10)

[2] ○○회사는 이사회에서 결정된 50원의 현금배당을 주주총회에서 100원으로 증액하여 가결하였다. (출처 : 머니투데이 2005. 3. 30)

[3] 중기 · 플랜트사업부문을 ○○철도차량에 양도하면서 주주들에게 주식매수청구권 행사를 공시한 ○○모비스가 "이들 매수청구가 들어올 주식에 대해 연말 결산시 배당을 해야 하느냐"는 고민에 빠졌다. ○○모비스 12월 7일 임시주총에서 중기 · 플랜트사업부문을 양도하기 위한 주주총회의 특별결의를 받기로 했다. 이에 앞서 양도에 반대하는 주주들을 대상으로 반대의사 표시를 접수한 후 12월 7일부터 20일간 주식매수청구권을 행사하도록 했다. 또 매수청구된 주식에 대해서는 한 달 이내에 주식대금을 지급할 예정이다. 이에 따라 매수청구권의 행사기간은 12월 27일로 종료되고 이후 4일 뒤 연말 배당기준일인 31일이 도래한다. 주식매수청구권행사를 회사에 통보했지만 주식을 양도하지 않은 주주는 이 주식에 대한 배당을 요구할 자격이 있을까? "주주가 매수청구권을 행사한 것은 주주로서의 권리를 포기하겠다는 의사를 밝힌 것으로 봐야한다"고 보는 견해가 있는 한편, "일부 학자들은 주식대금을 지급하지 않았다면 주식의 주인은 원래 주주들이기 때문에 배당금을 줘야 한다는 주장도 있다"고 설명했다. 결국은 배당할 수도, 안할 수도 있다는 것인데 주주들은 배당금을 요구할게 뻔하다. 논란을 피할 수 있는 한 가지 방법으로 매수청구권행사가 종료된

날로부터 한 달 이내에 주식대금을 지급하도록 한 규정에 근거, 회사가 연말배당기준일(12월31일) 전에 주식대금을 앞당겨 지급함으로써 분쟁의 씨앗을 없애도록 권유한 것으로 알려지고 있다. 이는 매수청구된 주식에 대한 양도를 주식대금지급여부를 기준으로 한 것이다. 하지만 이마저도 허점이 있다. 또 다른 규정에는 "주식매수청구권 행사기간 종료일로부터 20일 이내에 이의신청을 할 수 있다"는 내용이 있다. 설사 주주가 매수를 청구했다하더라도 청구 이후에도 이의신청 등의 경우에는 주주 권리가 존재하는 것으로 봐야 한다는 해석이 가능한 대목이다. ○○모비스 관계자는 "주식매각 대금을 앞당겨 지급하더라도 이의신청 등의 조항을 볼 때 명쾌하게 논란을 해결할 순 없을 것 같다"며 "오히려 배당금을 지급하는 게 이치에 맞을 것 같다"는 개인적인 의견을 제시하기도 했다. ○○모비스는 이 문제와 관련, 증권예탁원의 유권해석은 물론 전문변호사의 법률 자문을 받아 배당여부를 결론짓겠다고 밝혔다. (출처: 이데일리 2001. 10. 30)

[4] 작년 말 배당공시를 번복한 ○○건설은 99사업연도 회계감사 결과 배당가능이익이 없어 지난해 12월 말 미리 공시했던 주식배당을 할 수 없게 됐다고 증권거래소에 공시했다. 이처럼 상장사가 앞서 했던 배당공시를 취소하는 경우는 극히 이례적인 일이다. ○○건설은 지난해 12월16일 1%의 주식배당을 공시했으나 회계감사결과 1천 208억 원의 적자가 난 것으로 드러나 배당가능이익이 없어 배당을 하지 못하게 됐다는 것이다. 증권거래소는 이에 따라 주식배당 결의를 취소, 공시를 번복한 ○○건설에 대해 불성실공시법인으로 지정하고 하루 동안 매매거래를 정지시키기로 했다고 밝혔다. (출처: 매일경제 2000. 3. 29, 조선일보 2000. 3. 29, 헤럴드경제 2000. 3. 29)

[5] 지난해 유가급등과 원화가치 하락으로 큰 폭의 적자를 기록했던 ○○항공은 주주총회에서 주가하락에 대한 일부 주주들의 항의에도 불구하고 배당을 하지 않기로 결의했다. 마찬가지로 지난해 적자를 기록했던 △△항공은 주주총회에서 우선주에 한해 1%를 현금배당을 함과 아울러 보통주와 우선주 모두 8%의 주식배당을 실시키로 했다. (출처: 매일경제 2001. 3. 16, 중앙일보 2001. 3. 17, 한국경제 2001. 3. 17, 헤럴드경제 2001. 3. 16)

(생각거리)

위 사례에서 한 회사는 적자를 기록했음에도 불구하고 배당하였다. 이렇게 할 수 있는 방법은?

[6] ○○은행과 합병할 예정인 △△은행의 이사회는 무배당을 결의하고 주주총회에 이를 상정하였다. 그러나 주주총회에서 주주들이 배당을 요구하여 10% 배당수정결의안을 놓고 투표결과 찬성표가 1억 4,074만 주로 출석주식수(5억 5,375만 주)의 과반수에 못미처 부결되었다. 주주들은 "지난 해 최고의 이익을 거둔 외환은행은 배당가능익이 9,500억 원에 달하여 건전성도 매우 좋은데 내년부터 배당을 하겠다는 것은 합병이후 모두 물러날 경영진들의 무책임한 발언"이라 주장하였다. 소액주주들은 "주주이익은 제처 두고 외국계 대주주인 □□에게는 4조 5,000억 원이나 이익을 챙겨준 경영진은 보수를 전액 반납하고 사퇴하여야 한다"고 목소리를 높였다. (출처: 서울경제신문 2006. 3. 29, 한국일보 2006. 3. 29)

제 3 장

주식배당

○○백화점은 보통주에 대해 6%, 우선주에 대해 7%씩 실시하는 현금배당 이외에 추가로 보통주, 우선주에 6%씩 주식배당을 실시키로 했다. 이로써 보통주 51만 1,729주를 새로 발행하게 된다. (출처 : 이데일리 2001. 3. 16)

| 해 설 |

주식배당은 배당금을 주주에게 현금으로 배당하지 않고 이를 사내에 유보하여 자본화하는 과정에서 생기는 신주를 배당하는 것이다. 위 사례에서는 현금배당과 주식배당을 동시에 실시하고 있다. 위 사례에서는 주식배당을 함에 있어서 보통주와 우선주에 대하여 모두 보통주의 단일 종류(보통주)로 배당함으로써 주식배당의 법적 성질론과 관련하여 주식분할설을 취하지 않고 이익배당설에 따라 처리하였다. 주식배당에 의한 신주의 발행가액은 반드시 액면가와 일치하여야 한다.

제1절 의의

(1) 주식배당은 금전 대신 주식(신주)로 하는 이익배당이다(상 462조의2). 주식배당은 배당금액을 금전으로 확정하고, 이를 주식으로 환산하여 신주로 배당한다. 자기주식(구주)으로 배당하는 것으로 허용되지 않는다. 주식배당의 경우 신주발행에 대한 추가납입이 없으므로 무상증자의 일종이다.
(2) 주식배당에 의하여 배당할 이익을 사외에 유출하지 않고 사내에 유보하고, 이를 재원으로 하여 신주를 발행하게 된다(배당금의 자본화).

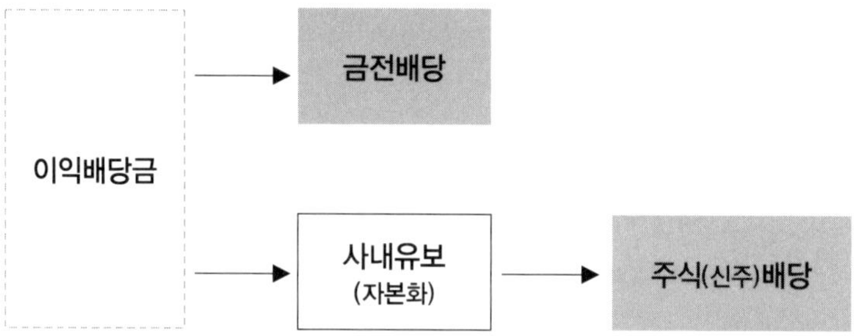

| 법적 성질 |

(ⅰ) 이익배당설(다수설) – 주식배당도 정기주주총회에서 이익배당을 결의할 때 정하는 것이며, 이익의 일부는 금전배당으로 일부는 주식배당으로 하는 것이라는 점에서 주식배당도 이익배당의 일종으로 보는 견해이다.
(ⅱ) 주식분할설(소수설) – 배당가능이익 중 일부는 금전으로 배당하고 일부는 사내에 유보하여 자본으로 전입하고 그에 해당하는 신주를 발행하는 것이므로 주식분할의 성질을 가진다는 견해이다.
위의 어느 견해를 취하는가에 따라 주식배당과 관련된 몇 가지 사항에서 상이한 결론에 이르게 된다. 이 중에서 일부는 입법에 의하여 해결되고 있다.

제2절 요건

(1) 이익배당의 일반요건 - 배당가능이익의 존재
주식배당도 이익배당의 일종이므로 배당가능이익이 있어야 한다. 주식배당을 하는 부분에 대해서는 금전에 의한 이익배당과는 달리 이익준비금을 적립할 필요가 없다.

(2) 미발행수권주식의 존재

주식배당을 하면 신주를 발행하여 발행주식수가 증가하게 되므로 그 부분만큼 수권주식이 남아 있어야 한다.

(3) 주식배당의 총액

주식배당은 이익배당총액의 2분의 1에 상당하는 금액을 초과하지 못한다(상 462조의2 1항 단서). 그러나 상장법인의 경우는 주식의 시가가 액면가 이상이면 이익배당 전액을 주식배당으로 할 수 있다(증거 191조의3).

(4) 발행가액

주식배당으로 인한 신주의 발행가액은 주식의 권면액(액면가)으로 하여야 한다(상 462조2 2항). 시가발행이나 액면미달발행은 허용되지 않는다.

(5) 주주총회의 승인결의

주식배당을 하려면 주주총회의 결의(보통결의)가 있어야 한다(상 462조의2 1항 본문). 이는 금전배당 · 이익준비금의 적립과 함께 주식배당에 관한 내용을 기재한 이익잉여금처분계산서의 승인결의에 의한다.

제3절 효과

(1) 신주의 효력발생시기

① 주식배당을 받은 주주는 「주식배당의 결의」가 있는 「주주총회가 종료한 때」부터 신주의 주주가 된다(상 462조의2 4항). 만일 주식배당결의가 있는 때에 곧바로 신주발행의 효력이 생긴다고 하면 총회의 도중에 출석주주의 지주수에 변동이 생겨 절차가 번거롭게 되기 때문이다.

② 주식배당으로 발행된 신주의 이익배당에 관하여는 정관의 규정으로 직전 영업연도의 말에 발행한 것으로 볼 수 있다(상 462조의2 4항 후단).

(2) 자본의 증가
주식배당을 하면 신주가 발행되므로 그만큼 발행주식총수와 자본이 증가한다.

제4절 신주의 발행

(1) 주식배당의 기준 - 지주수 비례
주식배당을 함에는 주식평등의 원칙에 의하여야 한다. 주주는 주식 수에 비례하여 주식배당을 받는다.

(2) 주주에 대한 통지 · 공고
이사는 주식배당의 결의가 있는 때에는 지체없이 배당을 받을 주주와 주주명부에 기재된 질권자에게 그 주주가 받을 주식의 종류와 수를 통지하고, 무기명주권을 발행한 경우에는 결의의 내용을 공고하여야 한다(상 462조의2 5항).

(3) 단주의 처리
주식으로 배당한 이익의 금액 중 주식의 권면액에 미달하는 단주에 대해서는 자본감소의 경우의 주식병합절차에서 생기는 단주의 처리와 동일한 방법으로 처리한다. 즉, 거래소의 시세가 없는 주식의 경우는 단주를 경매하여 그 대금을 배당하여야 하나 법원의 허가를 얻어 경매 외의 방법으로 매각하여 그 대금을 지급할 수 있고, 거래소의 시세 있는 주식의 경우는 거래소를 통하여 매각하고 그 대금을 배당하여야 한다(상 462조의2 3항, 443조 1항).

(4) 주권발행 및 등기
주식배당을 하는 경우 회사는 지체없이 주권을 발행하여야 한다(상 355조 1항 유추적용). 주주총회의 결의가 있은 날로부터 본점소재지에서는 2주간 내에, 지점소재지에서는 3주간 내에 변경등기를 하여야 한다(상 317조 4항, 183조, 317조 2항 2호 · 3호).

제5절 법적 성질론과 관련된 문제

(1) 수종의 주식의 경우

수종의 주식을 발행한 경우 우선주에 대하여 우선주로 주식배당을 할 수 있는가? 아니면 우선주에 대해서도 보통주로 주식배당을 하여야 하는가?

(ⅰ) 이익배당설에 의하면, 주식배당은 현금배당을 갈음하는 것이기 때문에 주식의 수량에 차이를 둘 뿐이고 주식의 종류에 관계없이 모두 동일한 종류의 주식으로 배당하여야 한다고 한다(즉, 보통주 · 우선주 모두 보통주로 배당). 만일 우선주에 대하여 우선주로 배당하면 우선주에게 이중의 이득을 주어 주주평등의 원칙에 반하고 주주의 권리내용을 예측하기 어렵게 된다는 것을 그 이유로 들고 있다.

(ⅱ) 주식배당설에 의하면, 기존에 보유하고 있는 주식과 동일한 종류의 주식으로 배당하여야 한다(즉, 보통주에 대해서는 보통주로, 우선주에 대해서는 우선주로 배당).

(ⅲ) 상법은 「각기 같은 종류의 주식으로 할 수 있다」고 규정하여 회사는 위의 (ⅰ)과 (ⅱ) 중에서 임의적으로 선택할 수 있도록 하고 있다(상 462조의2 2항).

(2) 자기주식의 경우

자기주식에 대하여 주식배당을 할 수 있는가? (ⅰ) 이익배당설에 의하면 이를 부정하나(다수설), (ⅱ) 주식배당설에 의하면 이를 긍정하게 된다. (ⅲ) 상법에는 이에 관한 명문의 규정이 없다.

(3) 일할배당

주식배당에 의한 신주에 대하여 이익배당을 함에 있어서 일할배당을 할 것인가 아니면 동액배당을 할 것인가? (ⅰ) 이익배당설을 취하면서 일할배당적법설을 취하는 견해에 의하면, 신주에 대하여 일할배당을 하여도 상관없으나, (ⅱ) 주식분할설이나 일할배당위법설을 취하는 견해에 의하면, 신구주 모두 동액배당을 하여야 한다. (ⅲ) 이에 대하여 상법은 주식배당으로 받은 신주의 이익배당에 관하여 정관에 의하여 직전 영업연도 말에 발행된 것으로 볼 수 있다는 규정을 두고 있다(상 462조의2 4항 후단, 350조 3항).

(4) 약식질의 물상대위권

등록질의 경우 물상대위권은 주주가 주식배당으로 받은 신주에도 미친다(상 462조의2 6항 전단). 그러나 약식질의 경우에는 어느 학설을 취하느냐에 따라 결론이 달라진다. (i) 이익배당설에 의하면, 약식질의 물상대위권이 이익배당청구권에도 미치는가에 대해서는 견해가 대립되고 다수설은 이를 부정하나, (ii) 주식배당설에 의하면, 주식배당으로 받은 신주에 약식질권의 물상대위권이 인정된다고 본다. (iii) 상법에는 이에 관한 명문의 규정이 없다.

주식배당의 법적성질론에 따른 차이점

	이익배당설 (다수설)	주식분할설 (소수설)	상법
수종의 주식을 발행한 경우 주식배당으로 발행할 주식의 종류	주식의 수량에 차이가 있을 뿐 우선주·보통주 모두에 대하여 같은 종류의 주식(보통주)으로 배당하여야 한다. 즉, (우선주 → 보통주 / 보통주 → 보통주)	같은 종류의 주식으로 배당하여야 한다. 즉, (우선주 → 우선주 / 보통주 → 보통주)	"회사가 수종의 주식을 발행한 때에는 각각 그와 같은 종류의 주식으로 「할 수 있다」" (§ 462의 ②후단)고 규정하여 회사에 자유로운 선택권을 부여하고 있다.
자기주식에 대한 주식배당	× (全面的休止說에 의하면 불가)	○ (다른 주식이 분할되면 자기주식도 분할되어야 한다.)	(규정 없음)
일할배당	㉠日割配當違法說 : 신주·구주에 동액배당을 하여야 한다. ㉡日割配當適法說 : 주식배당도 일할배당을 할 수 있다.	신주·구주에 동액배당을 하여야 한다.	"… 정관이 정하는 바에 따라 … 직전 영업연도 말에 …로 할 수 있다." (§ 462의 2④ → § 350③후단)
약식질권자의 물상대위권	× (←약식질의 효력이 이익배당에 미치지 않는다는 설)	○	(규정 없음)

○ : 긍정, × : 부정

제6절 위법배당의 효과 · 제재

[1] 위법배당 신주의 효력

(1) 이익배당의 일반적인 요건을 갖추지 못한 주식배당의 효력은 이익배당에서 설명한 것과 대체로 같다.

(2) 배당가능이익이 없음에도 불구하고 주식배당을 한 경우, 이는 사실상 액면미달발행이나 납입이 없는 신주발행의 실질을 띠게 되어 무효라고 본다(다수설). 이에 대한 다툼은 신주발행 무효의 소(상 429조)에 준하여 해결하여야 한다(다수설). 무효판결이 확정되면 회사는 무효인 신주를 반환받아 소각하여야 한다. 주주가 주금을 납입한 바가 없기 때문에 주금을 환급하는 문제(상 432조)는 발생하지 않는다.

(3) 배당가능이익이 없음에도 불구하고 주식배당을 한 경우, 채권자에게 반환청구권(상 462조 2항)이 인정되는가에 대해서는 견해가 나뉘고 있다. (ⅰ) 주식배당에 의하여 회사재산이 사외유출된 것이 아니어서 회사채권자에 아무런 불이익이 없기 때문에 회사채권자에게는 반환청구권이 인정되지 않는다는 견해(다수설), (ⅱ) 배당가능이익이 없음에도 불구하고 주식배당에 의하여 주식을 발행한 것은 자본충실의 원칙에 반하므로 회사채권자도 반환청구권을 갖는다는 견해(소수설)가 있다. (ⅲ) 생각건대, (ⅱ) 설이 타당하다고 본다. 배당가능이익이 없음에도 불구하고 주식배당을 한 경우, 현금의 사외유출은 없지만, 실질적으로 액면미달발행에 상당하거나, 발행신주에 대하여 주금납입 없이 배당신주만큼 회사의 재산이 사실상 유출된 것과 진배없으므로 위법한 주식배당으로 인하여 회사채권자에게 불이익이 전혀 없다 할 수 없기 때문이다. 또한 주식배당의 형식을 빌어 회사재산을 부당하게 유출하는 수단으로 악용할 수도 있다. 따라서 현금배당의 경우와 마찬가지로 채권자는 주주에 대하여 부당이득반환의 법리(민 741조)에 의하여 배당받은 신주를 회사에 반환할 것을 청구할 수 있다고 보아야 할 것이다.

[2] 이사 · 감사 · 외부감사인 등의 책임

위법한 주식배당에 관여한 이사 · 감사(또는 감사위원) · 외부감사인은 회사 · 제3자(주주, 회사채권자)에 대하여 손해배상책임을 지고(상 399조, 401조, 414조, 외감 17조), 형사벌칙(회사재산을 위태롭게 한 죄)이 적용되고(상 625조 3호, 462조의3 5항), 해임사유가 된다(상 385조).

| 주금납입 없이 신주가 발행되는 경우 |

	주식분할	법정준비금의 자본전입 (무상증자)	주식배당
공통점	■ 주주의 주금납입 없이 무상으로 신주 발행 ■ 단주 처리방법(상 461조 2항, 462조의2 3항, 329조의2 3항, 443조 1항)		
본질	액면분할	준비금의 자본화	배당금의 자본화
법적성질	주식분할(액면분할)	주식분할	주식분할설(소수설), 이익배당설(다수설)
재원	기존의 자본금	법정준비금	이익배당금
신주발행절차	주주총회 특별결의 (액면가 변경을 위한 정관변경절차)	이사회 결의 (또는 정관에 의해 주주총회의 결의를 받도록 할 수 있다.)	주주총회 보통결의
신주의 효력발생시기	주권제출기간이 만료한 때 또는 채권자보호절차가 종료한 때	이사회 결의에 의한 때는 이사회에서 정한 배정일, 주주총회결의에 의한 때는 주주총회의 결의가 있은 때	주주총회가 종결한 때
자본증가	변동 없음	자본증가	자본증가

| 관련사례 |

[1] ○○은행이 주식배당 3%, 현금배당 3% 등 총 6%의 배당을 지급하기로 했다. ○○은행은 당기순이익이 목표치 360억 원을 무난히 달성할 것으로 보여 이사회에서 주식배당 3%를 결의했다고 밝혔다. 이와 함께 3%의 현금배당(150원)도 실시될 예정이다. 배당에 대한 최종 결정은 주주총회를 통해 확정된다. (출처 : 이데일리 2004. 12. 12, 전라일보 2004. 12. 13)

[2] ○○정보통신은 주당 2,480원에 발행한 우선주식 100만 주에 대해 10%의 보통주로 배당하기로 결의했다. 9월말 결산법인인 ○○정보통신은 현금배당의 경우보다 보통주 시가만큼의 차익을 배분함으로써 우선주 주주에 대해 혜택이 돌아가도록 하기 위한 결정이라고 설명했다. (출처 : 머니투데이 2002. 9. 11 [송기용], 이데일리 2002. 9. 11)

제4장 중간배당

ㅇㅇ회사는 2,300억 원 규모의 중간배당을 실시할 계획이라고 밝혔다. 이를 위해 ㅇㅇ회사는 이사회를 열고 2004년 6월 30일 주주명부를 폐쇄하기로 하였다. ㅇㅇ회사는 2003년 11월 주주환원을 약속했던 6,500억 원 중 4,200억 원을 2004년 4월 정기주주총회 때 지급했으며 나머지 2,300억 원으로 이번에 중간배당을 하는 것이다. ㅇㅇ회사는 주주명부폐쇄 후 2004년 7월 중 이사회 결의를 통해 중간배당금액과 지급일자를 확정할 계획이다. (출처 : 내일신문 2004. 5. 28, 매일경제 2004. 5. 27, 서울경제 2004. 5. 28, 조세일보 2004. 5. 27)

| 해 설 |

중간배당은 결산기 도중에 직전 영업연도의 이익을 재원으로 하여 배당하는 것이다. 중간배당제도는 1997년 증권거래법에 의하여 상장법인에 인정되었다가 1998년 개정상법에 의하여 모든 회사로 확대되었다. 중간배당에 의하여 이익배당을 원하는 주주들의 투자의욕을 북돋을 수 있기 때문에 중간배당을 실시하는 회사들이 늘어나고 있다. 중간배당은 아직 당해 사업연도의 결산을 하지 않은 상태에서 영업연도 도중에 배당하는 것이기 때문에 일반적인 결산배당과 비교하여 차이점이 있다.

제1절 의의

(1) 이익배당은 배당의 시기에 따라 결산배당과 중간배당으로 나눌 수 있다. 중간배당은 이사회 결의에 의하여 사업연도 중간에 직전 결산기의 미처분이익을 재원으로 하여 행하는 이익배당이다(상 462조의3).

(2) 중간배당은 결산절차를 거쳐 주주총회에서 결정하는 것이 아니라 당해 사업연도의 이익이 확정되기 전에 이사회의 결의만으로 배당하는 것이다. 이 때문에 자본충실을 해칠 우려가 있으므로 중간배당의 요건을 엄격하게 규제하고 있다.

| 결산배당과 중간배당 |

	결산배당	중간배당
시기·횟수	매 결산기마다 손익확정 후 (결산기가 연 2회인 경우는 1년에 2번)	연 1회의 결산기를 정한 회사는 정관에 근거가 있는 경우 연 1회에 한하여 금전으로만 중간배당을 할 수 있음
결정기관	주주총회	이사회
배당의 종류	금전배당, 주식배당	금전배당만 가능 (주식배당은 불가)
배당의 재원	당해 결산기의 이익	직전 결산기의 미처분이익
제한	배당가능이익 한도	결산기에 손실이 우려되는 경우에는 중간배당 불가 → 위반시 이사의 연대책임

| 분기배당 |

년 1회 결산기를 정한 상장법인은 정관이 정하는 바에 따라 사업연도 개시일부터 3월, 6월, 9월 말일의 주주에게 이사회 결의로 현금배당을 할 수 있다(증거 192조의3 1항). 분기배당금 한도는 직전 사업연도의 순자산액에서 직전결산기의 자본금, 직전결산기까지 적립된 자본준비금과 이익준비금, 직전결산기의 정기총회에서 이익배당하기로 정한 금액, 분기배당에 따라 당해 결산기에 적립하여야 할 이익준비금을 차감한 범위 내이다(증거 192조의3 4항).

제2절 성질

(1) 중간배당은 영업연도 말에 결산절차에 따라 행하는 배당이 아니므로 엄격한 의미에서는 이익배당이 아니지만 상법에서는 이익배당에 준하는 것으로 보고 있다(상 462조의3 5항).

(2) 그 구체적인 성질에 대해서는, (ⅰ) 전기에 발생한 이익의 후급이라고 보는 견해(다수설), (ⅱ) 당기에 발생할 이익의 선급(가지급)이라고 보는 견해(소수설)가 있다. (ⅲ) 이러한 논의의 실익은 직전결산기의 이월이익은 없지만 당기의 전반기에 이익이 발생한 경우 이를 재원으로 중간배당을 할 수 있는가 하는 점에 있다. 이 경우 (ⅰ)설에 의하면 중간배당이 불가능하나, (ⅱ)설에 의하면 당기이익을 처분하여 적법한 중간배당을 할 수 있게 된다. 상법은 전기이익의 후급으로 볼 수 있는 측면과 당기이익의 선급으로 볼 수 있는 측면을 모두 가지고 있다. 중간배당의 재원을 직전결산기의 이월이익으로 하는 상법규정(상 462조의3 2항)은 전기이익의 후급적인 측면을 반영한 것이고, 당해 영업연도 말 결산에서 손실이 생길 우려가 있는 경우에는 중간배당을 하지 못하고 또 예상에 반하여 영업연도 말에 손실이 생긴 경우에는 중간배당의 결정을 한 이사가 손해배상책임을 진다는 상법규정(상 462조의2 3항 · 4항)은 당기이익의 선급적인 측면을 반영한 것이다.

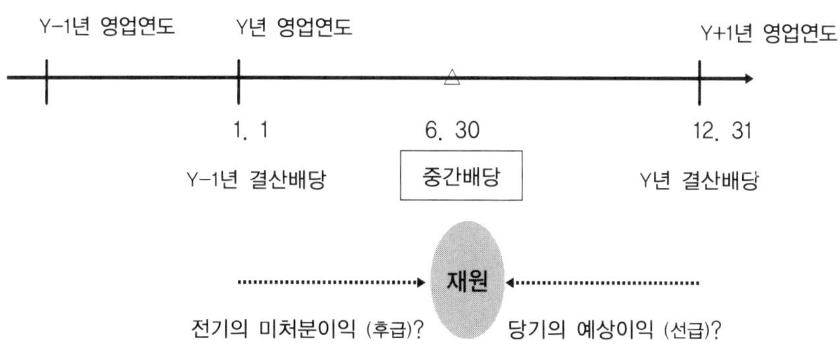

제3절 요건

(1) 적용대상

중간배당은 연 1회의 결산기를 정한 회사만이 가능하다(상 462조의3 1항). 이에 따라 중간배당은 6개월을 주기로 하는 배당이 된다(반기배당). 정관으로 연 2회의 결산기를 정한 회사는 결산기를 연 1회로 변경한 연후에만 중간배당을 할 수 있다.

(2) 정관의 근거

정관에 중간배당에 관한 근거가 있어야 한다(상 462조의3 1항).

(3) 중간배당의 시기

연 1회의 결산기를 정한 회사만이 영업연도 중 1회에 한하여 중간배당을 할 수 있다(상 462조의3 1항). 중간배당의 시기는 정관으로 정하여야 한다(상 462조의3 2항).

(4) 이사회의 결의

중간배당은 정관의 규정에 따라서 이사회의 결의에 의하여 하게 된다(상 462조의3). 중간배당을 할 것인지의 여부는 이사회의 재량에 속하고, 나중에 주주총회의 추인을 받을 필요가 없다.

(5) 배당한도 · 배당제한

① 중간배당은 「직전 결산기」의 대차대조표를 기준으로 직전 결산기에 관한 정기주주총회에서 이익잉여금을 처분하고 남은 잔액(아래 표 참조)을 한도로 한다(상 462조의3 2항).

중간배당의 최대한도
= 직전 결산기의 대차대조표상의 총자산액 - 부채 - 직전 결산기의 자본액 - 직전 결산기까지 적립된 자본준비금과 이익준비금의 합계액 - 직전 결산기의 정기주주총회에서 배당하기로 한 이익배당액 - 중간배당에 따라 적립하여야 할 이익준비금(중간배당액의 10%)

② 위의 한도액의 범위 내라 할지라도 「당해 결산기」의 대차대조표상의 순자산액이 상법 제462조 제1항(이익배당의 실질적 요건) 각호의 금액의 합계액에 이르지 아니할 우려가 있는 때에는 중간배당을 할 수 없다(상 462조의3 3항). 중간배당은 결산배당과 같은 절차 없이 기말 배당가능이익에 대한 예상을 기초로 하는 것이어서 결과적으로 자본충실을 해칠 수도 있기 때문에 이러한 제한을 둔 것이다.

제4절 중간배당 주주의 확정 - 기준일

정관으로 정한 「일정한 날」(예 : 매년 6월 30일)에 주주명부에 기재된 자가 중간배당을 받게 된다. 여기의 「일정한 날」은 기준일(상 354조 1항)의 일종이므로, 중간배당을 위해 따로 주주명부의 폐쇄나 기준일을 설정할 필요가 없다. 정관에 그 일정한 날을 정하였다고 하여 반드시 중간배당을 하여야 하는 것은 아니다. 정관에 이러한 정함이 없는 경우에는 이사회의 결의로 기준일을 따로 정하게 된다.

제5절 중간배당의 방법

중간배당의 경우에는 금전배당만이 가능하고 주식배당을 할 수 없다. 이사회의 결의만으로 할 수 있는 중간배당에서 주식배당을 할 수 있도록 하는 것은 적절하지 않기 때문이다.

제6절 중간배당금의 지급

(1) 이사회에서 중간배당을 결의하면 이사회의 결의로 정한 기준일(또는 정관으로 정한 '일정한 날')의 주주는 회사에 대하여 구체적인 중간배당청구권을 갖게 된다.

(2) 중간배당금은 이사회에서 그 지급시기를 따로 정한 경우를 제외하고는 이사회 결의가 있은 날로부터 1월 내에 지급하여야 한다(상 462조의3 3항). 회사가 지급시기를 위반한 경우에는 벌칙(과태료)이 따른다(상 635조 1항 22의2).

제7절 위법배당의 효과 · 제재

[1] 위법배당액의 반환

배당가능이익 없이 배당하거나 소정의 한도액을 초과한 중간배당은 무효이다. 이렇게 중간배당을 받은 주주는 부당이득을 한 것이 되므로 회사에 이를 반환하여야 한다(민 741조). 배당가능이익 없이 배당한 경우, 회사채권자는 위법배당을 받은 주주에 대하여 위법배당액을 회사에 반환할 것을 청구할 수 있다(상 462조의3 5항, 462조 2항 · 3항).

[2] 이사의 책임

(1) 당해 결산기에 결손이 생긴 우려가 없다고 판단(예측)하여 중간배당으로 하였으나 결과적으로 당해 결산기에 결손이 생긴 경우, 중간배당에 관하여 이사회의 결의에 찬성한 이사는 당해 회사에 대하여 연대하여 그 차액(중간배당액이 그 차액보다 적은 경우에는 중간배당액)을 배상할 책임이 있다(상 462조의3 4항 본문). 이사회의 결의에 참가한 이사로서 이의를 한 기재가 의사록에 없는 자는 그 결의에 찬성한 것으로 추정한다(상 462조의3 6항, 399조 3항).

(2) 다만 당해 결산기에 이익이 발생할 것으로 판단함에 있어 주의를 게을리 하지 아니하였음을 증명한 이사는 그 책임을 면한다(상 462조의3 4항 단서).

(3) 총주주의 동의에 의하여 이사의 위의 책임을 면제할 수 있다(상 462조의3 6항, 400조). 또한 이사 등에 대해서는 벌칙이 따른다(상 462조의3 5항, 625조 3항).

제8절 그 밖의 사항 (이익배당 규정의 준용)

중간배당에 대해서는 주주총회의 결의를 제외하고 이익배당에 관한 규정을 준용하고 있다(상 462조의3 5항). 즉, 상법 제340조 제1항(등록질의 효과), 제344조 제1항(수종의 주식의 특례), 제354조 제1항(주주명부의 폐쇄), 제370조 제1항(의결권 없는 주식), 제457조 제2항(건설이자의 상각), 제458조(이익준비금), 제464조(이익배당의 기준)의 적용에 있어서는 중간배당을 제462조 제1항의 이익배당으로 보고, 제350조 제3항(영업연도 중에 발행한 주식)의 적용에 있어서는 기준일을 영업연도 말로 본다.

| 관련사례 |

[1] 반기 결산일(6월 말)이 다가오면서 중간배당 방침을 밝히는 기업들이 늘고 있다. 명의개서의 정지기간 등을 감안하면 15일까지는 이사회 결의를 마쳐야 한다. 보통 반기결산일을 기준일로 하므로 12월 결산법인의 경우 6월 말이 기준일이 된다. 중간배당을 받으려면 6월 말 현재 주주명부에 등재되어 있어야 하기 때문에 대상종목의 주식을 그 이전에 사두어야 한다. 배당률은 반기결산을 마친 후 7월 중 이사회를 통해 결정된다. (출처: 조선일보 2001. 6. 15)

[2] ○○정보통신이 대폭적인 실적호전에 따라 중간배당을 검토했으나 지난해 적자를 기록해 중간배당의 요건을 충족하지 못한 것으로 나타났다. ○○정보통신 관계자는 “올 상반기에 매출액은 3,000억 원으로 전년 동기 1,021억 원에 비해 190% 이상 증가했고 경상이익은 250억 원으로 전년 동기 11억 원에 비해 2100% 증가한 것으로 추정된다”며 “이에 따라 중간배당을 검토했으나 전년도에 276억 원 당기순손실을 기록해 중간배당 요건을 충족하지 못하여 배당을 할 수 없다”고 말했다. ○○정보통신은 지난 해 그룹구조조정과 관련 300억 원의 특별손실이 발생해 적자를 냈다. ○○정보통신은 그러나 이와 같은 실적호전이 계속될 경우 내년부터는 중간배당을 적극적으로 시행할 것이라 한다. (출처: 이데일리 2000. 7. 10)

[3] 사업자단체가 674개 상장사의 정관을 분석한 결과, 2004년도에 분기배당에 관한 규정을 만든 회사는 29개(전체의 4.3%)에 그쳤다고 밝혔다. 올해 도입된 ‘분기배당’은 회사가 주주들과 이익을 공유하고 배당 투자를 유도하기 위해 분기별로 1번씩, 1년에 최고 4차례까지 주주에게 이익을 배당하는 제도이다. (출처: 조선일보 2004. 6. 22, 제일경제 2004. 6. 21, 헤럴드경제 2004. 6. 21)

제 5 장

건설이자배당

서울외곽순환고속도로의 공사는 발주처인 ○○도로㈜가 맡고 있다. 서울외곽순환고속도로의 통행료는 기존의 개통노선에 비해 앞으로 개통될 노선의 통행요금이 훨씬 비쌀 것이라고 한다. ○○도로㈜ 측은 통행료가 높은 이유를 기존 개통구간은 정부 재정으로 건설됐으나, 신규 구간은 민자를 유치해 30년간의 운영권 행사기간 중 건설이자와 공기지연으로 인한 금융비용 증가분 등을 포함한 공사비를 회수해야 하기 때문이라고 밝혔다. (출처 : 서울신문 2005. 5. 13 [한만교])

| 해 설 |

공사를 완성하여 수익을 얻기까지 장기간을 요하는 사업의 경우는 초기에 막대한 사업자금이 필요하지만 이익을 낼 수 없기 때문에 이익배당을 할 수 없고, 이 때문에 일반투자자들로부터 자금을 조달하기가 어렵게 된다. 이러한 경우에 예외적으로 이익 없이도 배당을 할 수 있도록 하는 제도가 건설이자배당이다. 위 사례에서 해당 건설업체가 건설이자배당을 하는 것처럼 보이나, 확실하지는 않다.

제1절 의의

건설이자배당이라 함은 일정한 요건하에서 이익의 유무를 불문하고 일정기간 주주에게 배당하는 것을 말한다(상 463조). "이익이 없으면 배당을 할 수 없다"는 원칙을 관철하면, 예컨대, 지하철 · 공항 · 항만 · 철도 · 발전 · 광산 등과 같이 건설에 장기간을 요하여 사업에 있어서는 오랫동안 이익배당을 할 수 없게 되어 주주의 모집과 회사의 설립이 어렵게 된다. 그래서 예외적으로 일정한 요건하에서 건설이자배당을 인정하고 있다.

제2절 성질

건설이자는 진정한 의미에서의 이자도 이익배당도 아니다. 건설이자의 성질에 관하여는 (ⅰ) 출자의 일부환급이라는 설, (ⅱ) 이익배당의 선급이라는 설, (ⅲ) 일부출자환급과 이익배당선급의 성질을 모두 가진다는 설이 있다. 건설이자로 배당한 이자액을 개업 후의 이익에 의하여 상각하는 것으로 예정되어 있으므로(상 457조) 장래의 이익배당의 선급으로서의 성질을 가지는 한편, 자본의 일부환급으로서의 실질을 가진다.

제3절 요건

(1) 사업의 성질
사업의 성질상 회사의 성립 후 2년 이상 그 영업 전부의 개시가 불가능하다고 인정되는 경우이어야 한다(상 463조 1항). 이는 해당 회사의 사업상의 성질에 따른 개별적인 사유이므로 전체적인 경제불황 등은 그 사유가 되지 못한다.

(2) 원시정관의 근거
① 원시정관으로 일정한 주식에 대하여 개업 전 일정기간 내에 일정한 이자를 주

주에게 배당할 수 있음을 정하여야 한다(상 463조 1항). 배당할 이율은 연 5분을 초과하지 않는 범위 내에서 정관으로 정하여야 한다(상 463조 1항 단서). 또 건설이자는 정관에서 정한 배당기간 내에 한하여 배당할 수 있다.
② 원시정관에 규정된 주주의 건설이자배당청구권은 주주의 고유권이므로 그 내용을 주주에게 불리하게 변경하려면 총주주의 동의를 요한다(다수설).

(3) 법원의 인가
건설이자에 관한 정관의 규정 또는 변경은 법원의 인가를 얻어야 한다(상 463조 2항). 법원의 인가는 회사의 본점소재지의 지방법원 합의부가 관할한다(비송 72조 1항).

(4) 공시
건설이자에 관한 사항은 주식청약서의 기재사항이며(상 302조 2항 6호), 등기사항이다(상 317조 2항 5호).

제4절 배당청구권의 확정

건설이자배당금 지급청구권의 확정은 정기주주총회의 결의와는 무관하다(상 447조, 449조 1항). 건설이자배당을 한다는 뜻과 그 이율은 이미 정관에 정하여져 있으므로, 주주총회 결의의 유무를 불문하고 영업연도 말에 자동적으로 회사에 대한 확정채권으로 된다(통설).

제5절 사후처리 - 상각

회사가 건설이자를 배당한 경우, 상법에서는 그 배당액을 자산으로 계상할 수 있고(상 457조 1항), 계상한 금액은 연 6푼 이상의 이익을 배당하는 경우에 그 6푼을 초과하는 금액과 동액 이상을 상각하도록 하고 있다(상 457조 2항). 그러나 기업회계기준에서는 배당한 건설이자는 「자본조정」 과목으로 계상한다(기업회계기준 33조 2호).

제 10편 주식회사의 설립

제1장 총 설
제2장 발기인
제3장 설립 중의 회사
제4장 원시정관의 작성
제5장 주식발행사항의 결정
제6장 주주확정절차 – 주식의 인수
제7장 자본형성절차 – 주금의 납입
제8장 기관구성절차 – 이사 · 감사 선임
제9장 설립경과의 조사
제10장 설립등기
제11장 설립에 관한 책임
제12장 회사설립 무효의 소

제 1 장 총 설

■ 회사를 설립하려고 하는 경우 대부분 법무사에게 맡기는 것이 보통이다. 법무사를 통하지 않으면 공연히 헛걸음하는 경우도 없지 않기 때문이다. 법무사에게 맡기면 보통은 1주일이면 회사를 설립할 수 있다. 설립시에 필요한 최저자본금 5,000만 원은 법무사가 소개해준 사채업자에게 며칠간 빌려 자본금을 대고 회사를 설립한 후 곧바로 그 돈을 인출해서 되갚는 사례가 빈번하다. 이렇게 하면 25만 원의 이자비용이 더 들어갔을 뿐 아니라 엄밀히 말해 '자본금 위장납입'이란 상법상의 범죄행위를 저지른 것이 된다. 실제 산업연구원이 발표한 '창업절차 간소화 및 창업비용 절감 방안'에 따르면 설문조사한 결과 주금납입보관증명서를 발급받는데 자기자본금으로 은행에 납부했다는 비율은 9.8%에 불과했다. 나머지 90.2%는 사채를 일시 차입해 활용하고 법인설립등기가 끝나면 이를 인출해 상환했다고 응답했다. 운영자금이 빠듯한 창업자들이 최저자본금을 사채업자로부터 빌려 등기에 소요되는 2~3일 동안 주금을 납입한 후 되갚는 위장납입 형식은 사실상 관행처럼 돼버렸다.

■ 조사에 의하면 창업자 중 57.4%가 과다한 구비서류와 복잡한 절차 때문에 창업과정에서 애로를 겪고 있다고 한다. 19.7%는 과다한 법인설립비용을 애로사항으로 꼽았다. 모집설립방식을 택해 주식회사를 설립하려면 모두 16단계 절차를 거쳐야 한다. 이를 위한 구비서류만도 수십 개가 필요하다. 이러니 창업자 중 96.7%가 법무사에게 의존해 회사를 설립해야 하는 실정이다. 창업자가 모든 과정을 직접 수행하는 경우는 3.3%에 불과하다. 통상적으로 100여만 원 정도의 창업비용이 필요하다고 한다. 정관, 창립총회 의사록, 이사회 의사록에

대해 공증받도록 한 것을 정관만 공증하도록 개선하고 공증기관을 공증사무소만이 아닌 전국 57개소 법률구조공단으로 확대할 필요도 있다는 의견이 제도개선방안으로 제시되고 있다. (출처 : 매일경제신문 2005. 9. 14 [임상균 · 이승훈], 머니투데이 2005. 9. 13 [서명훈], 한국경제 2005. 9. 13, 머니투데이 2005. 9. 13)

| 해 설 |

필자는 1994년 서울, 대구, 부산, 광주 등의 상업등기소를 방문하여 회사설립실태를 직접 조사한 적이 있다. 그 때 느꼈던 소감은 다른 곳의 변화에 비하면 회사설립업무에 관해서는 아직 개선할 점이 많다는 것이었다. 지금은 그로부터 상당한 세월이 흘렀으므로 많이 개선되었을 것으로 생각한다. 특히 회사의 본점이 많이 모여 있는 대도시의 등기소 근처의 법무사 사무실은 회사등기업무를 대행하는 일을 주업무로 하는 곳도 다수 있었다. 등기소에 제출할 방대한 서류를 분류하고 깔끔하게 정리하여 기계적으로 처리하는 것이 설립대행업무의 대부분을 차지한다. 심지어는 정관이나 상호까지 대신 만들어주기도 한다. 상호를 선정함에 있어서 동종 영업에서 기 사용하고 있는 유사상호를 사용할 수 없는데, 등기소의 전산에 의하여 이를 검색할 수 있다. 회사설립업무는 보통 법무사에게 맡기는 것이 보통이지만, 간혹 변호사가 그 일을 처리하기도 한다. 본인이 직접 처리하는 것도 물론 가능하다. 회사설립업무라는 것이 생각보다 그렇게 어려운 것은 아니다. 주식회사의 설립업무는 정관작성에서 시작하여 실체형성절차를 거쳐 등기소에 설립등기를 함으로써 종료되는데, 실제로는 이것 외에 관할 세무서에 사업자등록을 하여야 한다.

제1절 주식회사의 창업방법

주식회사의 형태로 창업을 하는 방법은 다음과 같이 매우 다양하다.

(1) 신설적 창업
처음부터 주식회사를 새로이 설립하는 방법이다. 마치 '모래밭에 말뚝 박는 것'과 같이 주식회사를 신설하는 것이다. 이에 대해서는 주식회사의 설립에 관한 규정이 적용된다.

(2) 전환적 창업
자신이 영위하던 기존의 사업을 주식회사의 형태로 전환하는 방법이 있다. 유한회사를 주식회사로 조직변경하는 방법, 기존의 개인영업을 주식회사에 현물출자하여 주식회사로 전환하는 방법 등이 있다. 현물출자에 의하여 주식회사로 전환하는 방법은 위 (1)의 주식회사 설립의 한 방법이다.

(3) 인수적 창업
타인의 사업을 인수하는 방법이 있다. 지배주식을 매수하는 방법, 공개매수하는 방법, 위임장경쟁에 의하여 지배권을 취득하는 방법, 합병 또는 영업양수를 하는 방법 등이 이에 해당한다.

(4) 재편적 창업
기업구조조정을 위하여 주식회사를 신설하는 경우가 있다. 신설분할, 주식의 포괄적 이전에 의한 지주회사의 설립 등이 이에 해당한다. 이에는 주식회사의 설립이라는 요소가 포함되어 있다.
이하에서는 신설적 창업(설립적 창업)에 대해서만 설명한다.

제2절 주식회사 설립의 특색

회사설립에 관하여 상법은 설립의 법정요건을 정하여 이 요건을 구비하면 자유롭게 회사를 설립할 수 있도록 하고 있다(준칙주의). 다만, 회사설립의 요건을 엄격히 하고 설립관여자에 대하여 책임을 물음으로써 자유설립에 따른 폐단을 막고 있다(엄격준칙주의). 다른 종류의 회사에 비하여 주식회사의 설립은 다음과 같은 특징을 갖고 있다.

(1) 발기인제도가 존재한다.
발기인이 주식회사의 설립사무를 담당한다.

(2) 실체형성절차가 필요하다.
정관작성 -「실체형성」- 설립등기가 설립절차의 핵심을 이룬다. 인적회사는 정관작성과 설립등기만으로 설립될 수 있으나, 주식회사는 정관작성과 설립등기 사이에 주식회사의 실체를 형성하는 절차가 필요하다. 실체형성절차는 「주주」확정(주식인수), 「자본」확정(주금납입), 「기관」구성절차(이사 · 감사 선임)로 이루어진다.

(3) 엄격준칙주의를 취하고 있다.
준칙주의에 따른 주식회사 설립의 남용을 방지하기 위하여, 설립경과에 대하여 엄격한 조사를 밟도록 하고, 설립관여자에게 엄격한 책임을 지우고 있다.

(4) 강행법규성을 띤다.
주식회사의 설립절차에 관한 규정은 모두 강행규정이다.

(5) 상법 제288조 내지 제328조는 주식회사 설립에 관한 일반규정이다.
주식의 포괄적 이전에 의한 완전지주회사의 설립에 대해서는 별도의 특별규정(상 360조의 15 이하)이 있다.

제3절 주식회사 설립의 방법

[1] 발기설립

주주가 발기인만으로 구성되고, 발기인이 설립시의 발행주식 전부를 인수하고 납입한다.

[2] 모집설립

주주가 발기인과 모집주주로 구성된다. 발기인이 설립시의 발행주식의 일부를 인수하고, 그 나머지를 모집주주로 하여금 인수·납입하게 한다. 1인 주식회사의 설립의 경우 모집설립의 방법이란 있을 수 없다.

대법원 1992. 2. 14. 선고 91다31494 판결

회사를 설립함에 있어 모집설립의 절차를 갖추었으나 발기인이 주식모집 전에 주식의 대부분을 인수하고 형식상 일반 공중으로부터 주식을 모집함에 있어 발기인이 타인의 명의를 모용하여 주식을 인수하였다면 명의모용자가 주식인수인이라 할 것이어서 결국 주식 전부를 발기인이 인수한 결과가 된다 할 것이므로 회사의 설립을 발기설립으로 보아야 한다.

| 발기설립과 모집설립 |

	발기설립	모집설립
공통점	■ 정관작성, 공증인의 인증 ■ 주식발행사항의 결정 : 발기인 전원의 동의 ■ 출자의 이행 - 인수가액의 전액 · 금전납입, 현물출자 ■ 주금납입기관 - 은행 기타 금융기관, 납입금보관자의 변경제한, 납입금보관자의 증명책임 ■ 변태설립사항의 조사 - 법원이 선임한 검사인(원칙) 또는 공증인 · 감정인(대체수단) ■ 설립등기	
주식인수방법	■ 설립시 발행주식 전부를 발기인만이 인수 ■ 서면인수	■ 설립시 발행주식 중 일부를 발기인이 인수하고, 나머지 주식은 주주를 모집하여 인수 ■ 서면인수, 주식청약서
납입하지 않는 경우	채무불이행의 일반원칙으로 처리	실권절차에 의하여 처리
창립총회	불요	필요
이사 · 감사 선임기관	발기인	창립총회
이사 · 감사의 조사보고의 상대방	발기인	창립총회
법원에 대한 검사인 선임청구권자	이사	발기인
부당변태설립사항의 변경권자	법원	창립총회
원시정관의 변경	발기인 전원의 동의	창립총회의 결의

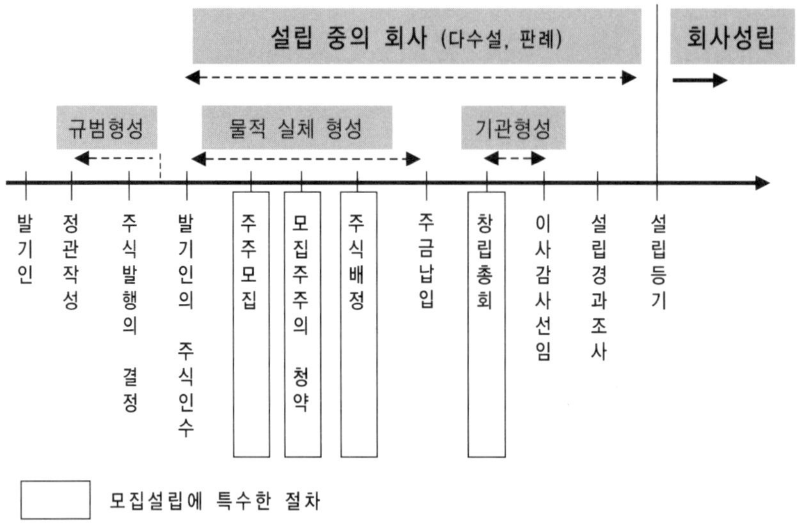

| 관련사례 |

제주도가 중문단지 부근에 국제회의장과 카지노장을 건설하기 위해 직접공모 방식을 통해 자본금 5백 28억 원 규모의 주식회사를 모집설립한다. 이를 위하여 제주도와 제주시, 서귀포시 등이 발기인으로 참여한 (주)제주국제컨벤션센터가 직접공모방식으로 모집설립하기로 하고 유가증권신고서를 제출했다. (주)제주국제컨벤션센터의 설립자본금 5백 28억 원 중 2백 78억 4천만 원(지분 52.7%)은 제주도를 포함한 지방자치단체 등 총 3백 83명의 발기인단에 의하여 인수됐으며, 나머지 2백 49억 6천만 원이 공모될 예정이다. 공모할 액수 중에는 한국관광공사가 현물로 출자할 토지 1만 6천여 평(추정액 1백 33억 1천만 원)이 포함돼 실제 공모액은 약 1백 16억 원 정도이다. 신주공모 청약일은 6월27일~7월5일, 발행가격은 주당 5천 원이며, 청약자격은 과거나 현재의 주소가 제주도인 개인 또는 법인 등에 한정된다. (출처 : 한국경제 1997. 6. 11 [최명수])

제2장 발기인

제1절 발기인

[1] 뜻

발기인에는 다음과 같은 세 가지 부류가 있다.

(1) 실질적 의미의 발기인 - 회사설립을 기획하고 설립사무를 집행하는 자
(2) 형식적 의미의 발기인 - 정관을 작성하고 정관에 발기인으로 기명날인(또는 서명)한 자
(3) 외관상의 발기인 - 주식청약서 기타 주식모집에 관한 서면에 성명과 회사설립에 찬조하는 뜻을 기재할 것을 승낙한 자

이 중에서 법률적 의미에서의 발기인은 (2)이다. 정관에 발기인으로 기명날인 또는 서명한 자는 실제 회사설립업무에 관여하지 않아도 발기인이 되며, 정관에 발기인으로 기명날인 또는 서명되어 있지 않는 자는 실제 발기인의 역할을 하는 경

우에도 발기인은 아니다. 이처럼 형식적 기준에 의하여 정형적으로 발기인을 정하는 것은 회사설립이 발기인을 중심으로 하여 이루어지고 회사설립에 관한 법적 책임의 귀속을 명확히 할 필요가 있기 때문이다. 발기인은 1주 이상의 주식을 인수하여야 한다. (3)의 경우는 유사발기인으로서 원칙적으로 발기인과 동일한 책임을 진다.

[2] 자격

발기인의 자격에는 제한이 없다. 법인도 발기인이 될 수 있고, 행위무능력자도 발기인이 될 수 있다(다수설).

[3] 수

발기인의 최저인원에 관한 제한은 없다. 1인도 가능하다(상 288조).

[4] 지위

발기인은 대외적으로 설립 중의 회사의 기관으로, 대내적으로는 발기인조합의 구성원으로 회사의 설립사무에 종사한다. 따라서 발기인의 행위 중에는 ① 설립 중 회사의 명의로 하는 경우, ② 발기인조합의 명의로 하는 경우, ③ 발기인 개인의 명의로 하는 경우로 구분할 수 있다. 그에 따라 각각 ①의 경우는 설립 중의 회사에 귀속하고, ②의 경우는 발기인조합에 귀속하며, ③의 경우에는 발기인 개인에게 귀속한다. ②와 ③의 경우 이를 설립 중 회사에 귀속시키기 위해서는 별도의 이전행위가 필요하다.

[5] 권한범위

(1) 발기인이 설립 중의 회사의 기관으로서 한 행위의 효과가 설립 중의 회사에

귀속하고 그것이 성립 후의 회사에 귀속되기 위해서는 (i) 설립 중 회사의 명의로 행하고, (ii) 발기인의 권한범위 내의 행위이어야 한다.

(2) 발기인의 권한범위에 대해서는 다음과 같은 견해가 있다.

| 발기인의 행위유형과 권한범위 |

행위유형		예
ⓒ 개업준비행위	…	회사성립 후의 개업을 위한 준비행위 (예 : 성립 후의 회사를 위한 공장부지 인수 및 직원채용 등)
ⓑ 회사설립을 위하여 법률상 · 경제상 필요한 모든 행위	…	설립사무소 임차, 창립총회 임차 등
ⓐ 회사설립 자체만을 목적으로 하는 행위	…	정관작성, 주식인수, 주금납입 등

(i) 협의설 - 회사설립 자체(즉, 법인격 취득)를 목적으로 하는 행위만을 할 수 있고, 개업준비행위는 제외된다는 견해이다(위 그림에서 ⓐ).
(ii) 광의설 - 회사설립을 위하여 법률상 · 경제상 필요한 모든 행위를 할 수 있으나, 개업준비행위는 제외된다는 견해이다(위 그림에서 ⓐ+ⓑ).
(iii) 최광의설 - 회사설립을 위하여 법률상 · 경제상 필요한 모든 행위를 할 수 있으므로, 개업준비행위도 포함된다는 견해이다(위 그림에서 ⓐ+ⓑ+ⓒ).
(iv) 판례 - 발기인대표가 성립 후의 회사를 위하여 자동차조립계약을 체결하는 것은 발기인의 권한에 속하고, 회사에 책임이 있다고 한다(대판 1970. 8. 31, 70다1357 ; 대구고법 1970. 5. 28, 70나4).
(v) 사견 - (i)설은 그 범위가 지나치게 협소하다. (ii)설과 (iii)설 중 어느 것을 취할 것인가는 결국 개업준비행위를 포함할 것인가의 문제가 된다. 설립 중의 회사와 성립 후의 회사는 동일성을 지니고 있고, 성립 후의 회사에 필요한 개업준비행위를 발기인의 권한 범위에 속하는 것으로 봄으로써 성립 후의 회사가 곧바로 영업을 할 수 있도록 하는 것이 바람직하다. 개업준비행위를 발기인의 권한범위에 포함시킴으로써 생기는 문제는 별개로 처리하면 된다. (iii)설이 타당하다고 본다.

[6] 권한 외의 행위

1. 무효

발기인의 권한 외의 행위는 무효이다. 이 무효는 회사뿐만 아니라 그 상대방도 주장할 수 있다.

2. 추인

(1) 추인의 인정여부

발기인이 권한 외의 행위를 한 경우 성립 후의 회사가 이를 추인할 수 있는지에 대해서는 견해가 나누어지고 있다.

(i) 긍정설 - 발기인이 설립 중의 회사의 명의로 한 권한 외의 행위는 무권대리행위가 된다고 보아 무권대리에 관한 민법규정(민 130조 이하)에 의하여 상대방이 추인 전에 무효를 주장하지 않는 한 성립 후의 회사가 추인할 수 있다고 한다. 회사가 추인하면 그 효과는 소급적으로 회사에 귀속한다.

(ii) 부정설 - 발기인의 권한 외의 행위는 절대 무효이므로 성립 후의 회사가 추인할 수 없다고 한다. 긍정설에 의하면 감사절차 등의 규제(상 298조 4항, 299조 1항, 314조 1항 등)를 잠탈할 우려가 있어 부당하다고 한다.

(iii) 사견 - 추인을 인정하여 소급적으로 유효하다고 보면 변태설립사항을 엄격하게 규제하고 있는 상법의 취지를 잠탈할 우려가 있다는 부정설은 일리가 있다고 생각한다. 그러나 민법상의 무권대리는 본인의 이익과 상대방의 이익을 적절히 조화하는 제도이고, 회사가 추인을 하더라도 회사는 그와는 별도로 발기인에게 책임을 물을 수 있으므로 (i)설이 타당하다고 본다.

(2) 추인방법

추인의 대상이 되는 행위에 따라 성립 후의 회사의 이사회 결의 또는 주주총회의 결의에 의하여 추인할 수 있다.

(3) 추인이 없는 경우 발기인의 상대방에 대한 책임

회사의 추인이 없으면 발기인은 무권대리인의 상대방에 대한 책임에 관한 민법규정(민 135조)을 유추적용하여 발기인은 상대방에 대하여 책임을 진다. 그러나 상대방이 발기인에게 권한이 없었다는 것을 알았거나 알 수 있었던 경우에는 그러하지 아니하다(민 135조 2항).

제2절 발기인조합

(1) 발기인이 2인 이상인 경우에 발기인 상호간에 정관작성에 앞서 회사설립을 목적으로 하는 계약(조합계약)이 존재한다. 그러한 계약에 의한 조합이 발기인조합이다. 발기인조합에는 조합에 관한 민법규정(민 703조 이하)이 적용된다. 발기인조합과 설립 중의 회사는 법률상 별개의 존재이고, 발기인조합은 설립절차가 진행하는 동안「설립 중의 회사」와 병존한다.

| 대법원 1998. 5. 12. 선고 97다56020 판결 |

설립 중의 회사로서의 실체가 갖추어지기 이전에 발기인이 취득한 권리의무는 구체적인 사정에 따라 발기인 개인 또는 발기인 조합에 귀속되는 것으로서, 이들에게 귀속된 권리의무를 설립 후의 회사에게 귀속시키기 위해서는 양수나 계약자 지위인수 등의 특별한 이전행위가 있어야 한다. (同旨 : 대법원 1994. 1. 28. 선고 93다50215 판결 ; 대법원 1990. 12. 26. 선고 90누2536 판결)

| 부산고법 1996. 10. 10. 선고 95구10136 판결 |

당사자능력 있는 설립 중의 회사는 정관이 작성되고 각 발기인 또는 사원이 적어도 1주 이상의 주식을 인수하거나 출자금액의 일부를 납입하였을 때 비로소 성립하는 것이고, 이러한 실체가 갖추어지기 이전에 발기인 또는 사원들의 회사 설립을 위한 단순한 인적 결합체에는 당사자능력을 인정할 수 없다.

┃발기인조합과 설립 중의 회사┃

	발기인조합	설립 중의 회사
본질	개인법적 존재 (발기인 상호간의 내부적인 계약관계)	사단법적 존재
성립 후 회사와의 관계	그 자체로서는 설립 중의 회사 및 성립 후의 회사와 직접적인 법적 관계를 갖지 못한다.	직접 관련 (동일체)
인적 범위	설립 중의 회사의 구성원이며 집행기관인 발기인과 발기인조합의 조합원의 인적 범위는 동일하다.	
양자의 관계	발기인조합에 뒤이어 설립 중의 회사가 성립한다. 보통은 회사의 성립시(설립등기시)까지 양자가 병존한다.	

(2) 발기인조합은 설립 중의 회사가 등기를 하여 회사로서 성립하게 되면 발기인조합계약의 목적을 달성한 것이 되어 자동 해산하지만, 회사가 불성립으로 되는 경우에는 곧 해산하는 것이 아니다.

제 3 장

설립 중의 회사

제1절 의의 · 성질

(1) 설립 중의 회사는 회사의 성립(설립등기) 이전에 아직 온전한 권리능력을 갖지 못하나 어느 정도 회사로서의 실체가 형성된 미완성의 회사이다. 설립 중의 회사는 성립 후의 회사의 前身으로 양자의 동일성이 인정된다(동일성설). 설립 중의 회사는 주식회사의 설립과정에서 발기인이 회사설립을 위하여 취득한 권리 · 의무가 성립 후의 회사에 그대로 귀속되도록 하기 위하여 인정되는 강학상의 개념이다(대판 1994. 1. 28, 93다50215 ; 대판 1970 8. 31, 70다1357).

(2) 설립 중의 회사는 권리능력 없는 사단이며(통설 · 판례), 발기인조합과는 별개의 존재이다.

제2절 성립시기

설립 중의 회사가 성립하는 시점에 대해서는 (i) 정관을 작성한 때라는 설, (ii) 발행주식총수가 인수된 때라는 설, (iii) 발기인이 1주 이상의 주식을 인수한 때라는 설(다수설, 판례)이 있다. 발기인이 정관을 작성하고 1주 이상의 주식을 인수함으로써 인적 · 물적으로 설립 중의 회사로서의 최소한의 실체(태아에 비견할 수 있을 것이다)를 갖춘 것이므로 (iii)설이 타당하다.

| 대법원 2000. 1. 28. 선고 99다35737 판결 |

설립 중의 회사가 성립하기 위해서는 정관이 작성되고 발기인이 적어도 1주 이상의 주식을 인수하였을 것을 요건으로 한다. (同旨 : 대법원 1998. 5. 12. 선고 97다56020 판결 ; 대법원 1985. 7. 23. 선고 84누678 판결 ; 대법원 1990. 11. 23. 선고 90누2734 판결)

제3절 법률관계

[1] 내부관계

(1) 발기설립의 경우

설립 중의 회사의 업무는 발기인에 의하여 집행되며, 발기인은 그 권한의 범위 내에서 회사설립에 필요한 모든 행위를 할 권리와 의무가 있다. 발기인이 수인인 경우 그 업무집행은 원칙적으로 발기인의 과반수로 결정한다(상 707조 2항). 다만 중요한 업무 또는 정관변경 등과 같은 기본구조에 변경을 가져오는 사항에 대해서는 발기인 전원의 동의를 요한다(다수설). 이사 · 감사가 발기인의 설립업무를 감사한다.

(2) 모집설립의 경우

모집설립의 경우에도 발기인이 설립업무를 집행하지만, 창립총회는 설립에 관한 모든 사항을 결의할 수 있다(상 308조 2항, 361조). 창립총회의 결의는 출석한 주식인수인의 의결권의 3분의 2 이상이면서 인수된 주식총수의 과반수에 의한다(상 309조).

[2] 외부관계

(1) 능력

① 설립 중의 회사는 권리능력 없는 사단이나, 회사설립에 필요한 범위 내에서 제한적으로 권리능력을 인정받는다(예 : 은행과의 예금거래능력, 어음능력 등).

② 설립 중의 회사는 민사소송법상의 당사자능력(민소 52조)과 부동산등기법상의 부동산등기능력(부등 30조)을 가진다.

③ 설립 중의 회사에 대해서도 불법행위능력을 인정한다(대판 2000. 1. 28, 99다35737).

▎대법원 2000. 1. 28. 선고 99다35737 판결 ▎

발기인 중 1인이 회사의 설립을 추진 중에 행한 불법행위가 외형상 객관적으로 설립 후 회사의 대표이사로서의 직무와 밀접한 관련이 있다고 보아 회사의 불법행위책임을 인정할 수 있다.

(2) 대표기관

발기인은 대내적으로는 설립 중의 회사의 업무를 집행하고, 대외적으로는 설립 중의 회사를 대표한다. 발기인이 수인인 경우 대표발기인을 선임할 수 있다.

제4절 성립 후의 회사와의 관계

[1] 권리의무의 자동승계

설립 중의 회사의 명의로 취득한 권리의무는 일단 설립 중의 회사에 總有(권리능력 없는 사단의 공동소유)의 형태로 귀속하였다가, 성립 후의 회사에 별도의 이전행위 없이 귀속된다(동일성설). 그러기 위해서는 ① 발기인은 '설립 중 회사의 명의'로 행위를 하여야 하고(형식적 요건), ② 발기인이 '설립 중 회사의 기관으로서 권한범위 내'에서 행위를 하여야 한다(실질적 요건).

[2] 동일성 유지

설립중의 회사의 모든 관계가 그대로 성립한 회사의 관계로 된다. 설립 중의 회사의 주식인수인은 성립 후의 회사의 주주가 되고, 설립 중의 회사에서 선임된 이사 · 감사는 성립 후의 회사의 기관이 된다.

[3] 회사불성립의 경우

설립 중의 회사가 회사로 성립하지 못한 경우 설립 중의 회사는 해산하여 청산하게 된다. 이 때 발기인이 그 책임으로 뒷마무리를 하게 된다(상 326조).

| 대법원 1970. 8. 31. 선고 70다1357 판결 |

실질적으로는 회사불성립의 확정을 정지조건으로 하여 발기인에게 귀속됨과 동시에 같은 사실을 해제조건으로 하여 설립될 회사에 귀속되는 것이고, 형식적으로 회사성립을 해제조건으로 하여 발기인에게 귀속됨과 동시에 같은 사실을 정지조건으로 하여 설립된 회사에 귀속되는 것이다.

| 대구고법 1970. 5. 28. 선고 70나4 제1민사부 판결 |

설립 중의 회사 대표자격으로 자동차조립계약을 맺었다면 그 회사 설립등기 후의 회사는 그 회사의 설립에 필요한 위 계약상의 책임을 진다.

제4장

원시정관의 작성

제1절 기재사항

(1) 회사설립시의 정관을 원시정관이라 한다. 발기인이 정관을 작성하고, 발기인 전원이 기명날인(또는 서명)하여야 한다(상 289조 1항). 원시정관은 공증인의 인증을 효력발생요건으로 한다(상 292조).

(2) 정관의 기재사항은 절대적 기재사항과 상대적 기재사항이 있다. 절대적 기재사항에는 (ⅰ) 목적, (ⅱ) 상호, (ⅲ) 발행할 주식의 총수, (ⅳ) 1주의 금액, (ⅴ) 설립시에 발행하는 주식의 총수, (ⅵ) 본점소재지, (ⅶ) 공고방법, (ⅷ) 발기인의 성명 · 주민등록번호 · 주소 · 기명날인(또는 서명)이 있고(상 289조 1항), 상대적 기재사항으로는 변태설립사항(상 290조) 등이 있다. 그 밖에 임의적 기재사항이 있다.

제2절 변태설립사항

[1] 뜻

변태설립사항이라 함은 회사설립시에 자본충실을 해칠 우려가 있는 사항(상 290조) 이다. 남용할 위험성이 있으므로 이른바 '위험한 약속'이라고도 한다. 변태설립사항은 정관과 주식청약서에 기재하여야 하고(상 302조 2항 2호), 법원이 선임한 검사인 등의 조사를 받아야 한다(상 298조 4항, 299조, 310조, 290조, 299조의2).

[2] 종류

Ⅰ. 발기인의 특별이익

(1) 발기인의 특별이익(상 290조 1호)은 회사설립을 주관한 공로에 대하여 발기인에게 프리미엄으로 주어지는 특별한 이익이다. 예컨대, 회사설비이용의 특혜, 회사와의 계속적인 거래의 약속 등이 이에 해당한다.

(2) 특별이익으로 자본충실을 해하거나 주주평등의 원칙, 기관구성의 기본원리 등 회사법의 강행규범에 반하는 내용의 이익을 부여하는 것(예 : 납입의무의 면제, 주주총회 결의상의 특권 인정, 이사 · 감사지위의 보장)은 허용되지 않는다.

Ⅱ. 현물출자

현물출자(상 290조 2호)는 금전이 아닌 재산으로 출자하는 것을 말한다. 현물출자의 대상이 될 수 있는 것은 대차대조표상 자산에 기재할 수 있는 것이면 무엇이든지 가능하다(예 : 동산, 부동산, 유가증권, 무체재산권, 상호, 영업상 비결, 영업 자체 등). 노무출자나 신용출자는 재산적 가치가 불분명하기 때문에 현물출자의 대상이 될 수 없다. 현물출자에 대해서는 적정성과 평가의 공정성을 확보하기 위하여 엄격하게 규제하고 있다. (현물출자에 대해서는 별도 설명)

Ⅲ. 재산인수

(1) 뜻

재산인수(상 290조 3호)는 회사성립을 조건으로 회사성립 후에 필요한 재산을 발기인이 회사를 위하여 특정인으로부터 양수하기로 하는 약정이다. 예컨대, 장차 회사의 공장으로 사용할 부지를 회사설립단계에서 미리 매수하기로 하는 것이다. 재산인수의 대상이 될 수 있는 재산은 현물출자의 경우와 같다. 재산인수는 현물출자의 회피수단으로 이용될 수 있고, 불공정한 약정으로 회사의 경제적 부담 하에 사익을 추구할 우려가 있기 때문에 엄격하게 규제하고 있다.

(2) 정관에 기재한 경우

재산인수가 정관에 기재되고 검사인의 조사(또는 감정) 등 법정절차를 거친 때에는 설립 중의 회사의 유효한 행위가 되며, 설립 후의 회사가 계약상의 지위(양수할 의무)를 취득한다.

(3) 정관에 기재하지 않은 경우

정관에 기재하지 않은 재산인수의 효력은 무효이다(대판 1994. 5. 13, 94다323). 이에 대하여 성립 후의 회사가 추인할 수 있는가에 대해서는 견해가 나뉘고 있다.

(ⅰ) 추인불가설(다수설) - 추인할 수 없으며, 따라서 그 효과를 회사에 귀속시키지 못한다고 한다. 추인가능설에 의하면 재산인수의 탈법행위를 인정하는 결과가 되고, 재산인수에 대한 엄격한 절차상의 규제는 다수결(설령 주주총회의 특별결의에 의하더라도)에 의하여 그 적용을 배제할 수 없다는 점을 그 논거로 들고 있다.

(ⅱ) 추인가능설(소수설) - 무권대리로서 민법 제130조에 의하여 추인할 수 있으며, 사후설립의 규정을 유추하여 회사는 특별결의로써 추인하면 그 효과가 회사에 귀속한다고 한다.

대법원 1994. 5. 13. 선고 94다323 판결

상법 제290조 제3호 소정의 "회사 성립 후에 양수할 것을 약정"한다 함은 회사의 변태설립의 일종인 재산인수로서 발기인이 설립될 회사를 위하여 회사의 성립을 조건으로 다른 발기인이나 주식인수인 또는 제3자로부터 일정한 재산을 매매의 형식으로 양수할 것을 약정하는 계약을 의미하므로, 당사자 사이에 회사를 설립하기로 합의하면서 그 일방은 일정한 재산을 현물로 출자하고, 타방은 현금을 출자하되, 현물출자에 따른 번잡함을 피하기 위하여 회사의 성립 후 회사와 현물출자자 사이의 매매계약에 의한 방법에 의하여 위 현물출자를 완성하기로 약정하고 그 후 회사설립을 위한 소정의 절차를 거쳐 위 약정에 따른 현물출자가 이루어진 것이라면, 위 현물출자를 위한 약정은 그대로 위 법조가 규정하는 재산인수에 해당한다고 할 것이어서 정관에 기재되지 아니하는 한 무효이다.

❙ 대법원 1992. 9. 14. 선고 91다33087 판결 ❙

■ 상법 제290조 제3호는 변태설립사항의 하나로서 회사성립 후에 양수할 것을 약정한 재산의 종류, 수량, 가격과 그 양도인의 성명은 정관에 기재함으로써 그 효력이 있다고 규정하고 있고, 이때에 회사의 성립 후에 양수할 것을 약정한다 함은 이른바 재산인수로서 발기인이 회사의 성립을 조건으로 다른 발기인이나 주식인수인 또는 제3자로부터 일정한 재산을 매매의 형식으로 양수할 것을 약정하는 계약을 의미한다고 할 것이고, 아직 원시정관의 작성 전이어서 발기인의 자격이 없는 자가 장래 성립할 회사를 위하여 위와 같은 계약을 체결하고 그 후 그 회사의 설립을 위한 발기인이 되었다면 위 계약은 재산인수에 해당하고 정관에 기재가 없는 한 무효라고 할 것이다.

■ 회사설립시의 현물출자가 동시에 상법 제375조가 규정하는 사후설립에 해당하고 이에 대하여 주주총회의 특별결의에 의한 추인이 있었다면 회사는 유효하게 위 현물출자로 인한 부동산의 소유권을 취득한다.

❙ 사후설립 ❙

① 뜻

회사가 그 성립 전부터 존재하는 재산을 성립 후 단기간 내에 양수하는 계약으로, 현물출자나 재산인수에 관한 엄격한 규제를 잠탈하는 수단으로 이용될 수 있는 것에 대해서는 특별한 제한(주주총회의 특별결의를 요함)을 두고 있다(상 375조).

② 대상

(ⅰ) 재산취득계약이 회사성립 후 2년 내에 체결되어야 한다.

(ⅱ) 취득하는 재산이 회사 성립 전부터 존재하고 회사의 영업을 위하여 계속 사용하는 것이어야 한다.

(ⅲ) 취득대가가 자본의 5% 이상에 해당하는 것이어야 한다.

(ⅳ) 위 요건만으로 충분하고 그로 인하여 회사에 손해를 끼쳤음을 요하지 않는다.

③ 주주총회의 특별결의

주주총회의 특별결의가 있어야 한다. 이는 취득행위의 요건이므로 이 결의가 없으면 계약은 무효가 된다. 계약상대방의 선의 · 악의를 불문한다.

| 현물출자(설립시) · 재산인수 · 사후설립 |

	현물출자	재산인수	사후설립
의의	단체법상의 출자행위 → 대가로 주식을 받음	개인법상 거래행위	회사성립 후 2년 내에 그 성립 전부터 존재하던 고정재산을 자본의 5% 이상의 대가로 취득하는 계약 (주주총회의 특별결의를 요함)
시기 및 성격	회사성립 전의 출자	회사성립 전의 계약	회사성립 후의 계약

Ⅳ. 설립비용

(1) 뜻

설립비용(상 290조 4호)은 회사설립절차의 실행에 소요되는 비용이다. 예컨대, 사무실 임차료, 통신비, 정관 · 주식청약서 등 인쇄비, 주주모집을 위한 광고비, 피용인 보수, 납입금취급은행에 지급하는 수수료 등이 이에 해당한다. 개업준비비용은 설립비용에 포함되지 않는다. 개업준비비용은 회사설립 이후의 사업상 필요한 재산의 구입비용이다(예 : 공장 · 건물 · 집기 · 원료의 구입비 등).

(2) 부담

(가) 회사성립의 경우

① 외부관계 - 정당하게 지출된 설립비용은 회사가 부담하는 것이 원칙이다. 설립비용이 지급되지 않는 경우 누가 이를 부담할 것인가에 대해서는 (ⅰ) 회사전액부담설, (ⅱ) 발기인전액부담설, (ⅲ) 회사 · 발기인 중첩부담설, (ⅳ) 회사 · 발기인 분담설 등이 있다. (ⅴ) 판례는 발기인의 적법한 행위로 설립 중의 회사가 부담하는 채무는 동일성설에 의하여 성립 후의 회사의 채무로 된다는 점과 제3자 보호를 위하여 회사전액부담설이 타당하다고 한다(대결 1994. 3. 28, 93마1916). 설립비용은 회사의 설립을 위한 비용이므로 설립된 회사가 부담하는 것이 마땅하다. 회사전액부담설에 의하는 경우, 정관에 규정되지 않은 설립비용은 회사가 먼저 제3자에게 지급하고, 내부관계에서 회사는 이를 추인하지 않는 한 발기인에게 구상권을 행사할 수 있다고 본다.

② 내부관계 - 정관에 기재하지 않거나 기재액을 초과하여 설립비용을 지불한 경우, 발기인은 회사에 대하여 부당이득 또는 사무관리의 법리에 의하여 구상을 청구할 수 없다. 결국 발기인 자신이 부담하여야 한다(다수설).

(나) 회사불성립의 경우

회사가 불성립한 경우에는 발기인이 설립비용 전액에 대하여 연대책임을 진다(상 326조).

V. 발기인의 보수

발기인의 보수(상 290조 4호)는 발기인이 설립사무를 위하여 제공한 노무의 대가로 급료의 성격을 띤다. 이는 일시적으로 지급되는 것이므로 발기인이 받을 특별이익과는 구별된다.

[3] 사후처리

설립비용과 발기인이 받을 보수액은 자산으로 계상할 수 있고(상 435조 1항), 회사성립 후 5년 내의 매결산기에 균등액 이상을 상각하여야 한다(상 453조).

- 변태설립사항의 조사 (후술)
- 변태설립사항의 변경 (후술)
- 위법한 변태설립사항의 효력

(ⅰ) 애당초 정관에 기재하지 않고 변태설립사항을 실행한 경우 - 무효이다.

(ⅱ) 정관에는 기재하였지만 조사절차를 거치지 않은 경우 - 절차적 문제에 그치는 경우에는 유효하나, 내용이 불공정한 경우에는 무효이다.

제 5 장

주식발행사항의 결정

(1) 정관에 규정할 사항

회사가 발행할 주식의 총수, 회사가 설립시에 발행하는 주식의 총수와 1주의 금액은 정관에서 규정한다(상 289조 1항 3호 · 4호 · 5호).

(2) 발기인 전원의 동의를 요하는 사항

설립시 발행하는 주식의 종류와 수(상 291조 1호), 발행가액(상 291조 2호)(설립시에는 액면미달발행 불허) 등은 「발기인 전원의 동의」로 결정하여야 한다(상 291조 본문). 동의의 방식에는 아무런 제한이 없다. 위 사항에 대하여 발기인 전원의 동의가 없는 경우, 주식의 인수가 무효로 되어 설립무효의 원인이 된다.

(3) 그 밖의 사항

위 (1)과 (2)를 제외한 나머지 사항, 예컨대 주식의 청약기간, 납입기일, 납입금취급은행 등은 발기인의 과반수로 결정한다(민 706조 2항).

제 6 장

주주확정절차 - 주식의 인수

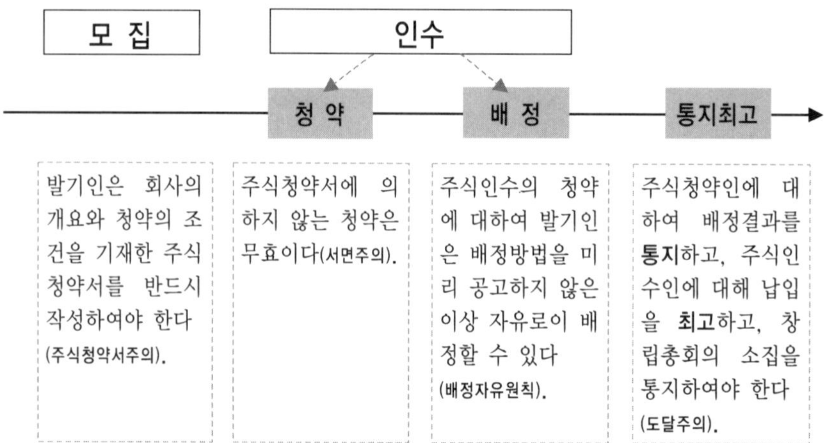

제1절 발기설립의 경우

(1) 발기설립에 의하는 경우 발기인이 설립시에 발행하는 주식의 총수를 인수하여야 한다(상 295조 1항).

(2) 주식의 인수는 서면으로 하여야 하고(서면주의)(상 293조), 서면에 의하지 않는 주식인수는 무효이다.

(3) 주식인수의 법적 성질에 대해서는 회사의 설립에 참가하려는 발기인의 일방적 의사표시의 합치에 의하여 그 효력이 생기는 합동행위라는 것이 다수설이다. 이와는 달리 설립 중의 회사에의 입사계약이라는 견해도 있다.

제2절 모집설립의 경우

[1] 발기인의 주식인수

모집설립의 경우 발기인은 주주를 모집하기 전에 최소한 1주 이상을 인수하여야 한다(상 301조, 302조 2항). 그 방법 등은 발기설립의 경우와 동일하다.

[2] 모집

(1) 발기인이 인수하고 남은 부분에 대해서는 주주를 모집하여야 한다(상 301조). 모집주주의 수에는 제한이 없으므로 1인도 무방하고, 모집방법에 제한이 없으므로 연고모집이나 공모에 의할 수도 있다.

(2) 상법은 응모주주를 보호하기 위하여 주식인수는 주식청약서에 의하도록 하고, 그 기재사항을 법정하고 있다(주식청약서주의)(상 302조 2항). 주식청약서를 작성하지 아니하거나 불기재 또는 부실기재를 한 경우에는 벌칙이 따른다(상 635조 1항 16호, 627조 1항).

[3] 인수

모집주주의 주식인수는 주주가 되고자 하는 자의 청약과 이에 대한 회사의 배정에 의하여 성립된다. 그 법적 성질은 설립 중의 회사에의 입사계약이라는 것이 다수설이다.

1. 청약

주식인수의 청약을 하려면 주주가 되고자 하는 자가 주식청약서 2통에 인수할 주식의 종류 및 수와 주소를 기재하고 기명날인 또는 서명하여야 한다(상 302조 1항). 주식청약서를 2통 요구하고 있는 것은 회사보관용 1통과 설립등기신청용 1통이 필요하기 때문이다. 주식청약서에 의하지 않는 청약은 무효이다.

2. 배정

주식인수의 청약에 대하여 발기인은 배정방법을 미리 공고하지 않은 한 자유로이 배정할 수 있다(배정자유의 원칙)(상 303조). 주식인수인에 대한 배정의 통지는 주식청약서에 기재된 주소 또는 그 자로부터 회사에 통지한 주소로 하면 되고, 위 통지는 보통 도달할 시기에 도달한 것으로 본다(상 304조).

주식인수의 하자 (무효 · 취소)

주식인수도 법률행위의 일종이다. 그러나 주식인수의 청약에 대해서는 단체법적 성질을 고려하여 일반 법률행위와는 달리 다음과 같은 특칙을 두고 있다.

① 서면주의를 취하여 주식청약서의 요건에 결함이 있는 때에는 무효로 된다.

② 비진의의사표시에 관한 민법 제107조 1항 단서의 적용이 배제된다(상 302조 3항). 그 결과 청약인이 진의가 아니면서 주식인수의 청약을 한 경우에도 언제나(발기인이 이를 알았더라도) 유효하다.

③ 무효 · 취소의 주장시기가 제한된다. 즉, 주식청약서의 요건에 결함이 있거나 주식인수의 청약이 착오 또는 사기 · 강박에 의한 경우에도, 회사성립(설립등기) 후 또는 주식인수인이 창립총회에 출석하여 권리를 행사한 이후에는 무효 · 취소를 주장할 수 없다(상 320조).

④ 그러나 행위무능력의 경우에는 무능력자의 보호를 더욱 중시하여 일반 법원칙과 마찬가지로 취소의 주장이 제한되지 않는다. 무권대리의 경우에도 무효이다.

제 7 장

자본형성절차 - 주금의 납입

제1절 납입책임을 지는 자

(1) 주식인수인이 납입책임을 진다. 발기설립의 경우, 발기인이 주식총수를 인수한 때에는 지체없이 그 인수가액 전액을 납입하여야 한다(상 295조 1항). 모집설립의 경우, 발기인은 주식의 총수가 인수된 때에는 지체없이 주식인수인에 대하여 인수가액 전액을 납입시켜야 한다(상 303조, 305조 1항).

(2) 타인 명의로 주식을 인수한 경우에 누가 납입책임을 질까? (ⅰ) 가설인 또는 타인의 승낙 없이 그 타인의 명의로 주식을 인수한 자는 주식인수인으로서 납입책임이 있으며, (ⅱ) 타인의 승낙을 얻어 그 타인의 명의로 주식을 인수한 자는 그 타인과 연대하여 납입할 책임이 있다(상 332조).

제2절 실권절차

주식인수인이 주금을 납입하지 않을 때에는 주식인수인의 지위를 박탈하고 새로 인수인을 구하기 위한 실권절차(상 307조 1항 · 2항)를 밟아야 한다.

[1] 발기설립의 경우

발기인이 출자를 이행하지 않는 경우에는 실권제도가 없으므로, 채무불이행의 일반원칙에 따라 그 이행을 강제하든가(민 389조, 390조), 또는 회사 불성립의 원인이 된다.

[2] 모집설립의 경우

(1) 금전출자 불이행의 경우

모집설립의 경우 주식인수인이 금전출자를 이행하지 않는 경우, 채무불이행의 일반원칙에 따라 소송에 의하여 그 이행을 강제할 수도 있으나, 회사설립절차의 신속한 진행을 위하여 특별히 실권절차를 밟을 수 있다(상 307조).

| 실권절차 |

주식인수인의 미납입 → 발기인의 실권예고부 통지(일정한 기일을 정하여 그 기일 내에 납입하지 않으면 권리를 잃는다는 뜻을 기일의 2주간 전에 그 주식인수인에게 통지) → 그래도 미납입시 주식인수인은 실권 → 발기인은 재차 그 주식을 인수할 주주를 모집할 수 있다(상 307조).

(2) 현물출자 불이행의 경우

현물출자는 개성이 강하므로 실권절차에 의할 수 없다. 따라서 민법의 일반원칙에 따라 그 이행을 강제하든가, 정관을 변경하여 설립절차를 계속하거나, 또는 회사불성립의 원인이 된다.

제3절 납입금보관자

(1) 주금납입금보관자는 은행 기타 금융기관으로 하여야 하고(상 295조 1항 단서, 302조 2항 9호), 납입금보관자 또는 납입장소를 변경하려면 법원의 허가를 받아야 한다(상 306조).

(2) 납입금보관자는 발기인 또는 이사의 청구가 있는 때에는 납입금보관증명서를 교부하여야 한다(상 318조 1항). 설립등기 신청시에 이 증명서를 첨부하여야 한다(비송 203조 11호). 납입금취급 금융기관은 증명한 보관금액에 대하여는 납입의 부실 또는 그 금액의 반환에 관한 제한이 있음을 이유로 회사에 대항하지 못한다(상 318조 2항).

제4절 납입금반환시기

주식납입금을 사업자금으로 회사가 반환받을 수 있는 시점에 관하여 상법에 규정이 없다. 금융기관이 보관하는 납입금은 회사의 성립 이후라야 반환할 수 있다는 것이 다수설이다. 납입금증명서는 설립등기신청서에 첨부되어야 한다는 것(비송 203조 11호)을 이유로 한다. 그러나 그 이전에도 설립등기를 위한 등록세 등의 지출을 위하여 창립총회 종료시에는 반환이 가능하다는 견해가 있다.

제8장

기관구성절차 – 이사 · 감사 선임

제1절 발기설립의 경우

출자이행절차가 완료되면 발기인은 지체없이 의결권의 과반수로써 이사와 감사를 선임한다(상 296조 1항). 발기인의 의결권은 인수주식 1주에 대하여 1개로 한다(상 296조). 선임된 이사들은 이사회를 열어 대표이사를 선임하여야 한다(상 389조, 317조 1항 · 2항). 정관에 감사위원회의 설치에 관한 규정이 있는 경우에는(상 415조의2) 이사회를 먼저 구성하고 그 회의에 의하여 감사위원을 선임하여야 한다.

제2절 모집설립의 경우 – 창립총회

(1) 출자이행절차가 완료되면 발기인은 지체 없이 창립총회를 소집하여야 한다(상 308조 1항). 창립총회는 주식인수인 전원으로 구성되며 주주총회의 전신이다.

(2) 창립총회의 권한은 (ⅰ) 창립에 관한 보고청취(상 311조 1항), (ⅱ) 이사와 감사의 선임(상 312조), (ⅲ) 설립경과의 조사(상 313조), (ⅳ) 변태설립사항의 변경(상 314조), (ⅴ) 정관변경 또는 설립폐지의 결의(상316조) 등이다.

(3) 창립총회는 「출석한 주식인수인의 의결권의 2/3 이상이며 인수된 주식총수의 과반수」에 해당하는 다수의 결의로써 이사와 감사를 선임한다(상 309조). 의결권 없는 주식의 인수인도 창립총회에서는 의결권이 있다(상 308조 2항, 370조 참조). 대표이사의 선임은 발기설립의 경우와 같다.

(4) 창립총회에 대하여는 그 권한과 결의방법에 관한 사항을 제외하고는 주주총회에 관한 규정이 준용된다(상 308조 2항).

제9장

설립경과의 조사

제1절 일반적 사항의 조사

(1) 설립경과의 조사는 이사 · 감사(또는 감사위원회 위원)가 한다. 이사와 감사(또는 감사위원)는 취임 후 지체없이 회사설립에 관한 모든 사항이 법령 또는 정관규정에 위반하는 지의 여부를 조사하여 발기설립의 경우에는 발기인에게, 모집설립의 경우에는 창립총회에 보고하여야 한다(상 298조 1항, 313조 1항).

(2) 이사 · 감사(또는 감사위원) 중 발기인이었던 자, 현물출자자, 기타 이해관계가 있는 자는 조사의 공정을 위하여 설립경과조사에 참여하지 못한다(상 298조 2항). 이사 · 감사(또는 감사위원) 전원이 이에 해당하는 때에는 공증인으로 하여금 이러한 조사를 하도록 하여야 한다(상 298조 3항).

제2절 변태설립사항의 조사

[1] 조사방법

(1) 외부조사

변태설립사항이 있는 경우에는 조사기관이 제한되어 다음과 같은 외부조사를 받아야 한다.

(가) **원칙적 방법** - 법원이 선임한 검사인에 의한 조사를 받아야 한다(상 298조 4항 본문).

(나) **대체적 방법** - 공증인의 조사 또는 감정인의 감정으로 위의 조사를 갈음할 수 있다. 변태설립사항 중 (ⅰ) 발기인의 특별이익 · 설립비용 · 발기인의 보수와 같이 사실확인에 그치는 사항에 대해서는 공증인의 공증으로, (ⅱ) 현물출자 · 재산인수와 같이 출자재산의 평가가 필요한 사항에 대해서는 감정인의 감정으로 위 (가)의 조사를 갈음할 수 있다(상 299조의2). 그 결과를 발기설립의 경우에는 법원에, 모집설립의 경우에는 창립총회에 제출 · 보고하여야 한다(상 299조의2 후단, 310조 1항 · 2항).

(2) 발기인의 설명서 제출

검사인 또는 공증인 · 감정인이 법원에 위의 조사보고를 하는 경우 그 등본을 각 발기인에게 교부하여야 한다(상 299조 2항). 조사보고서를 교부받은 발기인은 사실과 상위한 사항이 있다고 인정하는 경우에는 그에 대한 설명서를 법원에 제출할 수 있다(상 299조 3항).

[2] 법원과 창립총회의 변경처분

(1) 발기설립의 경우

법원은 검사인의 조사보고서 또는 공증인의 조사보고서 또는 감정인의 감정결과와 발기인의 설명서를 검토하여 변태설립사항이 부당하다고 인정하는 때에는 이를 변경(정관변경결정)하여 각 발기인에게 통고할 수 있다(상 300조 1항). 이 변경처분에 대하여 즉시항고(비송 75조 3항)를 하거나, 설립을 포기하거나, 정관을 변경하여 설립절차를 속행할 수 있다(상 300조 2항). 법원의 통고가 있은 후 2주 내에 주식의 인수를 취소한 발기인이 없는 때에는 정관은 법원의 통고에 따라 변경된 것으로 의제한다(상 300조 3항).

(2) 모집설립의 경우

모집설립의 경우에는 창립총회에서 변태설립사항이 부당하다고 인정한 때에는 이를 변경할 수 있다. 이에 불복하는 발기인은 주식인수를 취소할 수 있으며, 또 정관을 변경하여 설립절차를 속행할 수 있는 점은 발기설립의 경우와 같다(상 314조 1항 · 2항, 300조 2항 · 3항).

제10장 설립등기

제1절 등기시기

설립절차가 종료한 때로부터 본점소재지에서 2주간 내에 설립등기를 하여야 한다(상 317조 1항).

제2절 등기사항

다음의 사항을 등기하여야 한다(상 317조 2항).

① 정관의 절대적 기재사항

② 자본총액, 각종 주식의 내용과 수, 주식매수선택권에 관한 사항, 지점의 소재지, 회사의 존립기간 또는 해산사유를 정한 때에는 그 기간 또는 사유, 건설이자, 이익으로써 하는 주식소각, 전환주식의 발행절차, 이사 · 감사의 성명 및 주민등록번호, 대표이사의 성명 · 주민등록번호 및 주소, 공동대표이사에 관한 규정, 명의

개서대리인을 둔 때에는 그 상호 및 본점소재지, 감사위원회를 설치한 때에는 감사위원회의 성명 및 주민등록번호

제3절 설립등기의 효력

[1] 기본적 효과

설립 중의 회사가 법인격을 취득하여 회사로 성립된다(창설적 효력)(상 172조). 이에 의하여 (ⅰ) 설립 중의 회사가 권리능력을 갖게 되고, (ⅱ) 설립 중의 회사가 취득한 권리와 의무는 설립 후의 회사에 자동 승계되고, (ⅲ) 주식인수인은 주주로 되고, 이사 · 감사는 성립 후 회사의 이사 · 감사로 된다.

[2] 부수적 효과

(1) 주권발행이 가능해지고(상 355조 2항), 권리주의 양도제한이 해제된다(상 319조)(해제적 효력). 회사성립 전에는 주권발행이 금지되고, 발행하더라도 무효이다(상 355조 2항 · 3항).
(2) 주식인수의 무효 · 취소의 주장이 제한된다(보완적 효력). 회사성립 후에는 주식청약서의 요건의 흠결을 이유로 하여 그 인수의 무효를 주장하거나, 사기 · 강박 또는 착오를 이유로 그 인수를 취소하지 못한다(상 320조 1항).
(3) 발기인 등의 자본충실책임 · 손해배상책임을 문제삼을 수 있게 된다(상 321조).
(4) 설립등기 이후에는 설립절차에 하자가 있는 경우에도 그 무효의 주장은 설립무효의 소에 의하여야 한다(상 328조 1항).
(5) 설립등기사항에 상호가 포함되므로 회사의 상호는 등기상호로서 보호를 받는다.

제 11 장

설립에 관한 책임

제1절 총설

준칙주의의 남용으로 인하여 생길 수 있는 회사설립의 부실을 막기 위하여 설립관여자에 대하여 형사벌칙을 가하는 동시에 엄격한 책임을 부과하고 있다. 회사설립에 관여하는 자는 발기인 · 이사 · 감사 · 검사인 · 설립찬조자 · 주금납입취급금융기관 등이 있으나, 특히 회사설립에 있어서 주도적 역할을 담당한 발기인에게 무거운 책임을 지우고 있다.

제2절 발기인의 책임

[1] 회사불성립의 경우

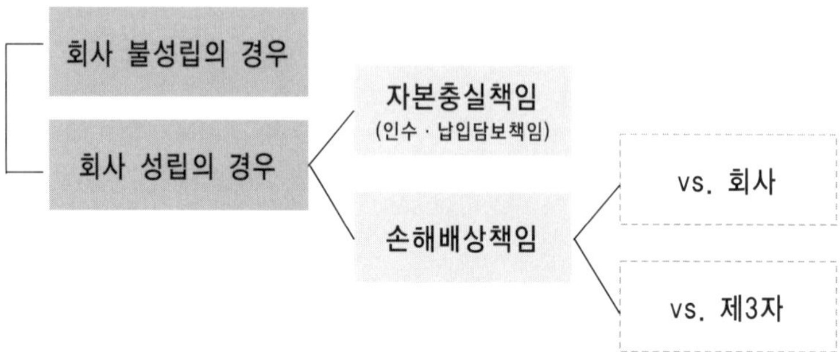

1. 회사불성립의 뜻

회사의 불성립이란 정관작성 이후 설립등기에 이르지 못한 경우를 말한다. 설립등기에 의하여 회사가 일단 성립한 후에 설립무효판결이 확정된 경우에는 회사불성립이 아니며, 이러한 경우 발기인은 회사성립의 경우에 지는 책임을 진다.

2. 책임의 내용

(1) 발기인은 설립에 관한 행위에 대하여 책임을 진다(상 326조 1항). 예컨대, 주식인수인에 대한 납입금 반환책임 등의 원상회복의무가 이에 해당한다.

(2) 발기인은 설립비용을 부담한다(상 326조 2항). 설립비용은 변태설립사항으로 정관에 기재된 것뿐만 아니라, 설립사무와 관련하여 지급한 일체의 비용(예 : 광고비, 사무실 임차료, 인건비 등)을 뜻한다.

(3) 위 책임은 상법이 인정한 특수한 책임이다(법정책임). 위 (1)과 (2)의 책임은 발기인 전원의 무과실 · 연대책임이다.

[2] 회사성립의 경우

Ⅰ. 자본충실책임

(1) 인수의 흠결 ⇒ 인수담보책임

설립등기 후에 아직 인수되지 않는 주식이 있거나 또는 행위무능력 등을 이유로 인수가 취소된 경우 발기인이 이를 공동으로 인수한 것으로 본다(공동인수 의제)(상 321조 1항). 그 결과 발기인 전원은 인수된 주식에 대하여 공유관계가 성립하고, 주금납입책임을 진다.

(2) 납입의 흠결 ⇒ 납입담보책임

설립등기 후에 인수는 되었으나 아직 납입되지 아니한 주식에 대해서는 발기인이 연대하여 납입할 책임을 진다(상 321조 2항). 그 주식에 대한 주주는 원래의 주식인수인이 된다. 인수담보책임과는 달리 발기인이 주주가 되는 것이 아니므로, 발기인은 주식인수인에 대하여 구상하거나 회사로부터 주권을 교부받아 유치권을 행사할 수 있다.

(3) 성질

위 (1)과 (2)의 책임은 법정책임이고 무과실 · 연대책임이다.

(4) 면책 · 추궁

위의 책임은 회사채권자의 이익에도 관련되는 것이므로 총주주의 동의에 의해서도 면책할 수 없다. 대표소송에 의한 책임추궁이 가능하다(상 324조, 403조~406조). 자본충실책임과는 별개로 회사는 발기인에 대하여 손해배상을 청구할 수 있다(상 321조 3항).

| 현물출자의 경우 |

현물출자가 이행되지 않은 경우 발기인이 위와같은 내용의 자본충실책임을 지는가에 대해서는 견해가 나뉘고 있다.

(ⅰ) 부정설 – 현물출자의 경우는 발기인의 자본충실의 액임에 의하여 보완될 수 없기 때문에 설립절차를 다시 밟지 않는 한 회사설립무효의 원인이 된다고 한다(다수설). 그 이유로 상법 제321조에 의한 납입('인수가액'으로 표현)은 금전출자만을 의미하고 현물출자는 개성이 강하다는 점을 들고 있다.

(ⅱ) 긍정설 – 현물출자의 목적물이 사업수행에 불가결한 경우에만 설립무효의 원인이 되고, 대체물이나 회사목적달성에 지장이 없는 경우에는 전보배상책임이나 현물출자의 가액을 지급하는 방법 등에 의하여 발기인의 자본충실책임을 인정하고 있다(소수설).

(ⅲ) 사견 – 발기인에게 자본충실책임을 인정하는 취지는 굳이 금전출자에 국한되는 것은 아니다. 현물출자는 출자의 종류에 따라서는 대체성이 있는 것과 대체성이 없는 것, 당해 회사에 불가결한 것과 그렇지 않는 것 등으로 구분하여 각각 달리 보아야 할 것이다. 대체성이 있는 현물출자의 경우에는 자본충실책임을 인정하여 원래의 현물출자에 갈음하는 대체물 또는 금전에 의한 담보책임을 진다고 보아도 무방할 것이다. 그러나 회사에 불가결한 것으로 대체성이 없는 현물출자의 경우에는 담보책임에 의하여 메울 수 없으므로 설립무효의 원인이 된다. 이렇게 해석하는 것이 발기인에게 엄격한 책임을 지우는 법의 취지, 자본충실 및 기업유지의 정신에 더욱 부합한다. 유한회사의 경우 현물출자의의 이행이 없는 경우 회사성립 당시의 사원·이사와 감사가 연대하여 현물의 가액을 지급할 책임이 있다고 규정하고 있는 바(상 551조 1항), 주식회사의 경우에도 해석상의 논란을 불식시키기 위하여 유한회사와의 일관성 있는 입법이 필요하다고 본다.

▎설립무효와의 관계▐

인수납입의 흠결이 매우 중대한 경우에는 설립무효의 원인이 되고 상법 제321조에 의하여 구제되지 않는다. 즉, 상법 제321조는 주식의 인수납입의 흠결이 근소한 경우에 설립무효를 회피하기 위하여 인정된 제도이다(다수설, 판례).

Ⅱ. 회사에 대한 손해배상책임

(1) 내용

발기인이 회사설립에 관하여 임무를 해태한 때에는 그 발기인은 회사에 대하여 연대하여 손해배상책임을 진다(상 322조 1항).

(2) 성질

발기인은 성립 후의 회사와 계약관계가 없고, 위법성을 그 요건으로 하지 않으므로, 일반 불법행위와는 다른 상법이 특별히 인정한 손해배상책임이다(다수설). 임무해태를 요건으로 하므로 과실책임이다.

(3) 소멸시효

회사성립시로부터 10년의 경과로 소멸시효가 완성한다(다수설).

(4) 면책 · 추궁

총주주의 동의로 위 책임을 면제할 수 있다(상 324조). 대표소송에 의한 책임추궁이 가능하다(상 324조, 403조~406조).

Ⅲ. 제3자에 대한 손해배상책임

(1) 내용

발기인이 「악의 또는 중대한 과실」로 인하여 회사설립에 관하여 그 임무를 해태한 때에는 그 발기인은 제3자에 대하여 직접 연대하여 손해배상책임을 진다(상 322조 2항). 「제3자」는 회사 이외의 모든 자로, 주식인수인 · 주주 · 회사채권자 등을 포함한다.

(2) 성질

이는 과실책임이다. 회사설립과 관련된 제3자를 보호하기 위한 회사법상의 특수한 책임이다(법정특별책임설, 다수설). 따라서 불법행위책임(민 750조)과의 경합이 인정된다.

제3절 기타 설립관여자의 책임

[1] 유사발기인

1. 뜻

유사발기인은 정관에 발기인으로 기재된 자는 아니나, 주식청약서 기타 주식모집에 관한 서면(예 : 주주모집광고, 설립안내문 등)에 성명을 기재하고 회사설립에 찬조한다는 뜻(예 : 설립위원, 고문, 자문위원 등의 명칭 사용)을 기재할 것을 승낙(묵시적 승낙도 포함)한 자를 말한다(상 327조).

2. 취지 · 성질

이는 禁反言法理 또는 外觀法理에 기하여 외관창출에 대한 책임을 묻는 것으로, 상법이 인정한 특수한 책임이다(법정책임).

3. 책임범위

(1) 발기인과 동일한 책임(원칙) - 유사발기인은 회사성립의 경우의 자본충실책임(상 321조)과 회사불성립의 경우의 주식인수인에 대한 원상회복의무(상 326조)만을 진다. 이는 발기인과 동일하다.

(2) 해석상 책임을 지지 않는 경우 - 유사발기인은 발기인과는 달리 설립사무를 수행하지 않으므로, 설립에 관한 임무해태를 전제로 하는 손해배상책임(상 322조)을 지지 않는다(통설).

4. 책임추궁

위의 책임은 총주주의 동의로 면제할 수 없다. 대표소송에 의한 책임추궁이 가능하다(상 324조, 403조~406조).

[2] 이사 · 감사

(1) 이사 · 감사가 임무를 해태하여 회사 또는 제3자에게 손해를 입힌 때에는 연대하여 배상책임을 진다(상 323조).

(2) 이사 · 감사의 제3자에 대한 책임요건에 대해서는 명문의 규정이 없으나, 발기인의 제3자에 대한 책임과의 균형상 「악의 또는 중대한 과실」이 있는 경우에 한한다고 해석한다.

(3) 이사 · 감사의 책임은 발기인의 책임과 연대책임의 관계에 있다.

[3] 공증인 · 감정인

공증인이나 감정인의 책임에 대해서는 상법에는 규정이 없다. 이사 · 감사의 경우(상 323조)와 동일하게 해석하여야 할 것이다.

[4] 검사인

(1) 법원이 선임한 검사인이 악의 또는 중대한 과실로 인하여 그 임무를 해태한 때에는 회사 또는 제3자에 대하여 손해배상책임이 있다(상 325조). 법원이 선임한 검사인과 회사간에는 위임관계에 있는 것이 아니므로, 위 책임은 법이 특별히 인정한 법정책임이다.

(2) 검사인의 회사에 대한 책임은 악의 또는 중대한 과실이 있는 경우에만 발생한다는 점에서, 발기인 · 이사 · 감사의 회사에 대한 책임과는 차이가 있다.

┃설립관여자의 책임┃

<table>
<tr><th></th><th>발기인</th><th>유사
발기인</th><th>이사 · 감사 ·
공증인 · 감정인</th><th>검사인</th></tr>
<tr><td>자본충실책임
(인수 · 납입
담보책임)</td><td>○
• 법정 · 무과실 · 연대책임(발기인 전원)
• 추궁 - 대표소송에 의하여 책임을 추궁할 수 있다.
• 면책 - 총주주의 동의로도 면제할 수 없다.</td><td>○
(좌동)</td><td>×</td><td>×</td></tr>
<tr><td>회사에 대한
손해배상책임</td><td>○
• 법정 · 과실 · 연대책임(과실 있는 발기인만이 책임을 진다.)
• 추궁 - 이대표소송에 의하여 책임을 추궁할 수 있다.
• 면책 - 총주주의 동의에 의하여 면제할 수 있다.</td><td>×</td><td>○
법정 · 과실 · 연대책임
(발기인과 연대책임)</td><td rowspan="2">○
과실책임
(악의 · 중과실)</td></tr>
<tr><td>제3자에 대한
손해배상책임</td><td>○
법정 · 과실(악의 또는 중대한 과실) · 연대책임</td><td>×</td><td>○
법정 · 과실(악의 또는 중대한 과실) · 연대책임</td></tr>
<tr><td>회사불성립의
경우 책임</td><td>○
• 설립에 관한 행위에 대하여 연대책임, 비용부담책임
• 법정 · 무과실 · 연대책임</td><td>○
(좌동)</td><td>×</td><td>×</td></tr>
</table>

○ : 있음, × : 없음

제 12 장

회사설립 무효의 소

제1절 특징

(1) 합명회사 · 합자회사 · 유한회사의 경우에는 설립무효의 소와 설립취소의 소 모두를 인정한다. 그러나 주식회사는 설립무효의 소만을 인정한다. 주식회사의 경우는 사원의 개성이 중요시되지 않으므로 출자자 개개인의 사유를 들어 회사설립의 취소를 주장할 수 있도록 하는 것은 바람직하지 못하고, 회사의 성립 후에는 주식인수의 무효와 취소의 주장이 제한되며, 발기인이 자본충실의 책임을 지므로 설립의 취소를 인정할 필요가 없기 때문이다.

(2) 주식회사의 경우는 객관적 하자가 있는 경우에만 설립무효의 소를 제기할 수 있다. 사원의 주관적 하자로 인한 무효는 인정되지 않는다.

(3) 주식회사 설립의 무효는 소로써만 주장할 수 있다. 그 성질은 형성의 소이다.

┃설립취소의 소┃

주식회사를 제외한 합명회사 · 합자회사 · 유한회사에서는 사원의 주관적 하자(예 : 법정대리인의 동의가 없는 행위무능력자의 설립행위, 착오 · 사기 · 강박에 의한 설립행위, 채권자 사해의 회사설립행위 등)를 원인으로 설립취소의 소를 제기할 수 있다. 설립 무효의 소와 설립취소의 소는 소를 제기할 수 있는 원인에 차이가 있고, 설립취소의 소의 경우는 채권자도 제소권자가 될 수 있다는 점에 차이가 있을 뿐, 그 밖의 사항은 대동소이하다.

제2절 무효사유

(1) 주식회사 설립 무효의 소는 「회사의 성립」을 전제요건으로 한다. 회사설립절차를 추진하였으나 설립등기에 이르지 못한 경우(회사의 불성립) 또는 실질적인 설립절차를 거치지 않고 형식적으로 설립등기만 되어 있는 경우(회사의 부존재)에는 그 주장에 있어서 아무런 제한이 없다.

(2) 주식회사 설립 무효의 소는 설립절차에 관한 「객관적 하자」(강행법규 · 주식회사 본질에 반하는 하자)가 있는 경우에 한한다. 예컨대, 설립목적이 위법하거나 강행법적 사회질서에 어긋나는 경우, 정관을 작성하지 않거나 정관의 절대적 기재사항을 기재하지 않은 경우, 설립시 발행주식수가 발행예정주식총수의 1/4에 미달하는 경우, 설립시 발행주식총수의 인수 · 납입의 흠결이 발기인의 인수 · 담보책임만으로는 자본충실을 기할 수 없는 정도로 현저한 경우, 설립등기가 무효인 경우 등이다.

제3절 무효의 소

(1) 제소권자 (원고적격)

원고는 주주, 이사, 감사(또는 감사위원)에 한한다(상 328조 1항).

(2) 피고

회사를 상대로 하여 제소한다.

(3) 제소기간

회사성립일로부터 2년 내이어야 한다(상 328조 1항). 이 기간은 제척기간이다.

(4) 관할법원

회사 본점소재지의 지방법원이 전속관할이다(상 328조 2항, 186조).

(5) 소 제기의 공고

소가 제기된 때에는 회사는 지체없이 공고하여야 한다(상 328조 2항, 187조).

(6) 병합심리

수개의 소가 제기된 경우에는 법원은 병합심리하여야 한다(상 328조 2항, 188조).

(7) 재량기각

심리 중에 원인이 된 하자가 보완되고 회사의 현황과 제반사정을 참작하여 설립을 무효로 하는 것이 부적당하다고 인정한 때에는 법원은 청구를 기각할 수 있다(상 328조 2항, 189조).

(8) 원고승소판결의 효력

① 대세적 효력이 있다(상 328조 2항, 190조 본문).

② 소급효가 제한된다. 그 결과 기왕의 관계에서는 마치 회사가 유효하게 설립된 것으로 취급된다(사실상의 회사). 설립무효의 판결이 확정되면 회사해산에 준하여 청산을 하여야 한다(상 328조 2항, 193조).

③ 무효판결이 확정된 때에는 본점과 지점의 소재지에 등기하여야 한다(상 328조 2항, 192조).

┃사실상의 회사┃

사실상의 회사(de facto corporation)란 설립등기로부터 설립무효(또는 취소)의 판결이 확정될 때까지 사실상 존재하는 하자있는 회사를 뜻한다. 사실상의 회사는 마치 유효하게 성립한 회사처럼 취급한다(기존상태존중주의). 사실상의 회사는 설립무효(또는 취소)의 확정판결 이후 장래에 향하여 그 존재가 부정되며, 해산에 준하는 청산절차를 밟아야 한다(상 190, 193조). 통상의 해산과는 달리 회사의 계속(상 519조)은 인정되지 않는다. 사실상의 회사는 청산에 필요한 범위에서 제한적으로 권리능력을 가진다.

(9) 원고패소판결의 효력

① 원고패소판결의 효력은 민사소송의 일반원칙에 따라 당사자 사이에서만 효력이 있다(대인적 효력)(민소 204조 1항). 따라서 다른 제소권자는 제소기간이 경과하지 않는 한 다시 소를 제기할 수 있다.

② 패소원고에게 악의 또는 중대한 과실이 있는 때에는 회사에 대하여 연대하여 손해배상책임이 있다(상 328조 2항, 191조).

▎회사의 불성립 · 부존재 · 설립무효 ▎

ⓐ 실체형성절차 + **ⓑ 설립등기** => **회사설립**

① 회사불성립 - ⓐ가 완료되었거나 또는 ⓐ의 과정을 진행하던 중에 중지되고, ⓑ가 없는 경우

② 회사부존재 - ⓐ가 전연 없는데도 ⓑ가 있는 경우

③ 설립무효 - ⓐ 및 ⓑ가 외형상 존재하지만 어느 부분에 결함이 있는 경우

회사의 불성립 또는 부존재의 경우에는 반드시 소에 의할 필요는 없고, 누구나, 어떠한 방법으로도 이를 다툴 수 있다. 불성립 또는 부존재인 회사와 거래한 제3자의 보호는 사안에 따라서 무권대리인의 책임 또는 불법행위책임에 관한 규정에 의한다.

제 11 편 주식회사의 구조조정

제 1 장
총 설

주식회사의 구조를 개편(restructuring, reorganization)하는 방법에는 그 목적과 방법에 따라 여러가지 유형이 있다. 기업구조개편은 주주와 채권자의 이해에 직접 영향을 미치므로 이들의 이익보호가 핵심적인 과제가 된다.

(1) 기업의 '덩치 키우기'나 새로운 사업에 진출하기 위한 방법으로는 합병, 분할합병, 영업양수 등이 있다.

(2) 이와는 반대로 기업의 '덩치 줄이기'나 기존의 사업에서 손을 떼기 위한 방법으로는 분할, 영업양도 등이 있다.

(3) 지주회사의 형태로 기업을 재편하는 방법으로는 주식의 포괄적 교환과 주식의 포괄적 이전 등이 있다.

(4) 자본참가에 의한 기업결합에 의하여 기업구조를 재편할 수 있다. 자본참가에 의하여 모자회사 또는 비모자회사가 되는 경우에 대해서는 앞서 설명하였다. 지주회사로 재편하여 완전모자회사관계로 만드는 것도 자본참가에 의한 기업결합의 한 유형이다.

(5) 주식회사를 유한회사로 조직변경을 하는 방법이 있다. 그 逆도 가능하다.

(6) 적대적 기업인수에 대비하여 경영권방어책을 강구하기 위한 방책으로 정관이나 조직을 정비하는 것도 넓은 의미의 구조개편에 속한다.

(7) 이 밖에 아웃소싱(out-sourcing)을 통한 구조개편방법이 있다. 아웃소싱은 핵심역량에 집중하기 위하여 비핵심분야를 외부조달의 형태로 전환하는 것을 말한다. 이러한 구조개편은 거래법적 측면이 강하고 다른 구조개편방법에 비하면 주주 및 회사채권자에 미치는 영향이 상대적으로 크지 않다.

제 2 장

회사합병

■ 국민은행과 주택은행의 합병이 극비리에 논의되었다. 국민은행의 대주주인 골드만삭스 뉴욕 본사팀이 최근 방한, 관계 인사들과 심도있게 합병논의를 벌인 뒤 출국했다. 골드만삭스측은 골드만삭스 지분(11.07%)을 포함해 외국인 투자자 지분이 66%나 되는 만큼 합병의 주도권이 자연스럽게 국민은행에 올 것으로 보고 있다. 두 은행은 2000년 12월 22일 합병을 위한 양해각서(MOU)를 교환하고, 본계약을 하기로 했으나 합병비율·존속법인 등의 문제에 대해 합의를 이루지 못했었다. (출처 : 대한매일 2001. 2. 1, 중앙일보 2001. 4. 12)

■ 국민은행과 주택은행의 합병계약을 둘러싼 두 은행간의 협의가 막바지에 접어들었다. 현재 대부분의 문제는 합의를 이룬 상태에서 합병비율 문제를 놓고 두 은행이 줄다리기를 하고 있는 것으로 알려졌다. 한 관계자는 "이 부분은 주주들 전체의 이익이 걸려 있는 만큼 쉽게 결정할 수 없다"며, "두 은행간의 합의는 물론 주주들을 이해시킬 수 있는 타당한 계산방법을 통해 합병비율에 합의해야 하는 어려운 문제"라고 밝혔다. 합병비율문제는 합병계약의 이사회 통과시 가장 큰 걸림돌이 될 공산이 크다. 두 은행의 주요 대주주인 외국계 금융기관들이 이 부분에 대해 충분히 수긍할지 알 수 없기 때문이다. 이에 따라 두 은행은 이 문제에 가장 많은 시간을 들이고 있는 상태이다. (출처 : 세계일보 2001. 3. 31)

■ 국민은행과 주택은행이 2001. 4. 23. 노조가 반발하는 가운데 서울 여의도 전경련회관에서 비공개로 합병 본계약을 체결했다. 국민 · 주택 합병추진위원회는 "○○○ 국민은행장과

○○○ 주택은행장이 오후 6시 40분 신설 법인을 통한 합병 계약에 최종 합의하고 서명을 마쳤다"고 발표했다. 국민 · 주택은행은 이날 오전 각각 이사회를 열어 합병을 결의했지만, 주택은행이 계약서의 일부 내용을 문제 삼아 수정의결을 하는 바람에 예정대로 본계약을 체결하지 못했다. 두 은행은 수정된 계약서에 대한 이사회 의결을 거치지 못해 회사별로 추후 승인을 받기로 하는 편법을 동원했다. 이날 노조 조합원들은 합병계약체결이 예상된 장소에 대기하면서 합병반대시위를 벌였다. 합병은행의 이름은 '주식회사 국민은행'으로, 존속법인은 제3의 신설법인으로 잠정 결정됐다. 또 주식교환비율과 관련, 국민은행 주식(보통주 기준) 1.6883주를 신설은행 1주로, 주택은행 주식 1주를 신설은행 1주로 교환하기로 했다. 신설은행의 수권자본금은 5조 원이며, 납입자본금은 1조 7,020억 원, 발행주식수는 3억 4,039만 주다. 합병승인 주주주총회의 예정일은 10월 19일이며, 신주교부예정일은 11월 19일, 상장예정일은 11월 20일이다. 이와 함께 두 은행의 종업원은 신설은행의 종업원으로 승계하고 합병은행 이사회를 30명 안팎의 이사로 구성키로 했다. 이에 앞서 두 은행은 각각 이사회를 열고 합병 본계약을 승인했다. 합병에 반대하는 주주들은 두 은행의 합병승인 주주총회(10월 20일) 이전에 소정의 절차를 밟아 반대의사를 표시하면 주주총회 후 일정 기간 내에 주식매수청구권을 행사할 수 있게 된다. 주식매수청구가격은 국민은행 1만 3,968원, 주택은행 2만 2,441원으로 결정됐다. 국민 · 주택은행 합병추진위원회는 2001. 9. 11. 새벽 미국 증권거래위원회(SEC)로부터 유가증권 등록서류의 유효선언을 받았다고 발표했다. 합병추진위원회는 이에 따라 곧 뉴욕증권거래소에 상장신청서를 제출, 합병은행의 주식예탁증서(ADR)를 뉴욕증권거래소에 상장할 예정이며, 국내에서는 2001. 9. 29. 합병주주총회를 열고 11월 1일 합병은행을 공식 출범시킬 예정이다.

* 위 합병계약의 내용 요약

① 합병의 형태 : 신설합병 (국민은행과 주택은행을 해산함과 동시에 신설은행을 설립)

② 합병기일 : 2001. 10. 31

③ 합병비율 : 보통주의 경우는 국민은행 보통주식 1.688346주당 신설은행 주식 1주, 주택은행 보통주식 1주당 신설은행 주식 1주, 우선주(예금보험공사)의 경우는 1주당 그와 동일한 조건으로 신설은행의 우선주 1주를 배정

④ 주식매수선택권(Stock Option) 및 전환사채는 제반 조건을 조정하여 신설은행이 승계

⑤ 자본 : 발행할 주식의 수(수권자본)는 10억 주, 발행주식의 주는 3.4억 주, 설립자본금(납입자본금)은 1조 7,020억 원

⑥ 합병승인 주주총회 : 2001. 10. 20까지 개최

⑦ 신설은행 :

- 신설은행의 상호는 "주식회사 국민은행"
- 설립위원은 양 은행의 합병승인 주주총회에서 선임한 4인 이상의 설립위원이 신설은행의 정관제정 등 기타 설립행위 담당
- 신설은행의 정관은 합병추진위원회가 준비하여 설립위원에게 제안하고, 설립위원이 관련 법령에 따라 제정

• 양 은행의 종업원은 신설은행의 종업원으로 승계
• 이사회 구성 : 30인 이내 이사로 구성 (현재 국민은행 정관 : 25인 이내, 주택은행 정관 : 20인 이내)
• 이사의 선임 : 신설은행이 창립총회를 개최하지 않을 경우, 신설은행의 이사는 양 은행의 합병승인을 위한 주주총회에서 선임

⑧ 선행조건 : 본건 합병을 진행하기 위한 선행조건으로 정부기관의 인허가, 승인의 취득, 진술보장의 정확성, 확약사항의 이행, 미국 SEC의 유가증권신고서 유효선언 등을 규정

(출처 : 한국일보 2001. 1. 5, 세계일보 2001. 3. 31, 국민일보 2001. 4. 12, 동아일보 2001. 4. 12, 대한매일 2001. 4. 12, 한겨레 2001. 4. 12, 한겨레 2001. 4. 14, 조선일보 2001. 4. 20, 경향신문 2001. 4. 23, 동아일보 2001. 4. 23, 이데일리 2001. 4. 23, 중앙일보 2001. 4. 23, 경향신문 2001. 4. 24, 문화일보 2001. 4. 23, 조선일보 2001. 4. 23, 조선일보 2001. 4. 24, 중앙은행 2001. 4. 24, 한겨레 2001. 4. 24, 한겨레 2001. 7. 10, 중앙일보 2001. 7. 13, 동아일보 2001. 8. 6, 경향신문 2001. 9. 12)

| 해 설 |

위 사례는 국내 금융산업의 빅뱅(big bang)이라 할 수 있는 국민은행과 주택은행의 합병의 경과를 다룬 것이다. 회사합병은 마치 두 남녀의 결혼과도 같다. 저마다 다른 환경 속에서 살아온 두 남녀가 하나의 몸으로 합쳐 한 가족을 이루기 위해서는 여러 단계를 거치듯이, 회사가 합병하기 위해서는 때로는 막후협상도 필요하고, 때로는 반대를 무릅써야 하는 경우도 있고, 때로는 주변을 정리하여야 할 일도 있다. 결혼이나 합병은 합일로 인한 시너지 효과가 각각 따로 있는 것보다 더 큰 효과를 발휘할 수 있을 때 그 의미가 있다. 합병을 하려면 어떠한 절차를 거쳐야 하는가? 합병에 반대하는 주주는 어떠한 방법으로 투하자본을 회수할 수 있는가? 합병에 대하여 회사채권자는 어떠한 이해관계를 갖고 있고, 그 권리를 구제받는 방법은? 이러한 것들이 합병에 관한 주요 법률문제가 된다.

제1절 의의

합병이란 상법 소정의 절차에 따라 복수의 회사가 당사자가 되어 그 일부 또는 전부를 해산하고 그 재산을 청산절차를 거치지 않고 포괄적으로 존속회사 또는 신설회사에 승계하면서 사원도 수용하는 회사법상의 특유한 법률사실이다(인격합일설 ; 다수설).

| 합병의 장단점 |

합병에 의하면, 경제적으로는 사업과 시장의 확장, 규모의 경제 등의 장점이 있고, 법적으로는 소멸회사가 청산절차를 밟지 않고 그 재산이 포괄적으로 존속회사 또는 신설회사에 이전되어 소멸회사가 쌓아온 조직과 영업기반을 그대로 활용할 수 있다는 장점이 있다. 합병은 가장 강력한 기업결합의 방법이다. 이러한 장점은 동시에 단점이 될 수도 있다.

제2절 유형

[1] 흡수합병 · 신설합병

흡수합병(merger)은 당사 회사 중의 하나는 존속하고 다른 하나는 해산(소멸)하여 존속회사에 흡수되는 방식이다. 신설합병(consolidation)은 당사 회사가 모두가 해산(소멸)하고 이를 가지고 새로운 회사를 설립하는 방식이다. 신설합병은 흡수합병에 비하여 복잡하고, 실제에 있어서는 흡수합병이 주로 이용되고 있다.

| 흡수합병 · 신설합병의 유형 |

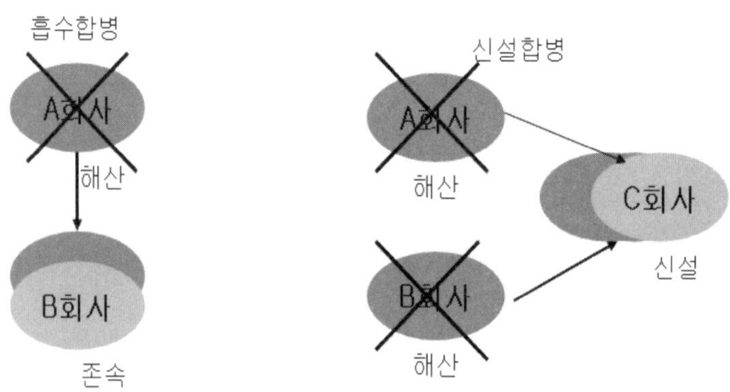

[2] 일반합병 · 특수합병

일반적인 합병의 경우는 당사 회사의 전부가 주주총회의 합병승인결의를 거쳐야 한다. 그러나 특수합병의 경우에는 당사 회사 중 어느 일방의 회사에서는 주주총회의 승인결의를 요하지 않고 이를 이사회의 결의로 갈음할 수 있다. 특수합병에는 간이합병과 소규모합병이 있다. 특수합병은 주식회사에 한하여 인정되고 유한회사에 대해서는 허용되지 않는다(상 603조, 526조 1항 · 2항, 527조 1항 · 3항).

제3절 절차

합병절차의 핵심은 이해당사자(주주, 회사채권자)의 보호에 있다.

| 합병절차 |

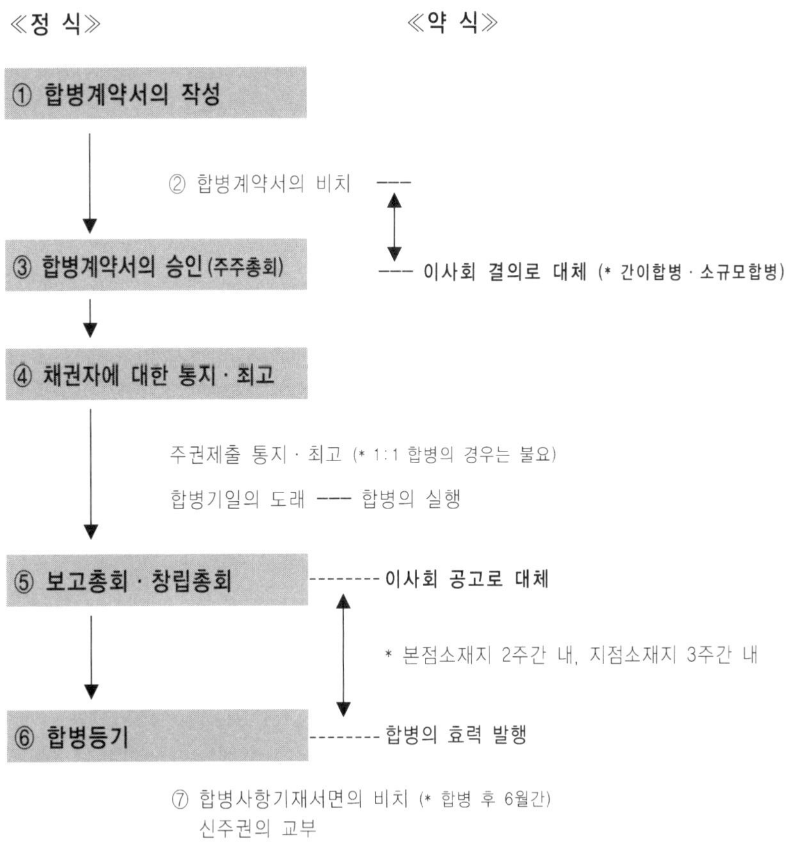

[1] 합병계약서의 작성

합병을 하려면 합병을 하려고 하는 당사회사간에 합병에 관한 계약이 있어야 한다. 합병계약은 당사회사의 대표이사가 체결하게 되나, 법정사항을 기재한 합병계약서의 작성을 요하고(상 522조 1항), 이를 주주총회에 부의하여 승인을 얻어야 한다.

| 합병계약의 요식성 |

존속회사 또는 신설회사가 인적회사인 경우에는 합병계약서의 형식에 관하여 아무런 제한을 두고 있지 않으나, 주식회사나 유한회사와 같은 물적회사에 대해서는 법정사항을 기재한 합병계약서를 작성하여야 한다(상 522조 1항, 523조, 524조, 525조, 603조).

(1) 흡수합병의 경우 합병계약서의 기재사항(상 523조)

㉠ 존속하는 회사가 합병으로 인하여 그 발행할 주식의 총수를 증가하는 때에는 그 증가할 주식의 총수, 종류와 수

㉡ 존속하는 회사의 증가할 자본과 준비금의 총액

㉢ 존속하는 회사가 합병 당시에 발행하는 신주의 총수, 종류와 수 및 합병으로 인하여 소멸하는 회사의 주주에 대한 신주의 배정에 관한 사항

㉣ 존속하는 회사가 합병으로 인하여 소멸하는 회사의 주주에게 지급할 금액(합병교부금)을 정한 때에는 그 규정

㉤ 각 회사에서 합병의 승인결의를 할 사원 또는 주주의 총회의 기일

㉥ 합병을 할 날(합병기일)

㉦ 존속하는 회사가 합병으로 인하여 정관을 변경하기로 정한 때에는 그 규정

㉧ 각 회사가 합병으로 인하여 이익의 배당 또는 제462조의3 제1항의 규정에 의하여 금전으로 이익배당(중간배당)을 할 때에는 그 한도액

㉨ 합병으로 인하여 존속하는 회사에 취임할 이사와 감사 또는 감사위원회의 위원을 정한 때에는 그 성명 및 주민등록번호

(2) 신설합병의 경우 합병계약서의 기재사항(상 524조)

㉠ 신설회사의 목적 · 상호, 수권주식총수 · 1주의 금액 · 수종의 주식을 발행할 때에는 그 종류와 수와 본점소재지

㉡ 신설회사가 합병당시에 발행하는 주식의 총수와 종류, 수 및 각 회사의 주주에 대한 주식의 배정에 관한 사항

㉢ 신설회사의 자본과 준비금의 총액

㉣ 각 회사의 주주에게 지급할 금액(합병교부금)

㉤ 합병승인총회의 기일과 합병을 할 날(합병기일)

㉥ 합병으로 인하여 설립되는 회사의 이사와 감사 또는 감사위원회의 위원을 정한 때에는 그 성명 및 주민등록번호

| 합병비율 |

합병비율의 산정은 합병당사회사의 자산 및 수익가치를 공평하게 평가하여 1주당 가치를 분석하고 이를 기초로 하여 존속회사의 1주당 가액과 소멸회사의 1주당 가액을 비율로 표시한다. 합병비율이 공정하지 못한 경우에는 합병 무효사유가 된다.

| 합병교부금 |

존속회사가 소멸회사의 주주에게 배정할 신주의 일부를 금전으로 갈음하여 지급하는 경우 이를 합병교부금이라 한다. 합병교부금은 합병당사회사의 재산상태가 합병비율에 따라 주식배정을 할 수 없는 경우에 그 비율을 조정하기 위하여, 또는 소멸회사의 결산기가 합병기일 후에 도래하는 경우에 합병기일 전일까지 소멸회사의 주주에게 이익배당을 하기 위하여 지급된다.

| 합병기일 |

합병기일('합병을 할 날')은 소멸회사의 재산이 존속회사에 승계되고 존속회사의 주식이 소멸회사의 주주에게 배당되어 실질적으로 당사회사가 합일하는 절차의 완료예정일이다. 합병의 효력이 발생하는 합병등기의 날과 합병기일은 구별된다.

(3) 법정사항 이외의 기재

법정사항 이외의 사항도 합병의 본질 또는 강행법규에 반하지 않는 한 기재할 수 있다. 실무상으로는 합병계약체결 후의 회사재산에 대한 선관주의의무, 임원과 종업원에 대한 조치, 중대한 변경이 생길 때의 조건변경 또는 계약해제의 유보 같을 것을 정한다(손주찬).

[2] 사전 · 사후 공시

(1) 이사는 합병승인결의를 위한 주주총회 2주간 전부터 합병을 한 날 이후 6월이 경과하는 날까지 합병계약서, 소멸회사의 주주에게 발행하는 주식의 배정사항과 그 이유를 기재한 서면, 합병당사회사의 대차대조표(합병대차대조표)와 손익계산서를 본점에 비치하여야 한다(상 522조의2 1항). 비치하는 것으로 족하고 이를 공고할 필요는 없다.

(2) 이상의 서류는 주주로서는 합병에 반대할 것인가의 여부를, 채권자로서는 이의를 제출할 것인가의 여부를 판단하는 자료가 된다.

(3) 주주 및 회사채권자는 영업시간 내에는 언제든지 이 서류의 열람을 청구하거나 회사가 정한 비용을 지급하고 그 등본 또는 초본의 교부를 청구할 수 있다(상 522조의2 2항).

[3] 주주보호절차

(1) 주주총회의 합병승인결의

① 합병당사회사는 합병계약서에 정해진 기일에 주주총회를 열고 합병계약서를 제출하여 특별결의에 의한 승인을 얻어야 한다(상 522조 1항 · 3항, 434조).

② 회사가 수종의 주식을 발행한 경우에는 불이익을 받게 되는 종류주주의 결의도 필요하다(상 436조).

③ 간이합병과 소규모합병의 경우에는 주주총회의 승인결의를 생략하고 이를 이사회의 결의로 갈음할 수 있다.

■ 인적회사에서는 총사원의 동의(상 230조, 269조), 유한회사에서는 사원총회의 특별결의(상 598조)에 의한 합병승인결의가 있어야 한다.

(2) 주식매수청구권

① 합병에 반대하는 주주는 회사에 대해 주식매수청구권을 행사할 수 있다(상 522조의3 1항). 합병에 관한 이사회의 결의가 있은 후 합병에 반대하는 주주는 주주총회 전에 회사에 대하여 서면으로 합병결의에 반대하는 의사를 통지하고, 주주총회의 합병승인결의 후 20일 이내에 주식의 종류와 수를 기재한 서면으로 회사에 대하여 자기가 소유하고 있는 주식의 매수를 청구할 수 있다(상 522조의3 1항).

② 간이합병의 경우에도 반대주주의 주식매수청구권을 인정하나(상 522조의3 2항), 소규모합병의 경우에는 존속회사의 주주에게 미치는 영향이 극히 미미하기 때문에 존속회사의 주주에게 주식매수청구권이 인정되지 않는다.

[4] 채권자보호절차

합병으로 인하여 채권의 책임재산이 되는 당사회사의 재산이 존속회사 또는 신설회사의 재산으로 혼융되므로 채권자 보호절차를 밟아야 한다.

합병 및 주권제출공고

2002년11월 27일 개최된 다음 양 사 의 임시주주총회에서 주식회사 동 우(이하 "갑" 이라 함) 는 주식회사 진 우(이하 "을" 이라 함)를 합병하고 그 권리 의무일체를 승계하고 존속하며 (을) 회사는 해산하기로 결의하였으므로 이 합병에 대하여 이의가 있는 채권자는 이 공고 게재일 로 부터 1개월 이내에 관계회사에 이의를 제출하여 주시기 바랍니다. 아울러 (갑),(을)회사의 주주 및 질권자께서는 소유주권 전부를 이 공고 게재일 로 부터 1개월 이내에 (갑),(을)회사로 제출하여 주시기 바랍니다.

2002년 11월 28일

경기도 용인시 포곡면 금어리 615-2
합병회사 (갑) 주식회사 동 우
대표이사 이 춘 성

강원도 횡성군 횡성읍 묵계리 43-8
피합병회사 (을) 주식회사 진 우
대표이사 이 춘 성

(1) 채권자 이의를 위한 공고 · 최고
채권자들에게 이의를 제기할 수 있는 기회를 주기 위하여, 회사는 주주총회의 합병결의 후 2주 내에 회사채권자에 대하여 합병에 이의가 있으면 1월 이상의 일정한 기간 내에 이의를 제출할 것을 공고하고, 알고 있는 채권자에 대해서는 각별로 최고하여야 한다(상 527조의5 1항).

(2) 이의 제출 또는 제출하지 않은 경우의 효과
① 위 기간 내에 이의를 제출하지 않은 채권자는 합병을 승인한 것으로 간주한다(상 527조의5 3항, 232조 2항).
② 이의를 제출한 채권자에 대해서는 채무를 변제하거나, 상당한 담보를 제공하거나 이를 목적으로 상당한 재산을 신탁하여야 한다(상 527조의5 3항, 232조 3항).
③ 채권자가 사채권자일 경우에는 사채권자집회의 결의가 있어야 이의를 제출할 수 있다. 법원은 이해관계인의 청구에 의하여 이의제출기간을 연장할 수 있다(상 493조 3항).

[5] 주식배정의 준비 - 주식의 병합 · 분할절차

(1) 소멸회사의 주식에 대하여 존속회사 또는 신설회사의 주식을 배정하는 경우에 소멸회사의 주식과 존속회사 또는 신설회사의 주식의 액면가가 동일하지 않거나 1:1의 대등관계가 아니면 주식의 배정이 어렵게 된다. 이러한 경우 소멸회사는 자

본감소를 할 때에 주식병합의 절차에 따라 주식을 병합하거나 주식분할을 하여야 한다(상 530조 3항, 440조~444조).

(2) 병합으로 인하여 단주가 생긴 때에는 합병기일 후에 존속회사 또는 신설회사의 설립위원이 이를 경매하거나 법원의 허가를 얻어 기타의 방법으로 매각하여 그 대금을 해산회사의 주주에게 지급하여야 한다(상 530조 3항, 443조, 526조 1항, 527조 1항).

[6] 합병기일에 합병의 실행

당사회사는 합병기일에 실질적으로 합체된다. 즉, 합병기일(상 523조 5호, 524조 5호)에 소멸회사는 재산과 주주 관련 서류를 존속회사 또는 신설회사에 인도하여야 한다. 또 합병기일에 소멸회사의 주주는 존속회사 또는 신설회사의 신주를 배정받는 것이 보통이다.

[7] 보고총회와 창립총회

(1) 보고총회

① 흡수합병의 경우 존속회사의 이사는 총회를 소집하여 합병에 관한 사항을 보고하여야 한다. 즉, 채권자보호절차의 종료 후, 주식병합을 요하는 때에는 그 효력이 생긴 후, 또는 병합에 적당하지 않는 주식이 있는 때에는 제443조에 의한 단주처리 후, 지체 없이 주주총회를 소집하여 합병에 관한 사항을 보고하여야 한다(상 526조 1항).

② 보고총회는 이사회의 공고로써 갈음할 수 있다(상 526조 3항).

> **합병보고 주주총회에 갈음한 합병공고**
>
> 1. 2001년 11월 26일 개최된 다음 양 회사의 이사회에서 쌍용양회공업주식회사(이하 "갑" 이라 함)는 오주개발주식회사(이하 "을" 이라 함)를 흡수합병하고, "을" 의 권리 · 의무 일체를 승계하여 존속하며 "을" 은 해산하기로 결의하였습니다.
>
> 2. 위 결의에 의하여 양 회사는 상법소정의 합병절차를 완료하였으므로, 상법 제526조 제3항에 의하여 합병보고 주주총회에 갈음하여 이사회의 결의와 이 공고로써 합병보고를 대체하기로 결의하였으므로 이에 합병 완료사실을 각 주주님들께 공고로써 보고합니다.
>
> 2002년 1월 12일
>
> 갑 : 서울특별시 중구 저동 2가 24-1
> **쌍용양회공업주식회사**
> 공동대표이사 사장 명호근
> 공동대표이사 부사장 스즈끼 타다시
>
> 을 : 서울특별시 중구 저동 2가 24-1
> **오주개발주식회사**
> 대표이사 사장 좌성욱

(2) 창립총회

① 신설합병의 경우에는 정관의 작성 기타 설립에 관한 행위가 필요하고, 이는 각 회사에서 선임한 설립위원이 공동으로 하여야 하며, 설립위원의 선임은 주주총회의 특별결의에 의한다(상 175조). 신설합병의 경우 설립위원은 흡수합병과 같은 절차를 밟은 후에 지체 없이 창립총회를 소집하여야 한다(상 527조 1항). 창립총회에서 설립위원은 회사창립에 관한 사항을 서면으로 보고하고(상 527조 3항, 311조), 이사와 감사를 선임하여야 한다(상 527조 3항, 312조). 창립총회에서는 회의의 목적사항을 기재하지 않았더라도 합병계약의 취지에 반하지 않는 한 정관변경의 결의를 할 수 있다(상 527조 2항). 그러나 합병총회에서 설립폐지의 결의를 할 수 없다.

② 창립총회 역시 이사회의 공고로 갈음할 수 있다(상 527조 4항).

| 서울지법 2003. 11. 20. 선고 2001가합18662, 61253 판결 |

주식회사를 설립하는 창립총회에서는 이사와 감사를 선임하여야 한다는 상법 제312조의 규정이 상법 제527조 제3항에 의해서 신설합병의 창립총회에 준용되고 있으나, 한편 상법 제524조에 의하면 합병으로 인하여 설립되는 회사의 이사와 감사 또는 감사위원회 위원을 정한 때에는 신설합병의 합병계약서에 그 인적 사항을 기재하게 되어 있고, 그 합병계약서가 합병 당사 회사의 주주총회에서 승인되는 과정을 거치는 만큼 이러한 경우에는 굳이 신설합병의 창립총회에서 합병으로 인하여 설립되는 회사의 이사와 감사 등을 다시 선임할 필요가 없다.

[8] 합병등기

합병등기(합병으로 인한 해산등기, 변경등기, 설립등기)는 합병보고총회 또는 창립총회가 종결한 날로부터 본점 소재지에서는 2주 내에 또 지점 소재지에서는 3주 내에 하여야 한다(상 528조 1항). 합병의 효력은 등기함으로써 생긴다(효력발생요건)(상 530조 2항, 234조). 존속회사 또는 신설회사가 합병으로 인하여 전환사채 또는 신주인수권부사채를 승계한 경우에는 합병등기와 함께 전환사채 또는 신주인수권부사채의 등기도 하여야 한다(상 528조 2항).

제4절 효과

[1] 회사소멸(해산) 및 회사설립(또는 변경)

(1) 합병등기가 있으면, 흡수합병의 경우에는 당사회사의 일부가 소멸하고, 신설합병의 경우에는 당사회사의 전부가 소멸한다(상 517조 1항 1호, 227조 4호). 합병은 해산사유이나, 일반적인 해산과는 달리 청산절차를 요하지 않는다.

(2) 합병등기가 있으면, 신설합병의 경우에는 신회사가 성립(신설)하고, 흡수합병의 경우에는 존속회사가 변경된다. 존속회사 또는 신설회사에는 정관변경과 신주발행이 행해진다.

[2] 포괄승계

(1) 합병에 의하여 존속회사 또는 신설회사는 소멸회사의 권리의무를 포괄적으로 승계함으로써 재산이 합일된다(상 530조 2항, 235조). 영업양수의 경우와는 달리 개개의 권리의무에 관하여 개별적으로 이전행위를 하여야 하는 것은 아니다. 합병의 경우 포괄승계되므로 소멸회사의 권리 또는 의무의 일부를 승계하지 않고 유보하는 특약은 무효이다.

(2) 그러나 대항요건을 요하는 경우에는 이를 갖추어야 대항할 수 있다(예 : 상호 이전의 등기, 기명주식 이전시 명의개서).

(3) 포괄승계의 대상에는 재산관계 뿐만 아니라 근로계약관계도 원칙적으로 포함된다(대판 2001. 4. 24, 99다9370 ; 대판 1999. 1. 26, 98다46198). 이에 관한 사항은 합병계약서에서 정할 수도 있다.

대법원 1980. 3. 25. 선고 77누265 판결

회사합병이 있는 경우에는 피합병회사의 권리 의무는 사법상의 관계나 공법상의 관계를 불문하고 그 성질상 이전을 허용하지 않는 것을 제외하고는 모두 합병으로 인하여 존속한 회사에서 승계된다.

[3] 사원의 수용

소멸회사의 주주는 그가 가진 주식 수에 따라 존속회사 또는 신설회사의 주식을 받아 존속회사 또는 신설회사의 주주가 됨으로써 사원이 합일된다(대판 2003. 2. 11, 2002다62029). 그러나 합병교부금이나 단주의 매득금을 받거나 반대주주로서 주식매수청구권을 행사한 경우에는 그러하지 않다.

| 이사 · 감사의 교체 |

합병을 하는 회사의 일방이 합병 후에 존속하는 경우에 존속회사의 이사 및 감사로서 합병 전에 취임한 자는 합병계약서에 다른 정함이 없는 경우를 제외하고는 합병 후 최초로 도래하는 결산기의 정기주주총회가 종료한 때에 자동으로 퇴임한다(상 527조의4).

| 대법원 2003. 2. 11. 선고 2001다14351 판결 |

회사의 합병이라 함은 두 개 이상의 회사가 계약에 의하여 신회사를 설립하거나 또는 그 중의 한 회사가 다른 회사를 흡수하고, 소멸회사의 재산과 사원(주주)이 신설회사 또는 존속회사에 법정 절차에 따라 이전 · 수용되는 효과를 가져오는 것으로서, 소멸회사의 사원(주주)은 합병에 의하여 1주 미만의 단주만을 취득하게 되는 경우나 혹은 합병에 반대한 주주로서의 주식매수청구권을 행사하는 경우 등과 같은 특별한 경우를 제외하고는 원칙적으로 합병계약상의 합병비율과 배정방식에 따라 존속회사 또는 신설회사의 사원권(주주권)을 취득하여, 존속회사 또는 신설회사의 사원(주주)이 된다.

제5절 특수합병 (약식합병)

합병을 하는 경우 원칙적으로 각 당사회사(소멸회사 및 존속회사)의 주주총회에서 합병승인결의를 하여야 한다. 그러나 간이합병과 약식합병의 경우에는 합병당사회사 중 어느 일방 회사에서 주주총회의 승인결의를 생략하고 이를 이사회의 결의로 갈음할 수 있다. 특수합병은 흡수합병의 경우에만 가능하다.

[1] 간이합병

석유 및 가스 판매업체인 ○○산업이 열병합발전업체 △△에너지와의 흡수합병을 추진한다. 금융감독기관에 따르면 △△에너지는 모기업인 ○○산업과의 합병을 추진하기 위해 등록법인신청서를 제출했다. 합병은 ○○산업이 △△에너지의 주식을 100% 보유하고 있어 간이합병방식으로 진행된다. △△에너지는 ㅁㅁ건설이 100% 출자해 설립한 법인이었으나, ○○산업이 주식 100%를 인수하여 자회사로 편입됐다. (출처: 파이낸셜뉴스 2004. 9. 19 [신성우])

| 해 설 |

정식의 합병절차에서는 주주의 이익을 보호하기 위하여 주주총회의 승인절차를 두고 있다. 그러나 소멸회사에서 별도로 주주총회의 승인결의가 없더라도 주주총회의 승인결의에 필요한 요건(특별결의요건) 이상의 지주수를 가진 주주들이 이미 합병에 동의를 하고 있다면 새삼스럽게 소멸회사에서 주주총회의 승인결의를 얻도록 하는 것은 불필요하다. 또한 존속회사가 소멸회사의 대부분의 주식을 보유하고 있다면 존속회사에서 주주총회의 승인결의를 얻도록 하는 외에 다시 소멸회사에서 주주총회의 승인결의를 이중으로 거치도록 하는 것 역시 불필요하다. 이러한 경우에 소멸회사에서 주주총회의 승인결의를 요하지 않고 이를 이사회의 결의에 갈음할 수 있도록 함으로써 보다 신속하고 간이하게 합병절차를 진행시킬 수 있다. 이것이 상법 제527조의2의 간이합병제도이다. 위 사례에서 존속회사가 소멸회사의 주식을 100% 보유하고 있으므로 간이합병절차에 의할 수 있는 대상이 된다. 주주총회의 승인결의절차를 생략하고 이를 이사회 결의로 갈음할 수 있는 경우로는 간이합병 외에 소규모합병(상 527조의3)이 있다.

1. 특징

① 간이합병은 「소멸회사」의 합병절차를 간소화하는 것이다. 소멸회사의 주주총회의 승인결의를 생략하고 이를 이사회의 결의로 갈음할 수 있다(상 527조의2 1항).
② 그러나 존속회사에서는 주주총회의 승인결의를 생략할 수 없다.

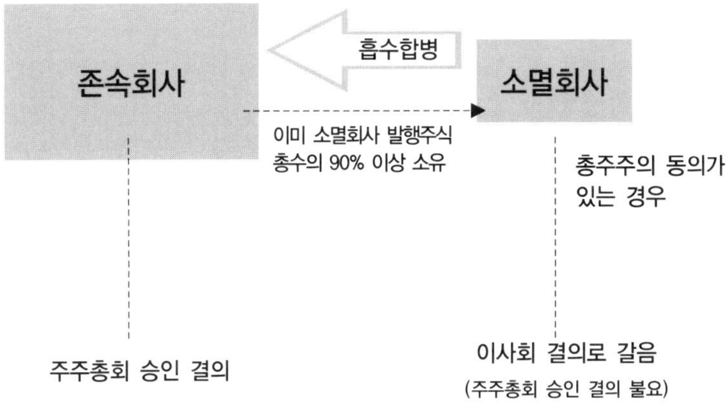

2. 적용대상

① 흡수합병의 경우에만 적용된다.
② (ⅰ) 소멸회사의 총주주의 동의가 있는 경우, 또는 (ⅱ) 존속회사가 이미 소멸회사의 발행주식총수의 90% 이상을 소유하고 있는 경우이어야 한다(상 527조의2 1항). 이러한 경우에는 소멸회사에서 주주총회를 열면 결국 합병안이 결의될 것이 분명하므로 굳이 소멸회사에서 총회를 열게 할 필요가 없기 때문이다.

| 주식매수청구권 |

① 존속회사의 합병반대주주에게 주식매수청구권이 인정된다.
② 소멸회사에 있어서, 위 적용대상의 (ⅰ)에 해당하는 경우에는 반대주주가 없으므로 소멸회사에서 주식매수청구권의 문제가 생기지 않고(상 527조의2 2항 단서), (ⅱ)에 해당하는 경우에는 반대주주가 있을 수 있으므로 반대주주의 주식매수청구절차를 생략할 수 없다(상 522조의3 2항).

[2] 소규모합병

주주각위

소규모 합병공고

상법 제527조의 3에 의거 주주총회 승인절차없이 아래와 같은 내용으로 소규모 합병을 하고자 공고합니다.

-아 래-

1. 합병의 목적 : (주)디지텔은 (주)투미텔과의 합병을 통하여 새로운 서비스 및 제품군의 확대와 양사의 R&D 및 마케팅 등 핵심역량의 상호 보완을 통한 시너지 효과를 극대화하고자 함.
2. 합병당사회사
   (1)합병회사 : (주)디지텔(서울특별시 강남구 역삼동 835-6)
   (2)피합병회사 : (주)투미텔(경기도 고양시 일산구 백석동 1141-1 일산테크노타운 924호)
3. 합병의 방법 : (주)디지텔이 (주)투미텔을 상법 제527조의 3 규정에 따른 소규모 합병방식으로 흡수합병하며, 양사의 합병비율은 (주)디지텔:(주)투미텔=1:0으로 함.
4. 소규모 합병일정
   (1)주주총회갈음 이사회 합병승인일 : 2001년 11월 27일
   (2)채권자이의 제출공고일 : 2001년 11월 28일
   (3)합병기일 : 2001년 12월 30일
5. 반대의사 통지의 내용 및 통지방법
   (1)개요 : 소규모합병에 반대하는 주주가 당사 총 발행주식의 20% 이상에 해당할 경우에는 합병에 대한 주주총회 승인을 거쳐야 하나 발행주식 총수의 20%에 미달할 경우 합병승인 이사회 결의로 주주총회 승인에 갈음하여 주식매수청구권은 배제됨.
   (2)행사절차 기간 및 장소 : ①소규모합병에 관한 이사회 결의에 반대하는 주주는 본 공고일이후 2주간(2001년 11월 13일~2001년 11월 26일)이내에 소규모 합병 이사회결의 반대의사 표시 통지서를 기재하신 후 명부주주께서는 2001년 11월 26일까지 당사에 도착하도록 발송하여 주시고 실질주주(증권회사에 위탁되어 있는 주주)께서는 반대의사통지 종료 전일(2001년 11월 25일)까지 거래 증권회사에 통보하시기 바랍니다.
   ※당사주소:서울특별시 강남구 역삼동 835-6(전화번호:(02)3450-4900)
   ②반대의사 표시 주주의 범위 : 2001년 11월 12일 현재 주주명부에 등재되어 있는 주주
8. 기타 : 2001년 10월 25일 금융감독위원회에 제출한 소규모 합병신고서를 참고하시기 바랍니다.

2001년 11월 13일

서울특별시 강남구 역삼동 835-6

DIGITEL 주식회사 디 지 텔

대표이사 이 종 석

| 해 설 |

위 사례는 흡수합병을 함에 있어서 존속회사가 소규모합병을 공고한 것이다. 합병은 회사의 구조적 변화를 초래하여 주주의 중대한 이해가 걸린 문제이므로 주주를 보호하기 위하여 주주총회의 승인결의를 요하고 합병에 반대하는 주주에게 주식매수청구권을 부여하고 있다. 그러나 대규모의 회사가 그보다 훨씬 작은 규모의 회사를 흡수합병하여 대규모회사의 입장에서는 회사의 구조적 변화를 초래하는 중대한 변화라고 할 수 없다. 따라서 이러

한 경우에는 주주총회의 승인결의와 주식매수청구권을 부여하는 기반을 상실하게 된다. 이러한 이유에서 소규모합병의 경우에는 합병회사측에서 원칙적으로 주주총회의 승인결의와 주식매수청구권을 인정하지 않는다(상 527조의3 5항). 소규모합병은 비유하자면 합병회사와 피합병회사가 마치 '코끼리에 비스킷'이거나 '간에 기별도 안가는' 정도여서, 합병회사에 미치는 영향이 지극히 미미하기 때문이다. 그러나 피합병회사의 입장에서는 자신의 전부가 통째로 먹혀들어가는 것이기 때문에 주주총회의 승인결의와 주식매수청구권을 생략할 수 없다.

1. 특징

① 소규모합병은 「존속회사」의 합병절차를 간소화하는 것이다. 존속회사측에서 주주총회의 승인결의를 생략하고 이를 이사회의 결의로 갈음할 수 있다(상 527조의3).
② 소멸회사측에서는 주주총회의 승인결의를 요한다.
③ 존속회사의 반대주주는 주식매수청구권을 갖지 못하나(상 527조의3 5항), 소멸회사의 반대주주는 주식매수청구권을 갖는다.

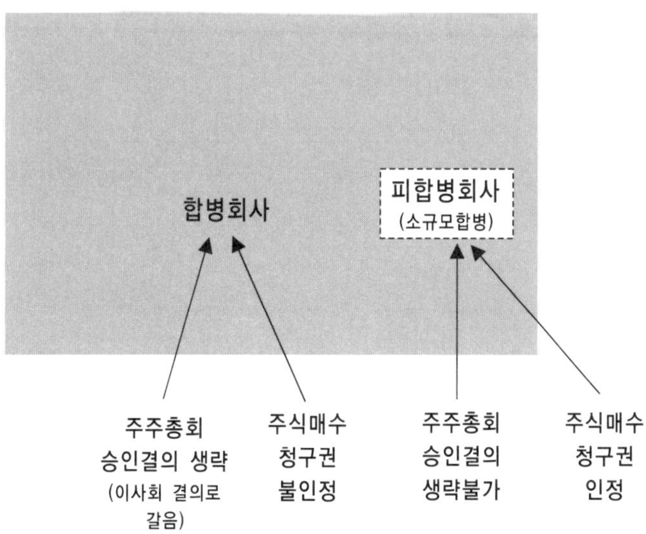

2. 적용대상

소규모합병은 다음의 두 가지 요건을 모두 충족하는 경우에 가능하다(상 527조의3 1항 본).

① 흡수합병하는 경우이어야 한다.

② 흡수회사(존속회사)의 입장에서 볼 때 흡수합병되는 소멸회사가 소규모이어야 한다. 즉, 존속회사가 소멸회사의 주주에게 발행하는 신주가 존속회사의 발행주식총수의 5%를 초과하지 않는 경우이어야 한다.

3. 특례가 인정되지 않는 경우

다음의 경우는 존속회사측에서 주주총회의 승인결의를 생략할 수 없다.

① 소멸회사의 주주에게 합병교부금을 지급하는 경우로서 합병교부금의 규모가 존속회사의 순자산액의 2%를 초과하는 경우(상 527조의3 1항 단).

② 존속회사의 발행주식총수의 20% 이상의 주식을 소유한 주주가 주주에 대한 통지나 공고일로부터 2주간 내에 회사에 대하여 서면으로 합병반대의사를 통지한 경우(상 527조의3 4항)

| 간이합병과 소규모합병 |

<table>
<tr><th></th><th>간이합병</th><th>소규모합병</th></tr>
<tr><td>적용범위</td><td>흡수합병으로 (ⅰ) 소멸회사의 총주주의 동의가 있거나 (ⅱ) 존속회사가 소멸회사의 발행주식총수의 「90%이상」을 소유하고 있는 경우</td><td>흡수합병시 존속회사가 합병으로 인하여 발행하는 신주의 총수가 그 회사 발행주식총수의 5%를 초과하지 아니하는 경우</td></tr>
<tr><td rowspan="2">주주총회의 승인결의</td><td>「존속회사」에서 주주총회의 승인결의가 있어야 한다.</td><td>「존속회사」에서 주주총회 승인결의를 이사회 승인으로 갈음할 수 있다.</td></tr>
<tr><td>「소멸회사」에서 주주총회의 승인결의를 이사회의 승인결의로 갈음할 수 있다.</td><td>「소멸회사」에서 주주총회의 승인결의를 얻어야 한다.</td></tr>
<tr><td>그 밖의 절차
(공고·통지)</td><td>소멸회사는 합병계약서 작성일로부터 2주 내에 주주총회의 승인을 얻지 아니하고 합병을 한다는 뜻을 공고하거나 주주에게 통지하여야 한다.</td><td>존속회사는 합병계약서 작성일로부터 2주 내에 소멸회사의 상호 및 본점 소재지, 합병기일, 주주총회의 승인을 얻지 아니하고 합병을 한다는 뜻을 공고하거나 주주에게 통지하여야 한다.</td></tr>
<tr><td rowspan="2">주식매수
청구권</td><td>「존속회사」에서 주식매수청구권 인정</td><td>「존속회사」에서 주식매수청구권이 인정되지 않는다(527의3③).</td></tr>
<tr><td>「소멸회사」에서 주식매수청구권 인정
(522의3②)</td><td>「소멸회사」에서 주식매수청구권이 인정된다.</td></tr>
<tr><td>제 한</td><td></td><td>(ⅰ) 합병교부금이 존속회사의 최종대차대조표상의 현존하는 순자산액의 2%를 초과할 때, (ⅱ) 존속회사의 발행주식총수의 20% 이상의 주식을 가진 주주가 소규모합병 공고·통지일로부터 2주간 내에 회사에 대하여 회사에 대하여 서면으로 합병에 반대한다는 의사를 통지한 때</td></tr>
</table>

| 관련사례 |

○○와 △△아이컴은 각각 이사회를 개최해 △△아이컴 1주당 ○○의 보통주식 0.55636주의 합병비율을 확정하고, 소규모합병방식으로 합병을 추진하기로 결의했다. 양사는 20일 합병계약을 체결하고 내년 1월 28일 ○○의 합병승인 이사회와, 같은 날 △△아이컴의 합병승인 주주총회를 거친 후 내년 3월 1일 합병법인으로 공식 출범하게 될 예정이다. ○○는 합병으로 인한 자본금의 증가규모가 354억 원으로 동사의 자본금인 9,203억 원의 5% 미만으로써, 상법 제527조 제3항에 규정된 소규모합병요건에 부합되어 소규모합병방식으로 진행된다. 양사는 합병이 소규모합병방식으로 진행됨에 따라, ○○는 합병주주총회의 개최와 주주들의 주식매수청구권 행사가 없으며, △△아이컴은 2003년 1월 28일부터 2월 17일까지 주주들의 주식매수청구권행사를 접수받아 처리하는 절차를 거치게 된다. ○○는 지난 10월 23일부터 11월 5일까지 공개매수방식으로 △△아이컴의 일반 및 법인 주주들로부터 25.69%를, □□로부터는 46.58%를 취득하는 등 총 87.3%의 △△아이컴 지분을 소유함으로써 소규모합병의 요건을 갖추게 되었다. (출처: 경향신문 2002. 12. 16, 머니투데이 2002. 12. 14, 한국경제 2002. 2. 16)

제6절 합병무효의 소

[1] 무효사유

합병에 중대한 하자가 있는 경우나 강행법규에 위반하는 경우에는 합병이 무효로 된다. 예컨대, 합병비율이 현저히 불공정한 경우, 합병승인 주주총회의 결의에 무효 또는 취소사유가 있는 경우, 채권자보호절차를 이행하지 않은 경우, 합병등기가 무효인 경우, 합병계약서에 중대한 하자가 있는 경우 등이다. 합병무효의 소는 형성의 소이다.

[2] 소의 절차

(1) 당사자

합병무효의 소를 제기할 수 있는 원고적격이 있는 자는 주주, 이사, 감사, 청산인, 파산관재인, 합병에 승인을 하지 아니한 채권자에 한한다(상 529조 1항). 피고는 존속회사 또는 신설회사이다. 공정거래법에서는 공정거래위원회에 제소권을 인정하고 있다(독점 16조 2항).

(2) 제소기간

합병무효의 소는 합병등기가 있은 날로부터 6월 내에 제기하여야 한다(상 529조 2항). 공정거래법에 의하여 공정거래위원회가 제소하는 경우에는 제소기간의 제한이 없다(독점 16조 2항).

(3) 관할법원 · 병합심리

본점소재지의 지방법원의 전속관할이다(상 530조 2항, 240조, 186조). 수개의 소가 제기된 경우 법원은 병합심리하여야 한다(상 530조 2항, 240조, 188조).

(4) 회사의 공고

합병무효의 소가 제기된 경우 회사는 지체 없이 이를 공고하여야 한다(상 530조 2항, 240조, 187조).

(5) 회사채권자의 담보제공

「채권자」가 합병무효의 소를 제기한 경우에는 회사는 법원에 대하여 채권자의 소제기가 악의임을 소명하고 그 회사채권자에게 상당한 담보를 제공할 것을 명할 것을 청구할 수 있다(상 530조 2항, 237조, 176조 3항 · 4항).

(6) 법원의 재량기각

합병무효의 소의 심리 중에 그 원인이 되었던 하자가 보완되고 회사의 현황과 제반 사정을 참작하여 합병을 무효로 하는 것이 부적당하다고 인정되는 때에는 법원은 재량으로 그 청구를 기각할 수 있다(상 530조 2항, 240조, 189조).

[3] 원고승소판결의 효력

(1) 대세적 효력

원고승소판결(즉, 합병무효판결)의 효력은 당사자뿐만 아니라 제3자에 대해서도 효력이 있다(상 530조 2항, 240조, 190조 본).

(2) 불소급효

합병판결무효의 판결 전에 생긴 주주 및 제3자간의 법률관계는 합병무효판결에 의하여 영향을 받지 않는다(상 530조 2항, 240조, 190조 단).

(3) 사실상의 회사

① 합병무효판결이 확정되면 합병 이전의 상태로 회복된다.

② 합병 후 합병무효판결이 있기까지 존속회사 또는 신설회사가 부담한 채무는 합병당사회사가 연대책임을 진다(상 530조 2항, 239조 1항).

③ 합병무효판결이 있기까지 존속회사 또는 신설회사가 취득한 재산은 합병당사회사의 공유로 된다(상 530조 2항, 239조 2항).

위 ②와 ③에서 각 회사가 협의로 각자의 부담부분과 지분을 정하지 못한 때에는 법원은 청구에 의하여 합병 당시의 각 회사의 재산상태 기타의 사정을 참작하여 이를 정한다(상 239조, 190조, 269조, 530조, 603조).

(4) 등기

합병무효판결이 확정된 경우 본점과 지점의 소재지에서 합병무효의 등기를 하여야 한다(상 530조 2항, 238조).

[4] 원고패소판결의 효력

(1) 대인적 효력

원고패소판결(즉, 합병유효판결)의 효력은 당사자 간에서만 효력이 있다(민소 204조 1항).

(2) 손해배상책임

패소원고에게 악의 또는 중대한 과실이 있는 때에는 그 원고는 회사가 입은 손해에 대하여 연대하여 배상책임을 진다(상 530조 2항, 240조, 191조).

제7절 합병의 자유와 제한

[1] 합병의 자유

회사는 어떠한 종류의 회사와도 합병할 수 있다(상 174조 1항). 물적회사와 인적회사 상호간의 합병도 인정된다.

[2] 합병의 제한

상법과 특별법에 의하여 다음과 같은 경우는 합병이 제한된다.

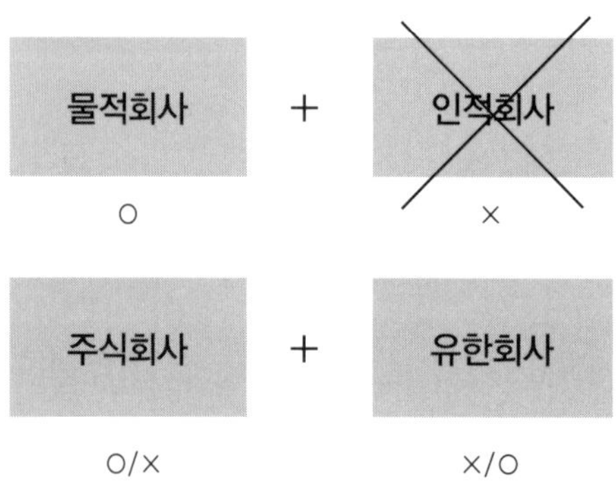

○ : 존속, × : 소멸

(1) 주식회사가 합명회사 또는 합자회사와 합병하는 경우

주식회사는 인적회사와도 합병할 수 있다. 다만, 합병 후의 존속회사 또는 신설회사는 주식회사이어야 한다(상 174조 2항). 만일 존속회사 또는 신설회사를 인적회사로 하게 되면, 유한책임사원을 무한책임사원으로 전환하여야 하고 이를 위해서는 번잡한 절차를 밟아야 하기 때문이다.

| 유한회사가 합명회사 또는 합자회사와 합병하는 경우 |

합병 후의 존속회사 또는 신설회사는 유한회사이어야 한다(상 174조 2항). 위 (1)과 동일한 이유에서이다.

(2) 주식회사가 유한회사와 합병하는 경우

주식회사가 유한회사와 합병하는 경우 합병 후의 존속회사 또는 신설회사는 주식회사로도 할 수 있고 유한회사로도 할 수 있다(상 174조 2항). (i) 존속회사 또는 신설회사를 주식회사로 하는 경우에는, 법원의 인가를 얻어야 한다(상 600조 1항). 주식회사의 설립절차에 관한 엄격한 법 규정의 잠탈을 막기 위함이다. (ii) 존속회사 또는 신설회사를 유한회사로 하는 경우에는, 주식회사의 사채상환이 완료되어야 한다(상 600조 2항). 유한회사는 사채를 발행할 수 없기 때문이다.

(3) 해산 후의 회사가 합병당사회사인 경우

청산 중의 회사는 존속회사로 하지 못한다. 즉, 해산 후의 청산 중인 회사는 존립 중의 회사를 존속회사로 하는 경우에 한하여 합병할 수 있다(상 174조 3항).

| 상장법인 합병의 특례 |

① 비상장법인이 상장법인과 합병하고자 하는 경우에는 주주총회의 승인은 비상장법인이 금융감독위원회에 등록한 날로부터 2월이 경과한 후가 아니면 그 효력이 없다(증거 190조). 합병예정법인인 비상장기업의 기업내용을 공시하기 위함이다.

② 상장법인이 다른 법인과 합병하고자 하는 경우에는 금융감독위원회와 거래소에 신고하여야 한다(증거 190조의2 1항). 합병주주총회에 무관심한 소액투자자를 보호하기 위하여 일종의 심사와 공시를 위함이다.

③ 위와 동일한 취지에서, 상장법인이 중요한 영업 또는 자산의 양수 또는 양도를 하고자 하는 경우, 주식의 포괄적 교환 또는 이전을 하고자 하는 경우, 분할 또는 분할합병을 하고자 하는 경우에도 금융감독위원회와 거래소에 그 신고를 하여야 한다(증거 190조의2 2항).

제 3 장

회사분할

○○상사가 ○○스포츠 · ○○상사 · ○○CI(이상 가칭) 등 3개 기업으로 분할돼 각각 스포츠 · 무역 · 투자전문기업으로 새롭게 출발한다. ○○상사는 이사회를 통해 이 같은 안을 결의하고, 기업분할의 승인을 위해 임시주주총회를 열기로 했다. 분할비율은 ○○스포츠 47%, ○○상사 7%, ○○CI 46%다. ○○상사의 관계자는 "시너지 효과가 미흡한 다양한 사업구조로 인해 업계 최고의 영업이익률을 내면서도 시장에서 적정한 기업가치를 인정받지 못하고 있었다" 며 "기업분할을 통해 경영자원을 효율적으로 활용해 기업가치를 극대화하기 위해 분할을 결정했다"고 말했다. 분할 후 ○○스포츠는 유명브랜드를 지닌 스포츠 · 캐주얼사업을 맡고, ○○상사는 섬유와 무역사업을 전담하게 된다. 또 ○○CI는 분할계열사들의 경영관리 · 전산용역 대행 · 벤처 컨설팅 등을 담당하는 투자전문회사로 키울 계획이다. 분할시점은 12월 1일이며, 분할 후 ○○스포츠와 ○○상사는 분할등기와 주권교부 등을 거쳐 12월 24일 재상장한다. 기업분할 후 매출액 2백억 원 미만 등의 이유로 상장요건을 갖추지 못하는 ○○CI는 2004년까지 재상장을 추진키로 했다. ○○상사는 상장이 폐지되는 ○○CI의 소액주주들의 피해를 최소화하기 위해 대주주와 제3자가 소액주주들의 지분 전량을 매입키로 했다. 매입단가는 주식매수청구권의 규정을 준용하기로 했다. (출처: 문화일보 2001. 9. 20, 동아일보 2001. 9. 21, 조선일보 2001. 9. 21, 중앙일보 2001. 9. 21, 한국일보 2001. 9. 21)

| 해 설 |

회사분할은 회사합병과는 반대로 기존의 회사를 몇 개의 회사로 쪼개는 것이다. 이렇게 분할함으로 해서 지나치게 큰 기업을 적정 규모로 슬림화하거나 이질적인 요소로 구성되어 있는 회사를 분리시켜 전업화하도록 함으로써 경영의 효율을 높이고, 부진한 업종 또는 경쟁력 있는 업종을 분리시켜 독립채산제로 운영토록 할 수 있다. 회사분할을 하게 되면 그로 인하여 분할되는 회사의 주주와 채권자의 이해관계에 막대한 영향을 주게 된다. 위의 예처럼 상장요건을 갖추지 못하여 상장폐지가 되면 주주는 투하한 자본을 회수하기가 어렵게 된다. 따라서 이들의 이익을 적절히 보호하는 것이 회사분할에 있어서 중심적인 과제가 된다.

제1절 의의

(1) 회사분할의 뜻

회사분할은 하나의 회사(이하 '피분할회사'라 약칭)의 영업재산을 둘 이상으로 분리하여 이를 넘겨받는 수개의 회사(이하 '분할회사'라 약칭)에 포괄승계하고, 그 반대급부로 피분할회사의 주주는 분할회사의 주식을 취득하여 분할회사의 주주가 되는 조직법적 행위이다. 영업재산의 일부양도, 포괄승계에 의한 양도, 신주의 교부가 회사분할의 개념요소이다. 회사분할은 회사합병과 반대되는 개념이나 그 절차 등에 있어서는 기본적으로 동일한 법리의 적용을 받는다.

| 경제적 기능 |

사업조직의 정비, 회사규모의 최적화, 전업화, 위험사업의 격리, 분할회사간 경쟁유도, 주주간 격심한 분쟁의 해결, 인사노무관리의 차별화, 분할에 대한 세제상의 혜택 등이 회사분할의 주요한 경제적 동기이다.

(2) 사실상의 회사분할

1998년 개정상법에 의하여 회사분할에 관한 법 규정을 신설하기 이전에도 다음과 같은 방법에 의하여 회사분할의 목적을 달성할 수 있었다. (i) 회사가 신회사를 설립하면서 이에 영업의 일부를 현물출자하는 방법(상 290조 2항), (ii) 회사가 신회사를 설립한 후에 신회사의 신주 발행시에 회사의 영업의 일부를 현물출자하는 방법(상 416조 4항), (iii) 신회사가 재산인수의 형태로 피분할회사의 영업의 일부를 양수하는 방법(상 290조 3항), (iv) 회사가 신회사를 설립한 후 사후설립에 의하여 영업양도를 받는 방법(상 375조) 등이다. 이를 사실상의 회사분할이라 한다. 사실상의 회사분할은 회사분할과 동일한 결과를 얻을 수 있지만, 영업재산을 포괄적으로 양도할 수 없고, 몇 단계를 거쳐야 하고, 그 절차가 복잡하며 많은 비용을 수반한다.

▎회사분할제도의 장점▕

상법상의 회사분할제도는 피분할회사의 재산이 포괄적으로 이전되며 우회적인 방법에 의하지 않고 직접 기업을 분할할 수 있는 이점이 있다. 회사분할제도에 의하여 피분할회사의 자본감소 내지 해산, 신회사의 설립 등의 단계적 절차를 거치지 않고 존속분할, 소멸분할 또는 분할합병의 절차를 마칠 수 있다. 더 나아가 신회사의 주식을 피분할회사의 주주에게 배정할 수 있는 절차까지 마칠 수 있도록 함으로써 물적 분할뿐만 아니라 인적 분할까지 가능하다(손주찬).

제2절 유형

[1] 단순분할

단순분할이란, 피분할회사의 영업을 수개로 분할하고 분할한 영업을 출자하여 1개 또는 수개의 회사를 신설하는 것을 말한다(상 530조의2 1항). 이에는 피분할회사가 소멸하는 소멸분할과 소멸하지 않는 존속분할이 있다. 피분할회사가 해산하는 경우에도 청산절차를 밟지 않는다.

[2] 분할합병

분할합병이란, 피분할회사의 영업을 분할하는 동시에 분할되는 일부 영업을 다른 회사(이를 '분할합병회사'라 약칭)에 합병시키는 것을 말한다(상 530조의2 2항). 분할합병에는 회사분할적 요소, 합병적 요소, 나아가 회사설립의 요소가 종합적으로 결합되어 있다.

(1) 소멸분할합병 · 존속분할합병

분할합병에서 피분할회사가 소멸하는 것을 소멸분할합병이라 하고, 피분할회사가 존속하는 것을 존속분할합병이라 한다.

(2) 흡수분할합병 · 신설분할합병

흡수분할합병은 피분할회사의 일부가 다른 회사에 합병(흡수합병)하여 그 다른 회사가 존속하는 것이고, 신설분할합병은 피분할회사의 일부가 다른 회사의 전부 또는 일부와 합병하여 새로이 회사를 설립(신설합병)하는 것이다. 신설분할합병의 경우에는 주식회사의 설립에 관한 상법규정이 준용된다.

(3) 일반분할합병 · 특수분할합병

특수분할합병은 분할회사의 주주총회의 승인결의를 요하지 않고 이사회의 결의로 갈음할 수 있는 분할합병이다. 이에는 간이분할합병과 소규모분할합병이 있고, 간이합병과 소규모합병에 관한 규정(상 527조의2, 527조의3)이 준용된다(상 530조의11).

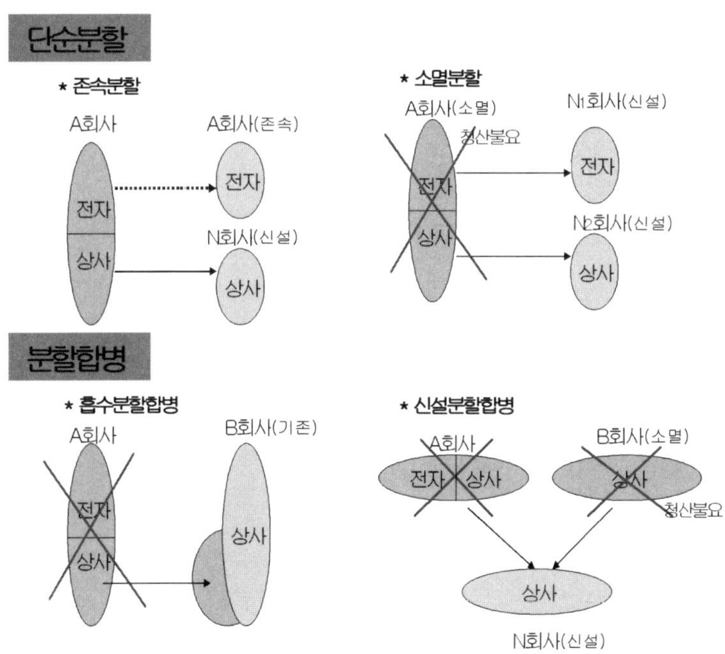

[3] 신설 · 분할합병 및 그 밖의 다양한 조합

신설 · 분할합병은 분할한 영업의 일부로는 회사를 신설하고 다른 일부로는 다른 회사와 합병시키는 것을 말한다(상 530조의2 3항). 그 이외에도 이상의 합병과 분할합병의 여러 유형의 다양한 조합이 가능하다.

[4] 인적분할 · 물적분할

(1) 인적분할

분할회사가 그 발행하는 지분을 「피분할회사의 주주」에게 교부하는 형태이다. 피분할회사의 사원은 분할회사의 사원이 된다.

(2) 물적분할

분할회사가 그 발행지분의 총수를 「피분할회사」 자체에게 교부하는 형태로, 분할회사가 피분할회사의 종속회사가 된다(상 530조12). 피분할회사의 종전의 주주는 피분할회사에 대한 주식 소유를 통하여 종전과 같은 지분의 가치를 유지한다.

| 물적분할과 현물출자 |

(ⅰ) 회사분할의 경우에는 출자재산이 포괄적으로 이전되지만 현물출자의 경우에는 개별적인 이전절차를 밟아야 하며, (ⅱ) 회사분할의 경우에는 준비금의 승계가 가능하지만 현물출자의 경우에는 이것이 허용되지 않고, (ⅲ) 회사분할의 경우에는 피분할회사가 출자할 재산의 평가가 소극으로 되는 경우에도 분할출자가 가능하나 현물출자의 경우에는 이러한 출자가 허용되지 않는다. 재산인수나 사후설립의 경우에도 이에 준하여 볼 수 있다(손주찬).

제3절 절차

| 회사분할의 절차 |

피분할회사가 밟아야 할 절차	분할회사가 밟아야 할 절차
이사가 분할계획서 또는 분할합병계약서 작성 → 분할 공시 → 주주총회에서 분할계획서 또는 분할합병계약서의 승인결의 → 채권자보호절차 → 해산등기 또는 변경등기	■ 분할회사가 기존의 회사인 경우 자본의 증가를 수반하는 흡수합병의 절차 → 변경등기 ■ 분할회사가 신설회사인 경우 회사설립 또는 합병의 절차 → 설립등기

[1] 분할계획서 · 분할합병계약서의 작성

단순분할의 경우에는 분할계약의 상대방이 없으므로 분할계획서를 작성하고, 분할합병의 경우에는 분할계약의 상대방이 존재하므로 분할합병계약서를 작성하여 주주총회의 승인을 얻어야 한다. 이에 기재할 사항은 법정되어 있다(상 530조의5, 530조의6).

[2] 사전 · 사후의 공시

(1) 피분할회사의 이사는 분할승인결의를 위한 주주총회 2주간 전부터 분할의 등기를 한 날 또는 분할합병을 한 날 이후 6월간 분할계획서(또는 분할합병계약서), 분할되는 부분의 대차대조표, 분할합병의 경우 분할합병의 상대방 회사의 대차대조표, 피분할회사의 주주에게 발행할 주식의 배정에 관하여 그 이유를 기재한 서면을 본점에 비치하여야 한다(상 530조의7 1항).

(2) 분할합병회사(분할합병의 상대방 회사)의 이사는 분할합병을 승인한 주주총회의 회일의 2주 전부터 분할합병의 등기를 한 후 6월간 분할합병계약서, 피분할회사의 분할되는 부분의 대차대조표, 피분할회사의 주주에게 발행할 주식의 배정에 관하여 그 이유를 기재한 서면을 본점에 비치하여야 한다(상 530조의7 2항).

(3) 주주 및 회사채권자는 영업시간 내에는 언제든지 위 서류의 열람을 청구하거

나, 회사가 정한 비용을 지급하고 그 등본 또는 초본의 교부를 청구할 수 있다(상 530조의7 3항, 522조의2 2항).

[3] 주주보호절차

1. 주주총회의 승인결의

(1) 분할계획서 또는 분할합병계약서는 주주총회의 특별결의에 의한 승인을 얻어야 한다(상 530조의3 1항 · 2항). 의결권 없는 주식의 주주도 위 주주총회에서 의결권을 가진다(상 530조의3 3항). 단순분할의 경우에는 피분할회사의 주주총회 결의만으로 분할절차가 진행될 수 있으나, 분할합병의 경우에는 분할합병회사의 주주총회의 특별결의도 필요하다.

(2) 간이분할합병과 소규모분할합병의 경우에는 주주총회의 승인결의를 생략하고 이를 이사회의 결의로 갈음할 수 있다.

❙종류주주총회❙

분할회사가 수종의 주식을 발행한 경우 분할로 인하여 어느 종류의 주주에게 손해를 미치게 될 때에는 종류주주총회의 결의를 얻어야 한다(상 530조의3 5항).

2. 주식매수청구권

(1) 단순분할의 경우에는 주주의 권리에 실질적인 변동이 없으므로 반대주주에게 주식매수청구권이 인정되지 않음이 원칙이다. 회사분할 가운데 안분비례적인 분할은 주주에게 특별히 불이익이 없지만, 비안분비례적인 분할은 주주의 이익을 해치므로 반대주주에게 주식매청구권을 인정하여야 한다는 견해가 있다(정동윤).

(2) 분할합병의 경우에는 단순분할과는 달리 주주의 관점에서는 합병과 동질의 구조변화를 가져오므로 분할합병에 반대하는 주주는 주식매수청구권을 갖는다(상 530조 2항, 522조의3). 그 절차와 방법은 합병의 경우와 동일하다.

[4] 채권자보호절차

1. 단순분할의 경우

(1) 단순분할의 경우에는 분할로 인하여 설립되는 회사 또는 존속회사는 분할 전의 회사채무에 대하여 연대책임을 지므로(상 530조의9 1항), 따로 채권자보호절차를 밟을 필요가 없음이 원칙이다.

(2) 다만, 신설회사가 피분할회사의 채무에 대하여 연대책임을 지지 않고 피분할회사가 출자한 재산에 관한 채무만으로 그 책임을 제한하는 경우에는(상 530조의9 2항 전단), 채권자보호절차를 밟아야 한다.

채권자 이의 제출 공고

당사는 2001년 11월 13일 개최한 임시주주총회에서 회사분할을 결의하였기에 공고하오니 분할결의에 이의가 있는 채권자께서는 다음과 같이 이의를 제출하여 주시기 바랍니다.

-다 음-

가. 회사분할에 이의가 있으신 채권자께서는 서면으로 이의를 제출할 수있습니다.
나. 이의 제출을 할 수 있는 채권자 :
2001년 11월 13일 현재 (주)고합에 채권을 가지고 계신 분
다: 이의제출기간 : 2001년 11월 15일~
2001년 12월 14일
라. 이의제출장소 : 서울시 종로구 경운동 89-4
(주)고합 사업조정실
※상기사항은 관계기관과의 협의 및 실무처리 과정에서 일부 변경될 수 있음.

2001년 11월 14일

KOHAP 株式會社 高合

대표이사 최 삼 길

2. 분할합병의 경우

(1) 회사분할로 당사 회사의 재산에 변동을 가져오므로 합병과 마찬가지로 채권자보호절차가 필요하다. 회사는 분할계획서 또는 분할합병계약서의 승인결의가 있은 날로부터 2주 내에 채권자에 대하여 분할 또는 분할합병에 이의가 있으면 1월 이상의 기간 내에 이의를 제출할 것을 공고하고 알고 있는 채권자에 대하여는 각별로 이를 최고하여야 한다(상 530조 2항 · 3항, 527조의5).

(2) 채권자가 위 기간 내에 이의를 제출하지 아니한 때에는 분할 또는 분할합병을 승인한 것으로 의제한다(상 527조의5 3항, 232조 2항).

(3) 이의를 제출한 채권자에 대해서는 변제 또는 상당한 담보를 제공하거나 이를 목적으로 하여 상당한 재산을 신탁회사에 신탁하여야 한다(상 527조의5 3항, 232조 3항). 사채권자가 이의를 함에는 사채권자집회의 결의가 있이야 하며, 이 경우에 법원은 청구에 의하여 이의의 기간을 연장할 수 있다(상 530조의11 2항, 439조 3항).

| 채권자의 이의권 |

(ⅰ) 단순분할의 모든 경우에 채권자의 이의권이 인정되는 것이 아니라 분할회사가 피분할회사의 채무를 제한적으로 승계한 경우에 피분할회사의 채권자에게만 인정된다. (ⅱ) 분할합병의 경우에는 분할합병회사의 채무승계가 제한적이든, 연대채무이든 상관없이 모든 경우에 당사 회사의 채권자(피분할회사 및 분할합병회사 양쪽의 채권자)는 이의권을 갖는다.

[5] 주식배정의 준비 - 주식의 병합 · 분할

회사분할 또는 분할합병을 하는 경우에 피분할회사의 주주에게 신설 또는 존속회사의 주식을 배정함에 있어서 필요한 때에는 주식의 병합 또는 분할을 할 수 있다. 이 경우 주식병합에 관한 규정이 준용된다(상 440조 내지 444조, 329조의2, 530조의11 1항).

[6] 분할로 인한 회사신설의 경우의 특칙

(1) 신설분할 또는 신설분할합병의 경우에는 특별한 규정이 없는 한 주식회사의 설립에 관한 상법규정이 준용된다(상 530조의3 1항).

(2) 그러나 다른 주주를 모으지 않고 분리되는 재산을 현물출자하여 이것만으로 신설회사의 자본을 구성할 때에는 설립사무의 간이화를 위한 특칙을 두고 있다(상 530조의4 2항 전단). 즉, 피분할회사의 출자만으로 회사를 설립하는 경우에 피분할회사의 주주에게 그 주주가 가지는 피분할회사의 주식의 비율에 따라 분할회사 또는 분할합병회사의 주식이 발행되는 때(즉, 안분비례적 분할의 경우)에는, 현물출자에 관한 검사인의 조사 · 보고(상 299조) 또는 그에 갈음하는 감정인의 감정(상 299조의2)을 요하지 않는다(상 530조의11 4항 후단).

| 회사설립의 일반적인 절차와 회사분할에 의한 설립절차 |

	회사설립의 일반적 절차	회사분할에 의한 회사설립의 절차
출자자	주식인수인	피분할회사
주식취득자	출자자와 일치	피분할회사의 주주(인적분할의 경우), 출자자와 불일치
현물출자	반드시 현물출자가 수반되는 것은 아님 법원에 의한 조사절차를 밟아야 함(상 299조 1항)	반드시 현물출자가 수반됨 주주에게 그 주주가 가진 주식 수에 비례하여 신설회사의 주식을 발행하는 경우에는 법원에 의한 조사절차가 불필요함(상 530조의4 2항 후단)
임원선임	발기인 또는 창립총회에서 선임	분할계획에 의하여 선임

[7] 보고총회 또는 창립총회

흡수분할과 흡수분할합병의 경우에는 합병보고총회를 개최하여야 하고, 신설분할 또는 신설분할합병의 경우에는 창립총회를 개최하여야 함이 원칙이나, 이를 이사회의 공고로 갈음할 수 있다(상 530조의11 1항, 526조, 527조).

분 할 공 고

1. 주식회사 동특(이하 "동특" 이라 한다)은 2001년 7월 27일 주주총회에서 운송사업 부문의 재산을 분할하고 그 분할된 재산으로 신 회사를 설립하여 동 회사의 명칭을 주식회사 동특(이하 "본 회사" 라 한다)으로 하고 동특은 존속하기로 하였습니다. 동특과 본 회사는 위와 같은 주주총회의 결의에 따라 상법 소정의 분할절차를 이행하였습니다.
2. 본 회사의 이사회는 2001년 8월 29일 상법 제530조의11 제1항 및 제527조 제4항의 규정에 의하여 이사회의 결의와 공고로써 창립총회에 대한 보고에 갈음할 것을 결의하였습니다.
3. 이에 본 회사는 위 사항을 공고함으로써 본 회사의 창립총회에 대한 보고에 갈음하고자 합니다.

2001년 8월 30일

서울시 영등포구 여의도동 14-15

株式會社 東 特

대표이사 김 영 진

[8] 분할의 등기

(1) 회사분할은 등기를 함으로써 효력이 발생한다(상 530조의11 1항, 234조).

(2) 회사가 분할한 경우 본점소재지에서는 2주 내, 지점소재지에서는 3주 내에 등기를 하여야 한다(상 530조의11, 528조). 등기의 기산일은 창립총회 또는 보고총회의 종결일이 기

준이 되나, 창립총회 또는 보고총회를 이사회의 공고로 갈음하는 경우에는 그 공고일을 기준으로 함이 원칙이다.
(3) 분할에 의하여 소멸되는 회사에 대해서는 해산등기를, 존속하는 회사에 대해서는 변경등기를, 신설되는 회사에 대해서는 설립등기를 하여야 한다.

제4절 효과

[1] 회사해산(또는 변경) 및 회사설립

회사분할 또는 분할합병의 결과 피분할회사가 해산하는 경우가 있고(소멸분할 또는 소멸분할합병의 경우), 해산되지 아니하는 경우에는 자본이 감소된다(존속분할 또는 존속분할합병의 경우). 또 피분할회사의 출자에 의하여 신회사가 설립되는 경우가 있고(신설분할 또는 신설분할합병의 경우), 기존의 상대방회사의 자본이 증가되는 경우가 있다. 소멸분할 또는 소멸분할합병의 경우 피분할회사는 분할로 인하여 해산하나 청산절차 없이 소멸한다(상 517조 1의2, 530조의11 1항).

[2] 포괄승계

(1) 분할 또는 분할합병으로 인하여 설립되는 회사 또는 존속하는 회사는 피분할회사의 권리와 의무(예 : 채무)를 분할계획서 또는 분할합병계약서에 정하는 바에 따라 포괄승계한다(상 530조의10).
(2) 합병의 경우와 마찬가지로 개별적인 이전행위가 필요하지 않고, 제3자에 대한 대항요건을 갖추면 된다.

[3] 주식의 귀속

(1) 인적분할의 경우에는 피분할회사의 주주가 신설회사 또는 분할출자를 받은 기존 회사의 주식을 배정받는다(상 530조의5 1항, 530조의6 1항).

(2) 물적분할의 경우에는 피분할회사가 분할 또는 분할합병으로 설립되는 회사의 주식 총수를 배정받아(상 530조의12), 피분할회사가 분할회사 또는 분할합병회사의 모회사가 된다.

[4] 분할 前 채무에 대한 분할 당사회사의 책임

(1) 원칙 - 연대책임

회사가 분할되고 피분할회사가 분할 후에도 존속하는 경우에 피분할회사와 신설회사가 분할 전의 회사채무에 관하여 연대책임을 지는 것을 원칙으로 한다(상 530조의9 1항). 회사분할의 경우 특별한 사정이 없는 한 회사의 책임재산은 피분할회사와 신설회사의 소유로 분리되는 것이 일반적이므로 분할 전 회사의 채권자를 보호하기 위함이다(대판 2004. 8. 30, 2003다25973). 이렇게 하면 회사가 분할되더라도 채권자의 이익을 해할 우려가 없으므로 알고 있는 채권자에 대하여 따로 이를 최고할 필요가 없도록 하고 있다. 분할합병의 경우에도 이와 같다.

(2) 예외 - 분할책임

분할 또는 분할합병에서 분할당사회사는 원칙적으로 연대책임을 지는 것이 원칙이지만, 신설회사가 피분할회사의 채무 중에서 출자받은 재산에 관한 채무만을 부담할 것을 피분할회사의 주주총회의 특별결의로써 정할 수 있다. 그 경우에는 신설회사가 피분할회사의 채무 중에서 그 부분의 채무만을 부담하고, 피분할회사는 신설회사가 부담하지 아니하는 채무만을 부담하게 하여 채무관계가 분할채무관계로 된다(상 530조의9 1항). 연대책임의 원칙을 엄격하게 고수한다면 회사분할제도의 활용을 가로막는 요소로 작용할 수 있기 때문에 이러한 예외를 둔 것이다.

| 대법원 2004. 8. 30. 선고 2003다25973 판결 |

분할되는 회사와 신설회사가 분할 전 회사의 채무에 대하여 연대책임을 지지 않는 경우에는 채무자의 책임재산에 변동이 생기게 되어 채권자의 이해관계에 중대한 영향을 미치므로 채권자의 보호를 위하여 분할되는 회사가 알고 있는 채권자에게 개별적으로 이를 최고하도록 규정하고 있는 것이다. 따라서 분할되는 회사와 신설회사의 채무관계가 분할채무관계로 바뀌는 것은 분할되는 회사가 자신이 알고 있는 채권자에게 개별적인 최고절차를 제대로 거쳤을 것을 요건으로 하는 것이라고 보아야 하며, 만약 그러한 개별적인 최고를 누락한 경우에는 그 채권자에 대하여 분할채무관계의 효력이 발생할 수 없고 원칙으로 돌아가 신설회사와 분할되는 회사가 연대하여 변제할 책임을 지게 되는 것이라고 해석하는 것이 옳다. (同旨 : 부산고법 2004. 3. 31. 선고 2003나11424 판결)

┃부산고법 2004. 3. 31. 선고 2003나11424 판결┃

법적 안정성을 위해 조속한 회사분할의 확정을 도모하고자 규정된 회사분할무효의 소의 단기제척기간이 상법 제530조의9 제1항에 의한 연대책임 추궁의 경우에까지 준용되는 것으로 해석할 아무런 근거가 없다.

┃피분할회사의 경업피지의무┃

회사의 분할에 의하여 영업이 양도되는 경우 상법 제41조의 영업양도인의 의무에 관한 규정을 적용하여 피분할회사는 영업양도인의 일종으로 이전한 영업에 관하여 경업피지의무를 부담한다고 본다(이철송, 홍복기).

제5절 특수분할합병 (약식분할합병)

분할합병의 당사회사가 간이합병(상 527조의2) 또는 소규모합병(527조의3)의 요건에 해당하는 경우에는 간이합병 또는 소규모합병에 관한 규정이 준용되어, 각각 피분할회사 또는 존속회사의 주주총회의 승인결의를 생략하고 이사회의 승인으로 갈음할 수 있다(상 530조의11 2항). 이는 약식합병의 경우와 마찬가지로 분할합병절차의 간소화를 위한 것이다.

제6절 분할 (또는 분할합병) 무효의 소

(1) 무효사유

분할계획 또는 분할합병계약의 내용이 강행법규에 위반하거나 현저히 불공정하거나 분할 또는 분할합병의 절차에 중대한 하자가 있는 경우에는, 분할 또는 분할합병의 무효사유가 된다. 예컨대, 분할계획서 또는 분할합병계약서의 절대적 기재사항을 누락한 경우, 주주총회의 승인결의를 생략한 경우, 주식회사 이외의 다른 종류의 회사를 당사회사로 한 경우 등이 이에 해당한다. 분할(또는 분할합병) 무효의 소는 형성의 소이다.

(2) 원고적격자

각 회사의 주주, 이사, 감사, 청산인, 파산관재인 또는 분할 또는 분할합병에 승인하지 않은 채권자에 한하여 분할 또는 분할합병 무효의 소의 원고적격자가 될 수 있다(상 530조의11 1항, 529조 1항).

(3) 피고

분할 또는 분할합병 무효의 소의 피고는 존속회사 또는 신설회사이다.

(4) 그 밖의 사항

그 밖의 사항에 대해서는 합병무효판결에 관한 제소기간, 회사채권자의 담보제공, 회사의 공고, 병합심리, 소의 관할, 법원의 재량기각, 원고승소판결의 대세적 효력 및 불소급효, 패소원고의 배상책임 등의 규정이 준용된다(상 530조의11 1항, 529조, 239조).

제7절 회사분할의 자유와 제한

(1) 분할 또는 분할합병할 수 있는 회사는 주식회사에 한한다.

(2) 해산한 회사는 자신이 존속하는 분할 또는 분할합병을 할 수 없다. 즉, 해산 후의 회사는 존립 중인 회사를 존속회사로 하거나 새로이 회사를 설립하는 경우에만 분할 또는 분할합병을 할 수 있다(상 530조의2 4항).

❙ 관련사례 ❙

○○카드가 ○○쇼핑의 카드부문과의 합병을 확정했다. ○○카드는 ○○쇼핑과 분할합병계약을 체결했다고 밝혔다. ○○쇼핑 카드사업 부문을 물적분할을 한 뒤 ○○카드에 합병시키는 것이 골자다. 합병에 따라 ○○카드는 현재 2,968억 원인 자본금이 4,373억 원을 증가하게 되며 발행주식수도 5,936만 주에서 8,746만 주로 늘어나게 된다. 분할합병의 승인을 위한 주주총회를 거쳐 10월 15일을 합병기일로 합병을 완료하게 된다. (출처 : 머니투데이 2003. 8. 23, 이데일리 2003. 8. 23, 파이낸셜뉴스 2003. 8. 24)

제4장 주식의 포괄적 교환과 이전

제1절 총설

○○금융지주가 △△증권의 주식을 사들여 지분을 100% 가진 완전 子회사로 편입시킨다. ○○금융지주는 이사회를 열어 △△증권의 지분 40.98%를 주식교환방식으로 추가 인수하기로 결의했다. △△증권의 보통주와 우선주는 ○○금융지주의 보통주로 교환되며 교환비율은 △△증권의 보통주는 1주당 ○○금융지주 0.1633주로, 우선주는 1주당 ○○금융지주 0.0977주의 비율로 각각 결정됐다. 주식교환에 반대하는 △△증권의 주주는 주식매수청구권을 행사할 수 있으며 매수청구의 기준가격은 보통주 3,330원, 우선주 1,933원으로 각각 제시됐다. 소규모주식교환이기 때문에 ○○금융지주의 주주에게는 주식매수청구권이 부여되지 않으며 주식교환은 12월 23일로 실시될 예정이다. 한편 ○○금융지주는 주식교환과 동시에 △△증권의 우선주 152만 9,326주(우선주 발행총수의 40%)에 대하여 현재 주가보다 약 25% 높은 수준인 주당 2,500원에 공개매수를 실시하기로 하였다. △△증권의 보통주에 대하여는 주식교환이나 주식매수청구권만 가능하고 별도 공개매수는 실시되지 않는다. (출처 : 조선일보 2004. 9. 20 [한윤재])

| 해 설 |

1999년 개정 독점규제및공정거래에관한법률에 의하여 지주회사(holding company)의 설립을 엄격하게 금지하던 종전의 입장을 바꾸어 지주회사의 설립금지가 解禁되었다. 이에 따라 2000년의 금융지주회사법에 의하여 주식교환 및 주식이전의 제도가 도입되었다. 이 법에 따라 위 사례에서 보는 것처럼 국내에서 몇 개의 지주회사가 탄생하였다. 상법에서도 지주회사 설립의 방법을 규정할 필요가 있어서 2001년의 개정에 의하여 주식의 포괄적 교환과 주식의 포괄적 이전제도를 도입하였다. 2001년 개정상법에서 1인 주식회사의 설립을 인정한 것은 회사설립요건을 완화하는 것 외에도 완전모자회사의 설립을 가능하게 하는 것에도 그 이유가 있었다.

(1) 지주회사(holding company)는 주식의 소유를 통하여 다른 회사의 사업내용을 지배하는 것을 주된 사업으로 하는 회사이다(독점 2조 1의2). '주된 사업'의 기준에 대해서 공정거래법에서는 회사가 소유하는 자회사의 주식가액의 합계액이 당해 회사 자산총액의 50% 이상으로 하고 있다(독점령 2조 2항).

(2) 지주회사를 설립하는 방법으로는 다음과 같은 것이 있다.

① 현물출자 또는 영업양도에 의하는 방법

② 공개매수에 의하는 방법

③ 제3자 배정의 유상증자에 의하는 방법

④ 금융지주회사법에 의하여 금융지주회사를 설립하는 방법

⑤ 상법에 의하여 주식의 포괄적 교환 또는 주식의 포괄적 이전에 의하여 완전지주회사로 하는 방법

(3) 주식의 포괄적 교환 또는 주식의 포괄적 이전에 의하면 100% 모자회사로 되는 완전모자회사(완전지주회사)의 관계로 된다. 주식의 포괄적 교환과 이전은 주식회사에 대해서만 인정된다.

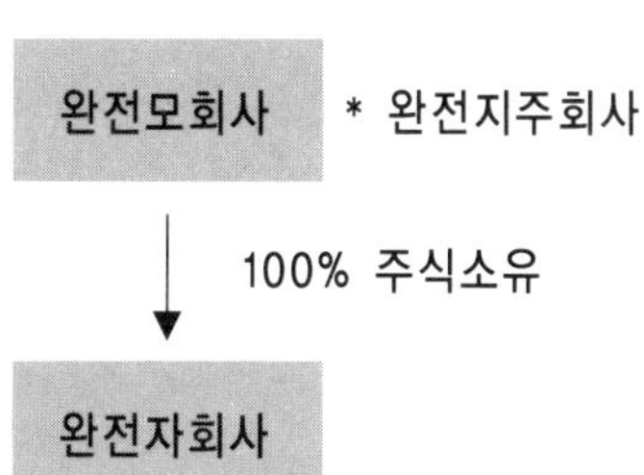

| 합병 · 영업양도 · 주식의 포괄적 이전 |

	합병	영업양도	주식의 포괄적 교환 · 이전
의의	복수의 합병당사회사의 인적조직 및 물적조직이 완전 합체	기존회사의 인적조직은 존속시키면서 물적조직만을 양수회사에 이전	기업의 인적조직과 물적조직의 유기적인 결합을 분리하여 인적조직을 별도의 법주체에 이전 · 흡수시킴으로써 별개의 법주체를 완전모자회사(완전지주회사)라는 결합관계로 묶음
물적조직	합일	양수회사에 이전	그대로 둠
인적조직	합일	양도회사에 그대로 둠	별개의 회사에 이전 · 흡수시킴

제2절 주식의 포괄적 교환

[1] 의의

(1) 주식의 포괄적 교환(이하 '주식교환'으로 약칭)은 기존의 주식회사가 다른 기존의 주식회사의 완전모회사가 되는 방법이다. 즉, 기존의 2개 이상의 회사 사이에 법정절차를 거쳐 완전모회사가 될 회사(P)가 완전자회가 될 회사(S)의 주식 전부(100%)를 포괄적으로 취득하여 완전모회사가 되고, 그 대가로 완전모회사의 주식(신주 또는 자기주식)을 완전자회사의 주주에게 교부하는 것이다.

(2) 주식교환은 완전모자회사관계를 창설하는 조직법상의 행위로(상 360조의2), 주식교환에 의하여 완전자회사의 주주는 강제적으로 완전모회사의 주주로 전환하게 된다. 완전모회사는 완전자회사의 주주에게 신주를 발행하여 교부하는 것이 원칙이지만, 이에 갈음하여 자기주식을 교부할 수 있다(상 360조의6). 완전자회사가 되는 회사는 2개 이상도 무방하다.

(3) 주식교환과 주식이전의 차이점 - 양자 모두 물적 조직은 그대로 둔 채 인적 조직만을 이전시킴으로써 완전모자관계회사를 설정한다는 점에서는 동일하다. 그러나 주식교환은 '기존 회사간'에 완전모자회사관계를 설정함에 반하여, 주식이전은 기존 회사가 완전모회사를 '신설'하여 완전자회사가 되는 점에서 차이가 있다.

| 주식의 포괄적 교환의 구조 |

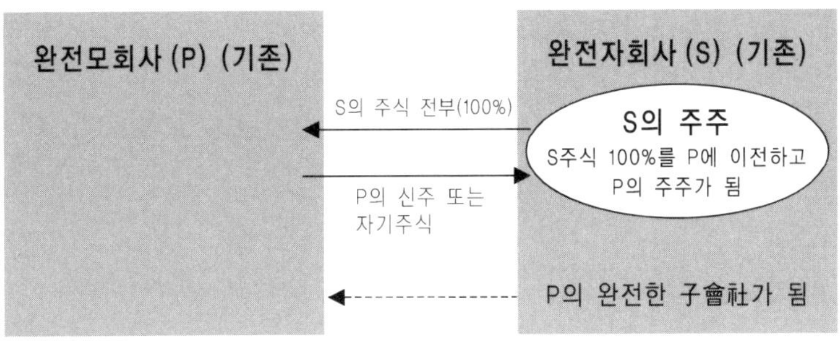

| 특 징 |

주식교환은 회사의 인적조직(주주)을 별개 회사에 이전흡수시키는 조직법상의 특수한 행위이다. 완전자회사의 주주 구성이 바뀔 뿐, 회사가 소멸되지 않고 물적조직(회사재산)에는 영향을 미치지 않는다. 따라서 채권자보호절차가 필요 없다.

[2] 제한

(1) 전환사채 또는 신주인수권부사채를 발행한 회사를 완전자회사로 하는 주식교환(또는 주식이전)은 불가능하다. 주식교환(또는 주식이전) 후에 전환권 또는 신주인수권을 행사하면 완전자회사에 주식교환(또는 주식이전)의 대상이 되지 아니한 주식이 남아서 완전모자회사관계가 될 수 없기 때문이다. 이러한 경우에 주식교환(또는 주식이전)이 가능하려면 완전자회사가 주식교환일(또는 주식이전일) 이전에 전환사채 또는 신주인수권부사채를 상환하거나 전환권 또는 신주인수권을 행사하여 신주가 발행될 여지를 사전에 완전히 봉쇄하여야 한다.

(2) 완전자회사가 될 회사가 채무초과상태에 있는 경우에는 주식교환을 할 수 없다(상 360조의7 1항 · 2항, 360조의6 참조). 채무초과상태인 회사의 주식을 이전받더라도

순자산증가효과가 없기 때문에 그 대가로 신주를 발행하여 교부하는 것이 불가능하기 때문이다.

[3] 절차

Ⅰ. 주식교환계약서의 작성

주식교환을 하고자 하는 회사(즉, 완전모회사로 예정된 회사와 완전자회사로 예정된 회사)는 이사회의 승인을 얻어 주식교환계약을 체결하고 기재사항이 법정되어 있는 주식교환계약서를 작성하여야 한다(상 360조의3 3항).

| 주식교환계약서의 기재사항 |

주식교환계약서에는 ① 완전모회사가 되는 회사가 주식교환으로 인하여 정관을 변경하는 경우에는 그 규정, ② 완전모회사가 되는 회사가 주식교환을 위하여 발행하는 신주의 총수·종류와 종류별 주식의 수 및 완전자회사가 되는 회사의 주주에 대한 신주의 배정에 관한 사항, ③ 완전모회사가 되는 회사의 증가할 자본의 액과 자본준비금에 관한 사항, ④ 완전자회사가 되는 회사의 주주에게 지급할 금액을 정한 때에는 그 규정, ⑤ 각 회사가 제1항의 결의를 할 주주총회의 기일, ⑥ 주식교환을 할 날, ⑦ 각 회사가 주식교환을 할 날까지 이익을 배당하거나 제462조의3의 규정에 의하여 금전으로 이익배당을 할 때에는 그 한도액, ⑧ 제360조의6의 규정에 의하여 회사가 자기의 주식을 이전하는 경우에는 이전할 주식의 총수·종류 및 종류별 주식의 수, ⑨ 완전모회사가 되는 회사에 취임할 이사와 감사 또는 감사위원회의 위원을 정한 때에는 그 성명 및 주민등록번호 등을 기재하여야 한다(상 360조의3 3항). 그 내용은 흡수합병의 계약서와 같다.

Ⅱ. 사전·사후 공시

(1) 각 회사의 이사는 주주총회의 회일 2주간 전부터 주식교환을 할 날 이후 6월이 경과하는 날까지 주식교환과 관련된 소정의 서류를 본점에 비치하여야 한다(상 360조의4 1항). 주주는 영업시간 내에 이들 서류의 열람 또는 등사를 청구할 수 있다(상 360조의4 2항, 391조의3 3항). 채권자에게는 위의 열람청구권이 인정되지 않는다.

(2) 비치하여야 할 서류는 (ⅰ) 주식교환계약서, (ⅱ) 완전자회사가 되는 회사의 주주에 대한 주식의 배정에 관하여 그 이유를 기재한 서면, (ⅲ) 주주총회의 회일

전 6월 내에 작성한 완전모회사와 완전자회사의 대차대조표 및 손익계산서 또는 최종대차대조표 및 손익계산서 등이다(상 360조의4).

Ⅲ. 주주총회의 승인결의

1. 각 교환당사회사의 주주총회의 특별결의

(1) 주식교환에 의하여 완전지배종속관계가 성립하므로 양 회사는 주식교환계약서를 작성하여 주주총회의 특별결의에 의한 승인을 얻어야 한다(상 360조의3 1항 · 2항).

(2) 주식교환으로 종류주주에게 손해를 미칠 염려가 있는 경우에는 그 종류주주총회의 승인도 얻어야 한다(상 436조, 435조).

(3) 간이주식교환과 소규모주식교환의 경우에는 주주총회의 승인결의를 이사회의 승인결의로 대체힐 수 있다(상 360조의9, 360조의10).

2. 주식매수청구권

주식교환에 반대하는 완전모회사와 완전자회사의 주주는 주식매수청구권을 행사할 수 있다(상 360조의5).

(1) 주식교환계약서에 관하여 이사회의 결의가 있는 때에 그 결의에 반대하는 주주는 주주총회 전에 회사에 대하여 서면으로 그 결의에 반대하는 의사를 통지하고, 그 총회의 결의일로부터 20일 이내에 주식의 종류와 수를 기재한 서면으로 회사에 대하여 자기가 소유하고 있는 주식의 매수를 청구할 수 있다(상 360조의5 1항).

(2) 주식매수가격의 결정방법은 합병 · 영업양도의 경우와 같다(상 360조의5 3항, 374조의2 2항~5항). 즉, (ⅰ) 제1차로 주주와 회사 간의 협의에 의하여 결정하고, (ⅱ) 매수청구를 받은 날로부터 30일 이내에 위 협의가 이루어지지 않을 경우에는 제2차로 회사 또는 주주는 법원에 대하여 매수가격의 결정을 청구할 수 있다. 법원은 주식의 매수가격을 결정할 때에는 회사의 재산상태 그 밖의 사정을 참작하여 공정한 가액으로 이를 산정하여야 한다(상 360조의5 3항, 374조의2 2항~5항).

(3) 간이주식교환의 경우에는 반대주주에게 주식매수청구권이 인정되나, 소규모주식교환의 경우에는 그렇지 않다(상 360조의10 7항).

| 채권자보호절차의 불인정 |

주식교환에는 채권자보호절차가 규정되어 있지 않다. 주식교환의 경우에는 회사의 주주구성에 변동이 있을 뿐이고, 회사의 재산이나 자본에 아무런 변동이 없기 때문이다.

Ⅳ. 주식교환 - 주식이전 · 신주발행 (또는 자기주식의 교부)

1. 완전자회사 주식의 이전 및 실효절차

(1) 완전자회사 주식의 이전

주주총회에서 주식교환계약서의 승인결의가 있으면 교환계약서에서 정한 주식을 교환하는 날에 완전자회사의 주주가 소유하는 완전자회사의 주식 전부가 완전모회사로 이전된다(상 360조의2 2항). 이때의 주식이전은 법률의 규정에 의한 것이므로 주권의 교부와 같은 이전행위를 요하지 않는다.

(2) 완전자회사 주권의 실효절차

완전자회사의 주식 모두가 법률규정에 의하여 완전모회사에 법정 이전되므로 완전자회사의 주주가 소유하고 있는 완전자회사의 주권은 그 효력을 잃게 된다. 그 실효를 위한 절차로, 주식교환에 의하여 완전자회사가 되는 회사는 주주총회에서 주식교환계약서의 승인결의를 한 때에는 소정의 사항을 주식교환의 날 1월 전에 공고하고, 주주명부에 기재된 주주와 질권자에 대하여 따로 그 통지를 발송하여야 한다(상 360조의8 1항).

| 공고사항 |

공고하여야 할 사항은 (ⅰ) 주주총회의 특별결의로 주식교환계약서를 승인한다는 뜻, (ⅱ) 주식교환의 날 전까지 주권을 회사에 제출하여야 한다는 뜻, (ⅲ) 주식교환의 날에 주권이 무효로 된다는 뜻이다.

| 구주권을 제출할 수 없는 경우의 처리 |

주권을 제출할 수 없는 주주가 있는 경우에는 회사는 그 자의 청구에 의하여 3월 이상의 기간을 정하고 이해관계인에 대하여 그 주권에 대한 이의가 있으면 그 기간 내에 제출할 뜻을 공고하고 그 기간이 경과한 후에 신주권을 청구자에게 교부할 수 있다. 위 공고비용은 청구자의 부담으로 한다(상 360조의8 2항, 442조). 무기명식의 주권으로서 소정기간 내에 제출할 수 없는 경우에도 이와 동일하게 처리한다(상 360조의8 2항, 444조).

2. 모회사 신주의 발행 (또는 자기주식의 교부)

(1) 신주의 발행

완전모회사는 완전자회사의 주식 전부를 취득하는 대가로 완전자회사의 주주에게 신주를 발행하여야 한다(상 360조의2 2항). 이때의 신주발행은 완전자회사의 주주로부터 이전받은 완전자회사의 주식을 재원으로 하여 주식교환의 날에 자동으로 발행된다.

(2) 자기주식의 교부

완전모회사가 완전자회사의 주주에게 신주발행에 갈음하여 상법 제342조에 의해 상당한 시기에 처분하여야 할 자기주식을 교부할 수 있다(상 360조의6). 소각목적으로 취득한 주식은 지체없이 소각하여야 하므로 주식교환에 사용할 수 없다.

| 단주의 처리 |

신주를 발행하거나 자기주식을 교부하는 경우 단주의 처리는 자본감소에서의 단주와 동일한 방법에 의한다. 즉, 단주에 대하여 발행한 신주를 경매하여 각 지주수에 따라 그 대금을 종전의 주주에게 지급하되, 거래소의 시세가 있는 주식은 거래소를 통하여 매각하고, 거래소의 시세가 없는 주식은 법원의 허가를 얻어 경매 외의 방법으로 매각할 수 있다(상 360조의11, 443조).

3. 자본증가의 한도

주식교환에 의한 완전모회사의 자본증가액은 주식교환의 날에 완전자회사에 현존하는 순자산액에서 주식교환교부금 등을 공제한 금액을 초과할 수 없다(상 360조의 7). 이는 완전모회사의 자본충실을 위한 제한이다. 이 자본증가의 한도액은 ① 완전모회사가 완전자회사의 주식을 소유하지 않는 경우와 ② 완전모회사가 완전자회사의 주식을 이미 소유하고 있는 경우에 따라 다르다.

①의 경우 - 완전모회사의 자본액은 {완전자회사의 순자산액 - 완전자회사의 주주에게 지급할 금액(주식교환교부금) - 완전자회사의 주주에게 주는 완전모회사의 자

기주식의 회계장부가액의 합계액)을 초과하여 증가하지 못한다(상 360조의7 1항).

②의 경우 - 기본적으로 위의 ①과 같다. 다만, 완전자회사의 순자산액은 완전모회사가 이미 보유하고 있는 주식의 비율을 공제하여야 하므로, 주식교환의 날에 완전자회사에 현존하는 순자산액에 그 회사의 발행주식총수에 대한 주식교환으로 인하여 완전모회사에 이전되는 주식수의 비율(예컨대, 완전모회사가 이미 완전자회사주식의 10%를 보유하고 있는 경우에는 이를 뺀 나머지 90%)을 곱한 금액으로 한다(상 360조의7 2항).

[3] 특수절차

Ⅰ. 간이주식교환

1. 요건

완전자회사가 되는 회사의 총주주의 동의가 있거나 그 발행주식총수의 90% 이상을 완전모회사가 되는 회사가 소유하고 있는 때에는, 「완전자회사가 되는 회사」의 주주총회의 승인은 이사회의 승인으로 갈음할 수 있다(상 360조의9 1항).

2. 공고 · 통지

간이주식교환의 경우에는 완전자회사가 되는 회사는 주식교환계약서를 작성한 날로부터 2주 내에 주주총회의 승인을 얻지 않고 주식교환을 한다는 뜻을 공고하거나 주주에게 통지하여야 한다. 다만 총주주의 동의가 있는 때에는 공고 또는 통지를 생략할 수 있다(상 360조의9 2항).

《소규모주식교환 공고》

A사는 B사, C사와 2006년 1월 23일 주식교환계약을 체결하고, 상법 제360조의 10의 규정에 의거하여 그 내용을 아래와 같이 공고합니다.

– 아 래 –

1. 소규모주식교환방법 : A사가 신주를 발행하여 B사와 C사를 완전자회사로 편입함.
2. 주식교환비율
   가. A사 : B사 = 1 : 4.02415
   나. A사 : C사 = 1 : 29.8204
3. 완전모회사현황
   가. 상호 : A(주)
   나. 본사소재지 : ○○시 O구 O동
4. 완전자회사현황
   가. 완전자회사 1 : ① 상호 : (주)B, ② 본사소재지 : ○○시 O구 O동
   나. 완전자회사 2 : ① 상호 : (주)C, ② 본사소재지 : ○○시 O구 O동
5. 주식교환기일 : 2006년 3월 23일
6. A사와 B사, C사와의 주식교환은 상법 제360조의10의 규정에 의거한 소규모주식교환으로서 주주총회의 승인을 얻지 아니하고 이사회 결의로서 주주총회의 승인을 갈음함 (주식교환 승인 이사회 예정일 : 2006년 2월 21일)
7. 반대의사표시의 행사에 관한 안내
   가. 행사절차 : 2006년 2월 8일 현재 주주명부상에 등재되어 있는 주주를 대상으로 하여 주식교환에 대한 이사회결의에 반대하는 주주는 「이사회결의 반대의사표시 통지서」를 기재하여 제출
   나. 기간 : 2006년 2월 6일 ~ 2006년 2월 20일
   다. 행사방법 및 장소
   ① 명의주주 : 2006년 2월 20일까지 당사 기획실에 제출 (전화 : 000-0000)
   ※ 통지처 : (000-000) ○○시 O구 O동 A사 기획실
   ② 실질주주 : 2006년 2월 20일까지 거래 증권회사에 제출
   라. 주식매수청구권 : 상법 제360조의10의 규정에 의거 주식매수청구권은 인정하지 아니함.
   마. 반대의사표시 통지서 양식

이사회결의 반대의사표시 통지서

A사 대표이사 귀하

본인은 A사와 B사, C사와의 소규모주식교환계약에 대한 이사회 결의에 반대함을 통지합니다.

주주번호		주주번호	
소유주식의 종류		소유주식수	

2006년 월 일

성명 : (인) 주민등록번호 :

주소 : (전화연락처 :)

2006년 2월 6일

A사 대표이사 OOO

위 명의개서대리인 ○○은행 은행장 OOO

1. 요건

① 완전모회사가 되는 회사가 주식교환을 위하여 발행하는 신주의 총수가 그 회사의 발행주식총수의 5%를 초과하지 아니하는 경우, 「완전모회사가 되는 회사」에서 주식교환계약서에 대한 주주총회의 승인은 이사회의 승인으로 대체할 수 있다(상 360조의10 1항). 이러한 경우에는 주식교환이 완전모회사가 되는 회사의 주주에게 미치는 영향이 경미하기 때문이다.

② 다만 (i) 완전자회사가 되는 회사의 주주에게 지급할 금액(주식교환교부금)이 최종대차대조표상 완전모회사가 되는 회사에 현존하는 순자산액의 2%를 초과하거나, (ii) 완전모회사가 되는 회사의 발행주식총수의 20% 이상에 해당하는 주식을 가진 주주가 소규모주식교환에 반하는 의사를 통지한 때에는, 주주총회의 승인결의를 얻어야 한다(상 360조의10 5항).

2. 공고 · 통지

완전모회사가 되는 회사는 주식교환계약서를 작성한 날로부터 2주 내에 완전자회사가 되는 회사의 상호와 본점, 주식교환을 할 날, 자기 회사의 주주총회의 승인을 얻지 아니하고 주식교환을 한다는 뜻을 공고하거나 주주에게 통지하여야 한다(상 360조의10 4항).

┃주식매수청구권의 불인정┃

간이주식교환의 경우에는 반대주주의 주식매수청구권이 인정되나, 소규모주식교환의 경우에는 주식매수청구권이 인정되지 않는다(상 360조의10 7항). 이는 소규모합병의 경우(상 527조의3 5항)와 통일시키기 위함이나, 합병의 경우와는 달리 주식교환의 경우는 완전자회사가 되는 회사의 모든 주식이 포괄적으로 완전모회사가 되는 회사에 이전되는 강제적인 제도이므로 반대주주를 보호할 필요가 있다는 견해가 있다(손주찬).

┃간이주식교환과 소규모주식교환┃

	간이주식교환	소규모주식교환
적용범위	(i) 완전자회사의 총주주의 동의가 있거나, (ii) 완전모회사가 완전자회사의 발행주식총수의 90% 이상을 소유하고 있는 경우	완전모회사가 주식교환으로 인하여 발행하는 신주의 총수가 그 회사 발행주식총수의 5%를 초과하지 아니하는 경우

	간이주식교환	소규모주식교환
이사회승인으로 갈음	완전자회사에서의 주주총회의 승인결의를 이사회승인으로 갈음할 수 있다. * 완전모회사에서는 주주총회 승인 필요	완전모회사의 주식교환승인 주주총회를 이사회승인으로 갈음할 수 있다.
그 밖의 절차 (공고 · 통지)	완전자회사는 주식교환계약서 작성일로부터 2주 내에 주주총회의 승인을 얻지 아니하고 주식교환을 한다는 뜻을 공고하거나 주주에게 통지하여야 한다.	완전모회사는 주식교환계약서 작성일로부터 2주 내에 완전자회사의 상호 및 본점 소재지, 주식교환을 할 날, 주주총회의 승인을 얻지 아니하고 주식교환을 한다는 뜻을 공고하거나 주주에게 통지하여야 한다.
주식매수청구권	완전자회사 주주의 주식매수청구권 인정(522의3②)	× (527의3③)
제한		주식교환교부금이 완전모회사의 최종대차대조표상의 현존하는 순자산액의 2%를 초과할 때 및 완전모회사의 발행주식총수의 20% 이상의 주식을 가진 주주가 소규모주식교환 공고 · 통지일로부터 2주간 내에 회사에 대하여 회사에 대하여 서면으로 주식교환에 반대한다는 의사를 통지한 때

[4] 효과

1. 효력발생시기

주식교환의 효력은 주식교환계약서에서 정한 「주식교환을 할 날」에 당연히 발생한다. 합병 · 분할의 경우 등기에 의하여 효력이 발생하는 것과는 다르다. 주식교환의 경우에는 주주의 이동이 있을 뿐이므로 주식교환의 등기를 요하지 않는다.

2. 효력의 내용

① 주식교환을 할 날에 완전자회사가 되는 회사의 주주가 가지는 주식은 완전모회사가 되는 회사에 포괄적으로 이전함으로써 완전모자관계가 창설된다.
② 완전자회사의 주주는 완전모회사의 주주가 된다.

3. 이사·감사의 임기

(1) 완전모회사 이사 · 감사 등의 임기

완전모회사가 되는 회사의 이사 · 감사로서 주식교환 이전에 취임한 자는 주식교환계약서에 다른 정함이 있는 경우를 제외하고는 주식교환 후 최초로 도래하는 결산기에 관한 정기주주총회가 종료한 때에 퇴임한다(상 360조의13). 주식교환으로 인해 완전모회사의 주주구성에 변화가 생기게 되므로 이사 · 감사의 선임에 새로운 주주들의 의사를 반영토록 하기 위함이다.

(2) 완전자회사 이사 · 감사 등의 임기

완전자회사의 이사 · 감사로서 주식교환 이전에 취임한 자의 임기에 관하여는 규정이 없다. 완전자회사의 주주는 주식교환으로 인하여 완전모회사의 주주가 되어 주주구성에 변화가 생기므로 새로운 주주의 의사를 반영할 수 있는 입법적 보완이 필요하다.

4. 질권의 물상대위

완전자회사가 되는 회사의 주식을 목적으로 하는 질권이 설정되어 있는 경우, 질권자는 주식교환으로 인하여 완전자회사의 주주가 받을 주식이나 금전에 대하여 질권의 물상대위(상 339조) 및 질권자의 주권교부청구(상 340조 3항)에 관한 규정이 준용된다(상 360조의11 2항).

[5] 주식교환 무효의 소

1. 무효원인

주식교환 무효의 소의 원인은 주식교환이 법정요건을 갖추지 못한 중대한 흠결이 있는 경우이다. 예컨대, 주식교환계약서의 부작성, 교환비율의 현저한 불공정, 주주총회 승인의 결의 취소 · 무효 · 부존재 등이 이에 해당한다.

2. 원고적격 · 피고

(1) 주주 · 이사 · 감사 · 감사위원회의 위원 · 청산인에 한하여 원고적격을 갖는다

(상 360조의14 1항). 합병의 경우와는 달리 회사채권자와 파산관재인은 제소권자가 아니다. 주식교환의 경우에는 채권자의 권리에 영향이 없으며, 파산은 주식교환과는 관계가 없기 때문이다.

(2) 피고는 완전모회사가 된 회사 및 완전자회사가 된 회사 양쪽이며 필요적 공동소송이 된다는 견해와 완전모회사만이 피고가 된다는 견해가 있다.

3. 제소기간

주식교환의 날로부터 6월 내이다(상 360의14 1항).

4. 관할법원

완전모회사의 본점소재지의 지방법원에 전속한다(상 360조의14 2항).

5. 절차 등

소제기의 공고(상 187조), 병합심리(상 188조), 하자보완 등의 경우 법원의 재량기각(상 189조), 제소주주의 담보제공의무(상 377조) 등이 인정된다.

6. 판결의 효력

(1) 원고승소판결의 효력

① 대세적 효력 - 주식교환 무효의 판결은 제3자에 대해서도 효력이 있다(상 360조의14 4항, 190조 본문). 주식교환 무효의 판결이 확정된 때에는 본점과 지점의 소재지에서 등기하여야 한다(상 360조의14 4항, 192조).

② 불소급효 - 주식교환 무효의 판결이 확정된 때에는 주식교환을 위하여 발행된 신주는 장래에 향하여 그 효력을 잃는다(상 360조의14 4항, 431조).

③ 신주의 회수 및 완전자회사 주식의 이전 - 이 경우 회사는 지체없이 그 뜻과 3월 이상의 일정한 기간 내에 신주의 주권을 회사에 제출할 것을 공고하고, 주주명부에 기재된 주주와 질권자에 대해서는 따로 통지를 하여야 한다(상 360조의14 4항, 431조). 주식교환 무효의 판결이 확정된 때에는 완전모회사가 된 회사는 주식교환을 위하여 발행한 신주 또는 신주에 갈음하여 이전한 자기주식의 주주에 대하여 그가 소유하였던 완전자회사가 된 회사의 주식을 이전하여야 한다(상 360조의14 3항).

(2) 원고패소판결의 효력

① 일반원칙에 따라 당사자 사이에서만 효력이 있다(대인적 효력)(민소 204조).

② 패소원고에게 악의 또는 중대한 과실이 있는 때에는 회사에 대하여 연대하여 손해배상책임을 진다(상 360조의14 4항, 191조).

7. 다른 소와의 관계

주주총회의 주식교환 승인결의에 하자가 있는 경우, (ⅰ) 주식교환의 효력이 발생하기 전에는 주주총회 결의의 하자(즉, 총회결의 무효 · 취소 · 부존재의 소 등)로 다투고, (ⅱ) 그 이후에는 위 주주총회 결의의 하자는 주식교환 무효의 소에 흡수된다(흡수관계).

┃관련사례┃

○○정보는 인터넷 전송장비업체인 △△텔레콤의 주주들과의 주식교환을 통해 회사를 인수할 예정이라고 밝혔다. ○○정보는 □씨 등 △△텔레콤의 주주 25명을 대상으로 282만 주를 주당 6,800원에 발행하는 유상증자를 실시한다. 대신 ○○정보는 이들로부터 납입받은 증자대금 192억 원 전액을 △△텔레콤의 주주 25명으로부터 이 회사 지분 100%(32만 주)을 넘겨받는 대가로 지불한다. △△텔레콤의 주주들이 ○○정보의 일정 지분을 확보하고 △△텔레콤은 ○○정보의 자회사로 편입되는 주식교환 방식이다. (출처 : 헤럴드경제 2001. 10. 19 [김형곤])

제3절 주식의 포괄적 이전

■ 금융감독위원회는 하나금융지주회사의 설립을 예비 인가했다. 하나금융지주가 설립되면 4개의 자회사와 6개의 손자회사 등 10개의 회사를 지배하게 된다. 자회사 4개는 하나은행, 대한투자증권, 하나금융경영연구소, 하나아이앤에스이며, 손자회사 6개는 하나증권, 하나생명, 하나캐피탈, 대한투자신탁운용, 청도국제은행, 하나펀딩이다. 하나금융지주회사의 4개 자회사는 임시주주총회를 열고 금융지주회사의 설립을 위해 지주회사에 주식이전을 결의하는 등 법적 절차를 밟는다. (출처 : 동아일보 2005. 10. 1, 머니투데이 2005. 10. 4)

■ 하나은행은 2005. 10. 17. 주주총회를 열고 하나금융지주회사의 설립을 위한 계열사 주식의 지주회사에의 이전을 승인하고, 2005. 12. 1. 출범예정인 지주회사의 이사진을 발표했

다. 지주회사 초대회장에는 ○○ 하나은행의 이사회 의장이 내정돼 있다. 하나금융지주의 상근 · 비상근 이사는 대부분 하나은행 계열사의 사장단으로 구성돼 있다. 이날 열린 하나은행 주주총회에서 1호 의안이었던 '하나금융지주 설립을 위한 주식이전계획서'가 98.7%의 찬성률로 통과됐다. 계열사 대비 지주회사 교환비율은 하나은행 1 대 1, 대한투자증권 1 대 1.3565, 하나아이앤에스는 1 대 0.4461, 하나금융연구소는 1 대 0.0760이다. (출처 : 서울경제 2005. 10. 17, 이데일리 2005. 10. 17, 세계일보 2005. 10. 18, 한겨레 2005. 5. 18)

■ 하나금융지주회사가 2005. 12. 1. 공식 출범하였다. 이날 '하나금융지주회사는 이사회를 열어 대표이사 회장과 대표이사 사장을 선임하였다. 하나은행의 주식은 주식이전을 위해 매매가 정지된 뒤 상장폐지됐으며, 하나금융지주회사의 주식은 2005. 12. 12부터 거래된다. (출처 : 제일경제 2005. 11. 29 [이재경], 이데일리 2995. 12. 1, 경향신문 2005. 12. 2)

┃해 설┃

주식의 포괄적 이전은 주식의 포괄적 교환과 함께 완전지주회사의 관계로 재편하는 방법이다. 다만, 주식의 포괄적 교환은 기존의 주식회사간에 완전지주회사의 설립을 위한 계약을 체결하는 것이나, 주식의 포괄적 이전은 기존의 회사가 스스로 완전자회사가 되기로 하고, 이들이 완전모회사를 새로이 설립(신설)하는 방법에 의하는 점에서 차이가 있다. 위 사례에서는 하나은행 등이 완전자회사가 되기로 하고 이들이 완전모회사인 하나금융지주회사를 신설하여 하나금융지주회사의 완전자회사로 되었다.

[1] 의의

(1) 주식의 포괄적 이전(이하 '주식이전'으로 약칭)은 기존의 주식회사가 그 자신은 완전자회사가 되고 완전모회사를 새로이 설립하는 제도이다. 즉, ① 기존의 회사(S, 2개 이상도 무방하다)가 완전모회사가 될 회사(P : 아직은 존재하지 않는 회사)를 설립하여 기존 회사가 가진 주식 전부가 주주의 개별적인 의사와는 무관하게 완전모회사가 될 회사에 포괄적으로 이전하고, ② 그 대가로 완전모회사가 될 회사가 발행하는 주식(신주)을 완전자회사가 될 주주에게 배정하는 방법에 의하여 완전모자회사관계를 창설한다. 주식이전은 주식교환과 마찬가지로 회사의 인적조직을 별개의 회사에 이전 흡수시키는 조직법상의 행위이다.

(2) 완전모회사(완전지주회사)는 완전자회사 주식의 현물출자에 의하여 신설된다. 그러므로 주식이전은 신회사(완전모회사)의 설립과 그 설립된 신회사와 기존회사 간

의 주식의 포괄적 이전이 결합되어 있는 셈이다. 신회사의 설립이 가미되어 있다는 점을 제외하고는 주식이전은 주식교환과 동질적인 것이다.

| 주식의 포괄적 이전의 구조 |

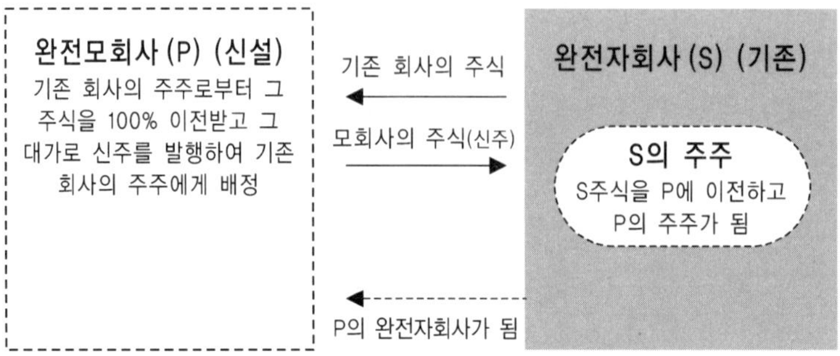

| 주식교환과 주식이전 |

	주식교환	주식이전
완전모자관계 창설	주주의 의사와는 무관하게 강제적으로 완전자회사의 주식을 포괄적으로 완전모회사에 이전함으로써 완전모자관계 창설	
완전모회사	기존의 주식회사	아직 존재하지 않음 → 완전자회사에 의하여 완전모회사 신설
인적조직의 이전	완전자회사의 인적조직(주식 100%)이 통째로 완전모회사로 이전한다. 완전자회사의 주주는 모회사의 주식을 이전받아 완전모회사의 주주가 된다.	
완전모회사로부터 자회사에 이전하는 주식	완전모회사의 신주 또는 자기주식	완전모회사의 신주 (자기주식은 있을 수 없음)
재산 이동	물적조직(재산)의 이동은 없음	
주주총회의 승인대상	주식교환계약서	주식이전계획서
주주보호절차	▪ 주주총회의 특별결의 (주식교환의 경우는 완전자회사와 완전모회사 양쪽 주주총회의 승인결의가 필요하지만, 주식이전의 경우는 완전자회사의 총회의 이전승인만 있으면 된다.) ▪ 반대주주의 주식매수청구권	
특수유형	간이주식교환 · 소규모주식교환의 경우는 주주총회의 승인결의를 이사회 결의로 갈음할 수 있다.	(논리상 있을 수 없음)
채권자보호절차	(없음)	
사전공시 · 시후공시	▪ 주총 2주 전부터 주식교환(이전)의 날 이후 6월이 경과하는 날까지 일정 서류를 본점에 비치하여 주주의 열람에 제공하여야 한다. ▪ 비치할 대차대조표 등의 공시대상은 주식교환의 경우는 완전모회사와 완전자회사의 것 모두, 주식이전의 경우는 완전자회사의 것만이다.	
완전자회사 주권의 실효절차	(필요)	
단주의 처리방식	거래소의 시세가 있는 주식은 거래소를 통하여 매각하고, 거래소의 시세가 없는 주식은 법원의 허가를 얻어 경매 외의 방법으로 매각할 수 있다.	
완전자회사 주식에 대한 질권자의 물상대위	인정	

	주식교환	주식이전
주식이전의 등기	(없음) (다만 완전모회사에 등기사항에 변경이 생기므로 이를 변경등기하여야 한다.)	주식이전의 등기를 완전모회사의 본점과 지점에서 하여야 한다.
완전모회사의 설립등기	(없음)	완전모회사의 본점소재지에서 설립등기를 하여야 한다. 이는 주식이전의 효력발생요건이다.
효력발생시기	주식교환의 날	완전모회사의 본점소재지에서 완전모회사의 설립등기를 한 날
완전모회사의 자본증가의 한도액	완전모회사의 자본증가액 ≤ {완전자회사에 현존하는 순자산액 - 완전자회사의 주주에게 지급할 주식교환교부금 - 신주발행에 갈음하여 완전자회사의 주주에게 이전한 자기주식의 회계장부가액의 합계액}	(기본적으로 좌와 동일) (다만 주식이전의 경우에는 자기주식으로 대체 교부하는 일이 있을 수 없기 때문에 문제되지 않는다.)
완전모회사의 이사·감사의 임기에 관한 특칙	완전모회사의 이사·감사로서 주식교환 전에 취임한 자는 주식교환계약서에 다른 정한이 있는 경우를 제외하고는 주식교환 후 최초로 도래하는 결산기에 관한 정기주주총회가 종료한 때에 퇴임한다.	(논리상 있을 수 없음)
무효의 소	인정	

[2] 절차

Ⅰ. 주식이전계획서의 작성

주식이전을 하고자 하는 회사는 이사회의 결의에 의하여 주식이전을 결정하고 이에 관하여 주주총회의 승인을 얻기 위하여 주식이전계획서를 작성하여야 한다.

| 주식이전계획서의 기재사항 |

주식이전계획서에 기재하여야 할 사항은 ① 설립하는 완전모회사의 정관의 규정, ② 설립하는 완전모회사가 주식이전에 있어서 발행하는 주식의 종류와 수 및 완전자회사가 되는 회사의 주주에 대한 주식의 배정에 관한 사항, ③ 설립하는 완전모회사의 자본의 액 및 자본준비금에 관한 사항, ④ 완전자회사가 되는 회사의 주주에 대하여 지급할 금액을 정한 때에는 그 규정, ⑤ 주식이전을 할 시기, ⑥ 완전자회사가 되는 회사가 주식이전의 날까지 이익을 배당하거나 제462조의3의 규정에 의하여 금전으로 이익배당을 할 때에는 그 한도액, ⑦ 설립하는 완전모회사의 이사와 감사 또는 감사위원회의 위원의 성명 및 주민등록번호, ⑧ 회사가 공동으로 주식이전에 의하여 완전모회사를 설립하는 때에는 그 뜻 등이다(상 360조의16 1항).

┃완전모회사(신설회사)에 관한 사항┃

① 완전모회사의 정관 – 신설합병계약서의 기재사항에 해당한다(상 524조 1호).

② 완전모회사의 자본액의 한도 – 신설되는 완전모회사의 자본액은 주식이전의 날에 완전자회사가 되는 회사에 현존하는 순자산액에서 그 회사의 주주에게 지급할 금액(주식이전교부금)을 공제한 액을 초과하지 못한다(상 360조18). 주식교환의 경우와 기본적으로 같으나, 주식이전의 경우에는 아직 완전모회사가 존재하지 않으므로 완전모회사의 자기주식에 관한 사항은 적용될 여지가 없다.

③ 완전모회사의 이사 · 감사 등 – 주식교환의 경우 완전모회사의 임원에 관한 사항은 상대적 기재사항이지만, 주식이전의 경우 임원은 주식이전계획서의 필요적 기재사항이다.

Ⅱ. 사전 · 사후 공시

(1) 이사회에서 주식이전에 의한 완전모회사의 설립에 관한 주주총회의 승인을 얻기 위하여 주주총회의 소집을 결의하면, 대표이사는 소정의 서류를 주식이전계획서의 승인을 위한 주주총회의 회일 2주 전부터 주식이전의 날 이후 6월을 경과하는 날까지 본점에 비치하여야 한다(상 360조의17).

(2) 비치하여야 할 서류는 ㉠ 주식이전계획서, ㉡ 완전자회사가 되는 회사의 주주에 대한 주식의 배정에 관하여 그 이유를 기재한 서면, ㉢ 위 주주총회의 회일 전 6월 내의 날에 작성한 완전자회사가 되는 회사의 최종 대차대조표 및 손익계산서 등이다(상 360조의17).

(3) 주주는 영업시간 내에는 이들 서류의 열람 또는 등사를 청구할 수 있다(상 360조의17 2항, 391조의3 3항). 채권자에게는 주식교환의 경우와 마찬가지로 위의 열람청구권이 인정되지 않는다.

Ⅲ. 주주총회의 승인결의

(1) 주식이전계획서의 승인을 위하여 완전자회사가 되는 회사에서 주주총회를 열어 그 특별결의를 얻어야 한다(상 360조의16 1항②2항). 주식이전으로 종류주주에게 손해를 미칠 염려가 있는 경우에는 그 종류주주총회의 승인을 얻어야 한다(상 436조, 435조).

(2) 반대주주에게 주식매수청구권이 인정된다(상 360조의22, 360조의5). 주식매수청구권의 행사방법과 매수가격의 결정방법은 주식교환의 경우와 같다(상 360조의22, 360조의5 1항, 360조의22, 360조의5 3항, 374조의2).

| 채권자보호절차의 불인정 |

주식이전에는 주식교환과 동일한 이유에서 채권자보호절차가 규정되어 있지 않다.

Ⅳ. 완전자회사 주권의 실효절차

주식이전에 의하여 완전자회사의 주주가 보유하는 주권은 효력을 잃게 되므로 주권을 실효시켜야 한다(상 360조의19 1항 · 2항). 그 절차와 방법은 주식교환의 경우와 같다(상 360조의8 1항, 360조의8 2항, 444조 참조).

Ⅴ. 주식의 배정

완전자회사가 되는 회사의 주주에 대하여 완전모회사가 되는 회사의 주식(신주)을 배정하여야 한다. 이는 주식교환의 경우와 같으나, 완전모회사의 자기주식을 완전자회사의 주주에게 이전하는 것은 있을 수 없다. 단주처리방법도 주식교환의 경우와 같다(상 360조의22, 360조의11 1항).

Ⅵ. 주식이전의 등기

(1) 주식이전을 한 때에는 완전모회사의 본점 소재지에서 2주 내에, 지점 소재지에서 3주 내에 주식이전의 등기를 하여야 한다(상 360조의20, 317조 2항).

(2) 주식이전의 효력은 완전모회사가 본점소재지에서 주식이전의 등기를 함으로써 발생한다(상 360조의21). 이는 주식교환의 경우와 다르고, 합병의 경우와 같다.

| 특수절차 부재 |

주식이전의 경우에는 간이주식교환이나 소규모주식교환과 같은 유형이 인정되지 않는다. 주식이전의 경우에는 완전모회사가 새로이 신설되므로 상대방의 존재를 전제로 하는 간이주식이전이나 소규모주식이전의 개념을 인정할 여지가 없기 때문이다.

[3] 효력

1. 효력발생시기

주식이전은 완전모회사가 등기(상 360조의20)를 함으로써 그 효력이 발생한다. 이는 주식교환의 경우와 다른 점이다.

2. 효력의 내용

① 완전자회사의 주주가 소유하는 완전자회사의 주식 모두가 완전모회사에 포괄적으로 이전하여 완전모자회사관계가 창설된다.
② 완전자회사의 주주는 완전모회사의 신주를 배정받아 완전모회사의 주주가 된다(상 360조의15 2항).

[4] 주식이전 무효의 소

① 주식이전 무효의 소는 주식교환 무효의 소와 그 내용이 동일하다.
② 다만, 주식이전의 경우에는 무효판결이 확정되면 신설되었던 완전모회사에 아무런 자산이나 사원도 존재하지 않게 되므로 해산에 준하여 청산하여야 한다(상 360조의23, 193조 1항). 이 경우 법원은 주주 기타의 이해관계인의 청구에 의하여 청산인을 선임할 수 있다(상 360조의23, 193조 2항).

| 관련사례 |

ㅇㅇ은행은 임시주주총회를 열어 '△△금융지주회사 설립을 위한 주식이전 계획'안건을 98.7% 찬성으로 결의하였다. 주식교환의 비율은 ㅇㅇ은행 1:, □□ 1:1.3565, ●●에스 1:0.4461, ■■금융연구소 1:0.076 등이다. ㅇㅇ은행은 이번 주주총회 결과를 토대로 △△금융지주회사의 본인가를 금융감독기관에 신청할 계획이다. (출처: 서울경제 2005. 10. 19, 한겨레 2005. 10. 18)

제 5 장

영업의 양수 · 양도

제1절 의의

영업의 양도는 영업 자체를 그 동일성을 유지하면서 양도하는 채권계약이다(대판 1998. 4. 14, 96다8826 등). 영업은 일정한 목적을 위하여 유기적으로 결합된 조직적 재산 일체를 말하고, 적극재산 뿐만 아니라 소극재산을 포함한다. 적극재산에는 물건, 권리 및 재산가치가 있는 사실관계(예 : 영업상의 비결, 고객관계, 거래처, 경영조직 등) 등이 있고, 소극재산에는 채무 등이 있다. 이러한 유기적 일체로서의 기능을 발휘하는 한 그 일부만을 양도할 수도 있다.

| 경제적 기능 |

영업양도는 영업의 유기적 일체로서 기능적 재산을 한 묶음으로 해서 양도함으로써 영업해체에 따른 손실을 피할 수 있다. 영업을 양수함으로써 사업의 규모를 늘리거나 새로운 영업활동의 분야로 진출할 수 있고, 그 반대로 영업을 양도함으로써 사업의 규모를 줄이거니 영업활동을 중단할 수 있다.

제2절 영업임대차 · 합병 등과의 차이

영업의 양도는 영업의 소유관계에 변동이 생기는 것이므로, 영업의 소유관계에는 아무런 변동이 없고 단순히 영업의 경영관계에만 변동이 생기는 영업의 임대차나 경영위임과는 다르다. 영업의 양도 · 양수는 그 경제적 기능면에서는 합병과 유사하지만 법률적 측면에서는 차이가 있다.

| 합병과 영업양수 |

	영업양수	합병
법적 성질	채권계약(개인법적 법률관계)	단체법적 · 조직법적 법률관계 → 합병에 의해 모든 권리 · 의무가 포괄적으로 이전된다.
당사자	제한이 없다. (회사뿐만 아니라 개인도 당사자가 될 수 있다.)	회사만이 당사자가 될 수 있다.
계약방식	특별한 방식이 요구되지 않는다(불요식계약).	법정사항을 기재한 합병계약서에 의하여야 한다(요식계약).
채권자보호절차	영업양수인에 의한 채무인수의 절차가 필요하므로 채권자보호절차가 필요 없다.	해산회사의 채무가 존속회사 또는 신설회사에 당연히 포괄승계되므로 채권자보호절차(이의절차)가 필요하다.
등기	영업양도 그 자체에는 등기를 요하지 않는다.	등기를 요한다. 등기는 합병의 효력발생요건이다.
효과	개별적인 이전행위를 요한다. 재산의 일부를 제외할 수 있다(특정승계).	소멸회사의 권리의무가 존속회사 또는 신설회사에 포괄적으로 승계된다. 재산의 일부를 제외할 수 없다(포괄승계).
일방회사의 소멸여부 및 청산절차의 요부	양도인(또는 양도회사)이 반드시 소멸하는 것은 아니고 존속할 수도 있다. * 양도회사가 해산하려면 총사원의 동의 또는 주주총회(또는 사원총회)의 특별결의가 있어야 하고 청산절차를 밟아야 한다.	일방 회사가 소멸한다. * 해산회사는 청산절차를 거치지 않고 소멸한다.
사원지위 및 고용관계의 변동	영업양도의 대가가 양도회사에 귀속 → 양도회사의 사원이 당연이 양수회사의 사원이 되는 것은 아니다. 고용관계의 승계가 반드시 수반되는 것은 아니다.	소멸회사의 사원 또는 사용인은 존속회사 또는 신설회사에 수용 또는 승계된다.
대가	양도인이 양도의 대가를 받는다.	소멸회사의 사원이 존속회사의 사원이 되거나 합병교부금을 대가로 받는다.
경업피지의무	양도인은 경업피지의무를 진다.	(없음)
무효의 주장	민법과 민사소송법의 일반원칙에 의한다.	합병무효의 소에 의해서만 주장할 수 있다.

제3절 주주총회의 특별결의를 요하는 경우

[1] 영업의 양수

(1) 주식회사가 「다른 회사의 영업 전부를 양수」하는 때에는 주주총회의 특별결의를 요한다(상 374조, 576조 1항). 이는 회사의 흡수합병과 실질적으로 동일한 결과를 가져오기 때문이다. 다른 회사의 영업의 일부를 양수하거나 회사가 아닌 개인상인으로부터 영업을 양수하는 때에는 위 절차를 요하지 않는다.

(2) 다만, 다른 회사의 영업의 일부를 양수하는 경우에도 양수회사의 영업에 중대한 영향을 미치는 때에는 주주총회의 특별결의를 요한다. 이러한 경우는 영업 전부를 양수하는 경우와 마찬가지로 양수회사의 주주를 보호할 필요가 있기 때문이다.

(3) 양수대상이 되는 다른 회사의 규모가 소규모합병(상 527조의3)에 해당하는 경우에도 주주총회의 특별결의를 요한다. 그러나 이에 대해서는 소규모합병과의 균형상 입법론적으로 검토할 필요가 있다(손주찬).

[2] 영업 전부 또는 중요한 일부의 양도

(1) 영업의 전부를 양도하는 경우에는 물론이고 일부를 양도하는 경우에도 그것이 「중요한 일부」인 경우에는 주주총회의 특별결의를 요한다(상 374조).

(2) '중요한 영업용 재산'의 양도는 상법 제41조의 영업양도에 해당되지 않는데, 상법 제374조의 영업양도에 포함되어 주주총회의 특별결의를 요하는가에 대해서는 찬반양론이 있다. 주주총회의 특별결의 없이 중요한 영업용 재산을 양도한 경우, 어느 견해를 취하는가에 따라 그 양도가 무효로 되기도 하고 유효로 되기도 하여 주주와 거래상대방의 이익이 엇갈리게 된다.
(i) 형식설(협의설, 불요설) - 상법 제374조의 영업양도와 상법 제41조의 영업양도를 동일한 것으로 보는 견해이다. 이에 의하면, 일정한 목적을 위하여 조직화되고 유기적 일체로서 기능하는 재산을 양도하는 경우로서, 양수회사에 의한 영업활동

의 승계가 이루어지며, 양도회사가 경영금지의무를 부담하는 경우에 한하여 주주총회의 특별결의를 요한다고 한다. 단순히 영업용재산을 양도하는 경우에는 그것이 아무리 중요한 것이라도 주주총회의 특별결의를 요하지 않는다고 한다. 그 논거로, 법해석의 통일성을 기하고, 영업의 양수인으로는 영업활동의 승계 여부에 따라 총회의 특별결의의 필요성 유무의 판단이 명확하게 되어 거래의 안전을 기할 수 있다는 점을 들고 있다.

(ii) 실질설(광의설, 필요설) - 상법 제374조의 영업양도와 상법 제41조의 영업양도를 별개의 것으로 파악하는 견해로서, 상법 제374조의 적용대상이 되는 영업양도는 양수회사에 의한 영업활동의 승계나 양도회사의 경업금지의무의 여부를 불문한다고 한다. 중요한 영업용 재산이 양도되고 양도인이 경업피지의무를 지지 않는 경우에도, 그로 인하여 양도회사에 중대한 영향을 미치는 경우에는, 널리 상법 제374조의 영업양도에 포함되어 주주총회의 특별결의를 요한다고 한다. 이에 의하면 거래의 안전보다는 주주의 보호를 우선하는 결과가 된다.

(iii) 판례(절충설) - 판례는 ㉠ 주주총회의 특별결의를 요하는 영업의 양도는 일정한 영업목적을 위하여 조직되고 유기적인 일체로서 기능하는 재산의 전부 또는 일부를 총체적으로 양도하는 것으로서, 이에는 양수회사에 의한 양도회사의 영업활동의 전부 또는 중요한 일부의 승계가 수반되어야 하는 것이므로, 단순한 영업용 재산의 양도는 이에 해당하지 아니한다고 하면서, ㉡ 영업용 재산의 처분으로 말미암아 회사 영업의 전부 또는 일부를 양도하거나 폐지하는 것과 같은 결과를 가져오는 경우에는 주주총회의 특별결의가 필요하다고 한다(대판 1997. 7. 25, 97다1537 1; 대판 1994. 10. 28, 94다39258; 대판 1992. 2. 14, 91다36062 등). 어떠한 경우에 영업용 재산의 처분으로 인하여 「회사의 영업의 양도나 폐지와 같은 결과」를 가져오는 것으로 볼 것인가에 대하여, 대법원은 회사의 유일무이한 재산, 회사존속의 기초가 되는 중요재산, 회사의 전재산을 양도하는 경우에는 특별한 사정이 없는 한 이에 해당한다고 한다(대판 1996. 10. 11, 95다1460; 대판 1985. 6. 11, 84다카4369 등).

| 대법원 1999. 4. 23. 선고 98다45546 판결 |

■ 통상 회사를 양수한다는 것에는, (i) 영업주체인 회사로부터 영업 일체를 양수하여 회사와는 별도의 주체인 양수인이 양수한 영업을 영위하는 경우와 (ii) 회사의 주식이나 지분권을 그 소유자로부터 양수받아 양수인이 회사의 새로운 지배자로서 회사를 경영하는 경우가 있는바, (i)의 경우는 영업의 주체인 회사가 양도인이 되어 양수인과 계약을 체결하고 양도·양수 후에도 양수인은 그 회사와는 별도의 주체로서 양수한 영업을 영위하는 것이

나, (ⅱ)의 경우는 영업 자체를 양도·양수하는 것이 아니라 영업의 주체인 회사의 주식이나 지분권을 양도·양수하는 것이므로, 이 경우는 회사의 주식 또는 지분권을 소유하고 있는 주주 또는 지분권자 개인이 양도인이 되는 것이고 회사가 양도인이 될 수는 없다.

■ 주식회사가 양도·양수에 관련되어 있는 경우에 그 양도·양수가 (ⅰ)의 경우에 해당한다면 상법 제374조 제1항 제1호에 따라 회사의 양도·양수에 반드시 주주총회의 특별결의를 거쳐야 하는 것이지만, (ⅱ)의 경우에는 회사의 영업이나 재산은 아무런 변동이 없고 주식만이 양도될 뿐이므로 주주총회의 특별결의는 이를 거칠 필요가 없으며, 설사 당사자가 그 경우에도 회사재산의 이전이 따르는 것으로 잘못 이해하여 양도계약 후 즉시 주주총회의 특별결의서를 제출하기로 약정하고 있다 하더라도, 당사자가 그러한 약정에 이르게 된 것은 계약의 법적 성격을 오해한 데서 비롯된 것이므로, 그 약정은 당사자를 구속하는 효력이 없다.

| 대법원 2004. 7. 8. 선고 2004다13717 판결 |

주주총회의 특별결의가 있어야 하는 상법 제374조 제1항 제1호 소정의 '영업의 전부 또는 중요한 일부의 양도'라 함은 일정한 영업목적을 위하여 조직되고 유기적 일체로 기능하는 재산의 전부 또는 중요한 일부를 총체적으로 양도하는 것을 의미하는 것으로서, 이에는 양수 회사에 의한 양도 회사의 영업적 활동의 전부 또는 중요한 일부분의 승계가 수반되어야 하는 것이므로 단순한 영업용 재산의 양도는 이에 해당하지 않으나, 다만 영업용 재산의 처분으로 말미암아 회사 영업의 전부 또는 일부를 양도하거나 폐지하는 것과 같은 결과를 가져오는 경우에는 주주총회의 특별결의가 필요하다. (同旨 : 대법원 2002. 4. 12. 선고 2001다38807 판결 ; 대법원 1998. 3. 24. 선고 95다6885 판결 ; 대법원 1997. 7. 25. 선고 97다15371 판결 ; 대법원 1997. 4. 8. 선고 96다54249, 54256 판결 ; 대법원 1994. 10. 28. 선고 94다39253 판결 ; 대법원 1992. 2. 14. 선고 91다36062 판결 ; 대법원 1991. 11. 8. 선고 91다11148 판결 ; 대법원 1991. 1. 15. 선고 90다10308 판결 ; 대법원 1988. 4. 12. 선고, 87다카1662 판결 ; 대법원 1987. 6 .9. 선고, 86다카2478 판결 ; 대법원 1987. 4. 28. 선고 86다카553 판결 ; 대법원 1969. 11. 25. 선고 64다569 판결 ; 대법원 1966. 1. 25. 선고 65다2140, 2141 판결 ; 서울민사지법 1988. 9. 22. 선고 88가합7663 제12부 판결 ; 대구고법 1976. 9. 16. 75나340, 940 제2민사부 판결)

| 주주총회의 특별결의를 요하는 경우로 본 사례 |

■ 대법원 2004. 7. 8. 선고 2004다13717 판결

당해 특허권을 이용한 공사의 수주를 회사의 주된 사업으로 하고, 위 특허권이 회사의 자산에서 대부분의 비중을 차지하는 경우, 위 특허권의 양도는 회사 영업의 전부 또는 일부를 양도하거나 폐지하는 것과 같은 결과를 가져오는 것이므로 특허권의 양도에는 주주총회의 특별결의가 필요하다.

■ 대법원 1987. 4. 28. 선고 86다카553 판결

흄관의 제작판매를 업으로 하고 있는 회사소유의 흄관몰드(형틀)가 흄관제작에 없어서는 아니 될 영업용재산 거의 전부에 해당하는 것이라면 위의 흄관몰드 전부를 매도담보로 제공하는 행위는 위 회사의 영업의 전부 또는 중요한 일부를 양도 내지 폐지하는 것과 동일한 결과를 초래하는 것으로 주주총회의 특별결의를 거쳐야 할 사항이다.

▎주주총회의 특별결의를 요하지 않는 경우로 본 사례▕

■ 대법원 1997. 7. 25. 선고 97다15371 판결

주 영업이 금속제품생산업인 회사가 온천개발사업을 계획 중이던 부동산을 양도한 경우에는 주주총회의 특별결의를 요하지 않는다.

■ 대법원 1971. 4. 30. 선고 71다392 판결

주식회사의 중요한 재산이라도 그 위에 근저당권설정계약을 함에 있어서 주주총회의 특별결의를 요하는 것은 아니다.

■ 대법원 1998. 3. 24. 선고 95다6885 판결

회사가 회사 존속의 기초가 되는 영업재산을 처분할 당시에 이미 영업을 폐지하거나 중단하고 있었던 경우에는 그 처분으로 인하여 비로소 영업의 전부 또는 중요한 일부가 폐지되거나 중단되기에 이른 것이라고 할 수 없으므로, 그와 같은 경우에는 주주총회의 특별결의를 요하지 않는다. (同旨 : 대법원 1992. 8. 18. 선고 91다14369 판결)

[3] 영업양도에 준하는 것

「영업 전부의 임대 또는 경영위임, 손익공통계약, 기타 이에 준하는 계약(예 : 판매카르텔)의 체결 · 변경 또는 해약」의 경우에도 영업의 양도에 준하여 주주총회의 특별결의를 요한다(상 374조).

▎대법원 1997. 5. 23. 선고 95다5790 판결▕

시장개설 허가를 받은 법인에 의한 관리권 위임약정은 그 법인이 정상화될 때까지 수임인이 시장을 관리하기로 한 이른바 경영위임에 해당하므로, 구 상법(1995. 12. 29. 법률 제5053호로 개정되기 전의 것) 제374조에 의하여 요구되는 같은 법 제434조의 규정에 의한 발행주식 총수의 과반수에 해당하는 주식을 가진 주주의 출석으로 그 의결권의 3분의 2 이상의 다수의 결의로써 하여야 하는 주주총회의 특별결의를 거치지 아니한 경우, 그 관리권 위임약정은 무효이다.

▎서울고법 1965. 3. 24. 선고 64나1253 제1민사부 판결▕

상법 제374조 2호 소정의 "타인과 영업의 손익전부를 같이하는 계약 기타 이에 준하는 계약의 체결"이라 함은 독립한 수개의 기업간에 있어서 손익 전부에 관하여 공통관계를 설정하는 소위 이익협동단체 또는 이익공통계약을 말하는 것이요, 이에 준하는 계약이라 함은 타인의 계산에 있어서 회사가 자기의 영업을 수행하는 계약으로서 예컨대 판매카르텔 등을 말한다.

┃대법원 1991. 5. 28. 선고 90다20084 판결┃

주식회사가 이사회 결의에 의하여 공장을 3개월여 이내에 이전하고 공장으로 사용하여 온 부동산은 2개월 이내에 매매하여 매도대금 중 공장이전비용을 초과하는 금액을 위 부동산을 양도한 주주에게 지급하기로 약정한 경우 위 약정은 상법 제374조 소정의 주주총회의 특별결의를 필요로 하는 행위가 아니고, 위 약정 후에 주주총회에서 위 이사회 결의를 무효로 하는 결의를 하였다 하더라도 위 약정의 효력이 상실되지 아니한다.

┃대법원 1978. 2. 28. 선고 77다868 판결┃

회사가 그 자본금액을 초과하는 채무를 부담하는 계약을 체결하는 행위는 상법 제374조 소정 주주총회의 특별결의를 요하는 행위에 해당하지 않는다.

제4절 고용관계의 승계여부

영업양도에 의하여 양도인과의 근로계약관계가 양수인에게 이전되는지에 대해서는 견해가 나뉘고 있다. 판례는「영업이 포괄적으로 양도되면 반대의 특약이 없는 한 양도인과 근로자간의 근로관계도 원칙적으로 양수인에게 포괄적으로 승계된다」고 하면서(원칙승계설), 반대의 특약은 실질적으로 해고나 다름이 없으므로 근로기준법 소정의 정당한 사유가 있어야 유효하다고 한다(대판 1995. 9. 29, 94다54245 등).

제6장 기업결합

제1절 기업결합의 유형

기업결합은 매우 다의적으로 사용되고 있다. 가장 넓게는 공동의 목적을 추구하기 위한 2 이상 기업간의 일체의 관계 · 행위 · 계약 · 조직 등을 포함한다.

| 공정거래법상의 기업결합 |

독점규제및공정거래에관한법률에서는 기업결합의 유형으로 주식의 취득, 임원 또는 종업원의 겸임, 합병, 영업 전부 또는 주요 부분의 양수 · 임차 또는 경영수임이나 다른 회사의 영업용 고정자산의 전부 또는 주요 부분의 양수, 새로운 회사설립 등 매우 폭넓게 인정하고, 이에 의한 경쟁제한적인 기업결합을 금지하고 있다(독점 7조 1항).

[1] 조직적 결합

(1) 회사합병은 합병당사회사의 법인격 자체가 완전히 합일되는 기업결합이다. 결합력면에서는 가장 강력하지만, 조직이 지나치게 비대해지거나, 조직의 유연성이

떨어지고, 기존 회사가 쌓아 온 상호나 명성을 살리기 어려우며, 주주와 회사채권자를 보호하기 위한 절차를 밟아야 한다.

(2) 조직적 결합에 준하는 것으로는 영업양도, 영업의 임대, 경영위임, 손익공통계약, 기타 이에 준하는 계약 등이 있다. 이에 대하여 상법에서는 주주를 보호하기 위하여 주주총회의 특별결의를 요하고, 반대주주에게 주식매수청구권을 부여하고 있으나, 채권자를 보호하는 제도적 장치는 없다.

[2] 자본적 결합

자본적 결합으로는 모자회사 또는 완전모자회사(완전지주회사)의 관계를 형성하는 방법이 있다. 특히 주식의 포괄적 교환 · 이전에 의하여 완전지배종속관계에 있는 완전지주회사가 창설된다. 상법에서는 상호주에 대하여 주식취득금지 또는 취득한 주식을 통한 의결권행사를 제한하고 있다. 모회사의 이기적인 행동에 의한 자회사의 주주와 채권자의 이익침해를 구제하기 위한 제도적 장치가 미흡하다. 계열사간의 상호출자를 이용하여 극히 소수의 지분만으로 기업을 지배하는 문제에 대한 입법적 대책도 필요하다.

[3] 인적 결합

인적 결합으로는 임원겸임 등의 방법이 있다. 인적 결합에 의하여 독립기업의 이익이 훼손되지 않도록 상법에서는 자기거래의 제한, 감사의 겸임제한 등의 제도적 장치를 두고 있다.

[4] 행태적 결합

행태적 결합으로는 계약 등에 의하여 생산 · 판매 카르텔을 형성하는 경우, 전략적 제휴를 맺는 경우 등이 있다.

| 카르텔 · 콘체른 · 트러스트 |

① 카르텔(cartel)은 동종 영업을 영위하는 사업자들이 계약, 협정 등에 의하여 상품 또는 용역의 거래조건을 제한하는 행위이다. 이는 각 기업이 법적 · 경제적으로 독립성을 유지하면서 경영전략상 공동보조를 취하는 것이다. 카르텔은 그 경쟁제한성으로 인하여 공정거래법의 적용대상이 되나, 회사법적인 측면에서는 특별히 이를 규율하지 않는다.

② 콘체른(Konzern)은 법적으로는 독립성을 유지하면서 경제적으로 통일된 지휘체계하에 속해있는 것을 말한다. 공정거래법상의 지주회사와 기업집단이 이에 해당한다.

③ 트러스트(trust)는 시장지배를 목적으로 하는 동종 기업간의 자본참가(주식신탁)에 의한 결합이다. 콘체른과 트러스는 자본적 결합의 형태를 취하고 있기 때문에 회사법상의 문제를 내포하고 있으나, 우리 상법에는 이에 관하여 국소적인 규정을 두고 있을 따름이다.

제2절 이해당사자의 보호

기업결합을 하게 되면 회사 자체, 주주 및 회사채권자에게 중대한 영향을 미치게 된다. 그럼에도 불구하고 상법에는 합병 등의 경우를 제외하고는 이들의 이익보호를 위한 특별 규정이 없다. 입법론으로, 기업결합의 경우 주주를 보호하기 위하여 주주총회의 결의를 얻도록 하고, 반대주주에게 주식매수청구권을 인정하여야 하며, 회사채권자를 보호하기 위하여 채권자 이의절차를 마련하여야 하고, 나아가 기업결합에 의하여 기업 사이에 지배 · 종속관계가 생기는 경우에는 종속기업의 주주와 채권자를 보호하기 위한 조치가 필요하다는 견해가 있다(정동윤).

제 7 장

조직변경

조직변경공고

본 회사는 2002년 11월 26일 임시 사원총회에서 사원 전원일치에 의하여 주식회사로 조직을 변경(변경된 상호 : 애경소재주식회사)하기로 결의하였으므로, 이 조직 변경에 이의가 있는 채권자는 이 공고 게재일로부터 1개월 이내에 본 회사에 이의를 제출하시기 바랍니다.

2002년 12월 13일

서울시 구로구 구로동 82번지

애경소재유한회사

대표이사 주 상 길

| 해 설 |

위 사례는 유한회사를 주식회사로 조직변경한 것이다. 조직변경은 새로운 회사를 설립하는 효과가 있고 사원의 책임에 변경을 가져오기 때문에, 사원 전원의 동의를 요하고 채권자보호조치가 필요하다. 위 사례에서 변경 전 회사(유한회사)는 사원 전원의 일치에 의하여 주식회사로 조직변경을 하기로 하고, 채권자보호를 위하여 채권자 이의제출절차를 취하고 있다. 조직변경 전후의 회사 간에는 인격의 동일성이 그대로 유지된다. 상법에서는 인적회사 상호간, 물적회사 상호간의 조직변경만을 허용하고 있다.

제1절 의의

조직변경이란 조직변경을 전후해서 법인격의 동일성을 그대로 유지하면서 수종의 회사 중에서 법적 형식이 다른 종류의 회사로 전환되는 것을 말한다. 이에 의하여 기존의 회사를 해산하고 새로운 종류의 회사를 설립하는 번잡을 피할 수 있다(기업유지의 이념).

| 특 징 |

① 조직변경 전후의 회사간에 인격의 동일성이 그대로 유지된다.

② 사원 전원의 동의가 필요하다. 조직변경은 새로운 회사를 설립하는 것과 진배없고, 사원책임에 변경을 가져오기 때문이다. 특히 물적회사의 경우는 자본충실을 위하여 사원에게 전보책임을 지우고 있다.

③ 채권자보호절차가 필요하다.

④ 해산등기 및 설립등기를 하여야 한다.

제2절 제한

인적회사 상호간, 물적회사 상호간의 조직변경만이 인정된다. 인적회사와 물적회사는 사원의 책임과 내부조직이 전혀 다르기 때문에 조직변경을 전후해서 동일성을 유지하기가 어렵고 회사채권자의 이익을 해칠 수 있기 때문이다. 따라서 상법상 가능한 조직변경은 합명회사 ↔ 합자회사, 유한회사 ↔ 주식회사만이다.

| 대법원 1985. 11. 12. 선고 85누69 판결 |

회사의 조직변경은 회사가 그의 인격의 동일성을 보유하면서 법률상의 조직을 변경하여 다른 종류의 회사로 되는 것을 일컫는다 할 것이고 상법상 합명, 합자회사 상호간 또는 주식, 유한회사 상호간에만 회사의 조직변경이 인정되고 있을 뿐이다. 그러므로 ○○건설합자회사가 그 목적, 주소, 대표자 등이 동일한 주식회사를 설립한 다음 동 회사를 흡수합병하는 형식을 밟아 사실상 합자회사를 주식회사로 변경하는 효과를 꾀하였다 하더라도 이를 법률상의 회사조직변경으로 볼 수는 없다.

제3절 인적 회사간 조직변경

[1] 합명회사에서 합자회사로의 조직변경

(1) 방법

합명회사는 총사원의 동의로 일부 사원을 유한책임사원으로 하거나 유한책임사원을 새로 가입시킴으로써 합자회사로 변경할 수 있다(상 242조 1항). 합명회사의 사원이 1인이 된 때에는 새로 유한책임사원을 가입시켜 회사를 계속하는 방법에 의하여 합자회사로 조직변경을 할 수 있다(상 242조 2항, 229조 2항).

(2) 책임변경사원의 책임

무한책임사원에서 유한책임사원으로 변경된 자는 본점에서 등기하기 이전에 생긴 회사채무에 대하여 등기 후 2년 내에는 무한책임사원으로서의 책임을 진다(상 244조).

[2] 합자회사에서 합명회사로의 조직변경

(1) 방법

합자회사는 사원 전원(유한책임사원 포함)의 동의로 합명회사로 조직변경을 할 수 있다(상 286조 1항). 유한책임사원 전원이 퇴사한 경우에는 잔존 무한책임사원 전원의 동의로 합명회사로 조직변경을 할 수 있다(상 286조 2항). 합자회사의 무한책임사원이 1인이 된 때에는 무한책임사원을 새로 가입시켜 회사를 계속함과 동시에 조직변경을 할 수 있다(상 269조, 242조 2항).

(2) 책임변경사원의 책임

합명회사로 조직변경을 하면 유한책임사원도 무한책임사원으로 되어 채권자에게 유리하게 되기 때문에 채권자보호조치가 따로 필요하지 않다.

제4절 물적 회사간 조직변경

[1] 유한회사에서 주식회사로의 조직변경

(1) 방법

① 유한회사는 총사원의 동의에 의한 사원총회의 결의로 주식회사로 조직변경을 할 수 있다(상 607조 1항).

② 법원의 인가가 조직변경의 효력발생요건이다(상 607조 5항, 604조 3항). 이는 조직변경이 주식회사의 엄격한 설립절차를 회피하는 수단으로 이용되는 것을 방지하기 위함이다.

(2) 주식발행총액의 제한 및 전보책임

① 조직변경에 의하여 발행되는 주식의 발행가액의 총액은 회사에 현존하는 순자산액을 초과하여서는 아니된다(상 607조 2항).

② 회사에 현존하는 순자산액이 조직변경시에 발행하는 주식의 발행가액의 총액에 부족한 때에는 조직변경 결의 당시의 사원과 이사 · 감사가 그 부족액을 연대하여 지급할 전보책임을 진다(상 607조 4항). 이사 · 감사의 전보책임은 총주주의 동의로 면제할 수 있으나, 사원의 전보책임은 면제할 수 없다(상 607조 4항, 550조 2항, 551조 2항 · 3항).

(3) 채권자 보호

유한회사에서 주식회사로 조직변경을 함에는 채권자보호절차를 밟아야 한다(상 608조, 232조). 종전의 지분에 대한 질권은 새로이 발행되는 주식에 대하여 물상대위가 인정된다(상 607조 5항, 601조 1항, 340조 3항).

[2] 주식회사에서 유한회사로의 조직변경

(1) 방법

주식회사는 총주주의 동의에 의한 주주총회의 결의로 유한회사로 조직변경을 할 수 있다(상 604조 1항).

| 사채의 상환 |

유한회사는 사채를 발행할 수 없으므로, 주식회사는 사채의 상환을 완료한 후에만 유한회사로 조직변경을 할 수 있다(상 604조 1항 단서).

(2) 자본총액의 제한 및 전보책임

① 유한회사의 자본의 총액은 주식회사의 순자산액보다 많은 금액으로 하지 못한다(상 604조 2항).

② 회사에 현존하는 순자산액이 자본의 총액에 부족한 때에는 조직변경 결의 당시의 주주와 이사는 회사에 대하여 연대하여 그 부족액을 지급할 전보책임을 진다(상 605조 1항). 이사의 전보책임은 총사원의 동의로 면제할 수 있으나, 주주의 전보책임은 면제하지 못한다(605조 2항, 550조 2항, 551조 2항).

(3) 채권자 보호

주식회사에서 유한회사로 조직변경을 함에는 채권자보호절차를 밟아야 한다(상 608조, 232조). 종전의 주식에 대한 질권은 변경 후의 지분에 대하여 물상대위가 인정된다(상 604조 4항, 601조 1항).

제5절 등기

(1) 조직변경을 한 때에는 본점 소재지에서는 2주간 내, 지점 소재지에서는 3주간 내에, 조직변경 전의 회사는 해산등기를, 조직변경 후의 회사는 설립등기를 하여야 한다(상 243조, 286조 3항, 606조, 607조). 이 때의 해산등기와 설립등기는 형식상 해산등기와 설립등기를 한다는 것에 그치고, 그로 인하여 실질적으로 해산이나 설립의 효력이 생긴다는 것은 아니다.

(2) 조직변경의 효력은 본점 소재지에서 변경등기를 한 때에 생긴다(다수설).

제6절 하자

조직변경에 하자가 있는 경우 이를 다투는 방법에 대하여 상법에 규정이 없다. 회사설립 무효에 관한 규정(설립 무효의 소)에 따라서 처리하여야 할 것이다(다수설). 조직변경은 실질적으로 새로운 회사의 설립과 동일하기 때문이다. 다만 조직변경 무효의 판결이 확정되면 해산 · 청산의 절차를 밟는 것이 아니고, 변경 전의 회사로 원상복귀된다.

| 관련사례 |

[1] 합자회사 형태의 상호신용금고들이 주식회사로 전환하는 사례가 늘어나고 있다. 이같이 합자회사 형태의 금고들이 주식회사로 전환하고 있는 것은 그동안의 혈연중심의 소극적 경영에서 탈피, 자본대형화를 꾀하기 위한 것으로 분석된다. (출처 : 매일경제 1996. 8. 20 [이준서])

[2] OO맥주는 전북의 (주)△△와 충북의 ㅁㅁ주조에 대한 인수작업을 마무리 짓고 이들 양사를 조만간 합병할 방침이다. OO맥주는 합자회사인 ㅁㅁ주조를 주식회사로 법인형태를 변경하고 (주)△△의 법정관리가 종료되는 대로 이들 양사를 합병, (주)●●주조로 사명을 바꾸기로 했다. (출처 : 세계일보 1997. 11. 7 [김병수], 한국일보 1997. 11. 7)

(생각거리)

법에서는 인적회사 상호간(즉, 합명회사 ↔ 합자회사)의 조직변경과 물적회사 상호간(유한회사 ↔ 주식회사)의 조직변경만을 허용하고 있다. 그런데 위 기사에 의하면, 인적회사인 합명회사와 합자회사를 물적회사인 주식회사로 조직변경한다는 내용으로 되어 있다. 이는 내용상의 오류인가, 아니면 이를 가능하게 하는 다른 어떤 방법이 있는 것인가? 아니면 이는 상법상의 조직변경이 아닌가?

제 12 편 주식회사의 소멸

제 1 장

주식회사의 해산

법원이 경영권 다툼을 벌이고 있는 회사에 대해 등기부상의 문제를 들어 해산 결정을 내렸다. 서울지방법원 민사합의O부는 OO를 상대로 대주주인 △씨 등이 낸 해산청구소송에서 OO이 98년 9월 18일로 존립기간이 만료됐다고 판결했다. 이번 판결이 확정되면 OO은 청산절차를 밟아야 한다. 법원이 등기부상의 문제를 들어 현재 기업활동을 하고 있는 회사를 해산하라고 판결한 것은 극히 이례적인 일이다. 이번 판결에 따라 지난 60년대에 설립기간을 정관에 규정한 회사들의 법적 존속 여부가 문제될 것으로 보인다. 정관 소정의 존속기간 문제를 해결하기 위해서는 주주총회를 열어 정관을 변경하고 새로 등기를 마쳐야 한다. 60년대에 설립된 회사들은 당시 모델로 쓰이던 정관에 따라 별다른 생각 없이 설립기간을 명시한 경우가 많았으나 지금은 설립기간을 정관에 밝히지 않는다. 재판부는 판결문에서 "OO은 68년 창립 당시 존속기간을 만 30년으로 정관상 명문화했고, 98년 이후 존속기간의 폐지에 관한 등기가 이뤄지지 않았다"며 "회사의 주주인 원고들이 청산절차를 거쳐 잔여재산을 분배받기 위해 해산확인을 구하는 만큼 이에 따라 판결한다"고 밝혔다. 이에 대해 OO측은 85년 주주총회를 통해 존속기간을 폐지키로 했으나 등기만 되지 않았을 뿐이라며 법원의 판단이 실재하는 회사의 해산을 결정하는 등 현실에 부합하지 않는 만큼 즉시 항소하겠다고 밝혔다. 이번 소송을 제기한 △씨 등은 크라운의 주식을 30% 정도 소유하고 있는 2대 주주로 "1대 주주인 대표이사의 경영 부실로 회사가 3년 연속 적자를 내고 화의상태에서 벗어나지 못하고 있다"며 투명경영을 요구하는 차원에서 소송을 제기했다고 밝혔다. (출처: 국민일보 2001. 4. 5, 매일경제 2001. 4. 5, 이데일리 2001. 4. 5, 세계일보 2001. 4. 6.

한겨레 2001. 4. 6, 조선일보 2001. 4. 7, 한국경제 2001. 4. 6, 한국경제 2001. 4. 7, 한국경제 2001. 4. 11)
서울고등법원 제O민사부는 법인등기부등본상 존립기간 만료에 의한 해산판결에 대한 원심판결이 취소되고, 상고가 없어 고등법원의 판결이 확정됐다. (출처: 머니투데이 2002. 5. 13)

| 해 설 |

회사설립시의 정관에 일정기간 후 해산할 의사 없이 무심코 존립기간을 정해놓고 그 기간이 경과된 이후에도 영업활동을 계속하는 경우가 있다. 그러나 이러한 경우 해산할 의사가 없다면 존립기간이 만료한 때에는 회사계속의 결의를 하여야 하고, 그 결의가 없으면 당연해산하고 청산 중의 회사가 된다는 것이 판례의 입장이다(대법원 1986. 4. 22 결정, 67마659). 위 사례의 회사도 1968년 창립 당시 존속기간을 만 30년으로 정관에 명문화하였고, 회사의 주장에 의하면 1985년 주주총회를 통해 존속기간을 폐지하기로 하였으나 이를 등기하지 않음으로 해서 생긴 문제이다.

제1절 의의

(1) 회사의 해산은 법인격의 소멸을 가져오는 법률사실이다. 회사는 해산에 의해서만 소멸하며, 그 밖의 사유로는 소멸하지 않는다(대판 1985. 6. 25, 84다카1954).

| 대법원 1985. 6. 25. 선고 84다카1954 판결 |

회사가 부채과다로 사실상 파산지경에 있어 업무도 수행하지 아니하고 대표이사나 그 외의 이사도 없는 상태에 있다고 하여도 적법한 해산절차를 거쳐 청산을 종결하기 까지는 법인의 권리능력이 소멸한 것으로 볼 수 없다.

(2) 회사가 해산하였다고 하여 곧바로 법인격이 소멸되는 것은 아니고 청산의 목적범위 내에서는 존속하고, 청산절차가 종결함으로써 법인격이 소멸된다.

| 회사해산절차의 흐름 |

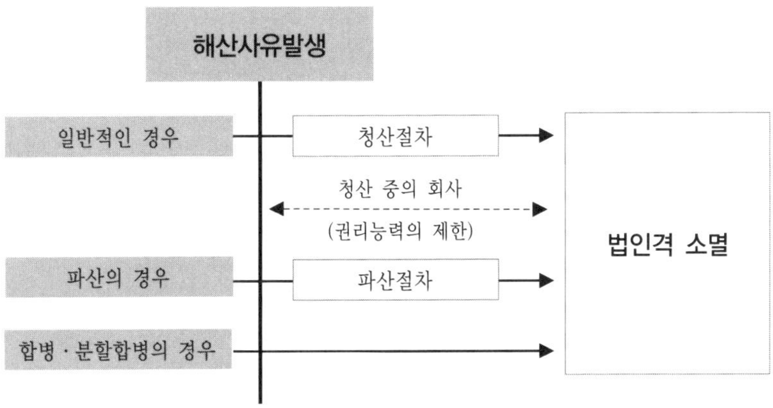

제2절 해산사유

주식회사의 해산사유는 (i) 존립기간의 만료 기타 정관으로 정한 사유의 발생, (ii) 합병, (iii) 회사분할 또는 분할합병, (iv) 파산, (v) 주주총회의 해산결의, (vi) 법원의 해산명령 또는 해산판결 등이다(상 517조). (vii) 주식회사의 특유한 해산사유로는 휴면회사의 해산의제가 있다(상 520조의2). (viii) 주식회사의 최저자본 5,000만 원은 주식회사의 성립요건이자 존속요건이므로 최저자본에 미달하면 해산사유가 된다. 인적회사와는 달리 주주가 1인이 되어도 해산사유가 되지 않는다.

| 해산사유 |

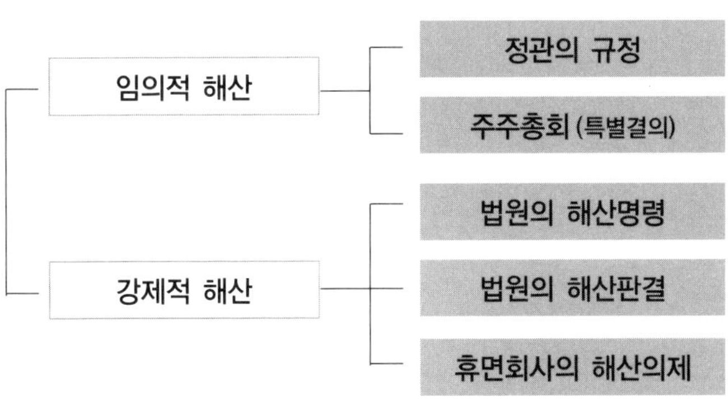

제3절 휴면회사의 해산의제

[1] 취지

휴면회사란, (ⅰ) 실질적으로는 영업활동을 종식한 상태에 있음에도 불구하고 해산등기를 하지 아니하여 등기부상 방치되어 있는 회사를 말하고, (ⅱ) 형식적으로는 법원행정처장의 영업계속신고에 관한 공고가 있은 때 이미 최후의 등기 후 5년을 경과한 회사를 말한다. 이러한 회사를 그대로 방치해 두면 등기와 실제의 불일치가 생기고, 타인의 상호선정을 제약하고, 범죄수단으로 이용될 수 있는 문제점이 있다. 휴면회사의 해산의제는 휴면상태의 회사를 법적으로 정리(청소)하여 제거하기 위함이다.

[2] 대상

최후의 등기 후 공고한 날에 이미 5년을 경과한 회사가 그 대상이 된다(상 520조의2 1항). 정상적으로 영업활동을 하는 회사라면 최소한 5년 내에 1회 이상의 등기가 있어야 하기 때문이다.

[3] 절차

휴면회사를 정리하기 위해서는 법원행정처장의 관보에 의한 공고가 있어야 한다. 그 공고의 내용은 최후의 등기 후 5년이 경과한 회사는 본점의 소재지를 관할하는 법원에 아직 영업을 폐지하지 않았다는 뜻의 신고를 하도록 하는 것이다(상 520조의2 1항). 위 공고가 있는 때에 법원은 해당 회사에 그 공고가 있었다는 뜻의 통지를 발송하여야 한다(상 520조의2 2항). 관보에 의한 공고의 사실을 회사가 알지 못하는 경우도 있을 수 있기 때문이다.

[4] 해산의제

(1) 이 경우에 공고일 현재 최후의 등기 후 5년을 경과한 회사는 공고한 날로부터 2월 이내에 대통령령이 정하는 바에 의하여 신고를 하여야 한다. 신고기간 내에 등기를 한 회사에 대해서는 해산이 의제되지 않는다(상 520조의2 2항 · 3항).

(2) 그러나 위 기간 내에 신고를 하지 아니한 때에는 그 신고기간이 만료한 때에 해산한 것으로 본다(상 520조의2 1항). 해산이 의제된 회사에 대해서는 등기소의 직권에 의하여 해산등기를 한다.

[5] 청산종결의 의제

회사의 해산이 의제된 후 3년 내에 회사계속의 결의를 하지 아니한 때에는 그 회사는 3년이 경과한 때에 청산이 종결된 것으로 의제한다(상 520조의2 4항). 이에 의하여 회사의 법인격이 완전히 소멸된다. 다만, 여전히 회사에 어떤 권리관계가 남아있어 현실적으로 정리할 필요가 있으면 그 범위 내에서 법인격이 소멸하지 않는다(대법원 1991. 4. 30 결정, 90마672).

┃휴면회사의 해산의제┃

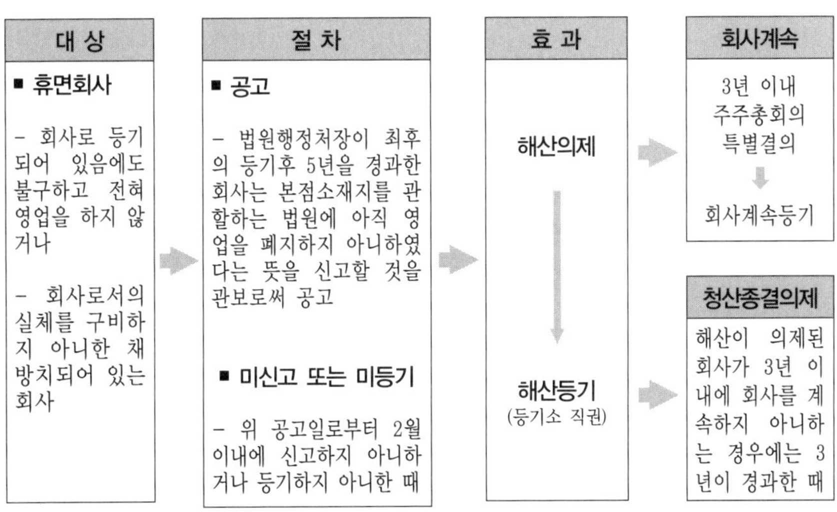

| 휴면회사의 해산의제 및 청산종결의제를 피하는 방법 |

최후의 등기 후 5년을 경과한 회사로서, (ⅰ) 법원행정처장의 공고에 따라 공고일로부터 2월 이내에 본점소재지 관할법원에 영업을 폐지하지 아니하였다는 뜻을 신고하면 해산이 의제되지 않는다. (ⅱ) 위 (ⅰ)의 신고를 하지 아니한 회사라 하더라도 이 기간 내에 회사가 등기를 하면 해산이 의제되지 아니한다. (ⅲ) 신고기간을 도과한 회사가 해산이 의제된 후 3년 이내에 주주총회의 특별결의에 의하여 회사를 계속할 수 있다.

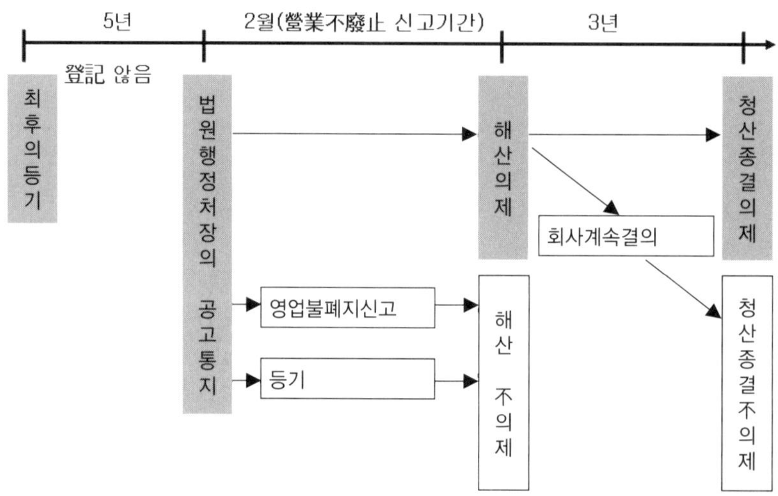

제4절 해산명령

상가 분양사기를 당한 사람들이 임직원의 위법행위를 이유로 회사를 상대로 낸 회사의 해산신청을 법원이 이례적으로 받아들여 회사의 해산명령을 내렸다. 서울지법은 부동산 임대업체인 ○○물산의 채권자 △모씨 등 45명이 ○○물산을 상대로 낸 해산신청을 받아들였다. 재판부는 "분양광고를 낸 뒤 계약금과 중도금을 갖고 미국으로 도주한 행위가 인정되고, 회사의 존속을 위태롭게 하는 행위인 만큼 해산신청을 받아들인다"고 밝혔다. ○○물산의 대표 ▲모씨의 분양광고를 보고 응모했다가 ▲씨가 17억 원 상당의 중도금을 갖고 미국으로 도주하자 신청을 낸 △씨 등은 ○○물산 소유의 상가의 기존 임대인 450여 명과 돈을 모아 ○○물산이 ●●은행 등에 부담하고 있는 90억 원 상당의 채무를 변제한 뒤 상가점포를 각자의 명의로 등기를 이전할 예정이다. (출처: 동아일보 2001. 4. 24, 한국일보 2001. 4. 24)

| 해 설 |

회사의 해산명령제도는 공익적 견지에서 당해 회사의 존립을 도저히 그대로 묵과할 수 없는 사유가 인정되는 경우 법원의 명령에 의하여 그 회사의 법인격을 박탈하는 제도이다. 위 사례는 부동산 임대업체의 대표자가 분양금을 중도에 가로채고 해외로 도주하여 그 회사의 존속기반이 무너진 경우에 해당한다고 보아 이해관계인인 채권자의 신청에 기하여 법원이 해산명령을 하였다. 법원의 재판에 의한 회사의 해산사유로는 해산명령과 해산판결이 있다. 이는 모든 회사에 공통된 해산사유이다.

[1] 의의

회사의 해산명령제도는 주로 공익적 견지에서 회사의 존속을 허용할 수 없을 때에, 특히 회사에 반사회성이 나타나게 된 경우에, 법원의 해산명령에 의하여 회사의 법인격을 박탈하는 제도이다. 준칙주의에 의한 회사남설의 폐해를 방지하기 위한 제도이다.

[2] 사유

다음의 세 가지 경우에 법원은 회사의 해산을 명할 수 있다(상 176조 1항).

(1) 회사의 설립목적이 불법인 때

'회사의 설립목적'은 형식적인 정관의 기재뿐만 아니라 실질적인 의도를 기준으로 판단한다. 즉, 정관에 정하여져 있는 회사의 목적이 불법한 경우는 물론이고, 그 목적이 적법하지만 실질적인 의도가 불법인 경우를 포함한다.

(2) 회사가 정당한 사유 없이 설립 후 1년 내에 영업을 개시하지 아니하거나 1년 이상 영업을 休止한 때

정당한 사유 없이 휴면상태인 회사를 말한다. 「정당한 사유」는 영업의 성질상 또는 객관적 사유로 인하여 영업을 할 수 없는 경우를 뜻한다. 「영업의 개시」는 회사의 목적인 영리사업 자체를 개시하는 것을 뜻하고 그 준비행위는 포함하지 아니한다.

| 대법원 1978. 7. 26. 자 78마106 결정 |

시장경영 목적의 회사가 시장건물 신축 중 그 소유권을 둘러싼 분쟁으로 수년간 그 기능을 사실상 상실하고 정상적인 업무수행을 하지 못하다가 그 후 확정 판결에 기하여 정상적인 업무수행을 할 수 있게 된 경우에 상법 제176조 제1항 제2호 후단 소정의 회사해산명령 사유인 "회사가 정당한 사유 없이 1년 이상 영업을 휴지하는 때"에 해당한다고 볼 수 없다.

(3) 이사 또는 회사의 업무를 집행하는 사원이 법령 또는 정관에 위반하여 회사의 존속을 허용할 수 없는 행위를 한 때

이사 등이 법령 · 정관에 위반한 행위를 하였을 때, 그 정도가 지나쳐서 그로 인하여 「회사의 존속을 허용할 수 없는 상태」에 이른 경우이다. 이사 등의 교체만으로는 문제해결이 불가능한 정도이어야 한다.

[3] 절차

(1) 청구 또는 직권

법원은 이해관계인이나 검사의 청구에 의하여 또는 직권으로 해산을 명할 수 있다(상 176조 1항 본문). 공익보호의 관점에서 검사의 청구나 법원의 직권에 의하여도 할 수 있다는 점이 특징이다. 이해관계인이란 회사의 존속에 직접 법률상의 이해관계를 가진 자를 뜻한다(대결 1995. 9. 12, 자 95마686). 이해관계인이 해산명령청구를 한 때에는 회사는 이해관계인의 악의를 소명하여 이해관계인에게 상당한 담보를 제공할 것을 법원에 청구할 수 있다(상 176조 3항 · 4항).

| 대법원 1995. 9. 12. 자 95마686 결정 |

상법 제176조 제1항에 의하여 법원에 회사의 해산명령을 청구할 수 있는 이해관계인이란 회사 존립에 직접 법률상 이해관계가 있는 자라고 보아야 한다. '전자랜드'라는 명칭의 빌딩을 소유하고 같은 명칭의 서비스표 및 상표 등록을 한 자가 그 상호를 '전자랜드주식회사'로 변경하려고 하는데, 휴면회사인 '전자랜드판매주식회사'로 인하여 상호 변경 등기를 할 수 없다는 사실만으로는 위의 이해관계인이라 보기 어렵다.

(2) 비송사건

해산명령청구사건은 비송사건이므로 그 재판절차는 비송사건절차법에 의한다.

(3) 재산보전처분

해산명령의 청구가 있는 때에는 법원은 해산을 명하기 전이라도 이해관계인이나 검사의 청구에 의하여 또는 직권으로 관리인의 선임 기타 회사재산의 보전에 필요한 처분을 할 수 있다(상 176조 2항).

[4] 효과

(1) 해산명령재판의 확정에 의하여 회사는 해산한다(상 227조 6호, 269조, 517조 1항, 609조 1항 1호). 그 이후의 해산절차는 일반적인 해산의 경우와 동일하다.

(2) 해산명령에 대하여 회사 · 이해관계인 · 검사는 즉시항고할 수 있으며, 항고는 집행정지의 효력이 있다(비송 91조).

| 대법원 1976. 12. 15. 자 76마368 결정 |

비송사건절차법 제139조, 제154조, 제155조의 관계규정에 비추어 볼 때 이해관계인은 자기가 한 회사의 해산명령신청이 기각되었을 때에 한하여 그 재판에 대한 즉시항고를 할 수 있을 뿐 검사가 해산명령신청을 하여 해산을 명하는 재판이 있는 경우에는 즉시항고를 할 수 없는 것으로 제한하여 볼 근거와 이유는 없다. 그러나 회사의 주주나 감사가 아닌 지입된 버스의 차주는 이해관계인에 해당되지 아니하므로 이해관계인으로서 위 재판에 대하여 즉시항고를 할 수 없다.

제5절 해산판결

[1] 의의

회사의 해산판결제도는 회사 내부의 문제로 자치능력을 상실하여 회사의 존속을 인정하기 곤란한 지경에 이른 경우, 사원의 이익을 위하여 재판에 의하여 회사의 법인격을 박탈하는 제도이다. 해산명령이 공익보호를 목적으로 회사남용을 규제하는 제도라면, 해산판결은 주주보호를 목적으로 사익의 대립을 회사의 해체라는 비상수단에 의하여 해결하려는 제도이다. 주식회사의 해산판결에 관한 규정은 유한회사에 준용된다(상 613조 1항).

┃주주총회의 특별결의에 의한 해산제도와의 관계┃

상법 제518조에 의한 해산은 주주총회는 특별결의에 의한 주주들의 자율적인 해산이라면, 상법 제520조에 의한 해산판결은 상법 제518조에 의하여 회사해산을 할 수 없는 회사에서 소수주주가 법원에 회사해산청구의 소를 제기할 수 있도록 한 것이다. 주주의 이익이 심각하게 침해되고 있을지라도 소수주주권의 행사로 구제가 가능한 경우에는 해산청구가 허용되지 않는다(서울지법 1999. 9. 7 판결, 99가합17703).

[2] 사유

(1) ① 회사의 업무가 현저한 停頓상태가 계속되어 회복할 수 없는 손해가 생긴 때 또는 생길 염려가 있는 때(예 : 이사 간의 심각한 대립으로 업무교착상태에 빠진 경우), 또는 ② 회사재산의 관리 또는 처분의 현저한 失當으로 인하여 회사의 존립이 위태롭게 된 때(예 : 회사의 핵심재산의 유용으로 회사를 극도로 파탄에 빠지게 하는 경우)이어야 한다(상 520조 1항).

(2) 이상의 어느 하나에 해당하는 사실이 있는 경우로서 「부득이한 사유」가 있어야 한다(상 520조 1항). 즉, 주주의 이익을 보호하기 위해서는 이사의 교체나 문책만으로는 부족하고 회사해산만이 유일한 해결방안인 경우이어야 한다.

┃인적 회사의 경우┃

합명회사와 합자회사의 사원은 「부득이한 사유」가 있을 때 법원에 회사의 해산을 청구할 수 있다(상 241조 1항, 269조). 부득이한 사유란, 인적회사의 특성상 퇴사, 제명, 지분의 양도, 총사원의 동의에 의한 해산 등과 같은 방법으로는 회사해산이 곤란한 경우를 뜻한다.

[3] 절차

(1) 청구

주식회사의 경우 발행주식총수의 10% 이상의 주식을 가진 주주만이 해산청구의 소를 제기할 수 있다(상 520조, 613조 1항). 주주에 한하여 청구할 수 있도록 한 것은, 해산명령과는 달리 사익의 보호에 초점을 둔 제도이기 때문이다. 수인의 주주가 합하여 공동으로 위 지주요건을 충족하는 것도 가능하다.

(2) 소송사건

해산판결 청구사건은 소송사건으로, 형성의 소이다. 회사를 피고로 하고, 본점 소재지의 지방법원이 전속관할이다(상 520조 2항, 186조). 법원의 재량기각권은 인정되지 않는다.

[4] 효과

(1) 해산판결이 확정되면 회사는 해산하여 청산절차에 들어가게 된다. 해산판결에 소급효는 없다.

(2) 패소한 원고는 악의 또는 중과실이 있는 때에 한하여 회사에 대하여 연대하여 손해배상책임을 진다(상 520조 2항, 191조).

| 법원의 해산판결 |

사 유	절 차	효 과
회사의 업무정체 등 부득이한 사유가 있는 경우 ① 회사의 업무가 현저한 정돈상태를 계속하여 회복할 수 없는 손해가 생긴 때 또는 생길 염려가 있는 때 ② 회사재산의 관리 또는 처분의 현저한 실당으로 인하여 회사존립을 위태롭게 할 때	■ **소송사건** ■ **청구권자** – 발행주식 총수의 10% 이상의 주식을 보유한 주주 (소제기시부터 소송계속 중에도 계속되어야 함) ■ **피고** – 회사 ■ **관할** – 회사 본점소재지 지방법원 (전속관할) ■ **형성의 소**	해산 ↓ 청산

제6절 해산의 공시

[1] 통지 · 공고

파산의 경우 외에는 이사는 지체없이 주주에 대하여 해산의 통지를 하고, 무기명주권을 발행한 경우에는 이를 공고하여야 한다(상 521조).

[2] 해산등기

해산사유가 있는 날로부터 본점에서는 2주간 내에, 지점에서는 3주간 내에 해산등기를 하여야 한다(상 521조의2, 228조). 해산사유의 발생에 의하여 당연히 해산되고, 해산등기는 그 효력발생요건이 아니다.

| 대법원 1964. 5. 5. 선고 63마29 판결 |

회사해산 등기의 효력에 대하여는 회사설립 등기와 같은 특별규정이 없는 이상 상법총칙규정에 의하여 이는 제3자에 대한 대항요건에 불과하다고 할 것이므로 해산결의가 있고 청산인 선임 결의가 있다면 그 해산등기가 없어도 청산 중인 회사이다.

제7절 해산의 효과

회사가 해산하면 채권자를 보호하기 위하여 청산절차를 개시하는 것이 원칙이다.

제8절 회사의 계속

[1] 의의

회사의 계속은 일단 해산되어 청산절차에 들어간 회사가 다시 해산 전의 상태로 복귀하는 것을 말한다. 기업유지의 정신에 따라 일정한 요건하에 이를 인정하고 있다.

[2] 사유

제3자의 이익을 보호하기 위하여 다음의 사유에 기하여 해산한 경우(즉, 회사의 의사에 기하여 해산한 경우)에 한하여 회사의 계속을 인정한다(상 519조).

① 존립기간의 만료 기타 정관소정의 사유의 발생으로 인하여 해산한 경우
② 주주총회의 특별결의에 의하여 해산한 경우
③ 해산이 의제된 휴면회사로 3년이 경과하지 않은 경우

[3] 절차

주주총회의 특별결의로써 회사를 계속할 수 있다(상 519조, 520조의2 3항). 주주의 이익을 보호하기 위함이다. 해산등기를 한 후에도 최종적으로 청산종결의 등기가 있기 전까지는 회사계속을 할 수 있다.

[4] 효과

회사는 장래에 향하여 해산 전의 상태로 복귀하고, 영업능력을 다시 회복한다. 회사의 계속은 소급효가 없으므로 해산 후부터 회사계속이 있기까지의 사이에 대표청산인이 한 행위의 효력에는 영향이 없다. 회사계속은 계속의 등기를 한 때가 아니라 계속의 결의가 있었던 때에 효력이 발생한다.

[5] 계속등기

이미 해산등기를 한 경우에는 본점 소재지에서는 2주간 내에, 지점소재지에서는 3주간 내에 회사의 계속등기를 하여야 한다(상 229조 3항, 269조, 285조 3항, 530조 1항, 611조).

| 인적 회사의 경우 |

(ⅰ) 존립기간의 만료 기타 정관 소정의 사유의 발생 또는 (ⅱ) 총사원의 동의로 해산한 경우 사원의 전부 또는 일부의 동의로 회사를 계속할 수 있다. 동의하지 않은 사원은 퇴사한 것으로 본다(상 229조 1항). (ⅲ) 사원이 1인이 된 경우 새로 사원을 가입시켜 회사를 계속할 수 있으며(상 229조 2항), 합명회사의 경우 유한책임사원을 가입시켜 합자회사로 조직변경을 할 수 있다(상 242조 2항). 합자회사의 경우 무한책임사원 또는 유한책임사원 전원이 퇴사하여 해산한 때에는 잔존 무한책임사원 또는 유한책임사원 전원의 동의로 새로 유한책임사원 또는 무한책임사원을 가입시켜 회사를 계속할 수 있다(상 285조 2항).

제 2 장

주식회사의 청산

제1절 의의

청산은 해산 후 회사의 모든 법률관계를 종결하고 잔여재산을 주주에게 분배하는 것을 목적으로 하는 절차로서 그 종료에 의하여 회사의 법인격이 소멸한다. 다만, 합병의 경우에는 청산절차를 거치지 않고 곧 바로 해산회사가 소멸하고, 파산의 경우에는 별도로 파산절차를 밟아 그 종료에 의하여 법인격이 소멸된다 (상 531조 1항).

제2절 특징

(1) 주식회사는 법정청산만이 가능하고 임의청산은 허용되지 않는다. 법정청산은 법률이 정하는 엄격한 절차에 의한 청산이다.

|청산의 방법|

① 임의청산 – 임의청산은 정관 또는 총사원의 동의로 회사재산의 처분방법을 정하는 것이다. 임의청산을 하려면 채권자보호절차를 거쳐야 한다(상 247조 3항, 248조 1항). 인적회사가 해산한 경우에는 임의청산에 의하는 것이 원칙이다.

② 법정청산 – 법정절차는 청산인에 의하여 법정절차에 따라서 청산하는 것이다. 물적회사는 법정청산만이 허용되고 임의청산은 허용되지 않는다. 인적회사의 경우도 (ⅰ) 사원이 1인으로 된 경우, (ⅱ) 법원의 해산명령 또는 해산판결로 해산한 경우, (ⅲ) 정관 또는 총사원의 동의로 재산처분방법을 정하지 않은 경우에는 청산의 공정을 기하기 위하여 법정청산의 방법에 의하여야 한다(상 247조 2항, 250조).

| 대법원 2005. 4. 15. 선고 2003도7773 판결 |

당사자 쌍방이 토지 등을 출자하여 공동으로 주식회사를 설립하여 운영하고, 그 회사를 공동으로 경영함에 따르는 비용의 부담과 이익의 분배를 지분비율에 따라 할 것을 내용으로 하는 동업계약은 당사자들 사이에서 공동사업을 주식회사의 명의로 하고 대외관계 및 대내관계에서 주식회사의 법리에 따름을 전제로 하는 것이어서 이에 관한 청산도 주식회사의 청산에 관한 상법의 규정에 따라 이루어져야 한다. 따라서 그러한 동업약정에 따라 회사가 설립되어 그 실체가 갖추어진 이상, 주식회사의 청산에 관한 상법의 규정에 따라 청산절차가 이루어지지 않는 한 일방 당사자가 잔여재산을 분배받을 수도 없다.

(2) 주식회사의 청산에 관한 법 규정은 강행법규성을 띤다. 주식회사에서는 회사재산이 유일한 담보가 되므로 청산의 공정성을 기함으로써 회사채권자를 보호하고 대주주의 전횡으로부터 일반주주를 보호하기 위함이다.

(3) 주식회사의 청산은 법원의 감독을 받는다(비송 118조). 주식회사의 청산에 관한 사건은 본점 소재지의 지방법원 합의부의 관할에 속한다(비송 117조 2항).

제3절 청산 중의 회사

(1) 청산회사는 그 권리능력의 범위가 청산의 범위 내로 제한된다(상 542조 1항, 245조). 따라서 청산회사는 청산을 전제로 한 행위만을 할 수 있고, 종전에 수행하던 영업활동을 전제로 한 행위는 할 수 없다.

(2) 청산회사는 청산을 전제로 한 행위만을 할 수 있는 결과, 청산회사는 해산 전의 회사와 비교하여 다음과 같은 점에서 달라진다.

① 이사는 영업담당자이므로 청산단계에서 그 지위를 잃고 그 대신 청산인이 청산사무를 담당하게 된다. 그에 따라 이사회와 대표이사도 없어지게 된다. 청산인은 청산인회를 구성하고, 그 중의 대표청산인이 회사를 대표한다.

② 영업을 전제로 하지 않는 기관인 주주총회와 감사는 청산 중에도 존속한다.

③ 영업활동이 없으므로 주주는 이익을 배당받지 못하고 잔여재산을 분배받게 된다. 청산 중에도 주식의 양도는 자유이다.

| 청산 중의 회사 |

할 수 없는 것 **(영업을 전제로 하는 것)**	이사는 지위를 상실하고 청산인이 대신한다. ■ 이사 → 청산인 ■ 이사회 → 청산인회 ■ 대표이사 → 대표청산인
	주주는 이익배당을 받지 못하고 잔여재산분배를 받는다.
	영업을 확대하는 행위(신주 · 사채 발행, 지점설치)
	채권추심은 가능하나, 새로운 대출이나 대출기간의 연장은 할 수 없다.
할 수 있는 것 **(영업을 전제로 하지 않는 것)**	주주총회 존속
	감사 존속
	주식유통 인정

| 대법원 1991. 11. 22. 선고 91다22131 판결 |

주식회사는 해산된 뒤에도 청산법인으로 되어 청산의 목적범위 내에서 존속하므로, 그 주주는 주주총회의 결의에 참여할 수 있을 뿐더러 잔여재산의 분배청구권 및 청산인의 해임청구권이 있다.

(3) 청산 중의 회사는 권리능력의 범위가 청산의 범위 내로 줄어들 뿐, 해산 전의 회사와 동일한 회사이다(동일성설)(대판 1956. 6. 8, 4289행상5). 청산회사의 성질에 반하지 않는 한 해산 전의 회사에 관한 상법의 규정은 청산회사에도 적용된다. 청산회사도 민사소송과 형사소송에서 당사자능력을 가진다(대판 1982. 3. 23, 81도1450).

제4절 청산인

[1] 의의

청산인은 청산 중의 회사의 청산업무를 담당하는 자이다. 청산인은 청산인회의 구성원이며, 대표청산인이 될 수 있는 전제자격이 된다.

[2] 선임

(1) 회사의 선임

원칙적으로 해산 전의 이사 전원이 당연히 청산인으로 된다(법정청산인)(상 531조 1항). 그러나 정관으로 청산인이 될 자를 정하거나(정관상의 청산인) 또는 주주총회에서 선임한 경우(총회선임 청산인)에는 이사가 당연히 청산인으로 되는 것은 아니다(상 531조 2항)(대판 1994. 5. 27, 94다7607).

(2) 법원의 선임

회사가 자율적으로 청산인을 정할 수 없는 경우에는 법원이 이해관계인의 청구에 의하여 청산인을 선임한다(상 531조 2항).

(3) 감사와의 겸임금지

감사는 청산인을 겸할 수 없다(상 542조 2항, 411조).

| 대법원 2000. 10. 12. 자 2000마287 결정 |

상법 제520조의2의 규정에 의하여 해산된 주식회사의 경우 정관에 다른 규정이 있거나 주주총회에서 따로 청산인을 선임하지 아니한 이상 그 해산 당시의 이사는 당연히 청산인이 되고, 그러한 청산인이 없는 때에는 이해관계인의 청구에 의하여 법원이 선임한 자가 청산인이 되며, 이러한 청산인만이 회사의 청산사무를 집행하고 대표하는 기관이 된다.

| 대법원 1991. 12. 24. 선고 91다4355 판결 |

■ 회사의 이사에 대한 직무집행을 정지하고 그 직무대행자를 선임하는 법원의 가처분이 있

는 경우 해산 당시의 이사의 직무는 그 직무대행자에 의하여 이루어지고 직무대행자의 직무행위의 내용은 직무집행이 정지된 이사의 그것과 일응 동일하므로 상법 제531조 제1항에 따라 해산 전 가처분에 의하여 선임된 이사 직무대행자는 회사가 해산하는 경우 당연히 청산인 직무대행자가 된다.

■ 주식회사 이사의 직무집행을 정지하고 그 직무대행자를 선임하는 가처분은 그 성질상 당사자 사이뿐만 아니라 제3자에게도 효력이 미치며 가처분에 반하여 이루어진 행위는 제3자에 대한 관계에 있어서도 무효인 한편 가처분에 의하여 선임된 이사 직무대행자의 권한은 법원의 취소판결이 있기까지 유효하게 존속하고 그 판결이 있어야만 소멸한다. 따라서 이사 직무대행자가 선임된 회사가 해산되고 해산 전의 가처분이 실효되지 않은 채 새로운 가처분에 의하여 해산된 회사의 청산인 직무대행자가 선임되었다 하더라도 선행가처분의 효력은 그대로 유지되어 그 가처분에 의하여 선임된 직무대행자만이 청산인 직무대행자로서의 권한이 있다.

▎대법원 1991. 11. 22. 선고 91다22131 판결▎

■ 해산 당시의 이사는 정관에 다른 규정이 있거나 주주총회에서 따로 청산인을 선임하지 아니한 경우에 당연히 청산인이 되고 해산 당시 또는 그 후에 임기가 만료되더라도 새로 청산인이 선임되어 취임할 때까지는 청산인으로서 권리의무를 가진다.

■ 주식회사가 법원의 해산판결로 해산되는 경우에 그 주주는 여전히 위의 권리를 보유하지만 이사의 지위는 전혀 다른바, 그것은 상법상 이사는 당연히 청산인으로 되는 게 아니라 법원이 임원 기타 이해관계인 또는 검사의 청구에 의하여 또는 직권으로 청산인을 선임하도록 규정하고 있고, 청산법인에서는 이사에 갈음하여 청산인만이 회사의 청산사무를 집행하고 회사를 대표하는 기관이 되기 때문이다.

(4) 직무집행정지 및 직무대행자의 선임

이사가 청산인이 되거나 주주총회에서 청산인을 선임한 경우에는 그 선임결의의 하자를 다툴 수 있다. 이 때 청산인 선임결의 무효 등의 판결이 확정되기 전에도 그 직무집행정지 또는 직무대행자선임의 가처분신청을 할 수 있다(상 542조 2항, 407조, 408조).

▎대법원 1997. 9. 9. 선고 97다12167 판결▎

■ 청산 중인 주식회사의 청산인을 피신청인으로 하여 그 직무집행을 정지하고 직무대행자를 선임하는 가처분결정이 있은 후, 그 선임된 청산인 직무대행자가 주주들의 요구에 따라 소집한 주주총회에서 회사를 계속하기로 하는 결의와 아울러 새로운 이사들과 감사를 선임하는 결의가 있었다고 하여, 그 주주총회의 결의에 의하여 청산인 직무대행자의 권한이 당연히 소멸하는 것은 아니다.

■ 청산인 직무집행정지 및 직무대행자 선임의 가처분결정이 있은 후 소집된 주주총회에서 회사를 계속하기로 하는 결의 및 새로운 이사들과 감사를 선임하는 결의가 있었다면, 특별한 사정이 없는 한 위 주주총회의 결의에 의하여 위 직무집행정지 및 직무대행자선임의 가처분결정은 더 이상 유지할 필요가 없는 사정변경이 생겼다고 할 것이므로, 위 가처분에 의하여 직무집행이 정지되었던 피신청인으로서는 그 사정변경을 이유로 가처분이의의 소를 제기하여 위 가처분의 취소를 구할 수 있다.

[3] 수 · 임기

(1) 상법이 청산인에 대하여 이사에 관한 규정을 준용하면서 이사의 최소인원에 관한 규정(상 383조 1항)을 제외하고 있는 점(상 542조 2항)에 비추어 청산인은 1인이어도 무방하다고 보아야 할 것이다(대판 1989. 9. 12, 87다카2691). 그러나 합의체인 청산인회를 인정하고 있으므로 청산인은 최소 2인 이상이어야 한다는 견해가 있다.

▍대법원 1989. 9. 12. 선고 87다카2691 판결 ▍

주식회사의 청산인의 수에 대하여는 제한이 없으므로 1인이라도 상관없으며 그 경우에는 1인 청산인이 당연히 대표청산인이 된다.

(2) 청산인의 임기에 대해서는 이사와는 달리 아무런 규정이 없다. 청산인을 선임하면서 그 임기를 청산 종결시까지로 하거나, 또는 일정한 기간으로 한정할 수 있다.

[4] 보수

청산인의 보수는 이사와 마찬가지로 정관에 정함이 없으면 주주총회에서 결정함이 원칙이다(상 388조). 그러나 법원이 선임한 청산인의 보수는 법원이 정하여 회사로 하여금 이를 지급하도록 하는 특칙이 있다(비송 123조, 77조).

[5] 종임

(1) 청산인과 회사는 위임의 관계에 있으므로 사망 · 파산 · 금치산 등의 위임의 일반적 종료사유에 의하여 종임된다(민 690조).

(2) 청산인은 언제든지 사임할 수 있다(민 689조).

(3) 주주총회는 언제든지 주주총회의 보통결의에 의하여 청산인을 해임할 수 있다(상 539조 1항). 그러나 법원이 선임한 경우에는 그러하지 않다.

(4) 청산인(법원에 의하여 선임된 자도 포함)이 그 업무를 집행함에 현저히 부적임하거나 중대한 임무위반행위가 있는 때에는 발행주식총수의 3% 이상에 해당하는 주식을 가진 주주는 본점 소재지의 지방법원에 그 청산인의 해임을 청구할 수 있다(상 539조 2항).

(5) 청산인의 선임 · 해임은 등기하여야 한다(상 542조 1항, 253조, 183조).

대법원 1976. 2. 11. 자 75마533 결정

상법 제539조 제2항, 제3항 규정의 청산인의 해임은 상대방 회사의 본점소재지 법원에 그 회사와 청산인들을 상대로 하는 소에 의하여서만 이를 청구할 수 있을 뿐이다. 다만 위 소가 사정이 있는 때에는 이러한 본안 소송의 제기 전에 같은 법 제542조, 제407조에 의하여 가처분으로서 이들 청산인의 직무집행의 정지와 직무대행자의 선임 신청을 할 수 있다. 그러므로 소의 방법에 의하지 아니하고 신청으로서 바로 청산인의 해임과 그 해임이 인용될 것을 전제로 하여 새로운 청산인의 선임을 각각 구하는 것은 법률상 근거가 없어 부적법하므로 각하하여야 한다.

[6] 지위

(1) 위임관계

청산인과 회사는 위임의 관계에 있으므로(상 542조 2항, 382조 2항), 청산인은 선량한 관리자의 주의로써 청산사무를 집행하여야 한다(민 681조).

(2) 이사 규정의 준용

이사에 관한 대부분의 규정이 청산인에 준용된다.

(3) 이사에 준하지 않는 것

청산 중의 회사는 영업을 하지 않기 때문에 이사의 경업금지의무(상 397조) 위반에 관한 규정은 청산인에 적용되지 않는다. 청산종결시의 책임도 이사 · 감사의 경우와는 달리 주주총회에서 결산승인보고서의 승인이 있으면 2년의 경과를 기다릴 필요 없이 당연이 해제된다(상 540조 2항).

제5절 청산인회 · 대표청산인

(1) 청산인회는 2인 이상의 청산인으로 구성되어 청산업무의 집행에 관하여 결의하는 기관이다. 청산인회에서 결의한 사항을 대표청산인이 집행한다(상 542조 2항, 389조). 청산인이 1인인 경우에는 청산인회가 없게 되고 그 청산인이 대표청산인이 된다.

(2) 대표청산인은 청산인회가 결정한 청산사무를 집행하며, 청산사무의 집행에 관하여 재판상 · 재판외의 일체의 행위를 할 수 있고, 이에 제한을 가하더라도 선의의 제3자에게 대항하지 못한다(상 542조 2항, 389조 3항, 209조). 해산 전의 이사가 청산인으로 된 경우에는 종전의 대표이사가 대표청산인이 되고(상 542조 1항, 255조 1항), 법원이 청산인을 선임한 경우에는 법원이 이를 정하고, 그 밖의 경우에는 청산인회의 결의로 정한다(상 542조 2항, 389조).

(3) 청산인회의 소집 · 의사 · 결의에 대해서는 이사회의 규정이 준용된다(상 542조 2항, 390조~393조). 대표청산인에 대해서는 대표이사의 규정이 준용된다(상 542조 2항, 389조).

제6절 청산사무

[1] 주된 청산업무

청산인의 주된 사무는 (i) 현존사무를 종결하고, (ii) 채권을 추심하고 채무를 변제를 하고, (iii) 각종 재산을 환가처분하고, (iv) 잔여재산을 확정한 뒤 이를 주주에게 분배하는 데 있다. 다수 채권자에 대한 공평한 변제가 중점이 된다.

1. 현존사무의 종결

해산 이전부터 계속하고 있던 제반 사무를 뒷마무리하여 완료하는 것이다. 현존사무를 종결하기 위하여 필요한 범위 내의 새로운 거래를 포함한다.

2. 채권추심·채무변제

(1) 채권자에 대한 최고

채권자에게 일정한 기간 내에 채권을 신고할 것을 최고하도록 하고 있다. 즉, (i) 채무를 변제하기 위하여 청산인은 취임일로부터 2월 이내에 회사채권자에 대하여 2월 이상의 일정한 기간 내에 그 채권을 신고할 것과 그 기간 내에 신고하지 않으면 청산에서 제외될 것을 2회 이상 공고로써 최고하여야 한다(상 535조 1항). 또 (ii) 알고 있는 채권자에 대하여도 각별로 그 채권의 신고를 최고하되, 그 채권자가 신고하지 아니한 경우에도 이를 청산에서 제외하지 못한다(상 535조 2항).

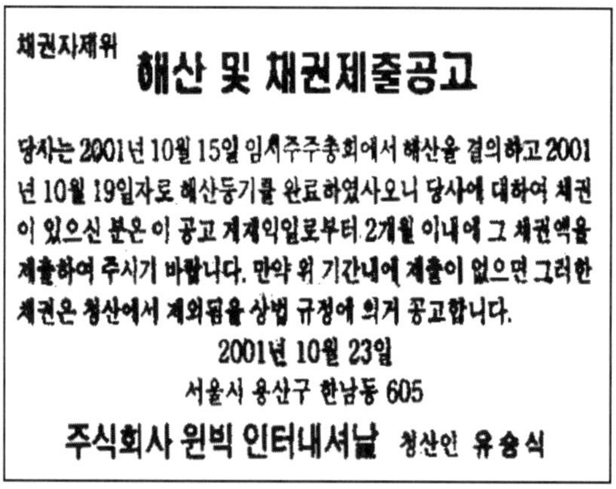
채권자제위

해산 및 채권제출공고

당사는 2001년 10월 15일 임시주주총회에서 해산을 결의하고 2001년 10월 19일자로 해산등기를 완료하였사오니 당사에 대하여 채권이 있으신 분은 이 공고 게재익일로부터 2개월 이내에 그 채권액을 제출하여 주시기 바랍니다. 만약 위 기간내에 제출이 없으면 그러한 채권은 청산에서 제외됨을 상법 규정에 의거 공고합니다.

2001년 10월 23일

서울시 용산구 한남동 605

주식회사 원빅 인터내셔날 청산인 유숭식

(2) 채권신고기간 내의 변제금지

① 회사는 채권신고기간 내에는 채권자에게 변제하지 못한다(상 536조 1항 본문). 그러나 회사는 그 변제의 지체로 인한 손해배상책임을 져야 한다.

② 다만, 예외적으로 소액의 채권, 담보 있는 채권, 기타 변제로 인하여 다른 채

권자를 해할 염려가 없는 채권에 대하여는 법원의 허가를 얻어 이를 변제할 수 있다(상 536조 2항).

(3) 변제

채권신고기간이 경과하면 신고한 채권자와 신고하지 않았더라도 알고 있는 채권자에게 변제하여야 한다. 변제기에 이르지 않은 회사채무도 변제할 수 있으나(상 259조 1항, 542조 1항), 이자 없는 채권 및 법정이율보다 낮은 이율의 이자부채권에 관하여는 중간이자를 공제한 액을 변제하여야 하고, 조건부채권 · 존속기간이 불확정한 채권 기타 가액이 불확정한 채권에 관하여는 법원이 선임한 감정인의 평가에 의해 변제하여야 한다(상 259조 2항~4항, 542조 1항).

3. 재산의 환가처분

회사재산을 금전의 형태로 환가하여야 한다. 그 방법으로는 재산을 개별적으로 매각하는 방법과 영업양도의 방법 모두 가능하다.

4. 잔여재산의 분배

회사의 모든 채무를 변제한 연후에만 잔여재산을 주주에게 분배할 수 있다(상 542조 1항, 260조). 이 때 주주의 지위에서 갖는 추상적 잔여재산분배청구권이 구체적 잔여재산분배청구권으로 된다. 잔여재산분배의 기준은 각 주주가 가지는 주식의 수에 비례하는 것이 원칙이다(상 538조 본문). 다만 잔여재산분배 우선주는 정관이 정하는 바에 따라 달리 정할 수 있다(상 538조 단서, 344조 1항).

| 서울고법 1997. 4. 1. 선고 96나26703 판결 |

채권자대위권에 있어서의 피보전권리는 특정된 구체적인 청구권을 그 내용으로 하여야 하고, 주주의 지위에서 가지는 추상적인 권리에 기하여서는 회사가 제3자에 대하여 갖는 권리를 대위행사할 수 없다. 주주의 잔여재산분배청구권은 회사의 청산절차가 진행되어 회사의 채무를 완제하고 남는 재산이 있는 경우에 한하여 구체적으로 발생하는 것이므로 회사가 사실상 도산했다고 하더라도 상법상 해산절차가 시작되지 않은 이상 주주에게 회사에 대한 구체적인 잔여재산분배청구권이 있다고 할 수 없어 주주는 회사가 제3자에 대하여 가지는 권리를 대위 행사할 수 없다.

5. 제외된 채권자의 권리

회사가 모르는 채권자로서 채권신고기간 내에 채권을 신고하지 아니하여 청산에서 제외된 채권자는 주주에게 분배되지 아니한 잔여재산에 대해서만 변제를 청구할 수 있다(상 537조 1항). 일부의 주주에 대하여만 재산의 분배를 한 경우에는 그와 동일한 비율로 다른 주주에게 분배할 재산을 위 잔여재산에서 공제한다(상 537조).

[2] 부수적 관리업무

1. 법원에 대한 신고

청산인은 취임일로부터 2주간 내에 해산사유와 그 연월일, 청산인의 성명, 주민등록번호 및 주소를 법원에 신고하여야 한다(상 532조).

2. 청산재산의 조사 · 보고

청산인은 취임 후 지체없이 회사의 재산상태를 조사하여 재산목록과 대차대조표를 작성하고, 이를 주주총회에 제출하여 승인을 얻어야 하고, 승인을 얻은 후에는 지체없이 이를 법원에 제출하여야 한다(상 533조534조 5항).

3. 청산대차대조표의 제출

① 청산인은 정기주주총회일의 4주간 전에 대차대조표 및 그 부속명세서와 사무보고서를 작성하여 감사에게 제출하여야 한다(상 534조 1항). 청산회사는 영업을 하지 않으므로 손익계산서와 영업보고서는 필요없고, 그 대신 사무보고서가 요구된다. 청산의 경우에도 주주제안권의 규정이 준용된다(상 542조 2항, 363조의2 1항).

② 감사는 정기총회일로부터 1주간 전에 위 서류에 관한 감사보고서를 청산인에게 제출하여야 한다(상 534조 2항).

③ 청산인은 대차대조표 및 그 부속명세서와 사무보고서를 감사보고서와 함께 정기총회일의 1주간 전부터 본점에 비치하여 한다(상 534조 2항 · 3항). 주주와 회사채권자는 위 서류를 열람할 수 있고 등 · 초본의 교부를 청구할 수 있다(상 534조 4항, 448조 2항).

④ 청산인은 정기주주총회에서 승인을 얻은 때에는 지체없이 대차대조표를 공고하여야 한다(상 542조 2항, 449조 3항).

| 청산회계의 확정절차 |

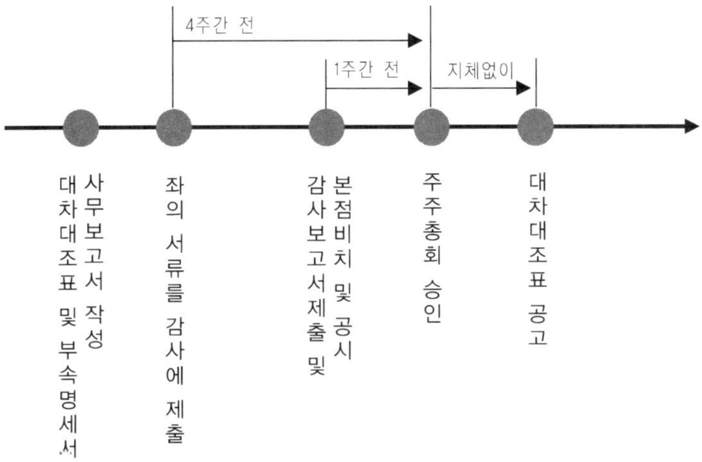

제7절 청산의 종결

[1] 결산보고서의 제출

청산사무가 종료한 때에는 청산인은 지체없이 결산보고서를 작성하여 이를 주주총회에 제출하여 그 승인을 얻어야 한다(상 540조 1항). 승인이 있는 때에는 부정행위를 제외하고는 회사는 청산인에 대하여 그 책임을 해제한 것으로 본다(상 540조 2항).

[2] 등기

결산보고서의 승인이 있으면 청산종결등기를 하여야 한다(상 542조 1항, 264조). 청산종결등기로 회사의 법인격은 소멸한다. 그러나 청산종결등기는 사실을 공시하는 효력을 가지는데 불과하다. 등기 후에도 청산사무가 남아 있으면 청산은 종결되지 아니하며, 그 범위내에서 회사는 법인격을 가진다(대판 1997. 4. 22, 97다3408 ; 대판 1994. 5. 27, 94다7607 ; 대판 1968. 6. 18, 67다2528 ; 대판 2001. 7. 13, 2000두5333).

| 대법원 2001. 7. 13. 선고 2000두5333 판결 |

상법 제520조의2의 규정에 의하여 주식회사가 해산되고 그 청산이 종결된 것으로 보게 되는 회사라도 어떤 권리관계가 남아 있어 현실적으로 정리할 필요가 있으면 그 범위 내에서는 아직 완전히 소멸하지 아니한다. (同旨 : 대법원 1991. 4. 30. 자 90마672 결정)

[3] 서류의 보존

(1) 회사의 장부 기타 영업과 청산에 관한 중요한 서류는 본점소재지에서 청산종결의 등기를 한 때로부터 10년간 이를 보존하여야 한다(상 541조). 다만 전표 또는 이와 유사한 서류는 5년간 보존하여야 한다(상 541조 1항 단서).

(2) 위 보존에 관하여 청산인 기타 이해관계인의 청구에 의하여 법원이 보존인과 보존방법을 정한다(상 541조 2항).

제 13 편 경영의 공정성·투명성 확보

제 1 장 총 설

기업경영에 있어서 공정성과 투명성은 회사를 둘러싼 이해관계를 공평하게 조정하고 회사의 건실성을 유지하며 회사제도에 대한 신뢰를 확보하기 위한 전제요건이 된다. 회사법의 어느 규정이건 이와 무관한 것은 없다고 해도 좋을 정도이다. 이하에서는 그 중에서 절차적 통제에 의한 공정성 확보, 이해당사자의 정보접근 및 정보의 공유(공시)를 통한 공정성 및 투명성 확보, 기업경영과 관련된 부정한 대가의 지급금지를 통한 공정성의 여건 조성 등을 중심으로 하여 살펴본다.

제 2 장

절차적 통제

(1) 회사법에서 절차에 관한 규정은 업무의 기술적인 처리를 위하여 둔 것도 있지만, 그 절차의 주된 목적을 관련 당사자(잠재적 이해당사자를 포함)의 이해관계를 공평하게 처리하기 위한 것에 두는 것들이 대부분이다. 「적법절차」(due process of law)의 정신은 회사법에서도 통용된다 하겠다.

(2) 회사경영의 공정성을 확보하기 위한 절차적 통제에 해당하는 제도는 무수히 많다. 예컨대, (i) 주주의 이해관계를 조정하기 위한 각종 절차(예 : 총회소집절차, 정관변경의 절차, 신주발행의 절차, 무상증자의 절차, 이익배당의 절차, 주권의 병합 · 분할 · 소각의 절차, 주식매수청구의 절차 등), (ii) 이사 및 이사회와 관련된 각종 절차(예 : 이사회의 소집절차, 이사와 회사간 거래의 이사회 승인절차, 이사 책임해제의 절차적 요건 등), (iii) 채권자의 이익을 보호하기 위한 절차(예 : 자본감소에 대한 이의절차, 합병 등에서의 채권자 보호절차 등 다수), (iv) 회사 및 그 밖에 이해당사자의 이익을 조정하기 위한 절차(예 : 회사설립의 절차, 변태설립사항에 대한 조사절차, 실권절차, 제권판결의 절차, 청산절차 등 다수) 등이다.

(3) 이해관계의 공평한 조정을 위한 절차적 통제의 핵심은 당해 절차에 대한 참가기회의 공정성과 절차운영의 공정성이다. 법원의 간여를 통하여 절차의 공정성을 확보하는 경우도 있다(예 : 변태설립사항의 조사절차, 액면미달발행의 절차, 소수주주에 의한 총회소집절차, 업무와 재산상태에 대한 검사절차, 주식매수청구가격의 최종 결정, 사채권자집회 결의의 인가 등).

제 3 장

정보접근권 및 공시

○○은행이 이사회에서 임원들에게 스톡옵션 60만 주를 부여하기로 결의했으나 이를 공시하지 않았던 것으로 드러나 금융감독기관이 조사에 나섰다. 금융감독기관에 따르면 ○○은행은 미국 샌프란시스코에서 이사회를 열어 임원들에게 스톡옵션을 부여키로 결정하고, 주주총회에 상정했으나 은행측은 공시서류를 제출하지 않았다는 것이다. 현행 상장법인공시규정 및 금융감독원의 감독규정상 이사회의 결의사항은 다음 날까지 공시해야 하며, 이를 위반할 경우 담당 임원문책 등의 조치를 취할 수 있도록 하고 있다. ○○은행측은 이와 관련, "공시업무는 법무법인에 맡겨오고 있는데 당시 의사소통 과정에서 문제가 발생했던 것 같다"며 "주주총회가 끝나면 공시할 계획이었으나 주주총회 자체가 무산되는 바람에 공시를 못했던 것"이라고 해명했다. (출처: 경향신문 2001. 3. 19, 동아일보 2001. 3. 20, 서울경제 2001. 3. 20, 한국일보 2001. 3. 19)

| 해 설 |

'공시'란 당해 정보를 필요로 하는 사람들에게 널리 공개적으로 보여준다는 뜻이다. 기업을 경영하는 쪽에서 보자면 기업경영에 관한 내용 중에는 공개하기를 원하는 사항과 공개를 원하지 않는 사항이 있다. 공개하기를 원하는 사항은 해당 기업이 일부러 돈을 들여서라도 홍보하려 할 것이므로 공개된 내용이 허위가 아닌 한 문제될 것이 없다. 문제는 기업이 공개를 원하지 않는 사항에 대하여 생긴다. 정보를 공유하지 않고 누군가가 이를 이용하여 그에 따른 이익을 독차지하려 할 가능성 있고, 또한 문제가 되는 부분을 은폐하거나 또는 허위의 내용으로 공개함으로써 이를 순진하게 믿은 많은 사람들에게 피해를 가져다 줄 수 있다. 이 때문에 회사법 및 관련법에서는 이해당사자를 보호하기 위하여 기업의 공시의무와 그 방법에 관한 규정을 두고 있다.

제1절 총설

주식회사에는 다수인이 여러 가지 형태로 관여를 하고 또 이들은 회사를 둘러싸고 다양한 이해관계를 맺고 있다. 그러므로 회사의 정보는 어느 한 사람이나 일부의 사람만이 독점할 수 있는 성격의 것이 아니고 이해당사자가 어느 정도는 공유하여야 할 성격의 것이다. 이런 의미에서 기업의 내용을 관련 당사자에게 알려주는 기업공시(disclosure)는 '정보의 비대칭성'을 해소하고 공정한 거래와 회사제도에 대한 신뢰를 유지하는 전제조건이 된다. 원래 공개회사(open company)를 염두에 둔 주식회사에 있어서 공시제도가 갖는 중요성은 더 더욱 그러하다. 그러나 정보에 따라서는 회사외부로 유출되면 그것이 악용되거나 회사의 이익을 해칠 우려가 있는 경우도 있다. 그러므로 상법은 '공정공시'(fair disclosure)의 정신에 따라 원칙적으로 회사의 정보를 공시하도록 하되, 정보의 성격에 따라서 일반적으로 공개하기 어려운 회사정보에 대해서는 이에 접근할 수 있는 자격을 선별적으로 제한하고 있다. 공시에 관한 상법규정은 이해당사자를 공평하게 보호하기 위한 것이기 때문에 강행규정이다.

제2절 공시의 유형

주식회사의 공시는 공시의 범위 · 성격 · 시기 · 방법 · 근거 등을 기준으로 다양하게 분류할 수 있다.

[1] 일반공시 · 제한공시

(ⅰ) 정보에 접근할 수 있는 자격요건에 관하여 아무런 제한없이 누구나 원한다면 당해 정보에 접근할 수 있도록 열려진 일반공시와, (ⅱ) 일정한 자격요건을 갖춘 자만이 당해 정보에 접근할 수 있는 제한공시로 구분할 수 있다. 기업경영에 있어서 중요한 사항은 널리 일반공시의 대상이 됨이 원칙이다. 예를 들어, 회사의 설립 · 구조개편 · 해산, 정관변경, 주주총회에 의한 회사의 의사결정, 회사의 중요한 재무상황, 기관의 구성 및 변경, 자본의 변경 등은 일반공시사항에 속한다. 공시평등의 원칙에 따라서 기업정보가 특정 집단에 대해서만 선별적으로 제공되는 것은 원칙적으로 금지된다(공정공시의 원칙 ; fair disclosure rule).

[2] 공적공시 · 사적공시

공시의 관리주체에 따른 구분이다. (ⅰ) 공시내용의 관리 및 이에 대한 접근을 공적 기관에서 통할적으로 관리하는 공적 공시(예 : 상업등기)와, (ⅱ) 개별 기업이 주체가 되어 공시내용과 이에 대한 접근의 허용여부를 관리하는 사적 공시로 구분할 수 있다. 등기를 제외한 대부분의 공시는 사적 공시에 해당한다. 공적 공시(예 : 등기)에는 단순히 일정한 사항을 공시하는 의미를 넘어 대항력 · 창설력 · 면책력 · 선언적 효력 등과 같은 법정 효력이 부여되기도 한다.

[3] 상시공시 · 정기공시 · 수시공시

공시의 시기에 따른 구분이다.

(1) 상시공시는 공시내용을 장부나 서류 등으로 작성하여 일정한 공시기간 동안 일정한 장소에 상시적으로 비치하여 공시하는 것이다. 상시공시는 주로 서류나 장부의 비치 및 열람 · 등사에 응하는 방법에 의한다(예 : 정관, 주주명부, 사채원부, 주주총회 의사록, 이사회 의사록 등).

(2) 정기공시는 일정한 시기마다 정기적으로 공시하는 것이다(예 : 매결산기마다 재무제표 · 그 부속명세서 · 사업보고서 · 감사보고서를 비치하고 결산종료 후 대차대조표를 공고하는 것). 상장법인은 사업보고서 · 반기보고서 및 분기보고서를 정기적으로 공시하여야 한다(증거 186조의2, 186조의3).

(3) 수시공시(適時公示 ; timely disclosure)는 중요한 기업정보가 발생한 경우 이를 즉각 공시하도록 하는 것이다. 상장법인은 일반투자자들에 대한 신속한 정보제공을 위하여 기업경영에 「중대한 사항」이 발생할 경우 수시로 공시하여야 한다(증거186조 1항). 상장법인이 공시의무를 제대로 이행하지 않으면 불성실공시법인으로 되어 각종 제재와 불이익을 받게 된다.

[4] 능동적 공시 · 수동적 공시

(1) (ⅰ) 공시사유가 발생한 경우 기업이 자발적으로 공시하는 것을 능동적 공시라 하고, (ⅱ) 상대방의 요구에 응하여 회사가 기업정보에의 접근을 허용하는 것을 수동적 공시라 한다. 일반적으로 공개하여 할 기업정보는 능동적 공시사항으로 하고 있으나 반드시 그런 것은 아니다. 수동적 공시사항에는 일반적으로 공시되는 사항(예 : 정관 등의 비치)과 정보에 접근할 수 있는 자격이 제한되는 사항으로 구분된다(예 : 회계장부열람 등).

(2) 수동적 공시사항에 대한 회사의 대처는 상대방의 열람청구에 응하여 서류나 장부를 열람에 제공하는 방식을 취하는 것이 일반적이나, 능동적 공시사항의 경우는 주로 통지 · 공고의 방법에 의한다. 이 때 통지의 방식은 상대방에 대하여 서면(전자서면을 인정하는 경우도 있다)에 의하여 개별적인 통지를 하는 것을 원칙으로 한다. 공고의 매체는 관보 또는 정관에서 규정하고 있는 시사에 관한 일간지를 통해서 하여야 한다. 그러므로 예컨대, 방송이나 인터넷 웹사이트 게재 등에 의한 공시는 상법상의 공시로서 인정되지 않는다. 입법에 의하여 적법하게 허용될 수 있는 공시매체로 수용할 것인가를 결정함에 있어서는, 특히 당해 공시매체에 대한 이해당사자의 접근의 가능성 및 용이성 등을 종합적으로 고려하여야 할 것이다.

(3) 상장법인의 경우는 신속한 공시를 위하여 증권정보단말기, 증권시장지 및 전자공시시스템 등의 다양한 공시매체를 통한 공시를 허용하고 있다. 또한 상장법인의 경우는 투자자보호를 위하여 풍문(루머) 또는 보도의 사실여부의 확인을 위하여 증권거래소가 해당 기업에 공시를 요구할 수 있도록 하고 있다(조회공시)(증거 186조 2항).

[5] 직접공시 · 우회공시

(i) 직접공시는 해당 기업이 이해당사자를 상대로 직접 공시하는 것으로 상법에서는 주로 이에 의하고 있다. (ii) 우회공시는 해당 기업이 금융감독원이나 증권선물거래소 등을 통하여 간접적으로 공시하는 것으로, 증권거래법에서는 우회공시의 방법에 의하는 경우가 많다.

[6] 법적공시 · 임의공시

(i) 공시의무가 법적 의무로 요구되어 이를 위반할 경우에는 공시의무 위반에 따른 책임과 제재가 따르는 것을 법적 공시라 하고, (ii) 법적 의무로서 공시가 요구되는 것은 아니지만 기업이 자발적으로 기업정보를 공개하는 임의공시가 있다(예 : IR, 기업설명회 등). 법적 공시는 근거법에 따라 상법에 의한 공시와 증권거래법 등 상사특별법에 의한 공시로 구분할 수 있다. 특히 상장법인에 대해서는 이해당사자의 범위가 넓기 때문에 매우 광범한 공시의무가 법에 의하여 부여되어 있다.

제3절 공시거부의 정당화 사유

일반적으로 회사는 중요한 경영정보에 대하여 이를 공시할 의무를 지지만, 다음과 같은 경우에는 공시를 거부할 수 있다.

[1] 형식적 요건의 불비

당해 기업정보에 접근하는 데 필요한 법적 자격요건을 갖추지 못한 자에 대해서는 정보접근을 거절할 수 있다. 예를 들어, 주주나 회사채권자가 아닌 자가 주주총회 의사록의 열람·등사를 청구하거나, 회사채권자가 이사회 의사록의 열람을 청구하거나, 소수주주권의 요건을 갖추지 못한 자가 회계장부의 열람을 청구하는 경우 회사는 이를 거절할 수 있다.

[2] 권리남용 또는 정당한 이익의 불비

형식적인 법적 요건을 갖춘 자라 하더라도 그것이 권리남용이 되거나 그러한 권리를 행사할만한 정당한 이익이 없는 경우에는 회사가 이를 거절할 수 있다. 이에 대한 입증책임은 회사에 있다. 예컨대, 회계장부의 열람청구에 대하여 회사는 그 청구가 부당함을 증명하여 거부할 수 있다(상 466조 2항). 또한 주주의 주주명부 열람청구에 대하여 그것이 주주로서의 권리행사를 위하여 사용할 목적으로 행사된 것이 아니라 자신의 사사로운 목적(예 : 개인 사업을 위한 고객명단 확보 등)을 위하여 행해진 경우 회사는 이를 거절할 수 있다.

[3] 비공개에 따른 회사의 이익이 더 큰 경우

당해 사항이 기업의 기밀이나 영업비밀에 해당하여 공개하면 성공적인 사업추진이 어렵거나 기업경쟁력의 확보에 현저한 지장을 초래할 우려가 있는 「고도의 경영판단사항」에 대해서는 극히 제한적으로 공시를 거부할 수 있다고 보아야 할 것이다. 그 한계와 기준을 어떻게 설정할 것인가? 기업공시는 이해관계의 조정을 목적으로 하는 제도적 장치이므로 구체적인 사안에서 청구자의 이익과 회사의 이익을 비교형량하여 판단하여야 한다(대판 1999. 12. 21, 99다137 ; 서울지법 1998. 4. 1, 97가합68790). 한편, 미공개정보를 이용한 증권거래는 내부자거래로 엄격하게 금지된다(증거 188조의2).

제4절 공시의무의 실효성 확보

[1] 공시청구 및 그 강제이행

공시청구권자의 공시요구에 대하여 회사가 응하지 않는 경우, 청구권자는 법원에 공시청구권(예 : 회계장부의 열람 · 등사청구권)을 피보전권리로 하여 공시를 명하는 가처분을 신청할 수 있다.

[2] 부실공시에 대한 책임

(1) 불성실공시를 하거나 또는 공시하여야 할 사항을 제대로 공시하지 않음으로 해서 주주 · 채권자 등의 이해관계인이 손해를 입은 경우, 회사에 대하여 불법행위책임(민 750조)을 묻거나 이사에게 손해배상책임(상 401조)을 물을 수 있다.

(2) 상장법인이 공시의무를 불이행하면 불성실공시법인으로 되어 관련법에 의하여 각종 제재와 불이익이 가해진다(증거 193조, 211조). 상장회사의 내부자가 미공개정보를 이용하여 증권거래를 한 경우에는 손해배상책임 · 형사책임 등의 각종 제재가 따른다(증거 188조의2, 188조의3, 207조의3 2호, 211조 2호, 206조의11 3항, 206조의12 2항).

(3) 일단 정확하게 공시하였지만 그 후 사정이 바뀐 경우에는 적극적으로 공시내용을 갱신할 의무를 진다(공시갱신의무).

제 4 장

부정한 이익제공의 금지

제1절 주주권 행사와 관련한 이익공여금지

[1] 상장법인 중 상당수가 주주총회 개최시 총회꾼으로부터 금품제공을 요구받아 대부분 금품을 제공한 것으로 나타났다. ○○○협의회에 따르면 국내 3백 17개 상장회사를 대상으로 '정기주주총회의 운영에 관한 설문조사'를 실시한 결과 응답하지 않은 16개사를 제외한 3백 1개사 중 77.4%에 달하는 2백 33개사가 총회꾼으로부터 금품요구를 받은 경험이 있다고 답했다. 주총꾼이란 전문적으로 기업의 주주총회에 참석해 우호적 의결권행사를 조건으로 금품을 요구하거나 의사진행을 방해하는 사람들을 말한다. 금품요구를 경험한 2백 33개사 중 93.5%가 금품을 지급했다고 답했으며 지급 회수는 1사당 평균 6.2회, 금액은 1회당 평균 17만 4천 8백 50원인 것으로 조사됐다. 주총꾼의 금품요구를 거절한 경우 이들은 협박 등 공포 분위기를 조성했거나 주총 의사진행 방해, 임원면담요구로 사무실 내 업무방해 등의 횡포를 부렸다고 응답했다. (출처 : 매일경제 1997. 7. 23 [위정환], 한국경제 1997. 7. 23 [현승윤])

[2] 소액주주의 권한이 대폭 강화되면서 주주권 행사를 빌미로 기업들에게 각종 이권을 요구하는 이른바 그린 메일(green mail)이 성행하고 있다. 그린 메일이란 시장에서 일정 지분을 취득한 뒤 경영권 위협을 무기로 일정한 프리미엄을 챙기는 적대적 M&A 기법의 하나이다. 국내 소액주주뿐만 아니라 외국인 투자가들이 총발행주식의 0.5~5% 내외의 적은 지

분만으로도 상장기업에 각종 무리한 요구를 하는 사례가 발생하고 있다. 기업계에 따르면, 소량의 지분을 보유한 주주의 대리인이 회사를 찾아와 광고, 구매, 판매 등 각종 분야에서 이권을 요구하기도 하고, 주주가 자신의 친척이 운영하는 회사에 납품권을 주라는 요구를 하기도 하며, 모금융기관으로부터 경영권방어 등에 협력할 테니 자사주펀드에 가입해 달라는 제의를 받기도 했다고 한다. (출처 : 매일경제 1998. 3. 26 [채경옥])

| 해 설 |

잔치가 있으면 객꾼이 있기 마련이다. 과거 주주총회 철이 되면 총회꾼들의 한철 장사가 시작되던 시절이 있었다(요즈음도 완전히 근절된 것 같지는 않다). 총회꾼은 회사의 총회운영에 협조하는 역할을 수행하는 대가로 회사에 금품을 요구한다. 이런 의미에서 총회꾼은 회사로부터 금품 등을 받는 대가로 '여당성' 총회꾼의 역할을 하게 된다. 총회꾼은 회사 입장에서는 총회운영의 추가적인 경비부담요인이 되지만, 더 큰 문제는 이들이 다른 주주들의 정당한 발언을 방해함으로써 총회의 정상적인 운영을 저해한다는 점이다. 1984년 개정상법에서는 주주의 권리행사와 관련하여 회사가 재산상의 이익을 공여할 수 없다는 포괄적인 금지규정을 두었다. 이 밖에도 회사의 업무수행과 관련하여 부정한 대가가 오고가는 것을 막기 위한 규정을 두고 있다.

[1] 의의

회사는 누구에게든지 주주의 권리행사와 관련하여 재산상의 이익을 공여할 수 없으며(상 467조의2 1항), 이에 위반하여 이익을 받은 자는 그 이익을 회사에 반환하여야 한다(동조 3항).

| 취 지 |

주주권행사와 관련하여 부당한 거래를 하지 못하도록 한 것으로, 특히 주주총회의 건전하고 원활한 운영을 도모하기 위함이다. 주로 '총회꾼'을 염두에 둔 것이지만, 비단 이에만 한정하는 것은 아니다.

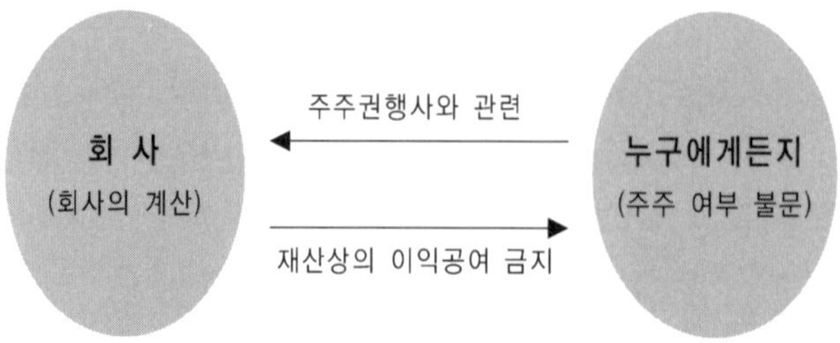

[2] 금지의 내용

Ⅰ. 주주권 행사와의 관련성

(1)「주주의 권리행사」

여기서 '주주의 권리행사'란 의결권뿐만 아니라 다른 공익권도 포함하고, 널리 주주권의 행사 · 불행사 및 행사방법 등에 관한 사항을 포함한다. 주주권행사의 적법 여부를 불문한다. 반드시 주주총회에서의 주주권행사에 관련된 것에 국한하는 것은 아니다. 예컨대, 회사를 상대로 소를 제기하지 않는 대가로 금품을 요구하는 경우가 이에 포함된다. 그러나 이 규정은 총회꾼에 의한 부당한 영향을 배제하는 데 그 주목적이 있기 때문에 현실적으로는 의결권의 행사 또는 불행사가 주로 문제된다.

(2)「관련하여」

넓은 이미에서의 '주주권의 행사와 관련'이 있으면 족하다. 주주의 권리행사와 관련성이 없는 경우(예 : 주주권 행사와 무관하게 공익사업에 대한 기부나 주거래 사업체에 구제금융을 지원하는 경우)에는 본조의 적용대상이 아니다.

| 관련성의 추정 |

(ⅰ) 이익공여의 상대방이 주주이고, (ⅱ) 무상으로 재산상의 이익을 공여하거나 또는 유상이라 하더라도 회사가 얻은 이익이 공여한 이익에 비하여 현저하게 적을 때에는, 주주의 권리행사와 관련하여 공여한 것으로 추정한다(상 467조의2 2항). 관련성에 대한 입증의 어려움을 경감시켜주기 위함이다.

Ⅱ. 재산상의 이익

'재산상의 이익공여'란 재산적 · 경제적 이익이 따르는 일체의 것을 포함하고 그 종류를 불문한다. 재산상의 이익을 적극적으로 제공하는 경우뿐만 아니라 회사 받아야 할 것을 포기하는 소극적인 제공도 포함한다. 대가를 수반하는 경우에도 그 대가가 극히 저렴하거나 그 거래 자체가 특혜가 될 수 있는 경우를 포함한다. 그러나 사회통념상 허용되는 의례의 정도에 그치는 경우(예 : 총회선물, 주주총회 의사록 등사비용의 면제)까지를 금하는 것은 아니다.

Ⅲ. 이익공여의 주체

'회사'의 계산으로 이익이 공여되는 것만이 본조의 적용대상이다. 따라서 이사가 사사로이 자기의 부담으로 이익을 제공하는 것은 본조의 적용대상이 아니다.

Ⅳ. 이익공여의 상대방

이익공여를 받는 자는 주주에 한하지 않고 '누구나' 이익공여의 상대방이 될 수 있다. 따라서 주주 아닌 자가 장차 그 회사의 주식을 취득하지 않을 것을 조건으로 이익을 공여받은 경우도 본조의 적용대상이 된다. 이익공여의 상대방이 주주인 때에는 관련성의 추정요건(상 467조의2 2항) 중의 하나가 충족될 뿐이다. 이익제공을 요구하는 자와 실제 그 이익을 제공받는 자가 일치할 것을 요하지 않는다.

[3] 위반의 효과

Ⅰ. 사법적 효과 - 이익반환의무

(1) 회사가 주주의 권리행사와 관련하여 재산상의 이익을 공여한 때에는 그 이익을 공여받은 자는 회사에 이를 반환하여야 한다(상 467조의2 3항 전단). 이 규정의 성격에 대해서는 다음의 견해가 있다.

(ⅰ) 민법특칙설 - 민법에 의하면 상법 제467조의2 제1항에 위반한 이익공여는 불법원인급여(민 746조) 또는 비채변제(민 742조)에 의한 부당이득이 되어 반환을 청구할 수 없게 되나, 상법에서는 이에 대한 특칙으로 그 반환을 청구할 수 있도록 한 것이라는 견해이다(다수설).

(ⅱ) 사견 - 상법 제469조의2의 이익공여행위는 민법상의 비채변제(민 742조)에 해당하지 아니하며, 불법원인급여(민 746조)의 '불법'을 뜻하는 민법 제103조의 선량한 풍속 기타 사회질서에 해당하는 효력규정을 위반한 것도 아니고 단순히 단속규정을 위반한 것이므로 반환을 청구할 수 있는 부당이득에 해당한다. 이렇게 본다면 상법 제467조의2 제3항의 규정이 없더라도 회사는 민법의 부당이득반환청구에 관한 규정(민 741조)에 기하여 반환을 청구할 수 있다. 그러므로 상법의 위 규정은 민법의 특칙이라기 보다는 민법규정(민 741조)을 재확인한 것이 불과하다고 본다.

(2) 이익반환의 청구는 회사가 하여야 할 것이나, 회사가 그 청구를 게을리 할 경우를 대비하여 주주의 대표소송을 허용하고 있다(상 467조의2 4항). 회사가 이익을 공여하고 그 대가를 받은 것이 있다면 그 대가를 반환하여야 한다(동시이행의 관계)(상 467조의2 3항 후단).

Ⅱ. 이사 등의 책임 · 형사벌칙

(1) 이익을 공여한 이사와 이와 관련하여 임무를 게을리 한 감사는 회사에 대하여 연대하여 손해배상책임을 진다(상 399조).

(2) 이사 · 감사 · 이사직무대행자 · 지배인 기타 사용인 등이 본조에 위반하여 재산상의 이익을 공여한 때에는 형벌의 제재를 받으며(상 634조의2 1항), 그 이익을 수수하거나 제3자에게 이를 공여하게 한 자도 함께 형사책임을 진다(상 634조의2 2항). 이 밖에도 총회꾼의 회사업무 방해행위에 대해서는 형법상의 벌칙(예 : 업무방해죄 등)이 가해질 수 있다(경합범).

▎관련사례 ▎

[1] 주주총회에서 정정당당히 주주들을 맞으려는 기업들이 늘고 있다. 대표적인 예가 자취를 감추고 있는 주주총회 선물이다. 과거에는 총회에 참석한 주주들에게는 적지 않은 비용을 들여 선물을 대접했던 게 관례였다. 그러나 경영성과에 따른 배당도 제공하는 이상 필요 이상의 환대는 오히려 오해만 불러일으킬 수 있다는 게 기업의 총회 준비팀들의 생각이다. 또 선물만 바라고 주주총회에 참석하는 '잿밥형' 주주들을 사전에 배제함으로써 원활한 의사진행도 도울 수 있다. 실제의 경우 총회 참석주주에게 기념품을 지급하지 않겠다고 공시까지 하는 기업이 점차 늘어나고 있다. 주총 시즌만 되면 이른바 총회꾼들이 각 기업의 주총을 돌아다니며 의사진행을 고의적으로 방해하고 금품을 요구하는 일이 빈번했다. 기업들은 이들 총회꾼의 입막음용으로 사전에 적지 않은 돈을 봉투에 넣어둘 정도였다. 그러나 검찰은 총회꾼 리스트를 확보해 총회를 의도적으로 방해하는 훼방꾼에 대해 특정경제가중처벌법 위반이나 형법상의 업무방해죄를 적용할 방침이라고 한다. (출처 : 매일경제 2001. 2. 25 [임상균])

[2] 일본 도쿄지검 특수부는 최대 증권회사인 ○○○증권이 조직적으로 폭력배와 연계되어 있는 총회꾼에게 부당이득을 제공한 것과 관련 이 회사의 전 상무 등 3명을 증권거래법 위반 혐의로 전격 구속했다. 검찰 관계자는 이들이 총회꾼인 △△△에게 주주총회에서 잘 봐달라며 일임매매의 형식을 빌려 4천 9백 70만 엔의 부당이득을 제공한 혐의를 받고 있다고 밝혔다. (출처 : 매일경제 1997. 5. 15, 한겨레 1997. 5. 15, 한국경제 1997. 5. 15, 한국일보 1997. 5. 15)

제2절 부정한 청탁에 의한 재산상의 이익제공 금지

회사의 업무수행과 관련하여 부정한 청탁을 받고 그 대가로 재산상의 이익을 수수하는 행위에 대해서는 회사법상의 형사처벌이 따른다. 즉,

(1) 발기인, 이사 기타의 임원, 사채권자집회의 대표자, 공증인이나 감정인이 그 직무에 관하여 부정한 청탁을 받고 재산상의 이익을 수수, 요구 또는 약속하거나 또는 이러한 이익을 약속, 공여 또는 공여의 의사를 표시한 자에 대해서는 임원독직죄로서 형사처벌의 대상이 된다(상 630조 1항 · 2항).

(2) 주주총회 또는 사채권자집회에서의 발언 또는 의결권의 행사 · 소의 제기, 법소정의 지분 이상의 주주 · 사채권자 · 사원의 권리의 행사 · 유지청구권 · 신주발행유지청구권의 행사에 관하여 부정한 청탁을 받고 재산상의 이익을 수수, 요구 또는 약속하거나 이러한 이익을 약속, 공여 또는 공여의 의사를 표시한 자는 권리행사방해 등에 관한 증수뢰죄로서 형사처벌의 대상이 된다(상 631조).

제 14 편 법 위반에 대한 책임 및 제재

제 1 장
총 설

회사제도는 자본주의경제의 제도적 근간이 될 뿐만 아니라(헌 119조), 회사를 둘러싸고 다수의 이해관계가 형성되어 있으며, 국민경제에 미치는 영향이 막대하다. 이 때문에 회사법 위반행위에 대해서는 회사제도에 대한 사회적 신뢰를 보호하고 관련된 다수의 이해관계를 공평하게 조정하기 위하여 관련 당사자에 대하여 엄격한 민사책임을 지우는 한편, 이와는 별도로 형사처벌과 행정제재를 가하고 있다.

제 2 장
민사책임

제1절 책임의 가중

민사책임의 양대 축은 계약책임(민 390조, 397조)과 불법행위책임(민 750조)이다. 이들 책임에 대해서는 민법에 기본적인 규정을 두고 있는데, 과실책임을 기본으로 하고, 다수의 자가 책임을 지는 경우에는 분할책임을 원칙으로 하고 있다. 그러나 회사법에서는 민법상의 이러한 책임법을 토대로 하면서 다음과 같은 몇 가지 특칙을 두고 있다.

1. 무과실책임

(1) 회사법에서는 과실책임의 원칙에 대한 특칙으로 무과실책임을 취하는 경우가 있다. 예컨대, 회사성립의 경우 발기인의 회사에 대한 인수 · 납입담보책임(상 321조 1항 · 2항), 회사불성립의 경우 발기인의 설립에 관한 책임(상 326조 1항), 이사의 법령 · 정관 위반으로 인하여 회사에 대하여 지는 책임(상 399조; 과실책임설 있음), 신주발행의 경우 이사의 인수담보책임(상 428조 1항) 등이 이에 해당한다.

(2) 그 나머지는 대체로 과실책임주의를 취하고 있다. 다만 여기에서의 과실(즉, 주의의무의 위반) 여부는, 특히 이사 등의 자에 대해서는 '전문적인 경영수임자로서 고도의 주의의무'(그 전문가집단에 요구되는 평균적인 주의의무)를 기준으로 판단한다(전문가책임, professional liability).

2. 연대책임

회사법에서는 동일한 행위로 인하여 다수의 당사자가 책임을 지는 경우 상대방에 대한 보다 두터운 피해구제를 위하여 이들의 자에 대하여 연대책임을 지우는 것이 일반적이다. 예컨대, 발기인의 회사에 대한 인수·납입담보책임(상 321조 1항·2항), 발기인의 제3자에 대한 손해배상책임(상 322조 2항), 회사불성립의 경우 발기인의 설립에 관한 책임(상 326조 1항), 회사설립과 관련한 이사·감사의 책임(상 323조), 이사·감사의 회사 및 제3자에 대한 손해배상책임(상 399조 1항, 414조 1항), 외부감사인의 회사 및 제3자에 대한 손해배상책임(외감 17조 4항), 분할 또는 분할합병 전의 회사채무에 대한 연대책임(530조의9 1항) 등이 이에 해당한다.

3. 추정규정

회사법에서는 책임요건을 구성하는 요건사실에 대하여 그 존재에 대한 추정규정이나 입증책임을 전환하는 특별규정을 두는 경우가 있다. 예컨대, 이사의 회사에 대한 손해배상책임에 있어서 결의에 참가한 이사로서 이의를 한 기재가 의사록에 없는 자는 결의에 찬성한 것으로 추정하는 것(상 399조 3항), 주식의 이익소각에서 이사는 결손이 발생할 우려가 없다고 판단함에 과실이 없음을 스스로 입증한 때에 한하여 책임을 면하는 것(상 343조의2 6항 후단, 462조의3 4항 단서), 중간배당에 있어서 이사가 당해 결산기에 손실이 발생할 우려가 없다고 판단함에 있어서 주의를 게을리 하지 아니하였음을 스스로 입증하여야 배상책임을 면할 수 있다는 것(상 462조의3 4항 단서), 주주의 권리행사와 관련하여 이익을 공여한 경우 주주권 행사와의 관련성에 대한 추정(상 467조의2 2항) 등이 이에 해당한다.

4. 면책제한규정

(1) 총주주의 동의에 의하더라도 면책할 수 없도록 하는 경우가 있다. 예컨대, 발기인의 회사에 대한 인수·납입담보책임(상 321조 1항·2항)이나 신주발행의 경우 이

사의 인수담보책임(상 428조 1항) 등은 총주주의 동의로도 면제할 수 없다. 이에 해당하는 것은 주로 회사의 자본충실을 위한 것들이다. 그 대상이 주주들의 동의에 의하여 면책될 수 있는 성질의 것이 아니라고 보기 때문이다.

(2) 한편, 책임면제를 허용하되 그 요건을 가중하여 책임을 면제하려면 총주주의 동의를 요하는 경우가 있다. 예컨대, 이사의 회사에 대한 손해배상책임(상 399조)은 총주주의 동의가 없으면 면제하지 못한다(상 400조).

5. 별도의 법정책임

상법에서 민법상의 책임(즉, 계약책임 또는 불법행위책임)과는 별개의 법정책임을 인정하는 경우가 있다. 예컨대, 이사의 제3자에 대한 손해배상책임(상 401조 1항)은 민법의 불법행위책임과 무관한 법정책임으로 보고 있다. 이러한 경우에는 민법상의 불법행위책임(민 750조)과의 경합이 인정된다.

6. 충실의무

회사법에서는 민법상의 일반적인 선관주의의무(민 681조)보다 무겁고 그 범위가 넓은 주의의무를 부과하는 경우가 있다. 예컨대, 이사의 충실의무가 이에 해당한다(상 382조의3). 다만 이에 대해서는 선관주의의무와 동질적으로 보는 견해가 있다.

7. 이사·감사 등의 무한책임

이사·감사 등의 회사 및 제3자에 대한 손해배상책임의 한도에는 일반 배상법의 적용을 받아 경과실에 그치는 경우에도 아무런 제한이 없다(무한책임의 원칙). 참고로 일본의 신회사법에서는 이사·감사·회계감사인 등의 회사에 대한 손해배상책임에 대해서는 회사로부터 직무수행의 대가로 받은 재산상의 이익의 1년분에 상당하는 금액의 2배, 4배 또는 6배를 곱한 금액을 초과하는 손해배상액에 대해서는 주주총회의 결의로 책임을 면제할 수 있도록 하고 있다(일본 신회사법 425조).

제2절 책임의 완화

이와는 반대로 회사법에서 과중한 책임을 완화하는 특칙을 두는 경우도 있다.

1. 유한책임

유한책임에 그치는 경우가 있다. 주주 유한책임의 원칙이 이에 해당한다. 주주 유한책임은 자신의 책임을 외부화(externalization, 책임전가)하는 문제점이 있지만, 주식회사의 중핵을 이루는 제도적 장치로서 법적 보호를 받고 있다. 그러나 법인격부인론이 적용되는 경우나 주주 스스로 책임을 인수하는 경우에는 주주 유한책임의 원칙이 적용되지 않는다.

2. 경과실면책

(1) 책임을 져야 할 자가 경과실에 그치는 경우에는 면책으로 하는 경우가 있다. 원래 민사책임에서는 고의와 과실, 중과실과 경과실을 구분하지 않고 모두 책임 발생의 원인이 된다. 그런데 상법에서는 악의 또는 중과실이 있는 경우에만 책임을 지우고, 경과실에 그치는 때에는 책임을 묻지 않는 경우가 있다. 예컨대, 발기인이 설립과 관련하여 임무해태가 있는 경우 제3자에 대해서는 악의 또는 중과실로 임무를 해태한 경우에 한하여 책임을 지고(상 322조 2항), 이사 · 감사의 제3자에 대한 손해배상책임의 경우에도 그러하다(상 401조 1항). 또한 회사법상의 소송에서 패소원고는 원칙적으로 회사에 책임을 지지 않고, 악의 또는 중대한 과실이 있는 경우에 한하여 책임을 지우고 있다(상 376조 2항, 380조, 191조). 경과실을 면책하는 이유는, 주로 피해자에 대하여 직접 아무런 관계가 없는 자에 대하여 책임을 지우는 한편, 책임의 요건을 가중하기 위함이다.

(2) 권리를 주장하는 자가 경과실에 그치는 경우에는 그 과실(경과실)의 존재가 권리행사의 장애요인이 되지 않는 것으로 하는 경우가 있다. 주로 거래의 안전을 보호할 필요가 있는 경우에 그러하다. 그러나 중과실이 있는 경우에는 악의로 의제하여 악의와 동일하게 취급하는 것이 보통이다. 예컨대, 표현대표이사(상 395조)의 상대방이 경과실에 그치는 경우에는 회사에 책임을 물을 수 있다. 주권의 선의취득의 경우에도 양수인이 선의이며 경과실에 그치는 경우에는 선의취득자로서 보호를 받는다(상 359조, 수 21조 단서).

3. 정형적 업무처리에 따른 면책

형식적 기준에 따라 일률적으로 처리하면 면책되는 경우가 있다. 예컨대, 주주명부의 기재를 기초로 회사가 주주 아닌 자를 주주로 취급하더라도 악의 또는 중과실이 없으면 면책된다(상 353조 1항). 이 같은 면책은 주식회사와 같이 수시로 변하는 다수인을 상대로 집단적인 업무처리를 할 필요가 있는 법률관계에서 특히 필요한 제도이다.

4. 경영판단의 면책

이사의 경영판단(business judgement)에 대해서는 이를 존중하여 소위 정직하고 성실한 경영실수에 대해서는 법적 책임을 묻지 않는 것이 원칙이다. 보다 적극적으로 경영위험을 인수하고 기업가정신을 발휘하도록 함으로써 회사 전체에 이익이 되도록하기 위함이다.

5. 책임해제의 의제

일정기간의 경과에 의하여 책임해제를 의제하는 경우가 있다. 예컨대, 재무제표를 승인한 후 2년 내에 다른 결의가 없으면 부정행위가 없는 한 회사는 이사와 감사의 책임을 해제한 것으로 본다(상 450조). 법적 안정성과 경영의 안정성을 보장하기 위함이다.

제3절 외관책임

거래의 안전과 제3자의 신뢰를 보호하기 위하여 사실과 일치하지 않는 외관을 창출한 자에 대하여 책임을 지우는 경우가 있다. 예컨대, 표현대표이사의 대표권 행사에 대하여 회사의 책임을 인정하는 것이 이에 해당한다(상 395조). 그러나 이는 상법만의 특유한 제도는 아니고 일반적인 표현제도(예 : 민법상의 표현대리, 상법상의 표현지배인)와 그 취지를 같이 한다(외관주의, 금반언의 법리).

제4절 책임추궁

회사법 위반행위에 대한 사법적 제재수단으로는 다음과 같은 여러가지 방법이 있다.

(1) 위반행위의 무효(예 : 자기주식의 취득, 이사의 자기거래, 배당가능이익이 없는 상태에서의 이익배당)

(2) 개입권의 행사(예 : 경업금지의무 위반의 거래)

(3) 이사의 직무집행정지 및 직무대행자의 선임(상 407조 1항 전단)

(4) 이사 · 감사의 해임(상 385조)

(5) 위법행위 유지청구권(상 402조)

(6) 신주발행 유지청구권(상 424조)

(7) 이사 · 감사 등에 대한 손해배상청구(상 399조)와 그 추궁을 위한 대표소송의 제기(상 403조)

(8) 각종 회사법상의 소송(예 : 회사설립 무효의 소, 합병무효의 소, 분할무효의 소, 주식교환 무효의 소, 주식이전 무효의 소, 신주발행 무효의 소, 자본감소 무효의 소, 주주총회 결의의 하자에 관한 4종의 소)과 증권관련집단소송법에 의한 소 제기 등

제5절 임원 배상책임보험

이사 · 감사 등의 회사 및 제3자에 대한 배상책임을 사회적으로 분산하는 방법으로 임원배상책임보험이 있다. 임원배상책임보험은 이사 · 감사 등이 직무수행과 관련하여 보험기간 중 제기된 손해배상청구로 피보험자인 회사 및 이사 · 감사 등이 부담하게 되는 손해를 보상해주는 책임보험이다. 임원배상책임보험에서의 보험사고는 이사 · 감사 등의 위법 · 부당행위로 인하여 보험기간 중에 행해진 손해배상청구이다. 이는 가입의무가 없는 임의보험이다.

제 3 장

행정제재

제1절 특징

(1) 취지

상법 제635조와 제636조에서는 회사법 위반행위에 대하여 행정질서벌인 過怠料를 부과할 수 있는 행위를 규정하고 있다. 사법상의 의무위반이 단지 개인간의 문제에 그치지 않고 다수인의 이해와 관계되는 경우 행정제재의 일환으로 과태료를 부과할 수 있도록 한 것이다. 경제법 위반행위에 대하여 과징금을 부과하는 경우가 많은데, 상법에는 과징금이나 이행강제금에 관한 규정이 없다.

(2) 고의 · 과실의 불요

과태료는 형벌이 아니기 때문에 객관적인 법령위반 사실이 있으면 족하고, 행위자의 고의 또는 과실을 요하지 않는다(대판 1982. 7. 22, 82마210).

(3) 절차 및 불복

과태료의 부과처분은 비송사건절차법이 정하는 바에 따라 과태료에 처할 자의 주소지를 관할하는 지방법원의 결정으로 과한다(비송 277조, 279조). 과태료의 결정에 불복하는 자는 즉시항고를 할 수 있다(비송 277조 3항).

(4) 형벌과의 관계

상법에서는 그 행위에 대하여 형벌을 과할 때에는 과태료에 처할 수 없다고 규정하고 있다(상 635조 1항 단서). 한편, 과태료 부과처분 후에 형벌을 부과한다고 해도 일사부재리의 원칙에 어긋난다고 할 수 없다는 일반적인 견해이다(대판 1996. 4. 12, 96도158). 과태료는 행정벌의 일종으로 형벌과는 그 목적이나 성질이 다르기 때문이다.

제2절 회사법상의 과태료조항

[1] 500만 원 이하의 과태료에 처하는 행위

제635조 (과태료에 처할 행위) ① 회사의 발기인, 설립위원, 업무집행사원, 이사, 감사, 감사위원회 위원, 외국회사의 대표자, 검사인, 제298조 제3항 · 제299조의2 · 제310조 제3항 또는 제313조 제2항의 공증인, 제299조의2, 제310조 제3항 또는 제422조 제1항의 감정인, 지배인, 청산인, 명의개서대리인, 사채모집의 위탁을 받은 회사와 그 사무승계자 또는 제386조 제2항, 제407조 제1항, 제415조, 제542조 제2항 또는 제567조의 직무대행자가 다음의 사항에 해당한 행위를 한 때에는 500만 원 이하의 과태료에 처한다. 다만, 그 행위에 대하여 형을 과할 때에는 그러하지 아니하다.

1. 본편에 정한 등기를 해태한 때
2. 본편에 정한 공고 또는 통지를 해태하거나 부정한 공고 또는 통지를 한 때
3. 본편에 정한 검사 또는 조사를 방해한 때
4. 본편의 규정에 위반하여 정당한 사유 없이 서류의 열람 또는 등사, 등본 또는 초본의 교부를 거부한 때
5. 관청, 총회 · 사채권자집회 또는 발기인에게 부실한 보고를 하거나 또는 사실을 은폐한 때
6. 주권 · 채권 또는 신주인수권증권에 기재할 사항을 기재하지 아니하거나 부실한 기재를 한 때
7. 정당한 사유 없이 주권의 명의개서를 하지 아니한 때
8. 법률 또는 정관에 정한 이사 또는 감사의 원수를 결한 경우에 그 선임절차를 해태한 때
9. 정관 · 주주명부 또는 그 복본, 사원명부 · 사채원부 또는 그 복본, 의사록 · 감사록 · 재산

목록 · 대차대조표 · 영업보고서 · 사무보고서 · 손익계산서 · 이익잉여금처분계산서 · 또는 결손금처리계산서 · 결산보고서 · 회계장부, 제447조 · 제534조 · 제579조 제1항 또는 제613조 제1항의 부속명세서 또는 감사보고서에 기재할 사항을 기재하지 아니하거나 또는 부실한 기재를 한 때

10. 법원이 선임한 청산인에 대한 사무의 인계를 해태하거나 이를 거부한 때

11. 청산의 종결을 지연할 목적으로 제247조 제3항, 제535조 제1항 또는 제613조 제1항의 기간을 부당하게 장기간으로 정한 때

12. 제254조 제4항, 제542조 제1항 또는 제613조 제1항의 규정에 위반하여 파산선고의 청구를 해태한 때

13. 제589조 제2항의 규정에 위반하여 출자의 인수인을 공모한 때

14. 제232조, 제247조 제3항, 제439조 제2항, 제527조의5, 제530조 제2항, 제530조의9 제4항, 제530조의11 제2항, 제597조, 제603조 또는 제608조의 규정에 위반하여 회사의 합병 · 분할 · 분할합병 또는 조직변경, 회사재산의 처분 또는 자본의 감소를 한 때

15. 제260조, 제542조 제1항 또는 제613조 제1항의 규정에 위반하여 회사재산을 분배할 때

16. 제302조 제2항, 제347조, 제420조, 제420조의2, 제474조 제2항 또는 제514조의 규정에 위반하여 주식청약서 · 신주인수권증서 또는 사채청약서를 작성하지 아니하거나 이에 기재할 사항을 기재하지 아니하거나 또는 부실한 기재를 한 때

17. 제342조 또는 제560조 제1항의 규정에 위반하여 주식 또는 지분의 실효절차, 주식 또는 지분의 질권의 처분을 해태한 때

18. 제343조 제1항 또는 제560조 제1항의 규정에 위반하여 주식 또는 출자를 소각한 때

19. 제355조 제1항, 제2항 또는 제618조의 규정에 위반하여 주권을 발행한 때

19의2. 제358조의2 제2항의 규정에 위반하여 주주명부에 기재를 하지 아니한 때

19의3. 제363조의2 제1항 또는 제542조 제2항의 규정에 위반하여 주주가 제안한 사항을 주주총회의 목적사항으로 하지 아니한 때

20. 제365조 제1항, 제2항, 제578조의 규정 또는 제467조 제3항, 제582조 제3항의 규정에 의한 법원의 명령에 위반하여 총회를 소집하지 아니하거나 정관에 정한 곳 이외의 곳에서 또는 제363조, 제364조, 제571조 제2항, 제3항의 규정에 위반하여 총회를 소집한 때

20의2. 제374조 제2항, 제530조 제2항 또는 제530조의11 제2항의 규정에 위반하여 주식매수청구권의 내용과 행사방법을 통지 또는 공고하지 아니하거나 부실한 통지 또는 공고를 한 때

21. 제396조 제1항, 제448조 제1항, 제510조 제2항, 제522조의2 제1항, 제527조의6 제1항, 제530조의7, 제534조 제3항, 제542조 제2항, 제566조 제1항, 제579조의3, 제603조 또는 제613조의 규정에 위반하여 장부 또는 서류를 비치하지 아니한 때

21의2. 제412조의4 제3항의 규정에 위반하여 정당한 이유 없이 감사 또는 감사위원회의 조사를 거부한 때

22. 제458조 내지 제460조 또는 제583조의 규정에 위반하여 준비금을 적립하지 아니하거나 이를 사용한 때

22의2. 제464조의2 제1항의 기간 내에 배당금을 지급하지 아니한 때
23. 제470조의 규정에 위반하여 사채를 모집하거나 구사채를 상환하지 아니한 때
24. 제478조 제1항 또는 제618조의 규정에 위반하여 채권을 발행한 때
25. 제536조 또는 제613조제1항의 규정에 위반하여 채무의 변제를 한 때
26. 제619조 제1항의 규정에 의한 법원의 명령에 위반한 때
27. 제555조의 규정에 위반하여 지분에 대한 지시식 또는 무기명식의 증권을 발행한 때
② 발기인 또는 이사가 주식의 인수로 인한 권리를 양도한 때에도 제1항과 같다.

[2] 설립등록세의 배액의 과태료에 처하는 행위

제636조 (등기 전의 회사명의의 영업 등) ① 회사의 성립 전에 회사의 명의로 영업을 한 자는 회사설립의 등록세의 배액에 상당한 과태료에 처한다.
② 전항의 규정은 제616조 제1항의 규정에 위반한 자에 준용한다.

제 4 장

형사벌칙

헌법재판소의 전원재판부는 새마을금고법 중 "이 법과 이 법에 의한 명령 또는 정관을 어겨 새마을금고나 연합회에 손해를 끼친 행위를 처벌한다"는 규정에 대해 헌법상 죄형법정주의에 어긋난다는 이유로 위헌을 결정했다고 밝혔다. 재판부는 "범죄구성요건에 관한 규정이 법 조항에 특정되지 않아 어떠한 행위가 처벌받는지 예측할 수 없고 법인 내부의 자치법규인 '정관'을 어겼다고 처벌하는 것은 죄형법정주의에 어긋난다"며 이같이 결정했다. 새마을금고 ○ 이사장은 금고 여유자금으로 주식에 투자했다가 금고에 손실을 끼친 혐의로 기소돼 벌금형을 선고받자 99년 12월 헌법소원을 냈다. (출처 : 경향신문 2001. 1. 21, 매일경제 2001. 1. 20, 세계일보 2001. 1. 21, 한국일보 2001. 1. 21)

| 해 설 |

기업을 둘러싼 법률문제가 늘어나면서 기업범죄도 증가하고 있다. 기업범죄에 대해서도 일반 형법이 적용되지만 상법에서는 기업범죄의 특수성을 감안하여 형사벌칙에 관한 별도의 규정을 두고 있다. 기업범죄의 경우에도 그 형벌의 적용에 있어서는 형사법의 기본원칙인 죄형법정주의가 엄격하게 적용된다. 죄와 형벌은 성문의 법률에 의하여 미리 정하여져 있어야 하므로, 위 사례에서 보는 것처럼 단순히 정관규정의 위반을 이유로 형사처벌하는 것은 인정될 수 없다.

제1절 특징

회사관계의 범죄와 형벌에 대하여 상법에서는 형법에 대한 특별규정을 두어 그 구성요건과 형사벌칙을 법정하고 있다(상 622조 내지 634조의2). 이 밖에 특정경제범죄가중처벌등에관한법률 등에 의한 형벌조항이 있다. 그 처벌절차는 형사소송법의 규정에 의한다. 회사법의 형벌조항은 다음과 같은 특징을 가진다.

[1] 범죄의 주체

대부분이 법 소정의 신분이 없으면 범죄가 성립되지 않는 신분범(진정신분범, 구성적 신분범)이다(대판 1998. 2. 10, 96도2287). 다만 상법 제628조 제2항, 제630조 제2항, 제631조 제2항, 제634조의2 제2항의 죄는 신분범이 아니다.

[2] 회사의 범죄능력 · 수형능력

형사범의 주체가 법인인 경우에는 실제 행위를 한 이사, 감사, 기타 업무를 집행한 사원 또는 지배인에게 벌칙을 적용한다(상 637조). 다수설과 판례는 법인의 범죄능력을 부정하므로(대판 1961. 10. 19, 4294형상417 ; 대판 1985. 10. 8, 83도1375), 회사는 범죄의 주체가 될 수 없다. 그러나 기업범죄 내지 경제범죄에 대한 실효성 있는 통제를 위하여 법인(회사) 자체의 범죄능력을 인정할 필요가 있을 것으로 생각된다. 이와 관련하여 법인(회사)의 受刑能力이 문제되는데, 입법론으로 법인에 대하여 생명형에 해당하는 해산, 자유형에 해당하는 일정 기간 영업활동의 정지, 금융의 제한, 면허의 박탈 등을 고려해 볼 수 있다는 견해가 있다(김일수). 각종 경제형법에서는 직접 행위를 한 자연인 외에 법인을 처벌하는 양벌규정을 두고 있다(예 : 증권거래법 215조의 양벌규정 등). 회사법에는 양벌규정이 없는데, 입법론으로 기업범죄의 실효성을 높이기 위하여 회사에 대해서도 벌금형을 부과할 수 있도록 할 필요가 있다.

[3] 신체형과 재산형의 병과

기업범죄의 경우는 경제적 동기에 의하여 행해지는 것이 대부분이므로, 기업범죄 예방의 실효성을 높이기 위하여 신체형인 징역형에 재산형인 벌금형을 병과할 수 있도록 하고 있다(병과주의, 상 632조). 현행 회사법상 재산형은 지나치게 낮은 수준이어서 일반예방적 기능을 달성하기에는 미흡하다. '최적기대형벌수준'(optimum expected punishment level)의 관점에서 이를 상향조정하는 입법적 정비가 필요하다.

[4] 형법상의 형벌조항과의 관계

회사법의 형사특별조항과 일반 형법의 관계는 원칙적으로 법조경합의 관계에 있다. 따라서 1개의 행위가 회사법과 형법의 구성요건 모두에 해당하는 경우, 한 구성요건이 다른 구성요건을 배척하여 單純一罪로 된다(이중평가금지의 원칙). 회사법상의 형벌조항과 형법의 관계가 법조경합 중에서, (i) 특별관계에 해당하는 경우에는 특별법은 일반법에 우선하여 적용되고, (ii) 보충관계에 해당하는 경우에는 기본법이 보충법에 우선하고, (iii) 흡수관계에 해당하는 경우에는 전부법이 부분법을 폐지한다. 예컨대, 상법 제622조의 특별배임죄를 형법 제356조의 업무상배임죄와 비교하면, 상법 제622조는 그 주체를 발기인 등으로 특정하고 있는 점 외에는 그 임무위배의 배임행위를 구성요건으로 한다는 점과 법정형(10년 이하의 징역 또는 3천만 원 이하의 벌금)이 형법 제356조와 동일하다. 결과적으로는 이들 법조 중에서 어느 것을 적용하건 결과적으로는 차이가 없지만, 상법 제622조는 형법 제356조의 특별법에 해당하므로 상법 제622조를 적용하여야 한다. 특정경제범죄가중처벌등에관한법률(예 : 동법 3조)과 상법의 형벌조항의 관계도 이와 마찬가지이다.

제2절 회사법상의 형벌조항

[1] 특별배임죄

제622조 (발기인, 이사 기타의 임원 등의 특별배임죄) ① 회사의 발기인, 업무집행사원, 이사, 감사위원회 위원, 감사 또는 제386조 제2항, 제407조 제1항, 제415조 또는 제567조의 직무대행자, 지배인 기타 회사영업에 관한 어느 종류 또는 특정한 사항의 위임을 받은 사용인이 그 임무에 위배한 행위로서 재산상의 이익을 취득하거나 제3자로 하여금 이를 취득하게 하여 회사에 손해를 가한 때에는 10년 이하의 징역 또는 3천만 원 이하의 벌금에 처한다.
② 회사의 청산인 또는 제542조 제2항의 직무대행자, 제175조의 설립위원이 제1항의 행위를 한 때에도 제1항과 같다.

제623조 (사채권자집회의 대표자등의 특별배임죄) 사채권자집회의 대표자 또는 그 결의를 집행하는 자가 그 임무에 위배한 행위로써 재산상의 이익을 취득하거나 제3자로 하여금 이를 취득하게 하여 사채권자에게 손해를 가한 때에는 7년 이하의 징역 또는 2천만 원 이하의 벌금에 처한다.

제624조 (특별배임죄의 미수) 전 2조의 미수범은 처벌한다.

(1) 특별배임죄의 주체

| 대법원 1998. 2. 10. 선고 96도2287 판결 |

상법 제622조(특별배임죄)에 열거된 이사 등의 지위에 없는 자는 독자적으로 같은 조 소정의 특별배임죄의 주체가 될 수 없다.

| 대법원 1986. 9. 9. 선고 85도218 판결 |

상법 제622조 소정의 특별배임죄의 주체는 상법상 회사의 적법한 이사나 대표이사의 지위에 있는 자에 한하고(同旨 : 대법원 1978.11.28. 선고 78도1297 판결), 주주총회나 이사회가 적법하게 개최된 바도 없으면서 마치 결의한 사실이 있는 것처럼 결의록을 만들고 그에 기하여 이사나 대표이사의 선임등기를 마친 경우, 그 결의는 부존재한 결의로서 효력을 발생할 수 없고 따라서 그와 같은 자는 회사의 이사나 대표이사의 지위에 있는 자라고 인정할 수 없어 위 특별배임죄의 주체가 될 수 없다.

❙대법원 1978. 1. 24. 선고 77도1637 판결❙

상법 제622조 제1항 소정의 특별배임죄의 주체가 되는 회사사용인은 적어도 회사의 영업의 어떤 종류 또는 특정한 사항에 관하여 대외적으로 회사를 대리할 수 있는 부분적이기는 하나 포괄대리권을 가진 자만을 말하므로 위임된 회사의 업무가 개별적 구체적 사항에 관한 것인 경우는 해당되지 아니한다.

(2) 배임행위

❙대법원 1998. 2. 10. 선고 96도2287 판결❙

상법 제622조의 배임행위는 사무의 내용, 성질 등 구체적 상황에 비추어 법률의 규정, 계약의 내용 혹은 신의칙상 당연히 할 것으로 기대되는 행위를 하지 않거나 당연히 하지 않아야 할 것으로 기대되는 행위를 함으로써 본인과 사이의 신임관계를 저버리는 행위를 말한다.

❙대법원 1984. 2. 28. 선고 83도2928 판결❙

회사와 공소 외 甲간의 임대차관계 분쟁해결에 있어 회사가 지급할 금액을 보증금 및 손해금을 합하여 금 1,700만 원으로 상호인정하고, 일단 합의가 이루어 졌는데도, 회사대표인 피고인이 위 공소외인으로부터 고소당한 형사사건으로 처벌받게 됨을 두려워하여 별도로 회사가 지급할 의무 없는 금원을 권리금명목으로 지급하였다면 이는 상법 제622조의 특별배임죄에 해당한다.

❙대법원 1989. 10. 10. 선고 87도966 판결❙

2인 주주의 주식회사에서 주주인 대표이사와 이사가 회사의 경비를 허위로 과다하게 지출한 양 경리장부를 작성하게 하여 그 돈을 회사의 정식경리에서 제외시켰더라도 이를 회사의 비밀경리에 입금시켜 회사의 자금으로 관리하고 회사의 사업집행상 필요한 용도에 사용하였다면 특별배임죄(상법 제622조)는 성립되지 아니한다. 나아가 그 나머지를 합의하여 분배한 경우에도 회사의 재산상태와 경영실적에 비추어 감추어진 상여 또는 감추어진 이익배당으로서 적정규모라고 인정되고 회사의 일반채권자 등 제3자를 해할 우려가 없다면 역시 특별배임죄를 구성한다고 볼 수 없다.

❙대법원 1981. 1. 27. 선고 79도2810 판결❙

주식회사의 임원들이 과대계상에 의하여 생긴 잉여금을 추석찬대 겸 체불된 노임조로 주주들에게 배당하였다고 하더라도 그 배당절차가 적법하고 그 액수도 통상노임액수에 미달되어 회사에 손해를 가한 것이 없다면 상법 제622조 소정의 특별배임죄가 성립될 수 없다.

| 대법원 1971. 4. 13. 선고 71도326 판결 |

상법 제622조의 특별배임죄 부정한 청탁의 대가로서 재산상 이익의 수수 등이 있으면 되고 부정한 청탁으로 인한 행위를 하여 회사에 손해가 가고 안 가는 것은 그 구성요건이 아니다.

[2] 회사재산을 위태롭게 하는 죄

第625조 (회사재산을 위태롭게 하는 죄) 제622조 제1항에 규정된 자, 검사인, 제298조 제3항·제299조의2·제310조 제3항 또는 제313조 제2항의 공증인(법무법인과 공증인가 합동법률사무소의 당해 업무집행변호사를 포함한다. 이하 이 장에서 같다)이나 제299조의2, 제310조 제3항 또는 제422조 제1항의 감정인이 다음의 행위를 한 때에는 5년 이하의 징역 또는 1천 500만 원 이하의 벌금에 처한다.

1. 주식 또는 출자의 인수나 납입, 현물출자의 이행, 제290조, 제416조 제4호 또는 제544조에 규정된 사항에 관하여 법원·총회 또는 발기인에게 부실한 보고를 하거나 사실을 은폐한 때
2. 누구의 명의로 하거나를 불문하고 회사의 계산으로 부정하게 그 주식 또는 지분을 취득하거나 질권의 목적으로 이를 받은 때
3. 법령 또는 정관의 규정에 위반하여 이익이나 이자의 배당을 한 때
4. 회사의 영업범위 외에서 투기행위를 하기 위하여 회사재산을 처분한 때

| 서울지법 북부지원 1991. 3. 29. 선고 90고합428, 662 제1형사부 판결 |

주식회사 설립 당시 원시주주들 사이에 그 소유 주식을 다른 주주들에게만 처분하기로 약정하였는데 회사의 경영상태가 기대에 미치지 못한다고 판단한 일부 주주들이 회사에 대하여 그들 소유 주식의 매수를 요구하고 이사회에서도 회사자금으로 위 주식을 매수하기로 결의함에 따라 대표이사가 매수를 희망하는 주주가 나타날 때까지 일시적으로 보관할 의사로 회사자금으로 위 주식을 매수한 행위는 상법 제625조 제2호 소정의 "회사의 계산으로 부정하게 그 주식을 취득한 때"에 해당하지 아니한다.

[3] 모회사주식취득제한 위반죄

第625조의2 (주식의 취득제한 등에 위반한 죄) 제635조 제1항에 게기한 자가 제342조의2 제1항 및 동조 제2항의 규정에 위반한 때에는 2천만 원 이하의 벌금에 처한다.

[4] 부실보고죄

第626条 (부실보고죄) 회사의 이사, 감사위원회 위원, 감사 또는 제386조 제2항, 제407조 제1항, 제415조 또는 제567조의 직무대행자가 제604조 또는 제607조의 조직변경의 경우에 제604조 제2항 또는 제607조 제2항의 순재산액에 관하여 법원 또는 총회에 부실한 보고를 하거나 사실을 은폐한 때에는 5년 이하의 징역 또는 1천 500만 원 이하의 벌금에 처한다.

[5] 부실문서행사죄

第627条 (부실문서행사죄) ① 제622조 제1항에 게기한 자, 외국회사의 대표자, 주식 또는 사채의 모집의 위탁을 받은 자가 주식 또는 사채를 모집함에 있어서 중요한 사항에 관하여 부실한 기재가 있는 주식청약서, 사채청약서, 사업계획서, 주식 또는 사채의 모집에 관한 광고 기타의 문서를 행사한 때에는 5년 이하의 징역 또는 1천 500만 원 이하의 벌금에 처한다.
② 주식 또는 사채를 매출하는 자가 그 매출에 관한 문서로서 중요한 사항에 관하여 부실한 기재가 있는 것을 행사한 때에도 제1항과 같다.

| 대법원 2003. 3. 25. 선고 2000도5712 판결 |

상법 제627조 제1항의 부실문서행사죄는 주식 또는 사채의 모집에 있어 일반 투자자에게 중요한 투자판단의 자료로 제공되는 사항에 대하여 정확을 기하고, 오류를 방지하여 회사의 주식과 사채 등의 모집에 공정성과 투명성을 보장하기 위한 것이다.

[6] 납입가장죄

第628条 (납입가장죄 등) ① 제622조 제1항에 게기한 자가 납입 또는 현물출자의 이행을 가장하는 행위를 한 때에는 5년 이하의 징역 또는 1천 500만 원 이하의 벌금에 처한다.
② 제1항의 행위에 응하거나 이를 중개한 자도 제1항과 같다.

[7] 주식초과발행죄

第629条 (초과발행의 죄) 회사의 발기인, 이사 또는 제386조 제2항 또는 제407조 제1항의 직

무대행자가 회사가 발행할 주식의 총수를 초과하여 주식을 발행한 때에는 5년 이하의 징역 또는 1천 500만 원 이하의 벌금에 처한다.

[8] 독직죄

제630조 (발기인, 이사 기타의 임원의 독직죄) ① 제622조와 제623조에 규정된 자, 검사인, 제298조 제3항 · 제299조의2 · 제310조 제3항 또는 제313조 제2항의 공증인이나 제299조의2, 제310조 제3항 또는 제422조 제1항의 감정인이 그 직무에 관하여 부정한 청탁을 받고 재산상의 이익을 수수, 요구 또는 약속한 때에는 5년 이하의 징역 또는 1천 500만 원 이하의 벌금에 처한다.
② 제1항의 이익을 약속, 공여 또는 공여의 의사를 표시한 자도 제1항과 같다.

| 대법원 1971. 4. 13. 선고 71도326 판결 |

상법 제630조의 독직죄의 구성요건으로 되어 있는 부정이란 뚜렷이 법령에 위배한 행위 외에 회사의 사무처리규칙에 위배한 것 중 중요한 사항에 위반한 행위도 포함된다.

[9] 증수뢰죄

제631조 (권리행사방해 등에 관한 증수뢰죄) ① 다음의 사항에 관하여 부정한 청탁을 받고 재산상의 이익을 수수, 요구 또는 약속한 자는 1년 이하의 징역 또는 300만 원 이하의 벌금에 처한다.
1. 창립총회, 사원총회, 주주총회 또는 사채권자집회에서의 발언 또는 의결권의 행사
2. 제3편에 정하는 소의 제기, 발행주식의 총수의 100분의 1 또는 100분의 3 이상에 해당하는 주주, 사채총액의 10분의 10 이상에 해당하는 사채권자 또는 자본의 100분의 3 이상에 해당하는 출자좌수를 가진 사원의 권리의 행사
3. 제402조 또는 제424조에 정하는 권리의 행사
② 제1항의 이익을 약속, 공여 또는 공여의 의사를 표시한 자도 제1항과 같다.

[10] 납입책임면탈죄

第634조 (납입책임면탈의 죄) 납입의 책임을 면하기 위하여 타인 또는 가설인의 명의로 주식 또는 출자를 인수한 자는 1년 이하의 징역 또는 300만 원 이하의 벌금에 처한다.

[11] 주주권행사관련 이익공여죄

第634조의2 (주주의 권리행사에 관한 이익공여의 죄) ① 주식회사의 이사 · 감사위원회 위원 · 감사 또는 제386조 제2항, 제407조 제1항 또는 제415조의 직무대행자 · 지배인 기타 사용인이 주주의 권리의 행사와 관련하여 회사의 계산으로 재산상의 이익을 공여한 때에는 1년 이하의 징역 또는 300만 원 이하의 벌금에 처한다.

② 제1항의 이익을 수수하거나, 제3자에게 이를 공여하게 한 자도 제1항과 같다.

[12] 형의 병과 · 몰수 · 추징

第632조 (징역과 벌금의 병과) 제622조 내지 전조의 징역과 벌금은 이를 병과할 수 있다.

第633조 (몰수, 추징) 제630조 제1항 또는 제631조 제1항의 경우에는 범인이 수수한 이익은 이를 몰수한다. 그 전부 또는 일부를 몰수하기 불능한 때에는 그 가액을 추징한다.

[13] 법인에 대한 벌칙

第637조 (법인에 대한 벌칙의 적용) 제622조, 제623조, 제625조, 제627조, 제628조 또는 제630조 제1항에 게기한 자가 법인인 때에는 본장의 벌칙은 그 행위를 한 이사, 감사 기타 업무를 집행한 사원 또는 지배인에게 적용한다.

제3절 형법상의 형벌조항 적용사례

[1] 업무방해죄 적용사례

| 대법원 2001. 9. 7. 선고 2001도2917 판결 |

주주가 주주총회에 참석하면서 소유주식 중 일부에 관한 의결권의 대리행사를 타인들에게 나누어 위임하여 주주총회에 참석한 그 의결권 대리인들이 대표이사의 주주총회장에서의 퇴장 요구를 거절하면서 고성과 욕설 등을 사용하여 대표이사의 주주총회의 개최, 진행을 포기하게 만든 경우, 그와 같은 의결권 대리행사의 위임은 위세를 과시하여 정상적인 주주총회의 진행을 저해할 의도이고 주주총회에서 그 의결권 대리인들이 요구한 사항은 의결권 대리행사를 위한 권한 범위에 속하지 않으므로, 대표이사는 그 대리인들이 주주총회에 참석하는 것을 적법하게 거절할 수 있었다는 이유로, 업무방해죄(형법 제314조 제1항)의 성립을 인정하였다.

[2] 배임죄 적용사례

| 대법원 2000. 11. 24. 선고 99도822 판결 |

회사의 임원이 그 임무에 위배되는 행위로 재산상 이익을 취득하거나 제3자로 하여금 이를 취득하게 하여 회사에 손해를 가한 때에는 이로써 배임죄(형법 제355조 제2항, 제356조)가 성립한다. 그 임무위배행위에 대하여 사실상 대주주의 양해를 얻었다거나, 이사회의 결의가 있었다고 하여 배임죄의 성립에 어떠한 영향이 있는 것이 아니다. 배임죄에 있어서 재산상 손해의 유무에 대한 판단은 본인의 전 재산 상태와의 관계에서 경제적 관점에 따라 판단되어야 한다. 법률적 판단에 의하여 당해 배임행위가 무효라 하더라도 경제적 관점에서 파악하여 본인에게 현실적인 손해를 가하였거나 재산상 실해 발생의 위험을 초래한 경우에는 재산상의 손해를 가한 때에 해당하여 배임죄를 구성한다.

| 서울고법 1991. 1. 18. 선고 90노1224 제1형사부 판결 |

자기 소유의 주식을 담보로 제공한 주식회사의 주주 겸 대표이사가 주주총회의 증자결의와 이사회의 신주발행결의에 따라 신주를 발행한 경우, 그가 주주 또는 대표이사의 자격으로 위 각 결의에 참여하였다 하더라도 그 각 결의는 주식회사의 기관의 행위일 뿐 피고인 개인의 행위가 아닐 뿐 아니라, 주주나 대표이사가 그 소유의 주식을 담보로 제공하였다 하여 주주총회나 이사회가 위와 같은 결의를 하는데 아무런 제한을 받지 아니하며, 신주발행에 의한 유상증자는 주식회사의 자본을 증가시키는 것으로서 기존 주식의 가치를 하락시키는 것이 아니고, 또 주식에 대한 담보가치는 그 교환가치이지 그 주식의 전체 발행주식에 대한 비율은 아니므로 신주발행으로 인하여 담보로 제공된 주식의 전체 발행주식에 대한 비율이 담보제공 당시보다 낮아지게 되었다 하더라도 그 주식의 재산적 가치가 피담보채권액에 미달하게 되지 아니하는 한 위 대표이사의 행위가 담보권자에 대하여 배임죄(형법 356조)를 구성한다고 볼 수는 없다.

| 대법원 1989. 10. 13. 선고 89도1012 판결 |

대표이사는 이사회 또는 주주총회의 결의가 있더라도 그 결의내용이 회사 채권자를 해하는 불법한 목적이 있는 경우에는 이에 맹종할 것이 아니라 회사를 위하여 성실한 직무수행을 할 의무가 있다. 대표이사가 임무에 배임하는 행위를 함으로써 주주 또는 회사채권자에게 손해가 될 행위를 하였다면 그 회사의 이사회 또는 주주총회의 결의가 있었다고 하여 그 배임행위가 정당화 될 수는 없다.

[3] 공정증서원본부실기재죄 적용사례

| 대법원 1989. 9. 29. 선고 89도113 판결 |

실질적으로 甲의 1인회사인 합명회사의 등기부상 무한책임사원으로 등재되어 있는 乙이 등기편의상 명의만을 대여하였을 뿐인 경우 乙 명의의 지분에 관한 실질상 사원의 지위는 甲에게 있다고 할 것이므로 乙의 의사에 기하지 아니한 채 乙이 그 지분을 다른 사원들의 동의를 얻어 丙에게 양도, 퇴사한 양 등기되었더라도 그것이 모든 지분에 관한 실질적 소유자인 甲의 의사에 따른 것이라면 그 지분의 양도는 내용에 있어서는 양도되는 지분에 관한 실질적 사원으로서의 그 지분에 관한 신탁해지 및 양도의 의사와 위 지분 이외의 지분에 관한 상법 제197조의 다른 사원으로서의 지분양도에 대한 동의가 포함된 것이라고 할 수 있으므로 절차상의 흠은 있을지언정 권리의 실체관계에는 영향이 없는 것이어서 그와 같은 등기를 부실의 사실을 기재한 등기라고 할 수 없으므로 공정증서원본부실기재죄(형법 제228조 제1항)가 성립하지 않는다.

| 관련사례 |

[1] 시민단체는 "OO가 사모신주인수권부사채(BW)를 △△ 등 특수관계인에게 저가로 발행해 회사와 소액주주의 이익을 침해했다"며, 이 회사의 ㅁㅁ 대표이사 등 6명을 특정경제범죄가중처벌법상 배임혐의로 서울지검에 고소했다. 시민단체는 고소장에서 "OO측은 비상장 주식의 시가를 알 수 없어 7,000원에 팔았다고 주장하나 당시 이 주식은 장외시장에서 5만 원대에 거래됐다"며 "1999년 첫 고소 당시 검찰이 무혐의처분을 내리고 헌법재판소가 고소인의 당사자 부적격으로 헌법소원 사건을 각하해 이번에는 BW가 발행됐던 99년 2월 당시 주주 2명의 이름으로 재고소하게 됐다"고 주장했다. (출처 : 한국일보 2001. 9. 4 [박진석])

[2] 대검 중수부는 분식회계 등 OO그룹의 경영비리와 관련, 전직 임원 13명과 공인회계사 6명을 외부감사법 · 외국환거래법 등 위반혐의로 불구속 기소했다. 서울지법 형사합의O부는 OO그룹 분식회계와 관련해 기소된 전 대표이사급 7명에 대해 특정경제범죄가중처벌법 위반 죄 등을 적용, 각각 징역 7년~3년의 실형을 선고했다. 법인으로 기소된 ㅁㅁ, △△자동차, ●●중공업, ■■전자에는 주식회사의외부감사에관한법률 위반죄를 적용, 각각 벌금 2,000만 원이 선고됐다. 분식회계장부에 의한 대출은 사기죄에 해당한다는 이번 판결은 기업의 회계, 대출관행에 상당한 영향을 끼칠 것으로 보인다. (출처: 동아일보 2001. 2. 20, 중앙일보 2001. 2. 20, 조선일보 2001. 7. 25, 한겨레 2001. 2. 20, 한국일보 2001. 7. 25)

제 15 편 합명회사 · 합자회사 · 유한회사

제 1 장 합명회사

국내에서 가장 오래된 기업이 어느 곳이냐를 놓고 조흥과 상업은행간에 긴장이 고조되고 있다. 이는 한국기네스협회가 조흥은행을 국내 최초의 법인으로 공인하기 위한 실사에 들어갔기 때문이다. 상업은행은 이에 한국금융사가 제대로 정립되지도 않은 상태에서 조흥은행을 최고의 법인으로 공인한다는 것은 무리가 뒤따를 수밖에 없다며 초조한 반응을 보이고 있다. 개인과 법인을 통틀어 따진다면 가장 오래된 기업은 창립 100주년을 맞는 두산상사다. 그러나 두산은 1896년 개인포목점인 박승직상점으로 출발해 1925년에야 (주)박승직상점으로 전열을 가다듬어 적어도 법인측면에서는 조흥과 상업은행에 뒤진다. 조흥은행의 경우 주주모집과정을 거쳐 1887년 한성은행으로 출발, 법인만을 따졌을 때 문헌상 가장 오래된 기업이다. 그러나 상업은행의 주장은 이와 사뭇 다르다. 상업은행은 우선 한성은행이 설립된 후 1903년 다시 영업을 재개할 때까지 3년 동안 휴면기를 가져 법인으로서의 영속성을 인정하기 힘들다는 것이다. 이와 함께 상업은행의 전신으로 1899년 출범한 대한천일은행은 이전에 벌써 합명회사로 존재했었다는 흔적이 당시 문헌에 나타난다는 게 상업은행의 주장이다. (출처: 세계일보 1995. 8. 1, 한겨레 1995. 8. 1)

| 해 설 |

위 기사에 의하면 우리나라 기업발달사에서 근대적 기업형태가 등장한 것은 1800년대 말로서 초창기에 출발한 회사 중에는 합명회사들이 다수 있었음을 알 수 있다. 그러나 요즈음 합명회사의 형태를 취하는 회사는 특수한 분야나 영세한 회사에 한정하고 있다. 합명회사는 그 실질은 사원의 인적 요소가 중시되는 조합적 성격의 것이나 사단법인으로 하였을 때 갖는 장점을 이용하기 위하여 이용되는 기업형태이다.

제1절 총설

합명회사는 2인 이상의 무한책임사원만으로 구성되는 회사이다. 사원 전원이 회사채권자에 대하여 직접 · 연대 · 무한의 책임을 진다. 회사의 대내외관계에 있어서 사원의 개성이 농후하고 사원의 인적 요소가 중심이 되는 회사이다. 소유와 경영이 분리되지 아니하고, 원칙적으로 각 사원이 회사의 업무를 집행하고 회사대표권을 가진다.

제2절 특징

[1] 법형식과 실질

합명회사의 법형식은 사단법인으로 되어 있으나, 그 실질은 조합이다. 따라서 정관이나 상법에 다른 규정이 없는 한 조합에 관한 민법의 규정이 합명회사에 준용된다(상 195조).

[2] 설립

(1) 합명회사는 2인 이상의 사원이 정관을 작성하고 설립등기를 함으로써 간단하게 설립된다. 사원은 정관에 의해 특정된다. 사원이 무한책임을 지므로 출자의무의 이행과 관계없이 회사는 성립한다. 사원 스스로가 업무를 집행하므로 설립 전에 업무집행기관을 구성할 필요가 없다.

(2) 합명회사에서는 사원의 개성이 중시되므로 사원 개개인의 설립행위에 관한 하자(주관적 하자)도 바로 회사설립의 하자가 된다. 설립무효의 소 이외에 설립취소의 소가 인정된다.

(3) 합명회사에서는 설립에 관한 법원의 관여가 거의 없다.

┃서울고법 1972. 8. 23. 선고 70나3202 제9민사부 판결┃

회사설립에 관한 출자의 의사표시가 사기나 강박에 의한 것이라는 이유로 취소가 가능한지 여부에 대하여, 회사설립행위에 취소원인이 있을 때에는 설립취소의 소의 방법으로서만 취소사유를 주장하여 설립행위의 효력을 다툴 수 있고 그 밖에 민법상의 취소 등의 방법에 의해서는 다툴 수 없다.

[3] 내부관계

회사와 사원간의 관계 및 사원 상호간의 관계를 내부관계라 한다. 합명회사에서는 조합적 성질을 가지므로 사원상호간의 관계 및 사원과 제3자의 관계가 발생하는 점이 주식회사의 경우와 다르다.

Ⅰ. 정관자치의 광범한 허용

합명회사의 내부관계에 관한 상법규정은 원칙적으로 정관에 특별한 정함이 없는 경우에 보충적으로 적용되며 임의규정이다. 그러나 대외관계에 있어서는 제3자의 이익을 보호할 필요가 있으므로 강행규정으로 되어 있다.

Ⅱ. 출자

합명회사에서 출자의 목적은 재산출자 이외에 노무출자와 신용출자가 허용된다. 출자의무의 이행시기 및 정도는 정관이 정하는 바에 따르고, 정관에 특별한 규정이 없으면 보통의 업무집행방법에 따라 사원이 자유로이 정한다.

Ⅲ. 의사결정

합명회사는 소수의 사원으로 구성되므로 사원총회라는 기구가 필수적으로 요구되는 것은 아니다. 의결권은 원칙적으로 사원의 머리수에 의한다(頭數主義). 업무집행의 의사결정은 조합원의 과반수로 결정한다. 사원의 결의는 정관에 정함이 없으면 사원총회를 열어 행할 필요는 없고, 서면결의나 전화를 통한 합의 등도 허용된다. 의결권의 위임은 원칙적으로 허용되지 않는다.

Ⅳ. 업무집행

(1) 합명회사의 사원 스스로가 각자 업무집행기관을 구성한다(자기기관, 각자기관)(상 200조 1항). 그러나 정관의 규정에 의하여 사원의 1인 또는 수인을 업무집행사원으로 정할 수 있으며, 이 경우에는 업무집행사원만이 회사의 업무를 집행할 권리와 의무가 있고, 그 이외 다른 사원은 업무집행권을 잃는다(상 201조 1항).

(2) 합명회사의 업무집행에 관한 의사결정은 원칙적으로 업무집행사원의 과반수로써 하고(상 195조, 민 706조 2항), 그 결의의 집행 자체는 각 사원이 단독으로 할 수 있다.

| 대법원 1971. 2. 23. 선고 70다1361, 1362 판결 |

합명회사의 부실등기사실이나 이를 방치한 사실에 대한 고의 또는 과실의 유무는 그 회사를 대표할 수 있는 업무집행사원을 표준으로 결정할 것이다.

Ⅴ. 업무집행의 감시

합명회사에는 주식회사와 같은 감사나 검사인이 없다. 합명회사의 사원은 업무집행권을 가지지 않는 경우에도 무한책임을 지므로 회사의 업무와 재산의 상태를 언제든지 검사할 수 있는 권리(업무감시권)를 갖는다(상 195조, 민 710조). 정관의 규정으로도 이를 박탈할 수 없다(강행규정)(다수설).

Ⅵ. 사원의 충실의무

합명회사의 사원은 다른 사원의 동의가 없으면 자기 또는 제3자의 계산으로 회사의 영업부류에 속하는 거래를 하지 못하며(경업금지의무), 동종영업을 목적으로 하는 다른 회사의 무한책임사원 또는 이사가 되지 못한다(겸직금지의무)(상 198조 1항). 합명회사의 사원은 다른 사원의 과반수의 결의가 있는 때에 한하여 자기 또는 제3자의 계산으로 회사와 거래(자기거래)를 할 수 있다(상 199조 전단).

Ⅶ. 손익분배

합명회사의 사원은 무한책임을 지므로 손익의 결정과 분배를 사원의 자치에 맡기고 있다. 그 결과 아무런 이익이 없는 상태에서 배당하여도 위법은 아니다(다수설).

Ⅷ. 지분의 양도·상속

합명회사에서 지분의 양도가 효력을 발생하기 위해서는 다른 사원 전원의 동의를 얻어야 한다(상 197조). 지분의 상속은 원칙적으로 인정되지 않으며, 사원의 사망은 퇴사원인이 된다(상 218조 3호).

대법원 1971. 10. 25. 선고 71다1931 판결

무한책임사원의 지분은 이를 양도할 수 있으며 채권자에 의하여 압류될 수도 있다.

[4] 외부관계

회사와 제3자간의 관계 및 사원과 제3자의 관계를 외부관계라 한다.

Ⅰ. 강행법규성

합명회사에서 외부관계는 제3자의 이해에 관련이 있기 때문에 원칙적으로 강행규정이며, 정관이나 총사원의 동의로써도 이를 변경하지 못한다.

Ⅱ. 회사대표

합명회사의 대표기관은 원칙적으로 각 업무집행사원이다(자기기관). 사원 아닌 자에게 대표권을 인정할 수 없고, 사원이더라도 업무집행권한이 없는 사원은 대표권이 없다. 정관으로 사원의 1인 또는 수인을 업무집행사원으로 정하는 경우에는 업무집행사원만이 대표권을 가진다(상 207조). 회사대표권이 있는 사원은 회사의 영업에 관하여 재판상 또는 재판외의 모든 행위를 할 권한이 있다(상 209조 1항).

Ⅲ. 사원의 책임

(1) 회사재산을 가지고 회사채무를 완제할 수 없을 때 합명회사의 사원은 회사채권자에 대하여 직접 · 연대 · 무한의 책임을 진다(상 212조 1항). 사원이 회사채권자에 대하여 직접 책임을 진다는 것은 회사의 법인성에 걸맞지 않으나, 합명회사의 조합적 성질을 감안한 합명회사의 특징이다.

(2) 합명회사의 퇴사한 사원 또는 지분의 전부를 양도한 사원도 본점소재지에서 퇴사등기를 하기 전에 생긴 회사채무에 대하여 책임을 진다(상 225조 1항). 퇴사원의 위 책임은 퇴사등기 후 2년 내에 한한다(상 225조 1항).

(3) 합명회사의 사원이 아니면서 타인에게 자기를 사원이라고 오인시키는 행위를 한 자(자칭사원)는 오인으로 인하여 회사와 거래한 자에 대하여 사원과 동일한 책임을 진다(상 215조). 禁反言의 원칙에 의한 것이다.

[5] 본질적 변경

Ⅰ. 정관변경

합명회사에서 정관을 변경하려면 총사원의 동의가 있어야 한다(상 204조). 합명회사는 사원상호간의 인적 신뢰를 기초로 한 소수의 사원으로 구성되기 때문에 정관변경에 그 전원의 동의를 요한 것이다.

Ⅱ. 입사 · 퇴사 · 제명

(1) 합명회사에의 입사(상 213조, 204조)는 성립 후의 회사에 출자함으로써 하게 되고, 이로 인하여 사원의 지위를 원시적으로 취득한다. 신입사원은 입사 전에 생긴 회사채무에 대하여 다른 사원과 동일한 책임을 진다.

(2) 퇴사(상 217조, 218조)는 사원이 존속 중의 회사로부터 탈퇴하여 사원의 지위를 절대적으로 상실하는 것을 말한다. 합명회사에서 퇴사제도가 인정되는 것은 사원의 개성을 중시하기 때문이다.

(3) 제명은 사원의 의사에 반하여 사원의 지위를 박탈하는 것이다(상 220조 1항).

Ⅲ. 해산과 청산

(1) 합명회사는 사원이 1인이 된 때에도 해산사유가 된다(상 227조 3호).

(2) 합명회사의 청산에는 임의청산과 법정청산의 두 가지가 있다. 전자는 정관 또는 총사원의 동의로써 정하는 방법에 따라서 하는 청산이고, 후자는 법정절차에 따라서 하는 청산이다. 합명회사는 원칙적으로 임의청산에 의할 수 있으나, (ⅰ) 사원이 1인으로 된 때와, (ⅱ) 법원의 명령 또는 판결에 의하여 해산한 경우에는 청산의 공정을 기하기 위하여 법정청산에 의하여야 한다(상 247조 2항).

❙관련사례❙

[1] 제과 전문기업인 해태제과는 1945년 10월 민족자본과 우리 기술로 세워진 국내 최초의 식품회사인 '해태제과 합명회사'라는 이름으로 설립됐다. 해태제과는 박병규 씨 등 4명이 일제 강점기 자신들이 근무하던 '영강제과'를 불하받은 뒤 '해태제과 합명회사'로 설립하면서 탄생했다. (출처 : 한국일보 1998. 6. 2, 한국일보 2004. 3. 8)

[2] 칠성사이다가 처음 생산된 때는 1950년 5월 9일이다. 평양에서 서울로 월남한 최금덕 씨가 혈연 · 지연 · 학연 등으로 얽힌 여섯 사람과 함께 '동방청량음료합명회사'를 차리고 사이다를 생산하기 시작했다. 이들은 개발한 제품의 이름을 놓고 고심 끝에 일곱 사람 모두 성(姓)이 다르다는 점에 착안, 북두칠성과 연관시켜 '칠성사이다'라고 이름을 붙였다. (출처 : 한국일보 1998. 5. 4)

제 2 장

합자회사

○○서산 영농법인이 설립된 것은 지난 2000년 12월이다. 유동성 위기에 몰린 ○○건설이 그해 11월 서산농지의 일반 매각을 추진한 것이 계기였다. 당시 서산 간척지에서 근무하던 ○○건설 직원 59명이 ○○건설이 매각하는 땅을 분양받아 영농회사를 만들어 보자고 결심하고 공동으로 출자, 합자회사가 설립됐다. 영농법인 '○○ 서산 영농법인'이라는 이름으로 설립신고를 서산등기소에 냈다. 영농법인 설립은 현지에서 농사를 짓지 않는 일반인과 ○○건설의 임직원이 간접투자 형식으로 농지를 매입할 수 있도록 하기 위한 것이다. 이에 따라 대여금 명목으로 영농법인에 출자하면 영농법인은 이 돈으로 농지를 매입, 운영한 뒤 수확실적과 출자지분에 따라 배당(보장수익률 4.5%)을 실시하게 된다. 투자유치 목표액은 500억 원으로 약 200만 평(평당 2만 5000원)을 매입할 수 있는 규모이다. 설립형태는 농업회사법인의 합자회사로 자본금은 1억 원이다. (출처 : 내외경제 2000. 12. 13 ; 조선일보 2004. 3. 10)

| 해 설 |

위는 서산간척지에서 영농법인을 합자회사의 형태로 설립하여 운영한 사례이다. 합자회사는 무한책임을 지는 사원과 유한책임을 지는 사원으로 구성되는 회사로서, 경영과 자본이 결합된 형태이다. 그 실질에 있어서는 조합과 유사하나, 합자회사는 엄연히 회사이다. 합자회사의 유한책임사원은 대외적으로 회사의 사원으로서 회사채권자에 대하여 유한이기는 하지만 직접 책임을 진다는 점에서 익명조합과 차이가 있다. 반드시 그런 것은 아니지만 현재 영농법인, 주류회사, 택시회사 등에서 합자회사의 형태를 취하는 경우가 더러 있다.

제1절 총설

(1) 합자회사는 무한책임사원과 유한책임사원으로 구성되는 2원적 사원구조의 회사이다(상 268조). 합명회사와 비교하면, 합자회사는 무한책임사원 외에 유한책임사원이 존재한다는 점에서 차이가 있다.

(2) 합자회사는 합명회사와 마찬가지로 사원의 개성을 중시하는 인적회사의 실질을 띠고 있다. 그러므로 합자회사에 대해서는 유한책임사원에 관한 몇 개의 특별규정을 제외하고는 일반적으로 합명회사에 관한 규정을 준용한다(상 269조).

제2절 특징

[1] 설립

합자회사의 설립절차는 대체로 합명회사의 설립절차와 동일하다. 다만, 합자회사의 정관에는 합명회사의 정관의 절대적 기재사항(상 179조) 외에 각 사원의 책임의 내용(무한책임 또는 유한책임)을 기재하여야 하고(상 270조), 설립등기를 함에 있어서도 합명회사의 등기사항 외에 각 사원의 책임의 내용(무한책임 또는 유한책임)을 등기하여야 한다(상 271조 1항). 합자회사의 설립의 무효·취소에 대해서는 합명회사의 설립의 무효·취소에 관한 규정이 준용된다(상 269조).

[2] 내부관계

Ⅰ. 정관자치의 광범한 허용

합자회사의 내부관계에 관한 상법규정은 합명회사의 내부관계에 관한 규정과 마찬가지로 임의규정이다. 그러므로 합자회사의 내부관계에 관하여는 강행법규(민 103조) 또는 합자회사의 본질에 반하지 않는 한 정관에 의하여 달리 정할 수 있다. 합자회사의 정관을 변경하려면 총사원(무한책임사원과 유한책임사원)의 동의가 있어야 한다(상 269조, 204조).

Ⅱ. 출자

합자회사의 무한책임사원은 합명회사의 무한책임사원과 같이 재산출자 뿐만 아니라 노무 또는 신용도 출자할 수 있다. 그러나 유한책임사원은 재산출자만을 할 수 있다(상 272조).

Ⅲ. 업무집행과 업무감시권

(1) 정관에 다른 정함이 없는 때에는 합자회사의 무한책임사원 각자가 회사의 업무를 집행할 권리와 의무를 갖는다(상 273조). 유한책임사원은 회사의 업무를 집행할 권한이 없다(상 278조). 따로 업무집행사원을 둘 수 있고, 유한책임사원과 무한책임사원은 업무집행사원의 권한상실선고를 청구할 수 있다.

(2) 합자회사에서 업무집행에 관한 의사결정은 정관에 다른 정함이 없는 한 무한책임사원의 과반수에 의하고, 특별히 업무집행사원을 정한 경우에는 그 업무집행사원의 과반수에 의한다(상 269조, 195조, 민 706조 2항).

▎대법원 1995. 7. 11. 선고 95다5820 판결▕

합자회사는 정관에 특별한 규정이 없는 한 소집절차라든지 결의방법에 특별한 방식이 있을 수 없고, 따라서 사원의 구두 또는 서면에 의한 개별적인 의사표시를 수집하여 본 결과 총사원의 동의나 사원 3분의 2 또는 과반수의 동의 등 법률이나 정관 및 민법의 조합에 관한 규정이 요구하고 있는 결의요건을 갖춘 것으로 판명되면 유효한 결의가 있다고 보아야 한다.

(3) 합자회사의 유한책임사원은 영업연도 말에 있어서 영업시간 내에 한하여 회사의 회계장부 · 대차대조표 기타의 서류를 열람할 수 있고 회사의 업무와 재산상태를 검사할 수 있다(상 277조 1항). 그러나 중요한 사유가 있는 때에는 유한책임사원은 언제든지 법원의 허가를 얻어 위의 열람과 검사를 할 수 있다(상 277조 2항).

(4) 합자회사의 무한책임사원은 유한책임사원과는 달리 영업연도 말, 영업시간 내, 법원의 허가 등의 제한 없이 수시로 업무와 재산상태를 검사할 수 있다(상 269조, 195조).

Ⅳ. 손익분배

합자회사의 사원의 손익분배에 대해서는 상법에 규정이 없으므로 합명회사의 규정(상 269조)에 의한다. 따라서 합자회사의 무한책임사원과 유한책임사원은 정관 또는 총사원의 동의에 의한 다른 정함이 없는 한 각자의 출자가액에 비례하여 손익의 분배를 받는다. 이익 또는 손실에 대하여 분배비율을 정한 때에는 그 비율은 이익과 손실에 공통된 것으로 추정된다(상 269조, 195조, 민 711조 2항).

Ⅴ. 지분의 양도

(1) 합자회사의 무한책임사원은 다른 사원(무한책임사원 및 유한책임사원) 전원의 동의를 얻지 않으면 그 지분을 타인에게 양도하지 못한다(상 269조, 197조).

(2) 합자회사의 유한책임사원은 무한책임사원 전원의 동의만 있으면 그 지분을 타인에게 양도할 수 있다(상 276조 전단). 다른 유한책임사원의 동의는 필요없다.

| 대법원 1996. 10. 29. 선고 96다19321 판결 |

■ 합자회사의 성립 후에 신입사원이 입사하여 사원으로서의 지위를 취득하기 위해서는 정관변경을 요하고 따라서 총사원의 동의를 얻어야 하지만, 정관변경은 회사의 내부관계에서는 총사원의 동의만으로 그 효력을 발생하는 것이므로 신입사원은 총사원의 동의가 있으면 정관인 서면의 경정이나 등기부에의 기재를 기다리지 않고 그 동의가 있는 시점에 곧바로 사원으로서의 지위를 취득한다.

■ 합자회사의 무한책임사원으로 A가 등재되어 있는 상태에서 총사원의 동의로 B를 무한책임사원으로 가입시키기로 합의하였으나 그에 관한 변경등기가 이루어지기 전에 A가 등기

부상의 총사원의 동의를 얻어 제3자에게 자신의 지분 및 회사를 양도하고 사원 및 지분변경등기까지 마친 경우, 구 상법(1995. 11. 30. 법률 제5053호로 개정되기 전의 것) 제37조 제1항에 의하면 등기할 사항은 등기와 공고 후가 아니면 선의의 제3자에게 대항하지 못하므로, 총사원의 동의로 B가 무한책임사원으로서의 지위를 취득하였다고 하더라도 그에 관한 등기가 마쳐지기 전에는 등기 당사자인 회사나 B로서는 선의의 제3자에게 B가 무한책임사원이라는 사실을 주장할 수 없으므로, 만약 제3자가 A만이 유일한 무한책임사원이라고 믿은 데 대하여 선의라면, 회사나 B로서는 제3자가 B의 동의를 받지 아니하였음을 주장하여 그 지분양도계약이 효력이 없다고 주장할 수 없다.

대법원 1989. 11. 28. 선고 88다카33626 판결

합자회사인 피고 회사의 정관상 사원이 그 지분권을 다른 사원에게 양도함에는 총사원의 동의가 있어야 하도록 되어 있는데, 원고가 무한책임사원인 A에 대한 채권의 담보로 A의 지분을 양수하기로 하되 그 전부를 원고 명의로 이전할 경우 피고 회사의 운영권을 좌우하게 되므로 이를 피하기 위하여 다른 무한책임사원인 B, C 및 원고의 3인 명의로 A의 지분을 분산하여 변경등기를 경료하였다면 B, C 명의의 지분변경등기가 원고를 위한 명의신탁이었다고 하여도 원고가 위 B, C에 대하여 명의신탁을 해지하고 지분이전을 구하려면 정관의 규정에 의하여 총사원의 동의를 얻어야 한다.

대법원 1968. 10. 29. 선고 68다1088 판결

합자회사의 무한책임사원이 채권담보를 위하여 동 회사에 대하여 가진 지분을 양도한 경우에 위 지분양수인은 대외적으로 그 지분권자임을 주장할 수 있는 지위에 있다.

[3] 외부관계

Ⅰ. 강행법규성

합자회사의 외부관계에 관한 상법규정은 원칙적으로 강행규정이므로, 정관이나 총사원의 동의에 의하여 이를 변경할 수 없음이 원칙이다.

Ⅱ. 회사의 대표

(1) 합자회사에서는 무한책임사원 각자가 회사를 대표하는 것이 원칙이다. 유한책임사원은 회사대표권을 갖지 못한다.

| 대법원 1966. 1. 25. 선고 65다2128 판결 |

합자회사의 유한책임사원이 정관 또는 총사원의 동의로서 회사의 대표자로 지정되어 그와 같은 등기까지 경유되었다 하더라도 회사대표권을 가질 수 없다.

| 대법원 1972. 5. 9. 선고 72다8 판결 |

합자회사의 대표사원의 등기를 할 때에는 유한책임사원의 신분으로 그 등기를 한 흠이 있어도 그 후 그 유한책임사원을 무한책임사원으로 변경등기를 한 이상 그는 이 변경등기를 한 때에 그 대표사원 자격의 흠결은 소멸된다.

| 서울고법 1976. 7. 13. 선고 76나468 제1민사부 판결 |

합자회사가 대표사원을 상대로 소를 제기하는 경우에 따로 회사를 대표할 사원이 없을 때에는 상법 제269조에 의하여 준용되는 동법 제211조에 따라 다른 사원 과반수의 결의로 회사를 대표할 사원을 선정한 것은 적법하다.

(2) 정관으로 업무집행사원을 정한 경우에는 업무집행사원이 회사를 대표하고, 정관이나 총사원의 동의로 업무집행사원 중 대표사원을 정한 경우에는 대표사원이 회사를 대표한다(상 269조, 207조).

| 대법원 1977. 4. 26. 선고 75다1341 판결 |

상법 제205조가 규정하고 있는 합자회사의 업무집행사원의 권한상실선고제도는 회사의 운영에 있어서 장애사유를 제거하는데 목적이 있고 회사를 해산상태로 몰고 가자는데 목적이 있는 것이 아니므로 무한책임사원이 1인 뿐인 합자회사에서 업무집행사원에 대한 권한상실신고는 회사의 업무집행사원 및 대표사원이 없는 상태로 돌아가게 되어 권한상실제도의 취지에 어긋나게 되어 회사를 운영할 수 없으므로 이를 할 수 없다. (同旨: 서울고법 1977. 8. 17. 77나1196 제4민사부판결)

Ⅲ. 사원의 책임

(1) 무한책임사원의 책임

합자회사의 무한책임사원은 합명회사의 무한책임사원과 같이 회사채권자에 대하여 직접 · 연대 · 무한의 책임을 진다(상 269조, 212조 1항).

서울고법 1970. 7. 3. 선고 69나3684 제3민사부 판결

합자회사의 무한책임사원은 합자회사의 채권자에게 직접 회사의 채무를 변제할 책임이 있다.

(2) 유한책임사원의 책임

합자회사의 유한책임사원은 회사채권자에 대하여 직접 · 연대의 책임을 진다는 점에서는 무한책임사원과 같으나 출자가액을 한도로 유한책임을 진다는 점에서 차이가 있다(상 279조 1항).

(3) 책임변경사원의 책임

① 합자회사의 유한책임사원이 무한책임사원으로 변경된 경우에는, 합명회사의 신입사원의 책임(상 213조)에 준하여 새로 무한책임사원으로 된 사원은 책임변경 전에 생긴 회사채무에 대하여 다른 무한책임사원과 동일한 책임을 진다(상 282조 전단).

② 합자회사의 무한책임사원이 유한책임사원으로 변경된 경우에는, 합명회사의 퇴사원의 책임(상 225조)에 준하여 새로 유한책임사원으로 된 사원은 변경등기 후 2년 내에 그 변경등기 전에 생긴 회사채무에 대하여 다른 무한책임사원과 동일한 책임을 진다(상 282조 후단).

③ 합자회사에서 퇴사원의 책임은 합명회사의 경우와 같다.

대법원 1975. 2. 10. 선고 74다1727 판결

상법 제269조, 제225조에 의하여 합자회사에서 퇴사한 무한책임사원은 본점 소재지에서 퇴사등기를 하기 전에 발생한 회사의 채무에 대하여는 등기 후에 2년 이내에는 다른 무한책임사원과 동일한 책임이 있으므로 합자회사에 변제의 자력이 있으며 집행이 용이하다는 사실을 주장입증하지 못하는 한 책임을 면할 수 없다.

(4) 자칭무한책임사원의 책임

① 합자회사의 유한책임사원이 타인에게 자기를 무한책임사원으로 오인시키는 행위를 한 경우에는, 그 유한책임사원(자칭무한책임사원)은 오인으로 인하여 회사와 거래한 자에 대하여 무한책임사원과 동일한 책임을 진다(상 281조 1항).

② 유한책임사원이 그 책임의 한도를 오인시키는 행위를 한 경우에는, 그 유한책임사원(책임한도오인표시 유한책임사원)은 그 한도에서 책임을 진다(상 281조 2항). 이는 선의의 제3자를 보호하기 위하여 금반언의 원칙에 따른 것이다.

[4] 본질적 변경

Ⅰ. 정관변경

합자회사의 정관변경에 관하여는 합명회사에 관한 규정(상 204조)이 준용되어, 총사원(무한책임사원 및 유한책임사원)의 동의를 요한다(상 269조).

Ⅱ. 입사 · 퇴사 · 제명

합자회사의 유한책임사원이 사망하거나 금치산선고를 받은 경우에도 합명회사의 사원의 경우와는 달리 퇴사원인으로 되지 않는다(상 283조, 284조). 합자회사에서 유한책임사원이 사망한 경우에는 퇴사한 것으로 되지 않고 그 상속인이 지분을 상속한다(상 283조 1항). 유한책임사원의 개성은 중요시되지 않기 때문이다. 제명제도가 인정된다.

| 대법원 2002. 4. 9. 선고 2001다77567 판결 |

■ 합자회사 설립 후 제3자가 합자회사의 사원으로 되는 방법으로는 입사에 의하여 원시적으로 사원자격을 취득하는 방법과 기존의 사원으로부터 지분을 양수하는 방법이 있는데, 전자의 입사방법은 입사하려는 자와 회사 사이의 입사계약으로 이루어지고 후자의 입사방법은 입사하려는 자와 기존 사원 개인 사이의 지분매매계약으로 이루어진다.

■ 합자회사의 무한책임사원인 대표사원과 제3자 사이의 동업계약이 그 내용에 비추어 제3자가 대표사원 개인에게 대금을 주고 그로부터 합자회사에 대한 지분 일부를 양수하기로 하는 지분매매계약이 아니라 제3자가 합자회사와 사이에 합자회사에 출자금을 출자하고 새로 유한책임사원의 지위를 원시취득하기로 하는 입사계약이다.

| 대법원 1976. 6. 22. 선고 75다1503 판결 |

합자회사의 사원 중 수명이 제명대상인 경우에는 피제명사원 각인에 대하여 타의 사원의 동의 여부의 기회를 주어 개별적으로 그 제명의 당부를 나머지 다른 사원의 과반수의 의결로 결의하여야 하는 것이고 가사 그 제명 원인사유가 피제명사원 전원에 공통되는 경우라 할지라도 타의 사원의 동의 여부의 기회도 주지 않고 일괄제명 의결방법으로 한 제명결의는 적법한 제명결의라 할 수 없다. (同旨 : 서울고법 1975. 6. 12. 74나1681 제7민사부 판결)

| 부산지법 동부지원 1991. 8. 16. 선고 90가합3057 제1민사부 판결 |

■ 합명회사 및 합자회사와 같은 소위 인적 회사에서만 인정되는 사원의 제명은 당해 사원의 의사에 반하여 사원자격을 박탈하는 것이어서 그 사원의 이익에 미치는 영향이 매우 크므로 형식적으로는 상법에 규정된 제명의 요건에 해당된다 하더라도 당해 사원의 개인적 특질을 고려하여 그와 같이 회사를 존속하는 것이 경제상이나 신용상 곤란하리라고 보이는 사정이 있고 회사 내부조직을 공고히 하고 사업수행을 용이하게 하기 위하여 불가피한 경우에 한하여 제명할 수 있다고 보아야하고 이를 판단함에 있어서는 그 제명으로 인하여 상실케 될 당해 사원의 이익과 그를 제명함으로서 얻게 될 회사의 이익을 비교하는 등 그 결과도 합리적으로 고려하여야 한다.

■ 합자회사의 대표사원이 회사공금을 횡령하는 등 부정한 행위를 하였으나 회사에 대한 기여도, 횡령액수의 규모, 그 회수가능성 등을 참작하여 그 제명선언청구를 기각한 사례이다.

| 대구지법 1991. 3. 8. 선고 90가합13042 제5민사부 판결 |

■ 합자회사인 원고가 소외 회사를 대리한 피고로부터 소외회사 소유의 토지와 그 지상 건축공사의 기성고 부분 등을 매수함에 있어 위 토지에 대한 근저당책무는 원고가 인수하고 소외 회사는 계약금을 지급받는 즉시 체납국세와 노임 및 자재대금 등을 모두 변제하되 잔대금의 지급확보를 위하여 피고가 원고의 무한책임사원 및 공동대표사원으로 취임하고 잔대금 지급 후에 사임하기로 하였는데, 제3자가 소외 회사를 상대로 제기한 소유권이전등기말소청구소송에서 소외 회사가 패소 확정됨으로써 부득이 원고가 위 토지를 그 소유자로부터 다시 매수하였고 피고가 위 계약금을 임의 소비하여 위 노임 등을 원고가 대리 변제하였다면 피고는 더 이상 원고의 무한책임사원 및 공동대표사원의 지위에 남아있을 권한이 없을 뿐 아니라 피고가 회사에 출근조차 하지 아니하여 원고의 정상적인 업무집행이 불가능하게 되었다면, 이는 사원에 대한 제명선고 청구사유인 상법 제220조 제1항 제4호 소정의 "기타 중요한 사유가 있을 때"에 해당한다.

■ 합자회사의 경우 공동대표사원은 무한책임사원만이 될 수 있으므로 무한책임사원 및 공동대표사원인 자에 대하여 무한책임사원에서의 제명선고 이외에 별도로 공동대표사원에서의 제명선고를 청구할 필요는 없다.

Ⅲ. 해산 · 계속 · 청산

(1) 합자회사의 해산은 합명회사의 경우와 같으나, 합자회사는 무한책임사원 또는 유한책임사원의 어느 한쪽 전원이 퇴사한 때에도 해산한다(상 285조 1항).

(2) 합자회사는 합명회사의 계속사유 외에, 무한책임사원 또는 유한책임사원의 어느 한쪽 전원이 퇴사한 경우 잔존 유한책임사원 또는 무한책임사원 전원의 동의

로 새로 무한책임사원 또는 유한책임사원을 가입시켜 회사를 계속할 수 있다(상 285조 2항). 이 경우의 회사계속은 해산등기를 한 후에도 할 수 있으며, 이때에는 회사의 계속등기를 하여야 한다(상 285조 3항, 229조 3항). 이렇게 해서 새로 가입한 사원은 그 가입 전에 생긴 회사채무에 대하여 다른 사원과 동일한 책임을 진다(상 285조 3항, 213조).

(3) 합자회사의 청산은 합명회사의 경우와 원칙적으로 동일하다. 합자회사가 법정청산을 하는 경우에 무한책임사원의 과반수의 결의로 청산인을 선임할 수 있고, 무한책임사원이 이를 선임하지 않는 때에는 업무집행사원이 청산인으로 된다(상 287조).

| 관련사례 |

전국의 개원의사 100여 명은 최근 ○○ 발기인대회 및 창립대회를 갖고 발기인 222명(자본금 1억 8,600만 원)으로 법인설립을 마칠 계획이다. 개원의 1명이 50만 원씩(100주) 균일지분으로 참여해 설립되는 합자회사인 ○○는 앞으로 의료정보사업과 의료 물류사업 등 각종 의료관련 사업을 벌일 예정이다. (출처 : 내외경제 2000. 4. 25)

제 3 장
유한회사

[1] 국내에 진출한 다국적기업 가운데 주가관리, 집단소송제 등에 신경써야 하는 주식회사 대신 유한회사 형태의 지배구조를 취하는 사례가 크게 늘고 있다. 2000년 2월 세계 최대 엘리베이터 생산 업체인 오티스(OTIS)가 LG산전의 엘리베이터 사업부문을 인수해 설립한 오티스LG는 유한회사 형태로 출발했다. 이 회사는 2001년 7,000억 원에 이어 지난해 7,500억 원의 매출을 올리며 국내 시장의 50% 이상을 점유하는 등 꾸준한 성장세를 보이고 있다. 동양엘리베이터를 통해 국내 진출을 계획하고 있는 세계 3위 엘리베이터 업체인 독일 티센크루프도 동양과의 합작법인 형태를 유한회사의 형태를 취할 것으로 알려졌다. 동양 관계자는 "티센크루프는 상장사인 동양엘리베이터에 직접 투자하지 않고 비상장사인 동양중공업을 통해 승강기사업 인수계획을 갖고 있는 것으로 알고 있다"며 "이는 상장사 인수시 생기는 공시의무로 인해 경영 정보가 노출되는 것을 원치 않기 때문"이라고 설명했다. 한국휴렛팩커드(HP)도 컴팩코리아와 합병하면서 유한회사로 전환했으며, 생활용품업체인 듀폰도 2000년 말 지배구조를 주식회사에서 유한회사로 바꿨다. 이밖에 질레트코리아, 캐리어 등 다국적기업도 유한회사로 국내에서 영업하며 안정적인 사업을 유지하고 있다. 전문가들은 유한회사는 주식 · 채권시장 등 자본시장을 통해 자금을 조달할 수 없는 한계가 있으나 자금력이 풍부한 다국적기업의 경우 주주와 사원(경영자)이 일치, 사원 자신이 투자한 만큼만 책임지며 내부경영정보를 공개할 의무가 없는 유한회사를 선호하고 있다고 분석했다. 여기에다 본사의 세제혜택도 일정 부분 영향을 미쳤을 것이라고 설명했다. 다국적기업 관계자는 "유한회사의 경우 해외법인이 적자가 발생할 경우 본사는 적자분을 본사 경영

실적에 합산, 세금부담을 크게 줄일 수 있다"며 "따라서 인수로 인한 자본투자손실과 해외법인에 대한 대규모 시설투자로 인한 자본수지악화를 모두 본사의 실적에 반영, 엄청난 세제상 이익을 볼 수 있다"고 말했다. (출처 : 국민일보 2003. 8. 15)

[2] ○○항공은 구조조정을 통한 재무건전성 증대를 위하여 인천공항 내 민자시설 관리운영권을 총 940억 원에 △△유동화전문유한회사와 매각계약을 체결했다. 매각방법으로는, ○○지원시설(주)을 합병한 후, 인천공항에서 운영 중인 격납고 등 3개의 민자시설에 대한 관리운영권을 매각하기로 하였다. (출처 : 이데일리 2004. 12. 16)

| 해 설 |

유한회사는 위 사례에서 보는 경우처럼 상사특별법(자산유동화에관한법률)에 의한 유동화전문회사나 외국계 회사 그리고 극히 일부의 국내회사에서만 제한적으로 채택되고 있다. 이는 우리나라의 특유한 현상으로 유한회사로 하여야 할 회사의 상당수가 주식회사의 형태를 취하고 있는 결과이다. 이는 일본이나 독일처럼 유한회사가 광범하게 이용되는 것과 극명한 대조를 이룬다. 유한회사는 사원이 유한책임의 혜택을 누리면서 소규모 · 폐쇄적으로 운영하기에 적합한 회사이다. 다만, 유한회사는 주식이나 사채발행을 통한 대규모의 자금이 불가능하다.

제1절 총설

유한회사는 일정한 자본을 가지고, 그 자본은 사원의 균등한 단위의 출자로 이루어지며, 사원은 회사에 대하여 원칙적으로 출자금액을 한도로 유한책임을 질 뿐 회사채권자에 대하여 직접 아무런 책임을 부담하지 않는 회사이다.

제2절 특징

[1] 본질

(1) 유한회사는 기본적으로 자본이 중심이 되는 물적 회사이다. 즉, 유한회사는 자본 · 출자에 따른 지분 · 사원의 유한책임(간접유한책임)을 기본요소로 한다는 점에

서 주식회사와 기본적으로 동질적이다. 이 때문에 주식에 관한 많은 규정이 유한회사에 준용되고 있다.

(2) 유한회사는 위의 물적 요소에 인적회사의 요소가 가미되어 있다. 즉, 유한회사는 사원이 지분을 자유로이 양도할 수 없고, 소규모 · 폐쇄적인 구조를 취하고 있으며, 사원이 일정한 경우에 유한책임 외에 자본전보책임을 진다는 점에서 주식회사와 차이가 있다. 주식회사에 비하여 법의 간섭이 완화되어 회사의 자치에 맡겨지는 부분이 많다.

[2] 자본단체성

Ⅰ. 최저자본

유한회사는 사원의 균등한 단위의 출자로 이루어지는 자본(최저 1천만 원)을 가져야 하는 자본단체이다(상 546조 1항).

Ⅱ. 자본 확정 · 충실 · 불변의 원칙

유한회사에서는 수권자본제를 채택하지 않는다. 유한회사에서 자본의 총액은 정관의 절대적 기재사항이므로(상 543조 2항 2호) 자본의 증감은 반드시 정관변경의 절차에 따라야 한다(자본확정의 원칙)(상 586조). 회사재산이 회사채권자에 대한 유일한 담보이므로 주식회사와 마찬가지로 자본충실의 원칙이 적용된다.

Ⅲ. 사원의 유한책임과 전보의무

유한회사의 사원은 출자의무를 부담하는 것이 원칙이지만, 예외적으로 회사성립 당시의 사원, 증자결의에 동의한 사원 및 조직변경 결의 당시의 사원은 일정한 전보 · 담보책임을 부담하는 경우가 있다(상 550조, 551조, 593조, 605조).

[3] 소규모폐쇄성

유한회사는 소규모의 폐쇄적 회사이고 사원 상호간의 인적 신뢰가 중시되는 회사이다.

Ⅰ. 사원개성의 중시

① 유한회사는 1인의 사원에 의한 회사설립을 인정하며, 사원의 총수가 50인 이하로 제한되어 있다(상 545조 1항 본문). 그러나 특별한 사정이 있는 경우로서 법원의 허가를 얻은 때와 상속 또는 유증으로 인하여 사원의 수에 변경에 생기는 때에는 50인을 초과하여도 상관없다(상 545조 1항 단서, 545조 2항).
② 정관에서 각 사원이 인수할 출자좌수가 확정된다(상 543조 2항 4호).
③ 사원의 지위는 지분의 형식을 취하고, 이를 유가증권화 할 수 없다(상 555조).
④ 지분을 사원 이외의 자에 양도하는 것이 제한되어 사원총회의 특별결의를 요한다(상 556조 1항).
⑤ 사원의 출자인수권을 법정하여 사원의 공모를 금지한다(상 589조 2항).
⑥ 이익배당은 각 사원의 출자좌수에 비례하는 것이 원칙이나, 정관에 이와 다른 기준을 둘 수 있다(상 580조).

대법원 1997. 6. 27. 선고 95다20140 판결

상법 제556조 제1항의 규정 취지는 소수의 사원으로 구성되고 사원의 개성이 중시되며 사원 상호간의 긴밀한 신뢰관계를 기초로 하는 유한회사에 있어서 사원이 그 지분을 자유롭게 양도할 수 있도록 허용하게 되면 회사에 우호적이지 않은 자가 사원이 될 수 있어 경영의 원활과 사원 상호간의 신뢰관계를 저해하게 되는 결과 유한회사가 가지는 폐쇄성·비공개성에 반하게 되므로 이를 방지하기 위한 것이라 할 것이다. 유한회사의 지분(사원권)에 관한 명의신탁 해지의 경우에도 사원의 변경을 가져오므로 위 규정을 유추적용하여 사원총회의 특별결의가 있어야 그 효력이 생긴다고 보는 것이 법의 취지에 비추어 상당하다고 할 것이고, 따라서 해지의 의사표시만에 의하여 수탁된 지분이 바로 명의신탁자에게 복귀하는 것은 아니다.

Ⅱ. 설립절차의 간소화

유한회사의 설립절차는 주식회사에 비하여 간소화되어 있다.

① 유한회사에서는 주식회사와 같은 모집설립의 방법이 인정되지 않으며, 발기설립에 해당하는 방법만이 인정된다. 그러나 주식회사의 발기설립의 경우보다는 간단하며, 발기인이 따로 없고, 사원이 되고자 하는 자의 전원이 설립절차를 취한다(상 543조).

② 유한회사의 설립요건은 (i) 정관작성, (ii) 출자전액의 납입 및 (iii) 설립등기로 되어 있다. 인적회사가 그 설립절차로서 정관작성과 설립등기만을 필요로 하는 것에 비하면 다소 엄격한 편이다.

③ 유한회사의 사원은 정관에서 확정된다(상 543조 2항 4호). 이사와 감사도 정관에서 정할 수 있다(상 547조, 568조 2항).

④ 유한회사의 이사는 회사성립 전에 사원으로 하여금 출자전액의 납입 또는 현물출자의 목적인 재산 전부의 급여를 이행시켜야 한다(상 548조 1항).

⑤ 유한회사에서는 설립경과에 관하여 변태설립사항이 있는 경우에도 법원이 선임한 검사인의 조사가 없다. 그 대신 사원과 이사에게 무거운 전보책임을 지우고 있다.

⑥ 유한회사에서는 사원의 개성이 중시되기 때문에 설립무효의 소 이외에 설립취소의 소가 인정된다(상 552조).

Ⅲ. 자금조달의 소규모성 · 폐쇄성

유한회사에서는 수권자본제도를 채택하지 않고, 건설이자배당을 인정하지 않는다. 유한회사는 사채를 발행할 수 없다.

Ⅳ. 기관의 간소화

유한회사의 기관은 주식회사에 비하여 간소화되어 있다. 유한회사의 필요적 기관으로 사원총회(의사결정기관)와 이사(업무집행기관)가 있고, 임의기관으로 감사가 있다.

(1) 유한회사의 사원총회는 회사에 관한 모든 사항을 결의할 수 있는 만능의 최고기관이다. 사원총회의 소집절차가 간소화되어 있다. 사원총회의 소집절차는 회일을 정하고 그 1주일 전에 각 사원에게 서면으로 통지를 발송하여야 하는데, 이 기간은 정관으로 단축할 수 있다(상 571조 2항). 또 사원총회의 소집절차를 생략할

수도 있으며(상 573조), 총회개최 없이 서면결의로 갈음할 수도 있다(상 577조). 출자 1좌마다 1개의 의결권을 가지는 것을 원칙으로 하되, 정관으로 달리 정할 수 있다(상 575조).

(2) 유한회사의 이사는 1인이어도 무방하고, 임기에도 제한이 없다. 이사회와 이사회 내의 위원회제도가 없다. 대표이사를 선임하여야 하나(상 389조), 원칙적으로 각 이사가 회사를 대표한다(562조 1항, 383조 4항).

(3) 유한회사의 감사는 정관에 규정이 있을 때에만 둘 수 있고(상 568조 1항), 그 임기에도 제한이 없다. 유한회사에서는 감사위원회가 인정되지 않는다.

(4) 유한회사는 기관운영에 있어서 정관으로 상법의 규정과 달리 정할 수 있도록 하여 정관자치를 광범하게 인정하고 있다.

Ⅴ. 공시의무의 완화

유한회사에서는 대차대조표의 공고를 요구하지 않는다.

Ⅵ. 기타

유한회사에서는 주식회사와는 달리 회사분할, 주식의 포괄적 교환 및 이전, 회사정리가 인정되지 않는다.

제 4 장

새로운 유형의 회사

일본 기업의 형태와 경영을 획기적으로 바꿀 것으로 예상되는 새 회사법이 2005년 6월 29일 국회를 통과했다. 기업의 국제경쟁력강화 등을 목표로 제정된 이 법은 시대에 뒤쳐진 전후 일본 상법에 대한 근본적인 개혁으로 평가받고 있다. 새 회사법의 가장 큰 특징은 기업형태의 다양성과 기업경영의 자율성을 대폭 인정했다는 점이다. 우선 회사형태에 있어서 유한회사제도를 폐지, 주식회사제도로 일원화했다. 대신 합동회사제도를 신설해 창의력과 기동력이 장점인 벤처기업의 활성화를 꾀했다. 합동회사는 주주총회의 정관으로 정하면 무엇이나 할 수 있는 합명·합자회사와 흡사하지만 회사가 유한책임사원만으로 구성된다는 점이 다르다. 주식회사도 이사회와 감사를 두지 않아도 되는 '주식양도제한회사' 형태로 슬림화해 운영할 수도 있도록 했다. 또 최저자본금(1,000만 엔) 제도를 없애는 등 각종 절차를 간소화해 누구나 창업할 수 있는 환경을 만들었다. 기업의 '정관 자치'를 폭넓게 인정해 경영진의 자율경영을 한층 강화시켰다. 합병 등의 회사재편을 간단히 수행할 수 있도록 한 반면, 적대적 매수에 대한 기업의 방어책을 강화한 것도 이 법의 특징 중 하나이다. 그러나 새 법은 소액주주의 권익보호에 대해서는 부족한 점이 많다는 지적도 받고 있다. 소액주주의 대표적 무기라고 할 수 있는 집단소송과 관련, 부정한 이익을 목적으로 하는 집단소송은 법원이 사전에 차단할 수 있도록 한 것이 논란거리가 되고 있다. 또 회사측이 소액주주의 주식을 매입해 주주자격을 박탈할 수 있도록 한 것도 소액주주에게는 불만스러운 조항으로 받아들여지고 있다. (출처: 한국일보 2005. 6. 30 [김철훈])

| 해 설 |

① 일본의 개정 회사법(신회사법)에서는 미국의 법제를 참조하여 새로운 기업유형으로 합동회사를 채택하고 있고, 주식회사에 있어서도 기관구조가 단순하고 주주구성을 폐쇄적으로 운영할 수 있도록 하여 소규모의 인적 주식회사를 가능하게 하고 있다.

② 새로운 형태의 기업인 合同會社는 벤처기업의 창업을 촉진하기 위해 투자자가 출자범위 안에서만 책임지는 주식회사와 출자비율에 관계없이 이익배분이 가능한 조합조직을 절충한 것이다. 합동회사는 미국 와이오밍 주가 1977년 기업을 유치하기 위해 도입한 유한책임회사(Limited Liability Company : LLC)를 모델로 하여 입법화한 것이다. 주식회사제도는 출자액에 따라 의결권과 이익배분이 이뤄지기 때문에 자본력이 있는 투자자가 절대적으로 유리하다. 반면 합동회사의 경우는 이익분배와 의사결정방법 등을 정관을 통해 자유롭게 결정할 수 있기 때문에 고도의 기술을 가진 연구자나 뛰어난 경영능력을 가진 인물을 영입하는 것이 가능하고, 권한을 집중시킴으로써 신속한 의사결정이 가능하다. 이는 우수인력의 확보가 회사의 수익에 결정적인 영향을 미치는 지식집약적 · 기술집약적 업종에 적합한 회사형태이다(출처 : 日本經濟新聞 2004. 7. 25 ; 서울경제 2004. 7. 25, 파이낸셜뉴스 2004. 12. 9).

③ 우리의 기업현실을 보자면, 그 실질은 인적회사이거나 유한회사로 하여도 무방할 회사 중에서 상당수가 주식회사의 형태를 취하고 있다. 이들 회사에 있어서 상법상의 주식회사의 규정을 그대로 준수하는 것이 부담이 되고, 또 그로 인하여 회사법 규범과 현실 간에 괴리가 발생하고 있다. 이들 회사들이 자발적으로 인적회사나 유한회사의 형태를 취하기를 마냥 기다리기 보다는 기업현실을 직시하여 그에 부응하는 새로운 유형의 회사를 도입하기 위한 입법적 노력이 필요하다.